# ポル・ポト

ある悪夢の歴史

POL POT

フィリップ・ショート

山形浩生＝訳

白水社

# ポル・ポト　ある悪夢の歴史

マオ・マオへ

# ポル・ポト　目次

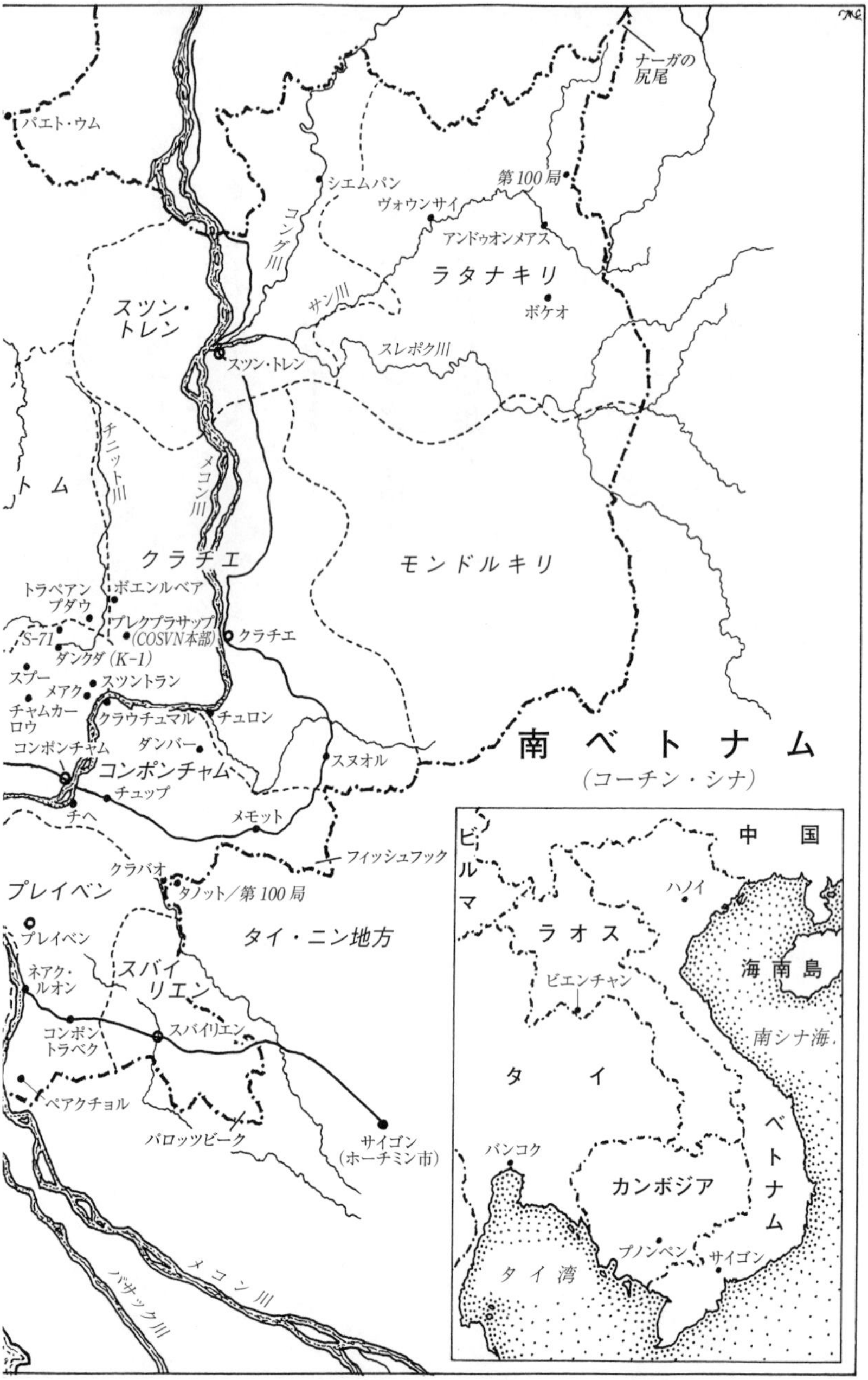

ナーガの尻尾
パエト・ウム
シエムパン
第100局
ヴォウンサイ
アンドゥオンメアス
コング川
ラタナキリ
サン川
ボケオ
スツン・トレン
スツン・トレン
スレポク川
チニット川
メコン川
ト ム
クラチエ
モンドルキリ
トラペアン プダウ
ボエンルベア
プレクプラサップ (COSVN本部)
S-71
クラチエ
ダンクダ(K-1)
スプー
メアク
スツントラン
チャムカーロウ
クラウチュマル
チュロン
コンポンチャム
ダンバー
スヌオル
コンポンチャム
南ベトナム
(コーチン・シナ)
チュップ
チヘ
メモット
フィッシュフック
クラバオ
タノット/第100局
プレイベン
プレイベン
タイ・ニン地方
スバイリエン
ネアク・ルオン
スバイリエン
コンポントラベク
ペアクチョル
パロッツビーク
サイゴン (ホーチミン市)
メコン川
バサック川
中国
ビルマ
ハノイ
ラオス
海南島
ビエンチャン
南シナ海
タイ
ベトナム
バンコク
カンボジア
プノンペン
サイゴン
タイ湾

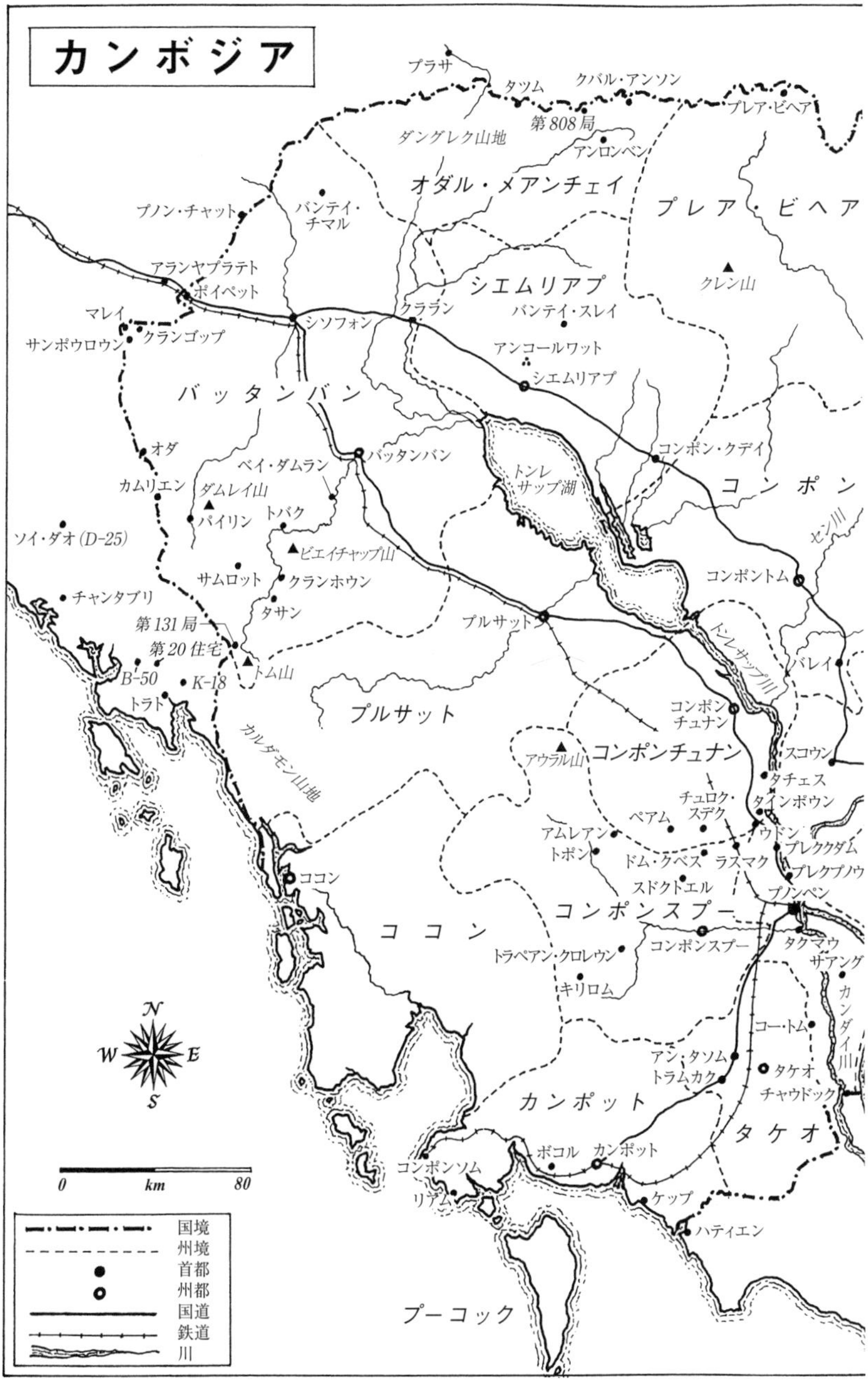
カンボジア
プラサ
タツム
クバル・アンソン
プレア・ビヘア
第808局
ダングレク山地
アンロンベン
オダル・メアンチェイ
プレア・ビヘア
プノン・チャット
バンテイ・チマル
アランヤプラテト
ポイペット
マレイ
サンポウロウン
クランゴップ
シソフォン
クララン
シエムリアプ
クレン山
バンテイ・スレイ
アンコールワット
シエムリアプ
バッタンバン
オダ
カムリエン
ベイ・ダムラン
バッタンバン
ダムレイ山
パイリン
トバク
ソイ・ダオ (D-25)
ビエイチャップ山
サムロット
クランホウン
タサン
チャンタブリ
第131局
第20住宅
B-50
K-18
トラト
トム山
トンレサップ湖
コンポン・クデイ
コンポン
セン川
コンポントム
プルサット
トンレサップ川
バレイ
プルサット
コンポンチュナン
カルダモン山地
アウラル山
コンポンチュナン
スコウン
タチェス
チュロク・スデク
タインポウン
ペアム
アムレアン
ウドン
トポン
ドム・クベス
ラスマク
プレククダム
プレクプノウ
スドクトエル
ココン
プノンペン
ココン
コンポンスプー
コンポンスプー
タクマウ
トラペアン・クロレウン
ザアング
キリロム
カンダイ川
コー・トム
N
W
E
S
アン・タソム
トラムカク
タケオ
チャウドック
カンポット
タケオ
ボコル
カンポット
コンポンソム
リアム
ケップ
ハティエン
0
km
80
国境
州境
首都
州都
国道
鉄道
川
プーコック

# プノンペン

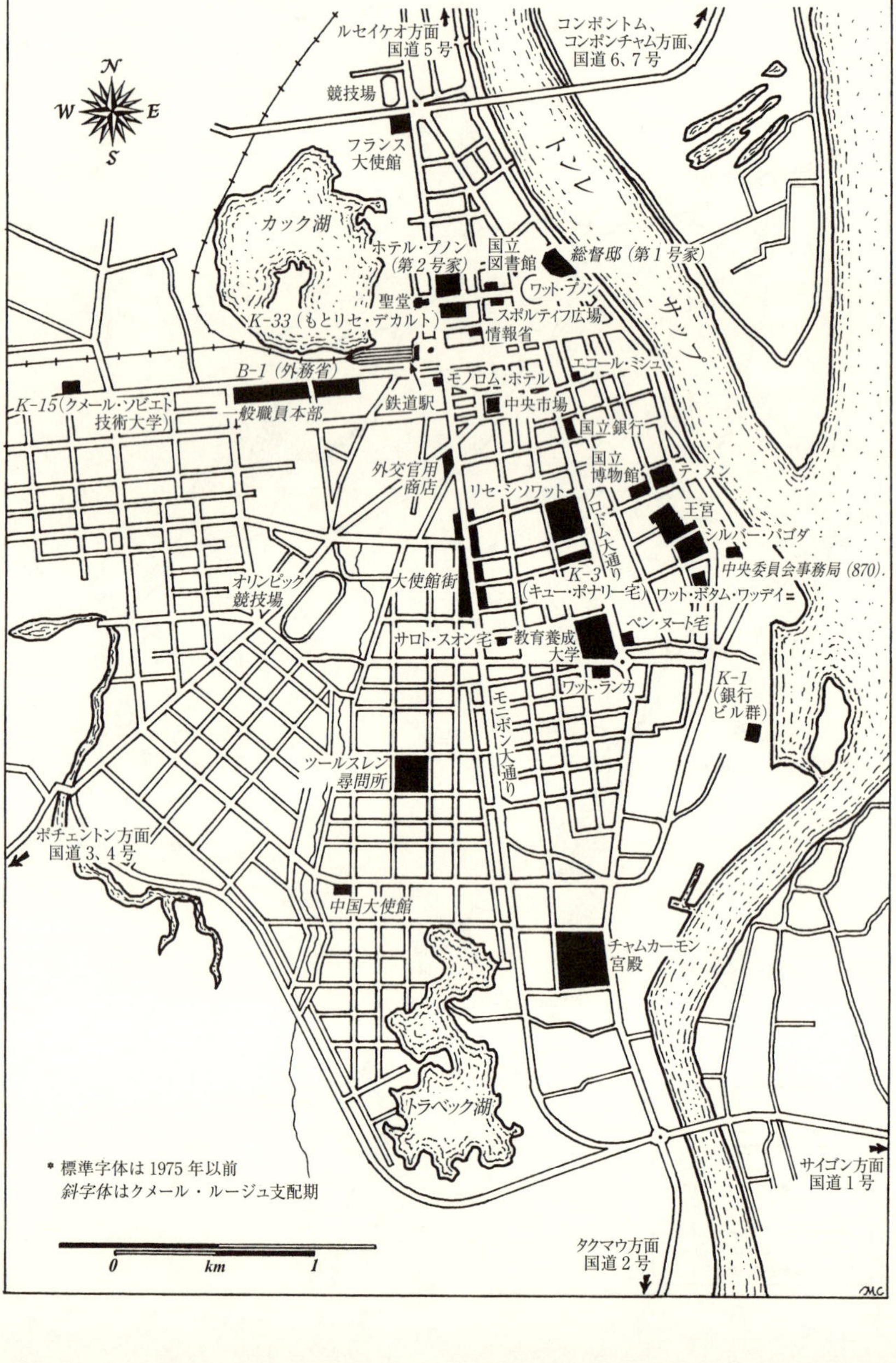
N
W
E
S
ルセイケオ方面
国道5号
コンポントム、
コンポンチャム方面、
国道6、7号
競技場
フランス
大使館
トンレ
カック湖
ホテル・プノン
(第2号家)
国立
図書館
総督邸(第1号家)
ワット・プノン
聖堂
スポルティフ広場
K-33(もとリセ・デカルト)
情報省
サップ
B-1(外務省)
エコール・ミシュ
モノロム・ホテル
K-15(クメール・ソビエト
技術大学)
一般職員本部
鉄道駅
中央市場
国立銀行
外交官用
商店
国立
博物館
テ・メン
リセ・シソワット
ノロドム大通り
王宮
シルバー・パゴダ
中央委員会事務局(870)
オリンピック
競技場
大使館街
K-3
(キュー・ポナリー宅)
ワット・ボタム・ワッデイ
ペン・ヌート宅
サロト・スオン宅
教育養成
大学
ワット・ランカ
K-1
(銀行
ビル群)
モニボン大通り
ツールスレン
尋問所
ポチェントン方面
国道3、4号
中国大使館
チャムカーモン
宮殿
トラベック湖
* 標準字体は1975年以前
斜字体はクメール・ルージュ支配期
サイゴン方面
国道1号
0
km
1
タクマウ方面
国道2号
MC

# 謝辞

歴史とはその相当部分が探偵作業である。同時代の文書、目撃者の証言、のちの回想、それを他の情報源と比較し組み合わせることで、その根底に隠された「犯罪」——つまりは歴史的真実——の本質的なヒントを得ようとする。伝記作者はこの無定型な細部の固まりから、ヒーロー、またはアンチヒーローの信用できる姿、またはその物語の全体像を引きだそうと苦闘する。

本書のもとになっているカンボジアの悪夢の被害者のみならず、その実行者たちが語った真実、半事実、嘘の断片のモザイクを組み立てるにあたり、多くの人にご助力いただいた。最初の手がかりを与えてくれたのはキャロライン・グリュックである。早い時期に後押ししてくれたのはビル・ヘロッドとマイケル・ヴィッカリーだった。デービッド・アシュレー、ベン・キアナン、アンリ・ロカール、ウィリアム・ショークロス、シャッシャ・シェア、セルシュ・ティオンは文献を見せてくれた。クリストファー・ゴシャはハノイ軍事図書館で手書きでの複写を許された何十ものクメール・ルージュ文書のベトナム語原本を翻訳することを許してくれた。また中国語の文献資料で手助けしてくれた人もいる。クメール人研究助手ニル・サモロンは、二年にわたりわたしとともにカンボジアを旅して、絶えることのないユーモアをもって、無味乾燥なクメール・ルージュ文書やCPK委員会議事録、監獄自白記録を何千ページも読み、翻訳してくれた。これは本書の後半部のもとになっている。

スティーブン・ヘダーとデービッド・チャンドラーは、親切にもタイプ原稿を読んで、簡潔で刺激的なコメントを多数寄せてくれた。われわれはいまだに意見の相違を持ってはいるが、わたしが考える材料を大いに与えてくれている。

クメール・ルージュ革命の主要登場人物の数人は、しばしば何ヶ月にもわたって延々と自分の身の上話をしてくれた。たとえば前国家元首キュー・サムファン、ポル・ポトの義兄でクメール・ルージュ外相イエン・サリ、国防相の弟ニカン、クメール・ルージュ外務省の安全保障長官フィ・フォン、他の高官二人スオン・シコンとイン・ソピープ、その他無数の下級人員に話を聞いている。かれらが話す動機は様々だ。比較的正直な人もいればそうでない人もいた。だがインタビューを受ける側はだれでもそうだが、語れば語るほどその人となりがあらわれてくる。かれらの協力がなければこの本は不可能だったであろう。一部の歴史家は、旧クメール・ルージュ上層部の語ることはすべて、原則として信用すべきでないと論じる。わたしの見方はちがう。語り手が嘘をついても何の得にもならず、そしてその話がもっともらしくて、それに明らかに反する証拠がなければ、わたしはその話を基本的に信用する。真実そのものではないにしても、その一面は語っているはずだと考える。語り手が不愉快な人物だというだけで、その話が含む情報をすべて捨て去ることはできない。

一九五〇年代初期にポル・ポトとともにパリで過ごしたもと留学生たちも、いまだ知られざるポル・ポトの一面を教えてくれた。特にのちにガチガチの反共主義者となったケン・バンサク、クメール・ルージュの大臣になったティウン・マム、ピン・ソイと故メイ・マン。バンサクとマクは私蔵の未刊行写真を提供してくれた。これはもとロイターのプノンペン特派員バーナード・ハメルも同様である。カンボジア文書館におけるヨウク・チャングとその同僚たちは、クメール・ルージュ資料や写真へのアクセスを許可してくれた。他の図の入手に尽力してくれた『プノンペン・ポスト』紙のセルジュ・コリエラ、クリス・ゴシャ、マイケル・ヘイズ、およびベン・キアナン、ローラン・ヌーヴォー、キャスリーン・オキーフに感謝する。

またいつもながら編集者ローランド・フィリップス（ロンドン）、ジョン・マクラエ（ニューヨーク）にも感謝。またわがエージェントのジャクリーン・コーンとエマ・スウィーニー、そして校閲者のジェーン・ビルケットに感謝する。反復表現やあいまいな比喩、文区切りの不足やその他句読法のまちがいなどに関する鷹の目のチェックが入らなければ本書はずっとダメな本になっていたことだろう。

プノンペン－ラギャルド・フレネ

二〇〇四年七月一日

## 発音表記など

クメール語には標準的なローマ字記法がない。だから地図上ではSamlautと書かれている村は実際にはSamlotと発音されていたりする。タイ国境近くのKameringは、Kameranと同じだ。Kampâng Saom港はコンポンソム港であり等々。本書はできるだけ一般的な記法か、英語的に発音してなるべく原音に近い表記を採用している。

カンボジアの人名は、中国やベトナムのものと同じく、姓・名の順番となっている。キュー・サムファンの場合、家族の名前はキューであり、本人の名前がサムファンになる。しかし中国とはちがって、キュー・サムファンに対するていねいな呼びかけは「サムファンさん」――または単にサムファン――であり、「キューさん」ではない。例外は、革命中の偽名として始まった呼び名である。たとえばロン・ブンルートはヌオンという偽名を採用して、そこに後からチェアという名前をつけた。だからかれはヌオンさんであって、チェアさんではない。おなじようにポル・ポトはポルと呼ばれ、ボン・ベトはボンと呼ばれる。同じ形はベトナムでも見られ、ファーストネームが敬称付きの呼び名で使われる。家族名はあまりに少ないために、家族名で呼びかけると混乱するからだ。たとえばホー・チ・ミン（革命上の偽名）はホー大統領であるが、ボー・グエン・ザップ（実名）はザップ将軍となる。

# 序文

その知らせがハノイのイエン・サリのもとに届いたのは、午前十時過ぎだった。

配達人が持ってきた電報は、プノンペン北西のクメール・ルージュ司令部からモールス信号で送られたものだった。最初の二〜三語を解読したかれは、ベトナム労働者党中央委員会に電話をかけて、レ・ドク・トにつなぐように求めた。レ・ドク・トは政治局員で、ベトナム戦争を終結させたことから、前年にヘンリー・キッシンジャーとともにノーベル平和賞を与えられていた。そして、カンボジアの共産主義者との交渉最高責任者でもあった。

「わが軍がプノンペンを落としました」イエン・サリは誇らしげにそう伝えた。

それから二十五年たっても、イエン・サリはなおそのときのベトナム人指導者の返答に憤慨していた。「誤った情報に惑わされるな！」とレ・ドク・トは冷ややかに言い放った——「タケオが落ちたと言ったときのことを忘れたか」。それは一週間前に、首都の南の町が投降したとイエン・サリが早まって伝えたことを指しての言葉だった。

イエン・サリはカンプチア共産党（ＣＰＫ）常任委員会の六人のメンバーの一人で、クメール・ルージュ最高指導者でもあった。五十歳をむかえて髪は薄くなり、腹も目立ちはじめていた。かれは腹黒く人を操ることにたけた、利口というよりむしろ狡猾な男で、禿げ上がった額と青白い顔色の、中国人の血を引く顔立ちは極左主義者の中国政治局員である姚文元――毛沢東の妻だった江青が率いる、いわゆる「四人組」の一人――に驚くほど似ていた。イエン・サリは並はずれた執念深さを持っていたが、有能な部下は手篤く遇したため、その部下たちも生涯をかけて献身的に仕えた。計算ずくの好印象の裏に、不誠実さを隠した人物だ。何年も後にかれと妻のキュー・チリトと昼食を共にした英国大使は、その経験をローズマリー・ウェスト夫妻とお茶を飲むようなものとたとえた。英国ではおぞましい倒錯者の代名詞である、性倒錯殺人鬼夫妻のことだ。だがその嫌悪感はあとづけのもので、クメール・ルージュ指導者のイメージが、その政権のもたらした惨状と結びついた結果として生まれたにすぎない。インドシナ共産主義の英雄時代であった一九七〇年代前半には、イエン・サリとその同志たちは時代に先駆けた存在であり、いたるところの急進派と何百万もの欧米の支持者にとっては、欧米以上に公正で民主的な世界の象徴だった。

イエン・サリの悔しさはすぐにおさまった。数時間後、満面に笑みをたたえたレ・ドク・トが、腕いっぱいの花束を抱えた側近を従えて現れたのだ。このベトナム人指導者の祝辞の行間には、要望が巧みに織り込まれていた。アメリカ支援のサイゴン政権との最終決戦に向けて南下するベトナム兵に対し、カンボジア領土を横切る許可を与えてほしいと新生カンボジア政府に要望していたのだ。

その要望は受け入れられた。この日――一九七五年四月十七日――勝利に酔うクメール・ルージュは寛大になる余裕があった。この勝利は尊大な同盟相手であるベトナムに先駆けて達成され、だからこそなおさら喜ばしいものとなった。

外部の助力なしにプノンペンを制圧したとクメール・ルージュはさかんに繰り返した。カンボジア首都への最後の攻撃において、重火器の援護を受けて先陣をきったのはベトナム人部隊だったと米国関係者は発表した。だが当時のその他ほとんどの発表と同じく、これも嘘だった。一九七三年以降、ベトナム人の正規部隊がカンボジアで戦ったことはない。米国はカンボジア抵抗勢力の基地に五十万トン以上の爆弾を投下し、一九七〇年に国の王族支配者シアヌーク王子から政権を奪取したロン・ノル将軍の腐敗した無能な反共産政権のてこ入れに数億ドルを投じていた。でもそれも徒労に終わった。クメール・ルージュの人々は、教育も受けていない農民上がりの兵が世界最強の軍事力に立ち向かってそれをうち負かしたのだと勝ち誇って噂しあった。

自信過剰は独裁政権が陥りやすい罪だ。のちに当のイエン・サリを含むクメール・ルージュ関係者たちは、人生を捧げてきた理想郷の構想の残骸を前にして、一九七五年の勝利の勢いこそがその崩壊の種をはらんでいたのだと語ることになる。クメール・ルージュの村長はこう語っている。「スピードが早すぎて、だれも列車の向きを変えることができなかったのだ」

だがある程度は真実だとしても、これはお手盛りの言い訳でしかない。二〇世紀終盤の二十五年間に悲惨きわまりない事態をカンボジアに招いた原因はいくつもあり、その責任を負うべき立役者も多くいた。この国の新たな指導者――なかでもやがてポル・ポトと名乗る男――の自信過剰はその原因の一つにすぎなかった。しかもその人物はクメール・ルージュの勝利のときには、巧みに姿を隠していたのだ。

カンボジアの共産主義者を勝利に導いたこの隠れた存在が秘密のベールを脱ぎ捨て、かれの同志だけでなく世界に記憶される名前を名乗るようになるのは、それから一年後のことだ。

その時点でさえ渋々ながらのことだった。二十年間、かれはさまざまな偽名を使ってきた――プーク、ハイ、ポル、「87」、大叔父、兄、長兄――のちには「99」、ペンとも名乗っている。「名前を変えると便利だ」とかれは秘書の一人に語っている。「頻繁に変えるほうがいい。敵を混乱させるからね」。そしてこう付け加えた――「秘密を維持できたら、戦いは半分勝ったも同然だ」。これはのちにクメール・ルージュの合言葉となった。カンボジアの悪夢を築いた男は、おおやけに行動することを好まなかった。

共産主義者とロン・ノルの極右政府の間で内戦が続いた五年間、国内外の人々のほとんどは、活動を率いているのはキュー・サムファンだと信じていた。かれは高潔な人柄で知られる左翼派の有識者で、シアヌークが権勢を誇った時期には社会正義の推進派として広く人民に支持されていた。一九六七年に反乱軍に加わり、三年後シアヌークが失脚してからクメール・ルージュの首席報道官になったかれは、抵抗軍の名目的な国防相兼参謀長として北京で毛沢東に会っている。また、内戦の状況について声明を発表したのもかれだ。一九七三年にはシアヌークが、予想外にもかつての政敵であった共産主義者と手を組んで「解放区」を訪れたが、それを受け入れ側としてもてなしたのもキュー・サムファンだった。

だがそれはただの目くらましだった。実際に権力を握っていたのは別の人物で、かれらの名前は共産主義指導部の仲間内でしか知られていなかった。

たとえばヌオン・チェアは、百年近く前にカンボジアを保護領としたフランスからの独立を目指すイサラク運動のメンバーとして、一九五〇年に植民地政府の目にとまっていた。だがかれはこの頃ロン・リスと名乗っていた。一九五〇年代から六〇年代にかけて国中を飛びまわり、建材を販売していたという中国系カンボジア商社の恰幅の良いクメール人ビジネスマンと、このロン・リスとの間に何らかの関連性を見いだすものは一人としていなかった。ましてシアヌーク陣営やロン・ノル政府には、「ヌオン」がクメール・ルージュのナンバー2だと突き止める者などいなかっただろう。

また、一九七一年には革命運動のもとに結集した「愛国的知識人」約九十人の一人でしかなかったサロト・サルの名前など、耳にした者はいただろうか。
そんな名前の教員は、二十年前に「進歩主義集会」によく顔を出していたことからプノンペン警察の関心をひき、不穏分子容疑者のブラックリストには出ていた。しかしかれが政治不満を持つ一教員以上の存在だとうかがわせるものは何もなかった。一九七二年にその名前がゲリラ軍の戦線軍事本部長として、政治局長ヌオン・チェアの名前とともにふたたび現れたときでさえ、クメール・ルージュの不透明なヒエラルキーの第二層あたりに位置する無名の二人にすぎないと考えられていたのだ。抵抗組織が統治する地域をシアヌークが訪問した際の写真でも、サロト・サルは控えめに傍らに座り、その場の主役であるキュー・サムファンとフー・ニム元議員が間近に迫った勝利についてシアヌークに語るのに耳を傾けるように礼儀正しく身をかがめている。他の写真でも、芝居の後部座席や歓迎会の隅の方などに写っているだけで、ほとんど見えない。
自分の作品に一瞬だけカメオ出演するハリウッドの映画監督のように、もと教員だったサロト・サルは偽りの姿――だれもが目にしていながらだれの記憶にも残らない群衆の中の一人――を楽しんでいた。かれはその十年前に部下に語っている。

敵はいたるところで（中略）われわれを捜している。屋台の麺売りが豚肉を刻むようなものだ。縦に切り、横に切って刻んでいく。敵はわれわれを細かく刻もうとするが、逃したなら（そうはいかない）。（中略）それは敵が弱いということだ。かならず敵は負け、われわれが勝つ。

一九五〇年代のシアヌーク政権の警察は「私がだれかは知っていたが、正体は知らなかった」と、サロト・サルは独特の優しい笑みを浮かべて振り返る。

一九七五年四月にクメール・ルージュは勝利をおさめたときも、この自慢はまだ事実だった。国全体でもサロト・サルの正体を知っていたカンボジア人――カンプチア共産党中央委員会のメンバー、師団長、補佐、信頼を得た幹部、医師や山地民の護衛など個人的な側近――は、おそらく二百人以下だっただろう。しかもそのほとんどは、かれを別名でしか知らなかった。ロン・ノルのスパイの一人が、一九七四年にかれに接触したが、その重要性には気づかなかった。CIAはサルの存在を知っていたが、クメール共産主義運動を率いる謎の「ポル」とかれを関連づけることができなかった。中堅レベルのカンプチア共産党員でさえ、共産主義の勝利からほぼ二年間は指導者の正体を知らなかったというのもそう驚くべきことではない。

一九七五年四月十七日、サロト・サルはカンプチア共産党中央委員会の戦線司令部にいた。司令部はカンボジアの元王都ウドンの南のスドクトエルというさびれた村落に近い、B-52の爆撃の跡が生々しく残る深い密林の一画にあった。質素な環境で、幹部らは支柱の上に建てたシュロ葺きの屋根で四方が吹き抜けになった竹製の小屋に住んでいた。サロト・サルの小屋は生い茂ったバニヤンの枝の下に建てられており、大きな濃緑の葉が上空の偵察からの目隠しになっていた。家具やベッドもなく、布団だけが床に敷かれていた。百メートル離れた場所に建つ二つ目の小屋はキュー・サムファンのものだった。その日、新たに「解放された」プノンペンからのニュースがラジオから響きわたったとき、かれらは昼食をともにしていた。かれらは「欧米諸国の場合とはまったく違った」控えめな抑えた態度だったとサムファンは振り返る――「われわれは感情を表に出さないように努めた。喜びを爆発させることもなかったよ。(中略)わたしはサルにお祝いを述べたりはしなかった。かれはただ、カンボジア人が独自に勝ちとったすばらしい勝利だと言った。たったそれだけだ」。護衛の一人もこの話を認めている。「特別なことは何もありませんでした」とかれは振り返る——「ごく普通の一日でした」。この控えめな態度が、数週間後には地獄にとってかわられた。

四月十七日は「二千年にわたるカンボジアの歴史が終わり」、カンボジア人が「アンコール朝よりも輝かしい」将来を築き始めた日とされた。アンコール朝の王は十三世紀に権勢を誇り、マレーシアからラオス、ベトナムからビルマにまで及ぶ王国を統治していた。新たな政権はその後の長きにわたる衰退を覆し、「既存のどんなモデルをも参照にしない」社会主義を構築するとイエン・サリはインタビュアーに語った。カンプチア共産党は「過去に他の国が通ったことのない」道へとカンボジアを導くのだと。

カンボジアが狂気へと転落しはじめた瞬間を厳密に指摘するのは不可能だし、無意味だ。中世の夢魔《インキュバス》と同様に、それは各種の原因や発想の集合物から生まれ育ってきた。だがその悪夢が後戻り不可能になったのはいつか、という質問なら尋ねてもよかろう。それは一九七四年の秋、プノンペン放棄が決定されたときだろうか？　一九七五年四月十九日——プノンペン陥落の二日後——サルが初めて常任委員会に対し、自分が作ろうとする新政権の意外なほど単純なガイドライン「建設し防御せよ」を提示したときだろうか？　あるいは一九七六年一月に、CPK中央委員会が正式に通貨廃止を承認したときだろうか？

いちばんもっともらしい答えは、このどれでもない。四半世紀後にも、二十名ほどの参加者以外にはその存在すら知られていなかった、極秘の指導者労働会議である。

クメール・ルージュ指導者たちは、一九七五年五月に、政権がいまだに将来の方向性を検討しているとき、プノンペン王宮内部の仏教寺院の中でも最も尊いシルバー・パゴダに集まった。新しい通貨は印刷されたが、それを流通させるべきか保留すべきか？　首都から人々は離れたが、このままずっと無人にすべきか、それとも一時的か？　いまだに北京亡命中のシアヌーク王子にはどんな役割を？　カンボジアより大きくて強力と思われる隣人、タイ、そして何よりベトナムからの、脅威と思われるものに対応するためにはどんな政策をとるべきか？

このパゴダは二〇世紀初めにシアヌークの曾祖父ノロドム王のために建立されたもので、歴史は浅いがそれが象徴するもののために重要視されている。急勾配の屋根は緑と黄金の瓦に覆われ、入念な彫刻を施された梁やそりかえった軒先は、クメールの伝統を表現している。だがその中央のお堂にある通称エメラルド仏は、フランスのガラスメーカーであるラリクの手になるもので、その石の台座はイタリアの大理石に覆われている。ギリシャもどきの列柱が並ぶ、いかにも不釣り合いなベランダは、一九六〇年の増築だ。新生カンボジアの指導者たちはそこに集って、近くの病院から持ってきた、鉄枠製で小割板つきのベッドを並べ、夏のキャンプに集まった学生のように屋外で眠った。いまや政権を握っているという事実は何も変えなかったかのようだった。かれらの心の中では、まだ自分たちはジャングル戦を戦うゲリラたちなのだった。

他の場所で眠ったのはサロト・サルだけだった。かれの付き人たちは、通常は仏像がおかれる玉座の真ん中に、蚊帳つきのベッドを用意したのだった。

クメール仏教寺院は、キリスト教の大教会とちがってあまり畏敬や威圧感をもたらすことはない。参拝者のいないシルバー・パゴダは寂しい場所だ。だが聖地でもある。シアヌークは一九四七年の戴冠期、王権の神聖さが儀式によって確認されるまでここで僧として過ごした。外の中庭には、入念な彫刻を施された四本の白いストゥーパがそびえ、そこには死んだ王たちの遺灰が納められている。築山が仏教の極楽であるカイラシ山を表現している。中庭は全長五百メートルの屋根付きの回廊で囲まれ、それがクメール版ラーマヤーナである善と悪の叙事詩的な戦争悲劇リームカーを描くフレスコで彩られている。付き人の一人、元教授がサンパンをはじめとする指導者たちに各場面の意義を説明したが、それはインドの原作よりも残虐で暴力的だ。

サルの居住区選びは、当人が思ったよりも雄弁なものだった。カンボジアの首都で、過去の栄光と未来の幻影とがこの場所ほど容易に融合する場所は他にない。カンボジアの指導者であれば、いかに旧弊を廃しようと心に決めた人物であっても、これほど国民のアイデンティティで満たされた場所で暮らして歴史の重みやクメール民族の遺産に打たれないわけにはいかないであろう。

この超現実的な環境で、世界の最も過激な革命の奉仕者たちは、十日にわたる議論の末に運命的な決断を下し、自分たちの権力掌握を支援した、シアヌーク支持者をはじめとする非共産主義集団との通称連合戦線を解消することにしたのだった。そして、そうした連合が意味するところの、比較的穏健な政策を反古にすることを決めた。かわりに一大飛躍をとげようと決意したのだ――あの「極度にすばらしく、極度に偉大である並ぶものなき跳躍」というのがクメール式の言い方だ――そして完全な共産主義を、妥協一切なしに一気に導入することを決断したのである。賽は投げられた。

サロト・サルがその恐ろしく、またひどく魅力的な夢を見ている間、カンボジアの人々は妄想と現実との間の幻覚のごとき深淵をのぞき込むことになった。

プノンペンの住民は、クメール・ルージュの大義のもとに結集した都市インテリたちと同様に、戦争終結は日常への復帰だと思っていた。革命は大いに結構――でも平和と文明生活もほしい。

クメール・ルージュ健康相シウン・シエンとその妻マラは、カンボジアで最も豊かな貴族上位二家の末裔だ。マラは、半分まじめにこんな冗談口を叩いていた――「わたしたちより裕福な人はいませんでしたね、まあ王さまは別かもしれませんが」。かれらはシアヌークをただの無価値なプレイボーイだと考え、まったく認めていなかった。かれらがその四年前にクメール・ルージュに寝返ったのは、カンボジアにおいてはケネディ夫妻がアル・カイダ一味に加わったに等しい。サルは、この一家が自分の庇護下にあると広言していた。シエンは茶目っ気のある浮世離れした人物で、外科医としての仕事にうちこんでいた。長女にジュヌビエーブと名付けたのは、ケネス・モアとケイ・ケンドール出演のミュージカル『おかしなおかしな自動車競争』で、原題のもととなっている車の愛称にちなんでのことだ。プノンペン陥落の日、ジュヌビエーブはスドクトエルの司令本部にほど近い軍事野戦病院で看護婦をしていた。彼女は語る。「みんな歓声をあげましたよ。親戚に再会したらどうするとか、戦争が終わったんだから全国が和解するんだとか、みんな一斉にしゃべりはじめました」。マラはもっと現実的だったので、老いた両親のことを考えた——「たくさんラム酒を入れた大きなケーキを焼いてあげて、みんなで食べようと思いました」。

だが十日後、シウン家が都市に戻るのを許された頃にはプノンペンはすでに放棄された都市となっており、もうラム酒どころではなかった。王宮近くにある一家の巨大なコロニアル式邸宅に戻るかわりに、一家は旧クメール・ソヴィエト友宣病院のバラックめいたアパートに連れて行かれた。そしてそこでは、クメール・ルージュの政治指導者たちがすべてのマットレスやソファを排除せよと命じていた。「贅沢は精神の毒だ」と言って。

シエンの高い地位とサルとの特権関係にもかかわらず、マラが両親と会えたのは数ヶ月後に一度だけだった。それも地方部の小都市でほんの数時間だけ。その後二人は餓死した。

一九七五年の晩春から初夏にかけてずっと、全国を疎開民たちの行列が縦横に走った。キュー・サムファンの同僚フー・ユオンは、その率直な物言いのせいでだんだん指導者層の上層部にうとまれるようになっていたが、五月初旬にプノンペン北東部八〇キロにある爆撃された都市スコーンを苦労しながら通り過ぎる都市住民の果てしない行列を眺めていた。疎開民のたき火が道ばたの闇の中で燃えている様子は、かれにとって心穏やかならぬものだった。後日、かれはヌオン・チェアにこう語っている。「あの人たちは本当にうちひしがれていた。だれもかれもあんな風に疎開させるなんて異常だし不合理だ。指導委員会のやったことはまちがっている」

二ヶ月後、カンボジア人たちは相変わらず移動していた。中国人通訳は「所持品や料理道具の袋をかかえた長い行列」が七月にコンポンソム港を目指して南進していたのを記憶している。すでに空腹が蔓延しつつあり、やがて飢餓が訪れることになる。暴力は、突発的でもあり、また系統だったものでもあった。殺人は日常となり、真っ先に使われる管理ツールとなった。ロン・ノルの親米政権で上級の地位を占めていた人々、軍曹以上の係官や高級官僚、警官は殺されかねなかった。もっともクメール・ルージュ的な仕組みにおさまらなかった人物はだれであれ殺されかねなかったが。

かつてのプノンペンを知り、そして新共産主義政権に対して「友愛的な援助」を提供しようとやってきた中国の援助専門家たちは、これが同じ都市だとは信じられなかった。通訳は言う――「街路は人気がなく、だれの姿も見えなかった。かんぬきをかけられた扉もあり、開けっ放しの扉もあった。工場でも省庁でも、みんな黒ずくめだった。車のタイヤから作ったサンダルを履き、格子縞のスカーフ、クロマーをまとっていた。話しかけようとしてはみたが（中略）出てきたのはプロパガンダだけだった」。

外国から戻ってきたカンボジア人学生にとっては、衝撃はその比ではなかった。

見たものは想像を絶していました（とある帰国学生は書いている）。空港の出迎えの人々は人間らしさがなかった。単なる物体、別の惑星からのロボットかと思うくらい。定義不能の人種、去勢者、どこか遙か遠くの闇に包まれた幽霊。肉体的にはわたしと同じ、他のみんなと同じです。（中略）見かけはアジア人、カンボジア人でした。でもそれは外見だけです。その他すべての形で、もうわれわれと共通するものは何一つありませんでした。（中略）（市内に来るまで）だれも一言も口をききませんでした。（中略）するとこれが新生カンプチア、平等と正義の貧富の差のない新社会なのか？　これが革命なのか？

その後三年にわたり、人口七百万人のうち百五十万人が、サロト・サルの発想を実現しようとして犠牲になる。処刑されたのはごく少数。残りは病死、過労死、または餓死だった。自国民のこれほどの割合を、自らの指導者による単一の政治的理由による虐殺で失った国は他にない。

ポル・ポトやその追随者たちをナチや毛沢東主義者として糾弾し、穏やかで静謐な国に生煮えの異質な考え方を持ち込んだのが悪いと責めるのは、お手軽だが無意味だ。大量虐殺と言いたいのはわかるが、役にはたたない。大量虐殺ということばはカンボジアでおこった恐怖の規模は伝えてくれるものの、それだとポル・ポト政権は実に簡単に、一回限りの異常現象として忘れ去られてしまう。こうした用語は悪質なアマルガムを作り出し、もっとずっと凡庸でありながら、遙かに残虐な現実を見えにくくしてしまう。

民主カンプチア――とクメール・ルージュ下のカンボジアは公式には呼ばれていた――における死の規模は、その血なまぐさい魅力の一部ではある。しかし死者数の冷淡な統計の奥にはもっと困った問題が控えている。

なぜあれほど多くのカンボジア人知識人は、かくも血みどろとなった運動にはせ参じたのだろう。なぜ旧クメール・ルージュ幹部たちの多くは、教育も受けた思慮深い人々で、しかもポル・ポト配下で親戚たちを殺された人も多いのに、ポル・ポトが偉大な愛国者であってその功績は欠点を上回るといまだに思っているのだろうか。なぜクメール・ルージュはあんな血も涙もない耐え難い極端に走ったのだろうか。共産主義政権はどこでも、所得格差をならそうとはする。そして法を政策の道具にするし、報道を独占し、地方から都市への移住を制限する。そして外部世界との郵便や電気通信をコントロールしたがる。でもカンボジア人たちはもっと過激で、もっと発狂した解決策を選んだ。お金、法廷、新聞、郵便、外国との通信——そして都市という概念さえ——あっさり廃止されてしまった。個人の人権は、集団のために制限されるどころか、全廃されてしまった。個人の創造性、発意、オリジナリティはそれ自体が糾弾された。個人意識が系統的に破壊された。

こうした疑問へのはっきりした答は存在しないし、またわずかに存在する部分的な答えもなかなかに心穏やかならぬものだ——カンボジア人にとっても部外者にとっても。

一九九八年のポル・ポトの死から十八ヶ月たって、かれのゲリラ軍が兵器を捨て、三十年の戦争の後でカンボジアに平和が戻った頃、十六歳の少女がプノンペンの市場にある屋台にすわって、自分と三歳の姪っこにおかゆを注文した。立派な身なりの女性がボディガード数名を伴って少女の背後から近づき、髪の毛を摑んで床に引き倒し、ボディガードたちが気絶するまでそれを蹴りつけた。ボディガード二人が硫酸三リットル入りのガラスびんを慎重に開けると、女性はそれを受取り、少女の頭と上半身に浴びせかけた。少女は痛みで意識を取り戻し、絶叫しはじめた——そして女性とボディガードの一人に酸をはねとばしたが、かれらは待機していた車に乗って逃げ去った。近所の人が少女に水をかけたが、病院に運びこまれた頃には全身の四十三パーセントに三度のやけどを負っていた。タット・マリーナは、カラオケビデオに出演して生活費を稼いでいる、驚くほど美しい女優だった。その前の年、彼女はカンボジア政府の大臣スヴェイ・シッタの目にとまり、誘惑されて、安アパートに囲われて愛人となった。彼女を攻撃したのはシッタの妻クオン・ソファルで、彼女の友人だったアメリカ人女性によれば「想像できる限りいちばん優しい人、本当にすばらしい人物」とのことだ。

少女は生き延びたが、頭と上半身は傷痕で見るに堪えない状態となった。攻撃者たちが尋問されることはなく、まして処罰を受けることもなかった。

何人もの十代のカンボジア人少女は、金持ちの奥方の硫酸攻撃のおかげで傷を負い、多くの場合には盲目になっている。年配のカンボジア人女性は、タット・マリーナのような少女は「人の夫を盗み」、だから当然の報いを受けた、と述べる。男はそうした少女たちを「ちり紙のように、使っては捨てる」使い捨て商品としてしか扱わない。

クメール・ルージュの残虐行為との類似は驚くほどだ。カンボジア共産主義者たちがなぜあのように振る舞ったかを理解する一助としては、高い教育水準の知的な女性が、少女の頭に酸を浴びせて復讐し、酸が少女の肉体と、人生におけるあらゆる希望を腐食するのをじっと眺めているときの精神状態に入ってみようとすることだ。子供の将来を破壊するほど嫌らしいことがあるだろうか。クメール・ルージュたちは少なくとも何か大義のために行動していたのであって、個人的な邪悪から行動していたのではないと弁明できるだろう。だが結果は本質的に同じだ。それはオーウェルによる未来のビジョンだ――「人類の顔を永遠に踏みにじり続けるブーツ」。

どんな暴力蜂起においても、無辜の民が苦しむことになる。アメリカの政府高官は「付随的被害」

と言うし、毛沢東主義者たちは、オムレツを作るには卵を割らねばならないと述べる。民主カンプチアでは、「付随的被害」には限りがなかった。「革命」の外にあるものはすべて、正当かつ必然的な標的となった。

　単に人命が無価値だったというだけではない。殺人が何の意味も持たなくなったというだけでもない。国全体が、人間らしさをすべて一つ残らず否定するディストピア的な理想のために奴隷となった。そしてあらゆるカンボジア人たちが絶えず答を求めるのは――なぜ？　なぜこんな恐怖に襲われるのがわれわれでなければならなかったのか？　なぜそれがここで起こらねばならなかったのか？

　暗黙の前提としては、その恐怖は外からやってきた、というものがある――たとえば一九七〇年代初期におけるアメリカによるカンボジア村落空爆、毛沢東主義、スターリン主義、植民地時代の教師が伝えたフランス革命の遺物、少数の邪悪な人々の陰惨で歪んだ精神からやってきたのだ、と。

　カンボジア人――歴史をほじくりかえすことにまったく関心のない、現政権の多くの地位を占める旧クメール・ルージュたちのみならず、国民全部――は不思議にもそれ以上深く追求したがらない。追求するにはかなりの自省が必要となるが、かれらはそんな心の準備はまったくできていないし、みんな直感的にそれを避けようとする。人々が精算を求める場合でも、それは大物、下手人――「連中」――を糾弾するためだ。「自分たち」――小物を糾弾されるのはいやなのだ。カンボジア流に言えば、だれも「エビスープ」は作りたくない。エビ――ちんけな強盗や殺し屋――はどの村にもたくさんいる。カンボジアを覆い尽くしたホロコーストは、人口の相当部分による盲従を必要としていたので、立場が逆転していたら被害者たちだってどう振る舞ったかわかりはしない。

「なぜ？」という質問は、別の形に変える必要がある。

　重要な問題はこういうことだ――優しさや同情、善良さや慎みについて知ることすべてに背を向け、自分の行いのすさまじさを気にもとめず、公開すらせずに、とんでもない残虐行為を展開できた（そしていまもおこない続けている）のは、カンボジア社会にあるどんな要因のせいなのか？　それは大なり小なり、ナチス時代のドイツ人（および他の人々）、ルワンダ人、（アルメニアの）トルコ人、（ボスニアの）セルビア人、（セルビアの）ボスニア人、パレスチナのイスラエル人とイスラエルのパレスチナ人、さらにイスラム原理主義が示唆する高い道徳的立場を取るあらゆるテロ組織などについても問える質問だろう。

答えはなにやら遺伝子の異常にあるのではない。遺伝的に暴力と親和性が高いとか、ここに挙がった国民の神経症的な「正規分布」という話でもない。カンボジア人は、いやそれを言うならルワンダ人だって、アメリカ人や西欧人に比べて残虐性への耐性が低いわけではない。その原因は歴史に根ざしたものだ――国民たちが、不正だと思ったものに対する極端な療法を求めるような歴史的条件だ。あるいは地理に根ざしたものかもしれない――それはそうした極端を正当化するように思える圧力を作り出す（ヒトラー流には「レーベンスラウム／生存圏」。ポル・ポト流には「国民の生存」）。文化に根ざすものもあるだろう――そうした行為に対する道徳的・知的な禁止を確立できたりできなかったりする。そして政治社会体制も影響する――自分の考えだけで行動する権利を個人に与えたり奪ったりするからだ。

だが、文脈がすべてではない。邪悪とはその実際に行動の中にあるものだ。

個人は、文脈がどうあれ、個人として責任を負う。この水準での邪悪は、正しいと知っていることを意図的に無視することだ。道徳的な規範が弱ければ弱いほど、邪悪をおこなうのも容易になる。ジャック・ヴェルジェは、過激派のフランス弁護士で、一九五〇年代に学生としてのちのカンボジア共産党指導者たちの多くと友人だったが、かれは人と獣を分かつものは犯罪だと主張する。自然は、人の法など知らないので野蛮だ。人だけが犯罪を持つ。あるいは旧約聖書の言い方を借りれば、人だけが邪悪である。カンボジアで起きたことを振り返るとき、われわれは風変わりなホラー小説を読んでいるのではなく、自分自身の魂の闇、醜い部分をのぞき込んでいるのである。

歴史、文化、地理、政治、そして何百万もの個人はみな、程度の差こそあれカンボジアの悪夢で一定の役割を果たした。それはこうした悲劇すべてに言えることであり、だからこそこの小さく遠い国の個別の苦しみはもっと大きな意義を持ち、政策や世論を形成する者たちはそれについて熟慮すべきなのである。ポル・ポトとなる人物の歴史を振り返る理由としてはそれで十分だ。というのも冷戦の苦しみとその終結にともなってもたらされた悲惨から学ぶべき教訓が一つあるとすれば、それは複雑な問題に単純な答えを求めるのがいかに愚かか、ということだからだ。だが世の政府は、いまだにこの教訓を学んだ様子はない。

# 第一章 サル

プレクスバウの村は、コンポンチャムの町から大湖トンレサップへと南に流れるセン川の東側の土手に沿って広がっていた。高床式の木製の家はオレンジや紫のブーゲンビリア、朝顔、黄色い花をつけたアンカングの木、サボテンの生け垣やヤシの木に半ば隠れるように建てられていた。平底のカヌーを櫂一本でゆっくりと操る漁師たちは船尾に立ち、浅瀬の杭に網をかけていた。川の水は黄色がかった茶色に光り、ピンク色の小さな耳を立てた水牛が疑わしげに泥から顔をのぞかせていた。穏やかでのどかな風景だった。

ネプの家は川から三〇メートルほど離れたところにあった。川と家を隔てているのは五キロ離れた主要都市まで続く荷車用の道だった。川の氾濫に備えて高床になっていたが、激しい洪水はネプも一度しか経験したことがなかった。数年前のその洪水は、カンボジア人が「母なる水」と呼ぶメコン川流域で木材の切り出しが野放図におこなわれた結果として起きたものだった。伝統的なカンボジア式住居では、大勢が一階全体を占める大きな部屋に生活する。庭から一階へは木製の階段で上がる仕組みである。ネプとサルが生まれた家は一度内戦のさなかに爆撃で破壊されたが、また同じ場所にまったく同じように建てたのだとネプは話している。

かれらは恵まれた家庭に生まれていた。地元の平均からすれば、むしろ裕福といっていい家庭だった。かれらの父であるロトは二十ヘクタールの稲田を持っていた——これは平均の十倍の広さで、若手高級官僚の収入にも匹敵する。かれらの家は村におよそ二十軒あった家の中でも最大級で、作付けと収穫の時期には近所の比較的貧しい人々を雇って手伝わせていた。

　末っ子のネプは巳年の一九二七年の夏に生まれた。十八ヶ月前の一九二五年三月に生まれたサルは丑年だ。[*1] 兄のチャイは戌年の一九二二年生まれだった。上にはそれぞれ一歳から二歳ずつ離れたきょうだいが三人——兄が二人と姉が一人——いたが、かれらはサルたちと十歳以上離れていた。あと三人は若くして世を去っていた。末の三人は年が近かったのでいつも一緒にいた。特にサルとネプはともに遊び、川で泳いでは、夕方になると灯心草のランプのそばで、村の老人が語るフランス保護領が定められた一八六〇年代以前の物語や伝説に耳を傾けた。

　祖父のペンの存在は、かれらが当時を知る足がかりになっていた。子供たちは祖父を直接は知らなかったが、ロトはよくかれの武勇伝を語ってきかせた。ペンは後に「災厄の年」と呼ばれた年をくぐりぬけて育っていた。ベトナムとタイの侵略者が、かつてのクメール王国跡の統治権をめぐって争った頃のことだ。当時の宮廷詩人は、やがて「カンボジアは消えてしまう」と国家の不安をうたった。ウドンの王宮は跡形もなく壊され、プノンペンは破壊された。敵に課せられた強制労働を逃れた人々は「森へ逃げ、木の葉や根を食べてしのいだ」。ベトナム人には捕虜の目をえぐり出し、傷口に塩を塗って生き埋めにする慣例があった。タイ人が残した惨状を目の当たりにしたフランスの宣教師は、どっちも大差ないと記している。

　手当たり次第にすべてを奪うのがシャム人の戦い方だ。通りかかるところはすべて焼きはらって破壊し、生かしておいた男たちを奴隷にして女子供を連れ去った。かれらは捕虜に対して慈悲を見せなかった。進軍について行けない捕虜は殴られ、虐待されるか殺された。シャム人は涙や嘆きに動じることなく幼子を母親の前で虐殺した。人を殺すにあたって蝿を殺す程度のためらいしか持たなかった。おそらくそれ以下だろう。かれらの宗教では動物を殺すことが禁じられていたからだ。

最終的にはタイ王宮とフエのベトナム皇帝の間で和解が成立し、平和が取り戻されてペンの家は栄えた。有名になり——「ペン長老」の名で村人に親しまれ——一八八五年から翌八六年にかけてのフランスに対する大暴動の折には、植民地制度の浸透に対抗して王の特権を守ろうと戦う官軍に食糧を提供した。しかしロトによると、ある日ペンは川向こうの村で友人二人とともに伏兵に出くわし、殺されたという。

それ以降、ペンの家族は地方を治めていた忠実な王制主義者であるデクチョア・イに目をかけられ、王の支援網の一端にあずかるようになった。ロトの姉のチェンがノロドム王室に仕えることになり、その娘メアクが後継者候補のモニボンの側室に選ばれた。サロト・サルが生まれた頃のことである。彼女はその後「メアク夫人」の名で呼ばれるようになり、コサラク皇太子を生んだ。そしてモニボンの即位後は、王宮の女性すべてを統括する後宮総取締役に任命された。彼女の手助けによってロトの長男のスオンは一九三〇年に栄えある王宮職についた。まもなくメアクはスオンの妹ルーン——当時十六歳——をプノンペンに呼び寄せたが、彼女もまたモニボンの寵愛を受け、一九四一年に王が没するまで仕えた。

二〇世紀初頭のカンボジアでは、これはそう珍しい話ではない。サルと同年代のケン・バンサクの母親もモニボンの側室の一人だった。彼女はその後王の兄弟に譲られたが、バンサクの父親と恋に落ち、すでに飽きるほど多くの女性を囲っていた王に対して自由の身に戻してほしいと願い出た。モニボンには三十人以上の妻がいた。一方で一九〇四年に没したノロドム王の妻は三百六十人だ――かれの孫であり精神的後継者でもあったシアヌークは、これを引き合いに出しては自分の火遊びを正当化したものだ。王に比べれば身分が劣るバッタンバンの州知事でさえ百人以上の妻を持っており、家の者は下働きの少女から第一夫人にいたるまで、公邸の中でも上半身裸で過ごすのだと話して、訪れた仏僧を狼狽させた。一夫多妻制は領土の豊かさを裏付ける男らしさの象徴だった。

カンボジアの生活は、泥臭く素朴だ。自然が密生して実を結ぶ。太陽は鉄のハンマーのようにがんがんと照りつけ、ジャングルには霧がたちこめ、地面は熱と熱帯の色を帯びて脈動する。晩春になると、田舎ではオレンジ色の蝶が密集した雲に覆われた。幅数キロにおよぶ蝶の群れが一面の蓮の花や鮮やかな緑の水田をわたる。少女は十代になれば女性として花開き、二十歳になれば色あせる。小さな男の子は裸で走り回り、女の子は自分とほとんど同じ大きさの弟を背に、おぼつかない足取りで歩く。サルやネプが幼かった頃は、トンレサップ湖の傍らの草の茂る湿地に向かう象の群れがプレクスバウを通っていった。洪水が起これば、村人は水牛の背に乗って槍を手にイノシシ狩りをした。ロトの長男スオンが初めて南に一六〇キロ離れたプノンペンに向かったときの選択肢は、中国人商人の汽艇で十八時間か、牛に牽かせた荷車で三日間かのどちらかだった――それも乾期だけのことで、雨期には道がなくなってしまう。

カンボジアは昔から、風景も生き方も中国よりアフリカに近い。竹をバオバブに、蓮を葦に換えればケニアやタンザニアと同じだ。浅黒い肌のカンボジアの農民は誇りをもって自らを「ブラック・クメール」と名乗る。東の国境では――儒教的な礼節・美徳観念に基づく能力主義社会によって維持されている――微妙に中国風なベトナム人文官の世界が、バラモン教の世俗的な激しさやインド風の考え方と衝突していた。フランスがインドシナと名づけた他の国々以上に、カンボジアはアジアの基盤となる二大文化の境目にあったのだ。

ロトの家族は王家や多くのカンボジア人と同じく、中国系クメール人の血筋をひいていた。サルの名前はかれの白っぽい「中国人的な」肌の色からつけられたが――「サル」という言葉は「白」もしくは「白っぽい色」を意味する――その特徴はネプにも受け継がれていた。だがロト――植民地の総督から名前だけでなく姓も名乗ることを強要され、後にペン・サロトと名乗る――が中国の行事をおこなうことはなかった。ロト夫妻はキンミン（清明）に先祖の墓を掃除することも、旧正月を祝うこともなかった。まして中国語を話すこともなかった。かれらはクメール人らしく暮らしていたし、周りの人々と同じように心の中はクメール人だった。人々の文化はビルマ人やインドネシア人、そしてスリランカからティモール海にいたる水際のアジア諸国の人々と同じく、インドの影響を受けていた。

ネプは、自分たちは普通の幸せな家族だったという。ロトは自分の考えを表に出さない慎ましい人間だった。「父は誰ともふざけたりしない人でした。怒っていてもそれを顔に出すことや暴力をふるうことはありませんでした。いつも穏やかでしたよ。母も同じだったからうまくいっていたのでしょう」。下の子供たちは父によく似ており、サルもいくらかはその性格を受け継いでいた。ロトはカンボジア人の父親そのものの厳格な人間だったが、当時の基準から見れば、かれの体罰はまだやさしいものだった。当時は村の教師が反抗的な生徒をしつけるために赤アリの巣の上に横たわらせることもあった。ケン・バンサクもこれを一度経験してからは行いを改めたという。

わたしは算数が嫌いだったから掛け算の九九を覚えようとしなかった。そして授業のたびに腹が痛いから帰りたいと言った。すると三度目に教師が言った――「わかりました。帰ってもかまいませんが、その前に七の段を暗唱してみなさい」。もちろんわたしは答えられなかった。ひどくぶたれたよ。蹴りを入れたり殴ったり……容赦なかった！　そして外のグレープフルーツの木の下に連れていかれた――赤アリがびっしりのところに！　それからは九九を忘れたりしなかった。よく覚えていたから、他の生徒の問題を全部解いてやっては弁当のおかずをわけてもらった。かれらの親の方がわたしの親よりも裕福で豪華なものを食べていたからね。

だがこのような体罰はカンボジアの若者にとっては当たり前で、ケン・バンサクもこの教師のことを、学ぶ楽しさを教えてくれた「尊敬すべき聖人のような人」と評している。たしかにこの教師はケン・バンサクの父親と似たりよったりだった。父親はかれの腕を縛りあげ、ベッドに放り投げてかれが気を失うまで杖で殴ったのだ。サルとその兄弟はもっと恵まれていた。というより村人の言い方では、かれらはそんな苦しみを味わう運命になかったのだ――精霊の守護があったのだから。現在もそうだし当時はもっと顕著だったが、カンボジア人は並行して二種類の人生を送っていた――一方は自然界のもとで理性に従うが、一方は迷信に満ち、怪物や幽霊や魔女や魔術の恐怖にとらわれているのだ。カンボジアはこの点では――ある程度はいまもそうだが――王さえもまず占星術師に相談しなくては重要な決断ができない中世の国だった。ここにもアフリカとの圧倒的な類似点がある。それぞれの村に呪術師あるいは「アプ」と、「ク・ルー」つまり治癒者がいる。そして地域には「ネアク・タ」という守護精霊が宿る石や古木があり、それを鎮めるために香料と香水の貢ぎ物が要る。田舎では殺人の動機として圧倒的に多いのが呪術だ。大学出のカンボジア当局者でも、魔術師容疑者を殴り殺した暴徒についていまだにこんな説明をするのだ――「あの手の連中は力が強すぎますから。農民たちとしてはほかにどうしようもないでしょう?」

サロト・サルの幼い頃の思い出にはこのもう一つの世界の物語が織り込まれている。老いたかれは、一人の「ドマップ」つまり魔術師の話を語っている。神を冒瀆した罰として、その魔術師の口は藁ほどの大きさに縮められてしまった。かれが食事をするために生地を延ばし、細長い紐状にしたのがカンボジアの麺類の始まりだという話だ。他にサロト・サルが覚えていたのは、古代中国の妖怪饕餮《とうてつ》のように頭部と腸しかない、泥の中にすむ汚いものを食べる大食らいの精霊の話だ。他には薬をつくるために死後それほどたっていない死体から抽出する死蠟についてのおぞましい話、男たちが妻の腹から引きはがした胎児をミイラにしてつくる「クン・クラク」つまり「薫製の子供」——守護の力を持つ家族の精霊——の話などがあった。

カンボジアの民話がすべて残酷なわけではない。サロト・サルの子ども時代によくあった言い伝えはウサギ裁判官と人と、出し抜かれてばかりのその動物仲間の武勇伝だった。だがここにも根底には、予想のつかない人生の悪意と不正というテーマがうかがえる。他のほとんどの土地の子ども向けの話は勧善懲悪だが、サロト・サルやかれの年代の子どもたちがカンボジア社会のありかたに対する見識を最初に養った想像上の世界には、そのような明確なルールはなかった。クメールの伝説では、盗賊は罰せられず逃げおおせて幸せな生涯を終える。そしてまったく罪のない男たちが処刑され、悪事も成功すれば称賛を受ける。策略が良い評価を受け、誠実な行いが非難され、善が愚とみなされる。そこに同情の余地はほとんどない。判事は愚か者として描かれ、真の正義を下せるのは王だけで、その裁定に抗告することは許されない。

これらの話を通じてサロト・サルとその兄弟は上座部《じょうざぶ》仏教のモラルに触れた。現在の運命が前世の行動の結果であるように、因果は果てしない自己成就の輪廻の中で、この人生でなく来世以降にめぐってくるという教えだ。

プレクスバウ村は小さすぎて、寺院はなかった。だがロト夫妻は月に四度の仏教の祭日には、牛車でコンポントムの大きなワット、つまり寺院へ向かった。ここで上の息子スオンとセンは読み書きを習った。ロト自身もかつてここで読み書きを習った。妻のネムは文盲だったが、中国人の血を引くロトは教育の必要性を充分に理解していた。一九三〇年代始めに米の価格が上がって家が栄えたことから、ロトは下の子たちをプノンペンの学校へ送り出すことにした。当時プノンペンのスオンは王宮の仕事で地位を確立し、王宮舞踏団の若い女性と結婚したところだった。

まずチャイがプノンペンに行き、一九三四年にサルが後を追った。今度は牛車ではなく、フランスから導入されて間もない最新型の木炭式エンジン搭載の蒸気バスだった。カンボジア人たちは否応なしに近代へと引きずりこまれていった。それも渋々と後ろを振り返りながら。

サルをプノンペンにやったのは新しい欧米風の小学校に通わせるためだったが、すぐに入学とはならなかった。両親は、サルに王宮の数百メートル南のワット・ボトム・ワッデイという大きな仏教僧院で最初の年を過ごさせることに決めたのだ。

この妥協は、無意識のものかもしれないが、時代の不安を反映したものだ。フランス人から伝わった欧米風の自由な価値観と、変化しない内向的かつ保守的なカンボジアの伝統との間の緊張は増していた。そこから生まれた苦悩は、やがてサロト・サルの良き師となるケン・バンサクの書いた演劇にもあらわれている。伝統を重んじる家庭出身の不器用な若い男の苦しい立場を描いた話だ。外国風のものに夢中の、とても近代的でおしゃれな恋人と、年老いた祖父との板挟みで苦しむその男は、見えないゴールへ向かって自分たちには理解できない変化をくぐり抜けようと模索するカンボジアの人々をたとえた姿だった。この頃ソン・ゴク・タンという若手の法律家率いる有識者の集団が、初のクメール語新聞の構想を練り始めた。新聞の名前は「ナガラ・ワッタ」――パーリ語で寺院の地（ノコール・ワット）を指す言葉で、アンコール朝の栄光を連想させた。カンボジアの愛国主義がわきおこりつつあり、カンボジアのアイデンティティをどこに求めるかが関心の的となっていた。

トマユット派に属するワット・ボトム・ワッデイは、王室に目をかけられた小規模でエリート主義の仏教僧院で、塀で囲まれた村のようなものだった。入り組んだ細い路地と住居、つまり寝起きする部屋と食堂がバニヤンやヤシの木立に隠れて建つ僧院をとりかこんでおり、そのそばには二本の巨大な青灰色のストゥーパがそびえていた。見習いはインド風の赤い法服をまとい、家々の間に座り込んで洗濯をしたり僧侶のために米を炊いたり、声をあげたりけんかをしたり、訪ねてきた平信徒の友人をからかったりしていた。いつかかれらの立場は逆転する――若い奉仕者たちは外の一般社会に戻り、その友人がかわりに見習いに入るのだ。ワットは回転ドアだ。街の喧噪と、儀式や瞑想を通じて精神的解放を求めるカンボジア人の内に秘めた渇望がたえず入れ替わる場所である。

毎年、七歳から十二歳の子どもたちが百人ほど僧院に送られ、三宝《さんぽう》と八正道《はっしょうどう》の教えを極め、同じく重要なクメール語の読み書きを習う。

多くはサロト・サルのように田舎の出身だったが、身分の高い血筋の少年もいた。数ヶ月をそこで過ごすことで宗教上の義務を果たすために両親に連れてこられたのだ。ひどいホームシックにかかる少年も多かった。ネプもプノンペンに送られてみじめな気持ちになったことがあった。だがサルは、両親を恋しく思っても決してそれを口には出さなかった。それどころかワットで過ごした日々をのちになつかしく振り返り、実際よりも長い期間を過ごしたかのように、経歴をしばしばごまかしてもいる。

この時期は非常に重要な発育期だった。僧院の戒律は厳しかった。見習いのサルは、厳しい戒律社会の一員になったのだ。王宮や王宮舞踏団など伝統的なカンボジア組織すべてに共通することだが、独自性や自発性は奨励されず、わずかでも道を外れれば罰せられる。その時の主流派に無条件に従う従順さがいちばん得だ。後にボトム・ワッデイの僧院長となったヌン・ンゲトはサルと同年輩だった。

当時、ワットに見習いにきた者は法服を着ることを許されるまで三ヶ月は学ばなければなりませんでした。僧侶としての作法を教わるのです――法服の着方、話し方、歩き方、敬意を表すときの掌の合わせ方（中略）。言われた通りにしなければ鞭で打たれ、正しい歩き方ができなければ殴られます。歩くときは静かにゆっくりと、足音をたてたり腕を振ったりしてはいけません。動きは穏やかでなければならないのです。振る舞いと（仏教の）教えの規範はパーリ語で覚え、つまることなく暗唱できなければなりません。口ごもれば殴られることになります。

少年たちには年上の僧侶とは別の宿舎が割り当てられていた。朝は四時に起床し、線香に火をつけて、法であり聖者である仏陀に深く礼拝する。そして二時間、年上の僧侶にならって読経をしてから決められた雑用――寺院の庭掃除、朝食の米の調理――にとりかかる。さらに二時間を教典の暗記に費やしてから僧侶の托鉢に同行するが、その間も自制のために心の中でパーリ語の嘆願の言葉を唱え続ける。戻ってくると二度目にしてその日最後の食事を作る。米と野菜が主体となるこの食事は、正午までに終えなければならない――僧院の規則で、昼から翌日の日の出までは食べ物を口にしてはいけないからだ。午後には基本的な読み書きとクパプを学ぶ。クパプとは、十六世紀から伝わる伝統的な箴言集だ――「人道の書」、「古代の格言の書」、「輝かしい伝統の書」などがある――それを暗記するまで音読する。

これらの教訓的な書物は、両親、年長者、序列が上の者――それに加えて女性の場合は男性――を敬うことに根ざしているという点で、中国やその他のアジア諸国で読まれているものと基本的にはあまり変わらない。だがその厳格さと妥協のなさは抜きんでている。儒教の読本では、励まして引き出すべき才能と人格を備えた個人として子どもを扱っているが、クパプでは「物」――仏教用語では「因果の集合体」――として扱っている。だからその行動は、不変の価値を正しく伝えられるように形づくらなければならないとしているのだ。男の子用のクパプでも充分に厳しい――「両親が伝える伝統を壊すな！　両親の忠告に逆らうな！」だが女の子用には――封建的制度においては避けられないことだが――さらに頑固で人間味に欠けた内容になっている。

> 夫が眠っているときに背を向けてはならない。夫の頭に触れる前には、かならず敬意を表してお辞儀をすること。（中略）（夫の）望みを尊重し、気にかけ、その忠告を心にとめること（中略）。（夫から）命令されたときは一瞬もためらうことなく応じること。（中略）夫と同等であるかのように振る舞わないこと――主人である夫の上に立とうとしないこと。夫に侮辱されたなら自分の部屋に行って反省し、侮辱や口答えをしないこと……。

クパプには、少なくともサロト・サルが学んだとされる形式のものには、もう一つ特徴があった。クメール人を正直で誠実ながら「愚かで無知」な存在として描き、もっと利口な隣人である中国人やベトナム人にだまされてばかりいると描いていたのだ。

おまえの目は開き、見えている
だが見ているのは物事の表面だけ（中略）
全力で（中略）計算を学びなさい
中国人とベトナム人にだまされないように（中略）
クメール人は判断力に欠ける
適切で正しいかを考えずに食べてしまっては
季節ごとに中国人から借金。
そして親が残した遺産は中国人に取られる。

クパプが僧院の外の世界での生活を規制する実質的な掟であったが、僧侶たちは同時に幼い見習いたちに超越の精神を教え込もうと努めていた。それが最も受け入れにくいものだった、とヌン・ンゲトは語っている――「かれらは煩悩を断ち切り、物に固執しないようにと教えました。普通の人間であれば（普通の生活が）できます。いい食事が食べられるし、結婚もできる。（中略）僧侶になればそのすべてをあきらめなくてはならない」。

超越を強調した教えに、子供だったサロト・サルもやはり驚いたかどうかは知るよしもない。だがそれは無意識のうちに心に残ったに違いない。個人的な絆の放棄と個の抑圧は――思想においても行動においても――のちにかれの政治的信条において、重要な要素となるからである。

一九三五年の夏、サロト・サルは十歳でワット・ボトム・ワッデイを離れ、子どもが生まれたばかりの兄のスオン夫妻のもとで暮らすことになった。かれらのとてつもなく大きな家は木の柱を使った木造建築で、広々とした正面のベランダからは、木や花を植えた桶の並ぶ小さな中庭が見えた。兄のチャイは先にここでスオン夫妻と暮らし始めており、一番下のネプもサルのすぐ後にやってきた。

その九月にサロト・サルはチャイの学ぶ小学校、エコール・ミシュに入った——十九世紀に実在した宣教師からとられた名前だ。ここではベトナム人とフランス人のカトリック神父がフランス語で授業をおこない、毎日授業の前に一時間かけて公教要理を学び、集団で主の祈りか賛美歌を詠唱する。一見したところでは妙な選択に感じられるかもしれない。かれの家族はカトリック教会と何の関係もなかったからだ。だがこの学校は評判が良く、公教要理以外のカリキュラムはプノンペンの主な小学校と同じだった。当時、他の小学校は保護領の権威者が運営しており、ヨーロッパ人のほかティウン・ティウーンやその兄弟など西洋かぶれの名家出身の一握りのクメール人しか通えなかった。一九三〇年代のカンボジアでは小学校すらろくになく、控えめだったエコール・ミシュの学費ですら、ごくわずかな人々以外にはまったく手が届かない額だった。国全体で見ると、就学年齢の子供五十万人のうち、「近代」教育の基礎を受けられるのは二〜三千人程度だった。

当時のプノンペンは、ありふれた首都ではなかった。奇妙に非クメール的だったのだ。

訪れた人々が目にしたのは次のような光景だ。「いくつものテーブルで話し合うフランス人(中略)。白いスーツとヘルメットの中国人、裸の上半身にたっぷりした黒のズボンをはいた安南人——その中に驚くほど少数のカンボジア人」。クメール人は、人口十万人のうちかろうじて三分の一を占める程度だった。残りのほとんどはカンボジアの商業を牛耳る中国系の商人か、若手官僚や漁師や日雇い労働者として働くベトナム人だった。そのほかタイ人、マレー人、ポンディチェリからきたインド人もまばらにいた。二〜三百人のフランス人の家族が、目立ちはするがごく小規模な小宇宙を形成し、文化的・知的生活にふさわしいもの――オープンカフェ、並木通り、植民地風の地中海式建築――に、お墨付きを与えていた。その結果、国際的で矛盾した場所ができあがった――活気がないのににぎやかな――相反するスタイルのごちゃ混ぜだ。

往来は地元の人間が建てたガリス（地元の言葉でマッチ箱）、きらびやかな自動車、人力車、小さなポニーに牽かせた頭でっかちの乗合馬車、（中略）アンコールの壁画にそっくりな牛の牽く荷車でごった返していた。（中略）その背景の典型的なフランス風大邸宅がひしめく通りや郊外とは、すべてが反対に動いていた。（中略）プノンペンの市場は独特でありながら、フランスの市場と共通したところが多かった。（中略）品物は、立ち並ぶ屋台ではなく、舗道にきれいに並べられていた。（中略）手作りの籠に植えられた花が、赤、オレンジ、白、紫、ピンク、緑と色とりどりに（並んでいた）。（中略）太陽が楽園を通り過ぎると、品物も（別の舗道へと移され）ふたたび根気よく整然と並べられるのだった。

金と派手な装飾をとり合わせ、刻み目をいれた黄色い漆喰の壁に、入念に渦巻き模様で飾った見張り小屋と立派な錬鉄の門扉をそなえた王宮も――スエズ運河開通の折にユージェニー皇后が使い、後に解体されてインドシナへ送られたベル・エポックのあずまやは言うまでもないが――フランス人の建築家が東洋のモナコを思い描いて築いたかのようだった。

プノンペンの異質さと、クメール人を犠牲に他のアジア人が主導的役割を果たしている点は、サルにあまり気にならなかったようだ。「別に驚きませんでしたよ。カンボジアには中国人があふれていましたから」とネプは後に説明している。プレクスバウほど小さな村にさえ――地域にたった一つだが――中国人の店があり、コンポントムの商人たちは毎年収穫された米を買いにその店に集まっていた。

だがベトナム人は違った目で見られていた。クメール人の子どもならだれでも三人のカンボジアの囚人の話を知っていた。ベトナム人が三人のカンボジア人を首まで埋め、その頭を三脚がわりにやかんをのせ、中央に火をつけて「主人の茶をこぼす」ことがないように動くなと命じた、という話だ。カンボジアの象徴である「トノット」つまり砂糖椰子が国境の手前三～四キロ以降は育たないのは「ベトナムで生えたくないから」という話と同じく、子どもならだれでも知っている話だ。このような物語はあきらかに事実ではないという点はどうでもいい。こうした小話には、カンボジア人が先祖代々の敵とみなす国についての印象がまとめられているのだ。十九世紀にシャム人が残虐行為をおこなったにもかかわらず、タイについてはこれに相当する話はない。

ベトナムはカンボジアにとっての鬼だった。クメール人の子どもがけんかになると年上の子どもが仲裁に入り、カンボジアにはすでに敵がいるのだから仲間内で争うことはないと諫めたと、サロト・サルの友人は語っている。だが何より嫌われていたのは、ベトナム人という概念だ。かれらはクメール人にないもののすべてだった――規律正しく、精力的で男性的な人種で、その何世紀にもわたる南への容赦ない移民はカンプチア・クロム、つまり南部カンボジアをのみこみ、のちの南ベトナムにしてしまった。そしてフランス当局の援助と幇助を受け、いまやカンボジアそのものを乗っ取ろうとしていたのだ。フランス当局は大規模なベトナム人移民を奨励して、植民地の下級役人として登用し、カンボジア人にはこなせそうにない技能を要する肉体労働にも使っていた。結果として人種的嫌悪以上のものが生まれた。激しい民族的劣等感で、それを克服するためには古代の栄光を夢見るしかなかった。個人レベルではクメール人とベトナム人が親しくなることもできただろう。クメール人の生徒たちが安南人の教師を好意的に回想する例はよくある。だが二つの人種間の文化的な隔たり——儒教と上座部仏教、中国世界とインド世界——は、相互の無理解と不信を生みだし、人種的殺戮や大虐殺という形で定期的に爆発することになった。

プノンペン地区は川沿いに地域分けされている。ベトナム人の「カトリック村」は北に、フランス人地区はワット・プノン——街の名前の由来となった古代の墓——の周囲に、中国人は中央の商業区域に、クメール人は南の「カンボジア村」に。

サロト・スオンが家を建てたのは、王宮から一キロほど西の、野原や湿地帯を横切って新たに敷設された通りだった。プノンペンの街はメコン川がトンレサップ川、バサック川と合流する氾濫源に位置している。一九三〇年代前半にフランス人が排水設備の整備に着手し、沼地や湖水地方の大部分が埋め立てられていた。スオンの家はその埋め立て地の一画の、下級官吏や王宮勤めの者が多く住む場所にあった。そこから二キロほど北のワット・プノンのそばには鉄道の駅があった。このあたりも埋め立て地だったが、一九三五年に鉄道が導入されていた。毎朝サルとチャイが学校に通う道沿いの、駅より手前にあったやはり沼地だった場所には中央市場が建てられようとしていた。中央市場はアール・デコ風のしゃれた十字型の構造で、巨大なコンクリート製ドームがついていた（ローマのサンピエトロ大聖堂よりも高いというのがフランス人建築家の自慢だった）。一九三七年九月にその開幕式典が現地最高位のフランス領事指揮のもと、上級官吏や著名人を招いておこなわれた際には、サルも兄弟と見物に出かけた。

若者にとって一九三〇年代のプノンペンは驚きに満ちた場所だった。毎年十一月の水祭りの期間には、雨期の雨でかさを増した水がトンレサップ湖をあふれさせ、トンレサップ川を海へと逆流させる。ドラゴンボート・レースを観戦する王に付き添い、アンコール朝の学識者の流れを受け継ぐ「バク」らが白いローブに身を包んで長い髪をシニョンにまとめ、法螺貝でできたトランペットをかかえて王族用の船に乗り込む。王の合図で三日間にわたって飲めやうたえの大騒ぎが始まり、普段タブーとされている良家の若者と未婚の子女の火遊びもこのときばかりは見逃される。サロト・サルがプレクスバウの両親のもとに帰るクメールの新年（四月）をのぞいて、大きな行事はすべて王と仏教信仰を中心におこなわれていた。毎年春になると、王宮で飼われる牛が聖畝を掘り起こすところを見物する人々が集まった。これで王宮の占星術者がその年は豊作か飢饉かを占うのだ。王の誕生日「タングトック」には、地方の統治者らが表敬訪問をおこなった。王宮のしきたりは厳しかった。王宮内では、植民地になどされていないかのように王が絶対的統治者、「万物の主」として君臨し、神に次ぐ聖なる存在として民衆に崇拝されていた。

王に謁見する際は（とある経験者が書いている）王子、官吏、高官らはみな手と膝を床につけてうずくまり、手を頭の前に掲げる。王はその上方で玉座に座し、インドの神像のように足を組んでいる。王が入室あるいは退室する際には、その場の人々は三回平伏する。王の命《めい》がない限り口を開くことは許されない。（中略）また、王の言葉に公然と異を唱えることもできない。

その象徴するところはあきらかだ――廷臣の頭部――クメール文化において体の中で最も尊い部分――頭部が王の足下にあるのだ。王に話すときは特別な言葉を使わなければならず、王家の出身でないものはみな、最高位の大臣でさえも、王に捧げる文句としては「われら王の排泄された物を頭上におしいただく者」に区分された。

サルは姉のルーンやレディ・メアクに会いに王宮に出かけることもあった。二人とも側室用の地区にそれぞれ木造と煉瓦造りの小さな家を与えられていた。時にはそこでのちにコサマク妃となったシアヌークの母親に出会うこともあった。彼女が通り過ぎるときは他の子どもたちとともに跪いたとサルは振り返っている。かれは人生の終盤になってこういった訪問のことをなつかしく振り返り、特にコサマク妃については親しみをもって語っている。

王宮を訪れたときのことがサロト・サルの記憶に刻み込まれているのには、もう一つ理由があったと考えられる。一九三〇年代当時のカンボジア国王のハーレムは抑圧された性に満ちていた。公式な妻たち以外にもモニボン王は数え切れないほどの側室や召使いの少女を抱えており、そのほとんどは十代か二十代前半だった。モニボンは年齢に加えて健康が思わしくなかったことから、必然的に彼女らのほとんどが肉体的に欲求不満だった。

十五歳だったサルはまだ子どもとみなされていたため、女性用区域にも立ち入ることができた。数十年後になって、フランス政府からの年金を受けて、パリで老後を暮らしていた王宮の女性二人が「小さなサル」について振り返っている。サルは白いシャツにゆったりしたズボンと木靴という学校の制服のままで王宮を訪れていた。若い女たちは寄り集まってサルをからかったという。みんなでかれのベルトをゆるめ、性器を愛撫して満足させたのだ。サルが彼女たちと関係を持つことは決して許されなかった。だが王族の快楽館という欲求不満の温室では、サルとのたわむれが代償的な満足を彼女たちに与えていたようだ。[*2]

ルーンはこの頃すでに王に寵愛されていた。彼女の家の家具の取りつけはモニボン王自ら監督し、宝石と自動車も与えていた。ルーンもサルが訪ねてきたことを振り返り——やはり「かれはなにかまじめに言いたいことがあると、いつも冗談でごまかした」と回想している。

これをあまり深読みすべきではなかろう。クメール文化では、礼儀正しさ――これも初期のサロト・サルの一面だったとネプは述べている――には遠回しな言動がつきものだ。それでも、ここには鉄壁の微笑や笑いで本心を隠して人生を送ることになる少年の、興味深い一面を垣間見ることができる。それにかれは確かに冗談の得意な人物だった。ネプだけでなく、サルの学友たちはみな、かれが楽しい仲間だったと振り返る――そのうち一人はサルについて「一緒にいて楽しい少年」と表現している。隣人からやや堅物と評されていた兄のスオンでさえ、幼い頃のサルは「鳥さえ傷つけられない」「かわいらしい子」で、心配をかけることもなかったと認めている。

唯一の汚点が成績だ。チャイはあきらかに学力が高く、試験にも楽々と合格した。サルはちがった。初等教育の修了試験は、本来なら一九四一年に合格しているはずだった。でも実際に修了したのは二年後、すでに十八歳になってからだ。二度も留年していたのだ。これはフランスの教育制度では、授業についていけない生徒によくあることだ。プノンペン南部で小学校に入ったネプもやはり凡庸な生徒で、三年後に両親に呼び戻されて農業を手伝うことになった。チャイはカンボジアでもっとも古い名門高等中学校「リセ・シソワット」で学業を続けることになった。サルも入学試験を受けたが不合格となり、コンポンチャムに開校した中学校「コンポンチャム・プレア・シアヌーク」に寄宿生としてなんとかすべりこんだ。そして一九四三年の秋にメコン川沿いのプノンペンから八〇キロ北東のコンポンチャムへと移った。

一九四〇年代前半はクメール人にとってもフランス人統治者にとっても、カンボジアがやっかいな変化をとげる時期となった。

ヨーロッパにおける第二次世界大戦の勃発と、フランスがドイツに負けたことで、一九四〇年七月以降、カンボジアはペタン将軍率いるヴィシーの対独協力政府管理下におかれ、ドイツの同盟国であった日本の庇護下にくだった。冬には、フランスの形勢不利を見たタイが国境付近のバッタンバン、シソポン、シエムリアプへ侵攻した。日本帝国政府はこれらの交戦国に休戦を申し出て、春に東京で交渉をおこなったのちに紛争地域のほとんどをタイに与えた。カンボジアに許されたのはシエムリアプとアンコールワット寺院の保有だけだった。モニボン王は領土の喪失という屈辱の中、その一ヶ月後に六十五歳で生涯を終えた。サルの姉ルーンはボコールの別荘で王の死を看取った。後継者候補は数百人いたが、ペタン派の総督ジャン・ドクーが選んだのは十八歳のノロドム・シアヌークだった。当時かれはサイゴンの中学校に通っており、得意な科目は哲学と音楽だったと言われている。

これは妙策のように見えた——芸術家気取りの十代の王様なら、フランスの意のままになるはずだからだ。だが、一九四一年四月のシアヌークの即位は世代交代をもたらしただけでなく、政治形態にも植民地統治者たちの想像を絶する変化をもたらした。

フランスの敗北もまた、他の変化をもたらした。第三共和制終盤のフランスの政治形態・社会生活は、堕落、役立たず、人生の娯楽、売春、アペリティフ三昧の怠惰な仕事ぶり、悪徳弁護士、汚職政治家の派手で退廃的なごった煮だった。ヴィシー政府の政治的信条ＴＦＰ——「労働、家族、祖国（Travail, Famille, Patrie）」の略だが、反対者からは「永久に労働力（Travaux Forces en Perpetuite）」と風刺された——は、道徳的かつ禁欲的だった。古くからインドシナにあるフランス系の学校では、ヴィシー政府の「国家革命」への追従はせいぜいが形ばかりにすぎなかった。だがコンポンチャムの新しい学校では、ヴィシー政府体制が始まったのちに職員が募集され、その要件はペタン主義への献身とされていた。

公教要理を毎朝暗唱するかわりに、サルや級友たちはこう歌うようになっていた。

元帥よ、われらはここに！
フランスの救国者、あなたの前に
あなたの子らはあなたに忠誠をささげ
あなたの後に続くことを誓う

冒瀆的な祈りもあった――エコール・ミシュ出身のサロト・サルならそのツボがわかっただろう――それは高齢の元帥の慈悲を乞うものだった――「父よ、われらが指導者よ、御名に栄光あれ（中略）悪より救いたまえ」。序列、統一、労働を称賛するペタン派の賛歌は少年たちの心に残り、キュー・サムファンにいたっては、それから五十年が経過しても戦時中の話になるとそれを歌い出すほどだった。ペタン主義にはまた別の側面もあり、それが何十年たってもカンボジアの共産主義者の無意識に刻まれたようだ。若者は機動式の労働隊「若者の建設地（les chantiers de la jeunesse）」に入れられた。クメール語でジャラトと呼ばれる組織だ。女遊びに興じたり酒に酔ったりすれば罷免され、農民は国家の生命力の権化だと美化されて、都市生活は本質的に堕落していると非難された。

フランス当局の弱体化と日本の台頭には、『ナガラ・ワッタ』を発行する若者も気がついた。一九四〇年以降『ナガラ・ワッタ』は明らかな反植民地（かつ反ベトナム人）傾向を帯び、行政担当が安南人に占められていることを糾弾し、カンボジア人を同レベルに教育できなかったフランスを批判した。創始者ソン・ゴク・タンとその周囲の知識人は、日本がフランスの手中からカンボジアを引き出すてこになるととらえていた。日本側は、かれらのことをフランスの均衡を崩しておくのに役立つ急進派とみなしていた。

それぞれの相反する野心は、この草創期の民族主義運動に初の殉教者をもたらした。一九四二年七月十八日、フランス当局は破壊分子と目される二人の僧侶を逮捕した。法的にも慣習的にも必要とされる仏教当局の事前承認は得ていなかった。その二日後に『ナガラ・ワッタ』の編集者パク・チューンが二千人ほどの運動家を率いて――その中にはサフラン色の法衣をまとい、黄色い傘を手にした僧侶が何百人も含まれていた――フランスの総督に抗議した。暴動が起き、「警察は警棒を使い、僧侶は傘で打ち返した」。パク・チューン、ブンチャン・モルら首謀者と見られる人物は捕らえられ、終身刑を言い渡されて、ベトナムの南岸沖にあるフランスの監獄島、コンドル島に送られた。ソン・ゴク・タンはタイに逃がれたのち日本へと向かい、一九四五年までそこにとどまった。

のちに「傘の暴動」と呼ばれたこの事件は、ほぼ三十年ぶりの大規模な反フランス・デモで、長期にわたってクメール民族主義の成長の触媒となった。だがこれがサロト・サルの世代の若者に直接与えた影響は小さかった。事件のことを知ってはいても――サルがその日プノンペンにいたことはほぼ確実だが、目撃してはいないようだ――社会意識の強いケン・バンサクでさえ、この事件の意味をつかみそこねていた。これに気づいたごくわずかな人々の中には、イエン・サリが含まれていた。当時かれはベトナムの国境に近いプレイベンの学校にいた。暴動のしらせが街にとどいたときのことをかれは覚えている。「みんなその話でもちきりだった。『民族（nation）』という言葉を理解したのはそれが最初だったと思う」。イエン・サリは他の者より数ヶ月年上だし、ずっと苦しい生活を送ってきた。かれの元の名前はキム・トランで、南ベトナムのクメール語がとびから区域の村の名士の息子だった。幼少時に家族は苦境におちいった。母のおかげでなんとか小学校には入れたものの、十四歳になると、プノンペンから六〇キロ南に位置するメコン川の主要横断地点であるネアク・ルオンでフェリーの切符売りの仕事につかざるをえなくなった。その一年後に、かれは地方役人のもとで働く兄の助けを得てプレイベンに移った。そこでイエンという年輩の「アチャリ」(在家の仏教伝道者)の養子となったのだ。

だがそのサリでさえ、『ナガラ・ワッタ』を読んではいなかった。リセ・シソワットで本当に政治に関心をよせていたのは、バンサクの四年上のメイ・マンなど年長の生徒だけだった。その他の生徒については、サロト・サルの友人であり仲間だったピン・ソイが語る通りだ――「わたしたちは若すぎた。ヨーロッパでは二十歳で大人とみなされるが、当時のカンボジアではその年齢でも世界で何が起きているかまったく知らなかった。大人になったのはもっと後だった」。

コンポンチャムのプレア・シアヌークでもエコール・ミシュの頃と同じく、サロト・サルは凡庸な生徒だった。授業についていけなかったのか、学業に興味がなかったのかは明らかではない。いずれにせよ、かれは学究肌ではなかった。器用貧乏とでも言おうか。一年下のキュー・サムファンは、かれが学校のオーケストラで熱心にバイオリンを弾いていたのを覚えているが「あまり上手ではなかった」という。のちにサルは、シタールに似たカンボジアの伝統的な弦楽器のロニアットを弾くようになった。音楽とロマンチックなフランスの詩への愛――ヴェルレーヌはお気に入りの一つだった――は、晩年まで変わることがなかった。また、かれはサッカーも好み、ちょっと活躍した――当時の友人の一人は、サルが完成させた「シザーズ・キック」――頭越しにボールを後方に蹴るやり方――について、五十年後もほれぼれと語っている。そして学校のバスケットボール・チームにも加わっていたほか、劇団で舞台係も務めていた。

プレア・シアヌークで二年目の半ばを過ぎた頃、政治情勢がふいに変わった。それは注意散漫きわまりない十代の少年さえ必ず気づくような変わり方だった。

ほぼ一年間にわたり、東南アジアでの日本の戦況は押され気味だった。一九四五年の初めには、すでに連合軍の大規模な反撃は確実だった。東京は戦略を修正し、民族主義的な感情をあおって植民地の先住民たちを味方につけるのを重点戦略とした。三月九日の夕方、ヴィシー政権との協定で一九四一年からインドシナに駐留していた日本軍部隊は、政府転覆をおこなった。三つの領地のフランス人当局者は逮捕され、一般のフランス人は抑留された。だが作戦がすべて円滑に進んだわけではなかった。カンボジア人がフランス人の逃走を手引きするケースが多く、北ベトナムでは共産ゲリラが日本の前哨基地を攻撃していたのだ。だがフランス統治は一晩で崩壊し、三日後にはシアヌークが日本に促されて「フランスはもはやカンボジアを保護できない」ことを理由にカンボジアの独立を宣言した。これは、リセ・シソワット一年生のイエン・サリ他の大勢のカンボジア人にとって、思いもかけない出来事だった。

フランス人が拘束されているのを見るのは初めてだったよ。目を疑ったよ。かれらは手の届かない、はるかな高みにある神のような存在だった。そのフランス人が後ろ手に縛られていた。メン(王宮のそばの空地)のところだったよ。日本人はそこに塹壕を掘った。(中略)そのフランス人が連行されていくのを見ていた。(中略)震え上がっていたが——目が離せなかった。その光景はひどく心に残ったよ。

メイ・マンもその出来事を級友と話したのを覚えていた――「わたしたちはその黄色人種――日本人――が、白人の植民者であるフランス人を出し抜いたのを目の当たりにした。それで自分の中の何かが目覚めた。われわれも考えるようになったんだ」。

四月に「傘の暴動」の指導者らが戻ってきた。シアヌークは日本の助言によってソン・ゴク・タンを外相に、のちには首相に任命した。ブンチャン・モルは、当時ハノイ大学の学生だった十九歳の甥っ子ティウン・マムの補佐を受けて政府顧問になった。

ティウン・マムはケン・バンサクと同じく、おそろしく頭がよかった。かれは家の裕福さと人脈のおかげでフランス人エリートの子供たちといっしょに育てられており、そのせいでフランス人の友人の価値観と、仲間であるクメール人への忠誠がしばしば相容れないことを幼いうちから理解していた。ティウン・マムは他の三人の兄弟と同じく、カンボジア人がフランス人と平等かそれより優れているのが当然と考えていた。十四歳のときには、同胞の後進ぶりは教育不足のせいだという結論に達しており、生涯にわたってこの見方を変えなかった。のちにティウン・マムはフランスのグラン・エコールの中でも最高のポリテクニークで学んだ――これはオックスフォードやハーバードで主席を修めるのに匹敵する――最初のカンボジア人になった。それは「カンボジア人にやればできることを見せる」ためだったと、かれは後になって語っている。だが一九四五年当時、ティウン・マムの関心は中等学校――当時まだリセ・シソワットとコンポンチャム・プレア・シアヌークの二校しかなかった――をどう運営するかということだった。フランス人教員たちは拘留されてしまっていた。ブンチャン・モルとエア・シチャウという生徒の援助を受けて、かれはまともな技能を持つベトナム人教授を招くという教育省の方針を否定し、ハノイから戻ったクメール人学生に欠員を埋めさせるべきだと論じた。白熱した議論を内閣府で繰り広げ、文部相に平手打ちを見舞ったのちに、この若手の先導者はその意見を通したのだった。
コンポンチャムで学んでいたサロト・サルと級友たちの優先事項は他にあった。政変の直後に、学校は長期の新年休暇に入った。キュー・サムファン、サロト・サルをはじめ十数人の生徒たちは、アンコールワットの寺院を訪れる資金集めに学校の劇団の地方公演をおこなうことにしたのだった。

わたしたちはコンポンチャム周辺のチへ、スヌオルなどの小さな町で小喜劇を上演したんですよ（と、キュー・サムファンは回想している）。わたしが演じたのは踊り子の少女でした。サルの役目はカーテンの上げ下ろしでしてね。充分な資金が集まると、木炭エンジンのバスを借りて村を後にしました。シエムリアプまでは三〇〇キロあって、往復には片道二週間。三〜四キロごとにタイヤがパンクするんですが、そのたびにみな手を叩いて歓声をあげて大喜びしましたっけ。だってそうすれば外に出て村を散歩できますから。村の女の子たちは必ずわたしたちを歓迎してくれた。彼女たちにとって、わたしたちみたいな大学生はすごい存在でしたからね！

ときには地元の人の家に泊まることもありましたが、バスの下で夜明かしする方が多かった。シエムリアプには三日間滞在しましたよ。当時そこは、中国系の商店が数件あるだけの小さな村でした。帰りの資金集めのために一晩だけ劇を上演したんですが、あとはほとんど寺院巡りをしてましたっけ。アンコールワットはすばらしく、まさに息をのむほどでした。

カンボジア人にとって、アンコール朝とその遺跡は過去の栄光を顕著にあらわしていた。カンボジアの元老ペン・ヌートはこう語っている――「カンボジア文明は十二世紀頃に頂点に達した。（中略）だが五世紀にわたる栄光ののち、クメール帝国は敗れ、滅び去った。（中略）この歴史の教訓をわたしたちは忘れない」。アンコールはベンチマークであり、重荷でもあった――カンボジア人の可能性の証明でありながら、ふたたびその高みに届くことはないことをつねに思い出させるのだ。キュー・サムファンが十歳の頃、小学校の教師がアンコール文明の栄光について話して聞かせた――「十三世紀以降、アンコール朝は崩壊したと聞いてどんなに落胆したか今も忘れませんよ。この衰退の歴史が無意識のうちにわが国に与えている影響を見くびってはいけません。このせいでカンボジア人の若者は今もほとんど本能的に、カンボジアは国家として生き残ることができないんじゃないかと考えてしまうんです」。

一九四五年の初夏は、鳴り響く空襲警報にあわせて過ぎていった。二月にアメリカ空軍がプノンペンの日本軍司令部を爆撃した。狙いを逸れた爆弾は王宮近くに落ちてカンボジア人を数百人巻き添えにした。コンポンチャムは爆撃を受けなかったが、警報のたびに生徒は学校の近くの植物園に集まり、点呼をとって警報の解除を待った。五月に入って当局もあきらめ、生徒は早めの夏休みで家へ帰された。サロト・サルは中国系クメール人実業家の下で働くことにした。この人物はガソリン販売のフランチャイズ店を地元で展開し、フランス商社のためにメコン川流域の農家から米を買い付けるのが仕事だった。かれが商売にかかわったのはこれが最初で最後だった。

秋に学校が再開される頃には、カンボジア人教師を募集しようというティウン・マムの努力も実を結び始めていた。新しく採用されたクヴァン・シパンは数学と物理と哲学を教えていた。生徒とほとんど歳は変わらなかったが、公正で高潔な人柄でたちまち人気をあつめた――生徒の一人は「誠実で愛情に満ち、頼りになる」教師と語っている。キュー・サムファンは振り返る――「先生は授業の前にきめ細かく準備をしていました。教室にくるとすべてを板書します。生徒はそれを一字一句書き写して暗記するんです。厳しく、尊敬を集めていました。（中略）だれ一人、コトリとも音をたてませんでした」。中学校レベルでさえ、一九四〇年代のカンボジアの若者は、フランス人教師が教え込もうとした分析と質問からなる欧米的な教育よりも、暗記学習になじみがあった。仏教の教えとクパプを覚えながら育ってきたからだ。リセ・シソワットで教鞭をとったピエール・ラマンは、次のように指摘する。

クメール語の「学習」という単語——リエンソウス——は「暗記」を指す「リエン」と「経典」を指す「ソス」で構成されています。つまり「学習する」とは「覚えて暗誦する」ことを意味するわけです。批判の精神はどこにあるのだろう？ 分析は？ 統合は？（中略）批判能力がないのは（クメール人が）無能だったり遅れたりしているせいではありません。でも、その欠如は一部の分野で足を引っ張ってしまいます。

クメールの伝統では質問は避けるべきとされる——若者——および目下の者たち全般は聞いて従えばよい。外国人教師が自分で考えることを強要すると、それに従えずに多くの生徒が学習意欲を失ってしまうとキュー・サムファンは指摘している。

シパンの指導によってサロト・サルの成績は上がり、翌年にはディプロム——当時中等教育修了の水準とされた試験——の準備にとりかかった。[*3]

一方、日本とドイツの敗北はフランスの復帰への道を開いた。一九四五年十月、イギリス軍は日本軍駐屯地の武装解除を名目にプノンペン入りした。数日後、ソン・ゴク・タン首相は捕らえられ、追放先のフランスで終身刑を言い渡された。これはのちに自宅軟禁に減刑された。翌年の一月に、カンボジアとフランスの両政府はフランス統治の再開を告げる暫定協定に調印したが、そこではカンボジアの自治も認められており、その政治的立場に今後の議論の余地を残していた。

フランスにとって、これは関係をしばらく安定させるためだけの方便にすぎず、やがてパリが徐々に完全な支配力を取り戻すつもりだった。だがカンボジア人はまったく違ったとらえ方をしていた。日本の占領によってフランスの正当性が土台から揺らいでいたのだ。独立はいまは却下されたにせよ、今後の計画には入っていた。明日は無理だとしてもあさって、一週間後、一年後にはきっと。方針は定まっていた。あとはそのタイミングを決めるだけだった。

また別の要素もあった。カンボジアの歴史において、政治は王室の領域とされてきた。だがいま、一八六〇年代以来初めて、庶民が王に真っ向から挑もうとしていた。政権の座にあった数ヶ月でソン・ゴク・タンは指導者としての地位を獲得し、シアヌークですらこれに対抗できずにいた。当時政治への関心が皆無に等しかったサロト・サルでさえ、フランスによって逮捕、審理されるという自己犠牲を払ったソン・ゴク・タンを英雄視していた。タンの逮捕後、側近らはベトナムとタイへ逃れ、そこで連携して秘密裏に反フランス運動を展開していた。中でも重要なのは一九四〇年にブンチャン・モルの叔父ポク・クンが立ち上げた「クメール・イサラク」（直訳すると「クメール自由戦士」あるいは「クメールの主」）だった。クメール・イサラクはタイ政府の手先で、資金援助も受けていた。タイ政府はカンボジア西部について領有権を主張する手段として、イサラクにフランスの前哨地を攻撃させていたのだ。ヴィシー政府の統治期間は活動を止めていたクメール・イサラクだが、戦争が終わってバッタンバンなどタイ支配下にある領土の返還をフランスが主張しはじめると、活動は爆発的に再開された。

一九四六年四月七日日曜日の早朝、古めかしい小銃と数挺のマシンガンで武装した男らおよそ五十人が、フランス人士官の多くが宿泊していたシエムリアプのグランドホテルを襲った。この襲撃に関わっていたブンチャン・モルによると、他に少人数で町の刑務所の囚人を解放し、政府関係者の家を攻撃しようとした集団もあったが、失敗におわったという。六時間後、武装した男らが去ったあとには、七人のフランス人の遺体が残されており、相当数の銃器がなくなっていた。かれらはアンコールワットの遺跡で一週間をしのぎ、その後ダングレク山脈にこもった。昔から山賊が隠れ家に使っていた北のタイ国境沿いの山々である。

小規模な攻撃は続いたが、フランス勢力の前には脅威というよりも刺激程度にしかならなかった。同年の十一月、タイは議論の的になっていた領土の返還に応じ、十八ヶ月後、タイの政権交代をもってタイからの反乱軍援助は打ち切られた。カンボジア側の状況は落ち着かず、多くの集団が山賊になった。農業生産体制は崩壊し——当時を知るとあるフランス人は、経済は死の淵にあると表現した——税収は激減した。だがクメール・イサラクが勢力を回復するには、カンボジアの政治はさらに変わらなければならなかった。

一九四七年の夏、サロト・サルは期末試験に合格し、数名の生徒とともにコンポンチャムからリセ・シソワットへ進学した。当時リセ・シソワットはまだ戦争による混乱から立ち直っておらず、第三学年に欠員があったからだ。まったく平凡な生徒であったサロト・サルにしてみれば、ここに入れただけで大したものだった。リセ・シソワットは毎年百二十人しか入学を認めていなかったからだ。一九七〇年代前半にカンボジアの首相となるロン・ノルの弟のロン・ノンは、コンポンチャムでもサロト・サルと親しくしており、ともにリセ・シソワットへと進学していた。これにサルより一つ年下の社交的で茶目っ気のあるピン・ソイを加えた仲良し三人組は、互いの家を訪ねたり休日を共に過ごしたりした。サロト・サルはふたたび兄のスオンと暮らすようになっていた。兄はその頃離婚し、再婚したところだったが、新しい妻となったチェア・サミーもまた王宮の踊り子だった。サミーは教養ある若い女性で、ピン・ソイは好感を持ったが、家にはわずかな家具しかなく、竹編みの椅子がいくつかあったのを見て、夫妻はあまり裕福ではないのだろうと思ったという。

一つ上の学年のイエン・サリと、その親友で地方の貧乏な家の出身ながら聡明なラト・サムーンにサロト・サルが初めて出会ったのもこの学校だ。

毎週木曜の午後になると、かれらは他の寮生らとともに制服――白いシャツ、青いズボンに白く塗られたヘルメット帽――でドゥダール・ド・ラグレ通り（十九世紀のフランス人探検家にちなんだ名前）をカルチェ・フランスまで歩いた。そこで解散した後は思い思いの過ごし方をするのだ。なかでも勉強熱心な生徒は国立図書館に向かった。国立図書館は黄色と白に塗られたギリシャ風の立派な建物で、正面玄関の右と左にそれぞれフランス語とクメール語で予言めいた言葉が刻まれていた――「力の束縛は一時にして、思想の鎖は永久に」。政治的傾向のあったメイ・マンはジャン＝ジャック・ルソーの作品やビクトル・ユーゴーの『レ・ミゼラブル』を読んだ。後者については長すぎて読み切れなかったと明かしているが、かれは六十年近くが経ってもそこから次の言葉を引用してみせた――「人生は困難との闘いだ。苦闘する者よ、生きろ!」イエン・サリはモンテスキューとヴォルテールを読みあさった。これらの思想家は選出議会による立憲君主国、司法の独立、市民の平等、基本的人権を提唱したが、そのどれもカンボジアにはまったく存在しないものだった。

十八世紀のヨーロッパの思想家から影響を受けたのはメイ・マンらだけではない。シアヌークもまたフランスの植民地教育を受けていたが、これは――カンボジア人に言わせれば――フランス革命をまったく不適切に強調するものだった。だが、クメール君主制の専制政治とルイ十六世のたどった運命との間に見られる不穏な共通点を、シアヌークは見逃さなかった。一九四〇年代後半、この若き王は政治体制の自由化に向けてためらいがちに歩み始めた。暫定協定を結んだカンボジアはもはや保護領ではなく、やがて設立されるフランス連邦の一国になるべく、限定つき自治権を記した憲法を与えられることになっていた。こうした新たな取りきめなど戦前の規定を回復させるための隠れ蓑としか思っていなかったフランスにとってやっかいなことに、シアヌークは憲法の承認を一般男性の選挙によって選出された協議会でおこない、その後の選挙にも同じ仕組みを採用すると主張した。こうして初めて政党の組織が可能になった。

シアヌークの魂胆は一つではなかった。統治者として全権を保持したいとの決意は固かった。だがかれは自らを近代化の先鋒と思っていて、国民にもそう思われたがった。それにかれの政治的触角は鋭かった。ソン・ゴク・タン（シアヌークもかれの逮捕に秘密裏に加担したとも言われる）の人気継続が気にかかっていたのだ。また国粋主義者たちは日本の敗北後にシアヌークがフランスと協定を結び直したことへの批判をささやき、これも懸念材料だ。「かれの国民」に政治的プロセスに関わる権利を与えることで、シアヌークは汚れたイメージを一新したいと考えたのだ。

カンボジア最初の国民選挙は一九四六年九月におこなわれ、首相にちなんで名付けられたユティボン皇太子の率いる民主党が勝利をおさめた。ユティボンには数学の学位を持つフランス人の妻がおり、本人もパリで傾倒した民主主義的思想や政治をカンボジアに導入したいという野望を持っていた。

学生は民主党の大義にとびついた。メイ・マンは民主党に投票し――ユティボンが拠点とする駅前の遊歩道を見下ろす大邸宅で開かれる執行委員会のために会議室を準備するなど――ボランティアとして党を支えた。一九四七年にはラト・サムーン他二人の急進派の若者――フー・ユオン、プノンペン教師養成校で学ぶケオ・メアス――が党事務所で働くようになっていた。同年四月、ユティボンは政権の座にたった六ヶ月ついただけで、三十四歳で他界した。死因は結核による肺の合併症とされている。ティウン・マムの義兄で、三十歳にしてリセ・シソワット初のカンボジア人校長を務めるためヨーロッパから二年前に帰国していたチェアン・ヴァムが、ユティボンの後を引き継いだ。一九四八年にピン・ソイが党に加わり、翌年――民主党のやっかいさに手を焼いたシアヌークが国民議会を一時休止した年――の十一月には、サムーンとイエン・サリが抗議デモの編成を手伝った。このデモでは多数が逮捕され、イエン・サリは数時間後に釈放されたが、百人以上が一週間拘置された。学生ストの宣言は他の都市にも広がり、サリを含む十二人の代表が王との謁見を求めた。「王さまはなかなか話のわかる人でした」とイエン・サリは振り返る――「われわれの話を聞き、全員の釈放を命じたんです」。

イエン・サリがユティボンの兄弟エンタラボンの書棚で『共産党宣言』に出会ったのはちょうどこの頃だ。植民地体制のもとでマルクス主義はタブーだった。授業で教師がロシア革命に触れることも禁じられていた。だがユティボンはプノンペンに戻る際にスーツケースいっぱいの「進歩主義的」な書物を持ち込んでおり、かれの死後にエンタラボンがそれを受け継いだのだった。

イエン・サリとラト・サムーンは『共産党宣言』を読んで首をひねり、その意味について論じ合った。

民主党がシアヌークの権力に挑んでいるうちに、ベトナムの国境でまた別の軋轢が起ころうとしていた。当時コーチン・シナと呼ばれていた地域の南部では、日本が降伏して数週間のうちに、フランス支配の再開に抵抗しようとする地元の共産主義者らと国粋主義者らの武装勢力の衝突が起こっていた。最初この動きはばらばらで統制がとれていなかったが、ハノイで権力を握っていたホー・チ・ミンのインドシナ共産党（ＩＣＰ）の南方支部であるナンボ領土委員会の手で徐々にまとめられていった。これを率いていたのは南部出身の若者レ・ズアン。かれは二十年後に、ベトナム全土に共産主義をもたらす指導者としてホー・チ・ミンの後継者となった。のちにパリ和平会談の交渉者となるレ・ドク・トが、かれの補佐を務めていた。二人はゲリラ活動や破壊行為を組織していたのだ。ハノイでは、共産主義勢力を統合するための時間稼ぎに、ホー・チ・ミンがフランスとの交渉を引き延ばしていた。だが年内には交渉材料も尽きてしまった。一九四六年十二月に二万八千人にのぼるベトミンの軍勢がフランス侵攻軍と戦うために首都ハノイを離れ、ジャングルに入った。

こうして第一次ベトナム戦争が始まった。

インドシナ共産党が一九三〇年に設立されて以来、ベトナム共産主義者たちはコミンテルン[*4]に勇気づけられ、自国だけではなくインドシナ全域に革命を広げる責任があると考えるようになっていた。だが実際にはこの主張は形骸化していた。

フランスからの独立闘争がそれを変えた。表面上はベトナムの革新的勢力の同盟を装っていたベトミンは、武器のほとんどをバンコクから入手していた。当時バンコクは太平洋戦争の余剰武器を扱う東南アジア闇市場の中心地だった。これらの武器を南ベトナムに持ち込むには、カンボジアを通る陸路かカンボジア沿岸の海路しかなかった。武器ルート確保――これなくしてホー・チ・ミンはフランスと戦えなかっただろう――の必要性は、カンボジアにまったく新しい戦略上の重要性を与えた。ボー・グエン・ザップ司令官配下の防衛計画者は、カンボジアを南ベトナムの「後方支援地域」にしろと強く勧めた。それはカンボジアにラオスと同じく革命運動を起こすことを意味した。だが問題は基盤とすべき既存のクメール人共産勢力構造がないことだった。ハノイに残された選択肢は、タイの支援を受けた既存の集団である非共産主義のクメール・イサラクの懐柔を試みるか、あるいはカンボジア人口のおよそ十二人に一人を占め、合計で約三十万人になる在外ベトナム人コミュニティから人材を募るかのいずれかであった。

実際にはベトナムはその両方をやろうとした。

まず、仏教の在家伝道師だったソン・ゴク・ミンと名乗る男を、バッタンバンに新たに結成したカンボジア人解放委員会(CPLC)の長に据えた。ソン・ゴク・ミンは南ベトナムのクメール人地区で生まれたクメール系ベトナム人の血筋をひく人物で、ベトナム人にとってまともなクメール人革命家にもっとも近い存在だった。フランス情報筋によるとソン・ゴク・ミンの本名はファム・バン・フアという。偽名は、追放後フランスで苦しい亡命生活を送っていたシアヌークのライバル、ソン・ゴク・タンの人気にあやかったものだった。最初の二年間、ソン・ゴク・ミンは在外ベトナム人集団や武器を、カンボジア経由で南ベトナムの共産党拠点に護送していた。だが一九四八年に、ベトナム側はカンボジアの共産主義運動を大きく発展させる時機がきたと判断した。そしてカンボジアは地理的に四つの地域に分けられた。ソン・ゴク・ミンは南西部の担当にあてられた。バッタンバン地方で八百人からなるイサラクの部隊を率いていた脱走兵のダプ・チュオンが北西部を任された。プレイベン地方のイサラク長官だったケオ・モニは仏教宣教師トゥー・サムートの補佐を得て南東部を任された。人口の少ない山岳地帯で、フランスの影響が薄い北東部については、当面は保留されることになった。

税制度、土地測量、経済担当省、法制担当省、革命法廷に公共福祉事業まで備えた革命政権をたちあげるため、ゲリラ統制下でカンボジア中でさまざまな試みがなされた。そして一九四八年五月十五日、ソン・ゴク・ミンは自称「革命暫定政府」の代表としてホー・チ・ミンに誕生祝いの言葉を贈った。だが現実には新体制のほとんどは、机上のものでしかなかった。

ベトナム人がカンボジアに移植した共産主義は不自然だったし、それが歴史的な反目とも相まって、インドシナ共産党とその保護下のイサラク・メンバーの関係が不安定になり、時には公然と対立するようになるのはほぼ必然的なことだった。

ソン・ゴク・ミンを含めクメールの指導者らは、「開放区」でもベトナム人の政治人民委員の承認がないと何もできなかった。あるフランス人の諜報員が鋭く書き表している。

「当初ベトミンは、充分な政治的成熟を待ってから支配権を（カンボジア人に）委譲しようと本気で計画していたようだ。（中略）（しかし）カンボジア当局が順調に成長するにつれて、（カンボジア人指導者らは）ベトナム人（の監督）にますますがまんできなくなっている。（中略）衝突は増加するだろう」。その通りだった。すでに一九四五年と四六年に、クメール人がコーチン・シナのクメール語地域に住むベトナム人を殺戮するという事件があった。それがカンボジア領内でも起こるようになったのだ。一九四八年には、ベトナムに隣接するタケオ地方のクメール人地区の村人がベトミン部隊を攻撃し、プノンペン近郊でベトナム人移住者の大虐殺が起こった。その後まもなく南東カンボジアのクメール・イサラク指揮官プト・チャイが反ベトナムの大虐殺を始めた。これに憤ったベトミン指導部は討伐隊を派遣したが、失敗に終わった。

先祖代々の嫌悪が復活するきっかけとなったのは、新たに手を組んだこの革命的同盟にクメール人が恩着せがましさを感じたせいでもあった。だがこれは同時にベトナム人側の歴史的な動機と現代的な動機が混ざっていたことの反映でもある――当初の国際主義的な美辞麗句は、自国の軍事目的のためだけに考案された政策を正当化するためのものでしかなかった。だがインドシナを一つの戦場として扱うことが決定すると、クメール人を啓蒙したいというインドシナ共産党の長年の欲求がそれにとって代わってしまった。そしてそれは、十九世紀にベトナム皇帝ミン・マンがとなえた「文明化の使命」の残響でもあった。ほとんど無意識のうちに、カンボジアに対するハノイの計画は、戦略的イニシアチブから観念的な救世運動へと形を変えていた。カンボジア人をなんとかキリスト教に改宗させようと二百年間にわたって骨を折ってきたカトリックのベトナム人宣教師のように、インドシナ共産党の使者たちはコストや地域の適性を度外視して、カンボジアの革命運動をゼロから築き上げようと決意を固めていた。成功の度合いは宣教師たちとさほど変わらないことになるのだが。

圧倒的多数のカンボジア人は、ベトナム共産党のメッセージなどに関心を持たなかった——理由の一つは、まさにかれらがベトナム人だったからだ。人種間の対立の歴史は、かれらの軋轢の氷山の一角に過ぎなかった。カンボジア人は白か黒かでアイデンティティを主張する——自分たちは、自分たちとは違うものに対立するのだ。カンボジアという国家はベトナムに（また、それほどではないにせよタイに）対立することで成り立っている。それが個人レベルでの人間関係を妨げることはなくとも、カンボジア人とベトナム人の個人的関係でさえ、圧倒的で相互に見下し合う民族主義的な物言いを背景にせざるを得ないのだ。

ベトナムの共産主義宣教師らが——かつてのカトリック宣教師のように——直面したもう一つの大きな問題は、アジアで最大の文化的な溝を越えることだった。マルクス＝レーニン主義は、毛沢東によって修正され中国風に変えられて、同じ儒教文化から中国南部の国境を越えて伝わり、難なくベトナム人の心に流れ込んだ。だがカンボジアとラオスの精神世界を形づくる上座部仏教のインド風世界に浸透する力はほとんど持っていなかったのだ。

ベトナム人指導者もその難しさに気づいていた。「ラオス人やカンボジア人の同胞に、ベトナム人が侵略しにきたと誤解させるようなことはいっさいしないのが肝要だ」と国防省は警告している。インドシナ共産党中央委員会の第一人者で、ホー・チ・ミンに北ベトナムの外交関係を一任されたホアン・バン・ホアンは、次のような幹部が多すぎると不平をもらしている。「ベトナムの改革モデルを文化的・社会的相違を考慮せず適用しようとする。（中略）そんな失態の結果、多くのラオス人やクメール人に不信を抱かれてしまった」。そして本音をつけ加えた――「カンボジアとラオスの改革についてはそれぞれの民族の利益を考えるべきで、ベトナム（の利益）のみを考えてはならない」。他の指導者はベトナム人幹部らの「傲慢さ」を批判している。さらに悪いこととして、革命を持ち込もうとするハノイの試みには、ベトナム内部の対立関係と命令系統の摩擦が持ち込まれてしまった。確かに当時は、当のベトナム人共産主義者でさえ生き残れるかどうかわからない戦いの中にあったのは事実だ。だがそれでも、カンボジアをめぐる計画が混乱していたことはまちがいない。

一九四〇年代も終わりに近づいた頃、ダプ・チュオンが隊を率いてシアヌーク側に鞍替えし、他のクメール・イサラクの指導者数名もこれに続いたため、それまでのわずかな成果すら台無しになってしまった。フランス情報筋の推計によると、ベトミンの同盟が支配下においたクメール人は全国でたった二万五千人だった。また、三千人と推定される国内のゲリラ兵のうち、クメール人はやっと二十パーセントを占める程度だった――しかもそのほとんどはカンボジア出身ではなく、南ベトナムのクメール語地域から来たクメール・クロムで、それ以外はベトナム人だった。カンボジア革命はいまだ余興以前の段階にあった。

こんな状況では、サロト・サルや学友たちがイサラクやベトミンの活動をあまり知らなかったのも驚くべきことではない。反逆者のニュースはカンボジアでは報道規制されていたうえに、事件が起こっても小規模であったため、政治に関心を持っているイエン・サリやメイ・マンさえ気にもかけなかった。当時サルは政治に無関心だった。ピン・ソイによると、シソワット時代にサルが政治について議論したことは一度もなく、ソイや他の同年代の生徒のように民主党との接触もなかったという。追放されたソン・ゴク・タンに対するいささか幼稚な憧れをのぞくと、政治はサロト・サルの興味の対象ではなかったようだ。

一九四八年の夏、サロト・サルとピン・ソイは友人のロン・ノンとともに修了試験《ブルベ》——リセ・シソワットの上の学年への進級試験——を受けた。ピン・ソイは合格したが、サロト・サルとロン・ノンは不合格だった。ロン・ノンの両親は裕福だったので、息子をフランスの学校にやって勉強を続けさせられた。だがサロト・サルはプノンペンの北の郊外に位置するルセイケオの専門学校に行くことになった。

これが嬉しかったはずはない。建物自体も気を滅入らせた——長方形の宿舎が二つあるほか、産業革命の頃からあるような兵舎風の古い作業室が密集して建っていた。そのうちバカロレアを得て、大学レベルの教育を受ける可能性さえあった若者にしてみれば、ひどい凋落だったことだろう。サロト・サルのかつての級友だったキュー・サムファンは次のように回想している——「ほとんどの学生はその専門学校の生徒を軽蔑していました。一緒にいるところを見られたくない相手でしたね」。この学校の生徒は乱暴者だという評判もたっていた。嘲りをこめて「実習生」と呼ばれたかれらが他校とサッカーをすれば、必ず乱闘試合になり、金属加工の授業で作った真ちゅうのナックルが持ち出されるのがお約束だった。

だがサロト・サルに選択の余地はなかった。勉強を続けたいカンボジアの若者が修了試験合格証書なしに選べる進路は専門学校以外になかったのだ。だがそれが吉と出た。その前年から、政府がルセイケオの最優等生三人をフランスの工業学校に留学させる奨学金制度を導入していた。その奨学金制度がその年は五人分用意されていた。

このような状況のせいで、サロト・サルの入学はあまり歓迎されなかった。同じ最終学年だったンゲト・チョピニントは次のように振り返る――「あいつは乱入者扱いされていましたよ。もしわれわれよりいい成績をとれば、奨学金はあいつにいきますから。仲間はずれにはしませんでしたが――ライバルだったのはまちがいない」。海外に行きたいと強く思っていたンゲト・チョピニントは、夜に宿舎の蚊帳の中で復習できるように木の本棚を作った。かれもサロト・サルと同じく、木工作業を学んでいた。それがいちばん簡単な科目とされていたのだ。木工を教える教師はベトナム人の「愛嬌のある人物で、みんなに良い成績をつけてくれた」という。そのせいかサロト・サルが本腰をいれて勉強したせいかは定かではないが、二人とも一九四九年の夏には修了試験に合格し[*5]、そろって憧れの奨学金を手にすることになった。どのみちそれは思ったより簡単なことだった。ルセイケオの最高学年には生徒が二十人しかいなかったのだ。全員が試験に合格したわけではないし、合格した全員が海外行きを希望していたわけでもなかった。リセ・シソワットや、メイ・マンが学んでいた公共事業学校についても同じだった。フランスは保護領下にあったカンボジアの高等教育をまったくなおざりにしていたために、一九四〇年代の後半には、必要条件を満たして中等教育を修了できる生徒は年に百人にも満たない状態になっていた。ンゲト・チョピニントがどう考えていたにせよ、奨学金制度の少なさではなく候補生の少なさの方が問題だった。技術分野は特にそうで、カンボジア人の熟練者が足りないために、ごくささいな職種さえもベトナム人に占められていた。民主党の指導者チフニアン・ヴァムたちは、この状況の打破こそが独立に欠かせない要素だと考えていた。

このような事情があったとはいえ、サロト・サルは少数エリートの仲間入りを果たした。人数は増える方向にあったとはいえ、十八世紀が始まってから海外留学を果たしたカンボジア人は、政府の援助なしに自費留学した生徒を含めても二百五十人に満たなかった。

出発前夜、シアヌーク王は王宮の華やかに光り輝くケマリン広間において、新たな留学生に謁見の機会を与えた。当時二十六歳だったシアヌークは留学生らと二〜三歳しか変わらなかったが、すでに四人の妻と八人の子どもをもうけていた。サロト・サルと他の生徒たちはスーツとネクタイに身を固め、緊張して一列に並び、王宮官吏に紹介されるのを待っていた。官吏が若き王に渡した人数分の封筒には、それぞれ五百ピアストルが入っていた（アメリカドルで三十ドルに相当する）。それは当時にしてみれば相当の金額で、生徒一人が一ヶ月暮らしていくには充分だった。その場にいたメイ・マンは、次のように振り返る——「とても幸せで誇らしく思いました。みんなにとってまたとない機会でしたから。われわれのように海外へ行けるカンボジアの若者はほとんどいませんでした」。

その夜そこにいた生徒たちの多くは、のちにカンボジア左翼で影響力を持つ人物になった。華々しい政府要職につくことになる者もいた。イエン・サリの故郷であるベトナムのトラビン地区出身のクメール系、チャウ・センはシアヌークのもとで内閣官僚となり、のちに教育相を務めた。トク・フェンは公共事業省長官になった。フオング・トンは王立大学の学長になった。

その他の若者は、人好きはしても覇気がなく、親友でさえ大成するとは思わない人物ばかりだった。サロト・サルもそんな一人だった。唯一かれが他の若者と違っていたのは、生い立ちが変化に富んでいたことだ。幼少時代に田舎特有の伝説や迷信やクパプの道徳的な教えに囲まれていた点では他の若者と同じだったが、その後仏教の僧院に入った点が違っていた。ローマカトリックの小学校で公教要理を学び、プノンペンの王宮のハーレムで青年期を過ごし、ヴィシー政府の思想が浸透した中学校に通い、リセ・シソワットでカンボジア最高の優秀な生徒に囲まれ、最後にルセイケオでは大工、ボイラー職人、ブリキ職人、ろくろ工といった生徒の中で過ごした。人生の勉強としては寄せ集めだとも言えるし、いい見方をすれば、変化に富んだ教育と言えなくもない。

しかしそれがサロト・サルにすばらしい長所を与えた。かれはどんな地位のどんな人とも自然に交流し、相手に必ず好意を抱かせる本能的な信頼関係を築けた。これを大いに助けたのは、メイ・マンが言うところの「サルの有名な微笑み」だった。長い月日が経ってからも、マンはその微笑を不思議に思っていた。「あいつはあまり多くを語らなかった」とマンは振り返る——「ただあの微笑みを浮かべるだけ。冗談好きでしたし、少しいたずら好きなところもありました。でものちのかれを想像させるようなところはまったくなかった」。

サロト・サルの微笑は謎というにはあけっぴろげすぎたし、癖というには印象的すぎた。シアヌークの顧問の一人で左翼的思想を持っていたフランス人、シャルル・メイヤーはそれをクメール・スマイルと表した——「アンコール遺跡の神々の像の石でかたどられた唇に浮かぶ、あの何とも言えない中途半端な微笑みが、現在のカンボジア人の唇の上にすっかり再現されている」——仮面の役割を果たし、「同時にあいまいで好感を持たせ、自身と他者の間に（中略）内に秘めた考えを知ろうとする者からの決定的な防御のために故意につくった、空白を隠すスクリーン（のようだ）」。メイヤーはサロト・サルに会ったことはなかったのだが、この言葉には不思議にもサルの一面が垣間見られる。

王に謁見した翌朝、サルを含む総勢二十一人の若者たちは夜明け前にサイゴンへ出発した——今回は木炭エンジンのバスでなくガソリン車に乗り込んで、二四〇キロを七時間とかけずにたどりついた。かれらが身を寄せたのは、十年前にシアヌークとティウン・ティウーンが同級生として学んだリセ・シャスルーロ—バだった。のちに南ベトナムの首都となる街は、手入れの行き届いた優美なところで、プノンペンよりも広かった。「自分がまるで山猿のように思えましたよ」とメイ・マンは回想している――「われわれは山出しの田舎者でした」。だが、仏教寺院や街の通りで通行人がクメール語を話すのを耳にして「サルを含め年長の者は、そこがやはりカンボジアの都市なのだと感じられた」という。

プレイノコール(これがカンボジア式のサイゴンの呼び名だった)とその周辺地域は十八世紀半ばまではカンボジア領だった。サロト・サルたちが到着する数ヶ月前の一九四九年四月に、フランスがコーチン・シナを新生ベトナムに組み込んだのだった。シアヌークはベトナム独立承認を拒否していた。

一週間がたち、フランス行きのビザの準備が整った八月三十一日の朝、サロト・サルたちは自転車式リキシャに荷物を積み込んで港へと向かった。かれらの乗るSSジャマイク号は古い定期客船で、北部のホー・チ・ミン率いる共産主義勢力と戦うフランス人兵士を大口で運んでくる輸送船として使われていた。サルたちは一般階級の「マルスアン」と同じ船倉の四等船室をあてがわれ、三段構えの狭い寝台で眠った。四週間の船旅のあいだ、かれらのほとんどが船酔いにかかったが、サロト・サル、ンゲト・チョピニント、メイ・マンはそのわずかな例外に含まれていた。食糧は豊富にあったのだが――船酔いに苦しむ者たちは食欲がなかったので――だれもフランス料理には慣れていなかった。メイ・マンはタマリンドシードとココナッツミルクで調理したおいしそうなカンボジア料理の話をしては、みんなの惨めな気持ちをあおった。船はシンガポールとコロンボで停泊し――象牙でできた象の彫刻を買い込み――紅海へと向かった。その頃にはサロト・サルも船のマトン料理――「フランス風に調理されていて、ひどい味だと思ったよ!」と、メイ・マンは語っている――にあきあきしており、次の停泊地ジブチで二人が市場へ買い出しに出て、レモンと胡椒とアフリカのスパイスを手に入れてきた。メイ・マンの記憶では、その後は普通に食事ができるようになったという。サルが調理を担当し、メイ・マンと獣医志望のべつの生徒がそれを手伝った。

この船旅で周囲を驚かせたのはサロト・サルの料理の才能だけではなかった。かれは数人のフランス人兵士と仲良くなり、かれらに日々配給されるワインを、仲間用にジョッキでわけてもらってきたのだ。熱帯地方を渡るあいだ、サルとメイ・マンはしばしばデッキで眠った。それは船室で船酔いに苦しむ仲間から立ちのぼる嘔吐の臭いを避けるためでもあった。「わたしたちは勉強のことについて話しました」とメイ・マンは振り返る——「寒さにどう備えるかも話し合ったかな。政治の話題はまったく出なかった。たった一度も。あれは本当にいい旅だった」。

原注

＊1　公式に登録されているサロト・サルの偽の誕生日は一九二八年五月十九日。当時カンボジアの人々は——たいてい入学関係で——行政上の理由から差し迫って必要になるまで、出生登録を怠ることがしばしばあった。学校の入学要件に会わせて両親が子どもの生まれ月や年を調整することもよくあった。

＊2　一夫多妻制の大規模な王室では珍しいことではなかった。中国皇室でも、西太后を含む王宮の女性たちが宦官と密通していた。サウジアラビアとペルシャ湾岸諸国では、パキスタン人の召使いが雇い主の妻から誘惑されたという話が多くあるほか、若い息子との近親相姦の話もある。

＊3　一九三〇～四〇年代のフランスの教育制度は次のように構成されている。三年間の初等学校（現在は一年目が就学前教育とみなされている）、三年間の小学校、四年間の中学校（コレージュ）——フランスでいう第六学年から第三学年（六年生から九年生）、三年間の高等中学校（リセ）——フランスでいうスゴンドからテルミナル（十年生から十二年生）。子どもたちはディプロム（ブルベ）というリセの入学資格を第三学年（九年）の終わりに取得した。

＊4　共産党インターナショナル（コミンテルン）は、他国の共産党を統制する目的で一九一九年にレーニンによって設立された。ホー・チ・ミンはそのモスクワ本部で数年間働いている。

＊5　職業学習修了証書（Brevet d'études techniques）。（日本で言えば）工業高校卒業資格。サロト・サルの最終学歴。

## 第二章

# 光の街

パリはボーマルシェやヴォルテールの頃から、他のヨーロッパ大都市の知的な業績を悠然と無視して「光の街」を名乗ってきた。文明世界の他の地域に光と啓蒙をもたらす場所という意味だ。だがそれは時に裏目に出ることもあった。一九五〇年代前半に、サルと仲間たちがのちにクメール・ルージュの悪夢のもととなる思想の基礎を築いたのはモスクワでも北京でもなく、このパリだったのだ。クメール・ルージュの蛮行の原因は――シアヌークとそのフランス人顧問たちが思いこみたがる話とはちがい――当時フランスの最大政党だったフランス共産党が広めたスターリン主義的思想でサルたちの精神が歪められたことでもなければ、かれらがフランスで初めて目にした毛沢東の著作の影響でもない。スターリンと毛沢東はいずれもポル・ポトの民主カンプチアの誕生に影響を与えた。それはベトナム人とアメリカ人とて同じだ。だがのちのカンボジア革命を支える最初にして最重要な外国の知的遺産は、フランスのものをおいて他にない。

だいたい、それ以外にはあり得ないのだ。言葉は思想の基礎となる。このカンボジアの学生たちはフランス語を話し、フランスの学校で学び、フランスの植民地で育った。かれらは外の世界をフランスというプリズムを通して見ていたのだ。それに一九五〇年のパリから見た外の世界ときたら！サイゴンでサルやメイ・マンが田舎者のような気分を味わったなら、フランスの首都は別の星のように思えたことだろう。かれらはエッフェル塔にのぼり、ノートルダムの古い石造りの建物やシテ島や、オスマン男爵が一八九〇年代に敷設した広い並木通りに立ち並ぶ美しいブティックや伝統的な街並み、磨き抜かれたベルエポック風のデパートを目にして驚嘆した――「街の建物の美すべて」と一人が表現している――それに戦時中の苦難から立ち直ったこの街は、一九二〇年以来の文化的・社会的動乱を経験しようとしていた。学生街の中心である、丸石敷きのカルチェ・ラタンの通りには、「ビーバップ」がかかるようになり、その「官能性と不道徳性」が厳格な人々を憤慨させていた。また、シドニー・ベシェのニューオリンズ・ジャズバンドが――ティウン・マムの兄弟で法律を学んでいたチャムの部屋やクメール学生協会（l'Association des Etudiants Khmers, AEK）の本部がある――サン・シュルピス通りの向かいのヴューコロンビエで演奏していた。マムは当時カルチェ・ラタンのポリテクニークで学んでいた。この学校はクロード・ルーターがホットクラブ・ド・フランスの後援でオールナイト・ジャムセッションを開いたロリエンタのあるカルム通りからそう遠くない場所にあった。

当時は実存主義がもてはやされ、サンジェルマン・デ・プレがその頂点だった。ジュリエット・グレコは内向的で自堕落な世代の象徴で、若手のパントマイム役者マルセル・マルソーがその物まねをしていた。メイ・マンは友人らと深夜に「だれもかれも黒い服を着ていた」セラー・クラブへ出かけたことを覚えている。それはダフィネ通りのル・タブーで、他の大きなバーが閉店した後にアルベール・カミュ、アルベルト・ジャコメッティ、モーリス・メルロ゠ポンティとジャン゠ポール・サルトルが集まった場所だった。クメール学生協会発行の『ケマラ・ニソット』は――少なくともカンボジア人の目から見た――当時の雰囲気をとらえ、プノンペンからやってきたある男の窮地を描いた風刺を載せている。かれを取り囲むのは「オペラ歌手のように身振り手振りで話す警官ら」や、木の葉を紅くして落とす「オータム（秋）」とかいうもの、そして次のような光景だ――「シンコペーションを使った下品な音楽が耳を聾する妙な場所で、しなやかで若い青年たちが羽目をはずし、集団ヒステリーのようにそれぞれが隣の者よりも熱狂していた。（中略）折り返したパンツルックで唇をとがらせた少女に誘われていくと、熱心な青年たちのグループがあり、ボウタイに黒い髪をなでつけた人々が、豆とピクルスの場合は『本質』が『存在』に先立つか、その逆かを真剣に議論している」。サルと仲間たちはマルセイユから夜行列車に乗り、一九四九年十月一日の朝にこの華やかで混沌とした威圧的な新世界に降り立った。かれらはフランス文部省の「植民地の住民」担当の職員や、それよりは頼りになるクメール学生協会の代表者らに、リヨン駅で迎えられた。

　その日は土曜日で雨が降っていた。午後の気温は十五度ぐらいで、カンボジアでもっとも寒い冬の日よりも気温が低かった。だが冬服を持っている者はだれもいなかった。メイ・マンはセーヌ川左岸のラモット・ピケの鉄橋の下にある古着市に連れていかれたことを覚えている。メイ・マンにとって嬉しかったのは、クメール人の商人を相手に故郷でしていたのと同じやり方で、そこでユダヤ人の露天商を相手に交渉できたことだった。その後、パリでもっとも古いソルボンヌ大学の向かいに位置するムッシュ・ルプランス通りの学生用宿泊所へそろって向かった。だがそこは一時的な宿泊先にすぎなかった。学生たちがいちばん頭を悩ませたのは、ずっと滞在できる場所を見つけることだった。原則としてカンボジア人は「メゾン・ド・インドシナ」という設備の整った学生寮に滞在することになっていた。ベトナム風を模したひさしと白い壁でサイゴンらしく造ったというその寮は、パリの南のシテ・ユニベルシテール――外国人留学生用の公園のようなキャンパス――の一画にあった。だが部屋はいつも不足していた。メイ・マン、ンゲト・チョピニントとその友人たちはブール・ラレンヌの郊外に下宿を見つけた。それ以外の学生らはブルジョワのアパートの八階――たいていは屋根裏部屋――の使用人部屋を市内に見つけて満足していた。

サルは幸運だった。モニボン王の甥のシソワット・ソモノポン皇太子が一年前からパリに来ており、やがてサルが学ぶことになるフランス無線電気大学で無線工学を学んでいたのだ。ソモノポンの母親はサルの姉のルーンと似たような立場にあった。サルはソモノポンに追随してこの学校を選んだ可能性が高い。木工作業を学んでいた少年にしては異質な進路だからだ。いずれにせよ、ソモノポンはサルに目をかけてやり、友人のクラチエ総督の息子二人とともに住む下宿を見つけてやった。それはアミヨ通りの学校の作業所からあまり離れていない場所で、ちょうどパンテオンの後ろに位置していた。サルがその後この王族とのつながりについて言及したことはなく、その年は「いとこ」と生活していたとだけ話している。

言葉には不自由していたが――サルは最後までフランス語を完全には身につけられなかった――住み慣れるのに問題はなかったようだ。

ソモノポンとルームメイトたちに促され、サルはクメール学生協会に加わって活動を手伝うようになった。翌年の春にクメール学生協会は、手榴弾による攻撃によって――敵対する右翼側の指示とされる――一月にプノンペンで命を落とした民主党急進派の指導者ユー・クースの追悼会を開いた。ベルサイユでは、四月にカンボジアの新年を祝う盛大な催しが開催された。そこでは伝統的なクメールダンス、深夜のダンスパーティー、「パンタグリュエルの祝宴」などの催しがあり、その一部はフランスでラジオ放送された。その翌月、学生たちはパリのイエナ宮で夜会を開いた。夜会では若いクメール人俳優ハン・トゥン・ハク（後にカンボジア首相）主演の演劇やケン・バンサクによる詩の朗読などの演目があり、人々は夜明けまでダンスを楽しんだ。そこでは夏にクメール演劇のツアーをフランスとドイツでおこなうという計画も出たほどで、サルは友人らの目には道楽家にうつった。

フランスを離れる少し前に、サロト・サルにはソウン・ソン・マリというガールフレンドができた。彼女の母親は王家の血を引く女性だったが、父親は学校の教師でありながら根っから賭け事師で、妻の財産をまたたく間に使い果たしてしまった。王宮の若い女性と遊んでいた少年期とは違い、サロト・サルとソウン・ソン・マリとの関係は真剣で純粋なものだった。彼女はとてもかわいらしい少女で「美の女王」というあだ名をつけられていた。パリの学生たちの間では、サルが難しい顔をしているのは恋わずらいだというのがお決まりのジョークになっていた。真偽はともかく、傍目には寂しさとも見える孤独感がサルにはあった。

パリに来て一年目は勉強に専念し、本人の話では「なかなか良い成績」をおさめたという。惜しくも学年末試験に不合格になったが、ぎりぎりの点をとった他の学生らとともに追試が認められ、合格となった。つまり二年目に進級できることになったのだ。

だが、一九五〇年の夏に起こった一連の出来事がサルの人生の流れを変えた。六月の下旬に、クメール学生協会がメンバーの夏期休暇用に二種類の外国旅行を用意していることが『ケマラ・ニソット』で発表されたのだ。一方は一ヶ月をスイスで過ごすキャンプ旅行で、もう一方はユーゴスラビアの戦後復興を手伝う「国際労働隊」への参加だった。スイス旅行は二万二千フラン（約七十アメリカドル）で、ユーゴスラビアの方は無料だった。サルは迷うまでもなかった――「金がなかったので他の学生のようにジュネーブや、海や山へ行くことはできなかったが、休日だけはあった。（中略）われわれのような貧乏学生たちは、そのかわりに（中略）ザグレブへ行って道路の建設を手伝った」。

食べ物もなく、長い停車時間を入れながらの四十八時間におよぶ列車の旅は、その後の極貧生活の前兆だった。一年後にサラエボの労働隊に同行したンゲト・チョピニントは、現地で絶えず空腹だったことを覚えている。作業場での昼食は充分だったためしがなかった。ときには地元のレストランへ行って食べたいものの絵を料理人に示すこともあった。だがそこでも食べられるものはあまりなかった。だが一方で、国家の再建という大がかりな取り組みに参加するのは気分が良かった。「いたるところが（中略）広大な建設現場のようだった」と、サロト・サルの仲間の一人が後に書き記している――「この取り組みがいっそうの評価に値するのは、人々の労力と信念が指導者のもとに集まったことで（中略）一連の勝利が勝ち取られたからだ。人々はそれが国家の独立がかかった問題であることがわかっていたのだ」。外国人ボランティアは週に三日間、朝の六時から正午まで労働することになっており、それ以外の時間は文化活動やスポーツで過ごした。ンゲト・チョピニントと友人は「地元の女の子たちとうまいことやった」とかれは表現しているが、そんなこともあって、さまざまな国の若者とともに働いたことで生まれた仲間意識を良い思い出に、サロト・サルは帰途についた。

だがだれもがかれと同じように感じたわけではない。フオ・サンバトはサルに一ヶ月遅れてフランスに到着し、国際関係を学んで、のちにシアヌークのもとで外相になったが、かれは「西洋諸国の（戦後）問題は非常に早く解決したが、（一方）東ヨーロッパの人々は何ひとつ持っておらず、幸せにはほど遠い」と断じている。そして他のカンボジアの有識人と同じく、かれもカンボジアの将来を憂慮していると書いている――「とるべき道は二つしかない――共産主義か自由主義だ。すでにあらゆる状況を目にしてきた（中略）わたしは自由主義を選んだ」。

サルがこの手の決定を下すには、それからまだ一年以上を要した。だがユーゴスラビアは良い印象をかれに残していたに違いない。翌年の夏もまた、ユーゴスラビアのキャンプ生活に戻ったのだから。

新しい学年の始まりを前にパリに戻ったサロト・サルは、さらに急を要する問題に直面した。ソモノポンが留学を終えて帰郷してしまったため、住む場所を失ってしまったのだ。「数人の急進派の学生たちと会うようになった」のは、そのときのことだとかれは振り返る――「しばしばかれらのところに泊まり、少しずつ影響を受けていった」。この「急進派の学生たち」の一人が、一九五〇年の十一月初旬にパリに到着したイエン・サリだった。サリは一年前にプノンペンで（二度目の挑戦ではあったが）バカロレアの第一課程を取得していた。だが海外留学に通常必要な第二課程の取得に失敗していたのだ。かれとラト・サムーンがたえず政治活動をしていた民主党が政府を牛耳っていたので、二人とも最終的には奨学金を手に入れたが、他の学生がみな出発した後になってしまった。ラト・サムーンはみごとな成績でバカロレアを取得して先にパリに着いていたため、サロト・サルが最初に接触したのはイエン・サリだったかもしれない。いずれにせよ、イエン・サリはパリに着いてすぐケン・バンサクに挨拶に行った。ケン・バンサクはリセ・シソワットでサリの四年上だったが、現在は二十五歳にしてパリに集うカンボジア人たちの指導者の一人だった。サリはバンサクに尋ねた――友人のサロト・サルという青年が滞在場所を探すのに苦労しているのだが、力を貸してやってもらえないだろうか？

当時バンサクが住んでいたのは十五区のコメルス通りで、ラモット・ピケから石を投げれば届くような場所だった。かれはアジア語学への関心を共有する若く知性的なフランス人女性と、ロンドンのハムステッド戸籍課で入籍して戻ってから、まだ日が浅かった。夫妻は本当に力になってくれた。ちょうど向かいのコメルス通りとルテリエ通りの角に、カフェも兼ねたワインショップがあった。その店主が上の階を貸してくれたのだ。部屋はみごとなまでに質素――ベッド以外には何もない薄汚れたワンルーム――だったが、それでも住めたので、サルはただちに引っ越してきた。バンサクが椅子と鍋をいくつか貸してやり、サルが風邪で寝込んだときは妻のスザンヌが毎日注射を施してやった。

サリがフランスに着いたその月にクメール学生協会は新しい執行委員会を選出した。六人のメンバーにはケン・バンサクとティウン・マムも含まれていた。かれらが最初におこなったのはセルクル・デチュード（学習サークル）という非公式な討論会を立ち上げることだった。ティウン・マムの兄のチュムが率いる法学サークル、俳優のハン・トゥン・ハク率いる芸術サークルのほか、農業、文学、女性問題を研究するサークルもあった。一九五〇年十二月二十一日に開かれた結成総会にはイエン・サリ、ラト・サムーン、法学の学位取得に向けて学んでいたフー・ユオンらが出席し、芸術と社会の関係について討論した。

数週間後、バンサクは自分のアパートで開くさらに選り抜きの人々の非公式な集会に数人の友人を招待した。名もないこの集会は月に二度か三度開かれ、政治問題――特にカンボジアの将来――を議論した。いまやカンボジアは隣国ベトナムの戦争の影響を初めて直接受けるようになっていた。イエン・サリとラト・サムーンは集会の常連メンバーだった。リセ・シソワットでの同級生で、のちにハノイへのカンボジア大使となるシエン・アン、クメール学生協会会長エア・シチャウのほか、ハン・トゥン・ハクも同席していた。もちろんサロト・サルも出席していた。バンサクの集会は、かれの政治の見習期間の始まりとなった。

振り返ってみると、毛沢東が北京の天安門に立ち、中華人民共和国の設立を宣言した一九四九年十月一日は、偶然にもサルと仲間たちがパリに到着した日であり、インドシナにおけるフランス勢力の終焉の始まりでもあった。

一九四〇年代、ホー・チ・ミンはベトミンがインドシナ共産党の支配下にあるという現実を隠すのに苦心していた。そのためにインドシナ共産党は解散したという嘘さえ発表していたのだ。ホー・チ・ミンが前面に押し出したイメージは、世界の中でも特に反植民地化が勢力を増している地域で、反植民地戦を繰り広げる民族主義者というものだった。ビルマ、インド、インドネシア、マレーシア、フィリピン諸島はみな、それぞれの支配者から解放されようと苦闘していた。

パリに集まったカンボジア人の若者らも、自分たちのことを同じように考えていた。多少離れてはいても、かれらは何よりもまず、同じ自由のために闘う愛国者だった。メイ・マンはカンボジアが「東洋の小スイス」となることを心に描いていた。エンジニア見習いだったピン・ソイの野望は二つあり、それは独立実現と、トンレサップに橋をかけることだった。サルは「愛国的で、フランスの植民地主義に反対していた」ことだけを覚えている。ベトナム戦争が植民地闘争以外のものだと思っている者は一人もいなかった。かれらの視野に共産主義はほとんど入っていなかった。とりわけ政治情勢に敏感なケン・バンサクでさえ、一年前に「フェテ・ド・ルマニテ」――フランス共産党が毎年開く催し――で午後を過ごそうとをうっかり提案して、上流階級のフランス人女性を怒らせていた。「それが共産主義だったなんて知らなかった」とかれは主張している――「ただの人間の祭典だと思っていたんだよ。彼女は激怒したね」。

中国が勝利をおさめると、無垢と無知の時代は過ぎ去った。毛沢東の大勝利は、ごく小さな地域紛争にすぎなかったものに冷戦の論理を持ち込み、植民地化された僻地だったインドシナを世界の列強のための劇場に変えてしまった。そこで繰り広げられる対立関係は、その後半世紀にわたってこの地域を苛むことになる。この世界的な政変は、三年前にウィンストン・チャーチルがミズーリ州のフルトンで「鉄のカーテン」の演説をしたときからすでに始まっていた。それがついにアジアに到達したのだ。二つの陣営に分けられた世界で、スターリンの広報担当アンドレイ・ジダーノフは「ソ連と新たな民主主義を基本とする陣営」とハノイは提携していると宣言した――「(それを)支えているのは労働と民主主義運動、同志である全世界の共産党、植民地や保護領で国家の解放のために闘う戦士たち、すべての急進的および民主的勢力である」。

一九五〇年一月十八日に、中国は北ベトナムのホー・チ・ミン政権を世界で初めて承認した。モスクワと同盟諸国もただちにこれにならった。まもなくアメリカとイギリスも、カンボジアとフランス連邦の新生「自治国家」二国——ラオス、そしてのちの南ベトナム——を承認した。反共産主義か反植民地主義のいずれかを選ぶようアメリカから通告されたタイもこれにならい、報酬としてアメリカ軍の援助を受けた。六月に朝鮮戦争が勃発したときには、ドミノ式と防衛ブロックによる封じ込めの理論がアメリカの政策の基礎となっていた。

ベトナムの政策も著しい変化をとげた。

共産主義中国が国境付近を占領したことで、ホー・チ・ミン政権は頼もしい後方地域を獲得した。インドシナ共産党幹事長のトロン・チンは、これを「広大で強力な友好国」と評している。これをもって紛争の規模は劇的に拡大した。その後二年のうちに中国は、戦闘といえば大部隊レベル以下だった北ベトナムに六個の師団を結成し、装備を整え、訓練を施して大規模な機動戦を遂行できるようにした。ベトミンは純粋な民族主義勢力であるという仮面は外され、ベトナム、ラオス、カンボジアの改革運動との結びつきが強調された。一九五〇年三月にラオス、カンボジア問題を監督するインドシナ共産党中央委員会特別委員長に任命されたザップ将軍は、インドシナは「戦略的結束」状態にあると明言した。トロン・チンは「カンボジアとラオスが解放されない限りベトナムの独立は確立されないだろう」と主張している。この声明は、その後ホー・チ・ミン配下のベトナム人指導者にうんざりするほど繰り返された。最終目標は三カ国すべてを組み込んだ「インドシナ民主共和国」として、東南アジア一帯の共産主義革命の先駆けになることだった。

この地政学的文脈の中で、ベトナム人指導者らはフランスの創った「連邦」に対抗してラオス（パテト・ラオ）、クメール地区（ノコール・クメール）からなる「革命的抵抗連邦」を設立し、北ベトナムをモデルに社会主義体制の基盤を持つ本格的な政党をおくことを決定した。

一九五〇年三月十二日、レ・ズアンとレ・ドク・トを含む南ベトナムのインドシナ共産党指導者らは、国境から数キロ南のハティエン近郊で、のちにカンボジア革命を率いる人々と十日間にわたる会合を開いた。この会合には前年の秋にクメール系で初めて党員として受けいれられたソン・ゴク・ミン率いる四十五人のカンボジア人が出席した。

基調演説をおこなったのは、ザップがカンボジア問題担当に配置したグエン・タン・ソンだった。かれは次の四点を主張した――第一に、カンボジアにプロレタリア階級がいない以上、クメール革命は農民階級を主体にしなければならない。第二に、クメールの人々の中で政治運動を展開し、軍事行動を支持させるカンボジア人幹部の養成が最優先事項である――ベトナム人の助力は得られるが、陣頭に立つのはカンボジア人でなければならない。第三に、クメール人の心と精神を掌握するには仏僧を使うべきである。かれらは村人に大きな影響を及ぼしているからだ。最後に、ベトナム人の共産主義思想を持ち込むには、カンボジアの現実に合わせて修正が必要である――たとえば王室を打倒しようとしてもカンボジア人はついてこない。だから正しいスローガンは「王をフランスの植民地支配のくびきから解放せよ！」である。

これらは過去四年間にベトミンが苦労して学んだ教訓だった。それがいまや公的な政策になった。一九五〇年四月、半分は僧侶で構成された総勢二百人のクメール代表団が、カンボジアのペアムコール地域から国境を越えてすぐのホンダンに集まり、新しい国家と国旗――赤地に五本の塔がそびえ立つアンコールワットのシルエットを黄色で描いたデザイン――を承認し、ソン・ゴク・ミンを暫定革命政府の長に任命した。かれの「内閣」には新たなクメール民族統一戦線――ベトミンをモデルにした広範な支持基盤を持つ組織――を率いるトゥー・サムート、寝返って北西部の主なイサラク指導者の一人となったダプ・チュオンの元補佐官だったシウ・ヘンがいた。トゥー・サムートとソン・ゴク・ミンはカンボジア革命の最終権限を握るベトナム人組織、グエン・タン・ソン率いる全カンボジア労働委員会にも加わった。

五月に入って新指導部は次のような内容の独立宣言を公布した――「われわれはソ連の指導のもとに人民による民主主義を信任する（以下略）」。一九五〇年六月十九日は独立記念日として祝日に定められ、ソン・ゴク・ミンは革命クメールランド建国の父としてまつりあげられた。

カンボジア共産党の設立にはさらに一年を要した。一九五一年二月、インドシナ共産党は最後の議会で新生ベトナム労働者党（VMP）の結成を承認した。当時フランスに反抗するベトナム人を結集させるには、「共産主義」よりもこの党名の方がふさわしいと判断されたのだ。一ヶ月後、トロン・チンはスターリンに「人民革命党」――政治的成熟度の低さを反映する名前だった――が、カンボジアとラオスで結成されるだろうと報告した。

夏の間にグエン・タン・ソン率いる全カンボジア労働委員会は、のちにクメールランド人民革命党（PRPK）として知られる政党の党則と政治計画を作成した。これらは八月五日に公布され、まもなくソン・ゴク・ミン、トゥー・サムート、シウ・ヘン、退役軍人のタク・ヌン、若手のソー・ピムが設立メンバーとして就任した。その後、ラオスの党も同様に設立された。

新たなカンボジア政党は、厳密にはマルクス＝レーニン主義ではなかった（そこはあいまいにごまかしてあったが）。クメール人民革命党の党則はマルクス＝レーニン主義という言葉にも、社会主義にも触れていなかった。むしろ原始共産党――「労働階級の先導者」ではなく「民族の先導者」であった。ベトナム人関係者は次のように説明している。

ベトナム、ラオス、カンボジアにはフランス植民地主義という共通の敵があるものの、それぞれの進化の度合いは異なっている（中略）ベトナム革命の使命は民族を解放し、人民による民主主義を発展させ社会主義を構築することだ。ラオスとカンボジアの革命の使命は民族を解放し反帝国主義政府を設立することだ。原理と性質が異なるのなら、異なった政党が必要だ。

クメール人民革命党設立が遅れた原因の一部は、その任に耐えるカンボジア人幹部の不足にあった。過去三年間にわたり基地地域で幹部の養成校を開くためにさまざまな試みがなされていたが、軍の状況は不安定で学校の維持は難しかった。講議の中心は軍事戦略と「革命の情勢」だった。優秀な学生らは南ベトナムで最高の政党学校であるトロン・チン学院へと進み、そこで六ヶ月間マルクス＝レーニン主義、毛沢東の思想、弁証法的唯物論、ゲリラ戦略、人民の戦争の論理をレ・ズアンやザップなどの講師陣から学んだ。ソン・ゴク・ミンをはじめとする古参のカンボジア人指導者らもこの課程を学んだが、下層階級のクメール幹部らは、ハティエンから数キロ南の湾岸近くに位置するホンチョンのベトナム人訓練校で学んだ。フランスの情報筋はこの場所について次のように述べている――「藁葺きの宿舎が三棟あり、それぞれの収容人数はおよそ六十人。三ヶ月ごとにベトナム人が百五十人とカンボジア人が五十人ばかり新たに受けいれられる。政治集会の際は、ハンマーと鎌の描かれた紅い旗がスターリンの写真とともに掲げられる」。この学校は一九五一年の初頭にフランスの航空機に爆撃されたが、「建て直されて数日後には講義を再開した」。

カンボジアの共産党配下の地域では、地方統治の体制がだんだん整えられていった。まずは村のレベルからだった。それはベトナムでの発展を詳細にわたって再現していた。クメールの地もまたベトミンの「人民委員会」に相当するものを持とうとしていた。それぞれのクム（州）にゲリラの大部隊と民兵隊が一つずつ編成され、軍資金を調達するために宝くじが売られた。それぞれの地域に女性戦線、農民戦線、労働者戦線、青少年戦線がもうけられ、地区には解放委員会、軍事委員会、経済委員会が設置された。ベトナム人らは道路交通法規委員会を設置してカンボジア人を当惑させた。かれらにとって交通法規などというものはまったく理解できなかったからだ。行政報告書の作成方法を教えるため、クメール幹部らにはベトナム語で書いた書式見本を翻訳したものが送られた。「クメール・イサラクの声」という名のラジオ局が放送を始め、カンボジア情報局が立ち上げられ、クメールと北ベトナムの間では公電が交わされた。

つまり新しい政治組織には現代的な国家体制のあらゆる意匠が慎重に盛り込まれたのだ。しかしそれはうわべの意匠だけだった。「解放区」はまだ小さく、クメール人民政府の統治力が貧弱だったために、ソン・ゴク・ミン首相は最初の二年間を「自分の」国の外――国境外のハティエン――で過ごすことを余儀なくされた（ラオス革命政府がもっと長期にわたり拠点を北ベトナムにおいたのと同じだ）。

実際には、あらゆる水準の意思決定はベトナム人の手中にしっかりと握られていた。トロン・チンはカンボジアとラオスの同盟に対するベトナム労働者党の「監督権」について言及し、クメール共産主義者らが忠実にベトナムの党の「指示に従った」と書いている。クメール人は、グエン・タン・ソンの全カンボジア労働委員会――メンバーはほとんどベトナム人だった――の承諾を事前に得なければ党員にすらなれなかった。村長のレベルに至るまで、あらゆる取り決めに委員会の承認が必要とされた。ベトミンの支援を受けるクメール・イサラク勢力の司令官さえ「クメール人に譲歩して」シウ・ヘンが任命されるまでは、ベトナム人が務めていた。シウ・ヘンは建前上は副官となった前任者に間近で監督された。どれほどハノイがカンボジア革命の「クメール化」の必要性を語ったところで、現実にはクメール人指導者など、ベトナム支配を隠す儀礼的なおとぎ話以上のものではなかった。

これはベトナムが比較的弱い隣国に対して、その覇権計画を適用したという単純な話ではなかった。むしろこれは相容れない二つの民族の不一致を反映していたと言える。ベトナム人から見れば、どれほどクメールの支援を得ようとしても、圧倒的多数のカンボジア人は頑固に反抗するばかりだと感じられた。クメール人の鈍感さ（とベトナム人はとった）に対するベトナム人の不満は明白だった。一九五〇年の夏の集会でグエン・タン・ソンの同僚が不満をぶちまけた。

カンボジア革命はカンボジア人によって遂行されなければならない。カンボジア人が目をさまさないなら、そしてカンボジア人幹部らが仕事の仕方を知らないなら、どれだけ多くの幹部をわれわれが送り込んでも――どれだけ多くの武器や資金を与えても――役に立たない。

年輩のベトミン司令官は、カンボジア人士官の人材なんか見つけられないと不平をもらした。カンボジア人は「指導力を欠く」というのがその理由だった。一九五一年――募集活動の強化や「知的レベルの不足を考慮した」クメール人党員資格の引き下げにもかかわらず――クメール人党員はまだ百五十人しかいなかった。ベトナム人は、かつてのフランス人と同じように、カンボジア人は無気力で原始的で、もっと文明的で主導的な権威からの指導なしには何もできないと決めつけた。

フランスの植民地主義を別の植民地主義が追い出そうとしていた。とあるフランスの情報部員が次のように書いている。「（この）革命戦争にはまったく矛盾した一面がある――この戦争をしているのは、カンボジア人の独立のために闘う反仏派ベトナム人だ。外国軍がまた別の外国軍に対して闘っている——問題の国に幸せをもたらす権利をめぐって二つの外国が争っているのだ」。ベトナム人はフランス人と同じく、自分たちが導入しようとしている新たな仕組みをカンボジア人が望んでいるかどうか考えようとはしなかった。優れた真実によせる揺るぎない確信のもとに行動していたのだ。

一九五〇年の冬からパリのケン・バンサクのアパートで集会を開くようになった六人ばかりの若者は、こうした話をほとんど知らなかった。フランスの新聞がインドシナ戦争——フランス左翼はラサル・ゲールすなわち「汚い戦争」と呼んだ——に費やすスペースは増える一方だったが、それはいつもベトナムについての話で、カンボジアの名がでることはほとんどなかった。フランスの報道が「ベトナム」と「インドシナ」を同じ意味であるかのように使う、と『ケマラ・ニソット』は愚痴った。メイ・マンはある夏のキャンプでフランス人学生たちに、カンボジア人がベトナムとは何の関係もない独自の文化と伝統を持つ別の国家を築いていることを説明しようと試みたことを覚えている。クメール学生協会のメンバーは投票をおこない、クメールの新年は「メゾン・ド・インドシナ」ではおこなわないことを大差で決定した。場所がベトナム的すぎるからだ。

クメールらしさの確立は絶え間ない苦労の連続で、それはフランスの地に限ったことではなかった——中国の首相であった周恩来は後年、中国の共産主義者が「インドシナ」政策を練り始めた頃、自分を含めた仲間たちは最初のうちインドシナを「カンボジア人が少数民族である一つの国家」と考えていたと告白している。

それでも一九五一年の初頭には、カンボジアに三種類の独立派が活動していることをパリの学生らも理解するようになっていた——チャンタランセイ、プト・チャイ、オク、サバン・ボンなど地元の司令官が率いるクメール・イサラク、そしてベトナム人と協力することを決めたイサラク指導者ら（特にソン・ゴク・ミン、シウ・ヘン、トゥー・サムート）を指してフランス人が名づけたクメール・ベトミン、そしてこれまた大きな勢力である、民主党の支配下に結ばれたシアヌーク王とカンボジア人議会の不安定な共同体だ。民主党はパリでの交渉を経て「フランス連合内での独立」を本物の独立に変えようとしていた。バンサクの開く集会でさかんに論じられた問題は、どのやり方が民族の解放を成功させる確立が高いか、ケン・バンサクたちのような――カンボジアの将来の知的エリート層としての責任をわきまえた――集団がとるべきもっとも効果的な支援方法は何かということだった。かれらにとって重要なのはイデオロギーではなく独立だった。「新しい中国」の設立、ベトナムでの反フランス戦の拡大、インドとインドネシアの独立――『ケマラ・ニソット』はこれを詳細に取り上げた――そしてフランス左翼の反植民地主義がすべて一体となって、民族解放を最重要課題に押し上げたのだ。

かれらの議論はいささか混乱していることが多かった。ある初期の会合でエア・シチャウが提案したのは――「立ったまま眠ってしまいそう」なものだったと、ケン・バンサクはぼやいた――シアヌークがインドの王女と結婚すれば、ネールがカンボジアの独立のために知恵を絞ってくれるというものだった。この逸話は六世紀前のアンコール王国の国体が残した根強い影響だけでなく、パリ留学生たちの精神構造をもあらわにするものだ。大学教育を受けたカンボジア人でさえ、西洋とアジアの思想の間には歴然とした違いがあることをしばしば感じていた。結果的に、かれらはヨーロッパの思想を一貫した思想体系としてではなく、断片的に吸収したのだ。ピエール・ラマンがリセ・シソワットの生徒について指摘した重大な能力の欠如は、サルの世代の多くに受け継がれた性質だった――かれらは夢見がちで、現実をまったく無視していた。

エア・シチャウと同年代で右翼的傾向の強いある若者は、カンボジアの農業のモデルとしてソ連の集団農場制度を推奨する長い論文を書いたが、カンボジアの社会体制に集団化がどう影響するかはまったく考えていなかった。ある左翼の医学生は同志に「愛らしく若い（フランス人の）売春婦は（性病の）危険が大きい。経験が乏しく、衛生面の基本的なルールさえ知らないためだ」と忠告した。この言葉が予防医学的に真実であったとしても、政治的には擁護しがたい発言だった。仲間たちのほとんどをはるかにしのぐ敏感さと探求心を備えたケン・バンサクさえ、体の麻痺したフランス人研究者、ゴレル博士がとなえたアセトロジーという仏教に似た無名の教義を信奉していた。独立への努力が最優先である現在、それが自分の性欲を抑制してくれると信じていたからだ。

バンサクの学習会は政治的なレッテルを貼られることを避けた。メンバーらは左翼とも右翼とも主張しなかったし、集会にも名前がなかった。バンサクは次のように表現している——「互いに一緒にいたいと思う友人がただ集まっただけだが、その全員が何らかの形で自らを急進的だと考えていた」。

しかし最初からかれらには二つの相反する傾向があった。エア・シチャウ、ハン・トゥン・ハク、サロト・サルは、当時まだ追放の身でポワティエに滞在していたソン・ゴク・タンこそがカンボジアを救うと信じており、同年中も数回ポワティエを訪れ、かれに面会しては母国の状況について意見を聞いていた。ラト・サムーンとイエン・サリはプノンペンで読んだ『共産党宣言』の呪縛からまだ逃れられず、ベトミンに関心を持っていた。かれらはフランスに着いてすぐ、ジャック・ベルジュに接触した。ジャック・ベルジュは当時、プラハに本部をおく共産主義戦線組織、国際学生連合（ＩＳＵ）事務局のメンバーだった。かれはサリらに左翼のベトナム人学生グループらと連絡をとらせた。

この段階では、サリでさえ「共産主義」ではなく「独立」が最大の目的だった。だが一九五一年には、この二つは密接に結びついていた。スターリンが一年前にホー・チ・ミン政府を認めてから、フランス共産党（ＰＣＦ）はベトミンの運動を声高に支持していた。クメール人学生コミュニティの多くがこの政党に新しい希望を見いだしていた。メイ・マンはこの年の春には次のように考えていたと振り返る――「共産主義者が私たちの親友でした。かれらだけが私たちを支持してくれた。だれもが私たちに反対していましたが（中略）かれらは植民地政策に反対してくれた」。その年の前半をアルプス山脈のメジェーブに近いコンブローのサナトリウムで過ごし、肺病の回復期にあったティウン・マムも同じ結論に至っていた。患者仲間の多くもフランスのレジスタンスに加わっていた共産主義者で、時折インドシナ戦争に反対する集会を開いていた。「植民地主義と戦いたければ、力を貸してくれるのは共産主義者だけだ」と、ティウン・マムは決断した。

バンサクは自分をサークル内の二つの派閥をまとめあげる結節点だと考えていた。だが年月が過ぎるにつれて両者の溝が深まってきたのはかれにもわかったので、ときには会合を分けた方がいいことさえあった。

事態が修復不能になったのはその夏だった。国際学生連合と同じ戦線組織であり、ブダペストを拠点とする世界民主青年連盟が十五日間にわたる「世界青年平和祭」を八月にベルリンで開催すると発表した。サリはジャック・ベルジュの忠告でティウン・マムに会い、クメール学生協会もこれに参加すべきだと提案した。そしてその代表団を率いるのは、クメール人コミュニティの最年長できわめて有能なマムであるべきだ、と。ティウン・マムはこれを了承した。学生協会の会長代理を務めていたケン・バンサクはこの決定を承認し、旅行に必要な書類を全員分用意するよう二人に頼んだ。この後に起きたことは、五十年たったいまなおバンサクを激怒させている。

あいつらはわたしをだましたんだ！　わたしの書類を用意しなかった。出発の日になっても、パスポートもビザもなかったから出発できなかったんです。なぜって？　わたしを追い出し、始末したかったからですよ。あいつらみたいな強硬論者ではないのを知っていたから。わたしは考えすぎるんです（中略）狂信的で過激なやりかたで、猪突猛進したりはしなかった。友人の中にはエア・シチャウやハン・トゥン・ハクなどソン・ゴク・タン支持派もいたし。（中略）イエン・サリは後で面と向かってこう言ったんです――「あなたは繊細すぎる。政治家は務まりませんよ。政治家はタフでないと。（中略）あなたでは無理ですよ、兄貴。感情的すぎるから」。

ティウン・マム、ラト・サムーン、イエン・サリ、メイ・マンのほか五～六人――全員イエン・サリのシンパ――が、列車でスイスを通りベルリンへと向かった。サロト・サルは同行しなかった。かれはソン・ゴク・タン派だったし、いずれにせよすでにユーゴスラビアのキャンプ行きを決めていたからだ。

理論上は、ベルリンの催しは非政治的ということになっていた。だが実際はきわめて親ソビエト的な会合だった。これはフランス共産主義労働組合連合（CGT）の配布した冊子でもわかる。

パリの若き労働者である青少年よ！　あなたたちはアメリカの命により（フランス）政府の（おこなう）新たな世界大戦の準備のために日々苦しんでいる。（中略）ドゴール派ファシズムの脅威は拡大しつつある。（中略）望むのは資本主義者の大砲係になることではなく（むしろ）平和で良い暮らしを勝ち取ることです。（ここ）ベルリンで、世界の若者代表たちが握手しあい、すべてのマッカーサーやアイゼンハワーに、そして血に飢えた帝国主義の人食い人種たちに「ノー」の声を鳴り響かせるのです。

この催しに集まった若者は二万五千人で、フランスからだけでも五千人が参加した。かれらはほとんどの時間をフォークダンスの見学や、最近のソビエト平和運動を支持する感情的な大集会やパレードへの参加に費やしたが、ラーベンスブリュックのナチス強制収容所も訪れ、北ベトナムと中国の代表団とも面会した。メイ・マンの記憶では、中国人はクメール人と個別に面会してくれたが、ベトナム人はインドシナの学生全員とまとめて会うことを主張したという。だがもっとも強い印象を残したのはハノイの関係者だった。それまで交錯した噂しか聞いたことがなかったクメール・ベトミンの反仏運動について、カンボジアの学生たちに信頼できる報せをもたらしてくれたからだ。ハノイからは他にソン・ゴク・ミンの写真、プロパガンダの冊子一式、五本の塔がそびえるアンコール寺院をかたどったノコール・クメールの旗が贈られた。

このときからタン派と、イエン・サリ、ラト・サムーン、ティウン・マムの事実上の連合という新たな一派の相違はさらに顕著になった。ケン・バンサクはベルリンの一件での怒りをのみこんで、両者の仲裁役を引き続き務め、国際学生連合会議で八月末にワルシャワでマムと合流した。だが根本的な争点――フランスに対して武力行使をするか否か――は、ごまかしきれるものではなかった。マムはのちに、武装闘争の重要性を初めて感じたのは、ポリテクニーク（フランス国防省運営）での幹部候補生仲間がカンボジアの独立運動に対しては儀礼的な関心しか示さなかったのに、ベトナム人の戦争についてはまったくちがう敬意を見せたときだったと話している――「武装闘争なしに独立は獲得できないと悟ったのはその時でしたよ。イエン・サリも同感でした。そしてベトナム人だけが軍事力を持つのはいやだった以上、自分たちも自前の軍隊を作って自分の大義のために戦わなければならなかったんです」。ベルリンでベトミンと出会ってから、この考えは確信に変わった。バンサクは次のように述べている――「（あいつらは）戻ってきたときには確信しきっていましたよ。（中略）ベトミンが正しく、フランスは無理矢理退却に追い込むしかなく、それには武力闘争が唯一のやりかただとね」。

エア・シチャウとタン派の考え方はまた違っていた。かれらは武器を取ればベトナム人の支配を招くと主張した。ビルマとインドは非暴力的に独立を勝ち取った――カンボジアにだってそれができるはずだ。

ソン・ゴク・タン自身も言葉を濁していた。ティウン・マムとイエン・サリはかれに会いにポワティエを訪れたが、タンの蔵書の目立つところに並んでいたマルクス全集に開いた跡さえないことに気がついて不満に思った。タンが立場をはっきりしたがらないのも無理はなかった。長年にわたって、かれは帰国を許す恩赦をシアヌークに嘆願しており、やっとそれが認められそうな気配が出てきたところだったのだ。武装反乱を支持したという非難は何としても避けたかった。そのうえ、エア・シチャウとかれの支持者にとって、タンの帰国はベトミンを介入させず独立を獲得できる最大にして最後の希望だった。シアヌークはますますフランスの傀儡じみてきており、パリの学生のだれ一人として、この弱く気まぐれな男が植民地支配を終結させられるとは思わなかった。ケン・バンサクはベトナム人の魂胆に強い不信感を抱いていたので、かれもまたソン・ゴク・タンに帰国して独立運動を指揮するよう促した。ばらばらなイサラク・グループをまとめあげて、外国の援助なしにフランスを追い出せる本物のクメール軍を組織してほしいと思ったのだった。

十月の半ばにシアヌークはソン・ゴク・タンの国外追放を解くと発表した。その十日後、ソン・ゴク・タンはエア・シチャウに付き添われてプノンペンに向けて出発し、そこでおよそ十万人の群衆から英雄として歓迎を受けた。人々は空港からの沿道八キロに群がり、タンを一目見て触ろうと押し寄せたため、オープンリムジンに乗った一行は人間の歩く速さにまで速度を落とすしかなかった。このような歓迎はそれまでシアヌークしか受けない性質のものだったから、若い王はこの出来事にいささか思うところがあった。ソン・ゴク・タンは政府の職を辞退し、民主党指導部と相談してから地方巡りに出かけた。権力の座を目指す前にもっと人気を獲得しようとのねらいだった。シアヌークはこれを不愉快に思いつつも、成り行きを見守るしかなかった。

ベルリン平和祭の影響とソン・ゴク・タンの出発で、パリのクメール学生運動の政治的重心は大きく左傾化した。一九五一年十月、クメール学生協会はフー・ユオンを新会長に選出した。ンゲト・チョピニントはかれを「独立心が強く、一度決めたことは遂行する人物」と評している。つつましい出自のフー・ユオンは、協会の乏しい資金の管理が行き届いていたことと、その実直さと誠実さのために親しまれた。

フー・ユオンのもと、クメール学生協会は左翼のフランス全国学生連合（UNEF）と密接な関係を築き、ジャック・ベルジュを通して国際学生連合や、同じくベルジュの率いる団体でありサン・シュルピス通りに本部をおく、植民地学生協会連絡委員会とも関係を築いた。その後、クメール学生協会は公然と政治的な立場を取るようになり、「あらゆる形の民族独立闘争」を支持するようになった。これは協議だけでなく武力闘争も含む表現だった。

だが水面下ではもっと深い変化が生じていたのだった。その数週間前にティウン・マムは急進的な思想を持つクメール人学生をおよそ三十人選び、パリの数キロ南のソーにあるフランス人ガールフレンドの母親宅に招いて集会を開いた。かれらはベルリンでの催しの報告を聞いて、独立を推進する最適な方法を議論した。「だれ一人『共産主義』という言葉を使わなかったな」とンゲト・チョピニントは振り返る――「(ティウン・マムとイエン・サリは)とても慎重に言葉を選んだ――あまりにイデオロギーを前面に出したら、みんなついてこなかったと思う。集まった者たちは愛国者で、フランスを追い出すのが狙いだった」。その夜の集会に出席していたメイ・マンもこれを認めている――「もともと重要な課題は、植民者たちからの解放をどうやって共産主義者に手伝わせようかということでした。でも食べるうちに食欲もわくもんです。マルクス主義を学んでみたら、とても論理的で科学的だから、だんだん気に入ってくるんです」。

ソーでの集会は様子見のためだった。まもなく選ばれた参加者らが個別にアプローチを受け、新しい秘密組織「セルクル・マルクシステ」に参加したいかどうか尋ねられた。

セルクルは三人から六人で構成される個別の小集団(セル)から成り立っていた。セル同士は厳密に分断されていた――セルのメンバーが連絡をとるのは指導者一人で、他のセルに属する人やセルの数を知る者はいなかった。年月が経っても、ピン・ソイやンゲト・チョピニントは、実際に統轄していたのが誰か確信が持てなかった。

実際にセルクルを統轄する三人体制の協調委員会を指揮していたのはイエン・サリで、ティウン・マムとラト・サムーンがかれを補佐していた。最初は十二人ほどのメンバーがいた。あるグループは当時イエン・サリとティウン・マムが住んでいたサン・タンドレ・デザール通りのホテル・アングロラタンで会合を開いた。ケン・バンサクは最初の集会に参加したが、議論があまりに教条的だと感じて興味を失った。ンゲト・チョピニントが属していた別のセルはアントニーの郊外に拠点を設けていた。第三のセルを率いていたのはオク・サクンという数学科の学生で、ピン・ソイとメイ・マンがここに属していた。サロト・サルがいつ加わったのかははっきりしない。ソーで開かれた最初の会合では、出席していたとしても議論にはほとんど加わっていなかった。だれもかれがいたことを覚えていないからだ。実際のところティウン・マムはかれにパリで会った覚えがないという。しかしながら一九五一年の秋か冬頃には、サロト・サルは無線電気大学近くのラセペード通りで開かれた集会への参加を許されていた。フー・ユオンも同じセルにいた。サリの友人シエン・アンのほか、サルが親しくなったソク・ノールも。ノールは他のメンバーより数年若く、服飾デザインを勉強していた。

この後十九年間にわたってセルクルは秘密の中核グループとして活動し、水面下でクメール学生協会とその後継組織を操作した。フランス警察公安部の一九五三年の推計によると、このときセルクルにはおよそ三十人のメンバーがおり、パリのカンボジア学生のおよそ半分に直接影響を及ぼしていた。その全員がマルクス主義者だったというわけではない。だが全員が「急進的」見解を持っており、共産主義者を独立闘争における同志と考えていた。

セルのメンバーは週に一度、たいてい夕方に数時間集まってその週の出来事について話し合い、マルクス主義のテキストを研究した。まずレーニンの『共産主義入門』から始めて『共産党宣言』、毛沢東の『新民主主義論』を学んだ。「批判と自己批判」の夕べには、セルメンバーが自分自身や仲間たちの欠点を分析した。こういった活動は比較的穏やかだったと、ある参加者は語っている。共産主義者が権力を握ったカンボジアにおける自己批判を特徴づける、系統だった意図的な人格破壊などはなかった。それでもなお全体を厳しい雰囲気が覆っていて、その原因がイエン・サリにあることはみんなが知っていた。ピン・ソイは次のように表現している――「サリは活動熱心だったし、なかなか心も広くはありました。でもサル（やラト・サムーン）みたいな楽しい人物じゃなかったですね。（中略）強面だし――かなり激しい性格でしたから」。ティウン・マムは、イエン・サリの過酷な要求のせいで生徒が何人かセルクルを辞めてしまったとかれを責めた。ティウン・マム自身も、朝の六時にイエン・サリに「やるべき政治活動がある」とドアを叩かれたので、ガールフレンドとともにホテルを替えた。別のメンバーは若い女性で時間を無駄にするより自慰をしろと言われたという。だがイエン・サリ自身も、必ずしも他人に要求するほど厳格な基準を守っていたわけではない。一年後に判事の娘で当時十九歳だった婚約者のキュー・チリトがパリにやってくると、サリは即座に彼女を妊娠させてしまった。ティウン・マムは二〜三人の友人とともにスイスでの中絶費用をイエン・サリに貸してやった。カンボジア人の良家の娘は——マルクス派であろうとなかろうと——未婚の母など考えられないことだったからだ。これはある意味で、イエン・サリも本当は同年代の青年たちと変わらないことを証明する陳腐な出来事だった。だがそれはかれの行動を生涯にわたって特徴づける、手前勝手な二重基準ぶりを反映するものでもある——周りの人間向けの基準は、自分には適用されないというわけだ。

ティウン・マムはまったく違った性格で、のちにイエン・サリと反目することになった。マムの知的な聡明さと育ちのよさは超然とした様子をもたらし、おかげで目下の意向には無理解だった。かれは道徳を超越した夢想家で、観念的なものには猛烈な好奇心を抱くが、感情や人間の脆さにはついては鈍感きわまりなかった。

協調委員会の三人の指導者の中で、本当に慕われたのはラト・サムーンだけだった。キュー・サムファンはかれの謙虚さと親切さを覚えている。ピン・ソイはラト・サムーンを「優しい男」だと述べ、ケン・バンサクは「誠実で純粋」だととらえていた。だがラト・サムーンはクメール・ルージュが権力を手にする前にこの世を去っている。そうでなければちがった印象の人物になっていたかもしれない。

サロト・サルがパリに来てから二年間、目立たず控えていたのは、性格のためもあり——ずっとのちに述べたように「自分を見せたくはなかった」——まだ自分の立ち位置を見いだしていなかったためもある。フランス流に言えば「時の空気」を吸い、自分は何もせずに、自信たっぷりの活動的な仲間たちにただ流されていただけだ。

ケン・バンサクから見ると、フランスでのサロト・サルはパリの生活になじめず「浮いていた」。バンサクにしてみれば、サロト・サルは「知り合いもほとんどいなくて苦労している哀れなやつ」だった。この評価はピン・ソイやメイ・マンの記憶している「道楽家」のイメージとは合わない。サロト・サルについてというより、むしろケン・バンサク自身について多くを語るエピソードと言えるかもしれない——かれは自己評価が高いために、自分より能力が低いと思った相手を軽視する傾向があったのだ。でもこの話には一抹の真実が含まれていた。一九五一年の秋には、サロト・サルは進路に悩んでいた。無線・電気学校はもう先がない——サルは学業への関心を失い、夏に第二学年の試験を落第していた。一方、かれの英雄ソン・ゴク・タンは故郷に戻ってしまった。バンサクの集会には惹かれたが、そこでの議論は理解しきれないことが多かった。サロト・サルがプノンペンで過ごした最後の年にリセ・シソワットの少年たちが「実習生」に見せたあの軽蔑が、パリでもかれにつきまとっていた。「わたしがもっているのは高等中学校修了証だけだ」とサルは振り返っている。ケン・バンサクやフオン・トンのように博士号取得を目指す者たちは——どれほど同情的であっても——無線技術士を目指す元木工科の生徒にはあまり時間を割いてやれなかった。セルクル・マルクシステでも、とサルは残念そうに認めた——「指導者は学位を基準に選ばれた——だからわたしは対象外だった」。

だがその冬、サルの中でなにかが変わった。かれは人生の目的を見つけたのだ。それは革命だった。それはサル一人に限ったことではなかった。スターリン主義との出会い——フランス共産党が公的に掲げるイデオロギーで、永遠のスローガン――は、セルクル内のクメール学生らに欠けていたものを与えてくれた――それは帰属意識と目的だった。かれらは超越的な使命を与えられ、一挙に世界規模の運動の一部になったのだ。あらゆる共産党主義者と同じく、かれらはマルクス主義を自分の民族文化というプリズム越しに解釈した。かれらの場合で言うと、それはきわめて規範的な形の仏教だった。だからかれらが、自分たちを新たな工業世界の経済基盤を変えるプロレタリア社会の権化とはとらえず、ずっと単純に――悪の勢力を倒す善の化身としてとらえたのは、当然至極だろう。

そのうえかれらのほとんどはマルクス理論をほとんどまともに理解できていなかった。ティウン・マム、キュー・サムファンや、その下の世代の急進派学生スオン・シコン、イン・ソピープはレーニンの『唯物論と経験批判論』、『国家と革命』、スターリンの『社会主義の経済的諸問題』などむずかしい大著を次々と読みあさったが、かれらは例外的な存在だった。サルはのちに「大きくて分厚いマルクスの書物」を読んだが「まったく理解できなかった」と告白している。ピン・セイも「マルクスはわたしたちには深遠すぎた」と感じていた。老いてからのイエン・サリは、クメール・ルージュ時代についての話で時々マルクス主義の枠組みを持ち出したものだ。仲間たちもかれがフランス共産党幹部学校で学んだ、たった二人のカンボジア人の片割れだと誇っていたのを覚えている。その他の人々にとって、マルクス主義は学習して適用するべき包括的な思想体系ではなく、ある理想を表現したものだった。

セルクルの設立から数ヶ月後、サルはフランス共産党に加わった。ラト・サムーン、イエン・サリ、メイ・マンのほか六人ほどの生徒も加入した。かれらはオペラ座の近くのホールで開かれた、党指導者による共産党の方針についての講義や、党のカンボジア「語学グループ」の集会に参加した。この会合には党員と支持者たちが出席していた。

フランス共産党的に言えば、サルの学歴の低さは重要ではないどころか、むしろ強みだった。一九五〇年代前半のフランス共産党は、むしろ反知性派だったのだ。もっとも重要なのはプロレタリア階級の出身であることだった。元大工見習いだったサルは、他の学生よりもこの基準にあっていた。また、フー・ユオンにもっと活発な参加をうながされたのかもしれない。セルの仲間はかれを「理論やイデオロギー研究の責任者に選んでくれたよ。（中略）わたしの学歴はみんなほど高くなかったし、フランス語もうまくなかったが――それでもかれらは（その）仕事を与えてくれた」とサルは回想している。当時サルに会ったという過激派のフランス人は、かれの印象を「控えめで礼儀正しく丁寧な若者で（中略）確固とした信念を持っていた」と語っている。サルはフランス共産党誌『カイエ・インターナショノー（国際誌）』を読み、他国の革命運動を分析し比較するようになった。

セルクルの他のメンバーと同じく、サルもスターリンの一九一二年の著作『マルクス主義と民族問題』と『ボリシェヴィキ党の歴史』を研究した――のちにかれは、この二つはレーニンやマルクスよりわかりやすかったと述べている。前者は民族というものを、共通の文化、言語、領土を備えた「歴史的に制定された、安定したコミュニティ」と唯物論的に定義づけ、民族が人種的な血族集団だという考えを明白に否定している――「人種」と「民族」を文化様式と同等に扱うクメールの伝統的発想に非常に近い。後者は、一九三八年にスターリンが恐怖政治の余波の中で書いたもので、全世界の共産党に政治入門書として用いられていた。いつもながら生真面目きわまりないフランス共産党は、フランス共産党指導者モーリス・トレーズの全集の最初の十巻を買った人に無料で配っていた。毛沢東はこの本を中国語に訳させたし、ホー・チ・ミンもベトナム語版を発行していた。だから、将来のカンボジア共産主義者らの蛮行が、この本だけの責任だとは言えない。でもその蛮行を形作るのに決定的な影響を与えた一冊ではあった。

『ボリシェヴィキ党の歴史』は六つの基本的な教訓を強調していた。その一部――「大衆から離れるな」、「成功に溺れない」など――は、認識されつつも破られるのが通例だ。だがその他四つは将来のカンボジア革命家らの思想に抜きがたく刻み込まれた。スターリンは正しい指導力――「これを欠けばプロレタリア革命運動は崩壊する」――批判、自己批判の必要性を強調していた。スターリンの教えでは、マルクス＝レーニン主義は教義ではなく行動の指針で、新たな革命の経験によって常に高められるものだった。そしてなにより永久に警戒を怠らないことを協調していた。スターリンによれば、「ボリシェヴィキの標語の一つ」は「党は日和見的な要素を取り除いてこそ強くなる」というものだ。

自分の階級内の日和見主義者に対する妥協なき闘いなくして（中略）労働階級の党は（中略）その役目を果たすことができない。（中略）ボリシェヴィキは（この闘いに）時間をつぎこみすぎ、重要視しすぎたように見えるかもしれないが（中略）それは完全に間違っている。健康体が胃潰瘍に耐えられないのと同じく、われわれは自分たちの中の日和見主義に耐えられないのだ。（中略）労働階級の指導部に疑い深い者、日和見主義者、投降主義者、裏切り者を許すことはできない。（中略）要塞は内側からの攻撃にもっとも弱い。勝利をおさめるには、なによりも労働者階級とその砦たる指導部から、投降主義者、脱党者、犯罪者、裏切り者を追放しなければならない。

『ボリシェヴィキ党の歴史』には他の教訓も書かれていた――権力奪取のためには革命家は合法的手段とともに非合法的闘争手段を用いるのが重要であること、そして有象無象の万人が希望する基盤の広い党であるよりも、そして党員候補が厳しい選別を受けなければならない「一枚岩で闘争的」な本質的にエリート主義の党であることの必要性。だが、共産党員はつねに「政治的悪党」、「詐欺師」、「外国スパイ組織の諜報員」に注意しなければならないというスターリンのメッセージは重荷だった。スターリンは次のように書いている――この手の人々は「邪悪な計画」をあらゆる方法でカモフラージュして党に潜りこみ、党員のふりをして破壊行為や裏切りをおこなう。このような「人間のくず」に対する唯一の正しい対応は「容赦ない弾圧」である。

ロシア封建主義の遺産を背景としたスターリン主義は、クメール人の共感を呼んだ。クメール文化でもやはり、中国とベトナムの儒教世界に適用されていたような、不完全とはいえ細やかな抑制と均衡はまったく存在しなかったからだ。セルクルの中には納得がいかないメンバーもいた。フオン・トンは疑問を抱いており、フー・ユオンは「ブルジョア（階級）の排除とブルジョア（に属する個人）の混同」に反対していた。だがサロト・サル、ラト・サムーン、イエン・サリに迷いはなかった。フランス共産党が政治局員のアンドレ・マーティとシャルル・ティロンの二人を、党の規範を破ったとして追放したとき、サムーンは熱心にフランス人の同志に語った――「待ってましたよ。フランス共産党は穏健で杓子定規で議会風すぎると思い始めていたところだったんです」。

イエン・サリはこの頃、ティウン・ティウーンの仲間の医学生イン・ソッカンのようにスターリンの肖像を壁に飾っていた。この年、かれはケン・バンサクにうち明けた――「わたしは革命組織を指揮するつもりだ。（中略）書類をまとめ、大臣を監督する。中央委員会が人々の利益のために敷いた路線からかれらが逸れないように目を光らせる」。数十年のちの回想だから正確ではないかもしれないが、この言葉には真実味がある。一九五二年にセルクルの長を務めていたイエン・サリは、すでに自分をカンボジアの将来の革命指導者ととらえるようになっていた。

サロト・サルはこれに比べれば控えめな望みを抱いていた。かれはかれなりにゆっくりと「急進派の学生」として頭角をあらわし始めていた。同じセルのメンバーに意見を述べるほか、セルクルの秘密の会誌『リークスメイ』(「火花」の意で、レーニンの革命新聞から名付けられた)印刷をイエン・サリのホテルの部屋で手伝ってもいた。ここでサロト・サルはイエン・サリの婚約者の姉キュー・ポナリーに出会った。当時彼女はリセ・シソワットで教鞭をとるためにプノンペンへ戻ろうとしていた。のちにケン・バンサクが、当時のサロト・サルとイエン・サリを評して「寝てもさめても革命だった」と話している。だが仕切るのはイエン・サリで、サロト・サルがその後に従っていた。

この頃サロト・サルは、フランス共産党機関紙『ユマニテ』を読むようになった。それまでは同紙の強硬な論調をきらって避けていたのだ。メイ・マンも、この新聞のモーリス・トレーズに対する「王制に似た」傾倒ぶりがシアヌークの王宮を連想させたので嫌悪感を抱いていた。一九五〇年代前半の『ユマニテ』は、どんな記事が労働階級の読者の心をつかむか熟知していた。最低賃金とド・ゴール主義の不正について書かれた政治局員の記事の横には、血なまぐさい犯罪報道が並んでいた。こんな見出しだ――「夫を殺し切り刻んだアメリ・ラビローの手口」、「母の目前で嬰児、飼い犬に食べられる」「我が子の遺体をスーツケース内に三十八日間放置していたスザンヌ・フェレ」。

それでも『ユマニテ』はフランス共産党(とスターリンの)優先事項を忠実に反映していた――原爆廃止運動、ドイツ再軍備の脅威なるもの、朝鮮戦争、フランス植民地主義に対する闘い。インドシナだけでなく仏領北アフリカ、マダガスカルも騒乱のさなかにあった。カルチェ・ラタンのミュチュアリテ通りでは反植民地デモがおこなわれ、右翼学生とサン・ミッシェル通りで乱闘となって、ブタ箱で夜明かしすることになるのだった。キュー・サムファンは当時の街に漂っていた蜂起寸前の雰囲気を「大革命が勃発しようとしていると信じてしまいそう」なものだったと回想している――当時共産主義の信条として、政権を得る唯一の方法は一斉蜂起だと宣言していたことを考えれば、見た目ほど華々しいことではないが。

当時、フランス共産党は有権者の二十五パーセントの票を得ており、もっとも得票率が高い政党だった。共産党員になることは名誉のしるしであり、共産主義者らがナチドイツに抵抗するレジスタンスの中心勢力を占めた栄光の日々の遺産だった。フランス共産党の指導者モーリス・トレーズは、暗殺計画や政治局員など格下の者から身を守るため装甲を施した黒のリムジンで移動していたが、常に警察にいやがらせを受けていた。ポール・エリュアール、ピカソ、ルイ・アラゴン、サルトルなど左翼の作家や画家は、共産党を支持する旨の声明を発表していた。共産主義ジャーナリストのアンドレ・スティルは、アメリカが韓国で細菌戦を始めたと書いて収監された。『ユマニテ』は読者に対して一八七一年のパリ・コミューンをお手本にせよと呼びかけた。フランス共産党はパリ・コミューンの八十周年に壮大な祝典を開き、ブルジョア層の攻撃による終焉も党の指導者に言わせれば「敵のスパイの行動への警戒を強化しろという教訓」だった。ずいぶんこじつけめいて聞こえるが、東ヨーロッパでの見せしめ裁判――一九四九年のライクとコストフの裁判、一九五二年のチェコスロバキアの指導者ルドルフ・スランスキーの裁判――は、党の信者にしてみれば危険がどこにでも潜在することを如実に示すものだった。信奉者の熱気の高揚とともに、そうでない者へのテロも加速した。

サロト・サルが初めてユーゴスラビアの大統領チトーの異端ぶりを知ったのは『ユマニテ』からだった。かれが仲間と働いたベオグラード―サグレブ間の道路は、いまや反チトー破壊工作員の標的になっていると新聞は満足げに書いていた。サロト・サルの意見については記録がないが、かれはおそらく反対だっただろう。ンゲト・チョピニントによると、多くのカンボジア人学生は、ユーゴスラビアの指導者に内心では同情的だったという――「かれはスターリンに立ち向かっていましたから。

ユーゴスラビア以外の東ヨーロッパ諸国はソ連の言いなりでした。チトーだけが民族独立の旗を掲げていたんです。（中略）それが気に入りました」。

強力な隣国であるベトナムとタイに対してアイデンティティを主張しようと闘うカンボジアとの類似点は言うまでもない。


これ以外に、サルだけでなくセルクルの全メンバーに大きな影響を及ぼしたのは毛沢東の演説「新民主主義論」だった。もともとこれは一九四〇年一月に延安の文化的労働者らに対する演説で、植民地あるいは半植民地における革命の詳細計画が盛り込まれていた。ホー・チ・ミンはこの演説で述べられた方針をもとにベトナム独立同盟（ベトミン）を立ち上げ、またたくまに「新民主主義」は、社会主義前夜の途上国で定番の共産党用語になった。インドシナ共産党幹事長のトロン・チンは「新民主主義が拡大を続け、中央ヨーロッパから（ベトナムの）カマウ岬まで一帯に広がる」日を待ち望んでいた。「民主主義」という言葉自体が社会主義と同義語になり、党員が「民主主義発行物」といえば、それは共産主義誌を指した。東ヨーロッパでは「人民の民主主義」が起こり、アジアには「民主主義戦線」があった。また、ソ連の率いる「世界共産圏」も存在した。ソン・ゴク・ミンとかれのベトナム人の師たちさえ、この新たな風潮を取り入れた。クメールの地は「民主カンボジア」と呼ばれるようになり、パテト・ラオ、北ベトナムが地域の三つの「民主主義国家」となった。

毛沢東は、植民地や半植民・半封建国家における革命には以下の二段階が必要だと論じた。まずさまざまな階級──主勢力である農民、労働者、ブルジョア階級の人々──の連携によって実行される「民主主義革命」、そしてその次に「社会主義革命」である。この二つは根本的に異なり、一体にはできない。第一段階が「すべての革命階級からなる連合独裁政権下の国家」を築く。そして第二段階が

「プロレタリアート独裁」の社会主義国家を築くのである。毛沢東は次のように述べていた。社会主義が主流の世界では、マルクスが前提とするブルジョア資本主義の段階を経験する必要はない。かわりに「新民主主義共和国」を設立することで社会主義への移行が実現できる。そこでは銀行、主要産業、営利事業は国有化され「人々の生活の中心とならない資本主義的生産」は認められる。確かに、問題が起これば真っ先に逃げ出すブルジョア層は、協力者として信用できないと毛沢東は認めていた。それでもなお「新民主主義」段階は革命に「必要で省略できない」。そしてその段階は「われわれは（現実主義者で）理想主義者ではない」ため、「かなり長期間」続くだろうとかれは述べていた。

植民地国家出身の学生にとって、これは活気づけられる展望だった。欧米風の資本主義を省いて社会主義に至る方法があるのだから。毛沢東はさらなる激励として「真実をはかる唯一の尺度は多数の人民による革命の実践」だと付け加えていた。つまり大衆や指導者らの願うものなら何でも革命だという意味らしかった。「マルクス主義の不変の真理は、使い物になるにはまず固有の民族形態と組み合わせ、確固たる民族的形式を獲得しなければならない。いかなる場合も単なる形式として主観的に適用してはならない。形式にこだわるマルクス主義者はただの愚か者である……」

だが毛沢東もスターリンと同じくまったく譲らない点が一つあった。

共産党に協力するかそれとも反対するかのどちらかしかあり得ない。（中略）共産党に反対した瞬間から、その者は反逆者となる。（中略）共産党に反対したいなら地に叩き伏される覚悟をすることだ。地に叩き伏されたくなければ反対意見を取り下げるべきだろう。

革命をすすめる党の純度を保つためスターリンが下した容赦ない指示と、毛沢東による革命の指針に、若いクメール共産主義者の卵らは求めていたもののほぼすべてを見いだした。かれらのだれ一人として、フランス共産党幹部学校の仰々しい学位を持つイエン・サリさえも、マルクス主義理論にあまり関心を寄せていなかった。毛沢東やその一派がかれらと同じ立場にあった頃にしたように、形而上学や弁証法についての哲学的洞察に没頭する者は一人もいなかった。また、中国とロシアの革命に関する西側諸国の記述も読んだ形跡がない。エドガー・スノーの『中国の赤い星』、ジャック・ベルデン『中国は世界をゆるがす』、アグネス・スメドレー『中国紅軍の進軍』は、すべて仏訳が出ていたが、だれ一人としてこれらを読んだ形跡はない。ケン・バンサクのような優秀な学生でさえ、スターリン主義者見せしめ裁判の擁護論であり、大きな影響力を持ったモーリス・メルロ＝ポンティ『ヒューマニズムとテロル』を知らなかった。メルロ＝ポンティはソルボンヌでかれの論文の指導教官だったのだが。まして他の学生たちはヘーゲルやフォイエルバッハ、ニーチェを研究したことさえなかった。中国の共産党指導者らは五十年も前に研究していたのだが。

カンボジア人がマルクス主義を採用したのは理論的見識のためではなく、フランスを排除し、植民地主義がほとんど手をつけていなかった封建的社会を変えるためだった。

この観点からすると、スターリン主義と毛沢東主義にはどちらも大きな欠陥が一つある。これらが想定していたのは工業的プロレタリアが最高位にある世界だった。ボリシェビキ革命を始めたのはペトログラードの労働者だが、当時ロシアの工業力は世界第四位だった。しかも一九一七年のロシアには七百万人の労働者がいた。スターリンの社会主義の展望には、主要資本主義勢力と優位性を争う工業国の立場が反映されている。「本質的には農民革命」と評した革命を率いていた毛沢東さえ、次の瞬間には「革命は近代工業労働階級なしには成功しない」と主張している。

カンボジアには、近代であろうとなかろうと「工業労働階級」は存在しなかった。

クメール革命運動を起こす使命に張り切っていたベトナム人でさえ、「社会主義革命や新民主主義革命のための条件すら整わず、民族的な性質しか持たないような革命しかできない」ことを認めざるを得なかった。そのため、別のモデルが必要になった——それをサロト・サルはある週末に、サン・ミッシェル橋近くのセーヌ川土手に立ち並ぶ古本売店をのぞいている時に発見した。それは五十年後に、かれがパリ時代の蔵書として題名を思い出せる唯一の本となった——ロシア人無政府主義者ピョートル・クロポトキン公爵の『大革命』である。

この本は七百四十九ページにおよぶ大冊で、サルはのちに「全部を理解したわけではない」と認めている——当然だろう、この本は十八世紀のフランスの封建的土地制度、地役権賃貸、**acapts,arriere-acapts, censives, sur-cens, champarts, lods, quints, requints, soetes, tasques, treizains, venterolles** など翻訳不能な財政関連用語について述べた部分が多いのだから——だがそれでもこの本は、サルが最後まで手放さなかったほど、かれの興味をひいたのだ。カンボジアの状況にもっとも近い「国家革命」は中国やロシアの革命ではなく、ブルジョア階級の知識人と農民が手を結んでルイ十六世に対抗した一七八九年の革命だったのだ。

クロポトキンは冒頭の段落で、この本の目的を次のように書いている。

> 革命は二つの大きな動きによって準備され、実行にうつされた。一方は思想の流れ——国家の政治的再組織という新たな思想の流れ——であり、ブルジョア階級から生まれた。もう一方は一般大衆——農民と労働者——から生まれた行動の流れだ。（中略）これら二つの動きがはじめて共通の目的のために一つになったとき——互いに力を貸し合ったとき——革命が起こった。（中略）（十八世紀の）哲学者たちは旧体制《アンシャン・レジーム》の失墜に至る道を整えた。（中略）だが革命を起こす

には、それだけでは不十分だった。理論を行動に移すこと、想像からうまれた理想を実際に行動で実現化することが必要だった。（われわれが）いま何にもまして研究する必要があるのは、歴史の特定の時点においてフランスに――その理想を現実に変える――急激な変化を可能にした状況が何かということである。

この思想は、別の封建的な王国で革命を夢見る若い学生に感銘を与えたのだった。

あらすじ自体はサルにとって目新しいものではなかった。カンボジアの子どもたちは、フランスの王の失脚と、「自由、博愛、平等」の共和国を宣言した革命、そしてその方針を結晶させた人権宣言を必ず小学校で教わるのだ。これらは英雄的出来事として語られていた。「王は自分が地上における神の代理人だと考えていました。（中略）国（中略）は、王家の専制政治のもと、隷属状態にありました」と、アルフォンス・オラールは一九三〇年代、四〇年代に教科書として広く読まれていた『フランスの歴史』に書いている。王制は弱く、共和国は強く、革命は人類のもっとも崇高で寛大な本能の発現であるとかれは主張していた。またべつの小学校の教科書の作家、エルネス・ラヴィスは次のように宣言している――「革命の戦士たち（中略）はフランスのためだけではなく人類すべてのために戦いました。（中略）かれらはあらゆる人々をその王から解放したかったのです。すべての人々が自由になるように」。また、フランス共和国を救いはしたものの、多くの罪のない人々の命を奪った恐怖政治は「例外的な時期の例外的な措置」と説明されている。

これは十八世紀のフランスの話で、現在は二十世紀のカンボジアだ。シアヌーク自身もこの先例をよく知っていたが、臣民どころかフランスの植民地支配者でさえ、かれの統治法とルイ十六世を処刑台に送った統治法を関係づけてはいなかったようだ。今にしてみれば、両者はほとんどそっくりだ。

若いカンボジア人たちは、フランスへ来て初めて考えがたいことを考えるようになり、その共通点も認識できたのだった。

ティウン・マムはフランス革命の歴史を「称賛に値する」と感じた。イエン・サリはこの革命から学ぶべきことについて、長い時間をかけてセルクルのメンバーらと議論した。三十年後、『ル・モンド』誌の記者が北西カンボジアのジャングルにおけるキュー・サムファンとのシュールな出会いを報道した。キュー・サムファンは記者に「ポル・ポト首相とわたしはフランスの思想の精神——ルソーとモンテスキューの啓蒙期——から強い影響を受けた」と断言したという。ソッカンの末弟のソピープ——のちにクメール・ルージュのエジプト大使——は、王制主義のフランスの「聖職者と貴族と第三階級（庶民）」と故郷の「僧と高級官僚と庶民」という類似点について熟考した。かれと同年代のスオン・シコン——のちにイエン・サリの側近の一人となった人物——はフランス革命についてすでに知っていた。かれはコンポンチャムの寄宿学校で、十時の消灯後にこっそりトイレに立ち、ジャコバン党山岳派とその無慈悲な指導者について読んでいたのだ。

ロベスピエールの人格には感銘を受けたし、かれの革命主義はわたしに大きな影響を与えた。ロベスピエールは高潔で妥協をしない人物だ。（おそらく）若者の持つかたくなさ（がわたしにそう感じさせたのだろう）。何かをするなら、最後までやり抜かなければならない。妥協してはならない。それがわたし個人の哲学であり、イデオロギーでもある。いつも絶対的な立場にあることが必要だ——中庸や妥協は許されない。物事を中途半端にしてはならない（後略）。

それはクロポトキンの本におさめられた教訓の一つでもあったが、かれはまた違った表現をしていた。ロシアの公爵から見れば、ロベスピエールは道徳的にとても純粋でまっすぐな男で、革命に対するかれの信念がゆらぐことは決してなかった。だがしょせんは穏健派で管理者であり、ビジョンを持った人物ではなかった――「そのときどきの支配者らの意見から逸脱しないよう注意するような人物である」――そしてその勢力は中心部を占めることによってのみ生まれていた。クロポトキンに言わせれば、フランス革命の問題は、不徹底だったことだ。自らの利益がおびやかされそうになると大衆の革命活力に水をさす、ブルジョア階層の矛盾した態度についてかれは警告を発している。革命が起こるのは、権力の座にある人々が街に血が流れるまで変化に逆らおうとしたときだとクロポトキンは説明している――「途中で止めてはならない。そうすれば必ず失敗する。（中略）一たび革命が起こったら限界まで進めるしかない。（必ず）革命の頂点で対抗勢力が結集して向かってきて（中略）屈せざるをえなくなる。（中略）そして反動勢力が力を得る。（中略）だが限界まで行けば、結果はそれまでより良いものになるだろう」。

クロポトキンのもう一つのテーマは、革命の試金石は財産であるというものだ。財産を持つ人々は本質的に反革命で、何も持たない人々は親革命だ。かれはロベスピエールを肯定的に引用している――「余分な財は取り引きして差し支えない。必需品は皆のものだ」。フランス革命の平等主義の原則は、実のところ共産主義の原則だとクロポトキンは論じている。「近代（マルクス）社会主義は、フランス人らが（一七九三年から九四年にかけて）実行に移そうとした考えに何ひとつ、全く何一つとしてつけ加えていない。（中略）それだけでなく（この）二年間の人民の共産主義は、現在の社会主義よりもさらに明確なビジョンを持っており、分析の論理をさらに掘り下げていた。（中略）フランス大革命（中略）は現在のすべての共産主義者、無政府主義者、社会主義者のコンセプトの源だった」。「大革命」には多くのことが書かれていた。だがこの三つの中心的な概念――革命には有識者と農民の結託が必要であること、妥協やためらいなしに最後まで完遂しなければならないこと、平等主義が共産主義の基盤であること――は、生涯サロト・サルとともにあった。サルがこの本の中の警告的な一文に気づいたかどうかは定かではない――「フランス革命の中で衝突し、崩壊した思想と行動の強力な流れは（中略）人間の本性の真髄にとても密接につながっているため、必ず将来ふたたび（起こる）」。

パリのセルクルのメンバーがマルクス主義の教義に思いをめぐらせている頃、故郷のカンボジアではシアヌーク王がもっと現実的な問題に直面していた。ソン・ゴク・タンの古い友人のパク・チョアンは、すでに民主党政府の情報相を務めていた。ソン・ゴク・タンはさっそく『ナガラ・ワッタ』の残存メンバーを集め、一九五二年一月にエア・シチャウと仏教学院の僧らの力を借りて、『ナガラ・ワッタ』の後継誌として『クメール・クラウク（「クメールよ目覚めよ」）』を立ち上げた。『クメール・クラウク』は「武装闘争を露骨に呼びかける予言的な詩」とともに、独立を提唱する記事を次々に掲載した。ソン・ゴク・タンはフランスとの合意によって王立クメール軍が警備を担当するシエムリアプ地方を訪れた際に、ベトミンとの協力をほのめかした。ベトミンが「海賊行為」をはたらくなら対処しなくてはならないが、かれらが「独立へ貢献」するなら話は別だ、と述べたのだ。ソン・ゴク・タンの集会には時折アメリカ文化アタッシェが臨席していた。アメリカの援助で設置された放送機器の動作確認のため、という口実だった。

フランスは激怒し、ソン・ゴク・タンのシンパが二月にプノンペンで計画した独立支持のデモは禁止された。ソン・ゴク・タンはただちにイサラクの指導者カオ・タクに連絡をとり、かれを最初に権力の座につけた日本による「実力行使」記念日、三月九日に――エア・シチャウと若手俳優のハン・トゥン・ハクを含む――身近な信奉者数人とともにダングレク山脈の反乱軍キャンプへ去った。ソン・ゴク・タンはそこから政府軍の兵士らと警察に対し、部隊を離れ反乱に加わるように煽動放送で呼びかけた。その活動が実を結びかけた頃――四月に一人のクメール司令官が十二箱の武器をソン・ゴク・タンのイサラク同盟に届けていた――フランス軍はタイ国境沿いの反乱軍基地を攻撃した。

これがきっかけでプノンペン、バッタンバンその他の町で学生デモが次々と起こった。コンポンチャムのサルの母校では、フランス人のブロット校長が石を投げられた。またフランス人兵士らに対し、タン派に同調的と見られる村を焼き払って「農民の妻娘らを強姦」したという糾弾の垂れ幕がフランス語とクメール語で掲げられた。

シアヌークにしてみれば一九四五年の再来だった。ソン・ゴク・タンは主導権を握り、フランスの傀儡だと王制をふたたび批判した。しかし今回の方が危険は大きかった――ソン・ゴク・タンが民主党と共闘を組めば、王位自体が危うくなりかねない。ありえない話でもなかった。十月にソン・ゴク・タンが帰国したとき、民主党首相のフイ・カンソウルは空港で出迎えていた。この一連のデモも、民主党の仕業だと広くささやかれていたのだ。ソン・ゴク・タンのラジオ放送は多くの人々の関心を引き、かれの反乱軍参加を志す高等中学生が続出した。

ソン・ゴク・タン支持は都市部に限られたため、機転の利く人物であれば、タイ国境付近の極貧で辺鄙な田舎に基地をもうけるのは戦術的に大きな間違いだとわかったはずだ。しかしこの時点ではすでに、シアヌークもフランスも論理的には行動していなかった――アメリカがシアヌーク体制にかわる共和制の指導者としてソン・ゴク・タンに注目しているとの噂も、事態を好転させるものではなかった。六月四日にシアヌークは沈黙を破り、王室議会を相手に長く激しい演説をおこなった。そして芝居がかった調子で「この未曾有の危機が抜本的な方法でただちに解決されなければ、わが祖先の王国は混乱と死の中へ墜ちてしまうだろう」と警告したのだった――政府はソン・ゴク・タンの挑戦に対して優柔不断で、人々はもう何が正しいかもわかっていない。そして何よりも深刻な点として、王家の信用が失墜したとシアヌークは不満を述べた。

余を憤らせる不正が二つある！　一つは、人々に（フランスとクメール間の）協定の責任者としてフランスに対処してきた者たちを反逆者だと吹き込むこと。もう一つは、公然とフランスを侮蔑し戦わぬ者はみな反逆者だということだ。（中略）余は（この理論を）却下する。（中略）もし余が反逆者であるなら、その退位を王権議会に許可させるがよい！……

余はもはや自分の国が溺れ、臣民が死ぬのを見過ごせぬ。（中略）この数ヶ月間、人々はまともに話もできなくなっている。勤め先や学校などあらゆる場所で人々は政治について議論し——互いを疑い、策略をめぐらせ、ある者を推し、ある者を引きずりおろし、ある者を押しのけ、何一つ建設的なことをしていない——その一方で国全体を見れば、殺害、強奪、殺人が蔓延している。混沌が支配し、確立された体制は機能しなくなってしまった。（中略）軍と警察は（中略）義務とは何かすでに理解していない。イサラクの者たちは、自分たちはカンボジアのために死んでいくと聞かされ、余の兵たちもまた同じく戦場に赴き、かれらと戦って死んでいく。（中略）日々（われわれは）真の内戦に（巻き込まれることを）恐れつつ過ごしている……。

諸君、これが現在の状況だ。国家が（反乱軍の道を）たどるべきか、それともこれまで余の歩んできた道を歩み続けるかを明らかにする時が来た。

これが、当時三十歳だった若い王が法で定められた役割を意図的に越え、政治の場に歩み出た最初だった。その振る舞いはまだ年期の入ったシアヌーク風とはいかなかったが——激怒と自己憐憫、辛辣さと優しさ、残忍さと皮肉、情熱と機知の絶妙な組み合わせは、のちにかれの持ち味となる――学生として弁論を学ぶうちに気づいた煽動的な才能は、すでに現れている。それから五十年間、この才能はかれのお気に入りの武器として政治の場で活躍した。

　この演説は明らかな危機を招いた。民主党に敵対する右翼勢は冊子をばらまき、国民議会の解散、政府の解散、王の直接支配を主張した。シエムリアプでカンボジア陸軍の司令官を務めていたダプ・チュオンは、民主党を失脚させるべくプノンペンに向かっていると噂されていた。公的な集会は禁止され、六月八日には国家転覆謀議でロン・ノルを含む右翼党幹部四人の家宅捜索がおこなわれた。うち三人は王の命令で数時間後に釈放されたが、元首相で二年前にユー・クースの暗殺に関わっていたと広く噂されていたイェム・サムバウルは一晩拘留された。かれの自宅からは手榴弾が一箱発見されていたのだ。その翌日の六月九日にシアヌークは、サイゴンからの増援募集を提案するフランス長官ジャン・リステルッチに接見した。援軍は十四日に到着した。シアヌークはその夜、両親と王室顧問らの同席を得て一連の布告に署名した。翌日の日曜日、カンボジア人たちが目を覚ましてみると、一夜にして政府が解散、シアヌークが非常手段として自身を首相に任命しており、三年以内にカンボジアの完全な独立を誓約し、「王室十字軍」が結成されていた。民主党指導者らは国家の利益を自身の利益と混同し、利権を私物化して独り占めしたと王は国民に告げた。

　これは嘘ではなかった。民主党は権力の座にあった五年間に、汚職まみれで封建的かつ無能で、ややこしい派閥争いばかりに夢中で政治を麻痺させるだけの存在であることが露呈してしまった。とある著名な党員もこれは認めている――「かれらはその任にふさわしい人間ではなかった。自分のことしか考えていなかった（中略）気にかけるのは大臣としての自分の経歴だけだった」。だがそれは当然のことでもあった。この土地固有の政治モデルといえば、何世紀も前から人々から搾取して肥え太るという王族と高級官僚しかなかったのだから。植民地となって持ち込まれた議会制民主主義は、カンボジアの伝統とはまったく異質のものだった。これに対するシアヌークの対応は、フランス第四共和国の制度はこの東洋の王国にふさわしくないと結論づけることだった。これまた近視眼的で、カンボジアが近代的な民主主義国家に変わるのにまるで役立たなかった。だがどんな欠点があろうと、選挙によらない統治者よりは「公選された政府」を本能的に好むアメリカ陣営もまた、負けず劣らず単細胞だった。これが二国の相互無理解の始まりで、それはアメリカが二十五年後にベトナム戦争に敗北するまで続いた――いやその後も続いたというべきか。

シアヌークの「クーデター」から数日間は、モロッコの歩兵が議事堂の護衛にあたり、フランスの装甲車が通りを巡回した。政治集会はすべて禁止された。シエムリアプ地方ではカンボジア陸軍が新たにクメール・セライ（「自由クメール」――ソン・ゴク・タンの軍勢はそう名乗るようになってい た）に対する攻撃を開始し、村々を焼き討ちにした。これは高等中学生らに新たな反発を招き、学年末試験のボイコットが起こった。国民議会も反感を抱いていた。だがもっとも手厳しく批判したのはパリで、学生協会の指導者らは急遽『ケマラ・ニソット』の号外を発行し、中心記事でシアヌークを辛辣に非難した。執筆したのはケン・バンサクで、かれは王の背任と、カンボジアの「真の英雄」であるソン・ゴク・タンらの排除を正面から非難した。

われわれAEKのクメール学生は、陛下が違法な行動をお取りになったとみている。（中略）王室の政策が（中略）われらクメールの地を永久の奴隷という地獄に導くことは免れない。（中略）

国民へのメッセージにおいて（王は）カンボジアはかつてない危機に直面していると述べられ

た。陛下は今頃になってお気づきになったのであろうか。人民ははるか昔からこれに気づいており、またその苦難がフランス帝国主義者と専制君主制とそのとりまきのせいであることも知っていた。（中略）陛下の王宮が、国と人民の富を陛下の懐に入れるような不正取引の場となっているることを人民はどう感じているだろうか？（中略）わが国の堕落は王位に端を発し、末端の役人にまで広がっている。フランスは圧政を加え、王はその王位を利用し、王宮とその寄生虫が人民の生き血をすする。（中略）これらがわが国をいまの危機的状況に追い込んだ主な原因だ。（中略）

陛下は国家を二つに分けようとなさっている――王制主義者と、独立のために闘う者たちだ。（王の）政策はクメール人をクメール人と対立させようとしている（中略）（やはり）フランスと手を組もうとしたシソワットとノロドムの時代のように。（中略）陛下はただ祖先の足跡をたどっておられるにすぎない。つまり王冠の対価として人民の血を売ろうとしているのだ。（中略）

王はカンボジアを自分の家財だと考えておられる。（中略）その政策（中略）は人民とクメールの国を破壊するものである。（中略）（だが）われわれクメール学生は（中略）王を裁くつもりも糾弾するつもりもないことを陛下にはお知らせしておきたい。歴史が――陛下とその祖先によって作り上げられた歴史が――やがて王の失策を裁くであろう。

バンサクの非難がいっそう効果的だったのは、シアヌークの両親の堕落に関する多くの耳の痛い真実がそこにこめられていたからだ。号外の写しにはクメール学生協会会長のフー・ユオン、情報相に選ばれたメイ・マン、ケン・バンサク、イエン・サリら指導的立場の学生たちが署名し、それぞれ王宮、国民議会、二つの主要仏教教団、新聞社へ送られた。バンサクがのちに耳にしたところでは、王は「どす黒い怒り」に染まったというが、それでも犯人を罰すれば反対派をあおるだけだと認識できる程度の正気は保っていた。かわりにシアヌークは、王宮参事官最高位のペン・ヌートをパリに派遣し、まず謝罪をとりつけてから事態を収束させるように命じた。

それは口で言うほど簡単ではなかった。フー・ユオンは敬称の「閣下」ではなく、横柄にもペン・ヌート「さん」と呼んだ。この侮辱をヌートは忘れなかった。ケン・バンサクは面会さえ拒否した。謝罪は得られなかった。シアヌークは屈辱をこらえてペン・ヌートを呼び戻したが、関係者の奨学金がどうなっても知らないぞとの警告を残した。

これで学生たちは我に返った。ケン・バンサクはイエン・サリの言葉を覚えている――「きみの責任だよ、兄弟。きみは学位をとったからもう勉強の必要はない。プノンペンへ帰って金を稼いでくれよ、われわれのフランス滞在費用に」。シアヌークを嫌って仲間たちに署名を強制した罪悪感からか、それとも六年をヨーロッパで過ごした疲労感からか、ケン・バンサクはこの提案に同意した。イエン・サリと婚約者のチリトがコメルス通りのアパートを引き継ぐことになり、一九五二年の十月にケン・バンサクは飛行機でプノンペンに出発した。かれは三日かけて帰国し、途中ピラミッド見学のためにカイロで半日過ごしたほか、ラングーンでも飛行機を降りて半日を過ごした。バンサクは帰国すれば逮捕される可能性があることを妻に話していたが、結果的に見ると最悪な出来事は、当時文部相を務めていた年輩の叔母ペアンパス妃の叱責でしかなかった。「愚か者！」と彼女はかれを罵倒した――「王に逆らうなど何を考えているのですか！」バンサクが責任を否定すると、ペアンパス妃は筆跡を見せるよう迫った。かれは一晩かけて違う筆跡を身につけたが、年老いた叔母は翌朝にはそれを忘れ、かれに教職の口を見つけるようにと官房長に命じていた。

パリでシアヌークの行動に反対していた学生はケン・バンサクだけではなかった。他の学生らも、バンサクに刺激を受けて王を批判する記事を書いていた。その一つがクメール・デーム（旧クメール人）と名乗る学生の「王制か民主主義か？」と題した投稿であった。これはバンサクの痛烈な非難に比べれば稚拙だったが、サロト・サルの最初期の著作であり、当時のかれの思想を垣間見ることができる。師の影響をまともに受けたサルは、クメール王制は人々を「動物扱いし、奴隷のように（扱い）日夜休みなく働かせた」と論じる一方で、民主主義について「ダイヤモンドのように貴重であり（中略）山腹を流れ落ちる急流のように、だれにも止められない」と書いた。また、王制は「膿んだ傷口のように汚らしく」、「王の言葉は善でもその心は悪のままである」とサルは述べていた。のちにポル・ポトの演説の特徴となるこのような表現が、内容的には凡庸な文章に活気を与えていた。

もっとも興味深いのは、サルが仏教を強調していることである。悟りを開いた僧は「王制の性質を常に熟知していた」ため「トゥメン・チェイ（クメール文学でもっとも親しまれているいたずらな主人公が王を出し抜く有名な物語）」などの民話を書いて、王制を信じるなと告げてきたとサルは述べていた。また、ブッダ――「われわれの大いなる主」――は「人民の友」となるために王子としての暮らしを捨てたが、民主主義の美徳を最初に説いたのもブッダであり、民主主義のシステムだけが仏教の「深遠な徳」を擁護できるとつづっていた。セルクル・マルクシステの一員がこのような表現をするのは意外なことだった。イエン・サリやティウン・マムなら絶対にこうは書かない。「旧クメール人」という仮名を選んだことからも、輸入ものの西洋思想でなく、正当なカンボジア人の視点を備えた人物であることを主張したいという明確な願望がうかがわれる。

その他にサルが言及した主な歴史的事物に「王制を解消し王を処刑した」フランス革命があったのも当然だろう。ロシア革命、中国革命もわずかに言及されていたが、それは君主制統治の終わりについて触れたものでイデオロギーの内容に触れてはいなかった。この他の内容は、当時は何とも思われなかったが、のちの出来事に照らすと重要なものがある。シアヌークは僧職に序列を持ち込むことで仏教信仰をおとしめ、国家の独立を抵当に差し出したとサロト・サルは書いていた。「歴史が示している」と、かれは説明していた──「シャムの援助をもとめる王がシャムに貢ぎ物を捧げなければならなかったように、フランスの援助を求める王はフランスに貢ぎ物をすることを余儀なくされる」[*1]。

サロト・サルたちにとって、王の行動は「王室クーデター」だった。歴史のページがめくられた。フランスもそれを感じていた。「(ここでは)民主主義に望みはない」と、フランスの軍司令官ピエール・ド・ラングラード将軍は記している──「議会の試みは失敗した。(中略)相変わらず国王のみがカンボジアの政治的方向性をうちだせる。(中略)(かれは)何千年もこの地の運命を導いてきた神王の神話の継承者である。(中略)この国のすべては、王によってなしとげられなければならないのだ」。

一九五二年前半の政治的な不安定さのため、ベトミンとそのクメール人同盟者たちは、地方部をがっちり掌握していった。ソン・ゴク・ミンのゲリラは百万人いてカンボジアの三分の一を支配していると主張した。これは誇張だったが、ほぼすべての地方で、かなりの地域が不穏な状況にあると公式に発表されており、ベトナム国境では二十万人以上のカンボジア人が共産主義統治のもとに暮らしていた。フランス軍自身もこれを認めていた──三年前の状況とは対照的だった──ベトミンは「(クメール)人らの間では信望を得ていた」。当局にとって救いだったのは、さまざまな反乱グループを一つの勢力にまとめようとするソン・ゴク・タンの試みが失敗に終わったことだった。かれが反乱軍に加わって数週間は、チャンタランセイ、サバン・ボン(阿片中毒の陸軍脱走兵で、コンポンスプーで四百人の部隊を率いていた)などのイサラク指導者らが、それぞれ祝福のメッセージを送っていた。だが自治権を投げ出して愛国的同盟を結成しようと考える者はいなかった。ベトミンとの提携は、ソン・ゴク・タンが自分の指揮下に連合軍をおくことを主張した時点で失敗に終わってしまった。

六月のシアヌークの「クーデター」ののち、フランスはいわゆる「講和活動」にさらに力を入れて、ベトミンの侵攻水準を安定させたのちに低下させることにした。当時、十万人以上の村人たちが、武装した民兵が見張りをつとめる物見やぐらで守られた、要塞化した村落に集まっていた。政府のもとに集まったイサラクは恩赦を受けた。それでもなお、両者ともごまかしのきかない相手だけに、かけひきには慎重を要した。ベトミンとイサラクの手から人民を取り戻すなら、シアヌークの名前が必須だとフランス軍司令部にはわかっていた。そしてシアヌークは、独立を勝ち取るにはこのまま暴動を続けさせ、フランスに「王室十字軍」が唯一の現実的な解だと認めさせるしかないのがわかっていた。ド・ラングラードは、シアヌークの「極度な慎重さ」は「ソン・ゴク・タンに踊らされている」と批判した。

その夏は不自然なほど静かだった。民主党率いる国民議会が、王のもとで打倒民主党に取り組む政府といつまでも共存できないのは、だれの目にも明らかだった。当時カンボジアの学校は休暇中で閉校しており、議会も休会に入った。クメール学生協会はノアムティエール島の向かいに位置するブルターニュのポルニックでの休暇キャンプを企画し、ティウン・マム、ラト・サムーン、イエン・サリ、サロト・サルはセルクルのメンバーらと泳ぎ、ハイキングに出かけ、近くでキャンプしていたフランス人学生のグループのために伝統的なカンボジアの踊りを見せた。また、カンボジアの将来について長時間にわたる議論もあったが、何の決定も下されなかった。だが十月に次の学年が始まるとイエン・サリとティウン・マムは集会を開いた。パリから車で一時間離れた田舎の、フランス共産党員の所有する農家で開かれたこの集会には、セルクルのメンバー十五人があつまった。

議題は三つあった――シアヌークが事実上の同盟国フランスの信用を失ったいま、どの抵抗組織を支持すべきか、ソン・ゴク・タンによる反乱軍統一の失敗を受けて、まだ抵抗勢力をまとめる手があるかどうか、カンボジアに戻り、セルクルのメンバーみずから闘いに身を投じる時が来たかどうかの三つである。

出席者の中には、フランスからの権力の奪取については、かつての仲間だったハン・トゥン・ハクとエア・シチャウも属しており、クメール民族主義者としても申し分ないソン・ゴク・タンらのグループがもっとも期待できると主張する者もあった。イエン・サリらは、ベトナム人と手を結んでいて動機に不信はあるものの、ソン・ゴク・ミンの「クメール・ベトミン」の方が真剣に活動していると感じていた。だが議論するうちに、どちらかを合理的な意見として採用するには情報が不十分であることがわかってきた。パリの学生のだれ一人として、ソン・ゴク・タン率いるクメール・セライの実力を知るものはいなかった。ベトナム人がどこまでソン・ゴク・ミンらを操っているのか、コンポンスプーのチャンタランセイなどイサラク指導者らの本心はどこにあるのかについても、まったくわかってはいなかった。だれかが帰国して「偵察し（中略）それぞれの抵抗組織を評価してみるべき」という提案がなされたとサルは振り返っている。「（そうすれば）どの運動を支持するか――どの組織に加わるべきかが決められる」。セルクルの協調委員会はこれに賛同したが、そこに第二の任務が加えられた――偵察に赴く者は、主な抵抗組織を統一できる見込みについても報告すること。サルは偵察役を買って出た。その場にいたメイ・マンは当時のことを覚えている。サルが選ばれたのは「かれには人脈があったからです。王宮に知り合いがいたし、そこで（幼い頃に）チャンタランセイに会ってもいた。（中略）パリではハン・トゥン・ハクに会っていたうえに、ソン・ゴク・タンとの面識もありました」。

サルがこの機会にとびついたのは、美しいガールフレンドのソウン・ソン・マリに会いたかったからだとバンサクはのちに主張している。だがそれは噂にすぎなかった。サルは無線電気大学の二年目の試験に続けて落第しており、奨学金も打ち切られていた。だが他の学生は、奨学金の打ち切りで滞仏を諦めたりはしなかった。サルの場合、フランスでの有益な日々は終わり、どのみち今後は故郷で過ごすとの結論に達していたようだ。こうしてサルは、ルテリエ通りの陰気な小部屋をソン・センという政治学専攻の学生に譲った。ソン・センはイエン・サリと同じ南ベトナムのクメール語を話す地域の出身で、かれと同時期にパリに来ていた。サルは――スクラップ待ちのSSジャマイク号で十二月十五日にマルセイユから出航した。三年前に来たときと同じく船倉にごろ寝することになったが、以前ほど屈託ない雰囲気ではなかった。インドシナの戦争はフランスにとって思わしい状態ではなかった。船で送られる新兵のうち、いくらかは帰らぬ人となる運命にあった。

サルがパリを離れる前から、シアヌークと民主党との一触即発状態が山場を迎える兆しはすでに明らかだった。

十一月には、プノンペンの学生らと地方の町がいくつかストライキに突入した。王が学校に戻るよう呼びかけると、百人以上の学生が国民議会に立てこもった。国民議会は反抗の意思を誇示しようとして、学生たちの不満を検討する委員会の組織を発表した。次に起こったのはフランスとの共謀を糾弾する僧侶のデモだった。そして十二月には国民議会が予算の決議を拒否した。これは国防に資金をつぎこみ過ぎて、経済・社会面に充分な資金がまわっていないという意見に基づいた行動だった。シアヌークは立腹したが、他のことに気をとられていた――かれの愛する四歳の末娘が突然病気にかかり、死の床にあったのだ。

弱みをかぎつけたベトミンは攻撃をいっそう強め、奇襲攻撃で地方の役人と首長たちが命を落とした。一時的に沈静化していた高等中学校のデモ運動は、さらに激化して再開された。一九五三年一月八日、リセ・シソワットの教室で一発の手榴弾が爆発し、二人の生徒が負傷した。その他の爆発物は起爆装置を解除され爆発を免れた。カンボジアではよくあることだが、犯人は逮捕されなかった。これはシアヌークに極端な行動をとらせるか、あるいはその正当化をねらった挑発行為と考えられた。二日後、政府は非常手段として国家非常事態宣言を国民議会に要請したが、議会はこれを拒んだ。

一月十三日にサロト・サルの船はサイゴンに到着したが、その日に兵士らがプノンペンの議事堂を取り囲んだ。シアヌークはラジオ演説で勅令による統治をおこなう意向を明らかにした。これをもって議会は解散され、市民の自由は保留されることになった。シアヌークは警告した――「今後、余の政策に反対するいかなる個人、いかなる政党も国家への反逆者と断じられ（中略）（相応の）処罰を受けるものとする」。王の意思は、かれの母親で一目おかれていたコサマク妃の指導によって強固になったといわれている。コサマク妃は議会制民主主義をカンボジアの伝統に反するだけでなく、個人的な侮辱でもあるととらえていた。いずれにせよフランスはこれを喜んだ。「ノロドム・シアヌークがこの断固とした態度を保てるのであれば、カンボジアの講和はこれまで通り進むと考えてもよい」と連邦の大臣を務めていたジャン・ルトーノーは書いている。

それから数日中にブンチャン・モル、キュー・ポナリーのいとこのイム・ポンら九人の民主党議員が「国家転覆の陰謀」の疑いで、裁判もなしに投獄された。パリでは、何ヶ月にもわたって「傀儡シアヌーク」と「売国の政府」を糾弾してきたクメール学生協会が抗議の電報を送った。

だが状況は一変していた。フー・ユオン、イエン・サリ、ソン・セン、メイ・マン、ピン・ソイ、ティウン・マムの末弟プラシットほか十数名の学生らが奨学金の打ち切りを通告された。クメール学生協会も禁止された。プノンペンでは二つの仏教会派の長が反乱に同調したとして、見せしめに勧告を受けた。シアヌークは激怒した――「生まれて初めて（中略）僧侶の喉元を摑み上げるはめになった。余が！　王国でもっとも信心深い余であるぞ！　もうたくさんだったからだ――もううんざりだ！　臣民もその選り抜きの者たちも、余に従わねばならぬ！」

一つの時代が終わった。反対意見の表明はもはや容認されなくなった。こうしてカンボジアは革命への決定的な一方を踏み出したのだった。

原注

＊1　階層と外国援助とは、一九七〇年代にはクメール・ルージュの暗部となる。

サロト・サルが三年前にフランスへ向かったときは、ベトナムとは対照的に「カンボジアに争いはなかった」と、仲間の一人は述べている。完全に事実というわけではなかったが、ほとんどの者たちはそう信じていた。一九五三年の一月に帰国したサロト・サルが目にした故郷は、戦争状態にあった。

流血の規模は、隣国ベトナムには及びもつかなかった。それでもフランスの発表では、政府の兵士との衝突によって一月だけで百十五人のイサラクとベトミンが命を落とし、二百二十人が収監された。ベトミンの内部報告によると、政府側にもこれに匹敵する数の死者が出たという。紛争はカンボジアのおとぎの国的なイメージにふさわしい喜歌劇調とはほど遠く、醜悪で残忍だった。クメール人中尉率いる政府の警ら隊五十人がベトミンの待ち伏せに誘いこまれたコンポンチャムの例は典型的だ。部隊派遣記録には次のように淡々と詳述されている。

最初の機関銃掃射でルーン軍曹が頭に銃弾を受けて即死した。致命傷を負ったレク伍長はわれわれ本隊の方へと這い戻ってきた。チム・ヤン中尉は前方へ走り、ルーン軍曹のライフルを回収してアリ塚の裏に隠れたが（中略）そこでかれも同じく銃弾を頭に受けた。（中略）危機的状況にあるのを悟り、（中略）われわれの隊は反撃に出た。四人のベトミンがわれわれの発砲で倒れた。（中略）そしてわれわれは四角く隊列を組んだ。十七時三十分頃、ベトミンが（中略）南東から接近してきて呼びかけた――「撃つな。友達だ」。そして突撃してきた。かれらのほとんどは火器を持っておらず、小集団でただ叫び声をあげながら突進してきた。われわれは機関銃と手榴弾でかれらをなぎ倒した。まるで喉をかき切られたように、かれらの叫び声はふいに途絶えた（中略）。戦闘が終了したのは日没頃で（中略）われわれは徒歩で帰還し、午前二時に司令部に到着した。

この戦闘でフランス側はベトミン中尉とされる一人を含めた三十七人のベトナム人戦闘員を戦闘不能にしたが、自軍も五人の死者と四人の負傷者を出したと認めている。両陣営ともしょっちゅう死傷者数を水増しした。それでも――特にベトミン支援者で、コーチン・シナのクメール地区出身の、火器を持たずに棍棒と斧で闘う村人らの――大量殺戮は残忍だった。フランス軍部の報告では出撃を「ちょっとベトナム人殺しに」と呼んでいたという。ちょうどアメリカ人がのちに「ベト公殺し」と言ったように。

サロト・サルがサイゴンで船を下りた瞬間からこの変化は明らかだった。単純にバス停でプノンペン行きのバスには乗れなくなっていた。かわりに毎日、軍の護衛つきの輸送隊が出ていた。いまや兵士がカンボジアの首都を巡回していた。プト・チャイの軍勢がプノンペンの北、西、南の広範囲を掌握しており、人々はテロリストの襲撃におびえながら暮らしていた。

だが自分のいない間にどれほどカンボジアが変わったかをサルが思い知ったのは、故郷のプレクスバウへの帰り道のことだった。

留学に行く前、親類の（中略）ほとんどは中流階級の農民でしたよ。帰国したわたしは故郷に帰るバスに乗った。（バス停で）だれか――シクロ乗りの一人――が呼びかけたんです――「帰ってきたのか！」見れば叔父でした。「家まで乗るかい？」と。大変なショックでした！　昔の叔父は土地や水牛、何でも持っていたのに。その姿を見て涙が出ました。叔父のシクロに乗って帰り、次の一ヶ月ほどに話をした親戚の多くも、すべてを失っていました。（中略）カンボジアの田舎は貧乏になりつつあった。ヨーロッパで生活したあとにそれを目にすると、心が痛みましたよ。

サルにとっては、その原因は植民地主義であり、それに対する療法は独立だった。そうすればカンボジア人が社会的に公正な制度のもとに自主的にことを進められる。フランスは、原因は戦争と、戦争からくる不穏だと反論したかもしれない――村人は作物を育てられず、交通網は崩壊し、ゴム農園は破壊され、ゴムに次ぐ換金作物である胡椒の栽培地域はベトミンの支配下におかれていた。国防に多くの資金が投入され、ある官僚は「他のことのためには何も残っていない」とこぼした。だがサルのような若い民族主義者らは納得しなかった。植民地主義がなければ戦争も不穏もなかっただろうとかれらは主張した。フランスの残留と、自由を求めるカンボジア人の思いとの間に根本的な矛盾があったのだ。

前年の冬にサロト・サルの兄のチャイは、ソン・ゴク・タンの代理として故郷のコンポントムと隣のコンポンチャムを含むカンボジア北部と東部のほとんどを任されていた。チャイは特に苦労もなく、元首相があなどれない勢力であるとサルに納得させた。カンボジアの高等中学校を支配下においいているのはベトミンではなくタン派で、市街地ではタン派の高度な情報網のおかげで、警察をいつも出し抜くことができた。

クメール・セライとベトミン以外にフランスの統治に対して真剣に異議をとなえていたのは、チャンタランセイ王子、プト・チャイなど年長のクメール・イサラク指導者らだけだった。だが一九五三年の春までには、かれらは王室か、あるいは地方の王室代理からアプローチを受け、武器をおいてシアヌークの「王室十字軍」に加わるよう招かれていた。そしてほとんどが王室の甘言につられたのだった。五月になっても独立勢力として残っていたのはチャンタランセイだけだった。自分の領土にベトミンを近づけないチャンタランセイは、フランスにとって利用価値があった。フランス軍司令官ド・ラングラードはかれを「真の領主」と評したが、かれの率いる千人ばかりの兵士については山賊と傭兵の寄せ集めとみなしていた。およそ二〜三ヶ月をコンポンスプーの南西のトラペアン・クロレウンに位置するチャンタランセイ司令部で過ごしたサロト・サルも、一九五三年の前半には同じ結論に達していた。藁葺きの小屋で構成されたチャンタランセイの陣営は、低木とわずかな森しかないみすぼらしい不毛の土地にあった。そこでの滞在についてのサロト・サルの発言は記録されていないが、別の学生あがりの新兵は次のように振り返る――「構造も指揮系統も不出来だった。みんなで大部隊を編成し、妻や子供と暮らしていた（中略）。（最終的に）恩赦を受けるとかれらは小集団を結成し、ふたたび追いはぎに逆戻りして夜間に旅人を襲った」。

強盗行為はたいてい貧困のせいだ。多くの国ではすさまじい残虐行為をもたらす。カンボジアもその例外ではなかった。ティウン・マムの叔父のブンチャン・モルは一九四〇年代のイサラク運動の創始者の一人だが、回想録でこう述べている。

フランスのスパイだと思ったカンボジア人がいれば、拷問にかけて（殺した）。（中略）処刑人が首の後ろを一撃してきれいに殺せば（中略）まだ見られたものだった。だが別の手段を使うこともあった。（中略）スラ・ンゲ・ペンという方法だ。まず容疑者の男を叩きのめす。そして手を背中で縛り上げ、墓穴の横に跪かせておいて周りに円を描く。処刑人は鋭い剣を手に、ひどく恐ろしい表情で男のまわりを踊り出す。しだいに男に近づき、とてもゆっくりと男の喉に傷をつけていく——処刑人は流れる血を吸い、剣の刃に吹きつける。恐ろしい光景だった。切られた男は苦痛にのたうつが（中略）最後には処刑人がその喉をかき切って墓の中に倒す。（中略）わたしはそのやり方には反対だったが（中略）他のイサラク指導者らは違った。フランスに関わるなと警告として、容疑者をそうやって殺す必要があるのだとかれらは語った。

生きたまま腹を切り裂いて肝臓を取り出すこともあった。肝臓は焼いて食べられた。そうすればその肝臓の持ち主の力を吸収できると信じられていたのだ。

のちにカンボジアの上院議員となったチャン・ソンによれば、タケオ地方の自分の村でイサラクらが人の首を切り落とし、腹部に草を詰め込んでいたという。かれは次のように語っている——「子どもの頃、池へ釣りに行きました。よく水の中に切られた首がありましたよ。平気でした。慣れていましたからね。髪をつかんで引き上げ、脇へ放り投げていました。それが一九四九年頃のことで（中略）わたしは十歳か十一歳だったかな」。

スパイ容疑で殺された人々の中には、個人的な復讐のために陥れられたケースが多いことをブンチャン・モルは認めている。だが、蛮行に辟易して運動をやめることも考えたといいながら、実際にはやめなかった。また、無罪と思われる人が殴り殺されるのを目前にしても反対しなかった。このような懲罰に抗議すると自分に疑惑がふりかかることもその理由の一つだ。だがモルの沈黙――教養ある男が蛮行に加担すること――には、そもそも疑われるということ自体が有罪の証拠であり、有罪かもしれない者を皆殺しにする方が、敵を一人でも取り逃がすよりましだと考える予防安全的な精神状態が反映されている。

暴力は、魔術と迷信とも結びついていた。プト・チャイやダプ・チュオンなどのイサラク指導者は、クン・クラク――「薫製の子供」つまり胎児のミイラで、サルも子ども時代に耳にしたことがあった――を、銃弾よけのお守りに持っていた。これらは農民の間ではアギ・ネトル「目から炎を放つ者」と呼ばれ、見ただけで人を焼き殺すオカルト的な力を持ち主に授けると噂されていた。現実にはそんなすごいことは起きなかったが、おぞましさは変わらなかった。ある古参兵は次のように語っている。「要するにだね、連中が望みの物――ココナッツ、鳥、牛、若い女性――を目にしたら、人々はそれを差し出すほかなかったってことなんだよ。そうしないと村を焼き払うぞっていう意味なんだ」。イサラクの戦士たちは体に仏教の魔よけの入れ墨を彫り、土を頭にすりつけて地の女神「メ」との一体化をあらわし、森の守護精霊ネアク・タを祀った聖地に酒を供えた。

ある僧が、自分の魔法のクロマーを着たら銃弾が当たらなくなると吹聴したそうだ。モルの部下はライフルをとり、その僧侶を撃ち殺した。「わたしはかれらに説明しようとはした」と、モルはつづっている――「そんなものに頼らずに戦闘技術を学ぶようにしろと話したが、かれらは耳を貸さなかった」。

イサラクは戦争のルールに違反していたが、他の者も同様だった。植民地の兵士は女を強姦し、村を焼き払い、米の貯蔵庫を破壊した。あるカンボジア政府の兵士はバッタンバン地方で、仲間と「村に入り、逃げずに残っていた人々を殺してから、二人で力比べをした。幼児の脚を掴み、ばらばらに引きちぎった」という。クメール・ベトミンも少しもマシではなかった。ソン・ゴク・ミンは、敵のスパイを拘束したが「拷問にもかかわらず、口を割りませんでした」と、ベトナム人の上官に日常的に報告していた。フランス人関係者は、政府の兵士が保護していた村を後にすると、ただちに共産主義者らがやってきて報復に村を焼き払ってしまうと苦情を述べている。紛争地域では、地元の高官や政敵を抹殺するためにベトミンの暗殺班が派遣されていた。

サルは特使として帰国した最初のセルクルメンバーで、他のメンバーもこれに続いた。かつてサルの級友だったピン・ソイは二ヶ月後にカンボジアに到着し、エア・シチャウに会うためシエムリアプ地方のクラランの森に向かった。ピン・ソイは帰国した学生たちがタンの率いるクメール・セライと、クメール・ベトミンとの架け橋になることを提案した。のちにピン・ソイはこう振り返る――「話し合いをしたが、合意には至らなかった。共産主義シンパの学生はベトナム人の支配下にあるが、自分たちはアメリカ人シンパだからもっと独立性があるのだとシチャウは言ったんです。自分たちと手を組みたいのなら、こっちの規則に従ってもらうと言われました」。これは一年前にソン・ゴク・タンが他のグループとの手を組めなかった理由とまさに同じだった――タンは統一を望んでいたが、上にたつのは自分でなければならなかったのだ。

ピン・ソイはプノンペンに戻り、サルを探し出して結果を伝えた。サルはチャンタランセイのもとに留まった後、首都に戻っていたのだ。クメール・セライは「共産主義者よりも真剣でない」ように思われ、また「適切に編成されていなかった」とピン・ソイは報告した。またクメール・ベトミンは少なくともフランスと闘ってきたのに対して、ソン・ゴク・タンの頼むイサラク勢は「長いあいだ森にこもっていたのに、何一つめざましいことをしていない」。ピン・ソイの評価は、サルが兄のチャイなどのタン派から聞いていた熱狂的な評価とは矛盾していたが、真実味を帯びていた。合意にむけた最後の取り組みとして、エア・シチャウは夏にもう一度正体を隠してプノンペンに戻り、ラト・サムーンと会った。かれもまたパリから戻り、ケン・バンサクとともにリセ・シソワットに滞在していた。だがこの話し合いからも収穫は得られなかった。

サロト・サルはセルクルへの報告の中で、チャンタランセイの一団はベトミンへの当て馬としてフランスに利用されているただの山賊であると断じた。ソン・ゴク・タンはもう少し力があるが、「かれの勢力はフランス植民地主義に対抗していると言いつつ、実際には何もしていない。ただ（ダングレクの）辺鄙な山岳地帯にとどまっているだけだ」。もっとも見込みのある抵抗組織は、クメール・ベトミンかソン・ゴク・ミン率いるモウタケアハであると、サルは報告を締めくくっていた。モウタケアハはベトナム人との連携により世界の共産主義運動から支援を受け、「国際的」なつながりをもつ唯一の抵抗組織であるというわけだ。

フランスではサロト・サルの報告をめぐり長い集会が開かれていた。メイ・マンはこう振り返る——「カンボジアはベトナムの手中にあってはならないことはみんな合意しました。でも（ベトミンから）支配権を奪うにあたって内側から活動するべきか、それとも外部から活動するべきかが問題でした。（ソン・ゴク・タンの勢力と結託して）外部から活動するなら（中略）戦闘で多くのカンボジア人の命を犠牲にすることになる。（ベトミン運動の）内部から活動すれば、ゆっくりと事を進めることができる——犠牲も少ない。だからわれわれはベトミンを支持することに決めたんです。共闘する一方（その運動の中で）ベトナム人の庇護下からクメールを少しずつ解放していく。これがわれわれのパリでの決断でした」。

カンボジアでは、タン派とモウタケアハは手こそ組まなかったとはいえ、常に連絡を取りあっていた。北東部でソン・ゴク・タンの代理を務めていたサロト・チャイも、サルがプレイベンのクメール・ベトミン東部地域司令部と連絡をとる仲介役をかってくれた。一九五三年八月、家族や友人にひとことも告げることなく、サロト・サルとラト・サムーンはプノンペンを脱出し、解放区へ向かった。

サロト・サルがシアヌークの気まぐれないとこチャンタランセイのもとに滞在している間に、シアヌークはフランスに向かっていた。表向きは休養のためだったが、実際はカンボジア独立のため「十字軍」を立ち上げるのが目的だった。フランス側も初めは当惑し、その後は不信感をあらわにした。シアヌークが軍事面の総指揮権と治外法権の廃止――かれらの裁判はカンボジア人ではなくフランス人の裁判官によっておこなわれていた――の廃止を要求したと知らされたプノンペンのド・ラングラード司令官は、王の論理には「子供じみた不信感」が見られ、「中世じみた宮廷における血族対立と陰謀の雰囲気」を反映していると上官に電報を打った。ド・ラングラードは、シアヌークの叔父の批判的で厳格なモニレトが、この数週間前に個人的に打ち明けてきた内容を引用している。

甥について困るのは、かれが眠っては夢を見ることです。その夢をブッダの導きと信じ、興奮して目を覚ますと紙をつかんで書きつけ始めます。（中略）さらに悪いことに、かれは文筆の才があり巧みに書くうえに、幻視屋にはあることですが夢が現実だと思いこんでしまうのです（中略）。おそらくもっとも悪いのは、かれの示す夢の内容にあなたがたフランス人が感銘を受けてしまい（中略）それを実現しようと取り組むことです。

まさにフランス人の思いこみたいシアヌーク像だった――辛抱のきかない子どもだから、機嫌をとり、抱擁して送り出してやればいいというわけだ。シアヌークがヴァンサン・オリオールに要求を示すと、この年長のフランス大統領はかれにエリゼ宮で昼食をとらせはしたものの、かれの要望についての話し合いは「時機を失している」との意見を明らかにした。

だがモニレトの愚弄した芝居がかった性格は、シアヌークの気まぐれな人格の一面でしかなかったことを、フランスはのちに思い知ることになる。かれは一度方針を決めると容赦がなく、予測不可能なだけに余計に扱いにくい相手だった。その後八ヶ月間にわたってシアヌークは、弱い手札を見事に利用しきった。そのやり口には曾祖父のノロドムも感服しただろう。ノロドムもやはり十九世紀には、気まぐれな行動と風変わりな統率ぶりで王室とフランスの番人らの不意をついたものだった。それはシアヌークの遺伝子に組み込まれた特質で、かれは権力と自信を手にするにつれて、ますますそれを利用するようになっていった。

気分を害してフランスを離れたシアヌークは帰国前にアメリカを経由したが、ジョン・フォスター・ダレスとの面談もかれの気分を変えてはくれなかった。

ダレス国務長官には、共産主義に対する戦争だけが重要なのであって、植民地主義など刺身のつまでしかないこともわからないとおぼしき出来の悪い王に割く時間などなかった。「あなたがフランスと対立するのは、まさにわれわれの共通の敵のもくろみ通りでしかありません」と、ダレスは言った――「フランス軍（の力）がなければ、あなたの国はたちまち赤軍に制圧され、独立どころではなくなりますよ」。アイゼンハワー大統領も同意見だったらしく、通例のホワイトハウスでの晩餐にシアヌークは招待されなかった。さらに追い打ちをかけるように、シアヌークの滞在の担当だった不運な事務官は、サーカスを観に行きましょうと提案した――王はこれを、国務省が自分の知的水準をその程度としか見ていない証拠と解釈した。

こんな失策はさておき、この対話ではどちらも相手の言い分に耳をかさなかった。シアヌークは、カンボジアが真の独立をとげれば、国民も共産主義に抵抗する気になると考えていた。だがダレス国務長官は、まず共産主義が敗北しなければカンボジアが安全に独立を果たすことはできないと考えていた。シアヌークはのちにこうつづっている——「双方とも、相手が馬の前に荷車を置こうとしていると感じていた」。この訪問にも一つだけ収穫があった。シアヌークは『ニューヨーク・タイムズ』のインタビューで、独立が保留されれば国民が我慢できなくなり、王制を転覆させてベトミンに協力するかもしれないと警告した。これを読んでパリの人々は多少は考えをまとめて、政府への権力移譲を早めるための話し合いが開始された。だがそれが唯一の明るい点だった。全体的に見れば、この訪問はカンボジアとアメリカの将来的な関係には何の役にもたたなかった。シアヌークは民主党やソン・ゴク・タンへの怪しげな支援ぶりで、アメリカの魂胆に疑念を抱くようになっていたが、今回の訪問でそれが倍増した。シアヌークは、自国やフランスの古風な二面性と気品からかけ離れたアメリカの厚かましさと傲慢さに愕然としていた。シアヌークが太平洋を渡って帰国する間に、ダレスは冷戦についての訓戒を電報で分割して送ってきて、かれを憤慨させた。アメリカは無視できない勢力だが、その価値基準や目的は独自の自由を求めるカンボジアには反するものだとシアヌークは結論づけた。

フランスとの会談は、シアヌークが軍事力の完全移譲——ベトミンがもっとも進出している東の国境付近を含む——と、南ベトナム経済からのカンボジア経済の分離に固執したために、まもなく行き詰まった。数週間にわたって王室とフランス高等弁務団の間で結論のない意見交換がおこなわれたのち、ついにシアヌークはしびれを切らした。

六月六日に、シアヌークは植民地当局と象徴的に距離をおくためプノンペンを離れてシエムリアプに向かった。表向きは「クメール作戦領域」の視察が目的だった。これは最近結成された王室カンボジア軍に、フランスが軍事指揮権を移譲した地域だ。司令官を務める元イサラクのダプ・チュオンは、チュオン・モチュルピク（ダイヤモンドの針のチュオン）という仰々しい名前を名乗っていたが、植民地当局を嫌いぬいており、お返しに嫌悪されてもいた――ド・ラングラードはかれを「気のふれた森のマキャベリ」、「危険なほど神秘的な参事官」と呼んでいた――だがチュオンはシアヌークの母のコサマク妃に影響力を持っていた。シエムリアプでシアヌークは北西部から投降してきた若手のイサラク司令官二人を受け入れた。それから護衛にすら一言もなく（まして戸惑うタイ人には何一つ連絡なしに）付き人数人と国境を越えて、バンコクへ向かった。

フランス側はシアヌークがベトミンやクメール・セライとの密談に出かけたのではないかと疑った。実は混乱の種をまこうとしただけだった。相も変わらぬノロドム・シンドロームだ。あるフランスの役人は落胆して次のように書いている――「この国では論理的に考えようとしたとたん、出来事がそれに逆らう」。ド・ラングラードは、シアヌークが「自分の方便を信じ込んでしまった」と考えた。イギリス統治下のシンガポールでシアヌークと似た立場の民間人マルコム・マクドナルドは、シアヌークの正気を疑った。

二人ともまるっきり見当ちがいをしていたことは、シアヌークがアメリカとイギリスの外交団のためにタイで書いた秘密のメモからよみとれる。

余はアメリカとイギリスに、ただ一度だけフランス人の立場からでなくクメール人の立場からカンボジアの問題を考慮してくれるよう求めたい。（中略）余の人民はこう申すであろう――「我々は共産主義の奴隷状態がどんなものか知らない。だがフランスが課した奴隷制ならよく知っている。いままさにその制度のもとに生きているのだから。フランスとともにベトミンやイサラクと闘えば、その奴隷制の鎖を強固なものにするだけだ」。インドシナでは、共産主義者かフランスの追従者のいずれかにしかなれぬ（のが問題だ）――中道はない。イギリス連邦内のインドやパキスタンのように独立を望むことはカンボジアには許されてはおらぬ。（中略）問題は次の通り――フランスの軍事力だけでインドシナの共産主義に勝つ見込みはあるのか？　**土着の人々を味方につけず闘うのは無意味である。**（中略）この争いの焦点であり、その結果を左右するのは（土着の）人々である。ベトミンはそれを最初から理解していた。余をはじめとする（共産主義に反対する者たち）が人々を味方につけたいと願うなら、（自国の）独立を現実的で確かなものにしなければならぬ。そうすれば（だれも）ベトミンの「解放」についてのプロパガンダに耳を傾けなくなるであろう。（中略）これが問題の全容である。**これは政治的な事柄であり、**戦争の技術とは何の関係もない。（中略）これに正面から立ち向かわぬなら、フランスは（中略）遅かれ早かれ、いつかインドシナから撤退することになるであろう。

民族的な情熱が手に負えないほど盛り上がっている時期に、これは驚くほど明快で冷静な分析だった。

シアヌークが伝えようとしていたメッセージにアメリカが耳を貸す気があったなら――シアヌークの言葉では「クメール人の立場からカンボジアの問題を考慮」できていたなら――二十五年にわたる東南アジアの戦争は回避できていたかもしれない。だが強国は本質的に下々の人々の問題が目に入らない。数十年のちにアメリカがアジア本土から撤退を余儀なくされても、この教訓が十分に学ばれることはなく、即座に忘れ去られた。

フランスはアメリカよりは理解していたが、それはかれらが賢明だったからではなく、それほどの強国でないフランスには、状況的にあまり選択の余地が残っていなかったからだ。

シアヌークのバンコク行脚の前から、リステルッチは演説の調子の変化に気づいていた――シアヌークは他の人なら煽動的と思われるような言い回しで熱弁をふるうようになっていた。帰国後には、反乱の呼びかけがさらにあからさまになった。フランスが独立を認めるまでは、プノンペンに足を踏み入れることも、フランス当局と接触することもないとシアヌークは語った。そして「求めるものが平和的に得られないのなら、他の手段で自由を手に入れる決意をクメール人全員が固めており、そのために命を捧げる覚悟ができている」と脅すようにつけ加えた。六月二十六日に、二つの主な仏教教団が聖戦を呼びかけた。翌日、シアヌークの奨励によってクメール部隊がフランス軍から大規模な脱走を始めた。ド・ラングラードがサイゴンに増援を要求すると、ペン・ヌート首相は「われわれの国を踏みにじる戦争」を始めたフランスを非難した。そして六月二十八日の日曜日、シアヌークは国家をあげた動員をおこない――この軍はジヴァポルつまり「生きた軍」と呼ばれた――二十歳から三十五歳の全国民にカンボジアの独立への闘いに加わるよう呼びかけた。

プノンペンではプト・チャイの副官シアプ率いる「暗殺委員会」が結成され、混み合うダンスホールや映画館に手榴弾を投げ込んだ。それから二、三週間のうちに二十四人のフランス人兵士と民間人が同様の攻撃で負傷した。このことはフランス情報部の報告に簡潔に記されている――「これらの事件は、われわれに圧力をかけ（独立）交渉の再開を早めるためにクメール当局が煽動したものか、少なくとも実行を認めたものである。」だがテロ行為がなくても、情勢は否応なくカンボジア人に有利に推移した。社会民主党のジョゼフ・ラニエルのもとに新フランス政府が誕生した後、ド・ラングラードは七月三日にシアヌークの要求を受けいれるしかないことをはっきりとパリに伝えている。

論理的に考えてほしい。王が蜂起を呼びかければ七千挺のライフルが動くと見込んでいい。（中略）われわれはフランス兵しか当てにできない。力の差では不利だ。力ずくで攻めるにも手段がない。王は取り返しのつかないところまで事を進めてしまった。このまま最後までやり通すのだろう（中略）ではわれわれはどうすればいいか？　退却すればこの国は無政府主義者の手に落ちる（中略）そしてベトミンがメコン河の東岸一帯を制圧するだろう。（中略）交戦するには少なくともあと十五部隊を投入し、まったく新たな戦線を開かなければならないが、だれもそれは望んでいない。だが一方で、われわれがカンボジアの完全独立を認めれば、当方の支援が不可欠であることを心得ている政府は、われわれの望むすべてを保証するだろう。（中略）クメールのプライド、感受性、強情さには配慮が必要だ。王と正面きってやりあっても意味はない。だが王の虚栄心がかかった場面で譲歩してやれば、これから長年にわたってこの国をつなぎ止めておくことができるだろう。

ド・ラングラードは、シアヌークが必ずしも正しいとまでは言っていないが、同僚で民間人のリステルッチ長官は、同じ週に「歴史はカンボジアに味方している」と仲間の外交官に語っている。同じ議論がラオスとベトナムにもあてはまるとド・ラングラードは指摘していた。

この提言はフランス本国にも理解者がいた。ラニエル政府は――二十年後のニクソン政権と同様に――勝つ見込みもなく評判を落とす一方の戦争からなんとか足抜けできないかと努力をしていた。政府はインドシナの「独立を達成させる」措置を講じると発表し、これを引き金に両陣営ともできる限りいい条件を得ようと画策する中で、必死の交渉が三ヶ月続いた。そしてチャンタランセイ、サバン・ボン、クメール・セライらのグループを除くすべての非共産主義イサラク・グループがシアヌークの運動を支持すると誓約した。十五万人を超える若者が動員の呼びかけに応じて志願した。フランスが頭を悩ませたのは、脱走兵の多さ——銃殺の警告にもかかわらず六百人の士官らが意思表示をおこなった——と、シアヌークがベトミンと協定を結ぶ可能性で、後者が起きたら交渉による独立合意は不可能だった。だがこれは起きなかった。十月十七日、パリは軍事力の完全移譲を発表した。三週間後の十一月九日の月曜日、シアヌークはプノンペンでフランス兵とクメール兵に三万五千人の民間人志願兵を加えた分列行進の敬礼を受けた。式典はシアヌークが指揮権に関する文書を受け取って終了し、ここにほぼ一世紀にわたるフランスの保護統治が終わった。

それは王室の報道官が主張するような「この上ない大勝利」というわけではなかった。ド・ラングラード司令官は、王の帰還をたたえる群衆が二年前にソン・ゴク・タンを出迎えた群衆よりも「小さく、それほど熱烈でもない」ことを悲しげにつづっている。それに独立も完了していなかった——元仏領インドシナの制度からカンボジア経済をふりほどくには、さらに一年を要した。それでも一九五三年十一月九日は独立記念日に制定され、シアヌークはその栄誉に浴した。かれはフランスとの闘いに玉座を賭け、それに勝ったのだ。三十一歳にしてかれは、何世紀にもわたってカンボジアそのものと言える独立王制を存続させるという最重要課題を実現してきたクメール王族の、長い血統の後継者にふさわしいことを証明した。

サロト・サルとラト・サムーンがベトミン東地区司令部に到着した八月の時点では、この幸運な結末はまだ保証されていなかった。

かれらの足取りについての記録はない。後から出発した者たちはプノンペンからコンポンチャムへの主要道路沿いにプレイコール地区に向かうように言われ、そこでベトミンの案内役と合流した。メイ・マンは翌年の春に同じ道を六人の仲間とともにたどった。案内役のベトナム人は、かれらを二週間森の中を歩かせたあげく、スツン・トレン郊外につくとメコン川を渡るように言った。最初の挑戦は悲惨な結果に終わった。渡し船が転覆して沈み、メイ・マンの貴重な財産だったパリで手に入れた新品の腕時計がだめになってしまったのだ。二度目の挑戦でメコン川の横断に成功したかれらは、さらに十日間歩いてゴム農園とジャングルを抜け、南ベトナムからおよそ五キロ離れたコンポンチャムとプレイベンの境界のクラバオの村にたどりついた。

拠点そのものは原始的だった。二年前にフランス情報部から東地区司令部と認識され、一帯は定期的に爆撃と焼夷弾の空襲を受けていた。本格的な建物はいっさいなく、森にカンバス布を張っただけで、一瞬で移動できるようになっていた。志願兵はそれぞれ到着時にマクロウベリーの果汁で染めた黒のシャツとズボン、赤と白のチェックのクロマーに、車のタイヤにチューブで作った紐を通して作ったおきまりのサンダルを与えられた。「全員が黒を着ていた」と、メイ・マンはのちに書いている――「ベトナム人さえも。そうすれば農民の中にとけ込み、泥が目立つこともなかった」。

それから九ヶ月かけて、十人あまりのセルクル・メンバーは国内から集まった高校生一ダースとともにクラバオに向かった[*1]。高校生といっしょにしておいた方が身元を確認しやすいとベトナム人らが判断したからだ。サルと仲間たちは、闘争に加わりに来たフランス共産党員であると自己紹介したが、もし英雄としての歓迎を期待していたならまったくあてがはずれた。サルは次のように振り返っている。

帰国して間もなかったから（中略）連中はわたしを信用しなかったんですな。（ほとんど全員が）ベトナム人――カンボジア人は少数――で、みんなベトナム語を話していました。わたしは少数のカンボジア人といっしょにされたんです。仕事は何一つ与えられなかった。許されたのはキャッサバの栽培だけ。しばらくして、もらえた仕事は（中略）食堂勤務でね。食堂係の補佐だ。係自身はベトナム人でした。（クラバオでは）使い走りまでベトナム人で、カンボジア人は名ばかりですよ。

みな心中では穏やかでなかった。パリで十八世紀のヨーロッパ文学を研究していたユン・ソウンは不満をもらした――「決定を下すのは全部ベトナム人で、われわれクメール人はただの操り人形だった」。チ・キム・アンは勧誘したメイ・マンを責めた。ベトミンは「ただのろくでなし」だとかれは怒りをあらわにした。そのメイ・マンすらうんざりしていた。「あいつらはこっちにろくな仕事も与えず何ヶ月も放っておいた」と、かれは後に不満をこぼしている――「われわれは野菜の水やりや、鳥の餌やりなどをして暮らしていた。あいつらはこっちが何者か知らなかったからだ。（中略）だから実力を見ようとしてたんだよ」。

ベトナム人らもこれを認めている。「（かれらの言うことを）確認していたんですよ。だから、かれらを学ばせてはおいたが（中略）重要な仕事は与えなかった」とある関係者は説明している。クメール人民革命党本部でグエン・タン・ソンの代理を務めていたファン・バン・バがバンコク、ハノイ経由でパリのフランス共産党から身元の確認をとり、ようやくかれらが共産党員であることが認められた。

クメール人民革命党の上層部でも、ベトナム人はやはり高圧的だった。二年前にハノイは――クメール指導部に相談することなく――カンボジアの四分割を廃止して新たな方式を作り、メコン川の東の地域を東部地域、それを取り囲む残りの部分を西部地域とすることを決定した。これは充分に論理的だった。南ベトナムの戦争はますます北部から――中国から船便で海南を経由し、陸路でラオスと北東カンボジアを通ってジャングルの中をくぐり抜ける「ホーチミン・ルート」から運ばれる武器の供給に頼るようになっていた――このため現在重要な地域の管理強化は道理にかなっていた。だが、これはクメール人民革命党に混乱を引き起こした。南東部地域の書記であったケオ・モニは、以前自分の補佐を務めていたトゥー・サムートが東部地域の書記に昇進したために、突然かれの部下になってしまった。勢力基盤が西部にあったソン・ゴク・ミンは、クメールの地の「主席」そして党首であることに変わりなかったが、ハノイの優先順位が変わり、東部が最優先地域となったのに伴って影響力を失った。この変化によって利益を受けたトゥー・サムートさえ、ベトミンの高圧的な態度と、絶えずカンボジア人に雑用を押しつけるさまに激怒した。

サムートはクメール志願兵のための政治講習会の司会を務めた。だが一人の記録によると「かれは司会をつとめただけだ。話をするのは常にベトナム人だった」。政治講習とは、クメール語に訳したベトナム共産党のテキストを、ファン・バン・バを筆頭とするクメール語を話すベトナム人講師から学ぶことを意味した。学習会は「党生活の六規定」と題した日課から始められた。

1　生涯を通して共産主義のために闘うこと。
2　革命の利をすべてに優先させること。
3　党の規律を支持し、党に関する機密を全力で守ること。
4　揺るぎない意志をもって党の決定を実行すること。障害がいかに大きくとも、くじけてはならない。

5　大衆の模範となれ。
6　学べ！

パリで重々しい理論的な本と格闘した後なので、これは簡単に見えた。だが「六規則」の行間を見れば、儒教思想を都合良く取り混ぜたベトナム式の共産主義——少なくとも一般党員に教えられた形態——は、ヨーロッパの価値を基盤にマルクスとレーニンが提唱した思想体系とはまったく違った代物であることを示す手がかりが潜んでいた。ベトナム人の「規則」は「理想のための闘い」の重要性、「絶対的な信条」を持つこと、「適切な人生構想」を保つことを強調していた——どれもマルクスが書いたことには関係がない。そしてかれらが何より強調していたのは完全な秘密主義だった。

党の革命における可能性の恒常的な成長（中略）により、敵のスパイや裏切り者と反動主義者たちも、その妨害行為を拡大させることとなった。したがって党は決して警戒をゆるめてはならない。（中略）運動を展開するにあたっては機密の保持にもっとも重きをおくべきである。（中略）（さもなくば）並はずれて深刻な危険にみまわれる。（中略）党員は（中略）絶対的な慎重さを持たなければならない……。

ベトナム共産党の上層部において、この独特なアジア風の解釈はマルクス、レーニン、スターリンの翻訳を研究することで部分的にせよ補正された。こうした翻訳は、正統共産主義思想の原理である唯物論、弁証法、歴史的決定論を再確認するものとなっていた。だがカンボジアにそのような解釈は存在しなかった。クメール人民革命党のメンバーは——サルのように、パリに行って不得意なフランス語で原著を読もうと試みたごく少数の人々を除いて――ベトナム語版からマルクス主義について乏しい知識を得て、それをマルクスの唯物論的観点とは根本的に食い違う文化において解釈し直していたのだ。ベトナム人らさえも、これがしばしば「マルクス＝レーニン主義の科学的議論を吸収するにあたって非常な困難」をもたらしたと認めている。

従属的な立場にもかかわらず、クメール学生のだれも――反抗的なチ・キム・アンでさえ――共産主義運動を支持するとの決意は大きく揺るがなかった。サル自身ものちにこう書いている――「カンボジアの運動が（かれらに）完全にコントロールされていることは知っていた（が）（中略）それがわたしに反ベトナム人思想を抱かせることはなかった。（中略）ベトナムと良い関係を築くべきだと思った。ただわれわれの運動を独立したものにしたかったのだ」。

そのうえ、クメール人民革命党が本格的な共産党ではなかったとはいえ、サルをはじめとするパリの学生たちにとって、その大部分はおなじみのものだった。

セルクルと同じく、基本単位は「自由な合意に基づく鉄の規律」と「信条と行動の一体性を維持する評価と自己評価」によって結ばれた三人組のセルだった。フランス共産党と同じく強い「反」知識人志向があり、抵抗組織で三ヶ月過ごした農民と労働者は一ヶ月の観察期間で党員になれたが、知識人は抵抗組織で六ヶ月過ごして三ヶ月の観察期間を経ることが義務づけられていた。

だがカンボジアの運動をそれまでの経験とまったくかけ離れたものにしたのは、運動がおこなわれた状況だった。カルチェ・ラタンの快適なホテルの一室で革命論議をするのと、ジャングルを切り開いた空き地で武装闘争の戦術について学ぶのはまったく別物だった。

ベトナム人共産主義者らは実践的だった――フランス側はベトミンの破壊活動の緻密な計画につ

ねに驚かされてきた――ファン・バン・バとその仲間は若いクメール人たちに文盲の農民の間で革命をおこすための基本を教えこむのが第一の課題だとみなしていた。ファン・バン・バはサロト・サルに「底辺の大衆とともに働き、村に委員を（中略）一人ずつ増やす」ことを教えたことを覚えている。ベトナム人らは「武装プロパガンダ・チーム」方式を持っていた。カンボジアの村落に潜入し、忍耐強く「急進的分子」を獲得して、確固とした中心グループが成立したら村を力ずくで制圧し、前の指導者を追放するか殺すかして（他の人々への見せしめだ）、新たな革命行政体を設置するのだ。

基本は教化と恐怖の混合だった。「プロパガンダの作成とは、敵を憎むように人々を動かすことだ」とベトミン放送は説明している。「一度正しい思いを心に抱けば（中略）人々はそれに従って行動するようになる」。大衆の支持獲得がすべての鍵だった。「そうでなければベトミンは存在していなかっただろう。かれらが成功したのは、人々の混乱した願望を導き、その情熱をかきたてて希望をもたらすことができたからだ」と、あるフランス人関係者は書いている。人々が協力を拒めば、焦土作戦が実行された――村は破壊され、住民は追い散らされた。

サロト・サルは決してこの教えを忘れなかった。

かれはそれが実行されるところを見たことはなかった。学生は作戦参加が許されていなかったからだ。だがしばらくすると、ベトミン幹部らはかれに近くの村へ農業を手伝いに行かせた。そこでかれは国境地域の貧困を目の当たりにし、革命政権のもとで農民がどのように生きているかを初めて理解した。のちにかれはポコンボ連隊――北西に十六キロ離れたところに陣営を構える約三百人の小さなクメール部隊――の士官二人と親しくなった。以前フランス植民軍でライフル銃兵を務めていた司令官のフェイと、政治委員のチャン・サモンはクメール人だったが、その他の兵の八十パーセント以上がベトナム出身であることにサルは嫌悪感を抱いた。

サルが四年先に反乱軍に加わっていた同年配の青年に出会ったのは、ちょうどこの時期だ。ケオ・メアスは早熟な十五歳の頃に『ナガラ・ワッタ』を読んで以来、フランスを憎んでいた。かれは教師養成課程を中途退学してスバイリエン地方のクメール・ベトミンに参加し、一九五〇年の三月にはインドシナ共産党のクメール党員二十一人のうちの一人として、ハティエンの集会でカンボジア共産党の将来指針を承認した。翌年プノンペン行動委員会の人民委員に任命され、一九五二年にはウィーンの世界平和会議に出席する前に北京へ向かい、毛沢東主席と赤軍司令官朱徳に会った最初のクメール人となった。

ケオ・メアスも自身の地位の高さをはっきりと自覚していた。かれはトゥー・サムートら指導部のほかの人々とともに森の中のべつの場所に暮らしていたが、そこは学生の立入を禁じられていた。サロト・サルはかれから多くを学んだ。特に森での生活の後半に、ケオ・メアスが「自由カンボジアの声」という新たなラジオ放送の責任者になると、サルは原稿を書くのを手伝った。互いが相手を気に入っていたかどうかは、また別の問題だった。ケオ・メアスはすでに将来、カンボジア共産党の指導層に加わるつもりだったから、サルがライバルになる可能性があると思わなければ人間扱いすらしなかっただろう。だがサルはどう感じていたにせよ、それを表に出すことはなかった。数年後、ケオ・メアスが対立の原因の手がかりをもとめて必死に思い返してみても、それが反乱軍でともにすごした日々に端を発しているとは思いもしなかっただろう。

運動に対する献身の証としてサロト・サルはベトナム語を学び始め、本人の弁によると、最終的には曲がりなりにも話し、理解できるようになったという。仲間のほとんどはそこまでできなかったため、かれはトゥー・サムートの目にとまることになった。東部地域の書記トゥー・サムートは伝統を重んじる人物だった――あるベトナム人関係者は、かれを「優しく温厚な年長の僧侶」とたとえている――サロト・サルの仏教的な生い立ちと、穏やかで静かな物腰はかれの信頼を勝ちとった。トゥー・サムートの要望によってサロト・サルはかれの助手になり、政治講習会の準備を手伝うようになった。いつのまにかサロト・サルは年長者の助手、そして長の側近という立場を確立していた。かれはその立場をその後五年間にわたって維持することになった。

シアヌークの「王室十字軍」によって、ベトミンは戦略の変更を余儀なくされた。もはやベトミンは、王の心は人民と共にあるがフランスに操られているのだと主張できなくなった。一九五三年の夏から、かれらは三つ巴の争いを繰り広げていた――シアヌークは抵抗組織の取り込みに努め、フランスはかれとベトミンが手を組むのを阻止しようと努め、ベトミンはクメール反乱分子がシアヌークに協力するのを阻止しようと努めた。一時的にベトナム人運動家らは争点をごまかそうと、シアヌークはだまされていると論じた。だがそれは説得力に欠け、まもなくハノイと北京は強行路線をとった。「裏切り者の王は帝国主義の追従者になってしまった」と、ベトナム労働者党紙『ナン・ダン』は書きたてた。フランスはカンボジア人にラオス、ベトナムと戦わせようと「偽物の独立」を差し出したというわけだ。「傀儡王シアヌークは自国の独立やクメール人の利益には無関心だ。かれが望むものといえば（アメリカの援助である）……」。真の独立は「最後まで戦い抜くこと、そして（中略）傀儡政権を壊滅させることだけでしか」なしとげられない。

村々では話はもっと単純化されていた。北西部のクメール・ベトミンの軍事司令官で、シウ・ヘンの補佐のロス・ニムは、農民の集団にこう語った――「なぜ王はわれわれに（独立の闘いを）手助けするように言わないのか？（中略）なぜなら王はフランスを助けるためにカンボジア人を動員しているからだ。あなたたちは家から遠く離れたところに派遣されて死ぬことになる。今後は王の求めに応じて村を離れることを禁じる」。

一九五三年十一月にシアヌークが植民地の統治者から権限を移譲されて以来、紛争は激化した。インドシナ和平交渉が時間の問題なのは、だれの目にも明らかで、そのために状況を有利に運ぼうと、フランスの支持を受けた王の陣営と、ベトミンとクメールの同盟軍陣営がそれぞれに画策していたのだ。

シアヌークの「十字軍」活動中は活動を止めていたカンボジア軍は、南部のコンポンスプー、スバイリエン、カンポットの抵抗組織の本拠地に一連の攻撃をしかけた。十二月にはシアヌークの指揮のもとにバッタンバンで軍事作戦が決行された。これはただの宣伝活動だった——フランスは王が反乱分子と絶対に接近しないよう取りはからっていた。だが政府刊行物に惜しみなく盛り込まれた写真には、王が「偽装爆弾と地雷がはびこる」地帯を果敢に進み、「共産主義の奴隷制の鞭」から臣民を解放するためにベトミンの「殺しへの渇望」に立ち向かうさまが示されていた。一九五四年二月にはさらに実質的に、イサラク指導者チャンタランセイとサバン・ボンが王に公式に忠誠を誓った。こうしてソン・ゴク・タンは唯一の非共産主義抵抗者となった。

それからまもなくベトミンが反応を見せた。

それまでの九ヶ月間、ハノイの主力参謀であるボー・グエン・ザップは東カンボジアに対する大規模攻撃の構想を漠然と考えていた。のちにパテトラオ「開放区」となった二つの地区をベトナム人部隊が占領した、一九五三年のラオス北部への侵攻に匹敵する規模の攻撃である。その秋に（少なくとも報道によると）一万一千人以上のベトナム人、クメール人、ラオス人の混成部隊が招集された。一九五四年の初頭には、ボー・グエン・ザップがメコンの東のカンボジア一帯に連携攻撃をしかけるための大きな増援部隊を用意しているという情報をフランス軍情報部はつかんでいた。

結果的に攻撃はなかった。物流上の問題があったし、一月にはザップとかれの中国人顧問の関心は他に移ってしまっていた——遠く離れたディエン・ビエン・フーのふもと、ハノイから三〇〇キロ西のベトナムとラオスの国境に罠がしかけられ、数ヶ月のちにそれがフランスとの戦いを決定的ではないにせよ終結へと導いた。ベトナム最高司令部は一般的な攻撃態勢のかわりに陽動作戦をしかけた。一月と二月にまず南ラオスを攻め、一九五四年三月に北東カンボジアを攻めて、大詰めを迎えていたベトナムの戦場から敵の関心をそらしたのである。

これだけでもシアヌーク勢力の処理能力を超える事態だった。フランス情報部は何週間にもわたってカンボジア軍の「士気の深刻な危機」を報告していた。ヴォウンサイの地区中心部は四月二日にベトミン勢に占拠されていた。シエムパンとボケオは数日後に包囲された。シアヌークはクラチエに反撃のための暫定司令部をおき、何の行動も起こさなかった閣僚らよりは勇気のあるところを見せた。だがある軍事監視要員は「王の軍勢は命令に従っていないようだ」と淡々とつづっている。その一方でまた別のボディーブローが襲ってきた。五百人のベトミンの縦隊が重装備を運ぶ十頭の象と四十台の牛車を従えてカルダモン山脈を西から横断し、人々を脅して沈黙を強いた。クメール暦で新年を迎える四月十二日の夜明けに、かれらはプノンペンからおよそ八十キロ北西のバッタンバンに至る主要鉄道沿いに地雷を設置した。関係者の報告は次の通りだ。

機関車は脱線し、四十輛の客車が転覆した。ただちに鎌、ライフル、手榴弾、自動小銃で武装したベトミンが近くの林からあふれ出てきて無防備な乗客らに飛びかかった。いつもの虐殺が始まった。(中略)負傷した人々はガソリンを浴びせられ生きたまま焼かれた。(中略)逃げようとした人々は捕らえられ、時間をかけてナイフで殺された。(中略)このようにして僧侶三十人を含む百人以上の人々が死亡した。

報告には、列車には軍の護衛がついていなかったと偽りが記述されている。実際は四十五人の男が護衛を任じられていたのだが、持ち場を離れて食堂車に行ったり、他の乗客と酒を飲んだりしていたのだ。その他にも西のプルサットへ向かう武装兵が五十人乗り込んでいたが、かれらも抵抗しなかった。五月には事態はいっそう悪化していた。タイ国境のパイリンにおかれた政府駐屯地は包囲され、南東部と北部はあらたな襲撃を受けていた。週ごとの軍事情報要約書には、次のような警告が書かれている。

(カンボジア)正規軍の崩壊があまりにも早いので、ベトミンがどんな大規模攻撃をかけても非常に深刻な結果が生じるだろう。(中略)作戦に加わるのを拒んで、部隊全体が反乱を起こした。ベトミン三〇二部隊のプレイベンへの短い襲撃は筆舌に尽くしがたい恐慌を招いた。この部隊がプノンペンに至る主要道について他のベトミン部隊と連携行動をとれば、勝機は充分あるだろう。(政府は)おそらくそこに派遣して生き残る軍勢を調達できないだろうからだ。

フランスはベトミンがなぜ優勢を利用してもっと攻撃してこないのか当惑していた。自らの優位を過小評価しているのだろうか? 物資が不足しているのだろうか? それとも北ベトナム——もしくは、もっと可能性の高い話として、中国とソ連という支持国が——カンボジア紛争の劇的な延長は四月二十八日に始まったジュネーブの和平交渉の妨害になると判断したのだろうか?

理由が何であれハノイは、パテトラオの場合とはちがい、クメールランドの本拠地となるような共産主義支配下の地域をきちんと定めなかった。これはカンボジアの共産主義者らに致命的な打撃を与えた。クメール抵抗組織の代表としてスイスへ向かったケオ・モニとメイ・フォーは、そこで思いの丈を述べた。カンボジアがインドシナの戦いにおいて不可欠な地域であること、カンボジアの九十八区域のうち三十六区域に抵抗組織の本拠地があること、ソン・ゴク・ミンの政府が八十万人と国家の（およそ）四十パーセントを掌握していること、そのためクメールランドもパテトラオや北ベトナムと同じ権利を与えられるべきであることだ。かれらが制圧しているのが、定義が明らかでない「開放区」でしかない事実は、かれらの主張と存在が無視されていることを意味していた。

五月三日に、独自のクメールランド代表団の長として着席したいというクメール「幽霊政府」――とアメリカ人らは呼んだ――の要求は却下された。それから数週間のうちに、シアヌークの代理は軍の無能さゆえに失ったものを会議の席ですべて取り戻した。北ベトナムの首相ファン・バン・ドンは、ソ連の支持は得ていたが周恩来には支持されていなかった。ソ連はインドシナから十分に距離があったが、周恩来は朝鮮戦争の経験から、交渉が決裂すればまた戦争にひきずり込まれる危険があることをよく知っていたのだ。ファン・バン・ドンはラオスのサムヌア、ポンサリーのようにメコンの東と南西で再区分された二つの地域を設けろというクメール共産主義者らの主張を強く推した。しかしシアヌークは妥協しなかった。結局クメール抵抗組織はベトナムとラオスの共産主義という大義の前に犠牲になった。だが共産主義と非共産主義に地域分けされたこの二国とは異なり、カンボジアは政治的、地域的には無傷のままジュネーブを切り抜けた。シアヌークが唯一譲歩したのは、ラオスと南ベトナムの政府の管轄地域と同じくカンボジアでも、降伏を望まない反乱者は北ベトナムに送還されるベトミン勢に同行しても良いと認めた点だった。

停戦は八月七日の夜明けに実施された。ニューデリーで専門的議論がおこなわれたのち、カナダ、インド、ポーランドで構成された国際休戦監視委員会がおかれ、十二日にスバイリエンで活動を開始した。ロン・ノルが政府側、そしてグエン・タン・ソンがベトミンとクメールの合同抵抗組織の代表となった。ほぼまもなく交渉は手続き上の問題に直面し、そのまま九月にもつれこんだ。クメール抵抗組織再建の期日がきて、過ぎていった。フランスは、グエン・タン・ソンらが牛歩戦術で「きたるべき選挙に備えて秘密のプロパガンダ・ネットワークを配置するために時間稼ぎをしている」と感じていた。

実際の理由はもっと単純だった。闘いが再開される日に備えて武器を隠す時間が必要だったのだ。メイ・マンは八月中ほとんど、クレバオの東部地区本部で森に埋めるライフルなどの銃器を牛脂で磨き、油紙で包んでいたという。

クメール指導者も、ベトナムに派遣される人間と残る人間を決める時間が必要だった。東部ではトゥー・サムートと地区書記のタク・ヌンが最終的な人選をした。ラト・サムーン、ユン・ソウンと学生数人はベトナム行きが決まった。徒歩でベトナム国境のチャウドックを目指し、そこから通船に乗り込んでメコンデルタを渡って三〇〇キロ先のカマウ岬に行くと、そこに北行きのポーランドの貨物船ヤン・キリンスキ号が待っているという手筈だった。

状況は厳しかった。毎回三千人から四千人の兵士――ほとんどはベトナム人――が、負傷者への手当もないまま武器や軍需品とともに船倉に詰め込まれた。一回につき十数頭の象がベトミン輸送団に利用された。

こうして総勢千九百人のクメール人男性と三十六人のクメール人女性がベトナムに渡った。到着先はハノイから百六十キロ南の漁港で、そこからは大型トラックでラオス国境の近くの高地に新しく建てられた野営地へと向かった。ソン・ゴク・ミンは歓迎のスピーチでかれらに北ベトナムの冬の厳しさを警告し、二年間はベトナムに滞在して土地改革を研究し、政治に関する特訓をおこなう予定であると告げた。

最後のクメール・ベトミン部隊は一九五四年十月十八日にカンボジアを離れた。サロト・サル、メイ・マンのほか、元ポコンボ連隊の人民委員チャン・サモンの姿はそこになかった。かれらはクレバオの陣営を離れてスバイリエンを抜ける迂回ルートで南下し、チャウドックに向かうと見せかけて南ベトナムへ入り、数日西へ向かったのちに、ふたたびカンボジア国境を越えてプレイベンのコンポントラベク地区に入った。この移動には一ヶ月を要した。最終目的地をごまかすために、たびたび休止したとメイ・マンは記憶している。グエン・タン・ソンの特使ファン・バン・バとその妻も同行していたが、コンポントラベクで一週間待機したのちにかれらと別れた。サルがプノンペン行きのバスに乗った二日後にファン・バン・バらが後を追い、最後にメイ・マンとチャン・サモンがその後を追った。

ファン・バン・バはクレバオの政治的特訓の中で、カンボジアとラオスとベトナムは「唇と歯と舌のようなものだ。どれも他の二つがなくてはならない」と、クメール人らに語っていた。いまやカンボジアの役割は変わったとかれは続けた――「武装闘争から政治闘争へ」変化をとげなくてはならないと。サロト・サル、メイ・マン、チャン・サモンら三人の若いクメール人たちも、旅の途中でこのことについて語り合った。計画は充分に論理的であるように思われた。だが、それが何をもたらすかについては、だれ一人としてはっきりわかってはいなかったのだ。

原注

＊1　チー・キム・アン、ハン・ノリン、メイ・マン、メイ・ファト、ラト・サムーン、サロト・サル、サン・オユン、シエン・アン、ソク・ノール、ユン・ソウンがその中にいた。この中で二十五年後も存命だったのはメイ・マンとサロト・サルだけである。

# カンボジアの現実

一九五四年末、シアヌークは自らの成功がかえって危機をもたらしたことに気づいた。ベトミンは去り、フランスの保護政策は終了した。充分な権力を手にしたいま、シアヌークにはもう言い訳の余地がなかったのだ。

すでにこの一年前に、シアヌークはなかば喜び、なかば心配しながらフランス人司令官のド・ラングラードに語っていた――「一挙に独立をとげたら扱いきれずに、自滅してしまうかもしれない。これほど早急にことを運ぶつもりはなかった」。また、かれのいとこで国防相を務めるシリク・マタクも、フランス軍の撤退は「王位の転覆とソン・ゴク・タンへの権力の譲渡を招く。それはカンボジアの終わりを意味する」と、悲観的な予測を述べていた。

結果的に、フランス兵はジュネーブ和平会談が終わるまで残留し、政府に一息つく余裕を与えた。だが和平協定の取り決めで、選挙は一九五五年におこなわれなければならなかった。カンボジア内外の立会人のほとんどは民主党の圧倒的勝利を予測していた。それがタンの復職への道を開き、やがては共和国宣言につながるものと考えられていた。それは――フランスをバカにしようと手ぐすね引いている――アメリカ人にとっては、腐敗した退廃的なカンボジア王制と信頼できない王よりも、はるかに望ましかったのだ。

九月三十日にシエムリアプで開かれた式典で政府に忠誠を誓うため、ソン・ゴク・タンは二百人の武装兵の護衛とともに、ダングレク山脈の隠れ家から下りてきた。だがシアヌークは面会を拒んだ。「ソン・ゴク・タンは共産主義者ではない。だが共和主義者であることは確かだ。だからかれは体制にとって脅威なのだ」と、ペン・ヌートはフランスの記者に話している。だが、かつての抵抗組織の指導者を追放しても問題が消えるわけではなかった。十月にソン・ゴク・タンに会ったインドのパンデット・ネール首相は、かれがいずれカンボジアで主要な役割を果たすことを確信して帰国した。ワシントンはプノンペンの大使にソン・ゴク・タンとの接触再開を命じた。フランス情報部は、イギリスがバンコクの代表団を通じてソン・ゴク・タン勢に秘密援助をしていると確信していた。シアヌーク自身は、民主党の半数がソン・ゴク・タンの運動に傾倒していると推測していた。そして民主党は、カンボジアでまともな選挙運動を展開できる唯一の政党だった。シアヌークが気をもんでいるのは傍目にも明らかだった。だがかれに思いつくただ一つの解決策といえば、できる限り選挙を先送りにするぐらいだった。

こんな政治状況の中、サロト・サルたちが戻ってきた。

カンボジア人たちが採用を試みたベトミンの規則では、「敵の支配地域」における組織活動について次のように断言している——「合法活動、準合法活動、秘密活動は慎重に区別されなければならない。(中略)合法活動集団は秘密組織との緊密な関係を保ち、これを決して解消してはならない。(中略)秘密主義は党の活動の基本である……」。最優先事項は、背信や党組織へのスパイ侵入がもたらす結果を出来る限り抑制することだった。ケオ・メアスはかつてプノンペン行動委員会のメンバーだったことから、プノンペンの秘密の党支部の支部長補佐に任命された。サロト・サルは「合法」活動担当として民主党に潜入し、政策に影響を与える役に選ばれた。ケオ・メアス自身は「準合法」活動を担当し、選挙期間中はクメール・ベトミンの顔となる共産主義戦線組織を設立した。かれはこの組織をクメール・トース（クメール抵抗組織）と呼びたいと考えていたが、この名前を「王室十字軍」への侮辱と考えたシアヌークは、それを却下した。国際休戦監視委員会への要請で登録は認められたが、組織名はもっと中立的な〈クロム〉「プラチアチョン（人民派）」になった。プラチアチョンの定款には共産主義は言及されていない。カンボジア憲法で全政党に王制の支持が義務づけられていたからだ。

選挙運動をカンボジア政治の主流派になる機会と位置づけていたのはケオ・メアスの組織だけではなかった。当時リセ・シソワットで教鞭をとっていたサルの元指導者ケン・バンサクは、秋に民主党に加わっていた。かれは二年前のシアヌークへの激しい攻撃演説の後、詩集『乙女の心』を出版しており、その中で仏教の暗喩を使ってひそかに王制（みずからの排泄物を食する巨大な胃袋として描かれている）への攻撃を加えていた。党の年長者らにとってバンサクは若手の煽動者として魅力的だが危険な存在だった。共和主義やソン・ゴク・タン支持をほとんど隠そうとしなかったから、票を集めかねない存在だったせいだ。九月にはセルクル・マルクシステのもう一人の有識者だったティウン・マムもパリから帰国していた。かれはケン・バンサクとともに民主党の内部改革に着手した。その四ヶ月後に、一九五五年一月三日に街の映画館で騒々しい集会が開かれ、党の古参は脇へ追いやられた。左翼のノロドム・プリサラが事務局長に選ばれ、ケン・バンサクはその補佐に就任した。エア・シチャウとハン・トゥン・ハクはタン派の代表、そしてティウン・マムは左翼の代表になった。

サロト・サルは反乱軍から戻ってすぐにケン・バンサクを訪ねている。「どうしていたんだと尋ねましたよ」と、バンサクは振り返る――「すると少し恥じ入るように笑って、チャンタランセイとずっと一緒にいたと言うんです。あいつはベトミンの地域にさえたどりつけなかったんだ！」サルの話は充分もっともらしく、ずっと後になってもバンサクは、サロト・サルがベトミン地域にいたとの報告は間違いで、人違いだと固執し続けていた。ベトミン時代のサルについては、党の仲間以外には秘密だったのだ。

サルは新たな役割を巧みに演じた。ケン・バンサクは語る――「集会では私の鞄持ちをしてましたよ。秘書じゃなかった。秘書としては使い物にならなかったでしょう。でも話し相手にはなってくれたし、一緒にいて楽しい人物だった」。選挙運動が激化すると、二人は毎日ケン・バンサクの家でともに朝食をとった。かれの家はヤシの木とブーゲンビリアにかこまれた二階建てのコロニアル風の邸宅で、リセの敷地内に位置していた。サロト・サルは多くを語らず、ケン・バンサクが党の三本柱――タン派、左翼、著名人――を一つの勢力にまとめあげる努力について述べ立てるのに耳を傾けていた。

サロト・サルがどれほど民主党の政策に影響を与えられたかについては、議論の余地がある。ケン・バンサクは、サロト・サルは党に何の影響も与えなかったと繰り返し主張している。でもかれは、自分の弟子に別の思惑があったかもしれないとはまったく思いつきもしなかったのだ。当時民主党の新聞『プラチェアティプパデイ』を編集していたピン・ソイは、サロト・サルについてまったく別の印象を抱いていた。「サルは重要な役割を果たしていました。民主党の路線を決める（のを手伝った）のはサルでした」と、かれは回想している。ティウン・マムもこれに同意している。「サルはバンサクを操っていたよ」とかれは振り返る――「サルに会ったら『われわれが民主党をコントロールする以上、アメリカ人には強硬路線をとらなければならない』と言われた。私は同意しなかった。だれもが支持する綱領を作る方がもっと重要だと思ったから。でもバンサクはサルの意見に従ったんだ」。

アメリカへの対応は、民主党だけでなくシアヌークにとっても頭痛の種だった。シアヌークから見れば、ワシントンの冷戦の手駒になることを許してしまえば、カンボジアの運命は閉ざされてしまう。ダレス時代のワシントンから見れば、外国政府は「われわれに賛成か反対か」のいずれかだった。カンボジアのペン・ヌート首相はシアヌーク体制について一九五三年の終わり頃に次のように語っている——「ベトミンが力ずくで共産主義を強制しようとしない限り、われわれがあえて反共をとることはない」。アイゼンハワー大統領は激怒した。一方、インドシナ全土に対して中立主義政策をとることを公的に記したジュネーブでは、カンボジアが参加国の中で唯一独自の立場をとったことにワシントンが嬉しい驚きを感じていた。だがその後インドを訪問したシアヌークは「パンカシラ」を奨励した。これは平和的共存のための五原則で、アメリカ人から見れば、カンボジアをビルマや中国共産党と同じ陣営に逆戻りさせるものだった。次に、あまりにひもつきだと言ってアメリカの軍事援助物資の承認を遅らせた。そのハードルも過ぎると、かれはアメリカ大使ロバート・マクリントックに次のように語った——「ネールは余を手中におさめたつもりでいる！　かれは間違っている」。だがそれに続いてかれは、アメリカのけちな体質とカンボジア内紛への干渉に対して激しい非難を始めたのだった。「アメリカは月に行くエンジンを作っている」と、シアヌークは不満をもらした——「それなのにわれわれには飛行機を一機さえ与えてくれない。フランスはもっと貧乏だったが、はるかに気前がよかった」。

政治的日和見もきわまれりという感じだった。シアヌークはころころと態度を変え、アメリカと距離をおきながら、一方でいつかはカンボジアを安全に西側陣営に確保できるという希望を与えていたのだ。

民主党はこの政策にどう対応すべきか思いつかなかった。一方で党の左翼派は、サルが提案したように、もっと強い反米路線を打ち出すことを望んだようである。だがソン・ゴク・タンとその支持者たちはアメリカ支持派だった。しかも、アメリカ政権は民主党の共和主義的方針に共感していた。その結果として、ひどい妥協案が設けられた――アメリカ帝国主義は悪、アメリカ民主主義は善とみなされることになったのだ。

民主党の綱領にも同様の混乱が見られた。バンサクらは王室政府の堕落を糾弾し、王室に汚職が横行していると訴えたかった。でも王室批判は違法だから公然とはできなかった。仏教寓話をつかって国の運命を導く王の神的イメージを壊し、立憲君主制を訴えるのが精一杯だった。

こうした内部不協和にもかかわらず、民主党は選挙で圧勝するだけの人気を保っていた。一九五五年二月に、シアヌークは「王室十字軍」承認を口実に国民投票を呼びかけた。これはかれの選挙活動の出発点を築くためのものだ。選挙自体も露骨に仕組まれていた。投票者らはこう言われた――「王を愛しているなら白票を（選ぶこと）。王を愛していないなら黒票を」。その結果、九十九・八パーセントが白票を選んだ。だが、投票率は期待を裏切る低さだった。月末に民主党が南プノンペンの仏教寺院で週末大会を開くと、シアヌークはお忍びで近くの別荘に向かい、拡声器から聞こえてくる内容を聞いた。弁論者に賛同する聴衆の熱狂的な反応を耳にして、かれは怒りに涙を流した。

三日後の一九五五年三月二日水曜日、プノンペンラジオはその朝シアヌークが録音した声明を放送した。王の両親さえその内容を聞かされていなかった。それは退位宣言だった。

敵は絶え間なく余を攻撃してくる。（中略）不正を好む一部学生らは（中略）民主党とソン・ゴク・タンに仕えようとしている。（中略）教養ある人々、地位ある人々、豊かな人々は（中略）自分たちの利益と野望のために（王の業績に対する）批判に時間を費やしている。そのすべてが余をすっかり落胆させ、統治を続けるのを妨げるのだ。（中略）王位にとどまったところで、困窮するつつましい臣民らの利益のために働くことはできない。（中略）王宮の金の鳥かごから解き放たれ、余はこの命と力を臣民のために捧げよう。王位を離れても余は責務を怠りはしない。

公式な年代記の編纂者はそのときの様子を「人々の目からは涙があふれ、かれらの心は信じることを拒んだ」と著している。だがシアヌークは動じなかった。その二日後、かれの父のスラマリットが即位した。王位の制約から解放されたシアヌークは、他の人々と同じく権力をもとめて政治の舞台に出ることが可能になった——「政治を超える準神秘的な卓越性」と評された特質を持っていたという点で、政敵たちとは違っていたが。だからその点だけでは、ほとんど一方的な勝負となった。ケン・バンサクも認める通り、これは天才的な考えだった。

四月に予定されていた選挙は、シアヌークに新たな政治組織サンクム・レアスト・ニユン——文面は「人民共同体」を意味するが、同音異義語で「社会主義」を意味する意図的な言葉選びによって左翼の政敵を牽制した——を編成する余裕を与えるため、秋に延期された。ロン・ノルやダプ・チュオンなど保守派の政治家は自分たちの政党を解散してシアヌークのもとに集まった。ソン・サン経済相、一九三〇年代に『ナガラ・ワッタ』誌の発行に携わっていたシム・バーなど年長の民主党主義者もシアヌークのもとに走った。だが民主党の主流派とその支持基盤——役人、仏僧、教員、高校生——は、断固として譲らなかった。サンクムはシアヌーク支持以外の政策を持たず、はっきりとしたイメージを打ち出すこともなかった。政敵から見れば「イデオロギーのがらくた」でできたごたまぜ政党だった。シアヌークの骨折りにもかかわらず、フランス大使ピエール・ゴルスはサンクムに「成功の保証はない」と断じた。

シアヌーク自身も同じ結論に到達したようだ。七月の終わり頃、かれは民主党とサンクムによる連立政権についてケン・バンサクに打診するようインドの代理大公使ディレンドラ・ミトラに依頼した。ケン・バンサクは執行委員会を招集して検討したが、民主党の力に自信を持っていた委員会は、この申し出をサンクムの脆弱性のしるしとみなして拒否した。

この決断がターニングポイントとなった。

春以降、警察は反サンクム派の政党に圧力をかけて、候補者への攻撃や支持者の脅迫をおこなっていた。六月には『プラチアチョン』が発行禁止になり、編集者のチ・キム・アンは不敬罪で三ヶ月拘置されていた。左翼誌『サマキ』を編集していたサルの兄サロト・チャイにも逮捕令状が出された。しかしチャイは王宮に勤める兄のスオンのところなら警察の手も届かないと兄のもとに身を寄せた。一週間にわたるこう着状態ののち、スラマリット王はチャイに自首を命じた。

投票の五週間前から強烈な脅迫が始まった。ケン・バンサクは次のように振り返る。


弾圧の糸を引く悪魔はサム・サリだった――あれは野蛮な男だった。治安判事を務めていた一九四〇年代には容疑者を殴り殺したこともあったね。その後フランスへ留学し、一九五五年にサンクムに加わってシアヌークにもっとも近い側近となったんだよ。(中略)シアヌークが力ずくの戦術をとるようになるとサリはごろつきを雇い、金と武器を渡してわれわれの集会を中止させた。(中略)当時警察署長だったコウ・ルーンは、演説をかき消すために銅鑼と太鼓を持った男たちを荷車つきの自転車に乗せてよこした。(中略)われわれにはなす術もなかった。それは挑発行為だったんだから。反撃すれば警察に介入する口実を与えることになり、罠にはまったことになる。

プラチアチョンはもっと深刻な被害にあっていた。地方では何者かによって数人の候補者が撃ち殺され、二十人以上が逮捕された。投票日当日に候補者を出馬させることができたのは、九十一選挙区のうち三十五区だけだった。

民主党候補者が欠けることはなかった。一九四〇年代に党活動をしていたメイ・マン、ピン・ソイのほか、セルクル・マルクシステのメンバーだったトク・フーン、メイ・ファットもいた。だが、選挙運動の最中にティウン・マムが失踪した。後になって、ティウン・マムを危害の及ばないところに逃がすよう女王から個人的に忠告された母親が、かれをパリ行きの飛行機にのせたことが明らかになった。投票前夜、九月十日日曜日の集会でケン・バンサクのそばにいた人物が撃ち殺され、直後にケン・バンサクが逮捕された。狙撃手は右翼の政敵を暗殺するために民主党指導者に雇われたと供述した。だが男は法廷でこの発言を撤回した。でもケン・バンサクは投獄されたままだった。一ヶ月後かれは屈服する旨の手紙をシアヌークに送り、二度と政治に関わらないと誓った。ケン・バンサクは即刻釈放され、すべての容疑が取り下げられた。

選挙結果はサンクムの圧勝だった。民主党やプラチアチョンの候補者は一人も選出されなかった。この結果を生んだのは選挙違反だけではなかった。シアヌークは地方では崇拝されていた。しかし鍵となったのは脅迫だった。「カンボジア人は権力者の断固とした態度を前にすると勇気をなくす」と、イギリスの代理大公使は述べている。バンサクはさらに率直だった――「クメール人は何世紀にもわたり、奴隷として扱われた。だから権威を前にすると屈服してしまうんだ。暴力をふるう者たちはそれを心得ている――人々の反応を知っているんだよ」。

左翼支持者のほとんどは家にこもっていた。勇気をふるって投票に行ったとしても、投票所の状況は大胆きわまりない人間でさえためらうようなものだった。まず警察と兵士の間を抜け、つぎに政党ごとに色分けされた投票用紙を渡される。その一枚を地元の役人が見守る中でつぼに入れなくてはならない。それでも足りずに投票数が偽造された。「投票所のまとめ役は全員シアヌーク側の人間だった」と、サルは振り返る――「だから連中はすべての票をサンクムへの投票としたんだ」。シアヌーク側の候補者が二位に終わった投票所では、票は破棄されて、勝者は殺された。長年ベトミンの本拠地として知られていたカンボジア東部投票区の関係者は、プラチアチョンの候補者は一票も獲得できなかったとおごそかに告げた。これほどあからさまな改変をしてさえ、三人のプラチアチョン候補者がそれぞれの選挙区で三分の一以上の票を獲得したと言われており、南部地域のカンポット、タケオ、プレイベン、スバイリエンの四つの地域では平均十六パーセントを獲得した。シアヌークは二年後、一九五五年の選挙では三十六選挙区が「赤かピンク」つまりプラチアチョンか民主主義者に投票していたことを軽率にも認めている。当時それは公式には認められていなかった。民主党は国全体で票の十二パーセント、プラチアチョンは四パーセントを獲得したと言われた。

公平に争っていれば、これら左翼派のグループ二つが政府を立ち上げるに充分な議席を獲得していた可能性が高い。少なくともサンクムは多くの議会内野党を敵にまわしていただろう。だがこの結果によりカンボジアはあらゆる点で、自分以外に誰はばかることない、自己陶酔的で気まぐれで魅力的で、しかも徹底的に冷酷な独裁者の率いる単独政権国家となった。フランスの記者が「投票の一部に隠匿があった」疑いを示すと、国際休戦監視委員会は即座に選挙が「正しかった」ことを断じた。また、フランス人とアメリカ人率いるプノンペンの大使館は臆面もなく不正に目をつぶり、退位した王の選挙での圧勝をこぞって称賛した。

三年前の民主党への実力行使に続くあからさまな選挙票操作は、左翼が議会を通じて権力を握る希望を断ち切った。「選挙への参加は宣伝のためにすぎなかった」と、サロト・サルは結論づけている——「選挙は権力の闘いだ。権力を握る者が結果を支配する」。

それから数ヶ月のうちに、多くの民主党指導者らが——ケン・バンサクとティウン・マムのように——政治からすっかり手を引くか、あるいはサンクムに加わった。共産主義者らはためらった。このような状況で革命を志す政党が論理的にとるべき次の段階と言えば、武装闘争の再開だ。だがカンボジアの共産主義運動は弱かったし、ベトナムの共産主義者は国内の問題で忙しく、頼りにならなかった。プラチアチョンと民主党が政権を握る可能性がある限り、ベトナムはかれらを支持してきた。だがシアヌークが勝利をおさめ、かれを相手にしなければならないことがわかると、ハノイの現実主義者たちは方針を変えたのだった。

選挙の前でさえ、ベトミンはカンボジアを子供扱いした。ジュネーブ協定以降、カンボジアで共産主義者が起こした事件の数はラオスや南ベトナムにくらべれば非常に少なかった。目に見えるのは氷山の一角だとフランスは結論を下した。CIAやMI6にあたるフランスの諜報機関SDECEに情報提供者が語ったところでは、カンボジア共産主義を牛耳るグエン・タン・ソンがベトミンの撤退時期にシアヌークと秘密合意に至り、南ベトナムの闘いを手助けするために限られた数のベトミン幹部がカンボジアの特定地域——特に国境——において秘密裏に活動することが許された。そのかわりにベトナムの共産主義者はカンボジアの内紛に干渉しないことが保障されたのだ。この合意については一九五四年九月十六日の諜報報告で詳細に述べられているが、公的には確認されていない。だがその後十六年にわたり、この交換条件は一字一句たがわず実行された。

さらに選挙の頃には、シアヌーク政権はアジアの共産政権にとって、一年前よりもはるかに魅力的な体裁を整えていた。アメリカの属国となったタイおよびフィリピンとは対照的に、カンボジアはワシントンの軍事機構「東南アジア条約機構」（SEATO）への加盟を拒否した。シアヌークはその年の春にバンドンで開かれたサミットで、周恩来、ユーゴスラビアのチトー将軍、インドネシアのスカルノ大統領、エジプトのガマル・アブデル・ナセルと並んで非同盟運動の設立会員五人のうちの一人となった。まもなくベトナムは、シアヌーク体制を攻撃してもなにも得られず失うもののほうが圧倒的に大きいとの結論に至った。これに基づいて一九五五年の終わり頃にクメール人の党に新たな指示が下された。

われわれの目的は（中略）シアヌークの政府を支持し、協力して平和と中立の方針を押し進めるために闘い、国家の独立に力を与えてそれを進展させることである。同時に（カンボジアの党は）アメリカ帝国主義による干渉と（地域への）侵略に対しても闘わなければならない。また、人民の利益に反する（シアヌーク）政府の短所の解消あるいは修正に務めなければならない。

この指示では、武装闘争が終わったと繰り返していた。そのかわりにカンボジア人は「合法、準合法、違法、公然、半公然、秘密活動など、別の形態をともなう政治闘争」をおこなうべきだとしていた。

これは革命的な変化への熱意をかきたてる綱領とは言えなかった。アメリカとの対立以外には、明確な施政方針が示されていなかった。あいまいでつかみどころがなく、カンボジア共産党の利益をベトナムの利益のためにあからさまに犠牲にしていたのだ。それにもかかわらず、その後十年にわたってクメールの共産主義者はこの政策から離れることができなかった。指導者たちは言うまでもなく、ましてサロト・サルをはじめとする留学生たちは、これについて何も口出しできなかった。

反対勢力の制圧に警察を利用するシアヌークのやり方は、共産主義者に「合法」「準合法」「秘密」活動の線引きをさらに厳しくさせることになった。民主党が形骸化したことで、合法活動は実質的に中止された。ピン・ソイは新たに『エケピープ（統一）』を発刊した。この雑誌は――シアヌーク自身の主張とあまり違いはない――中立主義的（すなわち反米的）主張を擁護する内容だった。だが政府の管理下で発行されていないという理由から、この雑誌は認可されなかった。暫定的な発行停止命令を受けたのに空気を読めなかったピン・ソイは、結婚式の日に逮捕され七ヶ月にわたって拘留された。

プラチアチョン――党の「準合法」部門――は、政府の絶え間ない嫌がらせにもかかわらず生き残っていた。ケオ・メアスは相変わらず指導者の座にあったものの、秘密のプノンペン党委員会の書記の座を退いていた。他のメンバー――対仏戦争の間に南西部の書記に就任したカンポット地方出身の若い農民ノン・スオン、一九五〇年四月に発足されたクメール暫定政権のメンバーで東部地域軍事司令官ソー・ピムと親しいネイ・サラン、コンポンチャム出身のクメール人民革命党の若手幹部チュー・チェト、留学帰りのチ・キム・アンとシエン・アン（イエン・サリの元級友）、ジャーナリストのノプ・ボファン、ペン・ユース――は、スバイリエンの停戦交渉においてグエン・タン・ソンのベトミン代表団のメンバーとしてケオ・メアスとともに活動していた。

カンボジア政府とプノンペンの外国大使館には、プラチアチョンは「共産主義者」――もしくは民主党の左翼進歩主義者「クメール・ローズ」と区別するためにシアヌークが使い始めた「ルージュ」

の名前で知られていた。プラチアチョンは単なる見せかけで、内部に秘密の共産党組織があるかもしれないと疑う者はいなかったようだ。もともとこのグループは教科書通りの反対派としての活動を意識して、一九五六年二月のシアヌークの中国訪問、その秋の周恩来の来訪、ソ連をはじめとする東欧諸国との外交関係の樹立を賞賛した。これらの行動をアメリカだけでなくイギリスとフランスも、シアヌーク自身の「左翼的傾向」が解き放った勢力にかれが対処できるのかどうか深刻な懸念をもって見守っていた。だがシアヌークは批評家たちが考えていたよりも巧みに立ち回った。外国の共産主義への傾倒の一方で、国内では共産主義への弾圧強化をおこなってバランスを保った。プラチアチョンはシアヌークの身代わりとなって、外国の主に仕える不実な裏切り者として集会で糾弾された。

　やがてプラチアチョンは人民やメンバーにとって独立した位置を占める存在となった。秘密の党指導部からの命令には従っていたが、同じ革命組織の顔的な存在というよりも、事実上は別の派閥、少なくとも別の感性を持つグループになっていた。それはグループが安全上の理由から活動を孤立した支部に割り当て、相互の接触を最低限に抑えたことの代価だった。

　秘密の党指導部も、一九五四年の冬にベトナム人が任命した五人体制の暫定中央委員会だった。ソン・ゴク・ミンにかわってシウ・ヘンが書記、トゥー・サムートが副書記。ベトナムで再結集した二千人のクメール・ベトミンを任されたソン・ゴク・ミンは三番目の地位にあった。ほかには東部地域代表のソー・ピム、地方基地代表のタク・ヌンがいた。

　シウ・ヘンは意外な選択だった。王室十字軍の際にシアヌークが、味方についたクメール・ベトミン指導者には恩赦を与えると宣言した際にシウ・ヘンは迷い、降伏寸前だったという人もいるのだ。しかしグエン・タン・ソンは、カンボジア人共産主義者の中でもっとも聡明なのはシウ・ヘンであると考えていた。かれとともに働いていた北西部の軍事司令官ロス・ニムは、また違ったとらえ方をしていた。「あいつはベトナム人のご機嫌取りが得意だったから昇進しただけだよ」とかれは言う。経験豊かなタク・ヌンの助けを得て、シウ・ヘンは地方の百四十のセルを管理していた。このときトゥー・サムートは都市部の党組織を任されていた。だが新たな体制は、ほぼ一気に崩壊した。ソン・ゴク・ミンはハノイに、シウ・ヘンは一九五六年まで南ベトナムにとどまった。タク・ヌンは闘争から手を引いた。ソー・ピムはジャングルへ隠れた。地方の党組織は指導者を失い、ゆっくりと弱体化していった。五人の指導者のうちトゥー・サムートだけが国内で活動していた。担当が都市部だったため、国内の運動の中心は地方から都市部へと移った。

この間ずっとサロト・サルは二重生活を送っていた。

反乱軍から戻ったあと、かれは南プノンペンの湿地帯、バンケンコンに一軒の家を借りた。「身元を明らかにしたくない人間にはうってつけでした」と、ピン・ソイは述べている。「支柱の上に建てた小さな傾いた家々があたり一面に立ち並び、竹製の通路とともに沼地すれすれの高さに迷路を築いていて、何十もの道がそこからのびていました」

サロト・サルの家は簡素そのものだった。家具といえば木の床に敷くマットと、パリから持ち帰った本の山だけだった。街灯もなかったので、夜になってあたりが暗くなると、サルは誰にも気づかれることなく公然活動をしているピン・ソイやティウン・マムにも会えたし、トゥー・サムートの密使とも会えた。プラチアチョンのケオ・メアスとネイ・サランも宣伝活動を民主党の活動と調和させるためにかれの家に通っていた。サロト・サルもプラチアチョンの事務所を訪れていたが――バンサクとの仕事も警察に気づかれなかったように、ケオ・メアスとかれが会っていることに気づく者はいなかった。ケオ・メアスの補佐を務めるノン・スオンですら、いつも白い半袖のシャツを着てやってくるサロト・サルの姿を何度か目にしていたが、その正体を知ったのはかなり後のことだった。このごまかしの才能は「公然」活動と「秘密」活動を組み合わせる能力と相まってサルを強い立場においた。プラチアチョンと民主党の接触は、すべてかれを通じておこなわれた。また、共産党地下組織との連絡のほとんどを取り持ったのもかれだった。

だがもう一人のサルはこれとはほとんど共通点がないかに見えた。こちらのサルは数年前ならフランス総督しか乗れなかった黒のシトロエンのセダンに乗っていた。むろん新車ではなかったが——もとはといえば王家の元側室だったルーンの車だったらしい——社交界の花形ソウン・ソン・マリの気をひくことができた。かれはふたたび彼女を熱烈に口説いていたのだ。ケン・バンサクは自分や妻が授業で留守にしている間はリセ・シソワットの自分の家でかれらを会わせてやった。ケン・バンサクは「不適切なことは何もなかった」はずだとのちに語っている——「おそらく二人はちょっと離れて座り、お互いへの気持ちを語りあったんだろう（中略）。マリはサルがしかるべき地位につくのを待っていたから、それ以上は許さなかったはずだ。民主党が大勝し、サルが重要な役職についたら結婚できるとマリは考えていた」。

スラムのがらんとした家で革命の計画を練る熱心な若手の活動家と、恋人との密会の手筈を整える洗練された若い遊び人像はなかなかうまく重ならない。だが後者が前者の単なる隠れみのだと推測するのは間違いだろう。

サロト・サルは禁欲主義者ではなかった。王宮の若い女性たちとの若気の至りの悪ふざけ、「楽しむのが好きな」青年というパリの最初の年以前の評判、音楽とダンスへの愛情——「かれは女の子を腕に抱く欧米風のダンスがとてもうまかった」と、数年後に仲間の一人が語っている——演技だったとしても、それが性に合っていたのは明らかだ。もし民主党が一九五五年に勝利をおさめ、サロト・

サルがソウン・ソン・マリの望んだ地位についていたらどうなったのだろうか。だが民主党は敗れ、彼女はサルを捨てて数ヶ月後にサム・サリ——左翼の天敵で、カンボジアではシアヌークにつぐ権力を握る政治家——の、年若い妻となった。

ケン・バンサクは、この二重の挫折が生涯にわたってサロト・サルを苦しめる性的不満および政治的不満のサイクルのきっかけとなったのだと主張する。それは言い過ぎだが、政治的レベルにおいては、一九五五年の出来事は間違いなくサロト・サルの革命への決意を鍛え上げた。それから五年間で党がしだいに崩壊し、献身度の低い者が離れていっても——多くがそうした——サルの決意は揺らがなかった。私的レベルでは、この経験がサルを——「反動で」とバンサクは表現しているが——信念を同じくする革命家との結婚へ導いた。

イエン・サリの妻チリトの姉であるキュー・ポナリーとサロト・サルはパリで最初に出会い、かれが反乱軍から帰還してから再会した。ケン・バンサクは彼女が民主党の女性たちの一人で、集会ではいつも最前列に座っていたことを覚えていた。かれは知らなかったことだが、ジュネーブ和平協定が結ばれるまで、彼女もプノンペンとベトミンの主な仲介役を務めていた。ポナリーが母親と暮らすドクターハーン通りの家の近くには接触場所があって、夜間にプレイコールからの使者がやってくる。すると彼女は使者を連れて、クラバオの拠点行きを待つ学生たちのもと——毎回場所を変えた——へ向かうという手筈だ。キュー・ポナリーは信頼できる人物だった。選挙に負け、ソウン・ソン・マリに裏切られて混乱していたサルにとって、何より必要なのは信頼だった。一九五五年の終わりにサルはバンケンコンのからっぽの家を離れて、ポナリーと母が暮らす家に間借りするようになった。二人が結婚したのはその六ヶ月後だった。

ベトナム共産党の歴史学者は、かれらの革命家としての結びつきを半分まじめに「天が定めた結婚」と評している。でも実際には、それはとても風変わりな結婚だった。サルは三十一歳、花嫁のポナリーは三十六歳だった——欧米諸国にくらべて、男性がはるかに年下の妻を選ぶことの多いカンボジアにおいて、この年齢の差はかなり珍しい。そのうえサロト・サルは魅力的で見栄えもよかった。キュー・ポナリーは生真面目で堅苦しく、陰では「オールドミス」と呼ばれていた。親友でさえ彼女を美人とは言うまい。彼女の顔には子どもの頃にわずらった疱瘡の痕が残っていたのだ。ともあれ二人は結婚し、クメールの習慣にのっとり、仏教僧が唱いながら香炉を揺らしておこなう結婚式は三日間続いた。結婚式をしめくくる盛大な祝宴は一九五六年七月十四日の土曜日に開かれ、メイ・マン、ピン・ソイ、サロト・サルの留学時代の友人らなど多くの人々がポナリー家とプレクスバウの村から出席した。

結婚式の日がフランス革命記念日だったのは偶然ではなかった。だが革命の象徴的表現もクメールの伝統の前には二の次に扱われた。サロト・サルは式のクライマックスで当時七十代だった自分の父の前に平伏するよう花嫁に強く主張した。ポナリーはカンボジアで最初にバカロレアを取得した女子学生二人のうちの一人で、自尊心も教養ある女性だったが、渋々従った。後になってそれを聞かされたイエン・サリは驚いた。「なぜあいつがそんなことをしたのか誰にもわかりませんでした」と、イエン・サリは言う。だがキュー・ポナリーもまた非常に保守的だったので、古い慣習に従うことをそれほど不快に感じなかったのかもしれない。二年後にサルの父親が死ぬと、ポナリーはサルとともにプレクスバウでおこなわれた葬儀に出席した。キュー・ポナリーの生徒は彼女について次のように語っている。

非常に伝統的なクメール女性です——口紅のたぐいはまったくつけていませんでした。妹のチリトの方が近代的で、奔放だったと言っていいかもしれません。チリトはヨーロッパ人のように思ったことを口に出す、率直で開放的な女性でした。ポナリーはそうではなく（中略）とてもクメール人らしい人物でした。（サル）にもそういったところがありました。言動や人への接し方はとても真摯で、クメール文化と伝統を感じさせました。（中略）服装はそう堅苦しくはなく、伝統的なものという程度でした。彼女は控えめな女性でした。ユーモアのセンスがありましたが、いつもそれを披露していたわけではありません――よく笑う人ではなかったものの、思慮深くて一緒にいておもしろい人でした。われわれはみな彼女を尊敬していました。

チリトとイエン・サリは一九五七年一月にパリから帰国し、サロト・サルたちの住むドクターハーン通りの家に六週間滞在した。「二人はずいぶん古風な暮らしぶりでしたよ」とサリは振り返る――「理屈のうえでは（サルは）女性は男性と平等だと考えていました。でも自分の妻となると、なぜか話は別だったようです。彼女はインテリでした。でも彼女が（伝統的な作法通り夫に黙って従うのではなく）他の人と話すと、サルは不満だった（後略）」。

結婚の数ヶ月前からキュー・ポナリーは以前より外向的になっていた。ある生徒は、彼女が薄化粧をするようになり、宝石さえ身につけるようになったのを覚えている。かれは振り返る。「彼女はとても幸せそうでした。だからわれわれも嬉しく思ったのです」。だがその幸せは長くは続かなかった。翌年、彼女に子宮ガンが見つかったのだ。手術は成功したが、子どもは生めなくなった。サルの兄のスオン夫妻は、家族を持てばサルも落ち着くと期待していた。それはかなわなかった。

一九五五年の冬に、共産党の地下活動組織が再編された。選挙運動の間ほとんどプノンペンを離れていたトゥー・サムートは、サロト・サルがかれのためにプノンペンの南西のはずれのツールスバイプレイ——「野生のマンゴーの丘」——の近くのポナリー家の土地に用意した小さな家に移り住んだ。[*1] 家のまわりを背の高いウォータータマリンドの生け垣が囲み、シクロ運転手の集団が日中は外をうろつき、夜間はそこで眠って護衛していた。

トゥー・サムートは共産党都市委員会の委員長を務めていた。この委員会はトゥー・サムートのほか、ケオ・メアスにかわってプノンペン都市委員会の書記になったヌオン・チェア、反乱軍から一年前に一緒に戻ってきたサロト・サル、メイ・マン、チャン・サメンで構成されていた。数ヶ月後にメイ・マンは消滅寸前の民主党の復興に専念することを表向きの理由に脱退した。実際には、運動のために家族を犠牲にするつもりがないことを明らかにしたためにメンバーから外され「感傷癖と勇気のなさ」を非難されていたのだ。

ヌオン・チェアは他の仲間とは別の経緯で共産主義運動に参加していた。かれはバッタンバンの出身でサロト・サルより二歳年上だった。タイが一帯を占領していた一九四〇年代にバンコクの高等中学校に通い、タイ外務省の職員としてしばらく働いたのち、タマサート大学に進学して法律を学んでいた。そこでタイ共産党の党員になったが一九四〇年代後半に党を離れて、いとこのシウ・ヘンがいるパイリンに近いサムロット地区の山中の北西部地域司令部に来ていた。インドシナ共産党に党籍を移したヌオン・チェアは、一九五一年の九月に、新たに設立されたクメール人民革命党中央委員会を任され、それから一年間ベトナム高等党学校で学んだ。クメール人革命家の中でもずば抜けて秘密主義で、一九五五年の夏に人目につくことなくカンボジアに戻り、そこで中国系クメール商社に勤め口を得て、仲間が反乱軍に逃げ帰ってからも長い間そのまま潜伏を続けた。

一方サロト・サルはバンケンコンの昔の家からそう遠くない私立学校で歴史とフランス文学を教え

ていた。チャムラン・ビチア（進歩的知識）は公立学校で教える資格のない若手の急進主義者たちが教職につける学校のうちの一校で、街にはこの手の学校が三校あった。ここで革命家と着こなしのうまい青年をうまく取り合わせた三番目のサルが登場する。サルは生徒としては平凡だったが、教師としての才能には恵まれていた。のちに有名なクメール人小説家となるソト・ポリンは、かれにフランス文学を習っている。

いまも（サロト・サルの）フランス語の話し方を覚えている——穏やかで音楽的な話し方だった。かれはフランス文学全般とランボー、ヴェルレーヌ、ヴィニーなどの詩に明らかに惹きつけられていた。（中略）かれはノートも見ずに流れるように話した。少し（言葉を）探すことはあっても決して詰まることはなく、なかば目を閉じて、詩に思いを馳せて心を奪われていた。（中略）生徒たちは、いつも半袖の白いシャツと濃紺のズボン姿だったこの親しみやすい教師のとりこだった。

この点についてはすべての証言が一致している。かれは「生徒に対する愛情を持った落ち着いた人当たりの良い教師で、雄弁ながら尊大なところがなく、誠実で心優しかった」。ある青年は初めて会ったサルの明らかな人柄の良さと魅力的な性格に感銘を受けて、こう述べた——「きっとかれとは一生の友人になれるだろう（と感じた）」。

新たな指導部は二〜三週間に一回トゥー・サムートの家に集まり、政治情勢と共産主義運動普及のための方法を議論した。それは苦しい闘いだった。シアヌークは、国内問題に干渉さえしなければベトナム共産党がカンボジア国内で活動するのを、承認または黙認するという協定を結んでいた。このおかげで、国内の元クメール・ベトミン活動家に対しては熾烈かつ効果的な弾圧を自由に実施できるようになった。終戦時に千六百七十人いた党員は、一九五七年には八百五十人に半減していた。地域の指導者のほとんどは活動から手をひいていた。北西部のロス・ニムはバッタンバンの農場で暮らしていた。のちに北部を率いるケ・ポクは、故郷の村で農業に従事していた。暫定中央委員会の四番手のソー・ピムはプノンペンにいた。そこでメイ・マンと当時公共事業部の高官だったトク・フォウンが、ソー・ピムとその三十人の部下たちに政府の建築現場の大工仕事を手配してやった。

イエン・サリは一月に、パリで経済学の博士号を目指すキュー・サムファンにセルクル・マルクシステを任せて帰国し、運動が暗礁に乗り上げているという結論に達した。

問題の一部は、カンボジアの共産党創始者であるベトナム人らが自前の問題で手一杯だったことにもあった。ベトナム労働者党の南部支局――のちのベトナム南部司令局（COSVN）――によって、プノンペンにはクメール人との連絡のためにヘイ・ソという偽名の南ベトナム人が率いる陰の「作戦委員会」が設立されていた。[*2] だが一九五〇年代後半の委員会の主な関心事といえば、指導部の安全だった。一九五七年には、南ベトナムのゴ・ディン・ジエム首相による弾圧を逃れて南部支局自体がプノンペンへ避難せざるを得なかった。まもなくホー・チ・ミンの後継者候補に指名されることになるレ・ズアンも、同年一時的にプノンペンを活動拠点としていた。南部でゲリラ戦が再開されて、ふたたびベトナムに拠点をうつす一九五九年まで、南部支局はプノンペンの安全な隠れ家で秘密裏に活動していた。ハノイとシアヌークの関係を脅かすようなことさえしなければ、実質上カンボジアの共産主義者たちは思い通りに活動できたのだ。ベトナム人の「兄」とのつながりは徐々に弱まっていった。長い年月がたってから、サルはこれが良いことだったと主張している。「独立して自分で運動を発展させる機会を与えてくれた」からだ。だが、当時生き残りに必死だった小人数の悩めるクメール共産主義者たちには、そうは感じられなかったはずだ。

でもさらに根底には、カンボジア共産主義者のアイデンティティの危機があった。理論上すべてのクメール共産主義者が属するクメール人民革命党は、まともな共産党ですらなかった。共産党でない政党の党員が共産主義者だと言えるだろうか？

サロト・サル、ソク・クニャオル、メイ・マンのようにフランスやインドシナの共産党に属した経験がある者たちは、のちに――真実とは限らないが――クメール人民革命党に公的に属していたことはないが「インドシナ共産党のカンボジア部門」のメンバーだったと主張している。メイ・マンはこう語る――「非常にあいまいだった。ちゃんとした組織構造もなかったし。（中略）中心的な指導部があって（中略）（われわれは）ともに活動した。みんな共産党員のつもりではあったが、どの共産党かはわからなかった」。サルも同様のことを述べている。一九五〇年代の中頃から、かれらは自分たちの運動を「党」ではなく「アンカ・パデバット（革命組織）」、あるいはただアンカとだけ呼ぶようになった。

一九五七年にトゥー・サムート、サロト・サル、ヌオン・チェアはクメール人民革命党にかわるカンボジア共産党の再結成に向けて、新たな綱領と規則の作成にとりかかった。かれらはクメール人民革命党をますます外国の押しつけととらえるようになっていた。復興した党は、ベトナム共産党と手を結んでも従属はしないつもりだった。「量より質」というベトミンの理念を念頭に、募集活動が開始された。具体的には、反乱軍でファン・バン・バが教えたように中心的グループのメンバーを「一人ずつ」加え、長い研修を施したのちに能力のある者だけを徐々に運動に参加させていくのだ。当時十九歳でリセ・シソワットの最終学年だったスオン・シコンも新たに採用されたメンバーの一人だった。

わたしたちは街の南部の労働者の家で週に一度集まりました。家を出るたび、その夜戻ってこられるだろうかと考えたものです。秘密集会でしたから。だれかに撃たれるのではないかといつも気がかりでした。シクロの運転手にはいつも少し通り過ぎたところで降ろしてもらい、だれも後をつけてこないことを確認してから集会場所まで歩いて引き返すようにしていました。（中略）集会はいつも午後八時から十時までの約二時間です。（中略）主に話し合ったのは政治情勢で――イデオロギーについて議論することはあまりありませんでした。（中略）（党の）路線は左翼誌で読んだ内容と基本的に同じでしたよ――中立性、議会制、複数政党制民主主義、立憲君主制。違いといえば、わたしたちが独自の内規を備えた組織のメンバーであることだけでした。（中略）（規則の一つで）各人が三人から四人の同調者候補に接触し、長期間かれらの行動を観察することが定められていました。最終的にその中でもっとも進歩的な人物にセルへの参加が打診されたりしました。（中略）討論グループではなく、セルです。でもそれは、いまだ結成途上の政党のセルだったんです。

運動の陰謀めいた面も、スオン・シコンにとっては魅力の一つだった。それはサロト・サルも同じだった。かれは顔が知られるのを防ぐため――トゥー・サムート、ヌオン・チェアも――セルの集会には参加しなかった。だが、自宅に生徒を集めて非公式の集会を開いていた。サロト・サルはイエン・サリの帰国後まもなくトゥー・サムートの住まいに近い煉瓦造りの中国風の家にポナリーとともに引っ越していた。参加者によるとサロト・サルの家はちり一つなくきれいだった。だが本が数冊と中国風の掛け軸が壁にかかっている以外は、何もなかったという。サロト・サルは討論を主導して出席者の発言をうながしたが、政治腐敗を批判したことを除けば、自分の政治的な考えを明らかにすることはなかった。イエン・サリと、フランスから帰国後にプノンペン教員養成学校の学部長になったソン・センも、同様の討論会を開くかたわらでスオン・シコンが参加したようなセルの集会にも参加していた。トゥー・サムート、サロト・サル、ヌオン・チェアがもっとも信頼できるメンバーを集めて安全な場所で開く政治訓練講習会は、さらに機密レベルが高かった。この講習会を受けられたのは、ジュネーブ協定が結ばれる前にフランス共産党かインドネシア共産党に入党しており、しかも忠誠を示した少数の若者だけだった。

運動はとても華開いているとは言い難かったが、少なくともプノンペンでは夏には衰退が止まるくらいにはなった。プノンペンの「進歩的」学校であるチャムルンビチア、カンブボット、ソトエンプリチャインの教員のほとんどは共産主義者で、運動に惹きつけられる生徒も増えつつあった。ポナリーとチリトの姉妹が教えるリセ・シソワット、教員養成学校、サルの弟子ソク・ノルの率いるシソワット学友会には中核的なグループがあった。また、バッタンバン、コンポンチャムなど地方の街にも同様のネットワークが形成されつつあった。

このような問題に対して直感の鋭いシアヌークは、危険を感じていた。

一九五七年八月、シアヌークは自分の支持者だらけの王宮で討論会を開き、民主党の指導者ら——かれらが存在し続けていることで、左翼的思想を持つ人々を身代わりに守る役割を果たしていた——を招いて、王宮の外に集まった数千人の群衆にも聞こえるようにスピーカーでその模様を放送した。五時間にわたって群衆の前で恥をかかされた民主党指導者は、王宮を出たところで車からひきずりだされ、衛兵に銃床で殴られた。それから二晩は、右翼参謀長ロン・ノルの号令でプノンペン駐屯地の兵士らが通りを暴れ回り「民主党員に死を」を合言葉にカンボジア人、中国人、ベトナム人を問わず、不幸にもそこを通りかかった人間を虐待した。シアヌークの寛大さを示すために、民主党は活動を即刻停止されることなく、翌年の春の選挙で候補者を出さないと発表するまで瀕死の状態で放置された。

翌月の九月に、シアヌークは政府運動「王室社会主義クメール青年部」の設立を発表した。その主な任務は若者が共産主義プロパガンダに誘惑されるのを防ぐことだった。

次はプラチアチョンの番だった。プラチアチョンはプノンペンと四つの地方選挙区に候補者をたてることを決めた。欧米の大使はこれを「身の危険を考えると（中略）勇気ある」決断と、評している。シアヌークはこれを機に暴力的な反共十字軍を立ち上げ、この五つの選挙区にみずから出かけていってプラチアチョンの「反民族的」政策を非難した。シアヌークの率いるサンクムは、共産主義者がクメール民間人をテロ攻撃している様子を残酷に描いた戦時中からのポスターを掲げて活動し、プノンペンラジオは、シアヌークの政敵が忌むべきベトナム人の傀儡だと糾弾した。プラチアチョンは、アメリカ製の自動車でやってくるサンクムの候補者とは違って「徒歩と牛の荷車で移動する、地元の問題に明るい」地元の人間が候補者であることを示し、巧みに選挙運動を展開した。だがそれでも状況を変えることはできなかった。組織的な脅迫により五人のうち四人が辞退した。最後まで残っていたプノンペンのケオ・メアスが三万人規模の選挙区で獲得したのは、ほんの三百九十六票だった。

追い打ちをかけるように、共産党指導者のシウ・ヘンとプラチアチョン・メンバーのペン・ユトが政府の情報提供者として活動していたことが、この後に判明した。二人がいつから裏切っていたかについては明らかにならなかった。シウ・ヘンが何を警察に語ったかも知られていない。シウ・ヘンは以前から党内で疑惑をもたれており、トゥー・サムートがかれの情報へのアクセスを制限する措置を講じていた。だが、シウ・ヘンが自分の知っていることをあまり話さなかった可能性もある。かれの姪がヌオン・チェアと結婚していて、かれの裏切りによってヌオン・チェアをはじめとする他の指導者たちの立場が危うくなった様子もないからだ。シウ・ヘンの行動によるもっとも深刻な被害は、プノンペンと地方のネットワークとの連絡がすべて絶たれたことだった。倦怠感と政府の弾圧にひどく悩まされていたところへこの問題が起きて、すべてが崩壊してしまった。一九五七年に八百五十人いた共産党員は、一九五〇年代の終わりには二百五十人に減っていた。

一九五〇年代後半には背信行為が相次いだ。

シアヌークはだれかが予想外の権力を集めるときわめて目ざとく反応した。一九五七年の夏は国務相のサム・サリが目障りだと思いはじめ、数ヶ月後にかれを駐英大使としてロンドンへ送った。残念なことにサム・サリは治安判事の頃から「痛烈で執念深い性格」で、囚人を殴ることで有名だった。イギリスでもそれが続いた。今回かれが殴ったのは、最初は子どもの家庭教師の若い女性だと伝えられていた。だがイギリス警察に駆け込んだのは、サルの昔の恋人で、いまやサリの年若い妻となっていた、あのソウン・ソン・マリだった。大使館はこれに対して、カンボジアではよくあることだという趣旨の声明を発表した。これはスキャンダルとなり、そして新聞が「家庭教師」は実はサム・サリの愛人で、最近子どもまで生まされたと報じるにいたって大騒動となり、かれはただちに更迭された。

サロト・サルの反応は記録がない。だがシアヌークは激怒した。その行状に対してではない。その行動でカンボジアが恥をかかされたからだ。これは後にシアヌーク自身が述べたことだ。それから数ヶ月でサム・サリはだんだん公然と王に対立する立場をとるようになり、自分の考えを宣伝する新聞をつくってサンクムの競合政党を結成しようとしたが失敗した。アメリカやその地域連合国のタイ、南ベトナム――シアヌークのバランスを取ってくれる存在か、場合によってはその代わりとなれる存在を見つけようとやっきになっていた――が結託して、かれを裏でそそのかしていたのだ。

そこへ一九五九年初頭、カンボジアの隣国二国が王制を転覆させ、共和制を宣言してソン・ゴク・タンを元首に据えようと画策していることを、中国とフランスがかぎつけた。ソン・ゴク・タンは一九五五年の選挙以来タイに亡命していた。事態を重視したフランスは、ルイ・ジョクス外相を通じてアメリカ大使に警告し、その陰謀が「大きな間違い」で、欧米諸国の利益に反するとの見解を示した。この話を聞いたシアヌークは、すぐにサム・サリが関与していると考えた。サム・サリは身の危険を感じ、一月二十日にタイへ逃げて現地でソン・ゴク・タンと合流した。こうしてソン・ゴク・タンとサム・サリ、タイ、南ベトナム、そして秘密裏ではあるがアメリカが、壮大な陰謀をたくらんでいるというシアヌークの確信は強まった。かれはそれを「バンコク・プロット」と名付けた。サム・サリが実際に陰謀に関与していたか、それとも他者の権謀術数の犠牲になったかは別の問題だ。その後三年間にわたってかれはソン・ゴク・タンのクメール・セライ運動の指導者の一人と呼ばれたが、ラオス訪問中に失踪した。のちにかれが殺されていたことがわかったが、シアヌークの差し金だったのか仲間の裏切りにあったのかは不明である。

サム・サリの役割がどうであれ、「バンコク・プロット」自体の存在には何の疑問もない。

サム・サリがロンドンに出発する直前、これまた政権の中枢にいたダプ・チュオンも政府から排除された。保安相のかれは政敵テロ要員として重宝されていた人物だった。

ダプ・チュオンは王室特使という肩書きで地元のシエムリアプに戻った。この肩書きは北カンボジアのほぼ全域に対する絶大な権力をかれに与えた。だがシアヌークは、これほどに精力的で手段を選ばない男が、いったん国政を経験したら、いかに要職とはいえ地方役人にいつまでもおさまっているとは思えなかったにちがいない。ダプ・チュオンからバッタンバン特使に就任したいという請願を受けたシアヌークは、タイ占領時以来バッタンバンがもっとも反体制的な地域であったことを考えて、慎重にその申し出を拒んだ。それから一年のうちにダプ・チュオンの不満は増大した。かれは非公式にシアヌークの「共産主義支持政策」を非難し、これ見よがしに「自発的」肉体労働への参加を拒否した。これは中国の大躍進にヒントを得たシアヌークがすべての高官に強制したものだった。ダプ・チュオンはシエムリアプをカンボジアから切り離し、タイの支援で独立した北カンボジア政権を設立することを漠然と考えていた(まさにバッタンバン特使となったチュオンが実行するのではとシアヌークが恐れていたことだった)。だがダプ・チュオンが行動を決意する前に、領内でのベトミンの活動を容認するカンボジアに激怒した南ベトナムのゴ・ディン・ジエム首相が、在プノンペン南ベトナム大使ゴ・トロン・ヒューの「シアヌーク打倒クーデター」提案を承認した。一九五八年十二月に、かれらはクーデター実行のためにダプ・チュオンに接近した。

これが中国とフランスの諜報機関の暴いた陰謀だった。

サム・サリの亡命から一ヶ月後の一九五九年二月に、共謀者たちは活動を開始した。タイで武器を搭載した数機の飛行機がシエムリアプに到着し、ゴ・トロン・ヒュー大使自身も、反乱軍の資金に百キロ相当の金塊を積み込んだ飛行機でサイゴンから乗り入れた。数日後、新政権のプロパガンダ放送に使う強力な送信機二台を積んだベトナムの飛行機がさらに一機やってきた。

この頃には怖じ気づいていたチュオンが、寝返りを決意した可能性はある。この説だと、チュオン自身が南ベトナムの買収工作をシアヌークに密告し、王への忠誠を誓ったという。そうだとしても、シアヌークはかれを信用しなかった。参謀長のロン・ノルに命じて反乱の芽を摘み、金塊を回収してダプ・チュオンとその仲間たちを殺させたのはシアヌークだ。二月二十二日にロン・ノル率いる兵士らがシエムリアプを包囲したが、まったく抵抗はなかった。チュオンと数人の部下が捕らえられ、のちに殺された。そのほかダプ・チュオンの兄弟と二人のベトナム人を含む三人のカンボジア人が軍事法廷で死刑判決を受け、公開銃殺刑に処された。

だがこれがすべての終わりではなかった。

六ヶ月後に、関係を修復しようとの意図から、シアヌークはゴ・ディン・ジエムの招きでサイゴンを訪れた。シアヌークがカンボジアに帰国してから四週間後の一九五九年の八月三十日に、王宮に二箱の贈り物が届けられた。一方は侍従長宛――開けてみたところ、隠れ蓑となる優雅な調度品が入っていた――もう一方はコサマク妃宛だった。侍従長がコサマク妃にそれを渡す機会を見つけたのは、翌日の夜のことだった。コサマク妃の命令で、侍従長が贈り物の包みを開いた。王もその場に居あわせたが、ちょうどその時に高官らを謁見室で待たせてあったのを思い出した。かれらが部屋から離れた瞬間に爆発が起こった。鉄筋コンクリートの床に穴があくほどの激しい爆発で、侍従長と一人の高官が即死した。重体だった一人がのちに死亡して三人の死者が出たほか、二人が重傷を負った。疑惑はまたしても南ベトナムに向けられることになった。[*3]

この異様な出来事は大きな波紋をよんだ。

それまで政治的暗殺といえば下級役人がもっぱら選挙運動中にやる末端の越権行為でしかなかった。それが国際的なレベルに移ったのだ。タブーは破られた。昔からカンボジアの政治は危険だらけだったが、このときから悲惨な死も政治ゲームの一部となった。

タイ、南ベトナムとの関係は急速に悪化し、二度と回復することはなかった。タイとの国交は領土紛争から一九五八年十月に停止され、一九六一年には完全に解消された。また、南ベトナムとの国交も一九六三年に解消された。

だがもっとも深刻だったのはカンボジアとアメリカの関係だ。もはや修復の見込みはなかった。バンコクとサイゴン、サム・サリとダプ・チュオン、ゴ・ディン・ヌーの小包爆弾とソン・ゴク・タンのクメール・セライの裏に、シアヌークはアメリカの悪意を感じていた。当時その主張はこじつけめいていて、ほとんどのアメリカ人はこれをまったくばかげた話だと考えていた。だがのちに明るみに出た証拠はアメリカにとって非常に不利なものだった。一九五〇年代の半ばから始まったカンボジアへのボディブローは、国際関係の原則をまったく無視したもので、そのほとんどはアメリカ政府の秘密指令によるものだった。

一九五六年にカンボジアが非共産主義国として中国から援助を受ける最初の国となると、タイと南ベトナムはアメリカにつつかれて経済封鎖をおこなった。これはアメリカの連合国から圧力を受けて解除された。だがCIAはソン・ゴク・タン――ワシントンはいまだにシアヌークに代わる人材とみなしていた――の育成を続けていた。また、プノンペンのアメリカ大使館は、シアヌークの「左翼政策」に対抗する人材と政治的勢力を探す業務を続けていた。一方、国務相から「カンボジアでもっとも忠実なアメリカの友」と評されていたサム・サリは、ダプ・チュオンの兄弟と同じく三ヶ月間アメリカに留学した。ダプ・チュオンもアメリカからは「反共産主義の司令官」として好意的に受け止められていた。シアヌークの親米的な政敵に「中立的立場が親共産主義に流れるのを覆すため」内々に援助をおこなう方針が、一九五八年のアメリカ国家安全保障委員会の指示で再確認された。このときには、すでに南ベトナムとの国境地帯は深刻な緊張状態にあった。だが南ベトナムへの報復をほのめかしたシアヌークは、アメリカの供給する装備を「友好勢力」に使った場合は軍事援助を停止するとアメリカ大使から告げられた。同盟国とみなした国々へのアメリカの対応とは見事なほど対照的だった。タイ兵士が国境にある古代のカンボジア寺院を占拠したときは、アメリカは沈黙を守った。

そこへシアヌークは中国との関係を強化した。これにはワシントンは激しい不快感を抱いた。それまでは貿易使節を派遣するレベルにとどまっていた関係を、駐在大使の交換を認めるレベルに引き上げたのだ。アメリカは本格的にシアヌークを権力の座から引きずり下ろそうと画策し始めた。

サム・サリの努力が水の泡となり――これについてはフランスの外務相が次のように秘密文書に記している。「おそらくアメリカが（中略）始めたわけではないにしても、知っていたのは確実で、それを阻止しようとはしなかった」――アメリカの関心はダプ・チュオンに移っていた。今回アメリカはさらに直接的な役割を果たした。アイゼンハワー大統領はクーデター計画の進行を一九五九年の一月に知らされた。プノンペンのアメリカ大使館駐在ＣＩＡ職員のビクター・マツイは反乱軍と連絡をとるよう指示され、「大使館と連絡を維持するために」ダプ・チュオンにトランシーバーを渡した。

小包爆弾による三度目のシアヌーク打倒の試みについては、アメリカは知らなかったのかもしれない。だがアメリカが反対すると南ベトナムが考えていれば、この事件は起こらなかっただろう。また、タイもアメリカの黙認なしにはシアヌークの政敵に援助しなかっただろう。

一九五〇年代のアメリカの政策は、マニ教的善悪二元論――レーガン大統領がこの言葉を使うより数十年も前だが――に基づいていた。アメリカは善の勢力を率いて、悪の帝国に対して黙示録的な闘いを繰り広げているというわけだ。この二極化した精神世界には中道路線はなかった。「われわれを支持しないものは敵だ」という精神的原理のおかげで、のちにアメリカはベトナムで辛酸を舐めることになった。ワシントンの政策立案者にも言い分はあって、一九五〇年代、六〇年代には――その五十年後については言うまでもなく――こういった信条はアメリカ人のほとんどの考え方と一致していたのだ。朝鮮戦争は、アメリカの自認する自由世界の指導者としての役割に対する自信にほとんど影響しなかった。ベトナム戦争で初めてアメリカはこの確信に疑問を抱いたが、それも長続きはしなかった。ワシントンは歪んだプリズムを通して世界を見ており、それが相手の国々の現実を見えなくしてしまったのだ。これはカンボジアの場合についても、他の多くの場合と同じくアメリカの期待と正反対の結果をもたらした。シアヌークは中国との関係、そして最後には北ベトナムとの関係の緊密化もはかった。「北緯十七度からビルマの国境まで」反共産主義同盟を広げるというアメリカの夢は決定的にうち砕かれたが、それはほとんどがアメリカ自身の失策のせいなのだった。

一九五七年にシアヌークはサム・サリとダプ・チュオンら右翼指導者——かれは「ルージュたち」と対比させてこれを「ブルーたち」と呼んだ——から距離をおいたが、それと同じ本能的な警戒心によってかれは政治勢力の基盤を建て直しはじめた。ある意味では他に選択肢がなかったとも言える。一九五五年に選出された国民議会のサンクム派議員らは、汚職まみれで派閥争いに終始してだらしないばかりでなく、最悪なことに無能ぶりを露呈していた。二年半の間に両手に余る政府を経験し、民主党を崩壊させてプラチアチョンを脅かしたシアヌークは、政治基盤を広げる時期がきたと考えた。つまり左翼もしくはその残党を、敵としてではなくサンクムが代表するはずの国民連合の一部として政治に復帰させるという計画だった。

二年前から、すでにシアヌークはその方向で動き始めていた。ケン・バンサクは文部省の高官の地位を与えられ、エア・シチャウは財務省に復帰していた。ティウン・マムとかれの長兄も政府で働くよう要請されたが、かれらはこれを辞退した。

一九五八年の選挙では、左翼への開放が優先された。ケオ・メアスとプラチアチョンの仲間たちはシアヌークの宣伝機関から激しい批判を受けていた。だがその一方で、シアヌーク自ら選び、対抗者なしに立候補を許されたサンクムの有力な候補者もいた。元セルクル・マルクシステのフー・ユオンとウク・ベンのほか、三人の左翼だ。一人以外は二十代後半で、退陣する現職議員よりもはるかに学歴があった。新人で最も議論の的となったのはフー・ユオンだった。サンクムに加わる前はプラチアチョンのメンバーだったのだ。そしてフー・ユオンの当選後まもなく、政府にとっては不都合なことに、かれが違法スト煽動容疑で係争中だったことが明らかになった。フー・ユオンの容疑は即刻取り下げられた。サロト・サルとともにSSジャマイク号でフランスに留学したウク・ベンと、新人三人目のソ・ネムは教師だった。あとの二人——貧農出身で二十六歳にして財務省調整官に就任したフー・ニムと、南フランスの市長であるフランス共産党員の娘と結婚した、三人の中ではもっとも野心家なチャウ・セン——は共産党員ではなかったが、急進的思想を支持していた。また、チャウ・センは帰国してからシアヌークの私設秘書を務めていた。かれとフー・ユオンの二人は選挙後に政務次官に任命された。他の三人も、シアヌークの機嫌と政治変動に応じて時期はばらばらであったが数年のうちに大臣職につくことになった。

シアヌークの魂胆はいろいろあった。サンクムにおける左翼は名前だけの勢力でしかなかった。だがかれらは若く活動的で、しかも知的だった——カンボジアの政治にまったく欠けていた資質だ。それにかれらの存在は、下手をすれば過激化しかねない不満のはけ口という役目を果たしてくれた。シアヌークは、権力欲がかれらの理想主義をむしばむことを期待していた。そしてなによりも、かれらが右翼に対する対抗勢力となってくれることで、シアヌークは自分の一番好きな役割を果たせた——対立する勢力を裁く最高権威者という役割である。

一九五八年の選挙はそれから八ヶ月にわたって続くパターンを築いた。サンクムの中では、進歩主義者らはシアヌークの定めた規則を受けいれている限り、ある程度の自由を与えられた。だがそれを越えようとすれば容赦なく弾圧された。
一九五九年八月の小包爆弾による攻撃以来、政治的暴力の傾向が変わったのは明らかだった。十月九日に、プラチアチョンの週刊新聞の編集者ノプ・ボファンがオフィスを出たところで撃たれ、二日後に死亡した。当然ながら加害者がつかまることはなかった――秘密警察の人間だったからだ。おそらくかれは、カンボジアとアメリカとの困難はどうであれ共産主義者は抑えられることを右翼に証明してみせるために殺されたのだろう。だがシアヌークの本心は非常に複雑だった。かれは落胆をあらわにしたその週の記事で、共産主義の「止め処ない世界的進出」について初めて触れ、欧米がそれに明らかに対抗できていないと書いている。

世界中で共産主義の躍進が続いていることは否定できない。それを阻むものや後退させるものが見あたらないのだ。（中略）人間の条件、人権、自由を鑑みると、西洋における民主主義の概念だけが価値あるものだと余には思われる。その優れたところは、共産主義が列強の奴隷にまで人間をおとしめるのに対し、民主主義が人間を頂点におくという事実にある。（中略）だが西洋民主主義の大きな弱点は、社会正義をもたらせないことである。（中略）全体主義者、自由を嫌う共産主義に対する城壁として軍隊をたちあげたほとんどの国々において、われらの友であるアメリカは関係政府による民主主義の侵害に目をつぶっている――かれらの敵同様に体制に全体主義をもたらすような侵害に対しても。（中略）西洋は理解に努めなければならない。（中略）いくら援助をしたところで、人民に支持されていない体制のてこ入れに使われるなら、赤い熱病を治すことはできないのだ。

この先行きの見えない世界情勢において、カンボジアの運命は自分ではどうしようもない要素に負う面が多いとシアヌークは断じていた。この認識は、東洋と西洋の間の――片方に傾いてはその反対に傾く――長く危険な綱渡りの始まりとなった。シアヌークはそれを華麗にやりとげ、その後十年間にわたってカンボジアを隣国ベトナムの戦火から防護した。それも戦争によって解き放たれた勢力に圧倒されて、自身と国を地獄に引きずり込むまでのことだったのだが。

カンボジアでは、弾圧があらゆる方向に広がっていた。ノプ・ボファンが殺された直後に「あらゆる場所で逮捕と捜査がおこなわれている」と、一人の外交官が記している――「プノンペンの人々は震え上がっており、秘密警察が尋問の際に使う残忍な手口についての噂が、それに拍車をかけている」。一九六〇年の春にはベトナム人、中国人、クメール人ら、およそ二千人の人々が街のはずれの施設に拘束されていた。

第一の疑惑の的となったベトナム人は、大規模な魔女狩りの対象となった。シアヌークは、公的には「(ベトナムとの)真の和解」を「不変の目的」として掲げる一方で「所属派閥や政党にかかわらず、ベトナム人すべてがクメール国家にとって永遠かつ致命的な危険となる」ことを明白な前提として治安対策を練るようにとの秘密文書を内閣に送っていた。政府はこれに従った。ベトナムの共産党セルは――南ベトナムにおける共産主義者の暴動の再開に備えて東カンボジアにその夏ふたたび移植されていたが――破壊され、メンバーは逮捕された。ソン・ゴク・タンのクメール・セライ運動によって、南ベトナムのCIA訓練所から送り込まれたクメール・クロムの破壊工作員は狩り立てられて殺された。おそらくシアヌーク自身の構想と思われるある有名な事件では、一石二鳥となった――まず保安局がスバイリエンの若く素朴なベトミンセルのメンバーを拘束して「感化した」。そしてかれはシアヌーク暗殺の計画への助力を求めるためアメリカ大使館に派遣された。アメリカ側は予想通りかれを警察に引き渡した。だが結果的にこれはシアヌークの敵――アメリカ、共産主義、ベトナム――に泥を塗るやっかいなスキャンダルとなった。協力すれば釈放されると聞かされていたらしい不運な中心人物の若者は死刑を宣告された。

国家の治安侵害事件を扱ったのは軍事法廷で、ここの裁定には控訴が許されない。裁判が始まって二ヶ月でサム・サリとダプ・チュオンの仲間たちに二十二の死刑判決が下されて、関係者呼ぶところの「恐怖の神経症」をもたらした。春にはさらに九つが追加された。フランス大使館の記述によると「司法の独立という体裁をとりつくろうことさえ気にかけず」、被告人の証拠――というよりは証拠の欠如――をあからさまに無視して、シアヌーク自らが判決を下したという。

過去八十年間（中略）カンボジアはこのように女性や子どもすら容赦しない（王室による）憎悪の爆発に接したことがなかった。カンボジア人の多くが、ひそかにこの判決がひどいと語り合っている。不幸なことにこの国には（中略）正々堂々と意見を述べる者はほとんどいない。（中略）ごくわずかな権威の侵害さえ許さないシアヌークに対して異を唱えるのは可能でも適切でもないというのが事実である（からだ）。

父親のスラマリット王が一九六〇年の四月に逝去して以来、シアヌークの「自由民主主義の仮面の下に隠れた独裁政権」はさらに露骨になった。かれの母コサマク妃は非常に策略的な意思の強い女性で、周恩来から、陰謀好きな中国の女帝に比較されたほどだったが、彼女は自分が即位したいとの希望を名言した。数週間にわたって王宮内で複雑な手練手管のあげく、シアヌークはコサマク妃を王の後見人という無力で儀礼的な地位につかせ、その一方で憲法修正案を強引に可決させ、自分は生涯にわたる国家元首の地位を確保した。これは形を変えたクーデターだった。

この頃、左翼新聞は特別な攻撃の対象になっていた。

もっとも劇的だったのはフランス語の新聞『ル・オブザバトワール』の一件だ。『オブザバトワール』はイエン・サリの後継者としてセルクル・マルクシステの長を務めていたキュー・サムファンが前年の秋に創刊した新聞だった。キュー・サムファンはパリで学位を取得したのち、カンボジアに帰国していた（その過程でフランス共産党の熱心な党員になったのだった）。イエン・サリの勧めに従い、かれはフー・ユオンにならってサンクムに加わった。だがかれは高収入を得られる高官の地位につくかわりにリードタイプを買い込んで大判の新聞を週に二度発行するようになり、老いた母親を落胆させた。地下組織プノンペン都市委員会がかれに課した役割は、有識者の支持を回復して、政界の主流にいる共産主義者に同調的な人々に接触することだった。この役割はキュー・サムファンにうってつけだった。かれは、個人のモラルと社会的良心が固くむすびついた理想主義者だった。週末には生活のために私立学校で数学を教えていた。生徒の一人はかれについて次のように語っている。

時間に几帳面で、授業中は冗談ひとつ言わない人でしたが、とてもいい先生でみんなから尊敬されていました。先生が罰を与えることはなかったものの、宿題は締め切りを守るように言われて、みんながそれに従っていました。（中略）よく「木が植えられるのは田舎の方なのに、果実が実るのは首都なのが理解できない」と口にしていました。つまり農民の重労働が街の人々の富にかわることを指していたのです。（中略）身なりは簡素で、色あせた空色の古いミニバイクに乗っていました。わたしたちはその結核の咳のような呼吸をよく笑ったものです。（中略）農民のような服装で、靴のかわりにサンダルを履いて、小さくて質素な家に住んでいました。こういったものすべてにおいて模範を示していたのです。なによりかれは首都の堕落ぶりを嫌っていました。

キュー・サムファンは人が悪いほど機知にとんだ人物で、筆まめで辛口のジョークを好んだ。だがどこか狭量で、規律と自己否定に厳密に従って生きるべきだとでも言いたげな禁欲的なところがあった。弟のキュー・センキムはサムファンに誘われて外食にでかけたときのことを覚えている。

何でも好きなものをと言われて、わたしはアヒルを注文したんです。食べ終わると兄は「うまかったか?」と尋ねました。「とてもうまかった」と答えると、兄は顔色を暗くして指を突きつけたんです。「おまえより十倍働いている人が何も手にしていないというのに、そんなにいいものを食べているなんて恥を知れ!」

パリ時代の友人たちによれば、キュー・サムファンはフランス人女性と恋をしたが、個人の幸せは自国の社会正義の追求の二の次だと決めて彼女と別れたという。明らかに反体制的でありながら、非常に慎重に書かれているために煽動的な意図があると断じることができなかったのだ。『オブザバトワール』は反アメリカ的、かつ反植民地的で、小学校低学年の授業をフランス語でおこなうのに反対していた。授業がクメール語でないと貧乏な環境に育った子どもたちが不利になるという理由からだった。キュー・サムファンが特に誇りを持っていたのは、街の貧者――水運搬人、「警棒で殴られるのに慣れすぎて声をあげようともせず、皮膚が殴打のせいで硬くなった」市場の日雇い労働者、自転車修理工、スラムの住人、力車引き――の悲惨さをつづった定期コラムだった。公式報道官はこのコラムを「何も建設的な提言が（盛り込まれて）いない――政府の施行した社会政策にまったく触れようとしない」と非難した。つまりこの新聞はなめらかな調子でシアヌーク個人を褒めそやし、その一方でかれの政策が生んだ社会悪を不実にも非難していたのだ。

その春にキュー・サムファンは「暴力的な人間」とある外交官が評した保安相のコウ・ロウンに召喚され、政府に同調しないと何が起きても知らないぞと露骨に警告された。サムファンは次の号の『オブザバトワール』にそのやりとりの記録を掲載した。「かれは脅迫も殴打も削除しなかった」と、フランス大使は語る――「（中略）そんなことがあえてできるクメール人はほとんどいなかっただろう」。

七月十三日水曜日の昼頃、コウ・ロウンは脅迫を実行にうつした。キュー・サムファンがスクーターで職場を離れると、突然十数人のシクロ運転手が行く手をさえぎった。何が目的かとサムファンが尋ねると、運転手らはかれを後ろ手に縛り上げ、殴り倒して衣服をすべてはぎとった。犯人の一人はかれを全裸で道に立たせ、写真を撮ってから逃走した。キュー・サムファンは通りかかった人からもらったクロマーに身を包んで、数百メートル離れた中央警察署に歩いて届け出た。そして翌日、事件の詳細について書き、この暴挙について秘密警察を糾弾した。

議会がコウ・ロウン保安相を召喚し釈明させると、かれは反体制者を守るのは警察の仕事ではないと臆面もなく述べ、国民議会にも同類がいると脅すようにつけ加えて、フー・ユオン、フー・ニム、ソ・ネム、ウク・ベン、チャウ・セン（当時内閣議員）の名前を挙げた。ウク・ベンはかれらを代表して問責決議を提出した。だが討議に入る前に、シアヌークは議員らの保安相への「敵意ある態度」を鋭く非難する声明を発表した。そして左翼全体を糾弾し、特にキュー・サムファンを救いようのないトラブルメーカーと断じたのだった。その直後、シアヌークの新聞『レアリテ・カンボジエンヌ』

の政治部長で、この「臆病かつ残忍な脅迫」に対する憤りを紙面で露わにしていたフー・ニムが解雇された。二日後にはさらに五十人の左翼が事情聴取のために連行され、『オブザバトワール』のほか三紙の共産主義新聞が休刊に追い込まれた。キュー・サムファンとノン・スオン率いるプラチアチョン指導者ら十五人は留置所に予防拘禁された。閣議において王子は、かれらが反逆および「王制への憎悪の種まき」という罪を犯しており、プラチアチョンの「モラルと政治的欺瞞」は存続を許されないと語った。だが起訴はされず、一ヶ月後に全員が釈放された。

ある意味では、標的にされたことは左翼にとって賛辞に近かった。ゴルス大使の言う「身の安全よりも信条を優先する、意思の固い人々の小さな集団」と、サンクムの集団の「意気地のなさ」の対比はだれの目にも明らかだった。シアヌーク自身も同年これに先だって次のように書いている――「カンボジアの真の共産主義者はおそらく数十人だが、かれらは本物の過激派で自分たちの信条を深く信じており、原則には厳しいが戦術的には柔軟で、目的のためにはいかなる犠牲も――自尊心さえ――いとわない」。だが別のレベルでは、シアヌーク自身が組織的に違法行為を推進あるいは正当化してきたことが、のちに裏目に出ることになった。

ほとんどの欧米人にとって、一九六〇年代前半はカンボジアの黄金時代だった。あるカンボジア在住のアメリカ人は次のように語っている――「平和と国内治安は完璧だった。それまでわたしの知る限りカンボジアにはなかったものだ。（中略）一九六〇年には（中略）無法者の危険や当局による妨害もなくどこへでも旅行できた」。キュー・サムファンが拘置された週に、シアヌークはケップで開催された「コンクール・ド・エレガンス」で、ケンタオ・デ・モンテイロ嬢とそのフォード・サンダーバードに「もっとも魅力的な自動車とオーナー」賞を授与していた。次点はオランダの実業家の妻だった。富裕層にとってカンボジアは、魅惑的な遊び人の王子が治める東洋の楽園だった。裏の顔については言わぬが花だ。「かれは権力を渇望するあまり敵対者を容認できなかった」とゴルスはその春に書いている――「(かれが作り上げた)体制に否定は許されなかった。(それを維持するために)警察は一種の恐怖政治を敷いた」。

不思議の国では、虫は果実にひそんでいたのだ。

シアヌークがドン・キホーテのように共産主義者の一般刊行物に攻撃をしかけているうちに、共産主義運動の秘密指導部はクメール人民革命党を本物のマルクス＝レーニン主義政党に変えようと党大会の準備を進めていた。もともとは一九五八年に開催する予定だったが、認可を与えるベトナム人側が、クメール人らが独自の政党を立ち上げるのではないかと当然の疑いを抱いて、対応を遅らせていたのだ。だが最終的には、地方と都市部に独立した組織を持つ既存の構造を変えるべきだとハノイも認め、一九五九年前半に議会を開くという合意に至った。そんなときにシウ・ヘンが脱党した。他のことは退けられ、被害を抑えることが最優先事項となった。

トゥー・サムート、ヌオン・チェア、サロト・サルと第四の男――おそらくソー・ピム――は、新たな指導者の選挙結果を待つ間に全国的に運動を率いる「総務委員会」を結成した。プノンペンにはヌオン・チェアが都市委員会の書記として残留したが、運営はサロト・サルに任された。サロト・サルはイエン・サリのほか、ボン・ベトというクラバオからの知り合いを助っ人に連れてきていた。一方、地方では弾圧が激化していた。ベトナム人らはテロ活動がおこなわれていると述べ、カンボジア共産主義者はシアヌークの警察が「人々を皆殺しにしている」と文書で糾弾した。地方拠点の物理的破壊に加え、通信も停止した。プノンペンの党指導者らと地方の残存ネットワークの連絡が四年も途絶えたケースもあった。一九六〇年の夏に、サロト・サルはかつてゲリラだった人々が人里離れたクラウクメールの森林地帯に炭焼きとして定住しているという調査報告を追跡するためにみずからコンポンチャムに出かけた――首尾は良好だったようだ。近隣のチャムカーロウに設立されたケ・ポクの地区委員会などは一九六三年まで音信不通状態が続いた。

指導部が作成した綱領と政治活動計画の草稿は、「党員規則」と共に一九六〇年の春に党のセルに回覧された。サルはのちに自分が草稿のほとんどを作成したと主張しているが、公式には共同作業によって作成されたということになっている。のちに「カンプチア労働党」と呼ばれる新たな党――「人民革命党」から一歩進んではいたが、ベトナム「労働者党」に肩を並べるほどではなかった――の綱領は、おおむね正統的なものだった。カンプチア労働者党は「労働者階級の政党で(中略)マルクス＝レーニン主義を基盤に大衆と緊密に結びつき、民主的中央主権制度にもとづいて組織され、批判と自己批判をその行動指針に掲げる」と定義されている。「労働者階級」を構成するのがだれかという問題はごまかされているが、実質的な工場プロレタリア階級が存在しない後進的な農業国にとっては他に手がなかった。サロト・サルがパリで読んだ文献から知っていたように、中国――そしてベトナム――も、やはりこの原則を自由解釈していた。それを別にすれば、この政綱におけるカンボジア社会の階級分析は型どおりのもので(いささか漠然とはしていたが)、党の目的――「生産の主要手段を国有化し(中略)人民の民主的独裁体制を実現し(中略)(そして)プロレタリア独裁のもと『能力に応じて働き、働きに応じた分配を』をスローガンに共産主義を目指して邁進し、徹底した社会主義体制の構築へと進む」――は、教科書通りのレーニン主義だった。

決まり文句の中に悩みの種が二つ埋め込まれていた。新たな政党とベトナムの共産主義者との関係、そしてシアヌーク体制に対する政策である。

実質的にこの二つは切り離せなかった。一九五九年の年末にカンボジア人指導者に宛てた手紙の中で、ベトナム共産党はシアヌーク政府を限定的に支持するという四年前の政策をふたたび繰り返している。

少なくともベトナム人から見れば、この政策の有効性はフルシチョフの「議会制を経て社会主義へ」という概念によって裏打ちされていた。この概念は一九五六年二月にソビエトの第二十回党大会で宣言され、その一年後にモスクワで開催された世界共産党会議において「平和的移行」の原則として明記されている。二種類の世界が平和に共存している時代においては、共産党は階級闘争や革命的な暴力ではなく、選挙によって権力を手にすることができるという考え方だった。一九五五年と五八年にカンボジア共産党に在籍していたサロト・サルにとって、この考え方はまったく無意味に感じられた。だがハノイにしてみれば、この考え方はクメールを抑える理屈として便利だった（クメール人たちは世界の共産主義運動自体が間違っているとは絶対に言えなかったからだ）。一九五六年以降、シウ・ヘンはベトナムに刺激を受けて、階級闘争よりも議会制を優先させようと主張するようになった。

同じ考えの人間は他にもいた。ケオ・メアスとプラチアチョン派も、やはり「平和的移行」を望んでいた。ソー・ピムとメイ・マンも同様だった。パリを離れる直前からフランス共産党がモスクワの新たな政策に取り組むのを見てきたイエン・サリも、セルの会合においてこの考えを支持する発言をしていた。だが一方で、ベトナム人自身は明らかにこの考えを採用しなかった。ベトナム労働者党中央委員会は、一九五九年一月に南ベトナムにおける武装闘争の再開を許可した。ゴ・ディン・ジエムの政府は「アメリカによる侵害と奴隷化の道具」であるという理由からだった。一九六〇年にはすでに大規模な反乱が始まっており、九月半ばのベトナム労働者党の第三回党大会では本格的なゲリラ戦争の開始が承認された。同時にラオスでも武装闘争が再開された。共産主義の同盟国が守ろうとしないドクトリンに、なぜ自分たちだけが縛られなければいけないのかクメール人らは疑問に思った。

ベトナム労働者党大会から二週間後、二十一人の代表者らがボン・ベト率いる北プノンペン共産党支部に所属する(かつてセルクル・マルクシステのメンバーだった)オク・サクンの家に集まった。オク・サクンはカンボジア鉄道で高い役職についており、プノンペン駅に近い政府の官舎に住んでいた。代表者たちは人目を避けるために単独あるいは少人数で訪れた。また、オク・サクンもよそ者が近づいてきた場合に備えて見張りを配置していた。この集会は九月三十日から十月二日まで、三日間に及んだ。「その間ずっと、その場を離れることは許されなかった」とイエン・サリは振り返る──「われわれは犬のように身を寄せ合って床の上で眠った。気温が高かったし、ろくに体を洗うこともできなかった──部屋中がプンプンしてきたよ」。議論の記録は残っていないし、もともと記録を取らなかった可能性もある。だが集会で承認された綱領は、独立政策への決定的な第一歩となった。

積極的な役割をまったく果たしていないとベトナム人らに言わしめた「S(シアヌーク)による封建的支配階級」は、「カンプチア革命の最大の敵」であり「アメリカ帝国主義者たちの道具」であるとかれらは断じた。また、カンボジア人の窮状は一九五五年(ハノイがシアヌークと協定を結んだ年)以前にくらべて「二倍か三倍悪くなった」としたうえで、だからカンボジア人は「封建制度を壊滅させる」ために闘わなければならないと論じた──平和的か否かを問わず。

カンプチア革命がとるべき(選択肢)は二種類の闘争だ──平和的手段、平和的でない手段である。われわれは平和的闘争の実現に最善を尽くすつもりだ。平和的闘争ならば、多大な人的損害を出さずに済むからである。しかし帝国主義者や封建主義者らが(中略)断固として非平和的闘争手段を強要するのなら(われわれは)常にその手段をとる準備ができていなければならない。（中略）（もし）革命の敵が武装を強いた場合は、地方は良好な（中略）状況を提供してくれるだろう。（中略）そのため、革命においては地方の力を築きあげ、整備して発展させ、最大限に（利用するべきである）。（中略）地方は革命の重要な基盤である。なぜなら他の発展途上国と同じく、カンプチアにおいて民族革命は農民の革命だからだ。都市部は（中略）支配階級と帝国主義者の中枢であり、また革命の敵が（われわれの）抑圧に強大な力を集中させる場所でもある。

この議論と結論は、ロシア人に対して武力闘争の再開を正当化するためにベトナムが十八ヶ月前に採用したものを「非平和的闘争手段」という表現に至るまで一言一句繰り返したものだった。ハノイがこれに対してたった一つ提起した異論——シアヌークの中立政策は南ベトナムのゴ・ディン・ジエムや、ラオスの右翼指導者プーミ・ノサワンとは根本的に異なるという議論——を、サロト・サルたちは暗黙のうちに拒絶した。そこにはベトナムが何と言おうと武装闘争の可能性がカンボジア共産党の検討課題にはっきりと復活したというメッセージがこめられていた。だがクメール人たちの立場は非常に慎重な表現で表されていたため、ベトナム側にできることといえば、同じようにぼやかした表現で答えることぐらいだった。党大会の三週間後、ホー・チ・ミンはシアヌークに誕生日を祝うメッセージを送った。「王国を（中略）永遠の発展と安定に導くために、健康と幸せを」願うという内容だった。その後かれがカンボジアの党指導部に送ったメッセージには、指導部に忍耐を促す内容に添えて、南ベトナムとラオスが自由を獲得したあと「カンボジアの革命もまた勝利をおさめるだろう」と書かれていた。

意見の相違が広がりつつある兆候は他にもあった。カンボジアの綱領は中立主義にも、インドシナ共産党にも、クメール人民革命党にも触れていなかった。ベトナムとラオスへの言及は一カ所あっただけだった。この新しい政党がインドシナの団結にかわって掲げた目的は「完全な独立を確保し（中略）国家経済を構築して、独立した国家主権を持つ豊かなカンボジア国家を作り上げる」ことだった。インドシナ連邦というベトナムの希望は急速に実現が遠のきつつあった。

党大会では新たな指導部が選出された。トゥー・サムートが書記、ヌオン・チェアがその補佐となり、サロト・サルは第三位の地位についた。三人ともカンプチア共産党常任委員会の正会員だった。資格らしきものといえばパリでセルクル・マルクシステの長を務めた経験しかないイエン・サリも、もと抵抗組織の指導者らを抜いて第四位についた――帰国組の力が台頭しつつあることを印象づける抜擢だった。かれと第五位のソー・ピムは常任委員会の補充メンバーで、委員会の協議に参加する権利はあったが投票権はなかった。その下にはインドシナ戦争を経験したマン――かつてソン・ゴク・ミンの本拠地だった南西部の地域書記――と、タイの血筋を引くココン地方出身のプラシットがいた。大会に出席しなかったソン・ゴク・ミン本人は第十位の地位で、ケオ・メアスが最下位の十一位についていた。[*4] ピン・セイによると、ラト・サムーンその他のハノイのメンバーを、常任委員会に加えようという意見はなかった。「かれらは自ら退いたと思われていた」からだという。

一九六〇年の党大会において、クメール人共産主義者らは初めてベトナム人らの監督なしに自分たちの指導者を選び、政治的戦略を決定した。それまでこのような決断はグエン・タン・ソンの全カンボジア労働委員会によって下されていた。だが今回は、ベトナム共産党の代表が出席していないだけでなく――ハノイの反応を念頭に草稿を作成したとはいえ――前もって綱領をベトナム側に提出することもなかった。ケオ・メアスは次のように述べている――「そのときから自分たちでみずからの運命を決めることにした。そして対等の立場でベトナム人を扱った」。

新たなスタートを強調するために、運動の参加者全員に党員資格の再申請が義務づけられた。これと同時に、地方基盤を再構築する大がかりな取り組みが始められた。常任委員会がはっきりと予期していたように「平和的闘争」が実らなかった場合は、これが党の未来を左右する鍵となった。ソー・ピマンとプラシットはただちに南西部地域へ戻った。ロス・ニムはバッタンバン南部に持っていた農園を離れて、サムロット近辺の丘陵地帯の元イサラクのネットワークの再建にとりかかった。ソー・ピムは東部地域に戻った。都会派のイエン・サリさえも地方をまわって休眠状態にあるセルの復興に努めた。これが賢い予防措置だったことは、のちに明らかになった。

一九六一年を通じて、シアヌークはタイや南ベトナムとの関係の悪化と、ソン・ゴク・タンのクメール・セライ運動の脅威に悩まされていた。共産主義者に対する圧力はなかった。政府は前年の秋に休刊に追い込まれた『プラチアチョン』、『オブザバトワール』のほか、左翼新聞二紙に対する法的措置の取り下げを表明した。また、印刷機などの機械も返却された。「筋金入りの闘争家には言論統制や拘置は何の役にもたたない。(中略)かれらを殉教者にするだけだ」という理由からだった。

だが共産主義者の脅威が忘れられたわけではなかった。その夏に地方を訪れたシアヌークは、クメール共産主義者らの最終的な目標に対して一連の手厳しい――かつ予言的な――警告をおくった。かれはこう述べた――カンボジアの共産主義体制はサンクム以上のことをなしとげるかもしれないが、その代価として「個人から愛するもののすべて――基本的自由と家族生活の喜び――を奪い、やがてその人自身を、人的価値まで吸いとられた生産的機械に変えてしまうであろう」。そしてこのような体制が「人間を凶暴な獣のレベルにおとしめてしまうのだ」。この体制を導入すれば、カンボジア人は何も得ることなくすべてを失う。かれの発言には、災難の接近をわかっていながら、どうすることもできない人間の苦々しさと不満が反映されていた。「遅かれ早かれ、共産主義は勝利するであろう」と、かれは陰気な調子で警告した――「ラオスはすでに敗れ、南ベトナムも同じである。次はカンボジアの番だ」。アメリカの政策はまったく的はずれで、アジアの現実からかけ離れている。だからカンボジアの平和を存続させた不安定なパワーバランスの崩壊は避けられない――そして欧米の利益にもならないとかれは結論づけていた。

これらの暗い予感から生まれたごまかしの日々は数ヶ月続き、そして一九六二年一月十日に、その終わりがふいに訪れた。

この日、コンポンチャム地方で十二人の『プラチアチョン』のメンバーが逮捕された。ベトナム共産党のために軍事情報を収集し、僧侶を買収してサンクムに潜入しようとしたという容疑だった。この「陰謀」は一九五八年の『プラチアチョン』に対する運動と同じく、六月の議会選挙を前に、政府がシアヌークのもとに国をまとめるためのでっちあげだった。だが今回は、シアヌークも前より必死だった。「余はこの背信者たちを許さぬ。銃殺に処するものとする。(中略)かれらも余を銃殺せんと企んでいたからだ」と、シアヌークは怒りをあらわにした。一月十二日にノン・スオンが、続いて『プラチアチョン』新聞の編集者チュー・チェトが拘束された。ケオ・メアスは身を隠した――しかし同紙は黙っていなかった。「わが国には憲法が存在し(中略)人権を尊重することを宣言している(はずだ)」と抗議した――「だが当紙の編集員は、双眼鏡とカメラを持った武装警察に一日中監視されている」。また、その後まもなく同紙は政府の「民主主義の原則に反する厳しい抑圧」を非難し、一九五四年のジュネーブ会議で共同議長を務めたイギリスとロシアに対してノン・スオンとチュー・チェトの解放を訴えた。だがその後も逮捕は続き『プラチアチョン』編集部は二月十日に閉鎖された。その一ヶ月後に唯一残存していた「進歩的」週刊誌『パンカシラ』編集部も同じく閉鎖された。

人民を虐待しないよう王宮の役人に促す、十八世紀のクメールの詩を転載したというのが閉鎖の口実だった。

こうして、シアヌーク政権下での共産主義者たちによる、最初で最後の合法活動の試みが終わった。シアヌークの命令で、軍事法廷でノン・スオンとその仲間たちに死刑が宣告された。一九六二年の選挙にプラチアチョンは候補者をたてず、名実ともにこの団体は消滅した。だが議会にはまだ左翼勢力が残っていた。率直なフー・ユオンと、もと財務相調整官のフー・ニムの二人が再選を果たしたほか、キュー・サムファンが初めて議員に選ばれ、まもなく閣僚に就任していたのだ。

一九六二年の七月に左翼はさらなる打撃にみまわれた。党書記のトゥー・サムートが逮捕され、殺害されたのだ。当時かれはプノンペン南部で労働者を装って生活していた。ある日、病気の子どものために薬を買いに市場に出かけようとしたトゥー・サムートを秘密警察が待ちかまえていた。かれはロン・ノル国防相の家に連れていかれて拷問にかけられたのだが、口を割ろうとしなかったために殺され、市のストゥンメンチェイ地区の荒れ野に埋められたとされる。

だれがトゥー・サムートを裏切ったのかは定かではない。しかしこの痛手が都市部のネットワークに与えた影響は、シウ・ヘンの亡命が地方組織に及ぼした影響にほぼ匹敵するものだった。

そしてこの出来事は、サロト・サルが党指導者になる道も開いたのだった。

ここでも運命の導きがあった。通常であればトゥー・サムートの代理であるヌオン・チェアが書記に就任するべきだったが、かれには一年前からある疑惑がかけられていた。ヘイ・ソ率いるプノンペンのベトナム共産党労働委員会は、家を購入するためにかれに大金――一万ドン――を渡していた。秘密にされていた金銭面の処理は、ヘイ・ソの補佐が承認していた。だが秘密が漏れ、ヌオン・チェアがその金を着服したという噂が広まり始めたのだ。かれの忠誠心と、脱党者のシウ・ヘンと姻戚関係にあるという事実について、ひそかに疑いの声があがった。当時ヘイ・ソとともに活動していたベトナム人によると、かれはその翌年は始終落ち込んだ様子で、党活動から遠ざかっていたという。こうして指導部第三位のサロト・サルがトゥー・サムートの事実上の代理となった。そしてトゥー・サムートがいなくなり、結果的にはヌオン・チェアではなくサロト・サルがトゥー・サムートにかわる臨時指導者になったのだ。

トゥー・サムートの暗殺は、安全のためにプノンペンから地方に指導部を移すべきか否かという問題を提起した。サロト・サルはこれに反対だった。抵抗組織にいた経験のあるソー・ピムらの影響が強く、自分が不慣れな地方にくらべれば、プノンペンにいたほうが新たな党指導者を選ぶ選挙で自分が選ばれる可能性はずっと大きいことをかれはよくわかっていたのだ。

それから六ヶ月間、状況は安定していたかに見えた。そして一九六三年の二月にシアヌークが中国を訪れている間に、ノン・スオンらの刑が終身刑に減刑されることが発表された。そして同月末に第二回党大会が開かれた。

党大会はプノンペンの中心にある中央市場のすぐ西に位置する中国系クメール人の支持者のアパートで開かれ、今回は一日で終了した。[*5] イエン・サリによると出席者は十七人か十八人だけで、一九六〇年の党大会よりも少なかった。サルは新しい四人体制の常任委員会の書記に選ばれた。ヌオン・チェアは書記補佐にとどまり、イエン・サリとソー・ピムは正委員になった。中央委員会のメンバーも選出された。タケオ出身のもと僧侶で南西部地域のマンの補佐に就任したモク、北東部地域のロス・ニム、プノンペンのボン・ベト、そしてソン・センの四人だ。ケオ・メアスと謎の「レイ・トーン」（ほぼ確実にノン・スオンである）は落選した。そして党名が変更され——ベトナム労働者党と同じレベルにあることを示す「カンプチア労働者党」になった。綱領は一九六〇年十一月のモスクワ宣言に文言上は同意する内容に修正され（カンボジアの状況を考えればそれが形ばかり以上のものであったことはあり得ない）社会主義をめざした議会制導入の妥当性を再確認した。

党大会は抜群のタイミングで開かれた。

一九六二年の冬のうちに学生運動は広がりつつあった。二月にはシエムリアプの歩道を子供が自転車通学する権利に関するつまらない抗議運動で、一人の若いデモ参加者が警察拘留中に死亡したことをきっかけに暴動へと発展した。報復として二人の警察官が殴り殺された。暴徒の怒りに直面した警察と地方民兵は森に避難した。二月二十四日から二十六日の三日間にわたり、シエムリアプは学生に掌握された。警察本部は荒らされ、書類棚の書類はぶちまけられ、焼き捨てられた。翌日には学生指導者との交渉に教育相が派遣されたが、関係者とともに人質にとられ、野次をとばす群衆の前を行進させられた。

三月一日に北京から帰国したシアヌークは激怒していた。その後四十八時間のうちにかれはカントル首相の無能ぶりを公然と非難し、政府の解散と同時にサンクムと議会の解散を宣言して新たな選挙の指令を出した。そして当時プノンペン大学文学部の学部長であったケン・バンサク——暴動が起こる直前にシエムリアプを訪れていたため、シアヌークはかれが現地の不穏分子を煽動したのではないかと疑っていた——に、首相就任を要請した。だがケン・バンサクはこれを丁重に辞退した。一方、示威行為として兵士らが派遣され、ラジオ局その他の施設を占拠した。

政治的緊張が頂点を迎えた二日後の三月四日に、シアヌークは秘密警察が作成した左翼と見られる三十四人のリストを公表し「臆病者、偽善者、破壊工作員、破壊分子、背信者」と称したうえで、新政府を編成するようにかれらに命じた[*6]（しかし警察、内相、国防相の任命権は自身が保有するものとした）。「お手並み拝見」との理由からだった。三月七日にかれは全員を首相官邸に招き、出席者一人一人に政府の編成に同意するか否かを書面で回答させた。予想されたことだったが、シアヌークだけが国を率いることができる唯一の人物であると全員が記した。

姿を見せなかったのは三十四人のうち二人だった。三週間前に釈放されたチュー・チェトは、すでに反乱軍へと去っていた。一方サロト・サルは、リストが公表されてすぐに身を隠していた。

三月の半ばには嵐も過ぎ去り、議会、政府、サンクムに対するシアヌークの怒りは早くも忘れられていた。欧米の大使はこれを「十分に避けられたはずのカンボジア危機」と不服げに評している。だがシアヌークの狂気にはパターンがあった。中国で三週間を過ごし、外国の共産国家をほめたたえた後は、自国に共産主義の入り込む場所がないことを手厳しいやり方で国民に思い知らせていた。このときから外国の共産主義に門戸が開かれるたび、自国の弾圧は強化されることになった。リストにあがった三十四人の左翼主義者の家の外には武装警官が配置された。その多くが教鞭をとっていたチャムルンビチア、カンブボット、ソトエンプリチャインは監視下におかれ、左翼新聞の編集者数人が「問題と混乱を起こした」罪で拘留された。

この春の共産主義者の取り締まりは、一九六〇年から宙に浮いていた地方への撤退の合図になった。指導者選挙が終わった以上、サロト・サルにもこれを延期する理由はなかった。このときサロト・サルの政治生命において初めて、かれの活動を覆ってきた匿名性のベールが破られ、ありのままの正体がさらされることになった。これはかれにとって喜ばしい経験ではなかった。

イエン・サリは違う見方をしていた。のちにかれは、合法および準合法活動の可能性がつきてしまったわけではなく、プノンペンを離れるのは時期尚早だと議論したと語っている。だがヌオン・チェア——リストの三十四人に名前がなかったかれは、完璧に身を隠していたようだ——は、不注意から他の仲間の身元を知られないように、党指導者で身元が明らかになってしまった者は秘密活動を続けるべきではないと主張した。また、イエン・サリに対して、反乱軍の生活は「つまらないブルジョア的なパリ風気質」を取り払い「プロレタリア的精神」を発達させるのに役立つと語った。イエン・サリは渋々これに同意した。

最初に出発したのはサロト・サルだった。ヘイ・ソの後継者の南ベトナム共産主義者サウ・コウイの手引きによって、かれは三月三十一日にプノンペンを離れた。二週間後の四月十三日にイエン・サリがこれに続いた。かれは古びた大型トラックの荷台の木炭袋の下に隠れて午後十時にプノンペンを離れたという。「検問所で止まるたびに運転手が車を降りて兵士に現金をわたし、検査なしで通らせた。このときばかりはカンボジアの汚職に感謝したよ」。翌日かれらはクラチエとコンポンチャムの国境のスヌオル・コミューンにたどりついた。そこから一日歩いてジャングルを抜け、カンボジア国境を越えてすぐのうっそうとした森の中に隠された南ベトナム共産主義者「ベトコン」の野営地に向かった。ソン・センも一日遅れて後を追った。

共産党指導者たちは合理的な人間だった。本拠地を地方に移すという決断は、中国の政治局が一九三三年に上海から去ったときや、ベトナム人が一九四六年にハノイを去ったときと同じ戦略的撤退を意味していた。

だがサロト・サルと仲間たちは中国人でもベトナム人でもなく、クメール人だった。シアヌークが大きな決断の前につねに神託を仰いだように、カンボジアの農業計画も、聖なる畝を耕したあと王家の牛が選んだ穀物を参考に、占星術的な前兆に基づいて非常に真剣に決定されていた。同じようにカンボジアの共産主義者も、やはり不合理なことが受け入れられる精神世界に住んでいた。カンボジアの革命は、表面上はイサラクが闘った反乱軍という根本に立ち返った。だが心理的な変遷はさらに複雑だった。クメールの思想の基本の二分法は、ユダヤキリスト教社会のように善と悪ではなく、スロク（村）とブライ（森）だった。革命の重心は無意識のうちに、街と集落があって人間が自然を支配する文化的な地域から、暗く得体の知れない力が跋扈し、何世紀も前から賢者——古代カンボジアのクメールデーム——が精神的な力をもとめて訪れてきた、ジャングルと荒野にうつっていた。

原注

＊1　ツールスバイプレイは、のちにクメール・ルージュの拷問施設S-21の地として悪名をはせた。S-21は一九七五年にツールスレン高校のあとに建てられた。一九五五年当時はそこに小学校がトゥー・サムートの家周囲の地域は未開発だった。トゥー・サムートの家と、党が使っていた家はこの学校の北のツールスレンと競馬場（現在はオリンピックスタジアム）の中間地点にあった。

＊2　イエン・サリはヘイ・ソの本名を知らないと述べている。ヘイ・ソの正体は一九八六年にレ・ズアンが死亡したのちベトナム共産党指導者になったグエン・バン・リンだったことが確認されている。

＊3　この疑惑は正しかった。十年後にジエムの配下の情報局長官トラン・キム・トユンが、この贈り物は大統領の兄弟ゴ・ディン・ヌーの命令によってサイゴンで準備されたと説明している。侍従長が自分の贈り物を開封したのち、贈り物をみずから開封するのを楽しむコサマク妃に他方の箱を渡したものと推定されている。

＊4　ベトナムの文書には、委員会の第八位、第九位は「ケオ・カン・マ・リ」「ライ・トン」と掲載されている。イエン・サリは、第八位はタン・シ（スツン・トレン出身の退役軍人で、ラオス系指導者）、第九位はノン・スオン（別名チェイ・スオン）であったのではないかと述べている。大会に出席したメンバーにはトゥー・サムート、ヌオン・チェア、サロト・サル、イエン・サリ、ソー・ピム、マン、プラシット、ケオ・メアス、ピン・セイ、ノン・スオン、ボン・ベト、タン・シ、（元学生で、プラチアチョンの報道官を務めたのちに北東地区の書記に就任した）ヴィのほか、「北東部の匿名の幹部が一人」いた。

チャン・サメン、ネイ・サラン、ロス・ニム、ソン・センも出席していたことはほぼ確実である。出席していた可能性のある人物には、マンとともに南西部で活動していたモク、まもなく新たな政党「青年同盟」の党首におさまったコン・ソファルがいる。オク・サクンは出席していたものの、討議には加わっていない。

＊5　イエン・サリは一九七八年九月に、第二回党大会は一九六三年三月二日に開かれたとフランスの毛沢東主義代表団に話している。一九七一年、一九七三年のクメール・ルージュの書類では、大会は一九六三年二月二十一日から二十二日にかけて開催されたことになっている。ベトナム共産党史には明確な日付が記載されていない。

＊6　この三十四人にはケン・バンサク、ソン・フォク・ト（両名とも左翼民主主義者）、フー・ユオン、チャウ・セン、キュー・サムファン（以上は当時閣僚の座にあった）、ウク・ベン、ソン・セン、トゥチ・プーン、ティウン・プラシット、シム・ソン、サロト・サル、イエン・サリ、シエン・アン、ティブ・オル、シエト・チェ、ソク・レイ、チュー・チェト、ケア・チョン、フー・ニム、ピン・ソイ、チー・キム・アン、オク・サクン（のちに全員が共産主義者であることが明らかになった）ほか十二人が含まれていた。

ベトナムの基地での生活は悲惨だった。のちにイエン・サリは、サロト・サルが到着した数日後に、くるなと伝えようとしてくれたが、その手紙は手元に届かなかったと明かしている。まず野営地そのものが質素だった——森に点在する数軒の農業用の小屋をトンネルと壕が取り巻いていた。近くのタノットの村には南ベトナム解放戦線（NLF）の司令部があったが、サルたちもおそらく最初はその存在に気づかなかっただろう。日光はジャングルの林冠にさえぎられ、顔色が青白みを帯びて「黄疸の出た病人のよう」になったとイエン・サリは覚えている。のちに南ベトナム暫定革命政府の法相になったトロン・ヌ・タンもやはりここで数年間活動していた。

追われる獣のような生活だった。（中略）二揃いの黒のズボンとシャツ、数枚の下着と蚊帳、そして二〜三メートル四方の（レインコートや屋根に使える）薄いナイロンが（各人に）支給された。（中略）指導者と兵士を合わせて米の配給量は月に二〇キロ。（中略）この栄養摂取量だとみんな半飢餓状態である。（中略）食糧が最大の関心事となり、特に蛋白質に飢えていたわれわれは、暇があれば農業や狩に没頭した。（中略）ニワトリはごちそうだった。三十人近い仲間で一羽を分け合って食べたときのことは忘れられない。（中略）あれほどおいしいものを食べたことはなかった。（中略）ゾウ、トラ、野犬、サル――何でも食べた。（中略）ほかに、そのうち栄養補給に食べるようになったのは（中略）ジャングル・モス（蛾）だ。羽をもいで軽くあぶって食べれば、おいしいごちそうとはいかないが、悪くなかった。（中略）それでも、弱った人間を襲う慢性的栄養不良や熱帯病には打つ手がなかった。

クメール人たちにとって、このような辛苦――サロト・サルは国境から五～六キロ離れたクラバオのクメール・ベトミン基地で、若干ましながら似たような経験をしていた――は肉体的・精神的孤独でさらにひどいものとなった。

基地にきて数週間は――サロト・サル、イエン・サリ、ソン・センの――三人しかいなかった。九年前のクラバオのときと同じく、基地を離れたり近くのクメール人の村に接触したりすることは禁じられていた。南ベトナム空軍がすでに国境地帯の空爆を開始していたので、基地の場所が知られるとクメールの拠点だけでなく、もっと重要な南ベトナム暫定革命政府司令部までが攻撃を受ける可能性があったからだ。それでもこの状況は苛立たしいものだった。かれらはもう世間知らずの学生ではなく、一国の共産党をまとめる指導者で、少なくとも理論上は、ベトナム共産党の指導者と対等の立場にあるはずだった。だがタノットで、かれらは除け者扱いされているように感じた。許されたことといえばラジオを聞くことと、「受け入れ側」であるベトコンとの週に一度の集会で、最近の出来事についての短い報告を聞くことぐらいだった。

プノンペン政府による弾圧が強化されるにつれて、クメール代表団の規模も徐々に拡大した。東部地域の森に隠れていたケオ・メアスとその家族も、夏に基地へ合流した。基地から徒歩で四時間のカンボジアの村に配達事務所ができてからは、ベトナム人に頼らずに使者を派遣できるようになった。

だが、年末頃になっても基地には六〜七人しかいなかった。圧力釜の中にいるように奇妙で不自然な生活で、ささいなことをめぐって喧嘩が起こった。特にケオ・メアスは、パリの仲間たちから自分が疎外されているように感じていた。だが実際は、全員が埒外《らちがい》におかれていたのだ。

サルは一九六四年の前半に「政治的問題の複雑化を避け、革命を自分たちの手で段階的になしとげるため」とベトコンを説得して、クメール独自の基地を設立する許可をとりつけた。この新しい基地「第一〇〇局」も、やはり国境のベトナム側に設立され、ベトコンの厳しい管理下におかれた。八月にプノンペンからやってきた基地管理者のネイ・サランは、ここでは「食糧、物資、警備、用地などすべてをベトナム人に頼る」しかないことを知った。「支局間を移動するときもベトナム人の護衛をつけなきゃいけないんです。（中略）こっちは受け入れ側のかれらに従うしかなかった」。だが一方でネイ・サランは、政策とイデオロギーについては「少しずつ（中略）独立した立場を獲得しはじめていた」とも述べている。

その兆候が最初に具体的に見られたのは秋のことだった。中央委員会の拡大総会——カンボジア人がこのような集会を開いたのはこれが最初だった[*1]——が、国境近くのカンボジアの森で開かれた。総会は二週間にわたって開催され、シアヌーク政府に対する「武装暴力」を含めた「あらゆる形態の闘争」を支持し、「自立」を強調する決議案の草稿の作成をもって終了した。「自立」はベトナムの支配からの自由を表すクメール人らの暗号だった。

ガラス瓶をローラー代わりに使い、文章を針で書き込んだ蠟紙を型版にして、ゴムを燃やして作ったインクで刷り上げたコピーが全国に発送された。ソン・センの弟のニカンは、配達人がそれをケーキやプラホック（魚を塩辛く漬け込んだクメールの郷土料理）の瓶や竹筒の中に丸めて隠し、シアヌーク警察の目を逃れたと回想する。

一九六五年一月に、決議案を固めるために中央委員会がふたたび招集された。この第二回総会で承認された原稿は「近代修正主義」――社会主義への「平和的推移」というフルシチョフの発想――を攻撃し「帝国主義とその追従者」との闘争における「革命的暴力」の役割を肯定するものだった。かれらにとってシアヌークはただの「追従者」――かれらの発行した小冊子には「封建主義者であり帝国主義者である国家元首は、カンボジア人に恐怖政治（をもたらしている）」と、書かれている――だったため、まさに真の標的だった。しかしベトナム人にとって、シアヌークは愛国者だった。結局この問題を含めて不和を招きかねない論点――ベトナム側の助言は聞き入れないという中央委員会の決定など――は、文書化されるときには偽装されるか、すっかり削除された。

こうして確固としたクメール共産主義のアイデンティティを確立するために遅々とした歩みを進める一方で、サロト・サルはカンボジアに築くべき体制について検討を始めていた。

「一九六三年に地方に撤退して以来、わたしの意見や思想や視点は大きく変わったんです。街を遠く離れ、まったく隔絶された辺境の地にいたからね。（中略）大衆の中で生活してみて、かれらが信用できることに気づいた」と、かれは説明している。人生の終盤になると、サロト・サルはふたたび国境付近で生活していた頃のことを語るようになった。その中でかれは次のように語っている――パリでは知的エリートに囲まれていたために、あまり多くを理解していなかったが、カンボジアで「地位の低い人々や仏僧、普通の人々」と接触して「問題点がわかった」。サルの控えめな教育水準は、カンボジアの村では邪魔にならないどころか、多くの点で助けになっていた。大学で教育を受けた仲間よりも農民の現実に近い立場にあったからだ。だがそれでも暗中模索の状態だった。「われわれは（方向性を定めることに）専念して、正しいか間違っているかもわからずに、実行にうつすことに専念していた」。モデルも青写真もなしに「さまざまな（影響を）あれこれと少しずつ取り入れて組み合わせた。（中略）だれかをまねたりはしなかった。わたしに影響を与えたのは国内で見たものだった（後略）」。

これらの回想の端々から明らかなことがある。サロト・サルとその仲間にとって、マルクスとレーニンや毛沢東とスターリンの著作に記された「科学的社会主義」の必然性は、今後起こる可能性があるすべての問題に出来合いの答えをもたらしてくれるものではなかった。だからかれらは自分たちの直感を頼りに共産主義への道を模索したのだ。「マルクス＝レーニン主義は人々が形づくる運動の中にあり、各国の人々の運動が（独自の）マルクス＝レーニン主義を構成する。カンボジアもまた、マルクス＝レーニン主義の構築に寄与する（ことができる）」と、サロト・サルはのちに語っている。つまり党員がマルクス主義を研究する必要もないので、それをクメール語に翻訳する必要もないということだ。サロト・サルは、海外経験が有益な教訓を与えてくれることを認めたが、かれらがめざすのはあくまでもカンボジアのアイデンティティに根ざした正統クメール式ドクトリンの確立だった。

ここまで理論を離れた、神秘的とすら言える共産主義へのアプローチは、中国のマルクス主義にもヨーロッパのマルクス主義にも前例がない。

毛沢東の著作には、一見すると類似点がある。サロト・サルは毛沢東と同じく、革命の真実は「人民から人民に」もたらされると考えていた。そして二人とも農民階級をロマン主義的に美化していた。毛沢東は一時、農民は純粋で汚れない存在であるという誇大妄想的な考え方をしていた。「貧しく白紙である（中略）貧しい人々は変化を求め、革命を求める。ひとつのしみもないまっさらな紙であればこそ、そこにもっとも純粋で美しい言葉を書くことができるのだ」。ジャン＝ジャック・ルソーと同じく、サロト・サルも農民とは人類でもっとも気高く深遠なあこがれを集約した存在だと考えていた。だが毛沢東の革命的ロマン主義は現実を認識することによって、少なくとも理論上は緩和された。サルがパリで読んだ『新民主主義』の中でも、毛沢東は次のように説明していた――「われわれはユートピア主義者ではない。だから現実に直面している状況からみずからを切り離すことはできない」。「事実の中に真実を探し」「発想の正しさを行動で試す」ことが必要だ、という。

サロト・サルと仲間たちは、こんなことはまったく考えなかった。かれらにとって重要なのはビジョンでありひらめきだった。毛沢東が、高度に発達した哲学的議論の伝統をうけつぐ非常に論理的な文字社会の申し子であるのに対して、サルの文化遺産は、超越的な上座部仏教と、分析ではなく啓示から真実を得るク・ルー(精霊使い)に導かれた非論理的な口承伝統だった。来るべき革命のモデルを模索する中で――第一〇〇局においてもそれ以降も――カンボジアの共産主義指導者らが、少しでも社会情勢を調査することは一度もなかった。それが中国の毛沢東主義とのきわめて対照的な違いだった。

中国とカンボジアの共通点は、ベトナムについても言えることだが、人口の多くが農民であるという点だ。カンボジアの共産党はこれに応じて、下位中流階級の農民を地方の「セミ・プロレタリア」、そして土地のない農民を「労働階級の根幹である(中略)革命の活力源」と分類した――これはマルクス主義的には異端の発想だが、当時一万人強しかいなかった国内の工業労働人口が主導的役割だと主張することで、これをごまかそうとしたのだ。だが共産主義を支持する労働組合を秘密裏に立ち上げる試みは不成功に終わった。理由のひとつはクメール共産主義者に工場労働階級出身の人間がいなかったことにある。毛沢東が労働組合のまとめ役から共産党員として歩み始め、ホー・チ・ミンが甲板員やロンドンのレストランの皿洗いを経験したのに対して、サロト・サル、ヌオン・チェア、イエン・サリ、ソー・ピムをはじめとするカンボジアの指導者は、だれ一人として労働階級の生活を経験したことがなかった。かれらは農民か農家の出身の学生か、その両方だった――工業はかれらに理解できないものだった。

カンボジア共産党が国内に生まれたばかりのプロレタリア階級に浸透できなかったことは、のちのちまで影響を及ぼすことになった。サロト・サルたちは、何が失敗だったのか自問しようとはしなかった。かわりに失敗したときのお決まりの行動パターンで、一九六五年には工場が「浸潤」され「労働者らが敵の手先に変えられてしまった」と断じた。このときから工場労働者はそれだけで入党を拒まれることになった。

労働者階級を代表することが存在意義である共産党としては、驚くべき決断だった。キュー・サムファンはのちに、党にはほかの選択肢がなかったのだと主張している。

(確かに)カンボジア共産党の基盤は、労働階級というよりもむしろ貧農階級です。(中略)でも、だからといってマルクス主義の政党ではないとか、カンボジアには共産党のための経済基盤がないとかいう議論の根拠にはできませんよ。それどころかわたしたちは、「物質条件」の基準をとてもきちんと適用したんですよ。だって貧農はカンボジア社会においてもっとも困窮し、抑圧された階級であり、それがカンボジア共産党の基盤になったんだから。

このアプローチの問題はマルクス主義を逆立ちさせていることにある。マルクス主義における産業プロレタリア階級は進歩を表していたが、農民階級が表しているのは後退とプチブル過激主義だった。正統派のマルクス主義者から見ると、農民がプロレタリア的性質を帯びるには、その経済的役割の変化によって社会における役割が変わるしかなかった。

サロト・サルにとって、この難局を打開する方法をもたらしたのは仏教だった。

サンスクリット語の「ヴィジャナ（vijnana）」（分別する、知る）に由来するクメール語の「ヴィンニャン」は、上座部仏教において生命を司る五感の集約体の最後の一つで、通常は「識」と訳され、人間の活動に生気を与える力を表す。この仏教からヒントを得たサル流の仕組みによれば、農民階級を「プロレタリア化」するために必要なのは「プロレタリア的意識」のみとなる。中国人を含めあらゆる国のマルクス主義者にとって、階級は人間の経済的活動で規定されるが、カンボジア共産主義者にとって階級を決定づけるのは精神的特質だった。これがマルクス主義にとって完全な邪説だということは重要ではなかった。クメール人にとってそれは魅力的で論理的な考え方だったのだ。

上座部仏教は極度に内省的な宗教だ。その目的は社会の改善や友の救済ではなく、個の破壊という虚無的な意味での自己修養にある。

一九六〇年代当時の東南アジアでは、現在にもまして宗教的信条が人々の基本的な価値観を形づくっていた。サロト・サル自身も仏教の見習い僧だった経験がある。トゥー・サムート、ソン・ゴク・ミンといった最初の共産主義者たちや、若手指導者のシエト・チェ、モクなども高等パーリ学院に学んでいた。儒教の教えが毛沢東主義の構築に一役かっているのと同じく、上座部仏教の教えは党指導部か一般党員かを問わず、クメール共産主義者らの思想に浸透していた。だがいずれの国においてもこのことは意識されてはいなかった。シアヌークはみずからの政策を「仏教社会主義」、そして中立主義を仏教で言う「中道」と呼んでいたが、カンボジア共産主義者はこのようなレッテルを避けた。だが、毛沢東がマルクス主義を中国風に変えたのと同じく、サルはそこに仏教的な色合いを加えた。結果として双方ともに外国からの移植ではなくなり、その土地の精神において栄えたのだった。

「プロレタリア的意識」は個人の出身階級や経済的立場に関わらず作り出せるという考え方は、クメール共産主義の心柱となった。

農民と労働者の区別はしだいに省略されるようになった。これらの人々は「労働農民」と称され「プロレタリア化された農民」と「考えを改め、出自を乗り越えて（中略）（みずからの）階級地位を築いた」知識人で構成される共産党の傘下におかれた。だがマルクス主義というごく薄い化粧板の下にあるのは、一七八九年のフランス革命の原動力だとクロポトキンが評したのと同じ「農民と知識人」の同盟で、その第一目標もやはり同じだった——王の打倒——すなわちシアヌークが象徴する封建制の破壊——そして、かつての革命の三位一体を一新した「（集団の）自由、（大衆の）平等、（戦闘的）博愛」に基づく——すべてにクメール独自の特色を備えた——平等主義的な共産主義国体の設立である。

一九六三年は運命の年となった。カンボジア人が十年後に収穫する嵐の種が、この年にまかれたのだ。

サロト・サルが抵抗組織に逃れた一ヶ月後に、中国の劉少奇主席がプノンペンを親善訪問した。これはさまざまな意味で象徴的な出来事だった。劉主席が到着する直前に、カンボジアの情報部は中国の情報部からの警告を受けて、台湾の陰謀を暴露していた。それは空港から延びる幹線道路の下のトンネルに爆発物を仕掛け、劉主席とシアヌークの乗った王室のリムジンを爆破するという計画だった。シアヌークは、台湾がアメリカと手を結んでいることと南ベトナムの一件を考え合わせて、CIAがいまだに自分をワシントンの意向に添う人物とすげ替えようとしていることを確信した。この確信は数年のうちに十分な裏付けを得ることになった。その一方で、劉主席の訪問はカンボジアが北京寄りに偏りつつあることを示していた。アジアの共産主義の篝火は——本国の共産主義者の弾圧がいちだんと強化されたことで強まることはあっても、衰える気配はなかった。

その後十年間にわたり、外国の左翼政権との友好関係が深まるにつれて国内の右翼勢力への依存はますます強まっていった。

サロト・サルはこの時期を「黒の時代」と呼んでいた——「敵は党員を猛烈な勢いで逮捕しては殺した。(われわれには)大きな痛手だった」。これは確かに真実で、プノンペンのキュー・サムファンとフー・ユオンは大臣の職を追われた(議席は保有)。ボン・ベトの都市委員会も激しい圧力をかけられていた。プノンペンの党員や青年部のメンバーは、仲間を二人——自分に指示を出す直属の上役と、命令系統において自分のすぐ下に位置する人間——しか知らないのが普通だった。プノンペンの秘密共産党の黒幕だったヌオン・チェアは次のように説明している。

秘密裏に活動するわれわれの組織には、以下のような規則があった。三人のメンバーで一個のセルを結成する(中略)。(三人以上の)人間がいる場合は、互いに接触を持たない独立したセルを二個つくる(中略)。そうすれば敵が一方のセルを発見しても、他方は活動が続けられるからだ。セル同士で連絡をとりあうことはない。

それぞれの工場(あるいは学校、大学)には、指導者的な役割をする幹部が一人配置される。役割を知っているのは本人だけで、指導部と幹部との連絡は第三者を介しておこなわれる。敵が幹部を捕らえたとしても、かれが知っているのは仲介者だけであるため、指導部を特定することはできない。(幹部に指名された人物は)家族と同居してはならない。事態が複雑になるからだ。(急いで逃亡する必要があっても)家族がいれば時間がかかる。このことでは、われわれにも苦い経験があった(後略)。

議会で活動している人物など、公的に知られた指導者と秘密指導者の接触は、二人か三人の人間を介して手配される。その際は家の前にスカーフを掲げるなど、さまざまな合図を用いる。スカーフがあれば家に入っても大丈夫だが、なければ敵がいるという意味だ。[*2]（われわれの）使者は、われわれの実際の住居を知ることはできない。知っていれば捕らえられて口外する可能性があるからだ。（中略）使者の到着が二時間か三時間遅れるようなら、隠れ家を離れることも経験から学んだ。

一九六〇年の前半には、プノンペンの住民六十人あたり一人の警察官が配置された。これは世界の都市でも一、二を争う割合だ。その大部分が首相官邸直属の特別治安部隊から派遣されていた。共産党組織者は、捕らえられれば訴訟なしで銃殺された。一九六〇年代にシアヌークと親しかった顧問のシャルル・メイエールは、こうして「数百」人が消されたと書いている。この数は誇張だろうが、でも共産党員が殺されたのは事実だ。支持者の命さえ危険にさらされた。郊外のリセ出身のある若者は私服警官に銃口を突きつけられて拘束され、身ぐるみを剝がれて、立っているのがやっとという大きさの独房に放り込まれた。それから一週間にわたる尋問の中で、かれは殴られたり気絶するまで頭を水につけられたりした。起訴されないまま、かれはそれから二年間を刑務所で過ごした。

一方、地方の状況はまだましだった。シウ・ヘンのもとで破壊された地方のネットワークは徐々に復元され、一九六五年には党員数が二千人に達して、十年前のジュネーブ会議の頃と同じ規模まで回復していた。

長期的に見て何より励みになったのは、共産主義運動がカンボジアに根づくのに適した状況がまったく揃っていなかった十年間が過ぎて、シアヌークの政策が少なくとも共産党のめざす目的に都合の良い社会的・政治的条件を生み出し始めたことだった。

学生人口は十倍に増えていた。サルがプノンペンを離れる時には、学業に専念する学生の数は六十万人になっていた。だがかれらの望みといえば、無限に「搾取」する可能性が許される政府の職につくことしかなかった。したがって一つの職に百人以上の希望者が殺到することになった。そしてシアヌーク自身も述べているが、結果的にかつてない人数の不満を抱いたそこそこ教育を受けた青年らが無職になった。かれらは両親のように水田で働くには自尊心が高すぎたが、ほかに良い仕事を見つけられなかったのだ。さらに下のレベルでは、凶作と高金利で破産した農民が町に流れ込み、社会の端で――しばしばひどい環境の中で――日雇い労働者とシクロ運転手からなるルンペン・プロレタリアを形成していた。「市民感覚の完全な欠如と、利益への飽くなき欲望」が蔓延していたと関係者が評したエリートを除いて、いたるところで生活水準の低下か停滞が見られた。

外国人は、シアヌークは誠実だったが、取り巻きがダメだったと評することが多い。これは甘すぎる。国家元首であるかれは堕落する必要がなかっただけだ。数年後に、シアヌークはカンボジアをベトナム人に売ったと政敵が非難すると、プノンペン郊外に住む一人の老女は反対した。「陛下の国でしょう?」と彼女は言った――「売りたければ売れるのよ」。

クメール語で「統治」とは「王国を食いつぶす」という訳になるが、シアヌークによる支配はまさにその伝統の延長だった。かれの母コサマク妃も、配偶者のモニクとその親戚もやはり国を食いつぶしていた。何百人ものかれの臣下も――大臣、役人、廷臣、昔なじみ。シアヌークはかれらの汚職をやめさせることも、まして解雇することもできなかった。かれはその結末には充分に気づいていた。「余を王位から下ろせば、この堕落という足かせは終わる」と、シアヌークは一九六二年に書いている。唯一、志の高い叔父モニレトがこれを正そうと本気で乗り出したが、取り巻きが捕まってはいけないからと着手する前に撤回されてしまった。

一時は支持者と敵対者を一様に魅了したシアヌークの政治的手腕にも、かげりが見え始めていた。シアヌークの周囲にさえ、カンボジアは気まぐれと王室による弱者いじめに支配されているとみなす者は多かった。新しいフランス大使ジャン・ド・ボーセは、かれを周りの人間すべてを世間の物笑いの種に仕立ててしまう総督だと例えた。

首相、閣僚、議員、役人まで、だれも免れることはできなかった！　だれもが仕事の手を止めて殿下の気まぐれに従わなければならなかった。昨年は肉体労働だった（全員が月に一日ダムと用水路で働かなければならなかった）。今年はスポーツだ。たいしたことではないと思うかもしれないが（中略）当然ながら元首チームが（中略）必ず勝つバレーボールやバスケットボールの試合で見せ物になる中年の男たちにとっては、ひどく腹立たしいものだ。（かれらは）スポーツ用の半ズボン姿で情けない見せ物にされ（中略）殿下が招いたプノンペンの善良な人々にさんざん冷やかされる。（中略）成功するためにはベルサイユ宮殿に行かなければならない時代があった。だがここでは、プノンペンにいる以上必ず行かなければならないのは、チャムカーモンにそびえる殿下の邸宅の競技場である。（中略）この国、いや、殿下は狂乱している。だれもがスポーツの犠牲になっているのだ。年間予算の五番目に大きい項目が十二月にプノンペンで開かれる東南アジア大会に費やされている。（中略）深刻な財政危機にあり（中略）病院がひどく足りない（国において）このような出費は恥ずべきことだ。

ますます多くの若いカンボジア人が、シアヌークは国家の問題の解決策ではなく、原因であると考えるようになっていた——近代化の体裁をもたらしたが、現実を伴わなかった時代遅れの腐敗した封建制度の「権化」（本人の弁）である。

プノンペンのピン・ソイ、ダム・フェン、コンポンチャムのコイ・トゥオン、プレイベンのティブ・オル、コンポンクディのニカンなどの教員は「列（strings）」の仲間を率いて「中核的集団」に入れるべき有望な学生を探した。もっとも熱心なメンバーはコン・ソファルの革命青年部のメンバーに招かれた。かれらは青年部に入って「青年部は共産党と提携しているのだから、自分たちはアンカの指導部の一員であり――一般人よりも格上の人間だ」と感じたという。一九六五年にタクマウのリセで学んでいた二十歳のファルは、のちにクメール・ルージュの軍事司令官になったが、かれも共産党に新しく参加した世代の一人だった。

教員たちは（中略）ロン・ノルの警察から注意深く監視されていました。何もできませんでしたよ――レストランへ一緒に行くだけで警察に目をつけられますから。でもわれわれ学生たちは好き勝手に会えたし、だれも文句をつけられなかった。だから下級生を勧誘するのは上級生の役目でした。カンボジアのあらゆるリセで勧誘がおこなわれていました。

当時はすべてが口頭で伝えられていました。文書はなかった。わたしはマルクス主義や毛沢東の思想について書かれた本をフランス語で読んだことはなかったし、クメール語版は存在しなかった。共産主義に関する知識は、すべてわれわれの「列」を率いる上級生から教わったものです。（中略）一人の上級生が複数の「列」の下級生を監督したりして、集まって議論するのはそれぞれの列の三人か四人のメンバーです。（われわれにとって）共産主義とは、より良くより公正な社会への希望でした。わたしは不正に反対だったから運動に加わった。（中略）年老いた人々に、受けてきた抑圧の話を聞いたりしました。政府を打倒したかったし、それはアンカ――革命組織――のめざす目的でもあった。古い体制を覆してから、かわりにどんな体制を立ち上げるかということまでは、はっきりと考えていなかったかもしれない。だが既存の政府を打倒したかったことは確かです。

一九六〇年代の中盤には、カンボジアの学校は反王制主義の若者の育成に格好の場所になっていた。ちょうど十五年前に、民主党に傾倒する教員らがソン・ゴク・タンを支持する学生ネットワークを育成したのと同じだった。秘密裏に共産主義を支持する「列」は、法的組織によって支えられていた――プク・チャイという法科出身者が一九六四年に設立した「クメール学生総連合会（AGEK）」のほか、ウク・ベンがカンプジボットに設立した教員連合があった。両方ともひそかにボン・ベトのプノンペン都市委員会の管理下におかれていた。パリには、革命が起こったときにアンカを支持する知識人が不足しないように、ティウン・マム率いるセルクル・マルクシステの動かすクメール学生組合（UEK）がクメール学生協会にかわって立ち上げられた。また、モスクワでも同様の組織がクメール人学生によって設立されていた。以前はソン・ゴク・タン派とイサラクの人材発掘の場であった仏教寺院で人材を募集する試みもあった――当局が若い僧の宿房でときどき毛沢東の写真を発見したところを見ると、その一部は成功したようだ。

シアヌークの国内政策と、それ以上にその統治形態は、農民と知識人の同盟――これが来るべき革命の原動力になるとサルは見ていた――を共産主義者たちが築くために必要な足場をすべてもたらした。また、シアヌークの外交政策の一部も運動の助けとなっていた。

シアヌークは一九六二年以降ますます頻繁に、南ベトナムは十年以内に共産主義になり、カンボジアも後を追うことになると公言していた。結果的にそれは共産党の魅力を高めた。これは欧米諸国に動揺を与え、アジアでより堅実な政策をとらせるための発言だったが、国内の人々はシアヌークの言葉通りに解釈していたのだ――王制は破滅する運命で、カンボジアの未来は共産主義だ。中国寄りの姿勢についても同じことが言えた。シアヌークが中国人を称賛するほど、中国のあり方はクメール人が見習うべき姿のようにとらえられた。

最終的にカンボジアの安定をもっとも脅かしたのは、シアヌークの中立政策がゆっくり脱線したことだった。

そのすべてがシアヌークの責任というわけではなかった――東に接近しそうになると西側情報部に暗殺されそうになる中で、東西のバランスを保つのは難しいからだ。だがその結果はひどく破壊的なものになった。一九六三年の十一月に、アメリカの差し金によるクーデターが起き、南ベトナムのゴ・ディン・ジエム首相が弟とともに暗殺された。その三日後、恐れと怒りに燃えたシアヌークは、その後アメリカによる軍事・経済援助を拒否すると宣言した。「自由世界を信頼するとどうなるか見るがいい」と、かれは吐き捨てた――「アメリカ人らはあらゆる手をつかって不必要になった者を排除するのだ」。ゴ・ディン・ジエム首相の暗殺によってカンボジアが反共産主義戦線に加わり、アメリカの敗北が運命づけられた戦争に引きずり込まれるまで、アメリカは攻撃の手をゆるめないだろうというシアヌークの予想は確信に変わった。ゴ・ディン・ジエム首相に続いてケネディ大統領が暗殺され、さらにアメリカと同盟関係にあったタイの首相のサリット陸軍元帥の訃報に接したシアヌークはあざ笑った――「敵が一人一人去っていく。(中略)今頃は地獄で集まって東南アジア条約機構の軍事基地を建てているだろう。(中略)神々は中立を守る平和なカンボジアのすべての敵を罰するのだ」。

この年の十一月に大きな決定が二つ下された。

シアヌークは銀行、保険会社、貿易業の国有化を宣言した――アメリカの援助停止に対応すべくカンボジア経済を緊縮させるためだ──だが結果的にこれで実業家に見捨てられ、政治エリートを堕落させる大きな機会を新たに生むことになった。その数日後、シアヌークは政府の手に落ちたクメール・セライの不運な若い青年を標的に、きわめて封建的な見せしめの意趣晴らしをおこなった。そのプレアプ・インという男は、タケオの長官に身の安全を保証されて南ベトナムからカンボジアに入国していた。それを承認したのは当のシアヌークだった。ところが、かれは逮捕され鉄の檻に入れられて、臨時招集されたサンクム議会に連れてこられた。プレアプ・インが改悛しないと、暴徒化したシアヌーク支持者は声高にののしり、かれが軍事法廷に連行されるまで二時間にわたってかれにごみを投げつけた。欧米の大使はこの一件について次のように述べている。「おぞましい成り行きの（中略）旧時代の見せ物だった──男は身の安全を約束されていたのに、それをまったく無視されてなかば道化として蛮行にさらされていた」。プレアプ・インは死刑を宣告され、数週間後に狙撃兵らの前に引き出された。死刑執行の様子をおさめたフィルムは、その翌月に十五分もののニュース映画として国内のすべての映画館で上映され、かれの最期を余すところなくすべての人々が見ることになった。それから数十年がたっても、人々はその光景を思い出しては落ち着かない思いに襲われた。それは一九六〇年代当時のカンボジア人らが忘れたかったはずのクメール的野蛮さを思い出させたのだ。

それからアメリカとの関係は悪化の一途をたどり、十八ヶ月後の一九六五年の五月には国交断絶に至った。南ベトナムは時折アメリカ人顧問とともに国境地域の村々を襲っていたが、それが週一回ほどの頻度になり、毎回数十人の村人を犠牲にしていた。アメリカの海兵隊がダナンに上陸すると、ワシントンのタカ派はベトコンの潜伏地帯に「即時追撃」する権利を強く要求しはじめた。これに対してシアヌークは北ベトナムおよび南ベトナム解放戦線との関係をもっと緊密にした。その結果、カンボジアの政策に構造的なひずみが生まれた。シアヌークは国内で左翼と右翼の間を綱渡りすることも、国外でアメリカと中国の間を綱渡りすることもできなくなったのだ。そのかわりに、北京でかれを支持する共産主義者と、本国でかれを支持する反共産主義者が両方から綱を引くようになっていた。この綱がついに切れるのは五年後のことである。だがシアヌーク自身ものちに認めるとおり、かれが致命的なミスを犯したのは、当人にとって「最悪の年」だったこの一九六三年であった。「後悔していることといえば一つぐらいだ」と、シアヌークはその二十年後に苛立たしげに認めている――「それはアメリカが余の軍と政権に与えた屈辱的な援助を（中略）拒絶してしまったことだ」。

「革命的暴力」の行使を承認した一九六五年一月の中央委員会総会では、サロト・サルがカンボジア共産党代表団を率いてハノイに向かうことも決定されていた。このときまでクメールの共産主義者らが連絡をとっていたのはベトナム労働者党だけだった。党同士の関係を確立し、アメリカを味方につけた南ベトナムの政府と共産主義者の戦争の広がりをかんがみて、カンボジア共産党の将来戦略についての方向性に合意することが今回のハノイ行きの目的だった。

ハノイが承知した頃には四月の初めになっていた。サルはケオ・メアスとともに徒歩でカンボジア北東部へ向かった。そこから当時は荷担ぎ人夫が使う小径にすぎなかったホーチミン・ルートをたどって南ラオスの山脈を抜け、安南山系に出た。全部で二ヶ月半にわたる行程だった。

到着してすぐサルはホー・チ・ミン――滞在中にさらに二回会うことになった――とレ・ズアンに面会した。レ・ズアンはベトナム労働者党総書記で、一九四〇年代から五〇年代には党の南支部長としてカンボジアの共産主義者らと連絡をとっていた。かれはサルより二十歳年上で、気難しく面白みのない男だったが、政治的手腕と飽くなき愛国心を武器に総書記の地位まで登りつめていた。それから五ヶ月の間にかれらは十数回以上会った。だがサロト・サルがシアヌークとの武装闘争に対するべトナム側の支援を期待していたなら、結果は苦い失望だった。もともとハノイは蜂起がカンボジアに及ぶのは望まなかったはずだ。だがこの年に入ってから起きた一連の出来事のせいで、ハノイにとってはそれは絶対にあってはならない事態となっていた。アメリカの地上部隊が戦闘を開始したことで、ベトナムの関心は南部に注がれていた。ベトナムとしては何よりも、ほかの場所で危険な事態が起こって邪魔が入るのは避けたかった。カンボジアとアメリカとの国交の断絶は、客観的に見ればシアヌークが味方についたということだ。さらに重要なことには、以前ならベトコンの通過を黙認していただけのシアヌークが、その春（三月か四月頃）には南ベトナム解放戦線が国境付近のカンボジア領に恒久的な避難場所構築を許可していたのだ。また、中国から南ベトナム解放戦線に武器を運び込む際にホーチミン・ルートから人力で苦労して運ぶだけでなく、カンボジアのコンポンソム港の使用を許可する交渉も進行中だった。

レ・ズアンは政治闘争自体も尊い目的であると語り、「武装闘争にそなえて組織的に軍備を整える」意味もあるのだと、何とかサルたちを説得しようと試みた。そして「アメリカ人らが戦争を拡大しようとした場合は自分たちも武装闘争にうつる」ことを確約した。だが仰々しい言葉ながら、結局はシアヌークに今は手を出すなということだ。サロト・サルにとって、ベトナム側の政策は一九五五年以来変わっていないように思われた。

周恩来やホー・チ・ミンなどもっと器用な交渉者であれば、もっとうまく言いくるめられただろう。だがレ・ズアンのやり方は違った。かれはカンボジアの懸念に対して根っから無関心ぶりをあらわにした。かれは昔からのベトナム人の十八番を並べたてた――クメールの闘争をベトナムとラオスの闘争から切り離すことはできない。ベトナムはフランスに打ち勝つ前に、中国の革命の成功を待たなければならなかったんだから、カンボジア人も同じくベトナムの勝利を待ってから革命をなしとげるべきだ。ベトナムが自由を獲得したらカンボジアも自動的にそれに続くことになるだろう。カンボジア共産党は「自立」を強調しすぎている。世の中でもっとも重要な対立関係は社会主義と資本主義の対立で、カンボジア人が思いこんでいるように抑圧下にある人々と帝国主義の対立ではない。このような環境下で気にかけるべきは国際的な連帯だ——みずからの論拠を固めるために、レ・ズアンはベトナム側の資料を見直してこれまでのベトナム共産党とカンボジア共産党の関係を振り返るようサロト・サルたちに提案した。レ・ズアンは、クメールの闘争を長年にわたって支えてきたベトナムの英雄ぶりと無私無欲さが自分の正しさを証明すると確信していたのだ。だがサロト・サルは何日もベトナム共産党の文書を熟読して、独自の結論にたどりついた。

一九三〇年から（中略）六五年にかけて、ベトナム共産党の文書はカンボジア人（中略）とラオス人の革命党を、ベトナム共産党の支部として描いていた。（中略）いずれ（の党）もベトナム共産党の路線と戦略をそのまま取り入れただけだった。これらの文書を自分で読むまで、わたしはベトナム人らを頼り、信じてきたんだ。だがこれを読んでかれらを信頼できなくなってしまった。連中がわが国に党組織を設立したのは、インドシナ連邦の設立という目的のためだけだったことに気づいたんだよ。連中は一つの統一領土を代表する統一政党をつくろうとしていたんだ。

レ・ズアンは自分の意見が通り、サロト・サルらは文句があっても言われた通りにするだろうと考えたようだ。サロト・サルはこの会談を「性に合わない」ものだったと評している。ベトナム人はクメール共産党の独立を口先だけで称賛しつつ「腹の中ではわれわれを（対等と）認めていない。（中略）かれらとはいろいろ意見の相違があり、共通の見方にたどりつけなかったんだ」と、サルはのちに述べている。かれは生まれもった性格からその思いを満面の笑みで隠した。そしてかれの主人役たちは、このとき互いの間に生まれた不快感に気づきそこねたのだった。

このとき党のハノイ支部の書記を務めていたソン・ゴク・ミンに付き添われて、サロト・サルは元クメール・ベトミン「再結集組」の集会で演説をした。かれらの多くはベトナム人と結婚し、ベトナム政権の公僕として働いていた。

サロト・サルは「非平和的闘争」への転換案や「自立」について、この集会ではあまり触れなかったようだ――レ・ズアンを刺激したくなかったのも事実だが、集まったクメール共産主義者たちに警戒心を抱いていたからだ。四百〜五百人を超える数で、人数的には党の五分の一近くを占める。でもサロト・サルには、カンボジアを離れて十年になり、思想面でベトナムに強く影響されたかれらの忠誠は疑わしく思えたのだ。ベトナムも表面上はカンボジア共産党指導者を受けいれたものの、ある程度の警戒心を見せた。サロト・サルがハノイを離れた後に、かれらはカンボジアの「冒険主義」への警告として、クメール人の拠点にレーニンの『共産主義における左翼小児病』のベトナム語版を配布したのだ。また、クメール人士官を養成するコードネームP–36という秘密の軍事部隊がレ・ドク・トのもとに編成された。武装闘争が勃発した際にはいつでも、ベトナムで訓練を受けたハノイに忠実なクメール人幹部らが土着のクメール共産主義者の部隊を統率できるようにと考えてのことだった。

一九六五年の訪問は、重大な転機になった。それまでサロト・サルたちは高圧的なベトナムの態度を親心ととって苛立ちを覚えていたものの、両者が共通の目的を持っていることを疑ったことはなかった。だがハノイでの会談を終えたサロト・サルは、ベトナムの利益はクメール共産主義の利益に反していないにしても、双方は相容れないとの結論を下した。こうして古くからの憎しみで肥沃な土地に、敵意の種がふたたびまかれた。だがこの時点でそれは傍目には明らかではなく、両陣営ともまるでお互いが戦友であるかのように振る舞い続けたのだった。

レ・ズアンらはサロト・サルにラオスの党指導部と連絡をとらせ、かれを一人で北京へ向かわせた。ケオ・メアスは胆嚢を患っていたことから、治療のためにハノイに残った。

サロト・サルが中国の首都、北京に到着したのは十二月末で、その後かれはおよそ一ヶ月間ここにとどまった。かれが滞在したのは北京から北西に数キロ離れた頤和園にほど近い、アフリカ・アジア・南米の革命家向け共産主義研修所（亜非拉培訓中心）だった。公的にかれを受け入れたのは、当時の中国共産党総書記鄧小平だったが、会談の相手はほとんどが鄧小平の補佐で北京市長の彭真だった。ここでサロト・サルはシアヌークの親善訪問を受け入れたばかりの劉少奇国家主席にも対面したが、毛沢東や周恩来に会うことはなかった。この四ヶ月後、彭真は上層部で初めて文化革命の犠牲となり、劉少奇主席と鄧小平もまもなくこれに続いた。だが一九六五年の冬の時点で大変動の片鱗をのぞかせていたのは、毛沢東の冷笑的な目の輝きだけだった。中国政治局の人間は、だれひとりやがて解き放たれる大変革のきざしを感じてはいなかった――まして中国語も話せないカンボジア人共産主義者の青年にそれがわかるはずがなかった。

それでも北京の政治情勢には情熱的で急進的な強さがあり、ハノイで苦い思いをしてきたサロト・サルは元気づけられた。ベトナム人たちの心はアメリカとの戦争の現実論でいっぱいだったが、中国は大規模なイデオロギー運動――「社会主義者教育運動」――つまり何億人もの農民の思想改革にかかりきりだった。ベトナム人らが避難場所や物流、モスクワからの最新の軍備や北京からの軍需品を気にかけていたのに対して、中国は林彪国防相の「人民の闘いの勝利万歳！」と題した独創的な記事を発表していた。アジア、アフリカ、南米の人々はいまや世界の革命の旗手であり、アメリカとヨーロッパの帝国主義の砦を強襲するだろうというその内容は、世界の発展途上国の共産主義者を活気づけた。サロト・サルにとってこれは、ベトナムで無視された自分の説を正統化するものだった。

大衆の解放は大衆自身によってなしとげられなければならない――これがマルクス＝レーニン主義の基本原理である（と、中国の指導者らは書いている）。革命や人民による戦争は、どこであろうと、その国の大衆のなすべきことであり、まず大衆自身が実行にうつさねばならない――ほかに方法はないのである。（中略）自立の精神を忠実に守り、自国の大衆の力に頼り、たとえ国外からの物的援助がすべて絶たれても単独で闘い続けることが肝要である。（中略）結局のところ、人民の闘いを（中略）おこなうか否か（中略）は、偽の革命家と本物を見分けるのにもっとも有効な目安になるのだ。（中略）農民は帝国主義者とその追従者らに対する国家の民主主義革命の主力である。（中略）革命家が最終的な勝利に向けて歩み出す基地を地方だけが提供できるのだ。

また、最大の矛盾は「帝国主義と圧制下にある人々の間（中略）（および）封建主義と大衆の間にある」――カンボジア共産党と同意見だ――と、その記事は書いていた。ベトナム人らが語ったように「帝国主義者と社会主義陣営」ではないのだ。さらに、革命闘争の成果は武器ではなく、「プロレタリア革命的な意識と司令官および兵士たちの勇気」によって決まると付け加えられていた――「数え切れない革命闘争の経験から、当初は素手で蜂起した人々が、最後には完全武装した統治者階級を打ち負かすという真実がもたらされている」。

美辞麗句はさておき、中国も内心ではベトナムに負けず劣らず、カンボジアで武力闘争など望んでいなかった——その理由までまったく同じだ。南部の戦争の遂行にはシアヌークの協力が不可欠だったのだ。

だが彭真たちはそれをもっと巧妙な言い方で伝えた。かれらはカンボジア共産党の綱領を承認し、その反修正主義的な立場を支持した。また、その「純然としたマルクス＝レーニン主義」と、農民階級への依存を称賛し、「活発に闘争に励み（中略）アメリカ帝国主義に立ち向かう」ようにサロト・サルを励ました。特に比較的若い二人——毛沢東の秘書を長年にわたってつとめてきた急進的な理論家の陳伯達、そしてのちに上海の指導者になる張春橋——は、格別に協力的だった。かれらはともに「政治力は銃身と階級闘争とプロレタリアの独裁から生まれるという概念」について議論した。中国共産党は物的援助まで申し出たが、サロト・サルは丁重に辞退した。時期尚早だと考えたからである。もちろん中国にとっては、クメール共産主義運動に同調しているると見せかけるほうが楽だった。北京はハノイと違って、一九六六年に入る頃には三十万人規模になっていたアメリカ進攻軍を相手に戦争をしていたわけではなかった。中国人らはソ連との紛争のために常に新たな同盟を探していた。もし中国とソ連の間に紛争がなければ、サロト・サルの仕事ははるかに難しかっただろう——ベトナムと中国（一九五〇年代、六〇年代とハノイに多大な軍事援助をもたらした）の友好関係にもかかわらず、インドシナにおけるベトナムの支配を弱めるクメール共産党の出現は、決して中国に不利なものではなかった。

サルが北京に滞在した月から事実上の同盟関係が始まった。「ベトナムと距離をおきたければ中国を頼るしかない」とかれは中国から戻ってケオ・メアスに告げた。温かい歓迎を受けて励みになったというサルは「中国は友だと再確認した。（中略）かれらは精神的、政治的、戦略的支持をもたらしてくれる。（中略）（もはや）自分たちの行動の正しさに疑問を持つ必要はなかった」と語っている。

一九六六年二月に、ハノイでレ・ズアンと最後に面会したのち、サロト・サルと仲間たちはホーチミン・ルートを通って帰国した。入国には出国時のほぼ二倍の時間——四ヶ月以上を要した。アメリカが北ベトナムの供給路を絶とうと激しい爆撃をおこなっていたからだ。第一〇〇局も，やはり戦争の激化によって被害を受けていた。一九六五年の終わりにアメリカ政府が南ベトナムとカンボジア国境地域にB-52による爆撃許可を出したのだ。爆撃の音は遠く離れたプノンペンまで遠雷のように響き渡った。敵の「掃討」作戦を避けて転々としたのち、イエン・サリ、ソン・セン、ネイ・サランら共産主義指導部のほとんどは、一九六六年の一月にベトコンに連れられて、もっと安全なロクニン拠点へと移動していた。カンボジアのメモット地区に隣接する、木の生い茂る山岳地帯からさらに八〇キロ東に向かった場所である。かれら三人の若手クメール人指導者は、内地と連絡をとるために二十人のベトコンの護衛を連れてそこに留まっていたのだ。

ベトナム南部司令局（COSVN）の最高軍事指導者グエン・チー・タン陸将はイエン・サリと、定期的にプノンペンから視察にきていたヌオン・チェアを連れだし、シアヌークの中立政策を引き続き支持するように働きかけていた。レ・ズアンが前年の秋にもちかけたのと同じ議論だった。タン陸将のこの行動を裏切りととったサロト・サルは立腹した。怒りがおさまらないまま九月を迎え、サロト・サルは中央委員会のメンバーと地区の高官らを招集してそれまでよりも大規模な第三回総会を開き、まったく新たな綱領について議論した。この綱領は、世界——特にアジア——は革命的蜂起による産みの苦しみの中にあるが、帝国主義は「人民の闘い」の炎によって消滅する運命にあるという毛沢東の信条を参考にしたものだった。

六週間にわたって続いた総会は一九六六年十月二十五日にようやく終了したが、かれらはここで三つの重要な決定を下していた。

まず党の名前が変わった――ベトナムと同じ「労働者党」ではなく、以降はカンプチア共産党（CPK）と呼ばれることになった。しかしこの決定は党員には伏せておかれた――もちろんベトナム人にも。

そして、夏に業務を再開した第一〇〇局から、はるか北東のラタナキリに党本部を移すことが決まった。ベトナム人らには、南部の戦争の拡大によって安全な場所を探さざるをえなくなったという口実が伝えられた。だが移転の本当の理由は、ベトナム南部司令局の監視の目を逃れることにあった。第一〇〇局では「プノンペンのヌオン・チェアからの電報さえ、まずベトナム人の手に渡された」と、イエン・サリは不満を口にしていた。カンボジア領土のラタナキリなら、第一〇〇局のようにベトナム人から詮索を受けることもなく自分たちだけの基地が持てると考えたのだ。

また、各地域委員会が地方で武力闘争を開始する準備に入ることも決まった。しかし文言は相変わらず慎重だった。カンボジア人たちはまだ公式にはベトナムという「兄」にたてつく準備ができていなかったのだ。それでもかれらは町の地下ネットワークを広げること、そしてさらに活動的な政治的闘争を繰り広げること、また「政治的暴力」の発展と、状況に応じて最終的に「武力闘争」をおこなうことを承認した。ハノイ側がケチをつけられる部分はどこにもなかったが、行間には「内戦の始まり」が見えていたとある関係者は語っている。それはベトナム人らがクメール人に指示を与えるまでは行動に出ないようにというレ・ズアンの提案に対する暗黙の拒絶だった。

シアヌークの体制に対してもっと攻撃的な立場をとるという党指導者たちの決断の正しさは、プノンペンで起きた出来事によって立証された。

その夏にシアヌークは議会選挙をおこなった。自身で候補を選定しなかったのは一九五〇年代以来のことだった。かれにしては変な動きだが、必ずしも予想外ではなかった――かれは過去三年にわたってその兆しを見せていた。自分の選んだ議会が十年間期待を裏切り続けたので、変化を求めたのかもしれない――そしてほかに良い方法がなかったために「賽が落ちるままにまかせる」ことにしたのだ。いずれにしても結果はかれが望んだようなものではなかった。九月十一日に選出された新たな議会は前の議会にもまして保守的で、ほとんどの議席は官僚と実業家に占められていた。一ヶ月後にシアヌークはもう一つ驚くようなことをやってのけた。いつものように自分で首相と内閣を任命するかわりに議会に選出させたのだ。この結果も、シアヌークが気に入るものではなかった。十月十八日に首相に選出されたのはロン・ノルで、一週間後には右翼支持派に固められた政府が発足した。「新たな閣僚に唯一共通しているのは、だれ一人シアヌーク体制擁護者ではないことだ。シアヌーク指名ならおそらくこの中のだれも選ばれなかっただろう」と、フランス大使はパリに電報を打っている。

あとから振り返っても、何がシアヌークをこのような自傷行為に踏み切らせたのか理解しがたい。シアヌークは、王、サンクムの長、国家元首として二十五年間にわたってカンボジアを統治してきた。絶対主義が民主主義になりすまし、決断が廷臣のおべっかで崩される国で、飽きるほど独裁政治を続けたことによる権力の腐食と疲労が答えの一部であることは確かだ。一九六〇年代中盤には、シアヌークの写真は吐き気を催すほどの追従とともに、あらゆるカンボジアの新聞のすべてのページに掲載されるようになっていた。欧米のジャーナリストが不用意にカンボジアのことを「ごく小さい」とでも書こうものなら、それから数週間にわたって、世界中の新聞記者のもとに、カンボジアと同規模の領土を持つ国連加盟国三十九カ国と、さらに人口の少ない四十五カ国を列挙したシアヌークの署名入りの手紙が殺到することになった。シアヌークの感受性の鋭さは異様なまでになり、地方集会では文字の読めない村人たちまでが、統治者であるシアヌークを中傷しているとされる『ル・モンド』

や『ニューヨーク・タイムズ』の記事について長々と聞かされることになった。

シアヌークは錯乱したわけではなかった。だが、かれが受け継いで築いた体制の体質のせいで、もっとも親しい相談役でさえかれに理を説こうとはしなかった。「不安が広がりつつある」と一人の外交官が選挙前に記している。「もっとも忠実な支持者たちさえ、シアヌークの行動のせいで当惑と失望に突き落とされるのだ」。その年には、インドネシアのスカルノ大統領が軍のクーデターにより権力の座を追われていた。ロン・ノル――冷静でがっしりした男で、不思議と王制に対して忠誠心を持っていた――は、インドネシアの軍隊をまねるつもりなどなかったかもしれない。だが用心に越したことはなかった。以来六ヶ月の間、シアヌークはこの新たな首相の権力を制限するためにしつこく奔走し続けた。自己不信におちいったかれは、自主映画製作に逃避した。一九五〇年代に、ある機知にとんだ関係者がカンボジアをシアヌーク主演の舞台芝居にたとえたことがあった。いまや劇場も現実も一体となっていた。シアヌークは感傷的なロマンスのシリーズ物の脚本を手がけ、監督・主演をこなした。ヒロインに妻のモニクを迎えて、参謀長のネク・ティオロンを含め政府のさまざまな人間を脇役に据えた。シアヌークは国家同様にスクリーンを独占した。だが映画も、そして以降の政策も、長続きするような成功をおさめることはできなかった。

かつてない独立性を持った右翼政府を率いる首相としてロン・ノルが台頭したことで、シアヌークはそれを押さえ込むべき挑戦ととらえた。だがこれは、カンボジアの共産主義者らにとっては天の恵みだった。ロン・ノルは十年以上にわたって国防相として反共産主義的な弾圧を指揮してきた。かれが首相に就任したことで、シアヌーク体制に異を唱えるのに格好の標的ができたのだ。ロン・ノルが首相に任命されて一週間後、カンプチア共産党中央委員会は政府を「アメリカの追従者」と呼び、「君臨する王であるだけよりなお悪い（中略）倒されるべき反動主義者」とシアヌークを名指しで攻撃した。さらに、ロン・ノルの指名によって「高度な政治的暴力」が正当化されたと言明した。革命運動は「権力を直接掌握する」段階に達しており、「(ロン・ノル)が(人民を)弾圧して恐怖に陥れるのなら、われわれは武力闘争に出るしかない」というのがかれらの主張だった。スカルノを支持したインドネシア共産党がたどった運命は、この新たな戦略を正当化した。スカルノの失脚後、反共産主義者による大虐殺によって、三十万人ほどのインドネシア共産党員が命を落としていたのだ。これを知ったサルは、ブルジョア階級は信頼できないという思いを新たにした。ベトナムの戦略は間違っていた。共産党が「シアヌークと共存する」のは、相反する点が大きすぎるために不可能だった。こうして党員ではない支持者への政策も修正されることになった。理論上は、「団結できる者すべてと団結する」という指針は変わらなかった。だが実際の運動は「われわれを支持しない者はわれわれの敵」にますます近いものになっていた。キュー・サムファン、フー・ユオン、フー・ニムは九月の選挙で議席を確保していたが、シアヌークからは距離をおきはじめていた。ここから始まった排除を基本とする政治は、やがてカンボジア共産党の特質の一つになった。以降カンプチア共産党は支持者らに「敵と自分たちの間の明確な線引き」を要求するようになったのだ。

武力闘争という新たな方向性が初めて実行に移されたのは北西部地域だった。バッタンバンの南の村々ではロス・ニムが強く支持されていた。

ロス・ニムは一九四〇年代からイサラク司令官の座にあった。一九六四年の終わりと六五年の始めの集会でゲリラ活動再開についての話が持ち上がると、かれはすぐに部下の手配に着手した。バッタンバンとポイペット間を流れるダム川の鉄橋に爆弾をしかけ、旅客列車を破壊したのが最初だった。この事件以来、ロン・ノルとネク・ティオロンは村々に駐屯地をおき、隊が移動しやすいようにジャングルを抜ける新しい道を使うようになった。だが、この兵士らによる小規模な金の巻き上げや嫌がらせは、逆に地元の不満をあおることになった。一九六六年十二月の第三回カンプチア共産党大会において「武装闘争」の原則が承認されるとロス・ニムは作戦をさらに強化した。「われわれはロン・ノルの秘密警察と兵士を攻撃するため（中略）人々に武装させることにした」と、ロス・ニムの補佐官がのちに記している――「すると政府は援軍を派遣してきた」。暴力と報復的暴力の悪循環から何らかの結果が生まれようとしていた。

この翌月、右翼からの政治的挑戦（とシアヌークはとらえていた）で頭をいっぱいにしながらも、シアヌークは毎年恒例となった食事療法のためにフランスへ出かけた。自分が国内にいないことが良い刺激になって、帰国後にはもっと意のままになる内閣を任命することもできるだろうとかれは考えたのだ。

結果はたしかにそうなったが、その成り行きはシアヌークが予期していたものとは違っていた。

ロン・ノルは一月と二月の間ほとんどバッタンバンにおり、収穫された米を国が買い付けるのを監視していた。前年、ベトコンとの仲立ちをしていた中国のブローカーに作物の六割が買われ、南ベトナムとラオスの解放区に密輸出されてしまった結果、国家歳入が激減したのだ。アメリカの国家安全保障委員会はこれについて、ベトナム共産主義者らがカンボジア政府よりも高い値で米を買ったのが原因だと記している。国家が農民から米を買い上げるには、強制するよりほかになかった。もともとタイとつながりのあるバッタンバン南部は造反傾向が強く、プノンペンはいつも命令の執行に苦心していた。さらにロス・ニムの率いる共産主義先導者が二年にわたって熱心に活動をおこなってきた結果、惨事の材料はすっかり揃っていた。

さまざまな要素のうち、どれがこの後の出来事にもっとも大きな影響を及ぼしたかは定かではない。北西部地域の副書記官を務めていたコン・ソファルは、「一九六七年の始め頃まで農民を圧迫しつづけた結果、摩擦が増大して内戦が起こった」と振り返る。村人は強制的な米の買い付けと地元の役人の不正行為に憤った。かれらは当局の求めによる無償労働、政府プロジェクトのための「自発的金銭的貢献」、農民の土地の差し押さえ――こういった土地は軍の士官らに莫大な個人不動産として与えられるか、郊外の無職の人々を働かせる入植地に指定された――に、反感を抱いていたのだ。南ベトナムから逃げてきた難民たちがクメール・クロム地域へ再入植したことによる摩擦もあった。この人々は当局に対して非常に反抗的で――ベトナム人による二百年におよぶ迫害の後では仕方のないことだった――みずからの生き残りで頭がいっぱいだった。

何の影響が最大だったにせよ、事態はすぐに手のつけられない状態になった。まず二月の半ばに、宝石の採掘を手がけるタイ国境のパイリンという村で、兵士と地元警察の衝突が起こった。バッタンバンでは反政府デモが勃発し、三人の役人が斬りつけられて殺された。サムロット周辺の木の生い茂った丘陵地では――二十年前からイサラクの牙城だったが――村の武器庫が襲われて、人々はジャングルへ逃げ込んだ。三月十一日に抗議者らがパイリンの軍隊の撤退を要求したが、フランスから帰国したシアヌークは怒ってこれを拒絶した。

ここから事態は急速に悪化した。四月二日の朝、サムロットの村人は米の買い付けを監視していた兵士の一団を襲って二人を殺し、数挺のライフルを奪った。総勢二百人の農民たちが、大規模な青年入植地になっていた近くのクランホウン村へ向かい、そこを焼き尽くした。この村は当局がかれらに強いた悪行の象徴だったのだ。その日のうちにさらに二つの村の駐屯地が襲われ、地域長が殺された。襲撃はそれから四日間続き、二つの道路橋が破壊されて、一人の役人が殺された。そこに落下傘部隊が到着し、シアヌークが婉曲的に表現した「弾圧と和平工作」が始まった。

四月の末までに反乱側では二百人が捕らえられ、十九人が殺された。政府側の死亡者は四人だった。シアヌークもみずからサムロットを訪れ、食物と衣服の寛大な配給と恩赦を申し出た。しかし駐屯地への攻撃は続き、さらに三つの村の住民らが家を捨てて抵抗組織に加わった。共産党幹部らは一部武装した五百人の農民を従えてサムロットから北東に約四〇キロの、深いジャングルに覆われたベイチャプ山という丘陵地帯に逃れた。しかし軍は井戸に毒を流し、米の備蓄を没収して焼き払ってしまった。五月の半ばには、もう絶体絶命となった。この頃ヌオン・チェアは、ロス・ニムとコン・ソファルに「闘いを止め、敵と交渉せよ」とのカンプチア共産党政権委員会の指令を伝えた。この直後、山の近くの大きな仏教寺院であるアボット・トバク寺院を仲介役に、新たにバッタンバンの総督に就任したイン・タムとの間で交渉が開始された。政府は報復行為に出ないことを保障し――この約束は守られなかったが――一ヶ月後の六月二十日にシアヌークは反乱が終息したと発表した。

「サムロット事件」として知られるこの出来事は、共産党にもシアヌークにも問題を引き起こした。共産党にとって農民の憤りの高まりは見逃せないチャンスだった。だが事の成り行きがあまりに早かったため、最大限に利用できなかったのだ。「非平和的闘争手段」は一九六〇年以来、原則として党の方針にあがっていた。だが一九六六年十月の中央委員会総会では、開始時期は決められていなかった。まして全国的な決起に向けた組織的な綱領も作成されていなかった。サロト・サルがラタナキリに新しい司令部を発足させ、国内との通信を確保する通信サービス組織が立ち上げられるのを待っていたためだ。さしあたって決められたことといえば、反乱に向けて「積極的準備」を始めることぐらいだった。一方で、強制的な米の買い付けに対する活発な反対運動を命じたサロト・サルは、ロス・ニムとコン・ソファルに対してかれらが煽った農民の怒りを沈静化させろとは言いにくかった。だが実際のところ、サムロットの農民らは危うい立場にあった。地方で蜂起したのは、共産党の影響がもっとも強かったおよそ八百平方キロ弱の狭い地域だけだった。

五月の時点で、平和的結末がつけられない限り、運動が容赦なくつぶされることは目に見えていた。

シアヌークもまた当惑していた。

カンボジアの農民（シアヌークはかれらを子どもたちと呼ぶのを好んだ）が「サムデック・アウブ」あるいは「父なる閣下」（国家の父）に対して蜂起するなどとは政治的に許しがたいことであり、カンボジアの動揺について『ル・モンド』などのフランスの新聞が、まさに父に対する子供の蜂起と描写している記事を読んで、シアヌークは激怒した。

かれはこう説明した——それは一九五四年に旧イサラク基地地域に残され、それ以来休眠状態で機会を待っていたクメール・ベトミンのセルのしわざだ。かれらの「黒幕」は左翼サンクム派の議員キュー・サムファン、フー・ユオン、フー・ニムの三人をおいてほかになく、かれらは故意に問題を起こしてロン・ノル率いる右翼政府を揺るがそうとしているのだ——どこまでシアヌークが実際に信じていたかは別として、かれはこの理屈で押し通した。こうしてかれは二面性を持つ政策をとった。王室としては鷹揚なところを見せて、のちに村に帰った四千〜五千人の抵抗組織の大部分については手を出さないことにしたが、反乱が終わりしだい、残党に対して軍が好き勝手に報復するのには目をつぶることにしたのだ。

その後の仕返し的な襲撃で何百人もの命が失われ、サムロット付近の人々の大部分は体制に対する根深い敵意を抱くことになった。ジャングルに築いた共産主義者らの基地は爆撃され、村々は機銃掃射を受けて焼き尽くされた。当時シアヌークのもとで働いていたイギリス人、ドナルド・ランカスターは次のように書いている。「治安の乱れた地域の和平工作は、金銭的報酬を約束された軍隊特有の粗暴な活気をもって実行にうつされた。軍事司令部に（反乱分子の）首をひとつ届けるごとに報奨金が与えられたのだ」。一年間カンボジアを離れていたのちに戻ってきたある外国人が見たのは「残忍な光景」に満ちたプノンペンだった——「トラックに首が満載されてバッタンバンから届けられた。（中略）ロン・ノルの計画が忠実に実行されているのを知らせるためだ」。

この話の真偽はともかく、カンボジアの高官も外国大使もそれを信じていた。残虐行為が待っていると知れば、政権のありかたや左翼および右翼の政敵の行動もますます変貌するようになった。

その典型がキュー・サムファン、フー・ユオン、フー・ニムの例だった。四月二十二日にシアヌークは、この三人の議員が軍事法廷で原告と対峙する可能性があり、場合によってはその後、政府が責任を問うとラジオで発表した。これはただの脅しではなかった。キュー・サムファンが家に戻らなかったのはその二日後のことだった。「母はいつものように午後七時半に夕食を出してくれました」と、弟のキュー・センキムは語っている——「二人で食卓について（兄が）帰ってくるのを待ちました。（中略）そのまま十一時まで食事もとらず、聞こえてくる足音や物音すべてに耳を澄ませていました。そして母は泣き崩れ、一晩中ずっと泣き続けていました」。

フー・ユオンもやはり消えたと知って、ほとんどの人々はロン・ノル、そしてシアヌーク自身がその裏で手引きしたのだろうと考えた。キュー・サムファンらの死体の処理についてはぞっとするような噂が飛び交ったが、長年にわたってシアヌークの顧問を務めたフランス人が、それが真実であったことをのちに認めた。かれは閣僚が主催した私的なディナーパーティーの席で、二人の議員がどうやって殺されたかを知っていると明かしたのだ。「一人は生きたまま硫酸で焼き殺されたとかれは言っていました」出席者の一人は振り返る——「もう一人はブルドーザーでつぶされたそうです」。しばらく沈黙があり、その場にいたカンボジア人たちは皿に視線を落としたという——「シアヌークのやりそうなことだと誰もが知っていたのです」。

だがこの噂は間違いだった。シアヌークが脅しをかけた次の日の四月二十三日、キュー・サムファンはプノンペンで党の秘密のネットワークと連絡をとった。指示にしたがってサムファンは家族に何も伝えなかった。かれほど規律正しくないうえに感傷的なフー・ユオンは妻に知らせただろう。夕暮れ時に二人は車で拾われ、プノンペンから八〇キロ南のカンポットに向かう道沿いのアン・タソム地区の人気のない場所に連れて行かれた。そこでメイ・マンの南西地区共産党委員会の幹部らと合流し、かれらに導かれて主要道路から二キロほど離れた林の中の村落へと向かった。そこには六組の家族が暮らしており、その全員が親戚だった。つまりキュー・サムファンがのちに語ったところでは、「血の忠誠で結ばれているから裏切りの危険はなかった」のだ。それでもベトミンとともに闘った経験のある幹部らは安全策をとった。村で三ヶ月生活したのち、二人はさらに森の奥の急ごしらえの丸太小屋に移された。潔癖性のキュー・サムファンは毎日体を洗いたいと言い張り、毎晩暗くなってから村の娘二人に伴われて、数キロ離れた小川へ行っては沐浴した。「行動は慎みましたよ」と、キュー・サムファンはとりすまして語っている。「主義に従ってプノンペンを離れた以上、村の女性とのことで自分の評判を落とすわけにはいきません」。ラジオと村人との接触を除けば、二人は外界からまったく隔絶されていた。変わった性格で田舎暮らしの経験もなかったキュー・サムファンは幹部らの指示を一字一句まで忠実に守り、憧れのジャン＝ジャック・ルソー同様に、農民の生活の不思議について夢見るように考えをめぐらせた。

キュー・サムファンとフー・ユオンの失踪でシアヌークはメンツをつぶされ、それがロン・ノルの辞職を招いた。そして四月の末にシアヌークが首相に就任したのだった。シアヌークが率いる新政府には、数人の穏健派左翼の大臣に加えて、ソン・サンや元民主党指導者でのちに外相になったノロドム・プリサラ皇太子など年長の政治家が含まれていた。

プノンペンの共産党最高指導者のボン・ベトはこれらの変化に基づいて、身を隠そうとしていたフー・ニムに対してしばらくとどまって成り行きを見るように告げた。数日後、フー・ニムは忠誠心を切々とつづった文書を発表し、「(自分の)命がある限りサンクムの忠実なメンバーである」と宣言した。だがロン・ノル退職でも状況は変わらなかった――弾圧は弱まらなかったのだ。十月にフー・ニムも逃亡した。かれの自宅は二十四時間体制で監視されていたが、失踪の夜は激しい豪雨が降っていた。のちの公式調査で、監視隊が隣家で雨宿りしていたことが明らかになっている。まもなく左翼のクメール学生総連合会の会長を務めていたパク・チャイが逮捕され、死刑宣告ののち終身刑に減刑された。そして連合会は活動を禁止された。同じ週にフー・ニムの義理の兄弟が警察の保護下で謎の死をとげ、『プラチアチョン』の発行元を所有するほか、戦線事業をいくつか手がけていた左翼派の企業家バン・ティプ・ソバンが中央人民委員会で拷問を受けたあげく死亡した。カンボジアを訪れていたオーストラリアの歴史学者は、シアヌークの秘密警察の手際の良い処理について人々が「強い反感と恐怖とブラックユーモアをまじえて」語っていたと書いている。ぽつりぽつりと抵抗組織へ移りはじめていた知識人の数は一九六五年から急増した。それは命の危険のせいだけでなく、急進的左翼による政変は避けられないという確信が増してきたからだとかれは記している。

カンプチア共産党の第三回大会からの十二ヶ月はサロト・サルにとっても楽なものではなかった。北西部の反乱とキュー・サムファンらの逃亡は、かれの戦略が正しかったことを証明していた――法や議会による闘争はもはや不可能で、いまやシアヌークに対する武力行使に頼るしかなかった。それでもサロト・サルは自分の対応が遅かったためにバッタンバンの農民の憤りを利用できなかったことと、国内の共産主義ネットワークが充分に整っていなかったために反乱が中止されてしまったことを認めざるをえなかった。

一九六七年の晩春——おそらくは六月の初め——にサロト・サル、ヌオン・チェア、ソー・ピム、イエン・サリら四人の政権委員会メンバーが第一〇〇局に集まり、今度は国家規模の一斉蜂起を冬に起こすため新たな計画を練ることに合意した。イエン・サリは北東部地域の書記に任命され、新しい中央委員会司令部を編成するためにラタナキリへ出発した。そしてベトナム国境の第一〇〇局は同年秋に四年の歴史を終えた。それまで第一〇〇局で活動していた人々の一部は他の地域へ、それ以外は北の新しい基地へと移された。この直後にサロト・サルは中国共産党中央委員会に手紙を送っている。

われわれは重要な転機にある。自国での革命の起こし方は会得した。（中略）特に（中略）一九六六年から六七年半ばにかけては、政治的暴力だけでなく武器を使った暴力も併用した。その経験から、われわれの民はいまや組織的にも概念的にも真の人民の闘いを立ち上げられるということを確信した。いまわれわれは（その目標に向けて）国家を統率しようとしている。

この続きには文化大革命について惜しみない称賛の言葉の数々が綴られていた。文化大革命についてサロト・サルは「これまで学んできたように、今も、これからも妥協することなく学んでゆく」と書いており、その立役者である毛沢東については「不滅の勝利をもたらす偉大な導きの星」と述べている。

当時カンボジア共産党と北京の間でかわされた通信はどれもそうだが、この手紙もやはりベトナム人の手を介して届けられ、ハノイの中国大使館に届く前に開封されて読まれていた。当然のことながらその内容はベトナム側の警戒を招いた。カンボジア人が中国の指導者に惜しみない賛辞を贈っている様子はベトナム人らの気にくわなかったに違いない。だがかれらも一九六七年当時、毛沢東の崇拝者がかならずこのような言い方をすることを知っていた。また、北西部の農民らが地元でおこなわれている弾圧に対抗すべきであるといぅ部分も納得できた。だが、「人民の闘い」を立ち上げようとしているとカンボジア人が中国人に伝えるべきかどうかといえば、それはまったく別次元の話だった。

　ハノイは南部から政治面と軍事面にすぐれた指導者を二人――プノンペンでベトナム共産党労働委員会の長を務めていたグエン・バン・リン（ヘイ・ソ）、そしてトラン・ナム・トルン司令官――一斉蜂起の計画をやめるようサルを説得するために送りこんだ。だが十日後、かれらは合意を見ずにサロト・サルと別れることになった。

　これ以外の成り行きは想像しがたい。開戦するか否かの選択肢に中道はないからだ。

ベトナム人らにできることといえば、支援を拒むぐらいだった。実際かれらは拒んだ。カンボジアからの武器の要求をいっさい断り、サロト・サルがベトナム労働党中央委員会に、ベトナムに在留しているクメール「再結集組」をカンボジアに戻して闘争に加わらせる許可を求めたときも、これに返答しなかったのだ。だがある時点から、ベトナム人も同盟を結んだカンボジアを拒み続けることはできなくなった。一九六八年には、双方とも互いの力が必要なことに気づいていた。サロト・サルがシアヌークによく似た物言いで、ベトナム支配に対するつりあいを取るのに中国を利用する話を内密にしていた可能性はある。レ・ズアンもハノイ指導部の他のメンバーと同じくクメール人らの血なまぐさい考え方を嫌っていただろう。だがサロト・サルたちは、カンボジアが地理的にベトナムの支援を頼るしかないことを知っていた。そしてベトナム人たちも物資供給線であるホーチミン・ルートの南端を確保し、カンボジア川の国境に沿って広がるベトコン病院、聖域、指揮所――そしてメモットのゴム農園に隠された南ベトナム共産主義本部――を存続させるには、カンボジアの協力が必要だった。一九六〇年代後半のクメール人とベトナム人は不安定な政治的同志ではあったが、それでも同志であることに変わりはなかった。

ラタナキリ州は、この不自然な政治的協力関係の典型例だった。

隣のモンドルキリ州、スツン・トレン州と合わせてカンボジアの国土のほぼ四分の一を占める規模を持ちながら、人口は十万人以下と国民の二パーセントにも満たなかった。そのほとんどは少数民族――ブラオ、ジャライ、カチャク、クラベット、クルング、ランバン、ラオ、ラーデ、スティエン、タンプオンなど――の出身で、血族的には低地地方のカンボジア人よりもラオスやベトナムの山地民に近かった。

かれらクメール・ルー(高地クメール族)は腰巻きを身にまとい、焼き畑農業を営んでいた。また、独自の神を信仰し、部族独自の言葉を話した。かれらは仏教徒で米を主食とするクメール人とは何の共通点もなく、クメール人に対してもあまり好意的ではなかった。デンマークと同じ規模を持つこの州に、政府が一九五〇年後半までに建てたのは小学校が三校と病院が三つだけだった。部族に不穏な動きが見られ、ベトナム国境の治安に対する戦略的な懸念がプノンペンで高まって、ようやくこの地方を発展させる努力がおずおずと始められたのだった。

ベトナム共産主義者がラタナキリで活動を始めてから、すでに十年がたっていた。かれらは国境沿いの基地を守る支援網を築いていたが、クメール人革命家はまだこの地域に浸透していなかった。ラオス人で軍隊経験のあるタン・シ――一九六〇年に党大会に出席――など、ごくわずかな少数民族出身の幹部がプノンペンの指導部と連絡をとっていた。一九六四年の終わりにサロト・サルがカンプチア共産党のネットワークを北東部に築こうと、もと『プラチアチョン』のジャーナリストのヴィという青年を送り込むまで、この地方に入ったクメール共産主義者はいなかった。一九六五年一月に、地元のベトコン士官がヴィとその仲間のマンをラタナキリなど三州の山地民の代表者らに紹介してこう告げたと関係者は語っている――「かれらはクメール人だ。（中略）これからは自分たちで指導部を築いてもらうことになる。かれらに従ってくれ」。

二年半後にイエン・サリが到着したときには、地域の党委員会が立ち上げられ、アンドゥオンメアスの地区センターからおよそ一一キロ南の深い森の中に位置するカン・レン村落付近には、地域司令部「第一〇二局」が築かれていた。のちに、中央委員会司令部の第二の拠点がここからおよそ一キロ離れたトエクチュラップの川沿いに築かれた。ここはタイ・ニンの事務所と同じく「第一〇〇局」と呼ばれた。二つの司令部の間には藁葺き小屋の集まった場所がもう一つあり、使者や他の地域から来た幹部らの収容所に使われていた。地域書記を務めるイエン・サリはラタナキリの管理責任を負っていた。ソン・センは書記補佐としてスツン・トレンの管理を担当し、ネイ・サランはモンドルキリを任されていた。

サル自身は一九六七年の十一月初旬まで南部にとどまっていた。蜂起の準備に続いてグエン・バン・リンとの会談に手をとられたために出発が遅れたのだ。タイ・ニンからラタナキリまでは一ヶ月以上かかった。行程の終わり頃にはマラリアに冒されて、竹の棒につるしたハンモックに寝かされ、二人がかりでかついで移動しなければならない状態になっていた。

サロト・サルと一緒にやってきたのは、第一〇〇局で印刷を担当したのち伝令部の長に就任したペンと、クメール人の助手が二人、そして山地民の護衛集団だった。サン川――ベトナムの中央高地の水源から西へ長い弧を描いて流れ、北東カンボジアを二分するメコンの主な支流の一つ——を渡り、ンゴルク山の近くに位置するベトコンの医療施設「第五病院」にたどりついてようやくキニーネが手に入った。

マラリアは当時からインドシナのジャングルの風土病だった。キュー・サムファンはゲリラの護衛を伴って森を一列縦隊で歩いていたとき、前にいた男が「歩きながら、麻痺したように抑えられないほどびくびくとけいれんした」と述べている。フー・ニムはマラリアにかかって髪の毛がほとんど抜け落ちてしまった。一九六八年には南西部地域の指導者を務めていたマンがマラリアで死亡している。あるベトコンの高官は、マラリアはアメリカ人よりも頭の痛い問題だったと語っている——「ジャングルでは、毎年二ヶ月は病院で高熱や全身衰弱と闘うはめになった。（中略）敵に殺された人数よりもマラリアで失った人数の方が多かった」。

結局サロト・サルは回復し、数週間後には担架で第一〇二局へ運ばれて、自分の居場所となる第一〇〇局の完成を待った。だがその後かれは生涯にわたってマラリアの再発に苦しむことになった。翌年の夏にはキュー・ポナリーと妹のチリト、そしてソン・センの妻のユン・ヤットもかれらに合流した。

北東部のここでは、抵抗組織に加わろうと出発して以来初めて、カンプチア共産党指導者たちが実権を握ることができた。新しい第一〇〇局はすべてがカンボジア人の手による組織だった。クメール人の料理人が一人と、医学を学んでいたが学業をやめて革命に加わった「医師」のダムも控えていた。そして付近の他の基地と同じく、原始的ながら強力な防御体制が敷かれていた。

周りにはとがった竹と槍を仕込んだ数十個の落とし穴が作られていた。道沿いには木に罠を仕掛けてあった。当時は地雷がまだなかったが、毒を塗った弓矢を持った五人組の見張りが巡回していた。武器には第一次世界大戦に使われた古めかしいエンフィールド銃のほか、カラシニコフが数挺と地元の部族が狩りに使う先込め式の銃があった。

サロト・サルはこの時期ほとんど出歩いていなかった。政府の命令が届かない場所で、外界の影響を受けることなく計画を練り、考える時間をとることができたのだ。ほとんどの人々は――はるかプノンペンから送り込まれる強欲な役人による強制的な取り立ての餌食であり、外交官が評するところの低地カンボジア人らの「傲慢な優越感」にさいなまれて――シアヌーク体制には肩入れしていなかった。サロト・サルにとって山地民たちはクメール農民にもまして、ルソーの「高潔な未開人」に近い存在だった――素朴で純粋で、熱心なまでに忠実で、退廃したカンボジアの生活に汚されてもいなかった。イエン・サリも山地民を同じように評している――「ためらうことなく命を投げ出してくれる男たちだ。(中略)クメール兵士なら何をするか予想がつかないが、ジャライなら何にかえてもわたしを守ってくれる」。

一九六七年の十二月には、蜂起の計画は完成していた。北西部地域のサムロット付近から始めるのは以前と同じだった。だが今回はバッタンバン南部に引きこもるかわりに、段階的に国中に運動を拡大することになっていた。ヌオン・チェアがボン・ベトと南西部書記のマン、そしてコン・ソファルに会った月に、最終的な指示を与えていたのだ。

「わたしは急いで戻った」と、コン・ソファルは振り返っている――「そしてすべての村で同じ日に一斉に暴動を起こすから武器の準備を始めるようにと皆に話した」。話はたちまち広まった。森の隠れ家にいたキュー・サムファンは、自分の護衛についている若い農民たちがいつになく興奮しているのに気づき、その理由をあれこれと考えた。

ある日、幹部の一人が面会にやってきて言ったんだ――「武器をとって闘うことに決まった。一緒に来なさい」（中略）こうしてわれわれは、いきなり森を離れることになった。（中略）一部の者たちは（政府の）地方の監視役についていたので、エンフィールド銃を持っていた。かれらはこの銃を、狩猟にいくという口実で「借りて」いた。（中略）それを政府の武器庫を襲うのに使ったんだよ。

夜にはハンモックの上に雨よけのプラスチック製の布を木の間につるしてジャングルで眠った。雨よけがあったのは幹部だけで、農民たちは藁か葉を編んだもので覆いを作っていた。グループは十人から二十人構成で、われわれと同じ森の中には他にもいくつかグループがいた。（最初のうちは）米を食べていた。毎晩男たちは村に戻り、家族が森の入り口に置いてくれた食糧を持ち帰ってきた。（中略）かれらの飼い犬がカメや大きなトカゲをつかまえてくることもあった。かれらが小川に入って素手で魚を捕らえるのを見かけたこともある。（中略）だがしばらく経つと村は（政府の兵士によって）封鎖され、食糧供給が絶たれてしまった。それからは森で見つけてきた木の根や茎を食べることになった。

一九六八年一月十八日の夜明け、バッタンバンの二〇キロ南のベイ・ダムラン駐屯地の急襲を皮切りに蜂起が起こった。これがのちに革命戦争の始まりとして記念されることになった。だが実際は密告者によって作戦が漏れており、コン・ソファル自ら率いた反乱分子のグループは二人の犠牲を出して退却した。それでもかれらは大量の武器を手に入れることに成功し、他の村では奇襲攻撃によって三人の警官を捕らえて殺害した。その一週間後、別のグループがトバクの監視所を襲い、数人を撃ち殺して五十挺のライフルを強奪した。この月にラタナキリでも最初の事件が起こった。二挺のマスケット銃とライフルで武装したジャライの部族民たちがボケオのジャングルの中で軍事輸送車を襲ったのだ。二月二十五日にはマンの信奉者らが南西部の五ヵ所で同時攻撃をしかけた。その日のうちにかれらはライフルを数十挺とマシンガンを二挺、そして弾薬一箱を手に入れて橋を破壊し、政府の建物に火を放った。それから数週間のうちにかれらはさらに二百挺の銃を手に入れた。三月の初めには北部――ソン・センの生徒だったコイ・トゥオンが地域書記に就任し、ケ・ポクがその副官を務めていた――およびソー・ピムの率いる東部地域が後に続いた。国全体では一万人以上の村人が家を捨てて抵抗組織に加わっていた。

たいていの革命と同じようにこの革命も、少数の意志の固い人々が忍耐強く支持基盤を築き上げ、ライフルを一挺ずつ入手しては村人を一人ずつ獲得するという非常に小規模な活動から始まった。だがシアヌークはその反乱のささやかな始まり方にはだまされなかった。カンボジアの敵である外国の指示で問題が起きているという作り話を通すのは難しくなったことに気づき、初めて本格的な内戦の危機に言及したのだった。

だが反乱分子たちの思い通りにことが運んでいるわけでもなかった。

指導部は蜂起開始のタイミングは揃えることができた。でも伝令が徒歩か象の背で運ぶメッセージは、地域司令部から他の司令部に届くには一ヶ月、ラタナキリに届くにはそれ以上かかった。そしていざ反乱が始まると、指示系統の中央集権化は不可能だった。それぞれの地域が独自に行動しなくてはならなかったのだ。

一月末にシアヌークは、八ヶ月前の首相辞任でなかば面目を失った状態だったロン・ノルを呼び戻した。それは前年の春に遂行された焦土作戦の再開を示していた。抵抗組織の居住地域への爆撃と機銃掃射が空軍に命じられ、食糧供給は遮断された。また、辺鄙な村に住む人々は要塞化された村へと移された。当時の外交官らは、軍隊の行動は「節度がなく、ときには非常に残虐」だったと述べている。砲撃や空爆は続き、四月の初めには政府の兵士らがビエイチャップ山の北西部地域司令部を制圧した。ゲリラ部隊の一部は四千人の市民を連れて南のカルダモン山脈へ逃亡したが、それ以外は散り散りになってしまった。秋にはおよそ二百人のゲリラがパイリンの近くのダムレイ山に再結集したものの、まもなく「草木の根とパパイヤしか食べる物がない危機的状況」に陥ってしまった。

南西部ではモク――同郷の男に言わせれば「タケオ出身のがりがりに骨ばった坊さんくずれ」――が臨時地域書記としてマンの死後を引きつぎ、急襲しては逃げるという反乱方式に落ち着いた。他よりも反乱が始まったのが遅かった北部と東部では、武器を押収されないよう政府が先手を打って、狙われそうな警察を引き上げ、民兵を武装解除していた。そのため、ソー・ピムの東部地域別働隊――国中でもっとも強いはずの部隊――は、七月に入るまでライフル一式を調達できなかった。シエムリアプやサロト・サルの地元であるコンポントムもあまり良い状況とは言えなかった。「東部では（中略）基地が破壊され、仲間が殺害あるいは連行された」と、サルはのちに書いている――「北部では（中略）少なからぬ困難を経験した」。抵抗組織がかなりの地域を掌握できたのは、人のあまり住んでいない荒涼とした北東部だけだった。

ラタナキリの数千人の山地民らは、サン川沿いの住処から政府の兵士らが来ることのない高い山脈の安全地帯に移され、そこに新たな「戦略的村落」を築いた。地域書記のイエン・サリによると、秋には抵抗組織がこの地方の三十五のコミューンのうち三十一を掌握したという。シアヌーク自身も、ベトナムと国境を接する地域については「すでに支配下にはない」と述べている。この反乱を後押ししたのは、軍政府長官の冷淡さと、治安維持のために送り込まれた第二パラシュート部隊の残虐さだった。一年前のサムロットでは反乱分子の首一つごとに報奨金が与えられたが、「士官らはまもなく、首とともにライフルも提出させなければならないことに気づいた。兵士たちが報奨金めあてに一般の部族民を殺して首を切るようになったからだ」。この風潮を生んだのはシアヌーク自身だった。かれは二月にボケオで開かれた大集会で「反逆者」は「極端な強硬措置」をもって扱われると告げていたのだ。三ヶ月後にかれはスツン・トレンで「数十人の山地民」を銃殺隊の前に引き出して撃つよう自ら命令し「およそ二百人を殲滅した」と発表している。「余は地獄へ送られてもかまわぬ」と、シアヌークは挑戦的に叫んだ――「この手で悪魔に報告書を提出しよう」。その結果「報復につぐ報復という悪循環」が生まれ、「クメール・ルージュを降伏させるかわりに、その態度を硬化させた」可能性が強いとフランス大使は述べている。反乱分子らの首は地区センターに並べられ、クメール語の出版物にはその写真が掲載された。東部地域のクメール・ルージュ幹部も一人、政府の兵士に腹をくりぬかれた。コンポンチャムでは左翼主義者の大量処刑の噂がたったほか、プノンペン付近では共産主義者の伝令をしていたと見られる二人の子どもが兵士に捕らわれ、ヤシの葉をのこぎりがわりに首を切り落とされるという非常に陰惨な出来事が起きた。

殺戮が続くにしたがって、仏教徒の会派はますます遺憾の意を述べるようになった。共産主義シンパではあり得ない体制側の人物も懸念を見せるようになった。右翼議員のシム・バーとドック・レイシは軍の行為に反対したが、シアヌークは「免責特権を解除する手間を省いて二人をあの世へ送るぞ」と、これを牽制した。

一九六八年の夏には、政府によるラタナキリの「掃討」作戦は、第一〇〇局とそのはるか南のK－1陣営を脅かすほどに近づいていた。K－1はソン・センがのちのクメール・ルージュ軍の中核をなす革命警備隊を訓練していた陣営である。そこで指導部を現在の位置から五〇キロ北の、カンボジアとラオスとベトナムの国境にあたる「ナーガの尻尾」と呼ばれる山岳地帯に移すことが決まった。カチャク族の住むネイ村の近くに設けられたこの新たな基地の暗号名はK－5と名付けられた。K－5はホーチミン・ルートの南端のラオス国境上にあるベトコンの運輸基地K－12まで徒歩で三日、ベトナム国境まで一〇キロの地点に位置していた。

K－5において、サルは指導部の一員としてではなく、カンボジア共産党の最高指導者として頭角をますます現しはじめた。生活にもそれは表れていた。タイ・ニンの第一〇〇局では、全員が同じようにすべてを分かち合って暮らしていた。カン・レンの第一〇〇局では、サロト・サルとポナリーの住まいはヴィの補佐のマンや、その他の幹部らと同じ陣営に設けられた。そしてK－5では、サロト・サルは独立した区画を構え、専用の部下と護衛を配備して、案内人なしには立ち入れない仕組みを築いた。カン・レンのときと同様に、かれはほとんど外では活動せず、近くの村へ出かけることさえなかった。だが幹部や国中からますます集まるようになった知識人たちと長い報告会を開くようになり、かわってポナリーが飛び回ってさまざまな地域から状況報告をおこなうようになった。

この閉鎖的な生活を深読みするのは間違いだろう。アメリカと南ベトナムが国境を越えた爆撃や特殊部隊襲撃を増加させていた当時、安全上の理由からも政策上の理由からも身を隠す必要があったのだ。それでもこれはその後三十年間にわたるパターンを示していた。かれは集中して考えるとき、現実からは距離をおき、直接ではなく他人の目を通して物事を見ようとするのだ——まるで指導者としての自分と変えるべき国家の間に、不都合な事実をこしとる網をおくかのように。この指導体制は、かれの閉鎖的かつ非直接的な、意図を隠したがる傾向と見事に一致していた。やがて起こる悲劇の種は、すでにここでまかれていたのだった。

一九六八年の暮れには、抵抗組織の活動はカンボジアの十九の地域のうち少なくとも十二の地域で報告されていた。ラタナキリでは、サロト・サルがイエン・サリから北東地域書記の仕事を引き継いで、もっとも運動が活発なアンドゥオンメアスとボケオの二地区の指揮に時間をさいていた。政府の情報部は、反乱分子は国全体で千五百人、支持者である武装していない村人はその数倍いると推定していた。抵抗組織の中心は、かつてクメール・ベトミンの拠点だった地域の出身の武装農民で、その先頭に立つのはロス・ニム、モク、ケ・ポク、ソー・ピムなど、フランスとの戦争で軍事的な手腕を身につけた昔ながらのイサラクだった。北東部だけがサロト・サルやイエン・サリやその部下など「知識人」の指揮を直接受けていた。

この二面性は党の起源に由来していた。ほとんど教育を受けていない地元民がベトナム人に助けられて起こした地方の運動と、それに乗った教員や生徒や役人など都会派のエリートとの組み合わせが不釣り合いであることは、都市部の幹部が組織の存続にかかりきりで地方のネットワークが壊滅状態あるいは休眠状態にあった一九五〇年代には覆い隠されていた。イサラクの指導者でありながら「帰国組」でもあったトゥー・サムートは受けいれられた。だが二年後にサロト・サルが台頭すると意見が割れた。サルは一九六五年にハノイで「党の団結がもっとも難しい問題だ」とレ・ズアンに語っているが、のちにはさらに率直な物言いをしている――「一九六一年から六七年にかけては分離主義的な傾向があり（中略）党は分裂していた」。

他のクメール・ルージュの証言もそれを物語っている。ロス・ニム、ネイ・サラン、ケ・ポクは帰国組をほとんど相手にしなかった。ソー・ピムは非難めいた言い方をしたと伝えられている――「あのインテリどもは（優雅な）都会の家と理論しかないよ」。

ソー・ピムは典型的な軍事司令官だった。かれは一九六三年の第二回総会で、中央委員会の選挙を提案するようモクに頼んでいた。決して穏健派ではなかったモクでさえ、ピムには驚いた。「かれはへべれけだったんだ」と、モクは振り返る──「それを見て思った──こんな指導者はふさわしくないと。（ピムは）すごい飲みっぷりだった！（その後）われわれは一緒に（党の書類を）研究したが、かれはクソもミソもわかってなかった！」ソー・ピムの型破りなやり方はなおも続いた。一九六八年に、コンポンチャム出身の若い学生で、のちに中央委員会総合本部の長を務めたドゥーンは初めて「ご機嫌ななめで（中略）酒を飲んでいる」かれと出会った。東部地域の反乱は思わしくなく、当時ソー・ピムは落ち込んでいたのだ。「かれは怒り狂っていて、口を開くと（中略）だれもが怯えた。だれも近寄ろうとしなかった。（中略）それで態度がましになればと思い、わたしはかれを元気づけようとした。（中略）党の指導者の一人である以上、人々に軽蔑されてほしくなかったのだ」。この年、ソー・ピムは補佐のフオンと口論になり、あげくに二人とも拳銃を抜くという騒ぎを起こしている。かれは女好きな独裁者だった──気にくわない相手は銃で撃つと脅した。

野蛮さでソー・ピムの次に有名だったモクは、意外にも党の中で一番話のわかる人物とされていたようだ。「かれは農民だった」とキュー・サムファンはのちに語っている──「理論やイデオロギーなんか口にすることはなかった。でも寛大な心を持っていた──われわれ（知識人）が田舎暮らしに慣れていないことに気づいて、いろいろと取りはからってくれたよ」。

それは町での警察の監視が厳しくなり、地方に流入する左翼教員が増えるにつれて、都会人への配慮はますます重要になりつつあった。生徒たちとピクニックに参加しているところを見られたり、シアヌークが出席する式典への参加を怠ったり、古文の授業ではるか昔に他界した王の悪事を批判したりするだけで破壊分子とみなされた。一九六七年の十一月から一九六八年の二月までの三ヶ月で三十人以上の教員が辞職した。そのほとんどがモクの指揮するアウラル山の司令部へ向かったが、ラタナキリの中央委員会の陣営に行った者もわずかにいた。受け入れ先の地元の「主人役」と同じく、かれらもそこで待ちかまえているものに対する準備ができていなかった。

モクの基地は内戦中の中国の革命基地のように、とても秩序だっていると聞かされていました（と、ある若手の意欲的な急進主義者は語っている）。電気照明に、立派な幹部用の宿泊所、タイプライターを備えた事務所まであるとか。（中略）到着が待ちきれなかった。（中略）でもそこで見たものときたら！　キュー・サムファン、フー・ユオン、フー・ニムは見る影もなかった――ニムの髪はほとんど抜け落ちて（中略）とても体格のよかったはずのフー・ユオンは釘のように細くなっていた。（中略）かれらのそばには別の同志が横たわり、熱のせいで震えてうめきながらフランス語でうわごとを言っていた。（中略）護衛たちが眠る近くのベッドの下には食糧としてゾウの乾燥肉が蓄えられていた。全員が皮膚病にかかっていて、とても味気ないその唯一の蛋白源の上で体をかいてばかりいた。それらを見たわたしは「綿のように軽くなって肝臓が体から飛び去っていくのを感じた」。

反乱が続くにしたがって、二つのグループは折り合いをつけるしかなかった。サロト・サルの未来像において、それは欠かせないことだった。だがこれほど異質な二つの勢力を一つの政治的グループに統一するには、非常に大きな力が必要だった。そのための必要条件を作ったのは、より強大な敵との「人民の闘い」を進めるという旗印、一九六八年と六九年の、党の都市部ネットワークの弾圧、そして共産主義こそが未来の波で、平等主義の勝利をまもなく皆で分かち合えるという信念だった。こうして初めて本当の意味で全国的な革命運動がうまれようとしていた。それでもまだ移植は完璧な状態ではなかった――避けられないとはいえ不自然な同盟を正当化し、維持するために、サルと仲間たちはひとかたならぬ知恵を絞ることになった。

サムロットの反乱から予期されていた武力闘争の開始は、カンボジアと中国の関係が急激に悪化したのと同時期に起きた。シアヌークはそれまで中国を国のもっとも誠実な友とみなしていた。北京がこの地域について抱く魂胆を知らないわけではなかった。だが、シアヌークが意外にも長続きする友好関係を築いた北朝鮮の金日成がそうであったように、かれも中国のことを、アメリカの野望に対抗してソ連やその同盟国から援助を引き出すためのカードとみなしていたのだ。この国交は国内の急進派の動きを封じ、ベトナム人や共産主義者などに対する障壁を築く助けになっていた。

一九六七年の春に文化大革命が頂点を迎え、中国の外交的な物言いが金切り声じみてくるにいたって、この慎重に考え抜いた戦略は破綻しはじめた。中国側の援助専門家らが毛沢東の「小さな赤い本」を掲げてクメールの同胞を懐柔し、プノンペンの中国大使館は、クメール人らが「偉大なプロレタリア文化大革命」を理解しないことを激しく非難する手紙をクメールの新聞に送りつけていた。

煽動にも限界があった――当時の北京の権力者は、毛沢東の著作はクメール語に翻訳するなと宣言した。だがフランス語版は自由に手に入ったし、若いカンボジア人たちは毛沢東のバッジを誇らしげにつけるようになっていた。紅衛兵をまねた学生の集団が体制批判のポスターを貼ったことは警察の報告にも上がっていた。さらにやっかいなことには、それまでほとんど政治に関心をよせることなく商業的なことばかりに関わっていた四十万人を超える中国系クメール人のコミュニティが、北京の

「革命的愛国心」と「母国（中国）への忠誠」を呼びかけるプロパガンダの嵐に応えようとする兆候が見られるようになっていた。

公的には、シアヌークも最初は個人による「過ち」や「越権行為」と中国政府の見解はまったく関係ないものであるという論理のもとに、問題を最小限にとどめようと試みた。毛沢東バッジの着用を禁止し、中国人コミュニティが経営する「毛沢東思想」を教える学校には、政府認定の指導要領に変更しなければ閉校させると脅迫した。だがこの年、北京の意図に対するシアヌークの不信感は拡大した。フランス大使は六月の報告で、国内紛争との関係を長い間否定してきた政府が、中国が「クメール・ルージュと結託して（中略）その活動に便乗するつもり」ではないかと疑い始めていると書いている。

九月一日にシアヌークがクメール中国親善協会の解散を命じたことで、事態は山場を迎えた。協会はクメール・ルージュの第五部隊として体制を覆そうと画策しているとシアヌークは糾弾したのだった。その三日後、北京の極左主義の役人らは、ほとんど直接的な表現でカンボジア政府を「反動主義」と批判する電報を送ってきた。ここにきてシアヌークの我慢も限界を超えた。カンボジアは「イデオロギー上の侵略」を受けているため「自己防衛のために法的措置をとる」と、かれは宣言した。電報を公開したチャウ・センは経済相を解任され、あらゆる非政府新聞の発行が禁止された。新華社のプノンペン支部は閉鎖され、カンボジア大使の北京引き上げが通達されて、すべての政府職員が本国に呼び戻された。

この最後の行動は中国指導者の目に止まった。

周恩来は九月十四日に、シアヌークに考え直すよう個人的に訴えた。シアヌークも少し間をおいてこれに応じ、二国間の関係は外見上ゆっくりと修復へ向かっていった。だが蜜月は終わった。十年以上にわたる中国との友好関係は、シアヌークに言わせれば「カンボジアの外交政策の基盤」だった。だがいまでは中国も、他の国と同じく友邦として当てにならない様子だった。

この危機によって国はさらに右傾化した。一九六七年の九月以降、シアヌーク政府には左派の大臣が立つことも、左翼議員が議会に入ることもなくなった。だが外交関係においては、これが助けとなってシアヌークの鬼門であるアメリカと和解の方向に近づくことになった。アメリカがベトナム戦争に負ける運命にあると信じていたシアヌークにとって、未来の勝者である共産主義者に政治的貸しをたくさん作っておくという戦略は正しいはずだった。しかし、国内のベトコンの聖域を使用停止にするという強硬手段を迫るペンタゴンの圧力に加えて、ベトコンがますます公然と国境地域に立ち入るようになったことを懸念していたかれは、もっとバランスのとれた政策をとることになり、これまでほど露骨に共産ベトナムの利益を優先しなくなった。十一月にシアヌークは、ジャクリーン・ケネディを個人的な客としてプノンペンとアンコール遺跡に招待した。訪問は首尾よく終わり――四年前に彼女の夫が暗殺されたときにシアヌークがほくそ笑んだことも都合よく忘れられ――一九六八年の一月には、ふたたびアメリカから使者を迎えた。だが今回はさらに政治的色合いの強い人物――ジョンソン大統領の特使を務めるチェスター・ボウルズだった。国務省によると、このときかれらは――さらに南の、人口の多い地域は対象外として――住民がまばらなラタナキリとモンドルキリにベトコン・ゲリラ探しでアメリカ軍の立ち入りを認めると非公式に合意したという。

和解に向けた動きはそれから数ヶ月のうちに他の方法でも固められた。シアヌークは、クメール・ルージュの反乱は東南アジアを掌握するための「アジア共産主義の世界的戦略」の一部であると言明した。これはアメリカと一致する見解だった。それでもかれはワシントンの単純さを愚弄せずにはいられなかった。

アメリカは共産主義と闘っているという。どの共産主義だろうか？　中国共産主義のことだろうか？　もしそうだとすれば、ワシントンは自分が破壊しようとしている共産主義――ベトナム共産主義――が中国に触発されたものではまったくない（ということに気づくべきだ）。ベトナムはむしろ中国の拡張主義に敵意を抱いている。中国と中国以外の東南アジアとの間には民族主義的な障壁がある。実際のところアメリカはベトナムと戦うことで中国の策略に乗っているのだ。そしてベトナムの強大化を妨げることによって非直接的にカンボジアを助けてもいる。

皮肉なことに、アメリカとベトナム共産主義者の間でパリ講和会談が開始されたことによって、アメリカの存在の重要性に関するシアヌークの信念は強まった。平和が戻ったらすぐ、再統一されたベトナムは、隣の小国をまた支配下におこうとするだろうとシアヌークは論じた。ラオスはすでにベトナムの衛星国が運命付けられているとかれは考えていた。カンボジアが同じ運命をたどらないよう抵抗する手助けをしてくれる勢力はアメリカしかなかった。一九六八年までシアヌークは、ワシントンがその役割をかってでたとしても、実際にそれが務まるかどうか疑っていた。だが南ベトナムにおいてアメリカ勢が大きな存在になったのを目の当たりにして、アメリカが当初考えていたよりもこの地域に長くとどまるかもしれないと考え直したのだった。

方向転換には細心の注意が必要だった。アメリカは同盟国のタイと南ベトナムから圧力を受けて、カンボジア国境の承認を拒んだが、シアヌークにとってそれは関係修復に欠かせない条件だった。B－52による国境沿いの誤爆であまりに頻繁にクメールの村が壊滅させられるのを目にしたカンボジア軍は、米軍が故意にやっているに違いないと判断した。同じく問題だったのは、アメリカとの和解に際して、当時まだ最大支援国であった中国やベトコンの怒りを招かないようにする必要があったことだ。ベトコンはシアヌークと共謀してコンポンソム港から軍需品を受け取る一方で、カンボジアの余剰米のほとんどを——ロン・ノルとシアヌークの妻モニクの側近を含む、堕落した仲介人らを通じて——買い上げていた。北ベトナムのファン・バン・ドン首相は、中国による米の売り上げ収入と通行税は「年間二千万ドルを超え、(カンボジア側に)良い評価と利益を与えている」と一九六八年に毛沢東に語っている。

戦争において両陣営を支持するのは簡単ではない。だがそれこそシアヌークの立場の理屈だった。ここで要求されたのは、常にあいまいさを保つことだった。だが必然的に、かれの策略の幅もしだいに制限されていった。

一九六九年の三月に、ニクソン大統領はカンボジアのベトコン避難地の爆撃を秘密裏にアメリカ空軍に命じた。それからの十二ヶ月でB-25は作戦名「メニュー」のもとに、カンボジアの東部へ三千回以上も出撃することになった。シアヌークが抗議しないことを選んだのは爆撃に同意したからではなく、当時の優先事項はアメリカとの関係修復で、それ以外のことは二の次だったからだ。アメリカは四月になってようやく、実に冷笑的に、長いあいだ遅らせてきたカンボジア国境を承認した。国交はまもなく正常化された。シアヌークにとっては、同時期に南ベトナムのベトコン暫定革命政府を承認したこととの埋め合わせだった。しかし直接的な利益はないに等しかった。そのかわり、アメリカとの国交正常化によってますます士気を高めた右翼が、さらに本格的に敵対勢力らしい行動をとり始めた。一方、もともと国交断絶に反対していた軍部とプノンペンの中流階級の集団は、国が過ちを認めたものと理解した。通常であれば、シアヌークはサンクム内の左翼をあおって、こういった批判に対抗しただろう。だがクメール・ルージュの反乱がそれを妨げた。議会に左翼はもはや存在しなかった。左翼の代表であるキュー・サムファン、フー・ユオン、フー・ニムはすでに逃亡していたし、チャウ・センなどの穏健派は懲戒免職されていた。

シアヌークは自らを追いつめてしまっていた。反乱は収束の気配がなく、地下の共産党はますます力をたくわえていた。ロン・ノルの秘密警察だけがシアヌークの武器だった。

一九六八年の夏、プノンペンで共産党の手先がクメール・ルージュの小冊子をサンクム議会の代表者たちに配布したことを知ったシアヌークは激怒した。ふたたび国防相に返り咲いたロン・ノルは、警察による一連の手入れを指揮した。これによって共産主義のネットワークがプノンペンに驚くほど広がっていることが明らかになった。この捜査において、カック・シムという青年が公安との銃撃戦で死亡した。四十人の容疑者――ほとんどは退学してシクロの運転手などの労働者になった者ばかりだったが「公共事業部の役人、郵政省、国営銀行、鉄道、司法省にも」職を得た者もあった――が逮捕され、のちに処刑された。[*3] その中には「秘密文書を下着に隠して運んでいた女性の伝令」もいたと政府の新聞『リアリテ・カンボジエンヌ』は興奮ぎみに書きたてていた。イタリック体でわざわざ強調するに値する刺激的な暴露話と判断したのだ。さらに重要なことには、抵抗組織に送られようとしていた現場活動用の機器一式――武器と弾薬、複写機と反政府小冊子、強力な無線送信機が数台――を警察が発見した。しかもその一台はシアヌークの官邸の警備サービスと同じ周波数に設定されていたのだ。

この手入れによって当局は初めてヌオン・チェアの考案した「秘密活動」をおこなうシステムの実態を目にした。「組織は非常に細分化されていた」と、警察の報告には記述されている。「組織のメンバーが知っているのは自分のセルの人間だけで、他の階層と連絡をとる場合は、数人の仲介人を次々に介して秘密のメッセージを伝達する。つまり『ナンバー25』が『ナンバー1』に書簡を送りたい場合は、まず手紙を『T』に渡し、それが『ナンバー26』の手に渡り、その『ナンバー26』が以前から約束のあった別の人物と会う。（中略）まさに複雑なパズルである」。だが公安は秘密ネットワークの長が使っていたジープとオペルのセダンを押収し、謎の「ナンバー1」の名がペン・トゥオクであることまではつかんだものの、本人は取り逃がしていた。実際のところ、公安側はそうと気づかずにかれにとても近づいていたのだ。ペン・トゥオクの正体はボン・ベトで、カック・シムの家が手入れを受けた夜にそこに居あわせていた。銃撃戦は注意をそらしてかれを逃がすために繰り広げられたのだ。その日プノンペンには重要人物がもう一人いた。サロト・サルの妻キュー・ポナリーは、手入れがあったときラタナキリからアウラル山のモクの司令部に向かう途中でプノンペンの別の隠れ家にいたのだが、彼女もうまく逃れていた。

この秋の取り締まりは、都市部のネットワークを壊滅させるには至らなかった。ボン・ベトは破壊された「列」の再構築に忍耐強くあたった。地下組織の陰の長であったヌオン・チェアは当局に発見されることなく自分の主要課題に取り組み続けていた——セールスマンになりすましてライフルや地雷や弾薬を森の奥に潜む抵抗組織へ送っていたのだ。それでもなお、この取り締まりは反乱の触手がプノンペンに伸びていることを示すと同時に、ロン・ノルが無視できない存在になったという新たな証拠——いまさら必要であればの話だが——を示すことになった。一九六八年の十二月に、かれは病の床にあったペン・ヌートにかわって暫定的に首相に任命された。七ヶ月のちには首相の地位を保持したまま国防相と参謀総長を兼任した。シアヌークが軍の要職と公職の兼任を許すのは、これが初めてだった。だが他に選択肢がなかったのだ。また、シアヌークは経済政策でも後退を余儀なくされていた。かれはこの月に、五年前に立ち上げた国有化計画と対外貿易の国家管理計画を修正し、民間企業にも機会を与えるようにするとともに、政府が外国支援を「相手国にかかわらず」受けいれると発表した。アメリカとの国交回復に踏み切らせたのと理由は同じだった。ベトナムが統一されて共産主義国になった場合に武装するため、欧米との関係を強化する必要があったのだ。具体的には、経済を資本主義にそって再構築し、国際通貨基金やその他の欧米諸国の援助団体に加盟することを意味していた。

カンボジアの右翼たちはこれを、シアヌークが自分の政策の間違いに遅ればせながら気づいた場合によくある手の平返しだとみなしていた。

ふたたびシアヌークは無防備になってしまった。

あてにできる左翼を失ったかれは、一人で危機に対処しなくてはならなかった。翌年の春に、議会はシアヌークの取り巻きの一人が関わった汚職の審理を取り下げることを拒み、初めてシアヌークの意向に逆らった。結果としてこの騒ぎは三ヶ月続き、最終的にシアヌークが前例のない公的な譲歩をおこなって初めて収束したが、シアヌークはカンカンだった。このときにはまた別の危機が持ち上がっていた。財政赤字の穴埋めに、シアヌークは年間八千フラン——当時にすれば莫大な金額で、カンボジアの海外援助の三分の一に相当した——で二つのカジノに営業許可を与えた。カジノは金銭的にはみごとな成功をおさめたが、社会的には惨憺たるありさまだった。たちまちプノンペンは長年の貯蓄を失って自殺をはかった人々の噂でもちきりになった。工場主や政府の役人、店主や労働者が日夜カジノに通いつめては破産し、商業活動は急激に落ち込んだ。サム・バーとドック・レイシのような右翼議員にとって、それはシアヌーク体制の破綻の象徴以外の何物でもなかった。

一九六九年の七月に、シアヌークはロン・ノルの首相認定をもはや先延ばしにはできないと判断した。アメリカのマイク・ライブス代理公使の訪問は翌月に迫っていた。アメリカにまじめに相手をしてもらいたいなら、暫定政府による統治をいつまでも続けているわけにいかなかった。ロン・ノルは――サム・バーらとは違って――自分に対して個人的に忠誠心を持っていると信じていたシアヌークは、かれに右翼を統制するように命じた。いずれにせよ他に選択肢はなかったのだ。クメール・ルージュの脅威が弱まる気配はなく、ベトナムもやっとかれらに少し武器を渡し始めていた。また、一九六八年半ばには六千人だったカンボジア領内のベトナム人勢力も、一年後にはおよそ三万人へと大規模な成長をとげていた。[*4] かれらはもはや避難地域にとどまっていなかった。極秘に実行された「メニュー」作戦の爆撃は主要任務を果たせなかっただけでなく――ベトナム南部司令局（COSVN）本部も、ベトコンの基地も破壊できなかった――ベトナムの共産主義者たちをさらにカンボジアの内陸に追い込んでしまったのだ。

ニクソンの真の目的は、戦争をカンボジアに拡大してアメリカ兵のベトナム撤退から注意を逸らすことにあったのではないかと疑う向きがあるのも無理はない。たしかにその効果はあった。ある米軍の高官は、アメリカはカンボジアを「引き延ばし作戦」に使ったのだという――「つまりトロイカが走り出したところに狼が迫っているとなったら、何かを狼に投げ与えて食べさせておくようなもんだ」。一九六九年の半ばには、シアヌークがニクソンの選挙までシーソー外交で距離をおいて何とか避けようとしてきた紛争に、カンボジアは巻き込まれてしまっていた。

ことの成り行きをどこよりも注意して見守っていたのは北京とサロト・サルのK‐5司令部だった。その春に周恩来は北ベトナムのファン・バン・ドン首相に対して、中国はカンボジアの情勢を「あまり楽観していない」と告げた。シアヌークだけでなく、中国の指導者たちもスカルノの二の舞を踏む可能性を忘れてはいなかった。アメリカを味方につけた軍事クーデターの可能性は無視できなかった。

シアヌークとサンクム内の右翼との水面下の軋轢は、一九六九年の半ばにはサロト・サルにも影響を与えていた。中国指導者にとってこれはベトコンへの武器供給に対する脅威だったが、サロト・サルにとってはクメール共産主義者がつけこむべきチャンスだった。そしてヌオン・チェアも七月にラタナキリにこっそり出かけて、カンプチア共産党常任委員会の拡大会議が開催され、そこで政策の大きな転換が承認された。これまでの三年間、カンプチア共産党はシアヌークを「反動主義的な王制」の象徴とみなして、その失脚を望んでいた。だがこのときから党の攻撃の矛先をロン・ノルとアメリカ支持派の右翼に向けることに決めたのだ。サロト・サルをはじめとする共産主義指導者たちが、クーデターが間近だと「予期」していたわけでないことは、のちに本人たちも認めている。だがクメールの政治に新しく根本的な断層が生まれたことに、いち早く気づいていたのは確かだ。党の主要課題は右翼を孤立させ、「動かせるだけの勢力を」動員してかれらに対する戦線を築くことだとサロト・サルは主張した。結果として反シアヌークの宣伝は止んだ。

この変化の重要性を強調するように、シアヌークを糾弾する小冊子をこれに先だって執筆していたキュー・サムファン、フー・ユオン、フー・ニムは「党の国家統一戦線の方針に逆らった」として、常任委員会で激しい非難を受けた。一九六〇年の活動計画には「中間勢力を獲得する」活動の必要性が述べられていたのだから、そうした非難も理論的には間違いではなかった。だがそれまで重視されていたのは「量より質」で、怪しげな同志を獲得するよりは革命の純度が優先だったのだ。一九六九年半ばを境に、党は従来通りの秘密主義と厳格さを保ちながら戦略を変えることになる。

この決議によって、多数のベトナム人による庇護のおかげで「革命基地」立ち上げの可能性が見えている北東部のカルダモン山脈やアウラル山脈などの地域での政治的闘争に、ふたたび重点がおかれるようになった。これらの地域のゲリラ勢力の主要任務は、基地と地域住民を守ることであると常任委員会は定めていた。そしてクーデターの際には抵抗組織の起爆剤となること、また、解放区の原型として右翼の蜂起に嫌悪感を持った都市部の支持者をひきつける役割を担うことが求められた。

ジュネーブ協定のあと北ベトナムに腰を落ちつけた元クメール・ベトミンの取り込みも試みられた。八月になって、サルは春の間北京で療養していたケオ・メアスをカンプチア共産党の非公式な代表としてハノイに送った。かれに下された指令は、ソン・ゴク・ミンとともに活動して「段階的に再結集組の政治教育を乗っ取ること（中略）（だが）目立たないように密かに遂行すること」だった。不可能としか言いようのない指令だった。ソン・ゴク・ミンは本国の状況に疎く、自分にとって代わった年下の男たちをまったく信用していなかった。かれはベトナム人らの力を借り、中央委員会の構成員およびハノイ支部書記という立場を利用して、ケオ・メアスと亡命者たちの接触を最小限に抑えた。

この月にヌオン・チェアが新たな戦略を伝えるためにK－5を出て地域委員会に向かっていた頃、ロン・ノルは「救援救国政府」の首相に就任した。それまでになく公然とアメリカ支持を掲げた、かつてないほど右翼寄りの政権の誕生だった。シアヌークは低迷する経済を復興させ、クメール・ルージュの反乱を終結させる方法については新たな首相に白紙委任することを発表した。唯一の条件は、中立政策と非同盟政策には手をつけないことだった。実際には、かれらの関係には最初から不信がつきまとっていたのだが、ロン・ノルはそれを和らげようとはせずに、シアヌークの天敵であるシリク・マタクを副首相に指名した。

ロン・ノルは王位に対しては忠実だったかもしれないが、首相に在任していた一九六六年当時、シアヌークの二枚舌でやけどをした経験があった。ロン・ノルにもまして厳格なシリク・マタクは、再びその轍を踏まないことを心に決めていた。そこで政府は実際に自分で統治することにこだわったのだ。数週間のうちに外交官たちは、王と首相の間に明らかな不和が見られると本国に報告しはじめた。シアヌークにはますます憲法で定められた役割しか与えられなくなった。王はそれが我慢できなかった。

「かつてはすべてシアヌークが下命していた」とフランスの代理公使ロベール・マゼイラックは述べている——「現在のカンボジアの国内政策は、ほとんど彼の手を離れている」。十月にシアヌークは国民議会を「悪人と裏切り者と犯罪者の集団」と貶め、開会に立ち会うのを拒否して、かれが主催するあらゆる公的行事に議員が出席するのを「今後は余（シアヌーク）の命がある限り」禁じる命令を公布した。しかしこの空威張りには何の効果もなかった。数日後かれは、ロン・ノル（当時スイスで療養中だった）の「首なし政府」は「救国政府」どころか「溺水政府」だと評したが、この悪口とて何も達成しなかった。事態は年末にはすっかり泥沼化していた。政府と議会は団結していたが、シアヌークとの関係は険悪だった。ロン・ノルにもシリク・マタクにも、シアヌーク自身にさえ成り行きは予想できなかった。

サロト・サルにとっても一九六九年の終盤は、シアヌーク側ほど劇的ではないにせよ、苛立たしいものだった。反乱は徐々に強力になり、新たな「統一戦線」戦略は実を結び始めていた。ベトミンが一九五〇年代前半にカンボジアに持ち込んだやり方を手本に結成したカンプチア共産党「武装プロパガンダチーム」は村々でしだいに支持を獲得しつつあった。だが抵抗組織には武器がまったく足りなかった。外部からの援助なしには、行き詰まりの状態——どちらの陣営も決定的な打撃を与えるだけの力を持っていなかった——が永遠に続くかのように見えた。

十一月にサロト・サルはキュー・ポナリーと助手のペン、そして二人の護衛を伴ってふたたびホーチミン・ルート経由でハノイに向かい、共産主義ベトナムがカンボジアの反乱を直接支援するべき時がやってきたことをレ・ズアンとファン・バン・ドンに納得させようとした。

だがタイミングが悪かった。シアヌーク自身がその二ヶ月前にハノイに来てホー・チ・ミンの葬儀に出席し、カンボジアを「中立」状態に保ちベトコンへの供給路を使いたければ、シアヌーク支持を示せと要求していたのだ。サロト・サルの懇願は役に立たなかった。レ・ズアンはサロト・サルに、反乱自体をやめて政治的闘争に立ち戻るように促した。「会談は非常に緊張した雰囲気に満ちていた」と、サルはのちにつづっている――「(われわれの)食い違いは埋めようもなかった」。意見の相違は他にもあった。レ・ズアンらはモスクワに行くよう提案したが、サロト・サルは中ソ対立には巻き込まれたくないと告げた。そしてサロト・サルが平壌訪問を申し出ると、かれらは朝鮮の党指導者らが「まだ迎える段階にない」と偽った。パテト・ラオ訪問についても同じようにかわされた。この場で論じたことで、サルが一月に北京へ向かうまでに解決したことや進展したことは何一つなかった。

一方、シアヌークもやはりロン・ノルとの争いから脱することができずにいた。シアヌークのいとこのシソワト・エントラボンによると、一時はシアヌークもふたたび王位につくことを考えたが、母親のコサマク妃から、王位には二度とつかないと繰り返し誓ったんだからバカみたいに見えるわよと忠告されたのだという。そして十二月の終わりにシアヌークは、かねてから腹心だった四人の大臣に、内閣の危機を引き起こすために辞任を申し出るよう命じた。四人は従ったが、危機は起こらなかった。その数日後、すっかり意気消沈したシアヌークは神経衰弱をわずらってプノンペンのフランス系病院に引きこもった。一九七〇年一月六日、妻と家族に数時間前もって知らせただけで政府や外交団には一言もなしに、シアヌークは地中海をのぞむフランスのグラースの病院へ、かなり遅まきながら療養に旅立った。

ロン・ノルが最初に首相を務めていた頃に同様の状況で国を出てから、この時ちょうど三年がたとうとしていた。三年前はかれが不在にすることでさらなる困難がふりかかるのを防ぐことができた。だが今回はシリク・マタクが国を預かり、ロン・ノルはヨーロッパで療養中だったため、シアヌークはそれを「距離を置いて静観し」、厄介がなければ好きにさせておくことにした。新たな年代が始まったこの時点では、シアヌークにとってもサルにとっても、すべてがこれからだったのだ。

原注

＊1　この集会には中央委員会のメンバー十二人のうち、ソン・ゴク・ミンとおそらくタン・シを除く全員に加え、チャン・サメン、チュー・チェト、ケオ・メアス、コン・ソファル、コイ・トゥオン、シエン・アンが参加したと考えられている。一九六〇年から六三年にかけて中央委員会総会は開かれていない。一九六〇年以前は地方指導部しか存在しなかった。定期的な中央委員会集会の開催は、党規の遵守にさらに一歩近づくことでもあった。

＊2　クメール・ルージュの用いた多くの方法がそうであるように、これもイサラクから受け継がれた方法だ。ティウン・マムの叔父ブンチャン・モルは回顧録の中でその一つを挙げている。一九四〇年代にクメール国家主義者らが会うのに使っていたバーは、フランス側の情報提供者がいるときは犬の絵を飾っていたという。

＊3　のちに「反逆者の疑いがある四十人の教員は、シアヌーク自身の命令によってカンポットの中心都、市の北に位置する、山のように高いボコル高原から投げ落とされて殺された」と報告されている。かれらの逮捕とともに出回った噂と考えられる。キュー・サムファンが硫酸で殺された話や、フー・ユオンがブルドーザーの下敷きになったというむごたらしい話と同じく、おそらく真実ではない。だがかれらの話と同様に、広く信じられていたのだ。カンボジア人たちは、シアヌークが祖先を彷彿とさせる残酷さで敵を扱うだろうと考えていた。そう思わせるほうがシアヌークの目的には好都合だったのだ。

＊4　ベトコンと北ベトナムによる国境地域の侵入は

一九六八年から急激に増えた。九月にはフランスの軍事アナリストがカンボジアの九カ所にベトナムの基地があることをつきとめている――ホーチミン・ルートの南端の輸送施設を含め、ラタナキリとモンドルキリに三カ所（クメール・ルージュのK－12と同じ地域と考えられる）、南に六カ所。うち二カ所はメモット地区の南部に位置する兵站基地。南ベトナム共産主義本部付近、スバイリエンのパロッツビークの東端、スヌオル地区、コンポントメイの避難地域に一カ所ずつ。同アナリストは、当時カンボジア領内に六千人のベトナム兵がいたと推計している。一九六九年九月のロン・ノルの推計では三万二千人から三万五千人。三ヶ月後には四万人に達している。

# 理性の突然死

一九七〇年の春まで、サロト・サル本人の行動や、かれが党にとらせた活動からは、のちの恐怖を想起させるものは何もなかった。

外見的に変わったところはまったくなかった。かれは穏やかな口調で笑みを絶やさない社交的な男のままだった。パリで学生生活を送っていた頃のサロト・サルは遊び心と人付き合いの良さが印象的な人物だったし、プノンペンで教員を務めていた頃は生徒から慕われていた。そして共産主義者となってからは、異なる思想を持つ人々や異なる集団をとりまとめる能力を高く買われていた。サロト・サルが一九六〇年代に使っていた偽名からも、かれに対する評価がうかがわれる。かれが活動に使っていたプークという名前は「マットレス」という意味だった。衝突を和らげるのがサロト・サルの役目だったのだ。

確かに、サロト・サルがカンボジア共産党を率いるようになってから、シアヌークに対するゲリラ戦争が始められた。だがこれは、かれが必要に迫られてやむなく下した決断だった。この二年前に、恰幅の良い若手銀行員ポク・デスコマーは抵抗組織への参加を直後に控えて次のように語っている――「合法的な闘争手段はもはや残されていなかったため、武器をとるしかなかった」。自分はあらゆる話題について誰よりも博識であると信じてやまないシアヌークは批判や議論にすら免疫がなかったため、一九六〇年代の後半には、政治的論議自体が消滅していた。建設的な反対意見を述べる者は、口を封じられるか、逃亡を余儀なくされたのだ。献身的に国家のことを考える理想主義の若者たちにとっては、独裁者が君臨し社会的・経済的不正が横行するひどく堕落した国家に対して、武器をとり反乱を起こすのは自然なことであると同時に、避けられない結果でもあった。最初のうちは、この反乱も他のさまざまな紛争と大きく違ったわけではなかった。政府と手を組んだ村長などは大集会に引き出されて、公開処刑された。だが隣国ベトナムでは、同様のことがはるかに大規模におこなわれていた。国内でも政府がテロ行為とみなす小規模な強盗行為は起こっていた――ココンのバス襲撃では五人が死亡し、プノンペン付近では新年に銃が乱射されていた――だが、南ベトナムのテロ行為に並ぶ規模のものはなかった。クメール・ベトミンによる一九五四年の列車襲撃・虐殺に匹敵する規模の事件さえ起こっていなかったのだ。当時、抵抗組織は政治的目的や軍事目的を果たすために、慎重に狙いを絞って攻撃をおこなっていた。攻撃にかかわる人間の数も少なく、「越権行為」が起こることはめったになかった。闘争が始まった頃は残虐行為もあったが、それは政府の兵によるものだった。

のちにクメール・ルージュ革命を独特の悪質な形態に変えた力がまだ存在していなかったわけではない。振り返ってみれば、このときすでに地面がならされて将来の政治組織の種がまかれていたのは明らかだ。だが、やがて実るのが毒の果実であるとはだれも――ベトナム人も、カンプチア共産党に集まった知識人も、そしてサル自身も――予見していなかった。ラタナキリで闘争に加わったサルの護衛の一人が、この三十年後に共産主義ゲリラの敵の扱い方を問われて答えている。

捕虜を取ったかという意味ですか？　いいえ。（中略）われわれも、生きて捕まることは許されませんでした。地元出身の村人を捕えた場合は送り返しましたが、政府の兵は殺しました。明確な指針はなくても、そうするべきだとだれもが知っていました。闘争に哀れみの入りこむ余地はありませんでした。敵とわれわれの間に明確な境界線を設ける必要があったのです。それがわれわれの原則でした。

それは政府の兵も同じだった。かれらも捕虜はめったに取らなかった。だが共産主義者の理屈――「明確な境界線を設ける」――は、別の問題を引き起こした。政府軍が捕虜を殺害したのは、シアヌークが警告的な弾圧をおこなうよう命じたからだった。クメール・ルージュが捕虜を殺害したのは、「敵」の敵意は矯正しようがないと考えていたからだ。この考え方は信条として確立されていたわけではなかった――一九七〇年代前半には、考えを改めることを期待して捕虜を解放した例もあった。だが敵の捕虜を共産主義運動に引き込むことは可能であり、望ましいという毛沢東の思想は、中国の内戦には勝利をもたらしたが、カンボジア人にとっては理解しやすいものではなかった。儒教文化を持つ中国とベトナムでは、理論上、人間はいつでも矯正できると信じられていた。だがクメール文化ではそうではなかった。「境界線」は絶対的だった。ちょうどカンボジア人が、ベトナム人やタイ人ではないがゆえにカンボジア人であるのと同じく、そして村が森の対立物として存在するのと同じく、文明化されたものが野生と対立したものとして存在するのと同じく――「境界線」の外にあるものは、内にあるものとは回収不可能なまでに隔てられている。線の向こう側の存在は無価値なのだ。

クメールの思想と行動の多くを左右するこの考え方は、臨機応変に導入されている。やがてそれはカンプチア共産党のすべての政策と行動の中心となった。一九七〇年の春の時点ではまだだった。やがて起こった悲劇は、起こる必要などないものだったのだ。
新生クメール・ルージュの他の面についても同じことが言える。

農民と知識人の同盟が革命を率いるべきだというサロト・サルのこだわりは、伝統的なマルクス主義の用語で言うなら過激主義の温床だった。マルクス――そして毛沢東――は、どちらの階級にも下等なブルジョア階級じみた性質が見られるとしていた――個人主義、日和見、秩序のなさ、そして形而上学的、無政府主義的な考え方をする傾向である。かれらが革命家にふさわしく振る舞うことができるのは、プロレタリア階級に先導された場合だけである。だが過激主義は危険でも、必然ではなかった。知識人と農民が率いる革命はかならず流血の惨事になると決まっていたわけではなかった。

カンプチア共産党の秘密主義へのこだわりも同じだ。シアヌーク体制のカンボジアにおいて、革命派の党は秘密主義に走らざるをえなかった。また、カンプチア共産党のベトナム人指導者たちもそれを要求した。一九五〇年代にプノンペンの南ベトナム共産党本部の同志たちがヘイ・ソ、ツール・カムなどの偽名を使っていたのにならって、サロト・サルとヌオン・チェアも地名――「第一〇〇局」、「第一〇二局」、K-1、K-5、K-12――の他、途方もない数の伝令の詰所（Y）、事務局（S）、兵站部（V）、医療部（P）に偽名と暗号をつけていた。中国共産主義者たちはこんな暗号は使わなかった。これは純粋にベトナム人の考案だった。指導者の名称もやはりベトナム人の発明である。ホー・チ・ミンは、年齢の順に兄弟に番号をふっていくベトナム人家族の呼び方をもとに、仲間の政治局員に偽名をつけた。一九六五年にハノイを訪れたサロト・サルは、カンボジア人革命「家族」のアン・ハイ、つまり「一番目の兄」と呼ばれた。それ以来かれはベトナム側と接触するときはハイという仮名で通した。以降は仮名がクメール人たちにも取り入れられ、党の幹部の間でサルはベン・ティ・モイ、つまり「長兄」、ヌオン・チェアは「次兄」と呼ばれるようになった。[*1] 欧米言語に翻訳すると「一番目の兄」となり、オーウェル的な意味合いがついてまわるが、そういうニュアンスはクメール語にはない。「長兄」という名称が選ばれたのは、それが東アジアで一般的にいちばん上の兄を指すのに使われる、平凡で安心感を与える身近な呼び方だからにすぎなかった。だがその意味にかかわらず、呼び名などの秘密めいたやり方はクメール独自のものではなかった。

他の点についても、かれらの活動の今にして思えば特異に思える側面も、実はそんなに変わったものではない。知識人たちが党を率いていたのに（あるいはまさにそのために）、本による学習は軽蔑される傾向にあった。一九六〇年代後半から、学生は学業を終えるよりも退学して抵抗組織に加わることで革命への献身ぶりを示すことを奨励された。だがフランス共産党などヨーロッパの政党にも、これと同じ反知識人的な偏見があった。

マルクス主義の書物をクメール語に翻訳する真剣な取り組みがなかったのも、クメール文化が口承に重きをおいていたためと考えられる。

一九六〇年代末のクメール共産党の唯一の際だった特徴は、規律を禁欲的に重んじる点だった。ソン・センの弟のニカンは逃亡中の一九六八年に、コンポンチャムのはずれの農家に三ヶ月間潜伏していた。表向きは安全のためという理由で、その間かれは戸外で体を洗うこともトイレを使うことも許されなかった。だが実際はかれを鍛え、党に対する限りない忠誠を証明させることが目的だったのだ。キュー・サムファンも最初に抵抗組織に加わった際に、同様の隔離状態を経験している。他の者たちもプノンペンの隠れ家に数年間閉じこめられていた。政治活動よりむしろ敬虔な宗派にふさわしい行動だったと言える。振り返ってみれば、体系的に個を破壊するというのちのクメール共産党のイデオロギーの特質が、このとき芽生えつつあったのだ。

だが、当時それに気づいた者はいなかった。自称指導者たちがシアヌークの秘密警察の目を逃れるためにつねに警戒してやらないといけない、不用心で他人まかせな様子の穏やかでのんびりした人々への対応にすぎないように見えたのだ。

つまり一九七〇年の始めには、クメール・ルージュ体制の残忍な特性を形づくる要素は、はっきりと存在してはいなかったのだ。イデオロギー上の可能性はすでにあったものの、のちの姿がすでに決まっていたわけではなかった。

シアヌークの立場についても同じことが言える。かれもやはり見えない岐路に立っていた。一月の始めに、ロン・ノルがシアヌーク失脚を企んでいるという噂が浮上したのだ。だがそれまでに何度も誤報がもたらされていたため、それは暇なソ連の外交官によるいたずらにすぎないとフランス大使はパリに素っ気なく報告していた。欧米の官庁は、それまでの十年間の大半は軍事クーデターの可能性についての有事関連書類を準備していたものの――シアヌーク本人と同じく――深刻に受け止めていたわけではなかった。[*2] 外部の人間にとってシアヌークはカンボジアの象徴だった。一九五〇年代から六〇年代初旬にかけて、かれに代わるべき都合の良い人材を探し続けてきたアメリカ人らさえも、シアヌークを退陣に追い込む新計画への加担には慎重を期するようになっていた。一九七〇年の一月には、かれが今までと同じく見事なターンで敵対勢力と形勢を逆転することはないと考える理由などないように思われた。

それから数週間のうちに、こういった穏健な確信が間違いだったことが明らかになり、世界中がサロト・サルやシアヌークやクメール人たちの徹底した暴挙に目を転じることになる。それまでサロト・サル、イエン・サリ、ヌオン・チェアら数人の人々の内輪話だけにとどめられていたクメール・ルージュのイデオロギーは、開花すべき場所を見つけた。かれらにとってもシアヌークにとっても、決定的瞬間がやってきたのだ。

三月八日の日曜に、地方の中心都市スバイリエンなどいくつかの地域の中心部で、ベトコン・ゲリラに対するデモがおこなわれた。その頃には、パロッツビークと呼ばれる地域におよそ二万人のベトナム人共産主義者が集まっていた。かれらの集結によってカンボジアがベトナム戦争に巻き込まれかねないとシアヌークは考えた。かれは前年の秋にホー・チ・ミンの葬儀に出席して、ベトナム人共産主義者を抑制するようハノイを説得していたが、その努力は徒労に終わっていた。ここからは汚い手を使うしかなかった。シアヌークはフランスから帰国する際にモスクワと北京を経由し、弟子ベトナムに対してソビエトと中国の指導者からも行動を慎むよう働きかけてほしいと要請した。かれは自分の悲願を劇的に演出するために、前もって数日前にロン・ノルに「自発的な抵抗」をおこなうよう求めていた。

翌朝、プノンペンの学生が議事堂の前で、カンボジアからの撤退をベトコンに求めるデモをおこなった。二日後の十一日には、何万もの人々が南ベトナム暫定革命政府の大使館の前をデモ行進した――そのほとんどはこのために公休を与えられた役人だった。警察が待機する中で政府の人間にけしかけられた群衆が外交官の車を破壊して火を放つと、私服兵士らも大使館になだれこみ、書類棚や本や書類を上の階の窓から投げ捨てて室内に放火した。およそ一時間にわたって略奪行為をはたらいたのち暴徒と化した一団は、北ベトナム大使館へ移動して破壊の限りを尽くした。その一方で中国大使館にはカンボジア兵によって非常線が張られ、突破しようとするデモ参加者は撃つようにと厳命が下されていた。暴動は散発的におこなわれ、それから二日間で二つのベトナム系ローマ・カトリック教会と、多くの店舗や住宅が犠牲になった。シアヌークが大使館の破壊までを望んでいたかどうかについては議論の余地がある。ロン・ノルとシリク・マタクがこの暴動を単にシアヌークの外交を補うものと考えていたか、それともシアヌークを憲法上の役割に縛りつけて重要な外交政策を政府の指揮下におくための方法と考えていたか、また「先祖代々の敵」への民衆の怒りに煽られた暴力的風潮により、シアヌークに対してもっと激しい行動を取れるような政治環境を作ってくれるよう望んでいたのかも謎である。

ただひとつ確かなのは、シアヌークの行動が警鐘を鳴らしたということだ。

シリク・マタクとロン・ノルはシアヌークの権力を制限する方法をあれこれと考えていた。そして――少なくともシリク・マタクは――あらゆる手を尽くしてもだめなら、かれの肩書きを剝奪することを考えていた。しかしシアヌークは十一日の夕方に、この事件を遺憾に思うとの声明をパリで発表し、名前を挙げずに「カンボジアと社会主義陣営との友好関係を修復不可能なまでに破壊しようと企んだ人々」を糾弾した。そして、その裏切り者たちかシアヌーク自身か、どちらを選ぶかを帰国して国民に問うと脅すようにつけ加えた。

おそらくシアヌークは、単にモスクワと北京での会談に備えていたにすぎない。紛糾する世論や右翼の官僚たちに対して、自分が現状の維持に務めていることが示せたなら、ベトコン抑制の嘆願が聞き入れられる可能性も大きくなると考えていたのだ。

だがシリク・マタクはそう受け取らなかった。かれは、この声明の要点は自分とロン・ノルをシアヌーク自身が承認した行動のいけにえにすることにあると考えた。そしてパリにいた兄弟のシソワット・エッサロからシアヌークが政府の要人を射殺させると陰気に語っていたことを聞かされると、その疑念は確信へと変わった。それはシリク・マタクもよく知っているシアヌークにありがちな大口叩きだったが、タイミングが悪かったのだ。

それからの出来事は矢継ぎ早に起こった。翌日にあたる三月十二日の木曜には、シリク・マタクがシアヌークとの対決を選び「シアヌークが現在の政府を支持しない場合や、圧力を加えてきた場合には」軍事クーデターを計画しているとCIAのサイゴン支部長からワシントンに報告があった。その数時間後には、ロン・ノルが二つの大使館の破壊について謝罪を発表すると同時に、三月十五日の夜明けを期限に共産主義ベトナム軍のカンボジア撤退を要求するというまったく現実味を欠いたことを平然とやってのけた。ロン・ノルやシリク・マタクはアメリカと直接連絡をとっていなかったが、ワシントンも体制の変化を望んでいるという確信を持っていた。ロン・ノルは前年の秋からクメール・セライを率いるソン・ゴク・タンと接触していたが、この計画を知るアメリカの関係者は他にもいた。三月十二日の真夜中、南ベトナムの副大統領グエン・カオ・キを乗せたサイゴン初のDC－4が滑走路の照明を消した真っ暗なプノンペンのポチェントン空港に降り立った。深夜の極秘プノンペン訪問二回のうち最初のものだ。だれと何を議論したか示す記録はないが、かれがカンボジアと南ベトナムの同盟という構想に道を開いたのは確かである。

シアヌークはかなりためらったのち、三月十三日の金曜にパリを後にして計画通りモスクワへ向かった。だがこれは権力を長い間握り続けた人間にありがちな、かれにはめずらしい判断ミスだった。もし直接プノンペンに戻っていれば、クーデターはあえなく失敗に終わっていただろう。だが自分なしでは国は立ち行かないと国民に長い間言い続けるうちに、シアヌークはそれを自分でも信じこむようになっていたのだ。結果的にかれは当人が主張するようなCIAの犠牲ではなく、自身の思い上がりの犠牲になってしまったのだ。

最後の日々は目まぐるしかった。ロシア側も中国側もシアヌークがすみやかに帰国することを望んだのだが、かれは耳を貸さなかった。プノンペンではシリク・マタクがシアヌークの義理の兄弟にあたるオウム・マノリネ警察庁長官を自宅監禁していた。地方ではベトナム人に対する暴力的なデモが続けられていた。プノンペンは奇妙な予兆の噂――利害関係者が都合よく流したものだ――でもちきりだった――白いワニが目撃されたという話や、三日間にわたって月のまわりに血の色のかさがかかったという話、はるか昔に他界した王からの、シアヌークが失脚するという予言を伝えるために、農民の占い師が宮殿を訪れたという話などが広まっていた。

そして三月十八日の早朝に、シリク・マタクと二人の軍当局者はロン・ノル首相に対面した。シリク・マタクは傲慢で洗練された雰囲気を持つ、王室で陰謀をめぐらすために生まれついたような人物だった。贅を尽くした家具と大理石の像がひしめく豪奢な邸宅に住むかれは、訪問者たちをシルクの部屋着で迎えた。一方ロン・ノルは平民の出身で、庶民的な雰囲気を好んでいた。飛行場へ向かう道に面した純クメール風の巨大な自宅には、いつも親戚や取り巻きがたむろしていた。かれは部下の兵士らには自分のことを「ブラック・パパ」と呼ばせ、外国の血が入っていない黒い肌のクメール人であることを印象づけていた。シアヌークの相談役を務めていたフランス人は、かれのことを「岩のような人物で（中略）鯉のように静か」だったと評している。知性をひけらかすようなところはなかった。ロン・ノルと接触することの多かったシャルル・メイエールはのちに、シアヌークがロン・ノルを「左翼の反対勢力を脅かすファシストのかかし」として利用して、自分が国家の指名を帯びた有力者であると思いこませたのだとつづっている――「実際はそうではなかった。かれは内向的でとりとめのない思いにあふれ、自分にしかわからないあいまいなたとえを使った。（中略）長年温めてきた計画もジャングルにブルドーザーを走らせる程度の繊細さで実行した」。ロン・ノルとシリク・マタクは、ありえない組み合わせだった。それでもかれらは学生時代からの友人で、一九四〇年代後半の抗仏闘争の頃は右翼の革新党でともに活動していた。

ロン・ノルは言葉を濁していた。かれがそれまで成し遂げてきたことは、すべてシアヌークの庇護があってこそできたことだった。また、シアヌークが自分を信頼していることも知っていた。だがかれは野心家で、密教の影響を大きく受けていた。なじみの神秘主義者や予言者たちは、憎むべき共産主義ベトナムの「トミル（不信心者）」と戦って、古代クメール・モン帝国の栄光をとりもどすのはかれの運命で、それを受けいれるのは今しかないと、こぞってロン・ノルを説得していた。

シリク・マタクはロン・ノルに、シアヌーク打倒を承認する命令の草稿を提示した。その場に居あわせた関係者の一人によると、言葉を濁し続けるロン・ノルに対してシリク・マタクは声をあげたという――「我が友ノル、この書類に署名しなければ撃つ！」ロン・ノルは泣きながらサインした。数時間後、装甲車がラジオ局をとり囲み、三台の戦車が議会の建物の前に陣取った。国際電話と電信の回線は切られ、空港は封鎖された。

午前九時に国民議会と上院の協議会である王国評議会が合同会議を開いた。議員らはめずらしく全会一致して、二時間にわたってシアヌークが過去三年間に強いた屈辱に対して積もった不満をはき出した。だれ一人かれを擁護する者はいなかった。シアヌークは生涯で初めて、不在のまま、自分がサンクム議会で政敵をつぶすのにしばしば使ってきたつるし上げの対象になった。投票になると一人の議員が退場したが、その他の九十一人は「ノロドム・シアヌーク殿下を不信任として一九七〇年三月十八日から（中略）国家元首の職を破棄する」動議を承認した。そして憲法にしたがって国民議会の議長であるチェン・ヘンが次の選挙まで代理を任されることになった。

サルはその知らせを中国で耳にした。モスクワにいたシアヌークは、北京へ出発するために空港へ向かっていた車の中でアレクセイ・コスイギン首相からそれを聞かされた。

ロシア側が第三世界の権力者をもてなしている最中に当人が国家から見捨てられるのはこれが初め

てではなかった。コスイギン首相はシアヌークに対して、ソ連にできることはあまりないと丁重に伝えた。

中国側はまったく違った反応を見せた。一九六五年以降、中国はベトナムとの関係を中国とソビエトの争いを通して考えていた。北京は相変わらずハノイに最大の軍事援助をしていた。だが毛沢東はパリで平和会談をおこなうとのレ・ズアンの決断——明らかにホー・チ・ミンの承認なしでおこなわれたもの——はアメリカ・ソビエトの世界的な共同管理への第一歩につながると考えて、強く反発した。ベトナムはすでにラオスを掌握していた。周恩来は、プノンペンの——特に本能的に信用できないロン・ノルが率いる——アメリカ支持派の政権は、遅かれ早かれ崩壊してベトナム人にとって道を開き、最悪の場合はソビエトにインドシナの覇権を握らせてしまうと考えていた。

翌朝、シアヌークを載せた飛行機が北京に到着すると、イギリスとフランスを含む四十一ヵ国の代表や大使などの外交団が滑走路に整列して待ちかまえていた。周恩来もみずから出迎えに来ていた。北京に向かう車の中で、かれはシアヌークの意向を尋ねた。「余は本国に帰って闘う」とシアヌークは答えたが、周恩来は承知しなかった。かれはその闘いは「長くつらく危険なものになり、時には失望する」こともあるだろうと警告したうえで、一日じっくりと考えてみてはどうかと提案した。その夜に中国政治局は会合を開き、シアヌークの望みによっては声明を発表させて北京にとどまることを認めることに決めた。

実のところシアヌークにもどうするべきか答えは出ていなかった。かれは機内で妻のモニクと、コートダジュールのムージャンの別荘に隠居しようかと話し合っていた。そして北京についてすぐに、フランスが亡命を受けいれるかどうかを中国在留フランス大使のエチエンヌ・マナックに打診していた。これまでにも似たような例があったのだ——ベトナムのバオ・ダイ皇帝はリビエラで最後の日々を送ったし、エジプトのファルーク国王も亡命していた。だがシアヌークはかれらを尊敬しているわけではなかった。かれは追放を受けいれるのは臆病者のすることだと考えていた。そして自分に取って代わった新たな政権を非難する思いがその決心を固めた。当時プノンペンでローマ・カトリック教会の若手宣教師だったフランソワ・ポンショーは次のように書いている。

シアヌークは失脚を受けいれたことだろう。（中略）だがクメール人らは批判と中傷の違いをわかっていない。私はクメール新聞を読んでいたが、裸の男女の頭部をシアヌークとモニクにすげかえた絵が掲載されていた。それを見て私は考えた──「シアヌークにこれは受けいれられない」。それはすぐに思ったことだ。

その翌日、シアヌークは周恩来に心を決めたと伝えた。そしてカンボジアの人々に声明を北京ラジオで発表し、クーデターの首謀者らを批判して「正義」のために闘うことを誓った──つまり復讐である。

三月二十一日に北ベトナムのファン・バン・ドン首相は北京に向かった。かれはシアヌークにクメール・ルージュに協力するつもりがあるかと尋ね、その答えがイエスであれば、指導者レベルと兵卒レベルの両面から接触する必要があるとつけ加えた。「かれは漠然と同意する以上のことは何も語らなかった」と、ファン・バン・ドン首相はのちに周恩来に語った──「われわれに何を望むかは語らなかった」。懸念はあったにせよ、シアヌークが了承したという事実は大きな進歩だった。一九六〇年代中盤に容赦ない弾圧を命じて──少なくとも承認して──以来、共産主義がカンボジアで勝利をおさめれば、人々は奴隷にされてしまうとかれはつねづね語っていたのだ。だが十年前には、アメリカがカンボジアに中立政策の撤回を強いた場合について警告を発してもいた。「王党的な共産主義革命が起こり（中略）自由世界は大惨事に（見舞われる）」。そして予言の条件が満ち、複雑に入り組んだ動機から――裏切り、復讐への思い、王制維持という代々の務め――から、シアヌークは自分がこれを実行する運命にあるのだと決断したのだった。

北ベトナムの指導者らはサロト・サルにも会っていた。かれは二ヶ月前に会ったときとはまったく雰囲気が変わっていた。すっかり「友情と連帯感に満ちあふれた様子で、親しみのこもった言葉と抱擁を交わした。（中略）百八十度正反対の変わりようだった」。カンボジアが開戦すれば、インドシナはふたたび一九五〇年代のように「一つの戦地」になってしまう。その場合関心をよせるべきはシアヌークとクメール共産主義者の同盟だけであるとハノイは考えていた。

だがサルにとっても、ファン・バン・ドンや周恩来にとっても、シアヌークが信用できるかはっきりしないのが問題だった。「当面は（かれを）支持して出方を見るべきだ」と、周恩来は言った。「本当にアメリカに対する統一戦線を築きたいと考えているのか見きわめたい。（中略）状況によっては立場を変えるかもしれない」。そこで三人は他の選択肢を残しておくことにした。中国とベトナムは、コンポンソムを通るベトコンの供給路が維持されることをひそかに期待して、プノンペンの新政権と連絡を取り続けた。ファン・バン・ドンは周恩来の面前で「宣誓」することによって、ベトナムがカンボジアの「独立と主権と領土の保全」を尊重することをシアヌークに公式に確約した。

その二日後にあたる三月二十三日に、シアヌークはカンプチア統一戦線（フランス語の頭文字でFUNK）という政治運動を立ち上げ、ロン・ノル政府に対するゲリラ攻撃と不服従運動を同胞である市民に呼びかけた。「しかるべき勇気と愛国精神」をもった人々は武器と軍事訓練を受け――（明言はしなかったが）前者は中国から、後者は北ベトナムから提供される――実用的な民族解放軍が結成されしだい、王国民族連合政府（GRUNC）の指揮のもとに闘いに臨むことになった。[*3] この新たな運動の政治的傾向は明らかにされなかったが、声明では「進歩的かつ産業的な生粋の労働者」の役割が重視され「クメール人に社会正義と平等と博愛」が約束されていた。また「クメール人、ベトナム人、ラオス人の三つの民族」の団結が強調されるとともに「反帝国主義を掲げるあらゆる国家や人々」の「全面支持」が主張されていた。

「三月二十三日の要請」という言葉からわかるように、ド・ゴールがフランスにナチドイツへの抵抗を要請した一九四〇年の出来事になぞらえるのをシアヌークは好んだが、声明の内容すべてがシアヌークの手によるものではなかった。草稿は周恩来に渡され、さらにサロト・サルの手に渡っていたのだ。かれはいくつか変更を提案したが、主な変更点は社会主義に言及している箇所をすべて削除するというものだった。周恩来はサロト・サルとの会談で次のように話した――「カンボジア共産主義者に必要なのは国家の総体的な状況について考えることだ。過去のいさかいにこだわっていてはいけない。シアヌークは愛国者で国際的評価も高い。（中略）協力して共通の敵に対する共同政府を結成することを考えてみるべきだ」。サロト・サルとて望むところだった。だが周恩来の期待通りにシアヌークに面会するかわりに、かれは戦線を支持する旨の声明文の草稿を「三人の亡霊」の名前で執筆した。「三人の亡霊」とは、アメリカ人がキュー・サムファン、フー・ユオン、フー・ニムにつけた呼び名だった。当時ほとんどのカンボジア人が、この三人は三年前にシアヌークの命令で殺害されたと思いこんでいたのだ。声明はカンボジア国内の抵抗組織基地から送られたという触れ込みで三月二十六日に発表された。北京にサロト・サルがいたことを知らされずにいたシアヌークは、八年後にその事実が確認されてもなお信じるのを拒んだ。

「抵抗組織による声明文」は、実に巧妙な仕掛けだった。キュー・サムファンらが（シアヌーク自身も信じこんでいたように）クメール・ルージュの重要人物であると見せかけることで、カンプチア共産党の指導部と党の存在に関する秘密は守られた。この三人の高潔さと勇気は広く尊敬を集めていた。イメージ的にはサロト・サルは実に見事な戦術を採ったわけだ。

この抵抗運動はカンボジア人によるもので、愛国的であり、先頭に立っているのはクメール人の王だった。それが「共産主義」で「ベトナム人に管理されている」というロン・ノルの主張は苦戦を強いられた。

シアヌークの要請は開戦を意味していた。クメール人はみなどちらにつくか選択を迫られたのだ。一方、中国のシアヌークのもとにはカイロのサリン・チャク、アメリカのフオ・サンバット、ダカールのチャン・ヨランなど数人の忠実なカンボジア人大使が集まっていた。プノンペンの「上流社会左翼」の才能豊かな反逆児で、元大臣の職にあったチャウ・セン、ティウン・マムのほか、パリのセルクル・マルクシステの仲間たちもやってきた。かれらは元閣僚のケト・チョンとともに、翌年にはシアヌーク亡命政府の中核的存在を担うことになった。

だが政治的な事柄は中国の厳しい監視下におかれていた。一年目にカンボジア本国のカンプチア共産党指導者らと連絡をとったのは中国だけだった。インドシナの人々の新たな団結を示すために、四月二十四日と二十五日の二日間にわたってカンボジア、ラオス、ベトナムによるインドシナ・サミットを開催したのも中国だ——これは公的には「中国とベトナムの国境」のジャングルで開催されたことになっているが、実際は広東省のはずれの贅沢な温泉地で開催されていた。[*4] また、五月の始めにシアヌークに政府を立ち上げろと告げたのも、やはり中国人だった。ティウン・マムを召喚して綱領を書かせた、中国外交部副部長の韓念龙である。この綱領は穏健な民族主義をうたい、三月にシアヌークが発表した要請以上に共産主義的な目標に触れることを避けて、国内外からできるだけ多くの支持を得ることを意図していた。今回は「党内部」による校正はおこなわれなかった。ティウン・マムは、表向きだけでも新政府の役職の半分はカンボジア国内の幹部に与えるようにとのメッセージを、中国人の手を介してたった一度だけ受けとったという。[*5]

五月五日に王国民族連合政府の設立が公式に宣言されると、中国、北朝鮮、ベトナムのほか、第三世界からもキューバなどの数カ国がただちにこれを追認した。北京の北西に位置する友誼賓館――ソビエトの援助専門家のために一九五〇年代に建てられた宿泊設備を備えたオフィスビル――が、政府の拠点となった。シアヌークは北京の官用地の中心に位置するフランス公使館に住んでいた。一九〇〇年頃に建てられた庭園つきの高い塀に囲まれた豪奢な邸宅である。費用はすべて中国側の負担でまかなわれた。シアヌーク一行は倹約に慣れていなかった。周恩来がティウン・マムに予算を算出させたところ、かれの提示金額は年間五百万ドルだった。「周恩来は『だめだ』と言った」とティウン・マムは振り返る――「かれはさらにその倍額にした。われわれが使うのはその半分で、残りは本国に送る分だった」。

このような資金の分割には実質的な理由があった。クメール・ルージュはロン・ノル軍の汚職兵から軍備の一部横流しをしてもらっていたのである。かれらは現金を払う相手にならだれにでも装備を売りつけた。そのために毎年五百万ドルの札束が油紙で厳重にくるまれ、リュックサックに入れられてホーチミン・ルートからクメール人の配達人の手で運ばれた。配達人は、中身は「秘密書類」だと聞かされていた。また、中国はシアヌークとクメール・ルージュを同等に扱うことによって、中国にとってかれらは同等に価値ある存在だが、まったく別の役割を与えられていることを両陣営にあらためて思い出させていた。振り返ってみればこの分離がもっとも驚かされる。政権を取っていない共産党は、表の戦線組織とは距離をおき、裏からそれを操るのが常ではある。ベトナム南部司令局（COSVN）と、非共産党組織である南ベトナム解放戦線との関係がその典型例だ。だがこの場合、党は組織の操作さえしていなかった。シアヌークがひとたびクメール・ルージュとの協力を受け入れたら、あとはかれが思い通りに国際的な認知を得るため、好き勝手に外交戦術を取り仕切れた。同じくサロト・サルも、本国の政策については一任されていた。両者ともそれぞれ明確な目的を持っていた。シアヌークは復讐を求めていたし、クメール・ルージュにはかれの名前が必要だった。かれらの結託は政略結婚でさえなかった。同床異夢というやつだ。

一九七〇年四月の初めにサルは空路でハノイに戻った。かれとキュー・ポナリーはレ・ズアン、ファン・バン・ドン、ボー・グエン・ザップらベトナム労働者党の政治局員らに敬意をもって迎えられた。かれらがホーチミン・ルート沿いの長い道のりをたどって帰る前に、レ・ズアンは軍事協力について話し合うことを提案した。

サロト・サルが不在にしている間にヌオン・チェア――クーデター当日、クレバオでおこなわれた東部地域カンプチア共産党関係者の集会にソー・ピムとともに参加していた――は、国内のクメール・ルージュ「武装宣伝機関」に、あらゆる村やコミューンや地域団体を制圧せよとの指令を出した。その一週間後、シアヌークの要請の後にベトナム当局は合同軍事行動を提案してきた。ヌオン・チェアは最初のうち躊躇していたが、クメールの考えに関係なく自分たちのためにカンボジア領内に避難地域を確保するつもりだというベトナム側の主張を聞いて、協力関係に大筋で同意した。しかし詳細までは決定せずにハノイにメッセージを送り、提案の内容を説明してサロト・サルの到着を待つと伝えた。このような経緯で、レ・ズアンはカンプチア共産党の意向を知りたがっていたのだ。

それはサロト・サルに言わせればやりにくい議論だった。五千挺のライフルをクメール・ルージュ部隊に提供するというベトナム側からの最初の提案は受け入れることにした。だが次にレ・ズアンが提案したのは指揮権の統合だった。それはクメール「司令官」がすべてを取り仕切るベトナム人「副官」に補佐されていた一九五〇年代をサルに思い起こさせた。受けいれればカンボジアはふたたびベトナムの監督下におかれることになる。かれは中央委員会からこの問題を議論する権限を与えられていないと、もっともらしい口実でその場を逃がれ、「個人的見解」として、それは逆効果になるだろうとつけ加えた──「過去の闘争の経験」から、指揮権の統合は衝突のもとになることがわかっていた。また、政治的にはカンボジアの抵抗組織はベトナムに依存しているとの印象を与えることになるが、それはシアヌークにとってもクメール人にとっても受けいれられないことだった。レ・ズアンもこれを理解した。

だがさらに基本的な問題は、そう簡単には解決しなかった。

ベトナム人たちはシアヌークの要請の前から、新政府との交渉が予想通り失敗した場合はロン・ノル勢力を攻撃するという計画をたてていた。クーデター翌日の三月十九日、ベトナム南部司令局（COSVN）はプノンペンの成り行きを見守ることなく、クラチエ地方のプレクプラサップに用意していた基地へ移った。まもなくベトナム人指導者らは、ロン・ノルとシリク・マタクがアメリカ側について参戦する見返りにアメリカの援助を受けるというファウスト的協定を受けいれた以上、接触を続けることに意味はないとの結論を出した。こうして三月二十七日にベトナム人外交官の最後の一人がカンボジアを離れてハノイに引き上げた。

その二日後、共産党第五師団、第七師団、第九師団の増援によってにわかに補強されたカンボジア国内の四万人のベトコンおよび北ベトナム兵が、協調して政府側に対する攻撃をしかけた。四月二十日にベトコン部隊はプノンペンに二五キロのところまで近づいたが、撃退された。月末までにはラタナキリ、モンドルキリのほぼ全域と、スツン・トレンとクラチエの一部、そしてコンポンチャムからカンポットまでの六地方にかけての一帯を占拠した。

この時点でニクソン大統領は、アメリカと南ベトナムが「限定的侵攻」に踏み切ると発表した。それから二ヶ月で三万人のアメリカ兵と四万人を超える南ベトナム兵が、袂を分かって久しいベトナム南部司令局（COSVN）を探すという名目でスバイリエンとコンポンチャムを一掃したが、実際の目的はロン・ノル政府を振り回すことにあった。

短期的には利点もあった。アメリカ軍は共産党の軍備を大量に押収し、大勢のベトコン殺害に成功した。だが長期的な影響を考えれば、これは大きな失策だった。侵攻によってアメリカ国内でベトナム戦争に対する反発が高まり、政府の軍事行動の采配を制限する数多くの修正法案の最初のきっかけとなったのだ。アメリカ政府はロン・ノルに相談も通告もなく作戦に踏み切っていたが、このせいでロン・ノル政府はシアヌークを糾弾できなくなった――ロン・ノル政権自体がサイゴンから援助を受けていることが明らかになった以上、シアヌークが憎むべきベトナム人の手先であると国民に伝えることには何の意味もなかった。そして最悪なことに、この攻撃は軍事的に逆効果をもたらした。本国の批判を抑えるためにニクソンは、六月末までにアメリカ軍を撤退させ、カンボジア領内に三四キロ以上は侵攻しないと国民に誓わなければならなかった。結果として「メニュー」爆撃作戦が始めたことが実現された――ベトナム人共産主義者はカンボジア全土に散らばったのだ。

サロト・サルらにとってこれは大きなジレンマを生んだ。ベトナム人が領土を掌握すればするほど抵抗軍に加わる人々は増え、クメール・ルージュの管理する「解放区」は広がった。その一方で、カンプチア共産党指導者らは事態があまりに早く進展することに危機感を感じていた。「かれらはわれわれにこう話した」と、あるベトナム人歴史学者はのちに書いている――「兄弟であるあなたがたがわれわれを助けてすべてを急速に運びすぎると、今度はわれわれがついて行けなくなる。それではあなたたちが去った後、われわれには何も残らない」。

サルはハノイでレ・ズアンに会った折に、カンボジアが必要なのは武器であって兵士ではないことを明らかにした――ベトナムの軍隊に依存するのではなく、カンボジア独自の軍隊を養成する必要があったのだ。詳しくは語らなかったものの、サロト・サルはクメール・ルージュが望んでいるのは戦争の長期化で、迅速な勝利ではないとほのめかしたのだった。

キュー・サムファンはのちに、クーデターとその余波は、一九六〇年代半ばに武力闘争の開始を決めたサロト・サルが正しかったことを証明したと主張している。一九七〇年には基本的なクメール・ルージュのゲリラ勢力がすでに存在していたからだ。だがその数はわずか二千~三千人強で、戦友であるベトナム勢のほうが二十対一の割合で上回っていた。結果として、地元のクメール・ルージュ政権がすでに定着していた北東部以外の地域には、ベトナム人が行政事務所、病院、軍事・政治訓練校など占領軍のあらゆる周辺設備を持ち込むことになった。タケオ地方の地元幹部は次のように振り返る。

数人のベトナム人が村を治める管理組織を作るためにベトナムからやってきた。(中略)かれらは(それを)クメール・ベトコン管理組織と呼んだが、実際に運営にあたるのはベトコンだった。たとえば村長にはクメール人が任命されたが、実際には同じ責任を負うベトコンの士官がいた。植民地制度のようなものだった。職位につくのはクメール人でも、監督にあたるのはベトナム人だったんだ。

これは特殊なケースだったわけではなく、ベトナム南部司令局（COSVN）の公式な政策だった。サルはのちにベトコンが「カンプチア共産党中央委員会に知らせることなく」、「解放区」に「並行した国家権力」を立ち上げてクメール・ルージュの命令系統から独立したゲリラ分遣隊をおいたことに不満をもらしている。カンボジアの指導者らはベトナム側の行動を熟知していた。気に入らなかったものの、ほかに選択肢はなかった。カンボジアのほとんどの地域において、クメール・ルージュには新たに獲得した領土を統治する幹部もいなければ、そこを守る兵士もいなかったからだ。

それでも、五月に抵抗組織の手に落ちたクメールの主権のまさに象徴と言えるアンコールワットが、クメール人ではなくベトコン兵に占拠されるのを目にするのはやはり不快だった。

ベトナム共産党はそれを理解していた。クメール人の傷つきやすさはいまに始まったことではなかった。ベトナム南部司令局（COSVN）は一九五〇年代始めにグエン・タン・ソンが使った言葉とほぼ同じ言い方で幹部たちに「カンボジア人を同等に扱う」よう促し、「かれらの運動を忍耐強く助け（中略）われわれが『大国』で（かれらは）貧しく弱いという考えを捨てるように」と告げた。だが誠実な言葉とともに、おなじみの軽蔑が存在することは明らかだった。「カンボジアの革命家たちは熱心ではあるが、能力に欠ける」と別の文書にはつづられている――「カンボジアの革命は弱く、組織はまとまっていない。われわれはそれを強化しなくてはならない」。確かにその通りだった。だがサルはこれを二枚舌のベトナム側の甘言ととらえていた。

カンボジア人たちは、同盟軍であるベトナム人たちが一九五四年のように戦争の終結とともに撤退して自分たちを見捨てることを恐れつつ、かれらの残留をもっと恐れていた。ベトナムに支配されることに対する先祖代々の恐怖はシアヌークやロン・ノルにも受け継がれていたが、一九七〇年当時はカンプチア共産党政策の原動力の一つにもなっていた。だが共産主義者にとっての脅威は敵ではなく友であり、反対者ではなく味方だった——だからこそ余計に油断がならなかった。

最初から、カンボジアの内戦の残虐さは際立っていた。クーデターの一週間後にコンポンチャムで農民によるデモが起こり、多数の役人が殴り殺された。そして兵士らは暴徒を追い払うために発砲した。翌日の三月二十六日には、暴徒が知事の邸宅と裁判所を襲った。プノンペン放送がこれを「ベトコン的思想を持つ人々による挑発行為」と報道したことで、さらに事態は緊迫した。夕方になって二人の地元議員がプノンペンから仲裁にやってきたが、かれらも襲われて殺された。肝臓が取り出され、勝利のしるしにと料理屋の店主に調理が命じられた。できあがった料理は群衆に配られた。同じ頃、ロン・ノルと半分血のつながった兄弟であるニルも、近くのゴム農園で同じように殺害されていた。かれの肝臓もやはり調理して食された。

その夜、シアヌークの写真を手におよそ千人の人々がトラックやバスでコンポンチャムを離れ、プノンペンへ向かった。町のはずれでシエムリアプから来た一団もかれらに合流した。ここでも政府の兵は群衆を撃退しようと発砲した。徒歩でやってきたおよそ一万人の農民たちが次に襲ったのはスクーンの庁舎だった。今回は群衆に向けて重火器が使用され、およそ六十人が死傷した。週末にはタケオとプレイベンで抗議行動を解散させるために戦車や装甲車が使われ、さらに二百人が死亡した。

地方における弾圧は、予期された結果をもたらした。「私は教師や仲間の生徒とともに逃げました」と、若いデモ参加者は語っている——「五十人か六十人が（ジャングルに）集まりました。（中略）政府兵のしたことが許せなかったし、反撃したかったのです」。三月二十三日のシアヌークの要請によって軍からは脱走が相次ぎ、特にクラチエでは地元司令官が部下を全員家に帰して地域の監督権を抵抗組織に移譲するという出来事が起こっていた。ベトコンの煽動者たちはシアヌークの声明を録音したものを村々で聞かせた。農民にとって、クーデターは冒瀆行為だった。

プノンペンの反応はまったく違っていた。

中流階級は少なくとも遊び人の殿下と「ばかばかしい映画」とは縁が切れたと安堵のため息をついた。「そしてあの長々とした単調なラジオ演説もね」と、一人の青年は語った。

かれらの評価基準もフランス革命にあり、シアヌークはルイ十六世の役回りを務めていた。だがかれらが理想としていたのはブルジョア階級が権力を握った一七八九年のミラボーの革命であり、ロベスピエールやサン・ジュストの革命ではなかった。一九七〇年当時のカンボジアには、根底に封建的な色合いが強く残っており、クーデターも封建社会の中でとらえられていた。しかも最初のうち体制を支持していた層の中心は中流階級の若者たちだった。プノンペンのゴルフ場で数日間軍事訓練を受けたのち、かれらはベトコンと対峙するために国境へとバスで移送された。「かれらが出発するのを毎日見かけた」と、ある人物は語る――「つっかけかサンダルに半ズボンやジーンズを履き、大昔のフランスの軍服やぶかぶかのアメリカの軍服を合わせた姿で、コカコーラのトラックや明るい色に塗られたバスから身を乗り出していた」。かれらは杖と段ボール製のスーツケースのほか、ときにはライフルを持っていることもあったという。

使い捨て要員では先祖代々の敵に立ち向かえないとわかると、ロン・ノル政府は怒りの矛先をベトナムの民間人に向けた。門限が――ベトナム人だけに――発表され「身の安全のために」ベトナム人家族らは簡易宿泊所に集められた。ベトナム人の財産を奪っても血は流さなかったクーデター前の示威行為とは違って、今回は本格的な大虐殺がおこなわれた。四月十日に、プノンペンのすぐ南に位置するネアク・ルオンというメコン川のフェリーポイントに四百人の死体が浮かんでいるのが見つかった。死体は後ろ手に縛られており、銃で撃たれた痕があった。同じ日に、パロッツビークのプラサットの収容所にいた人々は、ベトコンの攻撃が迫っているからと逃げるように命じられた。そしてかれらが走り出したところへ、カンボジアの衛兵たちが機関銃掃射を浴びせた。プノンペンの北のはずれに位置するベトナム人の村では十五歳以上の男性ばかりが集められ、川下へと引き立てられて銃で撃たれた。村に残された女性は強姦された。数日後にタケオ地方の小学校に収容されたベトナム「難民」も、同じ運命をたどった。ロンドンの『オブザーバー』のマーク・フランクランドはその光景を目撃している。

屠殺場のような光景と匂いだった。（中略）セメントの床は固まりかけた血だまりで覆われていた。片隅には服を血に染めた死体が三体あった。およそ四十人のベトナム人男性や少年が、屋外をうろつくカンボジア兵からできる限り離れるようにして、教室の一方の端に横たわったりうずくまったりしていた。（中略）だれもかれも血にまみれていたので、どれだけの人間が負傷しているのかよくわからなかった。一人の男性は（中略）腹部に開いた傷に布を詰め込んでいた。（中略）教室の内壁には銃弾の痕が点々と残っていたが、外壁にはまったくなかった。

政府は殺戮の事実を真っ向から否定し、死亡者はベトコンの攻撃による銃撃戦の犠牲になったのだと、関係者らは発表した。これはクメール人的反応の典型例だった。他人の面子をつぶさないために手を尽くす――わずかでも意見の衝突が起こりそうになると、みずからの利益をそこなってでも本能的に撤回する――文化においては、動揺させるような質問は控えられる。野暮な欧米人がそれをおして質問して嘘をつかれたところで、驚くほどのことではない。クメール的に言えば、嘘をつくしかない状況にかれらが相手を追い込んでしまったのだから。[*6]

なんとしてでも対立を避けたいという直感的な欲求の結果として、討論や議論は意見の相違を解消する手段としては役に立たなくなってしまった。黙認か暴力かという両極端だけで、妥協点は存在しなかった。フランスの考古学者でアンコールの研究に生涯を捧げたベルナール・フィリップ・グロリエは、カンボジアについて「屈託のないように見えるうわべの下には野蛮な力と落ち着きのない残酷さが眠っており、それがひどい残虐行為の勃発というかたちで燃え上がることがある」と書いている。またシアヌーク自身も「クメール人は暴力的になることもあるが、その穏やかさと親しみ深さがひどい爆発を隠している」と認めている。一方が他方を必然的に補っているのだ。優雅に撤回する余地がないところまで緊張と重圧が高まると、微笑みの外観にひびが入り、暴力――シアヌークは「見境をなくす」と表現した――だけが残されることになる。これは異常ではなく、クメール人の行動に本質的に備わった性質だ――親切な中年の女性が夫の愛情を取り合う相手となった十代の少女に硫酸をふりかけ、村人が他人の肝臓を切り取った原因は、この反射作用だ。通常はその境目は隠されている。だが一度そこを渡ってしまうと、良心の呵責もなしに、ひどく残虐な行為が始まるのだ。

一九七〇年にはカンボジアの全土――市街地から地方、王族から農民まで――が、この境目を越えてしまった。

クーデターの八週間後、ロン・ノルはベトナム人共産主義者に対する宗教的な千年戦争の開始をラジオ放送で発表した。相手は「ブッダの敵」であるとかれは宣言した。共産主義者であろうとなかろうと、すべてのベトナム人がカンボジアを離れて「母国」へ戻らねばならなかった。同胞である南ベトナムだけでなく恐怖を感じた諸外国の抗議からロン・ノルは大虐殺を中止していたが、そのあとに待ち受けていたのは大規模な国外追放だった。翌年以降、カンボジア国内に在留していたベトナム人二十五万人が、家や財産を――政府の皮肉では「隣人たちにまかせ」――捨てることを余儀なくされ、追放を待つあいだ強制収容所に収容された。それでも暴力はやまなかった。五月には、あるクメール人司令官が女性や子どもを含む百人の収容者を従えて、キュー・サムファンの元選挙区だったサアングへと向かった。そこでかれらに白旗を持たせ、ベトコンの基地に向かって歩かせておいて、拡声器で共産主義者に降伏を呼びかけた。後ろに控えるカンボジア兵の人間の盾に使ったのだ。ベトコンは驚きもしなかった。機関銃の掃射により、司令官の「心理戦の(中略)新戦略」は血だらけの山を築いて失敗に終わった。主にベトナム人の改宗者が通うキリスト教教会は、共産主義ゲリラの避難場所になりかねないとの理由からカンボジア空軍の爆撃の対象になった。

憎悪政策にはそれなりの代償があった。四月に国境を越えて流入してきた南ベトナム兵は、自国でも規律に従っていなかった。かれらはカンボジア領内で同胞を血祭りにあげた。アメリカ兵は六月の末に計画通り撤退したが、南ベトナム兵は地方に残ってテロ行為を続け――女性を強姦し、家畜を盗んでは家々を略奪した。結果として、クメール・ルージュの人員募集にはまたとない機会が訪れた。ベトコンは必要なものには代価を払い、クメールの習慣に反することがないようひたすらに気を配る模範的な客だった。だがロン・ノルの南ベトナム兵は強盗も同然だった。何万人もの村人が共産党の管理地域にやってきて人口を急増させ、息子たちを抵抗組織へ送り出すまでにそう長くはかからなかった。

ロン・ノル体制がみずから招いた傷は大虐殺だけではなかった。四月にロン・ノルは王制の廃止を宣言していた。「神託を授かった」と、かれは告げた――「だれもが等しい権利を持つべきである。(中略)悪い王は逃亡し、彗星が現れて(中略)カンボジアは共和国になる」。多くの農民にとって、それは世界の終わりにも等しかった。「雨を降らせてくださる王がいなくなっては、どうやって水田の面倒を見たらよいのでしょう」と、カトリック系伝道師のポンショー神父は尋ねられたという。シアヌークは退位したにもかかわらず「万物の主」であり、象徴的な力でクメール国家をまとめあげるバラモンの大君主だったのだ。かれの失脚は古い考え方の人々にとっては想像を絶する出来事だった。もしシリク・マタクの願い通りに新たな王が即位していれば結果は違っていたかもしれない。だがかつてサロト・サルの級友であった弟のロン・ノンや反王制派のケン・バンサク率いる有識者たちに勧められて、ロン・ノルは仏教の再興には過去をすっかり取り払うことが必要だと断じた。この点は間違いではなかった。カンボジアの病理の多くは、王制が維持してきた封建制度から派生していたからだ。だが実際は、ヘンリー八世統治下のイギリスと同じく、カンボジアはまだ共和制民主主義に移行する段階にはなかった。クメール共和国設立の布告は、地方の人々を徹底的に離反させてしまう戦略上の大きな誤りだった。

理性を見失って奈落へ落ちていったのはプノンペン政権だけではなかった。ロン・ノル政府にとってすべてのベトナム人が共産主義者だったとすれば、クメール・ルージュにとってすべての外国人は敵だった。四月末までに二十六人の欧米人ジャーナリストがカンボジアで「失踪」した。幸運にもベトコンに捕らえられた人々は、たいていの場合はベトナムの方針として、捕らえた側が政治的にもっとも有利な条件を引き出せるタイミングで解放された。だが戦時中にクメール・ルージュに拘束された人々は三つの例外を除いて全員——牧師も援助要員もジャーナリストも——殺害された。これも「敵とわれわれの間に明確な境界線を設ける」ためだった。

運命の年となる一九七〇年が過ぎていくにつれて、双方の態度も硬化していった。

これは避けられないことではなかった。これはただの戦争の拡大に対する反応ではなかった。双方とも、これまで評価基準にしてきた原点との関係を意図的に絶とうとしていたのだ。ロン・ノルは王制を、クメール・ルージュはインドシナ共産党のなごりを払拭しようとしていた。思想と行動にかかっていた抑制が徐々に取り払われ、カンボジアは未知の領域に突入しようとしていた。

サロト・サルは六月にホーチミン・ルートの南端のK-12でベトナム人の護衛と別れた。そしてキュー・ポナリーとパングのほか、クメール人の護衛二人とともに、ふたたび徒歩で安南山脈を越えてラオス南部のアトプーを抜けた。

北京に滞在していた頃からポナリーには奇行が見られるようになっていた。当時ポナリーに会ったことがある中国当局の人間は、彼女が「あまりにベトナム人を嫌っていて『ベトナム』という言葉を出すことさえできなかった」のを覚えている。そして何が理由でそれほど不安定になってしまったのか不思議に思っていたという。ハノイを出発する頃には病状は深刻化しており、旅の終わりの数週間には担架で運ばれるほどになっていた。彼女の病気が慢性妄想型統合失調症であると診断されたのは、ずっと後のことだった。そのときにはもう手のほどこしようがなかった。サルの料理人のムーンは、一人の側近がサルに水の入ったコップを持ってきたときのことを覚えている。「ベトナム人が毒を入れたから飲まないで、と彼女は叫びました」と、ムーンは語る――「そしてみずからコップを下げ、かわりに新しく水を持ってきました。そのときかれが哀れむような表情をしたことを覚えています」。初期の激しい発作がおさまって一時は快方に向かったかに見えたが、その後も定期的に興奮して落ち着きをなくすという発作が続き「ベトナム兵がやってきて自分たちを殺してしまうと叫んだ」という。順調なときでも不眠症に悩んでいたサルは、やがて架空の敵に向かって恐怖で騒ぎ立てるポナリーのせいで一晩中起きているはめにならないように、彼女が発作を起こしたときはムーンのところで眠らせるようになった。それから数年は、外見的にもまったく正気に見える普通の状態が長く続くこともあった。だがそのうちこの病気特有の症状が現れ、自分の殻にこもって入浴も周囲の人々への返答も嫌がり、悪夢のようなベトナム人の暴虐行為をますます妄想するようになっていった。

妄想型統合失調症の主な原因はまだよくわかっていない。だがストレスがきっかけになって症状が悪化するケースが多いことは知られている。ポナリーの場合、最初にストレスのもとになったのが不妊症であったことは間違いない。ポナリーの友人たちは、彼女が晩年に大勢の子どもたちに囲まれるのを好んだことと、子どもの前では普通にふるまう傾向があったことを覚えている。ポナリーは夫が子どもを欲しがっていながら、その思いをひた隠しにしていたことを知っていたに違いない。

だがホーチミン・ルート以降の病状のきっかけは、明らかにもっと最近の出来事だった。「ベトナムか中国にいたときに何かが起こったのでしょう」と、ムーンはのちに推測している。また、サロト・サルもその手がかりらしきものを残している。一九六九年十二月にハノイでおこなわれた会談についてかれは次のように書いている。「ベトナムの代表団は（中略）その強烈な敵意を抑えようともしなければ（中略）激情をコントロールしようともしない。（中略）かれらは簡単に暗殺を選ぶと（カンボジアの）代表団（は感じた）。空気（中略）は非常に緊迫しており、代表団の中でもこのような試練に慣れていない者たちはすっかり動揺している」。記述内容は大げさだが、ここには出席者だったポナリーの感情が反映されているのかもしれない。ある意味で彼女の病気は、広く国家レベルに広がったベトナムに対する妄想症が病状となって現れたものとも言える。それはしだいにカンボジア人の生活をあらゆる面からむしばんでいった。彼女の狂気はサルや、ましてクメール・ルージュの政策――まだ実行されるどころか形になってさえいなかった――とは何の関わりもなかったが、彼女の精神はすでに崩壊しつつあった。それはこの国がたどる運命の――悲劇的かつ個人的な――暗喩だったのかもしれない。

サルはそれから二ヶ月間を以前活動していたK－5で過ごした。国境から徒歩で三日のところに位置する司令部である。かれは手回し式発電機のついた無線トランシーバーを持参していた。つまりラタナキリの基地以降、初めて北京の中国共産党の対外連絡部やハノイとモールス信号で通信できるようになったのだ。ベトナムに亡命していた間に無線技師として訓練を受けたクメール「再結集組」の三人がその操作にあたった。かれらはその年に帰国を果たした千五百人の亡命者の先駆けだった。数少ない女性の一人であったキット・モンはベトナムで医師になるべく訓練を受けており、四月初旬にサロト・サルに数日遅れてハノイを出発していた。

出発前に二週間にわたって訓練を受けました。重いリュックサックを担いで丘を登っては下り上っては下り……その繰り返しでした。そして総勢六十人から百人ほどだったわれわれは、ベトナム人の案内役に連れられて出発しました。（中略）目的地までは三ヶ月かかりましたが、ジャングルの道沿いにはベトナム人が管理する休憩所があり、われわれのためにハンモックを用意しておいてくれました。（中略）アメリカ人が爆撃をおこなっている地域では、夜間に小型懐中電灯の灯りをたよりに進みました。

サルの側近のパングがラオス国境の村に受入施設を設置しており、帰国者はそこからさらに南の目的地へ向かうよう支持された。モンが送られたのは五月にベトコンに占拠されたクラチエだった。北部地域書記のコイ・トゥオンはスプーの森の中のチニット川――プレア・ビヘアの丘陵地から南西に長い弧を描いて豊かに水をたたえるグレート・レイクへと流れこむ川――の支流の川岸に司令部を立ち上げていた。モンはベトナムで訓練を受けた医師二人と看護士の一団とともに、党指導部のために簡素な病院を設立した。

それから十二ヶ月のうちに他のグループも到着した。そのほとんどは東部地域へ送られて新生クメール・ルージュの地方管理部および地区管理部の中間管理職についた。

七月末にサル自身もポナリーとティブ・オル——二年前にラタナキリでサルたちに加わったプレイベン出身で派手な装いの中学教員——のほか、七十人の山岳民の護衛を連れて南部に出かけた。

出発前夜にサロト・サルは指導者らを招集した。「われわれはこれから野に下る」と、かれは切り出した——「われわれは今日から名前を変える。わたしももうプークではない。今日からはポルと名乗る」。そして他の者たちにもみずから選んだ新しい偽名を与えた。ジャライ族の補佐フィ・フォンも、その日チェアムという名前を与えられた。これは新たな存在に変わるための通過儀礼だった。クメール人は僧侶になるときに「戒名」を与えられた。クメール・ルージュたちは新たな責務を負うと、名前を変えたのだ。ソン・センも革命軍部隊を率いる参謀長に就任した一九六九年に名前を変えている。それまでは公式には「カム（かみつく者）」と名乗っていたが「キュー（青）」に変えたのだ。

ポル——音調の良い単音節語を合わせる習慣にしたがって、ボンがボン・ベトと名乗り、ティウン兄弟の長兄がティウン・ティウーンと呼ばれたように、かれものちにポル・ポトと名乗るようになった——が、この名前を選んだ理由は明らかにされていない。しかしポルとはルソーが「高潔な未開人」と呼んだ、先住民の残党である王の代々の奴隷のことだ。この仮名はシアヌークとの同盟によって、いわば「王の奴隷」となったサルの皮肉であると考えざるをえない。また、パリに留学していた頃にクメール・デーム（原クメール人）という仮名を使っていたことも想起される。ポルとはクメール・デームのことであるからだ。当時、仲間には王制を攻撃するしるしにクメール・ネアク・ンゲア

（代々の奴隷であるクメール人）という、さらにあからさまなペンネームを使った学生もいた。理由が何であったにせよ、それからの十年間サルはポルという名で知られることになった。

南へ向かう旅はゆっくりしたもので、時々アメリカ軍の爆撃がある以外はとりたてて変化がなかった。ポル・ポトとその護衛たちは九月の末に、最初の目的地であったクラチエとコンポントムの国境の暫定キャンプ――コイ・トゥオンの司令部からおよそ五〇キロ北東――にたどりついた。ここでかれはカンプチア共産党中央委員会の拡大総会を開いた。出席者の記録は残っていない。キュー・サムファンはこの数日前に到着し、シアヌークとの連絡を任されると聞かされていたが、指導者集会には参加しなかった。ポル自身はのちに、この集会が「中央委員会の総会」であったと主張してその重要性を強調しているが、出席した党幹部はかれとヌオン・チェア、ソー・ピムだけだったようだ。

ここでの決議ではじめて「独立統治」の方針が示された。これはそれから九年間にわたって党の合言葉となっている。他の多くのクメール・ルージュの用語と同じく、これも仏僧の言葉であるパーリ語からとった造語である。こうしてカンボジアの共産党が外部の干渉を受けずにみずから戦略を決定する権利が主張された――それは一九五四年のジュノバ会談でベトナム人がクメール革命に「裏切り」をはたらいたことをあらためて強調する内容だった。

カンボジア共産党は独自に革命路線をたどってきた。（中略）他の強国にわれわれの国や人民や革命の運命を決めさせてはならない。現在（これらの国々は）いまだに懐古主義を抱えている。（中略）われわれは（かつて）みずからの運命を強く手に握っていたが、われわれのかわりに決断することを他者に許してしまった。この歴史的な過ちを繰り返してはならない。（中略）外国からの援助は、たとえ健全で無条件なものであろうと（中略）短期的、長期的に決定的な役割を果たすことは決してない。（中略）われわれはこの独立統治という立場を強く固持し、独自の勢力をたよりに困難や苦難に耐えていかなければならない。そのうえで援助を受けいれるか否かは、その必要性や有効性もしくは有害性、その用途に関するわれわれの判断にかかっている。

それはカンプチア共産党の独立についての基礎理論を述べた文章だった。ここに実質的な効果を持たせるべき時機はまだ到来していなかった。立派な言葉をつらねてはいたが、かれらはやはりベトナム側の支援を必要としていたのだ。だがこれをカンプチア共産党の立場の抜本的な変化ととらえたハノイは、間違っていなかった。

この集会においてイエン・サリを外交政策担当の「内部特別代表」としてハノイと北京に派遣することも承認された。シアヌークなど若干事情を知る者たちから共産主義勢力の内情を隠すための取り決めだった。

ポル・ポトがコンポントムのジャングルでクメール・ルージュの政策方針を策定していた頃、ロン・ノルはカンボジア中流階級を中心とした共和国設立の計画を容赦なく進めていた。夏にはシアヌークと取り巻きの十八人に対して、本人不在のまま死刑判決が下された。その二ヶ月後の十月九日に、王宮の前で盛大な式典が執りおこなわれた。白を基調とした華やかな礼装に身を包み、絹製のサンポットという式典用の伝統的なキュロットをまとったロン・ノルとシリク・マタク、そして国民議会の長であるイン・タムが式典を取り仕切り、千年にわたって続いてきた王制の撤廃が宣言された。カンボジア改めクメール共和国の誕生を祝して、百一発の礼砲が発射された。十五発目の発射の際に大砲が暴発し、砲員が一人死亡した。その報せは野火のようにまたたくまに街に広がった。国の守護神であるテボダが、虐殺のときが迫っていることを示しているのだ。

原注

＊1　このシステムは実はもう少し複雑だった。欧米のホテルが十三階を設けないのと同じように、ベトナムでは迷信的な理由から一人目の子どもを二人目と呼ぶ。「一人目」はすでにさらったと悪い霊に思いこませ、「二人目」に手を出させないためだ。概念上「二番目の兄」となるホー・チ・ミンは、副官のレ・ズアンを「三番目の兄」、ファン・バン・バを「四番目の兄」、トルン・チンを「五番目の兄」とファン・フン（末弟）まで順に名付けていった。ベトナム語のサルの肩書きアン・ハイは、直訳すると「二番目の兄」だが、ベトナム人の使い方では「長兄」を意味する。カンボジア（と、また別の方法で霊を混乱させる中国）では、この工夫は無視された。クメール語の**Bang ti moi**は文字通り「長兄」を指す。

＊2　ベトコンはクーデターの噂を深刻に受け止めた。メモットの司令部から一〇〇キロ北のクラチエ地方にベトナム南部司令局（COSVN）の本部が新たに準備された。また、アメリカ支持派がプノンペンで実権を握り、国境地域の戦闘が激化した場合に備えてプレイベンとコンポンチャムを通る脱出路が念入りに考えられた。万が一に備えてメコン川の西か北のラオスへさらに撤退する非常事態計画も策定された。

＊3　北ベトナムの国防相ボー・グエン・ザップ司令官は、数百人のベトナム人教官に命じてカンボジア「解放区」の「シアヌーク派」勢力の訓練にあたらせた。この勢力はやがて約一万五千人に達した。

＊4　このサミットはシアヌークとペン・ヌートの口論のせいで危うく失敗に終わるところだった。ペン・ヌートはクーデター勃発当時シアヌークに同行しており、かれとともに亡命していた。シアヌークはフオ・サンバットを閣僚に任命したいと考えたが、ペン・ヌートはかれをひどく嫌っていた。ペン・ヌートは引退してフランスへ行くと脅したが、シアヌークは一歩も譲らなかった。最終的にこの問題が解決したのは、サミット開催予定日の朝早くのことだった。ティウン・マムは朝の三時という信じられない時間に副部長の韓念龙を訪ね、下着姿のかれと寝室で話し合ってサミットの延期を取り決めた。周恩来は中国初の衛星の打ち上げに合わせて、四月二十三日にサミットを開催したいと考えていたが、結果的

には一日遅れとなった。人間性をめぐって口論に発展するのは、シアヌーク時代からカンボジアの政治の特徴である。

＊5　王国民族連合政府の構成はのちに再編成された分も含めると以下の通りである（反乱軍で生活していた大臣の名前は太字）。

首相：ペン・ヌート
首相官邸事務次官：ケト・チョン
副首相兼国防相：キュー・サムファン
外相：サリン・チャク
事務次官：**ポク・デスコマー**
情報相：**フー・ニム**
事務次官：**ティブ・オル**
内相、協調省：**フー・ユオン**
国家安全および内務担当事務次官：**ボン・ベト**
経済相兼財務相：ティウン・マム
事務次官：**コイ・トゥオン**
特命相：チャウ・セン
調整相：ティウン・プラシット
社会教育相：チャン・ヨラン
事務次官：**キュー・チリト**
軍備相：デュオン・サム・オル司令官
法務相：チェア・サン
（のちにノロドム・プリサラ親王）
式典・宗教相：チェイ・チュム
公共事業相：フオ・サンバット
衛生相：ゴ・ホウ
事務次官：**チュー・チェト**

プリサラはクーデターの数日後にロン・ノル政権の外相を辞任した。妻とともに逃亡し、一九七二年の一月に抵抗組織に加わっている。

＊6　元クメール・ルージュを取材する中で、相手の口調や表現の変化から、質問の許容範囲を越えてしまったことに気づかされることがしばしばあった。そういったときの返答は明らかに作り話だった。無学な農民よりもむしろ欧米風の教育を受けたキュー・サムファンなどの指導者たちにその傾向が見られた。嘘をつくことにためらいはなかった――その手の質問にふさわしい返答だったからだ。シアヌーク、ロン・ノル、ポル・ポト、フン・センの配下のカンボジア人は――指導者自身は言うまでもないが――それぞれにやり方はちがったが全員が

真実について無頓着で、その道徳的価値よりも実質的価値に重きをおいていた。嘘をつくことは（ヨーロッパやアメリカでも）やはりよくあることだが、真実味を出して嘘を隠そうという努力が見られる。

内容が政治的なものである場合は、歪曲や省略によって不可解なものになることはあっても、ある程度の事実が含まれているものだ。だがカンボジアでは、まったくのねつ造であることが多い。

第七章

# 浄化の炎

一九七〇年代の前半に、クメール・ルージュは一つどころか四つの戦争を戦っていた。

最初の相手はアメリカで、グアムから飛来する爆撃機との戦いだった。かれらの標的はベトコンとクメール・ルージュの基地だったが、爆弾は大量で、何より市民の上に降りそそいだ。プノンペンのアメリカ大使館に勤務していた、やや反体制的なところのあるビル・ハーベン行政官は、ちょっとした実験を試みた。段ボール紙を切り抜いて、B－52の爆撃で破壊された地域を示す幅一・六キロ長さ三キロの「箱」を作り、縮尺の大きい地図の上においてみたのだ。カンボジア中央部と東部のほとんどについて、部落や村を含まない箱はなかった。

二つ目の戦争は、最初の戦争と連動していたわけではなかったが、ロン・ノルの軍勢による地上戦だった。そして三つ目はカンボジア側とベトナム側の共産主義者の間のなかば隠れた闘いだった。そして最後が北京のシアヌークとカンボジア国内の抵抗組織の指導者たちによる権力をめぐる闘いである。これは本格的な戦闘状態にもつれこむことはなく、寸前で踏みとどまっていた。

なかでも劇的だったのは空からの戦いだ。

春の「限定的侵攻」が何の解決にもならなかったことを悟ったペンタゴンは、ふたたびB－52による爆撃を再開した。最初に標的となったのは東部地域だったが、のちに攻撃対象はカンボジアのほぼ全域に広がった――侵攻によってベトコンが拡散していたために、ほかに手だてがなかったのだ。ベトコンのトルン・ヌ・タン法相はのちに次のように書いている。

B-52の爆撃による激しいテロ行為にならぶものを、ゲリラ軍はこれまで経験したことがなかった。（中略）巨大な鎌でジャングルを一掃したようにチークやゴムの大木が雑草のごとくなぎ倒され、無数の木片に粉砕された。（中略）破壊されたというようなものではなかった。どういうわけか存在自体がなくなってしまったのだ。（中略）広大なクレーターがえぐりとられ、見る影もなくなった風景以外にはなにも残っていなかった。（中略）

B-52の攻撃が始まった頃は、壕の地面に必死で身を伏せていた。まるでこの世の終わりのようだった。（中略）ばんばんばんと地面を揺るがす音がしだいに近づいてきて（中略）やがて大激震が襲った。だれもが地面に身を伏せていた。声を殺して叫ぶ者や、体が勝手に激しく震えるのを何とか止めようとする者もいた。周りの地面がけいれんするように揺れ、ひどい轟音につつまれた。（中略）そして恐怖の時は過ぎた。逃げ出したいという強い思いのせいで、体の自由を失ってしまった人もいた。

ソビエトの代表団が省庁を訪れている間に、非常に差し迫った空襲警報が発令されたことがあった。負傷者は出なかったものの、代表団の尊厳は相当ひどく傷つけられた――失禁と止まらない震えが、かれらの内心の動揺を明らかに物語っていた。だがそれほどきまり悪い思いをする必要はなかった。案内役も、みな同じ経験をしていたからである。（中略）

しかし遅かれ早かれ爆撃のショックは薄れ、絶望的な運命論めいたものにかわっていった。慣れた者は恐怖に震えて壕の床でもがくこともなく、ただ成り行きに身を任せていた。（中略）B-

52のせいで、どういうわけか生き方が整理された（中略）。私にとっても他の人々にとっても、それは一生ついてまわる経験だった。

アメリカはベトナム戦争中に、第二次世界大戦で各国が使用した爆弾の三倍をインドシナに投じた。カンボジアに落とされた爆弾の総量は、原爆を含め日本に落とされた爆弾の三倍だ。運動に熱心な党幹部は、B-52の恐怖を合理的に受けとめられたかもしれない。だが農民たちは、わけもわからずに恐怖におちいった。「人々はすっかり怯え、おし黙ってさまよった。三〜四日は口も聞かなかった」と、ある若い村人は語る――「人々は脳がすっかり混乱してしまって（中略）食事をとることもできなかった」。

爆撃の影響は二つあった。数十万人もの村人が都市部に逃れ、そこで飢餓寸前の不安定な暮らしを送るようになった。クーデターの時点で六十五万人だったプノンペンの人口は年末に百万人を越し、一九七五年には二百五十万人に達していた。バッタンバンやコンポントム、シエムリアプなど、政府の支配下にあった地方の町は限界までふくれあがった。

そして数十万人は正反対の方向――森へ逃げた。森は、戦争や荒廃に瀕したクメール人農民が逃げ込む昔からの隠れ家だった。アメリカ情報部の推計では、一九七〇年の年末にはベトコンと北ベトナム人とクメール・ルージュによる支配地域の人口は百万人を超え、その面積はカンボジア領土の半分以上に達していた。

爆撃の激しさがカンボジア人を残忍な行動にはしらせ、そのせいでポル・ポトたちの政権がああいう性質になったと考えるのは間違いだろう。ベトナムではカンボジアに比べてはるかに大量の爆撃がおこなわれたが、かれらはクメール・ルージュのような仕組みはとらなかった。爆撃が過激思想に走りやすい風潮をつくりあげた可能性はあるが、どのみち地上戦が同じ結果を招いていただろう。クメール・ルージュは「石器時代に逆戻りするほどの爆撃を受けた」わけではなかった。B－52の爆撃がおこなわれなかったとしても、民主カンプチアがまったく違う国になっていたとは考えがたい。[*1]

B－52は、逆に政府に重荷を負わせた。難民が都市部に殺到して、当局にも救いようがないほど窮乏するにつれて、クメール・ルージュの宣伝には絶好の機会が与えられた。かれらはこれを徹底的に利用した――爆撃の跡や爆弾の破片の中で農民に政治教育をほどこし、ロン・ノルがみずからの権力を守るためにカンボジアをアメリカ人に売ってしまったと説明して、アメリカはベトナムやタイと同じくこの国を壊滅させると決めているため、戦争が終わったらカンボジアはなくなってしまうと告げたのだ。「巨大な爆弾が無数にあったため、かれらの言葉には信ぴょう性がありました」と、ある男は振り返る――「クメール・ルージュがいとも簡単に人々の心をつかんだのはそのせいです」。戦争では、破壊が憎しみを引き起こし、憎しみはさらなる破壊によって和らげられる。爆撃で家族を失った者や、家を破壊された村人は憎しみに満ちていた。こうしてクメール・ルージュ兵は増加していった――一九七〇年末に一万二千人と推定された兵士の数は、二年後にはその四倍に達していた。一方、政府側はシアヌーク時代にすら見られなかったほど堕落が進み、道徳上の高潔さはすっかり失われていた。

戦闘に明け暮れる毎日だったが、特に最初の頃は両陣営ともに予想外の強さと弱さを見せていた。まともな訓練や指揮を受けていないうえに給料も払われないことの多かった政府兵が、時には驚くべき勇敢さを発揮した。フランスの考古学者フランソワ・ビゾは、そんな戦闘を目のあたりにしている。シエムリアプ郊外の橋の警備にあたっていた部隊の軍曹が、クメール・ルージュとベトコンの混成部隊を征したのだ。

（かれは）生粋のクメール人特有のブロンズのような光沢を帯びた黒い肌をしていた。険しいまなざしに角張った顎で、小さな歯は上からすり減らしたブロックのようだった。（中略）開いた胸襟からは儀式用の入れ墨と、仏像に虎の歯とお守りを組み合わせたネックレスが見えていた。そのお守りがぶつかり合ってかちかちと音をたてるのを、われわれは一晩中耳にすることになった。（中略）軍曹は部下への指示や、かれらの（隠れる）塹壕の点検に余念がなかった。（中略）

突然、拡声器越しの声が響き渡った（中略）「同志よ！　われわれは兄弟だ！　われわれは愛する祖国を解放するため、シアヌークのもとで闘っている！」（中略）

その男はプノンペン訛りで話した。「同志よ！」かれはふたたび呼びかけた——「きみたちがこんな惨めな穴の中にいるというのに、ロン・ノルは妻とベッドで眠っている（中略）」。この呼びかけに効果があることはあらゆる場所で実証されていたので、攻撃者たちもそれほどの抵抗を予想していなかった。軍曹の一徹さを甘く見ていたのだ。かれは穴から飛び出して隣の穴へ移り、恐怖に凍りついていた部下たちに渇を入れた。（中略）暗闇の中で包囲網は狭まっていった。（中略）ふたたび声が響きわたったが、今度はさらに大胆な物言いだった。「同志よ！　わたしを見ろ！　きみたちの兄弟だ。話そうじゃないか！　武器を持っていないのは見ればわかる！　発砲せずに見ろ！」（中略）五十ヤード離れたところに一人の男が立ち、右腕に掲げたポケットランプの明るい光に自分の顔をさらした。（中略）その勇気にのまれて、だれも動かなかった。数秒後に激しい爆発が空気を揺るがした。軍曹が手榴弾を投げたのだ。（中略）方々で一斉攻

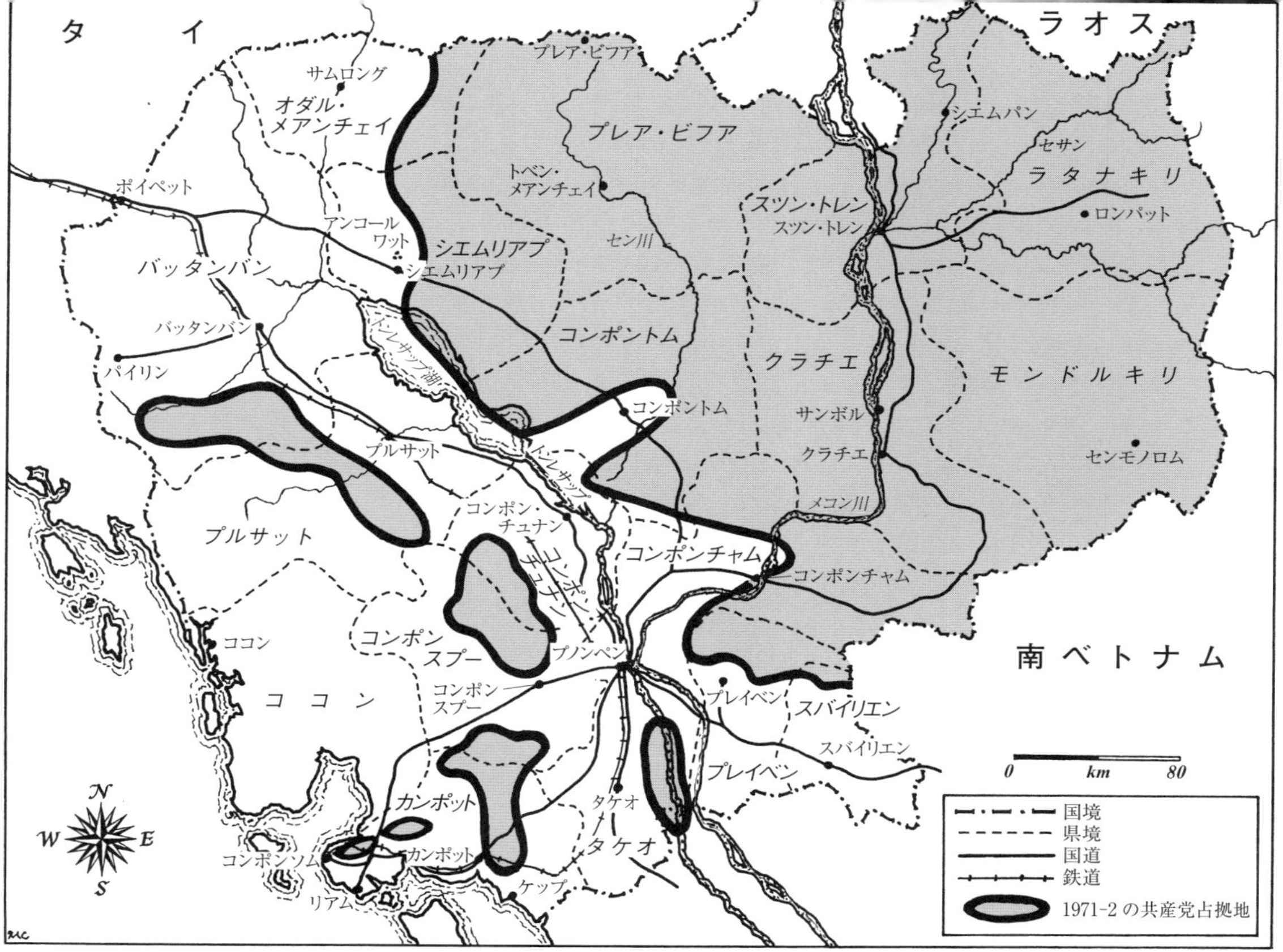

タイ
ラオス
南ベトナム
サムロング
オダル・メアンチェイ
プレア・ビフア
プレア・ビフア
シエムパン
セサン
ラタナキリ
ロンパット
ポイペット
トベン・メアンチェイ
スツン・トレン
スツン・トレン
アンコール・ワット
シエムリアプ
シエムリアプ
セン川
バッタンバン
バッタンバン
パイリン
コンポントム
コンポントム
クラチエ
サンボル
クラチエ
モンドルキリ
センモノロム
トンレサップ湖
プルサット
プルサット
トンレサップ
メコン川
コンポン・チュナン
コンポンチュナン
コンポンチャム
コンポンチャム
ココン
ココン
コンポンスプー
コンポン・スプー
プノンペン
プレイベン
スバイリエン
スバイリエン
プレイベン
カンポット
カンポット
コンポンソム
リアム
ケップ
タケオ
タケオ
N
W
E
S
0 km 80
国境
県境
国道
鉄道
1971-2の共産党占拠地

撃が始まり、戦闘は朝日がさして襲撃者たちが逃げ出す（まで）続いた。

さらに典型的だったのは、二つの大規模な陸上作戦だ。古代クメール王国の名前にちなんで「チェンラ」と名付けられたこれらの作戦は、共産主義勢力に包囲された地方都市コンポントムを解放しようとロン・ノルが計画したものだった。指揮にあたったのはウム・サブトという並はずれたところのある人物だった。「非常に変わった性格の、やせ型で体の曲がった男で、白く長い杖を手に歩き、おそろしいスピードでジープを運転していた。たいていは酔っぱらっていた」。まだ若かった士官の頃に、サブトは部下に命じて自分の頭に載せた猫を離れたところから撃たせたのだ。ほんの一瞬浮かれたことから、かれは脳の一部を失い、半身まひを患うことになった。「酔ったサブトは、たいていのしらふのカンボジア人士官よりもましだった」と、あるアメリカ人顧問は主張しているが、これはサブトの有能さを物語ると同時にカンボジア人士官の無能ぶりを物語っている。

コンポントムに行く最初の試みは、かれの大隊が苦闘する家族たちをあとに残して、あふれかえる水田の合間に延びる細い土手道を北へ向かって出発した時点で、すっかり失敗していた。長い行列は、共産主義陣営による砲撃の格好の目印になった。また、ベトコンの土木工兵は修復する間も与えずにかれらの背後で橋を爆破してしまった。こうして何千人もの人々や子供たちが殺害された。二ヶ月後にロン・ノルは勝利を宣言し、なんとか生存者を家に戻した。二度目の試みは、最初のうちはまずまずの成果をあげていた。サブトの軍勢はコンポントムに到着して、その地を正式に「解放」した。しかしその過程についてはサイゴンのアメリカ人司令官であったクレイトン・エイブラムが厳しく指摘した通りだった。「かれらは六十キロにわたって六十センチの幅の前線を展開し」、ベトナム人たちはすぐさまそれを二つに分断した。サブトの部隊は水田を逃げる途中で、戦車や装甲兵員輸送車やトラックや偵察車のほか、固定するのを怠った105ミリ榴弾砲や無数の軽火器などの装備を放棄して、数百人が死亡した。サブトはのちに友人らに、ベトナム兵らの働きは「めざましい」もので、かれらの所有するアメリカ製の武器の多さに驚いたと語っている。

クメール・ルージュ勢力もやはり混成部隊だった。一九六〇年代後半に内戦を経験した古参兵と、ロン・ノルの軍勢の砲兵と同程度の村落出身の新兵が混在していたのだ。だがロン・ノルが一九七〇年の夏に徴兵制を発表していたため、最初はクメール・ルージュの新兵全員が志願兵だった。のちにポル・ポトの秘書となるメイ・マクのように、闘士になるという考え方が気に入って志願した者たちもいた。それ以外は「村に残っていたら女の子にからかわれ——男の子は戦線に加わるべきだと言われたから」と、ゲリラに加わった者たちだった。しかしこれ以外の人々は、友人にならってシアヌークのために闘いに赴くか、村を逃げ出すかのどちらかだったのだ。抵抗組織に入った人々の最初の思い出は、ほとんどが似たようなものだった。

かれらが村にきて——クメール人とベトナム人の混ざった集団でした——人々に参加するように言ったので、私も参加しました。全員が制服を身につけていました——クメール人は黒、ベトナム人は緑の制服でした。一九七一年のいつ頃か……おそらく五月か六月のことだったと思います。（中略）訓練はいっさいありませんでした。私はグループの指導者に選ばれ、銃を渡されてトラックに乗せられ、戦地へ送られました。（中略）私は——アンコールボレイ、プレイ・プクオアム、タコップと——三度にわたって戦闘を経験しました。私はすっかり震え上がっていました。三度の戦闘の後、私はライフルを木にかけて逃げ帰りました。これらの戦闘でとても多くの人々が殺されました。私自身も歩兵戦で敵を数人殺しました——撃ったのです。しかし抵抗組織に残れば、私もいつか死ぬだろうと、こわくなりました。死体だらけの光景を見て逃げ出したくなったのです。(中略)私が指導者を務めていたのは離脱するまでのおよそ三ヶ月間です。家に戻っても特に何も起こりませんでした。村長は一言も言いませんでした。しばらくすると私を探しにやってきた人々が部隊に戻らないかと聞いてきましたが、もう戻りませんでした。

微妙な差はあった。ベトコンも同じ黒い服を着ていたと記憶している者もいた。ほとんどの新兵は最初の戦闘で恐怖に陥ったが、全員が逃亡したわけではなかった。だが多くが逃げたのは、離脱者の扱いが寛大なものだったからだ。党内にはすでに鉄の規律が存在したが、貧しい農民兵はその対象外だった。訓練にも違いがあった。ほとんどの兵には訓練がおこなわれなかった。だが司令官の素質ありと判断された者たちは、名目上はクメール・ルージュ幹部のもとで、クメール語を話すベトナム人から六ヶ月にわたる徹底的な訓練をほどこされた。メイ・マクも、南西地域指導者を務めるモクの故郷であるトラムカクの森の中の陣営で訓練を受けた。かれの記憶では六百人が訓練に参加していたという。モクの義理の息子であるムートがその責任者で、「戦闘技術(中略)武器の使い方や見つからずに腹這いで進む方法、攻撃に関する戦略と作戦」を教えたのはベトナム人だった。政治教育をおこなう集会もあり、そこでは教官——ベトナム人——たちが、クメール人はアメリカ人の手から祖国を解放して、抑圧階級から人々を救うために闘わなくてはならないと説明した。

この初期の頃のクメール・ルージュの弱点は、同盟の力にすっかり補われていた。新兵のほとんどが訓練を受けていなくても、武器が充分に行きわたらなくても、一部が逃亡しても問題はなかったのだ。一九七〇年から七一年までの間、カンボジア国内の戦闘の負担を肩代わりしたのはベトナム人だった。クメール・ルージュはベトナム人部隊を人口に応じた規模にするための膨張剤だった。別々に闘う場合でも、クメール・ルージュの役割はベトナム人らが通過した後の地域を占拠する補助軍だった。プノンペン郊外の空港を襲撃したのもクメール・ルージュではなく、精鋭ダック・コング旅団のベトナム人特務工兵特殊部隊だった。四時間におよぶ襲撃で四十人の死者が出ただけでなく、ロン・ノル空軍――ミグ17が十機とT－28訓練機が五機、輸送機が十機とヘリコプターが八機――が壊滅したほか、弾薬庫が二つ破壊された。この部隊は、のちにコンポンソムの襲撃でカンボジアの精油貯蔵庫の六十パーセントを破壊した。

いまやロン・ノルの敗北を阻止しているのは、あるアメリカ人軍事歴史学者がもの悲しくも述べているように「アメリカの援助、同盟空軍勢力と南東カンボジアに（いまも）残っている一万千人の南ベトナム兵」だけだった。この南ベトナム兵らはカンボジア市民を殺戮する傾向があったので、どちらにしても痛し痒しといったところだった。

共産主義者側とは違って、ロン・ノルには同盟国による地上戦力の後援がなかった。ニクソンにも、それは政治的に不可能だった。キッシンジャーの軍事顧問であるアレクサンダー・ヘイグ司令官は、早くからアメリカの介入には限界があることを知らせていた。ロン・ノルは涙を流したという。「かれは窓のところへ歩いていってそこに佇み、顔をそむけたまま肩を震わせていた」。それはロン・ノルとシリク・マタクが起こしたクーデターにとって致命的な誤算だった。かれらはすべてをアメリカ政府の支援に賭けていたが、アメリカ政府の最大の関心事はインドシナの泥沼に深入りすることではなく、むしろそこから脱出することだったのだ。

このような状況下でアメリカはとにかく爆撃を展開するのが通例だったが、議会によってその選択肢も絶たれてしまった。どのみち地上支援なしの爆撃は、ベトナムの例と同じくカンボジアでも有効ではなかった。アメリカ大統領が犠牲者を出すことなく勝利をおさめられると主張してのちに始めたいずれの紛争においてもそうであったように。

アメリカが派兵したとしても、単なる時間稼ぎでしかなく、結局は同じ結末になるのは避けられなかっただろう。だがアメリカの目的はカンボジアでの勝利ではなかった。もしそれが目的だったなら、アメリカはロン・ノルを解任して他の者をたてていたはずだ。かれは一九七一年の春に衰弱性の梗塞を患っており、アメリカ大使エモリー・スワンクの電文でも「精神的にも身体的にも任務の負担に耐えられる状態にない」と報告されるような状態だった。だがニクソン政権は、かれを解任しようとはしなかった。そのかわりに、この療養中の司令官にさらに四年間におよぶ超現実的な日々をおくらせたのだ。ロン・ノルは部下たちに古代クメールの歴史について長々と演説を聞かせては、兵士に「伝統的クメール・モンの戦いの秘術」を教える特別部署を設立し、すべてが失敗すると、魔法の加護を得られるようにと、色のついた砂でプノンペンの周りに線を引かせた。

ニクソン政権にとってカンボジアは、ベトナムから米兵を撤収させる時間稼ぎでしかなかった。クメール・ルージュにとってもやはり時間は重要だった。ニクソンの最後の時間稼ぎは願ったりかなったりというところだった。

一九七〇年の十一月初旬に、ポル・ポトとキュー・ポナリーは、コイ・トゥオンその他の北部地域幹部らに伴われて、側近と護衛を合わせた総勢およそ百人で、K-1という暗号名の新たな基地へ移動した。スプー・コミューンの北東のダンクダに位置するK-1は、質素な基地だった。ヤシの葉で屋根を葺いた高床式の住居が三つあり、一つがポル・ポト、一つがヌオン・チェア、一つが「招待客」用だった。護衛と下級幹部たちは周りの森の中で寝起きした。それから十二ヶ月間、ポル・ポトは最重要課題のために力を注いだ——クメール共産主義軍勢と政権の立ち上げである。パリでおこなわれるアメリカと北ベトナムの平和会談で南部についての合意が成立して、ハノイの軍勢が撤退した場合に備えようとしたのだ。この戦略には三つの要素が隠されていた。

第一に軍事的要素だ。早めに着実に行動を起こすことによって、さらに作戦をすすめる前に、地の利を確保したのだ。その結果、一九七一年を通して戦況は変わらなかった。共産勢力はカンボジア領土の半分以上を保持し続けた。ロン・ノル陣営からたまに攻撃されることがあっても撃退するか、あるいは占拠に成功した政府軍が引き上げたのちに、ふたたびその地域を奪還した。しかし戦果はほとんどあがらなかった。

第二の要素は、ベトコンと北ベトナムに対するクメール・ルージュの関係に決着をつけるという責務だ。一九七〇年の十一月末に、ポル・ポトとヌオン・チェアは南ベトナム共産主義本部の最高指導者の二人――グエン・バン・リン（まだヘイ・ソの名前で知られていた）とトラン・ナム・トルン司令官――と、一週間にわたる会合を開いた。K―1と、そこから六〇キロ東のクラチエの南ベトナム共産主義本部との中間に位置する基地で開かれたこの会合では、三つの決定が下された。まず、ベトナム側は「解放区」政権においている民間人幹部をクメール人交替要員の用意ができしだい引き上げることに同意した。つぎにクメール・ルージュ部隊が戦闘でさらに大きな役割を果たせるように軍事訓練の内容を高度なものにすることを請け合った。そして最後に、特に東部と南西部などクメール・ルージュとベトコンの混成部隊が結成された地域において、部隊を段階的に解体して、クメール人のみの部隊と入れ替えることを約束した。この会合ののち、一九七〇年の秋に軍事紛争を引き起こした両陣営間の摩擦は目に見えて減った。

第三は政治的要素だった。総合的な戦略的検討事項にベトナム人との関係改善とクメール・ルージュの軍事力の急速な成長があがっている以上、集中的な政治教育活動が必要だった。抵抗組織はベトナム人ではなくカンボジア人の目的に忠実であること、そしてカンプチア共産党自体も共産主義が制圧した地域を「独立統治」できる、さらに厳しい規律を備えた勢力に変わることを確約する必要があったのだ。そのため、一九七〇年の十二月以降、抵抗軍とカンプチア統一戦線への参加志望者は出自にかかわらず無条件で受けいれられるようになったが、党の参加資格はさらに厳しくなった。一九六〇年代にはやすやすと党員候補に認められていた学生や、一年中食べ物にはこと欠かない「中流農民」は、まったく拒絶されるか、せいぜいで青年団への参加を許される程度になった。「貧しい農民」だけが党員資格を許される正当な階級の出身であるとみなされたのだ。

一九七〇年代の終わりに、ポル・ポトとヌオン・チェアはチニット川から北におよそ八キロ離れた場所に建てられた新しい基地へと移動した。新たな基地はそれまでの基地よりも規模が大きく、二十軒から三十軒の藁葺きの家と衛兵の詰所のほか、配達事務所と印刷所が設置されていた。K－1は支援施設になり、中央委員会の地域一帯はS－71という暗号名で呼ばれることになった。同時に北部地域司令部はダンクダに移され、一九七一年の春にはおよそ二百人が出入りするようになった。その中には地域をまわって大衆を鼓舞する「革命パフォーマンス」を繰り広げる六十人の楽隊と踊り子も含まれていた。

あらゆる手段による教化は必要不可欠だった。意思疎通に困難があっては中央集権的なヒエラルキーが成り立たないからだ――党の執行機関であるサンテバル（治安警察）が全国規模で機能するようになったのは一九七五年以降のことだった。党においても国民全体においても、縦割りの命令系統を介してではなく、共通した信条を説くことによって団結をなしとげる必要があった。コンポントムに着いたサロト・サルがまず手がけたのは情報部の設置だった。最初に情報部の指揮にあたったのは、元教員でラタナキリからサロト・サルに同行していたティブ・オルで、後任にはフー・ニムが就任してハノイのカンプチア統一戦線ラジオに記事を提供した。S－31と呼ばれたこの事務局には、カンプチア共産党の旗印にひかれて集まった「進歩的な人物」が多くいた――シアヌークのいとこで、王国民族連合政府の法相を務めるノロドム・プリサラ殿下、南西部からフー・ニムとともにやってきた内相のフー・ユオン、セルクル・マルクシステ出身で公共事業相のトク・フオン、外務省事務次官で下品なポク・デスコマーである。ポク・デスコマーはクメール・ルージュ以前に友人に対して、自分の腹帯が「セックスにうってつけだ。女に腹を密着だぜ！」と友人に語ったりした。キュー・サムファンも一時はS－31に身を置いていたが、シアヌークとの連絡を任されていたために、まもなくポル・ポトの司令部に近い場所へ移らされた。

S－31よりもさらに機密度の高いL－7という事務局も存在した。L－7ではソン・センの妻のユン・ヤットが先頭にたって党内部の月刊誌『ツン・パデワット（革命旗）』を発行していた。この月刊誌には二種類があった――表紙に五つの旗が描かれた方は上級幹部用、旗が一つ描かれた方は一般党員用だった。

ピン・ソイはS－31とS－71の両方でポル・ポトの腹心の部下として秘書を務めていた。かれにとってもっとも印象的な思い出は、全員が従わされた厳しい保安規則だという。基本的なことを決めたのはポル・ポト自身だった。ラタナキリにいた頃に慢性的に胃を患っていたポル・ポトは、毒を盛られる危険を気にかけ、薬を与えられた場合は、必ず服用する前にそれが本物であるという証明を要求した。S－71では、地域書記でさえも建物の外で護衛と別れ、武器を持たずに一人だけ案内されるはめになった。

基地はジャングルの中の、指導者だけが立ち入る区画にあったんだ。そこはだれ一人行くことが許されない立入禁止地帯だった。(中略)そこでは必ず使者――たいていは山地民――に付き添われなくてはならなかったね。一度内部に入ると、割り当てられた区画を離れることは許されなかった。(中略)情報部の中でさえ自由にうろつけない。そんなことをすれば誰かに見とがめられてこう言われる――「やめろ! なにをうろうろしている?」

われわれの寝起きしていた住居には藁葺きの屋根と壁があり、竹を編んだ固いベッドと、同じく竹製の机と椅子が備えられていた。すべてが非常に簡素で素朴なつくりだった。(中略)住居は二~三〇メートル離れていて――ときには五〇メートル離れていることもあった――厚い垣根で隔てられていたので、他の住居の様子をうかがうことはできなかった。建て方は一九五一年に訪れたイサラクたちの陣営と同じだったが、ポル・ポト陣営の方がつくりも指揮方法もすぐれていた。(中略)イサラクたちはいたるところにごみを投げ捨てていたので、そこら中がめちゃくちゃだったが(ここでは)厳しい衛生規則があった。(中略)われわれは米のほか、時には肉や魚を食べることもあったけれど、たいていは米とプラホック(魚醬)に森で採ってきた野菜だけだった。

当時わたしは(ポル・ポトの)事務局の場所さえも知らなかった。すべてが厳密に隔てられていたからね。(中略)事務局と事務局の間はわずか二~三キロしか離れていなかったが、それぞれが独立した地域に建てられていた。ポル・ポトの事務局の環境も、他とほとんど変わらなかった。(中略)だが一つだけエピソードを紹介しよう。基地に到着したわたしは、何も考えずにこう口走ったんだ――「いつも水路のそばに陣営を建てますね」――ポル・ポトの事務局はS-31と同じく小川の岸辺に建てられていたからだ。それが報告され、二~三日してユン・ヤットに呼びつけられた。彼女はそんなことを口にしないように、「革命家らしい警戒」を見せるようにと話した。(中略)ある意味で彼女は正しかった。敵がわたしの発言を聞いたら、司令部の位置を知る手がかりになるだろう。だがユン・ヤットの話を聞いてわたしが気づいたのは、この人たちの「革命家らしい警戒」の感覚がずいぶんと気がかりな代物だということだ。とにかくすさまじい秘密主義だろう。自分たちの司令部の中でさえそんな具合なんだよ。

それはかれらに共通の神経症だった。ポル・ポトの補佐のヌオン・チェアも同様に用心深かった。その主な原因は、キュー・サムファンの言葉にある通り「クメール人は秘密を守れない」と指導者たちが確信していたことにある。そのため、かれらに秘密を守らせようと並はずれた方法がとられていたのだ。クメール・ルージュ政権によるのちの行き過ぎた行為のほとんどをさかのぼると、その原因の一部となっているのは、カンボジア人の本質的な欠陥を克服するには、非常に厳しい包括的な全体主義的専制しかないという発想だ。全体のために無私無欲でたえず集団行動に取り組むことを全員が例外なく強いなくてはならないのだ。

一九七一年の一月半ばに、一九六六年十月以来初めて中央委員会が招集された。S-71で開かれた三日間にわたる集会には、二十七人の代表が出席した。[*2] フー・ニムとフー・ユオンとキュー・サムファン——は、当時表向きはカンボジア抵抗組織の長であるとされていたが——参加していなかった。この三人は一九六九年にモクの誘いで党員になっていたが、もっとも信頼の厚かったキュー・サムファンでさえ、カンプチア共産党内部委員会への出席が許される存在ではなかったのだ。

集まった指導者たちにポル・ポトが話した内容は現実的なものだった。カンプチア共産党がベトナム人と良い関係を保つ必要があるのは、「共通の敵と闘っているからだ」とかれは語った。党の見解は、のちにイエン・サリが述べたところでは「団結すれば勝てるが、分裂すれば負ける」というものだった。

わが党は、(インドシナには) 戦場が三つあると考えている。この三つを切り離すことはできない。(中略) 敵と対峙するにあたって、われわれが戦略的に二つか三つの戦線に分裂してしまうと、闘いは難しいものになる。しかし、この三つの戦場には三種類の人々がいる。したがって党にとって重要なのは、各国が自立して闘わなければならないという点である。

この構想におけるカンボジア人の役割は、ゲリラ活動——「全人民の行為であるべき人民の戦争」——の展開だった。通信網を切り離し、主戦力であるベトナム軍を手伝って、孤立した政府の部隊を苦しめるのである。クメール抵抗勢力はいまだ「民族—民主主義革命」の段階にあるとポル・ポトは代表者たちに語った——社会主義への転換はこれからやってくる。敵から武器を奪い、出来る限り大規模の統一戦線を築いて「独立統治」を実現できる自立した軍勢を立ち上げることが当面の優先事項だ。

集会の多くは「日常業務」に関する内容だった。地域ごとの新たな境界が合意され、それぞれにコード番号が与えられた。北東部は一〇八、東部は二〇三、北部は三〇四、南西部は四〇五、北西部が五〇六である。そしてプノンペン周辺に新たな地域が設けられ、イサラク時代のように「特別地域」に指定されてボン・ベトの指揮下におかれた。また、地域は地区に分割されてそれぞれ番号が割り振られた。

まもなくプラチアチョンの元報道官のノン・スオン——クーデター後の特赦によって釈放されていた——が、特別地域の第二十五地区長に任命された。だがハノイ帰還組には、ここまでの権限は与えられなかった。ポル・ポトの考えでは、党を離れて長かったかれらはカンプチア共産党の思想がわかっていないからだ。

この会合では、ベトミンをモデルに三種類の軍勢を編成することも承認された――警備と民兵の機能を果たすチロルプ（村の警備）、地域ごとに活動して領土の防衛にあたる地域兵、そして地域ごとに編成され、北ベトナム人らの撤退後に、かれらやベトコンにかわって戦争の指揮をとる正規軍の部隊である。

課題は膨大だった。一九七〇年の暮れの時点では、クメール・ルージュ最大の部隊の兵力は大隊のレベルに相当するものでしかなく、およそ三百人から四百人で構成されていた。連隊が編成されたのは一九七三年になってからのことだ。一方ベトナム人は一九五〇年代から師団を組んで闘っていた。それでもカンプチア共産党は、一九七一年一月の会合において、初めてカンボジア全土を網羅する非軍事および軍事組織の構想を練ることにしたのだ。それから十八ヶ月はそれを実現するための退屈な土台作りに費やされた。党指導部は「あらゆる方法で革命運動を統制し（中略）掌握して隅々まで浸透させる」必要性を示した。全国でおこなわれた政治教育講習で、この言葉は呪文のように繰り返された。パングはプレア・ビヘアの地元関係者への講習を五回開催したという。会期は十日ずつで、二ヶ月間に八十人が参加した。七月と八月にはポル・ポト自身が、コイ・トゥオンの北部地域司令部において区・地区・地域の幹部およそ二百人を対象に、一ヶ月間の「全国研修」を開いた。その中で選ばれた参加者だけが、のちに山地民の先導で二五キロほど離れたジャングルの中に特別に用意された基地へ連れていかれ、第三回カンプチア共産党大会への参加を許された。後から考えると、これは賢明な措置だった。偶然か予想通りかは不明だが、かれらが移動したすぐ後に、北部地域司令部は激しい爆撃を受けたのである。

この大会には地区書記および地域書記が全員と、ケ・ポクやコン・ソファルなどの軍事司令官、そしてフー・ユオン、フー・ニム、キュー・サムファンなど「知識人」代表のほか、ハノイ帰還組も名目上は参加して、合計六十人あまりの代表が出席した。九月中旬に終了したこの大会では、新たな党規と、五年前から採用されていた「カンプチア共産党」の名前が承認された。また、ポル・ポトが中央委員会書記および軍事委員会議長（それまでの単なる常任委員会書記からの変更）の座につくことが承認され、新たに三十人の中央委員会メンバーが選出された。南西部のチュー・チェト、北部のコイ・トゥオンとパク、北東部のヴィ、補充要員のキュー・サムファンとキュー・ポナリーなどである。フー・ユオンとフー・ニムの名前はその中にはなかった。ノン・スオンを含め、ハノイ組は一名も選ばれなかったのだ。

一九七二年の始めには、ポル・ポトは「解放区」の新たな政治および軍事態勢がどの程度形になったか初の視察に出かけるほどの自信を備えていた。ラタナキリの往復のほか、ベトナムと中国への渡航を除けば、かれは司令部にほぼ九年間もこもっていた。例によって山地民の護衛を伴い、最初に向かったのはかつての王都ウドンから西に二五キロのペアムのコミューンにおかれたボン・ベトの司令部だった。次に向かったのはポナリーが前年の春に滞在していた、アムレアンの近くの丘陵地のモクの基地だった。そこからかれは象の背に揺られてカルダモン山脈を越え、はるか南西のタイ国境沿いのココンへと向かった。どこにいってもポル・ポトのメッセージは変わらなかった——「独立統治」と自給自足、そして「他と協調はしても、自分たちの勢力を中心に考えること」である。

ポル・ポトが不在にしていた三ヶ月の間に急激な変化があった。ジャライ人の副官フィ・フオンは、週ごとにかれらが縦断した地域の幹部たちが自信をつけていくのを感じていた。ポル・ポトは護衛の案内で、行きの旅は南の人口の多い地域を避けてコンポントム地方を横断した。トンレサップ湖では雨期の終わりに洪水がひいてできる沼地の中で方向を失い、三日間さまよったこともあった。すべて徒歩でまわったこの旅は六週間におよんだ。帰りの旅ではアムレアンからタキスまでの六〇キロをランドローバーで走り、プノンペンの北わずか五〇キロのところでエンジンつきのカヌーに乗ってサップ川を横断した。そして別のジープに乗り込んでダンクダの北部地域司令部へと向かった。

一九七二年の五月にポル・ポトは中央委員会をふたたび招集した。そこでこの旅の感想と、そこから下した結論を述べた。かれが示した不安は革命が遅々として進んでいないことだった。九ヶ月前の第三回大会では「封建主義、反動主義、帝国主義という古い政権の社会文化的特徴の払拭に取り組む」ことが採択されたが、それは形骸化してしまったようだとポル・ポトは述べた。かれの求めに応じて委員会は「緊急指令」を出して、「プロレタリア的姿勢」を強化して「われわれの新たな政権下でも自らの権利を保全しようともくろんでいるさまざまな抑圧階級（中略）」に対する闘争を活発化するよう党に要求した。また、準備が整いしだい集団農業化の計画と民間商業の抑制にとりかかる計画も承認された。

これが転換点だった。

クメール・ルージュの軍勢はこのとき三万五千人に達しており、それを支援するゲリラがおよそ十万人いた。たとえベトナム人が撤退しても、士気を失いつつあるロン・ノルの兵士たちに充分に立ち向かえる人数だった。武器も豊富にあった。政府軍から武器を買いつけるために毎年中国から給付される五百万ドルに加えて、共産主義勢力の管轄下にある東部地域の元フランス植民地の農園で栽培したゴムの——買収したプノンペンの役人に輸出を黙認されていた——売り上げも財源になっていたのだ。また、一年前に中国人技術者によって拡大され、南はラオス国境まで延びる弾力的なパイプラインを備えたホーチミン・ルートを通して、中国からも武器が流入していた。「解放区」には安定した政権が定着し、人口の三分の一にあたる二百万人以上の人々が共産主義の支配下に暮らしていた。

次の段階に移るべき時がきていた。社会革命の始まりである。

シアヌークが失脚してから二年間、地方におけるクメール・ルージュ政策が人目をひいたのは、主にその穏健さのおかげだった。クーデターから数週間のうちに「解放区」のいたるところで、共産主義者ではなくカンプチア統一戦線の代表者と名乗る地域レベルの党幹部たちが、東部では時にベトナム人と一緒になって、コミューンや村落で選挙をおこなうようになった。候補者はすべて地元の農民で、ほとんどがシアヌークの復帰を願ってカンプチア統一戦線を支持していた。そしてごくわずかな例外を除き、共産党と関わりのある者はいなかった。

立派なやり方だが、ある意味ではやむをえずやっただけとも言える。カンプチア共産党の幹部数では地域政府を率いるのがやっとで、コミューンに配属するにはとても足りなかったのだ。その結果、寺院は引き続き変わりなく機能を果たすことになった。宗教的な行事や祝祭日も以前と同じだったし、人々はそれぞれ農業を営んでは地元の市場で作物を売買していた。一部の地域では、収穫期に小規模な信用組合や互助組合の結成が奨励されることもあった。月に一度か二度は村で集会が開かれたが、革命の歌を歌うことや抵抗組織の支援を説くことに重点がおかれていた。

そこにある程度の便宜主義がはたらいていた――クメール・ルージュが村人の支持を得る唯一の方法は生活を向上させることだったため、かれらを慎重に扱った――としても、強い理想主義――中国やベトナムの革命の初期にも見られたような「人民とともにあり、人民に仕える」ことへの願望――もやはり存在したのだ。当時シエムリアプにいた政府の役人は次のように述べている。「(クメール・ルージュが)果物を摘むときは、その木の下に金を置いていきました。地元(の人々)はかれらをとても公平な人々だと評価したものです」。クメール・ルージュの離反者で、かつての同志をなるべく悪く描きたいと思っているはずのイス・サリンも特別地域についてこう述べている。

農民が病気にかかると、クメール・ルージュは夜であろうと嵐であろうとかまわずに、その家を訪れて注射を打つか、薬を置いていくことがよくあった。鍬入れや移植、収穫や脱穀の時期には、各事務局が幹部を派遣して手伝わせた。（中略）このような心理的作戦が功を奏して人々に大きな影響を与えた。（中略）社会主義革命について何ひとつ知らなかった基地の近くの農民も、まもなくその開放的で友好的な雰囲気からアンカを支持するようになった。

新たな体制はカンボジア人が慣れていた前の体制にくらべれば確かに禁欲的だった。婚外交渉は非難され、賭け事は禁止され、飲酒は控えるよう勧められた。だが同時に、窃盗は根絶され、前の政府にはつきもので村にまで浸透していた汚職も、事実上一掃された。

協力する意思のあった人々にとって、この政権は比較的良いものだった。おそらくもっとも気に障ったのは個人の移動への制限だろう──コミューンの外を旅する農民は、公的な通行証を携帯しなくてはならなかったのだ。だがこれは戦闘時の警備のためでもあった。

敵意を持っているとみなされた人々だと、話はまた別だった。多くの場合、言葉であろうと行動であろうと革命への反対は死を意味した。革命に反対を示した人物は、地域の司令部に召喚されたきり帰ってこないことがほとんどだった。時には懲戒処罰が執行されることもあった。一九七〇年の秋には、反乱で三人の地域幹部を死亡させた村がベトコンとクメール・ルージュ兵士に包囲され、首謀者と見られる三人の家族だった総勢二十四人（子供、幼児を含む）が、公衆の面前で殴り殺された。だが、これはその一年後には、コンポントム付近で百八十体の遺体をおさめた集団墓地が発見された。そ例外的な事件だった。

一九七一年の終わりまで、クメール・ルージュの拘置所には、囚人はわずかしかいなかった。スパイや「敵」の容疑がかかった村人が逮捕されることもまだ珍しかった。アメリカの国防情報局でさえ「全体的に（クメール共産主義幹部は）国民との関係を悪くするような行為を避けようと試みており、共産主義のベトナム人兵士の行動が基本的には模範的なものだ（中略）」と認めていた。

一九七二年五月に開かれた中央委員会の会合から、そのすべてが変わりはじめた。

その春に、ボン・ベトの特別地域にいるチャム族のイスラム教徒らは、イスラム的な服――女性用の服は色鮮やかで、男性用の服は白のチュニックとゆったりした綿のズボン――の着用をやめて、もっとも貧しいクメール人の村人と同じ黒い農民服を身に着けるように命じられた。アップに結い上げた髪型と宝石の着用はチャムの女性の特徴だったが、これも禁止された。チャム族が目をつけられたのは文化的に異なっていたからだ――かれらは独立した村に住み、独自のモスクを建てて、民族内で結婚して独自の慣習を守っていた。だが人種差別的な理由でかれらが選ばれたわけではなかった。まもなく同様の禁止令が国民全体に適用されることになった。チャム族は、人種や信条に関係なく文化・社会・経済面で全カンボジア人を平等化するという政策の最初の犠牲者にすぎなかったのだ。

夏には土地や一部の個人財産の所有についても、同じ方針が適用されるようになった。裕福な農民が所有する土地の一部は取り上げられ、さらに貧しい家庭に譲渡された。こうして年末には各家庭の所有する土地もまったく同じ面積にそろえられた。カンポットなど一部の地域では、割当面積は五ヘクタールと決められた。だが人口の多い地域では、たった一ヘクタールしか割り当てられない場合もあった。世帯人数を基準にした中国の農地改革とはちがい、カンボジアの基準は統一性におかれていた。どの村においても各家庭が同じように扱われたのだ。これと同時に、革命政権は個人が所有する原動機つきの乗り物すべてに課税あるいは徴発をおこなった。

結果的にかれらの思惑通り、だれもが他の人とまったく変わらない状態におかれることになった。

カンプチア共産党がもっとも有力な支持者となると見込んだ最下層と中流階級以下の農民は、このような取り決めで得をした。かれらは取り上げられるバイクなどなかったうえに、土地をもらい受けたのだ。もっと裕福な家庭にとっても、改革は比較的穏やかだった。個別に農業を続けるか、あるいはせいぜい四つか五つの家庭からなる互助組合で農業を営むことができた。また、食べるに充分な作物を育て、家畜や家禽を飼い続けることも可能だった。牛の屠殺は制限されたが、他の動物を殺して肉を市場で売ることはできた。ベトナムから輸入した布や灯油、薬などの家庭必需品を売る組合店が設けられ、村の商業を締めつけていた中国系クメール人の商人は排除された。裕福な家庭に対しては、家具もなく床に敷いたマットで眠る貧しい農民との相違点である家具の売却が強いられた地域もあった。伝統的な盛装の場として、非常に貧しい村でも高価な贈り物や浪費が見られる豪華な結婚式は、つつしむように言われ、やがて撤廃された。すべての労力は戦闘につぎこまれるべきであり、結婚を考えている若い人々は終戦を待つべきだという理由からだった。それまでプノンペンから地方に密かに持ち込まれていた瓶ビールと煙草についても、裕福な農民だけがたしなむものだという理由から、同じく差し止められた。こうして一九七二年以降、手に入る嗜好品はヤシ酒と手巻き煙草だけになってしまった。

それでも一九七三年の一月に特別地域を離れて政府側に逃亡した教員――つまり基本的にクメール・ルージュに同情的ではない証言者――は「地元の人々は気ままな生活をしており、かれらを抑圧する者はいない。（中略）人々は喜んで幸せに暮らしており、生活を楽しんでいるようだ」とまで記している。これは一部の地域での経験をもとにした偏った考え方かもしれない。だが、ほとんどの地方で新政権が大きな問題もなく受けいれられていたのは明らかだ。その理由はとても明快だ。地方人口の半分を占める貧しい農民にとって、クメール・ルージュ政権の一年目は旧政権に比べるとましであり、そして残りの半分の人々にとってもそう悪くないものだったからだ。

都市部の人々にとって当時の状況は（その後同様）生き地獄だっただろうが、底辺で暮らしてきた人々に大きな変化はなかった。一九七〇年代当時、カンボジアの地方のほとんどの地域は、教養あるエリートには想像もつかないほどの貧困から抜け出せずにいたのだ。アメリカ人歴史学者のマイケル・ビクリーは北西部のアンコール遺跡の一つ、バンテイ・チマル付近のとある地域を訪れたときのことを次のように回想している。道のそばに「粗野な身なりの少年たちが（夕食にする）死んだトカゲを何匹も獲りたての魚のように棒につるして（持ち帰ろうとしていた）（中略）。かれらは妙な敵意を持っているらしく（中略）都会の人間はトラブルを持ち込むから嫌いだという呟きが聞こえた」。絹は作っていた三年におよぶ干ばつのせいで食べる米もない村人たちは、森の草木を食べていた。それが一九六二年のことであるが「買いたいものがないから」と売ることや交換することは拒んだ。それが一九六二年のことである。その四十年後、クメール・ルージュ政権が崩壊して長い時間がたってから、また別のアメリカ人がコンポントムの奥地の村を訪れた。「かれらはまったく世間から隔絶されて暮らしていた」と、かれは語る――「ラジオやバイクを持っている者は一人もいなかった。必要なものはすべて自分たちで作っており、何一つ外から取り入れていなかった」。しばらくたって二人の村人がプノンペンにかれを訪ねてきた。「かれらをくつろがせようと、知る限りではもっとも簡素な市場の屋台へ食事に連れていった。だがどうすれば良いかわからず、居心地が悪そうだった。かれらは椅子の座り方も知らなかった。かれらにとってはプノンペンのすべてが奇妙であり、嫌だったのだ」

一九七二年以降、クメール・ルージュ政策の暗黙にして最大の目標は、外界から汚されていない、真の意味で自然な農民階級をモデルにカンボジア社会をつくり直すことだった。

だがそこには別の目的もあった。クメール人および共産主義者は、社会的・経済的画一化という党の強調点に基づいて、すべての人々を貧農という一つの型に押し込もうとした――仏教徒にとって不変の到達点である個の破壊は、今回は新たな意匠をまとっていた――その目的は涅槃（「無我」）への到達ではなく、集団主義国家の設立にとってもっとも大きな障害とみなされるものの排除となっていたのだ――クメール人の行動の特徴でもある生得的かつ本質的なエゴイズムこそが障害とされたのだ。こんな文化的一般化には欠陥があるにせよ、それがカンボジア人たちの自己イメージだった。シアヌークは個人主義を「民族的な短所」と呼んだ。特別地域で九ヵ月間過ごして戻ってきたイト・サリンは、それが「クメール人の性格の土台」であり、共産主義政策が成功しないのはそのせいだと確信した。何年も経ってから、ある著名なクメール人実業家が、パリにカンボジア・レストランはほとんどないが、クメール人のタクシー運転手や薬剤師なら数え切れないほどいる理由は、それが独身男性や夫婦に適した職業だからだと論じている。レストランを始めるには、いくつかのクメール人家族が資金を出し合わなければならない。そして結局は非難と嫉妬の渦中で事業がたちゆかなくなるのだ。

クメール村落の生活構造を見ると、この認識はさらに強められる。ベトナム人や中国人の村人たちは肩を寄せ合って暮らし、無数の組合や慈善機関がその共同生活に活気を与えている。だがクメール人の家族とは自分の土地に暮らす孤立した島のようなもので、家族同士をつなぐものといえば寺院への所属と仏教という共通した信条しかない。村の組合を立ち上げるという伝統がなかったからにほかならない。試みが失敗に終わったとすれば、それはカンボジアに協力するという伝統がなかったからにほかならない。ポル・ポトとヌオン・チェアはそのすべてに目をつぶることを選び、クメール人の村人がともに働く珍しいケースを強調した——たとえば収穫期や隣人が家を新築するときなどだ。しかしかれらも、カンボジアの栄光と新しい政権に霊感を与える不滅のシンボルであるアンコール遺跡を建てたのは、自由なクメール人ではなく奴隷だったことに気づいていた。ある欧米の外交官が、シアヌークの抱える政治的な問題について一九六〇年代に次のように書いている——「生まれついての個人主義者であるクメール人は、自己中心的な性質を持っている。かれらをまとめあげる求心力のある結びつきと、その結束を保つ実効的な力の行使が必要である」。つまり王が結びつきであり「実効的な力」がサンクムだったのだ。この十年後、ポル・ポトたちも同じ結論に達した。だがこの時点での結びつきは革命家としての認識であり、「実効的な力」は党の圧政だった。それは時とともにベトナムの例にならってますます恐怖を利用する方向に偏っていった。

カンボジアの人民全体に課せられたのが画一化であるとすれば、クメール・ルージュ自体[*3]に与えられた選択肢は「批判と自己批判」、単純労働、共産党のテキストの学習——「覚えて暗唱すること」(リエンソウス)——だった。

批判と自己批判は、少人数のグループによる「生活集会」でおこなわれた。集会はたいてい週に二回、同じ顔ぶれで開かれた。それぞれの部のメンバー——たとえば厨房係、警備、幹部など同じ部署で働く人々——が古参メンバーの指導のもとに集まって、前回の集会以降の思想や行動の過ちを順番に告白するというものだ。キュー・サムファンはこれを「革命活動の日次決算」と呼んだ。フランス人考古学者のフランソワ・ビゾは、一九七一年に投獄されたジャングルの拘置所の中から、看守たちが毎晩儀式をおこなうのを観察していた。

「同志よ」と集会を率いる年長の男が口火を切った――「本日のおこないを説明し、過ちを正してわれわれの愛する革命の妨げとなる罪を清めましょう」。そして最初の一人が口を開いた。「わたしについてですが」。かれは話し出した――「今日は北の小屋の後ろの物干し竿を取り替えるはずだったのですが、取り替えませんでした。怠けてしまいました（中略）」。年長の男は何も言わずに、その隣の男を指さした。「わたしは食事のあと眠り込んでしまいました（中略）」と男は言った――「それから囚人の屎尿瓶がきちんと空になっているかどうか点検するのを忘れていました」と男は言った――

そして全員が発言を終えると、集会は次の段階へと進んだ。（中略）中でも年の若い一人が手を挙げた。（中略）「午後のことです」と、かれは言った――「たまたま宿舎へ行ったところ、ミエット同志が何かを寝床に隠しているのを見かけました（中略）」。年長の男が頭を少し動かして合図を送り、そのハンモックを調べに行かせた。調べにいった男はノートを手に駆け戻ってきた。ミエットという若い男はわっと泣き出した。

ビゾがそのノートに書かれていた内容を知ることはなかった。おそらく責められるたぐいの物ではなかっただろう。だがそんなことは問題ではなかった。別名「反省会」とも呼ばれたこの集会の目的は、参加者に心の中をのぞきこませ、個人的なことや私的なことをすべて取り去って個性をこしとり、もっとも深いところにある思いを同志の前にさらけだして、グループ外の人々の存在を無意味にしてしまうことにあった。相互監視と告発がそのプロセスの主要部分を占めていたが、そのために人々はたえまない警戒と疑惑にさいなまれることになった。修道者が神に心を開いて懺悔するように、若いクメール・ルージュたちは「党にみずからを捧げ」少なくとも理論上は他のすべての関係に替わるという革命と一体になったのだ。

クメール仏教の研究のためにカンボジアに滞在していたビゾはこの逆説に驚き、のちに次のように書いている。「党の理論家はアンカ（組織）をダンマという（仏教において）『教え』を擬人化する原初的の存在の代わりにしている」。クメール・ルージュには修道士の戒律（シーラ）にかわる「十二誓戒」（同じくシーラ）がある。毛沢東が一九二七年以降に中国紅軍に公布した「三大規律と八項注意」や、ベトナム共産主義者の「十二項」のように、これも幹部たちに「人民の物には胡椒一粒、米一缶さえ手をつけない」ことや「女性には節度を持って接すること」、「謙虚で質朴であること」を命じるものだった。毛沢東が兵に発した禁止令にある「捕虜を虐待しないこと」は、クメール・ルージュ側には存在しなかった。そのかわりに「敵に対する憤怒を持つこと」、「外国人に依存しないこと」、「個人主義に走らないこと」、「人民の慣習に従うこと」が奨励されていた。かれらの組織（アンカ）はまるで仏教のように完全で非人格的だったとビゾは書いている。また「精神的な問題だけを扱うかのようにふるまい、人間的な側面を無視する」という絶対的な決意を要求するところも同じであると記している。

これらの共通点は、カンプチア共産党指導者たちがすすんで認めるものではなかったが、無意識のうちに部下たちの心に響いていた。そのこだまがクメール・ルージュの若手信奉者に僧院の見習い期間を思い起こさせ、新しい共産主義の思想を親しみやすいものにしていたのだ。

批判と自己批判と「反省」の対象となったのは、影響を受けやすい若者だけではなかった。地位を問わず、すべてのクメール・ルージュ幹部に参加が義務づけられていたのだ。ポル・ポトのチニット川の司令部では、中央委員会の集会の最初に、ポル・ポトとヌオン・チェアの指揮によって必ず「批判と自己批判」が一週間にわたっておこなわれた。「全員が参加を義務づけられた」と、キュー・サムファンは語っている――「自分の考え方を点検して短所や長所を分析しなければならなかった」。常任委員会のメンバー――つまりポル・ポトとヌオン・チェア――だけがそれを免れた。「内省」と「学習」は同じコインの両面であり、チニット川での最初の年にはポルはほとんどの時間を「階級闘争」、「個人主義（や）自由主義との戦い方」、「プロレタリア的原則の構築」といった研修文書の作成に費やした。

クメール・ルージュの用語で「形成」とは、人の思想を作り変えることを意味する。精神的な修養もその手段の一つだが、もう一つは単純労働だった。これもやはり中国とベトナムをまねてクメール・ルージュが導入したしきたりだった。単純労働は一九三〇年代から延安の中国共産党幹部らに義務づけられるようになっていた。当時の目的はほとんど実質的なものだった――洪水の多い国境地帯において食糧を自給させることである。毛沢東さえも自身の菜園を持っていた。ベトミンは一九五〇年代の前半にこの方法で新参者を鍛えていた――ポル・ポトたちもクラバオで経験済みだったが――欧米の軍隊で軍曹が新兵に便所掃除をさせるようなものだ。のちに毛沢東も単純労働と精神的修養のすきまを埋めるため、そして大躍進運動においては国家のエネルギーを発展に向けるために、この方法を利用している。シアヌークが一九六〇年代中盤に自給政策をカンボジアに導入したのも同じ目的だった。

これらすべての要素――自立、謙虚さを見せること、大衆の近くにあること、精神修養と単純労働の組み合わせ、国家を発展させること――がクメール・ルージュの政策に組み込まれた。

だがポル・ポトは、単純労働にさらに重要な意味を見いだしていた。「プロレタリア的意識」を構築する手段である。かれは一九六〇年代後半から、マルクス主義にはまったく反するが、この実態のない漠然とした性質を革命の成果の試金石とみなしていた。これは「プロレタリア化理論」と呼ばれ、どの階級の生まれであっても単純労働を通じて「工場労働者の唯物的規律」を身につけられるという考え方で、労働階級の「規律のリズムや作業のテンポ、生活リズムを尊重するという思想」である。この変化にもっとも適していたのはカンプチア共産党の中心勢力であり、モデルでもある貧しい農民たちだった。知識人などその他の人々も理論上はみずからを鍛え直すことが可能だったが、農民たちにくらべると本質的に難しかった。

クメール・ルージュ政権下の単純労働には、中国やベトナムよりもさらに大きな別の目的があった。

幹部たちの目的は単に「人民に近づく」ことではなく、とけ込むことにあった——労働だけでなく、「かれらのように話し、眠り、歩き、立ち、座り、食べ、喫煙し、遊び、笑う」のである。革命家らしい食事とは、農民の貧困を思って食べ物が充分にあってもわずかしか食べないことを意味した。革命家らしい服装とは、ポル・ポトも含めて例外なく農作業用の黒い服に、赤と白のチェックのクロマーを首に巻き、タイヤで作ったサンダルを履いた格好のことだった。男性はこれにひさしのついた中国風の帽子をかぶり、女性は髪を短く切りそろえた。ティウン・ティウーンの妻のマーラは、一九七一年の一月に特別地域へ向かった際に、まずプノンペンに住む姉妹のところに貴重品を預けたあと、なにより先に規定の黒いズボンと上着を買い求めたという。「空から気づかれないからその格好の方が安全だと言われました。地面に横たわると、偵察機からは焦げた丸太のように見えるためです」と彼女は語っている——「それで全員がカラス族になりました」。

一九七二年の初めには、ベトナム人との関係は再び悪化していた。フー・ユオンは、その変化が起こったのは前年の暮れのことだったと記している。

大きな要因となったのは、クメール・ルージュの戦力の増加だった。武装人員が三万五千人に増え、その十分の一だった頃に比べれば、当然ながらベトナム人部隊との衝突が頻発するようになっていた。カンプチア共産党勢力が自軍だけで闘う自信をつけていくにしたがって、いまだ存在していたクメール人とベトナム人による混成部隊の解散と、クメール・ルムド（解放クメール）――闘いが始まった頃にベトナム人に訓練を受けた「シアヌーク派」兵士――をクメール・ルージュの指揮下に移すよう求める声が高まった。公的には二国の関係は緊密だったが、その裏には不信感があった。一九七一年の夏にベトナム側は一年前に広東省で開かれたサミットに続く二回目のインドシナ・サミットの開催を提案していた。だがポル・ポトはこの提案をラオスとクメールという従属的パートナーを支配しようというハノイ側の企てとみなし、これを拒否した。「ベトナムとの間に（明確な）軋轢はなかった」と、東部地域の関係者は振り返る――「だが（二国とも）互いを非常に注意深く観察していた」。ノン・スオンは一九七一年の秋にベトナム人部隊との間に問題が起こったときのボン・ベトの発言を引用している――「できれば武器は使わないように。（中略）政治的手段を試みてほしい」。

一九七二年にポル・ポトの司令部の特別部D−3の要請にこたえて、論争を解決し摩擦を減らすための連絡事務所が区と地区に設置された。そして一連の「突発的」反ベトナム・デモらしきものが続いた後に、ベトコンと北ベトナム人部隊に対する新たな規定が設けられた。かれらをクメール人の集まる中心部から充分に離れたところに収容して、兵隊の移動を前もって報告させ、クメール・ルージュの支配地域を通行するときはベトナム人とクメール・ルージュ司令官の双方が署名した通行証を発行させるという内容だった。東部地域の指導部は、この新たな規定を正当なものと評価しながらも、ベトナム側だけに落ち度があったわけではないことを認めている。

一部のベトナム人（兵士ら）は書類を持っていないため、逮捕や銃の没収を恐れて検問所での提示を嫌がる。だから衛兵を脅すのである。（中略）攻撃的にふるまうのは、かれらがわれわれを恐れており、移動する自由をわれわれの衛兵らが妨げていると考えているからだ。（中略）（だが）本当の問題は行き来が頻繁すぎることである。（中略）敵が解放区に侵入する機会を与えてしまうのだ。（中略）

二人以上の兵士が（検問所を）通過する場合は、一人がクメールの通行証を持っていれば全員が通過を許される。妨害や逮捕のおそれはない。（中略）クメールの通行証はボールド体で印刷されており、手書きのものやタイプライターで打った通行証は無効である。（中略）カンボジアの書類の裏にはベトナム人司令官が発行した通行証が貼りつけられており、そこには部隊が所持している武器の数が詳しく記されている。

注意――あらゆる場所でクメール人とベトナム人の結束をむしばむ数々の事件が絶え間なく続く理由の一つは、われわれの陣営がベトナム兵のライフルと弾薬を盗んではかれらを困らせていることにある。

一九七二年の始めには、ベトナムの主力部隊がカンボジアから撤退しはじめていた。撤退は強制されたもので、追放を決めたのはカンプチア共産党の最高指導部だとのちに言われたが、それは誤りだ。撤退を決めたのはベトナム側だった――ベトナムの文書によると、カンボジア指導部の反対を押して遂行する形になった。サイゴン侵攻の必要があったこと、そしてクメール・ルージュだけで戦闘に対処できるとハノイが判断したことがその理由だった。

かれらの撤退によって緊張は緩和されるはずだった。しかし現実はそうはいかなかった。

それからの二年間で、カンプチア共産党はカンボジア領内に避難所を求めたベトナム兵に対する規制をさらに強めた。それは「友であるベトナム人」がクメールの村で買える食糧の制限に始まり、ついには国境地帯に暮らすベトナム人の難民にも「カンボジアの革命を守るため」――つまりカンボジア領内のベトコンに同情的な同胞という支持基盤を奪うため――南ベトナムへの帰還が命じられた。命令の言葉選びは慎重だった。「われわれはこれらの問題を暴力ではなく、合法的な手段によって解決しなければならない」と、党の文書には表現されている――「われわれは冷静に、公正を心がけて忍耐強く対処しなければならない」。米を育てていたベトナム人居住者には刈り取りが許され（それを口実に不当に退去を延期することはできなかったが）その財産の没収や、家畜の強制売却は禁止された。それでも意図は明らかだった――いまや「解放区」を支配する主要勢力となったクメール・ルージュは、ふたたび自国の領土についての主権を主張しようとしていたのだ。

同様の流れで、ホーチミン・ルートを通って一九七〇年、七一年に帰還したクメール・ベトミン「再結集組」はしだいにベトナムの第五列予備軍とみなされるようになっていた。「（かれらは）民族性を失ってしまった」と、ポル・ポトは書いている――「甘やかされ、政治的に問題が見られる者もある」。クメール・ルージュの幹部らは、ベトナムに家族がありながら、帰還者たちが新しくカンボジア人の妻をめとることに熱心になっているのにあきれて、軽蔑をこめてかれらを「円錐帽のクメール人」と呼ぶようになった。ベトナムの農民が着用する帽子へのあてこすりである。一九七二年の前半から、ハノイ帰還組は機密を扱う立場からひそかにはずされるようになり、特に特別地域と南西部では降格されるか「鍛錬し直すために」単純労働にまわされた。一斉追放はなかったものの――異動は個別におこなわれた――元クメール・ベトミンから多くの離脱者が出た。かれらは一線を越えて政府側につくか、ハノイへ戻るかのどちらかをとったが、おかげでカンプチア共産党指導者らが帰還者たちに抱いた不信感はますます強まった。

ポル・ポトをはじめとする常任委員会のメンバーも、下級幹部と同じくベトナム人の意図に対して不信感を抱いていたが、それは単なる先祖返り的な恐怖の産物だけではなかった。

ベトナム支持派（そんなものがあるとしてだが）の情報源の一つ、ハノイ在駐のソビエト大使イワン・シチェルバコフでさえ、ベトナム人指導者たちは「社会主義インドシナ連邦」という古くからの夢をまだ語っている、とモスクワに報告している。ハノイの「狭義に民族主義的な政策」と「カンボジアとラオスの問題をベトナムの利益よりも下におく」考えは、両国における共産主義運動を反目させるものであるとかれは警告していた――一九五〇年代初頭にクメール人との関係を悪化させたのとまったく同じ問題だ。ポル・ポトは一九六〇年代後半にシアヌークに対抗するにあたってベトナムに助力を拒まれたことよりも、一九七一年から七二年の闘争でベトナム人と手を組んだ経験から、カンボジア独自の改革の現実性をハノイに受け入れさせるのは強圧的な力だけであること、そしてカンプチア共産党がベトナム側の支配に抵抗するには、干渉しようとの試みをくじくほどの軍事的・政治的な力をつける必要があることをよく理解していた。

ここでまた別の要素が持ち上がった。過去四年間にわたってパリで勧められてきたアメリカとの平和会談がここにきて急速に進み始めたのだ。一九七二年の中頃には、話し合いによる解決の可能性が初めて現実味をおびてきた。

ポル・ポトにとってこれは問題でもあり、好機でもあった。政治的立場の違いはあっても、それまでベトナムとカンボジアの共産主義者はアメリカとの闘いという絆で結ばれていた。もしハノイだけが和解に同意すれば、かれらをつなぐ最大の要素がなくなってしまう。だがその一方で、交渉が成立してベトナム軍がカンボジアを去れば、クメール・ルージュはようやく政策に対する白紙委任状を手にすることができる。つねに振り返ってベトナム側の反応を確かめる必要がなくなるのだ。しかしその場合は、アメリカとの交渉にも単独で臨むことを迫られる。一九五四年のジュネーブ会談の例がなくとも、それはカンプチア共産党の長期的な利益にまったく反するとポル・ポトは考えていた。

かれがもっとも懸念していたのはこの点だった。この年の春にニクソン大統領は、ロシアに対抗するための戦略的協調関係の布石として、毛沢東と会談をおこなっていた。アメリカはこの関係を利用して、過去二年半にわたって抵抗組織の顔として北京で裕福な亡命生活をおくっているシアヌークとの単独交渉に臨むだろうか？　その場合、中国はどう出るだろうか？　そして移り気なシアヌーク自身は——どちらにつくのだろうか？

北京にきた年、シアヌークは物理的にも政治的にも一人きりで過ごしていた。街では文化大革命による厳しい弾圧が広がっていた。だがカンボジア人の指導者であるシアヌークは、中国料理やクメール料理、フランス料理の豪華な品々をつくる大勢の料理人にかこまれて、個人用のプール、テニスコート、映画館に中国一のワインセラーがそろった豪奢な邸宅で、まさに王のような暮らしをおくっていた。かれはフォアグラやホロホロ鳥——「余の親友（北朝鮮指導者）金日成からだ」——をずらりと並べて、外交官やフランス人記者のジャン・ラクチュールなど自分に同情的なジャーナリストをもてなし、ハノイのカンプチア統一戦線ラジオでカンボジア国民に向けてメッセージを送り、抵抗組織の戦功を称える一方でロン・ノルと「アメリカ支持派の徒党」による背信行為を糾弾した。

だがシアヌークはクメール・ルージュ指導部と直接には接触していなかった。北京の王国民族連合政府（GRUNC）にはペン・ヌート首相のもと大臣と大使が揃っていたが、母国での現実の戦争とはまったく隔絶されていた。まれに「内部党派」（カンプチア共産党の婉曲的表現）から送られてくるメッセージの差出人は「カンプチア民族解放勢力最高司令官」キュー・サムファンで、これらは中国外務省を介して届けられた。

北京での宣伝活動には効果があった。コンポントムのジャングルにひそむ無名の革命家の集団が抵抗組織を率いるよりも、シアヌークが先頭に立つ方が国際的な認知が得やすいことを中国は理解していた。それにシアヌーク本人もだまされていたわけではなかった。かれは最初から、カンプチア統一戦線（FUNK）が存在するのはクメール・ルージュが自分を必要とする間だけであると非公式に発言していた。のちにかれは『ニューヨーク・タイムズ』に次のように語っている――「かれらは勝利をおさめた瞬間に、余をサクランボの種のように吐き出すであろう」。だが抵抗組織の長を演じることは、シアヌークにとっても益になっていた。かれはベトナム側と緊密に連絡をとっており、ハノイ訪問時にはホー・チ・ミンが以前所有していた豪邸で歓待を受けた。シアヌークが表向き統率するクメール・ルムドは、制服にシアヌークの肖像を刻んだバッジを着用しており、カンボジア国内の共産党とは区別されていた。だがその正体は、ベトナムが集めた兵士だった。北京の王国民族連合政府とは指揮系統が結ばれていないことをシアヌーク本人も苦々しく指摘している。「シアヌーク軍」は、実際はハノイから命令を受けていたのだ。

シアヌークは自分の役割を知り尽くしていた――フランス占領下のカンボジア国王として、かれは実権を持たない国家の象徴という役割を演じていたからだ。だが当時は，王としてのオーラを政治的権力に変えることが可能だった。

しかし遠く離れた北京に幽閉されていては、それも難しかった――「国内特別代表」のイエン・サリが一九七一年中頃に中国に来て以来、シアヌークの権限はますます制限されるようになった。イエン・サリは一九七〇年十二月にラタナキリからハノイに移り、その後三ヶ月にわたって「カンプチア統一戦線の声」ラジオを再編成し（妻キュー・チリトの監督下で）ソン・ゴク・ミンをはじめとする北ベトナムのやっかいなクメール・コミュニティに対する新たな党方針を抵抗組織から打ち出すために尽力していた。その後イエン・サリは一九七一年四月にひそかに北京に渡り、仲間のクメール人たちにも立場を伏せて夏の間に中国共産党対外連絡部と協議をおこなった。八月になってイエン・サリの到着が鳴り物入りで発表されると、かれはようやくシアヌークの邸宅からおよそ一キロのところにある北京中央部の別荘に、公式に腰を落ち着けることになった。そこにはテレタイプ回線がとりつけられており、ポル・ポトの司令部があるS－71と直接連絡をとることができた。こうしてイエン・サリはのちのクメール・ルージュ外務省の中核部を組織しはじめた。ティウン・マムと弟のプラシット、ぜんそく持ちのキート・チョンが誘いを受けてカンプチア共産党に加わり、まもなくセルクル・マルクシステの数人の急進派の若者がこれに続いた。

イエン・サリは三つの課題を負っていた。一つはカンプチア共産党を代表して中国・ベトナムの指導部と連絡を取り合うこと、次にそれまでシアヌークとペン・ヌートだけが管理していた王国民族連合政府（GRUNC）の外交政策を監視すること、そしてカンプチア共産党とベトナム側の政策が分かれる場合は、シアヌークを確実に党の政策に従わせることとの三つである。

シアヌークが最初からイエン・サリを嫌ったために、この最後の課題は難しいものになった。イエン・サリはずるがしこい二枚舌の内向的な人物で、内心ではシアヌークをばかにしていたが、本人の前では縮み上がり、「やたらにへまばかりで敬礼の手の位置もまちがえるありさまだった」と、関係者は語る。一方シアヌークはイエン・サリをいじめた。深夜早朝に電話をしてはかれが（毛沢東と同じく夜中まで活動していた）周恩来に会っていないか確かめ、かれを招待してフランス大使館から借りたきわどい映画を鑑賞した。これはイエン・サリにとって苦痛だった。シアヌークもしばらくの間はなんとか協調の姿勢を見せようとしていた。だが時々その仮面がはずれることがあった。「あの憎らしいイエン・サリはいつも余の動向をかぎまわっている」と、かれはハノイの迎賓館を訪れたスイスのジャン・クリストフ・エーベルグ大使に語っている――「大使、この部屋を出るときにカーテンの下の方をご覧になれば、やつの足が見えますよ。いつもそこで立ち聞きしているのですから」。そしてアルジェリアを訪れたときには、我慢の限界に達していたらしく、クメール・ルージュのよこした番人であるイエン・サリについて取材陣に次のように語っている――「余の最悪の敵だ。（中略）しかも性格が合わない。だがそれが何だというのだ？（中略）余の個人的な好き嫌い（中略）を中心に物事を考えるようでは愛国者とは言えまい？」

ベトナム戦争をめぐる平和協定は、シアヌークと共産勢の不和を悪化させた。

シアヌークはこれを話し合いによる解決の道をカンボジアにもたらすものととらえていた。アメリカと中国を味方につけて、ロン・ノル政権の穏健派と（共産主義抵抗組織の主要人物だと思いこんでいた）キュー・サムファン、フー・ユオン、フー・ニムらで編成した「第三勢力」政府の長として、プノンペンへ戻ろうと考えていたのだ。ベトナム側もこの解決策を支持し、周恩来も中国は反対しないとの考え方を示した。だがクメール・ルージュはこれに断固として反対した。七月にポル・ポトは地域指導者および軍事指導者を招集して十日間にわたる会合を開き「交渉の余地はない」と主張した。ベトナム側の意向にかかわらず、かれらは闘い続けるつもりだった。この三ヶ月後に、ポル・ポトはチニット川近くの自分の司令部で開いた四日間にわたる会合の激しいやりとりの中で、ベトナム南部司令局（COSVN）の長に新たに就任したファン・フンに対してその旨を述べた。まもなく開かれたパリの和平会談で、ベトナム代表の筆頭交渉役を務めたレ・ドク・トは、パテト・ラオが平和協定に従っても、クメール・ルージュが従わないのは確実だとキッシンジャーに警告した。だがキッシンジャーは、これを信じようとはしなかった。ベトナムが一歩も譲らないことがわかると、アメリカもカンボジアについては拘束力のない約束を協定に含むことにしぶしぶ同意した。のちにキッシンジャーは記者会見でこの件について、ラオスのように現地で「事実上の停戦が起こることへの期待」だと説明している。

ポル・ポトの考えはこうだった。「これまでシアヌークはわれわれとの連帯を守ってきたが、かれの思想には不安定なところがある。（中略）だからこそ引き続きかれをわれわれの陣営に引きつけておく必要がある」。こうしてかれは、シアヌークと妻のモニク妃を初めて「解放区」に招待することを決めた。

シアヌークは一九七〇年から解放区の訪問を希望していたが、危険すぎるという理由からクメール・ルージュ指導部はこれを却下していたのだ。あるクメール・ルージュ幹部が明かしたところによると、実のところかれらは「シアヌークが戻ってきて、人々がかれのもとに集まり、自分たちが丸裸で取り残される」ことを恐れていたのだ。クメール・ルージュがシアヌークの人気を懸念したため、兵士たちはシアヌークのバッジをつけていなかった。カンプチア共産党にはシアヌークの肖像もなかったし、会合でその名前が出ることもほとんどなかった。党内ではひそかにシアヌークを封建主義者と呼んで非難していたが、中央委員会の指令では、このような考え方は「決して大衆に知られてはならない。（中略）党員の中でだけ広めるべきである」と定められていた。

一九七二年の後半には、そんな懸念も緊迫感を欠いていた。共産主義勢力はその支配地域において揺るぎない力を持つようになっていた。ポル・ポトにとっての重要事項は、シアヌークの決意を固めさせて、インドシナ戦争におけるクメール抵抗組織の代弁者としてだけでなく、独立国家カンボジアの民族主義を語る声として利用することに変わっていた。

これこそまさに必要な措置であったことがのちにわかった。

一九七三年一月二十七日のパリ平和協定調印を三日後に控えて、ファン・ハンはポル・ポトに平和協定の内容を示すために、チニット川のほとりの司令部を再び訪れた。この週のうちにイエン・サリはレ・ズアンをはじめとするベトナム政治局のメンバーらとハノイで長時間におよぶ会談をおこなった。ハノイ内部の議事録の抜粋からは、ベトナム指導部が慎重にふるまっていたことがうかがわれる。レ・ズアンはイエン・サリに対して、カンプチア共産党が「おさめた勝利を確かなものにして先へ進む」ことを提案した。ファン・バン・ドン首相は「そちらが第一歩を踏み出す」よう促した。「向こうはあなたの要求にこたえるかもしれないし、こたえないかもしれない。(中略)あなたの国は何をいまだにためらっているのです?」だが一月末にシアヌークがキッシンジャーに公式に面談を申し込み、中立主義の独立カンプチアをアメリカが認めることを条件に「ワシントンとの迅速な和解」を約束すると、ハノイは身を退かざるを得なかった。王国民族連合政府(GRUNC)と北ベトナムは二月七日に合同声明を発表し、カンボジアの戦争が続くことを明らかにした。

四日後にレ・ドク・トは、ポル・ポトがハノイを訪れて「外交闘争」について話し合う機会を設けることをイエン・サリに提案して、次のように語った――「アメリカを打倒するために(中略)カンボジア、ベトナム、中国は闘うにしても交渉するにしても、意見を一つにするべきだ。(中略)そうでなければ(カンボジアは)タイやマレーシアやビルマのように困難に直面することになる。(外国からの)援助もなしに延々とゲリラ戦に悩まされ、事態は進展しないだろう」。イエン・サリは明確な返事をせずに、ベトナム側の意見をポル・ポトに伝えることを約束した。

まもなくかれはシアヌークとモニク妃と共にホーチミン・ルートを下った。二年前に全行程を徒歩でたどったときとはまったく違う旅になった。ロシア製のジープとトラックの車列で衛兵、運転手、料理人、召使いに医療スタッフと百人以上のベトナム人が随行したのだ。平和協定のおかげで爆撃はなかった。かれらは特別に建てられた給排水設備の整った木造の来客用コテージに泊まり、焼きたてのバゲットでフランス風の朝食をとった。まったく超現実的な帰郷にふさわしい幕開けだった。

夫妻はラオス国境の乗換駅K-12でフー・ニム、キュー・サムファン、ソン・センと北東地域書記のネイ・サランから歓迎を受けた。クメール・ルージュの黒い農民服と赤いチェックのクロマーを身につけた夫妻は、六日間かけてスツン・トレンとプレア・ビヘアからシエムリアプの北東のクレン山まで、五百キロにおよぶでこぼこした泥道を車で案内された。偵察機を避けるため、移動はたいてい夜間におこなわれた。ベトナム人は同行を許されなかったが、中国人の記録係が行程をフィルムにおさめた。

ベルサイユ宮殿内の小トリアノン宮の素朴さを自慢した後期のマリー・アントワネットのように、モニク妃は北部地域書記コイ・トゥオンがかれらのために用意していた伝統的な高床式住居に大喜びした。「解放地区のわたしたちのホワイトハウス!」と、彼女は興奮気味に日記につづっている――「書斎、小さな客間があって、『寝室』との間はカーテンで仕切られ――床にはカーペットまで敷きつめられて、窓にはカーテンが取りつけられている」。クメール・ルージュの高官ほぼ全員がかれらを歓待したが、ポル・ポトなど一部の人間は正体を隠していた。シアヌークに敬意を表して演劇が催されたほか、カンプチア統一戦線を立ち上げた「三月二十三日の要請」の三周年を記念する集会が開かれた。また、バンテイ・スレイの寺院とアンコールワットを訪問した際には、アンコール朝の監督者と奴隷をかたどって十三世紀に造られた小壁の下で、その現代版に監視されながら夫妻の写真が撮影された。

ゲリラ的な雰囲気ですすめられた旅に危険がなかったわけではない。アメリカはベトナムとラオスの爆撃をやめたものの、カンボジアの爆撃は続けていた。シアヌークの一行が帰途についてすぐ、かれらの通った道はB－52によって完全に破壊された。政治的にはこれは不意打ちで、四月にシアヌーク訪問時の写真が発表されると、面食らったアメリカ人外交官らは偽物に違いないと主張した。二ヶ月後にシアヌークはこの機会を利用してアフリカ、アジア、ヨーロッパのカンボジアに同情的な国々を訪問してまわった。シアヌークの海外訪問は失脚以来これが二度目だった。その後、抵抗組織政府が北京から「解放区」へ移ったことが発表された。その目的は国連加盟国の大多数に、国連加盟権をロン・ノル政権ではなく王国民族連合政府に与えるべきだと思わせることにあった。アメリカの圧力による反対票がいくつかあったために、この努力は報われずに終わったが、シアヌーク自身の立場が明確でなかったことも失敗の原因だった。かれは帰郷に舞い上がってはいたが、受入側がかれを人民とまったく接触させないよう図っていたことに気づく程度には目ざとかった。この年の夏に受けた一連のインタビューで、シアヌークはクメール・ルージュ体制における自分の将来について悲しげに考えをめぐらせている。その後かれとイエン・サリとの関係は悪化の一途をたどり、一時は取り巻きに辞意を伝えたこともあった。だが一九七一年に自分の思い通りにことが運ばないからと辞意を示したときと同じく、周恩来が説得にあたってこれを回避した。

その一方で、交渉による解決に向けて圧力がかかっていた。ポル・ポトはレ・ズアンからのハノイ会談への招待を、体調不良を理由に断った。だがその後二年間はベトナムだけでなく、アルジェリア、ルーマニア、ユーゴスラビアなど他の「友好勢力」による和平への働きかけと闘うはめになった。中国も、もっと暗黙にとはいえ同じ動きを見せていた。戦争を早く終わらせて、いまや衰退しつつある（と中国が認識していた）アメリカ帝国主義ではなく、この地域にとって脅威と考えられるソビエトの「社会帝国主義」にアジアの意識を向けたいと考えていたからだ。

実際は、当初から「第三勢力」による解決に成功の見込みはなかった。ロン・ノルは交渉でカンボジアに和平をもたらすことにあまり関心を持っていなかった――どう転んでも自分が権力の座を追われることは確実だったからだ――ニクソンとキッシンジャーはなおさら興味を示さなかった。それでもクメール・ルージュ指導部は狂信的で冷酷で、不条理でないにせよ非妥協的だという印象は諸外国に広がりつつあった。一方、カンボジア国内では「第三勢力」を構成する人々や、かれら特有の平和主義や妥協を見せる人々への弾圧が強くなり、結局すべての穏健派が疑惑の対象となった。

だがこの風潮はこれだけでは終わらなかった。一九七三年のあらゆる政策の指針は同じ結論を示していた――カンボジアの革命は包括的な急進化の段階に入ろうとしていたのだ。

カンボジアの抵抗組織が闘い続けることをシアヌークとベトナム人指導部が宣言した二日後の二月九日に、アメリカは爆撃を再開した。それから議会が爆撃停止を命じるまでの六ヶ月のうちにB-52などの爆撃機がクメールの村々に落とした高性能爆弾の総量は、二十五万七千トンにのぼった。これは五年間にわたる戦争で費やされた爆弾のほぼ半分に相当した。CIA長官のウィリアム・コルビーによると、カンボジア「以外に選択の余地がなかった」ことも理由の一つにあった。パリ平和協定のために、アメリカはラオスとベトナムに手出しができなかったのだ。カンボジアは、インドシナで唯一アメリカが軍事力をいかんなく発揮して、撤退中であっても何かができることを見せつけられる場所だったのだ。爆撃は力強さの象徴になっていた。「大統領はB-52をさらに百機送りたいと考えていた」と、ロバート・シーマンズ空軍長官は振り返る。「とんでもない話だった。どこにそれだけの数を差し向ければよいのか見当もつかなかった」。この頃B-52は一日に八十一機出撃しており、出撃率ではベトナムを三分の一上回っていた。空は非常に混雑しており、標的から数十キロ離れた場所を爆撃してしまうこともあった。

空爆の嵐は、アメリカをはじめとするほとんどの観測筋が年内に倒れるだろうとみなしていたロン・ノル政府を救った。数万人の人々が新たに抵抗組織に加わるか、あるいはプノンペンその他の政府が掌握する街で難民になることを選んだ。また、村を捨てる農民もそれまでになく増加した。さらに重要なことには、クメール・ルージュの政策に変化を引き起こした。いつかは起こることだったが、それがかなり早まったのだ。[*4]結果的に体制はもっと厳しく弾圧的になり、個人の苦しみはありふれたこととして軽視されるようになった。

表向きは爆撃を避けることを理由に、村々は新たな場所に根こそぎ移動させられた。小規模な人民の移動はすでに一九七二年から——ラタナキリでは一九六八年という早い時期から——起こっていた。だがそれは政府の統治下にある人々を「解放区」の奥深くに移すことが目的で、人々の居住環境はあまり変わらなかった。今回かれらが送られたのは辺境の山やジャングルだった。もともと住んでいた場所がまだ破壊されていない場合は、帰郷を防ぐために焼き払われた。人々は個人や小規模な互助集団で働くかわりに、三十〜四十家族の単位で共同体を組まされて共有地で農作業にあたることを強いられた。これについても前例があった——一九七二年五月の中央委員会の会合以降、南西部と特別地域では共同体の導入を何度か試みられていた。しかしあまり評判がよくなかったうえに、当局もこれを強制するまでに至っていなかった。だが今回は「解放区」全体に集団農業が強制された。幹部が比較的穏健といわれた東部地域でさえ、半年のうちにおよそ三万人がベトナムに隣接する地域から移動させられた。当時国境を越えてすぐのカントーでアメリカ領事館官吏を務めていたケネス・クインは、難民への聞き取りをもとに事態の全体像を描き出した。

かれらは必需品をのぞいて（すべてを）置き去りにするよう強制された。あらゆる財産を失うよりも自殺を選んだ人々もいたという。先の強制移住を生き延びた者たちから伝え聞くところでは、人々は移動の途中や到着後の強制労働で死んでいったという。（中略）村の役人は司令部の上官からの指令を遂行するよりも逃亡を選んだ。これらの政策に抵抗する者は捕らえられ、連行されて二度とその姿を見ることはなかった。それにもかかわらず人々は（中略）逃亡をはかった。（中略）（一九七三年）十一月には、人口を減らした緩衝地帯が設立された。（中略）国境地域を空から視察した（情報部）関係者は、捨てられた村や人気のない道、誰もいない水田や町を目にした。（中略）

新たな居住地の環境は良くないという。逃げてきた人々によると居住地は混雑しており不潔で、人々は食糧の欠乏と病気の蔓延に苦しんでいるという。（中略）土地は管理され人々は共同で労働にあたっている。（中略）肥料その他の科学的な方法によって生産高は増加しているが、人々は不幸せだ（という）。常に働くことを強いられるうえに、自分の土地を持てないからである。

クメール・ルージュの内部報告書からも、この内容は裏付けられている。東部地域のある年輩の指導者は、多くの村人が自分の家畜を集団所有にするよりも殺して肉にすることを選んだと認めている――「すべてが協同所有になると、家畜も家禽も病気になって死んでしまった。農作物にも被害が出た。だれも農作物や田畑の世話をしなくなったからだ」。

新たな政策は一九七三年五月二十日に公式に実行された。ポル・ポトは現実的な理由に基づいてこれを正当化した。農民が生産物を、クメール・ルージュよりも高値をつけるベトナム人や政府管轄地の商人に売るのを防ぐために、共同体が必要であるとしたのだ。それは拡大を続ける軍隊に充分な食糧を確保し、健康な男性のほとんどが戦地に赴いた地域であとに残された女性と子どもと老人に必要最低限の割り当てを確保する手段だった。だが、そこにはイデオロギー上の理由もあった。カンプチア共産党の目標は「清く誠実な社会をつくる」ことだった。個人所有と同じく民間取引も、利益の追求と個人財産への思い入れを示唆するものだ。したがってそれは、定義からして不誠実とされたのだった。

集団農業計画が始まって六ヶ月で、およそ六万人が「解放区」を離れて政府管轄地に入るか、あるいは南ベトナムに亡命した。

財産がなく何も失わなかった地方部人口の二十五パーセントを占める人々は、新しいシステムになじんだ。問題はその他の七十五パーセントだった。かれらもやはり貧しかった。一九七〇年代前半のカンボジアの地方はサハラ以南のアフリカの大部分よりも発展が遅れていた。だがアメリカと闘うクメール・ルージュを支援し、息子を抵抗組織へ送って米を軍に提供した農民のほとんどは、生活に根本的な変化を求めてはいなかった。ポル・ポトはのちにこのデータを歪曲して、この七十五パーセントの人々は事実上困窮状態にあったと主張している。それが他の理由でくだした政治的決断を隠蔽するイデオロギー上のごまかしで、ばかげた主張であることは本人も承知していたに違いない。だが宣言してしまえばそれは神聖なお告げとなったのだ。[*5] 一九七三年以降、クメール・ルージュの共同政策は、旧体制では国民のほとんどが半飢餓状態にあったという前提で、共同体は改善策であるという建前のもとにすすめられた。ポル・ポトに言わせれば大部分の人間は「集団体制に満足し、忠実に従って」いたため、これに反論することはすなわち敵性階級であることを示すようなものだった。ポル・ポトが実行した政策の多くと同じように、これも「靴に合わせて足を切る」ケースであった。

新たな制度は特に北部地域において精力的に導入された。一九七三年の夏にチニット川のほとりのポル・ポトの司令部を訪れたピン・ソイは、次のように述べている。

途中で会った親戚から、地域にはもう市場がないと聞かされました。（中略）生活はとても厳しく苦しかった。革命はかれらの期待とはかけ離れていたんです。そこで司令部に到着したわたしはキュー・サムファンとフー・ニムに会って言いました——「人々に物品を売る売買所を設けるべきだ。塩も、米に添える薬味もないらしい」。返事はなかった。しかしわたしの発言は報告されたようです。後になってフー・ニムがこう言ったからです——「きみの考えは受け入れられない」。（中略）なにがかれらをそうかたくなで無慈悲にしてしまったのか、わたしはよく考えたものです。

答えの一部はその翌年にポル・ポト自身からもたらされた。「『革命軍が敵を倒すやり方を見たら、きみの気には入るまいよ』と、かれは面と向かってわたしに言ったんです。たぶんその通りだったでしょう——戦闘での破壊はすさまじかった。かれにしてみれば、わたしには強さが足りなかったんでしょう」。それは二十年前に学生だったイエン・サリがケン・バンサクに投げかけた非難の言葉であり、学生仲間がメイ・マンを評したのと同じ言葉だった。かれらは「過度に感傷的」とみなされたのだ。

どんな革命にも感傷をさしはさむ余地はない。セルクル・マルクシステの若者にとって、もっともなじみ深いロベスピエールのフランス革命とスターリンのロシア革命は、その良い例だった。だが一九七〇年代中盤のカンボジアにおける暴力の賛美はこれらを上回った。流血はポル・ポトに歓喜をもたらした。人間的な感情は弱さの証拠であり、冷酷に抑えるべきものだった。かれ一人が倒錯していたわけではなかった。他のクメール・ルージュ指導者も同じように考えていたのだ。カンプチア共産党は、初期のキリスト教徒が苦難を受けいれることを促されたように、党員に「苦しみと困難」を儀式的に受けいれることを課した。ポル・ポトが（書いたのでなければ）認可した民主カンプチア国歌は、十九世紀のカトリック信仰の血なまぐさい賛歌にこのうえなく似ている。

明るい赤の血が町と野を染める
われわれの故郷カンプチア
労働者と農民の気高い血
男女の革命闘士たちの気高い血！
血は和らぐことのない憎しみと
断固とした闘いに変わり
（中略）われわれを奴隷の身から解き放つ

中国やベトナムの共産主義文献には、これに相当するものはない。ポル・ポトよりもはるかに大規模な殺戮を指揮した毛沢東も、中国革命による破壊を誇りはしなかった。かれにとってそれは必要悪でしかなく、革命の美徳のしるしではなかったのだ。

これと同じ意図的な過激思想は、大小を問わずあらゆる戦闘にも表れていた。一九七二年末までは、残虐行為といえばたいていが政府兵の仕業だった。共産主義者たちは捕らえられればかならず殺され、貴重な情報を得る機会を奪われたアメリカ人たちは落胆した。かれらが尋問したかった相手は、死体となって運ばれてきたからだ。ロン・ノルの配下の兵士らはベトナムの民間人を殺戮し、民間人への被害を無視してクメールの村々への爆撃を求めた。共産主義ゲリラが隠れているかもしれないというわずかな見込みに賭けたのだ。カンプチア共産党の軍勢がこれよりましだったと言っているわけではない。かれらも囚人を殺して内臓を取り出し、利敵行為の疑いがある者たちを処刑した。だが共産主義陣営でこのような行為が組織的におこなわれるようになったのは一九七三年以降のことだった。

戦場にあったクメール・ルージュの兵士らもこの変化を感じていた。離脱者はもはや寛大には扱われず、殺されるようになった。階級を問わず課せられる懲罰は、すさまじいものだった。一九七三年の夏に抵抗組織は初めてプノンペンに大規模な攻撃をかけた。クメール・ルージュ正規軍の半分にあたる二万人から二万五千人の人々が、この闘いに動員された。七月下旬に撃退される頃には、主にアメリカの爆撃のせいで少なくともその三割が死亡していた。そして砲弾の餌食になった兵士たちを補充するために徴兵制が導入された。政府側の死傷率も同じくひどいものだった——ソステン・フェルナンデス最高司令官によると、一週間に千人の死傷者、行方不明者が出たという。しかし政府部隊が逃亡することはあっても、クメール・ルージュ部隊が離脱あるいは投降することはなかった。

アメリカ軍情報部はのちに、前線の司令官らが「一九七三年八月までにプノンペンを制圧せよという直接指令」を受けていたことを発表している。これは議会の要求通りアメリカの爆撃航程が終了を迎えるにあたって「かれらがアメリカをくじくことができたと世界に示すため」だった。

首都の周辺一帯が洪水にみまわれ、攻撃側にとって最悪の状況をつくりだす雨期の真っ只中に全面攻撃をおこなうというポル・ポトのこだわりは、軍事的には無益で、配下の人間の命をまったく顧みていないことを示していた。クメール・ルージュの司令官らが軍勢を無駄にせず、乾期の始まる十二月に入るのを待っていれば、結果はまったく違っていたかもしれない。戦闘の矢面にたった南西部の兵士たちは、それから一年が経過しても痛手から回復できていなかった。

だがポル・ポトがアメリカに恥をかかせることだけをねらっていると考えていたアメリカは間違っていた。夏の攻撃の真の目的は、ベトナム人の手を縛ることにあったのだ。

パリ協定以来、ハノイの指導部は板挟みにあっていた。停戦交渉をポル・ポトが拒絶したことから、やっかいな協力者であるカンボジアを抑えきれなくなる不安が持ち上がっていた。かれらはまず、二月にレ・ドク・トがイエン・サリに与えた警告を実証してみせた。カンボジアが「外国からの援助もなく」闘うことになる危険性についての警告だ。その春、ホーチミン・ルートを利用した中国からの武器の輸送はなぜか中断された。四月にはベトナムのファン・バン・ドン首相が、カンボジア共産主義者に対するベトナムの援助は「減少しており、今ではたいした規模ではない」とソビエト人外交官に語った。だがクメール・ルージュへの供給路の締め付けは、期待通りの結果を生まなかった。カンボジアはさらに熾烈さを増すことでこれに応えたのである。ポル・ポトは忠誠を示したごく少数の例外を除いてハノイ帰還組を集め、ベトナム側の工作員の容疑で、メコン河の西岸に位置するチュロン区の拘置所に連行せよと指示した。政治教育講習では初めて幹部の口から「体はクメール人だが心はベトナム人の人々」についての話が出た。帰還者のほとんどはのちに処刑された[*6]。クメール・ルージュとベトナム人部隊の残党との摩擦は急速に激しさを増した——七月だけで二百人のベトナム人が「友軍」との紛争の犠牲になった。夏の終わりには、カンボジアに残っているベトナム人は、二〜三千人の兵士と二千人の民間人幹部、そして北東部でホーチミン・ルートを守る特殊部隊だけとなってしまった。難民だけでなく長期在留者も含め、ベトナム民間人はみな南ベトナム戦争が終わったことを理由に「帰還」するよう圧力をかけられた。帰還しなかった場合は共同体へ連行されるとあって、人々は渋々従った。

これと同時にクメール・ルージュは軍事的圧力をさらに強めた。プノンペンへ物資を運ぶ輸送船団は継続的に攻撃対象にされた。二隻の貨物船と数隻の荷船が沈没したほか、八隻の船が攻撃の被害を受けた。海沿いのケップの町はクメール・ルージュに掌握され、タケオは包囲された。バッタンバンには初めてロケット砲が打ち込まれた。そして八月の十二日に政府軍はプノンペンから北に四〇キロのところに位置する戦略上重要なスコウンの分岐路を放棄した。これで、プノンペンを通る主な陸路はすべて分断されるかあるいは不安定な状態におかれ、プノンペンは食糧、燃料、弾薬をますますアメリカの空輸に頼ることになった。

アメリカによる爆撃が終わる頃には、地方を離れた難民が首都の人口を戦前の三倍にあたるほぼ二百万人にまでふくれあがらせていた。街の周囲とベトナム国境まで延びるメコン川の土手には爆撃の跡が数多く残り「月の谷のよう」だったと、ある外交官は語っている。人的および物的被害をまったく無視して夏に実行されたクメール・ルージュの攻撃は、もはや止めようのない流れをつくってしまった。キッシンジャーはのちに、一九七三年の半ばからカンボジアがもうだめだとわかっていたと認めている。

ハノイでは、ベトナム政治局が苦渋に満ちた見直しを強いられていた。クメール・ルージュはすでにカンボジア領土の三分の二以上を掌握し、人口のほぼ半分を管理下においていた。アメリカの爆撃機の出撃がなくなった以上、ベトナムが何をしようとクメール・ルージュが勝つのは明らかだった。ハノイの当初の戦略——統一された共産主義ベトナムを設立し、弟のような存在であるラオスとカンボジアを解放し、両国から永遠に感謝を捧げられること——は、暗礁に乗り上げていた。ポル・ポトが望んでもいなければ必要としてもいない和平交渉を押しつけようとすれば、ベトナム共産主義者たちはただでさえ少ないクメール・ルージュとの友好をさらに危うくすることになる。ホーチミン・ルートからの武器の供給が、だまって再開された。

そしてさらに意思表示が続いた。コンポンチャムの包囲攻撃のためにベトナムから重砲が輸送された。南ベトナム解放戦線の代表団は東部地域を視察し、ポル・ポト、ヌオン・チェア、キュー・サムファン、フー・ユオンその他のカンプチア共産党の重要人物から手厚いもてなしを受けた。だがすでに修復は不可能だった。一九七三年の七月にカンプチア共産党中央委員会は、前年の冬に放棄したS-71の数キロ北に位置するポル・ポトの新しい司令部K-30で年次総会を開いた。代表者らは以降ベトナムを「友ではあるが、対立をともなう友として」扱うことを決めた。

その秋にポル・ポトはふたたび特別地域へ出かけた。カルダモン山脈の東の丘陵地帯の、王族が昔使っていたウドンからポーサットへの道沿いの「王の門」と呼ばれるチュロク・スデク村付近に、新たな前線基地が設立されたのだ。この地域は木々が密生しており、牛の牽く荷車がやっと通れる幅の小径が縦横に走っていたが、それも青々と茂る熱帯広葉樹の葉に隠されて空からは見えなかった。この基地は直線距離で言うとプノンペンからおよそ五〇キロ北東に位置していた。

ポル・ポトとその側近は、樹齢百年ほどのマンゴーの木々に囲まれた小川の傍に建てた藁葺きの小屋で暮らしていた。そこから丘陵地帯に数キロ入った、岩の目立つ荒れ果てた土地にモクの率いる南西部地域の兵士らが陣営を築いており、そこには爆撃に備えて掩蔽壕と塹壕も掘られていた。ティウン・ティウーンは近くのボンバーの村で兵舎風の長方形の病棟を六棟備えた軍事病院を運営していた。プノンペンから荷車用の小道を南下した先の平原にそびえるサトウヤシの木立には、ボン・ベトの特別地域司令部が隠れるように建てられていた。

基本的にクメール・ルージュ軍の作戦指揮にあたっていたのは、ポル・ポトが北東部から参謀長として招いたソン・センだった。かれの指揮所はそこから南東に一五キロ離れたラスマクの停車場の近くにあった。ラスマクにはプノンペンからバッタンバンに通じる鉄道本線が通っていたが、いまは停止していた。この地域には高さ六メートルにもおよぶ巨大なアリ塚が点在しており、その脇から木々や竹林が伸びていた。ソン・センの兄弟のニカンは、次のように振り返っている。

われわれは指揮所を半分地下に埋めるように築き、塹壕と隠れ場所をアリ塚の中に掘って隣のアリ塚につながる抜け穴をはりめぐらせた。爆撃の際は――まるでアリのように――そこに隠れ、危険が去ると出てきて仕事を再開した。塹壕を築くときは、たいてい爆撃の衝撃波を和らげるために木か米の籾殻を敷いた。だがアリの掘った穴の方が爆撃には強かった。それに竹林がカモフラージュの役目を果たしていた。

メッセージは伝令が前線に運んだ。ポル・ポトは敵に盗聴されるおそれのある無線交信を信用していなかった。抵抗組織はロン・ノル軍からアメリカ製のトランシーバーを入手していたが、それらはおもに敵の通信を傍受し、ときには敵の司令官をあざむくために使われていた。あるときなど、機転の利くクメール・ルージュの通信兵が嘘の地図座標を教えて空軍輸送機の操縦者をだまし、政府軍用の貴重な105ミリ砲弾を抵抗組織の支配地域にパラシュートで投下させたこともあった。大隊以下の規模の兵団には無線装置が与えられなかった。中国の共産主義者らは内戦においてラッパを合図に使っていたが、カンボジア人たちは木製のフルートを使った。そのバンシーのような悲しげな音は夜の闇に響きわたり、敵を震え上がらせた。

ポル・ポトはチュロク・スデクに滞在していた間に大きな決定を二つ下した。一つはプノンペンと国内の他の地域を結ぶ道路および河川の交通路を可能な限り遮断して体系的に包囲網を狭め、翌年の春――それが不可能であれば――一年後の乾期におこなう総攻撃に備えること、そしてもう一つは、特別地域の警備を固めて政府のスパイの侵入を未然に防ぐことだった。これは大きな問題になっていた。一年前に特別地域を訪れたフランス人の支持者セルジュ・ティオンは、人々がやすやすと政府支配地域と共産主義支配地域を行き来していることに驚いた。結果として、ロン・ノルの情報部は実に多くの情報を握っていた。[*7]

だが状況は一変した。当時十六歳でプノンペンのリセ・ユカントに通っていたコン・デュオンは、翌年の春にウドン近辺に住む親戚を訪ねようとしたときのことを振り返る。

> わたしは解放区を抜ける案内役の農民と一緒にいたんです。しかし二人ともチュロルプ、つまり村の民兵に捕らえられてしまった。かれらはわれわれをスパイだと言います。(中略)わたしは後ろ手に縛り上げられ、縄で引いていかれた。民兵らはわたしを木の下に座らせると(中略)スパイを捕らえたと知らせた――村人はみな見物にやってきた。姉と義理の兄が、それがわたしだと知って身元を保証してくれました。運が良かった――逮捕されたのが午後四時だったからです。もし知り合いが誰もいなくて身元が特定されなければ、たぶん殺されていたでしょう。民兵らはわたしを質問攻めにしました。「どこから来た? 仕事は? スパイになってどれくらいだ? 爆破する場所を探しに来たのだろう!」わたしを生かしておこうと決めたのは民兵の長でした。でも、もしわたしが本当にスパイだったなら、義理の兄は家族もろとも処刑されていたでしょう。わたしを連れてきた案内役はそれほど幸運ではありませんでした。捕らえられたときに

われわれは引き離され、かれは別の村へと連れて行かれました。そこにはだれも知り合いがいなかったため、かれは殺されてしまったんです。

地方では粛正がおこなわれるようになった。のちにクメール・ルージュ幹部として十五年務め上げたデュオンは、自分が住んでいた村の「教育を受けた人々はすべて殺された」と振り返る。そのような指示があったわけではなかった。だが農民らは厳重警戒命令をそう解釈してしまったのだ。「かれらにとって裕福な人々と教養ある人々は同じだったんです――どっちも貧者を見下す者たちなんです」

新しい牢屋が――一カ所はボン・ベトの司令部の付近に、あとの二カ所はチュロク・スデクよりもさらに山手に――建設され、侵入者と見られる人々が民兵に殺されずに生き残った場合に尋問を受ける場所として使われた。それから長い月日がたっても地元の人々はいまだにその名前――スドク・スラット、プノン・プラテアット、クマブ――に恐れおののいた。「連行された人々は、だれも帰ってこなかった」。プノンペンから来た僧侶も、やはりスパイの疑いをかけられてドム・クベス村の収容所へ送られた。当初は抵抗組織のもっとも強力な支持者とされていた中国系少数民族と中国系クメール人は「カンボジア人の血を吸う資本主義者」と糾弾されるようになった。また、特別地域に多いチャム族の態度についても懸念が高まりつつあった。共産主義者がかれらの慣習を捨てさせ、他の人々と同様に共同体に住むよう強制したことに反抗して、一九七三年の十一月に東部でチャム族の反乱が勃発したのだ。反乱の主導者の多くはジャングルに隠れたままだった。ポル・ポトの指示を代行する地域書記のソー・ピムは、かれらを捕らえた場合は見せしめとして厳しく扱うように命じた。

組織の全貌をつかむため、反乱の主導者は厳しい拷問にかけなければならない。そして当面は処分が決まるのを待つこととする。下級指導者らも厳しい拷問の対象となるが、殺す必要はない。（中略）かれらの追随者らには再教育を施すべきである。（中略）解放して監視下におき、政治的な餌として利用できるからだ。（中略）あらゆる手段と政治的・軍事的措置をもって（中略）かれらの逃亡と組織の再編成を防がなければならない。

革命から逸れた人間はみな害虫だからそれにふさわしい扱いをするという思想は、罪人には地獄の責め苦が与えられるという中世キリスト教の教義に通じるものがあった。この思想は、避難してきた農民を含めたプノンペンの住民に対する党の対応に影響を与えた。革命家たちがこっぱみじんに吹き飛ばされているときに、安全な場所でアメリカの爆撃がやむのを待っていた住民はすでにクメール・ルージュ側の人間ではない。そのためどんな罰が下っても当然であると党はみなしたのだ。一九七三年の十二月下旬から、中国製の107ミリロケット砲と122ミリロケット砲が街に向けて発射されるようになったが、しばしば困窮地域に落ちて数百人の犠牲を出した。翌年の春には押収した105ミリロケット砲も加えられ、プノンペンの南側から最大範囲をねらって打ち込まれた。ロン・ノル政府には住民を守れないことを示すため、ベトコンは一九七一年と七二年に心理戦の一環としてロケット砲による攻撃を時折おこなっていた。それが毎日のことになり、無差別テロが始まったのだ。

その冬に、ポル・ポトはヌオン・チェアと、北京から戻ったイエン・サリとの協議を開くためにチニット川沿いの基地に戻った。かれがそこにいる間に二十五のクメール・ルージュの大隊が、プノンペンの北西に位置するかつての首都ウドンをひそかに包囲した。この急襲部隊の中には、共産主義陣営で二部隊しかない女性兵士のみで構成された部隊も含まれていた。彼女たちの戦果は良いものではなかった。一人の幹部が語ったところでは「その部隊がいることが知れると、まるで磁石のように敵を引きつけてしまった」のだという。戦争が終わる頃には、両部隊とも兵士の六割を失っていた。

ウドンへの攻撃が開始されたのは、一九七四年三月三日日曜日の午後三時だった。朝には防衛側のほとんどが、町の南東の寺院を中心に端に追いつめられていた。三週間にわたる包囲攻撃ののちに最後の砦が落とされ、政府軍の兵士と避難していた民間人数千人が殺戮された。後になって、かれらの多くが「(銃を)自分の家族に向けた」という噂が広まった。「捕縛と拷問を避けるために、みずからの手で命を絶つ」というカンボジア軍の軍事作戦を最期まで守ったのだ。そしてウドンの住民およそ二万人が集められ、モクが軍事基地を構えるチュロク・スデクの東の、人気のないパルヘルの森へ連れていかれたのちに、特別地域と南西部の共同体に移された。役人や軍服を着た兵士は、かれらとは別に連行されて殺害された。

すべてが抵抗組織の思い通りにはこんだわけではなかった。南西地域の兵士はカンポットを包囲攻撃したが、撃退された。また、政府軍はその後、全壊した建物と焦土だけの荒れ地となったウドンを奪還していた。ケ・ポクとコイ・トゥオンの率いる体制の厳しさに絶望した北部地域のおよそ四万人の村人は、政府軍の襲撃を好機に「解放区」を大挙して脱走し、コンポントムの町に逃げ込んだ。かれらの口から伝わった強制労働と飢えと処刑をもたらしたクメール・ルージュ幹部の残忍さは、それから一年ほどして国全体を支配する体制の前兆だった。それから数週間、共和主義勢力は再び活気を取り戻して闘った。しかしクメール・ルージュ陣営での悲惨な生活のありさまは、避難者の誇張として片づけられ、いつのまにか忘れられてしまった。

三月の末にポル・ポトはチュロク・スデクを離れ、ケップに向かう前に六ヶ月前に陥落した戦地カンポットを訪れた。そこはかつてカンボジアのエリートたちが夏を楽しく過ごした、白い砂浜と明るい青緑色の水が広がる美しい場所だったが、闘いのせいですっかり荒れ果ててしまっていた。毛沢東が文化大革命の始まりを記念して揚子江を泳いでわたったように、ポル・ポトはウドンでの勝利のしるしにクロマーを腰に巻いて海に飛び込んだ。初めて海を目にした山岳民の護衛たちはかれの後について不安げに水に入り、AK-47自動小銃を濡れないように頭上に掲げて歩いていった。この月にかれは四十九歳の誕生日を迎えた。プノンペンをしめつける力はゆっくりと強められつつあった。

一九七四年にポル・ポトの心を占めていたのはやはり戦争だったが、他にも懸念はあった。いまだカンボジアは理論上マルクス主義者のいう——可能な限り大きな統一戦線で右翼政府を打倒し、進歩的な政権を築くことを必要とする——「民族的民主主義革命」のさなかにあったが、ポル・ポトの心はすでに次の段階である「社会主義革命」へ移りつつあった。この革命の目標はカンボジア社会の性質を徹底的に変えてしまうことにあった。すでに集団化と個人取引の廃止には着手済みだった。そこでかれは、ついにアンカの政治目標に公然と社会主義を掲げ、シアヌークに対抗する政治運動をひそかに立ち上げて、新たな政策を国家規模で展開する時を待っている党員全員の「意識と革命家としての立場」をとぎすます時期がきたと判断した。

九月にポル・ポトは、かつて北部地域司令部があったダンクダから南に一三キロ離れたところに位置するプレク・コク・コミューンのメアク村で中央委員会の年次総会を開いた。かれの求めに応じて集まったカンプチア共産党指導者らは、ここで三つの重大な決定を下した。それから四年間にわたって、この三つの決定はクメール・ルージュ体制の性質を形づくることになった。

その一つは町の住民に関する決定だった。

一九七一年からポル・ポトたちは、「解放区」の都心部がちょっと目を離すとすぐ昔の悪い資本主義的なあり方に戻ろうとするのにあきれていた。かつてクラバオでポル・ポトと肩を並べたユン・スーンは三月にクラチエを訪れて目にした光景に失望を感じていた。

町の市場は解放の前よりも混雑していた。（中略）昼夜を問わずいつも人があふれかえっていた。（中略）クメール人や中国人やベトナム人の商人が売買をしていた。人々は自転車やバイクで来るか、モーターボートで川をさかのぼってきていた。酒場や売春宿や賭博所があり、強盗もまた頻発していた……。

それから二年後、ポル・ポトは状況が何も変わっていないと記していた。商人は「われわれには協力したくないと考えていた。（中略）最初はかれらの取引を禁止するつもりはなかった。しかし（中略）かれらはわれわれを欺いてばかりいたのだ。（中略）クラチエで（中略）人民をコントロールできなかったのは、商人が（中略）物流を管理していたからだ。傲慢なかれらは、われわれに従属したくないと考えていた」。唯一の解決法は「かれらを田畑で働かせる」ことだとかれは結んでいた。さもないと「これほど多くの犠牲を出したあげく、資本主義者に権力を握らせていては、革命に何の意味があるだろう?」クラチエの人々は一九七三年前半に退去させられた。これと相前後してクメール・ルージュの軍勢はコンポンチャムを襲撃し、一万五千人の住民を「解放区」へ強制的に連れ帰った。一部の人々は解放区につくまでに飢えや爆撃によって死亡したが、ほとんどは村に再入植して「普通の生活をした」（とある農民は表現した）。そして一九七四年の三月には、ウドンに強制退去が命じられた。ポル・ポトの側近のフィ・フオンは次のように語っている。

ウドンの避難民を地方に定住させるにあたって、特に大きな問題がなかったという意味ではうまくいった。町の住民たちも特に問題を起こさなかった。強制移住は、われわれの軍勢を揺るがそうという敵のもくろみをくじく抜本的な解決策であり——また同時に内部政策でもあった。幹部を都市部の人間の近くに住まわせておくと、政治的および観念的に堕落するおそれがあるからだ。かれらが都会風の新しい環境に影響を受けてしまう可能性がある。（中略）町の住民を退去させれば、その危険は回避できる。われわれの最終目標はプノンペンの解放であり、そのためには政治的および観念的立場をとぎすます必要があることを理解しなければならない。幹部たちが「ブルジョアの見かけの良い弾丸」を避けることができるように？ まさにその通りだ！

ここまで明確ではない理由もほかにあった。歴史を通じて、都市に対する反感は農民革命の特徴だった。アジアだけでなく二十世紀前半のヨーロッパでも、ブルガリア農業党のアレクサンドル・スタンボリスキ党首などは「町とそこに住む二種類の住民——ブルジョアと産業労働者を同様に憎んだ」という。セルビア、ポーランド、ロシアの人民党も同じような思想を抱いていた。カンプチア共産党の表現はちがっていたが、その活動の源は、まったく同じだった——カンボジアのような旧式の農業社会では、農民の反感だけが革命の動力源になり得たのだ。町の住民は自身を鍛え直し、クメールの根本に再び立ち戻るために農地へと戻された。それは強くなって都会の暮らしで汚れた身を清めて立ち上がるための試練であり、通過儀礼であった。

理由はさまざまだったが、プノンペンを含むすべてのカンボジアの街から住民を退避させ、「解放」するとともに村へ送って新たな生活を始めさせることが満場一致で決定された。

委員会が下した二つ目の決定は、お金に関する問題だった。

一年前にシアヌークが抵抗組織を訪れた直後、かれらは「解放区」に新しい貨幣を導入することを決めていた。イエン・サリはポル・ポトの承認を得るために前年の十二月に北京から見本紙幣を持ち込んでいた。その後、共産主義勢力が支配する地域では一九七四年末までにクメール・ルージュ製の通貨導入を念頭に、政府発行通貨の使用を徐々に減らし、暫定的に物々交換がおこなわれていた。中央委員会はこれらの決定については問題提起しなかったが、新通貨を流通させるのは国内全域が共産主義の支配下に入るのを待ってからにすると決定した。

第三の決定は、党の結束に関することであり、あらゆる意味でもっとも難しい問題だった。

初期のカンボジア共産主義運動が公式に武装闘争に突入した一九六八年以降、カンプチア共産党を形作ったさまざまな集団や支援組織は、団結に向けて真摯に努力を重ねてきた。しかしそれは長続きしなかった。それから五年が経ち、党の同胞の間でも表立って亀裂が生じるようになりつつあったのだ。北部地域では元イサラクの軍事司令官ケ・ポクと、地域書記で知性派のコイ・トゥオンが絶えず対立するようになっていた。北西部のロス・ニムと軍事司令官コン・ソファルの間にも、比較的控えめではあったが同様の緊張感が生まれていた。だがケ・ポクとコン・ソファルは、民間人出身のコイ・トゥオンとロス・ニムとは対照的にポル・ポトに目をかけられていた。

昔からベトナム人の影響が色濃くあった東部地域では、問題の程度が違っていた。第一七〇区の司令官に就任した派手な元僧侶のチャン・チャクレイのような人物は、人間の弱みにも寛容なもっと穏健な共産主義体制を望むと公言していた。かつてプラチアチョンの指導者を務めていたノン・スオンも同意見だった。かれは自分の仲間たちがカンプチア共産党の新たなヒエラルキーの中で降格させられていくのを失望とともに見守っていた。一九六〇年代中盤から潜在的に存在した「藁葺きの小屋」と「煉瓦の家」——一九四五年から五四年にかけての「九年戦争」をルーツとする元イサラクと、都市部で教育を受けたポル・ポトやイエン・サリなどの急進派――との軋轢は、ふたたび表面化しつつあった。この緊張関係に拍車をかけるように、他の人間があえて口にはしなかったことを口に出す率直なフー・ユオンが、中央委員会の下した決定の一部を公然と非難するようになった。一九七四年にかれは政権委員会が徴発米について借用書を発行しないことを、農民への裏切り行為だと糾弾したのだ。フー・ユオンは、自分が名目上の責任者となっている共同体制があまりに急速に導入されているとポル・ポトとヌオン・チェアに告げ、警告したという――「君たちがこの調子で続けたら、政権は三年しかもたない。その後に崩壊する」[*8]。フー・ユオンは陽気で開放的な男で「すぐれた指導者だった。(中略)仲間や一般人からも人気があった」。活動への献身ぶりと、パリ時代からのポル・ポトとの友情のおかげで、かれはそれまで大きな問題に巻き込まれたことはなかった。それでもチニット川の司令部の管轄下にあるK－6という辺鄙な基地に派遣されて懲罰として野菜を育てさせられ、その後も政治的には危うい立場におかれた。

そして南西部では地域書記のモクと、ココンの指導者プラシットの長年の確執がこうじて事態が山場を迎えた。

表面上かれらは「革命におけるモラル」をめぐって対立していた――プラシットと同じく地域で高い地位にあったチュー・チェトは女性関係にだらしないことで有名だった。一方モクは禁欲的だった。チュー・チェトはモクとうまくやっていたが、プラシットはそうではなかった。だがさらに根深い問題がほかにあった。一九六〇年に中央委員会に加わったプラシットは、八年後にモクが地域書記に任命されたときも候補からはずされていた。それ以来、タイ国境地帯の農民に強い支持基盤を持っていたプラシットは、その立場を守ろうとモクに対抗して活動していた。そしてもともとは権力抗争だったものに、政治思想の差が加わったのだ。プラシットはクメール・ルージュでいえば穏健派だった――「穏やかで気取ったところのない几帳面な男で、組織のまとめ役としてすぐれており（中略）人々に簡単にとけこむ人物だった」と、フィ・フォンはかれの人となりを語っている。かれはコンを統轄するにあたって同じ南西部の他の地区よりも自由な政策を敷いた――一九七四年の初めまでは民間取引が許されており、村人にはタイとの国境を行き来することが許されていた。これと対照的に、モクは北部のケ・ポクと同じく、政権委員会の指令に従って集団化と私有財産の弾圧に全力で取り組んでいた。

すでに一九七四年から、モクはポル・ポトのもとを訪れて、ロン・ノルの命でクメール・ルージュ幹部と兵士に離反を促す計画を進めているイン・タムにプラシットが接触していると告げていた。この嫌疑がモクの他の主張――タイの血を引くプラシットがバンコク政府とＣＩＡに協力しているなど――と同じく、嘘であったことにほぼ間違いはない。

ＣＩＡとの関わりについての疑いは、それほど突飛なものではなかった。一九五〇年代の後半からシアヌークは、ＣＩＡが自分の失脚のために動いていると、それなりの論拠をもとに演説とラジオ放送で主張を重ねていた。そのためクメール人にとってＣＩＡの名前はすでに「敵」と同義語になっていた。特にモクは手当たり次第にＣＩＡ工作員扱いした。[*9] 一九七一年にかれはフランス人の考古学者フランソワ・ビゾがＣＩＡに協力していると確信し、ポル・ポトとボン・ベトにそう訴えた。ポル・ポトがビゾを釈放するように命令すると、モクは激怒した。「あのくそフランス人はＣＩＡだ」と、かれはボン・ベトと看守のドッチに怒鳴った――「指導部の兄たちはやつを解放しようとしている。だが状況をわかっているのは草の根で活動するわれわれの方だ。やつを釈放するなど、もってのほかだ」。ボン・ベトの強い主張によってビゾは解放されたが、プラシットは解放されなかった。かれには言い分を述べる機会さえ与えられなかったと見られている。プラシットはポル・ポトの承諾を得たモクの部下によって森へ連れて行かれ、殺害された。かれが殺されたあと、ココンのタイ系幹部らは、その血筋からプラシットに同調的であったと疑われて、四月に粛正された。

　粛正の対象となった幹部はプラシットが初めてではなかった。モクはそれまでに比較的地位の低いクメール・ルージュ関係者を多数処刑していた。東部と北西部では、地元の権力争いから殺された者もあった。ハノイからの帰還者の一部も処刑されていたが、ほとんどは強制収容所でいわゆる「再教育」を受けていた。

　しかし党内の軋轢が中央委員会のレベルにまで及んだのはこれが初めてだった。また、党指導部が身内の処刑を承認したのもこれが最初である。プラシットの件については、メアクで開かれた総会でも議論が続いた。「ポル・ポトは釈明にあたった」と、副官のフィ・フオンは振り返る――「階級闘争の激化にともなって、断固とした姿勢で敵に毅然と立ち向かう必要があったと説明し、反共産主義者と革命反対派は全面的に処断されなければならないと語った」。だがフオンはこれに全面的に賛同したわけではなかった。「プラシットは自分と同じ少数民族の出身だった。自分のような人間はこのように扱ってかまわないとかれらは思っているのだろうか?」とフオンは自問した。

　粛正についてのポル・ポトの説明は受けいれられて、会合は終わった。だが出席者はみな、すでに一線が越えられてしまったことに気づいていた。


　一九七四年の晩春のロン・ノル軍によるウドンの奪還は、瀕死の政権の最後のあがきだった。その後かれらの立場は悪化の一途をたどった。それまでの二年間のほとんどを通じて、半身麻痺を抱えた自称「将軍」は、弱りつつある力を政府の救済ではなく、自分の地位を維持するための政治的策略につぎこんでいた。かれがライバルとみなした人間――シリク・マタク、ソン・ゴク・タン、イン・タム——は次々と追いやられていった。ロン・ノル自身は不正な国民投票によって首相に選ばれたが、弟のロン・ノン——ポル・ポトの元級友——による大規模な投票操作がなければ、確実に敗北を喫していただろう。

アメリカ大使館のウィリアム・ハーベン政治顧問が、その辛辣な報告のせいでプノンペンから異動させられる前につづった日記には、「マルクス＝レーニン主義にとっての理想の政敵を戯画化したような政権を支持している」と記されていた。また、エモリー・スワンク大使は、ロン・ノルが肉体的にも精神的にも病気であることを国務省に報告していた。

政府が無力で自国の大臣さえ守れないことは、一九七四年六月の事件で劇的に露呈された。ロン・ノル政府の閣僚二人がデモ活動中の学生に人質に取られ、人混みに紛れていたカンプチア共産党の暗殺者に殺されたのだ。新たに首相に就任したロン・ボレトも、六月に共産主義勢力のロケット砲による襲撃から間一髪のところで逃れていた。

戦地では相変わらず共産主義勢力が優勢だった。アメリカ軍の歴史研究者がのちに記したところでは、ロン・ノル軍は「統率力のなさ、堕落、不適切な訓練と志気の低さという慢性的な欠陥」に悩まされていたという。かれらのその年の主な功績といえば、首都から一三〜一五キロの地域にはクメール・ルージュの砲撃手を近づけず、都市の中心部をロケット砲や榴弾砲の射程距離から守ったことだった。つまり砲弾はおもに栄養失調の難民であふれかえる郊外のスラムに落ちたのである。だが、プノンペンはすでに内側から朽ち始めていた。金銭で動くすべての官僚、阿片窟、災害、若い女性の働く売春宿、あらゆる物や人が売買される政権の腐敗という問題だけではなかった。何よりもその退廃を物語っていたのは、多少なりとも誠実さを持っている人物のほとんどが、いまや敵陣営を支持しているという事実だった。元民主党首相のチャン・バムとティウン・ティウーンの弟のチュムは、ひそかにメイ・マンなど都市部の急進派と手を結んで、おもにロン・ノル軍の士官らから手に入れた医薬品と軍用地図を送っていた。政府の検問を回避するために、これらの物資は目の見えない肢体不自由な物乞いたちを介して届けられた。そして銀行員のサル・キム・ロムートが影の出納係を務めていた。

外交面でも抵抗組織は基盤を築きつつあった。一九七四年には、六十三カ国が王国民族連合政府（GRUNC）を承認していた。この年、ロン・ノル政府は二票差でかろうじて国連議席を維持した。キュー・サムファンは中国を訪問し、一九五二年のケオ・メアスについで毛沢東に会った二人目のカンボジア共産主義者となった。かれはシアヌークとともにその後二ヶ月にわたってアフリカ、アジア、東ヨーロッパの王国民族連合政府の同盟国を視察した。視察の目的は未来のクメール・ルージュ政権の支持基盤を築くことだけではなかった。むしろシアヌークの意欲が揺るがないようにすることの方が重要だった。シアヌーク自身は強く否定していたが、かれは交渉による解決で穏健派の共和主義者、クメール・ルージュ、君主制主義者の連合の頂点に立つ考えを捨てきってはいなかったのだ。だが一九七四年の秋の時点では、キッシンジャーはまだベトナム退却に専念していた。銃をとって支配者となったクメール・ルージュは、あらゆる交渉をかたくなに拒否していた。ニクソンの後継者であるジェラルド・フォード大統領はシアヌークに本格的な交渉をおこなう権限を与えたが、すでに時は遅すぎた。

ポル・ポトは十二月初旬にウドンから北に約八キロのコンポントララックのタインポウン村の近くに新たに築かれた前線基地B-5会合を開き、プノンペンへの攻撃を乾期におこなう意向を固めた。ソン・センが戦線司令官に任命され、北部地域書記のコイ・トゥオンが補佐に就任した。一九七五年一月の午前一時に殺戮が開始された。押収した105ミリ榴弾砲と中国製ロケット砲で激しい爆撃をおこないつつ、三万人の歩兵らは南、西、北の三方向から首都に迫っていった。

第一週目の戦果は思わしくなかった。空は晴れており、大晦日の夜は満月が出ていた。もっとも痛手を受けたのは北部地域の兵士で、月の光に照らされた氾濫原に次々と現れるクメール・ルージュの歩兵は、高台のいたるところに穴を掘ってひそんでいた政府兵の反撃にあってなぎ倒された。

襲撃計画の第二段階は比較的うまくいった。ボン・ベトとソー・ピムは一月の末までにメコン川の輸送船を止める任務を与えられていた。かれらは五日の猶予を残してそれをやりとげた――最後の輸送船がプノンペンに着いたのは一月二十六日のことだった。イエン・サリ率いるカンプチア共産党代表団は、それまでに中国製の浮遊機雷をホーチミン・ルートから持ち込んでいた。[*10] ネイ・サランがラオス国境でかれらと接触して、トラックで機雷を戦線へ運んだ。十日後の二月五日に、ネアクルンのフェリーポイントの南側に数隻の船を沈めて、川はせきとめられた。このときまで政府は供給物資の九十パーセントを輸送船に頼っていた。これで水路は完全に封鎖されたとアメリカの海軍専門家は記している。

ソン・センの担当はアメリカからの空輸の遮断だった。それはこの時点でプノンペンに残された唯一の供給路だった。一月十二日までに百発以上の107ミリロケット弾が空港と付近の住宅地に打ち込まれた。攻撃が激化して榴弾砲が街に近づけられるようになると爆撃も頻繁になり、滑走路への着弾は一日に百回を越えた。三月中旬に105ミリロケット弾が着陸態勢にあった飛行機のコックピットに命中し、乗員数名が砲弾の破片で死亡したのを受けて、空輸は一時停止されたが、ほかに輸送手段がないことに気づいたアメリカ当局によってその二日後に再開された。当時は、一日に最高六百トンの弾薬と四百トン以上の米がタイから空輸されていた。

二月二十五日にケ・ポク率いる北部地域の兵士がウドンをふたたび掌握し、国道五号沿いに北西からプノンペンへ迫り始めた。モクの率いる南西部の兵士は国道四号沿いにコンポンソムからプノンペンへ向かっており、特別地域の兵士はカンポットとタケオから第二幹線路と第三幹線道路の間の前線へ移動していた。

三月初旬にポル・ポトは司令部をプノンペンから三〇キロと離れていないスドクトエルの村落へ移していた。ウドンの王家の墓の遺跡があるジトルス山の監視所からは、クメール・ルージュ軍が黒い蜃気楼のように群れをなして平原を移動していくところが一望できた。

この頃までにフランスと日本は不可欠な人々を除いて邦人をカンボジアから引き上げさせていた。また、アメリカは政権の崩壊が危ぶまれた二年前に計画した「イーグル・プル」という撤退作戦を再び実行に移そうとしていた。北京のシアヌークは、プノンペンが陥落した際には「七人の売国奴」――ロン・ノル、シリク・マタク、イン・タム、チェン・ヘン、軍参謀長ソステン・フェルナンデス、ロン・ノン、ロン・ボレト――は処刑するが、それ以外の者については助命する旨を宣言した。それから数週間で処刑者のリストは総勢二十三名にふくれあがった。だがその他について恩赦が黙約されたことに変わりはなかった。四月一日にロン・ノルは「一時的」退陣に同意し、カンボジア国立銀行から百万ドルの為替手形を受け取ってハワイへ亡命した。同日、東部地域の兵士が一月から持ちこたえていたネアク・ルオンのフェリーポイントを突破し、タクマウの南まで進軍した。

長期にわたる闘いでサイゴンを掌握しようと考えていたベトナム側は、ここにいたってグエン・バン・チュー大統領の失策によって予想より早く勝利に持ち込める可能性が生まれたことに気づいた。クメール・ルージュがプノンペンを掌握する前に南部を制圧するという当初の計画に現実味があるように見えてきたのだ。こうして予告なしに競争が始まった。実質上は何の意味もなかったが、心理的には重要だった。ハノイはどうしてもカンボジアに先を越されたくなかったのだ。ベトナムはカンボジア勢を助けるどころかかれらの邪魔をしたとアメリカ側は指摘している。また、クメール・ルージュ関係者は軍需品の分配にあたってハノイが守銭奴ぶりを発揮したことに不満を述べていた。かなり後になってベトナムもこれを認めた——ハノイで編纂された内部軍事報告には、三月末に、中国ではなくベトナムに感謝する旨の書類にカンボジアが署名するまで、ベトナム側が中国の軍用トラックをクメール・ルージュに渡すのを拒否したことが記されている。せっぱ詰まったカンボジア人はそれに従った。

四月初旬までに、プノンペンの人々の生活はすっかり非現実的なものに変わっていた。

金と人脈がある人々は国外に脱出する飛行機の座席を奪い合った。その他の二百五十万人はほとんど活動を停止していた。空輸はおこなわれていたが、街に供給される米は必要量の半分にすぎなかった。医薬品はなく、病院のベッドはわずかで、国中が血に染まっているというのに輸血の蓄えもなかった。かつて東南アジアでもっとも美しい首都の一つであったプノンペンは、多数の犠牲のうえにごく少数の浅ましい人間の消費がなりたつ貧困国の極端な例になりはてていた。米の価格は天文学的に高騰し、シレーンやカフェ・ド・パリでフォアグラや鹿肉や上質のフランスワインが供される一方で、貧民街では数千人の子どもや老人が餓死していた。カンボジアでもっとも由緒あるホテル・プノンでは、フランス人の少女がプールサイドで飲み物を口にする他の客らに喝采をあびながら——プールの浅いところと深いところでそれぞれ違う男と——セックスにふけっていた。プノンペンはクメール・ルージュの評する通り、背徳と堕落の汚水溜めであることを証明しようとしているかのようだった。そしていまや病に冒された娼婦のように用意をととのえて、白熱した革命による浄化の炎を待つ理想的な標的と化していた。

四月十日には、およそ八百人のアメリカ大使館関係者と「専門家」の集団がタイに脱出した。シアヌークとの取引だけが完敗を避ける唯一の方法だったと数ヶ月遅れて気づいたキッシンジャーは、ジョン・ガンサー・ディーン大使と基幹要員をプノンペンにとどめ、北京のシアヌークの様子を探ろうとした。だがそれも最初から無駄な取り組みにすぎなかった。この二日後、キッシンジャーは避けられない結末の前に屈することになった。四月十二日の土曜日に、大使は大使館員らとともにカンボジア沖で待機していたアメリカ海軍の軍艦にヘリコプターで移送された。もと軍司令官のサカム・コイ・カンボジア首相代理もかれらに同行した。カンボジアの国民所得のおよそ十年分に匹敵する九十億ドルをかけて、そのほとんどを空爆につぎこみ、五十万人の住民を犠牲にしたアメリカのカンボジアでの冒険は、ようやく終わりを迎えた。

クメール暦で元日にあたる翌日、最高国民評議会が結成された。議長に就任したのは新たに軍事参謀となったサク・ストサカンだった。ポル・ポトと同時期にフランスに留学していたかれは、カンボジアの政治ではよくあることだが、皮肉なことにカンプチア共産党書記代理を務めるヌオン・チェアのいとこだった。だがそれはかれの助けにはならなかった。かれの名前もただちに背信者のリストに加えられた。

寅年の翌年の卯年は、カンボジアでは縁起がよいとされていた。年が明けてから数時間だけロケット砲の爆撃もおさまった。外出禁止令にもかかわらず多くの家族が新年を祝って集まり、幸福を祈った。スドクトエルのポル・ポトの前線基地ではクメール・ルージュの指導者たちが新年を祝っていた。その日、南西部地域指導者のモクは昼食の席でソン・センとボン・ベトの軍師としての才を小馬鹿にした。「おれがいなければプノンペンは絶対に落とせなかっただろう」と、かれは得意げに言った——「おまえらみんな怠け者だから」。同席したフィ・フオンはその「白熱した議論」が続いたことを覚えている。ポル・ポトは「他の二人の見解よりもモクの見解に関心をよせる傾向があった」という。それは物事に動じないクメール・ルージュ革命の理論家と、残酷さと信奉者の献身ぶりで知られる農民出身の軍司令官というありえない組み合わせが生まれる前兆だった。

束の間の休息は終わった。月曜の朝に再開された爆撃はそれまでにまして激しく、街のいたるところであがった火の手は数日間おさまらなかった。貧民街の住民数百人が炎に巻かれて命を落とした。プノンペンから南に一〇キロのところにあるタクマウはモクの率いる兵士らに占拠され、空港は特別地域の軍勢に包囲された。二日後の四月十六日に、最高国民評議会はプノンペンを放棄してタイ国境近くの北西の土地に暫定政府を設立することを決定した。しかしその夜にかれらを乗せて飛び立つ予定だったヘリコプターは現れなかった。数年がたって振り返っても、その夜の数時間についての記憶は人によってさまざまだ。不気味な静けさを覚えている者もいれば、引き続き爆撃が建物を揺るがし、ロケット砲が声をかき消したという者もある。そしてすべての抵抗が活動を停止した。夜明けにはクメール・ルージュの各司令官が共和国側と降伏に向けた交渉を始めていた。

闘いは終わった。平和が訪れようとしていた。

原注

＊1　ウィリアム・ショークロスは『サイドショー——キッシンジャーとニクソンとカンボジアの破壊（Side show: Kissinger, Nixon and the Destruction of Cambodia)』でまったく逆の意見をとうとうと述べている。「ゆっくりと泥の中を進んでいく黒装束をまとった少年少女の農民たちは、恐怖で半狂乱になっていた。爆撃機が毎日かれらを打ち倒し、

毎晩七百五十ポンドの爆弾の海が降り注いでは一帯を壊滅させたのだ」。また、クメール・ルージュの死傷者数は、通常の軍事的法則において、部隊が「取り返しのつかない精神的ダメージ」を受けるレベルをしばしば上回ったと書いている。そして、戦争が長引くほど「最後の勝利はさらに過激で過酷なものになる」という周恩来の発言を引用している。これらはすべて事実だ。しかし政策を決めたのは農民ではなく、この爆撃を直接経験していないポル・ポトやカンプチア共産党常任委員会のメンバーたちだった。一九七五年以降のクメール・ルージュの容赦ない専制政治には他の原因があったのだ。

＊2　出席者は以下の通り――ポル・ポト、ヌオン・チェア、ソー・ピム、ボン・ベト、モク、プラシット、ロス・ニム（以上は前中央委員会のメンバーでもある）。チュー・チェト、セ（南西部）。コン・ソファルとトル（北西部ベイ・チャプ山基地の長）。フオン（ソー・ピムの代理）、ソク・ナオル、シエ・チェ（東部）。チェン・オン（ボン・ベトの代理。特別区域）。コイ・トゥオン、ケ・ポク、ドゥーン（北部）。ハン（ボンの後任。プノンペンの党地下組織の長）。バ、ヘン（プレア・ビヘア）。イェム（別名シン・ソン。のちにクメール・ルージュ大使として平壌へ派遣される）ほか三名（クラチエ）。キュー・ポナリー（民主カンプチア婦人連盟総裁）。ペン（事務補佐）。一九六三年に選出された他の中央委員会メンバー五人のうちマンはすでに死亡。イエン・サリ、ソン・ゴク・ミンはハノイに滞在中。タン・シ、ソン・センは北東部の指導者とともに基地に残留を命じられていた。ポルがラタナキリを出発する前に、内容をすでに伝えていたからである。

＊3　一九七〇年代のクメール・ルージュの運動に加わっていた人々は四種類に区別されていた――非党員、中核メンバー（青年部――まれに党――参加を控えた人々）、青年部メンバー、党員。最後の二種類はさらに候補生と正式メンバーに分けられる。

＊4　これによく似た事例が中国で起こっている。朝鮮戦争が一九五〇年に勃発した際に愛国的な風潮が高まり、土地の放棄、農業協同組合の結成、「反革命家」の排除、商工業の国有化に拍車がかかったのだ。結果的に二十年かかると考えられていた社会・経済的変化が五年で完了した。

＊5　一九七五年以降民主カンプチア外務省で働いて

いたスオン・シコンは、ポル・ポトの演説内容やその他の書類にたびたび誤りを発見したという。だが訂正を提案すると「何と言われたと思います？　指導部の能力を疑問視するのか、と言われたんですよ」。それからかれは口をつぐんだ。

＊6　ポル・ポトの副官フィ・フオンは次のように語る――「パリ平和協定が結ばれてからかつてのクメール・ベトミン全員に問題が起こった。（中略）消息を絶った者もいれば免職された者もいた。また、統轄責任を減じられた者もあった」。帰還者の殺害が本格的に始まったのは一九七四年の秋と見られる。しかしそれは体系的なものではなかった。チュロンに拘束された者たちの一部は、少なくとも一九七六年半ば、あるいは七八年半ばに至るまで生きていた可能性がある。拘束されなかったものの責任を減じられた者の中には、一九五四年にクラバオでポル・ポトと行動をともにしたユン・ソウン、四五年八月にクーデター未遂でシアヌークを捕らえたトルコ人青年グループの一人メイ・フォ、イエン・サリの側近となってクメール・ルージュが政権を握っていた間その地位を保ち続けた青年らがいる。この時期、イエン・サリの親しい友人でセルクル・マルクシステの創立者でもあったラト・サムーンに何が起こったかは明らかになっていない。一九七〇年の半ばにティウン・マムの弟プラシットがハノイでその姿を見たのが最後である。かれは「カンボジアに帰国した直後」に殺されたとイエン・サリは述べている。しかし一九七六年になってもかれは党の「同志」と呼ばれていたため、粛正の対象になってはいない可能性もある。ウク・ベンやポク・デスコマーと同じく「解放区」にいるうちに病気で死亡したとの説がもっとも妥当であろう。

＊7　この話はティオンの訪問について当時の内相が記した報告の正確さから充分に裏付けられる――「諜報員044の報告では一九七二年一月の初旬に、やせ型で背が高く、とがった鼻に赤毛でサンダル履きの一人の身元不明のフランス人男性がプノンペンを離れ、国道五号線で南西部の敵支配地域内に位置するコンポンスプーのトポン地区へ向かったとのことである。（目的地に）到着したかれは銃を提示している。一九七二年一月十三日には、コンポンスプーのウドン地区にあるクランプンゲア寺院、サンカットビールプンの祝賀会に一人のフランス人が参加していることが確認されている。男はノートと書類の

つまった鞄を所持していた。情報源は、クメール（・ルージュ）ではフランス人がベトナム人に会うことを厳禁していると強く主張していた」。二〇〇一年十二月に、三十年前にティオンを案内したラスマクの村長が、客にはベトナム人の存在を悟られないようにとの命令を受けていたことを認めている。

＊8　この発言の真偽は疑わしい。たしかにのちの出来事を考えれば若干できすぎたところはある。しかしクメール・ルージュでは一九七四年以降、フー・ユオンが政策をめぐってポル・ポトと頻繁に論争していたと多くの人間が証言している。

＊9　ケ・ポクも同様だった。かれの率いる北部地区の兵士らは、アメリカ軍が爆撃をおこなったあと、空爆を要請したＣＩＡのスパイであると糾弾しては村人を定期的に処刑した。

＊10　前年の秋にシアヌークが国有化を宣言した東部カンボジアの元フランス領地域からゴムを輸出することを条件に、クメール・ルージュが中国から浮遊機雷を購入したという主張がたびたびなされているが、これはまちがいだ。一九七五年以前も、それ以降も、中国からカンボジアへの軍事援助は、インドシナ戦争におけるベトナムへの莫大な軍事援助と同じく助成金というかたちでもたらされた。

プノンペンの中心街に朝日がさす頃にどこからともなく現れた若者たちは、勝利をおさめた反乱分子がすることをすべてやってのけた。かれらは青と赤の地に白い十字が入った見慣れない旗をはためかせてジープを乗り回し、群衆の歓声にこたえた。そして情報省やラジオ局など主要施設を掌握し、武器を捨てて降伏のしるしの白旗を振る政府兵に親しげにふるまった。「人々は互いにキスや抱擁を交わしはじめた」とフランス人宣教師のフランソワ・ポンショーは振り返る――「われわれ外国人の傍観者はただ呆気にとられていた。（中略）このずいぶんたらふく食べていそうな少数の男たちが、あの恐ろしい革命兵士なのだろうか？」疑いを抱いたのはかれだけではなかった。あるアメリカ人の写真家はかれらが「本物ではない」という確信を持っていた。また、イギリスの特派員ジョン・スウェインは、その一団の指導者が闊歩するさまが「イブ・サン・ローランが仕立てたかのような黒い服に身を包んだプレイボーイ」のようだと思った。それでも幸福な雰囲気が漂った。人々は白いハンカチを車のアンテナやバイクのハンドルに結びつけた。ホテル・プノンの外の装甲兵輸送車は、アンカングの黄色い花を束ねた花綱で飾られた。ある若い女性は、隣人たちが道で歌い踊っていたことを覚えている。「ほとんど肉体的に感じられる解放感に、人々は喜んでいた」とポンショーは記している――「ロケット砲を恐れることもない。強制的に徴兵されることもない。腐りきったいまわしい政権もおしまいだ」

春以降「プノンペンのカンプチア統一戦線の声」という名前でトンレサップ湖近辺から小型の移動送信機を使って放送していたクメール・ルージュの地方ラジオは、昼頃にプノンペン陥落を発表した。だが実際のところ、街の人間はだれもそれを耳にしていなかった。そして三十分後になってようやく、謎の反乱分子らがラジオ放送を扱える技術者を二人見つけだした。反乱分子の指導者ヘム・ケト・ダラは「モナティオ」つまり「国民運動」という組織を代表して事前に録音した声明を放送し、プノンペンの投降を確認するとともに「和解について話し合う」円卓会議を提案した。かれの指揮のもとに集まった二つの仏教派閥の代表と共和国上級司令官のメイ・シチャンが事態の沈静化を求め、武器を捨てるよう兵士に呼びかけた。だがメイ・シチャンが平和的に権力の譲渡をおこなうため「相手方の代表との調整」をはかると請け合うように語っているところに、別の厳しい声が割って入った。「われわれは交渉に来たわけではない」。さらに声は続けた――「われわれは武力をもって首都に突入する」。そして放送はとだえた。

三文芝居は終わった。主導権を握ったのは、今度こそ本物のクメール・ルージュだった。

ヘム・ケト・ダラとその友人らは学生で、ロン・ノルの弟のノンに操られて、新体制にもぐりこもうと革命の支持者を装って土壇場の小細工を試みていたのだ。これほど間抜けきわまる計画をそもそも思いついたばかりか実行までしてしまったということからも、この共和国指導層がいかに現実離れしていたかがわかる。だが同時にこの賭けには、新たな政権の政治的特色が何であろうと、過渡期が過ぎれば旧社会の慣習がよみがえって、前と変わらない生活が始まるというほぼ普遍的な信条も反映されていた。振り返ってみると、なぜカンボジアのエリートたちが頑なに火を見るよりも明らかな前兆を見ようとしなかったのか理解しがたい。

シアヌークが抵抗組織の長だったことも原因の一つだろう。宗教と個人の自由、政敵への寛容さ、国民和解、「個人の土地および財産の不可侵」を巧みに請け合うカンプチア統一戦線の綱領の文言も、やはり原因の一つだったことは確かだ。その草稿を手がけたのはティウン・マムだった。そして善良で誠実な人間として評判の高いキュー・サムファンが表舞台に立っていたこともある。また、プノンペンのブルジョア層の多くは、ひそかに姿を消して相手陣営に参加した友人か親戚を持っていた。だが何よりも、人々が疲れ果てており、新政権がどんなものでも旧政権よりましだろうと信じていたことがあげられる。ロン・ノル政府の要職についた技師のピン・ヤタイは両親と口論になったことを振り返る。「かれらの中には友人もいる。その他の人々は、事態が非常に悪化した場合は、カンプチア統一戦線の綱領で約束されていたように外国に脱出すればいいと考えていた」。その他の人々は、（中略）共産主義者である前に愛国者だ。かれらは人々の意向に必ず従ってくれる」。

危険をおかしても国内にとどまる価値があると考えたのは、政府情報部員として全国でも最高の情報を得ていたロン・ノンだけではなかった。ロン・ボレト首相も売国奴としてクメール・ルージュの処刑リストに名前が上がっていたのに、国内にとどまっていた。学生の頃からサロト・サルを知っていた前首相のハン・トゥン・ハクも同様だった。だれも何が起ころうとしているか、感づいてはいなかったのだろう。あるいは、考えたくなかっただけかもしれない。

ヘム・ケト・ダラの一派は武装解除され、かれらとは別物の黒服に身を包んだ男女が音もなく街を進み、交差地点をつぎつぎに手際よく掌握しては武器を集めて車輌を探し、政府兵に制服を脱ぐよう命令した。先遣隊に同行していたソン・センの弟ニカンは特別地域の師団とともにプノンペンに入った。

われわれは全方向から首都に入りました。追い込みの起点は全部で十四カ所。おもに重点がおかれたのは西部で（中略）軍勢の大半がそこを拠点としていました。ソン・センはラスマクの司令部とチトルス山の前線基地を行き来して進軍を見守ります。われわれは午前十時半から正午の間に町が陥落すると考えていたんですが、実際には予想より一時間早く決着がつきました。それはまさに喜びと幸せの絶頂でした。すべての戦略目的が達成された。すべてが変わり、農民たちはついに良い生活を手にするのだと思ったことを覚えています。

モクの南西地域の兵士らは、南側から国道二号と国道三号沿いに首都に近づいた。特別地域の軍勢は西側からポチェントン空港を通過して近づこうとしたが、政府の落下傘部隊の抵抗にあって数時間足止めされた。北部地域の兵士らは、フランス大使館とホテル・プノンのある地域から南は鉄道の駅までを掌握した。チャン・チャクレイの東部地域の兵士らは――当初はメコン川の対岸にとどまることになっていたが――川沿いの地域から王宮を含むノロドム通りまでの一帯を占拠した。

ニカンは「完全な勝利で、正義はわれわれの側にあった」と考えていた。

ほとんどの国民にとって――シアヌークが「村祭り」と予言していた平和の訪れの――お祭り騒ぎは、まもなく不安と恐怖にとってかわられた。「わたしはそれを肌で感じた」とフランソワ・ポンショーは後に記している――「鉛の板が街の上に落ちてきたのだ」。

新たにやってきた人々は「ジャングルの汚泥にまみれ、不似合いな黒のパジャマのような制服に色鮮やかなヘッドバンドか人民帽をかぶっていました」と、ある女性は語っている――「落ち着かない様子で（中略）警戒心に満ちており、疲れた顔をしていた」。クメール人ジャーナリストのディト・プランは、かれらについて「別世界からきたようだった。（中略）笑みをうかべることもなく、まったくカンボジア人らしく見えなかった」と書いている。ポンショーも、森を行くように一列縦隊で通りに入ってきた「疲れ切って無表情で、一言も発することなく死のような静けさにつつまれた」かれらの顔つきを覚えていた。

かれらはまさに別世界からきていた――マイケル・ヴィカリーが十数年前にバンテイチマールの極貧の村々で垣間見た世界だ。そこには無学で無一文の農民が代々水道や電気もなく暮らし、学校も機械と名のつく物も、まともな道路さえなく、シアヌークが何年も前に幹線道路沿いの町や村にもたらした表面的な近代性はかけらもなかった。少年らはカルダモン山脈やココン、プルサット、あるいはシエムリアプ、プレア・ビヘア、スツン・トレンの北の丘の出身で、ある裕福な農民に言わせれば「お金を見たこともなければ、車とは何かも知らなかった」。こういったカンボジア内陸部の未開の地にクメール・ルージュは拠点をかまえ、初期の支持者たちを集めてきたのだ。そこは街の人間が訪れたこともなければ、あることさえ知らなかった地域だった。それでもこういった地域の農民は街の人々と同じクメール人だったし、カンプチア共産党指導部のポル・ポトたちの目から見れば、さらに純粋で混じりけのない、革命を生む原初的な遺伝子プールだった。遅れて革命に加わり、クメール・ルージュ軍の大多数を占めるようになった比較的めぐまれた地域の出身者は、かれらと同じ型に押しこめられた。

それまで厳密に距離を保っていたこの二つのカンボジアは、一九七五年の四月についに衝突した。都市部のエリートたちは占領軍の粗野なふるまいに恐怖した。兵士らは街の人々が井戸代わりに使うものだと思って便器の水を飲んだ。「かれらは瓶や缶に入ったものを恐れた」と、ある工員は振り返る――「缶入りの何かで具合が悪くなった経験から、かれらは魚の絵のついたイワシ缶を魚の毒だと思いこんでいたのだ」。缶入りの潤滑油を飲もうとした男もいれば、歯磨き粉を食べた男もいた。クメール・ルージュが家宅捜索をおこなった家に戻った考古学者のフランソワ・ビゾが見つけたのは、壊れた椅子に砕けたコップ、そして排泄物であふれたビデだった。それから数十年がたっても、クメール・ルージュで大臣職にあったティウン・マムは農民出身の上級幹部の子どもらの排泄の仕方に首を振っていた。かれらは木の枝で尻を拭き、それを家の周りに散らかしたままにしていたのだ。

一方、兵士らのほうも都市の悪習に嫌悪感を抱いていた。

兵士の多くはまだ十代で、わずか十二歳か十三歳の子どもまでが自分の背丈とあまり変わらないAK-47自動小銃を勇ましく担いで歩いていた。かれらにとってみれば、口紅を塗った街の少女や長い髪の若者は娼婦か変質者で、ブルジョアの悪行に関する噂の証でもあった。フー・ユオンはプノンペン陥落の三ヶ月前にラジオで警告を発していたではないか？「わが兄弟、友人たちよ。極端に反民族主義的で、ひどく堕落した軍国主義と独裁主義およびファシスト主義を掲げる共和国に住み続けていれば、犬死にするのは確実だ。（中略）そこから脱却する唯一の方法は、断固たる闘争の道を歩むことだ」。このような警告を無視して敵の領土に残ったことで、プノンペンの住民たちが何に忠誠を誓っているかが示された。そしてかれらが「戦争捕虜」となったいま、その財産はすべて正当な戦利品とされた。最後の突入直前に、南西部、東部、北部、特別地域の地域司令官は、抵抗がない限り略奪や殺人をするなと兵士らに命じていた。だが大部分の兵士にとって、その誘惑はあまりに大きすぎた。かれらが望んだのは金銭や宝石ではなかった——ある住民は、一万ドルの詰まった包みを開けた一人の兵士が、帝国主義の汚物には触りたくもないといった様子でそれを川に捨てるのを困惑して見つめていた。かれらが望んだのは車やバイクだった。不幸な持ち主らは、丁重に「革命のためにそれを貸すように」強く求められるはめになった。そしてギアやハンドルの意味すら知らない兵士らは、まっすぐ木や壁につっこんであざをつくっては笑いながらその場を離れ、同じことを繰り返すのだった。衝突して置き去りにされた車輌は、ゴムのサンダルを作るためにタイヤをはがされた。ワンタッチでペン先を収納できるボールペンは特に人気だった。ポンショーは「片腕に四個か五個の腕時計をした」若いゲリラ兵を見かけている。中国人の店に乱入した兵士らは布の包みを切り開いたが、それは街の人々が思ったようなただの破壊行為ではなかった。かれらは新たに手に入れた小道具をしまう鞄を作ろうとしていたのだ。テレビセット、冷蔵庫、高価な家具など――ブルジョアの証――は、無視されるか捨てられた。

その後の出来事には憎しみが絡んでいたし、それはのちに関係者の一部も認めている。だがプノンペン陥落の日にその場に満ちていた感情は憎しみではなかった。特に若い兵士の間には、街と街のものすべてに対するゆるやかで重苦しい怒りが広がっていた。「金があるから街は悪いのだ」とクメール・ルージュ幹部の一人はポンショーに語った――「人々は鍛え直せるが、街はそうはいかない。額に汗して土地を切り拓き、種をまき、作物を収穫してこそ、人は物事の本当の価値を知ることができるのだ」。

ジャングルからやってきた若者たちの怒りは、快適な生活をしてきた人々に向けられた。自分たちはあらゆる困難を押して「帝国主義者と反動主義者」打倒のために闘ってきたのに、この連中は自分たちの悲惨な境遇に見向きもしなかったのだ。かれらの怒りの矛先は自分たちよりも教育を受けた人々、あるいは恵まれた出身の人々に向けられ、そして何よりもアメリカ軍による村への空爆と関わりのある人や物に向けられた。バッタンバンでは共産主義勢力の兵士らが二機のT-28戦闘機を素手でばらばらに壊した。「食べられたなら食べていただろう」と、一人の住民がのちに記している。メイ・マクの部隊が拠点としていたポチェントン空港では、止める間もないうちに兵士らが滑走路灯をすべて破壊してしまった。

「かれらの怒りにはどこか行き過ぎたところがあった」とプノンペンの医師は振り返る――「森で

暮らしている間に何かあったのだろう。そのせいでかれらは変わってしまったのだ」。

だが事態はまだましだったと言える。五年におよぶ内戦で両陣営とも大規模な残虐行為をはたらき、五十万人を死亡させていたのに、陥落したプノンペンの街は血の海にならなかったからだ。鉄道の駅から数ブロック南の、戦線司令官補佐のコイ・トゥオンが司令部をおいたホテル・モノロムには「敵軍掃討委員会」が設立された。まず委員会がおこなったのはロン・ボレト首相、ロン・ノンその他共和国の高官らの処刑だった。かれらは身柄を拘束された情報省からそう遠くないセルクル・スポルティフの敷地内へ連行されて殺害された。その後、政治家、高官、警察官、軍人をあわせて七～八百人が殺害され、空港に続く道沿いの共同墓地に投げ込まれた。「売国奴」として名前を挙げた者だけが処罰されるというシアヌークの確約は反故となった。だが少なくともこの初期の段階では、国民全体への大規模な暴力行為はなかった。不必要だったのだろう――戦争が終わったことに安堵した人々は、新政権が何を要求しても従おうとしたからだ。政府兵のほとんどは武器と制服を捨てて逃げた。長髪の若者や店を荒らしているところを捕らえられた民間人の略奪者、あるいは命令にたてついた向こう見ずな人々が見せしめに殺されることはあったが、たいていの場合は兵士が空に向けて何度か威嚇射撃をおこなうだけで事態はたちまち収束した。フランス大使館に集まったおよそ八百人の外国人の一部は命の危険を強く感じていたが、傷ついた者や殺された者は一人もいなかった。

午後早いうちに次の段階が始まった。兵士らはつぎつぎに民家を訪れて、アメリカ軍の空爆があるからと「二、三日間だけ」退去するように住民に告げた。拡声器を持った軍人たちも退去命令を繰り返した。

この話自体には多少の現実味があった。クメール・ルージュの制圧した地方都市は、政府陣営から頻繁に空爆を受けていたのだ。ベトコンも一九六八年のテト攻勢の際にフエから人々を退去させるにあたって、同じ口実を使って人々に「三日間退去」するよう告げた経緯があった。いずれの場合も、すぐに帰ってこられるという確信から、人々は少なくとも理屈の上では抵抗せず、持ち物も減らして退避した――これはポル・ポトにとって重要なことだった。この退去のひそかな目的は、ブルジョア階級の人々をこれから混ざるべき貧農という型にあてはめる第一歩として、かれらの世俗的な財産を取り上げることにあったのだ。

だが二つの作戦が似ているのはそれくらいだった。ベトコンの作戦は――クメール・ルージュがウドンとコンポンチャムでおこなった退去のように――小規模で、厳しい管理のもとにきめ細かく計画されていた。

一方、プノンペンの退去はめちゃくちゃだった。

無理もない。数時間前に通告しただけで、待避場所も医療ケアも政府による輸送手段もなしに、食べ物もほとんどない状態で、二百五十万人以上を混雑した首都から退去させるなどというのは、人々のすさまじい苦悶をみずから招くようなものだった。大部分の人々――戦争をのがれて村を捨て、住むところを失って都市に出てきた二百万人の農民――は、貧民街を離れて故郷の田舎へ帰れることを喜んではいたが、復讐に燃える勢力から否応なしに追い出された人々の波にまぎれて行くよりは、やはり自分のペースとやり方で街を出る方が望ましかっただろう。一九七〇年以前からプノンペンで生活していたその他のおよそ六十万人の住民にとってみれば、この退去は大切なものをすべて置きざりにして、まったく備えもなしに未知の世界へ向かうことを意味した。さらに混乱に拍車をかけるように、街を占拠した四つの地域の兵士らはそれぞれ矛盾した命令を下した。

退去について数週間前から知らされていた北部のコイ・トゥオンの軍勢は、住民に数分でわずかな食糧と鍋類をまとめさせて、正午過ぎにかれらを住居から追い出し始めた。そして建物をすべて調べ上げて、武器や貴重品を没収し、ひろく略奪をおこなった。例外はなかった。ソビエト大使館の施錠されたドアはB-40ロケット砲で吹き飛ばし、外交官に銃口を突きつけて追い出した。空に向けて銃を発射する兵士らにせきたてられ、北へ向かう道は数分で街の人々にうめつくされた。住民の一人は次のように書いている。

それは唖然とする光景だった。人の波が街からあふれだし、車を押す人もいれば大量の荷物を積んだバイクや、こぼれおちそうなほど包みを乗せた自転車や、手作りの小さな荷車をひく人もいた。ほとんどは徒歩だった。（中略）行列で最悪だったのは、止まっては進みの繰り返しだったことだ。あまりに人が多くて、数メートルごとに動きが止まってしまうのだ。

四月はカンボジアでもっとも暑い月だ。じりじりと照りつける太陽に熱せられて地面はうだるように熱く、人も動物も雨がくるのを待ちわびていた。五日間かけて行列の中心部分が進んだのはたった一三キロだった。

病気になった人々は家族と離れ、道端に置き去りにされた。歩けなくなったために（兵士に）殺された人もあった。両親を失った子どもたちは、その姿をさがして泣き叫んだ。置き去りにされたハエのたかった死体には布がかけられることもあった。臨月をむかえた女性らは、道の中や木の下などで場所をかまわずに出産した。われわれは食べることを考える気力さえ持ち合わせていなかった。夜になると疲労から倒れこみ、道路の端で寄り集まって眠った。夜明けに目を覚ますと、前日に殺された兵士の死体のかたわらで眠っていたこともあった。
病院からも人々は追い出された。ホテル・プノンの向かいの聖公会の建物ではフランソワ・ポンショーが「幻覚のような光景」を目にしていた。

数千人の傷病者が街を離れようとしていた。体力のある人は哀れにも体をひきずって自力で歩いていったが、友人に運ばれる人や、輸液や点滴を揺らしながらベッドに寝たまま家族に連れていかれる人もあった。手も足もない人が切られた虫のようにのたうちながら這っていくところや、十歳の娘をくるんだシーツを吊り包帯のように首からさげて泣きながら歩いていく父親、足首の皮一枚でつながっている足をぶらつかせながら進んでいく男の姿を、私は忘れることはないだろう。

プノンペンが陥落したとき街の病院には一万五千人から二万人が収容されていたと推定される。医師の多くはすでに国外に逃げ、病棟はクリミア戦争の様相を呈しており、傷病人が助かるみこみはもともと小さかった。だが厳格な北部の兵士らが退去命令を実行に移したとなっては、生存のチャンスはゼロとなった。
別のフランス人神父は人々の驚くべき恭順ぶりを「怒りも反抗もない、完璧な服従」と評している。隊列がプレク・フニュー村の北部地域検問所に着くと、少尉以上の軍人と警官と政府職員は名乗り出るように言われた。かれらはプノンペンに戻されて抵抗組織アンカが街を建て直すのを手伝うのだと告げられた。たしかに中でももっとも高い地位にあったハン・トゥン・ハク元首相とパン・ソチ元首相の行き先はプノンペンだった。かれらはホテル・モノロムにおかれたコイ・トゥオンの司令部へ連行されて殺害された。それ以外は水田を横切って近くの低木地へ連行され、撲殺された。こうして共和主義勢力の残党を粛正した後に残った隊列はプレクグダムへ向かい、そこで二手に分けられた——一方は大湖トンレサップの西岸沿いに北西部のプルサットとバッタンバンへ、もう一方は北部のコンポントムとコンポンチャムの共同組合に入植するためにスコンへ向かわされた。

他の地域の司令官たちは、退去の概要をあまりよく把握していなかった。南西部と特別地域の部隊が退去命令について知らされたのは四月十六日か、あるいは十七日の早朝になってからだった。しかも最初のうちは退去期間について思い違いがあった。一部の兵士らが三時間後には家に帰ることができると請け合ったために、多くの住民はドアを閉めて家にとどまっていた。プノンペン南部の病院は診療を続けていたが、全員がそこを離れる必要があることが明らかになると、兵士らは人々に荷物をまとめる時間を与えて、できる限り多くの荷物を持っていくことを許した。この地域では略奪はめったになく、数年後に住民が戻ってきたときも家はほとんど退去時のままだった——一人の住民によると、鍵をかけた書棚からパリに留学していた頃の写真と新聞の切り抜きのファイルがなくなった以外は、何も持ち去られていなかったという。

当初、南方への退去は北方への退去よりも手間取っていた。ほとんどの人々は家を出て七十二時間がたっても数百メートルしか動いていなかった。故意にそうしていた面もあった。スバイリエンへ延びる国道一号と、タケオおよびバサック川下流へ延びる国道二号のあたりには人道的な風潮があったので、多くの人々は三日後に帰郷を許されることを期待して、わざと歩みをゆるめていたのだ。クメール・ルージュは無差別に人を殺すことでこれに応え、警告がわりに反抗的な人間を人々の前で処刑した。だがモクとチュー・チェトの配下の南西部の兵士らは、高圧より懐柔で人々に接した。退去者の一人は、兵士らが「それほど暴力をふるうこともなく（われわれを）静かに導いた」と振り返る。ピン・ヤタイは、かれらが「頑なではあったが礼儀正しかった」としている。

モクの兵士らは、人々が列を乱しても故郷の村に向かうことを許した。ピン・ヤタイはプノンペンから七〇キロ南のコー・トムまで車で行くことを許され、車が徴発される際には受領書を渡された。北部はそんな親切とは無縁だった。南西部は共和国兵士の扱いにもメリハリがあった。高官の一部は処刑されたが、若手の軍人と下士官は助命された。カンポットとコンポンソムへ続く国道三号、国道四号を受け持ったボン・ベト配下の特別地域の兵士らも同じように対処していた。

東部地域の部隊は、他の地域にくらべると退去の手順についてあまり知らされていなかった。もともとかれらは街に入る予定ではなかったためだろう。

四月十七日の午後には、ある東部地域の高官が仏教派閥の代表をつとめるフォ・タットの使者に次のように請け合った――「（退去）命令など聞いたこともないと名誉に賭けて誓ってもいい。人々にパニックの種をまこうなどというのは（中略）帝国主義の陰謀だ」。だがのちにメイ・マンがチャン・チャクレイの第一七〇区を訪れて、かれ自身を含む都市部の共産主義支援網の「進歩的な人物」が街に残ってもいいか単刀直入に聞いたところ、チャン・チャクレイは上の者の指示を仰がなくてはならないと答えた。答えは二日後にもたらされた。「クメール・ルージュはノーと言っている」とチャン・チャクレイは、自分の意向に沿わないメッセージから距離をおくかのように吐き捨てた――「他の人々と一緒に街を出なさい」。国道一号を通って東から退去させられた人々は、黒服の男たちの冷淡さとは対照的な、緑の制服に身を包んだ東部の兵士らの行動をほめたたえた。「荷物を積みすぎた人々を助けてまわっていた。（中略）母親にかわって子どもを運んでやるなど、善良な共産主義の兵士（のようだった）！」だがそれはやり方の違いで、政策が異なるわけではなかった。退去命令が言い渡されると、東部地域の部隊も他の部隊と同じように、管理地域から住民を確実に退去させた。メイ・マンは家族とともに故郷のプレイベンへ向かった。ティウン・マムの弟のチュムと、義理の兄弟にあたるチャン・バム元首相は特別地域の共同組合へ送られた。ポル・ポトの兄のロト・スオンも人々に混ざって北へ向かい、たどりついた先のコンポントムの辺境の共同体で末弟のネプや、モニボン王の側室だった妹のルーンと再会した。

ポル・ポトと仲の良かった兄チャイは、数年前から共和主義の新聞の編集に携わっていた。かれは北へ退去する途中に倒れ、この行程が死の旅路となってむなしく命を落とした人々の一人となった。合計しておよそ二万人がプノンペンから退去する途中に命を落としたと推測されている。この犠牲者数はひどいものではあるが、内戦の余波としては突出したものではない。一九四五年のフランスでは、ドイツ軍が撤退した月に報復措置や殺人、協力者と非協力者の間のわだかまりから十万人が命を落とした。フランスの人口がカンボジアの七倍であったことを考慮すると、犠牲者の割合はあまり変わらない。だがフランスで起こった殺人や自殺の強要、敵と寝た女性への辱めは、個人か暴徒たちの所業だった。カンボジアの犠牲者は、国家の最高権力――ポル・ポトとカンプチア共産党常任委員会――の意図的な政策決定がもたらしたものだった。

新政権の発足当日、プノンペンの各管理地域の境界線ではクメール・ルージュ部隊同士の衝突が時折起こった。

その一部は単純な縄張り争いだった。だがヘム・ケト・ダラの事件が如実に示しているように、制服や階級章のない軍隊における個々の兵士の立場の不確かさから発生した争いもあった。理論上は、すべてのクメール・ルージュが身分証明書を持っていたのだが、検問に配備された衛兵のほとんどが字を読めない状態では、それもあまり意味がなかった。都市部の住民がこの期間で繰り返し思い出すのは、黒い服に身を包んだ男女の戦闘員が、逆さまに持ったパスポートやその他の書類を疑わしげににらみつける姿だった。

　一部の孤立地帯ではロン・ノル軍の残党による抵抗もいくらかあった。また、略奪に関する争いもあった。都市部から人々が退去する一方で、特別地域と南西部の共同体の農民らは街になだれ込んで「便利な物」——斧、鍬、鋤、鉄線、米の詰まった袋——を略奪した。街を出ていく人々も略奪をはたらいた。また、「公認の」略奪者もあった。ポル・ポトの側近のフィ・フォンは護衛の一団とともにスドクトエルから車で乗りつけて、党書記用にアメリカ製のジープとランドローバーを徴発した。その他の部隊は薬局を襲撃し、トラックに山積みにした医薬品をベクチャンの村のそばのティウン・ティウーンの野戦病院と、地域の指揮所に持ち帰った。

　二日目——四月十八日の金曜日——にラスマクから車でやってきたソン・センと部下たちは、プノンペンの鉄道駅に司令部を設立した。

　かれらはまず四つの地域すべての司令官を招集して、各領域の明確な線引きをおこなった。その後も緊張感は続き、週末にはその一週間でもっとも奇妙な出来事が起こった。国立銀行がダイナマイトで爆破されたのだ。二キロ北のフランス領事館にいたフランソワ・ビゾは、「恐ろしい爆発が空気を震わせ」、続いて大きな噴煙がたちのぼったのを覚えている。それがだれの指揮によるものかは明らかにされなかったが、銀行は東部と南西部の官吏地域の境界に位置していた。もっとも可能性が高いのは、チャン・チャクレイの率いる東部地域司令部の兵士らが襲撃したという説である。犯人らは二百キロの金塊を奪ったのちに銀行を爆破して、混乱に乗じた悪党の仕業に見せかけようとしたと言われている。[*1] この事件ののち協力関係は改善されて、別部隊との摩擦はおさまった。また、それぞれの地域での退去手順をすり合わせるために新たなガイドラインが発表された。その結果、住民がどの道を通って街を出るか選ぶことはできなくなった。故郷がまったく反対方向にあったとしても、北部の人は国道五号を通って北へ、また西部の人は国道三号か四号を通ってそれぞれカンポットかコンポンスプーへ、南部の人はタケオかスバイリエンへ行くように定められたのだ。違う地域に分けられてしまった夫妻や親子の懇願が聞き入れられることはなかった——同じ地域の人々と一緒に退去するしかなかったのだ。一方プノンペンに残ろうとした人々の捜索も強化され、老人や寝たきりの人は殺された。

地域によって違いはあったが、同じような光景が全国で見受けられた。

唯一プノンペンの戦闘に兵士を派遣しなかったのは北西部地域の部隊だった。四月十八日にバッタンバンを占拠した北西部の兵士らは、プノンペンの北部の兵士と比べると行動はさらに慎重だったが、情け容赦もなかった。かれらはバッタンバンに到着するなり市場の食糧の価格を五十分の一から百分の一に下げさせて、人々を喜ばせる一方で中国人露店店主らを嘆かせた。そのとき、知事代理の共和国軍の大佐が、全兵士に武器を携えて庁舎に集まるようにラジオを通じて要請した。集まった兵士らはそこで将校、下士官、兵士の三組に分けられた。兵士のほとんどは西のサムロットをめざして進軍し、森を切りひらいて新たな居住地と水田をつくる作業を割り当てられた。だが、下士官の一部は再訓練のためにと言ってシエムリアプとプノンペンへ向かうトラックに乗せられた。街からおよそ三〇キロ離れたところでかれらは車を下りるように言われ、近くの野原に集められて、腕を縛り上げられたうえで殺害されたのだった。

将校らはあらためて指示があるまで自宅待機を命じられた。そしてバッタンバンを落とした五日後の四月二十三日に、北京から帰国するシアヌークをプノンペンで迎えるために正装用の軍服を着て出頭するようにとの命令を受けた。地元の著名な実業家にも同行が求められた。国道五号を首都に向かう途中、車列はティッパデ山の近くで止まった。わずかな生存者の一人によると、道端の水路にひそんでいたクメール・ルージュの死刑執行人らがかれらに機銃掃射を浴びせたという。

同様の殺戮が北西部一帯でおこなわれた。タイ国境の宝石採掘場のあるパイリンの町にクメール・ルージュがやってきたのは四月二十日のことだった。「人々は近隣の村から（流れ込んで）きた」と一人の住民は回想する——「かれらは喜びに歌い踊り、太鼓をうち鳴らして『平和万歳！』と叫んだ。（中略）まるで新年のように一日中歌い踊っていた」。バッタンバンと同じく、市場価格は大幅に切り下げられた。共和国陣営からきたおよそ四十人の将校らは「クメール・ルージュの兵士に戦車の操縦のしかたと無線の扱い方、重火器の使い方を教えるのを手伝う」ためにトラックに乗せられた。そして東に二五キロ離れたサムロットの十字路で殺害されたのだった。およそ八十人の町の役人も同じ運命をたどった。四月二十六日に住民は町を追い出された。そのほとんどはパイリンとバッタンバンを結ぶ幹線道路の脇のジャングルにつくられた原始的な居住地に住まわせられた。それ以外の人々は反対方向からやってきたおびただしい人の波——二日前にバッタンバンを追い出された住人——に遭遇した。かれらも森の奥深くまで歩かされ——道から数キロ森に入ることもしばしばあった——そこで竹組みの小屋を建てて、翌年の食糧となる作物の栽培の準備を始めることになった。

それから数週間のうちに、退去者らはだんだんと財産を奪われていった。クメール・ルージュの兵士が個人的に「要請」することもあった——断ろうとする無謀な所有者には不幸なことに、革命運動の影響を受けた「要請」という甘くきどった用語はかならず抵抗組織アンカの名のもとに下された。ピ人々は初めて聞くアンカなることばを理解できず、ただ怖いものらしいと理解しただけだった。

ン・ヤタイは妹がバイクを手放すはめになったときのことを振り返る。

「アンカはそのバイクを必要としている」と兵士は繰り返した。（中略）そしてそれまでにもまして丁重に（中略）こう言った――「アンカはそれを借用することを申し込みます。お受けになりますか？　お返事を」。（彼女は答えた）「すみません（中略）これは必要なのです。他に荷物を運ぶ方法がないでしょう？」兵士は目を見開き、肩に下げたライフルをおろして言った――「アンカに逆らうというのか？」（中略）そして彼女の鼻先で空に向けて発砲した。（中略）泣き出した彼女が母親のもとへ駆け寄ると、母親は両腕で彼女を抱きしめた。兵士はわれわれの動きを牽制するようににらみつけた。わたしは恐怖で凍りついていた。（中略）（かれは）ライフルを担ぎ直し、ゆっくりと（妹の）荷物をバイクからはずして注意深く父親に渡すと、バイクにまたがりエンジンをかけて走り去った。

車やトラックを持つ富裕層には、このゆるやかな貧民化の第二段階が待ち受けていた。富裕層の多くは「服やカーテンと、その場に似つかわしくない貴重品――調理器具、ソファ、食器棚（中略）テレビやカセットデッキ（など）富の象徴だったものを満載した」車輌でプノンペンをはじめとする街を離れていた。のちに映画『キリング・フィールド』で有名になったハイン・ニョールは、耐久消費財が持ち出されるのを見ながら、人間が価値をおくものの不思議さに思いをめぐらせ、電力のない村で扇風機やテレビが役立たないこともわからないのだろうかと考えていた。だがこのように大切にされていた消費社会の象徴が村までたどり着くことはなかった。個人所有の車やトラックを乗り捨てていくように命令された段階で、道端のあちらこちらに置いていかれたのだ――冷蔵庫、スーツケース、ミシン、肘掛け椅子——グランドピアノまでが、塗料のはげた状態で水田の真ん中に置き去りにされているのが三年後にも見られた。一部の人間にとってそれは過酷すぎた。数人の退去者は「真新しいプジョーが川の土手を下っていく」のを見たことを覚えていた。

何が起きたのか理解する間もなかった。（中略）車は水しぶきをあげて水につっこみ、そのまま浮かび上がったが、川の流れに向きをかえられてゆっくりと下流に流されていった。中には人が乗っていた。運転席の男性の隣には女性が座っており、子どもたちは窓に手をおしつけて後方を見ていた。ドアも窓も閉じられたままだった。だれも車から出てこなかった。（中略）われわれは車が沈んでいき、やがて水が屋根を覆いつくすのをただ見つめていた。裕福な家族は自殺をはかったのだ。

車や耐久消費財だけでなく、お金も価値を失った。しばらくは商人も道端にシートを広げて、ケーキ、煙草、丸焼きの鶏、卵、果物、野菜などを売っていた。取引に使われていたのは、ロン・ノル体制下の旧リエルで、モノの値段はますます上がっていった。クメール・ルージュは古い通貨の廃止を通告していたかもしれないが、市場の習慣は尾を引くのだ。リエルが無効になったことがわかると、郊外の道は「紙幣の厚いカーペットで覆われた」と、退去者の一人は語る。火種にする以外に旧紙幣の使い道がなくなると、商人はついに物々交換を取り入れた。

この頃には、人々は貧富の別なく背中に背負えるもの以外は持たなくなっていた。それでも生活水準の引き下げは続いた。プノンペンやバッタンバンや地方都市から延びるすべての道に検問が設けられ、一人ひとりの荷物が点検された。カメラ、ラジオ、テープレコーダー、腕時計、言語を問わず本と名のつくもの、書類、外国通貨——つまり旧政権下でエリートと極貧の農民を隔てたものはすべて——没収された。身体検査はなかった。アンカの名前を出すだけで人々は細かく指示に従うと考えられていた（事実たいていはそうだった）ことも理由の一つだが、兵士が特に女性退去者の身体検査をするのは、共産主義のモラルにひっかかったようだ。結果的に多くの家族が宝石や金塊や医薬品のほか、ときにはドルを隠し通すのに成功した。これらはのちに村の幹部に優遇を求める場合や食糧を調達する場合に使われたが、やがて尽き果ててしまった。

行進や、元司令官および公僕を対象とする検問をかいくぐった人々にも、あらたな試練が待ち受けていた。故郷の村につくと——ときにはそれ以前に——大人たちは短い自伝を書くように言われた。これは一九三〇年代に中国共産党で党員候補の試験として考案された方法で、修正運動の際には自己批判の手段として使われた。一九四〇年代および五〇年代にはベトミンがさらにこの方法を発展させ、洗練された教化プロセスの中心的な手法として、非共産主義の知識人らに繰り返し自伝を書かせた。カンボジアの共産主義者はこのプロセスを論理的に極端におしすすめ、最終的には国民のほぼ全員に対して、家庭環境から幼少期の行動、そして何よりもロン・ノル政権での過ごし方について自伝を書くことを要求した。教養ある人間は文体と言葉の選び方、そして内容から見分けられた。字の書けない人には筆記者がついた。クメール・ルージュ幹部らはそれまでにもまして寛大な措置を約束し、共和制政権で役職についていた人に関しては、過去を正直に述べた場合に限って新政権でその才能を役立てると請け合った。

多くの人々がこの罠にかかった。だがのちの処遇を大きく左右したのは個々の立場と、何よりも連行された地域だった。

技術者と工員は、あとで家族を合流させるという約束でトラックに乗せられて運ばれていった。それから音沙汰がなかったため、退去者の多くはかれらが殺されたのだと思いこんだ。だが実際は、ほとんどがそれまで働いていたプノンペンの工場の復興に携わっていた。規模が小さく、結果的に行き届いたやり方で人々を退去させた地方の町では、最初から工員は仕事場に残るように告げられていた。

元軍人、民間の役人、建築士、医師、技師、法律家、教員、学生らは「再教育」に送られた。元軍人と役人の場合、それは死を意味することが多かったが、例外もあった。タケオ地方のスラマレアブはモクの統轄する南西部地域の中心地で、厳しい地域だと評判だった。ロン・ノル政権下の軍隊と役所で働いていた人々には別の宿舎が割り当てられたが、それ以外は他の退去者と同じに扱われた。寛大と言われていた東部の共同体では、六十人の元役人と専門家が重労働と飢餓療法と度重なる尋問からなる三ヶ月の「再教育課程」を経験し、三人を残して全員が命を落とした。特に退去が厳しくとりおこなわれた北西部と北部では、大学で学んだ人々は全員再教育を受け、十五ヶ月におよぶ過酷な肉体労働を経験した。それでもこの両地域では多くの知識人が生き延びている。

カンボジア国内の町の強制退去と、その直接的な結果——国民全体の地方への移住、かつての政敵の殺害、敵意を持っていると思われる人間の矯正あるいは排除——は三年八ヶ月と二十日にわたってクメール・ルージュ統治のほぼ完璧なパラダイムとなった。

都市部の住民のほとんどは、自分たちや社会がそれまでほとんど関心を持ってこなかったクメール・ルージュと、かれらの長年にわたる荒野での暮らしぶりにすっかり圧倒されていた。一九七五年の四月中旬の出来事は一九六〇年代から練り上げられた政策の所産であり、その起源はさらに昔にさかのぼるものだった。六人の主な地域指導者——北西部のロス・ニムとコン・ソファル、北部のプーク、北東部のネイ・サラン、東部のソー・ピム、南西部のモク——が、フランスとの戦争中にイサラクとして革命家の道を歩み始めたのは、偶然ではなかった。

かれらは三十年前の反乱分子と同じ、極端な一途さと過度の単純化と冷酷さと人命軽視の傾向を見せていた。また、同じような気難しさと多様性を抱えてもいた。意思決定が非常に中央主権的で、理論的に統一された実行方法をとる伝統的な共産主義国家とは異なり、クメール・ルージュ政権のカンボジアは統制を欠いていた。こういった特性の組み合わせは長期にわたってポル・ポト政権の特徴として残り、やがてはその破綻を招く主な原因となったのだった。カンプチア共産党常任委員会の指令は服従されたが、その解釈は地域によってさまざまだった。そのためプノンペンの退去においてはさまざまな衝突のきざしが見られた。地域についての問題は兵卒の水準でも見られた。ある南西部の大隊の司令官は「部隊の厳しさや優しさを左右するのは司令官であって、地域ではない」との見解を示している。穏健なはずの東部で退去者が手荒な扱いを受けることもあれば、厳しいはずの北部で節度ある扱いを受けることもあったことだろう。

クメール・ルージュについての一般的なイメージは、一様で心を持たない破壊好きの機械人間というものだが、これは根本的に間違いだ。退去者らが経験したのは理想主義と不手際、高揚と恐怖、慈悲と残虐さのモザイクで、簡単にひとくくりにはできなかった。これもやはりクメール・ルージュ政権につきまとう特徴となった。

もっとも厳しくふるまった兵士らでさえ、暴挙と冷静な穏やかさの間を揺れ動いていた。ピン・ヤタイの妹の面前で怒り狂って銃弾を放ち、バイクを奪った若い兵士でさえ、のちに「ゆっくりと荷物をバイクからはずして注意深く父親に渡す」という行動をとっている。ある面では、クメールの穏やかさと制御できない凶暴さとの不変の二分法に中庸はなかったと言える。「われわれは丁重にふるまうように務めた」と、ハイン・ニョールは説明している――「その方がたやすいからだ。衝突すれば相手を敵として扱わざるをえなくなり、抑えがきかなくなってしまう」。暴力が普通に存在する革命的な背景の中でこそ、クメール・ルージュの丁重さは効果を発揮した。しばしばそれは凶悪な性格を帯びることもあった。ある女性は、激しく打ち据えられた囚人らに一人の兵士が話しかけるところを耳にしている――「『具合が良くないのか？　しばらくすればましになるぞ（中略）』そんな甘い言葉や皮肉が、この兵士たちの話し方なのだとわたしは悟りました」。だが「高圧的でもなければ脅すわけでもない（ただ）無口で丁寧な」幹部もいた。この二種類の幹部が必ずしも相容れないというわけではなかった。仕事にとりかかる兵士らは「揺るぎない礼儀正しさで死をもたらしていた」とピン・ヤタイは記している。

また、恐怖と残忍性が見られた一方で、予想もしていなかったときに手をさしのべてくれた「まともな」クメール・ルージュ幹部も一人はいたという話を退去者のほとんど全員が語っている。ある若い女性は、黒服の幹部が彼女の連れていた病気の姪に気づくと「なぜか人道的なところを見せて、自分の立場を利用してストレプトマイシンを入手して（姪を）救ってくれた」と話す。また別の退去者は、プノンペンのある病院で一人の兵士が少年とその年老いた祖母を助けてやったときのことを語っている。「かれは五分ほどその場を離れ、大きなパン十斤に、調理した魚と豚肉を病院のカートに乗せて戻ってきた」。ハイン・ニョールは、かつて自分が教わった教員がある地域の書記におさまっているのに気づいた。「飾らない質素な暮らし」をしていたその男性は「非常に純粋で知的で（中略）一九六〇年代に共産主義に加わり、森へ姿を隠した理想家の典型だった」という。

クメール・ルージュの行動に格差が生まれた理由は数多くある。

一つはクメール社会に定着した個人主義だ。教化とすさまじい訓練を絶えずおこなったにもかかわらず、かれらは――中国やベトナムの共産主義兵士とは対照的に――相変わらずクメール人であり、個々の家族や個人は孤立した存在で、何より保身が大切というクメール文化を保ち続けていた。そのような――特にわずかながらも権力を持つ――人々にとって、画一性は簡単に取り入れられるものではなかった。それが「共産主義者」的でない、予測不可能な性質のクメール・ルージュというシステムをつくりあげたのである。幹部の交代という運命の気まぐれは退去者の落ち着き先を左右し、文字通り生死を分けることになった。気まぐれと不確かさは、暴力や蛮行と同じくクメール・ルージュ政権の特徴であった。

文盲率の高さと幹部資格者の少なさも格差を悪化させた。カンプチア共産党常任委員会がどんなに詳細な指針を用意したところで、口頭で下々の兵士に伝える必要があったために、結局は非常に簡潔でおおざっぱな方針だけが伝わることになった。それ以外の部分は現場の判断にゆだねられたのだ。こうして政策を実行するやり方が個人の思いつきや、そのクサエ（「紐」を指す言葉だが、上級官僚が贈り物を分配する見返りに部下からの支援を得る縦割りの支援網の意味がある）の上官の態度に左右されることになったのである。植民地以前の君主制およびシアヌーク体制のカンボジアでは、おもにこのような支援網が権力の行使に使われていた。革命は旧体制を破壊する側でありながら、その仕組みをモデルにしていた。クメール・ルージュにおける権力は、カンプチア共産党の指導部に忠実でありながら、かなりの自由裁量を許された地域の軍司令官として活動する地域書記――のちの高級官僚――によってクサエを介して行使されたのだ。

退去の際に見られたその他の特徴――貧富を問わない所有物の奪取、敵になる可能性のある者をはじきだすための自伝の作成と書き直し、略式の処刑、家を追われた数万人の人々がほとんど抵抗なしに盲目的に従って殺害された事実――は、すべてその後の政権の前触れだった。

クメール・ルージュとシアヌーク、そしてその他の「進歩的ブルジョア」を結びつけた統一戦線は、プノンペンが陥落した日に事実上の終わりを迎え、名前もかろうじて残っただけだった。カンプチア共産党は共産主義者の支持基盤を拡大するどころか「量より質」という一九六九年以前の戦略に立ち戻り、手ぬるいよりは手厳しすぎる方が良いとの方針にしたがって超急進派の革命に適した偏狭で厳格な政権をおしすすめた。

この方針は退去の際だけでなく、それ以降の政権下でもおこなわれた虐待の根底にあった。

兵士と村の監督者の全員が、敵への警戒をおこたれば何らかの懲罰を受けることを心得ていた。だが容疑者に度を過ぎた追及をした場合の罰則は設けられていなかった。そのため、プノンペンその他の都市の粛正部隊は、退去の際に残された（あるいは残った）老人や病人を殺せという指令は受けていなかった——でも確実に人々を排除せよと言われた兵士らは、単純明快な方法としてかれらを殺してしまったのだ。図書館、科学研究所、調査研究所を略奪し、仏教や西洋の本を焼けという指令もなかったが、実行にうつされてしまった。フランソワ・ビゾは極東フランス学院の「研究者らが苦労して収集し、後世のクメール人に自分たちの献身の成果を示そうと意図的にプノンペンに置いていた貴重な作品」が一階の窓から投げ捨てられて「悲惨な火刑」に処されるのを目にした。また、ローマカトリック教会の図書館から持ち出された本の山が、教会敷地の前の芝生で焼かれるのを目撃した外国人もいた。当時クメール・ルージュ産業相上級顧問を務めていたティウン・マムが、かつて農学的調査がおこなわれていた研究所を発見したのは、何ヶ月も後のことだった。「兵士たちはすべてを破壊してしまった。（中略）なにか明確な理由があったわけではない——だが大人をつけずに十歳の子どもを大勢家の中に残して三〜四日たてば、どうなるかわかるだろう」。身勝手な説明とはいえ、当たっている面もある。西洋の事物の破壊は上から指示されたわけでも、全面的におこなわれたわけでもなかった。[*2] 帝国主義とそれにまつわるあらゆる事物は絶対悪であるという思想を強制的に吹き込まれた男たちの、本能的な反応だったのだ。

兵士というものは周囲におよぼす被害に気を取られることなく目的を達成するように訓練されている。クメール・ルージュの場合、そこに無知と極端な若さが加わった。それでもなお、かれらに破壊行為を許した政治的背景はポル・ポトとカンプチア共産党常任委員会が過去十年間に確立したものだった。

そうならずにすんだかもしれないのだが。

一九七五年の四月当時、ロン・ノルの共和国に対する反感は頂点を迎えており、町の人々の大多数は、新政権の政策が何であろうと積極的に支持する気になっていた。別の思想をもった別の指導者たちであれば民族融和政策を選んだかもしれない。だがポル・ポトは別の道を選んだ。都市部の住民や、戦争の終盤に村を捨ててかれらに加わった農民は事実上の利敵行為者であるから、それなりの扱いを受けるべきだとかれは考えていた。単純労働による再生力にさらされ、未開の地の農民の荒々しい生活にもまれて生き残った者たちは、そこで初めて煉獄を抜けだし、クメール・ルージュたちが反乱軍で過ごしたときのように強く純粋になって立ち上がるのだと。

苦しみと死はそのプロセスに欠かせなかった。メイ・マクの司令官はかれにこう告げた――「そんなことを気にかけていては革命家とは言えません」。兵士らは敵になりかねない人間――都市部の退去者すべてを含む――に対して「心を切り離して」接するよう求められた。許しは弱さのあらわれととらえる文化を持つカンボジア人は、こうした行動が外国人より容易だったという説もある。無関心というかたちにあらわれた仏教的な分離の精神は広く浸透しているため、クメールのことわざに次のようなものがある――「瓜にすら種がある――なぜ人には心がない?」だがこの説はなりたたない。戦争と革命は元来どこでも無慈悲なものだ。差は量の問題でしかない。カンボジア人たちが身をもって知りつつあったように、たまたまこの革命は他よりも残酷で容赦なかったのだ。

カンボジア革命のために流浪することになった都市部の退去者は、突然もたらされた生活の崩壊をそれぞれになんとか理解しようと努めた。退去や一連の暴挙はクメール・ルージュの数的な弱さの表れで「ライフルを持った洗脳された十代の少年二〜三人」が町を追われた数千人の人々の管理にあたったためだと多くの人は考えた。

旧政権下で生まれや教育や公的な地位や財に恵まれた人々に対する、なおざりにされた底辺層の集団的報復だと受けとった人もあった。報復は臆病者の武器だが、表立った対立を避けるカンボジアでは好んで用いられていた。退去者の一人は「クム」――「きわめてカンボジア的な報復の精神」について、次のように書いている。「それはわが民族精神にとりついた伝染病だ。（中略）わたしがあなたを拳で殴ったら、五年後のある晩にあなたがわたしを背後から撃つ。それがクムだ。（中略）カンボジア人はクムを熟知している」。また退去とは町の住民を混乱させ、新たな統治者に従属する地位につけるための現実的な手段だと考えた人もいる。だが大多数――特に貧しい人々などは――は、一九七五年四月の事件を合理的に理解しようとはせず、カンボジアの文化的アイデンティティの源にさかのぼるものとしてとらえた。十九世紀に、さらに昔の作品を装って書かれた仏教の予言書『プト・タムニャイ』は闇の時期、いわゆる暗黒時代について警告している――悪党が支配し都市から人影が消え、「人々は空腹のあまり、尾に一粒の米をつけた犬を競って追い回す」。僧侶の身分は廃され、「過ちは正しく、黒は白で、善は悪だと人々に思いこませる」悪魔の王が来る、という予言だ。

『プト・タムニャイ』の予言はノストラダムスの予言や古い神託と同じく、きわめて曖昧に書かれているので、どんな状況にでもあてはまる。それでもこの不可解な革命を理解しようと努めるクメール人にとって、この予言は自分の身に起こった出来事を仏教史の円環的な流れの中にあてはめることで、古くからなじみのあるものにしてくれた。東南アジア一帯で信仰されている上座部仏教の教えには、集結して仏教信仰を襲う人食い鬼と悪の精霊の逸話が登場する。クメール・ルージュは「五百人の盗賊」と同一視された。「われわれの持てるものすべて——家族、子ども、財産、命さえ——を奪う」千年にわたる伝説の盗賊である。また「黒いカラスが『ルベア』の実を土地一帯にまき散らす」光景を描いた話もある。ルベアの実は緑の球状で、外見は美しく光っている。だが割ると、中にはシラミが詰まっているのだ。「黒いカラス」はクメール・ルージュである。「ルベアの実」とは理想郷的な共産主義という魅力的な思想のことで、「シラミ」とは殺人と飢饉と貧困の現実である。唯一の慰めといえば、どの預言も暗黒の時代は短いという点で一致していたことだった。

原注

＊1　銀行が新政権によって計画的に爆破されたわけではないということだけは確かだ。中央市場など、資本主義をさらに明確に象徴するものが被害を受けなかったこともあるが、クメール・ルージュ指導部は一九七五年の四月に通貨を発行し、独自の銀行制度を立ち上げることを固く決意していた。この一ヶ月後に準備班が活動を始めた際に拠点となったのは、損傷を受けずに残った銀行の建物だった。

＊2　たとえば国立図書館はクメール・ルージュが政権を握っていた間は保護されていた。その蔵書が紙として利用されることになったのは、深刻な紙不足に直面したヘン・サムリン政権が一九七九年に一時しのぎの策としてそう指示してからである。

**右**——若きサロト・サルの写真として唯一伝わるもの．ケップにて，おそらく29歳だった1954年頃に撮影されたと思われる．
**下右**——イエン・サリ（左）とケン・バンサク，パリのケン・バンサクのアパートにて，1951年頃．
**下左**——サリの親友ラト・サムーン，セルクル・マルクシステ共同創設者．

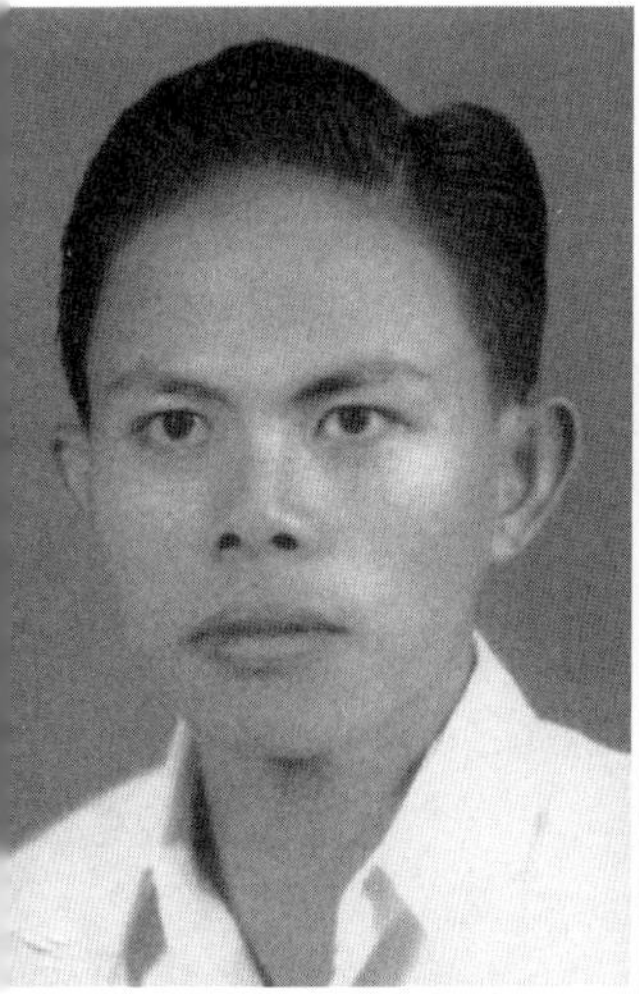

カンボジア初の共産党指導者ソン・ゴク・ミンの肖像をパレードで掲げる共産党武闘派,1952 年頃.

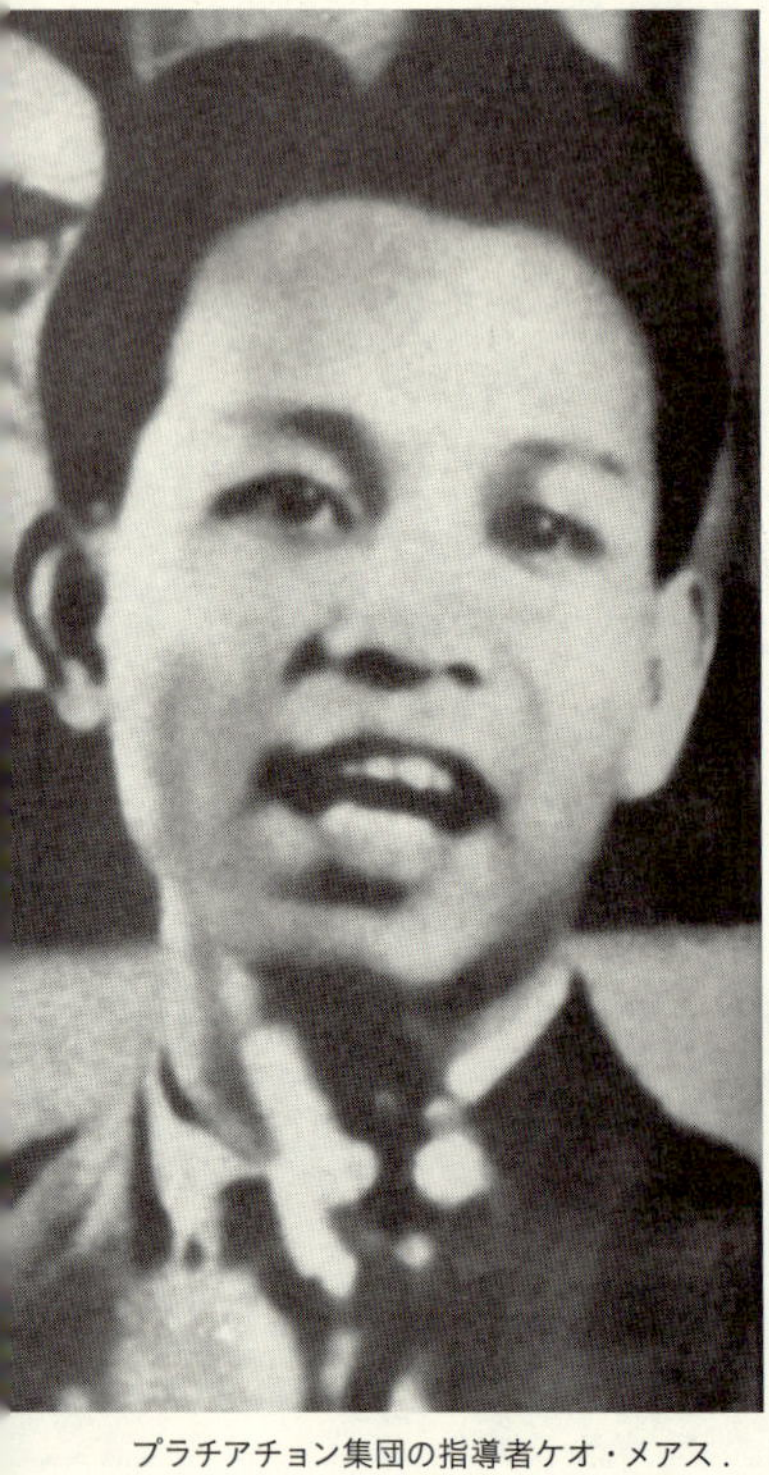

プラチアチョン集団の指導者ケオ・メアス.

ソン・ゴク・ミンの後継者トゥー・サムート,1960 年に党書記長となる.

キュー・ポナリー（右）, その妹チリト, コリノー夫人, パリにて,1950 年頃.

輿に乗って運ばれるシアヌーク, 聖なる畑の式典を取り仕切りに向かうところ.

**上**——仏陀生誕2500年（1957）のパリ式典でリームカーのヒロインであるシタ役を演じるキュー・サムファン.
**右**——（右から）キート・チホン, ティウン・マム, シアヌーク王子,（上段左）チホン・ヘイ, 同じく仏陀生誕式典にて.
**左**——プノンペン教員養成大学学長時代のソン・セン, 1958年.

**右**——コサマク妃，シアヌーク，1968 年にカンボジア訪問のジャクリーン・ケネディとともに．
**下**——政府支援の暴徒たちがプノンペンの北ベトナム大使館を襲撃，1970 年 3 月．

**上右**——シアヌークの命令で，軍司令ロン・ノルは 1960 年代にクメール・セライ捕虜の公開処刑を命じた．

**右**——その後の内戦では政府部隊は共産軍兵士の生首を勲章がわりに持ち帰った．

**左**——1969 年にポルを名乗りはじめる直前の，ラタナキリのサロト・サル．
**下**——チニット川近くのジャングルで，マルクス．エンゲルス，スターリンの肖像が飾られたホールで 1971 年に開催されたカンプチア共産党第3回党大会にも出席している（最前列中央）．

**上**――クレン山のシアヌーク王子と妻モニク，クメール・ルージュ制服姿でモニク言うところの「解放地区のホワイトハウス」の外にて，1973 年．
**左上**――スツン・トレンで「解放地区」訪問を開始するシアヌーク，および（前列右から）フー・ニム，キュー・サムファン，モニク．下の写真ではクメール・ルージュ野戦厨房を視察する．

525
525

行進するクメール・ルージュ女性部隊，1974 年頃．

この場面は翌冬に中国で印刷されたクメール・ルージュ紙幣にも利用された．紙幣は結局流通しなかったが，アンコールワットなどの歴史的モニュメントや，ポル・ポトが作ろうとした社会の理想化された光景を描いている．

イエン・サリと中国大使孫浩（右から 2 人目と 4 人目）が中国外交官たちとタサン付近の「ジャングル」大使館にて，1979 年 4 月．

鄧小平とシアヌーク，北京空港にて，1979 年 6 月．

ベトナムによる侵攻後に中国政府が蘇浩の名前で出したイエン・サリのパスポート．

**上**──ポル・ポトは 60 歳の誕生日に再婚して家族を設けた．クメール・ルージュ指導層の中でも最も残虐だったヌオン・チェアは，その別名「大叔父」の名にふさわしく，生後 6 ヶ月のポルの娘シタを抱いている（1986 年 10 月）．
**下左**──部下の子どもたちとポーズをとるポル・ポト．
**下右**──おそらくは同じ年に，タイに妻メアスと観光旅行に出かけている．

だがポルの新たな家庭性を見るまで生き延びた同僚たちはほとんどいなかった .（上 , 左から）ボルン・ベト, シエト・チェ , ネイ・サラン , および（下右）コイ・トゥオンは ,1977–78 年にツールスレン尋問所でポル・ポトの命により殺された . ソー・ピム（下左写真 , ポル・ポトとともに）は逮捕されるより自殺を選んだ .

**右**——ベトナムがカンボジア首相に据えたヘン・サムリン，1979 年．
**下**——南中国の井岡山の古い毛沢東ゲリラ基地訪問で，椅子で運ばれるポル・ポト（1988 年）．
**左上**——1991 年 11 月にパリ和平協定実施のためプノンペンに戻ったところをフン・セン政府による暴徒に襲われたキュー・サムファン．
**左下**——ポル・ポトの主な軍事支援者だったケ・ポク（左）とモク（右）．

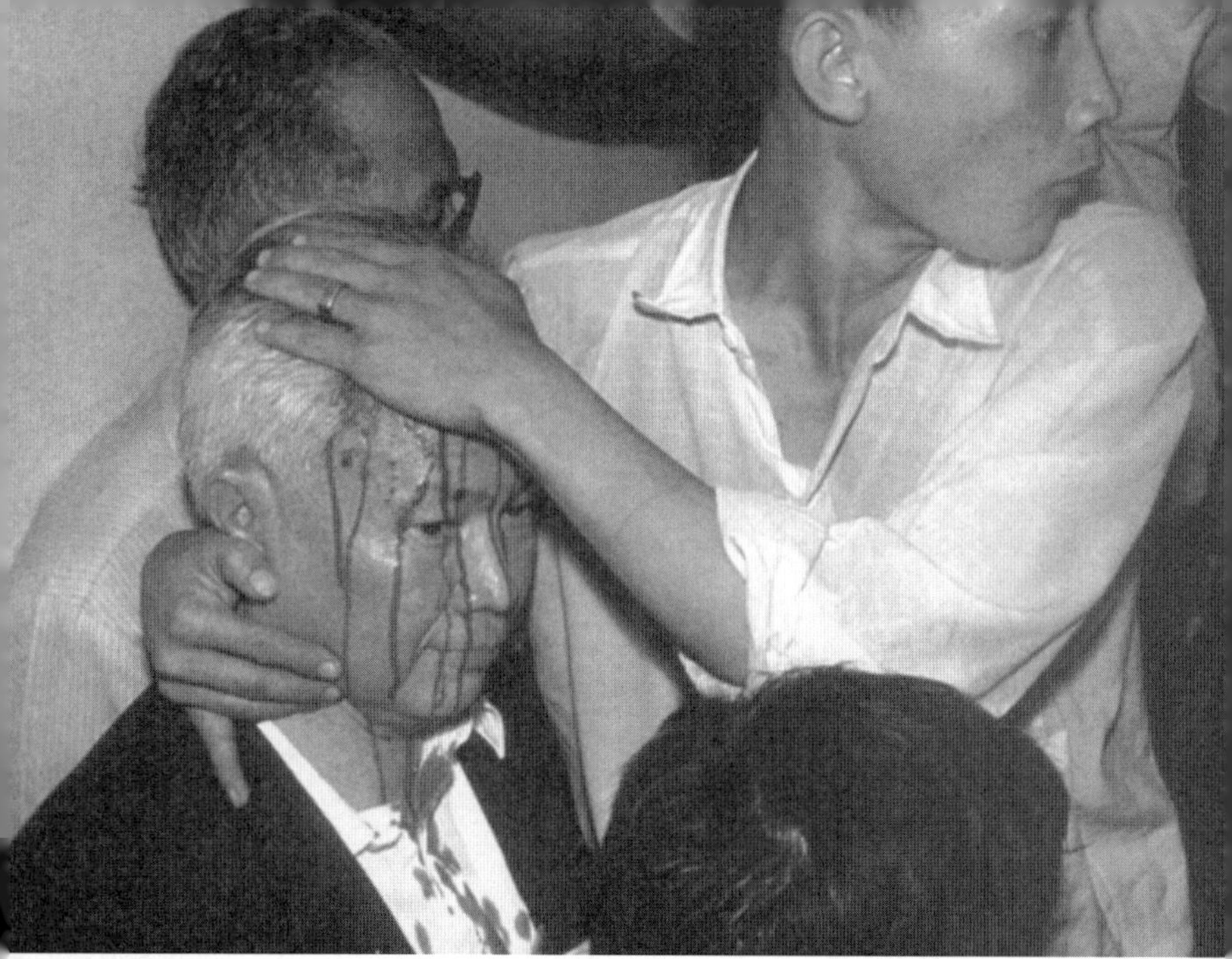

1997年7月にポル・ポトはアンロンベン近くで大衆会合の前に引き出され，「終身刑」を宣告された．9ヶ月後，睡眠中に安らかに息を引き取る．

それは多くの反乱分子が夢見るような華々しい凱旋ではなかった。

プノンペン陥落から三日後の四月二十日の朝、ポル・ポトは十二年ぶりに街へ戻った。最後にプノンペンの街を目にしたのは、トラックの後ろに隠れてベトナムへ亡命したときのことだった。そのかれが、攻撃に協力した三地域の指導者――南西部のモク、北部のコイ・トゥオンとケ・ポク、特別地域のボン・ベトとチェン・オン――そしてポル・ポトの補佐のヌオン・チェア、キュー・サムファン、参謀長のソン・センと主要四地域の司令官サン、サルーン、スーン、ティンを乗せたジープの車列に脇を固められて、押収した装甲車でスドクトエルの前線司令部から街に乗り込もうとしていた。

だが昔のくせは抜けないものだ。国道五号を下り、都市部の退去者の集団を抜けてそのまま街に入るかわりに、車列は迂回して舗装されていない細い道を通り、爆撃された街や沼地を抜けてポチェントン空港の脇に出て、西側から街に入った。共産主義カンボジアの新たな指導者となったかれらは、それから数週間を鉄道の駅で過ごしたが、儀礼兵をおくことはなかった。「ポル・ポトの到着は秘密にされていたんだ」と、側近のフィ・フオンは語る――「告知も式典もなく、かれの存在を示すようなことはいっさいやらなかった」。

鉄道の駅が選ばれたのは、他の建物からかなり離れており、防衛に都合がよかったからだ。この駅は一九三〇年代に建てられたもので、フランス系カンボジアのコロニアル風のデザインに、採光と通気のためにコンクリートの格子造りになった地中海様式のアール・デコの正面玄関がついており、黄土色と白で統一されていた。中にはがらんとした大ホールがあり、その上に事務室の階があった。その広々とした作業場の両端には小さな蓋つきの文机が三つ備えられていた。ポル・ポトと仲間たちは、ここで新しい国家の指針を語り合い、夜はコンクリートの床に籐のマットを広げて眠った。

ヌオン・チェアとキュー・サムファンは北部の国道五号沿いのプレククダムの検問の調査に派遣され、モクは南西部のタケオ近くの地域司令部に行って戻ってきた。三人ともが、退去は順調にすすめられていると報告した。かれらとしてはまったくの事実だった。カンプチア共産党指導部にとって、資本主義を一気に打倒して街と地方の社会的統一戦線を排除するためには、二万人の死者などささやかな犠牲にすぎなかったのだ。

この退去はのちのクメール・ルージュの命運を握っていたが、指導部がその正当性を説明するのは難しかった。

ポル・ポトは二つの相反する理由をあげている。欧米に向けてかれは次のように述べている。「前もって計画していたわけではない。(中略)食糧不足が迫っていることがわかったことと(中略)アメリカの追従者らによる攻撃計画があったことが引き金になったのだ」。どっちも嘘だった。食糧供給は充分だった。それに、物流的には移動する退去者の集団に穀物を支給する方が、決まったところにいる街の住民に支給するよりはるかに難しい。「アメリカの追従者による計画」は、ポル・ポトの想像の産物だった。また、退去は前から計画されたもので、本人が別の機会に語ったところでは——同じく疑わしいものの——計画時期は一九七五年二月ではなく前年の十月だった。かれは中国の記者団に対しては、もっと正直に認めている——「敵のスパイ組織をすべて壊滅させるまでは、革命政権を守るだけの力がなかった」。この点だけは、多少なりとも事実が根底にある。サイゴン勤務の主任戦略分析官フランク・スネップらＣＩＡ幹部はのちに、ＣＩＡが秘密の無線端末を設置して地下スパイ組織をおいた町で退去がおこなわれたため「国中のアメリカの諜報網が破壊されて、使いものにならなくなった」ことを認めている。

しかし退去の本当の理由は、もっと複雑なものだった。イエン・サリによると、ポル・ポトは学生時代にフランスで八十周年をともに祝ったパリ・コミューンを例に挙げたという。パリ・コミューンが鎮圧されたのは、プロレタリア階級がブルジョア階級に対する独裁に失敗したからだとポル・ポトは語った。その間違いを繰り返すつもりはなかったのである。

中央委員会の内部調査書には、治安確保のほかに退去には「幹部と戦闘員の政治的地位を保持し、（革命を）内部から浸食する平和的展開を避け、堕落や不名誉や放蕩と闘い、都市部の人間を（農業的）生産に協力させ、シアヌークの支持基盤を排除する」意味があったと書かれている。退去者に混ざっていた学生と知識人は「帝国主義者と植民文化のけがれから解放され」、「私有財産と有形財の類は排除された」。キュー・サムファンがいかにも満足げにつけ加えたところでは、退去者の大部分は手ぶらで地方にたどりついたが「持参できた少ない所持品も、二年か三年で使い古すか使い切ってしまった」。実は間際になって住民に退去命令を出したのも、もともと住民の持参する物の量を減らすためだった。だが公的発表では、このような戦略上の目的にはまったく触れられなかった。

こうして嘘に始まった新政権は、その後も嘘が特徴的な性質の一つになった。一九七五年四月以降、カンボジア人指導者の発言はどれも額面通りには受けとれなかった。かれらは不都合な真実を隠すために嘘をつき、本当に起きたことを思い出されたくないために嘘をつき、間違いから、あるいは偶然から、怠慢から、もしくは何の理由もなしに嘘をついた。嘘は統治の手段となり、政策を不透明さと秘密と見せかけの瘴気に包みこんだ。

だが退去に関しては、嘘の裏側に真実があった。それは多くの退去者がのちに主張したような、都市住民全般もしくは知識人のみといった階級自体の根絶を目的とするプロセスの第一段階ではなかった。確かに一部のクメール・ルージュ兵とたたき上げの幹部は、そのような解釈で退去者らに接していた。権力の有無は前世の功徳や不徳を反映しており、避けようがないと古くから考えられてきた社会では、そうした傾向も無理はない。だがカンプチア共産党の政策はまったく違っていた。ポル・ポトの目的はカンボジアを革命的変化の猛火の中に押し込むことにあった。古い思想やそれに固執する人々は炎で焼き尽くされるが、カンボジアそのものはさらに強く純粋になって、共産主義の美徳の鑑としてふたたび出現すると考えていたのだ。

目的は破壊ではなく変形にあった。退去は「並はずれた手段であり（中略）他の国の革命ではまったく見られない」と、ポル・ポトはのちに書いている。それは党の政治的・経済的戦略の核心であり——鉄道の駅で第一回を飾り、その後はポル・ポトが五月初旬に司令部を移した数百メートル南の旧共和国財務省の壮大なオフィスビル群で開かれた——常任委員会の一連の会合の中で練り上げられていった。

ほどなくシルバー・パゴダに指導部全員が揃って新たな指針について議論をおこない、農業生産の増加を最優先することに決定した。「農業は国づくりでも国防面でも重要だ」と、ポル・ポトは宣言した——「この問題の規模を見極める必要がある。正しく理解することによって今後とるべき道が示され、迅速な進歩が可能になるだろう」。そして五年から十年計画で農業の七十〜八十パーセントを機械化し、それをもとに十五年から二十年計画で近代産業基盤を築くことが全体目標として承認された。

この目標を達成するにあたり、新生カンボジアは基本的にすべて自前でやりとげるつもりだった。

外国からの援助はまったく排除されてはいなかったものの、本質的に有害なものとみなされた。パリで学んでいた頃にポル・ポトは「フランスの援助を求める者は、フランスに貢ぎ物を送るはめになるだろう」と書いていた。そしてシアヌークとアメリカとの関係がその考えを確信に変えた。「外部に援助を請えば確かに多少は得るものがある」とかれは常任委員会に語った——「だがそれはわれわれの党の路線に影響を及ぼす」。また、ポル・ポトは外国からの輸入にも同じく慎重だった。自主的な国家発展に向けての努力を鈍らせる危険があると主張していたのだ——「輸入鉄は統制をもたらしてはくれない。他の国から買うのはわれわれの戦略計画に反する。（中略）われわれが（そうしていては）独自の産業発展はいつになることか」。

それは体面の問題でもあった。共産主義が勝利をおさめたのち、タイの欧米援助組織はアメリカによる米の空輸が終わったことを受けて、救援物資を空路から搬入する許可をむなしく待ち続けていた。「われわれは（中略）他の国に援助を求めることなしに自国の独立と尊厳を保つ必要があった」と、イエン・サリは説明している。実際のところ、中国からは大量の食料援助があったが、公表されなかった。町からの退去者が移動する間と地方に落ちついて数ヶ月間に与えられたわずかな割り当ては、おもにクメール・ルージュ自身が一九七四年に「解放区」で確保した備蓄と、アメリカがロン・ノルにもたらした物資の残りだった。

自給自足の問題を提起したのは、キュー・サムファンが一九五九年にソルボンヌで提出した博士論文だった。「国際統合こそが、クメール経済を低開発状態にしている根本的原因である」と、かれはつづっていた——海外援助によってカンボジアは、外国勢が支配して自国には管理できない世界市場に依存してしまった。海外貿易は市場に安い輸入品を氾濫させ、地元の企業家を廃業に追い込んだ。したがってキュー・サムファンが「自意識ある自主的発展」と呼んだ自給自足は、必然的な目標だった。このためには、自由貿易を規制して個人と国家の関係を見直す必要があった。

人々はみずからが集う国家の繁栄と緊密な関係にあり、その運命を国家の運命と切り離すことはできない。（中略）**したがって経済学者らが考慮すべき根本的事実は、個人ではなく国家である。**（強調ママ）

一般的な社会組織に携わる人数が削減されるほど、生産に寄与する人数は増加し、国家はより早く富を手にできる。したがって合理的な社会秩序化のためには非生産的活動の規制に努め、できる限り多くの人々を生産活動に携わらせなければならない。

「非生産的活動」とキュー・サムファンが断じた中には商業と政府機構も含まれていた。フランスで博士課程の学生だったフー・ユオンも同様の考えを示していた。だが若い頃に書かれたこれらの論文を、クメール・ルージュが一九七五年にカンボジアに導入した経済制度の青写真とみなすのは間違いだろう。両者とも技術の役割を重視しているが、ポル・ポトの展望にはそれがほとんどない。また、キュー・サムファンはカンボジアには「自主的国家資本主義」が必要だとまで論じていたが、フー・ユオンは集団活動の展開には漸進的にのぞむべきだと主張していた。それでもかれらの論文は一九五〇年代から六〇年代にかけてカンボジアの急進派の議論の的となっており、クメール・ルージュの試みの核となった概念――個人経済より国家経済を優先すること、外交関係を断絶して敢えて内向的に転じること、農業生産を最大限に増やすため抜本的な社会改革にあたること――には当時の議論に端を発するものが多い。キュー・サムファンはこのような政策が「後退」を引き起こすことを認めたうえで、それが国家の将来的な生産力を形づくる唯一の方法であると論じていた。

一九七〇年代の半ばには、この閉鎖的な発展へのアプローチは、三十年後のインターネットで結ばれたグローバル化した世界で考えるほど奇異には感じられなかった。

一九七六年に「タイの将来のための計画」を練るように言われた欧米の社会科学者たちは、当時隣国でおこなわれていた政策にとても似た抜本的な方策を含む計画を提示した――都市部の余剰人口の地方への移動、富裕層の非生産的な財の没収、農業への投資の増加である。カンボジアの歴史を専門とする欧米研究者の第一人者であるデービッド・チャンドラーは、同年「自給自足は理にかなっている」と書いている。アメリカの援助専門家で、オックスファム（オックスフォード飢餓救済委員会）の東南アジアにおける活動を統轄していたジョエル・チャーニーは、ポル・ポトの地方発展計画――用水路の建設、米の栽培目的の開墾、石油の使用を最小限に抑え輸入品を使わず生物肥料を土地に混入――は「顧問の報告によると（欧米の）開発者コミュニティから広い支持を得られるものであった」と主張している。

これらの専門家には、左翼傾向はまったくなかった。かれらはいずれも一九五〇年代と六〇年代にカンボジアにおいて旧来の開発戦略が失敗に終わったことを強く意識していた――盛大なプロジェクトと包括的な工業プラントを重視したシアヌークの政策は、フランス人顧問シャルル・メイエールに言わせれば、悪い見本で避けるべきものだった――そこで抜本的に異なるアプローチを試してみようとしていたのだ。

しかし一九七五年五月にカンプチア共産党常任委員会が打ち出した戦略は、非常に同情的な外国の観測筋から見ても手に負えないものだった。それはキュー・サムファンとフー・ユオンが思い描いていたよりもはるかに極端で容赦ないものだったが、問題はその内容ではなく実施方法にあった――フランスの専門官はそれを「不条理とか空想的とかいうのではなく」ひたすら「残酷で非人間的」と評した。

ポル・ポトたちがその春に承認したのは、現代初の奴隷国家だった。

この「奴隷国家」という感情的な用語には定義が必要だ。スターリン、ヒトラーなど多くの第三世界の独裁者たちは、基本的人権と自由を奪うことによって国民を精神的に奴隷化したと言える。だがポル・ポトは、難民らがのちに「壁のない牢獄」と読んだ社会的および政治的な構造にカンボジアの国民を幽閉し、国民を文字通り奴隷化した。人々は幹部が命じた作業をどんな内容でも報酬なしで遂行させられ、失敗した場合には配給の差し止めから死刑におよぶ罰を受けるおそれがあった。食糧と衣服は理屈の上では国家から支給された。しかし賃金は存在しなかった。一九二〇年代前半の「戦時共産主義」のソ連や、その十年後の中国の延安期、現代の北朝鮮でさえ、労働者にはわずかながら賃金が支払われている。たとえタバコ一箱、あるいは石鹸一個を月に一度買えるかどうかという微々たる額であったとしても、それは人々に選択の余地があることを意味する。自由意思を行使する機会がごくわずかに存在するのだ。だがクメール・ルージュ政権のカンボジアには、それがなかった――そこには経験した人にしかわからない質的な違いがある。また、賃金だけでなく市場もなかった。やがて体制はさらに厳しくなり、物々交換さえやめるように指示された。ポル・ポト政権下のカンボジア国民は、まさに奴隷のようにみずからの運命に関するすべての権限を奪われ――食べ物を選ぶことも、眠るときを決めることも、住むところや結婚相手を定めることもできずにいた。

クメール・ルージュの指導者ら――特にポル・ポト――は、この描写に反論しただろう。実際にかれは幾度か演説のなかで地元幹部に「民主主義を強力に振興するよう」求めている。だがそれは「単に課題を機械のようにこなす」のではなく「大衆」が積極的に政権を支持するよう尻を叩けという意味でしかなかった。また、新体制の受け止められ方は地域や地区、村によって大きく異なったのも事実だ。一部の地区の幹部は寛大だったが、厳しい地区もあった。だがいずれにせよ、人民――奴隷――に口を挟む余地はなかった。「上層部」が決めたことであれば、どんな寛大さや厳しさにも耐えるしかなかったのだ。

なぜカンボジアの共産主義者はこのような体制を作ったのだろうか？

動機は特定の階級や集団に対する報復ではなかった。幹部個人の執念深さが政策の実施方法に影響したとはいっても、理論上クメール・ルージュ政権下の社会層は流動的だった。

一九七五年以降、地方の共同体の住民――つまりはほぼ全国民――は三つの集団に再分類された。全権人民、全権候補民、預託人民である。全権人民のほとんどは貧しい下位中流階級の農民で、配給をすべて受け取り、共同体で政治的な地位につき、軍に加わり、党員資格を申請する権利が与えられた。全権候補民は全権人民の次に配給を受け取り、共同体の低い地位につけた。預託人民は「配給の優先順位は最後、処刑の順番は最初で、政治的な権利はいっさいなかった」。もともと最初の二つのカテゴリーは共産主義が勝利をおさめる前から「解放区」で暮らしていた「基幹民」のみで占められており、都市部の退去者、つまり「新人民」はすべて預託人民となった。また、かつての立場も影響した。多くの場合、かつて裕福だった農民らは「新人民」とともに最下層におかれた。だが革命運動にふさわしい熱意が見られた場合は、理屈の上では新人民は候補民に、候補民は全権民になることが可能だった。

実際には、この新たな三分割は不均一に導入された――一部では一九七五年にすでに実施されていたが、一九七七年以降のところもあった――そして基本的に残ったのは「基幹民」と「新人民」の二分割だった。特にクメール・ルージュの統治が始まった年には、これら二つの集団の立場の違いは大きかった。「基幹民」は共同体の配給のほかに、自分で食糧を栽培できた。また、革命の規律に背いても、軽い罰則で済まされるか、証拠不十分でとがめられないことも多かった。だが「新人民」は対照的に、いつも最悪の嫌疑をかけられた。ポル・ポトは地元幹部に対して慎重な線引きをもとめ、一方を「一人一人を党における地位や主義や思想の区別なく扱う」かたわら、他方については「すべての新人民を敵として扱う」よう告げた。だがそれは村の共同体を担う無学な農民には難しすぎた。多くの地域において「新人民」は、退去の際と変わらず「戦争の捕虜」とみなされ続けた。ほとんどの人々が、この体制は新人民を駆逐して「基幹民」を国家の唯一の階級とするために作られたと考えたのは、驚くべきことではなかった。だがそのような意図はまったくなかった。ここで起こったのは、ポル・ポトの描く将来構想の実現をたびたび妨げたクメール・ルージュ組織の機能不全にすぎなかった。それは構想とカンボジアの現実の根本的な不一致から派生した内因性のものだった。

奴隷制度導入の動機は階級への報復ではなかったが、アンコール朝への「自己陶酔的後退」と、ある著述家が評した言葉で片づけることもできない。アンコール朝が過去の他の政権と並んでクメール・ルージュにとってのベンチマーク、すなわち評価の基準になったことは確実だ。ポル・ポトは一九七七年にこう述べている。「わが国民がアンコールを作れたなら、何だって作れるはずだ」。また、アンコール朝とポル・ポトが導入しようとした体制には、数多くの共通点があることも事実である。両者とも全面独立をめざした。また、実現不可能な完全性を――前者はヒンズー教の神々を称える石の寺院に、後者は共産主義のモデルに――もとめた。敵官を処刑し、その追随者を強制労働に送った。そして奴隷制を行使した。それにクメール・ルージュ革命の根幹をなした一九七〇年代のカンボジアの農民層が、六百年前のかれらの祖先とあまり変わらない暮らしをしていたことも事実だ。かれらは中世フランスの農民にも劣る農具を使っていたのだ。

だが、それをもってポル・ポトが過去の再現を願っていたとは言い切れない。目的はアンコール朝を模倣することではなく、上回ることにあったのだ。

その第一段階は、国家を数百年にわたって自分たちのいいように利用してきた（と革命家には思えた）封建的なエリート層を破壊することだ。これは共産主義の勝利と町の強制退去によってなしとげられた。第二段階と第三段階――ポル・ポトの言葉では「建設し防衛する」――は、国家全体を破竹の勢いで発展させて、永遠の敵であるタイとベトナムに弱体化した国を突かれるのを避けることにあった。重要なのはこの最後の部分だった。

数百年にわたってカンボジアは強力な隣国から痛めつけられてきた。そこにフランスによる植民があり、続いてベトナム戦争が起こって、百年間の休息がもたらされていたのだ。だが列強が去ったいま、カンボジア、タイ、ベトナムはもとの構図で残された。一九七五年の時点では、ポル・ポトは地域紛争が差し迫っているとはとらえていなかった。だが内戦の間にカンボジアとベトナムの共産主義者がたえず交わした影響についての議論や、同盟者であるはずのクメール兵とベトナム兵の頻繁な衝突や、シアヌーク政権下の国境での小競り合いの歴史から、ポル・ポトはハノイの脅威にそなえる必要があると確信した。かれは常任委員会で次のように語っている。「われわれがとても早く走れば、ベトナムも追いつけないだろう」

こうして拍車をかけなくとも、ポル・ポトはやはりカンボジアを忍耐の限界以上にまで追い込んだはずだ。「革命の果実を守るためには、手を休めてはいけない」とかれは仲間に語っている――「鉄は熱いうちに打たなければならない」。かれにとっては経済もまた、馬鹿力で制圧すべき新たな戦場でしかなかった。

われわれはどのように行動すべきだろうか？　戦時中と同じだ。われわれは攻撃の原則を用いた。（中略）敵の弱点をついたのだ。経済についても同じである。最大の好機をねらって攻撃をしかけるのだ。（中略）われわれは国中の攻撃体制を整えなければならない。（中略）われわれは戦争から学んだ。統制力が強ければ勝てる。統制力が強くなければ勝てない。経済の確立にも同じことが言える。

これは他の軍勢であれば進軍を止めるほど犠牲者を出しても意に介さず、プノンペンへの度重なる攻撃に数万人の兵を投入したのと同じアプローチだった。「社会主義の建設」を戦争になぞらえてポル・ポトは宣言した。

党指導部は最先端の武力の行使をもって主導的役割を遂行しなければならない。（中略）それこそがもっとも重要な要素であり、決定的要因であり、物事を前に進める原動力である。

イエン・サリは数年のちに――いささか遅ればせながらの感はあるが――義理の兄は「非常に単純な物の見方」をする人物だったと述べている。

開発政策においては、それが思想と言葉の軍事化を招いた。人々は魚の捕獲や肥料の収集のために「闘争」し、「戦略的作物」を育てるために「絶え間ない攻撃をおこない」、「前線（ダムや用水池）」や「後方（村の水田）」で闘った。そして部、隊、大隊、移動旅団、連隊を組織して「自然に勝利」するために「団結して闘争」をおこなった。

これは棍棒ドクトリンだった。一九七五年にはこのやり方がすでに党の遺伝子にしみついていて、他の方法を想像することさえできなかった。だが一方でポル・ポトをはじめとするカンプチア共産党指導部は、ここでほとんど克服しようのない本物の問題に直面していたことも事実だった。その問題にはフランスも勝てず、シアヌークも勝てず、そしてその後すべてのカンボジア政府にも勝てたためしがないその問題とは――クメール人をどうやって働かせるかという問題だ。

このような表現は反発を招くだろう。だが心あたたまる決まり文句で片づけるには大きすぎる問題だ。「ベトナム人は米を育てるが、クメール人はその成長を見るだけ、ラオス人はその成長を聴くだけ」――植民地時代のインドシナの役人の名言だ。その核心にはもっとも筋金入りのカンボジア民族主義者の希望すらかき消す真実が含まれている。自分たちが怠惰だという認識はすでに国家の自己イメージの一部になっており、経済発展が隣国に追いつかない理由としても挙げられている。

キュー・サムファンとフー・ユオンは博士論文の中で、農民の生産高が低いのは怠惰なためではなく「経済的および社会的構造が（かれらに）最大限の可能性を発揮するのを禁じたため」であると主張していた。二十世紀の初頭には、多くのフランス人専門家が同じ考えを示していた。生活収入のほとんどが税金か中国人の金貸しのポケットに消え、かろうじて生き延びるだけしか手元に残らない状態で、クメール人の農民が敢えて努力する理由があるだろうか、とかれらは問題提起した。農民たちはむしろ「できる限り貧乏になることで役人の強奪から身を守るのである。（中略）何があろうと失う一方だというのに、なぜ力を尽くす必要があるだろう？（中略）つまり（その）無力さや受動性は、その身にのしかかる体制への抵抗手段にすぎない」。

だがこれは真実の一面でしかない。キュー・サムファンでさえ、クメール人の農民は平均して一年に六ヶ月、あるいはそれをはるかに下回る期間しか働いていないと推定していた。上座部仏教は、財の獲得と消費をまったく重視してこなかった。シアヌークは一九五〇年代に村を訪れたアメリカの援助専門家の体験談をあげている。かれは米の収穫高が倍になるからと村人たちに化学肥料を使うよう説得した――「確かに収穫期になると倍の作物が実り、人々は喜んだ。（中略）（だが翌年に）ふたたび訪れた専門家は、農民たちが農地の半分しか耕していないのを見て愕然とした。『農地の半分を耕せば同じだけ収穫できるんだから、全体を耕す必要はないでしょう』と農民たちは言った」。その五十年後、砂糖菓子の製造用にパーム糖の安定供給先を探していた一人のクメール人実業家がまったく同じ問題に直面した。かれが雇った農民たちは、一年暮らせるだけの額を稼ぐと働くのをやめてしまったのだ。甘言や昇給の約束をもってしても、かれらを仕事に戻らせることはできなかった。「かれらの観点からすれば、それが論理的だったのだ」と、実業家は認めている――「家族全体の経費――次の作付け用の種、肥料、衣服、僧侶への献金、子どもの学費――の支払いが済めば、他に金の使い道があるだろうか？　他に何も欲しいものはない」。

これを怠惰と思う人もあるだろう、知恵だと思う人もあるだろう。だがいずれにせよ、近代社会のやり方とは相容れない。ポル・ポトにしてみれば、それはカンボジアを繁栄させ強国にするという野望への障害であり、一掃すべきものだった。かれは共感的なタイ共産党書記のカムタンに次のように説明した。「農民の性質は怠慢で、熱意と自信を欠くことが多い。かれらは命令に従うことでしか働けない」。共産主義が勝利をおさめる前から、洞察力にすぐれたアメリカのジャーナリスト、ドナルド・カークは、クメール・ルージュが意図的に過激な政策をとったのは「無気力な農民層」を動かすためであったと記している。一九七五年以降、この方法が国全体で採用された。

その実行を第一の課題として与えられた顔のない秘密の集団指導体制は、国民にはいまだにアンカという名前でしか知られていなかった。この言葉には多くの使い道があった。アンカはポル・ポトや常任委員会から最下層の村の民兵まで、あらゆるレベルでの政権を指した。全能で邪悪で非人格的でよそよそしい革命の純粋性の権化ともなったし、配下の人々に宗教的な敬意を求める存在ともなり、その敬意の対象ともなった。かつてポル・ポトの師であったケン・バンサクはこれについて次のように述べている。

党と政府と国家の融合物であるが、通常これらの機構が持つ意味とは異なり、その神秘的でおそろしく無慈悲な性質を特に強調した、抑圧と恐怖の巨大な組織である。ある意味では匿名にして遍在する全知の超自然的な政治的・形而上学的な力であり、その名のもとに死と恐怖を広めている。

当然ながらポル・ポトは、このように考えてはいなかった。人民を奴隷と考えていなかったのと同じだった。それどころか仲間に対して「そのうちに大衆も党にますます接近してくる」と請け合っている。これはプロパガンダとして片づけられるべきではない――ポル・ポトは自分が公益のために活動していると本気で思っていたし、遅かれ早かれ全員がそれを認めると思っていたのだ。権力――かれだけが鍵を握る壮大な構想に仕える全人民の生活をすみずみまで完全掌握する力――にもたらされた陶酔状態のせいもあっただろう。だが目的は「強要」ではなく、むしろかれらに「働く必要性を感じさせる」ことにあった。そのニュアンスは同胞の国民たちには伝わらなかった。

一九七五年の四月末、サイゴン陥落以前から、ポル・ポトはすでに常任委員会全員がハノイを訪れて、華々しく友好の意思表示をしてみせようと決めていた。企みは単純だった。ポル・ポトが信じていたようにベトナムが長期間にわたる主な潜在的敵なら、少なくともカンボジアがいずれベトナムからの挑戦を受けてたてるほどに強くなるまでは、良い関係を保つ慎重さが必要だと考えたのである。

「代々の敵」に対する融和的なアプローチの必要性は、まもなく強烈に確認されることとなる。五月四日にカンボジアとベトナム双方の海軍部隊が、カンポット付近の沿岸からおよそ十海里沖のフーコック島近くで互いに発砲する事件が起こったのだ。フーコック島は植民地時代から南ベトナムの一部として管理されていたが、主権の問題は解決していなかった。それからさまざまな事件が相次ぎ、五月十日にはコンポンソムの南西一三〇キロのワイ島を拠点とするカンボジア兵たちが、ベトナムの支配下にあった別の小島を占拠した。その二日後、この沖合での小競り合いのさなかにアメリカの古いコンテナ船「マヤグエス号」が迷い込んできた。マヤグエス号はただちにカンボジアの沿岸警備隊の迎撃を受け、占拠された。人命さえ失われなければ、その後の出来事はまったくの茶番で済まされていただろう。この二週間近く前にサイゴン撤退で懲りていたフォード大統領は、今回は強硬路線を貫くことに決め、船へのアクセスを阻止するために空爆を命じた。一方、プノンペンのポル・ポトは常任委員会を招集して、一週間前に起こったパナマ船の一件への対処と同様に、乗組員を解放して船を航路に戻すことを決定していた。指令は地元司令官に無線で伝えられ、翌日に声明を発表する準備が整えられた。だがこのときすでに、フォード大統領は海兵隊にヘリコプターでの救援を決断していた。それから数時間のうちに十五人の海兵隊と二十三人のアメリカ人パイロットが死亡した。コンポンソムの石油精製所と、その近くのリアムの飛行場がアメリカの爆撃で破壊され、カンボジア人の死者数は不明だ。そして救援者の知らないうちに、マヤグエス号の乗組員はすでに全員無傷で解放されていた。のちにフォード氏は、この爆撃はアメリカ人に「あらたな自信」をもたらし、ベトナム戦争から脱却する助けになったと語っている。

ベトナムとカンボジアにとって、マヤグエス号の事件は、目先の重大な懸案事項のおまけでしかなかった——重要なのは沖合諸島の領有権をめぐる闘いだ。それでもこの一件はカンボジアの軍事的弱さをあらためて示すことになった。この重要な局面にポル・ポトは、抵抗軍時代のマラリアがひどくぶり返して病床にふせっていた。アメリカが次にプノンペンを空爆するのではないかと恐れたポル・ポトは、司令部を王宮内のシルバー・パゴダに移した。イエン・サリは、非同盟運動の議長を務めるアルジェリアのブーメディエンヌ大統領に、カンボジアが平和を望んでいることをベトナムに知らせてほしいと仲介役を頼んだ。二週間後の六月二日に、南ベトナム共産主義本部の新書記長に就任したグエン・バン・リンが、ベトナム政治局を代表してポル・ポトに会いにサイゴンから車でやって来た。ポル・ポトはかれに「つらくも残酷な衝突」は中央部の政策によるのではなく、地方の兵士の「地理についての無知」が起こしたものだと断言した。

だがこれですべてに決着がついたわけではなかった。この一年前にベトナムは南沙諸島を中国に占拠されて失っていた。ハノイは、タイ湾の島々については主権を絶対に手放さないということをはっきりさせておきたかった。特にその相手が、二万五千人のベトナム人兵士が領地内で命を犠牲にしてやったおかげで権力を手にしただけの、名ばかりの同盟国となればなおさらのことだ。カンボジア人が掌握した領地を取り戻すと、ベトナム人部隊はそのままワイ島を攻撃して六月十日にこれを占拠した。

このような状況で指導部全員が一斉に国を離れるのは愚かきわまりない。そこでロス・ニム、ソー・ピム、ボン・ベトの三人の地域書記を残して、ポル・ポト、ヌオン・チェア、イエン・サリは予定通りハノイに出発し、友好条約の締結を提案した。

これは巧妙な作戦だった。かつてポル・ポトの顧問だったレ・ズアンはベトナム側として交渉の席についていたが、このような申し入れを公的に拒絶することはできなかった。しかもそこには、プノンペンとハノイの以降の関係は、ベトナムの望むインドシナの三国という大きな集団の一部ではなく、対等な主権国家の相互関係になるべきであるというカンボジア側の観点が明確に示されていた。この訪問は一九七五年のポル・ポトによる他の活動と同じく公表されなかった。告示も公式声明もなかったため、両党指導部以外の人間には何が起こったのかを知るよしもなかった。政治的緊張感がやわらいだことから、会談は成功に終わったと見られた。ポル・ポトはベトナム側の援助について「(それ)なくしてわれわれは勝利をおさめることができなかった」と、型通りに感謝を口にした。そして「特別な関係」という言葉を口にするところまではいかなかったものの、悠々とした笑みに感情を隠して次のように述べた。「党とカンボジア、ベトナム、ラオスの人々の大いなる友好的団結(中略)は(われわれの)これまでのすべての勝利を決定づけた要素であり、これからも同じく(われわれの)勝利を決定づける要素になるだろう」。八月の初旬に、レ・ズアンはふたたびプノンペンを訪れた。この訪問をベトナム共産党新聞『ナンダン』は「友好的」なものと報じている。数日後にグエン・バン・リンは、ベトナム人部隊がワイ島から撤退し、捕虜となっていた六百人のカンボジア兵の解放に向けて動いていることをヌオン・チェアに伝えた。以降の通信には「軍事的連帯」および「不滅の友好関係」が高らかに述べられていた。国境地域には連絡事務所が設立され、武装衝突はほとんどなくなった。

カンボジアからのベトナム人家族の送還は続けられていた。一九七五年の四月から十二月までに推定十五万人のベトナム人が本国へ戻り、一方でクメール・ルージュの進出から逃れた数千人のカンボジア難民もカンボジアへ送還された。それでもベトナム政治局は年末頃に、二国間の関係は「ゆるやかに改善」しつつあり、緊張関係にはあるが同盟は保たれていると判断した。

これは重大な過ちだった。ベトナム外相グエン・コ・タックも、のちに「ベトナムはカンボジアの状況について一九七五年に誤った評価を下していた」と認めている。キュー・サムファンはのちに、ポル・ポトは単に時間を稼いでいただけだと述べている。

ハノイで会談を終えた一週間後に、ポル・ポトは北京に向かった。この訪問も秘密裏におこなわれた。このとき同行したのはイエン・サリ、ネイ・サラン、シエト・チェであった。象徴的な意味で、この滞在でもっとも重要だったのは毛沢東との面会だった。ポル・ポトは六月二十一日の午後に紫禁城の近くの毛沢東邸のプールサイドで本人に会った。毛沢東は老いて病気がちで、支えられてようやく立てる状態だった。体調が悪い日は、読唇術を身につけた私設秘書の張玉鳳にも何と言っているのか理解できないこともあった。だが毛沢東は、精神的にはまったく衰えていなかった。カンボジアの共産主義者たちに興味を持ったのだ。だからこの日はいい一日となった。もっとも毛沢東が、四十年間にわたって学ぼうとしては失敗した英語でしゃべろうとしたためにかなりミソはついたが。毛沢東に気圧《けお》されたのか、通訳が毛沢東のわかりにくい論法をクメール語に訳すほうに力をとられていたせいか、中国側の記録だとポル・ポトはあまり発言していない。一方で毛沢東にはいろいろ言いたいことがあった。まずかれはカンボジアの革命に賛同する旨を示すところから始めた。

きみたちはたくさん経験を積んでいる。われわれの経験よりいい。われわれにきみたちを批判することはできない。(中略)きみたちは基本的に正しい。きみたちが間違いを犯したかどうか？ わたしにはわからない。もちろん犯している。ならば正しなさい。**修正**するのだ！(中略)道はつらい。(中略)われわれの(中国での)状況はまさにレーニンが予測した通り——資本主義者のいない資本主義国だ。(中略)給料は平等ではない。われわれは平等をスローガンに掲げている——だが実行に至っていない。それを変えるには何年かかるだろう？ われわれが共産主義者になれるまでには？　共産主義のもとでも進んでいるものと遅れているものの間にはやはり闘いがあることだろう。だからこの問題は不明だ。（強調ママ）

注意深く読むと、内容は妙に矛盾している。毛沢東が友好的な代表団との会談で繰り返し批判と過ちについて述べるのは異例のことだった。さらに最後の一文はポル・ポトが提唱した完璧な平等主義は、望ましいとはいえ実際に実現できるか疑問を投げかけているように見える――「この問題は不明だ」。

毛沢東主席の心は一九三〇年代にかれら中国共産主義者らが江西で起こした革命の初期に立ち戻っていた。かれらは――ちょうど四十年後のクメール・ルージュのように――村を焼き払い、人民を移住させ、裕福な農民を恐怖に陥れて「百人の無実の人々を殺す方が真の罪人を逃すよりも良い」というスローガンのもとに党の反対分子を処刑した。その後、毛沢東は党内の論争を扱う巧妙な方法として修正主義を考案し、この時代は長征をもって幕を下ろした。そしてかれはカンボジア人たちにも同じく「修正を！」と促すことで、かれらにも初期の過激思想を撤回するべきときが来たとほのめかしていたのだ。このメッセージはこの日毛沢東が話したことすべての行間に織り込まれていた。片言の英語を使ったこと、ポル・ポトのカンボジアを「社会主義の寺院」と呼んだこと、ハクスリーやカントや四世紀の仏教伝道師クマーラジーバ（鳩摩羅什）を引用したこと[*1]、そしてマルクス、エンゲルス、レーニン、スターリンの著作三十冊をポル・ポトの勉強のために贈ると申し出たことで、毛沢東はカンボジアの指導者たちに心を開き、広い世界の中で自らの革命を位置づけよと伝えようとしたのである。

そのどれだけが伝わったか――実際のところどれだけが通訳されたか――は、また別の問題だ。のちにポル・ポトが頻繁に繰り返したことからうかがえるのは、かれらの心に響いた明確な論点一つだ。中国やほかの国の経験を見境なくまねず、「自分自身の経験を自分でつくりあげる」ということだ。

毛沢東はポル・ポトの築こうとした体制に――周恩来、鄧小平とともに――多少の疑問を抱いていたが、それでも中国はすでにポル・ポトの政権に全面的に協力することを決めていた。中国にとってもカンボジアにとっても、鍵になる要因はベトナムだった。この三国の関係はほぼ完璧に対称的だった。中国はベトナムにとって、ベトナムはカンボジアにとって――巨大かつ強大な隣国であり、その覇権を脅かしていた。両国とも人的にも金銭的にも大きな犠牲を出して同盟国の革命を助けたが、結局はその宗主国に背かせる結果に終わってしまった。ハノイと北京の関係は一九六〇年代後半から落ちつきを見せはじめていた。一九七五年には、モスクワが一帯に影響を広げようとした際には、ベトナムがソビエトに対するアジアの橋頭堡になると中国の指導者らは考えていた。ラオスの共産主義者は弱すぎるうえに、独自に活動するには歴史的にハノイに近すぎた。このためベトナムの西側ではカンボジアだけが、ベトナム人の進出とソビエトの勢力に抵抗できる唯一の国となったのだ。

最終的に中国とカンボジアを束ねたのは、イデオロギー上の親和性からはほど遠い現実政策だった。

確かに両国は多くの信念を共有していた。機械に対する人の優位性、人的意志の高揚(中国)、「革命意識」(カンボジア)、学習に対するイデオロギーの優位性(『専門家』であるより『赤』であること)、地方に都市を囲ませる戦略と、両者の格差削減の必要性、精神的労働と肉体労働の橋渡しへの関心、ブルジョア層の思想というかたちをとった修正論そのものが共産主義運動の中でたえず育ってきたという観点。これらの重要性を否定するつもりはない。

毛沢東は都市部の人口排除というポル・ポトの大胆なやり方に感じいった。この年の秋にかれはレ・ズアンにベトナムにも同じことが可能かどうか尋ねている。ベトナム指導者であるレ・ズアンが首を振ると、毛沢東も少し考えて同意した――「うむ、われわれにもできない」。

長い人生の終わりを迎えても、毛沢東主席はポル・ポトたちが夢見た新たな世界が幻影に終わると見抜くだけの明晰さを備えていた。中国はすでにその路線を試していたのだ。やはり通貨の廃止を検討したものの、非現実的であるとして却下していた。文化大革命で学校や大学を一時閉鎖してみたが、解決したのと同じくらい新たな問題が生じた。毛沢東自身も、一九五〇年代後半の大躍進――イギリスとアメリカを経済生産で上回り、共産主義を押し進めることを目的とした非現実的な大衆運動で、結果的には飢餓を招き二千万人の死者を出した――は、大きな失敗だったと認めている。だが、のちにガンで入院し衰弱した周恩来が、社会主義への道は遠く、カンボジアは中国の犯した過ちを繰り返すべきではないとキュー・サムファンに警告しようとした際に返ってきたのは、あいまいな微笑だけだった。

このときから二つの党がイデオロギーについて論じることはほとんどなくなったし、論じる機会に恵まれても意見がまとまることはなかった。

両者の関係は実利的だった。中国はカンボジアに大規模な経済援助と技術教育、軍事供給をおこない、カンボジアのわずかな輸出品に市場を用意した。一方カンボジアは、中国がベトナムを抑え込むうえで確実な前線基地となった。この交換条件が確立されたのはプノンペンが陥落した当時のことだった。イエン・サリは四月十九日にハノイから飛行機で北京に向かい、以降の軍事供給はベトナムではなくコンポンソム港を中継するように要請していたのだ。四日後の四月二十三日には、中国共産党対外連絡部副部長の申健が小規模な事実関係調査団を率いて、内戦終了後初のカンボジア行きの飛行機でイエン・サリとともにプノンペンへ向かった。この派遣団の重要性は、ポル・ポト自身が空港で出迎えたことにも表れている。六月にポル・ポトは毛沢東に面会したのち、北京と上海で鄧小平に会ってカンボジア援助の要件について話し合いを重ねた。鄧小平はかれに軍事援助を無償で提供すると語ったうえで――最終合意として（署名は翌年二月）――こう告げた。「（中国の）軍備と軍需品の配分と用途についてはカンボジア政府に一任する。中国が干渉や条件の付加、特権の要求をおこなうことはない」

その長い目録には以下の内容が含まれた。

砲兵連隊用装備一式…三隊分
85ミリ砲、122ミリ砲、130ミリ砲　合計一〇八挺ならびに砲弾一万三〇〇〇個
対空連隊用装備一式…二隊分、対空大隊用装備一式
100ミリ砲、57ミリ砲、二連式37ミリ砲　合計一五〇挺
通信連隊用装備一式
浮橋営団大隊用装備一式
戦車部隊用装備一式
軽戦車七二機および水陸両用戦車三二機
レーダー大隊用装備一式
索敵誘導レーダー二〇機
戦闘機三〇機および練習機六機
爆撃機一五機および練習機六機

高速魚雷挺一二機、護衛艦一〇隻、対潜船舶四隻および付随装備――上陸用船艇四隻、八〇トン掃海艇一隻、三〇〇トンタンカー一隻

これらは一九七八年までの三年計画で海上輸送されることになっていた。中国はこれに加えて次の内容を約束した――ロン・ノル軍から押収した六十機以上の航空機を含むアメリカ製兵器の修理メンテナンス、五万人分の歩兵装備の提供、プノンペンの八〇キロ北のコンポンチュナンにおける軍用空港の新設、コンポンソム近くのリアムにおける海軍基地の新設、弾薬庫および連絡所の建設、現存する兵器修理工場の拡大。そのうえ、一九七五年にイエン・サリが要請して以来ベトナム経由の輸送を控えていた120ミリ砲百挺と軍用車千三百台を含む一万トンの軍備があった。

中国が確約した経済援助の規模も同じく圧倒的だった。ポル・ポトは道路と鉄道の修復――特にプノンペンからバッタンバンおよびコンポンソム――と、川の輸送に使う荷船の供給を優先するよう中国に依頼していた。ゴム、熱帯広葉樹材、魚加工品といった輸出品を扱う工場の再建はその次だった。マヤグエス号の一件でアメリカの爆撃機に破壊された石油精製所、繊維工場、ガラス工場、タイヤ工場、製紙工場、肥料工場、製薬工場、リン酸鉱山、セメント工場など二十九の産業関連企業の建築や再建(こちらの方が数は多かった)に関する合意も年内に整えられた。

このほか、三百人以上の陸軍士官および技術者と、さらにそれを上回る数の民間人が研修指導のために中国からカンボジアに派遣され、カンボジアからは六百人弱の研修生が中国へ渡った。

これらすべてをあわせた費用の総額を算出するのはむずかしい。九月に北京の外交筋がもたらした報告では、中国の負担は十億米ドルを超えたという(現在の金額にして三十億から四十億ドル)。この見積もりはどう見ても低めだろう。中国政府はのちに、一九七五年のカンボジアに対する経済援助

の総額は三十億ドル以上だったと明かしている。これは軍事援助と同じく返済不要の無償援助というかたちで提供された。この十億ドルの資金の供給が開始されたのは、ベトナムの戦後の復興のためにレ・ズアンが中国の援助を求めて北京にやってくる数日前のことである。中国が以降ハノイに対する援助をおこなわないことを強調するためにこの情報が漏らされたのは、ほぼ確実であった。

毛沢東はこの決定について、ベトナムの指導者であるレ・ズアンにありのままに説明した——「現在のあなたが地上でもっとも貧しいわけではない。貧しいのはわれわれの方だ。八十億人の国民を抱えているのだから」。そして鄧小平はベトナムの報道における反中国的な発言についてレ・ズアンを非難し、ソビエトとアメリカは覇権主義国家で両者とも等しく悪であるという毛沢東の「三つの世界」の理論について長々と説いて聞かせた。

サイゴン陥落からようやく五ヶ月がたとうというこの時点から、道は分かれはじめた。激高したレ・ズアンは帰国前に公式な共同声明を発表することを拒否したが、中国当局はこれを「兄弟である党指導者にあるまじき態度」として、恒例の歓送会をとりやめた。その後、レ・ズアンは十月にモスクワを訪れて、ベトナムの五年計画に対する三十億ドルの援助をロシアからとりつけた。北京とハノイはゆっくりと衝突に向かいつつあり、ポル・ポトの率いるカンボジアはそこでの主役となる。

だが当時それは明らかではなかった。ポル・ポトと仲間たちは、政権を握った最初の年はむしろ良いスタートを切ったと考えていた。中国との同盟は強固だった。ポル・ポトは北京滞在後、五日間にわたってひそかに北朝鮮を訪れて、援助専門家を派遣して農業および水力発電事業を手伝うという約束を金日成からとりつけていた。中国の仲介によってタイとの関係も安定していた。夏に国境地域の関係者同士で会談をおこなわせたのち、イエン・サリがバンコクを訪問して、ポイペットの近くに恒久的な連絡所を設置することが決まった。このようなことになったのは漁業紛争やクメール・セライその他の亡命者グループのためだったが、カンボジア側が国境に地雷を敷設して以来、そのような紛争も減っていた。申し入れに応じてラオスはポウン・シプラセウト外相をプノンペンに派遣して、カンボジアのコンポンソム港を使用することの是非について議論をおこなった。ベトナムとの関係さえも正常だった。北東部ではホーチミン・ルートを守っていたベトナム人部隊がカンボジア側の望んだよりも長くとどまったことで小競り合いが起きていたが、翌年の春にはカンボジア国境の状況は「大幅に緩和した」と言える、とポル・ポトが感じたほど落ちついていた。

ポル・ポトは代表団が帰国した後も中国にとどまって健康診断を受けていた。マラリアだけでなく胃腸の病気にも悩まされていたためである。そのためかれがプノンペンに戻って新政権をまとめあげる根本的な作業に着手したのは、七月中旬になってからのことだった。

第一の課題は軍の再編成だった。

ポル・ポトは七月二十二日に三千人の兵士による統一集会を開き、その後かつてのフランス大使館の近くの競技場で軍事パレードをおこなった。七人の地域書記――コイ・トゥオン、モク、ネイ・サラン、ロス・ニム、ソー・ピム、ボン・ベト、チュー・チェト（新しく設けられた西部地域担当）――に脇を固められ、かれは部隊を公式に統一してソン・セン参謀長のもとに革命軍を編成することを発表した。兵士たちは「世界中のどの革命ともまったく異なる闘争」を展開してきた、とポル・ポトは宣言した。勝利をおさめたいま、かれらの主要任務は首都の治安を確保して、スパイ行為と内部の破壊工作員から守ることになったのだ。

だがすべてが少し遅すぎた。ポル・ポト率いるカンプチア共産党軍事委員会が一、二年早く地域司令官の部隊を統制できていれば、以降に発生した問題の多くは回避できただろう。だがポル・ポトは毛沢東とは違って戦闘の指揮経験がなかった。かれは政治戦略家ではあったが、軍事戦略家ではなかったのだ。毛沢東でさえ人民解放軍の統一に十年、その後勝利をおさめるまでに十二年を要した。カンボジアは、非常に早い時期に勝利をおさめていた。結果的にカンプチア共産党は、表向きは統一されたように見えたが、その勢力のもとである軍は統一されていなかったのだ。プノンペンの街は、名目上は統一指揮のもとに部隊がそれぞれ担当区を警備していたが、実際に指揮をとっていたのは各地域の地区司令官だった。ポル・ポトは、結局自分に個人的に忠誠を誓う軍隊を組織できなかった。最終的にはそれがかれを破滅に導くことになった。

新政府の組織もまた悩みの多いところだった。

理論上は、ペン・ヌート率いる王国民族連合政府（GRUNC）が引き続きカンボジアの統治にあたった。だがペン・ヌート本人とサリン・チャク外相は、まだ北京にとどまっていた。他の二人の大臣――フー・ユオン（内相）とノロドム・プリサラ（法務相）――は、プノンペン陥落の直前に地方送りになっていた。ノロドム・プリサラはタイ国境近くのプレア・ビヘアの辺境の村で修正のために肉体労働をさせられていた。フー・ユオンは進歩主義に偏りすぎているとみなされて、「解放」の初期をウドンの近くの陣営から見守ることになった。五月末にプノンペンに一日滞在することを許可されたのち、かれはメコン河の蒸気船に乗せられた。スツン・トレンに着いたフー・ユオンは、二人の党内異端分子――ピン・ソイと、同じく元セルクル・マルクシステのチョルン・ハイ――とともに比較的緩やかな自宅軟禁状態におかれた。*2 残る八人の閣僚のうち半分は、書類上の存在にすぎなかった。キュー・サムファンは防衛相の仕事も西部地域書記の仕事も担当していなかったし、同じくチュー・チェトも宗教相ではなかった。勝利をおさめる四ヶ月前の一九七五年一月に発表されたこれらの大臣職には実体がなかった。クメール・ルージュに次の政府となるべき組織があるように見せるために発表されたにすぎなかったのだ。

新体制導入の最初の措置がとられたのは八月のことだった。新たに三人の首相補佐が任命された――ボン・ベト（交通・産業相）、イエン・サリ（外相）、ソン・セン（国防相）である。だが計画はこの時点で行き詰まってしまった。金日成が平壌につくらせた専用の豪華な邸宅で日々をおくりながら帰国要請を待つシアヌークに、どのような役割を持たせるかがほとんど決まっていなかったのだ。また、首相の人選や、常任委員会が中国とベトナムの関係に集中していた夏のあいだ検討を中止していた国内政策についても、あいまいな部分が多かった。

ポル・ポトが南西部と東部地域を訪れ、都市部から退去者が流れ込んだ地方の対処について視察しているうちに八月は終わった。そして九月の中旬に、かれはプノンペンで中央委員会の総会を開いてカンボジアの将来に関する自身の考えを詳しく述べた。

（農業）生産割当と、その産物の資本分配を――村、区、地区、地域の――あらゆるレベルで見直さなければならない。（中略）一部は国有の医薬品その他の必需品との引き替えや、食糧調達のために人民に分配されるべきだ。また、一部は人民の居住環境や国防、国家の建設のために国家が使うべきだ。（中略）のちに共同体がいたるところに設置されれば（中略）学校、診療所、作業場（中略）の建設は共同体の役割となる。区もある程度の資本を持つことが許されるが、その規模は大きくはない。労働力を調整することができる程度で充分である。地区の資本はこれよりも大きく、ある程度の規模の病院の建築や医薬品の購入、農業調査の実施、技術者団体の維持（中略）ができる程度となる。

公衆衛生面の改善のために（われわれは）米とゴム（の輸出）と引き替えに海外の近代的な医薬品を購入して、伝統的な薬と並行して使用する。（中略）マラリアは根絶（しなければならない）。（中略）それ以外にもハンセン病、結核、甲状腺腫など闘うべき病気がある。それぞれの病気について作戦を練らなければならない。また、女性のエネルギーを解放するために保育所と幼稚園を建設する必要がある。（中略）教育と文化の発展も考えなければならない。国家は人民に学校を提供し、本や鉛筆を与える必要がある。いずれはさらに進歩した技術が必要になることも忘れてはならない。だが科学的教育および技術的教育は、技術者および科学者は大衆の運動においてまず自制するという原則のもとにすすめる必要がある。

ポル・ポトは、全国に課する生産割当を一ヘクタールあたり稲あるいはもみ三トンとすることを宣言した。[*3] 理論上は、この数字は長期的目標としては不当なものではなかった。シアヌーク自身も一ヘクタールあたり二トンを目標にすることを提案していたし、実験農場においては三トンから四トンの収穫が問題なく得られていた。だが一ヘクタールあたりの平均収穫高がそれまで一トン強しかなかった国にとって、それは難しい注文だった。それに、この割当を達成するために必要な大量の化学肥料がカンボジアにはなかったのだ。そのかわりにポル・ポトは「家畜堆肥、沖積土、アリ塚の土、コウモリの糞石など」を使うことを提案した。だが環境には良くとも、この肥料で規定の収穫高を得ることはできなかった。この矛盾が主な要因となって抑圧、飢饉、さらなる抑圧の悪循環が生まれ、やがては政権を破滅させることになった。

同月、やはり政権の存亡に関わる決断がもう一つ代表らによって下された——通貨の廃止だ。

この一年前にメアクで開かれた会合で、中央委員会は中国で製造した新通貨をプノンペン陥落後できるだけ早い時期に導入すると決定していた。ピン・ソイは一九七五年の一月に、紙幣を詰めた木箱をいくつも携えた代表団とともにホーチミン・ルートを下った。そしてまもなくチニット川沿いのポル・ポトのかつての司令部の近くのB-20で開かれた、キュー・サムファン率いる国立銀行準備委員会の集会に、フー・ユオンと一緒に出席した。五月にシルバー・パゴダで開かれた労働議会では、共産主義へ直行するための新たな戦略が承認され、ポル・ポトに言わせると「国家権力の実体を人々に示す」ために、リエルの価値を確実に保証しながら徐々に流通させることが決められた。そして新たな体制を立ち上げるべく、かつてプラチアチョンの指導者だったノン・スオンが国立銀行の責任者に任命された。夏にはプノンペンからの最終承認を前に、実際の紙幣とともに新紙幣のポスターが地方へ発送された。八月にはノン・スオンに代わって、ポル・ポトの元料理人のムーンと結婚した北部の地域指導者ピック・チェアンが役職についた。ピック・チェアンは銀行の地方支店を取り仕切らせる六十人の若い農民を相手に研修を始め、九月の初旬には実験としてコンポンチャムの北西に位置するみずからの出身地、北部第四十一区で新通貨を流通させた。

しかしこの頃には、カンプチア共産党の影響力の大きい指導者たちの多くから、新通貨の導入が賢明かどうか疑う声があがりだしていた。フィ・フォンは八月末にシルバー・パゴダで開かれた常任委員会の非公式な集会で、特にモクが通貨の使用に反対する発言をしていたと振り返る。

モクは物々交換を支持していた。米の収穫高が多い地域もあれば、他の物品に恵まれた地域もあるという意見だった――そこで生まれた解決策が交換制度だった。さらにモクは、金がなければ賄賂の問題もなくなり、敵分子の活動を抑えることができるだろうと言った。「傷がいまだ癒えていないところに棒を押し込むべきではない。放っておかないとさらに悪化する」。ソー・ピムとコイ・トゥオンもモクを支持した。二人ともかれの考えに賛同していたんだ。

ポル・ポトもモクの議論には説得力があると感じていた。現実的な配慮もあったが――ポル・ポトは政権の「経験の乏しさ」と表現したが、政治的には正しいがろくに読み書きもできない貧農出身の若者を有能な銀行員に仕立て上げるのは困難だったのだ――もっと重要なイデオロギー上の理由があった。お金を使うか否かはクメール・ルージュ国家の真髄に関わる問題であるとポル・ポトは中央委員会で発言した。

国家とは、他の領域に属するあらゆる者たちに独裁権を行使することによって、一つの階級の権力を維持することを目的とした生命体だ。（中略）だが同時に国家とは、発展の過程でプロレタリア階級と労働から切り離された社会的特権階級を作りあげる装置でもある。その例はソビエト連邦で見られているが（中略）また（北）朝鮮と中国でも（ある程度は）見受けられる。マルクス＝レーニン主義に適合するためには、国家のこの欠点がまったくなくなるまで徐々に減らしていき、プロレタリア階級による工業と農民階級による農業の自己管理（の体制）にとってかわらせることが必要だ。そうすれば特権を持つ上流階級もともに消えるだろう。

これまでわれわれが貨幣を使用しなかったことは私有財産の削減に大きく貢献し、集団化への大きな流れを促進してきた。ふたたび貨幣の使用を再開したところで、私有財産を築こうという感情を許し、人民の思想を少しずつ蓄財の方向へと向かわせるだけだろう。（中略）そうすれば一年後、あるいは十年後、二十年後には、これまで非常にきれいだったカンボジア社会はどうなってしまうだろうか？
貨幣は現在においても未来においても危険なものである。貨幣の使用を急いではならない。
（中略）この問題についてはさらに深く検討する必要がある。

九月十九日の会議で新しい通貨を発行しないことが決められ、その決定は四ヶ月後の第四回カンプチア共産党大会で確認された。すでに流通していた通貨は回収され、プノンペンの倉庫におさめられた。

九月の大会でとりあげられた主な議題には、地方の居住環境の改善があった。製造業は日用の準工業製品――自転車、衣類、蚊帳、釣糸、タバコ、ライターの石――と、単純な農業機器の製造に集中する方向にあった。貨幣なしの商業は、共同体と国家との物々交換に限られることになった。この制度の支持者だったコイ・トゥオンが立ち上げを任され、キュー・サムファンとともに物々交換に用いる抽象的な価格基準の作成に当たった。それがどの程度有効であったかはまた別の話である。北京からプノンペンに着いたティウン・マムは愕然とした。

私は産業省のボン・ベトの下で働くことになりましたよ。そこで何を見たかって？ まず事務所がなかった。幹部たちは屋外の木の下にすわってました。そして人が来るとこう聞く――「何が要るんだ？ 油か？ どこそこの工場から取ってこい」。そして引換券を渡す。控えさえとらないんです。ときには工場に行って、油がないと聞かされることもあっただろう。だれにもわからない。だって記録がないんだから！

これはポル・ポトが招いた問題だった。幹部の資格を満たした人物がわずかしかいなかったのは、ポル・ポトが革命経験のない人間を引き入れるのを拒んだからである。だが、かれが経済について無知だったせいもある。かれは中央委員会で次のように語ったことがある。「もし百万リエルあれば、そのすべてを国家の建設と防衛に使う。（中略）（他の社会主義国家は）その半分を賃金として払い、国家の建設と防衛に半分しか費やしていない。つまりわれわれより五十万リエル遅れをとることになる」。経済を学んだ経験のあるティウン・マムとキュー・サムファンなどは、これについて口を開こうとはしなかった。

ポル・ポトの国民福祉に関するアプローチも同じく単純だった。かれは八月に南西部を視察して初めて、地方幹部らが数ヶ月前から知っていたことをようやく理解した——「食糧と医薬品の欠乏が労働力に影響を与えている。（中略）もっとも苦しい状況にあるのはプノンペンからの都市退去者である」。ポル・ポトが気にかけたのは人々の苦しみではなく、食糧の欠乏がかれらの労働能力を落としかねないという事実だった。ポル・ポトは他の地域から米を持ち込むのではなく、「労働力を各地区に必要な生産量に合わせてバランス良く再分配する」のが最善策であると断じた。これが大規模な人口移動の引き金となった。四月の時点での優先事項は、できるだけ早く町から人を追い出すことだった。退去者の行く先を気にかける者はいなかった。その結果、ほとんどの人々は東部、南西部、北部に落ちついた。そしてようやく作物が実り、労働の成果を得られるのを心待ちにしていた人々は、さらに労働力を必要とする他の地区へと追い立てられることになった。

政権側は例によってその意図を嘘で塗り固めた。

今回の口実はアメリカの爆撃ではなく、プノンペン、バッタンバンや故郷に戻る意志のある者をアンカが募っているという話だった。そして結果的には「有志」のほとんどが、昔からカンボジアの穀倉地帯であった北西部に行くことになった。年末までに百万人以上が収容先の村を離れ、労働力が足りない過疎地域へ移住させられた。独裁国家の立場としては非論理的な政策ではなかった。だが時機があまりに悪かった。作物を新たに植えるには遅すぎる時期にやってきた数十万もの人口に対応する余裕が北西部にあるはずがなかった。逆に、はるかに少ない人口のために数ヶ月前に植えたまったく不十分な作物でかれらを養うはめになったのである。さらにこれは四月の退去の基本的な教訓を裏付けるものとなった。ポル・ポトたちは、もはやカンボジアの国民を希望や恐怖、欲求や願望をそなえた人間とみなしてはいなかった。かれらにとって人民は、壮大な国家計画を実行する心を持たない道具になっていたのである。

まれに見る誇大妄想の時代であった一九五〇年代後半に、毛沢東は農民階級を「もっとも新しく美しい言葉を書き、もっとも新しく美しい絵を描くことができる」一枚の真っ白な紙になぞらえた。クメール・ルージュはさらに率直に雄牛をモデルにたとえた。「同志たちよ、雄牛を称えよ！　雄牛はわれわれが（命じた）場所で食べる。（中略）鍬を牽いて耕せといえば鍬を牽く。妻や子どものことを考えることなどない」。ある若い退去者は日記に雄牛側の意見を託していた。「わたしたちは奴隷です」と、彼女は書いていた――「だから奴隷扱いされています」。

これらの決定が下された一ヶ月後の一九七五年十月に、海外在留カンボジア人の集団に対して初めてプノンペンに戻る許可がおりた。最初に帰国した人々の中にはスオン・シコンの妻のローレンス・ピックと二人の幼い娘もいた。他の者たちと同じく、彼女も北京のカンプチア統一戦線のために活動していたのだが、フランス人であるという点だけが違っていた。

ローレンス・ピックは、カンボジアでクメール・ルージュ時代を過ごした二人の非アジア人の一人となった。これはイエン・サリが仲介に入ったおかげだった。スオン・シコンは北京にいるときに、外国人と結婚した他の幹部にならって彼女と離婚する許可を願い出ていた。革命への献身が家族の絆よりも重要であると証明しようとしたのだ。通常はそれがカンプチア共産党の方針だった――外国人の伴侶は安全を脅かした。だがイエン・サリは、スオン・シコンの申し出を却下した。中国人の同志がローレンス・ピックを気に入り、敬意を払っているのだとかれは説明した。ローレンス・ピックは当時二十代後半で、強い左翼思想をそなえた活発で聡明な女性だった。二人が離婚しようとしても「理解を得られないかもしれない」と、イエン・サリは語った。ローレンス・ピック自身は、新生カンボジア、あるいは少なくともその外相が、自分たちは外国人嫌いでないばかりか非クメール人の支持者を受けいれる寛大さを持ち合わせているという偽装に自分を利用しているのではないかと疑っていた。たぶんその通りだっただろう。

革命によって都市から排除され、みずからの意志にまったく反して恐怖の中で新しい生活を始めさせられた「新人民」とは異なり、ローレンス・ピックとともに帰国したおよそ三十人のカンボジア人たちはクメール共産主義運動の熱烈な支持者だった。その全員が知識人だった。かれらは欧米あるいはカンボジア国内での快適な暮らしをみずから投げうって北京で抵抗組織に加わった人々だった。かれらは五年におよぶ内戦を通して擁護してきた政権の実情にここで直面することになった。

道端には、タイヤを剝がれた車が何十台も、ドアと窓を開け放した状態で置き去りにされていた。（中略）家々にもやはり黒い隙間が見られ、まるで幽霊屋敷のようだった。中庭や歩道には食器類やコンロ、冷蔵庫が転がっていた。（中略）人々はここで何をしていたのだろう？（中略）強力な衝撃波が人間の存在を消し去ったかのような黙示録的な光景が道の両脇を過ぎていった。

（中略）言いようのない疲労感がわれわれを包んだ。だれも一言も口をきかなかった。人々は目をそらした……。

スオン・シコンのように、プノンペンに来る前に地方の基地にいた経験がある人間は、この荒廃を戦争につきものの結果として片づけることができた。だが海外から直接戻ってきた人々にとって、この光景は忘れられないほど衝撃的なものだった。ローレンス・ピックが思い起こしたイメージは《ゲルニカ》だった。「あの静寂。ひどい静寂……。それはさいなまれた人々の苦痛、かれらの絶望の叫び、悲嘆と共鳴していた。かれらの苦しみははかりしれない」

それでもローレンス・ピックたちが北京から帰国したときには、プノンペンの状況は六ヶ月前に共産主義者たちが掌握した頃よりましだったのである。

街の「解放」の特徴だった無差別な略奪は、ほぼただちに止められていた。党が次のように宣言したのである。「戦利品とは、戦時中に押収した物のことである。戦争が終わったいま、その品々は国家の物だ」。この「国家」とはもともと地域を意味していた。数週間にわたって、トラックと徴発された車の列が自転車、家具、電化製品、バイク、医薬品、ラジオなどを積んで東部や南西部や北部へ走っていくのを退去者たちは目撃していた。まさに軍閥の長というべき地域書記たちは、略奪品の分け方をめぐって対立していた。そして夏までに撤去担当のグループが「革命的最小限」――マットのないベッド、クッションのない椅子、テーブル――を残して、国家の倉庫に保管する価値があると考えられる物すべてを撤去し、残りを焼き払うとの指示を受けて、プノンペンの家を一軒ずつまわった。四月にロン・ノル政権が失脚した時は、中心街の歩道はごみとクメール・ルージュのロケット砲で破壊された建物の残骸がうず高く積まれていた。いまや兵士らがそこを毎朝掃除していた。また、数百万人の農家出身の難民たちが、困窮し汚濁にまみれて戦争の終盤を過ごした郊外の貧民街は、完全に破壊された。

イエン・サリの率いる外務省はB-1という暗号で呼ばれており、ロン・ノル政権の首相官邸があった街区全体を占めるビル群を使っていた。外務省は鉄道駅のすぐ南の、空港にいたる主要道路沿いに位置しており、ソン・センがかつての共和国国防省に設置した参謀司令部に隣接していた。それぞれの省庁はクメール語で「ムンティ」と呼ばれる自己完結的なコミュニティだった。幹部たちとその妻は――しばしば別の宿舎で――生活して、働き、かつての省庁の庭を集団農場として野菜を育て、政治学習に参加して、子どもたちを省庁の託児所に預けていた。ローレンス・ピックがB-1の敷地を出ることを許されたのは三年間で六回以下だった。たいていは演劇鑑賞が目的だったが、一人で出かけることは許されなかった。

政権が始まった年は、カンボジアはまだ外界からほぼ隔絶された状態にあり――国際電話や電信・郵便網もなく、陸上および海上の国境はすべて封鎖され、海外への定期便もなく――外交官の仕事はほとんどなかった。

イン・ソピープは新政権初のパスポートを手ずから作成したことを振り返る――「タイプで打ったページを二枚の厚紙で挟み、ホチキスでとじた。（中略）パスポートはのちに中国で印刷されるようになったけれど、最初はそうやって始めたんです」。スオン・シコンは入手した数台のテレタイプ通信機で外国の報道機関の動向を監視し、その内容を毎日要約して常任委員会に配布した。だが省庁の職員のほとんどは、肉体労働に従事してみずからを修正するために地方へと送られた。

あとに残ったわずかな人々は事務室の掃除をしたり、壁の落書きを消したり、洗面所を磨き上げて日々を過ごした。「革命にかける意気込みを見せる機会でした」と、ローレンス・ピックは振り返る。

「通常は、クメール人は排泄に関してはきわめて神経質です。（中略）しかしこれは逃すには惜しい機会でした。雑巾やバケツの水を使う者もいましたが、もっとも大胆な者は手を使い、乾いてこびりついた排泄物を爪でこすり落としていました」。別の省庁の人間は、かつての総督の邸宅と、近くのホテル・プノンの掃除にとりかかった。これらの場所はそれぞれ「第一号家」「第二号家」と改名され、政府の式典や特別な賓客の収容に使われることになった。「ポル・ポトみずからがわれわれの仕事の視察に現れたことがあった」と、職員の一人は振り返る――「あるところで一人が食器棚を開けると、小さな犬が飛び出してきた。われわれは恐怖に凍りついた。警備に重大な問題があると受け取られかねなかったからだ。幸運にもかれは微笑んだ」。

この頃までにポル・ポトは、シルバー・パゴダから銀行ビルと呼ばれた新しい恒久的な司令部へと移っていた。それは一九六〇年代にカンボジア人建築家の設計で建てられた――当時プノンペンで最も高い――七階建てのL字型の共同住宅で、かつては役所の高官と国立銀行の職員が住んでいた。イエン・サリがこの公園に一つたたずむ建物を党指導者の住居に選んだのは「四本の腕」――メコン川とトンレサップ川がバサック川と合流する地点で防衛しやすく、北と南と西に延びる三本の幹線道路に出ることができる場所――に位置していたからだ。ポル・ポトの首席補佐官に任命されたパングは、とがった竹の柵で建物を囲み、四方と唯一の進入路に複数設けた検問所に機銃兵を配備した。K－1と名付けられたこの司令部を住処にしていたのは、ポル・ポトだけではなかった。プノンペンを拠点とする常任委員会の三人のメンバー――ヌオン・チェア、イエン・サリ、ボン・ベト――のほか、地位は高くないものの党書記と接近しつつあったキュー・サムファンも住んでいた。外務省幹部と同じく、かれらも妻とは別居して週に一度会うことにしていた――「まるで愛人を訪ねるようだ」と、ボン・ベトはこれについて不平をもらしていた。またポル・ポトの主張によって「自身をプロレタリア化する」ために自分の部屋の掃除と家庭の雑用の手伝いが義務づけられていた。ポル・ポトにとっては何でもないことだった——自分は党指導者だから免除されていたし、どのみち一人暮らしだ。統合失調症が悪化したキュー・ポナリーは、キュー・サムファンの年老いた母親など他の重要人物の親類が住むプノンペン南部のバンケンコンに家をあてがわれていたのである。

ポル・ポトは同年のうちにキュー・ポナリーの家族がかつて暮らしていたハーン通りの家を別宅として使い始めた。この一画はK-3と呼ばれ、トタン板と有刺鉄線のバリケードを築いて警備が巡回にあたった。他の建物は集会や、年次総会に訪れた中央委員会のメンバーの収容先として利用された。のちにポル・ポトは同じくプノンペン南部のチャムカーモンに位置するかつてのシアヌーク王宮近くの邸宅を第三の住居にしている。

870という暗号名がつけられた中央委員会事務局は、国民議会の後ろに立つ二階建ての粗末なオフィスビルに拠点を構えていた。コイ・トゥオンの弟分で、北部地域カンプチア共産党委員会の一員でもあったドウンは政務局長に任命され、キュー・サムファンは統一戦線関連の問題、経済、商業、産業、関税を担当する特別顧問の職についた。このほか、慎重を要するために他の者には任せられないとポル・ポトが判断した仕事もサムファンの担当となった。

だがのちのクメール・ルージュ政権の基本的な骨組みが整い、戦争の醜いなごりが取り除かれても、プノンペンにおいて「正常」とは相対的な言葉にすぎなかった。

ローマカトリック教会の大聖堂が破壊されたのは、反キリスト教や外国排斥の意思表示ではなく、創立者であるフランス人宣教者が十九世紀独特の傲慢さから、それをワット・プノンの真正面に建てていたからだった。クメールの伝統では、そこは聖地だったのだ。[*4] 国立銀行は廃墟と化していた。他の建物は使用されることも管理されることもないままに、熱帯の暑さと湿気の中でゆっくりと朽ちていった。プノンペンの公園や庭は、伝統的な薬の原料になるフランジペイン、グアバ、バナナといった「利用価値のある」草木を育てる場所に使われ、歩道の脇にはココヤシの木が植えられた。道にはさまざまな省庁に属する豚や牛がうろついていた——やがてソン・センが回覧を出して、家畜を管理しないと海外から訪れる代表団がカンボジアに対して抱く印象に悪影響をおよぼすと警告するまでのことではあったが。だが、それぞれのムンティが自給自足すべきであるという原則が疑問視されることはなかった。国民を移したようにプノンペン自体を撤去して地方へ移すことはできなかったが、自然はどこにあっても労働者と農民、そして精神労働と肉体労働の差をなくし、再生作用を持つ純粋な影響力を新たなエリート革命家におよぼすことができたのだ。

プノンペンの物理的な変化はそれだけでも充分に人を当惑させるものだったが、なじみ深いコミュニティに戻ってメンバーたちが違う精神世界に生きているのを知ったときの精神的な衝撃に比べれば何でもなかった。

ローレンス・ピックがパリや北京にいた頃から知っていた古い友人たちは、見るかげもなくなっていた。「かれらの行動は慎重で規則的でした。（中略）その口をついて出てくるのは、他の数多くの幹部たちから聞いたものと同じ公式な決まり文句でした。（中略）あらゆる行動や言葉が、おきまりの政治的・イデオロギー的な文脈の中におさまっていたのです」。それでも彼女は、貧困と道徳的完全性と私有財産の放棄を説く、新しい社会の禁欲的で簡素な暮らしぶりに魅力を感じていた。それはこの世にもともと存在する矛盾を克服することによって調和をなすことを目標とした社会だった、と彼女はつづっている。それは仏教用語で言えば、「得ることではなく在ること」を生きる意味とする「欲望も無益な争いも未来への恐れもない」社会だった。

ローレンス・ピックと仲間たちにとって「私有財産の放棄」はあまり無理のないものだった——かれらは到着後まもなく荷物をほどいて必要最小限の物を残し、残りをアンカに渡すように言われた。のちにヨーロッパとアメリカから戻った人々は、戦争が過ぎ去るのを悠々と待っていたとみなされて、政権から手厳しい扱いを受けた。都市からの退去者と同じように兵士らに荷物を探られ、不必要とされた物はすべて投げ捨てられ、個人の尊厳とアイデンティティを公衆の面前で奪われた。フランス文学の博士号をあきらめて帰国したオン・トン・ホウンは「ブラウス、ズボン、スカート、下着、ブラジャー、化粧品、薬、本……みんな地面にぶちまけられました。(中略)わたしたちは屈辱を感じました。(中略)でも、だれも何も言おうとはしませんでした」と述べる。

帰国した時期にかかわらず、次に待ち受けていたのは六ヶ月から数年におよぶ試験期間だった。ちょうどポル・ポト、ラト・サムーン、メイ・マンたちが四半世紀前にクラバオでベトミンに対して実力を証明してみせたように、ほぼ例外なく全員が試験を受けさせせられた。[*5] まず一九七二年と七三年に北京から帰国した学生有志のグループがB－15と呼ばれる野営地に送られた。チニット川沿いのポル・ポトの司令部から牛の荷車で一日かかるジャングルの開拓地である。その一人、ロン・ナリンは木で小屋を建て、一年間自分たちの食糧を育てて農民暮らしをしたと説明している。

B－15は新しいところでした。われわれが到着したときは、何もなかった。ただ自分たちの力だけを頼るという原則に沿って、すべてを自分たちでしなければならなかった。最初のうちそこにいたのはわれわれ知識人が六人か七人だった。そして十代の少年たちの世話をさせせられました。ほとんどは指導者の子どもで、年齢は十二歳から十五歳だった——フー・ニム、フー・ユオン、ティブ・オルの子どももいた——幼いしみんな一人きりだったから、つらかったでしょう。地元の農民を合わせると、およそ七十人が暮らしていました。食べるものはいつも足りなかった。全体で米の割り当ては一日に五〇〇グラム——米があるとわからせるためだけに、それを自分たちで育てたバナナ、サツマイモ、キャッサバと混ぜ合わせた。生き延びるには充分でしたが、みんな絶えず腹を空かせていました。

かれらはある意味で鍛えられていたわけだ。都市部の退去者と同じだ。理由も基本的には同じだった——革命への情熱を示すためである。三年前にフランソワ・ビゾが特別地域の牢獄で目撃したものと同じような「生活集会」が毎晩開かれ、参加者は一人ずつその日の行動を説明して自分自身や仲間を批判した。B－1にいたローレンス・ピックは、このような集会について次のように述べている。「われわれには欠かせない（中略）儀式でした。さらによりよい活動をといっそう強く思わせ、より強く結束した鋼鉄のような努力を更新するように人々を刺激したのです」。このほか研究会も週に二回開かれた。「自分たちの知識人的な考え方を洗い流す必要があったから」と、ロン・ナリンは説明している。

これらの基本的な思想統制のやり方について、ローレンス・ピックは「中国のもっとも過酷な再教育合宿でおこなわれるものと同じくらい厳しかった」と語っている。六ヶ月後もしくは一年後に責任ある役職を任されれば、その志願者は試験に合格したという意味だった。だが全員が合格したわけではなかった。ローレンス・ピックの集団にも、プノンペンに戻る許可を与えるに値するとアンカに納得させられなかった人々がいた。ブダペストで地図作成法の博士号を取得したロン・ビサロは、ローレンス・ピックに六ヶ月遅れてプノンペンに戻っていた。かれはこの試験を、川を渡ることにたとえている——「失敗する——渡りそこねて水に落ちる人はかならずいる。そのような人々を置き去りにすることはできないから、結局は殺してしまう」。
ロン・ビサロは欧米からの帰国者とともに、かつてのクメール・ソビエト技術大学で暮らしていた。K－15という暗号名で知識人の収容所として使われていたのだ。労働は厳しく、食糧はB－1やB－15よりもさらに乏しかった。オン・トン・ホウンの友人たちはパリを離れてわずか三ヶ月で「釘のようにひどくやせ細っていました。細いだけでなく不潔で、いたるところに発疹とただれができていたんです。歯は黒くなり、ところどころ抜けていました。(中略)まるで仏教でいう地獄か、強制収容所から出てきたようなありさまです」。オン・トン・ホウンをさらに驚かせたのは、かれらの表情だった。「見るものを当惑させる奇妙で謎めいた微笑みには、悲しみ以外の何かがたたえられていましたが、わたしにはそれが何か見抜くことはできなかった。とても見ていられなかった。なぜそんな状態になってしまったのだろう？」答は物理的な環境だけではなく、かれらに課された精神的教化にあった。ロン・ビサロはその方法を振り返る。

われわれはバスケットボール・コートに米を植えるように言われた。鉄筋コンクリートの上に！　かれらはコンクリートを壊すのではなく、上に土をかぶせるよう求めた。(中略)わたしは思った――「この人々は正気ではない」。(中略)だがそこで、バスケットボール・コートはブルジョア層が余暇を楽しむ場所だと気づきはじめる。農民層は生きるために働かなければならないというのに。(中略)街の道路もそうだ。ブルジョア層が車を走らせる場所だが、農民層は車を持っていない。ならば道など壊してしまえ！(南プノンペンで)わたしは道路にトマトを植えた。アスファルトを壊して一メートルの深さの穴を掘り、そこに藁と糞を手で詰めた。よろこんでそうしなくてはならないのだ！　糞を好きにならなくてはいけない。命を与えてくれるのだから！　道路は命を与えてはくれない。道路を食べることはできない。だがトマトを育てれば食べられる。（中略）どれだけの量を生産するかは重要ではない——野菜を何トン育てたところで、それ自体に意味はない。重要なのは考え方を変えることだった。

「考え方を変える」とは具体的に何を指すかについては、一ヶ月間の講習会でキュー・サムファンが新参者に教えた。

いかにして共産主義革命をおこなうか？（とかれは尋ねた）。まず私有財産を破壊しなければならない。だが私有財産は物質と精神の両面に存在する。（中略）物質的な私有財産の破壊には、街の強制退去という適切な方法があった。（中略）だが精神的な私有財産はさらに危険だ。それはおまえが「自分のもの」と思うもの、自分に関連した存在と考えるもの——両親、家族、妻——すべてを指す。「わたしの……」と呼ぶものすべてが、精神的な私有財産なのだ。「わたし」と「わたしの」について考えることは禁じられている。「わたしの妻」という呼び方は正しくない。「われわれの家族」と呼ぶべきだ。カンボジアという国はわれわれの大きな家族だ。（中略）だから男性は男性同士、女性は女性同士、子どもは子ども同士にこうして分けられているのだ。おまえたち全員がアンカの保護下にある。男性、女性、子どもを問わず、われわれ一人一人は国家の一分子である。（中略）われわれはアンカの子どもであり、アンカの男性であり、アンカの女性である。

いま持っている知識、思想もやはり精神的な私有財産である。真の革命家になるには精神を洗い清めなくてはならない。その知識は資本主義者と帝国主義者の教えから得られたものであるから（中略）破壊しなければならない。外国から帰国したおまえたち知識人は、われわれが「植民地主義の帰結」と呼ぶヨーロッパの影響を持ちこんでいる。だから共産主義革命に参加するにふさわしい人物として、カンボジアの一般の人々や農民らと（同じ水準に並ぶために）まず心を洗い清める必要があるのだ。（中略）

すべての物質的、精神的私有財産を破壊できれば（中略）人々は平等になる。私有財産を持つことを許した瞬間から、ある人はすこし多く、ある人はすこし少ない財産を持つことになり、平等ではなくなってしまう。だが何も持たなければ――あの人もゼロ、あなたもゼロなら――それが真の平等だ。（中略）ごくわずかでも私有財産を許せば、人々はもはや一つとは言えない。それはもはや共産主義ではないのだ。

サムファンは、これらの思想について口外しないようにと警告した。「大衆がわれわれの議論の内容を知れば、弱気になる可能性があるからだ」。それから二十年以上が経過しても、政府の公使となっていたロン・ビサロは、なお「原則的にはかれの言ったことはすべて正しかった」と感じていた。「それを現実化できるかどうかはまた別の問題だ。理想主義的な話だった。（中略）だがかれの話を聞いたとき、わたしはその通りだと感じたのだ。かれの議論は理にかなっていた」

かれらが共鳴した理由はいくつかあった。カンボジア人はもともと極端なことに魅力を感じる（フランス革命を途中でやめるべきではなかったというクロポトキンの言葉が、パリで学生生活をおくっていたポル・ポトに強い影響を与えたのもそのせいだろう）。毛沢東さえもクメール・ルージュの水準までは至らず、賃金と知識と家庭生活の必要性を認めていた。カンボジアの共産主義者たちは、だれも到達したことのない領域へ進もうとしていたのだ。「あの人もゼロ、あなたもゼロ――それが共産主義だ」と、キュー・サムファンは述べていた。財産が有害であるという思想は仏教の天地創造神話に由来している。私有財産に対する強欲が太古の社会をおとしめるまでは、米が豊富に実り、食べたいだけ食べることができた黄金時代があったという伝説だ。百年前にフランスが土地所有権を導入した際に、ユカント王子は次のように述べた——「あなたは財産を確立し、貧者をつくった」。ロン・ビサロのような人々や、相次いで帰国したおよそ千人のクメール人在外居住者がそれまで暮らしていたヨーロッパは、一九六八年五月の政治的動乱でわきかえり、アメリカはベトナム戦争を巡って引き裂かれていた——古いあり方が不十分だとされ、信じる勇気を持った人々をまっさらな未来が手招きする世界だったのだ。だから帰国者たちは信じてしまった。かれらは帰国を選ぶことで、アメリカの報道が広めた「組織的な中傷、中毒的な運動（中略）大虐殺と強制労働の話」をみずからはねつけては、新たな指導者のもとに集まったカンボジア人たちの「すばらしい功績（と）崇高な情熱」を信じると宣言してきたのだ。帰国して直面したおそるべき状況にもかかわらず、多数は失脚のときまで政権を信じつづけていた。

B－1では、すでに試験期間を終えた外務省の職員のほうが、帰国者よりもイデオロギー的に進歩的であるとみなされ、反省会と批判、自己批判がさらに厳しくとりおこなわれていた。

その最終目的は「固く頑強で攻撃的な殻であり、その本質こそが反革命的」とあるクメール・ルージュ幹部が評した、人格そのものの破壊だった。望ましい方法は、善の権化である「人々」と対称的に諸悪の根元とみなされている「個性」を「外科的な攻撃」で破壊することとされていた。人格は「ブルジョア層の財産で、大衆を押しつぶすもの」だった。「それこそがかれらに胸を張らせ、昂然とふるまわせるのだ。それは帝国主義者と植民地主義者を構成するものだった……」。クメール・ルージュの最終目標は「まったく人格をもたない」ことにあった。人格を完全になくすための「攻撃」

は、個人がもっとも弱点とするところ――家族関係、あるいは学歴、外国とのつながり――に向けられた。その人の条件付けを消し去るために、それまでの人生でしみついた反射から本人の行動を解き放ち、革命的な価値にもとづいて新しいペルソナが植えつけられた。このプロセスの繰り返しの中で改良が重ねられ、自省と公共の場での懺悔を経て、やがてアンカへの忠誠、機敏さ、熟考しないことを具現化した新しい人間が生まれた。

ローレンス・ピックはB‐1での生活を振り返り、統一協会信者と比較している。すべての宗派において、教化は極端な精神的・肉体的圧力をもっておこなわれる。クメール・ルージュ政権下のカンボジアでは飢え、睡眠不足、長時間労働が用いられた。「みんなたえず食べ物のことを考えていました」と、ピックは書いている――「外界から隔絶され、飢えと疲労で空になった心に政治的教育がしみこんだときの効果は驚異的でした」。この逆についても同じことが当てはまった。年に二回B‐1で開かれるイエン・サリの講義では、薄いスープとかび臭いパンといういつもの食事がふいに改善された――果物、ザリガニ、野菜、米がふるまわれたのだ。教化と良い待遇という組み合わせは「驚くほどの心理的効果」をあげたという。「集団の態度と行動に大きな影響を与え、何でもできるという気持ちを参加者たちに持たせました」。イデオロギー的な束縛が強化され、人々は自身を個人としてではなく、神秘的な機械の歯車としてとらえるようになっていた。当然ながら、かれらはその機械の仕組みを理解してはいなかった。

党員の精神を再成形する試みをこれほど直接的に実行した共産党は他――中国、ベトナム、北朝鮮――にはなかった。ポル・ポト率いるカンプチア共産党は、平等主義、共同的自己管理、国家の極限までの弱体化という論理をおし進めることによって「新たな共産主義者」をつくるという決意を持っていた点で独創的だった。フランス革命の理念、中国毛沢東主義の実践、スターリン主義の方策――

これらすべてが機能していた。だがポル・ポトの革命の特異性は、クメールの根元にあった。「物質的・精神的私有財産」の破壊は、革命の衣をまとった仏教的な超越だった。人格破壊とは非実存の達成だった。「唯一の真の自由」について、研究書類には次のように書かれている。「それはアンカの指示――その記す内容やおこないに従うことにある」。ブッダと同じく、アンカはつねに正しかった。その叡智を疑うことはつねに誤りだったのだ。

都市住民が地方生活に適応する際の衝撃は、プノンペンに戻ってきた知識人たちが受けた衝撃よりも大きかった。どちらも二重の打撃を受けたことには変わりなかった。物理的には、それまで当然のようにとらえてきた衣食住を奪われた。そして精神的には奴隷にされ、政治とイデオロギーの面でしだいにきつくなる拘束衣に押し込まれたのだ。党の懸念事項の天秤の一端には退去者が存在し、もう一方の端には知識人が存在した。だが両者に対する党のアプローチは同じだった。

「新人民」にとっての物理的変化は圧倒的で、最初のうちは他のことは何も考えられなかった。多くの人々は恐怖におそわれた。その一人は「敵地の中央に取り残されたような印象を受けた」と書いている。かれらが到着したのは人々がまだイチゴ腫、浮腫などカンボジアでは数十年前に根絶したはずの病気に苦しむ「時が止まったような」村だった。退去者たちは知識人と同じく、しかしはるかに厳しい環境の中ですらすべて――原始的な木の小屋を建てること、耕すこと、野菜と米を植えること――を最初から学ばなければならなかった。かれらは農民のように薪の燃えかすから抽出したカリウムを石鹸代わりに使った。また、水を張った水田で働くときは、ごく小さいヒルから身を守るために股間に布を巻きつけた。このヒルはペニスや肛門や膣に侵入して、数日後にみずから離れて排出されるまで激しい苦痛をもたらすのだ。

最初の年は——人口増加によって配給制度が破綻した北西部の一部とコンポンチュナン西部を除く——ほとんどの地域において、飢饉にならない程度の乏しい食糧供給がおこなわれていた。比較的食糧に恵まれていたプノンペンでさえ女性の月経は止まり、中には子宮脱を患った者もあった。母親は母乳が出なくなった。マラリアも蔓延していた。翌年の春には、人口の四十パーセントが熱で動けなくなっていたと地元幹部が報告している。それでも退去者たちはカタツムリやトカゲ、カニやクモを捕り、ジャングルで野草をあさり、町から何とか持ってきていた金塊と宝石の残りを「基幹民」の食糧と交換した。かれらが生き延びられたのは、第二次世界大戦を生きのびたフランス人たちのように土に近いところにいたためだ。都市部のクメール人たちは、取り繕ったうわべほど農民生活から遠ざかっていなかった。それが功を奏したのだ。

振り返ってみると、クメール・ルージュ時代についてもっとも驚異的な点の一つは、非常に多数の研究者と専門家たちが——幹部の言い方では——「鍬を長いペンとして、水田を紙として使う」ことができたという面だ。かれらはそうして自分たちと家族をなんとか生き延びさせたのだ。例外は「中国人」だった——田舎暮らしと縁がなかった中国系カンボジア人の実業家たちの死亡数は多かった。

この状況全体の中で、場所による違いは甚だしい。概して環境がもっとも悪かった北西部においても、「新人民」が食べたいだけ米を食べられた村もあった——「多すぎた」と、ある男性は振り返る。まさにこのとき、五〇キロ南のプルサットでは食糧に困窮して人肉食が広まり、年末までに退去者の三分の一が死亡した。地元の指導者たちは自分のことだけを気にかけていた。隣の区や隣の村で何が起ころうと知ったことではなかったのだ。それが中央の指導を愚弄するものだと、ポル・ポトもよく承知していた。「細い道を歩きながら問題を解決するのは不可能だ」と、かれは中央委員会に不平をもらしている。だが主人と従属者という封建的な関係はカンボジアの文化に深く根づいており、それを変えることはクメール・ルージュにもできなかった。「この国には、確立された規則は存在しなかった」と、かつて政府の陣営にあったピン・ヤタイは結論づけている――「規律はそれぞれの村の責任者の気まぐれで変わった」。最悪の地区にも「良い」村があり、最高の地区にも「悪い」村があったのだ。

飢えは再教育合宿だけでなく、地方でも武器として利用された。レーニンの格言の「働かざる者食うべからず」は、カンボジアの共同体において、ロシア人たちが想像もしなかったほど逐語的に適用された。悪いところでは一日働いても薄い米のスープが椀に一杯与えられるだけだった。具合が悪く働けない者には何も与えられなかった。病気はしばしば政権への反抗か、良くても「革命意識」の欠如と同一視されたが、後者もほとんど同じように悪とみなされることに変わりはなかった。経験のない看護士が民間薬を分け与える地方の病院は、納骨堂に等しかった。

だが、飢えは医療の不在と相まって諸刃の剣になった。

地方幹部にとって「新人民」と「基幹民」の待遇を分ける食糧は、管理に不可欠な手段だった。「基幹民」にとって生活はまだ耐えられるものだった。「新人民」の窮状は、自分たちが比較的恵まれた状況にあることを基幹民にたえず思い起こさせる一方で、預託人民の地位から全権候補民、あるいは全権人民に昇格して配給を相応に改善してもらおうと、新人民をさらに労働に励ませてみずから修正させることを目的としていた。少なくとも理論上は。だが実際はめったにそういかなかった。クメール・ルージュは本質的に強制的な体制だった。しかし本当に窮乏してもいたのだ。中国から救援食糧として送られた米を加えても、戦後の穀物備蓄は危険なほど少なかった。最初の冬に「新人民」が飢え死にしたのは、政策の問題ではなく、体制が機能していなかったためだった。

ポル・ポトは国民を減らすのではなく、増やしたいと考えていた。かれは人口を二倍、三倍に増加させ「十年内には千五百万か二千万人」にして、カンボジアを繁栄させ強国にする計画をすすめるとうたっていた。だが栄養失調から女性の月経が止まってしまっては、どうやって達成できるだろうか？　なかば飢えた状態で、現在人口が効率よく働くことができるだろうか？　指導部も問題を認めた。当時の常任委員会の決議案と、党の非公開集会でのポル・ポトの演説には、適切な食糧――一人あたり一日五百グラムの稲――を確保する必要性についての言及箇所が多い。「（もっとも）重要な薬は食糧だ」と、ポル・ポトは西部地域で開かれた会議で語っている。「食糧問題の解決が鍵である」。また、かれは二ヶ月後にも同じことを指摘している――「われわれは人民の生活の問題を早急に解決しなくてはならない。（中略）（そうしなければ）われわれに矛盾が生じる（ことになる）」。

だが矛盾はすでに政策の中に存在していた。極貧生活が広まった時期に、幹部たちは健康に暮らせる最低限の食糧を保証しながら「新人民」と「基幹民」の割当の序列を維持することを求められたのだ。つまりこれは、大衆から離れて暮らす責任ある立場の人間――共同体および区の指導者、兵士、民兵のほか、鉄道関係者など政権に従属させることが不可欠な一部の特権グループ――には、ただ充分なだけでなく米に肉か魚を添えた良い食事を保証するかたわら、懲罰の一方法として飢えを利用することを意味していた――他に具体的な代替案がなかったからだ。

結局は矛盾する責務が多すぎたために、ほとんどの幹部が事実上もっとも単純な解決策を選んだ――自分たちと「基幹民」は良い食事をとり「新人民」には悪い食事を与えたのだ。飢えは相変わらず懲罰に使われ、栄養失調や、それが原因の病気による死者の数は多いままだった。そして「新人民」の健康と体力は下降の一途をたどった。

人々の労働負担と、かれらを働かせるための「末端の暴力」の程度についても同じジレンマがあった。

常任委員会は――フランス革命をまねて――自由にできる日を十日に一日設け、年間最大十五日間の休日を設けることを宣言した。「人民を常時働かせるだけの食料がない」と、ポル・ポトは説明した――「人間は休息をとらなければ病気になってしまう。人民の体力を増進させるのは戦略的方針である。したがって余暇は欠かせないものだと考えるべきだ」。だが実際には、十日に一日認められた休みは政治集会に費やされ、年間に休日を設けるという提案が実行に移されることはついになかった。

そして一日の作業配分の問題が残った。

作業配分を高く設定しすぎた場合、達成できなかった人々が懲罰を受け、仕事の追加か食糧の削減、あるいはその両方を課せられて病気になることや死亡することがしばしばあった。だが低く設定すると、地区と地域で定められた目標を達成することができない。草の根の指導者たちはさまざまな方法でこの問題に挑んだ。特に東部、南西部、クラチエ、北西部のさらに肥沃な地域では、うまく均衡をとろうとした指導者もいた。だが脅しで解決しようとした指導者もあった。政権が最初の数ヶ月におこなった共和主義軍の元士官と民間人の高官の殺戮は、夏の間は止められていた。だが共同体では「悪い分子」とみなされた人間や、集団の規律を乱したとされた人間の処刑が続いていた。若い民兵はつぎのように語っている。

夜に悪口を言っているところを不意打ちで見つかった人々は教育したよ。つまりそいつらが他の連中よりたくさん働かされたということだ。もし同じことを繰り返すようなら、棍棒かつるはしで殺された。そのあとは埋められておしまいだった。(中略)失敗が多ければ子どもでも殺された。(中略)おれは処刑に賛成だった。(中略)失敗を犯したやつは、その間違いの責任をとらないと。

夜にひそかに実行されたため、病的な標語が生まれた――「アンカは殺しても説明はしない」。だがこの方法にも欠点があった――人が死ぬたびに働き手も一人減るのだ。

一九七五年の冬には――もっと早い時期でなかったとすれば――指導部にとってカンボジアの人口は、国家のバランスシート上の数字になり果てていた。人が殺すときに幹部たちが口にした、脅しめいた対句からもその事実は明らかだ――「生かしておいても利益にならない。殺したところで損にならない」。村人の一人は、この時代について「耕した土の面積で人の価値が測られた」と振り返る。人々は見習うべき雄牛と同じく、餌と水を与えられ、飼われて働かされる消耗品だった。処刑した人々の衣服は兵士によって取り去られ、他の者に着せるために渡された。死体は田畑のそばに埋められることが多かった。腐肉が土地を肥やすと信じられていたからだ。村の病院で死亡した人々は火葬され、遺灰はリン酸肥料に使われた。死がそんな具合なら、誕生もまた同様だ――人口を増やすため、まだ女性に月経があるときは幹部がその時期を記録して、もっとも妊娠しやすい時期に夫を連れてきて床を共にさせた。

共同体での生活は肉体的に非常に厳しかったが、これに対して教化は穏やかだった。意図的にそう定められていたとも言える。一九七五年の終わりの時点では、カンプチア共産党の存在はまだ秘密にされていた。謎に包まれた「アンカ」が、実は共産主義組織かもしれないと公式に匂わされるまでには、さらに一年を要した。当時、党支部が設けられた共同体は全体の三分の一であり――国内の党員数はおそらく一万人以下だった――キュー・サムファンが指摘したように、共産主義思想を公然と大衆に広められる時はまだきていなかったのだ。

実質的な理由も存在した。地方の目的は人格破壊ではなく——それは知識人向けの措置だった——退去者にブルジョア的な態度をあらためさせ、農民らしい思想と行動を身につけさせることにあった。毎晩開かれる生活集会では栽培計画、肥料生産の増加、用水路の設置、規律違反が集中的にとりあげられた。「ブルジョア層は（中略）労働農民の力の前に屈服した。かれらは肉体労働従事を余儀なくされた」と党機関誌『トゥン・パデワット』は書いている——「だがかれらのものの見方と野心はいまだに残っている」。かれらが自己を修正すれば、「新人民」と「基幹民」の違いはなくなり、次の段階に入ることができる。そこでかれらに植えつける「プロレタリア意識」だけが、農業と産業の近代化という政権の最終的な目標を可能にする。キュー・サムファンは次のように語っている。

労働者はもっとも革命的な階級である。財産を持たず、所定の勤務時間に組織的に働くからだ。農民は作物を育てる土地を所有する非組織的で怠惰な存在で、気が向いたときに働く。労働者は何も持たず、その腕の力で生計を立てる。われわれもそうあるべきだ。（中略）だからこの最初の段階で、われわれは農民革命をおこなう。だがのちには共産主義へ進むためにプロレタリア革命を起こさなければならない。

これを正統派マルクス主義の肯定とみなすべきではない——プノンペンとバッタンバンの工場で働く生身の労働者たちは、前からまったく信用されていなかった。「プロレタリア意識」は「啓蒙／啓示」[*6]を通じて獲得される理想であり、マルクスが提唱したように経済組織の個別形態が社会の上部構造に反映されることで獲得されるものではなかった——それにどのみち、これはずっと未来の話だった。

この段階で毎晩伝えられたメッセージは「よく働き、もっと生産してアンカを愛すること」そして「国家を築き、守ること」、また、欧米風資本主義の利己的で個人主義的な価値を拒絶することだった。

政府は決まり文句で成り立っていた。村の指導者たちは言うべき言葉をよく心得ていた。「かれらがいつも前日と同じ場所に区切りを入れて話す」ことに気づいた男もあった。繰り返しは意図的なものだと幹部らは強調した。一つの思想を仏教の説法のように人々の心に深く「浸透」させ、他の思想が入り込む余地をなくすのが目的だった。

ラジオ・プノンペンも読経のような規則性で同じ決まり文句を繰り返した。ポル・ポトは情報相のフー・ニムに対して、アナウンサーには「寺院で祈りをささげる僧侶のような」明晰で力強い声を持った人物を求めると伝えている。さらに豊かな共同体では、日々の説教はスピーカーで流された。また、つねに選ばれたテーマ——豚の飼育や用水路の設置にいっそう励む必要性——に関する歌が伝統的な軽快な旋律にのせて流れた。話題は退屈だったが、音楽がそれを「もっとも効果的な道具にした——人々はそれを信じるようになったのだ」と、退去者の一人は語っている。少年時代のポル・ポトにとってのクパップのように、音楽は暗記の助けであり、イデオロギーの手引きであった。その中では、世界はだれもがより良い生活を築くためにつねに闘い、かつての搾取者に対する階級憎悪にあふれ「正しく明敏な革命組織」アンカへの完全な信頼を示す、理想的な喜びと高揚の場所として描かれていた。「全体の喜びを分かち合えないとしたら、誤りはわれわれにあると言外に示されていた。われわれはさらに働いて（中略）利己主義と怠惰さと欲望を取り払わなければならなかった」と、ある女性は記している。

一九七五年の冬から、ラジオは「私有財産、人格（と）虚栄心（中略）などの非革命的精神および物質的概念と闘い、集団所有および財政緊縮の姿勢をとる」よう人々に働きかけ始めた。かれらが呼びかけたのは――やはり仏教の概念である――「放棄」だった。幹部らはこれを、個人の利益にとらわれることなく自らの肉体と精神を集団のためにささげることだと説明した。

「所有という感覚の放棄」とは、仏教の瞑想のように、自分のことを考えることなく目の前の仕事に完璧に集中しなければならないという意味だった。「有形財の放棄」とは、ブッダが妻や子どもや家を放棄したように、これらのものから解離することを示していた。「自身の生活についての支配権の放棄」とは、僧侶がかつて祈ったように、自尊心と他者への軽蔑と複雑な思想の根を自身から抜き出すという意味だった。「自己の放棄」は家族間――夫と妻、両親と子供、子供と両親――の感情的なつながりに関係するため、特に欠かせない。（かれらはこう言っていた）――「みずからを浄化して感情的な結びつきから自身を解放するべきだ」。「まだ友情や好意という感情が残っている。心の中から（そのような）個人的な思想はすべて取り去らなければならない」

しかし教化はおもに日常生活の中でおこなわれた。言葉の誤った意味合いはすべて排除された。人々は「わたし」ではなく「わたしたち」と言わなくてはならなかった。子供は両親を「叔父と叔母」と呼び、それ以外の大人たちを「父」「母」と呼んだ。すべての人間関係が集団化された。個体を区別する言葉は抑圧対象になるか、新たな意味を与えられた。序列を示す用語、たとえば身分や社会的立場によって使い分けられる「食べる」という意味の十数個の動詞は、それまで農民だけが使っていた一つの動詞に置き換えられた。これらの変更を立案したヌオン・チェアは、しばしば学術的なパーリ語をもとに、政治的概念をこめたクメール語に存在しない新語を考案した。農民の俗語をもとにした新語もつくられた――「ボック・ルック（攻撃をしかける）」とは、文字通りにとると「杭を穴に押し込む」ことを指し、暴力的な肛門性交の意味があった。このような禁欲的な政権に性的な含蓄のある言葉はそぐわなかったが、物質的な障害を克服して人間の意志で自然を曲げようとする単純で野蛮な闘いの概念はうまく伝わった。ヌオン・チェアはポル・ポトと並ぶ最高責任者として、プロパガンダに関するあらゆる事柄とラジオ・プノンペンを監督していた。かれの主張によって叙情的あるいは「ブルジョア」的な感傷のこめられた「美」「色鮮やか」「快適」などの言葉は放送が禁じられた。かれらが目標としたのは、オーウェルの『一九八四年』の世界だった。ポル・ポトとヌオン・チェアは、この本を読んだことはなかったが、その本質を直観的に理解していた。

ニュースピークの目的は思想の幅を狭めることにあった。（中略）われわれは最終的には思想犯罪を事実上不可能なものにする。表現する言葉がないのだから。必要な概念は、一つの単語だけで表されることになる。定義を厳しく定められ、付随的な意味をそぎ落とされ忘れられた言葉だ。毎年言葉の数は減っていき、意識の幅は少しずつ小さくなっていく（中略）。われわれがいま理解している思想は、事実上存在しなくなるのだ。正統性とは考えないことを意味する。（中略）正統性とは無意識のことである。

この新たな言語の概念に現実が反映されている。家族は相変わらず存在していたが、オーウェルが想像したように、その主な目的は「党に仕える子どもをつくる」ことに変わっていた。家族間の絆はさらに大きなコミュニティの中で薄められた。「母親は子にあまりかかわってはならない」と、ポル・ポトは中央委員会で語っている。同じく、男性が感傷的な愛着を女性に抱いた場合も「集団主義的姿勢をもってこれを解消」しなければならないとされていた。「そうしなければ、激しく私的な姿勢を持つことになる」。結婚——オーウェルが想像したような党員同士の結婚にとどまらず、あらゆる結婚——は、党の問題であり、個人的な問題ではなかった。キュー・サムファンもポル・ポトのすすめで一九七二年の十二月に結婚しており、ポル・ポトがみずから仲人をつとめていた。クメール社会では伝統的に結婚は両家の間で決められていた。その役割をアンカが果たすようになったのだ。「配偶者の自由選択」は、はっきりととがめられた。この社会的側面を強調するように、結婚式は最低でも十組以上の集団でとりおこなわれた。結婚が実現したあとは、夫婦は別々に暮らすことが多かった。

不倫は死をもって罰せられた。女性は厳しく定められた毛沢東主義の髪型に従って髪をおかっぱに短く切りそろえ、シャツのボタンを首まで止めた。作業の際は年齢にかかわらず男女別に分けられた。スポーツは「ブルジョア的」であるという理由で禁止された。子どもの玩具も同じ扱いだった。自由時間などなかった。読みものといえば幹部専用の二種類の党機関誌と、プノンペンの省庁で回覧される『トゥン・パデワット（革命）』という隔週発行の新聞だけだった。かつて村の生活の中心だった仏教僧院は閉鎖された。カトリック大聖堂のように、コンクリート壁から鉄筋を取るため破壊された寺院もあったが、十七世紀のイギリスでクロムウェルの新型軍が教会を訓練所に変えたように、その他の寺院は拘置所や倉庫に使われた。施しによって生活していた僧侶たちは寄生虫とみなされた。クメール・ルージュ用語で言うと、かれらは「他人の鼻で呼吸していた」のだ。僧侶たちは、国外で暮らしていた知識人や共和主義政権の高官とともに「特別階級」——著しく反マルクス主義なカテゴリー——に指定され、一年内に聖衣を奪われて共同体や灌漑地で働かされた。

つまりカンボジアの生活に彩りを添え、意味を与えたものがすべて徹底的に抑圧されたのだ。一部の集団は新政権に順応するのに特別な苦労を要した。ロン・ノル政権下のキリスト教信者がベトナム人であるという疑いをかけられたのと同じだった。クメール語――カンプチア語と呼ばれているようになっていた――が唯一の公用語であるという見地から、中国系クメール人は中国語の使用を禁止された。内戦の頃からすでに疑惑を持たれていたチャム族は最悪の状況におかれていた。歴史、宗教、文化のすべてがチャム族をまったく別種の人々にしてしまっていたからだ。クメール人がかれらを軽蔑していたのは、その王国であったチャンパが十五世紀にベトナム人に制圧されたためだった。この出来事はカンボジアの結束が弱まった場合にたどりかねない運命として、たえず警告に用いられていた。また、かれらが自己完結的なコミュニティの中で生活し、同族結婚して他のカンボジア人とほとんど接触しないことが多いという事実は、安全保証上の問題でもあった。一九七四年からカンプチア共産党は「この集団をある程度解体する」必要性を取り上げはじめた――「ひとつの地域にあまり大勢を集まらせてはならない」。一年後、東部地域の十五万人のチャム族を北部と北西部の村に分散させることが政策として確立された。

これは一般に言う人種差別ではなかった。目的は――メイ・マンの言う「全員が身長一メートル六十センチ」の国の――統一であり、特定の集団の弾圧ではなかったのだ。

実際には、地元幹部らはこれらの人々を処罰の対象に選び出せば仕事が楽だった。かれらの行動はどうでもよく、クメール・ルージュの規範から逸脱しやすい連中と見られていたからだ。眼鏡をかけている人がブルジョアや知識人、あるいはその両方とみなされて信用されなかったように。イサラクは二十五年前に、よく似たやり方をしていた。かれらもやはり眼鏡をかけた人々を殺していたのだ。他者との違いを持つ権利は危機に瀕していた。中国人がひどく苦しんだのは、他の人々とくらべて農民生活になじみにくかったためだった。祖国を失ったチャム族は、残されたアイデンティティを構成する文化と宗教の特性を手放すことを渋った。そして結果的に悪循環が生じた——チャム族が反革命的で反国家的だと受け取られるにつれて、かれらへの抑圧は激しくなった。だがクメール・ルージュ政権下で死亡したチャム族が、他の民族より極端に多いという確証はない。基準は民族性ではなかった。クメール人（当時はカンプチア人と呼ばれるようになっていた。人種的な排他性を感じさせないように、言葉と同様に採用された名称だった）らしく振る舞うことができるかどうかだった。不誠実であったかもしれないが、クメール人らしく生きる人々を「カンボジア人」と定義してきた伝統的な考え方とは一致していたのだ。近代まで、クメール語では人種と宗教に同じ言葉をあてていた——クメール人であるとは、仏教徒であることを指したのだ。カンボジアは、自国を多文化国家とみなしたことはなかった。キュー・サムファンは、なぜベトナム人が一九七五年から本国へ送還されているのかと問われて「ここはアメリカではない！」と声を荒げた。

そのうえ、クメール・ルージュによる統治の一年目は、チャム族にとっても耐えられないほど厳しいものではなかった。国中で多くの家族が引き裂かれて、何万人もが死亡したというのに矛盾した記述に見えるかもしれない。だが革命は戦争と同じで、本来が醜態なものだ——理論家にはよくても、それを切り抜けなければならない人々のほとんどにとってはおそろしい代物だ。一九七五年にカンボジアで起きたことは、中国やロシアで起きたことや、共産主義勢力が掌握したアルバニア、北朝鮮、モンゴルで起きた殺戮と質的には変わりなかった。

人口の大部分は、おおむね予想をはるかに超えてうまく順応して生き延びた。悲惨な話がある一方で、多くの退去者が共同体での一年目の作業は「つらくなかった」と話している——のちに亡命したオーストラリアやアメリカの工場よりも楽だったという者もあった。北西部のトマルプオクでは、その頃は「幸せな時」であり、人々は「寛大で親切な幹部を本当に好きだった」という。居住環境が「良い」か「悪くない」と言われることが多かった東部では「規制は非常に緩かった」。ピン・ヤタイなど通常は批判的な関係者さえ、日々の生活は「酷ではなく、ただ安定した差別のない苦行」だったと認めている。また、プレイベンの退去者は「それほど負担ではなかったが、汚く単調だった」と語っている。のちに『キリング・フィールド』で有名になったハイン・ニョールは、もし政権があまり恐怖に頼らず、もう少し自由を認めていれば「わたしは運命を受けいれて、心の底から稲作農業に励んでいただろう」と述べている。ある中国人実業家は「金を使えないというだけで、普段とかわりない生活だった」と淡々と話している。数ヶ月前は特権階級のエリートだった人々のこの芯の強さは、人間の精神の強靭さをありのままに教えてくれる。「基幹民」は同じように試練を受けたわけではなかった。町の住民が失った自由は、かれらが与えられたことのない自由だったからだ。

退屈でおもしろみがなかったのは確かだ。だが、それこそが指導者たちの狙いだった。上座部仏教では、涅槃——無私無欲の境地——は、世俗的および感情的な愛着からなる「存在欲」がまったく消えたときに得られると教えていた。ポル・ポトの支配下では、愛、悲しみ、怒り、情熱など日々の生活を構成するすべての感情は、集団の益のために払拭されるべき個人主義の発散とみなされた。ある地域では笑うことや歌うことさえも禁じられた。啓蒙／啓示を追求するには、人々は苦しまなければならなかったのだ。

原注

＊1　毛沢東はクマーラジーバを引用してこう語った――「わたしのすることをすべてまねるのは、大きなまちがいである」。そのいわくについて毛沢東は語らなかったが、クマーラジーバには多数の愛人がいたという。弟子たちがかれにならおうとすると、クマーラジーバは自分の托鉢の器を鋭い鉄の針で満たしてかれらに見せて言った――「わたしのおこなうようにしたい者は、まずこれを食しなさい。そうすればその者は女性をおいてもかまわない」。そしてスプーン一杯の針をとり、米を食べるようにたやすく飲み込んだ。弟子たちは打ちのめされ、考えを改めた。

＊2　フー・ユオンは政権の敵として一九七五年の八月に処刑されたと伝えられているが、これはまちがいのようだ。フー・ユオンの元護衛によると、ポル・ポトはかれをプノンペンに呼び戻すためにジャライ族の使者を護送役に派遣したという。フー・ユオンが銃を抜こうとしたと使者が誤解したか、逮捕をおそれたフー・ユオンが自殺をはかろうとしたのかは定かではないが、かれは使者に射殺された。詳細は明らかにされていないが、かれの死が不測の事態だったことは確かであるようだ。また、死亡時期が定説の一年後であった可能性もある――ピン・ソイは、一九七六年の八月にフー・ユオンがスツン・トレンにいると聞かされたという。その後もクメール・ルージュの幹部たちはかれを裏切り者呼ばわりすることがしばしばあった。だが一九七八年の後半になると、そのような話は聞かれなくなり、フー・ユオンは「党の指令を実行中に」死亡したと公式に伝えられた。ポル・ポト自身が側近との会話の中でフー・ユオンを「同志」と呼んでいることからも、かれが背信行為を疑われたわけではないことが示されている。

＊3　もみ三トンは脱穀米二トン弱に相当する。本書では特別な記述がない限り、米とはもみを指すものとする。

＊4　クメール・ルージュは聖像破壊で悪評をこうむっていたが、カンボジアでもっとも重要な歴史的モニュメントには手をつけなかった。プノンペン鉄道駅の正面のブッダのトゥース・ストゥーパは無傷のままクメール・ルージュの支配をくぐり抜けた。王宮と国立博物館も無事だった。プノンペンをはじめとする地方の町のほとんどでも、主な仏教僧院は無

傷のまま残された。アンコールワットその他のアンコール朝遺跡に手がつけられることもなかった。フランスで教育を受けたクメール人の保護専門家は、シエムリアプ地方のバコンの共同体に集められて特別に保護された。経済状態が改善したときには、かれらの技術を役立てる意図があったことは明らかだ。

＊5　シアヌークとその身近な側近を除けば、この制度を完全に逃れたのはティウン・マムひとりだったようだ。かれは抵抗軍のもとに行ったこともなければ、肉体労働に従事したことも、共同体で生活したこともなかった。イン・ソピープとスオン・シコンはそれぞれK－33（情報省）とB－1に直接向かうことが許されたが、両者とも一九七五年の五月にプノンペンに戻る前にハノイのカンプチア統一戦線のラジオ局で一年間働いた経験を持っており、新政権を稼動させるうえで欠かせない人物とみなされていた。同じ理由からオク・サクン、ティウン・プラシットのほかおそらく一人か二人が、共同体で数週間を過ごしただけでイエン・サリによってプノンペンに呼び戻されている。

＊6　「啓蒙」という用語を使ったのはカンボジア人だけではない。同様に仏教の影響を受けた語彙を持つベトナム共産主義者たちもこの用語を使っていた。ベトナムではマルクス＝レーニン主義の思想を示す比喩にすぎなかったが、カンボジア人らはこれを文字通りもとの仏教的な意味で使っていた。この用語は中国や朝鮮の共産主義のテキストには登場しない。

## 第十章 世界のお手本

ポル・ポトたちがクメール・ルージュ国家の土台を築いている一方で、シアヌークは帰国の日を待ちながら北京と平壌で一九七五年の夏を過ごしていた。ポル・ポトはシアヌーク滞在中にこの両国の首都を、将来の国交について話し合うためにひそかに訪れていたが、シアヌークの「よき友人」であった毛沢東と金日成は、いずれもそれを伝える必要があるとは考えなかった。シアヌークがポル・ポトの訪問を知ったのは何年も後のことだった。亡命中に権力はかれの手を離れてしまっていたのだ。クメール・ルージュが勝利をおさめ、かれは名目上の指導者でさえなくなっていた。だが勝利ののち「かれらはわたしをサクランボの種のように吐き出す」というシアヌークの予想は間違いだった。ポル・ポトにとって、海外にいるシアヌークのもとに反対派が終結する可能性は、かれを本国で世話する手間よりもはるかにやっかいだったのだ。新政権にシアヌークがいれば、戦後まもないこの時期に多数存在した国外居住者や同情的な外国人たちに、政権の正当性を確信させるだろうとポル・ポトは考えた。非同盟運動で築いたかれの名声は、捨てるには惜しい強みだった。それにカンボジアのおもな同盟国である中国と北朝鮮は、明らかにシアヌークの政権参加を望んでいた。

毛沢東はこの一年前になかば冗談でキュー・サムファンに尋ねていた——「シアヌークとペン・ヌートという二人の王子を失脚させるつもりかな?」そのつもりはないと保証された毛沢東は「小異

より大同を」と促した。一九七五年の八月にイエン・サリと「帰国後のシアヌークの扱い」について話し合った周恩来は、生涯にわたってかれを国家元首の地位につけると聞かされた。それでようやく中国側は、プノンペンへ帰るべき時だとシアヌークに助言したとみられる。この数日後に「田畑で鍬を持って働かされる恐れはない」と、毛沢東はかれに話している――「あなたたちはだれもその必要はない。ほうきで少し掃除するくらいはあるかもしれない」。毛沢東はモニク妃と二人の子どもにも肉体労働をさせないようにみずからキュー・サムファンにかけあい、指折り数えてみせた――「クメール・ルージュとシアヌークは四つの点で合意に至ったが、意見の相違は一点しかない」。

九月九日にプノンペンに戻ったシアヌークを出迎えたのは、勝利の賛歌を歌うサフラン色の僧衣をまとった――いまだ聖職を追われていなかった残りの――僧侶たち、足下に花をまくクメール・ルージュの黒服の少女たち、慎重に選ばれた革命派の兵士と労働者たち、キュー・サムファン率いるアンカの代表者たちだった。この満喫すべき瞬間をポル・ポト自身も歓迎に集まった関係者たちの後ろから見守っていた。シアヌークはポル・ポトの姿を見ていなかったし、かれがきていたことも知らされなかった。

それから三週間シアヌークは丁重に扱われた。外務省に務めるロン・ヌリアンは、イエン・サリの指令で八月いっぱいをかけて労働者の一団とともにシアヌークとその一行のために王宮の掃除にとりくんでいた。シアヌークとともに来たのは親戚と取り巻きの奇妙な集まりで、その中には堕落ぶりで悪名高い義母のポンム夫人、叔母のマム妃、娘のソリヤ・ルーングシとその家族、侍従武官と儀典長、モニク妃つきの女官三人が含まれていた。フォアグラやトリュフなどの必需品は前もって北京から届けられ、良質のワインはワット・ランカの後ろに設けられた中央委員会の兵站部から調達されていた。兵站部には退去後に裕福な家庭から没収した食糧、磁器、宝石その他の貴重品が保管されていたのだ。もとセルクル・マルクシステの一員で、スツン・トレンでピン・ソイ、フー・ユオンとともに苦行を経験していたチョルン・ヘイがクメール・ルージュ筆頭家令としてシアヌークに仕えるために呼び戻された。また、シアヌークや取り巻きが病気になったときに備えて、北京から派遣された中国人医師と看護婦が永久的に待機していた。シアヌークはクメール・ルージュの世話人の一部が王族用の特別な言葉で呼びかけたために気を良くしていた。謁見室の式典用の金の鎖が兵士らの犬のために使われていることについては不服に感じていたが、それでもかれらの態度は「非常に礼儀正しく好意的」といえるとシアヌークは感じていた。そして四月に中国で没した母コサマク妃の葬儀をシルバー・パゴダでとりおこなう許可がおりた。キュー・サムファンはシアヌークを連れて繊維工場の視察と、トンレサップ川の船旅に出かけた。この後で開かれた王宮での晩餐会には（ポル・ポトやヌオン・チェアを除く）ほかの指導者たちも加わり、そこでモニク妃とシアヌークが好きなだけ北京と平壌を行き来できるようになることと、二人の息子は国外で勉強を続けられることをシアヌークに請け合った。クメール・ルージュは「紳士的に振る舞って」いるとシアヌークは認めた。そして結局のところ人生は悪くないかもしれないと考えたのだった。

この「奇妙な楽しい経験」――シアヌークはのちにそう呼んだ――は、長くは続かなかった。十月にシアヌークは国連総会で演説をした。第三世界の代表者らは、反アメリカ的論理を展開しクメール・ルージュ政権を擁護したかれに総立ちで喝采を送った。翌月からかれは六週間かけてアフリカ、中東、ヨーロッパを周り、パリを経由して十二月に帰国した。パリに滞在している間にはカンボジア人学生らとの交流会にも参加した。この頃にはすでに雰囲気が悪くなりはじめていた。国連で演説をおこなった直後、元側近が欧米の新聞に対して革命下のプノンペンでの生活を生々しく描写していたのだ。それはシアヌークの取り巻きの打ち明け話を元にした記事と報じられた。キュー・サムファンはこれに対し、シアヌークに「またとなく無礼な」（とのちにシアヌークが評した）手紙を送って「過った道を選べば何も得ることなくすべてを失う」と警告した。シアヌークは学生に対する演説の中ではクメール・ルージュの統治への不安を見せないよう注意をはらった。この二枚舌のため、かれの言葉をうのみにした若い学生たちはひどい目にあうこととなった。

シアヌークは取り巻きたちに対してはまだ誠実で、亡命先にとどまるか、自分とともにプノンペンへ戻るか慎重に選ぶようにと警告した。最終的には半分以上が外国にとどまることを選んだ。共産主義指導者たちが「王国民族連合政府（GRUNC）」から「王国」を取って「民族連合政府」とだけ呼ぶようになったのも、不吉な前兆の一つだった。かれらは新しい憲法が起草されたことをシアヌークに伝えなかった。その内容は国名の変更、王制の廃止、ほとんどの基本的人権および自由の排除、議会選挙の手続きを定めるものだった。また、すべての大使が十日間の「訓練」のためという口実で帰国を命じられ、そして更迭されたことも知らせていなかった。

年末までには、あらゆる政治的指針が同じ方向を示していた――カンボジアの制度はクメール・ルージュによる統治の実情に合うようにくつがえされ、革命が打倒した社会の中心的な象徴であったシアヌークは、新生制度ではまったく影響力を持たないということだ。それでもシアヌークは十二月三十一日に、鄧小平による歓送会のあと中国のボーイング707に乗り込み、以前よりもかなり小規模な一行を伴ってプノンペンに戻った。プノンペンの空港の雰囲気はかれの懸念をすべて確信に変えた――そこには僧侶も赤絨毯も花びらをまく少女たちもいなかった。かわりに堅苦しい群衆がいてアンカと革命軍をたたえるスローガンを斉唱していた。「カフカを思わせる光景だった」と、シアヌークはのちに振り返っている――「顔で凍りついたわたしの微笑みは、ばかげて見えたにちがいない」。

ではなぜかれは帰国したのか？

まず、不遇の時代を支えてくれた中国と金日成に対する恩返しとして帰国する義理があったのが一つの理由だ。亡命を選べば、フランスに住むこともできた——だが五年前のクーデターからつきまとっていたバオ・ダイとの不名誉な類似点を指摘される危険性があった。シアヌークはそのような形で歴史に名を残すことをよしとしなかったのだ。のちにかれは、試練の時を人民とともに過ごす必要性を切実に感じていたのだと振り返っている。だが、権力を再び取り戻したければカンボジアにいなければならないことを本能的に理解していたのも事実だった。それは最後には元がとれることになるが、勇気を要する賭けだった。だがそのためには幾多の試練を乗り越えなければならなかった。

まずは、新たな主人が望む行動をとらなければならなかった。一九七六年の一月五日に、シアヌークは閣議の議長として、その後「民主カンプチア」として知られる国家の新憲法を発布した。これはロン・ノルに結びつく「クメール」「共和国」という言葉を慎重に避けてつけられた名称だった。「カンプチア」という独特の発音は、欧米化されたカンボジアで好まれており、「民主」という言葉は、ポル・ポトが政治的な研鑽を積んだ一九五〇年代前半に流行した「新民主主義」という言葉に立ち返ったものだった。ポル・ポトは民主主義という言葉を好んでいた。かれは「社会主義」革命ではなく「民主主義」革命と呼び、「重要なのは社会主義ではなく、むしろ社会的な結果である」と論じていた。

クメール・ルージュ憲法は法的文書ではなく急進的な声明文であったため、他の共産主義のアジアの国々の憲法からは大きくかけ離れていた。「すべてのカンボジア人は生活に関する物質的、精神的、文化的側面におけるあらゆる権利を備えている」（ただし「反動的な宗教」は禁止された）と力強く宣言した後に、生産手段、男女の平等、工場や田畑で働く行員と農民の統制、カンボジア人すべての労働に関する権利と義務は国家が掌握することを主張していた。「失業状態は民主カンプチアにはまったく存在しない」と憲法は通告していた。国家権力はシアヌーク率いる三人体制の幹部会において具現化されることになった。

シアヌークのもう一つの重要な役割は、プノンペンに在留しているごくわずかな外交官たち——孫浩中国大使を筆頭に、北ベトナム、北朝鮮、南ベトナム、アルバニア、ユーゴスラビア、キューバ、ラオス特使、ついでエジプト、ルーマニア、ビルマの特使（名称は到着順）——のためにレセプションを開くことだった。

これは慎重を要する仕事だった。プノンペンはまもなく外国の官庁の間で、世界でもっともつらい勤務地であると噂されるようになった。プノンペンの南部に旧大使館を保有することを許された中国を除き、他の国々は鉄道の駅に近いモニボン通りに居住場所と作業場所を割り当てられたのだった。脇道はバリケードで封鎖され、外交官たちは公式な許可がない限り、護衛なしで通りを三〇〇メートル以上歩くことも許されなかった。当初、食糧は国営農場から週に三度配達されていた。かれらは知らされていなかったが、農場で修正のために働いているのはかつての同僚——外国から帰国したカンボジア人外交官だった。一九七六年の春に、民主カンプチア最初で最後の店である外交官用店舗が近くに開かれ、基本的な食糧のほかワインや蒸留酒などの消費財を扱うようになると、状況はわずかながら改善された。だが大使館がカンボジア人の職員を雇うことは許されていなかったため、外交官たちはみずから料理や洗濯、掃除に励まなければならなかった。車の使用も許されなかった。外務省を訪れることも許されず——カンボジアの指導者たちとの会合がまれに開かれるのも町の迎賓館だった——利用されていた一方通行の電話システムは、外務省からは連絡できても、かれらは外務省を呼び出せないのだった。これらの方法には、カンボジア政府が友好的な国々にさえ抱いていた疑念が反映されている。ポル・ポトはその春に内閣に次のように伝えていた。

外交団はわれわれを調査にきている。（中略）都合良く行動できるように、われわれ（の状況）を分析しているのだ。これらの政府はわれわれの友人であるが、外交官の中にはCIA職員として働いている悪い人間もいるかもしれない。（中略）（したがって）外国人との接触には細心の注意をはらわなければならない。なごやかで誠実に礼儀正しくしながら秘密裏に――秘密主義こそが慎重さの基本だからだ。（中略）われわれが語るよりも多くを相手に語らせるようにしむけるべきだ。ただ耳を傾ければいい。（中略）多くを話せば間違いが起こるかもしれない。（中略）われわれに攻撃をしかけられないように、原則としてかれらにはわれわれのことを知られたくない。（中略）前もってわれわれのことを知っていれば（中略）かれらはわれわれを支配するために交渉の中で圧力をかけてくるだろう。

これらの原則は、国内で適用されているのと基本的に同じものだった。外交筋の目には途方もない自由の制限とうつったが、カンボジア政権内の統制にくらべれば穏やかなものだった。国内では、省庁の役人が他の省庁を訪れる際には特別な許可が必要とされた。また、首都の中を移動するにも特別な通行証が必要だった。ポル・ポトを含む政権委員会のメンバーらも、軍の検問でいったん止められた。大規模な人口移動がようやく収束した一九七五年の後半からは、地方においても移動に関して同じような制限が設けられた。

シアヌークはその冬にキュー・サムファンとともに二度にわたって地方に行き、最初に東部と北部、つぎに北西部を訪れて初めて民主カンプチアの人々の生活の惨状に直面した。「（その様子を見て）ひどく驚いた」と、かれはのちに述べている――「わが国民（中略）は家畜に変えられていた。

（中略）余は自分を含め、他のだれも想像しなかったような狂気のさたに目が覚める思いだった」。この二度の旅についてのかれの説明は身勝手で自己憐憫まみれだ。田畑で働く同胞の窮状よりも、クメール・ルージュのテーブルマナーや、かつて「イタリアのライモンド・オルシーニやドイツの偉大な俳優クルト・ユルゲンスなどの」国賓を迎えた建物の損傷具合に対する憤りのほうが激しいように見受けられるところが多い。だがかれが強い衝撃をうけたのは確かだ。ここで疑問が持ち上がる——国民にこれほどにひどい苦しみを追わせた政権に、自分の名前を貸し続けるべきか？

シアヌークはプノンペンに戻る前から辞職する決意をしていたと回顧録に記している。実際のところかれは迷っていた。帰国後わずか二ヶ月で引退すれば、クメール・ルージュ指導部との正面衝突を招き、予測もつかない結果をもたらす。また、かれは中国の反応にも自信が持てずにいた。かつての盟友であった周恩来は一月に世を去り、毛の妻の江青率いる極左主義者たちが隆盛をきわめていたのだ。ペン・ヌートはかれと妻のモニク妃に動かないように忠告した。だがシアヌークは三月の第一週に、イエン・サリがすべての協定を破り、国家元首たる自分が任命状に署名することもなしに、断りなく新生民主カンプチアの大使を北京、ハノイ、平壌、ビエンチャンに派遣したことを知った。これでシアヌークも堪忍袋の緒が切れたようだった。ポル・ポトはのちに次のように認めている——「その出来事そのものは重要ではなかったが、もはやわれわれがかれを必要としていないと思わせてしまった。（かれの）立場に疑問を抱かせたのだ」。

三月十日にシアヌークは王宮の雑役係であったチョルン・ヘイに健康上の理由を申し立てる辞任状を渡した。そして議会選挙が開かれる三月二十日までに辞任して中国で治療を受けたいとの意向を告げた。

翌日ポル・ポトは政権委員会を招集してシアヌークの申し出について議論した。ある意味では時機には恵まれていた。新たな幹部会の任命が間近に迫った折、シアヌークが中国行きを主張するのであれば、現在の立場からかれをはずすには絶好の機会だったのだ。だがポル・ポトは、そのような事態は回避したいと考えていた。「われわれは、かれが特に国際関係で貴い貢献をなしとげ、国のために行動し努力をおこなってきたと常々考えている。かれに国家として感謝をささげる」と、ポル・ポトは会合で発言した。キュー・サムファンとソン・センはシアヌークの説得を命じられたが、その二日後にキュー・サムファンは説得が失敗に終わったことを報告した――シアヌークの意志は固く、その決断をくつがえすことはできなかった。そこで委員会はシアヌークと外国人との接触を断ち、海外渡航を許可しないことに決定した――シアヌーク自身が良くない行動に出ることを危惧したのではなく「愛国心がない」かれの妻とその母親が信頼できないとみなしたためだ。同じ理由から夫妻の息子のナリンドラポンとシアモニも、それぞれモスクワと平壌から「問題をきっぱりと解決するために」呼び戻された。

それでもポル・ポトはシアヌークが考えを変えることへの期待をまったく捨てたわけではなかった――荒々しく見えるかもしれないが、シアヌークはいまや何の害も及ぼすことができない「年老いて骨と皮だけになった爪も牙もない弱い虎」であるとかれは言った。シアヌークの引退は革命にとって損失になる。それにシアヌークを「長年の親友」とみなしている中国と北朝鮮は、クメール・ルージュが「かれを追い払った」と考えて否定的な反応を示す可能性があるとかれは警告した。

選挙の直後に、今度は三人の副首相を含む第二の代表団がペン・ヌートに従ってシアヌークの面会に訪れた。だがシアヌークはふたたびかれらの懇願を拒絶した。四月二日の朝に辞任が認められたことを知らされたシアヌークは、辞任声明をフランス語とクメール語で録音した。この声明は同日中に放送された。感情の抜けた声はかれの苦悩を示していた。だが辞任がどれほど困難だったにせよ、本当の理由が何であったにせよ——かれの主張ほど愛他的なものでないことは確かだが——その辞任は妙案だった。一九五五年の退位のときと同じく、この出来事はかれに特殊な立場を与え、将来重要な役割を果たさせることになった。

支払うべき代価があったとしたら、それを負担したのはかれの周囲の人間だった。このときまで寛大に扱われていた親戚らは、だれも生き延びられない地方へと送られた。そして側近は「消えた」。だがシアヌーク本人とその肉親——二人の息子、モニク妃、母親、若いとこ——は政治的にも外向的にも重要だったため、同じ運命をたどることはなかった。

シアヌーク本人さえも、かれが戻った「金の鳥かご」——二十年前には同じ言葉で王位をさした——はまったくつらくなかったと語っている。その翌年もかれはクメール・ルージュ「随行員」の役割を務めた。キュー・サムファンは相変わらず地方視察にシアヌークをさそったが、かれが拒否したようだ。

王宮の外との接触は禁じられ、ラジオを聞くことしかできなかったが、シアヌークの物的要求は充分に満たされていた——回顧録の中で、デザートのバナナフランベに使うラム酒が切れたことに不満をもらしていたほどだった。数十万もの同胞が飢え死にしているときに、この不満は若干うつろに響いた。シアヌークは暑さを嫌ったため、冷房をつけることを許されていた。王宮付きの中国人医師はもういなかったが、病院でポル・ポトたちがかかっているのと同じ医療スタッフや歯科医らの治療を受けることはできた。中国と北朝鮮を安心させるために、政府はかれが「偉大な愛国者」であると言明し、かれに敬意を表して記念碑を建て、年間八千ドルの国家恩給を与えることを発表した。約束は守られなかったが、かれが重要視されていたことを示すものではある。

一九七六年四月の、みずからをクメール・ルージュから切り離すというシアヌークの決断は、予期せぬ影響をもたらした。

これで民主カンプチアには革命軍以外の人間が要職を占める統一戦線政府があるという見せかけに終止符が打たれた。だがシアヌークは、自分にかわって——ティウン・ティウーンとその妻からは「王太子」と呼ばれるようになった——キュー・サムファンが形式上の役職である国家元首になるとは、数週間前には想像もしていなかった。かれにとってキュー・サムファンは「名目上の指導者で、ダミー」であった。だがポル・ポトはキュー・サムファンをしだいに信頼するようになっていたのだ。ポル・ポトはかれの我慢と忍耐、そして与えられた課題を一字一句違わず実行し、やりすぎることや行き届かないことがないところを高く評価していた。キュー・サムファンはポル・ポトに名指しで公的に称賛されたたった二人のクメール・ルージュ指導者の一人だった（もう一人はヌオン・チェアである）。かれは受動的だが忠実で、堕落とは縁がなかったが狭量な人物だった。

当初は現首相で社交的なペン・ヌートを副大統領にたてる予定だったが、その案も取りやめになった。こうして新政府は完全にクメール・ルージュの人間で占められることになった。

不都合もあったとはいえ、ポル・ポトから見ればシアヌークの離脱には明るい兆しがあった。王制と封建主義の遺物は決定的に取り除かれ、外交政策はさらに明確なものになるとかれは宣言した。「われわれの政府は以前のような混ぜ合わせではない」とかれは最初の閣議で語った——「物事が良い方向に向かうも悪い方向に向かうも、何が善で何が悪かも、何を得て何を失うかも、われわれだけが全責任を握っている。（中略）この国を支配するのはわれわれをおいて他にない」。

ヌオン・チェアは国民議会の政権委員会の長に任命された。民主カンプチアの多くの役職と同じく、この役職も紙の上だけに存在するものだった。ポル・ポトが首相に就任したこの時点で、世界はかれをポル・ポトという名で記憶することになった。これはかれが渋々下した決断だった。二月の時点では、政権委員会はソン・センを首相に指名していた。だが、シアヌークの辞任を受けてポル・ポトが思い直したのだ。「新政府は国内外に信望をいだかせなければならない」とかれは言った——「そのためには充分な権威が必要だ」。そしてソン・センは国防相の仕事だけで手がいっぱいだと主張したのだ。ペン・ヌートは適任で信頼も厚かったが、クメール・ルージュの人間ではなかった。こうして残ったのはかれひとりだったというわけだ。*1

振り返ってみると、これがシアヌークの離脱がもたらした最大の影響だったかもしれない。スポットライトを避けて陰に徹する人生をすごした後に、ポル・ポトは主役をつとめざるを得なくなったのだ。

この役割はポル・ポトにとって簡単ではなかった。当初、関係者たちは新首相が東部出身の「ゴム園の労働者」だと言うように指示されていた。そして、日本軍の占領下でイサラクとともに闘ったという架空の経歴が関係者内に回覧された。パリでは「ポル・ポト」はラト・サムーンの偽名ではないかとの疑いが持ち上がっていた。ポル・ポトの写真が最初に世に出たとき、コンポントムで農民として働く本人の兄弟は言うまでもなく、イゲト・チョピニントなどかれの学生時代の古い友人たちは、新たな指導者があの控えめなサロト・サルだと知って驚いた。情報は注意深く保護して、漏らさないに越したことはないというのが、人目を忍んでいた頃にかれらがつちかった古くからの直感だった。

ヌオン・チェアは次のように説明している。

「解放」を終えたいまでも(中略)秘密活動はわれわれの行動すべての基本だ。たとえば指導的な立場をめぐる同志の選挙は秘密裏におこなわれる。指導者の住処も秘密だ。会合の日次と場所も秘密にしている。（中略）これは一般的な原則である一方で、敵の侵入からわれわれの身を守る方法でもある。階級闘争や帝国主義が存在する限り、秘密活動は基本でありつづける。秘密を通してのみ、われわれは状況を征することができる。（中略）われわれは秘密をすべての基本としている。

さらに昔の慣習から生まれた他の検討事項もかかわってきた。有名な仏教教典に、人間の幸せは王の叡智に比例するというくだりがある。革命的な文脈におくと、それは党指導部にかかっており、どんな犠牲を払ってでも守らなければならなかった。ヌオン・チェアは次のように述べている。

党員を失っても指導部を維持すれば、引き続き勝利をおさめることができる。（中略）指導部が存在する限り、党は死なない。主要幹部の二人か三人を失うことと、二百人から三百人の党員を失うことは比べものにならない。前者よりは後者だ。そうでなければ党は頭脳を失い、闘争を率いることができなくなってしまう。

これは共産主義の衣をまとったアンコール流国政術モデルだ。現代国家にある権力の中間層や、責任のピラミッドは存在しない。カンボジアが受け継いだ封建制度がシアヌークをつくり、かれの望むままに官庁を仕切った高官たちをつくり――臣民をつくっていたのだ。もはや王はポル・ポトという姿で具現化されたアンカに、シアヌークの「臣民」は「大衆」に、取って代わられていた。
革命闘争のあいだ秘密を要したことによって、この神秘的で全能の指導部は匿名性を保ってきた。

このとき初めて「同志書記」はいにしえの神王のように人の顔を現さなければならなくなったのだ。その表情を見抜くのは非常に難しかった。

「ポル・ポトはね、すごく怒っているときでさえ、傍目にはわからなかったよ」と、イエン・サリは振り返る――「かれの顔つきは……いつも人当たりがよかった。けっして悪い言葉を使わなかった。表情から感情を読みとることはできなかった。多くの人はそれがわからなかったんだよ――あいつが静かな微笑み浮かべ、そしてそいつらは連行され、処刑されたんだ」。シアヌークはポル・ポトの雄弁さとカリスマ性を称賛した。「かれは誘惑する」とシアヌークは書いている――「穏やかに話し、たえず礼儀正しく振る舞いながら」。一九八〇年代にポル・ポトとともに活動したコン・デュオンはかれの温かさとあいまいな態度を覚えているという。

かれはとても人好きのする実にいい人だった。友好的で、その発言のすべてがとても理にかなっているように思われた。正面から人を責めたり叱ったりすることはけっしてなかった。物事をほのめかし、われわれが自分で考えなければならないようにした。（中略）（その間接的なやりかたのせいで）かれが何を意図しているのか知るのがとても難しいことも時々あった。だからわれわれはとても慎重になっていた。かれの意味するところを誤解するのを恐れていたからだ。

のちにポル・ポトの秘書の一人になったメイ・マクは、そんな暗示的な寓話の一つを振り返る。

あるときかれはわたしを呼んで傍に座らせ、話をしてくれた。それは王と一人の官吏の話だった。その官吏はとても賢かったので、王はかれを高く評価していた。王はかれをチェスの相手に呼んだ。だがその際に一つ条件をつけた。「わたしが負けたら、わたしにかわっておまえにこの王国を治めさせよう」と、王は言った――「だがもしわたしが勝ったら、おまえを地方へ送って農民として働かせる」。こうして二人はチェスを始め、官吏は勝機を見いだした。だがかれはそれを追求しようとはしなかった。そのかわり王に自分の陣を突破することを許したのだ。こうして官吏は負け、王はとても喜んだ。とても喜んだ王は、官吏を地方へ送って農民にするかわりに、かれをさらに高い地位につけてやった。ポル・ポトがこの話をしたのは、われわれに考えさせるためだった。かれは言った――「自分で思うように解釈しなさい」。

この逸話からはごまかしとあいまいさの積み重ねが垣間見られておもしろい。イエン・サリは、ポル・ポトの思想を単純だととがめだてすることはあっても、かれの性格が複雑であることは認めていた。狂人のふりをしてクメール・ルージュ政権下を生き延びたクメール人社会学者のバンディ・カオンもこの点については矛盾を感じていない。「(ポル・ポトは)採用した原則を徹底的かつ非妥協的に導入することを要求した」とかれは書いている――「だが同時に創造性と如才のなさも求めたのだ」。もっと不気味だったのはポル・ポトの沈黙だ。かれが「静かに座ったまま返事をしない」場合、それは政治的失墜の前兆だった。ポル・ポトが信頼する人間に対しては、許容範囲が珍しく広げられた。だがいったんポル・ポトの心に疑惑の種が根づいてしまうと、それを止める手だてはなかった。

並はずれて単純な政策を隠す口頭での注意は、かれの発言に謎めいた性質を与えた。こうして、農業の機械化が目的でありながら、そのために機械の使用を最小限に抑えなくてはならなくなった。また、カンボジア人は私有を拒まなければならなかったが、それは「数々の財産」を持てないという意味ではなかった――それは「まちがった矛盾」で「人々の生活の物質的な豊かさは奨励されるべきだ」。「新人民」は信用できず、多くの場合は修正することもできなかった。だが、かれらをみな敵として扱うのはまちがいだった。これらの発言は、どれもそれ自体としては理解できないものではない――私有財産についての不可解な言及も、貧困が目的ではないという意味にすぎなかった。人々の所有物が多ければ多いほど、集団所有の供給物も良くなるということだ。クメールのいにしえの賢者で、謎かけを使って話し、知恵を授けるかわりに服従と敬意を獲得したク・ルーのように、ポル・ポトは率直に表さないことを好んだ。かれは幹部が「革命意識」を育てて初めて革命は成功する、それがあれば最低限の導きでかれらはみずから行動できると信じていた。

だが結果的に、かれはつねに部下たちの能力に落胆させられることになった。それが、忠誠心が低いと判断された分子たちの粛正に火をつけた。また、そのせいでかれは他の者にまかせるべきささいなことに時間を費やすようになった。公的な晩餐会の前に食器セットをみずから点検したシアヌークのように、ポル・ポトは国家のレセプションのメニューを承認し、政府の客を受けいれる地方の役人に指示を長々と並べ立てたリストを送り、ラジオ・プノンペンのアナウンサーを選び、番組日程の監督にあたった。*2 王の言葉がつねに法であったこの社会では、自主性など死産状態だった。スオン・シコンはこう語る。「ごく小さな細部まで微細管理するというのは、ポル・ポトの考える指導力の一部だった。独占権力による断固たる対応。かれはすべてを独占したかったのだ」

やがてこの傾向はさらに顕著になった。

理論的には、常任委員会の会合は民主的中央集権制度の原則――クメール語では「集団が決定し、個人はその実施に責任を持つ」と表現された――に基づいて開かれていた。だが実際は、一九七六年以降はポル・ポト一人が決断を下していたとキュー・サムファンは言う。

かれはみごとな忍耐をもって下の者たちの詳細な報告に平然と耳を傾けていた。（中略）かれは多くの人たちの意見を聞くのが好きだった。（中略）情報は多い方が良かったのだ。かれは手近な問題に適切な意見を心にとめておいて、まず仮説をたて、自分の胸の内にしまっておく。その仮説に磨きをかけて、満足のいく結論が得られたら決定を下す。そうなればもう覆すことはできなかった。その後でかれは（常任委員会の）会合を開き、メンバーの前で問題を説明して、だれにも気づかれずに議論がかれの望む結論の方に向かうようし向けた。（中略）全員が発言すると、かれがそれを要約する――発言の中から自分の見解を支持するところを選び出すんだ。そしてそれらを党の政治方針や弁証的法則など、すべての物事が他との関連において存在する数々の基本的な原則と関連づける。そして全員がその策定に貢献したように見せかけて、自分の決定を発表する。投票はおこなわれず、こう述べられる――「集団が決定した」。

いつのまにかポル・ポトは首相に望まれる役割にすべりこんでいた。共産主義の報道陣に対して初の記者会見をおこない、閣議の議長をつとめたのはかれだった。毛沢東が九月に死去した際には、かれが弔辞を読んだ。党集会でポル・ポトが話すのを耳にしたイン・ソピープはかれの人格と、かれが言及する文化的なルーツの両方に衝撃を受けた。

ポル・ポトは自分の思想について語るのを好んだ。かれが「すぐれたコミュニケーター」だったかどうかはわからない。（中略）だがいずれにせよ話すのがうまかった。とてもクメール人らしかったのだ。（中略）かれは聞く者の心にとどき、その存在のあらゆる細部に触れる言葉を見つけ出すことができた。ヨーロッパ人には、かれの論理は突飛に思われたかもしれない。だがカンボジア人には効き目があった。（中略）かれは話すときほとんど動かなかった。（中略）声を張り上げることもなかった。とてもカンボジア人らしいふるまい方だった。（中略）かれは僧侶のように穏やかだった。僧侶にもさまざまな段階がある。まず本人が喜びを感じる段階。それでいい。そして次の段階。もう自分については何も感じないが、他者のために喜びを感じる。そして三つめの段階、まったく中立の段階だ。何にも揺るがされることはない。これがもっとも上の段階だ。ポル・ポトはこの穏やかさの伝統にのっとって自分を位置づけたのだ。

二年後にポル・ポトに会った『ワシントン・ポスト』紙のエリザベス・ベッカーも、かれが「想像とは違っていた」と評している――「かれの身振りや物腰は洗練されていた。（中略）激しい（非難をしている）ときでさえ、一度も声を荒げることや、椅子の肘かけを拳で叩いたりしなかった。せいぜいわずかに頷くか、強調の意味で華奢な手首を振るぐらいだった」。クメール人の聴衆を相手に話すときは、かれはいつも僧侶の象徴である扇子を持っていた。

新政府の編成はカンボジアの革命のひとつの段階――クメール・ルージュがもっと穏健派の集団と手を組んだ「民族革命」――の終わりと、次の段階である「社会主義革命」の始まりを示していた。目下の目標は完全な共産主義へと躍進――「きわめて見事で、きわめてすばらしい驚異的な躍進」――することにあった。

これは周恩来が助言したことではなかった。また、毛沢東の後継者である華国峰と鄧小平が民主カンプチアに最適と考えた方法でもなかった。だがクメールの政治はもともと現実論は苦手だった。シアヌークは生涯にわたって自分の国は「極小」ではないと主張を続け、ロン・ノルはモン・クメール帝国復興という不可能な夢を描き続けた。

アンコールへの信頼をカンボジアの栄光の基準点とすること、そしてカンボジアが強大な隣国に迎合するしかない貧しい小国だという事実の必死の否定はポル・ポトの発明ではなかった——これらはカンボジア人の精神に根づいていたのだ。それを自ら鵜呑みにし、誇大化したことでこの信念は自己欺瞞となった。ポル・ポトの場合は、超自然的な容易さでアメリカ人をカンボジアから追い出せたことが、この問題に拍車をかけた。もともとコスト度外視でアメリカはインドシナから退去するつもりだったという事実と、シアヌークとロン・ノルが権力の座にあった頃に国内のあらゆる反対勢力をつぶしてしまったために、クメール・ルージュがやってきたときには穏健な代替案がなかっただけだという事実は無視された。一九七五年の七月にポル・ポトは次のように宣言している。「全世界を見ても、帝国主義者を最後の一人まで追い出して完全な勝利をおさめた国や人や軍はこれまで存在しなかった。だれも！」これはまるっきり嘘だし——ベトナム人たちはカンボジア陣よりも百倍はめざましい勝利をおさめていたうえ、かれらから助力を受けたことをポル・ポトは全面的に否定していた——崩壊を招いた傲慢さかげんを物語っている。

ポル・ポトにとって民主カンプチアは「今日の世界の混乱の中にある」純粋さの孤島であり、中国を含む旧来の革命国家の革命的美点を上回る「人類の貴重なお手本」であった。

一九一七年十一月七日の（ボリシェビキ）革命の水準は非常に高いものだったが、フルシチョフがそれを引き下げてしまった。一九四九年の毛沢東の（中国）革命の水準は高かったが、今では衰退し揺らいでいる——もはや堅固ではないのだ。ポル・ポト同志が高めた一九七五年四月十七日の（カンボジア）革命の水準は輝くばかりの赤で、決意にあふれ、すばらしく堅固であり展望が開けている。全世界がわれわれを称賛し、賛美の歌を歌い、われわれから学ぶのだ。

また別の中央委員会の調査書には次のように書かれている――「貨幣の不使用、市場の禁止、人民の需要に合った供給制度の使用（中略）世界はこのような政策を思いつきもしなかった。この新たな方針は、人類が何世紀にもわたって取り組んできた、町と田舎の格差という厄介な問題をみごとに解消した」。民主カンプチアは「巡礼の地」であるとクメール・ルージュの歌は述べていた。ラジオ・プノンペンは、カンボジアが帝国主義を打倒することができれば「アメリカ人を含むあらゆる人々が、確実に勝利をおさめる」と宣言した。

世界規模の新しい革命という構想を裏打ちするのは、この地域の他のマルクス＝レーニン主義の政党がカンボジアを見習おうとしているという思想だった。当時これは現実離れした考え方ではなかった。一九七〇年代なかばには、西側諸国はオイルショックの影響に打ちのめされており、共産主義世界がその隆盛をきわめていた。過去最多の三十二カ国がマルクス主義、あるいはマルクス主義支持派の政権によって統治されていた。意志堅固なシンガポールのリー・クアンユー首相は次のように振り返る――「共産主義者は日の出の勢いで、その潮流は東南アジアの他の地域を呑みこむかのようだった」。

それからの二年間、ポル・ポトとイエン・サリはビルマ、インドネシア、マレーシア、タイの共産党指導者や東ティモール解放戦線の関係者を招致している。インドネシアをはじめとするいくつかの共産党は、民主カンプチアに党員団を派遣して軍事訓練を受けさせた。ポル・ポトが特に期待をよせていたタイは、国境沿いに基地を建設することを許された。一九七六年の十月に、タイ軍が右翼の流血クーデターで権力を握り、数百人の学生が逃亡して共産主義の反乱組織に参加したとき、ドミノがもう一つ倒れると考えたのはカンボジア人だけではなかった。アメリカ人の著名な専門家は、タイの革命家たちが「力を増している」と記していた。「タイの将来の大部分は、いまやかれらの手の中にある」。振り返ってみればばかげた判断だ。だが多数のタイの知識人と、欧米の学者たちにはそのように見えていたのだ。

民主カンプチアは他の革命家のお手本だという思想には、当然の帰結としてカンボジアの革命は遺伝的に独自のものだという見方が含まれていた。中世ヨーロッパの至福千年運動のように、それぞれが「他にない重要性を持った出来事で、歴史上の他の闘争とは異質の一大異変であり、そこからまったく形を変えられ解放された世界が現れる」とみなされていたのだ。カンボジアは「前例のない革命」を始めていた。ポル・ポトはこう述べている。

（われわれの）新たな社会には、先例となるお手本や型は存在しない（中略）。状況は他の国々とはまったく異なっている。われわれはかれらのように混乱していない。（中略）われわれのものは新たな経験であり、人々はそれを観察している。われわれはどんな本にも頼らない。

イエン・サリは、さらに踏み込んだことを一九七七年に記者に語っている――「われわれはこれまで起きたことのない何かをなしとげたい」。だからクメール・ルージュは理論を遠ざけ「（革命）意識を頼りに実践的に闘争をおこなった」という。

ここで出てくるのは、一九七六年の中盤から完全な形を見せたカンボジア「共産主義」を、マルクス＝レーニン主義とみなしていいかという問題だ。「一部の（外国の）同志たちは、わが党はうまく機能できないと述べる。党がマルクス＝レーニン主義を理解せず、中央委員会の同志たちがマルクス主義の原則を学んでいないからという」とポル・ポトは認めている。かれの答えは、カンプチア共産党は「マルクス＝レーニン主義の視点を取り入れた」が、独自のやり方を用いたというものだった。確かに一理ある。党員たちは弁証法的唯物論、プロレタリア独裁その他のマルクス主義の概念について本で学んだ。だがカンボジア共産党が世界的な共産主義運動にきちんと参加したことはなかった——一九七五年までに党が接触した外国といえば中国、ベトナム、ラオスだけだった——また、党がマルクス主義から取り入れたのは、自分たちの世界観と合う部分だけだったのだ。ポル・ポトにとって社会主義とは、カンボジアを「国防にたけ、カンプチア人種を永久に維持させる」強い国にするための手段だった。かれのイデオロギー上の良きパートナーはスターリンでも毛沢東でもなく、十六世紀のイギリス人トマス・モアであり、フランス革命のエベール派であり、「不興とアジア的後進性（を支持する）反動的な下級ブルジョア思想の担い手」とレーニンが酷評した十九世紀のロシアの空想的社会主義者たちだった。かれらとの違いは、ポル・ポトには思想を実行に移す権力があったという点だった。

一九七六年の夏、クメール・ルージュはやっと自分たちだけで政治に乗り出す体勢に入った。まずスタイルに変化があった。民主カンプチアは新たな名前、新たな指導者、新たな政府、新たな自己イメージを手にしていた。他の国々から認められたいという欲求は、もはやだれもがこの政権を現状のまま受け入れるしかないはずだという感情に取って代わられていた。

前年の春にポル・ポトは議会選挙の「準備を慎重に整え（中略）敵がわれわれを批判できないようにする」よう主張していた。外国の報道陣にやり方が非民主的だと言われないように、ポル・ポトはフー・ニムに命じて農民、労働者、兵士との運動集会や候補者のインタビューをラジオ放送させた。

「これは資本主義の選挙ではない。プロレタリア階級の独裁体制を適用するのだ」とポル・ポト自身も認めていた。国内で複数の候補者が立ったのはシアヌークとキュー・サムファンがたっぷり報道されつつ投票をおこなったプノンペンだけだった。他の地域の候補者は一人だけで、すべてではないが多くの地域では、参政権のない「新人民」は、選挙への参加を許されなかった。数週間後に新しい議会が招集されて、虚構は続いた。代議員らは三日間にわたって政府の編成について議論したのち、厳粛に投票にのぞんだとラジオ・プノンペンは報じた。実際は、集会が開かれたのは三時間で、議論も投票もおこなわれなかった。だが外の世界に正式な国家であると強弁するため、うわべをとりつくろったのだ。それはクメール・ルージュが過去二年間に開催したと主張してきた公的な集会のほとんどについてもあてはまることだった。一九七五年二月の第二回カンプチア統一戦線議会、新憲法を策定するための業務を千二百人に割り当てたといわれる四月の特別議会、憲法を承認した十二月の第三回議会――そのすべてが紙の上にしか存在しないものだった。かれらは少なくとも報道されたような形態では集まっていなかった。ミニマリズムの政権を普通に見せようととりつくろったプレス発表でしかなかった。

一九七六年のなかばからそれが変わった。もともと形ばかりの立法府、執行部、司法すら使用されなくなったのだ。一年に二度開かれるはずの議会は、二度と招集されなかった。閣議は停止され、大臣の職は空きのままになった。それから二年が経過しても人員が配置されたのは十六ある官職のうち半分だけだった。お芝居は終わった。権力はつねにあった位置に備わっていた――カンプチア共産党常任委員会とその書記ポル・ポトの手の中である。

そして内容も変わった。

一九七五年の四月に始まった社会主義革命の第一段階で、国中に村の規模の協同体が設立された。

十月に常任委員会はさらに次の段階に進むことに同意した。数ヵ所の村が五百〜千単位の家族で構成される一つの協同体で結ばれることになった。最終的な目標はさらに二倍の人数からなるコミューン規模の集団の編成だった。同時に、共同調理場が設けられた。クメール・ルージュはこれを「食事の統合」と呼んだが、つまり湯を沸かすやかんと一家族あたり一本のスプーンを残して、人々から調理鍋や皿を取り上げることだった。新制度は、北部と北西部の一部地域では一九七五年の十二月から施行された。その他の地域、特に東部地域などでは、家族単位での食事が一九七七年なかばまで続けられた。ときには隣り合う区で新制度の導入時期が何ヶ月もずれることもあった。村人たちは道路のこちら側でコミューン単位での食事を強いられながら、道をへだてた反対側の人々が小屋の外で夕食をつくっているのをうらやましげに眺めた。クメール・ルージュ時代のカンボジアにおけるほとんどのことと同じく、これもすべてが地元幹部の気まぐれに左右されていたようだ。

コミューン単位の食事はすぐにクメール・ルージュ政権下の暮らしの中でもっとも嫌われた一面となった。

理論上は、関係者全員にとってそれで物事は楽になるはずだった。「自分で料理する必要がありません」と、イエン・サリの妻のチリトは熱心に語った――「ただ働いて帰ってきて食べられるのです」。中にはそうとらえた人もあった。B−1のローレンス・ピックは、個人的には賛成できないところがあるとしても、コミューン単位での調理には現実面で大きな利点があると感じていた。地方での自活に困っていた中国系クメール世帯の中には、それほどわずらわしさを感じなかった人々もあった。だが、その他の人々はみなこの制度を嫌っていた。料理人たちが自身や村長のために配給をくすねたため、食糧供給は激減した。すでに圧力を受けていた家族の団結はさらに弱まった。特に女性は、伝統的な役割を損なわれたと感じていた。「基幹民」は特権を失った――もはや自分の木に実った果実や家のそばで育てた野菜で食いつなぐことはできなかった。それも他のあらゆるものと同じく、コミューンの所有物になってしまったからだ。荷車と牛も没収された。私有の穀物備蓄、魚網、自転車など個人を集団から隔てるものはすべて没収された。多くの村では大きな家――やはり「基幹民」の所有だったことが多かった――が解体され、新しいコミューンの食堂や、なんとか中で眠れる程度の大きさの小屋をたくさん建てるための木材に使われた。

コミューンでの食事は、もっとも平等化をねらった政策のはずだったが、実質的には新たな社会における「持てる者」と「持たない者」をさらに大きく隔てることになった。ポル・ポトは「権威主義、高級官僚主義、見せびらかし主義、高級主義」と「人民に対して尊大ぶること」を激しく批判したかもしれないが、急進化に拍車がかかるにつれてこれらの現象はすべて増加したのだった。

地方では権力者たち――チョロルプ、兵士、コミューンと区の関係者――は他の人々と分かれていい食事をとっていた。中には一日に四度の食事をとり、お抱えの料理人に好みの料理を用意させた者もいた。鉄道員など一部の特権を持つ人々は、肉と米を特別に割り当てられた。外務省の高官たちも分割体制の恩恵を受けていた。さらに良い待遇を受けたのは、「長老」と呼ばれる地域指導者たちだった。かれらは召使いと護衛をともなってB-1にやってきて、そこから民主カンプチア最初の大使として海外に派遣された。ローレンス・ピックは一九六八年のパリ五月革命的急進パリジャンの素朴な純粋さを全開にして、かれらのふるまいに憤慨した。

全員が大量のスーツケースと箱とトランクを持っていました。(中略)持てるものすべてを諦めなければならなかったわれわれ(とは対照的でした)。(中略)厨房では供給物資が窮乏しているにもかかわらず、料理人たちがかれらのために特別な食事を用意していました。(時には)すすんで顔を見せることもありましたが、かれらはたいてい（中略）自分たちだけで食事をとることを選びました。かれらの食事はまさにごちそうでした。鶏肉と子豚とワインともち米。（中略）そして毎朝、護衛の一人がかれらの朝食のために、外国人外交官用の焼きたてのパンを取りに行きました。（中略）日中は（かれらの妻たちが）空き家を物色して、共同体のためだと言いながら立派な服や絹の下着や骨董品を手に戻ってきました。ある日わたしは、彼女たちが見つけた宝石を何と交換するか相談しているのを小耳に挟みました。奇妙な世界でした。（中略）この人々はとても禁欲的で貧しい国にありながら、だれも想像できないようなやり方で別の暮らしをしていたのです。夕食、小旅行、パーティー、酒――そして何であろうと略奪品は真っ先に選びました。この人々は征服者のように、空手で済ますことはなかったのです。

最高位の者たちは、何でも手に入れることができた。ティウン・マムはボン・ベトの司令部のことを振り返る。「いつも新鮮な果物が盛られた籠が卓上にあった。過去最高の食事だった」。側近の妻が身ごもったとき、ソン・センの妻のユン・ヤットは西洋梨を贈った。シアヌークは中央委員会の兵站部が「日本製のビスケット、オーストラリア産のバター、フランスパン、あひるの卵、（中略）みずみずしいクメール蟹」を供給したと振り返る。地元でとれる果物のほか、「プルサット産のオレンジ、カンポット産のドリアン、ランブータン、パイナップル」もあった。国連から戻ってきたイエン・サリの手みやげは、籠いっぱいのフォアグラとスイス・チーズだった。指導者はみな太った。当時の写真からは、ポル・ポトとヌオン・チェアが太っているのがわかる。キュー・サムファンは体重が増えて、不健康な赤ら顔になっていた。

その一方で、地方ではイデオロギーに対する枷がさらに締まりつつあった。

狩猟採集はクメール・ルージュ支配が始まった年に多くの人々を飢饉から救ったが、今では個人主義の表れとして糾弾され、一部の人が多くを持つ結果を招くとして禁止された。同じ理由から地元のクメール・ルージュ関係者たちは、村人の釣りや農園を荒らした猿や猪の処分を許可しなかった。

許可なくヤシの実を採るのは反革命的行為とみなされた。イエン・サリはそれを理由に外務省の役人を一人解雇していた。地面に落ちた果実は個人の食用に拾うよりも、そのまま朽ちさせる方がましだったのだ。兵士たちは「それはアンカのものだ」と言って人々が果実に触るのを禁じた。

一九七六年の夏から、七歳以上の子どもらは両親から離れてクメール・ルージュの指導員と共同生活に入り、革命の歌を習ったり田畑での軽作業を任されたりしていた——かつてカンボジアの子どもたちが仏教の見習い僧として暮らすために僧院に行ったように。両親たちが子どもをしつけることは認められなかった。その権利もやはり、個人ではなく集団を代表してアンカが持っていたのだ。

だが革命家のエリートたちの間では、ポル・ポトのいう「家族主義」と「身内主義」は猖獗を極めた。イエン・サリは最悪の違反者のひとりで、子どもと甥たちをすべて不釣り合いに高い地位につけた。一方ソン・センはかれらしい厳しさをもって行動した。政権第二位という高い地位にあったヌオン・チェアも、バッタンバンに住む信心深い年老いた母親に、国内でおそらくただ一人の仏教僧を身近において読経させることを許可した。さらに驚くべきは、シアヌークの体験である。それはキュー・サムファンが地方の視察でかれに動向していたときに起こった。

突然われわれの運転手が車を道の端に寄せて止め、別の車を通らせた。(中略) クメール・ルージュの元首に同行しているわれわれには、絶対的な通行権があるはずだった。はたして、ペナントだけでなく民主カンプチアの大型の赤い旗をはためかせた車に乗っていた、元首が道を譲らなくてはいけない相手とは誰だったのか？（中略）驚いたことに、それは白髪交じりの六十代の女性で、傍らには孫とおぼしき少年がいた。（後略）

シアヌークがその女性の正体をつきとめることはなかった。彼女はポル・ポト（とイエン・サリ）の義母だったのだ。

それほど身分の高くない幹部たちの身分は、身につけているクロマーの質（絹か綿のチェック柄）か、胸のポケットにさしたペンの本数に反映された。また、コミューンの書記たちは自転車、区の書記はバイク、地区の書記以上の幹部は車を持っていた。

その他の人間的な願望も、クメール・ルージュのイデオロギーがめざした清潔で私心のない存在を汚していた。夫や妻が公的に愛情を示してはならず、数メートルの距離を保つように定められている一方、地元の幹部らは魅力的な若い女性を誘惑しては、不道徳行為で処刑した。ある少女は村の圧制者二人と関係を持ったと主張して、逆に告発者の立場に立った。彼女は殺されたが、かれらも道連れになったのだ。少女の仲間だった退去者たちは、彼女を英雄視した。中国や北朝鮮と同じく、プロパガンダ的な内容を演じる革命派の巡業団は年頃の女性の宝庫だった。彼女たちは特別配給がもらえたし、あらゆる娯楽を奪われた国においては、映画スターにも等しい存在だったのだ。情報省事務次官で若くハンサムなティブ・オルは、省のお抱えのアーティストたちの「胸や陰部を愛撫」していたことを上司のフー・ニムに知られて失脚した。相談を受けたヌオン・チェアは黙殺を勧めたが、フー・ニムは、この出来事は世間に広く知られすぎていて無視できないと主張したのだった。ティウン・ティウーンはクメール・ルージュ幹部用の秘密の娼家に看護婦を斡旋したことで処刑された女医がいたと振り返っている。

このような悪習は権力が特権を左右し、行き過ぎを抑えて最低限の社会正義を確保する仕組みが存在しない独裁国ではどこでもおこなわれている。それは共産主義ではなく専制政治の性質であり、政治色とは無関係だ。

だが民主カンプチアでは、その対比がひどすぎて、ほとんど風刺漫画になってしまった。甘やかされてきたわずかなエリートが奴隷国家の運命を握っただけではなかった。そのエリートが人々に押しつけた政権は、イデオロギー上の純粋性、自制、放棄、物質的放棄、エゴの抑圧を何よりも重要なこととして国家政策の基盤に据えていたのだ。

狩猟採集の禁止は無学な地元関係者による過度の単純化から生じたものではなかった。それはプノンペンの国家指導部が承認したことだった。飢える人々に食糧を自給することを許すか、(食料を腐らせても)完全な平等主義を守るかの選択で、政権は平等主義を選んだのだ。これは例外的な状況であり、指導部は人々が飢えている区での狩猟禁止を想定していなかったという意見もあるかもしれない。また、ポル・ポトが生活水準を引き上げる必要性についてしばしば語っていたことも事実だ。かれは一九七六年の八月に、腕の立つ料理人を集めるよう地区指導者に勧告してもいた。「そうすれば、共同で調理した(中略)食事はまずいからと集団主義の発想を批判されることはない。(中略)味の良い食事を作れば人々の胃も満たされるだろう」。だが実は、かれの懸念は集団主義が失敗して人々が不満を持つことではなく、個人主義が再燃することだった。一部の地域がひどく困窮していることをポル・ポトが知っていたのは確かだ――かれのもとには地域指導者からの詳細な報告が毎週とどいていたのだから――考えたくなかったか、あるいは重要と考えなかったかのいずれかだ。

これは例外でなかった――原則だったのだ。イデオロギー的な方針と現実的な利益が衝突した場合は、実質的なコストを無視して方針が勝った。

町から人を排除したことで、最貧国の一つであったカンボジアの国家財産のかなりの部分を占める住宅と商業ビルと工場からなる資本が放棄された。当初ポル・ポトは「町の美観を損ねてはならない」と指示していたが、一九七六年の終わり頃になると、町に再び人々を住まわせようという考えはすっかりなくなっていた。カンポットの製塩所を訪れた人たちは「五千人の少女と女性が（中略）間に合わせのバラック小屋で暮らす（一方で）一キロも離れていないところに、状態のいい空き家が何百も立っていた」のを目にしている。過去は捨て去られ、再び盛り返すことはなかった。指導部は十年以内に国内の辺境の村をすべて再建すると語り、それぞれ少しずつ違う個人主義的な農民の木造の小屋を、カンボジアの端から端までまったく同一の、小型で模範的な一戸建てに替えるとした。地形に沿った昔ながらの小区画の水田も、平坦にならして一ヘクタールの正方形の田にして、百個単位で集めることになった。おそらく無意識に五百年前のアンコール王朝時代に用いられた市松模様をまねたのだろう。クメール・ルージュの改革の多くと同じように、この広大な田畑は功罪相半ばする結果をもたらした――灌漑と耕作は簡単になったが、米の栽培には不可欠な水平な土地をつくるのは難しかった。

ユーゴスラビアからの一訪問者が評したこの「不条理な急進主義」は、国中に浸透していた。メルセデスをはじめとする高級な車は村の鍛冶屋によって二つに切断された――「金属（中略）は鋤の刃を作るために溶かされ、エンジンは送水ポンプに用いられ、ハンドルは牛の荷車に取りつけられた」。ポンプを動かすガソリンや荷車を牽く牛がないこともしばしばだったが、そんなことはどうでもよかったのだ。シアヌークのもとで公共事業対策官を務めていたピン・ヤタイは、湾岸地帯から内陸に物資を運ぶワゴン車を何台も男たちが押していくのを見守っていた。急進主義運動が加速する中で、モットーにされたのが自給自足だった。機械化はますます蔑視された。ポル・ポトにとって、機械化は農民の力への不信を示す弱さの現れだったのだ。

知的資源も無駄にされた。医師、教員、法律家、機械工、飛行機のパイロット、電気技師、商船隊員、工員さえもごくわずかな例外を除いて共同体で労働するはめになった――生き残っていた場合の話だったが。

ティウン・ティウーンとその長年の相棒であるイン・ソカンが運営するプノンペンの二つの病院は、上級指導者と外国人外交官の診療に使われた。また、中央委員会のメンバーたちはしばしば療養のために中国に出かけた。地方にいたクメール・ルージュの幹部らや一部の特権を持つ人々は西洋の医薬品を入手できたが、それ以外の人々は田舎の診療所を利用するしかなかった。そこでは経験のない看護士らがマラリアの治療にヤシの実ジュースの点滴やビタミン注射をおこない、薬草でつくられた薬を投与した。学校制度も似たような状況だった。中等教育が開始される日に備えてピン・ソイほか二人が革命教科書の執筆を任された。だがそんな日が来ることはなかった。共同体ではもと学生だった人々が子どもたちに基本的な読み書きと算数を週に数時間教えたが、それも村長の姿勢に左右された。

「旧社会」の技術者たちは信用できないとの理由から採用されなかった。イエン・サリは一九七六年の春に、中国大使の孫浩に次のように語っている――「われわれは原則として資格のある人々に工場を任せていますが、これが非常に難しい問題なのです。技術的な資格だけでなく革命における経歴も持っていなければならないのですから。われわれの敵もそれを心得ていて、工作員を潜入させようとしています」。まもなく常任委員会は、六人の知識人を工業企業で働かせるために派遣することを承認した。そして夏の間にさらに多くの人間が派遣された。だが九月までに、思い直した指導部によってその全員が呼び戻された。中央委員会からは次のような警告がくだされた。

われわれは（中略）教授、医師、エンジニアその他の技術者らに対する革命的な警戒を強めなければならない。党ではかれらを採用しないことを政策に掲げている。（中略）（さもなくば）かれらは年々さらに党の深くに侵入してくるからだ。（中略）旧政権の労働者について（も）、その経歴が非常によくわかっている場合（を除き）今後は採用しないことにする。

イデオロギー的に純粋な精神を持っているとみなされた若者を集めて訓練するというのが、ポル・ポトの出した解決策だった。工員や無線技師、写真家や船員にするために、やっと十歳になったような子供たちが地方から連れてこられた。これは完璧な解決策ではなかった。実際はかつての技術者たちをいくらか現場においておく必要があった。そうでなければ工場が稼働しなかったからだ。だが政権の長期目標は、かれらをも排除することにあった。

新しいクメールの理想郷においては、物質的か精神的かを問わず、過去に汚染されたものはすべて捨てなくてはならなかった。新しくさらに美しい世界が実現できるように。この光り輝く未来への鍵は、技術ではなく政治的意識だった。

技能をもたらしたのは教育と文化だろうか、それとも社会主義革命の姿勢だろうか？　社会主義革命だ。
すぐれた政治的意識を養うことによって、われわれはみな急速に学ぶことができる。（中略）かつてはパイロットになるために高等教育が必要とされた……（いまでは三ヶ月で済む）。政治的意識が決定的な要素であることは明らかだ。（中略）レーダーも数ヶ月の訓練で扱えるようになる。（中略）船の操縦についても学ぶことができる。（中略）何でも学ぶことができるうえに、早く身につけられるのだ。

これらはポル・ポトが十年前に「解放区」で培った信念だった。正しい精神を養うことさえできれば、その他のことは後からついてくる。すべての形而上学的な論理と同じく、それは信条だった。もっとも重要なのはイデオロギーで、それ以外は二の次だった。

新生カンボジアを「建設し防衛する」というポル・ポトの命令にしたがい、関連した二つの目標に向かって、国をあげての努力がおこなわれていた——一つは軍事力の強化——これは中国からの莫大な援助によって達成された（必要性から正当化された自立の原則の唯一の例外だ）。もう一つは用水路の巨大なネットワークを構築して米の栽培地域を拡大することだった。「水があれば米が手に入る」と、クメール・ルージュは謳った。「米があれば何でも手に入る！」（のちにはさらに不気味なバージョンも現れた。「米があれば戦争ができる！」）

灌漑はアンコールの繁栄の基盤であり、シアヌークとポル・ポトの両者とも、その功績にならうことを望んだ。また、カンボジアが繁栄するには国家規模の灌漑システムが欠かせないことも確かだった。シアヌークは「水資源を支配する」必要性について延々と話していたが、かれの計画のほとんどは机上の空論で、実行に移されたものは計画のお粗末さからしばしば失敗に終わった。クメール・ルージュは、はるかに大きな犠牲者を出してシアヌークよりは多くのことを達成したが、専門技能がなかったので結果にはむらが出た。東部地域の全長八百メートル、幅四十メートルにおよぶ巨大なダムは、二万人を投じて五ヶ月で建設された。一九七八年のきわめて激しい豪雨の折には洪水を防ぐのに役立ったが、維持管理をおこたったために他の多くのものと同様、政権が破綻した後に崩壊した。「大規模なダムも、小さな河川の小規模なダムと同じ原理で建設された」と、一人の労働者が振り返る——「測量機器などの計器も使わずに、技術的訓練をほとんど受けていない人々によって建てられた。（中略）作業の中で試行錯誤を通じて得た実践的な知識は、本に載っていることよりも称賛された」。建設されたダムはしばしば崩壊し、二〜三回目の挑戦でようやく持ちこたえた。三つの山をつないで作られた北西部地域の巨大な貯水池はまったくの失敗だった。毎年とてつもなく大量の水が山腹から流れてきては、擁壁を押し流してしまったからだ。考え方は理にかなっていた——山に囲まれた盆地は、数百キロ四方に広がる用水路網の中心に利用できる。だがこれほど莫大なプロジェクトを実行するには、機械と専門知識が欠けていたのだ。

クメール・ルージュが敢行したこのファラオ王朝的な労働に、最終判決が下ることはないだろう。確かなのは、かれらの灌漑システムはシアヌーク時代よりはましだったということだけだ。

では、過去最大の人数がこの作業に従事したのになぜ米がほとんどとれず、四年以内に百万人のカンボジア人が栄養失調その他の関連疾患で死んでいったのだろうか？

これはクメール・ルージュ時代の大きな謎のひとつだ。飢饉が起こったのは、武器輸出の支払いで大量の米が中国に輸出されたためだという通説は、政治的な目的でベトナム人の宣伝者がでっちあげた話だ。それを欧米の研究者たちが深く考えず繰り返したのだ。中国——ならびにベトナム自身、フランス、アメリカ、タイ——は、カンボジアを覆った悲劇の道徳的責任を等しく負う立場にある。だが相手国が中国か他国かにかかわらず、米の輸出は実質的な原因ではなかった。イエン・サリは一九七五年や七六年当時、政権の期待とはうらはらに輸出できる余剰穀物がないことを認めている。

翌年には何万トンもの米がマダガスカル、セネガル、シンガポールに売られた。二十万から四十万トン規模だったシアヌーク時代の年間輸出に比べれば、ごくわずかにすぎない。一九七八年には十万から十五万トンの米を中国に輸出したいとカンボジアは考えていた。だがその契約が遵守されることはなかった。ゴムや木材、伝統的な薬の材料以外の天然産物の輸出もなかった。シンガポールはトンレサップの魚の加工品を買いつけることを申し出たが、カンボジア側が「物流の問題」を訴えたために契約は成立しなかった。

真実は他のところにあった。

問題の根は、政権や外部の観察者の多くが考えていたほど協同体が生産しなかったことだ。この理由のひとつは、若く体力のある男女が、年間のほとんどを田畑の手入れではなく灌漑工事をおこなう移動旅団に参加させられていたことにあった。その結果、地方の人口は(都市部の退去者が加わったことで)増加しても、有効労働力は減少していたのだ。中国は一九五〇年代後半に地方人口の一部を裏庭での製鉄溶鉱炉にまわし、同じような農業生産不足ともっとひどい飢饉を経験していた。だがさらに重要だったのは労働意欲の欠落だった。どんなに激しい圧力を受けても、奴隷は自由な人間ほどには働かない。これについても中国の経験は示唆的だ。集団で農業を営むかわりに小作農自身に作物を育てる責任と報酬を認める「生産責任制」を鄧小平が一九八〇年に導入すると、中国の穀物生産は四割もはね上がった。カンボジアの農民は、まったく自由な活動から何の報酬もない体制へという逆向きの変遷を強いられた。監督者たちは一日の耕作面積を強制的に割り当てることはできても、植え方の丁寧さや肥料の使い方、耕す深さなど最終的な収穫高を決定する無数の事柄まで管理はできなかった。クメール・ルージュ時代には、国民のおよそ三分の一から半分が病気か飢え、あるいはその両方で重労働に耐えられる状態になかった。その他の人々は肉体的には能力があったが、監視に目をつけられないだけの必要最小限しかしないのも当然だった。

民主カンプチアの共同体の実際の収穫高は不明だ。信頼できる統計が存在しないのだ。一部の専門家は一九七〇年以前の収穫高の六割、あるいは米にして年間百五十万トンと推計している。それ以上と推計する専門家もある。でもこれらの推計はすべて楽観的すぎるかもしれない。ただ確かなのは、多くの地方幹部らは収穫高の低さを認めた場合の処罰を恐れて一ヘクタールあたり三トンの目標を達成したか、あるいはさらに多く生産したと主張し、国がそれに基づいて軍と政権への供給と、一九七五年以来減少していた戦略的備蓄の補充にあてる取り立て量を見積もったことである。当然の結果として地方の米は町にある国家の穀物倉庫へ流出し、地方の飢餓人口比率をおそらく四割にもにしてしまったのだ。

ポル・ポトには地方の極貧状態は理解できなかった。

すべての公式声明において、かれは終わりなき発展という理想郷的展望を打ち出していた。民主カンプチアでは、すべてのものがあらゆる世界の中の最善の世界における最善の結果になるようにつくられていた。ポル・ポトは文盲とマラリアの根絶、そして「農業問題の解決」における「みごとな成功」について語ったほか、老若男女が「昼夜を通して学ぶ」教育制度や、百世帯ごとに二十床を確保して献身的な看護士を配備した地方の病院、国民一人あたり年間三百十二キロの米を確保した食糧供給について述べた。また「自然の肥料を収集し生産しようとの大衆の運動の渦」の状況についてもまじめに語った。

それは理想で、現実ではなかった。それでもポル・ポトは、かれの指導のもとにカンボジアは目標に向かっているとすっかり信じ込んでいた。では、かれはなぜ一九七六年末に党指導者の非公開の集会において、国内のコミューンの四分の三で食料がひどく不足していると認めることができたのだろう？「政治意識」が鍵で、正しく抑制された人間の意志の力が何でも達成できるなら、こんな失敗は起こらないはずだ。「これはわれわれの過失だ」と、ポル・ポトは指導者たちに語った。「問題は党内の個人的要因に端を発している。（中略）（われわれの）革命にかける姿勢と意識が充分に強くないのだ。（中略）この方針が効果を発揮するまで、あらゆるところに浸透させる必要がある」

この方針が誤っているかもしれないという考えや、カンプチアの「世界のモデル」には致命的な欠陥があるかもしれないという考え、目的と手段そしてイデオロギーと実践がまったく相反しているためにに体制がやがて崩壊するという考え、急進化は解決策であるどころかすべての問題を悪化させているという考えが検討されることはなかった。「責任を負うべき人々がいる」とかれは主張した——「自立統治と自給自足の姿勢を疑問視する人々だ。（中略）これが欠点なのだ。（中略）あらゆる場所でこの問題を（中略）解決すれば、われわれは前に進める」。

こうして魔女狩りの舞台が整った。カンボジアの悲劇の次の幕が開けようとしていた。

原注

＊1　新政府の構成は以下の通り——

ポル・ポト首相
イエン・サリ副首相（外交担当）
ボン・ベト副首相（経済担当）
ソン・セン副首相（防衛担当）
ケト・チョン首相官邸事務官
フー・ニム情報相
キュー・チリト社会問題相
ユン・ヤット文化教育相
ティウン・ティウーン衛生相
カン・チャップ法務相
トウチ・プーン公共事業相
ノン・スオン農務相
チェン・オン産業相
ドゥーン商務相

メイ・プラン運輸相
フオン　ゴム農園相

最後の六人は大臣の地位にはあったが、公式には委員長と称されて副首相のボン・ベトの監督下におかれた。前の統一戦線政府のシアヌーク派の四人――ペン・ヌート、ノロドム・プリサラ、サリン・チャク、チェイ・チャム――は再任されなかった。フー・ユオン（内相）とクメール・ルージュの副首相であったティブ・オルとチュー・チェトの二人も再任されていない。商務相に指名されたコイ・トゥオンがその地位につくことはなかった。一九七六年の五月からドゥーンとノン・スオンがかれの職責を分担した。ドゥーンは同年のうちに肩書きだけの存在になった。

＊2　タイのチャチャイ・チューンハヴァン外相が一九七五年の十一月にシソポンを訪れた際がまさしくそうだった。プノンペンからこのために送られた寝室の部屋履き、石鹸、バスタオルをポル・ポトがみずから点検した。最終的にカンボジアの首相の地位についたフン・センも、かれと同じくすべての権限を自分の手に集中させるという傾向を示している。一九九〇年代当時、チェア・シム――当時王国で二番目の地位にあった人物――の演説は、事前にフン・セン本人の手によって入念に吟味され、必要に応じて修正されていた。

# 第十一章　スターリンの病原菌

一九七六年二月二十五日の日曜日、一連の爆発がシエムリアプの中心街を引き裂き、弾薬庫を吹き飛ばした。二日後に常任委員会は、アメリカの航空機が五時間の間隔をあけて二度の爆撃をおこない、十五人の死者を出して多数の建物を破壊したと発表した。プノンペンをはじめあらゆるところで抗議集会が開かれた。三月には、スウェーデン大使カイ・ビョークが他の特使らとともにその被害調査に赴かされた。かれは、そこで見せられたものが最近の爆撃痕かどうかわかるほど自分は軍事方面には精通していないと、慎重に発言した。

かれが慎重を期したのは正しかったことがのちに明らかになった。何年もたってから、イエン・サリが爆撃などなかったことを認めた。「蜂起が起こったんです」と、かれは語った――「爆撃痕は古いもので、戦時中からありました」。

前年の四月にクメール・ルージュが勝利をおさめて以来、小規模な反乱がばらばらに起こっていた。西部地域のココンでは、反体制派のクメール・ルージュの区長が三百人の軍勢を集めて、タイ国境の基地に小規模な攻撃をしかけていた。かつてポル・ポトの司令官を務めたチャンタランセイは、しばらくコンポンスプーの山脈の陣地で粘っていたが、キリロム付近で奇襲攻撃に遭い殺害された。さらに深刻だったのは、宗教と文化を捨てるよう強要したクメール・ルージュに抗議するチャム族ムスリムによる村をあげた反乱で、特に東部地区のメコン川沿いのクラウチュマル地区で続発していた。だが一つとして、シアヌーク政府を含めすべてのカンボジア政府の一年目につきものだった小規模を超えるものはなかった。

だがシエムリアプとなると話がちがう。ポル・ポトは軍の高官が関係しているのではないかとの疑いを持った。何よりもかれは責任者を特定できなかったことに不安を抱いたのだ。区の書記を務めるソトは、二週間後に次のように常任委員会に報告した――「いまだ（この）出来事の根を突き止めるには至っていません」。

まもなく別のやっかいな展開が起こった。三月末にフー・ニムは、もと北部地域書記で当時商務相の地位にあったコイ・トゥオンの不祥事をポル・ポトに報告していた。コイ・トゥオンも不祥事を起こした友人のティブ・オルと同類の女好きだった。かれは一九七〇年代の前半に革命派の劇団を立ち上げ、ベッドを共にする若い女性たちを調達していた。クメール・ルージュが政権を握った後に、かれはかつて付き合いのあった女性のひとりをロンという名前の幹部と結婚させたが、これは自分が気に入った別の女性からロンを引き離すための策略だったと言われている。激怒したロンは、報復にコイ・トゥオンの行状についての話を広めたが、それを知った本人の差し金で殺害されたのだった。

ポル・ポトにとってこれは大きな問題だった。コイ・トゥオンの行動は革命が支持するものすべてに反していたからだ。*1 シエムリアプはかれのかつての支配地域であり、ソトは長年の同僚だった。コイ・トゥオンがシエムリアプの「出来事」に関与していたのでは？　四月八日にかれは元銀行ビルを司令部に転用したK－1で軟禁状態におかれた。やはり北部地域の出身で、中央委員会事務局長を務めていたドゥーンがその後任とされたが、まもなくドゥーン自身がコイ・トゥオンの活動に関与しており、かれのために隠蔽工作をしていた可能性を示す証拠があらわれた。民主カンプチアという温室で、政権転覆の陰謀が北部地域から発しているかのようだった。

コイ・トゥオンが逮捕される六日前に、妙な出来事がもう一つ起こっていた。

四月二日の午前四時頃、王宮の外で手榴弾が一つ爆発したのだ。シアヌークは寝室で冷房をつけていたため何も聞こえなかった。だが王宮の関係者たちは爆発で目を覚ました。キュー・サムファンはロン・ナリンとシアヌークの召使い頭のチョルン・ヘイに、暗殺未遂だったと告げた。手榴弾を投げたとされる兵士が拷問を受け、王宮のすぐ北に配備されている第一七〇師団の士官二人の命令で動いたと白状したことについては語らなかった。四月十二日に逮捕された二人は、元師団司令官——元僧侶で派手なチャン・チャクレイと、南のベトナムとの国境沿いの第二十四区を率いる東部地域指導者、チャクの関与を明かした。

ポル・ポトはかねてからチャン・チャクレイに不信感を抱いていた。そこで指揮権を奪うために前年の秋にプノンペンに呼び戻し、参謀部で働かせていたのだ。手榴弾の一件から、かれはすっかり脇に追いやられることになった。


一九七六年の五月に、カンボジアとベトナム双方の交渉担当が、国境の線引きに関する合意に向けてプノンペンで協議を開いた。この協議によってハノイのサミットで国境協定に調印する道が開かれるはずだった。

だが九ヶ月前に両国間でサミットが開かれて以来、雰囲気は一変していた。

カンボジアの指導者たちは、まだベトナムを刺激したくなかった。ヌオン・チェアはこの年の春に、「状況の拡大を避ける」基本方針に変わりはないと常任委員会で語っていた。北東部では地域書記のネイ・サランが地元の指揮官たちに「問題は流血をもってではなく政治的に解決する」よう指示していた。だがかれらは、物事には限度があることも明らかにしていた。「カンプチアは大小や遠近にかかわらず、いかなる帝国主義者の領土侵略も許さない」と、キュー・サムファンはカンボジアの「解放」一周年の演説で宣言していた。一週間後にパリで開かれた祝賀会でその原稿が読み上げられると、ベトナムの代表はわざと拍手を拒んだ。「小」さく「近」い帝国主義への言及は、無視するには露骨すぎたのだ。さらに悪かったのは――ベトナム側がそれを知ったのは一年後のことだが――カンプチア共産党の設立は一九六〇年で、ベトナムが主張する一九五一年ではないとする三月の常任委員会の決定だった。

これは見た目ほどどうでもいい問題ではなかった。カンプチア共産党が一九五一年に設立されたとすれば、ベトナムが父であったと認めることになる――この年にグエン・タン・ソンの助けで誕生したクメール人民革命党は、完全にベトナムの創造物だった。設立議会の誕生が一九六〇年だったなら、ベトナム人の関与なしにクメール人が作りあげた純粋なカンボジアの政党ということになる。ポル・ポトは歴史的にも政治的にも正しかった――一九六〇年こそが党の誕生した年だった。だがカンボジア側がこうしてベトナムの父親像を拒絶したことによって、ハノイは喉に骨がつかえたような思いをさせられていた。[*2]

国境問題の協議は失敗に終わり、サミットは延期された。カンボジアは、表向きは友好をいっそう強く誓っていた。だが実のところは急速に不信を募らせていた。常任委員会は協議の前から、サミットが開かれた場合の暗殺の可能性を危惧していた――不合理な考えではあるが、ここにはカンボジア指導部を支配していた被害妄想が反映されている。ますます慰撫戦略じみてきたこのやり方をいつまで続けるべきか、かれらは自問しはじめていた。

表向きの問題になっていたのは海上の境界線だった。カンボジア側は沖合諸島をベトナムの所有とする法的な承認を受け入れようとしていた。これはシアヌークがかねて拒んできた譲歩でもあった。だがベトナムは、カンポット沖の海底三三〇平方キロを自国側に加えるという海上の境界線自体の変更も求めてきたのだ。のちに明らかになったことだが、ベトナムはこの地域に石油が埋蔵されていると考えていたのだ。だがこの主張に正当な根拠はなかったため、ベトナムの協議担当者がしつこくこだわるとカンボジア側は、ベトナムが近所のごろつきまがいにふるまっていると断じた。「これはわれわれの名誉の概念にかかわる問題だ」と、イエン・サリは主張した――「ベトナムの追従者になりたいか、なりたくないか？」

表面上の関係は穏やかなままだった。親善交流代表団が互いに訪問していたし、一九七六年の六月にベトナムが再統一された際には、カンボジア指導者たちから大仰な祝辞が送られた。また、プノンペンとハノイを結ぶ定期航空便も開始された。ポル・ポト自身は両国の友好関係を「戦略的問題であり、神聖な感情」と評していた。このような温かさを前にして、ハノイが国境問題について抱えていたであろう懸念は立ち消えになった。ベトナムの大臣は、ベトナムが民主カンプチアに対して「忍耐を持つことを必要とみなした」と説明した。そしてレ・ズアンは、カンボジアおよびラオスとの友好関係は「ベトナムの外交政策にとって最重要かつ基本的なもの」と宣言した。

このすべては目隠しでしかなかった。ポル・ポトの熱心な友好の表明は、ベトナムの意図に対する懸念から生まれていた。

四月の中旬に、毛沢東の妻の江青を筆頭とする超急進派の「四人組」の一人であった中国の張春橋副首相がプノンペンを極秘訪問した。かれはポル・ポトがすすめていた政策を自身の目で確かめ、前の週に鄧小平の解任という結果を生んだ中国の政治不安は、北京のもっとも親しい同盟国との関係には影響しないと保証しにきていた。かれらの話し合いは、ポル・ポトが六月の初旬に発表し、続いて党内で公表された演説の内容に反映された。かれはこのとき初めて内部の敵の問題を取り上げた。演説のなかでかれが使った政治的用語は、鄧小平に敵対する中国の左翼派が当時使っていたものにきわめてよく似ていた。

革命と反革命の間で継続的な不断の闘争がおこなわれている。われわれは十年、二十年、三十年のちも、敵は存在するという見地から離れてはならない。（中略）（これらの敵は）強いだろうか、それとも強くないだろうか？　それを左右するのはかれらではない。われわれが絶対的な方策をとり続けていれば、敵は散らばり粉々に破壊されるだろう。

現在のところ内部の敵は「強大な力を持ってはいない」と、ポル・ポトは主張した。党が強くある限りかれらには何もできない。だがカンボジアが弱体化すれば内部からだけでなく、外部からも攻撃を受けるおそれがある。「外部の敵はわれわれを押しつぶそうと待ちかまえている」と、かれは語った――「あらゆる敵が小国を奴隷にしたいと考えているのだ」。さりげなくベトナムを指しているのは明らかだった。

ベトナムの代表団が帰国した翌日の五月十九日に、疑惑をかけられていた東部地域の司令官チャン・チャクレイが拘束され、それから二ヶ月間でさらに六人が捕らえられた。

軟禁中ほぼずっと丁重に扱われていたコイ・トゥオンとは異なり、チャン・チャクレイたちはS−21に直行させられた。プノンペン南部のツールスレンの中学校校舎を利用して冬に立ち上げられた政権の新しい治安警察である。S－21はソン・セン国防相の管轄下にあり、かれはヌオン・チェアの指示を仰いでいた。当初は軍の司令官が指揮をとっていたが、一九七六年の初旬に、かつてフランソワ・ビゾの看守を務めていたドッチがその任を引き継いだ。ドッチはビゾが知っていた五年前と同じ狂信者のままで、熱狂的な情熱と教員らしい精密さをもって任務を遂行した。チャン・チャクレイは、ドッチの担当した囚人では最初の高官だった。かれは四ヶ月にわたる拷問ののち尋問を受け、シアヌークおよびカンプチア共産党指導部の架空の暗殺計画を自白した。供述はほぼ千ページにも及んだ。チャン・チャクレイは第二十四区書記のチュークに関する告発も認めたため、チュークも八月の二十八日に逮捕された。チュークは東部地域書記のソー・ピムのほか、三人の指導者らの関与を白状した――ネイ・サラン、ケオ・メアス、ノン・スオンである。

チュークの自白は重大な転換点となった。中央委員会のメンバーが初めて他の指導者に背信の容疑をかけたのだ。

S－21発行のすべての文書と同じく、この供述にはほとんど価値がなかった。ポル・ポトは拷問で引き出した供述を信じるほど愚かではなかったのだ。ソー・ピムは翌年頃には十数回以上も政権転覆の容疑をかけられたが、自由の身となった。かつてポル・ポトの料理人を務めていたムーンはクメール・ルージュの中国大使であったピク・チェンと結婚していたが、コイ・トゥオンのネットワークにいた経験があったため、八回にわたって背信の罪を問われた。ポル・ポトはこの容疑を不問にするよう指示した。「ムーンが裏切り者ならだれだって裏切り者だ」と、かれは言った。外務省では、幹部は三回告発されて初めて疑惑を持たれるというのが経験則になった。のちに粛正に拍車がかかり、告発数が飛躍的に増加すると、その回数は五回に増やされた。

S－21の目的とそこで得られた供述は、情報をもたらすよりもむしろ背信の「証拠」を固め、指導部がすでに実行を決めた粛正を正当化することにあった。チュークが捕らえられたときには、国内の反対派と外国の敵との間に隠れたつながりがあるとポル・ポトは考え始めていた。ベトナムは「ゾウムシが木に穴を開けるように」クメール・ルージュ政権を弱体化させようとしているとかれは断じた。その夏のおそらく七月頃、ポル・ポトは内部の反対意見の抑圧を取りしきる極秘治安委員会のメンバーであるヌオン・チェアとソン・センを交えてこの懸念について話し合った。ソン・センはこの直後に「国外の敵と同様に国内にひそんだ敵にも対処」する準備をするように、師団の司令官に告げている。もっとも危険なのは「党のぬくもりの中で生きている」者たちだとかれは警告した。この月以降、ポル・ポトはタイとベトナムに対抗する軍備を整える必要性を強調するようになった。これらの国々は「問題をおこす機会が見つかるまで潜伏している」とかれは述べた――「かれらはわれわれを崩壊させる計画を毎日練っているのだ」。

プノンペンの警備は強化された。軍の部隊は直接連絡を取り合うかわりに、参謀本部を介した無線通信で連絡をとるように指示された。党の指導者が参加する集会において、兵士が武器や「武器と間違えられかねないもの」を携帯することは禁じられた。そして「不良分子」の粛正が軍の内部で開始された。

だが説明のつかない事件は相次いだ。

九月には王宮の近くで銃撃があり、政権を批判する小冊子が通りに散らばっているのが発見された。黒幕がいるとソン・センは発表した。

これらの冊子がつくられたのはプノンペンだ。これらは師団および連隊の事務所や省庁のような正規の作業場で作られたものだ。(中略)軋轢は激しさを増している。(敵の)行動はとても挑発的になりつつあるため、攻撃が即刻おこなわれる（と考える必要がある）。（中略）われわれは疑いのある人間を排除しなければならない！

九月二十日にネイ・サランが身柄を拘束され、S-21に連行された。ケオ・メアスもこの後に連行された。チュークとともにベトナムの支援を得て、政権の打倒とハノイと同類の修正主義政府の設立を目標とする、新しい「カンプチア労働者党」の結成を企てたという容疑がかけられたのだ。そのような党が存在しないことはポル・ポトもよくわかっていた。だがこのときから、実体のない「労働者党」党員であることは、CIAやKGBの職員であることと同じように実際の敵と想像上の敵が供述を強いられる万能罪状の一つになった。

やがて想像上の陰謀は枝分かれしていった。ポル・ポトとヌオン・チェアを暗殺するために一九七六年四月の建国記念日に兵士らが派遣されたが、暗殺未遂犯が対象を見分けられなかったために失敗に終わった（別のバージョンでは、集会所に入ろうとした暗殺未遂犯の武器が見とがめられた）と発表されている。ポル・ポトの運転手はかれの飲む水にDDTを入れようとしたという。つぎの毒物混入疑惑は、護衛がかれの食事を毒味して死亡したため失敗に終わった。政権は最終的には少なくとも六回の暗殺未遂について「証拠文書」――つまり拷問で引き出した供述書――を得たと主張している。

何年もたってから、イエン・サリはそのいずれも真実ではなかったと認めた。「クーデター計画などなかった」とかれは言った――「すべてひどく誇張されていたんだ。ポル・ポトにとってそれらは深刻な事件だった。だが実際は口実――弾圧の口実だった」。

弾圧は不可欠だとポル・ポトは信じていた。「社会主義革命は深遠で広大すぎる（中略）そして階級闘争は不必要だと考える」党指導者たちは、ベトナムに抵抗する必要性を疑う者たち――つまりカンボジアの外敵との妥協を支持する者たちだったからだ。この二つの姿勢は「結びついている」と、かれは主張していた。

簡単に言えば、穏健派は裏切り者だったのだ。

党内の動揺は極秘事項だった。十月に軍の将校たちとの集会でネイ・サランとケオ・メアスの逮捕について初めて述べた際に、ソン・センは警告した――「このことは口外してはならない。部下たちには知られないように」。ポル・ポトは「ひそかにわれわれ革命の徒の中に忍び込もうとする」敵に対する「徹底的で厳しい命がけの闘い」について語り、それは「将来まで長く」続くだろうと不吉な警告を発した。だが、中央委員会のメンバーと地域の上級指導者への演説の中で、この問題の規模とその対処に関する計画についてかれが語ったのは、十二月に入ってからのことだった。

党内には（闘争の）頃に現れた病気がはびこっている。……（当時）革命の熱が不充分だったためだ。（中略）われわれは病原菌を探したが、成功しなかった。（中略）われわれの社会主義革命が進んだ（いまなら）……その醜い病原菌を見つけ出すことができる。（中略）地を掘って埋めようとすれば、病原菌は内部からわれわれを腐らせるだろう。社会を腐らせ、党を腐らせ、軍隊を腐らせるのだ……。

最近断ち切った裏切り者たちの糸は（闘争の頃に）ひそかに作られたものだ。社会主義時代においても（これらの人々は）排除されなければならない。一九七六年は激しく熱心な階級闘争の年だった。（中略）多くの病原菌が現れた。多くのネットワークが見えてきた……。

表立って反対がないこともある。そこには沈黙しかない。（中略）われわれは尋ねる――党内に埋もれた裏切り者の隠れた分子たちはまだいるのだろうか？　もう去ったのだろうか？　過去十年の観察からは、かれらがまだ去っていないことが明らかだ。（中略）かれらは絶え間なく党に入ってきては（中略）とどまっている。

使われているのは純スターリン主義の言葉だ。ポル・ポトはパリの学生時代に読んだ書物に立ち返っていた。スターリンも敵を「健康な体に巣くう潰瘍」になぞらえて、治療法を説明した――「勝利をおさめるには、まず何よりも党とそれを率いる指導部の粛正をおこなわなければならない」。ポル・ポトはこうも宣言した――「全員が適正な確認を受けなくてはならない。そうすれば党はさらに強くなる」。

一九七六年の九月九日に毛沢東が死亡した。カンボジアは公式に追悼の辞を発表した。その一週間後の追悼集会でポル・ポトは、アンカがマルクス＝レーニン主義の組織であることを明かした。これは中国から長い間勧められてきた、カンプチア共産党の存在を公式に発表するための第一歩であり、発表はもともと月末の党の結成記念日に予定されていた。常任委員会が三月に、党の結成を一九六〇年とするとひそかに決定したことを受けて、この年の記念日は二十五周年ではなく十六周年として祝われることになっていた。だが「裏切り者」に対する運動がポル・ポトに再考を促した。党の存在を公表すれば、必然的に新たな誕生の年も公開することになるが、ハノイはそれを喜ばないだろう。ベトナム人排斥のための粛正が進行中であるときに、表立って挑発的な行動をとるべきではなかった。そこで、予定された祝賀会の前夜になって、延期を指示する緊急の通達が届けられたのだった。そして十月十一日に、通常よりほぼ二週間遅れて小規模な記念集会が開かれた。党は計画通りこれを十六周年記念とした。だがその存在と新たな歴史は秘密のままだった。[*3]

これらの出来事のさなかに「健康上の理由から」ポル・ポトが首相を辞任して、ヌオン・チェアが後任になることが発表された。ポル・ポトの辞任は九月二十日から有効となった。そして四週間後にイエン・サリも姿を消した。

これがハノイを混乱させるための陽動作戦であったとすれば、見事な成功をおさめた。レ・ズアンは大喜びでポル・ポトとその義理の弟が権力の座から失墜したとソビエト大使に知らせた。かれらは「悪い人間」だとレ・ズアンは言った。「ヌオン・チェアはわれわれの側の人間であるし、わたしの個人的な友人でもあるが」。ソビエト側はかれの話を信じたらしく、モスクワのレオニード・ブレジネフは初めて「民主カンプチア（の）独自の発展の道」について好意的に言及した。

それはベトナムがいかに現実を把握していなかったかを示していた。ポル・ポトはいまだ政権の座にあったどころか、ベトナム人支持者の可能性があるあらゆる人間に非情な粛正を加えていた。それをハノイが知ったのは数ヶ月後のことだ。

延期された党記念日の翌日にあたる十月十二日から、カンボジアも他の国々と同じく北京の驚くべき動向についての報告を耳にするようになった。この数日前に毛沢東の後継者である華国鋒が、江青や張春橋をはじめとする「四人組」のメンバーたちをひそかに逮捕していたのだ。イエン・サリはこの報せをアメリカから帰国する途中にベオグラードで聞いた。概略を伝えたユーゴスラビアの外交官は、イエン・サリの顔から血の気が引いたのを覚えているという。「まさか」とかれはつぶやいた。「いい人たちなのに」。ポル・ポトはあまり気にしていないように見受けられた。中国はカンボジアに戦略的関心をよせていたが、それはイデオロギーとは無関係だったとかれは考えていたのだ。それでもポル・ポトは極左四人組が好きだった。二週間前には華国鋒にあてた建国記念日の祝電の草稿を自ら作成し、そのなかで失墜した修正主義者の鄧小平を「非社会主義者であり反改革的」であると名指しで批判していたのだ。ポル・ポトとイエン・サリの受け止め方に共通していたのは、ベトナムとの関係が急速に悪化しようとする中で、カンボジアの唯一の強力な同盟国である中国とのつながりが政治不安で弱まることへの恐怖だった。イエン・サリは新指導者から両国の関係が変わらないという確約を取り付けようと、クメール・ルージュの外相として遅ればせながら北京に急いで派遣された。

一九七六年の十一月にポル・ポト本人も北京に向かった。これは他のほとんどの中国訪問の場合と同じく、極秘訪問だった。国立迎賓館でかれを待ち受けていた華国鋒は歓迎の辞を並べたて、一九七五年の四月にポル・ポトが「バナナの皮をむくように」敵の守りを解いたことを褒めたたえた。

かれらの話し合いは軍事協力と政治的提携の両方に及んだ。のちにボン・ベト、イエン・サリ、北西部書記のロス・ニム、中央委員会事務局長のドゥーンからなるポル・ポト側の派遣団が地方の視察のため中国に出発した。かれらはまず万里の長城に案内され——中国北部の忘れられない冬の寒さに震え上がり——その後、中国の革命の地を巡礼した。中国共産党が設立された上海のつぎは、内戦のあいだ共産主義本部がおかれていた延安を訪れ、つぎに毛沢東の生まれた湖南を訪れた。旅が終わる頃には、ポル・ポトは同盟国である中国に対する信頼を確かなものにしていた。ここで初めてラジオ・プノンペンは華国鋒が中国の主席に任命され、「反革命派、反共産党派である徒党『四人組』」がすっかり壊滅したことを報じた。

十二月にポル・ポトは、年次総会の研究会に先立って中央委員会を招集した。そしてカンボジアとベトナムは「変わることのない敵対的な相異」関係にあるとメンバーに告げた。全面的な軍事紛争はいまだ間近に迫ってはいない。だが「ゲリラ戦と常備軍による戦闘の両方について持続的な準備」を始めるときがきた。地方の軍用基地を整え、都市部の退去者を国境付近から動かして、もっと信頼性の高い「基幹民」と入れ替えるべきだとかれは語った。

防衛相のソン・センはさらに率直な言葉で同じ内容を軍に伝えた。

かつてベトナムはわれわれの友人であったが「争い含みの友人」だった。いまやベトナムは本物の敵になった。かつてわれわれはかれらの計画をはっきりとは知らなかった――だがいまや、われわれと闘う裏切りの政党をかれらが設立したのは確かだ。将来何かしかけてくるだろう。かれらがその手をとめることはない。（中略）これは正しい革命と偽物の革命との争いであり（中略）また、独立者の立場と追従者の立場との争いなのだ。

この段階ですでに、粛正は疑惑と恐怖の自己連鎖的なサイクルを生み出していた。そして新たな犠牲者がツール・スレンにのみこまれていくたびに、ベトナムの背信行為の新たな「証拠」が生まれ、それが新たな粛正を煽って新たな被害者を生んだ。

ハノイの指導部は何も手を講じなかった。その月に開かれたベトナム共産党の第四回大会で、またしてもラオス、カンプチアとの特別な関係の保持と発展を求める決議が承認された。インドシナの三カ国が「各国の建設と防衛において永遠に結ばれる」ようにとの決議だった。意図的であろうとなかろうと、そこにこめられた限定的統治権の含みはカンボジアの反発を招くのにうってつけだった。

肉挽き機は稼動しつづけた。一九七六年の前半に四百人、後半には千人以上がS-21に送られた。一九七七年の春までには、一ヶ月に千人が「つぶされた」。スターリン主義には独自の論理がある。民主カンプチアでは、その論理に完全な自由裁量が与えられていた。

ポル・ポトの政権の恐ろしさをS－21と地域の関連施設ほど如実に示すものはない。それはその正体――敵を拷問して殺害する完全な全体主義的政権――のせいではなく、それらが抹殺主義をもっとも純粋なかたちで表すものだったからだ。

この言葉はナチスドイツのやり口を連想させる。両者の共通点は、政権の崩壊後にツールスレンを現在のホロコースト博物館に相当するものに変えてしまったベトナムの宣伝者たちの手でみごとに強調されている。だがこのたとえはまちがいだ。S－21の役割は殺すことではなく、供述を引き出すことにあった。結末は死だったが、それはほとんどおまけでしかない。公的責任者のソン・セン、ドッチ、尋問部の長であったマム・ネイはいずれも元教員で、行き届いた秩序ある取り組みをもって仕事にあたった。表に張られた自殺防止の鉄条網がなければ、工業統計担当の官僚が勤める事務所街に見えたかもしれない。

そういった意味では、S－21の多くの部分は、気が滅入るほどどこにでも見られるものだった。これは全体主義にだけ見られる現象だけではなかった。民主主義政府もやはり同じ道をたどっていた。フランス軍がアルジェリアで設けた拷問所では、徴集兵がゲリラ戦士容疑者をいたぶり、「秘密を守るために」殺害した。民主カンプチアが使ったのとまったく同じ口実だ。この拷問所だけで、五千人におよぶアルジェリア人の囚人が殺された。アルジェリア国内でこのような死に方をした人の数は、一万五千～二万人というS－21の死亡者数を上回るだろう。ローマ・カトリック信者のフランス人の若者に、幼い頃から習ってきた正義と博愛の理念すべてに反する行為をさせた要因は、S－21の監視員らの行動をつかさどった要因と本質的には変わらない。両者ともクメール語の表現では「心を切り離す」よう言われたのだ――程度の差はあるが、どこの兵士にも与えられる命令だ。両者とも同僚から圧力をかけられていた。フランスの徴集兵が命令の遂行を拒めば軍法会議が待っていたし、S-21の監視員には拷問と死が待っていた。

クメール人のほうがそれをやりやすかったという意見もある——かれらの宗教は無関心をよしとする。だがS-21はフランスの拘置所を先祖に持っていた。監房で使われる足枷はフランスの植民地時代から受け継がれていた。クメール・ルージュが「囚人に水を詰める」と呼んだ拷問は、フランス軍がインドシナにもたらして、一九五〇年代前半にベトミンに使った「バスタブ」(la baignoire)という拷問だ。フランスとの類似を描くのは簡単だが——結局のところカンボジアはかつてフランスの保護領だった——他の欧米諸国も人のことを言える立場にはない。アメリカの大学がおこなった実験によると、アメリカ人、イギリス人、ドイツ人など、国籍にかかわらず大多数の人間が、条件しだいで他人に肉体的な拷問を加えるとされている。控えめに見積もっても、国連加盟国の過半数がS-21に似た拘置所を持っているか、過去に持っていたことがある。民主カンプチアは、本来やさしい世界におけるまったくの例外というわけではなかった。

だがS-21のやり方は他の類似施設とは一線を画していた。

スターリン主義のロシアやナチスドイツ、アルジェリア、インドネシア、イラクといった国々では、死の収容所は醜悪で異常な存在だった。他の点においてはほぼ普通に見える社会の暗黒面から生まれたその強制収容所の外では、だれもがある程度は基本的な自由を享受していたのだ。

ツールスレンは異常な存在ではなかった。

それはポル・ポトが作りあげた奴隷国家の頂点であり、精製物であり、その濃縮した姿でもあった。ティウン・マムの叔父で元イサラク指導者のブンチャン・モルは、クメール・ルージュが政権を握るまでの時代について記していた。

文明社会では、正義とは何かを人々は知っている。われわれのクメール社会はそうではない。（中略）われわれは古代の野蛮なやり方をたどるのをいまだに好んでいるのだ。ある人間が糾弾された場合、われわれはその親戚をすべて殺してしまう。いつかかれらが報復することがないように（中略）。敵を殴る場合は死ぬまで殴る。われわれにとって勝利とは、敵の死を意味するのだ。敵が生きているのなら勝利ではない。それがわれわれクメール人の精神だ。

S‐21の役割は政治的紛争にこのやり方を用いたことから生まれた。カンボジアの歴史研究家が言うところの――元をたどればシアヌーク時代からアンコール朝にまで立ち返り、以来現在まで続く――クメール政治における「征服するか征服されるか」の伝統から生じたのだ。「古代の王国では」と、都市部の退去者の一人が次のように記している。

人間は生きたまま埋められ、指と手と鼻がそぎ落とされた。死者は道に置き去りにされるか、あるいは野原に投げ込んで野獣に食べさせた。それから何が変わっただろう？

背信についての供述は、イエン・サリやキュー・サムファンらが非公開の党集会で読み上げて、アンカが「パイナップルのように多くの目」を持っていることと、何者もその監視の目を逃れられないことを示すために必要だったのだ。これが生んだ恐怖の風潮は、新たな「裏切り者」のあぶりだしを助長した。かれらは拷問にかけられ、カンボジアの政治活動の基盤である「列」つまりクサエか、支援ネットワークの他のメンバーを特定させられた。[*4] かれらが重要な立場の指導者であれば、その近親者は見つけだして殺された。ドッチはのちに述べている。「もしわたしが逮捕されたとしたら、わたしの父親と母親、義理の兄弟たちと甥たちも逮捕されただろう。そういうやり方だったのだ」

この鏡に映った世界では、ごく小さなそぶりも疑いを招いた。B－1のローレンス・ピックはあるときルーンという高官が焼きたてのパンを一斤くれたことを覚えている。

わたしは礼も言わずに立ち上がった。もう人に感謝を述べないことになっていたからだ。そのかわりに形式的な決まり文句を口にした――「私の無上の喜びは、どこにあっても必要とされるときはつねにアンカに仕えること」（中略）パンはひどくいい香りがした。（中略）だが戻ってきてふと疑問に思い、ルーンの行動を訝しく思いはじめた。彼女は何をしたかったのだろう？　すべてが怪しかった。罠だ。（中略）わたしはパンを戸棚にしまって仕事を続けた。もっと調べるまでパンには触れないことを自分に誓いながら。（中略）翌日ルーンの使用人がパンをもう一斤もってきた。（中略）わたしはそれを先にもらったパンと一緒にしまった。（中略）われわれ全員が生きていた精神的な闘争と飢餓政治の中では、このパンはとてつもない陰謀のもとを含んでいたのだ。

背後に何があったのかを彼女が知ることはなかった。だが一九七七年の一月に、かつて北部地域書記を務めたコイ・トゥオンが、九ヶ月の軟禁生活で弱ったところをS－21に送られた。そして昔の部下たちがそれに続いた――ルーンの夫のドゥーン――コイ・トゥオンと同じく中央委員会のメンバーだった――ルーン本人、その長年の仲間で新しい地域副書記の座にあったスレン、そしてシエムリアプの指導者のソト。この全員がＣＩＡのために働いていたと供述した。

一方、ベトナム支持派分子と見られる人々の逮捕は続いた。その中にはハノイに派遣された、もとカンボジア大使のシエン・アン——フランスの防諜部のために働いているとされた——そして、もとイサラク指導者で一九五〇年代にはクメール・ベトミンの外相を務めたケオ・モニの姿もあった。

コイ・トゥオンが逮捕された翌日、公共事業相のトク・フオンが拘束された。かれの逮捕は、いわゆる「知識人」に対する新たな掃討の始まりとなった。プノンペン地下組織と左翼学生運動のメンバーが対象となり、ドゥーンの補佐のプク・チャイ、情報相のフー・ニムもCIAのために働いているものとされた。かれらには妥協しがちな傾向があり、ベトナムとの関係が緊迫しているさなかには信頼できないとポル・ポトが断じたのだ。まもなくKGBの「列」の存在が暴露された。筆頭に立っていたとされるプク・チャイの友人のハク・シエン・ライニは、ケオ・メアスと同じようにクメール共産党に敵対する政党を今度はモスクワの傘下で結成したという罪で告発された。

これらの初期の粛正がその後のすべての傾向を定めた。

S-21に連行された人々の全員が、逮捕された理由が何であろうと同じ型にはめられることになった。CIAかKGBかベトナム側の工作員か「それ以外」——フランス、東ドイツ、タイの諜報員、蔣介石の台湾の国民党員——であると供述させられたのだ。外国人も同様に扱われた。イギリスの若きヨットマンで、不運にもクメール・ルージュの沿岸警備隊に逮捕されたジョン・デュイストは次のように供述した。

わたしが学んでいたイギリスのラフバラにあるCIA訓練校では(中略)一九七二年九月から七六年六月まで、教員養成講座を同時に開設していた。講座が開かれたのは水曜の午後、土曜の午後、月曜の朝だった。(中略)学長はピーター・ジョンソンというCIAを退役した大佐だ。

訓練校はラフバラ町議会高速道路部門監督所を装った建物の中にある。（中略）イギリスに六校あるCIA訓練校の中では最小規模だ。（中略）他の五校はアバディーン、カーディフ、ポーツマス、ブリストル、ドンカスターにある。（中略）毎週月曜の朝にはジョンソン大佐が反共産主義勢力としてのCIAの役割について講義をおこなう。（中略）講義の内容は教化活動によく似ていた。（中略）（われわれは）CIAのための諜報活動を命じられており、CIA関係者に報告する義務を負っている……。

ジョン・デュイストの供述は、ツールスレンで死亡した十数人ばかりの他の欧米人――アメリカ人、オーストラリア人、ニュージーランド人――の供述と同じく、S-21の尋問のやり方を垣間見せてくれる。囚人たちはまず事実に基づく経歴を語る。その後、それをもとに、尋問官の納得がいくまで、外国の諜報機関との想像上のつながりについて誇張した不利な証言をさせられる。そして殺されるのだ。

カンボジア人の囚人たちも同じ非情な手順によって、同じようなこじつけ話をさせられた。コイ・トゥオンをはじめとする多くの人々がCIAだけでなく、KGBやベトナムのためにも働いていたと供述させられている。ポル・ポトはそれに矛盾を感じていなかった。自分を悪の勢力に囲まれた政権の長とみなしていたポル・ポトは、悪は示し合わせて活動するものだと考えていたのだ。ヌオン・チェアは「アメリカ、KGB、ベトナムによる共同作戦」があったとしている。「ベトナム人は（中略）カンプチア共産党と闘う者ならCIA工作員でも受けいれる」。これは非常にクメール人的な物の見方だった――シアヌークも政権にあった頃に同じような発言をしていた。

一九七七年の四月頃には、「敵の指導者組織は基本的に壊滅した」と宣言してもいい状態になったとポル・ポトは感じていた。だが常任委員会は「粛正を続け、敵を一掃する」ことを求め続けた。ポル・ポトがようやく粛正の終わりを宣言したのは、秋になってからだった。ポル・ポトによると、そのときまでに中央委員会のメンバーが五人、区の司令官が四人、そして無数の雑魚たちが排除されたという。この「大きな勝利」によって党は「浄化され強化された」。だがかれは、粛正された人々のいずれについても、裏切りの確証がないことについては触れなかった。また、二年前にポル・ポトが毛沢東に面会に行った際に同行したシェト・チェなどについては、逮捕された理由すら明らかにされていない。「アンカは殺しても説明はしない」という不気味な言葉は、党の首脳陣の間でも、一般人と同じように真実だったのだ。

一九七六年の中盤から七七年の晩春にかけて、ポル・ポトの理想主義的な社会主義の実験は頂点に達し、崩壊の準備が整った。

年内を通してS-21を中心とするテロの猛火が国中に吹き荒れ、数千人の党幹部と数十万人の新人民および基幹民を灰に変えてしまった。ポル・ポトは、ラジオ・プノンペンで「人口の一〜二パーセント」は救いがたい敵意を持っていると憶測し、かれらは「敵に対するように扱われねばならない」と語った――二年前の内戦の終結時にクメール・ルージュの敵の扱い方を目にした人々にとっては、楽観を許さない思想だった。カンプチア共産党自身の統計によると、一九七七年の八月までに四千人から五千人の党員が「悪い分子」か「敵分子」として粛正されたという。

北部地域とシエムリアプでは、コイ・トゥオンとその仲間たちから伸びた「列」のすべてが慎重に取り除かれ、ポル・ポトの信頼を得たケ・ポクに忠実な勢力に置きかえられはじめていた。抵抗の徴候が見られた場合は、モクの兵士らが南西部から派遣されて、新しい指導部の設立を手伝った。このやりかたはポル・ポトが自分に忠実でないとみなした既存の党のネットワークに対する介入のパターンになった。

まもなく、イエン・サリの妻で社会問題相を務めるチリトが代表団を率いて北西部に向かった。彼女はそこで見た光景に衝撃を受けて戻ってきた。地域の状態は確かに悪かった——「新人民」が流入して、さらに百万人の人口を養うはめになったため仕方のないことだった。だがチリトの結論は、政権の偏執狂をあおるよう工夫されていた。「現地の状況はとても悪かった」と、彼女はのちに述べている——「住む家もなく、人々はみなひどく体調を崩していた」。幹部たちは党の政策に従うふりをしながら、実際にはひどい環境で人々に労働を強いることによって政策を台無しにしていたのだ。唯一考えられる理由は「工作員がわれわれの中に紛れ込んだ」というものだった。このような報告は——意図的にそうされたのだが——ポル・ポトの耳には心地よく響いた。かれの最悪の予想を確かなものにしたのだ。「隠れた敵が人民の食糧を奪おうとしている」と、かれは一九七六年十二月の中央委員会で語った——「かれらは指示を（歪めて）人々を酷使している。（中略）病気であろうとなかろうと、強制的に働かせているのだ」。それから数ヶ月間ポル・ポトは行動を起こさず、かわりにモクが信頼できる村の幹部たちとその家族を南西部から問題の北西部に移した。外見上かれらは普通の農民に見えたが、実際は粛正への道を固めるために派遣されていた。そして六月に西部地域と南西部の兵士らがこれに続いた。かれらはまず区と村のレベルで幹部の既存ネットワークをすべて破壊し、現職幹部を処刑して南西部の関係者と入れ替えた。それから六ヶ月間はさらに上位の指導者が標的になった。年末までに北西部の七地区のうち五地区の指導者らと、その他二地区の中央委員会のメンバー、そして少なくともさらに三十人の上級幹部たちがS‐21に送られて自供させられ、殺害された。

他の地域も見逃されなかった。東部地域討議会は夏の間「ベトナムの追従者」が「人民を飢えさせ、苦しめて党に対する信頼をなくさせようとしている」と主張した。年が明けて半年間は、「数百人にのぼるこれらの背信者は一掃した」と澄ましていたのだが。この段階では小規模な粛正しかおこなわれていなかった西部地域では、ヌオン・チェアが「革命的な警戒」が最優先で、経済的発展は二の次だと上級幹部らに告げた。

ポル・ポトは一挙両得をねらっていた。疑いのある分子をすべて抹消した不純物のない純粋で完璧な党を手に入れると同時に、来たるべきベトナムとの闘いに備えて全人口を団結させたいと考えていたのだ。かれは国民全員に食糧を充分に摂らせて、適度に働かせて月に三〜四日、あるいは五日の休みを与え「利口で冴えた」状態を保ちながら、何を犠牲にしても一ヘクタールあたり三トンの目標を達成するようにと主張したのだ。かれの政策を実行にうつす幹部たちにとって、選択は明らかだった。脅えたかれらは、管理下にある人民を恐怖に陥れることで応じたのだ。どのような功績も人間の意志の力でなしとげられるとする国家では、失敗は妨害行為に等しかった。（ポル・ポトが命じたように）生活の質を改善して結果的に党の目標を満たせないか、あるいは生活水準を犠牲にして（やはりポル・ポトが命じた）目標を達成するかの二者択一では、ほとんどの関係者が後者を望んだ。共同体ごとの食事が導入され、食糧の調達が禁じられて以来、いずれにせよほとんどの人々の生活の質は良くなかったのだ。飴がほとんどない以上、残るのは鞭しかなかった。

一九七六年の後半以降――特に一九七七年の中盤から、カンボジアははるか昔の未開の状態へと逆戻りしていった。

規律に違反したとされる者に対する「再教育」の試みは、もともとクメール・ルージュ政権下ではあまりおこなわれなかったが、いまや全国レベルでも、プノンペンや地方においても、完全に捨てられた。地域指導者以上の人間に「破壊する権限」を与えるとする一年前の常任委員会の決定は、沈黙のうちに忘れられていた。理論的には、処刑を承認するのは区の書記たちだったが、実際にはコミューンや村のレベルで死がもたらされていた。「西部の森」としばしば呼ばれた処刑の地が、処罰の最初の手段に用いられるようになっていた。

S－21での出来事は中央管理の対象だったが、まったくひどいものだった。部下の過剰な暴力をとがめた上級尋問官のポンは、過剰な暴力の中身を「囚人を死ぬまで殴り、腕と背中とペニスを裂くことだ」と具体的に説明するはめになった。囚人は街の病院で使うために血液を抜かれた。「かれらはポンプを使った」と、ある看守は振り返る――「囚人の血がなくなって、ほとんど息をしなくなるまで採血を続けた。聞こえるのは喘ぐような音だけになり、発作を起こしたように白目をむいた。用済みになると、死体は穴に投げ込まれた」。

尋問官の行動に何の制限も設けられなかった地方の拘置所の昔風の残忍さに比べれば、このような恐ろしい話さえも手ぬるく思えるほどだった。ハイン・ニョールは食糧を手に入れようとして捕えられ、北西部のそのような拘置所の一つに連行された。

林の中の空き地の、見たこともない建物の立ち並ぶ場所でわたしたちは足を止めました。（中略）しわのよった黒い物体が屋根のひさしのところからつるされていたが、それが何かは遠すぎてわかりませんでした。（中略）その午後に監視員たちが新たな囚人を連れてきました。妊婦です。かれらが通り過ぎるとき、夫は（もとロン・ノル軍の）兵士ではなかったと彼女が言ったのが聞こえた。（中略）その後で（ひとりの）尋問官が鋭いナイフを手に木立の中を歩いていったんです。（中略）かれがその妊婦に話しかけ、彼女がこたえました。（すると）かれは服を裂き、彼女の腹を切り裂いて赤子を取り出しました。わたしは顔をそむけましたが、彼女の苦痛の声からは逃れられませんでした。叫び声はしだいにすすり泣きに変わり、そしてはてしない時間がたってから、慈悲深い死の静寂がおとずれました。彼女を殺した尋問官は胎児の首を手で摑んで、涼しい顔でわたしの横を通り過ぎていった。（中略）そして（胎児に）紐を巻きつけ、乾燥して黒くひからびたほかの胎児と並べてひさしから吊したんです。

クメール・ルージュの農民幹部たちは、かつてのイサラクと同じくクン・クラク、つまり「子どもの薫製」を呪術的なお守りにしていた。囚人の胆嚢は取り出して薬に利用し、肝臓は殺したあと食べてしまった。バッタンバン付近の共同体で生活していたフランス系ベトナム人女性のデニス・アルフォンソは、ひとりの青年がこのようにして死ぬのを目の当たりにした。「人間の肝臓は、火にかけるとパンケーキを焼いたときのようにじりじりと動いた」と、彼女はいかにも主婦らしい指摘をしている。

プノンペンの指導部は、このような行為を知っていた。地方の関係者からソン・センに電報があったのだ。ポル・ポトや常任委員会のメンバーたちが蛮行を承認したと考える理由はない。だが止めようともしなかったのも確かだ。農民らの「階級憎悪の沸騰」がどれほどおそろしいかたちになろうとも、受けいれて容認してやらなければならなかった。同じ姿勢がポル・ポトを流血の闘いから栄光へと導いたからだ――穏やかな微笑みの裏で冷酷さを誇る、ゆがんだ男らしさである。S-21も同じようにみなされていた。ポル・ポトやヌオン・チェアは現地を訪れたことがない。だが二人にとって、それは革命国家に不可欠な道具だった。最重要人物の逮捕についてはポル・ポト本人が決断し、ときにはキュー・サムファンに相談した。イエン・サリの外務省は拘置所の控えの間の役割を果たしていた。地方幹部らは表向き「大使としての研修のため」に連れてこられて、それから死の旅路へ向かったのだ。

暴力の通例化にイデオロギーに関する圧力の激化、そして心理的傾向の発達のなかで、まさに国民全体が絶えずおびえながら暮らしていた。つまり一九七七年までに、政権の真の支持者たちは幻滅していったのだ。クメール・ルージュ政権は「新人民」を獲得するのに失敗しただけでなく、古くからの人々の好意も失ってしまった。多くの地域では、革命の主人公だったはずのもっとも貧しい農民たちでさえ、だまされたと思うようになっていた。一日に三度の食事の約束だったが、与えられたのは水っぽい粥だった。警察の報告には、敵意を込めたスローガンが引用されている——「社会主義革命に奉仕すれば空芯菜の混ざった米を食べられる。共産主義政権に奉仕すれば食べられるのは米ぬきの空芯菜だけ！」危険にもかかわらず、タイとベトナムへ亡命しようとする人々の数は着実に増加していった。

一九七七年の春には、ベトナム人指導者たちは問題を抱えていることに気づいていた。年明け早々に国境で何ヶ月ぶりかに新たな紛争が起こったのだ。ハノイは二月に外務省事務次官のホアン・バン・ロイを、ひそかにプノンペンに派遣した。かれはクメール・ルージュ政権を逃れてきたカンボジア難民の送還について協力を申し出た——送還された人々がただちに殺されることをよく知っていたのだから、ひどく皮肉なやり方である。そしてカンボジア側の指導者たちをベトナム、ラオスとのインドシナ・サミットに参加するよう招待した。だがこの提案は即座に拒絶された。ポル・ポトは強硬姿勢が功を奏していると考えたのだ。常任委員会は、党の今後の最優先事項を経済ではなく国家防衛とすることを承認した。

三月、四月と紛争は続き、険悪な外交通達の応酬がおこなわれた。この頃にはハノイも、カンボジアが反ベトナム的な粛正をおこなっていることに遅まきながら気づいていた。そしてサイゴン解放の二周年記念にあたる四月三十日に、カンボジア人部隊が大砲の力でベトナムに大挙して侵入し、地元の住人を数百人殺戮して村々を壊滅させた。ベトナム当局の記録には次のように記されている――「もっとも野蛮な犯罪が起こった。女性は強姦されて内臓を取り出され、子どもたちは二つに切り離された。パゴダや学校は焼きうちにされた」。

この記述の正しさを疑う理由はない。同年、すでに似たような残虐行為がタイとの国境で起こっていた。前年十月のクーデター以降、ふたたび戦闘が散発的に起こるようになり、右翼軍政府が権力を手にするようになっていたのだ。カンボジア人の女性や子どもを虐殺したクメール・ルージュが、旧敵であるベトナム人とタイ人にそれよりもましな扱いをするとは考えにくい。だがそれは、ベトナムの宣伝機関が吹聴したような一方的虐殺ではなかった。公表予定がなかったという点で信憑性の高いカンプチア共産党内部の軍事電信によると、四月一日から二十九日の間に、国境の南側で、五回の紛争がベトナムによって引き起こされたという。同月のプノンペン陥落記念の演説の中で、ポル・ポトは「地を呑もうとするＹ（ユオン）と、その走狗たち」と、ベトナム人を指す伝統的な侮蔑語を使って糾弾している。まもなくかれはタイの共産主義指導者カムタンに対して、ベトナムの拡張政策は「東欧のものとはまったくかけ離れている。東欧ではソビエト連邦があらゆる人々を支配しているが少なくとも支配される人々はまだ存在している」と語っている。

正当な理由があろうとなかろうと、カンボジア側の恐怖は本物だった。二年間にわたって――カンボジア側は政権を強化する時間をかせぐため、ベトナム側は政治的手段によって目的を達成するために――双方が衝突を避けようと努めたのち、昔からの憎しみが一気に再燃したのだ。カンボジア人は何世紀も、ベトナム配下の時代を力のなさと同一視し、実力もしくはクメール・ルージュの言う「自立統治」をベトナム人が殺戮された時代と同一視してきた。そしてふたたび和解に失敗したいま、ポル・ポトにとっての唯一の選択肢は「虚仮犬作戦」――長期間にわたってベトナムを観察してきたアメリカ人の表現――だった。

ベトナムとタイに対する、カンボジアの攻撃的でないとすれば敵対的な行動は、まったく不合理というわけではない。カンボジアは（数百年にわたって）さまざまな方法を講じて敵をかわそうとしてきた。だがそのどれも成功しなかった。残されたのが（中略）一見すると不合理に見える行動である。（中略）自分よりも大きく強い犬に囲まれた小さな犬のならいと同じく、毛を逆立てて虚仮威しをすることだ。好戦的な態度をとり、結果を度外視して大暴れしそうに見せかけ、周囲が手を出さないようにし向けるのだ。（作戦が）成功するとは限らないが、カンボジア人にしてみれば他の手口も見込みは似たりよったりだ。

ハノイは段階的に対応をとった。まずベトナム空軍がカンボジア国境に爆撃をおこない、五月十二日にベトナムの沿岸二百海里の経済的排他水域を主張した。そしてカンボジア側が海上境界線についての譲歩を拒むと、ベトナム側は既成事実を示すことで応じた。その四週間後に、ベトナム共産党中央委員会はカンボジアの中央委員会に対して、高官レベルの会談をもってこれらの「血なまぐさい出来事」の終結を呼びかけた。これに対してカンボジアは、冷却期間をおいて互いに兵を退却させることを提案した。ここで政治的交渉は行き詰まった。だが両国とも国境を越えた爆撃を続け、何万もの民間人が最悪の事態を予期して国境地帯から退去した。

この時点で他の利害関係者が絡んできた。カンボジアの状況は単純だった――カンボジアをベトナム勢力の拡大を防ぐ障壁とみなしている中国を頼みとしたのだ。

ベトナムの立場はもっと複雑だった。経済は大混乱をきたし、手に入る限りの援助を必要としていたのだ。すでに寛大な援助を施したロシアは、さらなる援助を惜しまない姿勢を見せていたが、質の面ではつねにベトナムの要望を満たすものではなかった。一九七三年の和平協定ののちにニクソンが提案した、アメリカによる支援の可能性は阻まれた。ベトナムが国交よりも援助を優先させるよう要求したからだ。こうして残ったのは中国だった。レ・ズアンと毛沢東との会談が大失敗に終わったにもかかわらず、ベトナム側は中国の支援を諦めてはいなかった。ベトナムのファン・バン・ドン首相は初夏にモスクワに渡り、新たな軍事援助と経済援助をとりつけたのちに北京へ向かった。そこでかれを迎えたのは中国の指導部で財務部長を務める李先念副総理だった。ファン・バン・ドンが中国の態度の軟化を期待していたなら、失望しただろう。李先念の発言は長々とした告発だったからだ。ベトナムは中国を中傷し、二国間の友好関係を傷つけ国境地帯で武力衝突を引き起こし、両国を結ぶ鉄道を破壊し、南シナ海諸島の所有権および海上境界線の確定をめぐる論争を繰り広げ、在留中国人たちにベトナム国籍を強制したと、かれは述べた。そして特に驚くべきことではないが、こう結論づけた――「われわれはベトナムの同志に対して新たな援助をもたらす立場にはない。（中略）そのため、この問題は受けつけないものとする」。

一九七七年五月と六月の、ファン・バン・ドンによるモスクワおよび北京の訪問は、カンボジアとベトナム間の紛争における国際的背景を根本から変えてしまった。それからの九ヶ月間には、双方がそれぞれの選択の結果を逃れようとして揺れ動いたこともあった。だが賽は振られたのだ。ベトナムはソビエト陣営を選んだ。中国は、やっかいな同盟国であるカンボジアを支持するほかなかった。

七月にベトナムは上層部全員をラオスの首都ビエンチャンに派遣し、両国の「特別な関係」を公式なものとする友好協定に調印した。これは国防におけるさらなる相互支援を誓い、ラオス国境地帯にベトナム兵を駐留させる権利を確認するとともに「外国の反動勢力による」――中国を指す新たな侮蔑語である――「あらゆる策略および破壊行動」に反対するものだった。これは北京から見れば、ベトナムの勢力圏に立ち入るなという警告だった。そしてポル・ポトにとっては、クメール人たちが警戒を解いたらベトナムがどう出るかを示す証拠でもあった。

この週にカンプチア共産党東部地域委員会は、ベトナムとの紛争は「政治的には解決できない」ものであり「自国の地でかれらを制圧する」ために、ベトナム領土の奥深くに派兵する準備を整える決議案を通過させた。これが実現されれば、「もはややつらがわれわれの国を侵略することは二度とないであろう」と決議は述べていた。ベトナム国境地帯には軍事司令部が新たに二カ所設置された――ソン・セン率いる南部の国道一号戦線と、ソー・ピムの指揮のもとケ・ポクが副官をつとめる、コンポンチャムからラタナキリに延びる国道七号戦線である。カンボジアの司令官たちは部下に対して、最終目標は「クメール・クロム」つまりベトナムが不法に占有しているとする古代カンボジア領土、かつてのコーチン・シナの回復であると告げはじめた。これはカンプチア共産党の公式見解ではなかったが、兵士の士気を高めるのに役立った。

国境の反対側では、ベトナムのボー・グエン・ザップ国防相が激しい反撃を軍勢に命じていた。

もっとも直接的に関与していた三国の中で、事態の展開を最も懸念していたのは中国だった。外務省の黄華は北京での非公開党会議において、ハノイとプノンペンの紛争は「かれらにとって問題であり、われわれにとっても問題である」と述べた。「正しく対処しなければ、われわれはジレンマに陥るだろう」。北京はインドシナ三国の政府に対して、カンボジアとベトナムが停戦して会議の席にふたたび着くことを望むと告げた。そして論争には関与しないことを約束し、それぞれの党が望むなら調停役にたつ旨を告げたのだった。しかしながら「反動主義的社会資本主義」がカンボジアの主権の侵害や、領土の侵略を試みる場合はこれに対抗すると中国は続けた。

事態はそのまま一九七七年の九月まで変わらなかった。

九月二十四日は土曜日で、国境付近のベトナム人上級士官の多くは持ち場を離れてホーチミン市（現サイゴン）で週末を過ごしていた。そこにカンボジア東部地域に属する二つの師団が、タイニン地方へ国境を越えて侵入したのだ。かれらはおよそ六キロ侵攻して、いつものように恐怖の爪跡を残していった。三日後にこの地域を訪れたジャーナリストは次のように記している。「どの家にも腐乱してふくれあがった男女や子どもの死体があった。（中略）頭部のない死体や腹を切り裂かれた死体、手足のない死体、目のない死体もあった」。ベトナム当局によると、千人近くの死傷者が出たという。

三日後の二十七日にポル・ポトはプノンペンのオリンピック競技場で開かれた集会で演説をおこない、アンカの実体がカンプチア共産党であることをようやく公表した。五時間におよぶ演説が放送されたのは二十九日で、かれはこのときすでに、最初で最後の海外公式訪問の皮切りに北京を訪れていた。

ベトナム政治局はカンボジアによる攻撃について完全な報道管制を敷き、報復措置を保留した。ベトナム労働党中央委員会はカンプチア共産党の誕生を祝し、ベトナムへの「貴重な支持と援助に対する（中略）深い感謝の念」を示し、二つの党と人民の間の「特別な関係」を守ることを誓った。そして九月三十日の金曜日に、レ・ズアンはホーチミン市で政治局の緊急集会を開き、その議長を務めた。この集会で、調停役に立つという中国の申し出を受け、カンボジア側が北京に滞在している間に協議の場を用意することが決められた。これと同時に、ボー・グエン・ザップ将軍には和解が失敗した場合の報復措置の計画を練るよう指示が与えられた。

一方でポル・ポトは、この紛争についての独自の見解と最終的な解決策を華国鋒主席に説明していた。

ベトナム軍の性質は変わってしまいました。かれらはもはや、かつてのように困難に耐えて苦しもうとしていないのです。いまでは武力――大砲、戦車、戦闘機――にさらに依存するようになってしまいました。かれらの兵は強くありません。兵士や士官たちは堕落しており、これ以上は闘いたくないと考えています。北部からやってきた者たちの多くは、南部で新しく妻を見つけています。二人の妻を見つけた者もあります。そんなふうでどうやって闘うというのでしょう？（中略）われわれはかれらと闘うことを恐れていません。問題は、かれらがたえず脅威となっていることです。ベトナム人たちは東南アジアにおいて拡大主義政策をとっています。われわれはかれらと交渉しようと努めましたが、無駄でした。（中略）戦略的観点からすると、この問題を本当に解決することができるのは東南アジアの革命運動の発展だけです。そうでなければ、カンボジアとベトナムの問題がどれだけの国々を巻き込むことになるかわかりません。（中略）われわれはビルマ、インドネシア、タイ、マレーシア（の共産主義者）とは結束しました。（中略）そして北側では中国がわれわれを支持してくれています。（中略）これがわれわれの戦略的指針です。

翌日、華国鋒は返答するにあたって、中国から見てこの姿勢がどれほど荒唐無稽かをうまく表現しようと努力した。ポル・ポトが東南アジアの共産党に言及したことを無視して――中国はこれらの役割をあまり強調しないようにし始めていた――かわりに東南アジア諸国の政府との関係強化に努めるよう提案したのだ。それだけでもベトナムに対抗する充分な助力が得られると華国鋒は語り、中国の立場からすると最良の結果は平和的解決であると続けた。

われわれはベトナムとカンボジアの軋轢が成長することは望んでいない。双方には友好と理解の精神をもって交渉にのぞみ、互いに譲歩して解決策を見いだしてほしいと願っている。ポル・ポト同志の言葉にあったように、交渉による問題解決が容易ではないことについては同意見だ。確かにベトナムに対しては、決して警戒をおこたってはならない。

この二度目の会談の数時間後、最近の国境の緊張状態について議論するために特使を派遣してほしいとの要請が、ベトナムから中国に届いた。華国鋒の意見をかんがみると、ポル・ポトたちも同意するしかなかった。そして十月三日に、ベトナムの外務次官ファン・ヒェンがイエン・サリと二度にわたって長い会談を開いた。だが事態は進展しなかった。カンボジア人の国境地帯での暴挙を糾弾されると、イエン・サリは、民主カンプチア指導部を失脚させようとしているのはベトナムで、緊張を緩和したければその「攻撃や破壊行為および妨害行為」を止めろと応じた。ポル・ポトはかれらの対話中におこなわれた記者会見で、名指しはしなかったものの「敵」が「(カンボジアを)内部と外部から攻撃しようとしている」と語った。

翌朝ポル・ポトは平壌に向かった。北朝鮮の金日成主席はかれを快く受けいれ、支持する旨を率直に示した。

「かれら（ベトナム人）はまったくの悪人だ」と金日成は言い切った――「ベトナムが東南アジア全体を手にしようとしていることに、わたしは衝撃を受けた」。そう言うのは金日成にとってたやすいことだった。中国とちがって、ベトナムから遠く離れた北朝鮮は、このような姿勢をとっても何のリスクもなかったからだ。北朝鮮はカンボジアの苦境に同情した。かれらも強国にかこまれていたからだ。金日成は公式には「革命に反対する破壊行為および妨害行為をすべて壊滅させた」と訪問団を称賛した。個人的にはポル・ポトにこう語っていた――「われわれはあなたの勝利をわれわれ自身の勝利と考えている」。

ベトナム指導層は板挟みにあっていた。本格的な討伐をおこなえば国境戦争を引き起こす危険があった。だが何もしないわけにはいかなかったのだ。

最終的に、レ・ズアンは最後にもう一度だけ中国の助力を頼んでみることにした。ポル・ポトの帰国を翌日に控えた十月二十二日に鄧小平――「四人組」の失脚後ふたたび権力を取り戻していた――は欧米の記者に対して、中国はカンボジアとベトナムが「実りある交渉をすること」を願っていると語った。「われわれは何が正しく、何が過ちかを判断する立場にはない」。一方、ボー・グエン・ザップ将軍はカンボジアの領土に限定的な爆撃をおこなう承認を得ていた――そして十月にスバイリエン、その一ヶ月後にプレイベンで爆撃を実行に移したが――大規模な報復行為の開始は承認されていなかった。十一月二十一日にレ・ズアンは北京に到着し、歓迎を受けた。八週間前にポル・ポトが到着した際の歓迎と、外見上の違いは特になかった。レ・ズアンもやはり空港で毛沢東の後継者の華国鋒の出迎えを受け、ともに車で北京へ向かった。通りには数十万の人々が立ち並び、中国とベトナムの国旗を振って友好のスローガンを口にしていた。だが午後の会談は辛辣なものだった。歓迎の晩餐会での毒舌交じりのスピーチで、レ・ズアンは中国が共産主義の原則を放棄してしまったことを責めた。

不和はもはや明るみにでていた。

そして十二月の中旬に、五万人のベトナム兵が装甲車と大砲をしたがえて、スバイリエンのパロッツビークから北部のスヌオルまで百六十キロ以上におよぶ戦線に沿って、国境を越えてなだれこんできた。ベトナム兵はほとんど抵抗に遭うこともなく、一週間で二〇キロ侵攻してきた。捕らえられたクメール・ルージュの兵士は全員殺された。それから南西部から増援が派遣されると、ボー・グエン・ザップの軍勢が防衛戦を強いられた地域もあった。

十二月三十一日の夜明けにラジオ・プノンペンが、ベトナムの「残忍で野蛮な攻撃」のため、カンボジアはベトナムとの国交を断絶すると宣言した。これは一週間前にカンプチア共産党常任委員会が下した決断で、数万人のベトナム兵が実際にカンボジア領内にいるうちに、ベトナムが隣国を従属させる拡大主義勢力の現行犯として描き、ベトナムの国際的イメージを最大限に傷つける意図があった。ハノイにとってこれは予想外の展開だった。このときまで、両陣営とも紛争の事実を隠していた。それが公表されただけでなく、その口火を切ったのがカンボジア側だったのだ。ボー・グエン・ザップは当初からごく短期間の侵攻にとどめるつもりでいたが、世間の知るところとなっては、さらに急いで帰還するしかなかった。そして一月六日に兵士の引き揚げが完了した。カンボジアは勝利を誇った。実のところは両陣営とも満足のいく結果ではなかったのだが。クメール・ルージュの犠牲者数はベトナムを三対二で上回った。だがボー・グエン・ザップの作戦はポル・ポトを交渉の席につかせるにはまるで不十分で、プノンペンの敵意をかえってそれまで以上に煽ることになった。

紛争の焦点は、また別のところへ移っていた。

一九七八年の一月にアメリカのハロルド・ブラウン国防長官が北京を訪問し、アメリカと中国間の軍事協定のネットワークを構築し始めた。これは年内に事実上の対ソビエト同盟に発展した。

同月、カーター大統領の国家安全保障問題担当顧問ズビグニュー・ブレジンスキーは、カンボジアとベトナムの紛争について、ソビエト連邦と中国の「代理戦争」と誤った表現をしている。

関係国のいずれも、敵対関係にあるこの二つの連合がさらに大規模な戦争に向けて、引き返すことのできない道をたどりつつあることを、内部でさえまだ認めていなかった――特に中国は慎重な態度をとっていた。だがその冬の戦線――クメール・ルージュ、中国、アメリカ対ベトナム、ソビエト連邦――はその後十年以上にわたって揺るぎないものとなったのだった。

一月の下旬から二月の前半にかけて、ベトナムの政治局はホーチミン市で一連の会合を開いた。レ・ズアンらソビエト派の指導者の働きかけによって、政治局は二つの不吉な結論を下した。一方は、ベトナムはプノンペンの敵対政府とは共存できないというものだった。そこで――蜂起を助長するか、あるいはベトナム軍の本格的な侵攻の際に戦線の役割を果たす亡命運動を起こすか、いずれかの方法で――ポル・ポト政権の転覆に向けて段階的措置がとられることになった。これについては迅速にことを運び、クメール・ルージュが軍事的強大化や国際的支持の拡大に先んじる必要があった。もう一方の結論は、北京には何も期待できないというものだった。中国はカンボジアを利用してベトナムに圧力をかけ、中国の檻の中に戻らせようと企んでいると政治局は断じたのだ。これはレ・ズアンのまちがいだった。周恩来未亡人である鄧穎超が当時プノンペンを訪れていたことにもっと注意を払っていれば、この紛争が悪化しないように中国が相当な努力をしていることに気づいただろう。鄧穎超が平和的解決の必要性を断固とした口調であらためて説いたのでカンボジアの指導者たちは激怒し、ラジオ・プノンペンで公式に非難するに至ったほどだ。だがクメール・ルージュがベトナム側のあらゆる行動を代々の憎しみのプリズムを通してとらえていたように、レ・ズアンの北京に対する見方もやはり中国の宗主権と抑圧についての先祖返り的な記憶によってゆがめられていた。

その結果、自己成就的な一連の恐怖が生まれることになった。

二年前に始められたカンボジアに対する中国の軍事援助計画は、いまやハノイの目には改めて邪悪なものにうつっていた。ベトナムの軍事立案者たちは、コンポンチュナンに建設中の軍用空港にはカモフラージュした格納庫と兵器の集積所が丘に隠して備えられており、ホーチミン市から飛行機で三十分以内のところに位置していると警戒を示していた。国境地帯の紛争はますます頻発するようになり、ベトナムとカンボジアだけでなくベトナムと中国との国境でも起こるようになっていた。三月には百万人を超える南ベトナムの在留中国人コミュニティの立場をめぐって論争が起こった。ハノイはかれらが中国側につく可能性があるとみなして、その経済力をくじくためにすべての個人事業の国有化を宣言した。中国はハノイへの経済援助を停止し、中国人技術者を引き上げることで応じた。六月までに中国国境を越えた亡命者の数は十三万人にのぼった。こうして二十世紀後半でもっともひどい悲劇のひとつの舞台が整った——「ボートピープル」の流出である。二十五万人の移住者がベトナムの警察に財産を奪われ、海外での新たな生活を求めて棺桶に乗って漕ぎだしたのだ。数万人の人々が溺れるか、あるいはタイやマレーシアの海賊に遭って命を落とした。「ボートピープル」を承認したのはレ・ズアンだった。「ボートピープル」がなくなる頃には、ベトナムがアメリカとの長い闘いの中で獲得した道徳的に優位な立場はすっかり失われていた。

一九七八年の初夏までに、姿を現しつつあったこの劇の主役二人——ベトナムと中国——はもはや迷いを捨て、避けられない結末に向けて熱心に準備を始めていた。

ベトナム側は南部の元アメリカ軍の基地にクメール難民の訓練所を設立した。レ・ズアンとレ・ドク・トは、やがてクメール・レジスタンスの指導者となるべき人々と会合を開いた。一九五〇年代にカンボジア共産党の指導者を務めていたソン・ゴク・ミンは一九七二年に梗塞を起こしたのち没していたが、その仲間の一部は北ベトナムに残っていた。そこに一九七五年以降に亡命したクメール・ルージュ幹部が合流していたのだ。みな比較的下位の人物だった――ペン・ソバンはベトナム軍で少佐になっていたが、一九七〇年代前半にはカンプチア統一戦線のラジオ局で働いていた。ボー・タンは北東部出身の元イサラク兵だった。フン・センはクメール・ルージュの若手軍事司令官だったが、一九七七年の夏に亡命していた。しかし将来クメール・ルージュ後の政権の中核になれる人材は、かれらしかいなかった。厳しい教化プログラムが開始され、四月にはのちに抵抗軍となる最初の大隊が兵役についた。

三ヶ月後、在外中国人に対する虐待について「ベトナムに教訓を与える」ための有事計画が北京の中国政治局によって承認された。そしてベトナムの北の国境沿いに中国軍を慎重に集結させるように指令が下った。レ・ズアンはロシアとの関係を強化するためにモスクワに渡っていた。信頼の証として、ベトナムはソビエト連合経済団体である東欧経済相互援助会議（コメコン）に加わった。中国とアメリカの無用な反感を恐れて、それまで避けてきた措置だった。そして「北京の覇権主義的構図」に対するハノイの防衛を強化するために、ソビエトから兵器と軍事顧問らが北ベトナムに流入しはじめた。また、130ミリ砲、対戦車兵器、装甲車、六万人分の歩兵装備一式など中国製の兵器がコンポンソム港に運び込まれる一方で、中国人技術者はプノンペンの沿岸から敷設され始めていたより安全な新しい鉄道の完成を急いだ。中国は長年のクメール・ルージュの主張を遅まきながら認め、ベトナムがインドシナだけでなく東南アジア全域の大君主になろうとしていると糾弾した。ズビグニュー・ブレジンスキーの「代理戦争」的見方は北京の共感を得た。ベトナムはソビエトの野望を隠す「東のキューバ」であり、アフリカとラテンアメリカでカストロの勢力が演じていたのと同じ役割をアジアで担っていた。カンボジアとベトナムの紛争の裏には、一帯を支配しようとするクレムリンの策略があったのだ。もはやこれはただの局所的な紛争ではなくなっていた。その結果は世界のパワーバランスに影響を与えることになった。

レ・ズアンの中国の意図についての判断と同じく、その大部分は身勝手で間違っていた。だがこれもまた批判の許されない真実となったのだ。

カンボジアの苦渋に満ちた歴史においては何度もあったことだが、指導者の偏執狂的な誤算のため、カンボジアの運命は国民ではなく外部勢力によって決められようとしていた。

ボー・グエン・ザップ将軍の軍勢が退却すると、ポル・ポトはクメール・ルージュの戦略を見直しにかかった。かれは自国内での政権の支持基盤を最大限に拡大するために統一戦線の再構築を提案した。また、海外——特に欧米——から公的な政治的同情を獲得するために外交努力を強化し、国内政策の緩和を承認した。

ポル・ポトがこれらを思いついたのはほぼ一年前のことだった。「集められるだけの勢力を集めなければならない」と、かれは述べていた——「たとえ封建主義者や富裕農、資本主義者であろうとかまわない。かれらがわれわれを支持するなら、敵ではない。われわれの利益のためなのだ」。当時これは重要視されなかった。だが一九七八年には不可欠になっていたのだ。

どうやって勢力を集めるか?(内戦のときと)同じようにするのだ。だが国全体の支配権を握っているいま、それはもっと有意義になっている。(中略)われわれはプチブル層や、卑小な資本主義者と地主層を味方につけ、差別(することなく)かれらの協力を得なくてはならない。(中略)なぜそうする必要があるか? 敵を孤立させるためだ。(中略)いまは敵の勢力を最小化し、われわれの勢力を拡大するために、あらゆる手を尽くさなければならないのだ。党を強化し、人民を強化し、軍勢を強化し、経済を強化する(ために)。(何であろうと)われわれに加わる勢力を拒んではならない。(中略)われわれはこの方針を正しく適用しなければならない。

このプロセスの一環として、ポル・ポトは自分がもっと表に出ようと思いついた。特にそうしたかったわけではなかったが、個人崇拝は国家を指導者のもとに結集させる強力な武器であることを、中国と北朝鮮から学んだからだった。一九七七年の冬には芸術家たちに対し、ポル・ポトの公式肖像画を描き、銀などさまざまな材料で胸像を作ることが命じられた。そのいずれも展示されたことはなかったようである。農民の集団を率いる英雄的なポル・ポトを描いた高さ八メートルの革命記念碑がワット・プノンに建てられる予定だったが、これも設計段階のままに終わった。

本国の統一戦線に合わせて、国際的な支持の拡大もすすめられた。まず皮切りにポル・ポトが中国と韓国を訪問した。一九七七年の十一月に、ビルマのネ・ウィンが外国の指導者として初めてプノンペンを訪れた。ルーマニアのチャウシェスク大統領などもこの後に続いた。当初、国際関係をもっとオープンにするようにと率先してクメール・ルージュに働きかけたのは中国だった。だがポル・ポトは、一九七八年の始めまでに考えを変えた。そして「世界中の進歩的で革命的な勢力と団結する」ために「友邦を強く必要としている」と、ポル・ポトは言明した。民主カンプチアは「友邦を強く必要としている」ためには努力を惜しまないと語ったのだった。キュー・サムファンはこの件について、常任委員会で長い議論がおこなわれたことを覚えている。「軽々しい決断ではなかった」とかれは語っている――「だが最終的には、全員がその必要性に気づいたのだ」。

そして極右軍事政府にかわって、クリアンサック将軍率いる混合政権になったタイとの関係を改善するために対策が講じられた。東欧、ラテンアメリカ、オーストラリア、そしてアメリカからも、マルクス＝レーニン主義の集団が週に一度の北京からの航空便で次々と民主カンプチアへ親善訪問にやってきた。ユーゴスラビアを筆頭に、わずかながら海外のジャーナリストと研究者もその後アメリカ、イギリスから訪れた。アンコール遺跡を半日見学できるバンコクからの週に一度の観光客用の航空便も開始された。

翌年には国連事務総長クルト・ワルトハイムが招待された。そして日本はクメール・ルージュの大使が東京の皇居の裕仁天皇を表敬訪問するのを認め、プノンペン政権と関わりを持つ初の先進国となる見込みとなった。

原因はベトナムとの軋轢だけではなかった。

一九七八年には、ポル・ポトもクメール・ルージュ体制がうまく機能していないことを認めざるをえなかった。公式には、問題は内部の敵による「破壊」であるとされていた。だがかれ自身は、人口の二～三割がいまだに十分な食事を与えられておらず、一部の地域では人々が飢えていることも認めていた。それから一年間、なんとか暮らしやすくするためにさまざまな対策が講じられた。食糧の採集と家族による調理はふたたび許可された。そして不承不承ながら、食事改善の約束を守るための第一歩として月に三回、パーム糖で甘みをつけた粥をふるまう「デザートの日」導入に踏み切った。色のついた服についての禁止令は解除された。十日に一度の休日制度が再確認され、原則的にはこれが基準となった。「基幹民」と「新人民」の婚姻がはじめて認められ、一九七八年の夏にはこれらの区別が撤廃されて国民全員に完全な政治的権利が認められた。いつものことながら、これらの変化は地元幹部の気まぐれによって、一様には導入されなかった。多くの地域で、一九七八年に状況は改善ではなく悪化した。それでも国全体としては、不完全に適用されていたものの、寛大な方向へ向かう傾向にあった。

規律についても同じ措置がとられた。一九七七年には、すでに処刑は軽微な違反にも適用される標準的な処罰になっていた。そこでポル・ポトは中央委員会指令に署名して、殺す必要があるのは「党と革命と人民に対して絶対的に敵意を持っており、(かつ)悔い改めない者」だけであると定めた。「絶対的な敵意を持って」いない他の者たちは、CIA、KGB、ベトナム人のために活動した者たちさえ「あり方をあらため、啓蒙をなしとげて党の胸へ帰る」ために教育されることになったのだ。新たな規則下でも、中央が定めればさらなる粛正はできた。だが独断による殺害は減少した。「全員が完全に理解できるように」と中央委員会の宣言で、指令は各部隊で「少なくとも五回か六回」は話し合われることになった。中国で二年間訓練を受けたのち帰国した空軍士官は、友人たちから次のように聞かされた――「おまえはついてるよ。状況はかなりましになった。以前はだれもが逮捕されることを恐れていた。いまでは間違ったことをしても――たとえ浮気をしたところで、降格はされても死なずにすむ」。政策の変化は協同体の中でも感じられた。知識人――もと学生と専門家――に対する圧力は明らかにやわらいだ。地元幹部らはアンカを名乗るのをやめるように命じられた――その名称は組織のもので、個人のものではないからだ。

知識人に対する姿勢は他の面でも変わった。地方で肉体労働に従事して自己修正に取り組んでいた帰国組の留学生たちはプノンペンに呼び戻され、省庁で働くことになると告げられた。B－1には、将来外務省の幹部となる人々に語学と実務の訓練を施す学校が開かれた。それまでブルジョア層のしるしとして軽蔑されていた技術的教育も、ふたたび工場に導入された。ティウン・マムが任された新設の国立技術専門学校は農学者、エンジニア、科学技術者を養成する学校で、学生数は三百人だった。

このほとんどは、過去二年間にポル・ポトの演説や文章の中で示されたことだった。だが今度はそれが実行にうつされたのだ。「革命意識」で何でもなしとげられると主張するのは感動的だが、その結果として中国の技術者に頼るしかないなら、感動も台無しだ。カンプチア共産党指導部が政権のもっとも独創的な特徴として誇った、お金を使わないという決定さえも再検討された。民主カンプチア代表団が外国を訪れる際は、アメリカ帝国主義の象徴である米ドル紙幣を詰め込んだスーツケースを持参した。これは自立と呼べただろうか？　ベトナムとの関係が悪化して、カンボジアが東南アジアの非共産主義勢力や日本やヨーロッパとの貿易関係に力を入れるようになると、自国通貨の使用を支持する声も高まった。同年の春にポル・ポトはユーゴスラビアのジャーナリストたちに次のように語っている。「われわれはこれまで通貨の使用を中止していた。（中略）だが現在の体制を永久的なものにしようとは考えていない」。現実に必要があれば、お金と賃金を導入する可能性もあるとの考えを示したのだ。キュー・サムファンによると、その秋にポル・ポトとイエン・サリは通貨をふたたび使うことを決めたという。だがそのときにはすでに、それを実施するには遅すぎたのだ。

一九七八年の春から導入された変更――開放化、寛容化、国内の支持を得るための努力――は、しょせん程度の差で小規模なものではあったが、一年前と比べれば大きな変化だった。だがこれらの変更はコインの一面にすぎなかった。ポル・ポトとヌオン・チェアはこの年、政権の誕生以来最大規模の粛正をおこない、最大数の犠牲者を出していたのだ。数万人が拘置所で撲殺された。処刑理由は「クメール人の肉体にベトナム人の精神」を持っていることとされた。それはハノイからの帰還組が五年前にかけられたのと同じ罪状だった。

この二極性はポル・ポトが作りあげた体制の核心にまで浸透していた。もっと穏健な姿勢が必要だと指導者たちが悟っていても、この体制は恐怖なしには存在できなかったのだ。この二つは弁証法で結ばれており、敵とみなされる人々の虐殺と処刑縮小の指示は正反対ではなく、ひとつのものを構成する半分ずつとみなされていたのだった。ベトナムに対する統一戦線は、政権内の規律の全面的な締めつけをもって補う必要があるとポル・ポトは考えていた——ちょうど一九七〇年代前半に、シアヌークの統一戦線の結成が、党における階級基準をさらに厳しくすることによって埋め合わせられていたように。

『党を浄化せよ！　軍を浄化せよ！　幹部を浄化せよ！』をスローガンにするべきだ」と、ポル・ポトは一月に開かれた会合で仲間たちに語った。だがいまではそこに大きな違いがあった。一九七〇年代前半には、統一戦線と党はまったく別物だった。だが一九七八年には党がすべてを管理していた。ポル・ポトが拡大したがった戦線を構成するのは、かれが粛正しようとしていた人々だった。指導部は二つの相容れない矛盾した軌道にみずからをおいていた。

粛正についての原則を承認したのち、集会は東部地域の行く末について話し合った。ボー・グエン・ザップの軍勢を阻止しきれなかった東部地域は、客観的に見て背信をはたらいたとポル・ポトはみなしたのだ。東部と北東部の両方を「注意深く監視しなければならない」とポル・ポトは主張した。これらの地域住民は「日和見主義者」と「ベトナムに従う人々」で構成されているため、信用できない者たちがいるとの理由からだった。かれが東部地域書記のソー・ピムを公然と糾弾することはなかったが、ベトナム国境に隣接する第二十一地区、第二十三地区、第二十四地区、第二十五地区の弱さを指摘した。そして北東部の深刻な問題については、「物事を軽く受け止めすぎている」と地域書記のヴィを責めた。非難された地域は東部だけではなかった。モクの南西部地域のタケオ地方（第十三地区）は「凡庸な組織」であると叱責された。だが指導部がもっとも気にかけていたのは東部の兵士だった。かれらは「平和主義」の傾向を見せており、それが「効率的に敵を攻撃する妨げになっている」とポル・ポトは言った。そして「権力をしっかりと掌握する」ために中央幹部の派遣が必要になった。

これが南西部の村と区の幹部を東部に移動させる合図となり、一年前に北部と北西部でおこなわれたのと同じ方法がとられた。東部地域と地区の指導者たちを頂点とする地元の支持の「列」はすべて破壊され、モクの一団を頂点とする新たな「列」に取って代わられた。また同時に、村民六万人がパロッツビークとフィッシュフック――コンポンチャムとクラチエ地方の接点の近くに位置するベトナム側に突き出た北向きの細長い土地――の国境地帯を追い出され、ベトナム国境沿いにはるか遠いモンドルキリまで地雷を大量に敷設して焦土と荒れ地の緩衝地帯を作る作業へと駆りだされた。

だが粛正はこれだけでは終わらなかった。

一九七八年の三月に西部地域書記のチュー・チェトが捕らえられた。かれはかつてのプラチアチョンの最後の生き残りだった。次に、一九七五年からプレア・ビヘアのロヴィエンの近くの特別収容所に拘束されていたハノイ帰還組の残りが、その子ども数十人とともに殺害された。

そして北西部に疑惑の波が押し寄せてきた。前年に起こったことの焼き直しで、地元幹部らは人民を飢えさせて政権に反抗させようとしたと責められた。だが今回、北西部の人間たちは前もって準備をしていた。モクの南西部の幹部らがやってくると、村の指導者たちは抵抗したのだ。新しくやってきた幹部らが権限をふるえない地域も多かった。恐怖政治に頼っていたかつての体制は緩められた。そしてコミューンや区はそれぞれ内輪もめに陥った。

だが、この春に政権がみずから招いた最悪の痛手をこうむったのは東部だった。ソー・ピムの軍勢を刺激しようとのポル・ポトの試みは、期待通りの結果をもたらさなかったのだ。三月の末には、問題の根は東部地域書記本人にあるとポル・ポトは断じていた。ソー・ピムは健康を害して四月から五月の初旬までプノンペンの病院で過ごしていた。かれが不在の間に、国道七号戦線の司令部でソー・ピムの補佐を務めていた中央地域軍司令官のケ・ポクが東部地域の軍事組織および民間組織の徹底的な粛正を命じられた。そして四月二十日までには、四百人以上の東部地域幹部がツールスレンに拘置されることになった。

ポル・ポトとヌオン・チェアはケ・ポクをプノンペンに呼び、ソー・ピムの背信の証拠とされる「書類」を見せた。その中にはチュー・チェトの供述もあった。かれは拷問を受け、ソー・ピムがベトナムと手を組んでクーデターを計画していたと供述していたのだ。ポル・ポトの指令によってケ・ポクはコンポンチャムの国道七号戦線に戻り、東部地域の師団および地区旅団の司令官と政治担当人民委員を「集会」に召喚し、武器をとりあげて拘束した。重要人物はツールスレンに送られたが、残りの人々はその場で殺された。五月半ば頃になってソー・ピムが戻ってくると、ケ・ポクはかれも「集会」に召喚した。ソー・ピムは怒ってこれを拒絶した。「わたしは国道七号戦線の長だ」とかれは応じた――「どんな権利があって補佐がわたしを集会に呼びつけるのだ？　反対であるべきだろう。どういうことだ？」そして何が起こっているのか確かめるために護衛を派遣した。その護衛が戻ることはなかった。ソー・ピムの甥のチョンら二人の特使も、跡形もなく消え失せた。五月二十三日には、ソー・ピムはかつてのポル・ポトの弟分で東部地域事務所の所長を務めるソク・ノールをケ・ポクと会わせるために派遣した。だが、かれもまた戻ることはなかった。

この時点でソー・ピムは、ケ・ポクが自分を抹殺しようとしていると判断した。だがかれはポル・ポトの関与を信じようとはしなかった。それから二日がたち、ケ・ポクの軍勢がメコン川を渡って司令部に近づいてきても、ソー・ピムはケ・ポクが常任委員会の権限を侵害しようと企んでいるのだと考えていた。

五月二十八日に、ソー・ピムはポル・ポトに面会して誤解を正す機会を得るために、家族と護衛だけを連れてプノンペンへ向かった。だがプノンペンの対岸のメコン川の東岸に着いたところでソン・センの軍勢の攻撃を受け、腹を負傷した。なんとか逃げだしてプノンペンの北のスレイサントの森に隠れたものの、その六日後に隠れ家は包囲されてしまった。その夜ソー・ピムは銃で自殺した。かれの妻と子どもは、仏教のしきたりにしたがって遺体を埋葬しようとしていたところを捕らえられ、やはり殺害された。

それから二ヶ月間にわたって、残存していた東部地域の部隊はケ・ポク、ソン・セン、モクの混成軍を相手に奇襲攻撃を展開した。何万人もの東部地域の兵士がツールスレンに送られたため、収容所は対応しきれなくなった。S-21の所長のドッチは、ヌオン・チェアが「尋問しなくていいからぶち殺せ」との指令を出したことを覚えている。ドッチは不満だった。「そのような命令は受けたことがなかった」と、かれは語っている――「それに、そんなやり方には慣れていなかった」。だがツールスレンでの殺害も、一般人を対象にした大殺戮とは比べものにならなかった。この少し前にラジオ・プノンペンは「大衆の（中略）浄化」の必要性に触れていた。これは党と軍隊の粛正だけを求めたポル・ポトの当初の方策を大きく拡大するものだった。たとえば東部地域の村が反乱分子を支援していると疑われた場合は、住民が殺戮された。それから何年にもわたって、生き残った村人は、故郷に帰ってジャングルの一帯が骨で覆われているのを目にすることになった。

数十万人が中央地域、北部、北西部に退去させられたが、そこでも多くが殺された。死亡者数が判明することはないだろう――十万人を下らないことは確かで、二十五万人にのぼるかもしれない。数がどれだけであろうと、これらがポル・ポト政権下でもっとも血なまぐさいエピソードであることに変わりはない。

主要反乱分子――地域の副責任者であったヘン・サムリンとポル・サルーンほか六人の区書記――は最終的にベトナムに渡り、指導者となるべくレ・ドク・トのもとで訓練を受けていた中核的存在の亡命者団に合流した。秋には、外見上はほとんどの地域に秩序が取り戻されていた。だが人々には激しい敵意が残った。

そして殺害はなおも続けられた。

ソー・ピムの自殺から一週間後に、北西部地域書記のロス・ニムが拘束され、ツールスレンに送られた。ソー・ピムとロス・ニムは親しく、子ども同士も結婚していた。その二人が政権転覆を共謀していたとチュー・チェトは供述していたのだ。どんな犠牲もいとわずに自浄につとめていた政権にとっては、その供述だけで充分だった。ロス・ニム、ソー・ピム、チュー・チェトは「わら葺きの家」で「煉瓦の家」ではなかった。イサラクであり知識人ではなかったのだ。そのためかれらは裏切り者であると疑われたのである。ツールスレンで命を落とした他の人々と同じく、三人のいずれについてもポル・ポト政権打倒を計画したと信じる確かな理由は何もなかったが、それはどうでもよかった。[*5] スターリン主義体制において、無実の可能性など関係ないのだ。

全体主義的専制政治において、粛正は政権を強化するか致命的に弱体化させるかのいずれかである。一九七八年のポル・ポトの粛正はカンボジアの血を絞りつくした。八月までに、信頼できるとみなされているのは南西部のモク、そして中央地域のポクの軍勢だけという状態になっていた。常任委員会はこの月に、軍は六割の力を内部の敵から政権を守るために費やしていると報告を受けた。

表向きは、カンプチア共産党指導者らは狂ったように愛国心を訴え続けていた。ポル・ポト自身もラジオ・プノンペン用の原稿の中で次のように宣言している。

数で言えば、われわれ（のひとり）ひとりが三十人のベトナム人を殺さなければならない。（中略）つまり、われわれは三十人に対して一人を失うのだ。このため六千万人のベトナム人に対して二百万人の兵士が必要である。実際には（それで）充分すぎるほどだ。（中略）ベトナムの住民は五千万人しかいないからである。（中略）われわれがわずか二百万の兵で五千万人のベトナム人を鎮圧すると、六百万人のカンボジア人が残る。勝利をおさめるためにはこのように布陣を組む必要がある。（中略）われわれは何としても一対三十のスローガンを実行に移さなければならない。

政権は基本に立ち戻ろうとしていた。それはロン・ノルがおこなったのと同じ、露骨なベトナム人差別だった。このような言葉はクメール人心理に共鳴した。ポル・ポトがこの年の秋にベトナム人の裏切りについて書いた『黒書』にも同様の効果があった。そのハノイに対する悪口雑言は、ある西側の歴史学者に言わせると「嘘とすら呼べない代物」という。だがそれは政権にわずかに残った財産の一つである、クメール人の民族的な自尊心に響いたのだった。

ポル・ポトがこのような感情的な支えを徹底的に利用したのは、他に頼るものがなかったからだ。非公式には、ポル・ポトは八月の常任委員会でいつになく悲観的な様子だった。「しばらくは持ちこたえられる」と、かれは警告した──「だがいまの状況が続くようなら無理だ。いまは部分的な損失にしか耐られない。状況がこのまま続くようであれば、われわれは崩壊の危機に瀕する」。

こういった厳しい状況で、ポル・ポトは一九四一年にドイツがロシアを攻撃した際のスターリンと同じことをした。かれは共産主義が誕生するはるか前に作られて、その後も永らえるように定められた、古くから変わらない自国の文化の価値、民族的アイデンティティの基盤に力を求めたのだ。

スターリンはロシア正教の力を借りて、祖国を守るという神聖な任務をソビエトの人々に吹き込んだ。ポル・ポトは王制を頼りにした。九月二十八日にキュー・サムファンは、過去二年以上にわたって公的な場に姿を見せていなかったシアヌークのために晩餐を開いた。このとき撮られた写真は世界中に配信された。健康そうなシアヌークとその妻がペン・ヌートとかつての取り巻きたちを伴っている様子は、ポル・ポト政府と非常にうまくやっているように見えた。

ここに到達するまでには二年半もかかった。政権とのつながりを一九七六年の春に絶ったシアヌークは、自尊心を傷つけられてすねていた。それから十八ヶ月間、キュー・サムファンがたまに訪ねる以外にはほとんど何もなかった。それがベトナムとの紛争で変化が生じた。一九七七年の九月に、ポル・ポトの指示で、籠に盛ったライチがシアヌークに贈られた。シアヌークはカンプチア共産党の「賢明な指導部」を称え、ベトナムの攻撃を非難する手紙を何通も送ってこれに応えた。一月に、周恩来未亡人の鄧穎超は、リムジンで通りがかりにシアヌークの姿を見ることを許されたが、面会は許されなかった。夏の終わりにシアヌークは、ベトナム人による誘拐の企てに備えてという名目で、宮殿からペン・ヌートが住む地域のさらに安全な場所へと移された。ポル・ポトは帽子からウサギを出すように、思惑通りのタイミングで取り出せるようにシアヌークを置いておいたのだ。

一九七八年の九月には、かれはもう待てなくなっていた。中国人らは何ヶ月も前から、もはや確実と思われるベトナム侵攻の迎撃準備を急げとポル・ポトに働きかけていた。

これが六月のソン・センの北京訪問におけるおもな議題であり、ヌオン・チェアが八月に北京を訪れたときもふたたび持ち出された。だがもっとも重要な議論は、九月末の十日間におこなわれた。ポル・ポト自身がひそかに中国に渡り、鄧小平と面会したのである。[*6] 会談の一部に同席したクメール・ルージュ大使のピク・チェンによると、鄧小平は激しくベトナムを非難してポル・ポトを驚き喜ばせた。レ・ズアンは忘恩の徒——カンボジアの言葉ではワニ——であり、その裏切りは罰されるべきだとかれは言った。だが同時にかれは、激しい急進主義とベトナム国境地帯の兵士らの規律の欠如と「反乱的で無秩序的な行動」、そして国の統轄に失敗したことによって、これらの問題を自ら招いた責任の一端がクメール・ルージュにもあるという中国側の見解を示した。鄧小平がこれらの点を指摘したとき、ポル・ポトは微笑んで何も言わなかったとピク・チェンは振り返っている。しかしシアヌークの役割の重要性、統一戦線を組む必要性、ベトナム人が攻撃をしかけてきた場合に備えて長期ゲリラ戦の準備を整える必要性については、両者の意見は一致した。また鄧小平は、ソン・センとヌオン・チェアにすでに語ったように、中国はカンボジアに出来る限りの軍事援助をおこなうが、戦争自体はカンボジアの責任においておこなわれることを言明した。中国は兵を派遣せず、カンボジアは自力で闘わなければならないという意味だが、それをポル・ポトが理解していたかどうかは定かではない。どうも理解していなかったようだ。

シアヌークの再登場は、ポル・ポトの北京訪問が生んだ中で一番目立つ結果であったが、他にも成果はあった。一九七八年の一月以降、クメール・ルージュ前線部隊は攻撃的な臨戦体勢をとるよう命じられていた。「こちらが先に攻撃しなければ、攻撃される」と、ポル・ポトは語っていた――「ベトナム人による攻撃にはすべて反撃で報いなければならない」。しかし十月にかれが北京から帰国すると、前線司令官たちは防衛的な戦略に切り替えるように言われた。ベトナムの装甲車と歩兵隊に対しては地雷を使い、大きな損失の危険を伴う全面対決は避けることになったのだ。ポル・ポトはこの戦略について、農民あがりの兵士にもわかりやすい古くからのイメージを使って説明した。「ヒヤシンスの浮かぶ湖」のように戦うように告げたのだ。つまり水生植物が泳ぐ人に絡みついて水に引き込むように、ゲリラの小集団で敵を包囲するという意味だった。また、「増殖するカタツムリ」にも例えた。これは二~三人の集団で敵の部隊に近づき、それぞれが一人の兵士を標的にして、ふたたびジャングルに姿を消すという戦略だった。「ゲリラ戦をおこなえば負けることはない」とポル・ポトは主張した。

機動力と迅速な攻撃を戦略に用いる必要がある。一発か二発撃って、敵がこちらの位置を割り出す前に姿を消すのである。（中略）側面から攻撃し、敵の軍勢が強ければ交戦を避けるべきである。土地を占領することに意味はない。重要なのは戦力を保持して（中略）かれらの弱点をつくことである。

政権が慎重になったのを相殺するように、プロパガンダはますます辛辣になっていった。「ベトナム人は天にとどくほど臭い連中だ」と『トゥン・パデワット』は読者に向けて書いていた――「堕落しきった、たとえようもなく軽蔑すべき存在だ。かれらは托鉢の椀を持ってうろつき、（中略）あらゆる人に物乞いすることしか考えていないのだから」。この時点でさえクメール・ルージュの失脚に入念に備えていた敵に対する議論としては、お粗末なものである。

ポル・ポトが北京で鄧小平と会談している間に、レ・ドク・トはヘン・サムリン、ペン・ソバンをはじめとするクメール離脱者と、ホーチミン市はずれのチュドクにあるかつてのアメリカの警察宿舎で会っていた。レ・ドク・トはかれらに、ベトナムは乾期の始めに本格的なカンボジア侵攻を計画しており、新たに結成されたクメール・レジスタンスはベトナムの「戦友」として、共闘することになると告げた。一方、離反者たちはポル・ポト政権が失脚したときに権力を握れるように、統轄団体のクメール救国民族統一戦線(KNUFNS)を立ち上げつつあった。歴史は繰り返されようとしていた。ハノイの指導者らがさらなるベトナムの利益を求めて秘密裏にカンボジア・レジスタンス運動を起こすのは、この数十年間で三回目だった。

同じ月——一九七八年の九月に、ベトナムのファン・バン・ドン首相はカンボジアを攻撃するにあたっての外交的用意のため、急いで地域巡業へ出かけた。かれは東南アジアの非共産主義諸国に友好条約と協力を提案し、それぞれの相手国に対して、ハノイが拡大をもくろんでいるわけではないことを厳粛に確約した。クアラルンプールでは、共産主義者の暴動と闘って命を落としたマレーシア人兵士のために花輪まで捧げた。だが条約の申し出は丁重に断られた。それはやりすぎだったし、唐突すぎたし、遅すぎたのだ。

アメリカの同意を得ようというベトナムの努力はうまくいかなかった。十月にカーター大統領は、中国との関係を重視してベトナムとの国境正常化を保留することを決定した。

三週間後にレ・ズアンは、ファン・バン・ドン首相とベトナム労働者党政治局の一団をともなってモスクワに渡った。そこでかれらはソビエトの指導部から非常に手厚いもてなしを受けた。レ・ズアンとレオニード・ブレジネフが調印した友好条約には、いずれかの国が攻撃を受けた場合は、双方の国が「適切で効果的な措置をとり（両国の）安全を保障する」という規定があった。当面の目的は強まりつつある中国とベトナムとの対立に歯止めをかけることだった。ベトナム労働者党の機関誌『タプ・チ・コン・サン』は「国際的な反動主義者たち」が無謀にも同盟国であるソビエトに攻撃した場合は「激しい報復」にあうだろうとあざけった。

カンボジアのことはほとんど議論にのぼらなかった。ベトナムの指導者らはクレムリンに、クメール・レジスタンスが「次の乾季を利用してプノンペンの政権に強力な攻撃をしかける」予定であり、中国は兵士を派遣して援助する立場にはないだろうとだけ述べた。

モスクワで条約が調印された二日後に、鄧小平はファン・バン・ドン首相にならってタイ、マレーシア、シンガポールを訪れた。そしてこれらの国々がすでに、いまやソビエト連合のかなめであるベトナムが、地域一帯にとって危険な存在になりつつあると信じかけていることを知ったのだった。鄧小平はこれらの国々に対して、ハノイを封じ込めるための闘いはカンボジアでおこなわれるだろうと伝えた。そして「プノンペンが陥落する可能性がある」とつけ加えた――「それは戦争の終わりではなく、始まりになるだろう」。ベトナム勢がカンボジアに大挙して侵攻しても、成果を確固としたものにすることはできず、長期間にわたって抵抗戦が続くだろう。その場合、中国は「手をこまねいてはいない。われわれは適切な措置をとるだろう」と鄧小平は述べた。

シンガポールのリー・クアンユーとマレーシアのマハティール首相にとって、鄧小平の分析は納得いくものだった。タイの首相を務めるクリアンサック将軍はあまりいい顔をしなかった。カンボジアで戦闘が勃発すれば、タイは前線にたつことになる。タイがクメール・ルージュを支援するのは、中国の後ろ盾があると確信できた場合に限られると思われた。鄧小平はクリアンサック首相にそれを確約し、励ましの一環として中国からタイ共産党への援助を減らし、クメール・ルージュにもそうさせるからと知らせた。

鄧小平が東南アジアにいる間に、中国のもう一人の最高指導者であり、政権の警護責任者である汪東興がプノンペンに向かっていた。かれの任務は中国の支援を示すことではなく、ポル・ポトの抗戦計画を評価して、必要な助言を与えることだった。

それは容易ではなかった。汪東興の代表団に同行しており、のちに中国共産党書記となった胡耀邦は、現地の現実離れした雰囲気を感じていた。人気のなくなった街では、空き家からベッドが運び出されて、病院で負傷者を寝かせる場所を増やすために使われていた。工場労働者たちは軍事訓練を受けており、当局の人間たちは塹壕を掘っていた。だがポル・ポトも他の者たちも、ベトナム人が攻めてきた場合の対処については、はっきりとした案がないようだった。歓迎の祝宴でポル・ポトは次のように言うつもりだった——「民主カンプチア政府とカンプチア共産党は、必要となれば兄弟である中国軍の助けを頼りにすることができることを知っている」。だが中国側はこれに反対し、問題のあるこの段落は削除された。その代わりに汪東興は、ベトナムの攻撃者たちが「当面は跋扈するかもしれない」と厳粛に警告した。つまり、カンボジア人たちがその進軍をくい止めることはおそらくできないだろうという意味だった。この瞬間に広間が停電し、すべての照明が消えた。

汪東興はカンプチア共産党の指導者らに対して、やがて来る闘争に備えて人々の心の準備をして、農民に武器を分配して軍備と米の備蓄を整えるように非公式に促した。だがその忠告は一つとして実行にうつされなかった。

その理由の一つは、新たな粛正の連鎖が始まったことにあった。その標的は通常ならベトナム抗戦計画を担当するはずの人々だったのだ。

一九七八年十一月の一日と二日に、カンプチア共産党は第五回大会を開いた。会議はめずらしく短かった——カンプチア共産党会議は、予備会議を含めて通常は数週間を要していた。唯一とはいかないまでも、そのおもな機能は新しい指導部の選出だったようだ。当時北西部と南西部を統轄していたモクが、ポル・ポトとヌオン・チェアに続く第三位の指導者になり、肩書きとしては農業および農村関係担当の第二副書記になった。また、かれは党の軍法委員会の副議長にも任命された。イエン・サリは第四位で、東部戦線の軍需担当責任者であったボン・ベトが第五位となった。ようやく常任委員会メンバー候補から正規メンバーに昇格したソン・センは第六位、そして軍隊装備部の長に新しく就任したコン・ソファルが第七位だった。

翌朝、モク、コン・ソファル、ボン・ベトが話し合っていた部屋に兵士らが乱入してきた。「モクはその場でウンコをもらしていたよ」と、イエン・サリは愉快そうに振り返る——「もう終わりだと思ったんだ」。このとき逮捕されてツールスレンに連行されたのはボン・ベトとコン・ソファルだった。理由はいまだ謎だ。よほどねじ曲がった精神構造の持ち主でなければ、権力の頂点に上らせた人間をその翌日に逮捕させるなどということはできない。しかもこのとき国家は存亡の危機をかけた闘いに乗り出そうとしていたのだ。コン・ソファルが疑惑をかけられたのは、北西部の軍事司令官だったときにロス・ニムと付き合いがあったためかもしれない。ボン・ベトの逮捕は不可解だった。パングやシェト・チェと同じく、かれもポル・ポトに目をかけられていたのだ。

二年前にポル・ポトが語った「党の病」は病的な疑惑、偏執的な不信となってあらゆるレベルの指導者をむしばんでいた。カンボジアの窮状が絶望的になるほど、その毒も広がっていった。

政権に残された日々はわずかだった。それはベトナムとの戦争のためではなく、統治体が内部から腐敗していったためだ。「醜い病原菌」とポル・ポトが呼んだ病原菌は、かれが考えていたように健康な体を損なう政治的な壊疽の結果ではなかった。かれの築いた体制の真髄そのものだったのだ。

それから数週間、政権は不安定な状態にあった。

十一月末に中国共産党中央委員会は、カンボジアに派兵しないという鄧小平の決定を確認して、ベトナムの北側の国境一帯における懲罰的軍事活動を中国人民解放軍に一任することを決定した。ロシアはベトナムとの新友好条約の中で安全保障条項を結んではいるが、世界大戦の危険をおかしてまで同盟国であるベトナムを守ろうとはしないだろうと鄧小平は主張した。だがかれらが新疆に報復攻撃を仕掛ける可能性はあった。このため三十万人がソビエトと中国の中央アジア地域の国境周辺の、喀什《ガシユガル》をはじめとする拠点地域から退去させられた。

十二月二日に、ベトナムの支援を受けた新たな救国民族戦線をヘン・サムリンの指揮のもとで正式に発足させるため、カンボジア国境から三キロほど内側の、スヌオル付近のゴム園を切りひらいた空き地に数百人のクメール離反者たちが集まった。レ・ドク・トもその場にいた。これは一九五〇年の四月に、ベトナムがソン・ゴク・ミン率いるクメール民族解放委員会を設立したときと非常によく似た状況だった。

一週間後に二人のアメリカ人ジャーナリスト（『ワシントン・ポスト』のエリザベス・ベッカーと『セントルイス・ポスト・デスパッチ』のリチャード・ダッドマン）と、クメール・ルージュの運動に同情的だったイギリスの学者（マルコム・コールドウェル）が、外交官を除く非共産主義の欧米人として初めて民主カンプチア訪問を許可された。リチャード・ダッドマンはこのとき、当局の人間がプノンペンを放棄しなければならない可能性について率直に語っていたと報じている。

両陣営が戦争に備えつつあっても、戦地は不気味な沈黙に満ちていた。ラジオ・プノンペンはいつものように、共同体での生活が改善しているとの報告を流し続けた。外務省のローレンス・ピックは次のように振り返っている。「わたしたちは心配してはいませんでした。(中略)すべてがたやすく運ぶものと考えていたのです。発砲も闘いも流血もないだろうと思っていました」。軍においても、何が起こっているか知っていたのは戦闘に直接かかわった部隊だけだった。空軍のレーダー修理部隊長を務めていたカンは、十一月末に国境地帯を訪れ、敗北したカンボジア兵が退却しているのを知って衝撃を受けた。「その後まもなくベトナム人が侵攻してきて、われわれの防衛が破られていることを知らされました」と、かれは述べている――「しかしそれもすべて非公式のことでした。公式には、われわれは何も知らされていませんでした」。

十二月二十二日にポル・ポトはベッカーとダッドマンに会い、差し迫った対決について自分の見方を述べた。ベトナム、ソ連、ワルシャワ条約加盟国は同じ陣営に属しているとかれは主張した。これに対するのが「北大西洋条約機構加盟国(と)(中略)カンプチア、東南アジア、そして世界である」。ポル・ポトはコールドウェルにも会い、この状況下ではすでにまったく非現実的であったに違いないクメール・ルージュの経済政策について議論した。

その夜、ジャーナリストたちが北京への出発を翌朝に控えて荷作りを終えた後に起こった出来事は、まさに政権の崩壊の暗示としか言いようがなかった。

午前一時頃、ベッカーはごみ箱が倒されるような音で目を覚ました。続いて銃声とうめき声が聞こえた。彼女がドアを開けると、そこにいたのは「違う服装」と「野球帽のような帽子」をかぶった若い男だった。男は完全武装していた。ベッカーはただちに逃げ出した。やはり目を覚ましていたダッドマンは、窓越しに「街灯の薄明かりの中で(中略)数名の人影があちらこちらを走り回っていた」のを目にした。そのうち少なくとも一人は銃を持っていた。野球帽の男がふたたび現れ、部屋の外に立っていたダッドマンに発砲したが弾ははずれた。その後、何発か銃声が響いた。何も起こらないまま一時間半が過ぎた後、かつてポル・ポトの側近を務めており、このとき外務省の治安担当者となっていたフィ・フォンが警備の集団を連れてやってきてドアをたたき壊した。ベッカーとダッドマンは無事だった。だがコールドウェルは床に倒れて死んでおり、胸と頭には銃創があった。かれの傍にはクメール人の若者の死体があった——確実ではないが、おそらく野球帽の男と思われた。

イエン・サリが報告を受けたのは午前四時だった。かれに起こされたポル・ポトはいつも通りほとんど語らず、哀悼の意を表し、検屍解剖ののち北京へ送るために遺体を保存するようティウン・ティウーンに命じただけだった。

のちに奇妙きわまりない見解が事情説明にでっち上げられた。イギリスの情報機関は、ポル・ポトがコールドウェルを殺せと命じたとみなした。クメール・ルージュ内の調査では、警備員の一人が不幸な恋愛関係にあり、銃を乱射したのちに自殺を図ったということらしかった。別の警備員はツールスレンで拷問を受け、防衛相のソン・センの関与を白状した。ポル・ポト自身はのちに、ダッドマンが犯人だと思うと側近に話した。ダットマンはCIAのエージェントで、ポル・ポト政権を貶めるためにコールドウェルを殺したのだというわけだ。これらの「説明」はいずれもあまり理にかなっていなかった。だがフィ・フォンは小さな問題点があることに気づいた。カンボジア人の死体は自分で頭を撃ったかのように銃を手にしていたが、その姿勢が妙だった。この男は殺害され、何者かがそれを自殺に見せかけようとしたのだとフィ・フォンは考えた。

裏切り者についての妄想にとりつかれた政権が意地でも認めようとしなかった最有力説は、この襲撃がベトナムの特殊部隊の仕業だというものだった。クメール・ルージュの機能不全を暴露することにかけてこれほど関心を持つ者は他になかったし、これほど都合のいい立場にある者もいなかったからだ。

だが事実がどうあれ、マルコム・コールドウェルの死が示したもっとも重要な教訓は、一九七八年の十二月にはプノンペンの守りがすでに破られていたということだった。かつて首都を守っていた兵士らはすべて東部の国道一号と国道七号の戦線に送られ、パロッツビークからフィッシュフックに大きな弧を描くように防御態勢を築いてベトナム側の攻撃を待ちかまえていたのだ。兵士らが去った街を守るため、元特別地域の担当だったポンラクが軍事政府長官に、ポル・ポトの甥のソー・ホンがその補佐に任命された。だがかれの命令によって検問所に配備して巡回させることができたのは、ようやく十代に入ったばかりの少年ばかりだった。「かれらは警備の任務中によく居眠りしていた」と、ロン・ネリンは振り返っている――「ライフルをおいてしまうので、それを持ち去ってしまうこともできた――起きたかれらが、ライフルがないのに気づいてパニックを起こすのを見たものだ」。

徐々に神経症が広まりつつあった。外務省の敷地内でさえ、あるクメール・ルージュは、ベトナム人による攻撃を恐れるあまり、毎晩帰途につく際に妊婦である妻に先を歩かせた。「やつらは妊婦なら攻撃してこない」と、かれは妻に語っていた。

一九七八年のクリスマスの日に侵略が始まった。中央高原のバンメトートとラオス南部から出発したベトナムの先発縦隊は、クラチエとスツン・トレンを目指していた。これは一九七〇年春の、ロン・ノルによるクーデター後のベトコン攻勢の再現だったが、今回ははるかに迅速にことが進められた。クラチエは十二月三十日、スツン・トレンはその四日後に陥落し、北東部全域がベトナム人の手に落ちた。だがこれはただの陽動作戦だった。激しい空爆と砲撃ののちに、六万人以上を擁するベトナムの主力部隊が、レ・ドゥック・アイン将軍の指令のもと、一月一日にクメール・ルージュの防衛線を突破して、国道一号と国道七号からプノンペンへと向かった。

すべてがベトナム側の思惑通りに運んだわけではなかった。国道七号では、コンポンチャムでソン・センの率いる部隊が四十八時間にわたって進軍を阻んだ。その後かれの司令部は制圧されたが、ソン・セン自身はジャングルに隠れて何とか捕虜の身になるのを免れてプノンペンに帰還した。モクの軍勢も、ネアクルンのフェリーポイントと、コンポンソムからプノンペンへ向かう国道三号沿いで激しい抵抗を繰り広げた。

だがカンボジア側の戦略には致命的な欠陥があった。民主カンプチアの精鋭兵士の半分――数にして三万人以上――を、機動的なゲリラ戦略をとるかわりに――中国の勧めとポル・ポト自身の計画に従って――前線の固定位置に配置したために、ベトナムに格好の標的を提供することになってしまったのだ。一週間と経たないうちに、ソン・センが築いた防衛線はずたずたになってしまった。

国が炎に包まれるなかで、ポル・ポトは日常業務に没頭していた。

かれは、ベトナム人らがすでにメコン川の上流区域を制圧していた十二月二十九日に、小さな親中分派でクメール・ルージュ運動に賛同していたカナダ・マルクス＝レーニン主義共産主義者同盟の議長のために晩餐会を催していた。そしてその翌日は、ペルーの左翼新聞の名もない編集者に会うために時間をとっていた。

この時点でクラチエの陥落が報告された。そして護衛部隊が最終的な退却の準備をするために、サムロットの南に位置するカルダモン山脈のタサンに送られた。プノンペンを放棄した場合の緊急時の司令部とするために、ソン・センはここに掩蔽壕からなる地下複合施設を築いていたのだ。部隊は政権が一九七五年の勝利後に押収した数百キロの金と銀を戦争資金として持っていった。

そしてコンポンチャムがまもなく陥落することがわかった一月一日の夜に、ポル・ポトはフィ・フオンに命じて、シアヌークとペン・ヌートを家族らとともに、シソポンのもとに護送させた。出発は即時だった。危険性がもっとも小さいときにシアヌークらを連れて国境を越えてタイへ逃れて、そこから北京へ向かうようにとポル・ポトはフィ・フォンに告げた。シアヌークは冷静にその報せを受け止めたとフィ・フォンは振り返っている。それから一時間とたたないうちに、シアヌークとペン・ヌートをそれぞれ乗せた二台のメルセデスと、取り巻きを乗せたリンカーン・コンチネンタル、そして護衛のジープ二台の車列が、暗闇の中で北西を目指して穴だらけの道を走り出した。

最後の日々はあいまいなまま急速に過ぎていった。

シアヌークが出発した二十四時間後に全外交官が続いた。ポル・ポトの甥のソー・ホンは動揺した様子で、大量に汗をかきながら中国大使に語った――「前線は致命的な状況にある。（中略）ベトナム人らは進軍してきてプノンペンを爆撃するつもりだと思う」。そして全員が、政府所有の車で列をなしてシエムリアプに連れて行かれた。

一月四日にベトナムの攻撃が中断した。外交官らは大使館に戻り、シアヌークとペン・ヌートはタイ国境からふたたび帰還させられた。そこに進軍が再開されたのだ。翌日の夕方に、ポル・ポトはフランス総督の旧邸宅――当時「第一住宅」として知られていた場所――でシアヌークに会い、国連に行ってカンボジアの事情を安全保障理事会に陳情するように頼んだ。この会談は四時間続き、その後に晩餐会が催された。シアヌークがポル・ポトの人を引きつける性格に長時間にわたって接したのはこれが初めてで、不本意ながらかれは感銘を受けたという。「かれは邸宅の巨大なドアの外で微笑みながら余を待っていた」と、シアヌークはのちに書いている。「かれは昔の社交界でのように、手を合わせてわずかに身をかがめる伝統的な作法で余を迎えた。（中略）そして清潔な装いの召使いたちが、茶と小さな菓子に、絞りたてのオレンジジュースを給仕してくれた」。シアヌークは、ポル・ポトが特別な王室用語を「自然に優雅に」話していることに気づいた。「かれにはたしかなカリスマ性があった。そして『甘く説得力のある』雄弁さも備えていた」。ポル・ポトは、ベトナム人らは罠にかかったのだとシアヌークに保証した。クメール・ルージュ軍は、意図的にかれらをカンボジアの領土の奥深くに誘い込んでいるのだと語ったのである。「われわれが軍事的には非常に弱いと信じ込ませるための戦略です」と、ポル・ポトは説明した――「全員が国境内に入ってから切り刻み（中略）流水に溶ける塩のように民衆の抵抗の中で溺れさせてしまうのです」。かれは同日のラジオ放送でも同じ調子で語り、ベトナム人らは「われわれカンボジアの民族を根絶しようとしている」と非難して、かれらが「国家の憤りの火山の中で」滅びるだろうと予言していた。

シアヌークは、かれの発言を多くの突飛なクメール・ルージュの声明にこめられてきたのと同じ、ただの嘘であると受け止めていた。だがこの場合に限ってそれはまちがいだったようだ。

ポル・ポトはカンボジアの前線防衛が失敗に終わったことはもちろん気づいていた。必要にかられて開き直ったのだ――残された選択肢は機動戦だけだった。だがどうやらかれは、プノンペンを放棄したのち、ベトナム軍が内陸地域の占領にかかれば身動きがとれなくなって、クメール・ルージュのゲリラにとって格好の標的になると確信していたようだ。ベトナムの攻撃が「続くのはごく短期間だろう」とポル・ポトは宣言した。他の指導者たちも同じ見方をとっていた。キュー・サムファンは「プノンペンを離れるのは一時的なことで、そののちわれわれは戻ってくる」と考えていた。外務省のソー・ホンは、同僚たちに「数週間で事態は終息する」と語っていた。それはただの強がりだったのかもしれない。だがイン・ソピープが表現したように、「軍は事態を掌握している」という広く行きわたった信念もそこには反映されていた。

中国はだまされなかった。東部地域のチュプのゴム園で働いていた中国人技術者たちが、無線で「軍はもうほとんどいない」とすでに報告していたのだ。技術者たちは待避用の中国商船が待機していたコンポンソムに向かった。

それでも中国民用航空総局は一月六日の土曜の夜に、週に一度の定期便をプノンペンに向かわせた。そしてシアヌークとその取り巻きの他、およそ百人の中国人技術者と、侵攻が開始されたときにカンボジアを巡業中だった不運な中国人曲芸師などその他の訪問者たちを乗せて戻ってきたのだ。だがさらに二機の飛行機を向かわせてバッタンバンの中国人技術者を帰国させる計画は、滑走路が短すぎることがわかってとりやめになった。

キュー・サムファンとソン・センは空港でシアヌークに別れを告げた。中国とユーゴスラビアの大使とももここで別れ、まもなく大使らもカンボジアを離れた。

ソン・センはその夜にプノンペンを離れ、ベトナム人の戦列を抜けてコンポンチャムへ向かい、東部戦線のクメール・ルージュ師団の残党を集めようとした。ポル・ポト、ヌオン・チェア、キュー・サムファンは数台のジープに乗るだけの護衛を伴って翌日——一月七日の土曜日——の夜明けに、プノンペンとバッタンバンの中間に位置するトンレサップ湖近くのプルサットに向けて出発した。ポル・ポトは車高が高く、仲間が乗ったメルセデスよりも穴だらけの道を走りやすいシボレーで移動した。イエン・サリは前日に急いで梱包した外務省の公文書を特別列車に積み込んで、数百人の外務官僚とともにバッタンバンへ向かった。

イエン・サリの妻のキュー・チリトが率いる最大の省庁で、二千人の職員を擁する社会問題省をはじめとする他の省庁の多くは、脱出が始まっていることを知らされていなかった。その後の列車はプノンペンの四つの主要な病院から医療関係者を運び出すことになっていたが——重傷を負った多数の兵士を含め、ほとんどの患者は列車に余裕がないという理由で後に残された。「筆舌に尽くしがたい、人の世の悲惨そのものの光景だった」とある男性は記している——「プラットフォームは負傷した兵士の集団と、必至に脱出しようとする人々で身動きがとれない状態だった」。同日の午前七時過ぎに、プノンペンに残っていたおよそ四十人の外交官も陸路で街を離れた。六百人の中国人技術者と、農業と水力発電プロジェクトの研究をしていたおよそ五十人の北朝鮮人も一緒に脱出した。儀典長でソン・センの弟ニカンほか数人の当局関係者がかれらに付き添った。かれらもタイ国境をめざし、翌日には何事もなく到着した。こうしてクメール・ルージュ高官でプノンペンに残っているのはモクだけになった。かれは、遅ればせながら軍長官ポンロクを手助けして守りを固めるようにポル・ポトから命令されていたのだ。午前八時過ぎにモクが外務省のそばをジープで走っているところが目撃されている。だがその数時間後には、モクも残留しても何もできないと決断をくだし、アウラル山のかつての基地に向かった。

こうして日曜の朝までに、民主カンプチアの統治者たちはひそかに去り、首都プノンペンを放棄した。四万人の労働者と兵士たち、そして周辺に駐留していた軍の部隊は指導者もなしに取り残され、見捨てられた。

最後の日々の混沌と崩壊――ポル・ポト政権のまったくの無能さ、一貫した抵抗運動計画の欠如、間近に迫ったプノンペンの陥落という現実に直面するのを拒んだこと、負傷者を避難させなかったこと――は、政権の破綻を物語っていた。状況がどうあれ、政権はおしまいだった。統治の方法を知らなかったのだから。

クメール・ルージュの政策は、最後までまったく変わらなかった。シアヌークの安全の確保や、ポル・ポトをはじめとする指導者らの保護の優先は、数ヶ月前にヌオン・チェアが説明した方針の実践に過ぎなかった――「メンバーを失っても指導部を維持すれば、引き続き勝利をおさめることができる」。この——一般人は使い捨てにできるという——定理は一九七五年四月のプノンペン退去以降、クメール・ルージュの慣行となっていた。人命の損失と物的資源の浪費についての関心の欠如も三年半前とまったく同じだった。

それでも一九七九年の一月に民主カンプチアを崩壊させた最大の理由を一つ挙げるとすれば、それは指導部が秘密主義にこだわったことだ。

ポル・ポトはどうしてもカンボジア国民に事態を告げられなかったのだ。そうしないと政権が崩壊するという時点になっても。一月五日の金曜の早朝にラジオ放送されたかれの発言は、何を言ったかよりも、何を言わなかったかという点で示唆的だ。「一時的な困難」について短く二度言及したものの、かれはカンボジアの大部分がすでにベトナムに占領されていることについてはおくびにも出さなかった。それどころか「勇敢で無敵なカンボジア軍」が侵略者にうまく抗戦しているとほのめかしたのだ。ましてベトナム軍の侵攻への対処についての国民に対する助言などはなかった。それどころか「労働者と農民の同盟を頼る」ことや、生産開発や国の結束について儀式めいた決まり文句を唱えたのだった。これは国家を抵抗の旗印のもとに結集させるにあたり、まさにべからず集のお手本だった。そして同じ間違いが数ヶ月続けられた。ポル・ポトは九月から、ベトナムの侵攻が時間の問題だと知っていた。それでもタサンに予備の基地を設立した以外には、何も非常事態計画を策定していなかった。不信が慣行化した政権が人民を信用することは——軍隊を信用することさえ——ありえなかった。ポル・ポト、ヌオン・チェア、モク、イエン・サリ、ソン・センによって構成された中枢以外は、だれも充分な情報を与えられていなかった。当時ポチェントンで民間航空長を務めていたメイ・マクは次のように振り返っている。

ベトナム人がそこまで迫っていることについて、事前に警告を受けたかって？　まあ、二〜三日前にあたる一月三日か四日に、マン・メット（空軍司令官）が「混乱」に対処する準備をしろとは言ったよ。（中略）でもベトナム兵については一言もなかったね。こっちも何かがおかしいとは思ってた。二週間前、ベトナム兵がメモットにいると一部のパイロットたちが報告してたんだ。（中略）そしてシアヌークが一月六日に去ったが、それは一九七五年（にかれが旅行したとき）と同じだと思っていた。（中略）。ベトナム人がプノンペンを攻撃しようとしているとは、まだ思いも寄らなかったんだ。連中がコンポンチャムにいることは知っていた。でもラジオでは、ベトナム兵が撃退されていると毎日聞かされていた——わが軍勢の撤退なんか、まるっきり報じられていなかった。噂はあったものの——人々はベトナム人がここまできたとか、この場所を制圧したとは話していたが——信じはしなかった。ただの噂だと思ってたよ。

ポチェントンでは、ベトナム兵が近づきつつあることを知る者は、マン・メットと補佐官のルヴェイ、ファル以外にはいなかった。バッタンバンの空軍基地の移転や予備燃料の搬出はもちろん、機体を移動させる試みさえなかった。ベトナム兵らが到着したときは、カンボジアが所有する機体はすべてエプロンに並んでおり、奪ってくれといわんばかりだった。そして数百台の装甲車と多量の弾薬がベトナム人の手にわたった。「秘密保持のため」にだれにも移動が命じられていなかったからだ。破棄されるべき党の機密文書も残されたままだった。クメール・ルージュの全機関でもっとも秘密の場所——ツールスレンのS-21尋問所——さえも、危機に気づかないまま手遅れになるまで悪業を続けた。ドッチがヌオン・チェアから全収容者を殺すようにとの緊急指令を受けた一月五日も、囚人らは尋問を受けていた。ドッチはこれに従った。だが収容所の記録を破棄する時間はなかったため、そのほとんどがそのまま占領軍によって回収された。

皮肉なことに、ポル・ポトがこれほど秘密主義でなければ、かれが望んだ秘密ははるかに堅く守られていただろう。

実際は、民主カンプチアの最高指導者らが避難したという噂が広まるやいなや、高官のほとんどがこれに続いていた。日曜の午前八時にマン・メットの第502空軍師団は、南からのベトナムの進軍を阻止せよと指令を受けた。メイ・マクも同行した。そして三時間後にかれが師団本部に指示を仰ごうと無線で連絡したところ、応答はなかった。街の反対側では、午前十時に別の大隊司令官が連隊から無線連絡を受けていた——「あとは自分でやってくれ。指示を待たないように。以降の指示はない」。ポンロクに外務省を守るように指示されたフィ・フオンは八百人の工員と省の職員を集めてライフルを配布した。正午には、ポンロクも避難していた。フィ・フオンの率いる——いずれもカッとなった時でさえ発砲した経験のない——男たちは鉄道の駅の近くで夕方まで持ちこたえ、それから西をめざした。それから二十年が経ってもなお、フィ・フオンは指導部のやり方に激怒していた。「まったくの修羅場だったよ。あいつらはまったく防衛策を講じていなかったんだ。知事であったはずのポンロクさえ、何も聞かされていなかった。あいつらは当時だれも信用していなかったのだ。（中略）マン・メットも、街を守るように指示を受けていた。だがどうしたと思う？　逃げだしたんだよ」。上官からの指導もないまま、各集団の司令官たちも部下を連れて街から出て行きはじめた。ある司令官の記憶によると、このときでさえ「まったくまとまりがなかった。だれも命令に従わなかった。後退する集団もあれば先に行く集団もあり、夜明けまでにはみんなばらばらの方向に散らばってしまった」という。

メイ・マクは通りかかった地域の住人の態度に衝撃を受けた。「みんなわれわれを憎んでいた」とメイ・マクは語っている――「とにかく立ち去ってくれと望んでいた」。兵士が仲間とはぐれると、武器を取り上げられて殴り殺された例や、地方のクメール・ルージュ関係者が復讐で殺された例もあった。だがこれらの事例は比較的わずかだった。激しい恐怖を経験した人々は、もう血を見たくなかったのだ。残されたわずかな力は生き延びるために必要だった。

クメール・ルージュが権力の座についてから三年八ヶ月と二十日間後に、ポル・ポトが作りあげた奴隷国家は屈辱的な終わりを迎えた。年老いたマダム・イン――イン・ソピープとイン・ソカンの母――はその朝、鉄道の駅でこう断言した。「かれらは輝かしい勝利をおさめたんじゃなかった?」そして仲間に言った――「でも人々をまともに扱わなかったから、すべてを失ったのよ。馬鹿ばかり!」

原注

*1 一九七五年の五月にコイ・トゥオンを北部地域書記からはずして影響力の小さい商務相に指名したことから、ポル・ポトがすでにかれに不信感を持っていたことがうかがわれる。その理由の一つにはかれの火遊びがあったのかもしれない。また、一九七四年にコンポントムの大混乱の責任を問われた可能性もある。四万人の「基幹民」がロン・ノル勢力に身を寄せようと「解放地域」へ逃亡したのだ。のちに地方関係者に背信の疑いがある場合は、まず地元の勢力基盤から切り離してプノンペンの省庁で働かせるのが通例となった。

*2 この問題に関するベトナム側の感情的なこだわりは、数年後にハノイ政府がもっと従順なカンボジア政府を樹立したときに真っ先にやったことが、党の創立を一九五一年にさかのぼらせることだったという点にもあらわれている。

*3 この複雑な出来事にはいまだ明らかになっていないことがある。九月末、あるいは十月の初旬に機関誌「革命青年」が――三月の常任委員会の決定に違反して――一九五一年を党設立の年として記念する記事を掲載した。まもなく発行された「トゥ

ン・パデワット」には、十月十一日の集会でポル・ポトがおこなった演説の原稿が掲載されていた。かれはその中で一九六〇年を党の誕生の年と認めたうえで、次のように説明していた――「われわれは党の歴史が自立統治の姿勢にふさわしく、クリーンで完全なものになるように調整しなければならない」。この矛盾はポル・ポトとケオ・メアスとの権力争いを反映したものだという旧来の説明はひたすらまちがっている。いまでは知られていることだが、ポル・ポトは両誌の内容を徹底的に管理していた。ケオ・メアス（十五ヶ月前にハノイから帰国して以来監視下におかれていた）ほか、だれも両誌をポル・ポトの指揮権の批判に利用することなどできなかったのだ。　振り返ってみると二つの可能性が考えられる。一つはただのまちがい――『革命青年』作成者が結成日の変更に気づかないまま記念日についての所定の記事を準備して、それをポル・ポトやヌオン・チェアが読まずに承認した可能性はある。また、『革命青年』は入手できるものの部外秘の「五枚の旗」版の『トゥン・パデワット』を読むことができないベトナム人を納得させるために、故意におこなわれた可能性もある。

---

＊4　「列」と派閥の間には大きな違いがある。正統派マルクス＝レーニン主義の政党でさえ、真の派閥活動は比較的めずらしい。一九五七年のソビエトの「反共産党集団」と中国の「四人組」はその例外だ。スターリンの場合は一九三〇年代以降、毛沢東の場合は四〇年代以降、その政権に対して本格的に派閥が挑戦してくることはなかった。両者にとって「派閥主義」は、士気が低下しているように見受けられる追随者たちを破滅させる便利なレッテルだった。民主カンプチアでは、ポル・ポトはそのレッテルを使うことさえなかった。粛正の被害者らを派閥活動に従事していたかのように見立てようとしたこともあったが、実のところカンボジア共産主義の政治は封建的な路線ですすめられていた。個々のリーダーが追従者らを引きつけて自分の利益のために利用することはあっても、結託して派閥を作ることはなかった。それぞれが孤立していることが、ポル・ポトの仕事をはるかに簡単なものにしていた。

＊5　ベトナム人とクメール・ルージュ双方の関係筋の発言から、ソー・ピムがベトナムの助けを借りてポル・ポトに反抗を試みたこと、そしてかれの失敗によって、ベトナム人による本格的な侵攻でしか政

権は倒せないとハノイが知ったことがしばしば主張されている。しかしこれを裏付ける証拠はない。ロス・ニムと同じく、ソー・ピムにはポル・ポトの内政に対して思うところがあったかもしれない。だがかれはベトナム人支持派というよりもむしろポル・ポト支持派だった。ソー・ピムの自殺から四ヶ月が過ぎても、ベトナム側の指導者たちはかれが生きていると思っていたという事実から、ベトナムがソー・ピムと——そして当時は他の東部地域幹部とも——接触していなかったことが充分に示されている。

＊6　ピク・チェンと妻のムーンは訪問の時期を思い出せなかった。また、この問題に関する中国の公文書は封印されている。九月末という日程の証拠は、カンプチア共産党の設立記念日が通常より十日早い九月十九日に祝われたことにある。だが一週間以上あとにラジオ・プノンペンで放送されたポル・ポトの演説は、九月二十七日のものとされていた。ピク・チェンによると、ポル・ポトの訪問はおよそ一週間におよび、かれはそのほとんどを鄧小平との会談に費やしたという。鄧小平はこの頃、知られてはいなかったとしても、すでに中国の指導者として華国鋒をしのぐ存在になっていた。

プルサットで二日過ごしたのち、ポル・ポトとヌオン・チェアはバッタンバンへ向かった。そこでかれらはイエン・サリと会い、中国とレジスタンス計画について話し合うためにかれを北京に早急に派遣することに決めた。問題はどうやって派遣するかだった。外国の外交官と援助活動家はタイへの入国を許されていたが、カンボジア人は入国を許されていなかった。タイ政府が国境を閉鎖するか、さらに悪いケースとして、百五十年前の同じような危機のときのようにカンボジアを共同管理することについてベトナムと合意に至れば、レジスタンスは立ち消えになってしまう。外交官の通行について交渉をおこなったニカンは、イエン・サリの一行をバンコク経由で通過させる許可を求めるように指示された。

タイの首相であるクリアンサック将軍が、ベトナムと協定を結ぶのは国益にならないと判断したことにポル・ポトは安堵した。一九七九年一月十一日の午後に、軍のヘリコプターが国境からカンボジア領内に数メートル入ったポイペット近くの地点に着陸し、イエン・サリ、ソン・センの妻のユン・ヤット、イン・ソピープとラジオ・プノンペンのアナウンサーたちを国外へ連れ出した。かれらは中国にラジオ局「民主カンプチアの声」を設立し、これがその後数ヶ月にわたって、政権と外界を結ぶ唯一のコミュニケーション経路となった。

タイは警戒していた。カンボジアの代表団は、日が暮れた後にバンコク・ドンムアン空港の人気のない部分に降ろされた。タイの役人はその場にいなかった。かれらは車でエプロンを横切り、香港へ向かう民間航空機のところへ連れていかれ、他の乗客が全員搭乗した後に、せき立てられて乗り込んだ。それでも賽はすでに投げられていた。この最初の数時間の決定がそれから二十年におよぶ戦争の先行きを決定した。

翌朝、イエン・サリは北京で鄧小平に会った。かれはクメール・ルージュ統治の行き過ぎと「マルクス＝レーニン主義の逸脱」についてイエン・サリを叱責した。だがこの日と翌日の話し合いのほとんどは、ベトナムに対する抵抗の実際面の話に費やされた。カンボジア人は長い闘いを覚悟しなければならないと鄧小平は言った。近代兵器ではなく「昔のやり方」を使い、少人数の集団で闘って、ベトナム軍を疲弊させるのである。そのためには武器輸送のためにタイ領の通行許可をとりつけることが重要だった。そして「シアヌークと統一戦線を築くという考えを大いに検討する」必要があった。北京に到着したシアヌークはクメール・ルージュを激しく批判したと鄧小平は語り、「それには理由があった」と手厳しく断じた。その一方で、シアヌークはポル・ポトの要求にすべて応えていた。かれが国連に行ってカンボジアの防戦について熱弁をふるったおかげで、安全保障理事会は十三対二でベトナムの攻撃を糾弾していた（反対票はソ連とチェコスロバキア）。また、クメール・ルージュの残虐行為に関するジャーナリストたちの質問を巧みにかわしてもいた。海外の支持を得るために、カンプチア共産党政権委員会はシアヌークを国家元首に指名して、非共産主義者を政府に入れることを深刻に検討せよと鄧小平は続けた。

それは一九七〇年のクーデターの後にシアヌークが率いた統一戦線の繰り返しだった。まるでその共通点を強調するかのように、鄧小平は当座の出費として五百万ドルを負担するとイエン・サリに申し出た。それは内戦の間に北京が毎年クメール・ルージュに提供していた金額と同じ額だった。唯一の問題は、シアヌークがふたたび同じ役割を演じることに同意するかどうかだった。「殿下には何も言わないように」と、鄧小平はイエン・サリに言った——「かれが引き受けるとは限らないからだ。あなたがわれわれの案に賛同するのなら、われわれも（シアヌークの説得に）協力しよう」。

　それは先見の明がある言葉だった。

　その日の夕方、シアヌークはクメール・ルージュの護衛とともにニューヨークへ戻る際に、警備の任についていたアメリカ人の警官に短いメモを握らせた。それは政治亡命の要請だった。

　午前二時に四人の大柄なシークレットサービスが、シアヌークを宿泊先のホテルから待機していたパトカーに案内した。それから二週間、かれはニューヨーク・レノックスヒル病院の特別室に隔離されて過ごした。報道陣は、かれが「極度のストレスと疲労」状態にあると聞かされた。アメリカも中国と同じく、ベトナムに対する国際的な反発を弱めそうなことは何としても避けたいと気をもんでいた。アメリカの外交筋は亡命の要請に回答しなかった。最終的には、フランスもかれを政治亡命者として認めない姿勢を見せたことから、シアヌークは北京に戻ることに同意した。そしてこの月にアメリカと中国の国交樹立を祝って訪米中だった鄧小平がブレアハウス（ワシントンにある国賓用の公邸）での夕食にシアヌークを招いた際に、中国はシアヌークにポル・ポトとの協力を二度と迫らないとの約束が——双方とも偽りであるとは知りながら——交わされた。

　シアヌークの脱出には、かれの行動の責任を負うべきクメール・ルージュに向けて中国に強硬な態度をとらせるという大きな効果があった。北京では華国鋒主席がイエン・サリを召喚して、過去のどの中国の指導者よりも辛辣な言葉で厳しく叱責していた。[*1]

問題は、あなたたちが勝利をおさめてシアヌークが帰国したときに、賢明な扱い方をしなかったことにある。（中略）かれはあなたたちのアメリカ人に対する闘いに加担した（中略）だがあなたたちはどうした？　かれを不当に扱ったのだ。（中略）かれは娘に会いたいと言ったがあなたたちは許さなかった。ペン・ヌートに会いたいと言っても会わせなかった。かれは新聞を読むことも、外国人に会うことも許されなかったのだ。（中略）なぜシアヌークは亡命を求めたと思う？　三年間苦しんだからだ。（中略）ここから学ぶべきことがある。（中略）今後、もしシアヌークがクメール・ルージュ指導者を悪く言っても（黙って見過ごすことだ）。狼が戸口まで来ているときに狐をかまうことはない。

クメール・ルージュはシアヌークに対する政策を変えるだけでなく、カンボジア国民に対する政策も変えろ、と華国鋒は言った。

（カンボジアの）戦争は勝利に終わるだろうか？　それは人民の心があなたたちとともにあるかどうかにかかっている。そのため（あなたたちは）これまでの経験を振り返って、何がよくて何が悪かったか考えなければならない。そうすることでしかベトナムに対する大規模な民族統一戦線を築き、（国民の）大多数を引きつけることはできない。（中略）（ベトナム人が導入した）傀儡政権は、あなたたちの政策の誤りのうえに政綱を練りあげている。もちろんかれらは人々をあざむくためにそうしているのだ。（中略）だが（中略）あなたたちは解放区の人々の生活水準の改善に努め（中略）かれらに民主主義と幸福をもたらさなければならない。（中略）これはかれらの心を手に入れるための闘いだ。（中略）また、あなたたちはこれまでの反革命論者に対する活動から政治的教訓を得なければならない。（そのような人々がいたことは）事実だが、ほとんどいなかったのだ。（このような問題には）警戒を強めなければならない。（中略）現在の状況では、新しい戦略と政治方針を打ち出す必要がある。（中略）ゲリラ戦では、人々の支持なしには何もできないからだ。

鄧小平がシアヌークをクメール・ルージュの囲いの中に戻すことに集中している一方で、中国共産党軍法委員会の書記長である耿飆は、クリアンサック首相に会うためにタイに向かっていた。耿飆は首相が神経質になっているのを感じた。「かれはすべて秘密にしておくようにと強調してばかりいました」と、北京に戻った耿飆は華国鋒に話している――「かなり不安なようです。会談の中でも、カンボジア人たちは本当に持ちこたえられるのかと繰り返し聞いていました。心配でならない様子です」。タイ側の強い主張で、かれらはバンコクではなく、一四〇キロ南の湾岸に位置するウタパオの空軍基地で会っていた。クリアンサックはイエン・サリがカンボジアに帰国する際に国内を通行することを承認したものの、バンコクに立ち寄ることやタイ当局者に会うことは認められないと言った。カンボジアとタイ政府との連絡は中国を介しておこなわれることになり、バンコクの中国大使館との連絡役にタイ当局者が一人指定された。それ以外の連絡経路は許可されなかった。

しかし、何よりも重要な問題――中国のクメール・ルージュに対する援助物資の発送――については、タイはずっと積極的だったと、耿飆は華国鋒に報告した。

かれは三つの経路を提案しました。第一に、中国が外国の旗を掲げた商船をカンボジアのココン沖に派遣して、そこから小型船で武器を積み替えて陸に運ぶ方法。（中略）それは可能だと思うとわたしは告げました。（中略）第二に示したのは、中国の飛行機が北カンボジアに武器をパラシュートで投下する方法。（中略）しかしそれでは守秘が難しくなります。第三の方法は、中国が武器その他の援助物資を少量ずつバンコクの商業港を介して輸送するというものです。物資は民需品らしく包装することになります。（中略）タイ軍が荷を下ろして軍の倉庫に格納した後は、陸路でプレア・ビヘアの西のウボンに運ばれます。そこからはクリアンサックがカンボジアへの搬入を手配します。

クリアンサックはタイ政府が、クメール・ルージュがバンコクで武器その他の物資を中国系タイ人商人から買いつけることも許可すると示唆した。

耿飆がタイにいた当日――一月十五日に、ベトナム侵攻軍の先鋒がシソポンに到達した。足止めをくっていたのは、中国の思惑通りカンボジアの防御に阻まれたからではなかった。予想をはるかに超える速さで進軍したために、機甲部隊が燃料を切らしてしまったのだ。シエムリアプで大規模なゲリラ攻撃に遭ったことを除けば、クメール・ルージュ軍はプノンペン陥落を境に、東部ほどの抵抗を見せなくなっていた。

侵攻軍の前進は、ある意味では見かけ倒しだった――ベトナムが制圧したのは市街化されたカンボジアの骨格――主要道路と街――のみで、周辺地方には手をつけていなかった。それでもベトナム兵らがタイ国境に現れたことによって、バンコクの意見は集約された。一月二十一日にタイの外務省は引き続き「民主カンプチア」を認め、中国、アメリカと並んで反ベトナム陣営に堂々と加わることを発表した。その他の非共産主義東南アジア国家もこれにならった。数日後にイエン・サリが到着したときには、クリアンサックが出したタイ当局者との接触の禁止令は忘れ去られていた。

ベトナムの進軍を逃れてヌオン・チェアとキュー・サムファンはタイ国境のパイリンに移り、一月末にはさらに南のタサンへと移動して、イエン・サリと合流した。二月一日に中央委員会は、そこで師団と連隊の司令官らを集めて二日間の作業部会を開き、以降の戦略を話し合った。

この話し合いで、ポル・ポトが前週の痛手からほとんど教訓を得ていないことが明らかになった。シアヌークの名前はあがらなかった。統一戦線に対するお世辞として「カンボジアの仏教徒たち」の役割は称賛された――一九七五年から聞かれていなかった言葉だ。だがポル・ポトの発言の核心は、ベトナム人が導入した地域管理者を「一掃」(華国鋒はかれらを「取り込む」よう促していた)し、ベトナムのスパイと工作員を殺害し、軍民間人を「厳しく統制する」というものだった。古くからのクメール・ルージュの性質がふたたび現れていた。大衆の支持なしにゲリラ戦で勝利することはできないという華国鋒の警告は無視されたのである。

だが欠点が何であろうと、中国にとってクメール・ルージュはカンボジアでベトナムと戦える唯一の手駒だった。そして北京はそれを最大限に活用しようと考えていた。

二月九日の夜に、孫浩大使率いる八人の中国人外交官がそれぞれ二〇キロのリュックサックを背負ってカンボジアのポイペット付近に入った。かれらはニカンとポル・ポトの甥のソー・ホンに迎えられ、かれらの案内でジャングルを抜けて二〇キロ南の、当時ほとんど人が住んでいなかったマレイまで徒歩で向かった。そこで「使節団」を迎えたのはイエン・サリだった。一週間後にかれらはふたたび移動を開始し、今度は車でパイリン付近の無人のジャングルに行ってポル・ポトから軍事情勢について簡単な説明を聞いた。そしてようやく二月二十三日に、かれらはクメール・ルージュの黒服とクロマーを身につけて、ジープで列をなしてタサンへ向かった。だが使節団や北京の思惑に反して、かれらの本拠地となったのはポル・ポトの司令部ではなかった。そのかわりに大使の住居として吹き抜けの藁葺きの小屋が別のジャングルの空き地に用意されていた。

戦争の最中でさえ、カンプチア共産党は同盟国と距離をおいていた。ポル・ポトの司令部はわずか三キロのところにあったが、イエン・サリは「三時間かかり、信じられないほど苦しい」道のりであるために、クメール・ルージュの関係者も別の道を通ってやって来ると大使に聞かせていた。それから五週間のうちにポル・ポトは「使節団」を二度、イエン・サリは一度訪ねた。外交官らがほかに接触できたのは連絡係一人だけだった。かれらは毎朝北京から無線で受ける暗号電報をもとにまとめたカンボジアの指導者への報告書を毎日この係に渡していた。それ以外の時間は防空壕を掘り、菜園用の土地を開墾して過ごした。

その月の通信のほとんどは、鄧小平がベトナムに与えると約束した「適切な制限つきの教訓」に費やされた。

それが開始されたのは二月十七日の夜明け前だった。連続砲撃で130ミリの砲弾が降り注ぎ、ロケット砲が毎秒一発の割合で中国とベトナムの国境に打ち込まれた。続いて八万五千人の中国兵が国境地帯の五つの地方都市をめざした。それから二週間でかれらはベトナム領内に二四キロ侵攻した。一ヶ月後に中国兵が完全撤退したときには、ベトナム側は一万人を失っており、国境沿いの軍事設備は破壊され、すでに弱体化していた経済はまったく損なわれていた。政治的には、この侵攻は同盟国の救済にこなかったソビエト連合の信用を傷つけ、中国とアメリカが結びつつあった軍事協定を強固なものにした。そして鄧小平がアメリカの訪問中におこなった「われわれ中国人は言ったことを守る」という力強い主張に実体を与えたのだった。[*2]

だがその当座の目標——ベトナム軍をカンボジアから撤退させて中国との国境を補強し、クメール・ルージュに対する圧力を減らし、新しい中国大使館を設置できる「解放区」を設立させ、正規の政府としての主張を裏打ちする――は、失敗だったことが後でわかった。ベトナムの遠征軍は残留しただけでなく、三月の中旬にはタサンのポル・ポトの基地に新たな攻撃を仕掛けてきたのだ。中国の外交官らは三月二十七日に、当時の住居から徒歩で一日かかる山の上の新しい居住地へ退却を求められた。その翌朝、イエン・サリが息せき切って現れて、ベトナム軍の特殊部隊が近くにいるため、ただちに南へ逃げなければならないとの報せをもたらした。この日タサンは制圧された。ポル・ポトとヌオン・チェアとキュー・サムファンは、中央委員会の公文書の一部と、車輛と武器、米の備蓄と三千トンの弾薬を置き去りにして数時間前に脱出していた。

十二日間の厳しい徒歩の旅ののち、イエン・サリと中国人の一行は四月八日にタイ国境に到着した。驚いたことに、かれらはそこでクメール・ルージュの関係者たちが川で沐浴しているのに出くわした。孫浩はその中にポル・ポトとヌオン・チェアがいるのに気づいた。カンプチア共産党指導部は、新しい臨時司令部をカンボジア領内に入ってすぐのところに設置していた。だが「使節団」の運命はすでに決まっていた。北京は外交官の引き上げを決定していたのだ。クメール・ルージュはかれらの安全を保障できなかっただけでなく、かれらが拠点とする「解放区」は、もはやなくなっていた。三日後にかれらはポル・ポトの「政府」に別れを告げてタイに入国し、バンコクに電話で緊急連絡を入れて身元が確認されるまでタイの国境警備員に拘束された。

この年の春にカンボジアを脱出したのは中国人外交官たちだけではなかった。

三月の後半にベトナム人部隊は、クメール・ルージュ軍の残党とかれらが統制している農民――ほとんどはベトナム軍の侵攻を逃れようと、おおむね自発的に共同体を離れた「基幹民」だった――を包囲して、国境に追いつめるようにとの指令にしたがって、ココンからバッタンバン北部にかけてアーチ型に拡散していった。最初の集団がタイに入国したのは四月初旬だった。クリアンサックの政府は驚いたものの、これを止める手だてはほとんどなかった。バンコクはすでにどちらにつくかを決めていた。中国、アメリカと相談したのち、事態が収束して難民が帰国できるようになるまで、かれらの一時的な入国を認めることで意見がまとまった。それから数週間でおよそ二十万人の兵士や民間人が国境地帯になだれこんだ。一部の者たちはすぐにその場を離れ、国境沿いに統制のとれた縦隊で行進して、ベトナムに掌握されていない地域からカンボジアに再入国した。だが大多数はタイの領土に数キロ入ったところに設けられた原始的な非居住者用キャンプで苦しい生活を送った。

五月にはポル・ポトも国境をくぐり抜けた。かれとヌオン・チェア、キュー・サムファンはタイの軍情報部長官チャオヴァリット将軍が率いる第三支局の保護下におかれた。モクとソン・セン、ケ・ポク、そしておよそ二万〜二万五千人の兵士らはカンボジア国内に残っていた。ほとんどは東部地域のアウラル山、プルサット、ココン、バッタンバン地域にいたが、大部分は少人数の集団に分散してジャングルに隠れており、互いに連絡もできず、指導者との通信手段もない状態にあった。クメール・ルージュ軍の命令系統は一月に破壊されていた。そして活動を率いる第一指導者とその部下たちはすでに亡命していたのだ。

一九七九年一月の時点では、圧倒的大多数のカンボジア人にとって、ベトナム人は救済者に見えた。代々の敵であろうとなかろうと、クメール・ルージュの支配はあまりにもひどかったために、それ以外なら何でもましだったのだ。ベトナムの宣伝者たちはこれを最大限に利用した。ベトナム軍がカンボジア領内に入ったのは占領するためではなく、殺戮と飢餓の大量虐殺政策をすすめたファシスト主義で専制的な政権の奴隷状態から人々を解放するためだと主張したのである。当然ながらこれは嘘だった。ベトナム人指導者たちは、ポル・ポト政権が自国の国益を脅かすと判断するまではクメール・ルージュの残虐行為などまったく気にかけていなかった。だが「人道的介入」という概念は外国の意見に影響を与え、一時的にカンボジア国民の態度にも影響を与えた。

しかし人々の感謝は長続きしないものである。数ヶ月のうちにベトナム人らは歓迎されない存在になってしまった。

ある意味ではそれも仕方のないことだった――他国に駐留する外国の軍隊は収穫逓減の法則に従う。カンボジアでは、ベトナム人の異質性はよけいに目立った。クメール人による隠れ蓑であるクメール救国民族統一戦線があまりに小規模だったからだ。一月に名ばかりのカンボジア政府が――元クメール・ルージュ軍事司令官のヘン・サムリンが先頭に立ち、かつてハノイに駐留していたイサラクで、復興したクメール人民革命党（ＰＲＰＫ）の国防担当ペン・ソバンが補佐になって――設立され、国名をカンプチア人民共和国（ＰＲＫ）に改めて統治していた。だが政策はベトナムが定め、Ａ－40というベトナム労働者党中央委員会連絡会を通じて伝えてきて、すべての省庁と地方の管理機関を統轄するベトナム人の「顧問」によって施行されていた。

これは一九五〇年代の始めにベトナムがラオスで用いたのと同じ体制だった。占領下の国という印象は軍隊の行動によって強められた。一九七九年の春にプノンペンは組織的な略奪にあった。『ファー・イースタン・エコノミック・レビュー』のナヤン・チャンダは次のように報じている。

トラックの車列が冷蔵庫、エアコン、電子機器、家具、機械、そして貴重な彫刻を積んでホーチミン市の方へ走っていった。（中略）かつて混雑していたプノンペンの中国人商業地域は、破壊の嵐が過ぎたあとのような光景だった。すべての家屋と店舗が略奪され、壊れた家具の残骸と家財のかけらが道に散らばっていた。裂かれたマットレスと枕から落ちた湿気を帯びた綿のかたまりが地面を覆っていた。略奪者が金品と宝石を求めて家財をくまなく調べたのは明らかだった。

工場は解体され、設備はベトナムへ送り返された。飢餓が始まると、米もクメール・ルージュの備蓄から同じルートで持ち出された——少なくとも、多くのクメール人らはそう信じていた。やがて国際機関が食料援助を送り始めると、その一部もベトナムへ横流しされた。

プノンペンを例外として侵攻後しばらくは出入り自由だった町は、立ち入りに規制が設けられた。なんとか戻ってきたかつての住民は——自分たちの家が、ベトナム人士官や新政権の幹部に徴発されているのを目にすることがしばしばだったが——地方に送られてふたたび田畑で働くことになると脅された。基本的な自由が回復されるという政府の約束にもかかわらず、個人農業は再開されなかった。

クメール・ルージュ政権の時代を生き延びて、ふたたび新政権の構築に採用された元役人や専門職の人々は、ベトナム人の指導を受けることになった。強制的な教化講座では、かれらの将来がベトナム人の同志に対する「正しい姿勢」にかかっていることが明確に打ち出された。協力を拒んだ人々や新政権への敵対を疑われた人々は、非常に厳しい状況下で拘束される危険を負った。

結果として一九七九年の四月と五月に、町出身の「新人民」——中国系クメール人の元小売店主やその家族、そしてクメール・ルージュ以前の知的エリート層——を中心とする数万人のカンボジア人が立ち去ることで意思表示をした。タイは自由主義圏での新たな生活につづく道となった。しかしタイはクメール・ルージュとその管理する農民の到来にも——国境沿いのベトナム軍の圧力に対する重要な防御とみなして――見て見ぬふりをしていたが、カンボジアを永久に離れることを望んで、他国が受け入れに同意するまで何年も招かれざる客のまま生活しかねない民間人の難民の殺到には、まったく違った見方をしていた。東南アジア諸国の海辺に何十万人と打ち上げられたベトナムのボートピープルの――欧米諸国の心をひどく痛めた以外には、この時点では何の手だても講じられなかった――教訓が、すでに警告として存在していた。六月にほとんどの難民がタイ軍によって――たいていの場合はとても冷酷に扱われて――強制送還された。北部のプレア・ビヘアでは、四万五千人の人々が切り立った山の斜面を、人気のないジャングルの地雷原に這い下りさせられた。数千人が戻ろうとして阻止しようとしたタイ人兵士に撃たれるか、あるいは地雷原で吹き飛ばされて死亡した。

これはやっと欧米諸国の政府の関心を引いた。だが難民の流入に対応する適正到着計画――その全資金は外国の援助で供給せよとクリアンサック政権は強調した――についてタイがユニセフや国際赤十字と合意に達するまでにはさらに四ヶ月を要した。多くの人々にとっては、もう手遅れだった。その夏にカンボジアで広まった飢饉は、クメール・ルージュ時代と五十歩百歩だった。当初ベトナムが非共産主義国からの食料援助を拒んだので悲劇は悪化した。ベトナムは援助を受け入れたら国境地帯のクメール・ルージュにとっての支援にもなることを正しくも恐れていたのだ。結果的に、十月の時点で十五万人だったタイ国内の難民の数は、二ヶ月で五十万人をはるかに上回るほど跳ね上がった。

カンボジアでのベトナムの行動は、人々の心をつかむようなものではなかったのだ。

一九七九年の夏にクメール・ルージュは復興の機会を得た。雨期に入って雨が降り注ぎ、道を泥の川に変えた。ベトナム人がバラックにとどまっているうちに、クメール・ルージュ配下のゲリラや人々はひそかに国境を越えて戻った。次の乾季に攻撃が始まるまで、建て直しをはかる時間は四ヶ月あった。

七月にポル・ポトは、タイのチャンタブリ地方にある、湾岸町のトラトからおよそ三〇キロ北東に位置する、カンボジア領内に入ってすぐのトム山の西の山腹に第一三一局と呼ばれる常設司令本部を新しく設立した。これを記念してかれは自分の名前をペムと改めた。

十年前にチニット川沿いに設けたかつての司令部のように、第一三一局は立ち入り禁止地帯として地雷原とプンジの棒を仕込んだ落とし穴で守られていた。タイからのアクセスは、クメール・ルージュ指導者を保護するためにチャオヴァリット将軍が結成した第八三八部隊というタイの特殊部隊に管理された。うまく隠された小道の網の目は山々を抜けてサムロットに通じており、国境をめざしてジャングルを抜けるクメール・ルージュ部隊と、森の中に散らばった兵士の集団との連絡にポル・ポトが派遣した使者の双方にとっての集結地となっていた。

現れた兵士らの多くは、草と木の根で飢えをしのいで骨と皮ばかりになっており、赤痢やマラリア、浮腫が流行していた。クメール・ルージュの管理下にあった民間人——特にみずからの意志に反して同行していた「新人民」は、さらにひどい状態にあった。メイ・マクはプルサットのジャングルの中で人間が共食いをするのを目にしていた。一人の女性が自分の子どもを食べたケースは、後々までかれを身震いさせた。何万もの人が餓死した。作家のウィリアム・ショークロスによると、十月頃までに「まったく肉づきのないひどくやせ細った生き物が、うつろな目を見開いてクメール・ルージュに住まわせられた森や山から転がり出てきた。（中略）かれらは多くの場合、あまりに飢えたせいで体が消耗しきっていた。（中略）死の倦怠感に満ちていた」という。だが苦境にあったのは捕虜の村人だけではなかった。クメール・ルージュのために尽くしてきた人々は、男女ともみな同じ状態にあった。

国境沿いの簡易宿泊所でローレンス・ピックが書いた日記によると、一般兵らはバナナの木の茎を砕いて作った水っぽいスープを一日に一杯だけ口にして食いつないでいた。だが最高幹部らは魚と新鮮な野菜と米の食事をとって「カワウソのようにつやつやと太っていた」。当時の写真からは、ポル・ポトとイエン・サリがまるまると太っている様子が見てとれる。

年末頃に赤十字と国連の救援物資がこの地域にも届くようになると、状況は改善された。牛の牽く荷車に米袋を積み込んだ農民と、運搬人の長い列が国境を越えていった。中国からの援助も流入しはじめた。内容は武器や弾薬だけでなく、蚊帳、飲料水の瓶、制服、砂糖と塩、袋詰めのビスケット、キニーネ、抗生物質もあった。

政治面では、クメール・ルージュの立場を強化する出来事がさらに二つ起こっていた。一九七九年の十一月に、民主カンプチアの代表団に席を与えて、ベトナムが支援するプノンペンの政権を排除することが国連総会で採択されたのだ。その翌月にソビエト兵がアフガニスタンに侵攻した。これは欧米諸国にとってみれば、クレムリンの統治者らが世界的な拡張政策に力を注いでいるという究極の証拠だった。これによって新たに始まったロシアンルーレットの次の標的とみなされていたタイに対し、東南アジアの非共産主義諸国による支援がさらに倍増した。そしてそのタイは、カンボジアにおいてベトナムに苦労させるためなら何でもやるというファウスト的な協定をアメリカ、中国、クメール・ルージュと結んでいたのだ。

その冬の乾季の攻勢は、国境からクメール・ルージュを撤退させられなかった。そして新しい地域司令官が指名された――ソー・ホンはクランゴップ、ソク・フィープはマレイ、ニカンはサンポウロウン、フィ・フオンはカムリエン、イ・チェアンはパイリンを任された。中国のおかげで兵士には適切な装備が行きわたり、各大隊に信号部隊がついた。国内におけるゲリラ活動も増加し、軍隊組織の再編が始まった。一九八〇年の一月にはソン・センが、ベトナム軍の侵攻から一年間過ごしたチニット川の東部前線司令部を、カンボジアとタイとラオスの国境地点のパエト・ウムに位置するかつてのイサラク基地に移した。ケ・ポクはコンポントムに司令部をおき、新しく北部戦線を率いることになった。モクは引き続きアウラル山で南西部の指揮をとった。さらに重要なことには、クメール人の若い村人が家を離れて反乱軍に参加しはじめた。一九八〇年の半ばには、クメール・ルージュの発表によると四万人の兵士が活動するようになっていた。行き届いた訓練を受けた者ばかりではなかったが、ベトナム人でないことは確かだった。カンボジアにおけるベトナム兵の数は十八万人になろうとしていたが、その多くは地域部隊の出身だった。

抵抗運動が広がるにつれて第一三一局も拡大していった。軍事計画、外交政策、経済、衛生、情報、社会問題を扱う事務局用に木造の小屋が建築された。職員の数は百人以上になり、研修会や集会を開く大規模な集会所も設けられた。監視団は外国のラジオ放送の概要と、タイや欧米諸国の新聞の翻訳を毎日ポル・ポトに提出した。ポル・ポト自身はさらに山の上の、山地民の護衛以外は立ち入り禁止の地域に住み、さらに地雷原と竹の槍を埋めた溝を配置して、特別警護大隊に日夜巡回させていた。

第一三一局はクメール・ルージュの中枢だったが、民主カンプチア政府の本拠地ではなかった。それは三二〇キロ北東の国境沿いの第八〇八局におかれていた。一九八〇年の前半に第八〇八局に連れていかれた『ニューヨーク・タイムズ』のヘンリー・カムは、非現実的な鏡の国を体験したと書いていた。

みごとな藁葺きの丸天井のもとで、花と青葉で飾られたテーブルに（中略）はにかんだ笑みをうかべた若いクメール・ルージュ兵士が熱いコーヒーを運んできた。（中略）流ちょうなフランス語を話す礼儀正しい青年が、ビザを発給するためにわれわれのパスポートを集めた。私のパスポートにはこれまでに取得した唯一の手書き査証がつけられて返却された。

クメール・ルージュの迎賓館は、ジャングルの豪邸の中でもっとも新しかった。フランスの植民者がかつて週末の狩に客を招待した、豪華な狩猟小屋をまねて建てられたことは明らかだった。（中略）客用のバンガロー四棟と浴場、トイレ、食堂棟、集会所、通信小屋が小道で結ばれていた。（中略）兵士らは陣営全体を毎日掃除して落ち葉を片づけていた。それぞれのバンガローの前には気配りの行き届いたホストが、コップと湯の入った魔法瓶、中国茶の包みとアメリカ製のタバコを載せたトレイを置いていた。竹編みの花瓶は（中略）みずみずしい花で満たされていた。（中略）バンコクから取り寄せたフルーツを盛った皿は毎日新しいものと替えられた。（中略）タイで最高のビールとジョニーウォーカーの黒ラベル、アメリカ製のソフトドリンクとタイで詰められた飲料水が供された。

多くのカンボジア人がまだ飢餓に近い状態にあったときに並べられたその品々を、カムは不愉快に思った。かれのホストであったキュー・サムファンとイエン・サリにはそんな考えは思いもつかなかっただろう。かれらにとって第八〇八局は、民主カンプチアが新しく備えた表向きのにこやかな顔だったのだ。記者たちは、第八〇八局がカンプチア共産党中央委員会司令部だと聞かされた。ポル・ポト自身もここに出向いて、特別待遇の外国人の取材に応えた。内部の顔――第一三一局――は秘密にされていた。最初の数年は、中国人のジャーナリストにさえその存在は知らされていなかったのだ。

カムをはじめとする多くの人々の来訪をこの時期に手配したクメール・ルージュの目的は、かれらが変わったと海外に納得させて欧米の新聞を埋めつくす専制政治の逸話に対抗し、国連その他の国際機関で民主カンプチアが代表に立つ権利を欧米諸国の政府が支持し続けやすいようにするためだった。そのためにポル・ポトたちは、かつてかれらの活動が支持したすべてを公的に否定するという大きな仕事を果たそうとしていた。「われわれのおもな務めは（中略）社会主義の建設ではない」とキュー・サムファンは宣言した──「すべてのベトナム勢をカンボジアから追い出し、われわれの国家、人民、民族を守ることである」。イエン・サリはこの数ヶ月後に、さらに率直にカムに語った。「われわれは社会主義革命を放棄しようとしている」。当時ここの地域を取材していたほとんどのジャーナリストは、この発言はただの策略で、ポル・ポトたちが政権を握っていた間つむぎ続けてきた、尽きることない嘘と偽りの一つだろうと推測した。

しかしそれはまちがいだった。変化は実際に起こっていたのだ。それは政権が装ったものではなかったし、装えたはずもなかった。鄧小平がクメール・ルージュはいまや人権を尊重しているとシアヌークを説得しようとすると、かれは言った──「副首相、余はあなたを信じられません。トラは仔猫にはならんのです」。だがクメール・ルージュ革命の土台を支え、長年にわたってその存在意義であった極端に急進的なイデオロギーは、もともとどうでもよかったとでもいうように、顧みられることもなく静かに捨てられようとしていた。

新生クメール・ルージュは黒い農民服を脱ぎ捨てた。兵士は同盟国である中国に敬意を表して濃緑色の服を着用し、幹部は白のシャツと濃い色のズボンを身につけた。ポル・ポトもバンコクで仕立てられたサファリスーツのとりこになるまでは、幹部らと同じ服を着用していた。かれの好みはパステルカラーで、特に薄い青を気に入っていた。大臣らは、海外に行くときはハイカラーの人民服よりもビジネススーツを好んで着用した。ローレンス・ピックは一九七九年の七月に袖の短いピンクのブラウスを身につけたという。「下品だと感じた」と、彼女は書いている――「まるで変装しているようだった。もう元のわれわれではなくなってしまったのだ」。その冬に第一三一局に勤務する若い男女が採用された際は、かつてのように階級ではなく、能力を基準に選ばれた。ある程度の中等教育が必要とされ、クメール語、フランス語、英語で試験がおこなわれた――そのレベルは、立ち会ったものの一人によると「われわれなら無理だった」という。十月にポル・ポトは、以降は処刑をおこなわないよう指示し、ほとんどの場合において処刑は廃止された。イエン・サリは非公開の党集会で「新しい始まり」が必要だと語った。

クメール・ルージュの社会行動の立て直しとともに、活動をおこなう政治的帰還の再編成がおこなわれた。

一九七九年の九月にキュー・サムファンは新たな統一戦線の設立を宣言した。これがおもにその名前の悪さで印象に残るカンプチア大国民同盟愛国民主戦線（Patriotic Democratic Front of Grand National Union of Kampuchea、フランス語表記の頭文字をとって通称ＦＧＵＮＤＰＫ）である。さらに重要なことに、その三ヶ月後にキュー・サムファンがポル・ポトにかわって首相の地位についた。表向きはポル・ポトが国防軍の総司令官の役割に専念できるようにするためだったが、実際はクメール・ルージュにもっと受け入れられやすいイメージを与えようともくろんでいたのである。これが持久戦の政治ゲームの手始めだった。

この年の秋に、ポル・ポトは遅ればせながらシアヌークを国家元首にするという鄧小平の提案を受け入れることにした。だが「自分の子供と孫を殺した人々」に協力するようにという中国の懇願に激怒したシアヌークは、平壌ですねていた。それから一年間は双方とも動こうとしなかった。だが一九八一年の二月に、さらなるベトナム軍の乾季の攻撃でもクメール・ルージュが壊滅しなかったことを受けて、シアヌークは餌に食いついた。

このときには、シアヌークの政治的選択肢の幅はすでに狭まっていた。ベトナム当局、プノンペン当局はいずれもシアヌーク本人との個別取引に応じないことが明らかになっており、非共産主義の信頼ある第三勢力を立ち上げようというかれの企ては不成功に終わっていた。政治からまったく手を引いて、カンボジア王室復興の可能性を完全に捨てる気でないなら、ふたたび憎むべき敵の共産主義者たちと手を組む以外に残された道はなかった。そこでかれはクメール・ルージュ、元首相のソン・サンが率いる非共産主義レジスタンスグループ、そして自分の率いる「独立・中立・平和・協同カンボジアのための民族統一戦線」(フランス語表記の頭文字をとって通称FUNCINPEC)の三者連立体制を提案した。この提案には、面目を保つための条件が多くつけられており、三月に北朝鮮でおこなわれたキュー・サムファンとシアヌークの会談では当然ながら合意に至らなかった。だが対話は始まった。関係者はみな、適当な時間がたてば合意に至ることを知っていた。

一九八一年の八月にポル・ポトは鄧小平と趙紫陽首相に会うために北京へ向かった。かれを迎えるために中国から特別チャーター機がバンコクに派遣された。警備が非常に厳しかったため、ポル・ポトに同行した六人の護衛たちは偽名のパスポートを持っていた。

「あなたに柔軟であってほしいと考えています」と、趙紫陽は最初の会談で伝えた――「行く手にある曲がりくねった道に政策を合わせなければならない」。同席していたメイ・マクによると、ポル・ポトはこれに苛立ったという。「われわれが敗北を喫したことはわかっています」と、かれは応えた――「それでもわれわれは独立統治の姿勢をあくまで守ります。とるべき政策については、われわれの中央委員会が決定します」。のちに鄧小平は代表団の他のメンバーを除いた話し合いで、趙紫陽の言葉の意味を説明した。東南アジアの非共産主義諸国の支持を維持するために、クメール・ルージュとシアヌークの不和――特に、最終的にベトナムが撤退した後に武装解除するという誓約にかれらが反対していること――は隠さなければならないと鄧小平は語った。そして、そのかわりに後に開かれる詳細についての交渉では、中国がその影響力をもって、クメール・ルージュの利益が確保されるようにはからうと約束した。

二週間後の一九八一年九月四日に、シアヌーク、ソン・サン、キュー・サムファンはシンガポールで会って共同声明を発表し、連合政府を設立して「侵略者であるベトナムからカンボジアを解放するために」ともに闘う意志を示した。

十二月にカンプチア共産党はみずから解散を発表した。これは多くの人が推測したようにPR上のパフォーマンスではなかった。そうであったなら、同じ状況で他の国々がしていたように、ひそかに活動を続けていただろう。だがそうはならなかった。カンプチア共産党は国際的共産主義の歴史においてみずから存在を絶った最初にして唯一の党となった。

ポル・ポトとヌオン・チェアが中枢以外とはほとんど議論せずに下したこの決断は、党員を驚愕させた。「人々は非常に驚き、混乱した」とソン・センの側近の一人は振り返っている――「われわれは、党がなくても団結できるということをかれらに納得させようとした。ソン・センは、重要なのはカンボジア民族の存続だとかれらに話した。『党を存続させて孤独に闘いを続けたいか?』と、かれは尋ねた。『それとも他の民族主義勢力と力を合わせる方がいいか?』」

問題の一つは、党員資格がある種のステータスとなっていたことだった。この問題を回避するために、ポル・ポトはかつて正式な党員だった者が自動的に参加できる「民族主義運動」の設立を提案した。党自体はすでに存在しなくても「進歩的な分子」を形成する仕組みは必要だとポル・ポトは言った。だが民族主義運動は人々には受け入れられなかった。「あまりに政治ゲームじみていた」と、ある男は語っている――「人々はまったく関心を失ってしまい、数ヶ月で破綻してしまった」。それどころかどんな公的政治機構もこの段階では非生産的だと判断したポル・ポトが、この案をおとなしく撤回したらしい。

多くの点において、党の解散はとても奇妙な行動だった。クメール・ルージュの活動を一つにまとめていた接着剤の一部を、これで取り去ってしまったのだ。部外者はだれもこれを真に受けなかったから、対外的には何のメリットもなかった。

それでも国内では意味があった。党が存在しないということはアンカも存在しないということだった。「新」クメール・ルージュは理論的にも、そしてほぼ現実的にもベトナムと闘うための純粋な軍事組織だった。この活動を統轄していたカンプチア共産党常任委員会は、ポル・ポト、ヌオン・チェア、モク、ソン・セン、ケ・ポクで構成される軍事理事会に取って代わられた。新しいクメール・ルージュのラジオ局は「民主カンプチア民族軍の声」と名づけられた。放送の内容は伝統的なクメール音楽と軍事声明の取り合わせで、政治的プロパガンダはなかった。重要なのは戦争の遂行だったのだ。

クメール・ルージュ国家を守る忠実な歩兵として、「新」クメール・ルージュは共産主義支配につきまとう悪夢のような過去を取り払いたいと考えていた。ポル・ポトはついに、ゲリラ戦は人民の支持なしには勝てないという華国鋒の警告を受け入れた。一九八一年以降、ポル・ポトの最重要目標は、政権を握っていた間に食いつぶしてしまった地方の支持を取り戻すことに変わった。この目標を達成するためには武力闘争が必要だが「軍事的な成功の積み重ねは必要ではない」と、かれは説明した――「われわれ（は）（中略）自分たちの勢力を政治的に築き、敵の政治的勢力を弱体化させるために闘っている」。クメール・ルージュ関係者の一人は、「村人の心を獲得してかれらを民主カンプチア陣営につけること」が目的だったと振り返っている。この政策は多くの地域で成功した。一年後にベトナム人士官が不平を口にしている――「一部の地域には恒久的に軍隊を配置していない。（中略）クメール人の地元権力者は二つの顔を持っている。一方はわれわれに微笑み、他方はクメール・ルージュに微笑んでいるのだ」。

党の解散には第二の理由があった。国連その他において、民主カンプチアへの外交的支援のほとんどは資本主義国家――特にアメリカとその同盟国――が担っていた。そしてクメール・ルージュを存続させた供給ラインは欧米支持派のタイを経由していた。中国を除く共産主義世界のほとんどは、クメール・ルージュの活動を敵視していた。その中国さえも、ポル・ポトの目から見れば、一九八一年までにすでに資本主義の道を着実に歩みだしていた。「いつか中国は資本主義制度を取り入れるだろう」と、かれはイン・ソピープに語っていた――「批判しているわけではない。だがわれわれはそれを考慮に入れておかなければならない。制度にまだ社会主義のかけらがあるくらいで無理に安心しようとするのは良くない」。かれが主張したかったのは「世界の大きな流れをふまえて政策を順応させなければならない」ということだとイン・ソピープはまとめている。もし民主カンプチアが共産主義制度を保持していれば、主要同盟国と足並みがずれてしまっただろう。これについてポル・ポトは数年後にさらに端的にまとめている――「われわれが共産主義を選んだのは国家を復興させたかったからだ。われわれは共産主義者だったベトナム人を手助けした。だがいまでは共産主義者たちがわれわれと闘っている。だからわれわれは欧米に救いを求めて、かれらの道を歩むしかない」。

あるレベルでは、この決断とポル・ポトの説明は、カンボジアの急進主義が身につけていたマルクス＝レーニン主義の化粧板は、ほんの表面的なものでしかなかったという証拠だ――そんなものが必要ならばの話だが。

党の解散に、ラベルの張り替え以外の意味はほとんどなかったのだ。それは、つねに極端に走るかれらの傾向も示していた。およそ三年前に鄧小平は、統一戦線のために、クメール・ルージュは「共産党を前面に出さずに」愛国主義と民族主義と民主主義を強調することを勧めていた。ポル・ポトはこれを文字通りに受け取った。共産党が障害になったのなら、すっかり排除しまえば良いと考えたのである。

幅広い聴衆を対象にした文書や政治研修会における演説では、ポル・ポトはもっとあいまいな表現をした。「方法は変わったが精神は変わっていない」と、ある集会でかれは語り、活動の「理想」は変わらず「闘争の形式がある程度」変わっただけだと伝えている。このような細工の仕方につきまとうあやふやさは意図的なものだった。ポル・ポトはもともとあいまいな態度を好んだこともあるし、社会主義のためにずっと闘ってきた大人たちが一夜にして考えを変えるとは期待できなかったこともある。だからそのかわりに、活動の「精神」と「理想」を構成するものの体得を一人一人にゆだねたのだ。

変化は本物だった。共産主義という目的は捨て去られた。違反者は殺害されるのではなく、再教育された。私有財産の廃止は解除された。集団での食事はとりやめられ、家族はふたたび一緒に暮らせるようになった。若者は結婚相手を自分で選ぶようになり、社会的規制は緩和された。いろいろな意味で――これまでのクメール・ルージュだけでなく、ロン・ノル軍、シアヌーク軍などクメールの歴史に登場した他のどの政権の行動とも一線を画することから――さらに注目すべきは、捕らえられたプノンペン政府の兵士らがもはや処刑されなくなったことだ。かわりにかれらにはゲリラに加わるか、解放されて帰宅するかのいずれかを選ばせてもらえた。「あなたたちが殺す一人一人の人間にも、それぞれ家族がいる」と、ポル・ポトは説明した――「それぞれの家族は悲しみにくれるだろう。（中略）そうすれば敵の数を増やし、友の数を減らしてしまう」。

しかし他の多くの面では、クメール・ルージュは変わっていなかった。

ベトナムの侵攻後まもなく「過去の誤りから教訓を得る」と約束したにもかかわらず、ポル・ポトは自分の統治下で百五十万人を死なせた責任を認めなかった。また、その原因となった政策を否認した。一時は正直になって、活動が未熟で「勝利に酔って無能で」あり、国全体を統治するに足る能力がなかったと認めた瞬間もあった。だが、たいていの場合は「政策が左寄りすぎた」、そして周囲の人間を信用しすぎたと語った――「かれらはすべてを台無しにした。（中略）かれらこそ本物の裏切り者だ」。

基本戦略――知識人と貧農の同盟を築くことによって権力を獲得する――は変わっていなかった。かれが政治的暴力を避けたとしても、それは道徳的に間違っていると思ったからではなく、人民の支持の確立が最優先事項であるときには都合が悪かったからである。

クメール・ルージュゲリラ陣営では、国境においても国内においても、またとなく厳しい全体主義政権を軍事的階層が築いていた。かつて党員の教化に使われた方法と同じ――外界からの隔離、部隊の厳格な区分け、活動の規制、処罰としての飢餓の利用と報奨としての食糧の利用、集団に対する個人の従属化、個人的利益の放棄――方法が、キュー・サムファンの表現では「かみそりのように鋭い愛国心」と「国のためにどんな犠牲も払うという完璧な決意」をしみこませた軍隊の訓練に導入されていた。

新しいさらに近代的な外観をまとっていても、その活動が一人の人間の独裁であることに変わりはなく、その考え方に意義を申し立てることは不可能であり、かれの部下への支配力が敗北によって弱まることはなかった。前ほどひどくはなかったが、変化は相対的なものだった。ポル・ポトは恐怖にかわって怯えで統治したのだ。

連合政府の設立に関する交渉はさらに九ヶ月続いた。定期的に中国も参加して、新しい取り決めがどのような形式になっても「戦線で闘う反ベトナム勢力（つまりクメール・ルージュ）を弱めてはならない」と主張し、もし妥協を拒めば武器の輸送を止めると他の二つの勢力を脅した。そして三派は一九八二年六月二十二日にクアラルンプールで、シアヌークを元首、ソン・サンを首相、キュー・サムファンを外交関係担当の副首相——国内の支配権を持たない政府における唯一重要な役職——とする民主カンプチア連合政府の結成を宣言した。

民主カンプチア連合政府、通称CGDKの設立は、さまざまな変化をもたらした。

イエン・サリは中心から外された。最初は表向きだけだったが、しだいに非公式な議会においても外されるようになった。最後にかれが表舞台に立ったのは一九八一年の秋の国連総会だった。十二月の党の解散にともなって、政権委員会におけるかれの役職は消滅した。それ以来、軍事委員会のメンバーでも新しい連合政府の一員でもないイエン・サリには肩書きがなくなった。のちにかれは、紛争終結に完全な軍事的解決ではなく、政治的解決を使おうと提言したために排除されたのだと主張している。だがかれの主張の多くと同じく、これも嘘らしい。イエン・サリはおそらくシアヌークに忌み嫌われていたため、そしてクメール・ルージュ政権のおこなった恐怖の数々とイエン・サリの名前が海外で密接に結びつけられていたために、脇に追いやられたのだろう。かれは指導者集会には引き続き参加していたが、その影響力は衰えていった。

かつてクメール・ルージュの政府がおかれていた第八〇八局は閉鎖され、ティウン・マムとその兄弟のチュムなど、そこで働いていた民間出身の大臣らはそれから二年間中国やフランスに亡命した。イエン・サリ自身もタイのチャンタブリの三〇キロ北の「星々の山」と呼ばれるソイ・ダオのそばのタムーンという村に移った。そこでかれはD-25と呼ばれる極秘基地の責任者となっていた。この基地はかつてカムリエンにおかれていた施設にかわって、タイを通してクメール・ルージュに送られる中国の軍事援助すべての恒久中継点となった。

一方、シアヌークは三年間待ち続けたのちに国家元首という役割で表舞台に復帰していた。タイをはじめとする非共産主義の東南アジア諸国は、これを交渉による紛争終結に向けた第一歩として喜んで受け入れた。中国は複雑な思いだった。シアヌークは一九七〇年代の前半ほど扱いやすい相手ではなくなっていた。クメール・ルージュと手を結んで、勝利後に軽んじられた経験のあるシアヌークは、ふたたび煮え湯を飲まされるつもりはなかった。カンボジアからのベトナム撤退を望んでいるという点で、かれの利害はクメール・ルージュの利害と一致していた。だが北京の目から見れば、政治的解決が迫った瞬間に双方がまったく違う政策を持つようになることは明らかだった。

何よりこの段階では、中国は平和を望んでいなかった。またアメリカも同じだった。目的はベトナムとの闘いを終わらせることではなく、長引かせることにあった。鄧小平は紛争の早い段階で、日本の大平正芳首相に次のように語っていた——「中国としてはベトナムをカンボジアにとどまらせるほうが賢明だ。そうすればベトナムはもっと苦しむからだ」。当時外務次官であった韓念龍は「(ロシアの)負担を軽減する」ことは何もしないように強く勧めた。負担が過度になってモスクワがベトナム支持費用に耐えられなくなって初めて、政治的解決が可能になるとかれは語った。

中国としては、それが長引くことは十分承知のうえだった。一九八三年の夏に中国側は「さらに四年か五年」闘う必要があるだろうとシアヌークに告げた。この言外の意味――和平交渉は一九八七年か八八年に始まるだろうということだ――は、非常に正確だったことがのちにわかった。

アメリカの政権はそれほど率直ではなかったし、誠実とも言えなかった。カーター大統領の国家安全保障問題担当顧問を務めていたズビグニュー・ブレジンスキーは次のように認めている――「わたしは中国にポル・ポトを支持するよう促した。（中略）ポル・ポトは嫌悪すべき存在だった。われわれにかれを支持することはとてもできなかったが、中国にはできた」。なかなかの臆病風だ。

アレクサンダー・ヘイグ国務長官とその補佐官らは、国連総会でクメール・ルージュ代表団が発言のために立ち上がると、これ見よがしに退場した。だが表向きは鼻をつまんでみせても、クメール・ルージュが国連に議席を維持できるように非公式に骨を折って外交的支援を頼んでまわった。中国には、ポル・ポトに票を投じるようにケニヤやマラウィなど右派のアフリカ諸国を説得できなかった。ましてクメール・ルージュ大使の受け入れを説得するのは不可能だった。だがアメリカにはそれができた。「あなたたち（アメリカ人）はポル・ポトをあのまま死ぬに任せればよかっただけだったのに」と、シアヌークはのちに述べている――「（一九七九年に）ポル・ポトは死にかけていたが、あなたたちはかれを生き返らせ（中略）闘いに送り出してひたすら殺しに殺させた。（中略）だがいまになってクメール・ルージュは受け入れられないと言う。何たる偽善！　何たる偽善だ！」中国と同じくアメリカにとっても、目的はベトナムの血を流させてその痛みからパトロンであるロシアを弱体化させることにあった。ブレジンスキーが語った「代理戦争」はついに実現した。それにはアメリカも手を貸していたのだ。

そこには暗黙の役割分担が存在した。中国はこの十年間にクメール・ルージュに対して十兆ドルに相当する軍事援助をおこなった。アメリカは連立政権を政治的に維持してやり、マレーシア、シンガポール、タイと同様に、二つの非共産主義軍事勢力——五千人強を擁するシアヌーク派国民軍と、九千人を擁するソン・サン率いるクメール人解放民族戦線——に対して、総額でおよそ二億千五百万ドルのさらに限定的な援助をおこなった。双方ともあまり強力ではなかったが、戦闘しているのはクメール・ルージュだけではないという幻を作り出すことはできた。

実際は、民主カンプチア連合政府の設立後も現場での軍事協力はほとんどなかった。クメール・ルージュはソン・サンの勢力が攻撃している間、何もせずに傍観していた。ソン・サンの勢力はシアヌーク派との接触を拒んだ。だが抵抗勢力全体の力は大きくなりつつあった。一九八三年にはゲリラ攻撃が増加して、ヘン・サムリン政府の掌握する多くの地域の治安状況が悪化した。

この年にポル・ポトはバンコクで健康診断を受けた。そしてホジキン病を患っていることがわかった。ホジキン病とは、リンパ系を侵すガン性の病気である。診断にあたったタイ人の軍医は、長期治療が必要になると警告し、軍事情勢が許せばすぐに中国に向かうことが決まった。それはちょっと早すぎるように思われた。クメール・ルージュの状況は改善しつつあり——翌春にはバッタンバン付近のベトナム軍の燃料貯蔵庫が破壊され、シエムリアプの町が攻撃されたという二つのめざましい出来事があった——一九八四年の半ば頃には、ポル・ポトは自信をつけて、第一三一局をさらに山の上の、カンボジア領に数キロ入った「オ・スオサディ（良い日の川）」と地元で呼ばれる小川の近くの新しい基地へ移した。

それでもガンの発見でかれは立ち止まった。オ・スオサデイで過ごした六ヶ月は、かれにとって個人的、政治的な熟考をめぐらせる時間となった。かれはまもなく六十歳になろうとしていた。家族はいなかった。キュー・ポナリーは母親と妹のチリト、そしてイエン・サリとともにソイ・ダオの中継基地で暮らしていた。彼女の病状は悪化していた。診察にあたった中国の専門家は、彼女の統合失調症は進行しすぎていて打つ手はないと結論を下していた。

一九八四年の夏にポル・ポトは再婚して子どもをもうけることを決めた。政治声明を通して家族の絆の放棄を説いてきた人物にとって、そしていまだに勝利をおさめるまで「妻や家族のことを考えて闘争に不利益をもたらさないように」兵士らに結婚を遅らせるように促していた人物にしては、驚くべき逸脱だった。社会的政策や指導部の二重基準について何と言おうと、これは過去のイデオロギー的厳格さが急速に消えつつあることを裏づけた。

同様に驚くべきだったのは、ポル・ポトの仲人の人選だった――東部地域司令官のソン・センである。一九七八年末にマルコム・コールドウェルが殺害されて以来、ソン・センも先がないという噂が流れていたのだ。だが、かれはふたたびポル・ポトに目をかけられるようになっていた。かれは国境から国内のクメール・ルージュ部隊に軍需品を運ぶ、女性だけで構成された輸送大隊の一つから、オ・スオサデイに二人の若い女性を派遣した。ポル・ポトはその一人で背が高く体格の良いメアスという農家の少女を気に入った。彼女は二十二歳だった。まもなく彼女はかれの所帯に料理人として加わった。

そして一九八四年の十二月に、ベトナム人は過去六年で最大級の乾季攻撃を開始した。ほんの数週間ですべてのクメール・ルージュ基地が制圧され、ソン・サン派とシアヌーク派が築いた基盤のほとんどが破壊された。オ・スオサデイは放棄され、ポル・ポトはふたたびタイへ脱出することを余儀なくされた。

一九八〇年代に、かれがふたたびカンボジアの土を踏むことはなかった。

新司令部K‐18はトラトから数キロ離れたゴム園にあった。土地はカンボジア人らが中国から支給された金で確保したものだったが、タイ軍司令官の名前で登録されていた。そして第一三一局の防衛を手助けしてきた同じ第八三八特殊部隊が警備にあたった。タイ軍はさらに二カ所の土地を手配した。一方は、トラトからチャンタブリへ続く道を北へ三十分車で走った場所である。これがポル・ポトの住むB‐50となった。そしてもう一方は煉瓦造りの家が二棟と、来客用の多数の木造バンガローから構成される第二〇住宅と呼ばれる大規模な複合施設で、これはキュー・サムファンの住居兼職場として用いられた。この配置に鍵があった。ポル・ポトは後継者を用意していたのである。キュー・サムファンの護衛の一人は次のように振り返る。

キュー・サムファンは外交関係の仕事を担当してたんです。（中略）でもK‐18の責任者はソン・センでした。（中略）ソン・センがやがて民主カンプチアの最高指導者になり、キュー・サムファンが政府責任者になる（という雰囲気があった）。ただの印象ではありましたが、ちょっとした兆候がいろいろあったんです。たとえばヌオン・チェアが現金を必要なら、ソン・センにもらうしかなかった。ヌオン・チェアは指導部で第二位の地位にあったのに、現実問題について決断を下すのはかれではなかった。労働制度など、ポル・ポトがK‐18で築いた仕組みはすべてソン・センを中心に築かれていました。ポル・ポト自身はどうかって？　かれは明らかに引退だという印象でした。

それは非常に段階的な引退だった。ポル・ポトはK‐18に住居をおき、国内の幹部らと政治講習会を開く際はそこに泊まっていた。また、おもな決断はすべてかれが下していた。だがもはや昔のようにクメール・ルージュ政策を微細管理してはいなかった。

この新たな取り決めが人々に知れわたったのは一九八五年の九月のことだった。「退職すべき年齢である六十歳の誕生日を迎えた」ポル・ポトは、ソン・センを選んで総司令官の地位から身を引き、顧問という立場で仕事を続けるという発表があったのだ。キュー・サムファンは「民主カンプチア党」という名前に改められたクメール・ルージュ率いる民間人の派閥――クメール・ルージュが連合政府に関わるための器として使った実体のない組織――の長として承認された。

共産党の解散と同じく、ポル・ポトの引退は信用されなかった。シアヌークはこれを「茶番」と評した。それはたしかに事実だった。中国の鄧小平のように、ポル・ポトは公的な地位がなくとも、活動の最高権力者であり続けたからだ。しかしこの変化は表面的なものだけではなかった。闘争の性質が進化しつつあったのだ。それまでの五年間の闘争は、本質的に軍事的なものだった。ポル・ポトはオ・スオサデイで数ヶ月過ごすうちに、まもなく力点が政治に移ること、そして新たな顔ぶれが前面に出るべきときがきたことを確信するようになった。また、かれの個人的な境遇にも変化があった。かれは夏にメアスと結婚していた。結婚式は開かなかった。だがヌオン・チェア、ソン・セン、キュー・サムファンほか数人が出席してK-18で開かれた披露宴において、夫妻はオレンジジュースで乾杯し、ポル・ポトは自分の新たな優先事項についてほのめかした。「きみには良い母親になってほしい」と、かれは妻に話した。翌年の春に女の子が誕生した。ポル・ポトはクメールの宗教的叙事詩「レムカー」のヒロインにちなんで、娘をシットと名づけた。しばらく後にかれは中国に発ち、一年ほど滞在して北京の陸軍病院でガンの治療を受け、長い療養生活に入った。

一九八〇年代の半ばまでに、北京とワシントンの――モスクワを苦しめるためにベトナムを苦しめる――戦略は、効果を表し始めていた。NATOとの戦略的対立、中国との軍事的緊張とアフガニスタンにおける果てしない闘いは、疲弊したソビエト経済の限界を越えていた。一九八五年の三月に政権の座についたミハイル・ゴルバチョフの最優先事項の一つは、モスクワの外国支援を切りつめることだった。ベトナムもその一つだった。カンボジアの状況は「もはや後戻り不能」とハノイは豪語したが、その自慢はますますうつろに響くようになっていった。問題は和平交渉が始まるか否かではなく、いつ始まるかということだった。

ゴルバチョフはカンボジア側にとって、その冬に表れた唯一の指導者でもないし、もっとも重要な指導者ですらなかった。プノンペンでは、もとクメール・ルージュの連隊司令官補佐であり、ヘン・サムリン政権の外相を務めていたフン・センが、首相職を引き継ぐようベトナムから指名されていた。フン・センは当時三十四歳で、一九七五年四月のクメール・ルージュのプノンペン攻勢で負った傷がもとで、片方の目を義眼にしていた。かれは野心家で能力があり、腹黒く、のちにわかることだがきわめて残虐だった。ベトナムにとって、かれはヘン・サムリンなど旧クメール・ルージュ指導者と、ペン・ソバンなどの元イサラクの派閥に分裂した政権の中道に位置していた。ヘン・サムリンもペン・ソバンも、ハノイを完全に満足させる働きはしていなかった。事実上、ヘン・サムリンの影響力のほとんどはすでにかれよりも年の若いライバルへと移っていた。

一九八八年の夏にポル・ポトが中国から戻ったときには、フン・センとシアヌークはすでに直接交渉の可能性を模索する方向で、外交のワルツに深入りしていた。反目しあう党派の多く――シアヌーク派、ソン・サン派、プノンペン当局とベトナム――は、タイをはじめとする東南アジア諸国と同様に、公式和平交渉に賛成した。中国もやむをえずこれを受け入れた。そしてパリから東に車で一時間のシャンパーニュ地方の端にある、フェール・オン・タルドノアの郊外のホテルで開かれたフン・センとの「くつろいだ」（シアヌークの弁による）非公式な会談において、ついに合意が得られた。シアヌークは妻のモニク妃と息子のラナリットを伴い、フン・センは護衛を二人連れていた。三日間にわたる議論は、シアヌークがこのホテルの世界に名高いレストランの厨房に入ってみずから用意した晩餐会で締めくくられた。

政治的解決の必要性について意見が一致したほかは、ほとんど成果はなかった。だがそんなことは重要ではなかった。ようやく雪解けとなったのだ。一九八八年の一月にふたたび会談がおこなわれ、その結果、六ヶ月後にジャカルタで会談がおこなわれることになった。ここではじめてカンボジアの四つの派閥の指導者全員が顔をそろえた――シアヌーク、フン・セン、キュー・サムファン、ソン・サンである。ベトナムの侵攻からほぼ十年が過ぎて、ようやく政治的解決に向けた真剣な交渉が始められた。

クメール・ルージュから見れば、交渉開始は時期尚早だった。

地方の支持を取り戻すために一九八一年からクメール・ルージュが始めた努力は、過去三年間にいっそう強化されていた。だがポル・ポトは、カンボジア国内の七千村落のうち、クメール・ルージュを支持しているのはわずか千村落ほどで、そのほとんどはプノンペンの命令が届かない辺鄙な山間地かジャングルに住む人々であると見込んでいた。実際には、この見積もりでさえ多すぎたかもしれない。かれは一九九〇年までに少なくとも地方人口の三分の一を取り戻すことを目標としていた。これは一九七〇年代前半のような「解放区」の設立を意味するわけではなかった。今回の活動戦略は、村長を買収して核となる支持者の集団を構成することにあった。最初は家族一つから始めてつぎに数家族、そして最後には村全体へとそれを拡大していくのである。こうして構築されたネットワークは秘密裏に活動しており、名前もなかった。だがこれはクメール・ルージュの支配を保障するものだった――つまり、もし政治的解決ののちに選挙があれば、このような村々はクメール・ルージュの候補者に投票するというわけである。ポル・ポトは同年冬の政治講習会でこの新しい戦略を説明した。

カンプチア国民議会に百議席あるとしよう。二十（議席）獲得できれば悪くない。三十獲得できればなお良いし、四十ならなおさらだ。（中略）最低でもわれわれの代弁者を、十人か二十人か三十人は獲得できるだろう。（中略）（そして）議会に代表者をおくことができれば、必然的に政府（と）主要省庁にも代表者をいくらかおける。（中略）（それが）人々の利益を充分に守ることを可能にする唯一の方法だ。

のちにかれは、民主カンプチア党は「おそらく省庁の役職の十五パーセント」を占めると語った。目標は――この活動がカンボジア国民の八十パーセントを占める農民階級の利益を反映すること、そして人口統計上の多数派が結果的には政治的支持基盤の多数派となることを前提に――権力の足がかりを得ることにあった。「町は村にならうだろう」とポル・ポトは断じた――「（村々の）勢力を集めることができる者が勝者となるのだ」。

時間があれば、この戦略には成功の余地があった。カンボジアの地方のほとんどでは、戦時税と徴兵制と強制労働の組み合わせがプノンペン当局の人気をどんどん失わせていたのだ。

しかし時間こそ、クメール・ルージュに最も足りないものだった。

ポル・ポトは「国内の戦地の状況が整った場合に限って」交渉による解決を望んでいた。ゲリラが地方人口の大部分を掌握する前に選挙になれば、最悪の事態になるとかれは語った。「それが気にかかって仕方がない。だからこそわれわれは活動を促進しなければならない。またキュー・サムファンも、われわれの目標が（中略）達成されるまで交渉の進展を遅らせるよう努力しなければならないのである」

だがそれから十八ヶ月で、その選択肢は消え失せた。

一九八〇年代前半にカンボジアから撤兵する徴候を何度か見せたのち、ベトナムは一九八九年の九月になってようやく、全員ではなかったものの、ほとんどの軍勢を引き上げた。その二ヶ月後にベルリンの壁が崩壊し、ソビエト帝国が破綻してロシアと中国の国交は正常化された。中国とベトナムの関係さえも改善しつつあった。つまり冷戦の集結にともなって、アメリカとその同盟国がクメール・ルージュの支援を続ける理由はなくなったのである。

かねてからブッシュ大統領は、カンボジアでの不愉快な同盟相手に落ち着かない思いをしていた。その国務長官の任についていたジェイムズ・ベイカーは、アメリカは今後はカンボジアの国連代表として連合政府を支持せず、人道支援をプノンペン当局に送り始めると宣言した。言葉の裏にこめられたメッセージは明らかだった――ファウスト的な協定は終わりだということだ。言外の含みの説明は、フランスのロラン・デュマ外相にゆだねられた。「カンボジア人自身が和解に達したいという政治的意志を見せないのなら、国際社会としてもいつまでもカンボジアの運命にかまけてはいられない」と、かれは一九九〇年の十二月にフン・センとキュー・サムファンに語った。わかりやすく言えば、平和的解決のチャンスはもう終わろうとしているということだった。

ポル・ポトはどうしようもないジレンマに陥っていた。

クメール・ルージュが時間稼ぎをすれば、交渉は決裂する。悪ければシアヌークとソン・サンみずからフン・センと取引することになる。タイの新首相チャチャイ・チューンハヴァンは、権力の座を追われた革命家たちの支持よりもベトナムとの商業関係を重視しており、クメール・ルージュが協力を拒むなら、タイは武器輸送を止めるとほのめかした。もはや中国さえ全面的に信頼することはできなかった。

一方で、ゲリラはいまだにポル・ポトが望んだ二千人から三千人の支持者獲得には、ほど遠い状態にあった。

一九九一年春の湾岸戦争は欧米の関心をそらして、数ヶ月の小休止をもたらした。だが最後の審判の日は六月にやってきた。カンボジアの四党派指導者らが、残る問題の解決のためにタイのパタヤリゾートで会談をおこなったのである。平和に向けたプロセスが始まって以来初めて、ポル・ポトは事態を見守るためにB－50を離れた。これはクメール・ルージュが主張を通す最後の機会だった。協議の段階が進むごとにキュー・サムファンはポル・ポトの了解を求めた。だがこのときにはすでに交渉は勢いづいており、正当な理由もなく撤回するのはきわめて難しくなっていた。六月二十六日の話し合いで最高国民議会（SNC）——新政府が選ばれるまでの間カンボジアの統治にあたる政治体——がプノンペンに設置されることが決まり、無期限の停戦と外国による軍事援助の終結が承認された。

ポル・ポトが条件をのんだのは、手元の二つの選択肢——外国の支持もなく、おそらくはシアヌーク、ソン・サン、フン・センの連合軍を相手に孤立して闘うか、もしくは、少なくともクメール・ルージュが政治の表舞台で役割を担う可能性を与えてくれる平和的解決を最大限に活用するか——を比べたら、後者の方がまだましだったからだ。当時のかれは、この解決策がひどくゆがんだものだということを明らかにわかっていなかったようだ。選挙の方法という重要な問題に関しては、多大な年齢と経験を重ねたシアヌーク、ソン・サン、キュー・サムファンを合わせたよりも、若輩ながらフン・センの方が上手だった。カンプチア人民共和国——またはプノンペン政権の呼称では「カンボジア国」——は、抵抗勢力が望むように解体されることはなく、新政府の結成まで存続することになった。結果的に選挙は国連によって「準備」され、最高国民議会によって「監督」されるが、実質的にはプノンペン政権の「既存の構造」を用いることになった。政治は実践の技であり、フン・センは実践的な人物だった。この合意によって選挙システムの管理権限を与えられたかれの政府は、一歩先んじたスタートを切ることになった。

一九九一年十月二十三日に「カンボジア紛争の政治的解決についての包括的協定」がパリで調印され、国連はその歴史の中で最大かつもっとも高価な平和維持活動の準備に着手した。

三週間後にシアヌークは、一九七九年のベトナム攻勢のさなかに脱出したプノンペンに意気揚々と戻った。シアヌークは当時かれを保護するために来た中国の外交官に付き添われて、北京から中国の航空便に乗りこんで帰国した。シアヌークが——かつて国をおさめていたときの遺物で、このために修理された——ピンクのシボレー・コンバーチブルでプノンペンに入ると、道には歓声を上げる群衆が立ち並んでいた。子どもたちは目に涙をためて、興奮して声をあげていた。「王様だ！　王様が戻った！」二十年にわたる内戦、クメール・ルージュの圧政、ベトナムの侵攻を経験した人口のほとんどにとっては、まさにそのように見えたのだ。翌朝、シアヌークの一行は伝統的な宮廷の衣装に身をつつみ、ラタンのキルトに横になって古来のクメールの踊りを王宮の庭で眺めていた。かれらの中には、いくらか落ち着かない様子の、ポル・ポトにそっくりな男がいた。かれはポル・ポトの兄で子ども時代を一緒に過ごしたロト・スオンだった。その妻のチェア・サミーが、義弟の政権が崩壊したのち王宮の舞踏団の復旧を手助けしていたのだ。つかの間ではあったが、一九六〇年代のカンボジアがふたたび戻ってきたように見えた。

一九八九年にベトナム勢が撤退したのち、クメール・ルージュはパイリンから北へ伸びる国境沿いの細長い領土を占拠しており、ポル・ポトはそこに新しい司令部を築いていた。

かれのためにトタン屋根のタイ風の二階建て家屋が、町から一六キロ離れた森の中の、国境を示す小川から八〇キロ離れた場所に建てられていた。広々とはしていたが、きわめて簡素な建物だった——煉瓦敷きの床に穴あき煉瓦の壁のL字形の大きな居間、二階には寝室が二つと書斎が一つ、そして木のコンロと納屋つきの素朴な台所。庭にはかれがジャックフルーツの木を植えた。近くには六人は収容できる耐砲火性の掩蔽壕が掘られ、木の幹と土嚢で補強された。建物自体は茂みに隠れており、茂みを越えたところには側近と秘書用の家が二軒あって、護衛用の小さな小屋が並んでいた。

この眺望点からポル・ポトはプノンペンの成り行きを見守ったが、そこで目にする出来事はあまりかれの気に入るものではなかった。

帰国してすぐにシアヌークは敵意を見せた。かれは記者会見において、フン・センを息子のように思っていると言ったうえに「ベトナムがなければわれわれはみな死んでいただろう」と語り、クメール・ルージュは裁判にかけられるべきだと意見した。そしてカンボジア国を国家の事実上の政府と認め、息子のラナリット率いるFUNCINPECとフン・セン率いるカンボジア人民党（CPP）——元クメール人民革命党——の連合を提案した。カンボジア人民党はポル・ポトの活動と同じく、多元主義、自由民主主義、自由市場志向に転向したことを強く主張していた。そのいずれもパリ協定で描かれた「中立的な政治環境」のきざしを示すものではなかった。また、十日後にプノンペンでクメール・ルージュ代表部の開設にやって来たキュー・サムファンの歓迎会も同じだった。フン・センの秘密警察が手配した暴徒が建物に乱入し、キュー・サムファンは衣装棚に隠れることを余儀なくされたのだ。かれの命が危険にさらされることはなかった——無線機を持った男たちがひそかにいっさいを取りしきっていたのだ。だがかれは殴られ、侮辱を受けた。キュー・サムファンが政府兵に「護衛」され、顔から血を流しながら、かれを「救出」するために配備された装甲車の後部座席に這って乗り込む姿はテレビ放送された。

この出来事は長期にわたって影響を及ぼした。やはりポル・ポトの新たな指導者グループのメンバーの一人であるソン・センはプノンペンに一週間早く到着しており、この示威行為が近々おこなわれるとの噂を聞いていたらしい。だが対策が講じられることはなかった。これは、疑い深いポル・ポトにソン・センの忠誠心に対する疑惑を抱かせた。まもなくポル・ポトは一九八〇年代後半に委譲した権限を取り戻し、クメール・ルージュの意志決定の直接支配を再開した。

これはフン・センの冷酷さを示す前兆でもあった。数ヶ月後にポル・ポトは、この若きライバルが自分と同じく手強く厳しい相手であるだけでなく、権力に対して自分以上に貪欲な存在であることを思い知ることになった。

これらの展開について話し合うために十二月十三日にパイリンで開かれた集会で、ポル・ポトは活動戦略を発表した。それはパリ協定の条件は引き続き順守するが、独自のやり方をとるというものだった。条件では、クメール・ルージュ兵は他の派閥と同様に、七割は解体されることとなっていたが、かれらは野営地で待機させる。そして一万人近い人々を、武器を保持する資格のある民間警察に仕立てる。活動においては村の「解放」にむけていっそう努力を強め、カンボジア人民党の長と地方の役人をクメール・ルージュ支持派の分子におきかえなければならない。これがパリ協定に違反することをポル・ポトはよく知っていた。しかしフン・センの政府も警察の武装解除を拒んだことを持ち出せば反論できた。フン・セン政府もやはり暴力と恫喝で地方の政敵を抑えていた。現実には、どの陣営もパリ協定をきっちり守るつもりはなかったのである。だがフン・センには大きな強みがあった

――シアヌークの支持だ。シアヌークはポル・ポトの支配を一度経験していた。だから、たとえベトナム傀儡政権と手を組もうとも、ポル・ポトにだけは二度と政権を握らせまいと決意していたのである。

一九九二年の二月に、ポル・ポトは危険に気づいた。クメール・ルージュが孤立してしまえば、国連と欧米勢力は「他の勢力を無理にでもプノンペンと手を組ませるだろう。そうすると欧米、ベトナム、フン・セン、FUNCINPECの同盟となり――中国、タイ（その他の）東南アジア諸国は、望むか否かにかかわらず、それを受け入れ（ざるをえなくな）る」とポル・ポトは仲間に警告した。そしてかれは、答えは両面政策――ある評者は「慎重な協力姿勢」と呼んだ――の採用にあると決断した。片面では、プノンペン政府が民主主義のゲームを展開する限り、民主カンプチア党も民主的ゲームを展開することを、外国と他の旧抵抗勢力二派に証明する。そして他方の面ではクメール・ルージュ活動が追いつめられればどう出るかを示すのである。これに沿って、クメール・ルージュ兵は停戦協定に数え切れないほど違反した。タイの難民をみずからが掌握する地域に強制送還しようと試み、国連の軍事査察官の査察許可を渋り――その一方で、和平プロセスに参加したいと願っていると国連に信じ込ませられる程度には規則に従ったのだ。

しかし六月になってキュー・サムファンは、クメール・ルージュ兵は武装解除しないと最高国民議会に報告した。ベトナム勢が完全に撤退していないというのがその口実だった。真実ではなかったが反証は不可能だったから、政治的には有意義だった。過去十年間にプノンペン政府の奨励で、およそ四十万人のベトナム人移住者がカンボジアに来ていた。目立つ少数派となったかれらの存在が、ベトナム兵が偽装して国内に残っているという考えに信憑性を与えていたのだ。

実際のところベトナム人がいるという主張は偽装工作だった。

クメール・ルージュにとっての深刻な問題は、国連がフン・セン政権の管理に失敗したことだった。平和維持活動の責任者を務める明石康は、パリ協定が求めた「中立的な政治環境」が構築されていないことを認めた。これは国連憲章が設けた制限のせいでもあった。国連憲章では兵士に「平和の執行者としてではなく平和の維持者として」行動することを求め、職員には問題に正面から向き合うのではなく、問題を避ける方法を探すことを求めている。その結果として、政治的な選択のかわりに官僚的なごまかしが使われた。夏がくる頃には、ポル・ポトは次の政府で少数派におさまること――ポル・ポトにとってパリ協定が定めた議会制プロセスの長所――さえも、現実的な目標なのか疑わしく思い始めていた。

武装解除しないという決断はクメール・ルージュの戦略に根本的な変化をもたらした。このときからクメール・ルージュはずっと対立的な立場をとり、プノンペン政府を制御するよう国連の暫定当局に圧力をかけ、その一方でパリ協定を完全に破って、武力掌握する地域を拡大した。この先クメール・ルージュが軍事的に協力するかどうかは、全陣営が求める国連による「中立的な政治環境」の構築如何にかかっていると明石は言われた。それから九ヶ月で状況はさらに悪化した。クメール・ルージュが時折ベトナム人移住者の虐殺をおこなうせいで、何万人もの人々が恐怖にかられて国境を越えて脱出した。フン・センのカンボジア人民党による政治的暴力も同様に続いていた。平和維持軍にはどちらも扱いきれなかった。

愛想をつかしたシアヌークは一九九三年の一月に北京に退去し、威嚇行為がやめられるまでは、国連ともプノンペン当局とも関わりを持たないと宣言した。「選挙をおこなう環境が一つも整っていない」とかれは言った――「一つも！」予定通り進めるという国連の主張は「ひどいお笑いぐさ」だった。

クメール・ルージュは選挙に参加する準備を進め、もう一つ新しい政体―カンボジア民族同盟党

――の設立を宣言してそこから候補者をたてることにした。だが武装解除を拒否したことによって、実際に候補者が出せるかどうか、ますます疑わしくなった。

ポル・ポトは三月末頃に、選挙をボイコットするというクメール・ルージュの決断を承認した。そして数日後にパイリンの司令部をアランヤプラテトの三〇キロ北東に位置するプノン・チャット（「傘の山」）というタイ国境の低い丘陵地に移した。まもなくキュー・サムファンも合流した。四月に入り選挙運動が始まろうというときになって、クメール・ルージュ代表団は不十分な警備を理由に、芝居がかった調子でプノンペンから撤退した。ふたたび違法行為に戻る構えを見せたクメール・ルージュに対して、いつもは冷静な明石が怒りをあらわにして警告した――クメール・ルージュは「非合法な立場へと危険な歩みを進めている。（中略）もはや党に特別な保護が与えられることも、機会が与えられることもない」。

クメール・ルージュはこの時点で、カルダモン山脈からプレア・ビヘアへタイ国境沿いに東に弧を描くかたちでカンボジア領土のおよそ五分の一（だが人口のわずか五パーセント）を掌握していた。かれらは資金を持っていた――国境をまたいでパイリンで採れる宝石とタイの会社が切った熱帯材を――国連による通商禁止令を無視して――取り引きし、年間数千万ドルを獲得していたのである。中国はもはや武器を供給していなかったが、武器庫にはソイ・ダオから国境地帯のカムリエン付近に運び込んだ大量の在庫があった。そして足りないものがあれば、タイ軍から入手できた。何より重要なのはタイ政府が、他のみんな同様にフン・センの政党が選挙に勝ち、プノンペンに親ベトナム政府が樹立されると考え、国境沿いにクメール・ルージュによる緩衝地帯を設けさせたほうが得だと判断していたことである。ソン・センはパイリンとマレイの中間に位置するオダに司令部を設置し、ヌオン・チェアはサムロット周辺を統轄した。この二人がいわゆる南部戦線を管理して、ポル・ポトとモクが北部を統率した。

つまり内戦が再開された場合、クメール・ルージュは戦闘に必要なあらゆるものを持っていたのだ――武器、資金、友好的な外国勢力の密かな支持である。

しかし一九九三年の六月に選挙の結果が開示されると、その見積もりに疑問が生じた。予想に反してラナリット王子率いるFUNCINPECが勝者となり、百二十議席のうち五十八議席を占めたのである。これに対してフン・センのカンボジア人民党は五十一議席だった。フン・センはこの結果を認めるのを拒み、熱心な駆け引きを繰り広げた。十日後にシアヌークがカンボジア風の解決法を与えた――カンボジアには二人の首相が立つことになったのだ。ラナリットとフン・センがともに連合政府を率いて、各省庁には現職者が一対ずつおかれることになった。

カンボジアの人々が選挙で望んだのはこんな代物ではなかった。だが二十八億ドルをつぎこみ、二万人の兵士と行政官を派遣して和平プロセスを監督してきた国連は、原理原則に基づく異を唱えたりして成功を危うくするつもりはなかった。フン・センは二度と忘れない教訓を学んだ――民主主義の原則をねじまげても、国際社会は手をこまねいてそっぽを向くというものだ。シアヌークは過去二十五年間の浮き沈みの中で最重要の目標としてきた王制復古という見返りを得て、王として迎えられた。

クメール・ルージュの状況も同じくらい妙なものだった。

代表はプノンペンに戻り、どうやって和平プロセスに戻るかについて会談が開かれた。だがこれと同時に新しいカンボジア国民軍――いまやフン・センの勢力だけでなくかつてのFUNCINPEC、ソン・サンの兵士も含んでいた――が、パリ協定以降クメール・ルージュが掌握していた地域を再度占領しようと軍事攻撃をしかけてきた。当初、この攻撃は大成功をおさめた。八月にプノン・

チャットが制圧され――ポル・ポトとキュー・サムファンをタイに逃げ込ませ――六ヶ月後にはアンロンベンとパイリンを制圧した。だが二頭体制の王室政府はこれらの地域を保持できず、次々とクメール・ルージュに奪回されてしまった。そして一九九四年の五月には、ソン・センの兵士らが管理する領土は、攻撃が始まった時点とほぼ同じになってしまった。

軍事的に問題を解決できなかったフン・センとラナリットは政治的圧力を試みた。六月には、プノンペンでの活動を止めるようにとの命令がクメール・ルージュに下された。この翌月、議会は満場一致でかれらを「違法」と断じる法案を通した。状況は一回転して元に戻った。ポル・ポトが一九六〇年代に立ち上げた反乱活動は、ふたたび反乱軍へと戻ったのだ。

平和は昔からクメール・ルージュ運動にとって役立つものではなかった。かれらが権力を握っていた一九七五年から七八年の三年間があまりにひどかったため、ほとんどのカンボジア人は二度とかれらに関わりたくないと考えていた。一九九一年から九四年のパリ協定以降の三年間は、クメール・ルージュの活動を内部から腐らせた。

二十五年にわたる戦争を経て、兵士らはすでにうんざりしていた。「かれらは家族とともに暮らして、子どもと農地の面倒を見たいと考えていた」と、ある連隊の司令官は振り返る。市場がふたたび開かれ、個人農業が再開された。行動的な村人は、のこぎりと牛牽きの荷車を入手してタイ人のために木材の切り出しを始めた。プノンペンのラジオ放送は享楽と退廃の気配を漂わせて気を引いた。これまでつねに活動の力となってきた厳しい国際管理は崩れ始めていた。一九八〇年代には年間三百人程度だった離脱者の人数が十倍に増加した。ポル・ポトが命じた選挙のボイコットさえも破られた。多くの地域でクメール・ルージュ司令官が、村人や兵士にまでFUNCINPECに投票することを許可した。長きにわたってポル・ポトの側近を務めたフィ・フオンはやや苦々しげに振り返る。

当時ほとんどの人々は闘い続けるのに反対でした。圧倒的多数が、パリ協定はカンボジアの最後のチャンスだと考えていたから、選挙に加わらないという決定はかれらに衝撃を与えたんです。多くの人は家族を故郷の村に帰すか、子どもをタイに留学させていた。それが今や、家族を呼び戻さなければ裏切り者とみなすと言われたんです。なぜポル・ポトは現状——わが陣営の人々が実際にどう考えているか——の把握で、ここまで深刻な間違いを犯せたのですかね？（中略）反対する者はすべて、イデオロギー的に遅れている、あるいは敵のプロパガンダの影響を受けていると非難されたからですよ。だからみんな口をつぐんだんです。

この話はまったく正しいというわけではなかった。ポル・ポトは人々の意向を十分に知っていた。かれの個人的な秘書であったケオ・ヤンは、闘争は終わったようだからパイリンに残って農業をしたいとポル・ポトに伝え、ポル・ポトはそれを許可した。数年前なら思いもつかない反応だった。だがポル・ポトが闘争を続ける意向を変えることはなかった。ロン・ナリンはのちに述べている。「武装闘争の再開がうまくいかないことは知っていたはずなんですが。なぜ再開しようとしたのか見当もつきません。でもとにかくそうしようとしたんです」

次の問題は、どうやって戦時統制を復活するかという点だった。一九七〇年代前半にしていたように、みんなに再び最貧農民を見習わせるというのがポル・ポトの出した答えだった。「自立統治」というかつてのスローガンがふたたび掲げられ、クメール・ルージュの村には、槌なしで鎌だけを描いた赤い旗がはためいた。いわゆる「農民化」という目的が軍の規律を高めるために設けられた。「後方地域の村がタイに木材を売って豊かになるのを、命をかけて闘う兵士が見たら意気消沈するだろう」と、ある幹部は説明した――「後方地域は前線を支えなければならない。野放しにはできないのだ」。

しかし後方地域の規律の強化は、国境を越えた貿易の停止を意味していた。そのためにポル・ポトは一九九四年の秋に自分を示す暗号「99」を記して、個人所有の輸送手段を没収する指令を出した。当初は国境を越えて木材を運ぶために使われる牛の牽く荷車と運搬車が対象だった。だがまもなく車とバイクも没収されて簡易倉庫におさめられた。新たな規則がさらに厳しく実施された地域もあれば、そうでない地域もあった。表面上は、新たな規則は受け入れられていた。「人々にはどうすることもできなかった」とある幹部は言う――「だってかれらは銃を持っていなかったからね」。だがクメール・ルージュの治める地域一帯には、農民の暗い怒りが深く根ざしていた。人々はもともと闘争を再開したくなかったのだ。二十年間の窮乏の末に初めて見えた繁栄のきざしは乱暴にもみ消された。「荷車は農民の生活そのものだった」とロン・ナリンは振り返る――「ポル・ポトはそれを奪った」。

プノン・チャットの陥落後、ポル・ポトはアンロンベンに移った。一九九四年の春にその基地も制圧されると、かれは北に一三キロのところでタイ国境と接するダングレク山脈の頂上のクバル・アンソンに退却した。

そこは理想的な環境だった。ポル・ポトの家は見渡す限り南に開けた平原に立つ高さ三百メートルの崖のふちに建っていた。煉瓦造りにセラミックタイル敷きで、浴室の建具はタイ製だった。夕方にかれが腰を下ろすテラスは鉄の手すりが備えられ、ツタに隠されていた。木からつるしたココナッツの殻には蘭が植えられていた。その下には岩造りの鉄の扉で封じられた地下室があり、文書と武器が格納されていた。屋内はフレンチ・コロニアル調で、ずっしりした肘掛け椅子と、ラタンと竹で作られた長椅子で簡素に整えられていた。

近くに建った伝統的なクメール風の木造の家に住むのはテプ・クナルだった。トゥールーズで博士号を取得した若いエンジニアで、ケオ・ヤンにかわるポル・ポトの私設秘書だ。そこから少し離れたところに他の人々の家が並んでいた——キュー・サムファン、政治に無関心な特権階級で、ティウン兄弟の中でただ一人クメール・ルージュ活動を支持していたティウン・ティウーン、そして四人の知識人——チャン・ヨウラン、イン・ソピープ、コル・ブンヘン、マク・ベン——である。かれらは選挙のために結成された短命なカンボジア民族同盟党の指導者でもあった。一九九四年の七月に、ポル・ポトはかれらをクメール・ルージュの領地を治める虚構の「政府」の大臣に任命したが、この政府はだれにも認められず、いつのまにか忘れられていった。

少し外側には、訪れた幹部用の宿泊所を備えた吹き抜けの集会所が地雷原で守られて建っていた。ポル・ポトが政治講習会を開く頻度は昔に比べると少なくなっていたが、講習会でのかれは相変わらず説得力があった。参加者の一人は次のように振り返る。

講習会から戻るたび、われわれはポル・ポトへの感謝と忠誠の念で満たされた。(中略)ポル・ポトは、初めて出席した人には特に強烈な印象を与えた。かならずまたやって来てもっと学びたいと思わせたのだ。(中略)教師としてのかれはすばらしかった。ユーモアのセンスと、相手に対する温かい心を持っていた。(中略)相手に自信を持たせたのだ。(中略)われわれはいつも、かれの説明と展望に啓発されたものだった。(中略)他の指導者たちでさえ、かれが活動の要であると感じていた。(中略)いつかかれが死んでしまったら代わりがいないと(われわれは)心配になった。

一九九四年、ポル・ポトは七十歳になろうとしていた。K－18が使われていた前年までは、トラトでタイ人医師からガンの経過観察の治療を受けることができた。だがクバル・アンソンではそれもできなかった。かれは心疾患も患っていた。ティウン・ティウーンの診断によると大動脈弁狭窄症だった。大動脈弁が正常に機能しなくなる鬱血性の病気である。欧米では、通常この病気の患者は心臓切開手術を受ける。だがポル・ポトの場合は長く放置しすぎたために、手術は無理だとティウン・ティウーンは言った。ポル・ポトはすでにトラトでも、呼吸するために酸素のシリンダーを必要とすることがあった。クバル・アンソンではさらに頻繁に酸素を必要とするようになり、翌年には軽い発作を起こして、視力低下と左下半身の麻痺をわずらった。

病状の悪化にともなって、ポル・ポトはさらに多くの時間を家族——特に当時八歳だった娘のシットと過ごすようになっていた。クメール語の読み書きを教え、彼女の好きな料理を作ってやった。あらゆる老人がそうであるように、かれも過去を振り返るようになった。イン・ソピープは、当時ポル・ポトがかれらを集会に呼んでは、午後にプノンペンで過ごした若い頃のことを語って聞かせたことを振り返っている。のちにポル・ポトは、アメリカの歴史学者デービッド・チャンドラーが書いた自分の伝記『ポル・ポト伝』のクメール語訳の抜粋をテプ・クナルに読ませた。まもなくかれはみずから自伝の口述を始めたが、書き取られたノートはその後行方不明になった。ポル・ポトはタイ人が持参したウイスキーかコニャックを飲み、子どもの頃に演奏を覚えて以来ずっと好んでいた伝統的なクメール音楽を聴いて時間を過ごした。「かれは細かなところまで聴きとっていました」と、側近の一人は振り返る——「音楽を聴きながら、演奏者の技量を批評したものです」。また、タイから新聞と雑誌を送らせていた。信じられないことにその中にはフランスの週刊誌『パリ・マッチ』もあった。ポル・ポトはイン・ソピープに、政治闘争が再開されたらクメール・ルージュも運動を普及させるために高級雑誌を出版する必要があるから関心を持っているのだと語った。本当のところはわからない。ポル・ポトが若かった頃、シアヌークを風刺してサン・テグジュペリの『星の王子さま』として描いた『パリ・マッチ』は、カンボジアで広く読まれていた。だが近代でもっとも急進的な革命運動の先細りの運命を山の隠れ家で握るポル・ポトが、一九九〇年代にこの雑誌のページを賑わしたロックスターと映画女優の火遊びやヨーロッパの王室の陰謀やフランスの政治家の不正の話を見てどう思ったのか、謎としか言いようがない。イエン・サリがかつて評したように「ポル・ポトは非常に複雑な性格だった」のだ。とはいえ年齢はかれを柔和にしなかったし、また本人とその活動の利害を超える道徳心をもたらすこともなかった。

一九九四年の九月に、幼い娘を溺愛するこの穏やかな老人は、夏にクメール・ルージュ勢力が列車を襲った際に捕らえられた三人のバックパッカーの若者——イギリス人、フランス人、オーストラリア人——の処刑を命じた。特にかれらを殺すべき理由はなかった。ただ、王室政府との交渉の中で、かれらを生かしておくに値する申し入れを引き出すことができなかったのだ。ポル・ポトは目標としての共産主義は捨てていたかもしれないが、かれの友と敵の境界線——生かしておくべき者と価値のない者の境界線は、相変わらず絶対的だった。

その冬、運命は迫りつつあった。運命の仲介者は、眼鏡をかけた勉強家の軍事司令官ソン・センだった。かれはその経歴の後半にポル・ポトに背信を疑われては、その後、後継者として取り立てられるという経験を交互にしていた。

ソン・センは「農民化」政策の適用にとりわけ熱心だった。前年の春の闘いの後にかれが司令部を移したマレイの数キロ南のサンポウロウンでは集団での食事が再開され、民間商業が廃止された。ソン・センの指示で、かつてツールスレンの尋問所でドッチの補佐を務めていたマム・ナイが、反抗的な農民に「再教育」を受けさせる拘置所を設立した。「再教育」は、まもなく一九七〇年代と同じ不吉な意味を持つことになった。行いを改めるのを拒んだおよそ四十人の人々が撲殺された。バッタンバンから三十キロ南西のバベルでは、政府の領土とクメール・ルージュの領土の間の中間地帯で青空市場を営んでいた商人集団も同じ目にあった。ソン・センはかれらをスパイとして逮捕するよう命令し、女性と幼い子どもを含めて五十二人が処刑された。

ソン・センのおもな部下であったパイリンのイ・チェアンと、マレイのソク・フェプの二人はこういったやり方に賛成しなかった。かれらは自分の治める地域では没収政策に本腰を入れず、ソン・センが戦線司令官の集会を招集しても欠席した。それから数年のうちに、三人の関係はますます緊迫していった。

その他の要因も、かれらの緊張関係に悪影響を及ぼした。パイリンとマレイは宝石と木材を扱うタイとの主要貿易地だった。地元司令官らは貿易の分け前を手放したがらなかったのだ。そして一九九五年に、フン・センとラナリットがクメール・ルージュを裏切りそうな人物と接触するために特別軍事委員会を設立した。何も起こらないまま、長い時間が過ぎた。だが一九九六年の二月になってアウラル山のクメール・ルージュ司令官が、部下を率いて離脱した。まもなくイ・チェアンとソク・フェプも、軍事委員会の副委員長を務めるFUNCINPECのネク・ブンチャイと話し合うためにひそかにチャンタブリに向かった。そこでかれらは、鞍替えすれば配下の兵士ともども特赦を受け、現在の管轄地の指揮権を維持できると聞かされた。これはシアヌークが半世紀前に使ったのと同じやり方だった。当時ダプ・チュオンやプト・チャイなどのイサラク離反者は王室軍に地位を得て、拠点とする地区を引き続き管理させてもらえた。基本的に合意に至ったものの、期限は設けられなかった。イ・チェアンとソク・フェプは、夏にチャンタブリで開かれた別の秘密集会に出席したが、このときはイエン・サリも一緒だった。パリ協定以来、すっかり立場を失っていたかれはこの計画に賛成した。

事態が山場を迎えたのは一九九六年の七月だった。ソン・センが、イ・チェアンが指令に従わないとポル・ポトに報告したのである。そしてモクが調査に派遣された。

だがモクは調停者ではなかった。ポル・ポトの側近の一人は次のように語っている――「かれは事態を収めに行ったのにかえって悪くしてしまったんです。（中略）モクは状況を悪化させる名人でした。思いついたことをそのまま口にして、悪態をついて人々を責める。思慮深い人間じゃなかったですね」。それからソン・センは兵を派遣した。クメール・ルージュのラジオはこれを、裏切り者による反乱を鎮圧するためと報道した。だがこの段階ではすでに兵たちは、フン・セン勢力と闘うことさえいやがった。まして内輪で殺し合うつもりはなかったのだ。そして大多数が反逆した。一九九六年の八月十五日にイエン・サリ、イ・チェアン、ソク・フェプがクメール・ルージュと袂を分かち、政府に協力する新たな政治活動を立ち上げたとの発表があった。サムロットからプノン・チャットにかけて国境の南側に残っていた基地のすべてがかれらの活動に加わった。イエン・サリは王から「何万人もの命に相当する善行」により特赦を受け、その後は非公式な総督としてパイリンとプノンペンで過ごすようになった。そしておよそ四千人――クメール・ルージュ勢力の半分近く――の兵士が王室軍に統合された。

イエン・サリの離脱は、クメール・ルージュに回復不能の打撃を与えた。

年末までにクメール・ルージュは国内のほぼすべての基地を失い、カンボジアの北の国境に沿った数百平方キロのジャングルに占める狭い領土に閉じこめられた。「われわれは罠にかかった魚のようなものだ」とポル・ポトは側近に話した――「このままではあまり長くはもたない」。

ポル・ポトは、前進のためには武装闘争から議会における闘争へと移行すべきだという結論に達した。だがそれは、三年前にかれが否定した方向性だった。当時であれば、優位性のある立場から実行できた――一九九三年当時なら、クメール・ルージュの活動はまだ無傷で国際的支持を得ており、クメール・ルージュが国の政治に参加するという発想にシアヌークやフン・センも、口先だけとはいえ賛同していた。だがいまやクメール・ルージュは弱い立場にあった――かれらの活動は違法とされていた。メンバーは急速に減り、先が見えたと悟ったタイは援助を中止していた。この頃には、パリ協定の履行を拒絶したのは重大な過ちだったことがポル・ポトにもわかっていたはずだ。だがこの件についての考えは、かれが口に出すことは一切なかった。

イエン・サリは裏切り者と非難され、中国からの援助の相当額を着服したと糾弾された。ヌオン・チェアとソン・センは南部の基地を失ったことを責められ、職務を剝奪されて「ミドルハウス」と呼ばれる山の中腹にある孤立した住居群に配属された。逮捕されたわけではなかったが、権力は失ってしまった。モクの指揮権はうばわれなかったが、かれも疑われていた。古参メンバーに裏切られたと感じたポル・ポトは、少なくなりつつあった取り巻きの中で若手を頼るようになった。一九九七年の二月におこなわれた大集会では、古くから師団司令官を務めていたサルーンとサンが地方で活動する「農民党」を率いる一方で、キュー・サムファンのほか若い知識人たちがクメール・ルージュ活動の議会においての顔となる「民族連帯党」を率いることが発表された。

すべてに絶望感が表れていた。ポル・ポトの健康は急速に悪化の一途をたどっていた。かれは毎日酸素が必要な状態で、鼻にチューブを固定して集会に出席していた。イン・ソピープはポル・ポトがこう語ったのを覚えている。「われわれは川を渡ろうとしている。わたしがきみたちを向こう岸に送り届けられたら、あとはきみたちだけでやっていける」

援助は思いがけないところからやってきた。

前年にイ・チェアンがネク・ブンチャイとの話し合いに応じようとしていた頃、FUNCINPECは党大会を開いていた。その席でラナリット王子は、自分の党にもっと権力が与えられないなら政府から脱退すると警告していたのだ。まもなくFUNCINPECの上層部の指導者らがひそかにコンポンソムに集まり、他の三つの小規模な政党——そのうち一つはサム・サリの息子のラインサイが率いていた——とともに、政府同盟を結成することを決めていた。そしてさらに重要なことには、クメール・ルージュと軍事同盟を結ぼうと決めたのだ。

これはそれほど突飛な話でもなかった。ラナリットの勢力とクメール・ルージュは一九八〇年代にプノンペン政府に対抗して同盟を結んでいたのだ。一度できたことは二度できる。しかしコンポンソムの集会の報せを聞いたフン・センは、連立政府の分裂は政治的に大きな代償を伴うとラナリットに警告した。そして本気だと示すために、一九九七年三月にサム・ラインサイの党員による反政府デモ鎮圧に警備隊を派遣した。かれらは手榴弾を使った——これは一九五〇年のユー・クースの暗殺以来、歴代政府が政敵に好んで用いてきた方法だった。四個の手榴弾が群衆の中に投げ込まれ、十五人死亡、多数の負傷者を出した。一方、クメール・ルージュに探りを入れるというラナリットの試みは出だしでつまずいた。離脱を促す政府運動の一環という名目でやってきたFUNCINPECの交渉団を乗せたヘリコプターがアンロンベンの頭上にそびえる山脈に着陸し、全員が拘束されたのだ。のちに着陸を許可したクメール・ルージュ司令官がポル・ポトへの報告を怠ったため、裏切りかと思ったポル・ポトが配下の兵を送り込んだことがわかった。交渉団はジャングルの軍事刑務所に使われた「トラの檻」と呼ばれる鉄製の独立した箱のような独房に捕らわれた。五ヶ月後に釈放されたとき、生きていたのは十五人のうちわずか四人だった。

この二つの出来事は当時の極端な緊張関係の表れだった。フン・センはあらゆる手段を用いてFUNCINPECとクメール・ルージュの同盟を阻止し、その過程でラナリットを抑えようとしていた。ポル・ポトはFUNCINPECとの提携を望んでいたが、交渉で他の指導者らがイエン・サリと同じ道をたどり、独自にフン・センと手打ちをすることにならないかと恐れていた。ラナリットだけが危険に気づいていなかった。その無頓着さは高くつくことになった。

一九九七年の五月十六日に、FUNCINPECの使者がポル・ポトの秘書のテプ・クナルに会いにバンコクから国境までやってきた。そしてキュー・サムファンの民族連帯党がFUNCINPECに加わり、統一戦線を組むことについて基本的な合意に達した。六月一日に、国境の三十キロ北に位置するスリン地方のプラサのタイ人司令官の家で、キュー・サムファンとラナリットは昼食を囲んで顔を合わせ、協定を確認した。キュー・サムファンはのちに、この話し合いの後で「ずっと待ち続けていたことがついに起こったと信じ始めた——議会への道が現実化しつつあった」と語っている。

この時点で、ラナリットは大きな過ちを犯した。FUNCINPECはキュー・サムファンに相談せずに、合意の一部としてポル・ポト、モク、ソン・センが追放されることになったと発表したのだ。この協定は選挙用の戦略ではなく、クメール・ルージュ「穏健派」を迎え入れ、強硬派とみなされる人々を追放して侵攻を終わらせる、国士らしい努力であるとカンボジア人に示すことが目的だった。実のところ、ラナリットは追放よりも良い方法を画策していた。ラナリットの同意を得て、ネク・ブンチャイはバンコクのアメリカ大使館所属の軍人と交渉していた。かれの説明によると、ポル・ポトを捕らえて、アンロンベンからおよそ二十キロ西のタイとカンボジアの国境沿いのタツムの基地に連れてくる計画だった。アメリカがタイ湾の軍艦からヘリコプターを派遣して、かれを乗せて戻ってくることになっていた。わたしの部隊は実際にタツムを出発したが、ポル・ポトのいた地域に行くにはタイの領土を通らなければならなかった——そして兵士たちが国境を越えるとすぐに、タイ軍の部隊が押し戻したのだ。国境のタイ軍との申し合わせは済ませてあり、かれらは協力する予定だった。だが一人の上級司令官が——チャオヴァリットの配下の者だ——バンコクからヘリコプターでやってきてその案に反対した。だからかれらはわれわれの兵を通らせなかったのだ。だが惜しかった——もう少しで成功するところだった。

ポル・ポトがこの計画をかぎつけたと信じる根拠はない。だが強制追放の話は明らかにかれを煩わせていた。六月七日にクメール・ルージュのラジオ放送は、交渉がおこなわれたことを公式に否定した。二日後にシアヌークはポル・ポトとモクの特赦はないとする声明を発表したが、ソン・センについては触れなかった。ソン・センはいまだにパイリンとマレイを失った責任を責められていた。二人の兄弟ニカンとソン・チュム——かつてクメール・ルージュ大使として北朝鮮を訪問した——の裏切りも、立場をまずくした。いくつかの出来事が重なって、ポル・ポトはソン・センの忠誠心を疑問視するようになった。シアヌークの——ソン・センは他と違うカテゴリーに属するかのような——発言が最後の一撃になったのだ。

真夜中頃にポル・ポトは師団の司令官であるサルーンを召喚し、ソン・センとその妻は裏切り者であると告げ、長年にわたって多くの仲間の殺害を示唆してきた破滅の言葉を口にした——「その処理を頼みたい」。朝早くにイン・ソピープは遠くで銃声がするのを聞いた。ソン・セン、ユン・ヤットほか、五歳の孫を含めた十三人の家族と取り巻きがサルーンの兵によって「ミドルハウス」で射殺された。ポル・ポトはのちに記者に対して、自分は「ソン・センと妻だけを殺すように」指示したと、まるでその殺害は許容されるかのように語った。そしてその他については「まちがい」だったと言った。

それはやりすぎた殺害だった。キュー・サムファンは忠実にそれを了承し、ヌオン・チェアは口を出さなかった。だがモクは、ソン・センが殺されたなら、だれひとり安全ではないと感じていた。

六月十一日に、モクは兵をアンロンベンの地区センターに集め、ポル・ポトはクメール・ルージュを裏切ったからその圧政を終わらせねばならないと話した。二十四時間後にモクの率いる勢力の前衛がクバル・アンソンに到着した。かれらはほとんど何の抵抗にもあわなかった。その日の午後、ポル・ポトの妻と十一歳の娘、そしてもう一人の子どもが二十人の護衛を連れて、山々の頂に沿って東に延びる未舗装の道を、プレア・ビヘアの古い寺院の建物群がある方に向かって歩き出した。ポル・ポトは歩ける状態ではなく、護衛たちが背負って運ばなければならなかった。イン・ソピープはかれらの逃避行を「まったくの修羅場だった。まとまっていなくて――混乱状態だった」と評している。

かれらはタイ空軍のL‐19偵察機に追跡されていた。二〜三日後のおそらく六月十五日に、護衛のうち数人が水を手に入れようと国境を越えてタイ人兵士に拘束され、数十万ドルの入ったリュックサックを背負っていたことが明らかになった。やがてポル・ポトの所在が判明したとき、かれは竹竿に吊したハンモックで運ばれていた。イン・ソピープは、翌朝サルーンの補佐のサンに会ったときのことを覚えている。「兄さん」サンは言った――「われわれの運動はもう終わりですね」。ソピープは答えに詰まったが、二人ともその通りだとわかっていた。

結果的に、クメール・ルージュの断末魔の苦しみはさらに二年間続くことになった。ポル・ポトはソン・センが死んだ「ミドルハウス」の近くの小さな小屋に軟禁された。キュー・サムファン、ヌオン・チェア、そしてポル・ポトの空想政府の「大臣」らはモクの庇護のもとに集まった。ラナリットとの話し合いはその後も続き、七月三日にクナルとブンチャイが協定に調印した三日後に、ラナリットとキュー・サムファンが調印して、活動の残党が公式にラナリットの新しい統一戦線に正式に統合された。

だがそれは実現しなかった。一九九七年の七月五日に、フン・センが軍事クーデターを起こし、大臣二人を含むFUNCINPECの関係者数十人を即刻処刑に処して、数百人を捕らえ、ラナリットは亡命した。かれの行動はパリ協定を無効にするもので、カンボジアに「民主主義」をもたらすという数十億ドル規模の国連の努力は、これであとかたもなく消え去った。欧米諸国は狼狽して目をそむけ、仕方ないといって既成事実を受け入れた。

七月末にポル・ポトと、なおかれに忠実だったサルーン、サン、コンの三人の司令官はタイの国境検問所付近の「ミドルハウス」から一キロ離れたサンナムで開かれた大衆集会に連行された。ここで運動の新指導部は、自由民主主義の概念に重きをおくことを厳かに宣言し、政権の座にあった間にポル・ポトが起こしたすべての惨事についてかれを非難した。クメール・ルージュ転向の証として一連の出来事を撮影するために招かれていたアメリカ人ジャーナリストのナテ・セイヤーには、この雰囲気がとても奇妙に思えた。

（かれは）木製の簡素な椅子に腰掛け、長い竹でできた杖とラタンのうちわを握りしめていた。（中略）この苦悩に満ちた老人は、弱々しい目を誰の上にも定めることなく、徹底的な最後の敗北の前に自分の生涯をかけた構想が崩れ去るのを見つめようとしていた。（中略）時折ポル・ポトは泣きそうな様子を見せたが（一方）三人の（拘束された）司令官らは、対称的に（中略）険悪で、ほぼ傲慢とも言える表情で冷ややかに（中略）演説者と群衆の目を見つめていた。かれらは恐れる様子もなかった。群衆は機械的ではあったが、この出来事を楽しみつつもかしこまっているように見えた。（だが）ポル・ポトを失脚させた人々（の多く）は敬意を払っていた。（中略）（かれらは）ほとんどやさしいと言っていい口調で、丁寧な言葉で退任させられた指導者について語った。（中略）（かれが退席する際には）まるで王族に対するかのように頭を垂れる人もあった。

ポル・ポトは終身刑を「宣告」され、三人の司令官は処刑された。

三ヶ月後に、モクはセイヤーがもう一度ポル・ポトに取材にこられるよう取り計らった。ポル・ポトが外国人ジャーナリストに会うのは過去十四年間でこれが初めてだった。

セイヤーはポル・ポトがゆっくりと死に向かいつつありながらも「おそろしいほど悔悟の念が見られない」ことに気づいた。かれは謝るべきことは何もないと言った――「わたしの判断力は明晰だ。（中略）わたしは年老いて、病にかかっている。（中略）政治的にも個人的にも、わたしの人生は終わりだ。（中略）クメールには老齢、病気、死についての格言がある。あと残るのは死だけで、その日がいつくるのかはわからない」。翌年の春に、モクはポル・ポトをさらに二人のジャーナリストに会わせた。おそらくかれがまだ生きていて、切り札として使えることを示すためだろう。

だが駆け引きの相手はもうだれもいなかった。ラナリットは権力を失っていたし、フン・センはどのみち崩壊しつつある運動に時間をつぎこむほど愚かではなかった。三月に、モクの配下の師団司令官の一人がアンロンベンの地区センターを掌握し、およそ千人のクメール・ルージュ兵とともに離脱した。ケ・ポクと、かつて中国への大使を務めたピク・チェンもこれに加わった。モク本人と、かれに忠実な残りの兵は山脈に退却した。四月十五日に政府軍が「ミドルハウス」からの砲撃が届く距離までやってくると、護衛らはタイ逃亡に備えてポル・ポトの髪を黒く染めた。その夜、ポル・ポトは就寝中に安らかに息を引き取った。死因は心不全だった。

訪れたジャーナリストが葬儀を見られるように、遺体は氷とホルムアルデヒドで保存された。タイの法医学専門家が指紋と髪のサンプルを採取し、歯の写真を撮った。アメリカ人の専門家の一人はおそらく鑑定目的で歯を一本採取することを望んだ。三日後にポル・ポトの妻と娘が仏式の葬儀をとりおこなった。遺体はごみと車のタイヤの上で火葬に付された。イン・ソピープを含め多くの人々は、この光景を「むかつく実に不快なもの」と感じた。イエン・サリのようにポル・ポトと決別した人間でさえ、その最後のみすぼらしさに衝撃を受けた。だがこれはポル・ポトの統治の犠牲になった百五十万のカンボジア人にもたらされた死と比較すれば、はるかに穏やかな死に方だった。モクは歯に衣着せなかった。かれはクメール人の記者に次のように話している。

ポル・ポトは熟したパパイヤ（が木から落ちるとき）のように死んだ。だれかが殺したわけでも、毒を盛ったわけでもない。もうあいつもおしまいだ。権力も権利もなく、牛糞に等しい。牛糞の方がまだあいつよりも重要だ。肥料に使えるんだから。

こうしてクメール・ルージュの時代は終わった。五月にラジオ局は放送をやめ、関係者らはタイの難民キャンプへ逃げた。ティウン・ティウーンとその家族、イン・ソピープ、チャン・ヨウランなど他の「大臣」らもこれに続いた。十月にテプ・クナルはポル・ポトの妻だったメアスを連れてマレイへ去り、そこで結婚して新しい生活を始めた。キュー・サムファンとヌオン・チェアは、十二月になってイエン・サリの庇護のもとに、パイリンに住むことを許された。モクは一九九九年の三月に捕らえられた。かつての指導部の中で、かれ一人が降伏を拒み、収監されて裁きを待つことになったのだった。

原注

＊1　イエン・サリは中国側が考えていたよりも、ニューヨークでの一件に深く関わっていた。シアヌークはのちに、かれを亡命させた最後のきっかけは北京からのメッセージだったと記している。それは安全保障理事会で演説したすぐ後に、イエン・サリがカンボジアの代表団を率いて国連総会に出席することを知らせ、シアヌークにイエン・サリの補佐として残るように提案してきたのだ。シアヌークはこの時点ですでにイエン・サリのことを心の底から激しく憎んでいた。そのような「忌み嫌われた人間」が自分の上に立とうとするのは「耐えられない尊厳の侵害」であったとシアヌークは書いている。これはおよそ三年前にシアヌークがクメール・ルージュ国家元首を辞任したきっかけと、まったく同じ種類の問題だった。当時もやはりイエン・サリが原因だった。

＊2　長期的に見ると、これは毛沢東の残したイデオロギーに忠実であろうとしていた華国鋒などの他の指導者たちと権力争いをしていた鄧小平の影響力を強めたという点で、さらに重要な効果を持っていた。二万人の死傷者を出したという中国軍の不十分な戦果は、鄧小平が数百人の左翼主義者を排除して、一九四〇年代以降初めて根本的な軍事政策の改革に乗り出すことを可能にした。

# 後記

およそ百年前、あるフランス人医師は、仲間の多くと同じようにカンボジア人の無気力ぶりに驚き、アンコール朝を築くことができた国家が「かつての時代の輝きを取り戻すことがいつの日かあるだろうか」と考えた。アンコールとその偉大さは、歴代のカンボジア政府にとって霊感でもあり、負担でもあった。世界最大にしてもっとも豪華な宗教建築であるアンコール寺院の建物群は、カンボジア人の能力を示すとともに、残酷にもその後の衰退を強調している。

国辱と、それが生みだす高等教育エリートの不満は、暴力的な革命を作るほぼ完璧なお膳立てだ。中国人、朝鮮人、ロシア人、ヒトラー下のドイツ人のすべてがこの道をたどった。カンボジアでは、それがクメール・ルージュを生んだのだ。

当の国々は各政権をまったく違ったやり方で評価してきた。ドイツ人はナチス主義を拒絶し、自分たちの文化における例外的なあるまじき逸脱とみなしている。中国人とロシア人は、毛沢東やスターリンを拒絶してはいない。暴君ではあったが、試練と国家再生のときに国民の願望の象徴となった始皇帝やイヴァン雷帝を認めているのと同じである。ポル・ポトはヒトラーのように国家を暗闇へ導いたが、一時はクメール人の多くが抱いていた過去の栄光を求める気持ちの真の代弁者でもあった。フランス人宣教師フランソワ・ポンショーは、ポル・ポトの立ち上げた革命を「クメール人のアイデンティティの爆発」と呼んだ。一九七八年に民主カンプチアを訪れたユーゴスラビアのジャーナリストも、同じ考えを示そうとして、カンボジアの共産主義者の行動を「それまで意見を聞き入れられたことがない物静かで内向的な人物が、突如として熱を込めて語り出した」ときと比較した。

クメール・ルージュは内気な状態から大量殺人へと大きく変化したのだ。

かれらが活動にかかげた暴力的なイデオロギーは、フランス革命とスターリンとレーニンから譲り受けたものだった。だがそのひどくいまわしい形式は、既存のクメール文化モデルに由来していた。クメール・ルージュが犯した残虐行為はすべて、いやそれ以上が、アンコール寺院の石の小壁に彫り込んだ装飾や、仏教の地獄を描いた絵、そして最近ではイサラクの行動の中にすでに存在している――ちょうど毛沢東が中国の先例に習ったのと同じように。クメール仏教協会のヨス・ハト・ケムカロは次のように主張している――「クメール・ルージュはカンボジア社会から生まれた。カンボジアの子である」。

ポル・ポト政権の冷酷さは、ある程度はカンボジアの歴史の圧倒的重みがもたらしたものだと言える。クメール・ルージュの嵐とそれに続く戦争が過去のこととなった現在でさえ、カンボジアの大部分の地方の生活は基本的に五世紀前から変わっていない。封建的な伝統による束縛は、一九七〇年代にはまだ厳しかった。カンボジアが豊かな近代国家になるのを妨げた主従関係と堕落という見えない枷を、シアヌークすら壊せなかった。ポル・ポトたちは、極端な方法でなければ変化は実現できないと感じたに違いない。カンボジアの存続がかかっているという考え方がその意志をさらに強固にしたのだ。窮鼠猫を噛むように、ポル・ポトは政策というものを死闘の一種と見ていたのである。それ以外の選択肢は食われることだった。

他の要素も多くあった。カンボジアでは悪事に対する制度的な抑制が弱い。法は権力者の言うなりだったし、それは現在も変わらない。上座部仏教の人間味を欠いた運命論は、審判をして罪人を地獄の業火でおびやかすキリスト教やイスラム教の擬人化された神ほどには、悪を阻む障壁を築かない。また、権力の魅力も作用していた。ポル・ポトはカンボジアの再興と、カンボジア人の心を自分ひとりの構想に合わせて鍛え直すという展望に惑わされたのだ。クメール・ルージュ社会は、つねに――女性から男性、あるいは非統治者から統治者に対する――絶対服従の原則を基盤にしてきた。クメール・ルージュの統治下において、命令は道理にかなうか否かにかかわらず、ためらいなく実行された。国家元首のキュー・サムファンからもっとも地位の低い兵士に至るまで、人々が疑いを持つことは想定されていなかったし、一般的にかれらが疑いを持つこともなかった。

これらはすべて事実だが、ややできすぎているとも言える。

クメール・ルージュの圧政を熱帯の異国の奇妙な封建的文化のせいにするのは、一握りの偏った指導者たちの個人的なゆがみのせいにするのと同じく簡単すぎるし、都合がよすぎる。国が背後についた悪は、民主主義の均衡が存在しない場所に栄えるものである。ポル・ポトのカンボジア、ヒトラーのドイツ、毛沢東の中国、スターリンのロシア――すべてがこれを例示している。

だが民主主義はモラルの崩壊を防ぎはするが、絶対に安全というわけではない。兵士がアルジェリアで大量殺戮をおこなった当時のフランスは民主主義だった。また、奴隷制を容認した当時のアメリカも民主主義だった。アメリカの奴隷所有者は自分たちの動産に対してポル・ポトほど残酷な扱いをしなかったかもしれないが、本質は同じだった。

悲しいことに――そして都合が悪いことに――悪とは、くくりだして分離できる独立した状況ではない。それは変動する価値の一部であり、善との間に大きなグレーゾーンを隔てた負の対なのである。

これはアメリカをはじめとする欧米諸国が、大虐殺の罪を適用してポル・ポト政権を特別な種類の正義を要する特殊事例にしようとした理由の一つでもある。ヌオン・チェア、イエン・サリ、キュー・サムファンらクメール・ルージュの指導者たちが罪を犯したことについて議論の余地はない。だがかれらを裁判にかけるなら、人道に反した罪に問うべきだ。かれらは有罪であるし、法的にも有罪宣告を受ける可能性がある。だが殺戮については無実だ。クメール・ルージュはクメール人、ベトナム人、チャム族など「国家的、民族的、人種的あるいは宗教的集団」を殲滅しようと試みたわけではなかった。かれらは人々を奴隷にしようと企んだのだ。その目的が崇高だと信じていたかどうかは無関係だ。このような取り組みが非常に大規模に、他に類のない野蛮さでおこなわれた場合、これは当然ながら「人道に反する罪」と呼ばれる。

しかしこの用語はきわめて語義が広い。欧米諸国にも、隠しておきたい秘密はあった。アメリカ軍のイラクにおける行動は（かつてのベトナムと同じく）民主主義の理想の実現のために実行された非人道的行為のリストをさらに長くしているだけだ。国際法廷の管轄は大虐殺のような例外的な犯罪に限定して「標準的な」政府の行動を監視下におくような領域にまで及ばせるべきではないと信じているのは、超国家的な正義に対する反感をとても強め、国民の手の届かないところでこれを拒絶してしまうアメリカだけではない。

カンボジアの場合に「大虐殺」という用語が広く受け入れられているのは、アジアの小国家においてなされたことの重大さが普通の言葉で伝えられる範囲を超えるものに思われるからだ。しかもそこには当初から政治的な口実が存在した。この用語を最初に使ったのはベトナム人で、一九七九年の春にかれらがツールスレンの尋問所を、巧妙にもベルゼン強制収容所のイメージを連想させる博物館に変えようとしていたときのことである。これは欧米の人々の意識下の罪と恐怖を呼び起こしたという点で、政治的に非常に有意義だった。アメリカも「大虐殺《ジェノサイド》」に利益を見いだした。「ベトナム戦争がなければクメール・ルージュもない」という方程式は単純だが、否定できない真実を表している。一九六〇年代と七〇年代のインドシナにおけるアメリカは、ポル・ポトに権力をもたらし、八〇年代の対ベトナム反乱軍に援助して存続させるという役割を果たした。ジョン・フォスター・ダレスがカンボジアの動向に関心を持ち始めてから五十年間、アメリカとカンボジアの関係は不幸なものだった。クリントン大統領の国務長官で、生存しているクメール・ルージュ指導者を裁判にかけるという国を挙げた取り組みを開始したマデリン・オルブライトなど当局の関係者は、大虐殺《ジェノサイド》というもっとも凶悪な罪でかれらを糾弾することはアメリカに栄誉をあつめ、道徳的な優位性をもたらすととらえた。

これは、ただの人気取りとみなされるべきではない。これまでもアメリカの外交政策には、つねに道徳的要素が存在してきた。百年前にイギリスが唯一の超大国であったときと同じように、アメリカは自国を「丘の上に輝く都市」と位置づけ、恵まれない人々に光をもたらす不変の真実の支持者とみなしているのである。

だが結局は、大虐殺を政治的な商品にする結果となってしまった。各外部機関や勢力がその利益にもっとも適したやり方でこれを利用するようになったのだ。

カンボジア人にとって、これは別に目新しい話ではなかった。何世紀にもわたってかれらの国家の運命は外国勢力の気まぐれに左右されてきた。そしてこの論理を唯一拒絶した統治者ポル・ポトは、さらにひどい災厄をもたらしたのだ。国際社会がカンボジアではなく自国のニーズに関心を向けて罪と罰の均衡をはかるのは、予想された結果だった。これが変わるという徴候も見られなかった。一九七七年のフン・センのクーデターはカンボジアの議会制民主主義の終焉の前兆となったが、諸外国はこれを黙認した。シンガポールのリー・クアンユー首相が淡々と述べたように「国連のさらなる作戦のために二十億米ドルかけたがる国はない」からだ。このとき以来プノンペンにある欧米諸国の大使館は、事を荒立てないようにとの指示を守ってきた。こうして現在の体制がすっかり堕落していることや、国に残る天然資源が権力者たちに奪われること、諸外国から集めた何十億ドルもの資金がかれらの個人口座に消えること——夫の愛人の体に硫酸をふりかけて傷つけた大臣の妻たちだけでなく、社会のあらゆるレベルに適用される——おとがめなしの文化が存在することが、残念だが避けられないこととみなされている。おとがめなしの文化の発端はカンボジア本国にあるかもしれないが、外国政府はそれを阻止するためにまったく手を講じていない。援助機関が毎年集まってカンボジアの発展のために五十〜六十億ドルの支援を誓う一方で、フン・センは来る年も自分の行動の後始末に心配せずに済んでいるのだ。

このような状況の中で、生き残っているクメール・ルージュの指導者たちを過去の罪に問うのは、現在の罪に対して何もしないことへの言い訳をもたらしてしまう。

この見地には複数の理由がある。現状維持はつねにもっとも簡単な選択肢だ。国際社会の関心にも限りがある。カンボジアはすでに正当な割当て以上の関心を受けてきた。少なくとも海外援助の一部はカンボジアの政治家の強欲な手をすり抜けて、実際に国民のためになるプロジェクトにこぼれ落ちている。そして腐敗した政府のてこ入れの正当化によく使われる主張だが、われわれがしなくても他のだれかがやる。

と言うのも、念のため書いておくと——現在のカンボジア政府は腐敗しているからだ。

カンボジアの最高権力者であるフン・センとチェア・シム議長の二人は、いずれも元クメール・ルージュだ。あまり感情的でない男として知られるリー・クアンユーですら「まったく無慈悲で冷酷で人間的な感情を持ち合わせていない」とかれらを評している。いずれもクメール・ルージュの過去を否認してはいない。ラナリットは罪を免れて名誉職についている。シアヌークは無力な象徴的存在になった。いずれにせよシアヌークの民主主義の信念は一貫したものではなかったし、ごく最近生まれたものでしかない。フン・センは恫喝と殺人を使って選挙を操作する技術のためシアヌークの「優等生」と評されている。そのやり口が年配のカンボジア人の多くに、シアヌークの議会に対する気まぐれきわまる態度を連想させるのだ。フン・センの統治は、ポル・ポト時代にカンボジアを包んだ恐怖と比較すれば確かにまだましだ。だが権威主義的な発想は基本的に変わっていないのだ。

　カンボジアの悪夢に関する責任の一端は外国勢力にあるが、主役を演じたのは地元の俳優だ。ポル・ポトはカンボジアの荒廃を築いた究極の設計者だった。だがかれや仲間が単独行動をしたわけではない。仏教指導者のヨス・ハト・ケムカロは「仏教僧を含む何百万ものカンボジア人が（かれらと）ともに活動した」と発言している。カンボジア最高にしてもっとも聡明な知的エリートの多くが、ポル・ポトの示した構想を受け入れたのだ。シアヌークにも、政権の座にあった間に正当な政治的敵対勢力が立つ可能性を封じた責任はある。のちに復讐と王制復興を求める思いにかられて、かれはポル・ポトと二度にわたって手を組んだ——クメール・ルージュの目的がまだ伏せられていた一九七〇年、そして二度目はかれらの罪が世間に知られていた十年後である。

　これもカンボジアの伝統である。歴史を通じてクメールの支配者は、国内の政敵を打倒するためには、国民に対する残虐行為を無視して、たいていはタイ人やベトナム人などの敵と手を組んできた。

　カンボジア人社会学者のロス・チャントラボットは次のように書いている——「アンコール朝の崩壊以来、クメール人たちは必然的な自己破壊や自己自殺のスパイラルに陥ってきた。（中略）われわれはこのプロセスのベクトルや（中略）隣国（勢力）に助力を求めた王子らの葛藤を知っている。（中略）いまだにわれわれはこの段階にある。だがさらに悪いことに、自己破壊のプロセスはいまやすっかりクメール人の一部になり、われわれを巻き込んできわめて異常な行動をとるよう命じている。（中略）クメール人は溺れかけた人のようなもので、そのあがきこそが溺れるのを早めているのである」。

この判断は厳しすぎる。過去数十年でカンボジア人は、こうむった苦難に見合うだけの回復力と、脅しに見合うだけの生き延びる意志を示してきた。だが無数の破片に砕けたあとで修復された陶器の花瓶のように、この国は脆弱だ。さらなる問題を起こすには力が足りない。

次に火の手があがるのは、どこか別のところになるだろう。

訳者略歴
一九六四年生
東京大学工学系研究科都市工学科修士課程修了
マサチューセッツ工科大学不動産センター修士課程修了
主要著書
『新教養としてのパソコン入門』（アスキー新書）、『新教養主義宣言』（河出文庫）、『山形道場』（イーストプレス）、『訳者解説　新教養主義リターンズ』（バジリコ）他
主要訳書
ロンボルグ『環境危機をあおってはいけない』（共訳、文藝春秋）、ポースト『戦争の経済学』（バジリコ）、『フランク・ロイド・ライトの現代建築講義』（白水社）、ショート『毛沢東　ある人生　上下』、サーヴィス『トロツキー　上下』（共訳、白水社）、クルーグマン『さっさと不況を終わらせろ』（早川書房）他

ポル・ポト
ある悪夢の歴史

二〇〇八年二月一〇日　第一刷発行
二〇一五年九月二〇日　第四刷発行

著　者　フィリップ・ショート
訳　者©　山《やま》形《がた》浩《ひろ》生《お》
発行者　及川直志
装丁者　岡本健＋
印刷所　株式会社三陽社
発行所　株式会社白水社
東京都千代田区神田小川町三の二四
電話　営業部〇三（三二九一）七八一一
編集部〇三（三二九一）七八二一
振替　〇〇一九〇-五-三三二二八
郵便番号　一〇一-〇〇五二
http://www.hakusuisha.co.jp
乱丁・落丁本は、送料小社負担にてお取り替えいたします。

株式会社松岳社

ISBN978-4-560-02627-4

Printed in Japan

# 注と出所

本書の相当部分は1次情報源、特に旧クメール・ルージュ運動メンバーたちとの数百時間におよぶインタビューに基づいている。対象は民主カンプチア国家元首キュー・サムファンや同外相イエン・サリから、護衛や調理人にまで及んだ。またフランスのエクサン•プロヴァンス、北京、ハノイ、モスクワ、パリ、プノンペンの国や党の文書館におさめられた中国語、クメール語、フランス語、ロシア語、ベトナム語の1次文献も多数参照している。そのねらいは、カンボジアの悪夢の物語をできる限り、被害者の立場だけからではなく、それを作り出した人々の観点から語ることだった。こうした試みは、過去4半世紀にわたってデービッド・チャンドラー、スティーブン・ヘダー、ベン・キアナン、セルジュ•ティオン、マイケル•ヴィッカリーのような歴史家によるクメール•ルージュとその先達に関する大量の研究なくしては不可能だったろう。他にも多くの人々が力を貸してくれた。以下の書誌はとても完全にはほど遠いものであり、何度も使われているので短縮形を作っておくほうが望ましい出所のメモ代わりの便覧と考えてほしい。それほど参照回数の多くない参考文献は、登場に応じて引用されている。ほとんどの資料は、そこに含まれている1次材料のために引用されている。少数の例外を除き、2次情報源に基づく分析などは、非常に有益な洞察を含むものであっても掲載していない。以下の注は引用のための出所を示すものであり、記述の根拠となっている参考文献や議論の概略を示すものである。完全な書誌や出所に関しては、anatomyofanightmare@wanadoo.fr にメールで請求すれば提供する。


Ablin, David A., and Hood, Marlowe (eds.), *The Cambodian Agony*, M. E. Sharpe, Armonk, NY, 1987 (***Agony***)

Allman,T.D., 'Anatomy of a Coup', Grant et al., *Widening War* 所収 (***Anatomy***)

Ang Chouléan, *Les êtres surnaturels dans la religion populaire khmère*, Cedoreck, Paris, 1986 (***Etres surnaturels***)

*Annotated Summary of Party History*, issued by the Eastern Zone Military-Political Service, 発行年無記載だが 1973, Jackson, *Rendezvous*, Appendix A に訳載 .

Ayres, David, 'The Khmer Rouge and education: beyond the discourse of destruction', *History of Education*, vol. 28, no. 2, 1999 (***Education***)

Becker, Elizabeth, *When the War Was Over: Cambodia and the Khmer Rouge Revolution*, Simon & Schuster, New York, 1986 (***When the War***)

Bektimirova, N.N., Dementiev, Yu. P., and Kobelev, E.V., *Noveishaya Istoriya Kampuchii*, Nauka, Moscow, 1989 (***Istoriya***)

*Bilan de Norodom Sihanouk pendant le Mandat Royal de 1952 à 1955*,発行年無記載、発行地無記載だが Phnom Penh, 1955 (***Bilan***)

Bizot, François, *Le Portail*, La Table Ronde, Paris, 2000, 邦訳ビゾ『カンボジア運命の門』(中原毅志訳、講談社、2002)

*Black Paper: Facts and Evidences of the Acts of Aggression and Annexation of Vietnam against Kampuchea*, Ministry of Foreign Affairs of Democratic Kampuchea, Sept. 1978（Group of Kampuchean Residents in America, New York によって再版）
Brown, David E., 'Exporting Insurgency: The Communists in Cambodia', in Zasloff and Goodman, *Conflict*（***Exporting Insurgency***）
Brown, MacAlister, and Zasloff, Joseph J., *Cambodia Confounds the Peacemakers, 1979-1998*, Cornell University Press, Ithaca, NY, 1998（***Cambodia Confounds***）
Bunchan Mol, *Kuk Niyobay*, Phnom Penh, 1971
――*Charek Khmer*, Editions Apsara, Paris, 発行日不明 .
Burchett, Wilfred, *Mekong Upstream*, Red River Publishing, Hanoi, 1957
――*The China Cambodia Vietnam Triangle*, Zed Books, London, 1981（***Triangle***）
Caldwell, Malcolm, and Lek Tan, *Cambodia in the Southeast Asian War*, Monthly Review Press, New York, 1973
Carney, Timothy M., *Communist Party Power in Kampuchea*（***Cambodia***）*: Documents and Dis-cussion*, Cornell University, Ithaca, NY, Jan. 1977（***Communist Party Power***）
Chanda, Nayan, *Brother Enemy: the War after the War*, Macmillan, New York, 1986
Chandler, David P., *The Tragedy of Cambodian History: Politics, War, and Revolution since 1945*, Yale University Press, New Haven, CT, 1991（***Tragedy***）
――*A History of Cambodia*, 2nd edn., Silkworm Books, Bangkok, 1993（***History***）
――*Facing the Cambodian Past: Selected Essays, 1971-1994*, Silkworm Books, Chiangmai, 1996（***Facing***）
――*Brother Number One*, Westview Press, Boulder, CO, 1999, 邦訳チャンドラー『ポル・ポト伝』（ただしポル・ポト死亡以前の旧版。山田寛訳、めこん、1994）（***Brother***）
――*Voices from S-21:Terror and History in Pol Pot's Secret Prison*, Silkworm Books, Bangkok, 2000, 邦訳チャンドラー『ポル・ポト死の監獄 S21―クメール・ルージュと大量虐殺』（山田寛訳、白揚社、2002）（***Voices***）
Chandler, David P., and Kiernan, Ben（eds.）, *Revolution and its Aftermath in Kampuchea: Eight Essays*, Yale University South-East Asia Studies, no. 25, New Haven, CT, 1983（***Aftermath***）
Chandler, David P., Kiernan, Ben, and Boua, Chanthou（eds.）, *Pol Pot Plans the Future*, Yale University Southeast Asia Studies, Monograph no. 33, New Haven, CT, 1988（***Pol Pot Plans***）
Chandler, David P., Kiernan, Ben, and Muy Hong Lim, *The Early Phases of Liberation in North-western Cambodia: Conversations with Peang Sophi*, Monash Working Paper no. 10, Clay-ton,Victoria, 1976（***Peang Sophi***）
Chhang Song, Buddhism under Pol Pot, 1996, 未刊行原稿（***Buddhism***）
CWIHP, *77 Conversations between Chinese and Foreign Leaders on the Wars in Indochina, 1964-1977*, ed. Odd Arne Westad, Chen Jian, Stein Tonnesson, Nguyen Vu Tung and James G. Hershberg, Woodrow Wilson Center Working Paper no. 22, Washington, DC, May 1998（***77 Conversations***）

Corfield, Justin, *Khmers Stand Up! A History of the Cambodian Government, 1970-1975*, Monash University, Clayton,Victoria, 1994 (***Stand Up!***)

Criddle, Joan D., and Teeda Butt Mam, *To Destroy You Is No Loss*, Atlantic Monthly Press, New York, 1987 (***Destroy***)

Deac, Wilfred P., *Road to the Killing Fields:The Cambodian War of 1970-1975*, Texas A & M University Press, College Station, TX, 1997 (***Road***)

Debré, François, *Cambodge: La Révolution de la Forêt*, Flammarion, Paris, 1976 (***Revolution***)

Delvert, Jean, *Le Paysan Cambodgien*, Mouton, Paris, 1961 (***Paysan***)

De Nike, Howard J., Quigley, John, and Robinson, Kenneth J. (eds.), *Genocide in Cambodia*, University of Pennsylvania Press, Philadelphia, 2000

Ebihara, May M., *Svay: A Khmer Village in Cambodia*, Columbia University PhD dissertation, 1968 (***Svay***)

——'Revolution and Reformulation in Kampuchean Village Culture', in Ablin and Hood, *Agony* (***Revolution and Reformulation***)

——'A Cambodian Village under the Khmer Rouge', in Kiernan, *Genocide and Democracy* (***Vil-lage***)

Ebihara, May M., Mortland, Carol A., and Ledgerwood, Judy (eds.), *Cambodian Culture since 1975: Homeland and Exile*, Cornell University Press, Ithaca, NY, 1994 (***Cambodian Culture***)

Edwards, Penny,'Ethnic Chinese in Cambodia', in *Interdisciplinary Research on Ethnic Groups in Cambodia*, Preah Sihanouk Raj Academy, Phnom Penh, 1996 (***Ethnic Chinese***)

Elliott, David W. P., Kiernan, Ben, Hy Van Luong, and Mahoney, Therese M. (eds.), *Indochina: Social and Cultural Change*, Keck Center for International and Strategic Studies, Claremont, CA, 1994 (***Indochina***)

Elliott, David W. P. (ed.), *The Third Indochina Conflict*, Westview Press, Boulder, CO, 1981

Engelbert, Thomas, and Goscha, Christopher E., *Falling out of Touch: A Study on Vietnamese Communist Policy Towards an Emerging Cambodian Communist Movement, 1930-1975*, Monash University, Clayton,Victoria, 1995 (***Falling***)

Evans, Grant, and Rowley, Kelvin, *Red Brotherhood at War: Indochina Since the Fall of Saigon*, Verso, London, 1984 (***Brotherhood***)

*Fiche d'étudiant*, Echols Collection, Cornell University Library

Forest, Alain, *Le Cambodge et la colonisation française: histoire d'une colonisation sans heurts* (*1897-1920*), L'Harmattan, Paris, 1980 (***Colonisation sans heurts***)

Furuta, Motoo (古田元夫), 'The Indochina Communist Party's division into Three Parties: Viet-namese Communist Policy towards Cambodia and Laos, 1948-51', in Furuta, Motoo (古田元夫) and Shiraishi, Takashi (白石隆), *Indochina in the 1940s and 1950s*, Cornell University South East Asia Programme, Ithaca, NY, 1979 (*Division*)

Gettleman and Kaplan, *Conflict in Indo-China: a reader on the widening war in Laos*

*and Cam-bodia*, Random House, New York, 1970（*Conflict*）
Ghosh, Amitav, *Dancing in Cambodia: At Large in Burma*, Ravi Dayal, New Delhi, 1998
Goscha, Christopher E., *Le Contexte Asiatique de la Guerre Franco-Vietnamienne: Réseaux, Relations et Economie*（*d'Août 1945 à Mai 1954*）, PhD thesis, Paris, 2000（**博士論文**）
Grant, Jonathan S., Moss, Laurence A. G., and Unger, Jonathan（eds.）, *Cambodia: The Widening War in Indochina*, Washington Square Press, New York, 1971（***Widening War***）
Haing Ngor, *A Cambodian Odyssey*, Macmillan, New York, 1987（***Odyssey***）
Heckman, Charles W., *The Phnom Penh Airlift: Confessions of a Pig Pilot in the early 1970s*, McFarland, Jefferson, NC, 1990（***Pig Pilot***）
Heder, Stephen, *Kampuchean Occupation and Resistance*, Chulalongkorn University Institute of Asian Studies, Bangkok, 1980（***Occupation***）
——'The Kampuchean-Vietnamese *Conflict*', Elliott, *Third Indochina Conflict* 所収（*Conflict*）
——'Kampuchea: From *Pol Pot to Pen Sovann* to the Villages', Khien Theeravit and Brown, *Indochina* 所収（***Pol Pot to Pen Sovann***）
——*Pol Pot and Khieu Samphân*, Centre of South-East Asian Studies, Monash University, Clay-ton, Victoria, 1991
Hinton, Alexander Laban,'Why Did You Kill? The Cambodian Genocide and the Dark Side of Face and Honor', *Journal of Asian Studies*, vol. 57, no. 1, Feb. 1998（***Why?***）
Ieng Sary, *Imprimé de la collection des documents sur le Cambodge*, Bibliothèque Militaire, Hanoi, 1979, Doc. 32（N442）/T724, 'Sur l'Histoire de la Lutte de notre peuple Cambodgien', イエン・サリとフランス共産党（マルクスレーニン主義）書記長ジャクとの会談、Phnom Penh, Sept. 9 and 15 1978,VA（***Talk with Jacquet***）
——'Interview with Adrian Maben', Pailin, Aug. 1999（***Maben* インタビュー**）
In Sopheap, *Khieu Samphân: aggrandi et réel*, 未刊行原稿
Institut Bouddhique, *La Vie du Paysan Khmer*, Phnom Penh, 1969（***Paysan Khmer***）
Ith Sarin, 'Life in the Bureaux of the Khmer Rouge', in Carney, *Communist Party Power*（***Bu-reaux***）
——'Nine months with the Maquis', Carney, *Communist Party Power* 所収（***Nine Months***）
Jackson, Karl D., 'Cambodia 1978: War, Pillage and Purge in Democratic Kampuchea', *Asian Survey*, 1979（***Cambodia 1978***）
Jackson, Karl D.（ed.）, *Cambodia, 1975-1978: Rendezvous with Death*, Princeton University Press, NJ, 1989（***Rendezvous***）
Jennar, Raoul, *Les Clés du Cambodge*, Maisonneuve and Larose, Paris, 1995（***Clés***）
*Kampuchea Dossier*, vols. 1-3, Vietnam Courier, Hanoi, 1978-9
Ke Pauk, 'Autobiography of a Mass Murderer', *Phnom Penh Post*, Mar. 1-14 2002（**自**

伝）
Khien Theeravit and Brown, MacAlister（eds.）, Indochina and Problems of Security and Stability in South-East Asia, Chulalongkorn University Press, Bangkok, 1983（***Indochina***）
*Khieu Samphân*, *Cambodia's Economy and Industrial Development*, Laura Summers 訳、Cornell University, Ithaca, NY, Data Paper 111, Mar. 1979（**博士論文**）
Khin Sok, *Le Cambodge entre le Siam et le Vietnam*, Ecole Française d'Extrême-Orient, Paris, 1991（***Cambodge***）
Khing Hocdy, *Ecrivains et Expressions Littéraires du Cambodge au 20ème Siècle*, L'Harmattan, Paris, 1993（***Ecrivains***）
*Khmer Armed Resistance*, Khmer Peace Committee, 発行地無記載だが北京、Oct. 1952
Kiernan, Ben, *The Samlaut Rébellion and its Aftermath, 1967-70: The Origins of Cambodia's Liberation Movement*, University of New South Wales, 1975（***Samlaut***）
——'*Origins* of Khmer Communism', *South-East Asian Affairs*, 1981（***Origins***）
——*Cambodia: the Eastern Zone Massacres*, Center for the Study of Human Rights, Columbia University, NYC, 発行年無記載.（***Eastern Zone Massacres***）
——'Pol Pot and the Kampuchean Communist Movement', Kiernan and Boua, *Peasants and Politics* 所収（***Communist Movement***）
——'Wild Chickens, Farm Chickens and Cormorants: Kampuchea's Eastern Zone under Pol Pot', in Chandler and Kiernan, *Aftermath*（***Chickens***）
——*How Pol Pot Came to Power*, Verso, London, 1985（***How Pol Pot***）
——'Kampuchea's Ethnic Chinese Under Pol Pot:A Case of Systematic Social Discrimination', *JCA*, vol. 16, 1986（***Chinese***）
——'Rural Reorganization in Democratic Kampuchea: The North-West Zone, 1975-1977', in El-liott et al., *Indochina*（***Rural Reorganization***）
——*The Pol Pot Regime: Race, Power and Genocide in Cambodia under the Khmer Rouge, 1975-79*, Yale University Press, New Haven, CT, 1996（***Regime***）
Kiernan, Ben（ed.）, *Genocide and Democracy in Cambodia*, Yale University Press, New Haven, CT, 1993（***Genocide and Democracy***）
Kiernan, Ben and Chanthou Boua（eds.）, *Peasants and Politics in Kampuchea, 1942-1981*, Zed Press, London, 1982（***Peasants and Politics***）
Kirk, Donald, 'Revolution and Political Violence in Cambodia, 1970-1974', in Zasloff, Joseph J., and Brown, MacAlister, *Communism in Indochina: New Perspectives*, Lexington Books, Lexington, MA, 1975（***Revolution***）
Kropotkin, Pëtr Alekséevitch, *La Grande Révolution, 1789-1793*, Stock, Paris, 1909
Lancaster, Donald, 'The Decline of Prince Sihanouk's Regime', in Zasloff and Goodman, *Conflict*（***Decline***）
Laurent, Maurice, *L'Armée au Cambodge et dans les pays en voie de développement du sud-est asiatique*, Presses Universitaires de France, Paris, 1968（***Armée***）
Lee Kwan Yew, *From Third World to First: The Singapore Story, 1965-2000*, Harper-

Collins, New York, 2000, 邦訳リー『リー・クアンユー回顧録——ザ・シンガポールストーリー』(上下巻、小牧利寿訳、日本経済新聞社、2000)(『回顧録』)
Locard, Henri, *Le Petit Livre Rouge des Khmers Rouges*, L'Harmattan, Paris, 1996 (***Petit Livre Rouge***)
Mabbett, Ian, and Chandler, David P., *The Khmers*, Blackwell, Oxford, 1995
Mamm, Kalyanee E., *An Oral History of Family Life under the Khmer Rouge*, Working Paper GS 10, Yale University, 1999 (***Family Life***)
Mao Zedong,'On New Democracy', in *Selected Works*, vol. 2, Foreign Languages Press, Beijing, 1967, 邦訳毛『新民主主義論』(邦訳多数)
——'Some Questions concerning Methods of Leadership', in *Selected Works*, vol. 3, Foreign Lan-guages Press, Beijing, 1967 (***Some Questions***)
Martin, Marie Alexandrine, 'L'Industrie dans le Kampuchéa Démocratique (***1975-1978***) ', *Etudes Rurales*, Paris, nos. 89-91, Jan.-Sept. 1983 (***Industrie***)
——'La riziculture et la maîtrise de l'eau dans le Kampuchéa Démocratique', *Etudes Rurales*, no. 83, July-Sept. 1981 (***Riziculture***)
——'Le Gouvernement de Coalition du Kampuchéa Démocratique: Historique, Bilan et Perspec-tives', *Bulletin de l'ASEMI*, vol. 13, nos. 1-4, 1982 (***Gouvernement***)
——'La Politique Alimentaire des Khmers Rouges', *Etudes Rurales*, nos. 99-100, July-Dec. 1985 (***Alimentaire***)
——*Cambodia: A Shattered Society*, University of California Press, Berkeley, CA, 1994 (***Shat-tered***)
——*Les Khmers Daeum: 'Khmers de l'Origine'*, Presses de l'Ecole Française d'Extrême-Orient, Paris, 1997 (***Khmers Daeum***)
Meyer, Charles, *Derrière le Sourire Khmer*, Plon, Paris, 1971 (***Sourire***)
*Migot*, André, *Les Khmers*, Livre Contemporain, Paris, 1960 Mok, interview with Nate Thayer, Anlong Veng, 1997 (***Thayer*** インタビュー)
Morris, Stephen J., *Why Vietnam Invaded Cambodia*, Stanford University Press, CA, 1999 (***Why Vietnam***)
Mosyakov, Dmitri, *The Khmer Rouge and the Vietnamese Communists: A History of their rela-tions as told in the Soviet archives*, Yale University, New Haven, CT, 2000 (***Khmer Rouge***)
Nuon Chea,'Statement of the Communist Party of Kampuchea to the Communist Workers Party of Denmark', July 30-31 1978, in *Journal of Communist Studies*, vol. 3, 1987 (***Statement***)
Ong Thong Hoeung, *Récit d'une Illusion*, 未刊行原稿 . (***Récit***). 改訂版 2003 (*J'ai cru au khmers rouges: Retour sur une Illusion*, Buchet-Chastel, Paris)
Osborne, Milton, *Sihanouk: Prince of Light, Prince of Darkness*, University of Hawaii Press, Honolulu, 1994 (***Prince of Light***). 邦訳オズボーン『シハヌーク——悲劇のカンボジア現代史』(小倉貞男訳、岩波書店、1996)
——*Politics and Power in Cambodia] The Sihanouk Years*, Longman, Sydney, 1973 (***Politics and Power***)

——*Before Kampuchea: Preludes to Tragedy*, Allen & Unwin, London, 1979（***Before Kampuchea***）
Pannetier, Adrien, *Notes Cambodgiennes: Au Coeur du Pays Khmer*, Payot, Paris, 1921
Peschoux, Christophe, *Les 'Nouveaux' Khmers Rouges: Enquête, 1979-1990*, L'Harmattan, Paris, 1992
Phillips, Herbert P.,'Social Contact versus Social Promise in a Siamese Village', in Potter, Jack M., Diaz, May N., and Foster, George M., *Peasant Society*, Little Brown, Boston, 1967, pp. 348-9（***Social Contact***）
Picq, Laurence, *Beyond the Horizon: Five Years with the Khmer Rouge*, St Martin's Press, New York, 1989（***Horizon***）
——刊行されたフランス語版（*Au delà du Ciel*）と英語版（*Horizon*）の元となった未修正タイプ原稿（***タイプ原稿***）
Pin Yathay, *Stay Alive, My Son*, Macmillan, New York, 1987（***Stay Alive***）
Pol Pot, 'Interview with Tran Thanh Xuan, Vice-Director of the Vietnam News Agency', July 20 1976, *JCA*, vol. 7, 1977,pp. 418-22（***Tran Thanh Xuan* インタビュー**）
——'The Party's Four-Year Plan to Build Socialism in All Fields, 1977-1980', July-Aug. 1976, in Chandler et al., *Pol Pot Plans*（***Four-Year Plan***）
——'Preliminary Explanation Before Reading the Plan, by the Party Secretary', Aug. 21 1976, in Chandler et al., *Pol Pot Plans*（***Preliminary Explanation***）
——'Summary of the Results of the 1976 Study Session'（日付なしだが 1976 年秋）in Chandler et al., *Pol Pot Plans*（***Study Session***）
——'Report of Activities of the Party Center According to the General Political Tasks of 1976', Dec. 20 1976, in Chandler et al., *Pol Pot Plans*（***Report***）
——'Abbreviated Lesson on the *History* of the Kampuchean Revolutionary Movement Led by the Communist party of Kampuchea'（日付無記載だが 1977 年初期）in Chandler et al., *Pol Pot Plans*（***Abbreviated Lesson***）
——'Pol Pot présente les expériences du Cambodge a Khamtan, Secrétaire-général du PC Thailandais', Aug. 1977, Doc. 32（N442）/TVN 7808, VA（***Talk with Khamtan***）
——'Statement by the CPK Secretary at 27th September [1977] mass meeting in Phnom Penh marking the CPK's 17th anniversary', BBC SWB FE/5629/C2/ 1-9, 5631/C2/1-6 and 5632/C/1-7（***9/27* 演説**）
——'Interview with Yugoslav Journalists', Radio Phnom Penh, Mar. 20 1978, in *JCA*, vol. 8, 1978, pp. 413-21（***Yugoslav* インタビュー**）
——「蔡錫梅によるインタビュー」May 1984（**蔡インタビュー**）
——'Interview with Nate Thayer', Anlong Veng, 1997（***Thayer* インタビュー**）
Ponchaud, François, 'Cambodge Libéré', *Echange France-Asie*, no. 13, Jan. 1976（***EFA 13***）
——'Le Kampuchéa Démocratique: Une Révolution Radicale', *Exchange France-Asie*, no. 17, May 1976（***EFA 17***）
——Cambodia:*Year Zero*, Holt, Rinehart & Winston, New York, 1978, 邦訳ポンシ

ョー『カンボジア・ゼロ年』(北畠霞訳、連合出版、1986)(***Year Zero***)
——'Vietnam-Cambodge: Une Solidarité Militante Fragile', in *Temps Modernes*, vol. 35, Jan.-Mar. 1980 (***Vietnam-Cambodge***)
——*La Cathédrale de la Rizière*, Fayard, Paris, 1990 (***Cathédrale***)
Porter, Gareth,'Vietnamese Communist Policy towards Kampuchea, 1930-70', in Chandler and Kiernan, *Aftermath* (***Vietnamese Policy***)
—— 'Vietnamese Policy and the Indochina Crisis', in Elliott, *Third Indochina Conflict* (***Crisis***)
Prasso, Sherry, *Violence, Ethnicity and Ethnic Cleansing*, Department of Social Anthropology, Cambridge University, May 1995
Puangthong Rungswasdisab, *Thailand's Response to the Cambodian Genocide*, Yale Center for International and Area Studies, Working Paper GS12, New Haven, CT, 1999
Qiang Zhai, *China and the Vietnam Wars: 1950-1975*, University of North Carolina Press, Chapel Hill, NC, 2000 (***Vietnam Wars***)
Quinn, Kenneth M.,'The Khmer Krahom Program to Create a Communist Society in Southern Cambodia', Airgram A-008, American Consulate, Can Tho, to US Department of State, Feb. 20 1974 (***Khmer Krahom Program***)
——'*Political Change* in Wartime: the Khmer Krahom Revolution in Southern Cambodia', in *Naval War College Review*, Spring 1976,pp. 3-31 (***Political Change***)
*Reddi*,V. M., *A History of the Cambodian Independence Movement, 1863-1955*, Sri Venkateswara University Press,Tirupati, 1970
*Robequain*, Charles, *The Economic Development of French Indo-China*, OUP, Oxford, 1944
Ros Chantrabot, *La République Khmère* (*1970-1975*), L'Harmattan, Paris, 1993
Ross, Robert S., *Indochina Tangle*, Columbia University Press, New York, 1988 (***Tangle***)
Schanberg, Sydney H., *The Death and Life of Dith Pran*, Elizabeth Sifton Books, New York, 1985 (***Death and Life***)
Schier, Peter, and Oum-Schier, Manola, *Prince Sihanouk on Cambodia*, 2nd edn., Mitteilungen des Instituts für Asienkunde,Hamburg, 1985 (***Sihanouk***)
Shawcross, William, *Sideshow: Nixon, Kissinger and the Destruction of Cambodia*, Hogarth Press, London, 1991 (***Sideshow***)
——*The Quality of Mercy*, Simon & Schuster, New York, 1984 (***Quality***)
Sher, Sacha, *Le Parcours Politique des Khmers Rouges: Projet et Pratiques, 1945-1978*, 博士論文 , University of Paris X, Nanterre (草稿日付 2001)(**博士論文**). この改訂版が異なるページ割りで 2002/9 に刊行。その後最初の部分は以下の書籍として刊行された—— *Le Kampuchéa des Khmers Rouges: Essai de comprehension d'une tentative de révolution*, L'Harmattan, Paris, 2004
Short, Philip, *The Dragon and the Bear*, Hodder & Stoughton, London, 1982 (***Dragon***)
——Mao: *A Life*, Henry Holt, New York, 2000 (***Mao***)

Sihanouk, Prince Norodom, *Paroles de Samdech Preah Norodom Sihanouk*, Ministère de l'Information, Phnom Penh, 1964-1967（***Paroles***）
——*L'Indochine Vue de Pékin: Entretiens avec Jean Lacouture*, Le Seuil, Paris, 1972（***Indochine***）
——*My War with the CIA: Cambodia's Fight for Survival*（as related to Wilfred Burchett）, Pen-guin, Harmondsworth, 1973（***My War***）
——*Le Calice jusqu'à la Lie*（**English version**）, タイプ原稿 , 1980（***Calice***）
——*War and Hope: The Case for Cambodia*, Random House, New York, 1980（***War and Hope***）
——*Souvenirs Doux et Amers*, Hachette, Paris, 1981（***Souvenirs***）
——*Prisonnier des Khmers Rouges*, Hachette, Paris, 1986, 邦訳シアヌーク『シアヌーク最後の賭け』（河出書房新社）（***Prisonnier***）
——*Sihanouk Reminisces: World Leaders I Have Known*, Duong Kamol Publishing, Bangkok, 1990, 邦訳シアヌーク『私の国際交遊録——現代のカリスマとリーダーシップ』（仙名紀訳、恒文社、1990）（*World Leaders*）
Smith, Frank D., *Interpretive Accounts of the Khmer Rouge Years*, Center for Southeast Asian Studies, Madison, WI, 1989（***Interpretive Accounts***）
Snepp, Frank, *Decent Interval*, Random House, New York, 1977
Somboon Suksamran, 'Buddhism, Political Authority and Legitimacy in Thailand and Cambo-dia', in Ling,Trevor（ed.）, *Buddhist Trends in South-East Asia*, Institute of South-East Asian Studies, Singapore, 1993（***Buddhism***）
Someth May, *Cambodian Witness*, Faber and Faber, London, 1986
Stalin, Josef V., *Histoire du Parti Communiste*（*Bolchévik*）*de l'URSS: Précis Redigé par une Commission du CC du PC*（*b*）*de l'URSS, approuvé par le CC du PC*（*b*）*de l'URSS*, 1938, Moscow, Editions de Langues Etrangères, 1949,（***Histoire***）
Stanic, Slavko, 'Kampuchea: Socialism without a Model', *Socialist Thought and Practice*, Bel-grade, vol. 18, no. 10, 1984（***Without a Model***）
Stuart-Fox, Martin, and Ung, Bunheang, *The Murderous Revolution*, Alternative Publishing Cooperative, Chippendale, NSW, 1986
Swain, Jon, *River of Time*, Heinemann, London, 1995（***River***）
Szymusiak, Molyda, *The Stones Cry Out: A Cambodian Childhood, 1975-1980*, Hill & Wang, New York（***Stones***）
Thierry, Jean-Pierre, *Vergès et Vergès*, JC Lattès, Paris, 2000
Thierry, Solange, *Le Cambodge des Contes*, L'Harmattan, Paris, 1985
Thion, Serge, 'The Pattern of Cambodian Politics', in Kiernan, *Genocide and Democracy*（***Pattern***）
Thompson,Ashley, *The Calling of the Souls: A Study of the Khmer Ritual Hau Bralin*, Monash University, Clayton,Victoria, 1996（***Calling***）
Truong Nhu Tang, *A Viet Cong Memoir*, Vintage Books, New York, 1985（***Memoir***）
Vandy Kaonn, *Cambodge: 1940-1991*, L'Harmattan, Paris, 1993（***Cambodge***）
——*Cambodge: La Nuit Sera Longue*, Editions Apsara, Paris, 1996（***La Nuit***）
Vann Nath, *A Cambodian Prison Portrait: One Year in the Khmer Rouge's S-21*, White

Lotus Press, Bangkok, 1998（***Portrait***）
*Vergès*, Jacques, *Le Salaud Lumineux*, Michel Lafon, Paris, 1994（***Salaud***）
Vickery, Michael, 'Looking Back at Cambodia [1945-1974]', in Kiernan and Boua, *Peasants and Politics*（***Looking Back***）
――'Democratic Kampuchea: Themes and Variations', in Chandler and Kiernan, *Aftermath*（***Themes***）
――*Kampuchea: Politics, Economics and Society*, Frances Pinter, London, 1986（***Kampuchea***）
――*Cambodia, 1975-1982*, Silkworm Books, Chiangmai, 1999（***Cambodia***）
Y Phandara, *Retour à Phnom Penh*, Métailié, Paris, 1982
Yi Tan Kim Pho, *Le Cambodge des Khmers Rouges: chronique de la vie quotidienne*（*avec Ida Simon-Barouh*）, L'Harmattan, Paris, 1990（***Cambodge***）
Yun Shui, 'An Account of Chinese Diplomats Accompanying the Government of Democratic Kam-puchea's Move to the Cardamom Mountains', in *Critical Asian Studies*, vol. 34, no. 4, 2002, pp. 497-519（***Diplomats***）
Zasloff, Joseph J., and Goodman, Allan E., *Indochina in Conflict: A Political Assessment*, Lex-ington Books, Lexington,MA,1972（***Conflict***）

自白調書は、断りがない限りプノンペンのツールスレン書庫からのもの。また他の略語は以下の通り。

CPK　カンプチア共産党（Communist Party of Kampuchea）
FUNK　カンプチア統一戦線（National United Front of Kampuchea）
GRUNC　王国民族連合政府（Royal Government of National Unity of Cambodia）
ICP　インドシナ共産党（Indochinese Communist Party）
PRPK　クメール人民革命党（後にカンプチア人民革命党）
VWP　ベトナム労働者党
AOM　Archives d'Outremer, エクサン・プロヴァンス
ASEMI　Asie du Sud-est et le Monde Insulindien
BBC SWB　BBC 世界放送概要（British Broadcasting Corporation Summary of World Broadcasts）
*BCAS*　Bulletin of Concerned Asian Scholars
CWIHP　冷戦国際史プロジェクト（Cold War International History Project）
DC-Cam　カンボジア記録センター、プノンペン
EMIFT　Etat-Major Interarmes des Forces Terrestres en Indochine
*JCA*　Journal of Contemporary Asia
MAE　フランス外務省
QD　パリ、仏外務省文書館
*RC*　Réalités Cambodgiennes
SDECE　Service de Documentation Extérieur et de Contre-Espionnage
SHAT　Service Historique de l'Armée de Terre, Vincennes
VA　ベトナム文書館（ハノイ）

## 序文

頁

13 その知らせが～言葉だった　Ieng Sary インタビュー（プノンペン、2000/11/30, 2001/3/9, 11/12）。Nayan Chanda によれば、サリは 1980 年インタビューで、プノンペン陥落数日前にはクアン・トリ地域にいて、ホーチミン・ルートをたどってカンボジアに入ろうとしていたが、そこで 4 月 12 日のアメリカ大使館引き揚げのしらせを聞いてハノイに戻ることにしたと述べている（*Brother Enemy*, p. 12）。

13 常任委員会の六人　1975 年 4 月の時点では、書記サロト・サル（ポル）、副書記ヌオン・チェア、ソー・ピム、イエン・サリ、ロス・ニム、ボン・ベトだった。ソン・センは交代用委員だった。

14 数時間後、満面に笑みを～受け入れられた　Ieng Sary インタビュー。

14 カンボジア首都への～戦ったことはない　Chanda, *Brother Enemy*, p. 73 参照。

15 五十万トン以上の　Shawcross, *Sideshow*, p. 297.

15 理想郷の構想の残骸　Ieng Sary インタビュー。In Sopheap インタビュー（パイリン、2000/9/21, 22, 2001/3/15, 16, 19, 21, 24）。

15 クメール・ルージュの村長　Sok インタビュー（ラスマク、2001/12/18）。

16 秘密を維持できたら　Mey Mak インタビュー（パイリン、2000/6/25, 9/20, 21. 2001/3/13-17）。

16 北京で毛沢東に会っている　とはいえ毛沢東に会ったカンボジア共産主義者はキュー・サムファンが初めてではない。ケオ・メアスは 1952 年 11 月 24 日に、北京でのアジア平和会議でカンボジア代表として毛主席と会っている。

16 たとえばヌオン・チュアは～いなかっただろう　1973 年初頭にクメール・ルージュ指導部のほぼ完璧な名簿を持ってロン・ノル政府に寝返った Ith Sarin ですら、ヌオン・チェアの名前を聞いたこともなかった（*Bureaux*, p. 44）。またサロト・サルがポル・ポトだとも指摘できなかった。Thiounn Mumm が初めてヌオン・チェアの名前を聞いたのは 1975 年になってからだった（私信）。また Moeun（アンロンベンでのインタビュー、2001/12/12）も参照。

16「愛国的知識人」　Caldwell and Lek Tan, pp. 418-33 参照。宣言と署名者一覧が再掲されている。

17 不穏分子容疑者　Ben Kiernan, *How Pol Pot*, p. 242 n.158.

17 政治不満を持つ一教員　*RC*, 1968/3/1.

17 その名前がゲリラ軍の戦線軍事本部長として　この一覧は 1972 年 3 月 23 日に発表された（Chandler and Kiernan, *Aftermath*, p. 300 所収、Serge Thion, ‘Chronology’ 参照）。

17 シアヌークが訪問した際の写真　*China Pictorial*, June 1973.

17 敵はいたるところで　Sien An 自白調書、1977/2/25.

17 私がだれかは知っていたが　Pol Pot、Yugoslav インタビュー。

18 ロン・ノルのスパイの一人　Dossier N000555, Dec. 27 1973, Interior Ministry files, DC-Cam.

18 CIAはサルの存在を　'Emergence of Khmer Insurgent Leader *Khieu Samphân* on the International Scene', Kissinger to US Embassy, Phnom Penh, Apr. 1974, *Vietnam Generation*, vol. 1, no. 1, Winter 1989, pp. 34-5での引用。および Kiernan, *How Pol Pot*, p. 334でサム・アダムスを引用しつつ。

18 中堅レベルのカンプチア共産党員　Suong Sikoeunインタビュー（マレイ、2001/4/6-10）。

18 一九七五年四月十七日　以下の内容は*Khieu Samphân*インタビュー（パイリン、2001/3/28-29, 4/2-3, 4/20）とPhi Phuonインタビュー（マレイ、2001/5/4, 6, 11/14-15）。およびスドク・トエル訪問の際の村人との会話（2001/11/14-15）より。

19 新たな政権はその後の〜カンボジアを導くのだと　*Der Spiegel*, 1977/5/2.

19 プノンペン放棄が　Phi Phuonインタビュー。

19 一九七五年四月十九日　この会合について知られている唯一の細部は、北京の中央文書館に保管されている中国共産党内部文書に記録されているだけである。

19 一九七六年一月に　Phi Phuonインタビュー。

19 いちばんもっともらしい答え　Ibid. Phi Phuonはこの会合が7月におこなわれたと思っている。だがポル自身は5月だったと語っている（Chandler et al., *PolPot Plans*, p. 124）。Ney Sarannも5月と述べた（自白調書、1976/9/30）。Pângはまたそれが6月にポルがハノイに向かう以前に起きたと示唆している（自白調書、1978/5/28）。

20 新生カンボジアの指導者たちは〜用意したのだった　Phi Phuon, *Khieu Samphân*インタビュー。

21 運命的な決断を下し　Phi Phuonインタビュー。

21 クメール・ルージュ健康相〜その後二人は餓死した　Thiounn ThioeunnとMalaインタビュー（プノンペン、2000/12/5, 2001/3/2, 7, 8, 4/24）およびThiounn Malyインタビュー（バッタンバン、2000/11/27, 2001/4/19）。

22 疎開民たちの行列　全裕慧インタビュー（北京、2000/6）。

22 キュー・サムファンの同僚フー・ユオンは　Ping Sâyインタビュー（プノンペン、2000/11/25, 12/1, 4, 2001/3/6, 4/25, 10/30）。

23 中国人通訳は〜プロパガンダだけだった　全裕慧インタビュー。

23 見たものは想像を　Ong Thong Hoeung, *Récit*, p. 8.

24 百五十万人　1975年4月から79年1月のクメール・ルージュ政権下の死者数は、25万という推計から300万人という推計まである。ある人口学者が述べた「この耐えがたい数字の不確かさ」の原因は2つある。標本抽出に基づいた推計――つまり個々の生存者に、家族の何人が死んだのか聞くというやり方――はダブルカウントで過大となっているかもしれず、もっと重要なこととして、地域や地方ごとに存在したすさまじい格差を考慮していない。それどころか地区同士や同じ地区内でさえ死者の差は多大で、共同体や村落同士でもぜんぜんちがっているのだ。さらにインタビューを受けた難民は極端に都市住民に偏っているが、1975年に700万人だったカンボジア住民のうち、都市住民はたった80万人でしかなく、しかも民

主カンプチアでの死亡率がずっと高い人口水準だったのだ（1975年4月の時点でのカンボジア都市住民300万人のうち、大半は戦争を逃れてきた難民で、戦争が終わると同時に故郷の村に戻っていったということに注意）。

人口トレンドに基づく推計も、1970年時点の正確な人口をめぐる不確実性に悩まされている。死者数もわからないし、1970-75年の人口自然増もわからない。移民数もわからなければ、1979年のベトナム侵攻後の飢餓犠牲者数もはっきりしないのだ。もっともらしい中間値としてここでは死者150万人という数字を採用した。実際の死者数はもっと少なかったのではないかと思うが証明はできない。旧都市住民が全員死亡したとしたら（実際には死んでいない）、死者数は80万人となる。そして残り620万人の農民のうち1割が死亡したとしたら（これまた過大な数字だ）、合計死者数は142万人となる。したがって、実際の死者数は100万人程度だったのではないかという試算はなりたつ。だがこれでも十分に恐ろしい数字だ。実際の数字が300万だろうと150万だろうと「たった」75万人だろうと、自国民の1割から4割の死をもたらした政権の残虐性はいささかも変わるものではない。

詳細な人口学的調査は以下などを参照。US中央情報局、*Kampuchea: a Demographic Catastro-phe*, Washington, 1980; Marek Sliwinski, *Le Génocide Khmer Rouge*, L'Harmattan, Paris, 1995; Patrick Heuveline, 'L'Insoutenable Incertitude du Nombre', in *Population*, no. 6, 1998, pp. 1103-18; Judith Banister and Paige Johnson, 'After the Nightmare] The Population of Cambodia', in Kiernan, *Genocide and Democracy*, pp. 65-139; Sacha Sher, 無題原稿（May 2003）。

25 **十六歳の少女が〜使い捨て商品としてしか扱わない**　タット・マリーナや類似の事件について詳細に報道した *Phnom Penh Post* や *Cambodia Daily* を参照。

28 **ジャック・ヴェルジェは**　かれは1980年代末に、わたしも出席した英米記者協会の会合でこの主張を論じた。

## 第一章　サル

頁

30 **プレクスバウの村は〜ネプは話している**　この記述はもっぱら著者自身のプレクスバウ訪問と、Saloth Nep インタビュー（2001/11/29, 12/27）に基づく。David Chandler, *Brother*, p. 8, はどうやらサロト・スオンを引用して、ロトが9ヘクタール所有していたと述べる。わたしはネプの数字のほうがいいと考える。かれはスオンがプノンペンで暮らす間、その畑で働いていたからだ。スオンはわざとロスの土地所有を過小に見せようとしているようで、小作人を使わない「中流農家」だったと主張しているが、ネプもその近所のラーウ・トウク（1980年に Kiernan がパリでインタビュー、*How Pol Pot*, p. 37 n.129）はかれが村最高の長者の1人だったとはっきり述べている。サルの誕生日の改変について言えば、イエン・サリやスオン・シコンなども

同じ理由で自分を若くしている（Ieng Sary, Suong Sikoeun インタビュー）。

30 **かれらは恵まれた家庭に**　Vandy Kaonn, *Cambodge*, p. 26. Jean Delvert は、クメール田舎生活に関する決定版の調査で、同様の時代に隣のコンポンチャム地域では、これほどの土地を所有していたのは 168 世帯に 1 世帯しかなく、平均は 2.8 ヘクタール程度だったという（*Paysan*, p. 456）。

31 **一九二五年三月に生まれたサルは**　ポル・ポトは、生涯を中国人ジャーナリスト蔡錫梅に語ったときにこの日付を挙げた（1984/5）。1997 年に Nate Thayer にこう語っている――「家で壁に書いてあったよ。月は bos、年は chluv（丑）。1 月だ」。Thayer によれば、かれはフランス語で月名を「janvier」と繰り返した。困ったことに、1925 年 1 月は旧暦ではまだ子年だということだ。旧暦での丑年は cet 月、つまり 1925 年 3 月末から始まっている。「bos 月、chluv 年」は 1926 年 1 月になる。ポルはパリでの留学生時代にケン・バンサクに、丑年に生まれたと語っている（インタビュー、モンモレンシー、2001/9/14）。Nhep もこれを確認している――そして両親が「三年で子どもを 2 人もうけた。ということは、もしサルが 1924 年生まれなら、わたしは 1926 年生まれだということだ」。実際には、Nhep は自分では誕生年が 1926 年だと言ってはいるが、実際には 1 年遅いはずだ。というのも卯年は 1927 年 3 月からになるからだ。これだとサルが 1925 年生まれという説を支持することになる。この異なる説明に折り合いをつける唯一の方法は、ポル・ポトが暦年の第 1 の月という意味ではなく、旧暦年の第 1 の月という意味で語ったということだ。これは確かに 1925 年 3/4 月と対応する（Institut Bouddhique, *Cérémonies des Douze Mois*, Phnom Penh, 発行年無記載、p. 15 と *calendar* を参照）。

31 **祖父のペン**　Saloth Nhep インタビュー、*Searching for the Truth*（英語版）, no. 4, Apr. 2000, pp. 6-8.

31 **「災厄の年」〜生き埋めにする慣例があった**　David Chandler, *Songs at the Edge of the Forest*, Yale University Press, New Haven, CT, 1982, pp. 59-69, および *History*, pp. 133-4. また Khin Sok, p. 83 も参照。

31 **タイ人が残した惨状を**　Khin Sok, pp. 239-40.

32 **一八八五年から**　ときどき、ペンが王室に使えたこの反乱の主は元僧侶ポウ・コンボによるものだったとされる。かれは 1867 年にコンポントムで捕らえられた（たとえば Kiernan, *How Pol Pot*, pp. 25-6 参照――この反乱の詳細については Jean Moura, *Le Royaume du Cambodge*, Paris, 1889, vol. 2, pp. 167-9 を参照）。だが Nhep の説明によると、ロトは 1880 年頃に生まれたことになるので、ペンの活躍はそれ以降のはずだ。1885-6 年の反乱は、19 世紀の大規模民衆蜂起の最後のものであり、Nhep の説明が正しければ、ペンはその当時死んだはずだということになる。かれは自宅からほんの 1 キロ程しか離れていないサンコール村で待ち伏せにあった。また Roeung の回想も参照。ただしかれはペンの死をシソワト王の時代にまちがっておいている（*Searching for the Truth*, no. 4,p. 6）。

32 **ロトの姉のチェン〜没するまで仕えた**　Nhep も Roeung も、チェンもメアクも王立舞踊団にいたことはなく、単に王の側室だっただけだと主張してい

るし、それを疑うべき理由もないようだ。踊り子たちはChandlerが書いているように、子どもの頃から集められて訓練されるが、メアクとルーンも成長した娘になっていた。Roeungによれば、モニボンは王立舞踊団に入るよう説得しようとしたが、ルーンは「踊り子になるのは恥ずかしかった」ので断ったという(*Searching for the Truth*, no. 4,p. 8; Saloth Nhepインタビュー)。またKiernan, *How Pol Pot*, p. 26も参照。

32 **彼女はその後王の兄弟に譲られた**　Keng Vannsakインタビュー。

33 **公邸の中でも上半身裸**　Tauch Chhuong, *Battambang During the Time of the Lord Governor*, Hon-olulu, 1994, p. 122.

33 **サルやネプが幼かった頃〜道がなくなってしまう**　Dr M. Dufosse, *Monographie de la circonscription résidentielle de Kompong-Thom*, Saigon, 1918, 特にpp. 16, 32-3と39.

33 **アフリカに近い**　サミール・アミンも――地理文化的な理由というよりは政治的理由からだが――これを論じている(Amin, *L'Impérialisme et le Développement Inégal*, Minuit, Paris, 1976, ch. 8)。

34 **中国系クメール人の血筋**　「中国の儀式をしたことがない」から一族には中国の血は入っていないとNhepが固執するのは、人種を血筋ではなく行動から判断するという発想のよい見本だ。この種の反応は土着化した中国系クメール一族では珍しくない。またW. E. Willmott, '*History* and Sociology of the Chinese in Cambodia prior to the French Protectorate', *Journal of South-East Asian History*, vol. 7, no. 1, Mar. 1966, p. 31.

34 **ケン・バンサクもこれを〜杖で殴ったのだ。**　Keng Vannsakインタビュー。

35 **一方は迷信に満ち**　Alain Forest, *Le Culte des Génies Protecteurs au Cambodge*, L'Harmattan, Paris, 1992を参照。

35 **魔術師容疑者**　Bill Herod私信。

36 **サロト・サルの幼い頃の思い出〜の話などがあった。**　In Sopheapインタビュー。またAng Chouléan, *Etres surnaturels*も参照。

36 **カンボジアの民話が**　翻訳としてはAdhémard Leclère, *Contes Laotiens et Contes Cambodgiens*, Leroux, Paris, 1903; François Martini and Solange Bernard, *Contes Populaires Inédits du Cambodge*, Maisonneuve, Paris, 1946; Anthony R. Milne, *Mr Basket Knife and Other Khmer Folktales*, Allen & Unwin, London, 1972; David P. Chandler, *The Friends Who Tried to Empty the Sea*, Monash University, Clayton, Victoria, 1976; Solange Thierry, *De la Rizière à la Forêt*, L'Harmattan, Paris, 1988, *Le Cambodge des Contes*, Paris, 1985; Muriel Paskin Carrison, *Cambodian Folk Stories from the Gatiloke*, Tuttle, Rutland, VT, 1987を参照。

37 **妻のネム**　NhepとRoeungによれば、2人の母の名前はしばしば言われているソク・ネムではなくドク・ネムだとのこと。

37 **米の価格が上がって**　*Robequain*, pp. 132-3; *Khieu Samphân*, 博士論文、pp. 62-3. またChandler, *History*, pp. 161-2も参照。当時のカンボジアだけでなく東南アジア全般に関する議論としてはIan Brown, 'Rural Distress in South-East Asia During the World Depression of the early 1930s', *Journal of Asian*

*Studies*, vol. 45, no. 5, Nov. 1986, pp. 995-1022 を参照。

37 若い女性と結婚したところだった　Nhep はスオンの最初の妻の名前を覚えていない。スオンは彼女を離縁して別の踊り子チェア・サミーと 1940 年代に結婚した。スオンは初婚で息子を 1 人（トル）もうけ、かれは 2002 年にはアメリカ在住だった。

37 この妥協は～たとえた姿だった　*Robequain*, p. 12. 1960 年代にはカンボジア人の至高と行動の主要な主題となったものの現代復活版については、Meyer, *Sourire*, pp. 42-3; および Thompson, *Calling*, pp. 4-5 を参照。

38「ナガラ・ワッタ」　*Reddi*, pp. 68-9 を参照。

38 毎年、七歳から十二歳の～連れてこられたのだ　この記述はワット・ボトム・ワッデイの住職 Nhun Nghet インタビュー（2001/9/27）、同年の僧坊への訪問、チャング・ソンが 1940 年代末にタケオで過ごした子ども時代回想（インタビュー、プノンペン、2000/10/25）に基づく。

38 ホームシック　Saloth Nhep インタビュー。

38 のちになつかしく振り返り～ごまかしてもいる　In Sopheap インタビュー。また Pol Pot, Yugoslav インタビューも参照。そこでかれは、修道院で 6 年過ごし、うち 2 年は僧侶をしていたと述べている。

39 当時、ワットに見習いに～殴られることになります　Nhun Nghet インタビュー。

39 少年たちには～暗記するまで音読する　Ibid.; および Institut Bouddhique, *Paysan Khmer*, pp. 56-7.

40 クパプでは「物」　*Migot*, p. 55; Martin, *Shattered*, pp. 10-11. 儒教の説教教科書の例としては *The Three Character Classic*（Chinese Repository, Canton, 1835, vol. 4, pp. 107-11 に訳載）や *Odes for Children*（ibid., pp. 287-91）を参照。

40「両親が伝える伝統を壊すな！」　*Revue de l'instituteur*, nos 1-2, Phnom Penh, 1954 での引用。

40 夫が眠っているときに　Saveros Pou, *Une Guirlande de Cpap*, Cedoreck, Paris, 1988, pp. 411-51.

41 おまえの目は開き　Khing Hocdy and Jacqueline Khing, *Les Recommandations de Kram Ngoy*, Cedoreck, Paris, 1981; また Khing Hocdy, *Ecrivains*, pp. 14-15 も参照。

41 かれらは煩悩を断ち切り　Nhun Nghet インタビュー。また Migot, *supra* も参照。

42 かれらのとてつもなく大きな家　2001 年 12 月にはこの家はまだ残っていた――1 階に部屋を増築した以外は変わっていない――場所はプノンペン 242 通り 44 番、トラサク・ペム通りから西に 60 メートルほどだ。1920-30 年代の伝統的木造建築として都心部では壊されずに残った数少ないものである。ほとんどは取り壊されて、フン・セン政権で栄えた新興富裕層の好きな、派手なタイ式の邸宅にとってかわられてしまった。

42 その九月に　1930 年代にカンボジアはフランスの学校暦に従っていて、学年のはじめは 9 月だった。ネプはプノンペンで 3 年過ごしたといい、中央市場の建設と「帰郷直前の」その開会式（1937 年 9 月）を覚えているとい

う。するとかれがプノンペンにいたのは1935年9月から38年7月までとなる。ネプは自分の到着時にはすでにサルはエコール・ミシュにいたというから、サルがエコール・ミシュに入ったのは1935年秋だろう。

42 **公教要理以外**　'Bref aperçu sur l'Ecole Miche, 1934-42' by Fr. Yves Guellec, 未刊行原稿、リヨンのArchives Lasalliennesに保存。Ping Sâyインタビュー(プノンペン、2000/11/25, 12/1, 4, 2001/3/6, 4/25, 10/30)。Sâyはエコール・ミッシュで1944-45年の冬を過ごしたが、公教要理は覚えているのにお祈りは覚えていなかった。

42 **二〜三千人程度だった**　インドシナ全体でも1938年には、公式認定小学校教育を受けた就学年齢児童は10人に1人だったし、しかもその多くは現在のベトナムにあたる3カ国(コーチン・シナ、安南、トンキン)に偏っていた。Gail P. Kelly, *French Colonial Education*, AMS Press, New York, 2000, p. 238を参照。カンボジアでは、1924年以降、ほとんどの小学校教育は「僧院改造学校」でおこなわれ、講義は植民地教育総監が雇った素人校長の監督のもとで、僧たちがおこなった(*La Pénétration Scolaire en Pays Cambodgien et Laotien*, Hanoi, 1931)。1935年頃には、カンボジアで政府の小学校に通っている子どもはたった1000人——就学年齢児童の500人に1人——しかおらず、さらに2万5000人が「僧院改造学校」に通っていた(Martin, *Shattered*, p. 351 n.22)。Thu-huong Nguyen-voは*Statesman's Yearbook*(London, Macmillan, 1936)を引用して、1932年についても似たような数字を挙げている(*Khmer-Viet Relations and the Third Indo-China Conflict*, McFarland, Jefferson, NC, 1992, p. 18)。

42 **当時のプノンペン**　Harry Hervey, *Travels in French Indo-China*, Butterworth, London, 1928, pp. 103-6. この時期のプノンペンに関する西洋人による他の記述としてはHarry A. Franck, *East of Siam*, Century, New York, 1926, pp. 34-5; *Guide Madrolle*, Paris, 1930, pp. 15-21; Henri le Grauclaude, *Le Réveil du Peuple Khmer*, Presses Populaires de l'Empire d'Annam, Hanoi, 1935, pp. 8-10; H. W. Ponder, *Cambodian Glory*, Butterworth, London, 1936, pp. 154-8; Alan Houghton Brodrick, *Little Vehicle*, Hutchinson, London, 1947, pp. 26-39を参照。人口の概観についてはLaurence Moss and Zmarak Shalizi, 'War and Urbanization in Indochina', Grant et al., *Widening War*, pp. 175-7所収を参照。

43 **国際的で矛盾した場所**　Henri le Grauclaudeは、1935年1月にプノンペンを訪れてこう報告している——「インドシナ連邦のあらゆる首都の中で、プノンペンは文句なしに(中略)最も生き生きとして活発な場所である」(*Le Réveil*, p. 8)。

43 **往来は地元の人間が**　H.W. Ponder, *Cambodian Glory*, Butterworth, London, 1936, pp. 155-6.

43 **別に驚きませんでしたよ**　Saloth Nhepインタビュー。またKiernan, *How Pol Pot*, p. 25参照。

44 **クメール人の子どもなら**　これらの物語は1990年代になっても相変わらずカンボジアの子どもに語られている。

44 **子どもがけんかになると**　Mey Mannインタビュー。

44 個人レベルでは　Keng Vannsak, Ping Sây インタビュー。これは 19 世紀末のフランスの体験から大幅に変わっている。当時役人たちは、カンボジアとベトナム人の子どもを一緒の学級に入れると、口論が絶えないと報告している。John Tully, *Cambodia under the Tricolour: King Sisowath and the 'Mission Civilisatrice', 1904-1927*, Monash University, Clayton, Victoria, 1996, p. 225 n.22 と p. 234 を参照。Alain Forest, *Colonisation sans heurts*（Ch. 16）は村落関係についてもっと細やかな見方をしている。

45 開幕式典　フランスの建設計画の詳細については Michael Igout, *Phnom Penh Then and Now*, White Lotus Books, Bangkok, 1993, pp. 4-13 を参照。市場はトラサク・ペム通りのてっぺんにあり、スオンの家からエコール・ミシュへの道の真ん前だ。エコール・ミシュはケマラク・ポウミン通りとユカントル街の角にある（それぞれ 1935 年の名称はアルマン・ルソー通りとポール・ベール通り）。2001 年にエコール・ミシュは英語とコンピュータ研究を教える私学となった。

45 驚きに満ちた場所　Saloth Nhep インタビュー。

45 毎年十一月の～訪問をおこなった　Meyer, *Sourire*, p. 86; Ponder, *Cambodian Glory*, pp. 271-7; Brodrick, *Little Vehicle*, pp. 34-5 and 238-9.

46 王に謁見する際は　Meyer, *Sourire*, pp. 112-13.

46 王の排泄された物　Keng Vannsak インタビューと 'Chants de la guitare', *Poèmes*（私家版、モンモレンシー、発行日なし、pp. 15-36 所収）。

47 木造と煉瓦造りの小さな家　*Searching for the Truth*, no. 4,p. 8 で Roeung の引用、Thiounn Mumm インタビュー（モン・サン・アイナン、2001/2/13, 19, 9/10）。ルーンは家が煉瓦だと記憶している。サルと同時期に宮廷を訪ねたティウン・マムは木造だと述べる。Chandler は *Brother*, pp. 10-12 と 204 n.9 で、王立舞踊団のぼろぼろの合同宿舎と王の側室たちの居住区とを混同しているようだ。

47 かれは人生の終盤になって　In Sopheap インタビュー。

47 数十年後になって　Keng Vannsak インタビュー。

48 いつも冗談でごまかした　*Searching for the Truth*, no. 4,p. 8.

48 クメール文化では、礼儀正しさ　Saloth Nhep インタビュー。また Meyer, *Sourire*, pp. 32-3 も参照。

48「一緒にいて楽しい少年」　たとえばピン・ソイはこう記憶している——「あいつは（当時は）ものすごくいいやつでした（中略）一緒にいて実に心地よかった」（インタビュー）。また Nghet Chhopininto インタビュー（パリ、2001/2/17, 22）、Mey Mann および *Khieu Samphân* も参照。Saloth Nhep によれば、サルとチェイはどちらも「すごく楽しい」とのこと。

48「かわいらしい子」　Saloth Suong（Loth Suong）インタビュー（プノンペン、1991/11）; Chandler, *Brother*, pp. 9 と 204 n.5; Kiernan, *How Pol Pot*, p. 27.

48 凡庸な生徒　Saloth Nhep インタビュー。ネプが帰郷したのは財政的な事情もあったかもしれない。19387-8 年にかけてインドシナでは米価格が暴落したからだ（*Robequain*, p. 275）。

48 不合格となり　小学校卒業資格を得た子どもが、さらに学校を続けたいと

思ったときには、リセへの入学許可の条件となる競争試験コンクールを受けるのが通例だった。サルがコンポンチャムよりシソワットに行きたかったという点は、転校までしてプノンペンに戻り3年目をシソワットで過ごしたことからもわかる。しかしその年の終わりには卒業資格試験に落第して、また転校を余儀なくされた。

48 **一九四三年の秋**　通常はサロト・スオンの回想に基づいて、サルがコレージュ・プレア・シアヌークに入ったのは1942年9月とされる。だがこれはまちがっているようだ。*Khieu Samphân*（インタビュー）によれば、サルは1944-5年には5年生（コレージュの2年目）だったとのこと。そのときサムファン自身が1年目（6年生）になったばかりで、サルが1年上にいるのを記憶しているからだ。さらにこの年代のほうがその後のサルの就学年次と合致している。だからサルは1943-4年には自分も1年目だったにちがいない。もちろん、コレージュに入ったのが1942年だが成績が悪くて1年目をやり直し、6年生を2年かけて出たという可能性はある。だが1942年入学だとサルの公式誕生記録とつじつまがあいにくい。エコール・ミシュは私学だったから年齢制限もないので、誕生証明書はコレージュ入学のために取得されたと考えていいだろう。6年生への入学資格は、16歳以下ということだった。1928年5月に生まれたなら、1943年にサルは公式には15歳だったということだ。1942年にコレージュに入学していたら、良心はかれの生年を1927年にしていただろう。あまりごまかしがあらわにならないように、最低限の年を差し引くのが通例だったからだ。

48 **やっかいな変化**　この時期に関する簡潔な議論としてはChandler, *History*, pp. 164-72; Reddi, Ch. 3; and Meyer, *Sourire*, pp. 107-16を参照。

49 **王の死を看取った**　*Searching for the Truth*, no. 4, pp. 7-8.

49 **ヴィシー**　ヴィシー政権下のフランスに関する古典的な記述としてはRobert O. Paxton, *Vichy France: Old Guard and New Order, 1940-1944*, Knopf, New York, 1972がある。簡潔で思慮深い議論としてはMichael Burleigh, *The Third Reich: A New History*, Macmillan, London, 2000, pp. 466-71を参照。

49 **せいぜいが形ばかり**　Thiounn Mummインタビュー。

49 **その要件はペタン主義への**　Meyerは、ヴィシー政権の官僚が当時、シアヌークにヴィシーの「新道徳秩序」価値観を布教しようとしたことを書いている。*Sourire*（p. 111）. またEric Jennings, *Vichy in the Tropics: Pétain's National Revolution in Madagascar, Guadeloupe, and Indochina, 1940-1944*, Stanford University Press, CA, 2001も参照。

50 **冒瀆的な祈り**　W. D. Halls, *Politics, Society and Christianity in Vichy France*, OUP, Oxford, 1995, pp. 52-3.

50 **それを歌い出すほどだった**　*Khieu Samphân*インタビュー（パイリン、2001/4/3）。

50 **『ナガラ・ワッタ』**　Chandler, *History*, pp. 163-4と167. KiernanはReddiをもとに、『ナガラ・ワッタ』は反ベトナムではなかったとしている（*How Pol Pot*, pp. 21-2; *Reddi*, pp. 107-8）。だが実物を見ればとてもそうは思えない。

51 **初の殉教者**　Chandler, *History*, p. 168; *Reddi*, pp. 82-6; Bunchan Mol, *Kuk*

*Niyobay*, pp. 80-93 を参照。Mol の本の一部は Kiernan and Boua, *Peasants and Politics*, pp. 114-26 で翻訳されている。

51 目撃してはいないようだ　Saloth Nhep（インタビュー）は、サルが 1938 年にプレクスバウに戻ってからはあまり接触がなかったと述べている。「休みのときにほんの数日戻ってくるだけだったから。そしてすぐに出発してしまいました。チェイも同じでした」とのこと。だから、サルがコンポンチャムに引っ越す前には、休日のほとんどをプノンペンのスオン宅で過ごしており、「傘の暴動」が起きたときにはプノンペンにいたと思ってもいいだろう。だがポル・ポトが晩年に若かりし日を回想するにあたり、デモの話を聞いた者はだれもいない。すると当人はいなかったのではないかと想像される（In Sopheap インタビュー、Kân インタビュー、プノンペン、2000/6/11, 18, 11/9）。

51 意味をつかみそこねていた　Keng Vannsak インタビュー。

51 これに気づいたごくわずかな人々〜養子となったのだ　Ieng Sary インタビュー。サリの生活に関するこの部分の記述は概ねこのインタビューから。プレイベンでサリと同じ学校だった Mey Mann はアチャール・イエンによる養子縁組について詳しく述べている（インタビュー）。

52 年長の生徒だけ　Mey Mann（インタビュー）は 20 歳のリセ・シソワット時代、1941 年の秋に『ナガラ・ワッタ』に「おもしろい記事」が載っていたのを覚えている。

52 その他の生徒　Ping Sây インタビュー。

52 コンポンチャムのプレア・シアヌーク大学でも〜で舞台係も務めていた。　以下の記述は *Khieu Samphân*, Ping Sây, Nghet Chhopininto（各人へのインタビュー）より。

53 シアヌークが日本に促されて　*Cambodge*, 1945/3/21、*Reddi*, p. 88 での引用。

53 思いもかけない出来事　Ieng Sary インタビュー。

54 その黄色人種　Mey Mann インタビュー。

54 甥っ子ティウン・マムの補佐〜その意見を通したのだった　Thiounn Mumm インタビュー。

55 学校は長期の新年休暇に入った〜息をのむほどでした。　*Khieu Samphân* インタビュー。

55 カンボジア文明は　Penn Nouth, 1957 年に国連総会への演説で（*RC*, 1958/1/4）。アンコールの遺産についての議論としては Milton E. Osborne, '*History* and Kingship in Contemporary Cambodia', in *Journal of South-East Asian History*, Mar. 1966, vol. 7, no. 1, pp. 1-13 を参照。

56 十三世紀以降　*Khieu Samphân* インタビュー。

56 二月にアメリカ空軍が　In Sopheap, *Khieu Samphân*, p. 8; *Reddi*, p. 87.

56 コンポンチャムは爆撃を〜家へ帰された　*Reddi*, p. 87.

56 中国系クメール人実業家の下で働くことにした　In Sopheap インタビュー。

56 新しく採用されたクヴァン・シパン〜頼りになる　Chandler, *Brother*, pp. 19-20.

56 先生は授業の前にきめ細かく準備　In Sopheap, *Khieu Samphân*, p. 3.

57 リエンソウス　Pierre Lamant インタビュー（パリ、2002/3/25）。および

David Chandler 私信。1990 年代末から 2000 年代初期にかけてカンボジアで教鞭をとった、アンリ・ロカールやクロード・ラベアのようなフランス人たちも、現世代のカンボジア学生を相手にして類似のいらだちを経験している。ケン・バンサクは 1950 年代末に、プノンペン教員訓練大学の職員の間に似たような主体性のなさを指摘している。

57 **外国人教師が自分で考えることを** In Sopheap, *Khieu Samphân*, p. 3.

58 **「クメール・イサラク」** 通常の翻訳は自由クメールである。だが Martin が述べるように、パーリ語の「イサラ」の主な意味は「主人」または「権力を持つ者」というものだ（*Shattered*, p. 352 n.1）。

58 **一九四六年四月七日** *Reddi*, p. 121 が *Cambodge*, 1946/8/9 を引用して、Bunchan Mol, *Charek Khmer*, pp. 44-67. Reddi はフランスの役人が、攻撃にはイサラク 300 人が参加したと述べているのを引用しているが、これはおそらく誇張されている。Mol によればシエムリアプから引き上げた人々は 100 人から 150 人だったとのこと。死傷者数は少なかったようだし、攻撃者たちは 5 手に分かれていたので、グランドホテル攻撃に参加したのが 50 人以上とは考えにくい。

59 **一九四七年の夏〜裕福ではないのだろうと思った** Ping Sây インタビュー。

60 **一つ上の学年のイエン・サリ〜出会ったのもこの学校だ。** Ping Sây, Thiounn Mumm, Ieng Sary インタビュー。

60 **毎週木曜の午後** Mey Mann インタビュー。Keng Vannsak によればかれらがかぶっていたのはソラトピー——兜であって、Mann が記憶しているようなフランス軍式のケピ帽ではなかったとのこと。

60 **モンテスキューとヴォルテールを** Ieng Sary, Maben インタビュー。

61 **ユティボンには数学の学位を持つ** Chandler は数学の博士号と言う（*Tragedy*, p. 30）。Martin（*Shattered*, p. 50）によれば物理学。

61 **学生は〜とびついた** メイ・マンの役割については In Sopheap インタビュー。民主党本部の位置については Ping Sây インタビュー。また Martin, *Shattered*, p. 51 での Sim Var 引用も参照。

62 **翌年〜釈放を命じたんです** Chandler, *Tragedy*, pp. 42-3 における、「プラチェティプパデイ」（1949/11/22）記事に関する Lek Samoeun と Michael Vickery の記述の引用、Ieng Sary インタビュー。Sary はデモ隊が赤いスカーフをまとっていたという Lek Samoeun の回想に反論して、「そんなことは絶対に認められたわけがない」と固執している。かれは投獄学生数を 120 人くらいとしている。

62 **『共産党宣言』に出会った** Keng Vannsak, Ieng Sary インタビュー。

62 **マルクス主義はタブーだった** Mey Mann インタビュー。

62 **ベトナムの国境でまた別の軋轢が** 以下の記述は主に Christopher E. Goscha の第 1 次インドシナ戦争に関する刺激的な博士論文 *Le Contexte Asiatique de la Guerre Franco-Vietnamienne] Réseaux, Relations et Economie*（d'Août 1945 a Mai 1954）による。

63 **防衛計画者は** Tran Van Giau, Cac 'Chi doi Nam Tien' va cac 'Chi doi Viet kieu', in Bo Quoc Phon（ed.）, *Phong trao Nam Tien*（*1945-1946*）, People's Army

Publishing House, Hanoi, 1997, pp. 20-1.

63 ハノイに残された選択肢　Goscha 博士論文、p. 213.

64 まず、仏教の在家伝道師　Ibid., pp. 235-6; また Service de Securité du Haut Commissariat de France au Cambodge, No. 346/PS-C, ‘Etude sur les Mouvements Rebelles au Cambodge, 1942-1952’, pp. 17-63, série Gouverneur-Général, Dossier 65493, c. 7F 29（7), AOM も参照。

64 ソン・ゴク・ミン　Goscha 博士論文、pp. 219-20 と 235. フランス特捜部が ‘Note pour Monsieur le Chef du Service de Securité du Haut Commissariat de France au Cambodge’, No. 5461 C/SG-1, 1951/9/3, c. 107, SPCE, AOM に記述したミンの生涯は概ね信用できるようだ。主要なまちがいとしては、かれが「ベトナムの血統だ」というもの——実はかれは南ベトナムのトラ・ヴィン地域クメール地区で生まれており、おそらくはクメールとベトナムの混血だろう（Goscha 博士論文、pp. 229, 239, 294 特に 456 を参照）。だが純粋なクメール人である可能性もある。またかれが 1930 年代に ICP 党員だったという記述は、1949 年にかれが入党を認められていることから否定される（傍受されたベトミン文書、‘De l’Etat-Major Laos-Khmer à l’Etat-Major, Front du Cambodge’, Sept. 25 1949, c. 10H4120, SHAT を参照）。

64 一九四八年五月十五日　*Tieng Noi Mien Tay*, no. 13（1948/6/14）, c. 10H5588, SHAT 所収を参照。Goscha（博士論文、p. 244）はうっかりかれをソン・ゴク・タンとまちがえている。

65 あるフランス人の諜報員　‘Notice de Renseignement concernant la Ligue des Viet kieu au Cambodge pour le Salut National’, 1949/6/4, c. 77, HCI, AOM.

65 ベトナム人を殺戮　Goscha 博士論文、pp. 232-4; Khy Phanra, *La Communauté Vietnamienne au Cambodge à l’époque du Protectorat Français*（*1863-1953*）, 博士論文、Université de la Sorbonne Nouvelle, Paris, 1974, vol. 2, pp. 417-24.

65 イサラク指揮官プト・チャイ　Goscha 博士論文、pp. 254, 258. また Khun インタビュー（プレク・スデイ、2001/3/11）。Kiernan, *How Pol Pot*, Ch. 3; ‘Le Communisme en Indochine’, *Rapport du Commissariat-Général de France en Indochine*, No. 719/DGD, May 1 1954, p. 39, c. A-O-I 399, QD を参照。

66 ベトナム皇帝ミン・マンが　Chandler, *History*, pp. 126-32 を参照。

66 成功の度合いは〜さほど変わらない　Goscha 博士論文、pp. 730-2, 738-9.

66 精神世界　Thompson, *Calling*, pp. 17-19. また Ang Chouléan, *Etres surnaturels*, pp. 115-16; Thierry, *Cambodge des Contes*, pp. 35-6 も参照。

66 ベトナム人指導者も　Goscha 博士論文、p. 138. また Goscha, p. 305; Hoang Van Hoan, *Giot nuoc trong bien ca: Hoi ky cach mang*, Tin Viet Nam Publishing House, 北京 , 1986, p. 306; ‘Critique du Comité Central Viet Minh sur l’action du parti au Cambodge et au Laos’, Jan. 4 1950, c. 110, CP, AOM も参照。

67 次のような幹部が多すぎる　Hoang Van Hoan, *Giot nuoc trong bien ca*, pp. 309-10.

67「傲慢さ」　‘Conférence extraordinaire des cadres politico-administratifs-militaires Mien Viet ...’, 1949/2/5, c. 10H5585, SHAT; および ‘Résumé des décisions prises par la Commission Terri-torial du Nambo et adressées au Gouvernement Central’, 1949/10/2, c. 10H4120, SHAT.

67 フランス情報筋の推計　Goscha 博士論文、pp. 267, 270.

68 一九四八年の夏　Ping Sây インタビュー。また Mey Mann, Ieng Sary インタビューも参照。

68 ルセイケオの専門学校　Nghet Chhopininto インタビュー。この学校の様子については *Inauguration de l'Ecole Pratique d'Industrie à Phnom Penh, 21 Octobre 1939*, Phnom Penh, Albert Portail.

68 ほとんどの学生は　*Khieu Samphân* インタビュー。

68 専門学校以外になかったのだ　1940 年代末に中学以上の高等教育を提供している機関は他にリセ・デカルト、開校したばかりの公共事業学校、教員養成大学（エコール・ノルマル、後の Institut Pédagogique）。この 3 校とも入学にはブレベが必要だった。

69 あまり歓迎されなかった　Nghet Chhopininto インタビュー。

69 は保護領下にあったカンボジアの高等教育を　Ibid. Mey Mann（インタビュー）によれば、リセ・シソワットの新入生はカンボジア全土から年に 120 人だったという。中途退学者もいたし、最終試験で落第した者もいた。少数のクメール人学生は、プノンペンのリセ•デカルトやサイゴンのリセ•シャセルーブ・ローバに通っている。それでも、毎年バカロレアを取得できるカンボジア学生は年に 50 人に満たない。また技術学校、新公共事業学校、教員養成大学で専門資格を取得する学生も同数程度だった。

69 ごくささいな職種さえも　Thiounn Mumm インタビュー。

70 二百五十人に満たなかった　*Khemara Nisut*, no. 9/10, Mar.-June 1950, p. 13 を参照。1885-1950 年にかけてヨーロッパにいたカンボジア人学生の総数は 200 人から 250 人程度だ。1940 年代半ばでも、同国はハノイ大学卒業生も含めて、大卒者は 1 ダース以下しかいなかった。

70 出発前夜、シアヌーク王は　以下の記述は Mey Mann の回想より（インタビュー）。

70 五百ピアストル　カンボジアの政府給費生たちは、1948 年 9 月の第 1 学期には年額 9500 フランを受け取り、2 学期にはそれが 1 万 1000 フランに上がった。1949-50 年にはそれが 1 万 7000 フランに、1950-51 年には 2 万 1000 フラン、そして 1951-2 年には 2 万 8000 フラン（パリ以外は 2 万 5000 フラン）となった。いずれも扶養世帯を持った労働者の最低予算（労組試算）をはるかに上回る。1950 年初め、『ユマニテ』（1 月 6 日）はまだ最低賃金を 1 万 5500 フランにしろと訴えている。Jeanne Singer-Kérel, *Le Coût de la Vie a`Paris de 1840 à 1954*, Armand Colin, Paris, 1961, p. 27.

71「サルの有名な微笑み」　Mey Mann インタビュー。

71 あの何ともいえない中途半端な微笑み　Meyer, *Sourire*, p. 33.

71 王に謁見した翌朝　以下の記述は Mey Mann, Nghet Chhopininto インタビューより。

## 第二章　光の街

頁

76「街の建物の美すべて」 Ieng Sary, Maben インタビュー。

76 文化的・社会動乱　1940年代末から50年代初期のパリの雰囲気については Jean-Paul Caracalla, *Saint-Germain-des-Près*, Flammarion, Paris, 1993, pp. 129-65; *Paris-Paris*, 1937-57, Galli-mard, Paris, 1992, pp. 33-43 と 758-64; Philippe Gumplowicz and Jean-Claude Klein（eds.）, *Paris, 1944-1954*, Editions Autrement, Paris, 1995, pp. 18-45, 248-75 を参照。

76 クメール学生協会　*Khemara Nisut*, no. 9/10, Mar.-June 1950.

76 セラー・クラブ　Mey Mann インタビュー。

76 オペラ歌手のように　*Khemara Nisut*, no. 8, Dec. 1949, pp. 19-20.

77 サルと仲間たちは　サロト・サルの学籍記録によれば、SS ジャマイク号は1949年9月29日にマルセイユに入港し、サルはパリに「10月初頭に到着した」。Mey Mann（インタビュー）によれば学生たちは朝に下船してその日はホテルに滞在し、夜行列車でパリに向かったという。この説明は、船が入港したのが29日遅くで、学生たちが30日朝に下船し、10月1日朝にパリに到着したなら矛盾はない。

77 雨が降っていた　Metéo-France Archives, Paris.

77 その後、パリでもっとも古い　Mey Mann インタビュー。

77 ずっと滞在できる場所　*Khemara Nisut*, no. 7, Oct. 1949; Mey Mann と Nghet Chhopininto インタビュー。

78 サルは幸運だった　Mey Mann はこう記憶している――「あいつは友人だかいとこだかなんだか知らないけれど、そんなのがいて、それが一緒に滞在するからとあいつを連れてった（中略）カルチェ・ラタンのどっかだよ」（インタビュー）。Nghet Chhopininto はサルが1年目をクラチエ知事の息子たち（エム・サムナンとエム・サムレク）と同居していたのだと思っていて、その場所はパリ第5区ジャルダン・デ・プランテスの近くのアパート（これはアムヨット街の無線電気大学に近かった）と思っていた（インタビュー）。Vannsak（インタビュー）は、サルが最初の年をソモノポンと過ごした「のかもしれない」と述べた。実際には、サルがラセペデ街17番地にいたのは確実のようだ。そこにはサムナンとサムレクがまだ1955年の時点では暮らしており、ソモノポンの親戚2人シソワット・モニチヴァン王子とシソワット・ヴォンビチャン王子もいた（côte 19800042, art 21, dossier 1912, AS de l'Association Khmer, 13 avril 1955, Centre des Archives Contemporaines, Fontainebleau）。

78 翌年の春に～計画も出たほど　*Khemara Nisut*, no. 9/10, Mar.-June 1950.

78 友人らの目には道楽家にうつった　Mey Mann, Ping Sây インタビュー。また Ieng Sary インタビューも参照。

79 ガールフレンドができた　ソン・マリとサルの関係に関する記述は Keng Vannsak インタビューより。

79「なかなか良い成績」 Pol Pot, 蔡インタビューと Thayer インタビュー。

79 二年目に進級　Saloth Sâr 学籍記録。

79 外国旅行　*Khemara Nisut*, no. 9/10, Mar.-June 1950, pp. 10-11.
79 金がなかった　Pol Pot, 蔡インタビュー。別のときにかれは、高速道路の仕事に「1ヶ月以上」ついたと述べている（Yugoslav インタビュー）。
79 極貧生活〜あまりなかった　*Khemara Nisut*, no. 9/10, Mar.-June 1950, p. 11; Nghet Chhopininto インタビュー。
80 広大な建設現場　*Khemara Nisut*, no. 11, Jan. 1951, p. 36.
80 うまいことやった　Nghet Chhopininto インタビュー。
80 だがだれもが　Huot Sambath 自白調書、Dec. 1 1976（英訳、p. 38）, DC-Cam.
80 翌年の夏もまた　Pol Pot, Thayer インタビュー。
80 数人の急進派　Pol Pot, 蔡インタビュー。
81 この「急進派の学生たち」の一人〜出発した後になってしまった　Ieng Sary 学籍記録と Henri Locard インタビュー（パイリン、1998）。Keng Vannsak インタビュー。
81 ケン・バンサクに挨拶に行った〜毎日注射を施してやった。　Keng Vannsak インタビュー。
81 サリがフランスに着いた〜について討論した　*Khemara Nisut*, no. 11, Jan. 1951, pp. 9-10 と 12-15。
82 シエン・アン　'Courrier de Sien An à Tep Saravouth', 1950/5/5, Haut Commissariat du Cam-bodge, c. 26, AOM（Sher 博士論文、pp. 612-13 に再録）。
82 もちろんサロト・サルも出席　Keng Vannsak インタビュー。
83「東洋の小スイス」　Mey Mann インタビュー。
83 ピン・ソイの野望は二つ　Ping Sây インタビュー。ソイがパリについたのは1951年9月。
83 愛国的で、フランスの　Pol Pot, 蔡インタビュー。
83 それが共産主義だったなんて　Keng Vannsak インタビュー。
83 中国が勝利をおさめると　Goscha 博士論文を参照。特に pp. 600-733 で、ベトミンにとって毛沢東の勝利が根源的な重要性を持っていたことを強調している部分。特に断りがない限り以下の部分は Goscha の研究に基づく。
83 スターリンの広報担当　Andrei Zhdanov, 'Report on the International Situation', *Pravda*, 1947/9/23.
84「広大で強力な友好国」　'Compte rendu de Truong Chinh: Réaliser la mission de préparation pour le passage en force èn ´ a la contre-offensive gérale', c. 10H620, SHAT.
84 北ベトナムに六個の師団を結成し　Lich su Bo tong tham muu trong khang chien chong Phap（1945-54）, Hanoi, 1991, p. 414; および Tu dien bach khoa quan su Viet Nam, People's Army Publishing House, Hanoi, 1996, p. 239.
84「戦略的結束」　Vo Nguyen Giap, 'Rapport adressé à la sixième réunion pan-nationale', Jan. 2-10 1950, in 'Les Taches Militaires Urgentes pour la Transition à la Contre-Offensive Gérale', c. 10H5443, SHAT.
84 トロン・チンは　'Compte rendu de Truong Chinh...', supra.
84「インドシナ民主共和国」　'Principes directeurs du Parti: Révolution néo-démocratique de l'Indochine', 日付なしだが 1950, c. 10H620, SHAT.

85「革命的抵抗連邦」 この用語は Christopher Goscha による。ほかのどんな表現よりベトナム側の理由づけをうまくまとめている。ほかに 'Communiqué au sujet de la création du front des Etats-Alliés Vietnamien, Laotien et Cambodgien', 'Association des Agriculteurs du Lien Khu 3', 1951/4/5 所収、および 'Proclamation de la Conférence des Trois Fronts des Peuples Unifiés de Vietnam, Laos et Cambodge', EMIFT/2B No. 3697, 1951/6/11, いずれも c. 10H3981, SHAT 所収を参照。「パテトラオ」という表現（革命国家を指すものとしてであって、しばしばおこなわれているように運動を指すものではない）は国際的に使われるようになったが、「クメールランド」は 1954 年のジュネーブ会議の後ではすぐに忘れ去られた。だがどちらの名前も 1950 年代のベトミンのパンフレットや、ウルフレッド・バーチェット等の共産主義ジャーナリストの報告で使われている（*Vietnam Information*, Rangoon, no. 22, 1953/6/12 や no. 25, 1953/6/26 を参照）。

85 一九五〇年三月十二日 この会合はもともと 1949 年 12 月末に予定されていたが、間に合わすに 3 月に延期された。11 月にグエン・タン・ソンはすべてのカンボジア代表が「党員でなくてはならない」との指示を出した。SDECE, No. 19960/4 of Nov. 24; No. 10325/8 of Nov. 25; No. 10102/8 of Nov. 28; No. 10125/4 of Dec. 1 1949, in c. 10H4120, SHAT を参照。

85 前年の秋に SDECE, Note 17279/9, Sept. 25 1949, c. 10H4120, SHAT はベトミンの傍受通信の中で最近 ICP にシウ・ヘンと「キム・ビエン」が加入を報道していると述べる。別の SDECE 報告（'Bulletin de Renseignements du 15 Octobre 1949', c. 4120）は、この「キム・ビエン」がソン・ゴク・ミンの偽名だと明らかにしている。Ben Kiernan（*How Pol Pot*, pp. 53, 63 n. 70）が引用している 1980 年のグエン・スアン・ホアンのインタビューでは、ソン・ゴク・ミンは 1946 年 10 月に ICP に入党、トゥー・サムートは同年のさらに遅く、メイ・フォーとホン・チュンは 1949 年に入党しているとのこと。この両者のうち、わたしは同時代のベトナム通信傍受のほうを採用した。

85「王をフランスの植民地支配のくびきから解放せよ！」 以下で引用されているスローガン —— SDECE, Note 19454/8, 1949/8/2, c. 10H 4120; および 'Décision de la 2ème réunion des Cadres du Pays tout entier', EM/2B, No. 5208/2S, 1951/9/6, c. 10H2171, SHAT. グエン・タン・ソンは 1950 年 3 月の演説でもっと一般的な表現を使っている。

85 一九五〇年四月 *Khmer Armed Resistance*, p. 13. また Pierre Christian, 'Le Viet-Minh au Cam-bodge', *Indochine et Sud-Est Asiatique*, Feb.-Mar. 1952, pp. 73-7; Kiernan, *How Pol Pot*, pp. 79-80 も参照。

85 ホンダンに集まり 'Du Comité Territorial de Nambo, Rach Gia, à tous', SDECE, May 4 1950, c. 10H4121; 'Au sujet du Programme des Activités dans Chaque Zone du Cambodge', 1950/7/18, c. 10H4121; Direction Générale de Documentation, No. 1109, 'Note Hebdo-madaire', 1954/6/30, c. 10H278, SHAT.

85 かれの「内閣」 *Khmer Armed Resistance*, pp. 13-14. 古田元夫はベトナムの情報源を引用しつつ、やはりサムートを戦線議長としている（*Division*, p. 153）。一方 Christopher Goscha は、やはりベトナムの情報源を引きつつ、

戦線とクメール民族解放委員会はどちらも議長がソン・ゴク・ミンだったとしている（*Thailand and the South-East Asian Networks of the Vietnamese Revolution*, Curzon, London, 1999, p. 340）。'Constitution du Front Issarak Unifié et du Comité Central Provisoire de la Libération du Cambodge', June 1950, c. 10H284, SHAT でもそう述べられている。

86 シウ・ヘン 'Constitution du Front Issarak Unifié...'; Bulletin des écoutes Viet Minh, 1950/6/6, SPCE. c. 107, AOM, および 'Le Communisme en Indochine', No. 719/DGD, 1954/5/1, pp. 35-6, c. A-O-I 399, QD. ほかに Thong Tin, June 1950, c. 10H5574, SHAT も参照。

最初に挙げた情報源によれば、ソン•ゴク•ミンやチャン•サミー、シウ•ヘン、トゥー・サムート、チャン・ダラ、ケオ・モニ（資料掲載順）に加えてクメール民族解放委員会に加わっていたのはサラタ（顧問、南東解放委員会）、チュン・ヴェン（政治委員、南東地区）、サロウン・ビン・ロンナット（北西解放委員会副委員長）、サラン（イサラク協会委員長、北西）、「プノンペン市からの愛国者」、「外国に住むクメール人」代表の委員2人。一方、'Le Communisme en Indochine' は最後の4名を以下の順で挙げている——サロウン、サタラ（ママ）、チャウ・イン、ナイ（正しくはネイ）サラン。KNLC 局の5人目は匿名の「プノンペン市からの愛国者」とされている。

Kiernan（*Origins*, p. 174）は、行政的な役職を以下のように挙げている——シウ・ヘン（防衛）、ケオ・モニ（外務）、トゥー・サムート（内務）、チュン•ヴェン／チャウ•イン（教育）、リアプ•ケオモニ（少数民族問題）、ソス・マン（宗教）。

1949-50 年の SDECE による傍受と Kiernan, *Origins*（1951-52 年の情報をもとにしているようだ）は、7人構成の各地区委員会が以下の通りだったと述べている。

南東：ケオ・モニ［委員長］、仮名：アチャー・マウ
チャン・ダラ［主席顧問］
トゥー・サムート［副委員長、内務人民委員］、仮名：アチャー・ソク
チャウ・イン［政治人民委員］、仮名：チュン・ヴェン
サラタ ［顧問］
ケオ•サヴァン［経済財務人民委員］、仮名：マオ•イン（Kiernan, *Origins*, p. 173 による）ネイ・サラン
南西：ソン・ゴク・ミン［委員長］、仮名：アチャー・メアン、キム・ビエン、ソン・ゴク・バー
チャン・サミー［副委員長］、仮名：ボク
ネム・スオン［副委員長と主席補佐官］
チェリヤ［書記長］
ネク［監査官］（Kiernan, *Origins*, p. 173 による）プラク・ソンとプルム・サミス

北西 : シウ・ヘン［委員長］
サロウン・ビン・ロンナット［副委員長］
（Kiernan, *Origins*, p. 173 による）
ムオル・サムバス［軍事問題］仮名 : ルオス・ニム
ヌオン・チェア［経済問題］
アチャー・ブン・カセム［政治］

北東 : セダ［？セサ］［委員長］（De Nike et al., p. 314 による。ラオ民族で、1950 年代を通じて北東部の運動の主導者であり続けたとされる。）

特別地区 : The 'Comité de Démarches de Phnom Penh', 後に特別地区委員会となるものは、1950 年 8 月まで創設されなかった。ケオ・メアスが委員となっていた。

86 **労働委員会**　Furuta, *Division*, p. 153.
86 **クメールランド**　'Constitution du Front Issarak Unifié....', supra; 'Note hebdomadaire de renseignements, semaine du 23 au 29 juin 1954, c. 10H278, SHAT; Bulletin des écoutes du Viet Minh, No. 877, 1950/5/27, SPCE, c. 107; Bulletin Quotidien de Renseignements No. 5994-PS/C, 'Fête de l'unité du Cambodge', 1950/6/10, SPCE, c. 107, AOM.
86 **一ヶ月後**　「1950/3/21 付書簡、装飾トロン・チンから ... CPSU CC 宛」dossier 720-ext, SE Asia section, CPSU Archives, Moscow.
86 **設立メンバー**　Quan khu 9: 30 nam khang chien（1945-1975）, People's Army Publishing House, Hanoi, 1996, p. 135. タク・ヌンについてはよくわかっていない。1951 年 9 月にカンポット近くの政治集会で発言しており、1954 年のジュネーブ会議の後で党の他の設立メンバー 4 人とともに PRPK の「暫定中央委員会」に任命されている（Doc. 2104/2, Général Dio to Commissaire, Cambodge, Oct. 22 1951, c. 10H4122, SHAT; および *Annotated Summary of Party History*, p. 256 参照）。PRPK CC は設立メンバー 5 人に加えてチャン・サミーとヌオン・チェアが参加していた（Doc. 3［K］/T.11.645, 'Quelques archives à propos de la situation cambodgienne: document élaboré par la délégation des spécialistes du Bureau politique — Délégation 478 — en 1985', VA）。
86 **ラオスの党**　Lich su Bo tong tham muu trong khang chien chong Phap（1945-54）, supra p. 680; および Vo Nguyen Giap, Duong toi Dien Bien Phu, People's Army Publishing House, Hanoi, 1999, pp. 406 と 411. どうもラオスの党は、クメールとベトナムで党が設立された 3、4 年後までできなかったらしい（MacAlister Brown and Joseph J. Zasloff, *Apprentice Revolutionaries: The Communist Movement in Laos, 1930-1985*, Hoover Institution, Stanford, CA, 1986, p. 47）。
86 **クメールランド人民革命党の党則は**　'Statuts du Parti Révolutionnaire du Peuple du Cambodge' と 'La ligne politique du Parti', いずれも 'le Parti Ouvrier Viet-

namien', SDECE, c. 10H620, SHAT に訳載。

86「民族の先導者」 電報 No. 749, SDCS, June 24 1952, c. A-O-I 165, QD. 'Statuts du Parti Révolutionnaire du Peuple du Cambodge', c. SPCE 107, AOM には少々ちがう用語が登場する。「原始共産党」なる用語は Stephen Heder による。1979 年以後、ベトナム人はカンボジア共産党史を改ざんする中でこの問題をごまかそうとしている。たとえば 'Recherche sur le Parti Cambodgien', Doc. 3KN.T8572（VA）はこう述べている。'Il est confirmé que pendant [la période] après 1950, au Cambodge il est apparu des conditions qui permettaient la naissance d'un Parti Marxiste-Leniniste, et en réalité [ce parti] était mis au monde, comme chacun le sait, pour assumer la responsabilité de diriger la lutte pour la libération nationale, avec le nom du Parti Populaire Révolutionnaire Cambodgien qui a herité l'oeuvre et la tradition du PCI.'

87 ベトナム、ラオス、カンボジアには Viet Minh Circular No. 13, 'Considérations sur l'Apparition Officielle du Parti Ouvrier Vietnamien', 1951/11/1, c. A-O-I 165, QD.

87 カンボジア人幹部の不足 フランスも問題を認識しており、これが克服されれば自分たちの立場が危険になることも認識している。'Extrait du Rapport du Général Dio', No. 2119, 1951/10/16, c. 10H284, SHAT を参照。

87 講義の中心は Bulletin des écoutes Viet Minh, 'Inauguration de l'Ecole de formation politique de Achar Chieu', 日付なしだが 1950, SPCE, c. 107, AOM.

87「藁葺きの宿舎が三棟」 Doc. SP 50295, 1951/8/8, c. 10H4122, SHAT.

88「監督権」 'Considérations sur l'apparition officielle du Parti Ouvrier Vietnamien', Viet Minh Circular No. 13, 1951/11/1, c. A-O-I 165; および 'Le Communisme en Indochine', No. 719/DGD, 1954/5/1, pp. 19-20, c. A-O-I 399, QD.

89 カンボジア革命は 'Au sujet de la mise en oeuvre des décisions de la réunion du 17 juillet 1950 entre les gouvernements Cambodgien et Vietnamien', 1950/8/11, c. 10H4121, SHAT.

89「指導力を欠く」 'Rapport du Général Viet Minh Nguyen Binh sur le Front Cambodgien'. 1951/8/11, c. 10H636, SHAT.

89 一九五一年 クメール党員が 150 人という数字については Doc. 32（N442）/T7917, 'Texte du camarade Nguyen Huu Tai, spécialiste de B68 a Phnom Penh', VA,' および 'Le Communisme en Indo-chine', No. 719/DGD, 1954/5/1, c. A-O-I 399, QD を参照。別のベトナム情報源（'Recherche sur le Parti Cambodgien', Doc. 3KN.T8572）は、1950 年 12 月にクメール党員が 300 人という数字を挙げているが、これはまちがいのようだ。またほかに 'Décision de la 2ème réunion des Cadres du Pays tout entier', EM/2B, No. 5208/2S, 1951/9/6, c. 10H2171, SHAT も参照。

89「（この）革命戦争にはまったく矛盾した」 Commandement des Forces Terrestres du Cambodge, EM/3B, No. 2371/3, 'Synthèse d'exploitation', 日付なし、c. 10H5585,SHAT.

90 フランスの報道が *Khemara Nisut*, no. 8, Dec. 1949, p. 14.

90 メイ・マンはある夏のキャンプで Mey Mann インタビュー。

90 メンバーは投票をおこない　*Khemara Nisut*（no. 8, Dec. 1949, pp. 26-9）では、新年のお祝いを「メゾン・ド・インドシナ」でやるという提案を却下する理由のひとつは「一般がクメール、ラオス、ベトナムの人々を混同するおそれがあり、これは関係者一同にとって有害である」と書かれている。さらにこう続く——「カンボジア人学生がフランスに到着して以来、そのほとんどはクメール新年祭をシテ・ウニヴェルシタリアで実施することに一貫して反対してきた」。ティウン・マムによれば、「メゾン・ド・インドシナなる代物は（中略）100パーセント・ベトナム様式」であり、だれも「カンボジアがベトナムの文化覇権下にある」という印象を与えたくはなかった（Vandy Kaonn, *La Nuit*, pp. 179-80）。

90 中国の首相であった周恩来　John Lewis Gaddis, *We Now Know: Rethinking Cold War History*, OUP, Oxford, 1997, p. 347 n. 53 での引用。周恩来の認識不足は一見したほど愚かなものではない。1932年にICP雑誌は、ベトナム、カンボジア、ラオスの革命は不可分で、その理由は「実際には（3国は）たったひとつの国を構成しているからだ」（Huynh Kim Khanh, *Vietnamese Communism*, Cornell University Press, Ithaca, NY, 1982, p. 128）と論じている。

91 重要なのはイデオロギーではなく独立　Keng Vannsak インタビュー。

91「新しい中国」の設立　*Khemara Nisut*, no. 9/10, Mar.-June 1950; また ibid., no. 8, Dec. 1949.

91 ある初期の会合　Keng Vannsak インタビュー。

92 ソ連の集団農場制度　*Khemara Nisut*, no. 5, Apr. 1949.

92 ある左翼の医学生は　Ibid., no. 6, July 1949.

92 アセトロジー　Keng Vannsak インタビュー。

92 互いに一緒にいたいと思う友人　Ibid.

92 二つの相反する傾向　Ieng Sary, Maben インタビュー、*Khieu Samphân* インタビュー。

92 ジャック・ベルジュ　Sary はのちに（Maben インタビュー）「1951年にわれわれが作ったのは（中略）反植民地主義連絡委員会だった」と述べているが、明らかにベルジュのグループを指している（かれの名前をメイ・マンも記憶違いしていた。Sher 博士論文、pp. 39-40）。

92「独立」が最大の目的　Ieng Sary, Maben インタビュー。

93 声高に支持していた　『ユマニテ』1面トップでは、2日連続でスターリンがホー・チ・ミン政府を承認したことが採り上げられていた（1950/2/2-3）。その後、このフランス共産党機関誌でのインドシナ戦争の扱いは急増した。

93 共産主義者が私たちの親友　Mey Mann インタビュー。

93 植民地主義と戦いたければ　Thiounn Mumm インタビュー。

93 結節点　Keng Vannsak インタビュー。

93 八月にベルリンで　'Festival Mondial de la Jeunesse', Berlin, 5 au 19 août, c. BA2275, Archives de la Préfecture de Police, Paris 収録。

93 サリは〜了承した　Thiounn Mumm インタビュー。また Chandler, *Tragedy*, p. 55 も参照。

93 あいつらはわたしをだましたんだ！　Keng Vannsak インタビュー。

94 列車でスイスを通り　Mey Mann, Thiounn Mumm インタビュー。
94 パリの若き労働者である青少年よ！　'Festival Mondial de la Jeunesse', Berlin, 5 au 19 août, in c. BA2275, Archives de la Préfecture de Police, Paris.
95 二万五千人　'Activités du Parti Communiste Français', août-sept. 1951, Direction des Renseigne-ments Généraux, p. 27, c. BA2398, Archives de la Préfecture de Police, Paris.
95 強制収容所　*l'Humanité*, 1951/8/8-11, 13-14, 16-17, 21-22.
95 中国人はクメール人と　Mey Mann インタビュー。
95 だがもっとも〜贈られた　Mey Mann（ibid.）は、その旗が持ち帰られたのを覚えている。Thiounn Mumm と Keng Vannsak（ベルリンにはいなかったが、その直後にワルシャワでマムと合流した）は文書や写真も与えられた（インタビュー）。また Chandler, *Tragedy*, p. 55; および Kiernan, *How Pol Pot*, p. 121 も参照。Sher（博士論文、p. 47）はベトナム代表団の団長がグエン・タン・ソンだと誤って書いているが、かれは全カンボジア労働委員会の会長である。l'Humanité（1951/8/11）によれば、代表団長は Houng Tualo（ママ）で、「ベトナム青年連盟の CC 党員」とのこと。グエン・タン・ソンは当時、南ベトナムでの PRPK 創設準備を監督していた。
95 武力行使をするか　Vandy Kaonn, *La Nuit*, p. 182.
95 武装闘争なしに　Thiounn Mumm インタビュー。
96（あいつらは）戻ってきたとき　Keng Vannsak インタビュー。
96 エア・シチャウとタン派　Ibid.
96 開いた跡さえない　Chandler, *Tragedy*, pp. 55 と 325 n. 17.
96 タンが立場をはっきりしたがらない　Chandler は、タンの帰国に反対していたのはシアヌークよりはフランス勢だと主張している（*Tragedy*, pp. 57-8）。その後のシアヌークの行動は、かれの感情がもっと複雑だったことを示す。
96 独立運動を指揮するよう促した　Vannsak インタビュー。
97 タンは政府の職を辞退し　Chandler, *Tragedy*, pp. 58-9.
97 フー・ユオンを新会長に　Vandy Kaonn, *La Nuit*, pp. 181-2; Ieng Sary, Maben インタビュー、Keng Vannsak インタビュー。
97 独立心が強く　Nghet Chhopininto インタビュー。
97 フランス全国学生連合（UNEF）と密接な関係　Thierry, *Vergès et Vergès*, p. 77.
97 公然と政治的な立場　Vandy Kaonn, *La Nuit*, pp. 181-2.
97 その数週間前にティウン・マムは　Nghet Chhopininto インタビュー。Mumm（インタビュー）は、ベルリンから帰ってきて報告を書いたことは認めたが、どういう状況で書いたかは述べていない。
98 もともと重要な課題は　Mey Mann インタビュー。
98 まもなく選ばれた参加者らが　Nghet Chhopininto インタビュー。
98 年月が経っても　Ibid.; Ping Sây と Mey Mann インタビュー。
98 議論があまりに教条的　Keng Vannsak インタビュー。
98 ンゲト・チョピニントが属していた別のセル　Ieng Sary, Thiounn Mumm, Mey Mann, Ping Sây, Nghet Chhopininto インタビュー。50 年後、イエン・サリはティウン・マムが自分やラト・サムーンと同じく協議委員会の一員だっ

たことを認めたくないあまり、3人目がだれかについて2回も口を濁した。そしてそれぞれ出てきたのはシエン・アンとフン・トンの名前だった。

98 かれがいたことを覚えていない　Thiounn Mumm インタビュー。

99 ラセペード通りで　サル自身も「わたしと他の学生数人がカンボジア・マルクス主義者（セルクル）と呼ばれる小集団を組織した」と主張し、その創設は1951年7-8月だと述べている（蔡インタビュー）。Ieng Sary（インタビュー）曰く――「当初、サロト・サルは（参加しなかった）。（中略）あいつの見方が変わったのは後になってからだった」。および（Maben インタビュー）――「われわれはあいつをグループに引き込もうとしたんですが（中略）きたがらなかった。やっと参加したのは、フランスを発つ直前だったな」。真実はまちがいなく、どこかその中間にあるのだろう。サルは自分が創設メンバーだったふりをしたがり、サリはバンサクやソン・ゴク・タンとの結びつきのためにサルが参加を渋ったのを誇張していると思われる。サルのセルの所在地についてはSher（博士論文、p. 120）とIeng Sary（『プノンペン・ポスト』インタビュー、1998/7/3-16）を参照。後者はこう述べる――「チャンドラーはかなりまちがいをしてますよ。ラセペード通りでのポル・ポトの役割を知らなかったんです」。

99 サルが親しくなった　ソク・ノールとサルとの友情についてはMey Mann インタビューを参照。

99 およそ三十人のメンバー　Direction des Renseignements Généraux, Note SN/RG/INF./8! S./No. 376, 8 June 1964, to MAE, CLV, c. 108, p. 171 bis, QD. 30人という数字は、当時のメンバーと思われる人々（一部はMey Mann インタビューで確認）をざっと数えた概数。

99 まずレーニンの　Ping Sây インタビュー。

99 比較的穏やか　Nghet Chhopininto インタビュー。

99 サリは活動熱心だった　Ping Sây インタビュー。

99 何人かセルクルを辞めてしまった　Thiounn Mumm インタビュー。

100 自慰をしろ　Sher 博士論文、p. 134.

100 未婚の母など　Thiounn Mumm インタビュー。

100 本当に慕われたのは　Ping Sây, Khieu Samphân, Keng Vannsak インタビュー。

101「自分を見せたくはなかった」　Pol Pot, Thayer インタビュー――「それがわたしの性格なんだ（中略）あまりしゃべらなかった。（だれかがパリ時代の）わたしのことを、礼儀正しくて慎み深い、にこやかな若者だったと書いていた。だからわたしは指導者として表に出たくなかったんだよ」。

101「浮いていた」　Keng Vannsak インタビュー。

101 夏に第二学年の試験を落第　Pol Pot, 蔡インタビュー。Saloth Sâr 学籍記録。

101 高等中学校修了証だけだ　Pol Pot, Thayer インタビュー。

101 博士号取得を目指す者たちは　パリでサルの導師を務めたにもかかわらず、Vannsak はパリで知り合いだった2年間のうち、腰をすえて語り合ったのはのべ5、6時間だっただろうと語る（インタビュー）。

101 指導者は学位を基準に　Pol Pot, 蔡インタビュー。

102 きわめて規範的な　これはIn Sopheap が、クメール・ルージュがなぜあの

ような形をとったのか説明しようとして持ち出した議論（インタビュー）。
102 読みあさった　Thiounn Mumm, Suong Sikoeun, In Sopheap インタビュー。スターリン『社会主義の経済的問題』は 1952 年 11 月、サルの出発 1 ヶ月前ににフランス語訳が刊行されたが、レーニン著作集は 1954 年まで出なかった。
102「大きくて分厚いマルクスの書物」　Pol Pot, 蔡インタビュー。
102 深遠すぎた　Ping Sây インタビュー。
102 マルクス主義の枠組み　Ieng Sary インタビュー。
102 フランス共産党幹部学校　Thiounn Mumm インタビュー。
102 サルはフランス共産党に加わった　サル自身が 1984 年に中国人インタビュアーに語ったところでは、PCF に参加したのはパリでのことだった（Pol Pot, 蔡インタビュー）。これは確認されているが、どうやらその根拠は伝聞でしかないらしい——Mey Mann と Keng Vannsak が述べている（インタビュー）。1950 年代初期にインドシナ共産党の東カンボジア・セルの首長だった Pham Van Ba もまた、サルが PCF 党員証を持っていたと証言している（Chanda, *Brother Enemy*, p. 58）。Thiounn Mumm は、一般に信じられているのとはちがって、自分は PCF に加入したことはないと主張しており、サルの主張についても疑問視している。また Christopher Goscha をはじめとする西側の専門家たちも疑問を述べている。さらに話をややこしくすることだが、明確に PCF 党員だった Ieng Sary が党員証なんかもらったことはないと否定しているのだ（Maben インタビュー）。PCF がソ連や中国、ベトナムなどの例に習って文書館へのアクセスを解放してくれるまで、この疑問は残るだろう。だが 1980 年代初期の中ソ関係を考えると、もし PCF 入党が嘘だったとしたら、サルが中国人読者向けのインタビューのために党員証をわざわざ偽造するとは考えにくい。したがって明確な反証が登場するまでは、本人の主張通りとしておくべきだろう。概観としては Mey Mann インタビューと Pol Pot, Talk with Khamtan を参照。
102 集会に参加した　Mey Mann インタビュー、Ieng Sary, Maben インタビュー。Sher 博士論文、pp. 122-6. Sary と Thiounn Mumm によれば、1950 年代初期には党員でなくても共産主義シンパであれば PCF のセルに参加したり「語学グループ」に参加できたりした。
103 フー・ユオン　老年となったポル・ポトが、学生時代のフー・ユオンとの口論を懐かしく思い出し、敬称として「同志」を意味する「ミット」を使っていたことは、2 人が確かにパリで親しかったことを示唆している。1970 年代初期に、CPK をユオンが批判しても、ほかの人ならずっとつまらないことで粛正されたのに、ユオンだけ見逃された理由のひとつかもしれない。
103 セルの仲間は　Pol Pot, 蔡インタビュー。
103 過激派のフランス人　*Vergès*, *Salaud*, p. 277. サルの「結婚」に関するコメントはたぶんイエン・サリと混同しているのだろう。Vergès はそちらのほうなら 1953 年に出席したかもしれない。だがサリとサルのどちらとも特に親しかったわけではなさそうだ。サリがサンシュルピス通りに住んでいて

結婚式もそこだったとまちがって記憶しているからだ。実は式はサンジェルマン大通りのブラッスリーでおこなわれている（Thierry, *Vergès et Vergès*, p. 205; Thiounn Mumm インタビュー）。

103『カイエ』 Khieu Samphân インタビュー。

103 レーニンやマルクスよりわかりやすかった Pol Pot, 蔡インタビュー。

103 唯物論的に定義づけ Sher 博士論文、pp. 123-4.

103 後者は〜ベトナム語版を発行していた Ibid., p. 125; Short, *Mao*, p. 393; Pierre Brocheux, *Ho Chi Minh*, Presse de l'Institut d'Etudes Politiques, Paris, 2000, p. 211.

104 六つの基本的な教訓 Stalin, *Histoire*, pp. 391-402. 6つの要点は同所の結論部分で箇条書きとなっており、あらゆる武闘派が学習すべき指針とされている。どれも不可欠とされるが、中でも「革命的警戒」とマルクス=レーニン主義への柔軟なアプローチの必要性は特に強調されている。

104「ボリシェヴィキの標語の一つ」 Ibid., p. 159.

104 自分の階級内の日和見主義者 Ibid., pp. 398-400.

104 合法的手段とともに非合法 Ibid., pp. 157-9.

105「一枚岩で闘争的」 Ibid., pp. 47-8.

105 だが共産党員は常に〜「容赦ない弾圧」である Ibid., pp. 320-2, 362 と 365.

105 セルクルの中には Sher 博士論文、p. 53; Martin, *Shattered*, pp. 98 and 158.

105 迷いはなかった これについての証拠は、サルの場合には、確かに薄弱だ。Khieu Samphân（インタビュー）は、ポル・ポトがフー・ユオンとの口論について語っているのを覚えている。Debré（Révolution, p. 86）は、明らかにケン・バンサクを引用しつつ、かれらの意見の相違を指摘している。2人がスターリン主義について議論したという証拠はないが、のちにこの2人が達したまったく異なる立場を考えると、納得がいく想定だろう。

105 サムーンは熱心に Pierre Brocheux, Sher 博士論文、pp. 138-9 での引用。

105 スターリンの肖像 François Ponchaud, *Cambodge: Année Zéro*, Julliard, Paris, 1977, p. 189.

105 かれはケン・バンサクにうち明けた Debré, Révolution, p. 86. また Sher 博士論文、pp. 133-4 が Sary の無名の同志を引用しているのにも注目。David Chandler は Debré（の Keng Vannsak 情報）をもとに、この発言をサロト・サルのものとして、そこからサルが至高のカンボジア共産主義指導者になろうという野心を抱いたのは 1950 年代にさかのぼると論じている。わたしはこの証拠にあまり説得力を感じない。Vannsak 自身が、これはサリについて話していたのだと述べている（インタビュー）。

106 同じセルのメンバーに意見を Pol Pot, 蔡インタビュー。

106 セルクルの秘密の会誌〜ポナリーに出会った。 Ieng Sary インタビュー。レーニンの「イスクラ」との比較については Thiounn Mumm インタビューを参照。

106『ユマニテ』を読むようになった Pol Pot, Thayer インタビュー。『ユマニテ』についてポル・ポトはあっさりと「おっかなかった」と述べており、これをわたしは同紙の高圧的な論調についてのものと解釈した。サロト・サル

にも欠点はいろいろあったが、小難しい話を避けるという長所はあった。これに対してイエン・サリは『ユマニテ』がお気に入りで（Maben インタビュー）、これがセルクルで必読とされたのはサリの主張による。

106 嫌悪感を抱いていた　Mey Mann との会話（バッタンバン、2000/6）。Sher 博士論文、p. 125. また Emmanuel Le Roy Ladurie, 'Le Vécu Stalinien', *Staline à Paris*（ed. Natacha Dioujeva and François George）, Editions Ramsay, Paris, 1982, p. 175 所収も参照。

106 血なまぐさい犯罪報道　*l'Humanité*, Feb. and Mar. 1950, 紙面に多数。

106 反植民地デモ　*Vergès*, *Salaud*, pp. 61-78; Bernard Violet, *Vergès: Le Maître de l'Ombre*, Seuil, Paris, 2000, pp. 66-9; Thierry, *Vergès et Vergès*, pp. 76-7.

106 蜂起寸前の雰囲気　In Sopheap, *Khieu Samphân*, p. 25.

107 パリ・コミューンの八十周年　*l'Humanité*, 1950/3/18.

107 反チトー破壊工作員　Ibid., 1951/8/6.

107 内心では同情的　Nghet Chhopininto インタビュー。

108 大きな影響を及ぼしたのは毛沢東　ポルポトは蔡インタビューでこう語っている――「毛主席の本を読んだときは、わかりやすいと思った。スターリンの本ももっとわかりやすかった」。Ping Sây（インタビュー）によれば『新民主主義論』はセルクルのメンバーたちが研究した毛沢東の最初の著書だった。

108 革命の詳細計画　毛沢東『新民主主義論』pp. 339-84.

108 拡大を続け　'Rapport de Truong Chinh à la sixième réunion du CC du PCI', Jan. 14-18 1949, in Direction des Services de Sécurité, 6442/C/SG.1, Oct. 17 1951, c. 10H620, SHAT.

108「民主カンボジア」　'Comité représentatif du Sud-Est Cambodge démocratique' が 1948/9/24 に発表した文書を参照、Haut Commissaire, Indochine, c. 77,AOM.

108「民主主義国家」　Goscha 博士論文、pp. 74, 87, 198 と 619-21.

110 西側諸国の記述　Sher（博士論文、pp. 64 and 138）は、セルクルのメンバーたちが実はこうした本を読んでいると考えている。その通りかもしれない。だがインタビューを受けた人のだれ 1 人としてそれを口にしていないし、Thiounn Mumm と Keng Vannsak はどちらも、フランス文学やマルクス主義文献、共産主義や左翼系のフランス誌（『ユマニテ』『ル・モンド』『カイエ・インターナショノー』）を除けば、サロト・サルやイエン・サリのような人物はあまり本を読んでいないと述べている。サル自身、フランス語が苦手と言っているのもこの傍証となる。

110 メルロ=ポンティ　Keng Vannsak インタビュー。

110 毛沢東さえ　毛沢東『新民主主義論』pp. 366-7.

111 認めざるを得なかった　Goscha 博士論文、p. 136.

111 唯一の本〜「全部を理解したわけではない」　Pol Pot, Thayer インタビュー。

111 冒頭の段落　Kropotkin, pp. 1-2. ここで「農民と労働者」と訳した部分は、原文では「des paysans et des proletaires dans les villes」となっている。だが 18 世紀には工業プロレタリアートはまだ存在せず、クロポトキンは自

分が「都市部の職人や労働人口」のことを言っていると明言している（p. 283)。この文脈では、文字通りの翻訳である「プロレタリアート」を使うと誤解を招く。18世紀フランスのプロレタリアートは、1950年代のプノンペンではシクロ運転手や荷担ぎ人夫に相当するものであり、マルクスが思い描いたようなプロレタリアート労働力ではない。

112 カンボジアの子どもたちは〜説明されている　Alphonse Aulard, *Histoire de France*, Paris, 1905（およびその後の版), pp. 116-52; Ernest Lavisse, *Histoire de France*, Paris, 1940, passim; Gauthier and Deschamps, Cours d'*Histoire de France*, Paris, 1931, pp. 120-73.

113「称賛に値する」　Thiounn Mumm インタビュー。

113 この革命から学ぶべきこと　Ieng Sary, Maben インタビュー。

113 キュー・サムファンとのシュールな出会い　Le Monde, 1998/12/31.

113 類似点について熟考した　In Sopheap, *Khieu Samphân*, p. 31.

113 ロベスピエールの人格　Suong Sikoeun インタビュー。また *Phnom Penh Post*, 1996/11/15 および Sher 博士論文、p. 62 を参照。

114 ロシアの公爵から〜よってのみ生まれていた　Kropotkin, pp. 312, 406, 433 と 707-9.

114 ブルジョア階層の矛盾した態度　これはクロポトキンの本で一貫した主題となっている。「ブルジョワと高等教育層は（中略）中産階級の不満分子が王や宮廷と戦う可能性を見せ（中略）農民大衆が蜂起しなければ何もしなかっただろう」（p. 5)、「ブルジョワジーは常に同時代の仲間である人民に不信を抱いていた」(p. 76)、「このようにしてブルジョワ指導者たちの体系的な裏切りが開始されたが、これは革命を通じて起きていることをこれから見てやろう」（p. 100)、「要するに、ブルジョワジーとインテリ、所有権擁護者たちは、人々の勢力を削ごうとあらゆる手をつくしたので、革命そのものが止まってしまった」(p. 288)。またとりわけ pp. 107-8, 178, 206 以降、255, 279-81, 285, 405, 431-3, 615-16, 658 を参照。

114 途中で止めてはならない　Ibid., pp. 646 and 738-9.

114 クロポキンのもう一つの〜コンセプトの源だった　Ibid., pp. 743-5.

115 警告的な一文　Ibid., pp. v-vi.

115 パリのセルクルの〜反乱軍基地を攻撃した　この記述は主に 'Etude sur les Mouvements Rebelles au Cambodge, 1942-1952'（Service de Securité du Haut Commissariat de France au Cambodge, No. 346/PS-C, pp. 33-43, série Gouverneur-Général, Dossier 65493, c. 7F 29（7), AOM）からとっている。また Chandler, *Tragedy*, pp. 58-60 も参照。

116 学生デモが次々と　Ibid., および Note No. 2804/C/SG/1; 'Directeur des Services de Sécurité du Haut Commissariat en Indochine au Ministre des Etats Associés', 1952/5/19, c. 10H284, SHAT.

116 石を投げられた　Suong Sikoeun インタビュー。

116 糾弾の垂れ幕　Ibid., および 'Etude sur les Mouvements Rebelles au Cambodge, 1942-1952', supra.

116 フン・カンソウル　Nhiek Tioulong, 'Chroniques Khmères', 未刊行タイプ原稿、

Ch. 12, p. 9.

116 この一連のデモも～続出した 'Etude sur les Mouvements Rebelles au Cambodge, 1942-1952', supra; Chandler, *Tragedy*, p. 60; および Hu Nim 自白調書、Chandler et al., *Pol Pot Plans*, p. 234 所収。

116 六月四日にシアヌークは この演説をシアヌークはクメール語でおこなったが、その公式なフランス語版が *Bilan*, pp. 125-36 に掲載されている。Nhiek Tioulong は改訂なしの抜粋を 'Chroniques Khm'eres', supra, p. 11 に載せている。

118 イェム・サムバウル 「王冠」と題された皮肉な対話を参照。*Khemara Nisut*, no. 14, Aug. 1952. ここではユー・クース殺害は「サンボ」（イェム・サムバウル）に結びつけられ、ほのめかしでコサマク王女（のちに王妃）の関与も述べられる。キュー・サムファンも In Sopheap による引用の中で「Y」が襲撃の背後にいると述べている（*Khieu Samphân*, p. 45）。

118 その翌日の～王は国民に告げた Bilan, pp. 137-40; Nhiek Tioulong, 'Chroniques Khmères', p. 12; Chandler, *Tragedy*, pp. 63-4; *France Soir*, 1952/6/17.

118 かれらはその任にふさわしい Keng Vannsak インタビュー。

119 負けず劣らず単細胞 David Chandler のコメント――「フランスはアメリカ人たちがカンボジアの選挙選出政府を支持していたことにがっかりしていた」（*Tragedy*, p. 59）は、1950 年代初期の両国の態度を雄弁に物語っている。

119 国民議会も反感を Nhiek Tioulong, 'Chroniques Khmères', p. 12; Chandler, *Tragedy*, p. 63; *France Soir*, 1952/6/17,20.

119『ケマラ・ニソット』の号外 'Lettre de l'Association des Etudiants Khmers en France a Sa Majesté Norodom Syhanouk（ママ）, Roi du Cambodge', 1952/7/6, in *Khemara Nisut*, no. 14. それ以前の号は謄写版かフランス語だったのに対し、1952 年 8 月付けのこの号は、手書きのロウ式ガリ版でクメール語だった。ここで引用した文はこの手紙の現代フランス語訳からであり、Ben Kiernan のご厚意で提供していただいた。また Mey Mann によるのちの原稿翻訳も使っている。

120 バンサクの非難が～官房長に命じていた Keng Vannsak インタビュー。

121 クメール・デーム（旧クメール人） この同国のカルダモンなど遠隔地に住む土着民をさす用語に対する通常の文字通りの翻訳は「原クメール人」である。だが、この用語にそこまでの意味合いを持たせるのはまちがっている。これは先祖返り的な、原初の黄金時代への希求を示すものではない。Keng Vannsak（インタビュー）によれば「これは慣用句なんですよ。単に『古いクメール』とか『先祖』という意味で、司祭のイメージを持っています。革命的な意味はないな。（中略）賢人というような感じ」。同じ号に書いていた他の学生はクメール・ネアク・ンゲア（クメール世襲奴隷）――王室の下の国民の宿命へのあてこすり――やクメール・セライ（自由クメール）といったペンネームを使っていた。

122「王制か民主主義か？」 *Khemara Nisut*, no. 14, Aug. 1952（d.D00084, DC-Cam）.

123「民主主義に望みはない」 'Huit mois de Pacification au Cambodge, Juillet

1952-Février 1953', p. 4, c. 10H285, SHAT.

123 がっちり掌握していった　Ibid., pp. 3、7.

123 支配していると主張した　*Khmer Armed Resistance*, p. 17.

123 不穏な状況　たとえばプノンペン国立文書館に補完されている詳細な軍の地方地図を参照。そのほとんどは1952年前半からのものである。

123 フランス軍自身も　'Huit mois de Pacification au Cambodge', supra. カンポットとタケオの共産主義者支配地域には14万人以上が住んでいて、コンポンチャムのダンバー地区には1万5000人がいた。

123 当局にとって救い〜終わってしまった　Ibid.; 'Etude sur les Mouvements Rebelles au Cambodge, 1942-1952', supra; 'Fiche Cambodge: Problème Khmer Issarak', EMIFT 2ème Bureau, 1952/9/15; 'Fiche Cambodge: Situation des Forces Rebelles' および 'Fiche Cambodge: Ac-tivités Rebelles', EMIFT 2ème Bureau, 1952/9/17; 'Situation générale en Indochine', EMIFT 2ème Bureau, 1952/9/19, すべて c. 10H612, SHAT 収録。

124 要塞化した村落　'Huit mois de pacification au Cambodge', supra, pp. 87 と 105.

124 ラングラードは〜批判した　Ibid., p. 8. 'Implantation Rebelle au 28.7.52' と題されたEMIFT地図はサヴァングス・ボンの下に450人がコンポンスプー地区に配備されており、チャンタランセイ部隊の1000人が同地区とコーコング南西に配備されていることを示している。

124 ポルニックでの休暇キャンプ　Thiounn Mumm インタビュー。

124 農家で開かれた　Ping Sây, Ieng Sary インタビュー。

125 議題は三つ　Mey Mann インタビュー。

125 偵察し（中略）それぞれの抵抗組織を　Pol Pot, 蔡インタビュー。

125 第二の任務　Ping Sây インタビュー。Kiernan（*How Pol Pot*, pp. 122-3）はサルが帰還後に「民主党に工作してもっと左翼的な立場をとらせようとした」と主張する。ベトナム党史家も「かれの最初の任務は民主党に潜入し（中略）（もっと左翼的な立場にむけて）党を誘導するよう試みることだった。だが理由は不明ながら、その任務は達成されなかった。ポル・ポトはちがった方向に向かい、ソン・ゴク・ミンの運動に参加したのだった（後略）」（Doc. 3KN/T8572, 'Recherche sur le Parti Cambodgien', VA）と述べる。これはまちがいだが、繰り返されるうちに一人歩きするようになってしまっている。サル自身がかなりちがう話をしており、同時代人数人もそれを確認している。さらにサルが当時民主党で知っていた人物はケン・バンサクだけで、1953年には顔を合わせていない（インタビュー）。

125 かれには人脈が　Mey Mann インタビュー。

126 この機会にとびついた　Keng Vannsak インタビュー。

126 続けて落第しており　Saloth Sâr 学籍記録。

126 ソン・セン　Keng Vannsak インタビュー、Son Sen 学籍記録。

126 十一月には、プノンペンの学生ら〜決議を拒否した　この記述は 'Situation au Cambodge', Ministre des Etats Associés, Saigon, No. 296/cab 104-CD, c. A O-I 398, pp. 223-32, QD; 'Proclamation Royale du 13 Janvier 1953 au Peuple', Bilan, pp. 151-6; AEK, 'Une leçon aux calomniateurs', 1952/12/21（Sher 博士論

文、pp. 621-7 に再録）に基づいている。

127 サイゴンに到着した　Saloth Sâr 学籍記録。プノンペン到着は 1953 年 1 月 14 日。

127 シアヌークはラジオ演説で　*Bilan*, supra; Chandler, *Tragedy*, p. 65.

127 コサマク妃の指導によって強固　Chandler, *Tragedy*, pp. 65-6 での記述と「王冠」で彼女に与えられた役柄を参照（*Khemara Nisut*, no. 14, Aug. 1952）。

127 ジャン・ルトーノーは書いている　'Situation au Cambodge', *Ministre des Etats Associés*, Saigon, No. 296/cab 104-CD, c. A-O-I 398, p. 232, QD.

127 九人の民主党議員　Chandler, *Tragedy*, p. 66; また Kiernan, *How Pol Pot*, p. 122 も参照。

127 抗議の電報　AEK, 'Une leçon aux calomniateurs', 1952/12/21, supra.

127 だが状況は一変～禁止された　Hou Yuon, Ieng Sary, Son Sen, Thiounn Prasith 学籍記録、Mey Mann と Ping Sây インタビュー、Vandy Kaonn, *La Nuit*, p. 185.

128 見せしめに勧告を受けた　De Langlade to Salan, 63/CAB, 1953/2/3, c. 10H285, SHAT での引用。

## 第三章　反乱軍への参加

頁

129「カンボジアに争いはなかった」　Mey Mann インタビュー。

129 一月だけで百十五人のイサラクと　'Huit mois de Pacification au Cambodge, Juillet 1952-Février 1953', c. 10H285, SHAT.

129 政府側にもこれに匹敵する　*Vietnam Information*, no. 18, 1953/5/8, Rangoon [c. A-O-I 165, QD].

129 部隊派遣記録には　'Compte-rendu de Combat du 22 Décembre 1952', A.R.K., 4ème Bataillon, 2ème Compagnie, No. 1025/C3, pp. 1-3, in 'Opérations de Pacification au Cambodge, Décembre 1952-Janvier 1953', Etat-Major, 3ème Bureau, No. 146/3, c. 10H285, SHAT.

130「ちょっとベトナム人殺しに」　'Le Raid d'Attopeu', p. 5, ibid 所収。

130 襲撃におびえながら暮らしていた　'Implantation Rebelle au 15 mai 1952', EMIFT map, c. 10H4122; Fiche, 'Cambodge: Activités Rebelles', EMIFT 2ème Bureau, 1952/9/17, c. 10H612; Fiche, EMIFT, 2ème Bureau, 'Méfaits commis contre les militaires et ressortissants Français au Cambodge', 1953/11/13, c. 10H284, SHAT. サルはプレクスバウへ旅を続ける前に兄スオンを訪ねている（Chandler, *Brother*, p. 41）が、不思議なことに 3 ヶ月前に帰国していた恩師ケン・バンサクには会っていない。

131 留学に行く前　Pol Pot, Thaver インタビュー、また In Sopheap, *Khieu Samphân* も参照。

131 サルにとっては　*Sammaki*, 1954/11/24（c. HCC 27（Surveillance de la presse Cambodgienne, 1951-1955, AOM 所収）, Sher 博士論文、pp. 610-11 での引用。この論文では、国内政策の「基本的な使命」は「民族独立と国内の主権を

獲得すること」と記述されている。

131 ベトミンの支配下におかれていた　'L'Economie Viet Minh au Cambodge', 1953/5/15, c. 10H5585, SHAT.

131 国防に多くの資金が投入　Commission Economique pour l'Asie et l'Extrême Orient, ECAFE L.73/II.2, 53/12/15, c. A-O-I 323, QD. この巻の別の記録では、1952年にサイゴンでの米の卸価格が6割上がったことが述べられている。

131 前年の冬に　'Hang Thun Hak au Comité de Redressement National de Kg. Thom', 1953/2/7, c. 10H613, SHAT.

131 サルに納得させた　ここでの証拠は断片的だ。蔡インタビューで、ポル・ポトはベトミンやソン・ゴク・タンの運動とともに闘う「クメール・クロムの人々」だけがまともな勢力だったと指摘している。また当時は完全にタン派だった「華開いていた学生運動」にも言及している。その直後にタン派の重要性を引き下げているのは事実だ。だがもっともありそうな解釈としては、これがすぐに確定した結論ではなくいくつも続いた事件の一環であって、タン派に対する幻滅は徐々に起きたというものだ。

131 カンボジアの高等中学校〜出し抜くことができた　Suong Sikoeun インタビュー。

132 だが一九五三年の春までには〜甘言につられたのだった　De Langlade to Cambodian Prime Minister, No. 697/2, 1953/4/17; Forces Terrestres, Cambodge, to EMIFT, Saigon, 電報6551, 1953/5/8; De Langlade to Cambodian Defence Minister, No. 872/3/KI, 1953/5/10; De Langlade to Salan, No. 63/CAB, 1953/2/3; 'le Gouverneur, Chef de Province, Kompong Speu à S.E. le Ministre de l'Intérieur, Phnom Penh', No. 6/APX, 1953/2/14, in c. 10H285, SHAT; *Bilan*, p. 35 を参照。

132 五月になっても〜寄せ集めとみなしていた　In Sopheap, *Khieu Samphân*, p. 16; 'Etude sur les Mou-vements Rebelles au Cambodge, 1942-52', c. 7F 29 (7), AOM, pp. 49-51. チャンタランセイに関する簡潔な書誌としては Khing Hocdy, *Ecrivains*, pp. 78-81 を参照。

132 同じ結論に達していた　Keng Vannsak インタビュー。

132 藁葺きの小屋で構成された〜夜間に旅人を襲った　Suong Sikoeun インタビュー。

133 フランスのスパイだと　Bunchan Mol, *Charek Khmer*, pp. 34-43.

133 生きたまま腹を〜信じられていたのだ　Chhang Song と Khun インタビュー。

133 タケオ地方の自分の〜十一歳だったかな　Chhang Song インタビュー、および *Buddhism*, p. 3.

133 スパイ容疑で殺された人々の中には　Bunchan Mol, *Charek Khmer*.

134 お守り　In Sopheap, *Khieu Samphân*, pp. 12-13; Ang Chouléan, *Etres surnaturels*.

134 アギ・ネトル　Nuon Chea, In Sopheap, *Khieu Samphân*, p. 13 での引用。

134 イサラクの戦士たちは〜酒を供えた　Thiounn Mumm と Keng Vannsak インタビュー。

134 魔法のクロマー　Bunchan Mol, *Charek Khmer*, pp. 34-43.

134 植民地の兵士は女を強姦し　Bunchan Mol, *Charek Khmer*, pp. 44-67; 'Proclamation Royale', June 21 1952, *Bilan*, p. 149 所収。フランスの蛮行に関する

ベトミンの証言としては SDECE, Bulletins de Renseignements Nos. 17574/1, 1949/10/2 と 18431/1, 1949/10/24 c. 10H4120,SHAT 所収を参照。1951 年 11 月 18 日、仏軍指揮官ディオ将軍は「厳しい規律維持のため、強盗、収奪、強姦、権限濫用、支払いなしの食料強奪を絶対に避けるよう、士官たちに対して」命令を出し、これを「定期的に読んで聞かせるように」としている。

134 あるカンボジア政府の兵士は　Vickery, *Looking Back*, p. 96.

135「拷問にもかかわらず」 SDECE Bulletin de Renseignements, Nos. 18796/9 of 11/3 and 19663/8 of 1949/11/4; 2ème Bureau, No. 8021/2S of 1949/12/14, in c. 10H4120, SHAT.

135 紛争地域では　De Raymond to High Commissioner, Saigon, 1949/12/22, c. 10H284, SHAT. また 'Note sur le Mouvement Viet-Minh', 1953/6/5, c. A-O-I 165, pp. 94-8, QD も参照。

135 かつてサルの級友だった〜真実味を帯びていた　Ping Sây インタビュー。

136 エア・シチャウは夏にもう一度　Keng Vannsak インタビュー。

136 サロト・サルは〜というわけだ　Mey Mann と Keng Vannsak インタビュー、Pol Pot, 蔡インタビュー。

136「カンボジアはベトナムの手中に」 Mey Mann インタビュー。

136 常に連絡を取りあっていた　たとえばフランスが傍受した 1953 年 4 月 22 日付の手紙を参照。これはソン・ゴク・タンのクメール・セライ委員会「川の部」から地区活動委員会代表とされる「ムッシュー・バー」(ファン・バン・バか) 宛で、中でも「貴殿らに敵対する意図はない (中略) 現在、クメール人民とベトナム人民とは共通の敵であるフランス人に対して闘争している」などと書かれている (c. 10H613, SHAT)。

137 代理を務めていたサロト・チャイ　Pol Pot, 蔡インタビュー。1951 年 9 月、フランス諜報部はケオ・モニの南東司令部が「プレイベン東北東 50km のクラバオ」にあるとつきとめている (Note de Renseignement No. 1919/2, Sept. 5 1951, c. 10H4122, SHAT)。1954 年夏にメイ・マンがそこを訪れた頃には、まだ本部はそこにあった (インタビュー)。

137 一九五三年八月　Kiernan, *How Pol Pot*, pp. 123 と 136 n.34 におけるチェア・ソスとファン・バン・バの引用。ラト・サムーンのプノンペン離脱については Keng Vannsak インタビュー参照。サル自身は蔡インタビューで、すべての日付を 6 ヶ月早めている——フランス出発を 1952 年 7 月にして、プレイベンでのベトミンに参加したのを 1953 年 1 月としている。ベトナムの党史家たちは 'Recherche sur le Parti Cambodgien' (Doc. 3KN.T8572, VA) の中でさらに話をややこしくして、かれがフランスから戻ったのは 1953 年末だと述べている。

137 サロト・サルがシアヌークの〜を実現しようと取り組むことです　De Langlade to Salan, 156/CAB, 1953/3/24, c. 10H285, SHAT.

138「時機を失している」 Chandler, *Tragedy*, p. 67.

138 曾祖父のノロドムも　Pierre Lamant インタビュー。ラマン教授はノロドム王の伝記を執筆中である。

138 気分を害して〜見ていない証拠と解釈した　*Le Sangkum*, Aug. 1966, pp. 6-9;

Chandler, *Tragedy*, p. 68. シアヌークによれば、フランス人もまた、即時独立にこだわるのは「共産主義者の思うつぼだ」と警告したという。

139 双方とも　*Le Sangkum*, Aug. 1966, p. 8.

139 シアヌークは『ニューヨーク・タイムズ』のインタビューで　*New York Times*, Apr. 19 1953; *Le Sangkum*, Aug. 1966, pp. 6-9.

139 六月六日に、シアヌークは植民地当局と～ド・ラングラードは指摘していた　断りがない限りこの部分の記述は 'Politique Intérieure, Mois de Juin 1953', c. 10H613, SHAT に基づく。文書に署名はないものの、Chandler（*Tragedy*, p. 328 n.53）はそれを、サイゴンのアメリカ大使館がコピーをワシントンに送っていることを根拠に、ド・ラングラードのものとしている。

140「気のふれた森のマキャベリ」　De Langlade to Salan, No. 156/CAB, 1953/3/24, c. 10H285, SHAT.

140 あるフランスの役人は落胆して　無題の文書、1953/7/31 付、'source informateur bénévole' とある、c. 10H613, SHAT.

140 マクドナルドは　Chandler, *Tragedy*, p. 69.

140 秘密のメモ　'Note Personnelle redigée par Norodom Sihanouk de Cambodge à l'intention des Etats-Unis d'Amérique et de la Grande Bretagne', c. 10H613, SHAT.

142 そして六月二十八日～呼びかけた　*Bilan*, pp. 163-6, 'Message Royale à la Nation', 1953/6/28. De Langlade によれば（'Politique Intérieure', supra）、動員命令の詳細が公表されたのは 3 日後の 7 月 1 日だった。

142 これらの事件は　Fleurant to De Langlade, Sept. 8 1953, c. 10H285; 'La Situation au Cambodge', EMIFT, 2ème Bureau, No. 3691/EMIFT/2/TS, 1953/9/29, c. 10H612; および Fiche de l'EMIFT, 2ème Bureau, 'Méfaits commis contre des militaires et ressortissants français au Cambodge', 1953/11/13, c. 10H284. また 1953/9/21 付け無番の 'Note' と Bulletin de Renseignements No. 2038/2.S of 1953/10/3 in c. 10H613, SHAT.

142 ド・ラングラードは七月三日に　'Politique Intérieure', supra.

143 歴史はカンボジアに　Chandler, *Tragedy*, p. 70.

143「独立を達成させる」　Laurent, *Armée*, p. 56; Commandement des Forces Terrestres du Cam-bodge, Etat-Major, 2ème Bureau, No. 1591/2.S, 'Politique Intérieure', 1953/8/20, c. 10H613, SHAT.

144 十五万人を超える　EMIFT, 2ème Bureau, No. 3691/EMIFT/2/TS, 1953/9/29, c. 10H612, SHAT.

144 脱走兵の多さ　Ministère de la Défense Nationale, Royaume du Cambodge, No. 960/DN-2B-X, 'Note de Service', 1953/7/19, c. 10H613. 7/22 までに 270 人が脱走した（Etat-Major, 2ème Bureau, No. 1403/2.S of 1953/7/23, c. 10H613）。また 3ème Bataillon, 9ème Compagnie, No. 75.25 D.S.C, SP: 50.915, 1953/8/31, c. 10H285, および Etat-Major 2ème Bureau, 1891/2.S, 'Fiche Politique' of 1953/9/21（c. 10H613）も参照。これによるとクメール士官組合の 35 パーセントがソン・ゴク・タンを支持しており「（同国の）知的エリートにとって文句なしの指導者となっている」とのこと。2 日後、ド・ラングラードはペ

ン・ヌートに手紙を書いて、将校と兵660名が脱走したと文句を言っている（No. 1866 of 1953/9/23, c. 10H285, SHAT）。また Laurent, *Armée*, pp. 56-7も参照。

144 十月十七日　Laurent, *Armée*, p. 56.

144「この上ない大勝利」　Chandler, *Tragedy*, p. 71.

144 悲しげにつづっている　De Langlade to Salan, No. 2278, 1953/11/10, c. 10H285, SHAT.

144 フランスとの闘いに玉座を賭け　シアヌーク自身（De Langlade to Salan, 1953/11/10, c. 10H285 で引用）のみならず、フランス当局も「かれが玉座を賭けた」と認識していた（Etat-Major, 2ème Bureau, No. 1403/2.S, 1953/7/23, c. 10H613）、SHAT.

144 後から出発した者たち〜たどりついた　ボン・ベトは1954年4月にプレイ・チホル経由で移動した（自白調書、1978/11/24）。かれの出発準備をプノンペンで整えたPing Sâyは、地区のクメール・ベトミン手引き者がチュムという名の農民だったというボン・ベトの回想を確認している（インタビュー）。メイ・マンは1954年に移動した。ユー・スオンは1953年11月——サルの3ヶ月後——に反乱軍に向かったが、かれもどうやら同じような道をたどったようだ。コンポンチャムのクラウチュマル地区を通過したと述べており、これはメコン川をはさんでスツン・トレンの真向かいにあるからだ（自白調書、1977/5/26）。

145 二年前にフランス情報部から　Note de Renseignement No. 1919/2, 1951/9/5, c. 10H4122, SHAT.

145 森にカンバス布を張っただけ　Mey Mann インタビュー。Laurent（*Armée*, p. 65）によれば、共産主義者拠点に対する空爆は1953年11月以後に始まった。

145 志願兵はそれぞれ〜クラバオに向かった　Mey Mann インタビュー。

145 身元を確認しやすい　'Rapport [oral] du camarade Khieu Minh, fonctionnaire-cadre de l'Ambassade Vietnamien a`Phnom Penh, fait au sujet de Pol Pot et son Parti à la délégation des cadres du Comité de Recherche sur l'idéologie du CC', Phnom Penh, 1980/5/10, Doc. 32（N442）/T8243,VA.

145 フランス共産党員であると自己紹介　'Rapport... du camarade Khieu Minh', supra.

145 サルは次のように　Pol Pot, 蔡インタビュー。かれが調理人として働いていたという話はベトナムの情報源からも確認されている（'Biographie de Pol Pot', Doc. 32（N442）/ T8313,VA）。

146 ユン・ソウンは不満を　かれはこう追加している——「わたしはフランスからの学生だったので、レジスタンス団にいる連中から見れば、兵士として信用できなかった。（中略）だから何も仕事を与えられなかった」（Yun Soeun 自白調書）。

146 チ・キム・アンは〜実力を見ようとしてたんだよ　Mey Mann インタビュー。

146 確認していた　'Rapport... du camarade Khieu Minh', supra.

146 ようやくかれらが共産党員　Chanda, *Brother Enemy*, p. 58.

146 二年前にハノイは〜決定した　電報 217 D.C., 'Commandement du Nambo à Commandement Supérieur', 1951/7/21, p. 3, c. 10H4122, SHAT を見ると、再編が起こったのは 1958 年前半だとわかる。

147 クメール人民革命党に混乱　Bulletin de Renseignements, No. 1919/2, 1951/9/5, c. 10H4122, SHAT.

147 ベトミンの高圧的な態度　Bulletin de Renseignements, No. 2315, 1953/9/5, c. 10H613, SHAT.

147 司会をつとめただけ　Mey Mann インタビュー、Vorn Vet 自白調書。

147「党生活の六規定」　'Les Six Règles de Vie du Membre du Parti Communiste', Comité Exécutif Central du Parti Lao Dong, 1951, c. BA 2346,Archives de la Préfecture de Police, Paris.

149 非常な困難　'Recherche sur le Parti Cambodgien', Doc. 3KN/T8572, VA.

149 サル自身ものちに　Pol Pot, 蔡インタビュー。

149 セルクルと同じく　'Statuts du Parti Révolutionnaire du Peuple du Cambodge', in SPCE c. 107, AOM.

149 緻密な計画　たとえば 'Le Raid Viet-Minh sur Kien-An', 1953/7/11, c. BA2346, Archives de la Préfecture de Police, Paris における公式フランス軍報告のレジュメを参照。

150 ファン・バン・バはサロト・サルに　Kiernan, *How Pol Pot*, p. 123 での引用（訳は改変）。

150 基本は教化と恐怖　この論点を裏書きする例は 'Le Viet-Minh et le Parti Communiste Indochinois', Despatch 5152, Haut Commissaire de France, Saigon, 1949/10/17, c. A-O-I 400 付属文書、および Commissariat Général de France en Indochine, 'Note sur le Mouvement Viet-Minh', Saigon, 1953/6/5, c. A-O-I 165, QD など。

150 一度正しい思いを　'Voice of Vietnam', 1952/7/27, 'Note sur le Mouvement Viet-Minh', supra, pp. 4-5 での引用。

150 近くの村へ農業を手伝いに　Pol Pot, 蔡インタビュー。

150 士官二人と親しくなった　Ibid.; Mey Mann インタビュー、'Implantation Rebelle au 15 mai 1952', EMIFT map, c. 10H4122, SHAT.

151 ケオ・メアスは　Gorce to MAE, 'Notice de Renseignements concernant Monsieur Keo Meas', Note 121/CX, Jan. 17 1957, c. CLV 20, QD; Keo Meas 自白調書、1976/9/25; Goscha 博士論文、p. 697.

151 サルは原稿を書くのを手伝った　これについては状況証拠しかない。1952 年にサルはすでに『ケマラ・ニソット』に執筆していた。1954 年 11 月には､共産主義者のフロント誌『サマキ』でサムートと記事を共著していた。1954 年春にラジオ局が開始する頃には、サルはサムートの主要な補佐役となっていた。この状況で、かれがラジオの原稿執筆を手伝わなかったとは考えにくい。この仕事ではケオ・メアスともしばしば接触したはずだ。1970 年代から 98 年の死の直前まで、ポル・ポトが各種クメール・ルージュ・ラジオ局の論説内容に詳細な、ほとんど編集狂的な関心を示したという点は特筆に値するだろう。

151 将来、カンボジア共産党の指導層に　Keo Meas 自白調書、1976/9/25.
151 曲がりなりにも話し　Pol Pot, 蔡インタビュー。
151 年長の僧侶　‘Recherche sur le Parti Cambodgien’, Doc. 3KN/T8572, VA.
152 穏やかで静かな物腰　In Sopheap と Suong Sikoeun のいずれも、ポルポトのおとなしい仏僧のような雰囲気がかれのカリスマ、ひいては権力の源のひとつだと強調している（インタビュー）。
152 長の側近という立場　Mey Mann インタビュー。
152 三つ巴の争い　シアヌークがベトナムと手打ちをするのではないかというフランスの不安については Etat-Major, 2ème Bureau, Note 1403/2S, July 23 1953 を参照。王が地元のクメール人ベトミン指導者を取り込もうとする努力については、特に Bulletins de Renseignements Nos. 1919, 8/5; 1904, 8/6; 1995 および 2043 bis, 8/16; 2093, 8/25; 2194, 9/9; および 2892, 11/18 1953 を参照。すべて c. 10H613, SHAT に収録。
152 一時的にベトナム人運動家らは～なしとげられない　北京放送による「偽物の独立」説については Bulletin de Renseignements, July 8 1953, c. 10H613, SHAT を参照。「追従者」と「最後まで戦い抜く」については『ナン・ダン』紙の記述、*Vietnam Information* no. 29, 1953/7/23 での引用を参照。「カンボジア人にラオス、ベトナムと戦わせようと」については Comigal, Saigon, to Etassociés, Paris, 電報 No. 7095/7100, Oct. 3 1953, どちらも c. A-O-I 165, QD.「傀儡王シアヌーク」については *Vietnam Information* no. 32, 1953/8/14, c. 10H612, SHAT を参照。
152 ロス・ニムは　Bulletin de Renseignements No. 2038, Aug. 10 1953. また Nos. 2059, 195/8/18; 2193, 9/4; および 2074, 1953/8/23; すべて c. 10H613, SHAT 収録を参照。
153 シアヌークの「十字軍」活動中は～示されていた　*Cambodia*, no. 5, Jan. 1954; また Laurent, *Armée*, pp. 64-5 と 287-90, および *Bilan*, pp. 22 と 167-71 を参照。
153 一九五四年二月には　*Bilan*, p. 35.
153 それまでの九ヶ月間～そらしたのである　Goscha 博士論文 pp. 171-2, 175-6, 309, 331-5.
154「士気の深刻な危機」　Fiche sur la Situation Militaire Viet Minh, 1954/3/23, c. A O I 166, QD. また idem, 1954/3/31 と 4/6 を参照。
154 反撃のための暫定司令部　Note a Paris, 1954/4/10, p. 9, in c. à-O-I 166, QD.
154 王の軍勢は　Fiche sur la Situation Militaire Viet Minh, 1954/4/20, c. A O-I 166, QD.
154 別のボディーブロー　Bulletin de Renseignements, No. 1827 C SGI, 1954/4/20, c. 10H285, SHAT.
154 機関車は脱線し～人々が死亡した　Haut Commissariat Royal du Cambodge, No. 054A, 1954/4/21, c.A-O-I 166, QD.
155 武装兵が五十人　Bulletin de Renseignements, No. 1827 C SGI, 1954/4/20, c. 10H285, SHAT. また Haussaire France, Phnom Penh, to Etassociés, Paris, 電報 No. 964, 1954/6/15, c. A-O-I 114, QD も参照。

155 タイ国境のパイリン　Fiche sur la Situation Militaire Viet Minh, 1954/4/20, c. A-O-I 166, QD.

155 正規軍の崩壊が～調達できないだろうからだ　Idem, 1954/5/11. 10 年後に Laurent は（*Armée*, pp. 64-5）カンボジア軍の行動についてずっと好意的な書き方をしている。アメリカ人たちはフランスと同様にカンボジア軍の能力について懐疑的だった（John P. Glennon（ed.）, *Foreign Relations of the United States, 1952-1954, vol. XVI: The Geneva Conference*, Department of State, Washington, DC, 1981, pp. 1023-9）を参照。

155 当惑していた　Fiche sur la Situation Militaire Viet Minh, 1954/4/13（'manque de ravitaillement'）; 4/20（'les bataillons Viet Minh semblent hésiter'）, 5/11（'il semble que... les Viet Minh sous-estiment leurs possibilités'）, c. A-O-I 166, QD.

155 和平交渉の妨害になる　これはクメール人指導者との交渉責任者だった VWP CC 部局の Hooang Tong の説（Kiernan, *How Pol Pot*, p. 140）。

156 ケオ・モニとメイ・フォー　Haussaire, France, Phnom Penh, to Etassociés, Paris, 電報 -Letter No. 106/TLA, 1954/5/22. また David J. Steinberg, *Cambodia*, HRAF Press, New Haven, CT, 1957, p. 118; および Kiernan, *How Pol Pot*, p. 165 n.9 を参照。ケオ・モニとメイ・フォーがジュネーブにいたことはいくつかの情報源で裏付けられている。クメール人やラオス人を同席させないというベトナムのこだわりは強硬なものだった。Ieng Sary（インタビュー）がジュネーブにでかけてクメール人代表を会おうとすると、何週間も待たされたあげくに「だれもきていない」と言われた。

156 カンボジアがインドシナの戦いにおいて～同じ権利を与えられるべきであることだ　'Le Communisme en Indochine', No. 719/DGD, 1954/5/1, pp. 31 と 38-9, c. A-O-I 399, QD; Bektimirova et al., *Istoriya*, p. 29.

156「幽霊政府」　Steinberg, *Cambodia*, p. 118. Pham Van Dong は引き続き 2 つの代表の出席を主張したが、5 月 18 日に周恩来がその問題をあきらめろと説得した（François Joyaux, *La Chine et le réglement du premier conflit d'Indochine*, Université de Paris-I, Paris, 1979, pp. 222-36）; Burchett, *Triangle*, p. 28.

156 主張を強く推した　*Su That ve Quan IIe Viet Nam-Trung Quoc trong 30 Nam Qua*, Nha Xuat Ban Su That, Hanoi, 1979, p. 31; Joyaux, *Indochine*, pp. 222-36, 287; William J. Duiker, *U.S. Containment Policy and the Conflict in Indochina*, Stanford University Press, CA, 1994, p. 178.

156 大義の前に犠牲になった　交渉の詰めにおける同時代の優れた記録としては Don Cook, '2 Cambodians Won Out As *History* Stood Still', *New York Herald Tribune*, 1954/6/25 を参照。また Joyaux, *Indochine*, pp. 292-6 も参照。

156 唯一譲歩したのは　*Le Sangkum*, Apr. 1966, p. 9; Steinberg, *Cambodia*, pp. 151-2.

156 停戦は八月七日　*Nhan Dan*, 1954/9/11, Agence Bac-Bo（Sept. 19）, c. A-O-I 167, QD での引用。

156 専門的議論　'Application des accords de Genève', c. A-O-D-G 250, QD.

157 手続き上の問題　Phnom Penh to Etassociés, Paris, No. 697, Aug. 21 1954;

Commissariat Général, Saigon, to Ministère des Etats Associés, 電報 Nos. 1883/90, 8/23, および 1938/47, 1954/8/28, c. A-O-D-G 250, QD.

157 **期日がきて** 武装解除は停戦後 30 日以内に完了するはずだった。つまりは 9 月前半に終わるはずだった。実際にはその後さらに 1 ヶ月たつまで完了しなかった。Philippe Devillers and Jean Lacouture, *Viet Nam: De la Guerre Française à la Guerre Américaine*, Seuil, 1969, p. 325 を参照。

157 **時間稼ぎをしている** Commissariat Général, Saigon, to Ministère des Etats Associés, 電報 Nos. 1883/90, 1954/8/23, c. A-O-D-G 250, QD.

157 **武器を隠す時間** Mey Mann インタビュー。

157 **東部では〜手筈だった** Kit Mân と Sok Heang インタビュー（マレイ、2001/4/9）。またラト・サムーンのその後の目撃については Yun Soeun 自白調書、*Khieu Samphân* と Thiounn Mumm インタビュー。チャウドックを目指したと考えたのは、それが北ベトナムを通るクメール人ベトミンのランデブー地点になっていたようだからだ。西カンボジアから出発した人々はベトナム国境につくのにもっと時間がかかったはずだ。これもまた 30 日の期限が守れなかった理由のひとつでもある。

157 **ポーランドの貨物船〜ベトミン輸送団に利用された** Andrzej Makowski and Krzysztof Kubiak, 'Trans-port of Viet Minh Units to the North by [the] Polish ship, Jan Kilinski', テキサス工科大学での第 4 回ベトナム・シンポジウム・トリエンナーレ（2002/4/11-13）で発表された研究論文。

157 **こうして総勢千九百人〜予定であると告げた** Kit Mân と Sok Heang インタビュー。

158 **一九五四年十月十八日** カンボジアからのベトミン勢撤収は 10 月 12-18 日におこなわれ、共同委員会は 20 日に活動を終えた（Comigal to Ministère des Etats Associés, 1954/10/10, 17, 24, c. A-O-D-G 249, QD を参照）。クメール人 2000 人に加えてヤン・キリンスキ号は、1954 年 10 月から 1955 年 7 月にかけて主に南ベトナムからのベトナム兵 8 万 3000 人をサム・ソンとハイフォンに輸送している（Makowski and Kubiak, supra）。クメール人たちは 300 から 400 人単位の集団で、数ヶ月かけて北に向かった。Kit Mân（インタビュー）は冬の半ばに到着したと述べた。

158 **サロト・サル、メイ・マンのほか〜その後を追った** この部分の記述は Mey Mann（インタビュー）による。Pham Van Ba は、Kiernan インタビュー（*How Pol Pot*, p. 155）で自分の役割を誇張しているようだ。

158 **「唇と歯と舌」** Sok Knaol 自白調書、1978/7/18.

158 **変化をとげなくてはならない** 'Extrait du Bulletin Hebdomadaire de Contre-espionage', No. 4135, Sec. 43, 1954/8/16, c. 107, SPCE, AOM. また Kiernan, *How Pol Pot*, pp. 171-2 での *Annotated Summary of Party History* 引用も参照。この文書の Jackson, Rendezvous, p. 256 での翻訳は「政治闘争へ」の一語が脱落している。

158 **三人の若いクメール人** Mey Mann インタビュー。

## 第四章　カンボジアの現実

頁

160 すでにこの一年前に～予測を述べていた　‘De Langlade à Monsieur... le Commandant en Chef des Forces Terrestres... en *Indochine*’, 1953/11/11, c. 10H285, SHAT.

161 九月三十日に　Comigal to MAE, 1954/10/10, c. A-O-D-G 249, QD.

161 だがシアヌークは面会を　‘Historique de la Lutte pour l’Indépendance Nationale Khmère（1935-1963）’, Khmer Serei パンフレット, 1963/11/4, c. A-O 439（series 1965-78), QD.

161 ペン・ヌートはフランスの記者に　AFP インタビュー、11/12, ‘Rapport sur l’Evolution de la Situation Politique au Cambodge du 15 Octobre au 15 Novembre 1954’, No. 79/R, 1954/12/8, c. A-O-I 114, QD での引用。

161 十月にソン・ゴク・タンに会った　Gorce to MAE, 電報 Nos. 1169/81, 1954/12/29, c. A-O-I 114, QD.

161 ワシントンはプノンペンの大使に　Ibid., 電報 Nos. 941/48, 1954/11/4.

161 秘密援助　Bulletins de Renseignements, source: S.R. Bangkok, 1954/5/8, 21, 25, c. 10H285, SHAT.

161 ただ一つの解決策　Bangkok to MAE, 電報 Nos. 631/5, 1954/12/18, c. A O-I 114, QD.

161 ベトミンの規則　Commissariat Général de France en Indochine, No. 11/DGD, 1955/1/4, ジュネーブ以降の方針に関する 1954 年晩夏発行の VWP 文書、特に pp. 18-19, c. A-O-I 167, QD を含む。

161 サロト・サルは「合法」活動担当として～る共産主義戦線組織を設立した　Keo Meas は自白（1976/10/7）の中で、1954 年冬におこなわれた任務割り当ては「もっと高い地位の兄弟たちからきたもので（中略）当初はベトナム人を通じて伝えられたが、後には同志（サロト・サル）を通じて伝えられるようになった」と述べている。「もっと高い地位の兄弟」のうち、ソン・ゴク・ミンは北ベトナムにおり、シウ・ヘンは南ベトナムにいた（1956 まで）。すると残るのはトゥー・サムートだけだ。Meas によれば、サムートは間もなくプノンペン委員会の責任者になり、こうした指令の出所となった。サルが民主党との連携に果たした役割は Keng Vannsak と Thiounn Mumm も確認している（インタビュー）。

162 クメール・ベトミンの顔となる　Non Suon 自白調書、1976/11/7; Kiernan, *How Pol Pot*, pp. 155 と 167 n.75 での Nguyen Thanh Son の引用。

162 かれはこの組織を～「プラチアチョン（人民派）」になった　Kiernan, *How Pol Pot*, pp. 156-7.

162 プラチアチョンの定款には　プラチアチョンは明らかにベトナムの資金が入っていた。ケオ・メアスは、その冬に家を買うようノン・スオンに 5000 リエル渡せるだけの手持ち資金があったが、それがベトナム以外のどこからきたのか想像しにくい（Non Suon 自白調書、1976/11/7）。ベトナム歴史家たちは、1961 年までカンボジアの党に資金を提供していたと語る（‘Rapport [oral] du camarade Khieu Minh... le 10 Mai 1980’, Doc. 32（N442）

/T8243, VA)。

162 サルの元指導者〜古参は脇へ追いやられた　Keng Vannsak と Thiounn Mumm インタビュー。

162 左翼のノロドム〜代表になった　Keng Vannsak インタビュー; Gorce to Etas-sociés, 電報 Nos. 144-7, 1955/1/31, c. A-O-I 114, QD.

162 サロト・サルは反乱軍から戻ってすぐに〜耳を傾けていた　Keng Vannsak インタビュー。

163 サルは重要な役割を　Ping Sây インタビュー。

163「サルはバンサクを操っていたよ」　Thiounn Mumm インタビュー。

164 ダレス時代のワシントンから　当時のカンボジアの立場に影響を与えた要因のひとつは、アメリカが朝鮮戦争できれいな勝利を収められなかったことで、このためアジア全域でアメリカの力について疑問がわき起こっていた(Commandement des Forces Terrestres du Cambodge, No. 1891/2. S, 1953/9/21, c. 10H613, SHAT: 'Il est bien certain que le Cambodge n'a plus confiance en Nous. Il n'a guère plus confiance dans les Américains, qui n'ont pu obtenir de décision en Corée.' を参照)。1953年9月11日のペン・ヌート発言や、それに数日先立つサム・サリの発言で、アメリカ議会は援助停止を検討した(idem, No. 392/CAB, 1953/9/9, c. 10H285, and 'La Situation au Cambodge, 20 septembre 1953', No. 3691 EMIFT/2/TS, 1953/9/29, c. 10H612, SHAT; 電報 from Nou-Hach, Washington, 1953/9/11, *La Grande Figure de Norodom Sihanouk, Imprimerie du Palais Royal*, Phnom Penh, 1955, p. 82所収)。

164 ベトミンが力ずくで　'Instructions Royales', No. 429 SM, *La Grande Figure*, pp. 71-2 所収を参照。および Commandement des Forces Terrestres du Cambodge, 'La Situation au Cambodge, 20 septembre 1953', Note 3691 EMIFT/2/TS, 1953/9/29, c. 10H612, SHAT.

164 参加国の中で唯一独自の立場　ジュネーブ合意以前の数週間で対米関係が改善しているという兆候はあった(Bangkok to MAE, 電報 Nos. 273-5, 1954/7/14, c. A-O-I 114, QDを参照)。*The New York Herald Tribune*(1954/7/25)は、アメリカがジュネーブに使節団を派遣したためにカンボジアが強硬な態度に出たかもしれないと示唆している。

165 あまりにひもつきだ　'L'attitude du Gouvernement Cambodgien' by John Roderick, AP, Saigon, 1955/4/7, c. A-O-I 114, QD.

164 けちな体質　Gorce to Etassociés, 電報 Nos. 686-9, 1955/7/6, c. A-O-I 114, QD.

164 アメリカは月に行く　Gorce to MAE, No. 1/CX, 1956/1/4, c. CLV 7, QD での引用。

164 希望を与えていたのだ　Bangkok to MAE, 電報 Nos. 273-5, 1954/7/14, c. A-O-I 114, QD.

165 王の神的イメージを壊し　Keng Vannsak インタビュー。

165 一九五五年二月に〜期待を裏切る低さだった　Chandler, *Tragedy*, p. 77; *La Grande Figure*, supra, p. 366.

165 怒りに涙を流した　Keng Vannsak インタビュー。

165 それは退位宣言　*La Grande Figure*, *supra*, pp. 385-8.

166 年代記の編纂者　Ibid., pp. 367-8.
166 準神秘的な卓越性　Gorce to Etassociés, No. 177R/CX, 1955/7/12, c. A O-I 114, QD.
166 四月に予定されていた〜ごたまぜ政党だった　In Sopheap, *Khieu Samphân*, p. 43.
166「成功の保証はない」　Gorce to Etassociés, No. 177R/CX, 1955/7/12, c. A-O-I 114, QD.
167 七月の終わり頃〜拒否した　Keng Vannsak（インタビュー）はミトラが国際休戦監視委員会に参加していたのを記憶している。Burchett（Mekong Upstream, p. 176）は、かれが委員長だったと書いている。
167 春以降〜自首を命じた　Kiernan, *How Pol Pot*, pp. 158-9 と 167 n.93.
167 弾圧の糸を引く悪魔　Keng Vannsak インタビュー。
168 プラチアチョンは〜三十五区だけだった　Kiernan, *How Pol Pot*, pp. 159-61.
168 民主党候補者が　Ibid., p. 162; Mey Mann, Ping Sây インタビュー、Pol Pot, 蔡インタビュー。
168 ティウン・マムが失踪した　Thiounn Mumm, Ping Sây, Keng Vannsak インタビュー。
168 投票前夜〜容疑が取り下げられた　Keng Vannsak インタビュー。
168 勇気をなくす　Chandler, *Tragedy*, p. 82 での引用。
168 何世紀にもわたり、奴隷として扱われた　Keng Vannsak インタビュー。
169 左翼支持者のほとんどは〜おごそかに告げた　Kiernan, *How Pol Pot*, pp. 160-2, and Chandler, *Tragedy*, pp. 82-4.
169 サルは振り返る　Pol Pot, 蔡インタビュー。
169 勝者は殺された　Corfield, *Stand Up!*, pp. 19-20.
169 平均十六パーセントを獲得した　Vickery, *Looking Back*, p. 99.
169 三十六選挙区が　Bektimirova et al., *Istoriya*, p. 43.
169 当時それは公式には〜獲得したと言われた　Kiernan, *How Pol Pot*, pp. 162 と 164.
169 公平に争っていれば　シアヌーク発言を額面通りにとって、支持者の多くがすさまじい脅しによって投票に行かなくても 100 前後の選挙区中 36 区で対立候補が勝ったかそれに近い得票となっていたら、まともな結果としては与党になった可能性はある。
169 疑いを示すと　'Cambodge: Coup de Force de Sihanouk', *Démocratie Nouvelle*, Paris, Oct. 1955.
169 不正に目をつぶり　Vickery, *Looking Back*, p. 99. フランスはシアヌーク勝利に讃辞を送っていたが、フランス大使はすでに 7 月時点で、選挙戦が「あらゆる憲法上と民主主義上の規則に反している」という非難を送っていた（Gorce to Etassociés, No. 177R/CX, 1955/7/12, c. A-O-I 114, QD）。おもしろいことに、関連する仏外務省文書館ファイルの中で選挙の不正に言及しているのはこれだけであり、またこの時機に関する記録は不審なほどに少ないため、それが入念に除去されたのではないかと思われる。
170 選挙への参加　Pol Pot, 蔡インタビュー。

170 ベトナムはかれらを支持してきた　Porter, *Vietnamese Policy*, p. 72.

170 共産主義者が起こした事件の数は　1955年にカンボジアで記録された唯一の大きな事件といえば、ラタナキリ地方のヴォウンサイに対する短期の攻撃だけで、これはラオス拠点のベトミン部隊が実行したとされる（Saigon to MAE, No. H.24, 1955/8/24, c. A-O-I 166; idem, Note of 1955/8/25, c. A-O-D-G 249; 'Nouvelles se rapportant au Cambodge', Cambodian Government Communiqué, 1955/8/29, および Gorce to MAE, No. 334/TLA, 1955/8/29, c. A-O-I 114; London to MAE, 電報 No. 3946/48, 1955/8/30, c. A-O-I 166; および Saigon to MAE, 1955/9/8, c. A-O-D-G 249, QD）。

170 この合意については〜実行された　'Note sur la collusion Khmero-Viet Minh', No. 12026/S/RG-I, Renseignements Généraux, Saigon, 1954/9/18, c. 107, SPCE, AOM.

171 まもなくベトナムは　Goscha 博士論文、pp. 734-5 を参照。

171 新たな指示　'Recherche sur le Parti Cambodgien', Doc. 3KN.T8572, VA.

172 新たに『エケピープ』を発刊　『エケピープ』に出資したのはトック・フオンで、この人物は政府の公共事業局で高位を占めるだけでなく、政府からの受注で「大もうけをした」民間建設企業を設立している（Toch Phoeun 自白調書, 1977/2/20）。また Non Suon（自白調書、日付なしだが 1977/1）でもフオンが 1958 年に他の共産主義活動を支援している例が見られる。

172 結婚式の日に逮捕され　Ping Sây インタビュー。Gorce to MAE, No. 899/CX, July 8 1957, c. CLV 9, QD. 民主党の政治局長で党紙『プラチェアティプパデイ』編集長も数日前に逮捕されている。

172 プラチアチョン〜とともに活動していた　Non Suon 自白調書、Chou Chet 自白調書、1978/4/14, Ney Sarann 自白調書、1976/10/1; Kiernan, *How Pol Pot*, p. 79.

172「ルージュ」　1956 年にシアヌークは、プラチアチョンを指すのに「東側支持者」という言葉を使っている（'La Subversion au Cambodge', 1956/11/7, c. CLV 20, QD）。「ルージュ」と「ローズ」ということばはそれぞれ、1958年3月1日、15日、22日にシアヌークが発表した記事で何度か使われている。「クメール・ルージュ」ということばが初めて印刷物で利用されたのは 1960 年 7 月 30 日の *Neak Cheatniyum*（Gorce to MAE, No. 380 AS/CLV. 1960/8/3, c.CLV 20; および *Les Echos de Phnom Penh*, 1960/8/4, 11, 8 月 2 日の Thnal Rokar, Kompong Speu におけるシアヌークの演説の引用中）のようだ。

173 疑う者はいなかったようだ　カンボジア当局が 1950 年代に、プラチアチョン以外に共産主義組織があるのではないかと考えついたらしき徴として唯一見つかったのは、Gorce to MAE, No. 813/CX, 1957/6/14, QD の中だけだ。そこではカンボジアからのモスクワ駐在大使レン・ンゲトが「(自国政府に)対してパリを主導拠点とするカンボジア共産主義運動が形成されつつあると報告したとされる。その指導者はティウン・マムだとされる」と書かれている。

173 もともとこのグループは〜集会で糾弾された　Gorce to MAE, No. 130/CX,

1956/3/28, c. CLV 7; No. 248/R, 1956/6/14, c. CLV 112;No. 618/CX, 1956/9/21, c. CLV 8; Direction Générale des Affaires Politiques, 'Situation Politique au Cambodge', 1957/2/16, c.CLV 112,QD; および Chandler, *Tragedy*, pp. 85-7. 1956年5月にプラチアチョンはまた「カンボジア中立性支援委員会」を設立しており、委員にはフー・ユーン（その春にフランスから帰国）とサルの兄チェイがいた。サンクム、プラチアチョン、民主党による全国の民族統一政府を提案していた（'La Subversion au Cambodge', 1956/11/7, c.CLV 20, QD）。

173 シウ・ヘンが書記〜タク・ヌンがいた　'Recherche sur le Parti Cambodgien', No. 3KN.T8572, VA; *Annotated Summary of Party History*, p. 256. Mey Mann（インタビュー）によれば、1954年8月にソー・ピムがポコンボ部隊の副指揮官で、その政治人民委員はチャン・サマーンだった。

173 シウ・ヘンは迷い　c. 10H613, SHATのフランス情報部報告、特に（無番の）Bulletin, 1953/7/17（d. Provence, 1953）; Bulletin No. 1919, 1953/8/5; Bulletin No. 2892, 1953/11/18を参照。

173 軍事司令官ロス・ニムは　Ruos Nhim自白調書（日付なしだが1978/1）。

174 経験豊かなタク・ヌンの助け〜ほぼ一気に崩壊した　'Recherche sur le Parti Cambodgien', No. 3KN.T8572, VA. 108.

174 ソン・ゴク・ミンは〜タク・ヌンは闘争から手を引いた　Ibid.; また Ieng Sary, *Talk with Jacquet* も参照。

174 ソー・ピムはジャングルへ　Kiernanは、プク・ソウムとのインタビューを引用して別の記述をしている。*How Pol Pot*, pp. 174-5, 236-7 nn.12と33; 'Recherche sur le Parti Cambodgien', Doc. 3KN.T8572, VA; および Mey Mann インタビュー。Kiernanの記述では、ピムが1954年に闘争を見捨てたことになる。ベトナム文書は、かれが1955年以降は活動を止めたと述べている。マンの記憶が正しければ、かれはそれでも30人の追従者を手元に残したことになる。

174 運動の中心　*Annotated Summary of Party History*, p. 256; 'Recherche sur le Parti Cam-bodgien', Doc. 3KN.T8572, VA.

174 反乱軍から戻ったあと〜本の山だけだった　Ping Sây,Thiounn Mumm, Mey Mann インタビュー。1950年代のプノンペン沼地地帯の記述としては他に Chhang Song インタビュー（プノンペン、2001/10/25を参照）。

174 ノン・スオンですら　Keo Meas（1976/10/7）, Non Suon（1976/11/7）, Ney Sarann（1976/10/1）自白調書。

175 プラチアチョンと民主党の接触は　ケオ・メアスはどうやら高官たちに対して独自の通信経路を持っていたようだ。

175 黒のシトロエン　Keng Vannsak インタビュー。Ping Sây はそれほど感銘を受けず、その車を「くず鉄の山」と表現している（インタビュー）。

175 社交界の花形〜マリは考えていた　Keng Vannsak インタビュー。

175 欧米風のダンスが　Suong Sikoeun インタビュー。

176 彼女はサルを捨てて〜結婚へ導いた　Keng Vannsak インタビュー。

176 イエン・サリの妻チリト〜その六ヶ月後だった　この記述、特にポナリーが

反乱軍との仲介役を果たしたという情報は、Ping Sây（インタビュー）による。Keng Vannsak と Ieng Sary のインタビューも参照。

176「天が定めた結婚」 'Rapport [oral] du camarade Khieu Minh... le 10 Mai 1980', Doc. 32（N442）/T8243,VA.

177 とても風変わりな結婚〜残っていたのだ Chandler（*Brother*, p. 50）; Keng Vannsak（インタビュー）によれば彼女はフランス語で 'la vieille fille'（オールドミス）と呼ばれていた。

177 ともあれ二人は結婚〜村から出席した Mey Mann, Ping Sây インタビュー。

177 式のクライマックスで〜誰にもわかりませんでした Ieng Sary インタビュー。

177 葬儀に出席した Saloth Nhep インタビュー。

177 キュー・ポナリーの生徒は Long Nârin インタビュー（マライ、2000/6/18, 2001/5/4-5）。

178 二人はずいぶん〜サルは不満だった Ieng Sary インタビュー。

178 以前より外交的〜嬉しく思ったのです Lim Keuky, Chandler, *Brother*, p. 50 での引用。

178 子宮ガン Thiounn Thoeunn インタビュー、Moeun インタビュー（アンロンベン、2001/12/12）。

178 家族を持てば Chandler, *Brother*, p. 50 での引用。

178 一九五五年の冬に〜護衛していた Mey Mann インタビュー、Ros Mao 自白調書（日付なしだが 1977/7）、Som Chea 自白調書（1978/5/4）。Non Suon 自白調書（1976/11/7）もまたサムートの家がトゥオルスバイプレイにあったと述べているが、1956 年 10 月にサムートが古いクラバオ基地付近ベトナム国境キャンプでシウ・エンと一緒だったと付け加えている。Kiernan はこれを、サムートがその年末まであまり町にいかなかった証拠としている（*How Pol Pot*, p. 17）。だがむしろサムートが 1955-6 年の冬から春にプノンペンに引っ越したが、夏に国境地域に戻ってシウ・ヘンが南越での長い滞在から帰ってきたところへ会いにいったと考えるほうがもっともらしい。こうした状況では、ケオ・メアスがサムートの帰還前に、首都の状況を報告するため同僚（ノン・スオン）を送るよう依頼されたことも十分あり得る。マンとソム・チェアによれば、サムートとシウ・ヘンは 1956 年末にいっしょにプノンペンに現れた。

179 トゥー・サムートは〜構成されていた Mey Mann インタビュー、また 'Recherche sur le Parti Cambodgien', Doc. 3KN.T8572, VA; および *Annotated Summary of Party History*, p. 256 も参照。

179 数ヶ月後にメイ・マンは〜非難されていたのだ Mey Mann, Ping Sây インタビュー。*The Annotated Summary* に都市委員会は「4 人構成だった」とあるのは、メイ・マン離脱後のことだろう。

179 ヌオン・チェアは 以下の記述はヌオン・チェア自身の回想による。In Sopheap, *Khieu Samphân*, pp. 12-14 での引用を使用。また 'Quelques archives à propos de la situation cambodgienne', Doc. 3（K）/T.11.645, VA; Mey Mann インタビュー; Kiernan, *Genocide and Democracy*, p. 14 も参照。

180 いまも（サロト・サルの）フランス語　Chandler, *Brother*, p. 52 での引用（翻訳は改変）。
180 生徒に対する愛情を持った　Ibid., p. 50.
180 一生の友人　You Sambo, ibid., p. 51 での引用。
180 二〜三週間に一回　Ibid.
181 熾烈かつ効果的な弾圧　'Texte du Camarade Nguyen Huu Tai, spécialiste de B68 à Phnom Penh', Doc. 32（N442）/T7917, VA. また Pol Pot, 蔡インタビューも参照。
181 北西部のロス・ニム　Kiernan, *How Pol Pot*, p. 175.
181 のちに北部を率いるケ・ポク　Ibid. Kiernan はポクの家族を引用して、ケ・ポクが 1954-7 年の 3 年間投獄されていたと述べる。ポク自身は、2002 年に死後刊行された回想記で、投獄には触れておらず、「ジュネーブ協定の後」に村に戻ったと述べている（*Phnom Penh Post*, 2002/3/1-14）。
181 四番手のソー・ピム　Ney Sarann 自白調書、1976/10/1; Mey Mann インタビュー。
181 イエン・サリは一月に　Ieng Sary 学籍記録、*Khieu Samphân*, Thiounn Mumm インタビュー。
181 暗礁に乗り上げている　'Recherche sur le Parti Cambodgien'（Doc. 3KN. T8572, VA）の匿名著者たちによると、カンボジアでの運動は「1954 年以降にイデオロギーと組織面で深刻な危機」を経験したという。イエン・サリは帰国して 1 ヶ月間、ケップ近くの海岸にあるケン・バンサクの農場で過ごし、政治状況を議論したが、バンサクによればそこを発ったときも、「まだどうすべきかわかっていなかった」（インタビュー）という。
181 問題の一部は〜活動拠点としていた　*Black Paper*, p. 17. また Engelbert and Goscha, *Falling*, p. 57 n.33; 'Les Perspectives, les Lignes et la Politique Etrangère du Parti Communiste Cam-bodgien', Doc. TLM 165, VA も参照。Le Duan は 1957-59 年には南部局を離れて、ハノイで VWP の書記長代行となった（*Cold War International History Project Bulletin*, Washington, no. 12/13, p. 274）。
181 ベトナムに拠点をうつす一九五九年まで　Goscha, "The Maritime Nature of the Wars for Vietnam（1945-75）", テキサス工科大学での第 4 回ベトナム・シンポジウム・トリエンナーレ（2002/4/11-13）。
181 独立して自分で運動を　Pol Pot, 蔡インタビュー。パテトラオ地帯でベトナムが勢力を維持したお隣ラオスでの状況から見て、この評価は正しかった。フランス諜報部の報告は、1955 年にパテトラオから寝返った上官を引用して、ベトナムがラオス革命をどれほど支配していたか、鮮明に描き出している——「あらゆる重要な役職は、文民職も軍事職も、密かにベトミンが抑えているのだが、かれらはできるだけ表に出ないようにしている。（中略）ベトミン顧問団は全能だ（中略）パテトラオの指導者たちは、ベトナムの承認がなくては何も決められない。（中略）パテトラオ戦闘指揮官からの無線報告は（中略）ハノイに送られ、ハノイが同じチャンネルで命令を送り返す。スファヌボンや大臣たちはこうした連絡を知らされないことも多い」（Guibaut to Etassociés, No. 1618/CAB, Vientiane, 1955/10/20, c.A-O-I

166, QD）。

182 サロト・サル、ソク～同様のことを述べている　Pol Pot, 蔡インタビュー、Mey Mann インタビュー、Sok Knaol 自白調書（1978/7/18)。「PRPK に加わったことはない」というサルの主張は眉唾だ。これはかれがトゥー・サムートの PRPK 都市委員会の委員になったからというだけでなく（明らかに PRPK 党員ではなかったメイ・マンもこの委員会では委員になっている）、ボン・ベトが尋問者たちに対して、1954 年 12 月にサルのオルグによって PRPK に入ったと述べているからだ（自白調書、1978/11/4)。ファン・バン・バは、1953 年末にクラバオでサルの入党を承認したことを記憶している（Chanda, *Brother Enemy*, p. 58)。

182 アンカ　Ping Sây インタビュー。

182 作成にとりかかった　Keo Meas 自白調書、1976/9/30. また北京でのポル・ポトのニュース会議 NCNA, 1977/10/3, BBC SWB FE/5631/A3/4 所収も参照。

182「量より質」　Commissariat Général de France en Indochine, No. 11/DGD, 1955/1/4, 特に pp. 19-20, c. A-O-I 167, QD. ベトミン文書は助言を引用している。'Diviser les cadres et les membres des groupements populaires communaux en cellules et en petits chi-bô en se basant sur le principe, "la qualité au lieu de la quantité".'

183 わたしたちは街の南部の　Suong Sikoeun インタビュー。

183 自宅に生徒を集めて～明らかにすることはなかった　You Sambo, Chandler, *Brother*, p. 51 での引用、Ping Sây インタビュー。

184 イエン・サリと、フランスから　Suong Sikoeun, Long Nârin インタビュー。Son Sen は 1956 年 5 月にカンボジアに帰国した（学籍記録)。1958 年 10 月まで仏教大学と私学 3 校で教えていたが、そこで教員養成大学が拡充された。新総長ケン・バンサクはパリ時代にセンと知り合っており、学部長として雇い入れた（Pierre Lamant インタビュー、Nikân インタビュー、サンポウロウンにて、2001/5/3, 11/18)。

184 政治訓練講習会　Non Suon 自白調書、1976/11/7.

184 運動はとても～形成されつつあった　*Annotated Summary of Party History*, p. 257. サル自身は、中学校にマルクス主義理論集団を作り、コンポンチャムにその支部を作る構想を語っていた（Pol Pot, 蔡インタビュー)。これが 1953 年のカンボジア帰国直後に起きたと言うようだが、むしろかれが述べているのは 1950 年代半ばのことだろう。この当時プノンペン共産主義者ネットワークにおける学校システムの役割については Mey Mann, Ping Sây, Suong Sikoeun, Long Nârin, Nikân インタビューを参照。

184 一九五七年八月　Mathivet de la Ville de Mirmont to MAE, No. 1020/CX, 8/13; No. 1023/CX, 8/16 1957; および電報 No. 7, 8/18, c. CLV 9, QD. Chandler, *Tragedy*, pp. 93-4 は細部のちがったアメリカ大使館通信を引用している。「カンボジア社会主義」に関するシアヌークの議論としては Gorce to MAE, No. 91/CX, 1956/3/9, c. CLV 7 を参照。また民主党本部の警察による監視については idem, No. 88/CX, 1958/2/21, c. CLV 10, QD を参照。

185 候補者を出さないと発表するまで　Gorce to MAE, No. 123/CX, 1958/3/21, c.

CLV 20, QD.

185 王室社会主義クメール青年部　Mathivet de la Ville de Mirmont to MAE, No. 1177/CX, 1957/11/15, c. CLV 9, QD.

185 身の危険を考えると　Idem, No. 101/CX, c. CLV 10, QD.

185 シアヌークはこれを機に～三百九十六票だった　Idem, No. 123/CX, 1958/3/21, c. CLV 20, No. 141/CX, 1958/3/28, c. CLV 10; *RC*, 1958/3/1, 15, 22, c. CLV 20 and 22, QD 収録 ; Chandler, *Tragedy*, pp. 96-7.

185 追い打ちをかけるように～すべてが崩壊してしまった　Ke Pauk（自伝）によると、ヘンとペン・ユトはどちらも 1958 年末に裏切った。Non Suon（自白調書、1976/11/7）はペン・ユトの「寝返り」を認め、かれが 1975 年以降にクメール・ルージュに処刑されたと述べたが、その裏切りがいつ起きたかは述べなかった。またトゥー・サムートが 1958 年末に「シウ・ヘンと接触するなと警告した」とも述べている。Chhouk [Suos Neou]（自白調書、1976/9/2）によれば、1959 年にかれがカンプジボット校の事務員として働いていたとき、アンカに当時学長だったペン・ユトやシウ・ヘンから目を離すなと命じられたという。1970 年以降、ペン・ユトはロン・ノル政府を支持した（これはサルの兄チェイも同様）。1950 年代にかれが政府の密告者として活動したという独立の証拠はない。

ルオス・ニムは「1958 年の 7 月か 8 月、唾棄すべきシウはますます赤裸々に暴露された（中略）ついに 1959 年には完全に白日の下にさらされた。同年 4 月、かれはバッタンバンに暮らしにいった」（自白調書、日付なしだが 1978/9）。

Ieng Sary（インタビュー）によればシウ・ヘンが裏切ったのは「たぶん 1958 年だが、翌年まではそれはバレなかった」。'Recherche sur le Parti Cambodgien', Doc. 3KN.T8572（VA）を書いた匿名のベトナム人研究者たちも 1958 年の日付をあげているし、Bektimirova et al.（*Istoriya*, p. 57）もベトナムを情報源としているので同様である。「1958 年にかれ（シウ・ヘン）は寝返り、当局に党の文書や地方部で活動する共産党員名簿を渡した」。

他のベトナム文書はヘンの裏切りを 1959 年としている（たとえば 'Rapport [oral] du camarade Khieu Minh... le 10 Mai 1980', Doc. 32（N442）/T8243）し、*Annotated Summary of Party History*（p. 257）も同様である。

一部の情報源は、裏切りがもっと早い時期だとしている。Kiernan（*Origins*, p. 175）が引用しているアメリカ人外交官 Andrew Antippus は、シウ・ヘンが 1970 年に、1955 年には当局に協力しだしたと語ったという。Mosyakov（*Khmer Rouge*, p. 5）は「1955 年から 59 年にかけてかれは実質的に国内のあらゆる共産主義活動を当局に流していた」という。ヘンは 1956 年までカンボジアに戻らなかったから、1955 年という日付は納得がいかない。1956 年か 57 年から当局と協力しはじめた可能性はあるが、全体として見ると、1958 年というのがもっともありそうだ。

ヌオン・チェアとシウ・ヘンの関係については Mey Mann インタビューを参照、'Recherche sur le Parti Cambodgien' と 'Rapport [oral] du camarade Khieu Minh... le 10 Mai 1980', supra. シウ・ヘンが当局に 1958 年に洗いざ

らいしゃべったなら、ヌオンやサル、トゥー・サムートがなぜ即座に逮捕されなかったか説明するのはほとんど不可能だ。だから想定としては、一部しかしゃべっていないのだろう、ということになる。ヘンがその後10年も、以前の仲間たちから意趣返しを受けることもなくバッタンバンで暮らせたのか、という説明もつく。1930年代に同様の状況で中国共産党を裏切った人々は、子どもも含め一族郎党まとめて系統的に虐殺された（Frederic Wakeman, Jnr, *Policing Shanghai: 1927-37*, University of California Press, Berkeley, 1995, pp. 138-9 と 151-60）。

プノンペンと地方部ネットワークの接続が切断された件については Ke Pauk「自伝」を参照。

186 二百五十人に減っていた　'Texte du Camarade Nguyen Huu Tai, spécialiste de B68 à Phnom Penh', Doc. 32（N442）/T7917, VA. Engelbert and Goscha（*Falling*, pp. 55-6）はこの数字を疑問視しているが、別の推計でトゥー・サムートも、党員のうち1960年に活動を続けているのは2割にあたる300人ほどでしかないと述べているのに注目。

186 国務相のサム・サリ　Gorce to MAE, 電報 Nos. 595/8, 7/7, および Note 922/C, 1957/7/16, c. CLV 9, QD.

186「痛烈で執念深い性格」　Chandler, *Tragedy*, p. 99 での引用。

186 今回かれが殴ったのは～ただちに更迭された　Ibid., p. 100; *Daily Mirror*, London, 6/7, 17, *Sunday Pictorial*, 1958/6/15, および Keng Vannsak インタビュー。Vannsak は彼女がソウン・ソン・マリだったと指摘し、彼女がこの醜聞で果たした役割はカンボジアでは有名だったという。だが英国紙は彼女の名前をエン・センとしており、年齢も22歳で当時のマリよりずっと若いとしている.

186 カンボジアが恥をかかされた　*RC*, 1959/1/17.

187「大きな間違い」　Directeur d'Asie-Océanie to Alphand, 1959/1/14, c. CLV 11, QD.

187 かれが殺されていた　Chandler（*Tragedy*, pp. 100-1）はサリが外国の出資者のどれかに殺されたのではと示唆している。つまりはタイ人か南ベトナムか CIA ということだ。ビエンチャン駐在のフランス大使ピエール=ルイス・ファレーズは、シアヌークの「無礼な振る舞い」に激怒した報告の中で、1960年3月に仏外務省に「この数日で」王子はビエンチャンに「殺し屋」を送り、サリを暗殺しようとしている、と述べている（Falaize to MAE, No. 108/AS, Mar. 2 1960, c. CLV 13, QD）。

188 思えなかったにちがいない　フランス代理大使ピエール・マティヴェ・デ・ラ・ヴィル・デマーモンにすら思いついたことが、シアヌークの脳裏を横切らなかったはずはない（Mathivet to MAE, No. 1005/CX, 1957/8/6, c. CLV 9, QD を参照）。

188 慎重にその申し出を拒んだ　Gorce to MAE, No. 20/CX, 1959/1/12, c. CLV 11, QD.

188 チュオンの不満は増大した　Ibid. また Chandler, *Tragedy*, pp. 101-7 も参照。ここの記述は概ねこれをもとにしている。

188 領内でのベトミンの活動　Gorce to MAE, Note 176/CX, 1958/4/24, c. CLV 20では、ジエムの苦情は「まったく根拠がないわけではないようだ」と述べられている。ベトミン軍は少なくとも前年からラタナキリの基地を使っていた（Fèvre, 'Note sur la Situation aux Frontières du Laos', No. 5/DKC-X, 1957/2/11; Gorce, No. 314/CX. 1957/2/18; idem, No. 361/CX, 1957/3/1 および 603/CX, 1957/4/26, すべて c. CLV 20, QD 収録）。南ベトナム部隊が初めて国境を越えて侵入したのは 1957 年 5 月（Jennar, Clés, p. 59）。また Chandler, *Tragedy*, p. 107 も参照。

188 暴いた陰謀だった　Gorce（No. 28/CX, 1959/1/19, c. CLV 11, QD）は、中国大使が 1 月 1 日に陰謀をシアヌークに警告し、翌日ソ連大使が続いたとのこと。

188 サム・サリの亡命から〜一機やってきた　Gorce（電報 Nos. 188-90, 1959/2/26, c. CLV 11, QD）によれば、黄金 270 キロがダプ・チュオン宅で発見されたとのこと。

188 怖じ気づいていた〜抵抗はなかった　Chandler, *Tragedy*, p. 105. Gorce は 2/22 にシエムリアプで、ロン・ノルの戦車がやってくるほんの数時間前にダプ・チュオンに会っており、そこで述べられている記述の様子は本文で採用したものに疑問を投げかける内容となっている（電報 Nos. 168-76, 1959/2/23, c. CLV 11, QD）。

189 チュオンと数人の〜公開銃殺刑に処された　Chandler, *Tragedy*, pp. 101-5. See also Gorce to MAE, 電報 Nos. 166, 2/22 と 210, 1959/3/4; および 'Communiqué du Gouvernement Royal [Cam-bodgien]', 2/23; すべて c. CLV 11, QD 収録。

189 六ヶ月後に〜向けられることになった　Mathivet de la Ville de Mirmont to MAE, 電報 Nos. 696-7, 9/1, および idem, No. 420/AS, 1959/9/7, c. CLV 12, QD. また Chandler（*Tragedy*, pp. 106-7）も参照。ただし小包がシアヌーク宛だったとまちがった記述をしている。さらに Cao De Thuong, *Lam te... ton*, Saigon, 1970, p. 313 における Tran Tim Kuyen の回想も参照。

189 政治ゲームの一部　ジュネーブ協定以後の政治的暗殺の主要な発生は、1954 年暮れから 55 年にかけての旧クメールベトミン地域でのもので、現地役人が権威を再確立する過程（そして往々にして昔からの恨みを晴らす過程）で起きた。そしてもっと小さな規模では 1955 年選挙戦の間に起きている（Kiernan, *How Pol Pot*, pp. 156, 164 と 174）。1950 年にユー・クースが手榴弾で殺されてから、59 年まではプノンペンで政治的殺人は起きていない。

189 タイとの国交は　年表としては Jennar, *Clés*, pp. 60-3 を参照。カンボジアが両隣国と関係を一撃ずつ悪化させる様子については *RC*（シアヌークの観点をまとめている）と、当時の仏外務省文書館の記録とを参照。

190 だがもっとも深刻だったのは〜解除された　ここでも最高の概観は David Chandler のものである。かれはアメリカの文書館をたんねんに探し、また 1960 年代初頭にプノンペン駐在アメリカ外交官として、両国のゆっくりとした分裂を内側から見守る立場にあった（*Tragedy*, pp. 93, 98-9 と 101-7）。また Jennar, *Clés*, pp. 58-63 も参照。経済封鎖については Gorce

to MAE, 'Rapport sur l'évolution de la situation politique au Cambodge du 13 janvier au 20 mai 1956', A/S No. 248/R, 1956/6/14, pp. 21-2, c. CLV 112,QD を参照。シアヌーク自身もアメリカ政策の一貫性のなさについてかなり書いている（1958/3/29 *RC*）。これはシアヌーク打倒のために非合法手段に訴えることをワシントンが決める以前である。

190 CIA はソン・ゴク・タン　Gorce to MAE, No. 715/CX, 1957/5/24, c. CLV 18, QD.

190 探す業務を続けていた　すでに 1957 年 8 月、フランスのプノンペン駐在代理大使はパリに対し、「アメリカ人たちはシアヌークがカンボジアの政治を左右するのをあらゆる手で排除しようという、ろくな偽装もない欲望」について連絡している。そして以下のような先見の明を見せている——「もしかれらの転覆支援の証拠が見つかってしまったら、（思惑と）正反対の結果に終わるという大きなリスクを背負うことになる」（Mathivet de la Ville de Mirmont to MAE, No. 1023/CX, 1957/8/16, c. CLV 9, QD）。

190 深刻な緊張状態　*Cahiers du Sangkum*, Phnom Penh, no. 13, '*Bilan* de la Seconde Législature', pp. 160-4.

190 見事なほど対照的　1961 年 10 月 28 日の声明でシアヌークはこう宣言している——「アメリカ人の目から見ると、友だちが第三者を殴った場合には、その第三者は殴り返さぬように至急要望され、むしろ殴り手を感謝して、別のだれか何も害をなしていない人物（たとえば最寄りの共産国）を殴るように言われるのだ」（*Cambodian Commentary*, no. 12, Oct.-Dec. 1961）。

191 秘密文書　Note de la Direction Générale des Affaires Politiques, 1959/1/23, c. CLV 11, QD.

192 アメリカの夢　このことばは、東南アジアでのアメリカの目標について述べたフランスの外交報告の中で何度も使われている。たとえば Gorce to MAE, No. 130/CX, Mar. 28 1956, c. CLV 7; および idem, No. 248/R, 1956/6/14, c. CLV 112, QD を参照。シアヌーク自身もこう述べる——「マレーシア（から）韓国までのびるアカ防衛前線を想像するのは結構」だが、カンボジアはその一部になる気はないので絶対にうまくいかないだろう、と（Gorce, No. 37/CX, 1960/1/26, c. CLV 11 での引用）。

192「ブルーたち」　シアヌークは 1958 年 3 月 15 日と 22 日に「bleu」という表現を使っているが、もっと早期から流通していた可能性はある。

192 無能ぶりを露呈　Gorce to MAE, No. 141/CX, 1958/3/28, c. CLV 10, QD.

192 両手に余る政府　*RC*, 1958/4/5.

192 ケン・バンサクは〜これを辞退した　Sihanouk to Monireth, 1956/9/10, c. CLV 8; および Gorce to MAE, No. 772/CX, 1956/10/26, c. CLV 8, さらに No. 975/CX, 1956/11/4, c. CLV 18, QD.

192 一九五八年の選挙〜私設秘書を務めていた　Gorce to MAE, No. 196/CX, 1958/5/9, c. CLV 10; および 'Identification des candidats qui seront présentés par *Le Sangkum* Reastr Niyum aux prochaines élections législatives', 日付なしだが 1958, c. A-O-65-78 438, old series, QD.

193 時機はばらばらであったが　チャウ・センが初めて政府に加わったのは、

選挙の6週間前に教育国務次官としてだった（Gorce to MAE, No. 53/CX, 1958/1/28, c. CLV 10, QD）。

193 **権力欲がかれらの理想主義を**　*RC*, 1961/8/11.

193 **パターンを築いた**　だから一方では、1959年4-5月にシアヌークの旧敵ケン・バンサクとティウン・マムがサンクム加入申請をおこなった。一方で、プラチアチョンはシアヌークに「外国のボス」に仕えていると糾弾されて1ヶ月間活動を停止させられ、6ヶ月にわたり「反政府的プロパガンダ」を含む国家安全保障侵害のかどで79人が逮捕された。*Bilan de l'Oeuvre du Sangkum du 8ème au 9ème Congrès National*, Phnom Penh, Dec. 1959, p. 22; Gorce to MAE, No. 574 BP, 1959/3/11, c. CLV 20; No. 167/CX, 1959/4/16, No. 242 AS/CLV, 1959/6/16, どちらも c. CLV 12, QD 所収 ; *RC*, 1959/6/13 を参照。

194 **編集者ノプ・ボファンが**　Mathivet de la Ville de Mirmont to MAE, No. 485 AS/CLV, 1959/10/19, c. CLV 20, QD. マティヴェは小包爆弾攻撃の直後に、カンボジアが「テロと対抗テロ」の悪循環に陥る危険があると警告している（No. 420 AS/CLV, 1959/9/7）。

194 **止め処ない**　「止め処ない（irresistible）」という用語はシアヌークが *RC*, Oct. 23 1959 で使ったものだが、その2週間前の記事でもそのニュアンスは出ていた。

194 **世界中で共産主義の躍進が～シアヌークは断じていた**　Ibid., 1959/10/9.

195 **あらゆる場所で逮捕や捜査**　Mathivet de la Ville de Mirmont to MAE, No. 485 AS/CLV, 1959/10/19, c. CLV 20, QD.

195 **およそ二千人の人々が**　Marie Alexandrine Martin, *Le Mal Cambodgien*, Hachette, Paris, 1989, p. 75. 収監者のうち何人が政治犯だったのかは明らかでない。少なくとも一部は、書類不備のために送還されようとしている中国人やベトナム人だったはずだ。フランスによれば、中国人が数百人追放されている（Gorce to MAE, No. 9 AS/CLV, 1960/1/8, c. CLV 20, QD）。

195 **「真の和解」**　*RC*, 1959/10/23.

195 **秘密文書を内閣に**　Mathivet de la Ville de Mirmont to MAE, No. 472 AS/CLV, 1959/10/12, c. CLV 12, QD.

195 **クメール・クロムの破壊工作員**　Lalouette, Saigon, to MAE, 電報 Nos. 474/9, Apr. 13, および Mathivet to MAE, 電報 Nos. 320/23, 1959/4/18, c. CLV 12, QD. 南ベトナムでの共産主義反乱は公式には1960年に再開された。同年半ば,*RC* は南ベトナムでの「紛れもない戦争」に言及している（1960/6/17）。だが草の根での蜂起はすでにその15ヶ月前から始まっていた。シアヌークによるベトナム共産主義者セル弾圧については c. CLV 20 所収の 1960/5/2 付無署名メモを参照。クメール・セライ侵入者に対する行動については *RC*, 1959/10/23, および第9次国会における1960年2月20日のシアヌーク演説、*Cambodian Commentary*, No. 7, 1960/3/5 所収を参照。David Chandler は、この時点でソン・ゴク・タンが南ベトナム当局から月額30万ピアストルの固定給をもらっていたと述べている（*Tragedy*, p. 107）。

195 **ある有名な事件**　Gorce to MAE, Nos. 75 AS/CLV, 1960/222; 90 AS/CLV, 2/26; および 566 AS/CLV, 12/12, c. CLV 13, QD を参照。当のシアヌークがうっか

り実際の出来事を明るみに出している。そのレアス・バスという若者は、1959年末に自分が演説するはずだった大会で、拳銃と手榴弾を持っているのが見つかったのだ、とシアヌークは書いている（Sihanouk, *My War*, p. 113）。かれがアメリカ大使館にあらわれたのは1960年2月だった。

196 軍事法廷　Mathivet de la Ville de Mirmont to MAE, No. 430 AS/CLV, 9/14 および No. 456 AS/CLV, 1959/9/25, c. CLV 12, QD.

196 二十二の死刑判決　Idem, No. 464 AS/CLV, 1959/10/5, および Gorce, No. 578 AS/CLV, 12/18, c. CLV 12; Gorce to MAE, 45 AS/CLV, 1960/1/29, c. CLV 13, QD. *RC*（1960/2/5）は死刑5件を報告している。ダプ・チュオンの兄弟2人、サム・サリのいとこ、ベトナム人無線技術士2人。このベトナム人たちはカンボジア人たちとちがって目隠しを拒否し、「大いなる勇気をもって死に赴いた」。残り17人の一部（あるいはすべてかもしれない）は減刑された。

196「恐怖の神経症」　Gorce to MAE, No. 3 AS/CLV, 1960/1/4, c. CLV 13, QD.

196 司法の独立という体裁　Idem, No. 533/CX, 1957/4/4, c. CLV 9, QD.

196 シアヌーク自ら　Idem, No. 260 AS/CLV, 1960/6/2, c. CLV 13, QD.

196 中国の女帝　周恩来と Pham Van Dong, 北京、1967/4/10, CWIHP archives, Washington,DC.

197 クーデター　Gorce to MAE, No. 274 AS/CLV, 6/9, No. 283 AS/CLV, 6/10, および電報 Nos. 499/50, 1960/6/11, c. CLV QD; *RC*, 1960/4/9.

197 左翼新聞　Gorce to MAE, No. 131 AS/CLV, 1960/3/18, c. CLV 13, QD. また *RC*, 1960/2/12, 19, 27, 3/11 も参照。

197『オブザバトワール』は〜母親を落胆させた　*Khieu Samphân* インタビュー、Gorce to MAE, No. 380 AS/CLV, 1960/8/3, c. CLV 20, QD.

197 かれに課した役割　In Sopheap, *Khieu Samphân*, pp. 63 と 121 では、ヌオン・チェアの以下の発言が引用されている――「党はかれに大まかな政策方針を説明した。かれはそれを発展させて、新聞や国民議会を通じて広めた」。

197 時間に几帳面で　Someth May, *Cambodian Witness*, p. 88.

198 弟のキュー・センキム　*Khieu Samphân* 博士論文、p.12 の Laura Summers 序文で引用されている。

198 フランス人女性　この人物像は、わたし自身のパイリンにおける Khieu Samphân との会談、Suong Sikoeun の回想（インタビュー）、その他匿名希望の元クメール・ルージュたちから得たものである。フランス人のガールフレンドについては、Nghet Chhopininto の最初の妻 Nicole Bizeray による回想、Sher 博士論文、p. 143 での引用。

198『オブザバトワール』はシアヌークを　抜粋が *RC*, 1960/8/27 で引用 ; *Cambodian Commentary*, no. 9, June 1960; Khieu Samphân インタビュー。

199 やりとりの記録を掲載　Gorce to MAE, No. 380 AS/CLV, 1960/8/3, c. CLV 20, QD.

199 七月十三日水曜日〜秘密警察を糾弾した　Ibid. および *RC*, 1960/7/22; また Mey Mann インタビューも参照。Khieu Samphân 自身は回想の中で、その日の出来事を数ヶ月後の自分の逮捕時の出来事と混同しているようだ（イ

ンタビュー）。

199 議会がコウ・ロウン〜断じたのだった　Gorce（ibid.）は同時代の新聞報道に出てこない多くの詳細を伝えている（*Les Echos de Phnom Penh*, 7/28, と *RC*, 1960/7/29）。だがかれが、この非難動議がコウ・ロウンに不利なものだったと述べたのはまちがいだったようだ。実はこれはチャウ・センに向けられていたらしい。この議論すべてが、一件をめぐる議会の自発的な怒りの表明どころか、実は左翼活動を快く思わないことを明らかにするためにシアヌークが意図的に挑発したものらしい。Gorce によれば、その後数週間で、左翼系の議員が国会から根こそぎ追放されるのではという噂もあった。

199 その直後〜休刊に追い込まれた　フー・ニムは8月5日-12日にRCの政治部長の職を追われた。『オブザバトワール』『プラチアチョン』『エケピープ』および同じく「進歩的」な新聞『ミット・ピープ』の職員を中心とする左翼の追い立ては、8月1日の夜におこなわれた（Gorce to MAE, 電報 No. 712, 8/18; Note 397 AS/CLV, 8/22; Note 410/IP, 1960/9/1, c. CLV 20, QD）。また Bektimirova et al., *Istoriya*, p. 75 では、8月に「進歩的なジャーナリスト」30人が逮捕されたと述べられている。

200 十五人は留置所に　*Les Echos de Phnom Penh*, 1960/8/25.

200 閣議において〜釈放された　*RC*, 1960/8/27, 9/30.

200 対比はだれの目にも　Gorce to MAE, No. 380 AS/CLV, 1960/8/3, c. CLV 20, QD.

200 シアヌーク自身も　*RC*, 1960/4/1.

200 黄金時代　Chandler, *Tragedy*, p. 89.

200 あるカンボジア在住のアメリカ人　Vickery, *Looking Back*, p. 103.

200「コンクール・ド・エレガンス」　*RC*, 1960/8/12.

201 権力を渇望するあまり　Gorce to MAE, No. 41 AS/CLV, 1960/1/29, c.CLV 13,QD.

201 当然の疑いを抱いて　'Rapport [oral] du camarade Khieu Minh... le 10 Mai 1980', Doc. 32（N442）/T8243, VA.

201 だが最終的には　Ibid.; Ieng Sary（Talks with Jacquet）と Mey Mann（インタビュー）はどちらも1959年に党大会を持ちたいという計画を口にしており、*Annotated Summary of Party History*（p. 258）も同様だった。イエン・サリは1978年9月にノルウェーのマルクス=レーニン主義代表団に対して、ベトナム側が党大会を1959年から60年に遅らせるよう要求したと述べたと引用されている（Laura Summers, 'The CPK: Secret Vanguard of Pol Pot's Revolution', *Journal of Communist Studies*, vol. 3, 1987, pp. 8 と 18 n.6）が、これは他の情報源と一致しない。

201 トゥー・サムート〜助っ人に連れてきていた　*Annotated Summary of Party History*, p. 258. Ney Sarann（自白調書、1976/10/1）は、ソー・ピムが1961年か62年までプノンペンに住んでいたと述べる。ピムは共産主義運動の中で高い地位にあったので、それを飛び越えてだれかが「総務委員会」第4位に指名されるとは考えにくい。この時点では、チャン・サマーンは指導層から脱落していた。ケオ・メアスはあまりに表に出すぎていた。Ieng

Sary は「総務委員会」が 4 人構成だったと確認したが、自分がその一員だとは主張していない。実際にそうだったらまちがいなくそれを明言したはずだ（Talks with Jacquet）。プノンペン委員会にサリが参加していたことは、その後の党大会でかれが昇進したことからも類推できる。また Vorn Vet 自白調書、1978/11/24 も参照。

201 ベトナム人らは〜文書で糾弾した　'Rapport [oral] du camarade Khieu Minh... le 10 Mai 1980', Doc. 32（N442）/T8243; また 'Texte du Camarade Nguyen Huu Tai, spécialiste de B68 a`Phnom Penh', Doc. 32（N442）/T7917, VA; *Annotated Summary of Party History*, p. 258 も参照。

202 炭焼きとして　Keng Vannsak インタビュー。

202 一九六三年まで　Ke Pauk, 自伝。

202 党のセルに回覧された　Mey Mann と Ieng Sary インタビュー、In Sopheap, *Khieu Samphân*, p. 50. のちにサロト・サルは、綱領や活動計画が「1957 年暮れまで」に起草されたと述べているが、それと矛盾するように、1960 年 9 月の党大会が「2 年後」に開催されたと述べている（Pol Pot, 蔡インタビュー）。カンボジア人がハノイに党大会開催承認を 1958 年に求めていることから考えて、綱領や活動計画の草案が同年半ばには完成していたと考えるのが妥当だろう。セル内での議論が、ベトナムによる党大会承認後の 1959 年から開始されたことは考えられる。

202 共同作業によって　CPK センターが作成したポル・ポトの「公式伝記」によれば「1957 年から 59 年にかけて、かれは党の政治活動契約や綱領を起草した委員会の委員であった」（Doc. 32（N442）/T8313, VA）。

202 労働党　Ieng Sary インタビュー。新名称は、大会出席者だけに知らされていた。党の活動計画（そしてどうやら綱領にも）には言及されておらず、単位「カンプチア党」となっていた。ベトナム人の知り限り、旧名称——「カンプチア人民革命党」（PRPK）——は変わっていなかった。

202 定義されている　Engelbert and Goscha, *Falling*, pp. 141-2.

202「労働者階級」を構成する〜他に手がなかった　Engelbert and Goscha, *Falling*, 特に pp. 129-30 と 136-8. なぜ党が主に農民を対象にしたかと尋ねると、Ping Sây はもっともな理由を挙げた——「（1960 年には）労働者が少なかったんですよ。工業もなかったし工場もなかった」（インタビュー）。

202 それを別にすれば〜レーニン主義だった　Engelbert and Goscha, *Falling*, pp. 134-6.

203 限定的に支持する　'Recherche sur le Parti Cambodgien', Doc. 3KN.T8572, VA.

203 まったく無意味に感じられた　これは 1955 年選挙についてのコメントからもわかる（Pol Pot, 蔡インタビュー）。ヌオン・チェアもまたカンボジア革命運動が「ソビエト連邦の第 20 回党大会によって悪影響を被った（中略）ベトナム人は、われわれが民族民主革命を第 20 回党大会文書に基づいて実施しなくてはならないと言った」と述べる（Nuon Chea, *Statement*, pp. 20-1）。

203 一九五六年以降　Ruos Nhim 自白調書、日付なしだが 1978/6.

203「平和的移行」　Toch Phoeun 自白調書、1977/2/20.

203 ソー・ピム　Ruos Nhim 自白調書、日付なしだが 1978/6. Vorn Vet 自白調書、1978/11/24 はピムが 1966 年になっても武力闘争に反対していたと述べるが、この主張は、ピムがすでに死んだあとで拷問によって引き出されたものなので、それなりの扱いが必要である。

203 メイ・マンも～発言をしていた　Mey Mann インタビュー。イエン・サリも同意見だったというマンの主張に関する間接的な確認として、Keng Vannsak（インタビュー）はサリが、シアヌークの立場は支持に値すると説得しようとしたという。そしてサリ自身も（インタビュー）、1963 年に反乱軍に参加しようとしたサルの決断に反対したという。議会闘争の可能性がまた残っていると考えたからだ。

203 一九五九年一月～ラオスでも武装闘争が再開された　William J. Duiker, *The Communist Road to Power in Vietnam*, Westview Press, Boulder, CO, 1981, pp. 169-99; Chandler, *Tragedy*, p. 113.

204 ベトナム労働者党大会から二週間後～プンプンしてきたよ　Ieng Sary, Ping Sây, Nghet Chhopininto インタビュー、*Tung Padevat*, Sept.-Oct. 1976, pp. 1-32.

204 積極的な役割をまったく～場所でもある　Engelbert and Goscha, *Falling*, pp. 125-42.

205 非平和的　Duiker, *Communist Road*, pp. 169-99.

205 誕生日を祝うメッセージ　Gareth Porter, *Vietnamese Policy*, p. 75, ラジオ・ハノイ、1960/10/31 放送の引用。

205 指導部に忍耐を促す　*RC*, Aug. 17 1962. このメッセージをベトナムから持ってきたとシアヌークが主張する「セタ」がトゥー・サムートでないのはほぼ確実だという Michael Vickery の意見にわたしも賛成だ（*Kampuchea*, p. 176 n.15）。

205 意見の相違～一カ所あっただけだった　こうした「欠点」（ベトナムから見れば）の分析は 'Recherche sur le Parti Cambodgien', Doc. 3KN.T8572, VA.

206 掲げた目的　Engelbert and Goscha, *Falling*, p. 133. 代表者たちはこの問題を長々と議論し、1954 年のジュネーブ会議まで名目上の独立は実現されておらず、いまや重要なのはそれを完了させることで、つまりは「民族民主革命」が必要であり、これは社会変革を重視する「民主民族革命」ではなく、力点は民族解放にあると論じた（In Sopheap, *Khieu Samphân*, p. 47 n.13）。

206 常任委員会　他の共産党とちがってカンボジアの党は政治局ではなく中央委員会と常任委員会を作った。この方式は 1951 年の PRPK 創設以来のものだ。党が中央委員会と常任委員会を持ちながら政治局を持たなかった例として唯一他に知られているのは、政治局が選出されるまでのつなぎとして一時的に常任委員会が形成された、1927 年夏の中国だけだ。PRPK 中央委員会もやはり暫定的なもので、常任委員会が中国の先例にならってベトナム人たちにより適用されたという可能性はある。だがカンボジアの場合には、それが永続的な特徴となった。

206 かれらは自ら退いた　Ping Sây インタビュー。

206 一九六〇年の～出席していないだけでなく　Ieng Sary インタビュー。

206 提出することもなかった　これはその後のベトナム側の記録から類推でき

る（特に 'Recherche sur le Parti Cambodgien', Doc. 3KN.T8572, VA)。おそらくヘイ・ソかその後継者は大会の後でプログラムを手に入れてハノイに送ろうとしたはずだが、公式にベトナム側に提示されたのは、サロト・サルが 1965 年にベトナムに旅した時だったかもしれない。

206 対等の立場で　Keo Meas 自白調書、1976/10/7.

207 党員資格の再申請　Ping Sây インタビュー、'Recherche sur le Parti Cambodgien', Doc. 3KN.T8572, VA.

207 これと同時に～セルの復興に努めた　'Recherche sur le Parti Cambodgien', supra; Ieng Sary インタビュー、Ruos Nhim 自白調書、日付なしだが 1978/6; Ney Sarann 自白調書、1976/10/1; 'Biographical Sketches of Khmer Communist Leaders', US Embassy, Phnom Penh, Mar. 1975, Kiernan, *How Pol Pot*, p. 193 での引用、ibid., p. 175.

207 一九六一年を通じて　De Beausse to MAE, No. 222/AS, 1961/5/19, c. CLV 14, QD.

207 政府は前年の秋に　*RC*, 1961/7/29. また Gruffaz to MAE, No. 244/AS, 6/14, c. CLV 22; および De Beausse to MAE, No. 482/AS, 1961/12/15, c. CLV 20, QD も参照。

207 忘れられたわけではなかった　De Beausse to MAE, 電報 Nos. 860-2, 1961/8/8, c. CLV 14, QD.

207 その夏に地方を訪れた～結論づけていた　De Beausse to MAE 電報 Nos. 860-62, 1961/8/8, c. CLV 14; Note 135/AS, 2/8, c. CLV 20 および Nos. 54-5, 1962/1/16, c. CLV 15, QD.

208 この日～でっちあげだった　チョウクにおける 1962 年 1 月 12 日の演説でシアヌークがこの陰謀を発表しているのを参照 c. CLV 15, QD. ここでかれは、こうした内容の指示が「外国より発せられたる文書」より発見されたと述べている。ベトナム人たちが、クメールの守備隊についての情報提供を求めてプラチアチョンに文書で命令を出すなどというのは、まともには信じがたい。当のシアヌークですら、これが荒唐無稽だということは認識していたようで、問題の文書が「本物であって当局のねつ造ではない」とわざわざ強調している。フランス大使は、この陰謀なるものが「(シアヌークが) ずっと前から知っていた活動」についてでしかないとコメントしている (De Beausse to MAE, 電報 Nos. 60-5, 1962/1/17; また Note 19/AS, 1962/1/19, c. CLV 15, QD も参照)。シアヌークは当初、コンポンチャムで拘束されたのは 14 人と述べていた。だが裁判のときになると、この数字がノン・スオン (逮捕は後日) とケオ・メアス (逮捕を逃れた) を含んだ数字だということがわかった。

208 シアヌークは怒りを　De Beausse to MAE, 電報 Nos. 60-5, 1962/1/17, c. CLV 15, QD.

208 一月十二日に～身を隠した　'Lettre de la Groupe Pracheachon', De Beausse to MAE, No. 224/AS, Feb. 23 1962, c. CLV 20, QD の付属文書。チュー・チェトは 1 月 30 日に逮捕されて 1 年後に釈放された (ibid., 自白調書、1978/4/14; Kiernan, *How Pol Pot*, p. 198; Keo Meas 自白調書、1976/10/7)。

208 しかし同紙は黙っていなかった　De Beausse to MAE, No. 135/AS, 1962/2/8, c. CLV 20, QD.
208 厳しい抑圧　Ibid. および 'Lettre de la Groupe Pracheachon', supra.
208 閉鎖された　De Beausse to MAE, 電報 No. 145, 2/13, および 147, 2/14, c. CLV 20, QD.
208『パンカシラ』　Idem, No. 384/AS, 1962/3/21, c. CLV 20, QD; Chandler, *Tragedy*, p.119.
209 死刑が宣告された　Massenet to MAE, 電報 Nos. 444-5, 5/16, c. CLV 15; および Note 736/AS, 1962/5/17, c. CLV 20, QD.
209 だが議会には〜閣僚に就任していたのだ　In Sopheap, *Khieu Samphân*, pp. 62-3.
209 一九六二年の七月に〜埋められたとされる　'Rapport [oral] du camarade Khieu Minh... le 10 Mai 1980', Doc. 32（N442）/T8243, VA. この情報源はトゥー・サムートの逮捕日を記していない。クメール・ルージュの情報はすべて、1962 年 7 月 20 日、かれがジュネーブ協定の記念日に姿を消したとしている。1979 年以後のベトナム支持政権下にあるカンプチア人民共和国は、かれが 1962 年 5 月 27 日に逮捕されたと述べる（Chandler, *Tragedy*, p. 121）。なぜ相違があるのかは不明。
209 だれがトゥー・サムートを裏切ったのか　1960 年代初期にサムート警護隊の 1 人だったロス・マオ（別名セイ）は、1977 年 7 月にツールスレンで拷問を受けて、自分を含む 5 人――中にはシウ・ヘンもいる――が党首を誘拐してロン・ノル邸に連行したと自白した（自白記録、日付なしだが 1977/7）。その 5 人のもう 1 人、ソム・チェア（別名スドウン）もまた 1978 年 5 月 4 日付けの自白でほとんど同じ状況説明をしている。しかしこの 2 人ともその後 15 年にわたって忠実な党員であり続けており、どちらも裏切り者（シウ・ヘン）の言うことを聞く理由が見あたらない。しかもこの党首はだれに聞いても、好かれ、尊敬されていた。ツールスレンの尋問官たちは、罪を認めさせようとして他の自白記録を囚人に見せることがあった。スドウンがセイの自白記録を見せられていれば、両者がなぜ完全に一致しているのか（16 年も前の出来事なのに、一致しすぎているほどだ）は説明がつく。ヌオン・チェアはのちにサムートの死をツールスレン自白記録とほぼ同じ、ほとんど引用したのではないかと思えるほどの描写で説明している（Mey Mann インタビュー）。またポル・ポトも Nate Thayer とのインタビューで同様の説明をしている。当のシウ•ヘンは、トゥー•サムートの死について 1972 年にアメリカの外交官に聞かれて「ロン・ノルは何が起きたか知っている」と答えている（US Embassy, Phnom Penh, airgram A-2, 1972/2/17, Chandler, *Tragedy*, p. 338 n.98 での引用）。これはロン・ノルの関与を示すのかも知れないが、ヘン自身の役割はまったく明らかにするものではない。In Sopheap は、ポル•ポトとヌオン•チェアから 1990 年代に、トゥー・サムートが尋問で口を割らないだけの根性があったからこそ都市部での運動は破壊をまぬがれたと聞かされたという（インタビュー）。また Khieu Samphân（インタビュー）も似たような主張をしている。導ける

唯一の結論は、シウ・ヘンが関与したという容疑は1973-78年頃に出回りはじめたということだ。これはまさに、党の創設以来ずっとポル・ポトの指導がその原動力になっていたと見えるように党史が書き換えられていた時期だ。1979年に民主カンプチア政権が打倒された直後、ベトナムの関係者はサロト・サル自身がサムートの死に関与していると示唆している（Kiernan, *How Pol Pot*, pp. 198, 141 n.135）。この主張は詳細な検討に耐えられるものではない。

209 **通常であればトゥー・サムートの〜党活動から遠ざかっていたという** 'Rapport [oral] du camarade Khieu Minh... le 10 Mai 1980', No. 32（N442）/T8243, VA.

210 **事実上の代理** 'Biographie de Pol Pot', Doc. 32（N442）/T8313, VAによれば、サルは1961年に党中央委員会の総書記代理となった。平壌放送が1977年10月3日に流したポル・ポト伝は、かれが1961年に「総書記代理に選出された」と述べた（BBC SWB FE/5634/B/3-4）。ポル自身は1978年にユーゴスラビアのジャーナリストたちに、1961年に「総書記代理になった」と述べているが、それが正式なのか実務上のことなのかは明らかにしていない（Yugoslavインタビュー、p. 421）。Keo Meas（自白調書、1976/10/7）もまた、サルが1960年党大会以降に総書記代理となったと述べている。

210 **サロト・サルはこれに反対だった** Pol Pot, 蔡インタビュー。

210 **党大会はプノンペンの中心〜正委員になった** Ieng Saryインタビュー。ロス・ニム（自白調書、日付なし）によると、コイ・トゥオン——1960年の大会には不参加——は1963年には参加していたという。

210 **中央委員会のメンバーも** Mokは自分とロス・ニム、ボン・ベトが参加したと述べている（Thayerインタビュー）。Kiernan（*How Pol Pot*, p. 201）は、グエン・ズアン・ホンを引用して、ソン・センや東地区司令フオンもこの大会でCCに参加したと述べる。これはソン・センの場合には正しいようだが、1971年に委員会に入ったフオンにはあてはまらない。

210 **落選した** Keo Meas, 'Letter to Pol Pot', 1976/9/25, ツールスレン文書館、プノンペン。ここでかれは自分自身が1969年には「ふつうの将校」で、「中央（委員会）の委員」だったソン・ゴク・ミンとはちがうと述べている。「レイ・トーン」も1963年委員会には顔を見せておらず、かれがノン・スオンだという説を裏付けている。というのもノン・スオンは第2回党大会以後は確実に委員ではなかったからだ。

210 **労働者党** Ieng Saryインタビュー。この2回目の改称は、先の「労働党」の使用と同じく、党全般とベトナムからは秘密にされていた。

212 **リストにあがった三十四人〜監視下におかれ** Keng Vannsak（インタビュー）とSiet Chhê（自白記録、1977/7/18）はどちらも、警官が自宅に配備されたと述べている。前者は最も有名な人物と最も無名名人物だった。かれらだけがこうした扱いを受けたとは考えにくいから、それが34人すべてに適用されたと想定した。

212 **拘留された** チエム・バンサトは*Youveak Mittapheap*（青年友情）を編集していた。これは1962年8月1日創刊で、62年12月8日が終刊となった。

かれは5日後に逮捕されて、1963年3月4日に懲役5年を宣告された（De Beausse to MAE, No. 493/IP, Mar. 7 1963, c. CLV 22, QD）。その年に創刊された他の「進歩的」新聞4紙のうち、*Samleng Aphyeakret*（中立の声）は9月に閉鎖したが、*Sahamitt*（友情と協力）は翌春に発禁となり、その時点で編集者オク・サクンはフランスに逃亡。*Sochivathor*（生活の技）は1963年1月に登場し、*Damnoeng Thmey*（新情報）はその1ヶ月後に創刊されたが、どちらも年末を待たずに消えた。

212 **イエン・サリは〜一日遅れて後を追った**　Ieng Sary インタビュー。また In Sopheap, *Khieu Samphân*, p. 60, で、サリは、党は地方部に移る前に独自の地方拠点と都市部のしっかりしたネットワークを持つべきだと述べたとされる。

213 **本拠地を地方に移す**　中国の政治局が1933年1月に上海を放棄した件については拙著 Short, *Mao*, pp. 298-9 を参照。

213 **つねに神託を仰いだ**　Massenet to MAE, June 26; および De Beausse to MAE, No. 1527 AS/CLV, 1962/9/24, c. CLV 15, QD. 後者にはカンボジア政府のメモが入っており、クラチエの予言者による予言が詳細に書かれている。それによると、1963年4月のタイ・カンボジア国境で「血みどろの戦いが始まる」が、国はその試練から強さを増して立ち上がるとのこと。シアヌークの手にわたってすぐに、この予言は内閣、軍総司令部、国会に知らされるよう命令が出された。

213 **王家の牛**　1957/5/19, 回状 No. 35/PCM/2B/C で、シアヌークは内閣や全地方に対して「アソパレアク（王家の）牛が聖なる鋤での耕作の後に滋養の選択をおこなったことで、きたる雨は作柄にとって望ましくないという予言を裏付ける（中略）公式占星術師によると、きたる雨は早めに終わり、収穫は昨年の6分の1にとどまるであろう。したがって余は、有能なる省庁や機関（農業、公共事業、獣医等）に、こうした恐るべき飢餓の亡霊を退散させるための現実的な手段をすぐに立案するよう注意を喚起せしむるものである。（中略）我が人民と農民たちに飢餓と悲惨を避ける真の機会を与える者はすべて、公的な名誉をもって報いられるであろう」（Gorce to MAE, No. 710/CX, 1957/5/24, c. CLV 9, QD. 付属文書）。また Meyer, *Sourire*, pp. 86-96 も参照。

213 **基本的な二分法**　Thompson, *Calling*, pp. 16-19; Ang Chouléan, *Etres surnaturels*, pp. 115-16; Thierry, *Cambodge des Contes*, pp. 35-6.

214 **イエン・サリはヘイ・ソの本名を**　Ieng Sary インタビュー。ヘイ・ソとグエン・バイ・リンの関係を確立する支援をしてくれた Chris Goscha に感謝する。*The Black Paper*（pp. 7, 20-21と70）は単に、1970年にヘイ・ソは COSVN 7人の1人で、1978年までに VWPCC メンバーとなったと記しているだけである。また同じ情報源によれば、プノンペンでリンの副官だったテウル・カム（またはトゥ・クン）がグエン・ダ・ジアンだったとのこと。

214 **ベトナムの文書**　'Quelques archives a`propos de la situation cambodgienne', Doc. 3（K）/T.11.645, VA. Ieng Sary（インタビュー）はソン・ゴク・ミンとケオ・メアスに加えてベトナムの一覧に挙がった最初の7つの名前を確認

したが、それからさらに4名を追加した——タン・シ、ヴィ、「名前は失念したがラタナキリからきた別の男」、ノン・スオンだ。サリはかれとソー・ピムがどちらも1960年には常任委員会の補欠だったと述べる。サリについては、Keo Meas がこれを確認している（自白調書、1976/10/7）。ポル・ポト（蔡インタビュー）は「常任委員会は3名構成だった」と述べ、補欠については言及していない。Ping Sây は、イエン・サリとサル以外の参加者を1人も思い出せなかった（インタビュー）。メイ・マンは出席していないが、サル・キム・ロモスがいたはずだと言う（インタビュー）。

215 **青年同盟**　この団体（公式には民主カンプチア革命的青年同盟——この名前はベトミン時代以来初めて使われた）は1961年2月5日に創設された。秘密雑誌 *Yuvachun Chhean Muk*（進歩的青年）を刊行していたが、1冊も現存しない（Pâng 自白調書、May 28 1978; *Yuvachun nung Yuvaneari Padevat*（革命青年）, Aug. 1973, pp. 9-20, Carney, *Communist Party Power*, pp. 32-3 で引用）。

## 第五章　胎動

**頁**

216 **来るなと伝えようと**　Ieng Sary インタビュー。

216 **質素だった**　Truong Nhu Tang（*Memoir*, p. 128）は、1968年にカンボジアとベトナム国境のメモットにあったCOSVN（南ベトナム中央局）の第一印象をこの用語で語っている。クメール人たちが住んでいたキャンプはたぶんもっとひどかっただろう。

216 **南ベトナム解放戦線（NLF）**　Ibid., p. 169 の地図。Ieng Sary は第100局が、この地域のトノット（タノット）の村にあったと述べている（インタビュー）。*Black Paper*（pp. 6-7）は、タノットが「ベトナム化」されたクメールの地名の例だと述べている。

216 **黄疸の出た**　Ieng Sary インタビュー、Truong Nhu Tang, *Memoir*, pp. 128 と 160.

216 **トロン・ヌ・タン**　Truong Nhu Tang, *Memoir*, pp. 158-61.

217 **基地にきて数週間は〜聞くことぐらいだった**　Ieng Sary インタビュー。

217 **東部地域の森に隠れていたケオ・メアス〜しかいなかった**　Sdoeung（自白調書、1978/5/4）は、1963年6月にベトコンのキャンプにやってきて、そこでサル、イエン・サリ、ソン・セン、ハンに会ったという。ケオ・メアスとその家族もその年の後になってやってきた。また Siet Chhê 自白調書、1977/7/10 も参照。

218 **疎外されているように**　Siet Chhê 自白調書、May 5 1977.

218 **サルは一九六四年の**　Sdoeung 自白記録、1978/5/4. Ieng Sary（インタビュー）によれば、ベトナム人との交渉にあたって「ポル・ポトはとても上手だった。手管が使えたんだ。とてもさりげなくてね——戦術がとても小利口だった」。

218 **基地管理者のネイ・サラン**　Ney Sarann 自白調書、1976/9/30 と 10/1.

218 拡大総会　Siet Chhê（自白調書、1977/5/5）は、総会が「第100局」で開催されたと述べている。Kong Sophal（自白調書、1978/11/12）は、それが「スオンの森」で開かれたという。これはたぶんスヌオル・コミューンのことで、コンポンチャム町から20キロ、国境からは40キロとなる。1964年に党指導者たちがこれほどカンボジアに入り込んだところで会合を開くリスクを冒したかどうかは、疑問の余地がある——とはいえ、地域は隣のクレク・コミューンにあるソー・ピムの地盤に近かったが。Vorn Vet（自白調書、1978/11/24）は会合が「東部地帯の森」でおこなわれたと述べている。中央委員会以外の参加者一覧についてはVorn Vet, Keo Meas, Kong Sophal（自白調書）を参照。Sophalはまたピルなる人物がいたと述べているが、その正体はつきとめられなかった。

218 あらゆる形態の闘争　'Rapport [oral] du camarade Khieu Minh... le 10 Mai 1980', Doc. 32（N442）/T8243, VA; Kong Sophal 自白調書、1978/11/12.

218 ガラス瓶をローラー代わり〜と回想する　この印刷局の様子はNikân（インタビュー）による。かれはそこで1967年末から68年半ばまで働き、その後ラタナキリに移動となった。また以下も参照、Ieng Saryインタビュー、Pâng 自白調書、1978/5/28; Sdoeung と Siet Chhê 自白調書。

219 決議案を固める　Kong Sophal 自白調書、1978/11/12; 'Les Perspectives, les Lignes et la Politique Etrangère du Parti Communiste Cambodgien', Doc. TLM/165, VA.

219 封建主義者であり　秘密CPK誌 *Tung Krahom*（赤旗）からの引用、*Le Sangkum*, Sept. 1966 所収。シアヌークが挙げた別の文書（*Le Sangkum*, Aug. 1966）はこう述べている——「革命の目標は人々を資本家や封建主義者たちから解放することである。このためには武力を使わなくてはならない」。どちらの引用も、1965年1月の第2回中央委員会総会で採択された政策に基づく文書からのものだった。

219 ベトナム側の助言は聞き入れない　Keo Meas 自白調書、1978/9/25.

219 一九六三年に地方に　Pol Pot, 蔡インタビュー。

219 パリでは知的エリートに〜問題点がわかった　Pol Pot, Thayerインタビュー。

219 実行にうつすことに専念　Pol Pot, Talk with Khamtan.

219 さまざまな（影響を）　Pol Pot, Thayerインタビュー。

220 人々が形づくる運動の中に　Pol Pot, Talk with Khamtan. 毛沢東も中国の人々がマルクス=レーニン主義を「豊かにして発展させる」経験を語ってはいるが、ポル・ポトのように大衆がそれを自分たちだけで「作り出せる」と主張したことはなかった。

220 貧しく白紙　Stuart R. Schram, *The Political Thought of Mao Tse-tung*, Praeger, New York, 1969, p. 253 での引用。

221 われわれはユートピア〜ことが必要だ　Mao, *On New Democracy*, pp. 339 と 358; *Some Questions*, p. 119.

221 社会情勢を調査することは一度も　Suong Sikoeunインタビュー。サロト・サルも他のカンボジア指導者も、だれ1人として演説や論説で現場の調査結果を引用したことはないし、珍しく統計が引用されたときも——たと

えば党によるカンボジアにおける階級の分析など——まちがっているばかりか、キュー・サムファンやフー・ユオンといった知識人がフランスですでにおこなった研究を無視していた（Laura Summers, *Khieu Samphân* 序文、博士論文、pp. 12-15）。

221 カンボジアの共産党はこれに応じて　Engelbert and Goscha, *Falling*, p. 129.

221 毛沢東が労働組合の　Short, *Mao*, pp. 124-34.

222 それだけで入党を拒まれる　Pol Pot,Talk with Khamtan.

222 ほかの選択肢がなかった　Khieu Samphân インタビュー。

223「ヴィンニャン」　Thompson, *Calling*, p. 2.

223 極度に内省的　Robert S. Newman, *Brahmin and Mandarin] A Comparison of the Cambodian and Vietnamese Revolutions*, La Trobe University, Melbourne, 1978, pp. 7-8; *Migot*, pp. 351-2.

223 基本的な価値観　Somboon Suksamran, *Buddhism*, p. 108.

224「労働農民」　Carney, *Communist Party Power*, pp. 30-3 に引用された。*Revolutionary Youths*, Aug. 1973, pp. 9-20 は繰り返し「労働農民階級」に言及している。同じ用語は 1973 年 9 月号にも使われている。

224 プロレタリア化された〜地位を築いた　Khieu Samphân インタビュー。

225「黒の時代」　151 Pol Pot, Talk with Khamtan.

225 敵は党員を猛烈な勢いで　Pol Pot, 蔡インタビュー。

225 大臣の職を追われた　フー・ユオンとキュー・サムファンの辞職は 5 月初期から 7 月まで続き、シアヌークはある段階でかれらの議席すら無効にしようとして国民投票を組織した。議会は 6 月 17 日にフー・ユオンに対して非難動議を提出し、同日中にかれを無理矢理辞職させた（そして国民投票をキャンセルさせた）。だがキュー・サムファンに対しては同じ動議を可決させなかったので、シアヌークは激怒した。だが 2 週間後には、大臣の職歴に対する攻撃を組織することでサムファンの追放を勝ち取った（De Beausse to MAE, No. 960/AS-CLV, 5/15 と No. 1027/AS-CLV, 1963/5/27, c. CLV 16; Massenet to MAE, No. 1055/AS, 6/4, c. CLV 113; ibid., No. 1147/AS CLV, 6/19, c. CLV 16; ibid., No. 1212/AS-CLV, 7/1, c. CLV 113; ibid., No. 1206/AS-CLV, 1963/74, c. CLV 16, QD; *RC*, 1963/6/21）。

225 知らないのが普通だった　Phal インタビュー（サマラウトにて、2001/4/1）。Mey Mann（インタビュー）はプノンペンの「列」との接触をまったく同じ用語で表現した。

225 秘密裏に活動する　Nuon Chea, *Statement*, pp. 28-30.

226 一九六〇年の前半には〜派遣されていた　Sihanouk, *Indochine*, p. 90. わたしは、全国で警察 1 万 2000 人というシアヌークの数字のうち、少なくとも 5000 人はプノンペンにいたと想定している。プノンペンは 1960 年代半ばでも、カンボジアで唯一のまともな年で、人口はおよそ 30 万人だった。首都に警察が 3000 人しかいなくても、かなりの高比率となる。

226「数百」人が消された　Meyer, *Sourire*, pp. 191-5. 1960 年代に当局に殺された CPK の都市部地下活動家の殺害数についての正確な数字はないが、旧クメール・ルージュとのインタビューやツールスレンでの自白に散在する

数字を見ると、たぶん数十人単位だっただろう。シアヌーク自身も「ヒンズー風味の入った仏教的中立主義は、暴力の数滴なくしては機能しない」（Sihanouk, *Indochine*, p. 73）と書いており、1964年のはじめには露骨に「共産主義や妨害活動で糾弾されたクメール・ルージュや左翼インテリ」は即座に射殺されると述べている（De Beausse to MAE, No. 243/AS, Feb. 4 1964, c. CLV 113, QD）。

226 **リセ出身のある若者**　Phal インタビュー。

226 **党員数が二千人**　Pol Pot, 蔡インタビュー。1965年にレ・ズアンには、党員は3000人だと述べているが、この数字はほぼ確実に水増しされている（'Recherche sur le Parti Cambodgien', Doc. 3KN.T8572, VA）。

227 **学生人口は〜見つけられなかった**　*RC*, 1962/8/24; 日付なし、番号なしのメモ、mid-1962, pp. 131-4, c. CLV 15, および De Beausse to MAE, No. 47/AS, 1963/1/3, c. CLV 16, QD. この懸念は目新しいものではない。シアヌークはすでに、*RC* 論説（1959/10/16）でこの問題を扱っている。

227 **さらに下のレベル〜停滞が見られた**　Gorce to MAE, No. 546/AS-CLV, Mar. 3 1960, c. CLV 13; 無署名 'Note de Synthèse', Dec. 11 1962, c. CLV 112; 日付なし、番号なしのメモ、mid-1962, c. CLV 15, pp. 131-4. また Gorce to MAEo No. 521/AS-CLV, 1959/11/6, c. CLV 12, QD も参照。

227 **外国人は〜売れるのよ**　Chandler, *Tragedy*, p. 90.

227 **堕落という足かせ**　*RC*, 1962/8/24.

228 **王室による弱者いじめ**　まさにいじめという表現がぴったりだ。1963年5月に、シアヌークの寵愛プロジェクトのひとつ、ケップでの自動車エレガンス・コンクールが人気が出ずに崩壊寸前となると、観光大臣ティム・ドンはプノンペンにある17の外国や国内の自動車業者やガソリン業者に手紙を書いて、それぞれ最低でも3人の出場者のスポンサーとなれと要求した。応じなければ「国家元首が統括するこのイベントに対する貴殿らの否定的な態度が（政府所有の）ラジオや新聞で周知されることとなるであろう」とのこと。ド・ボーセ大使は、この手紙について珍しいのはその率直さだけだとコメントしている。他の高官は「同じような高圧的なやりくちは使うが、もっと持って回った言い方をする」（De Beausse to MAE, No. 992/AS CLV, 1963/5/22, c. CLV 16, QD）。

228 **世間の物笑いの種〜恥ずべきことだ**　De Beausse to MAE, No. 2019/AS CLV, 1962/12/19, QD.

228 **ますます多くの若い〜「権化」（本人の弁）である**　Chandler, *Tragedy*, p. 99; *Neak Cheatniyum*, 1963/10/7（c. CLV 18, pp. 72-85）. シアヌーク自身も1961年8月に認めている――「アカどもから見れば、余が何をしようとも独裁封建主義と腐敗した政権の象徴であり続けるのだ」（De Beausse to MAE, No. 334/AS, 1961/8/19, c. CLV 14, QD）。

229 **もっとも熱心な〜打倒したかったことは確かです**　Phal インタビュー。

229 **教員たちは**　Ping Sây, Nikân, Phal インタビュー。

230 **両方ともひそかに**　Phouk Chhay（自白調書）によれば、秘密の調整委員会が1966年1月に設立されて党の指示をAGEK、法学生連合、教員連合、

チャマロン・ビチェアとカンプジボット協会、鉄道員、港湾作業員、国立工業労働者団体に伝えていた。また In Sopheap, *Khieu Samphân*, pp. 76-7 も参照。

230 UEK　キュー・サムファンが1959年にプノンペンに帰ると、ティウン・マムがセルクル代表を引き継いだ（Mumm インタビュー）。UEK はその2年前—— 1956年12月——に設立され、初代組合長はイエン・サリだった。その後継者たち、イン・サムボック、チョルン・ヘイ、ケアン・カオン、トス・ザイ、レアン・シリブドは1970年以降に共産主義抵抗運動にはせ参じた（No. 19840083, article 37, Dossier no. 1912, L'Association des Etudiants Khmers [AEK], Centre des Archives Contemporaines, Fontainebleau を参照）。フランス外交官たちは、パリから帰ってくる学生たちが「ほとんどすべてマルクス主義的思想に染まっていた」と書いている（De Beausse to MAE, No. AS/554, 1963/3/14, c. CLV 20, QD）。

230 また、モスクワでも　*RC*, 1967/12/1.

230 ときどき毛沢東の写真を　De Beausse, supra; Phal インタビュー、Meyer, *Sourire*, p. 82. 1968年に、プノンペン近くのプレイサル監獄での Phal の同房者は共産主義の僧侶で、仏教施設のオルグのために専門の「列」が形成されていると語ってくれたという。

230 シアヌークは一九六二年以降〜未来は共産主義だ　De Beausse to MAE, No. 1313/AS, 1962/8/2, c. CLV 112; ibid., No. 1705/AS, 1963/10/5, c. CLV 113; ibid., No. 1750/AS, 1963/10/17, c. CLV 18; ibid., 電報 Nos. 1194-8, 1201-5 と 1220, 1963/11/6, c. CLV 16, QD.

231 中国寄りの姿勢　フランスの外務相はすでに1958年に、この問題を内部メモで指摘している（A.s. Situation Politique au Cambodge, 1958/2/14, c. CLV 112, QD）。

231 恐れと怒りに燃えた　'Extraits du discours radiodiffusé [du] 5 novembre', Phnom Penh to MAE, 電報 No. 1220, 1963/11/6; c. CLV 16, QD.

231 自由世界を信頼すると〜敵を罰するのだ　Chandler, *Tragedy*, pp. 131-3, 136-7 と 340 n.24. アメリカとの最終的な決裂の準備は、実は数週間前から始まっていた。アメリカは8月に政府に対し、カンボジア陸軍への現物援助は1964年から3分の1ずつ減らし、66年以降は実質的に廃止されると告げた（De Beausse to MAE, No. 1501/AS, 1963/9/3, c. CLV 113）。アメリカによる予算支援も同じく減らされたが、それでも1960-2年の政府支出の14パーセントを構成していた。

231 シアヌークは銀行〜新たに生むことになった　Ibid., pp. 131 と 138-40; Milton Osborne, *Before Kampuchea*, pp. 114-16; De Beausse to MAE, No. 1939/AS-CLV, 11/18, c. CLV 16; No. 2046/AS CLV, 12/5, c. CLV 113; および A/S: Situation intérieure du Cambodge, 1963/12/31, c. CLV 16, QD. 改革についてもっと肯定的な見方としては1964年10月1日のメモ、pp. 77-8, c. CLV 114 を参照。だが1965年には経済は下降線をたどり、ふたたび回復することはなかった（Charles Malo to MAE, No. 651 AS/CLV, 1965/3/31, および Argod to MAE, No. 934 AS/CLV, 1965/5/14, c. A O1965-78 438）。

232 封建的な見せしめ　De Beausse to MAE, No. 1965/AS-CLV, 1963/11/23, c. CLV 16, および No. 243/AS, 1964/2/4, c. CLV 113, QD; Chandler, *Tragedy*, pp. 133-4. Justin Corfield はのちにこう書いている。「この映画は一撃で、シアヌークがそれまで持っていたいい評判をすべて破壊してしまった。それはシアヌーク凋落の始まりだった」(*Stand Up!*, p. 34)。プレアプ・インの直後にクメール・セライがもう 3 人逮捕された。かれらもまた軍事法廷の判決次第では死刑になると発表するシアヌークはこう宣言した――「余らの宗教は殺人を禁じている。軍事法廷の判決を執行するよう命じることで、余は来世で深刻な罰を受ける危険を冒しているのかもしれぬ――だが余にとってはどうでもよいことだ。この 3 つの生命を終わらせることで、他の 600 万の命を救うという満足を得られるのだから」(*Paroles*, Jan.-Mar. 1964, pp. 191-2)。また Someth May, *Cambodian Witness*, p. 86 も参照。

232 南ベトナムは時折　統合参謀本部から国防長官マクナマラへのメモ、JCSM-812-65, Washington, 1965/11/12 を参照。プノンペンのフランス大使館によれば (Note 211/AS-CLV, 1967/2/1, c. A-O 1965-78, c. 439, QD)、1965 年にはタイとベトナムとの国境で 150 件の襲撃があり、カンボジア人 32 人が死亡、54 人が負傷。翌年、その数は 2-3 倍となる。1969 年 5 月には、カンボジア人は累積で 293 人が死亡、690 人が負傷していた (*Far Eastern Economic Review*, 1970/2/26)。

232 これに対してシアヌークは　この時期の手短な歴史としては Jennar, *Clés*, pp. 63-5 を参照。Chandler はもっと詳しい記述をしているが、明らかにアメリカ側の視点をとっている (*Tragedy*, pp. 139-46)。フランス側から見た詳細な記述が仏外務省文書館、特に c. CLV 17, 113 と 114 と A O-1965-78 438 にある。

233 苛立たしげに認めている　Chandler, *Tragedy*, p. 139 での引用。

233 共産党代表団を率いてハノイに　サルは「カンボジア共産主義者たちに代表として選ばれてかれら (ベトナム) と会談を持つことになった」と述べている (Pol Pot, 蔡インタビュー)。Ieng Sary (インタビュー) もこれを確認している。

233 このときまでクメールの　'Les Perspectives, les Lignes et la Politique Etrang'ere du Parti Com-muniste Cambodgien', Doc.TLM/165, VA.

233 四月の初め　類推から。ベトナムの情報源は、サルがハノイに到着したのが 6 月だと述べ (Doc. TLM/165, supra)、7 月 7 日には VWP 指導者層と会合を開いたと述べる ('Recherche sur le Parti Cambodgien', Doc. 3KN.T8572, VA)。もしかれが主張したように道中が 8 日間かかったなら、第 100 局を出たのは 4 月のはずだ。

233 サルはケオ・メアスと～行程だった　Vorn Vet 自白調書、1978/11/24; Pâng 自白調書 (Chandler, *Brother*, p. 69 で引用)、Pol Pot, 蔡インタビュー。

233 到着してすぐサルは～十数回以上会った　Pol Pot, Talk with Khamtan および蔡インタビュー。

234 さらに重要なこと～進行中だった　ほとんどの著作家はこの合意が 1964 年のものだとしている。これは 1970 年代半ばにチャールズ・メイヤーがお

こなったインタビューによるものだ（たとえば Chandler, *Tragedy*, p. 140; Chanda, *Brother Enemy*, pp. 61 and 420 n.17; Osborne, *Prince of Light*, p. 172; K. Viviane Frings, *Allied and Equal: The Kampuchean People's Revolutionary Party's Historiography and its Relations with Vietnam, 1979-1991*, Monash University, Clayton, Victoria, 1994, p. 26）。関係者はみなそれを 1 年後だとしている。シアヌークは 1972 年に北京でこう語っている――「（1962 年か 63 年）以来、われわれはベトコン戦士たちがカンボジア領に一時的に避難するのを許してきた（中略）がこれは概ね暗黙の理解のもとにおこなわれていた。1965-6 年以降、かれらの存在がもっと活発になってきて、シアヌークヴィル（コンポンソム）港は、サイゴン政権と戦うベトコンや北部の同盟者たちへの再供給のために活発に利用されるようになってきた。港で荷下ろしされる武器の量は以下のように決められていた。3 分の 1 はわれわれ（カンボジア政府）、3 分の 2 はベトナム人」（*Indochine*, pp. 51 と 94-5）。シアヌーク（およびマイヤー）によると、兵器をプノンペン近くの政府拠点にまで運ぶロン・ノルや軍担当者は、さらにベトナムに対して 1 割の「手数料」を徴収していたとのこと。そこから中国系ベトナム人中間業者ハク・ライが、ベトナム国境までの輸送を担当した。サロト・サルもこの新しい取り決めを 1965 年のこととしている――「その年以来、ベトナム軍の司令部、病院、軍部隊の一部はカンボジア領内に置かれた」（Pol Pot, 蔡インタビュー）。Christopher Goscha は、この合意が 1965 年 5 月のアメリカとの関係断絶直前におこなわれたと示唆している（*Maritime Nature*, 特に n.138）。ベトナムの情報源は、その年の終わりには何万トンもの軍備や資材がコンポンソム経由で流れるようになっていたと確認している。1965 年 11 月 25 日には、ロン・ノルと中国の総参謀長羅瑞卿が軍事協力合意に調印し、そこの秘密条項にコンポンソムを使うという条件が入っていたとされる（Feiching Yueh-pao, *Taibei*, vol. 12, no. 10, 30 Nov. 1969, p. 347）。翌夏には、中国とベトナムの指導者たちは「カンボジア・ルートと海路」をベトコンの確立した供給路として言及するようになっている（周恩来とファン・バン・ドンの会談記録抜粋を参照、1966/8/23, CWIHP Archives）。他の有益な情報源としては Denis Warner の説明が Morris, *Why Vietnam*, p. 253 n.91 で引用されている。また Kang Daisha, 'My Days in Cambodia', 程湘君（主編）、『女外交官』人民体育出版、北京、1995, pp. 482-3 所収も参照。

234 **レ・ズアンは政治闘争自体も**　1965 年 7 月 29 日の Le Duan と Saloth Sâr 会談を参照（Engelbert and Goscha, *Falling*, pp. 143-55 で引用）。

234 **ベトナム人の十八番**　まったく同じ表現が 1953 年にフランス SDECE の入手した文書 'Instructions Viet Minh pour la Campagne au Laos et au Cambodge' に見られる（No. 3749/234, June 22 1953, c. A-O-I 165, QD）。

235 **カンボジア共産党は「自立」を〜国際的な連帯だ**　Engelbert and Goscha, *Falling*, pp. 143-55.

235 **みずからの論拠を〜共通の見方にたどりつけなかったんだ**　Pol Pot, 蔡インタビュー。

236 気づきそこねたのだった　キュー・ミンは、1965-66 年のサルのハノイと北京訪問をベトナムがどう評価したかに触れて、1980 年 5 月にこう語っている――「これまでこうしたことはどれも明らかではなかったが、いまやはっきりした ...」（'Rapport [oral]...', Doc. 32（N442）/T8243, VA）。同様に、'Recherche sur le Parti Cambodgien'（Doc. 3KN.T8572, VA）の著者も、サルとその支持者たちが「巧妙に偽装して党の声明の中に自分たちの見方を周到に挿入した」と述べている。続けてかれらは、総じて 1965 年のカンボジア共産党の「外交政策に関する立場や視点は、わが党の正しい見方と一致した肯定的なものであった」と述べる。根底にある相違があらわになるのは後になってのことだった。

236 集会で演説をした　'Les Perspectives, les Lignes et la Politique Etrangère du Parti Communiste Cambodgien', Doc. TLM/165, VA.

236 かれらの多くは　Kiernan, *How Pol Pot*, pp. 178-9; Siet Chhê 自白調書、1977/5/11; Kit Mân and Sok Heang, interviews.

236 五分の一近く　ベトナム側によると、1970 年には北ベトナムに 520 以上のクメール人党員がいたとのこと――そのほとんどは 1965 年以前に入党している――それに対して 1960 年代半ばには、カンボジア国内の党員数は 2000 人だった（'Texte du Camarade Nguyen Huu Tai, spécialiste de B68 à Phnom Penh', Doc. 32（N442）/T7917, VA）。

236「冒険主義」　*Black Paper*, pp. 19 と 26. また In Sopheap インタビューも参照。

236 P-36　Kiernan, *How Pol Pot*, pp. 224 と 245 nn. 259 と 260. Mosyakov（*Khmer Rouge*, pp. 9-11）はソ連文書館の文書を引用しつつ、ベトナム人たちが 1965 年 3 月かそれ以前から、ベトナムのクメール人入植者たちを後方部隊として利用してカンボジア共産党の支配権を握ろうと画策していたと主張する。

237 ラオスの党指導部　Doc. TLM/165, supra.

237 治療のために　Vorn Vet（自白調書、1978/11/24）はメアスが肝障害を患っていたと語る。メアス自身は自分の自白調書（1976/9/30）で、1969-70 年に胆嚢障害があったと述べる。もと『プラチアチョン』記者ヴァイも一緒にハノイにいたが、どうやらメアスと一緒に残ったようだ。

237 サロト・サルが中国の　サル自身はこう述べている――「11 月に訪中した（中略）1 ヶ月滞在したよ」（蔡インタビュー）。ベトナム筋によると、サルが中国共産党を訪ねたのは「1966 年 12 月末と 1 月」（Doc. TLM/165, supra）とのことで、1 ヶ月しかいなかったとするサルの発言と合致する。かれが 1966 年 2 月まで中国にいたとする報告はまちがっている。2 月はかれがハノイを発って、ホーチミン・ルート経由で帰国を始めた月だ。

237 かれが滞在したのは　この情報についてはシカゴ大学の王友琴に感謝する。

237 公的にかれを〜会うことはなかった　Pol Pot, 蔡インタビュー、Ieng Sary インタビュー。サル自身は 1984 年に他の「政治局の人間」に会ったと述べているが、名前は挙げていない（蔡インタビュー）。可能性があるのは外相陳毅と、CPC 対外連絡部長で同時に毛沢東の私設警護長だった康生だ。サリによると、康生とサルがまとまった時間だけ会話をおこなったのはそ

の次の1970年の訪中時が初めてだとのこと。中国共産党の内部文書では、サルが1965年に陳伯達と張春橋に会ったと記録されている（どちらも当時は政治局員ではない）が、康生との面会は1965年にも70年にも記録がない。

237 **この四ヶ月後～思想改革にかかりきりだった**　文化大革命の口火を切った口上は、上海紙『文匯報』（1965/11/10）の記事となってあらわれたもので、一見すると文学上の論争をめぐる記事のように見えた。1966年3月、サルの出発から1ヶ月以上たって、彭真はまだ毛沢東の仕掛けた罠から逃れることを期待していた。毛沢東主席は最終的に、4月末の杭州での政治局常任委員会会議で粛正を命じた（Short, *Mao*, pp. 516-23と527-33）。劉少奇と鄧小平が最後に公共の場で目撃されたのは秋だった。

237 **独創的な記事**　*Peking Review*, 1965/9/3, pp. 9-30. この記事は林彪の名前で発表されてはいるものの、実際にはまったく執筆には関与していない。これは羅瑞卿の指導下にあるプロパガンダ・グループが書いたものだった。林彪が書いたとされたため、ランド社などのアメリカのシンクタンクは中国軍部内での紛争があるのではという詳細な（そしてまったくトンチンカンな）理論を構築した。実はこの記事は政治局の常任委員会で承認を受けており、指導層全体の集合的な見解を示すものだった（Qiang Zhai, 'Beijing and the Vietnam *Conflict*, 1964-1965: New Chinese Evidence', CWIHP paper）。

238 **また、最大の矛盾は**　*Peking Review*, *supra*, p. 10. 6月にサルに会ったレ・ズアンは、この点でベトナムは中国（ひいてはカンボジア）の立場には同意しないと明確に述べている（Engelbert and Goscha, *Falling*, p. 145）。結果としてベトナム歴史家たちは1965年1月のカンボジア共産党決議を「帝国主義と抑圧された人民との矛盾を先に置いていること、農民と封建地主との矛盾を強調していること、帝国主義と社会主義との矛盾を最後に置いていること」を批判している（'Recherche sur le Parti Cambodgien', Doc. 3KN. T8572,VA）。

238 **さらに、革命闘争の～もたらされている**　*Peking Review*, supra, pp. 17と27. この記事がサルに与えた影響は、かれが1977年9月27日におこなったマラソン演説からもうかがえ、1968年のゲリラ戦開始についての説明はこの記事と驚くほど似ている（BBC, SWB FE/5629等）。

238 **美辞麗句はさておき～巧妙な言い方で伝えた**　サルは10年後にこれを認め、「一部の集団」（複数形）が1960年代末のカンボジア共産党による武装闘争路線に反対した、と述べた。これはベトナム労働者党と中国共産党しかあり得ない（Pol Pot, Talk with Khamtan）。1967年4月11日に周恩来はファン・バン・ドンに北京でこう伝えた――「カンボジアでは武装闘争をおこなう必要はない。現時点ではベトナムの勝利が最優先だ（中略）限定的な利益よりも全体の利益を優先させることを学ばなくてはならない」。だが周恩来はすぐに付け加えた――「だが闘争が人民自身によって開始されたのであれば話は別だ。その場合、闘争は抗いがたいものとなる（後略）」（CWIHP Archives）。また Qiang Zhai, *Vietnam Wars*, pp. 182-5.

239 **特に比較的若い二人～について議論した。**　未刊行の内部中国共産党文書。

239 物的援助まで　Doc. TLM/165, *supra*, 明らかに北京でのサルの協議の書き起こしを引用したもの。サルがハノイ経由で帰るときにベトナム側に渡したのだろう。

239 クメール共産党の出現　同盟関係にもかかわらず、ベトナムも中国も歴史的な反感を忘れてはおらず、それが時々表面化した（第1次インドシナ戦争での中国とベトミン関係者の緊張関係についてはGoscha博士論文、pp. 720-5を参照。また1966年8月23日の周恩来とファン・バン・ドン会談記録（CWIHP Archives）も参照）。周恩来が1954年ジュネーブ会談で、カンボジアやラオスの抵抗勢力代表団に席を与えようとするベトミンの試みをもっと強く後押ししなかった最大ではないにしてもひとつの要因は、ベトナムの共産党がインドシナ全体を支配するという見通しに対する中国の地政学的な懸念だったかもしれない。

239 ケオ・メアスに告げた　Keo Meas 自白調書、1976/9/30.

239 中国は友だ　Pol Pot, Talk with Khamtan.

240 一九六六年二月　Doc. TLM/165, supra によれば、サルは北京から戻ってハノイで「(ベトナム) 党の常任中央委員会と会談した」。

240 四ヶ月以上を要した　Pol Pot, Talk with Khamtan.

240 爆撃許可を出した　国務省からベトナムのアメリカ大使館への電報、1965/11/20, 10.35 p.m., 1399, State/Defense message; および極東担当国務長官（バンディ）から国連常任代表（ゴールドバーグ）へのメモ、Washington, 1965/11/21, 'Possible Cambodian Complications'.

240 遠雷のように　Argod to MAE, No. 1937/AS-CLV, 1965/10/31, c. A-O 1965-78 438, QD.

240 敵の「掃討」作戦〜留まっていたのだった　Sdoeung（自白調書、1978/5/4）は「兄弟たち」が半年ほどロクニンにいて、第100局に戻ったのは「長兄が外国旅行から戻ってきたのと同じ頃」だったと述べている。Ney Sarann（自白調書、1976/9/30）は新キャンプで8ヶ月過ごした後、1966年9月に戻ったという。その頃にはサルはすでに到着していた。

240 もっと安全なロクニン拠点〜立腹した　'Rapport [oral] du camarade Khieu Minh... le 10 Mai 1980', Doc. 32（N442）/T8243, VA.

240 第三回総会　Ibid. これは別に、1966年総会の決議が毛沢東理論の「革命的蜂起」にだけ基づいていたと示唆するものではない。だが、それは1965年9月の「人民の闘い」記事の根底にある主題となっていたし、サル自身の回想（特にTalk with Khamtan）やキュー・ミンの記述はどれも、この発想がかれに大きな印象を与えたことを明らかにしている。

240 十月二十五日　'Recherche sur le Parti Cambodgien', Doc. 3KN.T8572, VA.

241 伏せておかれた　中央委員会幹部だったがすでに委員ではなかったKeo Measは、1960年大会にいたので「カンプチア労働党」という名称は知っていたし、それが1963年に「労働者党」と改名されたことも知っていた。だがそれを3年後に「共産党」と呼ぶことにしたという決断は明らかに知らなかった（自白調書、1976/9/24）。1970年のソン・ゴク・ミンやベトナムにとって、それは相変わらず「カンプチア人民革命党」だった。

1967年に中国共産党に送られたCPKのメッセージは「カンプチアの党」の名義となっていた。1970年4月のベトナム共産党文書も、カンボジア革命が「人民革命党に指揮されている」と述べている（Kiernan, *Communist Movement*, p. 258）。

241 そして、夏に業務を～手に渡された　Ieng Saryインタビュー。またNey Sarann自白調書、1976/9/30, Sok Knaol自白調書、1978/7/18も参照。

241 また、各地域委員会が～承認した　Ney Sarann自白調書、1976/9/306; Vorn Vet自白調書、1978/11/24.

241「内戦の始まり」　チェアンなる人物――内部の証拠から見てコン・ソファルの仮名――の日付なしの自白調書、ツールスレン文書館でトック・フォウンのものとして誤ってファイルされているもの。ベトナムの史家は1967年のサムロット蜂起も、1966年中央委員会会合での決定の結果だとして描いている（'Recherche sur le Parti Cambodgien', Doc. 3KN.T8572, VA）。

241 その夏に～兆しを見せていた　Massenet to MAE, No. 1147/AS-CLV, 6/19, De Beausse to MAE, No. 1922/AS-CLV, 1963/11/16, c. CLV 16; Argod to MAE, No. 1937/AS-CLV, 1965/10/31, c. A-O 1965-78 438, QDを参照。

242 新たな閣僚に唯一　Ibid., Note 1895/AS-CLV.

242 一九六〇年代中盤　Serge Thion, 'Despote à vendre', *Temps Modernes*, vol. 35, Jan.-Mar. 1980, pp. 1261-2.

242「ごく小さい」　*RC*, 1965/2/19, 3/19.

242 異様なまでになり　Osborne, *Politics and Power*, pp. 70-81.

243 不安が広がり　Malo to Manac'h, Paris, 1966/6/11, c.A-O 1965-78 438, QD.

243 スカルノ大統領　Charles Maloによれば、シアヌークはすでに6月に、ロン・ノルを抑えようとして、その時点で大使としてかれを外国に送ろうかと考えていたという。おもしろいことにMaloは、シアヌークが「ロン・ノルと親友関係の」シリク・マタクにもうんざりしていたと付け加えている。スカルノの追放者は、「シアヌークの側近にかなり目をつけられており、カンボジア軍将校の間で議論のタネとなっていた」とかれは書く（Malo to Manac'h, Paris, June 11 1966, supra）。インドネシアのクーデーターに関する記事は*RC*の1966年2/11, 3/18, 25, 4/1, 5/20に登場している。

243 しつこく奔走し続けた　シアヌークが影の内閣を作ろうとしたために生じたロン・ノルとの緊張関係についてはArgod to MAE, No. 1928/AS-CLV, Nov. 2; 電報Nos. 1429-37, 11/4, とnos. 1439-42, 11/5; およびNote 2280/AS-CLV, 1966/12/23, c. A-O 1965-78 438, QDを参照。

243 舞台芝居　Gorce to MAE, No. 208/CK, 1958/5/25, c. CLV 112, QD.

243 感傷的なロマンス　かれの処女映画『アプサラ』は1966年5月にクランクインしたが、その口実はカンボジアが「海外でもっとよい宣伝が必要だから」というものだった（*RC*, 1966/5/12）。Osborne, *Prince of Light*, pp. 177-83, および*Before Kampuchea*, pp. 47-54と57-8を参照。

243 ロン・ノルが首相に任命されて～かれらの主張だった　'Recherche sur le Parti Cambodgien', Doc. 3KN.T8572, VA; Chheang（コン・ソファル）自白調書は1966年10月に「村やコミューンでの権限掌握をおこなう」との決定を確

認している。

244 これを知ったサルは　'Les Perspectives, les Lignes et la Politique Etrangère du Parti Communiste Cambodgien', Doc. TLM/165, VA. また Nuon Chea, *Statement*, p. 28; Pol Pot, *Abbreviated Lesson*, p. 218; また Sreng は「1966 年に党はインドネシアの共産党の経験から学ばなくてはならないと発表した」と記憶している（自白調書、1977/3/13）。

244「シアヌークと共存する」　Pol Pot, *Abbreviated Lesson*, pp. 218-19. この時代で類似の発想を述べているものとしては *Le Sangkum*（1966/7）に引用された共産主義パンフレットを参照。そこにはこう書かれている――「シアヌークに気を許すな！　これが党員すべてのモットーであるべきだ」。

244 明確な線引き　そこで 1966 年 10 月に中央委員会の決議では、「支配階級の中の中間勢力」――つまりは民族的な民主革命の過程で、共産党が通常は連合前線を作って共闘しようとするような人々――を「フランスの走狗」と糾弾した（'Recherche sur le Parti Cambodgien', No. 3KN.T8572, VA）。「敵と自分たちの間の明確な線引き」なる用語が党内で使われるようになるのはしばらく先のようだが、この発想（これはベトナムにヒントを得た、党員オルグにおける「量より質」の発想と並行するものだ）はすでに 1966-67 年にかたまりつつあった。また *RC*, 1966/6/3 と 1967/4/28 も参照。

244 ダム川　Kong Sophal 自白調書、1978/11/12; Jennar, *Clés*, p. 65.

245 隊が移動しやすいように　Ruos Nhim（自白調書、日付なし）は、軍が 1966 年に村に守備所を設置しはじめたという。Vorn Vet（自白調書、1978/11/24）はかれとソー・ピムが 1966 年半ばに会ったときに武装闘争を開始する議論をしたと述べる。

245 一九六六年十二月　Ruos Nhim（自白調書、日付なし）。Milton Osborne は 1966 年 10 月にバッタンバンとパイリンを訪れたが、すでに「農民の不満のつぶやき」があらわだったと述べ、地方警察長官が「本物のもめごとの危険」はタイとの国境の向こうにいるクメール・セライからくるのではなく、地域内の共産主義者たちからくるのだと述べているのを引用している（*Before Kampuchea*, pp. 37 と 39-40）。

245「われわれは～援軍を派遣してきた」　Chheang（コン・ソファル）自白調書。

245 良い刺激になって　Osborne, *Prince of Light*, p. 189.

245 六割が買われ　Kiernan, *Samlaut, Part 1*, p. 19. また Argod to MAE, No. 150/AS-CLV, 1967/1/25, c. A-O 1965-78 439, QD も参照。

245 高い値で米を買った　Argod, No. 150/AS-CLV, supra. Kiernan（*Samlaut, Part 1*, p. 20）によれば、米の闇価格は国の機関が提示した値段の 3 倍にも達したという。1966 年 5 月 28 日に国家安全保障理事会のロバート・コーマー大佐がジョンソン大統領に送ったメモも参照。そこにはこうある――「われわれは第三者を通じたカンボジア米の予防的買い付けを実施して敵への米の流れを減らすことを検討しています。われわれならもちろんハノイや北京よりも高く買えるはずですよね？」。

245 さまざまな要素のうち　北ベトナム代表ファン・バン・ドンは、1967 年 4 月 10 日に周恩来にこう語った――「われわれはいまだに党争がどこまで

組織化されたもので、どこまでが敵の挑発によるものか把握しきっていない」(CWIHP Archives)。

246 **農民を圧迫しつづけた結果** Chheang（コン・ソファル）自白調書。Ben Kiernan が引用している、1972 年初期に南西地帯で出回っていた公式党史によれば、「1967 年以来、党は武力闘争を再開した。(中略) サムロットでの事件は事前に準備したものだ」（*Communist Movement*, p. 256)。

246 **当局の求め** Mazeyrac to MAE, No. 437/AS-CLV, 3/1, および電報 Nos. 252-8, 1967/3/2, c. A-O 1965-78 439, QD.

246 **農民の土地の差し押さえ** Kiernan, *Samlaut, Part 1*, pp. 31-3 と 37-44; Martin, *Shattered*, pp. 112-14. Kiernan の引用した農民の不平の一つ——粗悪な殺虫剤の販売——もトゥー・サムートの元ボディガードであるセイが言及していた。かれはサムロットに 1964 年以降いたのだった（自白調書、日付なしだが 1977)。

246 **再入植したことによる摩擦** Kiernan, *Samlaut*, Part 1, pp. 33-6; Debré, *Révolution*, p. 109. RC（1967/3/3）によれば、1966年末までにカンボジアにはクメール・クロム難民が 1 万 2815 人いて、そのうち 1500 人以上は僧侶だった。ほぼ同じ数が、タイ当局による不当な扱いのためと称してタイから流入し、ラオスからも 5000 人がきていた。

246 **タイ国境のパイリンという村** Mazeyrac, supra, No. 437/AS-CLV, Mar. 1 と電報 Nos. 252-8, Mar. 2 1967; および Direction des Affaires Politiques, Note No. 171, a/s La rébellion des 'Khmers Rouges' au Cambodge, 1967/4/17, c. A-O 1965 78 439, QD. また Ruos Nhim（自白調書、日付なし）も参照。

246 **バッタンバン** Mazeyrac, supra, および Kong Sophal 自白調書、1978/11/12.

246 **サムロット** Mazeyrac to MAE, No. 612/AS-CLV, 1967/3/18, c. A-O 1965 78 439, QD. デモ隊にはバッタンバンの農民や僧侶たち、それにリセ・カンプジボットからの学生がいた。

246 **撤退を要求した** Kiernan, *Samlaut, Part 1*, pp. 24-5 と 42-3; *RC*, 1967/4/7 と 4/21.

246 **ここから事態は〜が始まった** Direction des Affaires Politiques, Note No. 171, a/s La rébellion des 'Khmers Rouges' au Cambodge, 1967/4/17, c. A-O 1965-78 439, QD.

247 **四月の末までに〜抵抗組織に加わった** Kiernan, *Samlaut, Part 1*, pp. 28-9.

247 **共産党幹部らは〜絶対絶命となった** Kong Sophal 自白調書、1978/11/12, および Say 自白調書、1977/7/6. Kiernan（*Samlaut, Part 1*, p. 30）は同時代の BBC 現地報告を引用しつつ、コウイなる名前の人物がサムロット地区で反乱者 500 人を率いていると述べる。これはほぼ確実にケウ、つまりはコン・ソファルの革命名だろう。井戸に毒を入れる話については Kiernan, *Rural Reorganisation*, p. 54 を参照。

247 **この頃ヌオン・チェアは〜終息したと発表した** Kong Sophal と Say 自白調書、supra. Say によると、ワット・トヴァクとワット・トレンからの高僧が交渉には参加した。Kiernan（*Samlaut*, Part 1, p. 30）によれば、バッタンバンの僧院の僧院長イブ・トゥオットも参加していた。シエムリアプでの 6 月

20日の演説でシアヌークはこの騒動を終わらせるにあたっての「バッタンバンの司祭による努力」に触れている（Argod to MAE, No. 1377/AS-CLV, 1967/7/4, c.A-O 1965-78 439, QD）。北ベトナム代表ファン・バン・ドンによると、COSVNも4月（またはもっと早く）CPKに使節を送って、カンボジア指導層に闘争をやめるよう説得を試みたという（周恩来との会談、1967/4/11, CWIHP Archives）。

247 **活発な反対運動**　Kiernan（*Samlaut, Part 1*, pp. 21-2での*Phnom Penh Presse*や*La Nouvelle Dépêche* 1967/4/12の引用、および*How Pol Pot*, pp. 250-5）を参照。

247 **地方で蜂起したのは**　Kiernanはカンドル・チュルム（*How Pol Pot*, pp. 250と253）およびチュレアブ（*Samlaut, Part 1*, p. 26）での出来事について書いている。だが、かれが「蜂起は明らかに事前に組織された全国規模のものだった」と述べているのは状況を読み違えている。その意味で、かれが触れている他の事件すべて——コンポンチャムのトバング・クムム、メモット、コンポントムのバライ（*How Pol Pot*, pp. 253-4）——は共産主義勢力による暴力ではなく地元政府による暴力が関係している点は重要である。

248 **八百平方キロ弱の**　Kiernan, *Samlaut, Part 1*, p. 26.

248 **五月の時点で**　Kong Sophal（自白調書、1978/11/12）は指導層がこう語ったと述べる——「もしバッタンバンがこれを単独でやっていたら、敵は革命勢力を全滅させただろう」。

248 **シアヌークは激怒した**　*RC*, 1967/4/21、Argod to MAE, 電報 Nos. 425-33, 1967/4/11, c. A-O 1965-78 439, QD.

248 **かれはこう説明した〜押し通した**　*RC*, 1967/4/21.

248 **鷹揚なところを見せて**　シアヌーク自身が4月9日に反乱者2000人という話をしている（Direction des Affaires Politiques, Note no. 171, a/s La rébellion des 'Khmers Rouges' au Cambodge, 1967/4/17, c. A-O 1965-78 439, QD）; Kiernan, *Samlaut*, p. 29は明らかに1967/6/27の*Phnom Penh Presse*を引用しつつ、4000人という数字を挙げている。Kiernan, *How Pol Pot*, p. 251で引用された'*History* of the Communist Party of Kampuchea'（Sept. 1974）は、村を逃げ出したのが5000人と述べている。

248 **目をつぶる**　Meyer, *Sourire*, p. 192.

248 **その後の仕返し的な襲撃**　Ibid.; Kiernan, *Samlaut, Part 1*, pp. 29と35; Osborne, *Prince of Light*, p. 192.

248 **「治安の乱れた地域〜報奨金が与えられたのだ」**　Lancaster, Decline, p. 52.

249 **「残忍な光景」**　Osborne, *Before Kampuchea*, p. 43.

249 **四月二十二日に**　*RC*, 1967/4/28。

249 **ただの脅しではなかった**　'Je n'étais plus en sécurité... Mon idée principale, c'était d'échapper à l'arrestation'（Khieu Samphânインタビュー）。

249 **キュー・サムファンが家に戻らなかった〜泣き続けていました**　Amitav Ghosh, *Dancing in Cambodia: At Large in Burma*, Ravi Dayal, New Delhi, 1998, p. 46を参照。

249 **かれは閣僚が主催した**　ロイター通信の記者Bernard Hamelがこのパーテ

ィーに出席していた。この話を教えてくれたSacha Sherに感謝する。またHamelによるロイター通信用報道 'Mystery about Cambodian communist leader *Khieu Samphân*', Phnom Penh, Apr. 24 1974 も参照。Milton Osborne（*Before Kampuchea*, p. 80; *Prince of Light*, p. 194）は王子とつながりの深い前国防省キム・ティトが似たような話をしていたのを引用している。

250 **だがこの噂は〜妻に知らせただろう**　Khieu Samphân インタビュー、In Sopheap, *Khieu Samphân*, p. 86; *RC*, 1967/5/12. フー・ユオンの妻は4月29日まで夫の失踪を報告していない。

250 **夕暮れ時に二人は〜考えをめぐらせた**　Khieu Samphân インタビュー。少々ちがう記述がIn Sopheap, *Khieu Samphân*, pp. 86-7にある。Khieu Samphânは一貫して自分がCPKで主導的役割を果たすようになったのは1970年以後の話だと述べている。だがシアヌークは1968年に、カンポットでの反乱を主導しているのはサムファンだと主張しているし、チョウ・チェトは確かにサムファンがその地域に責任を持っていたと述べている（自白調書、1978/4/14）。もしそうなら、それはおそらく村の隠れ家からトラペアン・クロロウングに移動した1968年2月から、アウラル山に移動した1969年半ばまでの間だろう（Khieu Samphân インタビュー）。混乱することに、イン・ソピープに語った伝記では、ロン・ノルのクーデターの1ヶ月後までアウラルには行っていないと述べているが、これは事実ではない（p. 89）。

250 **キュー・サムファンとフー・ユオンの〜年長の政治家が含まれていた**　*RC*, 1967/5/5。

251 **プノンペンの共産党〜宣言した**　Hu Nim 自白調書、Chandler et al., *Pol Pot Plans*, p. 246 所収。

251 **切々とつづった文書**　*RC*, 1967/5/19.

251 **公式調査**　Ibid., 1967/10/13, 20, 11/24; Hu Nim 自白調書、Chandler et al., *Pol Pot Plans*, p. 247 所収 ; In Sopheap, *Khieu Samphân*, p. 83.

251 **まもなく左翼の〜あげく死亡した**　Mazeyrac to MAE, No. 1780/AS.CLV, 10/2, および No. 1876/AS.CLV, 1967/10/19; Dauge to MAE, No. 1530/AI, 1968/9/17, c. A-O 1965-78 439, QD. *RC*, 1967/10/20; Hu Nim 自白調書、Chandler et al., *Pol Pot Plans*, p. 247 所収 ; In Sopheap, *Khieu Samphân*, p. 83; Phouk Chhay 自白調書、1977/3/20, 24, 31; Mazeyrac to MAE, 電報 Nos. 1218-23, 10/12 と 1239-42, 1967/10/15, c. A-O 1965-78 439, QD. Justin Corfieldはニムの義兄が警察に焼き殺されたという近所の人の証言を引く。警察はのちに、かれが自殺したと発表している（*Stand Up!*, pp. 46 と 51 n.96）。Yuveakpeanich（青年商工会議所）の所長としてのVan Tip Sovannの役割についてはIn Sopheap, *Khieu Samphân*, p. 76 n.11を参照。

251 **オーストラリアの歴史学者〜記している**　Osborne, *Prince of Light*, p. 176（また pp. 196-7）および *Before Kampuchea*, pp. 78 と 188.

251 **武力行使に頼るしかなかった**　ポク・デスコマーはウィルフレッド・バーチェットに対し、反乱軍参加のために出発する直前の1968年にこう語った――「もう合法的な闘争の道は残されていないので、武器をとるしかないんだ」（Kiernan and Boua, *Peasants and Politics*, 序文、p. iii での引用）。

252 **認めざるをえなかった**　サムロット蜂起をきちんと後につなげなかったことをCPKが恥じていたことは、指導層がそれを単なる「百姓一揆」(Khieu Samphân インタビュー)、「人民自身が始めた蜂起」(ポルポト、9/27 演説)だと繰り返し主張したことからもわかる。

252 **一九六七年の晩春**　1967 年 5-6 月に正式な常任委員会が開催されたという文書の証拠はないものの、これほど重要な意志決定が、委員会委員 4 人全員の関与なしにおこなわれたとは考えにくい。ソー・ピムは第 100 局から国境を越えたすぐのところにいた。ヌオン・チェアはプノンペンから国境地帯にしょっちゅう旅行していた (Ieng Sary インタビュー)。そしてサルとイエン・サリはどちらもそこにいた。サル自身も後にこう語る——「大衆運動の状況について検討し、分析して把握したうえで、1967 年半ば、サムロットでの実験的な武装蜂起の後である決断に達した (中略) それはそろそろ武装闘争の段階を開始する時期だということだ」(Pol Pot, 9/27 演説)。6 月のどこかでサリはラタナキリに向かった——そして 7 月半ばに到着した。同月、ヌオン・チェアはロス・ニムをはじめ北西地帯の指導者と会談して、1968 年初期に蜂起する準備をするよう告げた (Ruos Nhim 自白調書、日付なし)。

Stephen Heder は、全国的な武装闘争を開始するという意志決定が、部分的には 1967 年初期のジャンクション・シティ作戦失敗に伴って南ベトナム拠点の米軍がカンボジアに軍事圧力を増すだろうという予想からおこなわれたのではないかと示唆している。また 1967 年夏、中国の文化大革命が超過激段階に達していたことを指摘し、これが CPK 指導者たちをさらに後押ししたのではないかと述べる ('Kampuchea's Armed Struggle: The *Origins* of an Independent Revolution', *BCAS*, vol. 11, no. 1, 1979, pp. 9-13)。これは確かに考えられる。だがいずれの要因についても、それが CPK 指導者の思考に影響したという具体的な証拠はないし、政治闘争から武力闘争への移行の党内論理はすでにかなり進捗していたから、その後の出来事は外部要因をことさら持ち出さなくても十分に説明がつく。

252 **イエン・サリは北東部地域の**　Ieng Sary, Phi Phuon インタビュー。De Nike et al., p. 314 によると、前任の北東地域書記 Seda (ママ) は「シアヌーク政権に対する政治闘争」の過程で死んだとのこと。

252 **四年の歴史を終えた**　Pâng 自白調書、1978/5/28.

252 **われわれは重要な転機〜導きの星と述べている**　'Lettre du Comité Permanent du CC du CPK au Bureau politique du CC du CPC', 1967/10/6, Doc.TLM/175, VA.

252 **当時カンボジア共産党と**　Ibid. 余白の注によると、この手紙は中国の代理大使に 1967 年 12 月 18 日に届けられた。つまりは執筆から 2 ヶ月半たってから届いたわけで、ベトナムの常任委員会はその写しをソン・ゴク・ミン (「バ・ソン」という名前になっている) に送っている。

253 **ハノイは南部から**　*Black Paper*, p. 43.

253 **ベトナム人らにできること**　周恩来はファム・フン (1967 年には COSVN 書記となった) に、1968 年 6 月 19 日にこう語っている——「最近カンボ

ジアの我が大使館からの話だと、クメール共産党が、ベトナムの同志は武力闘争の機が熟しているのに武器を供給してくれなかったとこぼしていたそうですよ」(CWIHP Archives)。

254 **デンマークと同じ規模を持つこの州** 隣のモンドルキリ地方は、面積はもっと大きいのに、1960年以降まで学校は1校たりともなかった(*RC*, 1966/5/27)。

254 **戦略的な懸念** Jean Fèvre, Kompong Cham, 'Note sur la situation aux frontières de Laos', No. 5/DKC-X, 1957/2/11; Gorce to MAE, No. 314/CX, 2/18, No. 381/CX, 3/1; No. 603/CX, 1957/4/26, c. CLV 20, QD.

254 **ベトナム共産主義者が〜かれらに従ってくれ** Phi Phuon インタビュー(マライ、2001/5/4, 6, 11/14, 15)。Ieng Sary(インタビュー)もまたヴィが1963年か64年にラタナキリに旅したのを覚えている。

255 **二年半後にイエン・サリが〜モンドルキリを任されていた** Phi Phuon インタビュー。Ney Sarann 自白調書、1976/9/30. Sara Colm はラタナキリにおけるクメール・ルージュの役割に関する説明 'Pol Pot: The Secret 60s' を *Phnom Penh Post*, 1998/4/24-5/7 に発表した。またこのテーマに関するモノグラフも完成させている(近刊)。

255 **サル自身は一九六七年の〜キニーネが手に入った** Phi Phuon と Ieng Sary インタビュー。Pâng(自白調書、1978/5/28)によれば「1966年末(1966年7月か8月頃)(ママ)、第100局は(中略)解体されていた(中略)北東に向かう集団を率いたのはヴァン兄弟(イエン・サリ)だった」——だがこれは明らかに1967年のかんちがい。イエン・サリ(インタビュー)は、ラタナキリへの移動は1967年に起きたと述べている。Engelbert and Goscha は、サルが1968年にベトナムの「中央委員会の南部地区病院」で治療を受けたことを指摘するが、これはおそらく「第5病院」と同じなのだろう(*Falling*, p. 83)。

256 **マラリアは当時から〜抜け落ちてしまった** Khieu Samphân インタビュー、In Sopheap, *Khieu Samphân*, p. 90.

256 **マンがマラリアで死亡** Ieng Sary インタビュー、Pol Pot, 蔡インタビュー。Charles Meyer によると、ウク・ベンも1969年にコンポンチャム地方の反乱軍でマラリアのために死亡している(*Sourire*, p. 196 n.11)。他の情報源はマラリアではなくチフスだという(Ith Sarin, *Bureaux*, p. 44)。

256 **あるベトコンの高官** Truong Nhu Tang, *Memoir*, pp. 160 と 162.

256 **マラリアの再発** Phi Phuon インタビュー、Pâng 自白調書、1978/5/28; Mey Mann インタビュー。

256 **翌年の夏には** Ieng Sary, Nikân インタビュー。RC(1968/3/1)によれば、女性たちは1965年9月にプノンペンを発った。まずはタイ・ニンの第100局に向かったが、それから1967年にこっそりプノンペンに戻ってラタナキリに出発したという。

256 **北東部のここでは〜先込め式の銃があった** Moeun, Phi Phuon インタビュー。

257 **ほとんどの人々** De Beausse to MAE, 電報 Nos. 213-14, May 10, および Note AS/222, May 19 1961. 軍および文民役人による不当な要求で引き起こされ

た山岳地帯の反乱について述べている（c. CLV 14, QD）。

257 ためらうことなく命を　Ieng Sary インタビュー。

257 コン・ソファルに会った月　Kong Sophal 自白調書、1978/11/12. ボンとヌオン以外にソファルは第4の参加者「パング」を挙げている。Som Chea（自白調書、1978/5/4）によれば、これはマンが使ってた偽名で、かれはファンとも呼ばれていた。

258 いつになく興奮している　Khieu Samphân インタビュー。孤立したできごとは、反乱軍の「公式」な蜂起以前からバッタンバンや南西地帯で起きていた（1月9日ウドン近くのコンポン・トララク地区へのシアヌーク訪問について参照。*RC*, 1968/1/16）。

258 一九六八年一月十八日〜ライフルを強奪した　Kong Sophal 自白調書、1978/11/12; および Kiernan, *Samlaut*, Part 2, pp. 5-8. また *Le Monde*, 1968/2/2; *RC*, 1968/12/20 も参照。

259 この月にラタナキリでも　Phi Phuon インタビュー。1977年にポルは、北東地域での蜂起は公式には1968年3月30日まで開始されなかったと主張している（9/27 演説）。

259 二月二十五日には〜銃を手に入れた　この記述は Kiernan, *Samlaut, Part 2*, pp. 17-19 および Pol Pot, 9/27 演説より。また Argod to MAE, No. 620/AI, 1968/4/2, c. A-O 1965-78 439, QD も参照。

259 三月の初めには〜抵抗組織に加わっていた　Ke Pauk 自伝、Kiernan, *Samlaut, Part 2*, p. 18.

259 初めて本格的な内戦の　Kiernan, *Samlaut, Part 2*, p. 21, 1968/2/28 シアヌーク演説の引用。

259 他の司令部に届くには一ヶ月　Pol Pot, 9/27 演説。

260 一月末に　*RC*, 1968/2/16。*Etudes Cambodgiennes*, no. 13, Jan.-Mar. 1968 によれば、ロン・ノルを軍総監に任命する勅令は1月30日に署名されたが、任命の日付は1月6日にさかのぼっていた。

260 焦土作戦　空軍の役割については Kiernan, *Samlaut, Part 2*, pp. 21-2; 住民の再組織化については *RC*, 1968/3/29; 食料供給については Khieu Samphân インタビュー、Kong Sophal 自白調書、1978/11/12, *RC*, 1968/2/16; 北東部の掃討作戦については Phi Phuon インタビュー。

260 当時の外交官ら　Argod to MAE, No. 620/AI, 1968/4/2, c. A-O 1965-78 439, QD.

260 四月の初めには〜陥ってしまった　Kong Sophal, supra. Hu Nim、Ruos Nhim（自白調書、1977/6/16, Chandler et al., *Pol Pot Plans*, p. 291 での引用）を引用しつつ。

260 がりがりに骨ばった　Chhang Song, *Buddhism*.

260「北部では〜経験した」　Pol Pot, 9/27 演説 ; Chhouk 自白調書、1976/9/2; *RC*, 1968/3/1; Argod to MAE, No. 385/AI, 1968/3/1, c. A-O 1965-78 439, QD; Ney Sarann 自白調書、1976/9/30.

260 三十一を掌握　Ieng Sary, Talk with Jacquet.

261「すでに支配下にはない」　シアヌーク、8/8 記者会見、Dauge to MAE, 電報

Nos. 1009-12, 1968/8/9での引用。またDauge to MAE, No. 1468/AI, 1968/9/3, c. A-O 1965-78 439, QDも参照。2ヶ月後、フランス大使はカンボジア軍が「ラタナキリとモンドルキリの東部管轄区の制圧を放棄したようで、地方首都に再結集した模様」と述べている（Note 1793/AI, 1968/11/2）。

261 **この反乱を後押ししたのは〜首を切るようになったからだ**　Argod to MAE, No. 819/AI, May 2 1968, c. A O 1965-78 439, QD.

261 **この風潮を生んだのは〜写真が掲載された**　ボケオのAndaung Pichでの演説、1968/2/1（*Paroles*, Jan.-Mar. 1968, p. 72）; Argod to MAE, 電報 Nos. 350-7, 3/7, および Nos. 669-75, 5/24, および Dauge to MAE, No. 157/AI, 1968/7/2, c. A-O 1965-78 439, QD; Kiernan, *How Pol Pot*, pp. 274 と 293 n. 164; *Le Monde*, 1969/11/20.

261 **東部地域のクメール・ルージュ幹部〜陰惨な出来事が起きた**　Kiernan, *How Pol Pot*, pp. 265, 276. 10年後、クメール・ルージュは同じやり方でスパイ容疑者を処刑していたとされる。陰惨極まる話だが、どちらの側でもかなり広く信じられている。

261 **仏教徒〜懸念を見せるようになった**　Dauge to MAE, No. 157/AI, 1968/7/2, c. A-O 1965-78 439, QD.

261 **右翼議員**　Ibid. およびタケオでの1968/6/19シアヌーク演説、*RC*, 1970/9/11に引用。また同紙1968/6/28に掲載された、発言の削除改訂版。またKiernan, *How Pol Pot*, pp. 275-6も参照。

262 **K-1**　Phi Phuonインタビュー。

262 **五〇キロ北の〜位置していた**　Ibid. フランス大使館の報告では、「よい情報源」によると「北ベトナムが第12号基地と呼んでいる」キャンプが北東部のビラチェイ（ヴォウンサイ）にあった（Mazeyrac to MAE, 電報 Nos. 1575-80, Dec. 9 1968, c. A-O 1965-78 439, QD.

262 **K-5において、サルは〜立ち入れない仕組みを築いた**　Phi Phuonインタビュー、Pâng自白調書、1978/5/28.

262 **かれはほとんど外では〜おこなうようになった**　'Alone Amongst Brothers: The Story of Khieu Pon-nary, Revolutionary and First Wife of Pol Pot', *Cambodia Daily*, 2001/10/20.

263 **少なくとも十二の地域**　サル自身は後に、反乱軍が19地方のうち17に広がったと主張している（Pol Pot, 9/27 演説）。政府報告では、バッタンバン、コンポット、ココン、コンポンスプー、コンポンチャナン、コンポントム、コンポンチャム（特にダムバール）、カンダル（プノンペン）、シアヌークヴィル、プレイベン、スツン・トレン、モンドルキリ、ラタナキリで反乱軍の活動が見られるという（*RC*, 1968/2/16, 3/22,29, 4/6, 12, 5/3, 31, 6/28, 8/23, 30, 1969/1/10）。1968年5月に外交官たちはラタナキリ、モンドルキリ、オダル・メアンチェイ、コー・コンへの訪問に特別な承認を受けろと言われた（Dauge to MAE, Note 898/AS, May 16 1969, c. A-O-1965-78 440, QD）。クメール・ルージュ側の説明では、プルサット（Khek Penn自白調書、1977/7/22）とタケオ（特にモクの本拠地トラムカク）でも事件があった。どちらも1968年には東部のスバイリエンやクラチエ、北部のシエム

リアプやプレア・ビヘアで事件があったとは述べていない。1969 年には、シエムリアプやプレア・ビヘア以外のあらゆる地域で反乱活動が報告されている。

263 **北東地域書記の仕事を引き継いで** Phi Phuon インタビュー。平壌放送が 1977 年 10 月 3 日に放送した「ポル・ポト伝」によれば、かれが北東地域書記だったのは「1968 年から 70 年 3 月まで」(BBC SWB FE/5634/B/4)。

263 **党の団結が** 'Recherche sur le Parti Cambodgien', Doc. 3KN.T8572, VA. 1977 年 8 月にタイの共産主義者と会談したサルは、CPK の出自が二重であるために団結がこわれるという話をしている (Pol Pot, Talk with Khamtan)。

263 **分離主義的な傾向** Pol Pot, Talk with Khamtan.

263 **それを物語っている** Pâng (自白調書、1978/5/28) によればサランは「森には今では瓦葺きの家がたくさんある」と述べて「われわれをけしかけようとした」。「9 年戦争組」は「瓦葺き」「れんが」の家という表現で党内のインテリ層を指し、かれらをブルジョワジーの一部と考えていることを示した (Chou Chet の発言「プノンペンのれんがの家には残らない (中略) それはおまえたちに残す。おれはいなかに行って暮らす」を参照。これはかれの自白調書、1978/5/20 に挙げられている。また Siet Chhê の自白調書、1977/6/6 も参照)。

263 **ロス・ニム～理論しかないよ** Ruos Nhim 自白調書、1978/6/14; In Sopheap インタビュー。

264 **へべれけだったんだ** Mok, Thayer インタビュー。

264 **ピムは落ち込んでいた** 1969 年末、東部地域の 300 部隊はほとんどが国境を越えてベトナムへ逃走せざるを得なくなっていた。ピム自身もタノットの古い「第 100 局」基地に避難している (Kiernan, *Chickens*, p. 155)。

264 **怒り狂っていて** Chhouk 自白調書、1976/9/27.

264 **この年～撃つと脅した** Doeun [Sua Vasy] 自白調書、1977/5/3; Chou Chet 自白調書、1978/4/14; Chhouk 自白調書、1976/9/27.

264 **「かれは農民だった」** Khieu Samphân インタビュー。

264 **それは町での～わずかにいた** Ros Chantrabot, pp. 10-11; *RC*, 1968/3/1.

265 **モクの基地は～飛び去っていくのを感じた** In Sopheap, *Khieu Samphân*, pp. 89-90. 健康上の問題は絶えず問題となった。トック・ホウンは南西地域のプノンピスに 1970 年にやってきたが「ほとんどの同志は病気で、ハンモックで横になっていた」(自白調書、1977/11/11)。

266 **一九六七年の春～疑いはじめていると書いている** 断りがない限り、この記述は Argod to MAE, 電報 Nos. 572-80, May 15, と Nos. 595-9, May 16, Note 1160/AS.CLV, June 1, および Note 1180/AS.CLV, June 2 1967, c. A-O-1965-78 439, QD; *RC*, 1967/6/2 に基づく。

267 **公的には** *RC*, 1967/5/19, 26.

267 **毛沢東のバッジ～閉校させると脅迫した** Edwards, *Ethnic Chinese*, pp. 135-6.

267 **九月一日に～蜜月は終わった** *RC*, 1967/9/8, 15, 22; *Etudes Cambodgiennes*, No. 11, July-Sept. 1967; Mazeyrac to MAE, 電報 Nos. 1112-16, 9/12, Nos. 1124-7, 9/13, Notes 1714/AS.CLV, 9/18, 1780/AS.CLV, 10/2, および 1876/AS.CLV,

1967/10/19;（フランス外務省）Note CLV/436, 10/24; Argod to MAE, No. 1957/AS.CLV, Nov. 2 と No. 2166/AS.CLV, 1967/12/1, c. A-O-1965-78 439, QD.

268「カンボジアの外交政策の基盤」 *RC*, 1967/5/26.

268 左派の大臣が立つことも　唯一の例外はキアト・チョンだが、この人物はあまりに日和見が激しくて、その行動の基盤となる政治的な原則がなんなのか、そもそも原則があるのかどうかすらわからなかった。チョンは同時代人の間ではリセ・シソワットの優等生であり、サロト・サル同様に決して怒りを表に出さないという、クメール人が大いにあがめる性格を持っていた。セルクルの一員で、1967-70年にシアヌーク政権下で大臣を務め、シアヌークの北京亡命政府でも大臣となり、クメール・ルージュ政府では1975-79年に大臣となり、1980年代にはキュー・サムファンの亡命政府でも大臣となり、最後にフン・セン政権下でいまだに財務大臣として、初めて大臣職についてから40年後にも大臣をやっている。

268 ジャクリーン・ケネディ　*RC*, 1967/11/3, 11.

268 チェスター・ボウルズ　Argod to MAE, No. 241/AI, 1968/2/5, c. A-O-1965-78 439, QD. David Chandler はこの会談でシアヌークが、民間人死傷者を最低限にするなら国境沿いのアメリカ空爆を黙認することに合意したと考えている。

268 世界的戦略　シアヌーク、1968/2/11 記者会見、*Paroles*, Jan.-Mar. 1968, p. 107 所収。3ヶ月後の別の記者会見でもこの主張を繰り返している（Argod to MAE, 電報 Nos. 669-75, 1968/5/24, c. A-O-1965-78 439, QD）。

269 アメリカは共産主義と　*RC*, 1967/11/11.

269 再統一されたベトナム　ベトナムの再復興をおそれたシアヌークは、国際社会にカンボジアの国境を明確に認めるよう外交的な救世運動を開始した。1968年末までに、アメリカとその不可分の同盟国イギリス以外の全大国がそれを認知していた。

269 アメリカしかなかった　Dauge to MAE, Note 2000/AI, 1968/12/2, c. A-O-1965-78 439, QD.

269 考え直したのだった　Ibid., および 1969/3/1 の Note 395/AI, c. A-O-1965-78 440, QD. ここでは、カンボジアが「中国の圧力に対するアメリカの釣り合い用重石」を必要としている、というシアヌーク発言が引用されている。また Sihanouk、フランス・インターとのインタビュー、*Kambuja*, Dec. 15 1968 も参照。

270 年間二千万ドルを超え　毛沢東とファン・バン・ドンとの会話、北京、1968/11/17, CWIHP Archives. 北ベトナム代表は、お金は「シアヌークに」支払われていると述べている。すると疑問なのは殿下自身がこの取引で儲けたかということだ。この会談の議事録が公開されるまで、シアヌーク自身は正直だったが、身の回りの人々に厳しく出られなかったと思われてきた。もちろんファン・バン・ドンは単に「カンボジア人」というのと同義語として殿下の名前を出したのかもしれない。これは白黒つけようがない。

270 常にあいまいさを保つこと　この八面六臂の立場を維持するにあたってシアヌークが直面した問題については Stephen Morris の *Why Vietnam*, pp. 43-4

に書かれている。

270 一九六九年の三月　Shawcross, *Sideshow*, pp. 19-35 と 91-5.

271 クメール・ルージュの小冊子　Dauge to MAE, Note 1342/AI, 1968/8/2, c. A-O-1965-78 439, QD.

271 ふたたび国防相に返り咲いた〜繰り広げられたのだ　断りがない限り、8月11日 -9月6日にかけて展開したこの襲撃の記述は *RC*, 1968/8/30, 9/13, 20より。

271 四十人の容疑者〜のちに処刑された　Vorn Vet（自白調書、1978/11/24）によれば「20人以上」が逮捕された。かれが挙げたうち6人―― Dam Pheng, Leang Kim Huot, Pa Sieng Hay, Kum Saroeun, Chhoeun, Kac Sim ――は RC にも挙がっている。この2つをあわせるとさらに16人の名前が挙がっている。Vorn Vet の記述は女性1人を除いて全員が「敵に殺された」、つまり通常の意味だと軍事法廷にかけられて射殺されたと述べている。Bokor の話はたとえば Milton Osborne が *Prince of Light*, p. 197 で ; Kiernan, *How Pol Pot*, p. 276; Meyer, *Sourire*, p. 193 など。

272 キュー・ポナリー　Vorn Vet, supra.

272 ヌオン・チェア　Moeun は1968年にヌオン・チェアと一緒に、コンポンチャムの反乱軍に武器を届けにいった（インタビュー）。Kong Sophal（自白調書、1978/11/12）は1969年2月にプノン・ベイチャップのゲリラ用に、弾薬でいっぱいの小型トラックをヌオンから受け取ったと述べている。

273 政府が外国支援を　Mazeyrac to MAE, 電報 Nos. 1535-6, 1968/12/2, c. A O-1965-78 439, QD.

273 翌年の春〜カンカンだった　Ibid., Note 015/AI, 1969/1/3, および Dauge to MAE, Note 312/AI, 1969/2/19, c. A-O-1965-78 440, QD.

273 財政赤字の穴埋め〜急激に落ち込んだ　Dauge to MAE, Notes 936/AI, 5/23, および 395/AI, 1969/3/1, c. A-O-1965-78 440, QD; Osborne, *Prince of Light*, p. 205.

273 一九六九年の七月に〜続けているわけにはいかなかった　Dauge to MAE, No. 395/AI, 3/1, および 1423/AI, 1969/7/22, c. A-O-1965-78 440, QD. ロン・ノルは新政府を8月12日に組閣した。ライブスが着いたのはその3日後だった（ibid., Note 1459/AI, 8/2 および電報 Nos. 952-5, 1969/8/16）。

274 クメール・ルージュの脅威が　1969年2月、フランス大使館は「ラタナキリ、バッタンバン、コンポンスプー、カンポットで、ここ数週間立て続けに事件が起きている」と報告している。3月――「ラタナキリでは軍が主要都市を抑え、なんとか主要街道を安全に保ってはいるが、かれらもその地点より先には入ろうとしない」。4月――「年初よりクメール・ルージュ反乱軍の活動はおさまっていない（中略）ラタナキリのようなきわめて被害の大きい地域では、（政府軍が）どこまで本気（で対処する気）なのかも定かでない」。5月半ば――「今年の反乱軍はずっと数を増し、装備もよく、なによりもずっと大胆である」。月末――「反乱軍活動は衰えを見せず」。6月半ばまでには――「反乱軍が政府の最大の懸念事項となっている」。7月――「北東部では山岳地帯の反乱軍が（中略）地域を押さえてい

る。政府部隊が守勢にまわっている。最後の大規模（政府軍）作戦は多大な損害を出して終わった」（ibid., Notes 395/AI, 1969/3/1; 603/AI, 4/1; 761/AI, 4/22; 898/AS, 5/16, and 996/AI, 1969/6/2;［フランス外務省］Note 325/CLV, 1969/6/16; Dauge to MAE, Note 1459/AI, 8/2, すべて c. A-O-1965-78 440, QD）。

1969年9月には、ロン・ノルは反乱軍がクメール人1400人と山岳民族1000人――それがラタナキリ、東部地域、南西地域、バッタンバン地域に集中している――で構成され、1年前の約1000人より大きく増えていると推定している（*Le Sangkum*, Oct. 1969; *RC*, 1969/11/7）。その2ヶ月後、パリのフランス外務省は、反乱軍活動が着実に増えていると書いている（Note CLV 526, Nov. 4 1969, c. A-O-1965-78 440, QD）。1969年12月には、サロト・サルは全国でゲリラ4000人が活動していると述べている（'Texte du Camarade Nguyen Huu Tai, spécialiste de B68 a Phnom Penh', Doc. `32（N442）/T7917, VA; Pol Pot, 9/27 演説）。

274 **少し武器を渡し始めていた**　Phi Phuon の回想では「1969年始めから、ベトナムがライフルを少しまわしてくれるようになった」（インタビュー）。同年4月には、フランス大使館もこう書けるようになった――「ラタナキリとモンドルキリでは、反乱軍が北ベトナムやベトコンからの武器弾薬を得ていることが知られている」（Dauge to MAE, Note 761/AI, Apr. 22 1969, c. A-O-1965-78 440, QD）。それでも、状況は不明確だった。Ney Sarann（自白調書、1976/9/30）は、ベトコンが「武器庫にたくさん銃を隠してあったのに、1度も分けてくれなかった」と述べている。一方で Chhouk（自白調書、1076/9/29）によると、東部地域の20区と23区の兵がベトナムから少量の武器をもらえたが、24区では「ベトナム人たちは何もくれなかった（中略）まだおまえたちは武器を取るには早いと言われた」。

274 **およそ三万人**　'Notes sur le problème des sanctuaires Viet Cong au Cambodge', Sept. 3 1968; また9/28のシアヌーク演説と、国家安全保障担当国務長官ソステネ・フェルナンデスの軍事報告概要、Dauge to MAE, No. 1612/AI, Oct. 3 1968 所収、すべて c. A-O-1965-78 439, QD を参照。*RC*（1969/7/25）はベトコン兵1万6000人とさらに2000人分の宿舎がスバイリエンの国境地域にあると報告している。ロン・ノルの発行した軍事報告は、9月前半の人員数を3万2000-3万5000人としている（ibid., 1969/11/7）。1969年末に4万人という数字は Dauge to MAE, No. 0002/AI, Jan. 2 1970, c. A-O-1965-78 440, QD.

274 **「メニュー」作戦の爆撃**　Shawcross, Sideshow, pp. 26-8 と 35.

274 **「引き延ばし作戦」**　Ibid., p. 191.

274 **「あまり楽観していない」**　'Zhou Enlai, Kang Sheng and Pham Van Dong, Hoang Van Thai, Pham Hung and others in the COSVN delegation', 北京, 1969/4/20, 21, CWIHP Archives.

274 **軍事クーデター**　周恩来はファン・バン・ドンにこう述べている――「クーデターの可能性を忘れてはいけない。シアヌークは、あらゆる矛盾をうまく利用して権力にしがみついている点でスカルノと似ている」（北京、1967/4/10, CWIHP Archives）。

275 そしてヌオン・チェアも〜宣伝は止んだ　Ieng Sary（インタビュー）は、ヌオン・チェアがラタナキリ基地を1度だけ訪ねたと述べたが、日付は挙げなかった。1971年に回覧された公式党史によると、「拡大政治局会合（ママ）」が1969年7月に開かれた（Kiernan, *How Pol Pot*, p. 287での引用）。これがおそらくヌオンの訪問時期だろう。決議の詳細については‘Rapport [oral] du camarade Khieu Minh... le 10 Mai 1980’, Doc. 32（N442）/T8243, VA, および*Black Paper*, p. 31を参照。政策の変更はVorn Vet（自白調書、1978/11/24）とRuos Nhim（自白調書、日付なし）も認識している。生き残ったCPK上層部—— Khieu Samphân と Long Nârin ——は、1959年のダプ・チュオン事件以来クーデターの可能性が党員や支持者たちの間でしばしば話題になったと固執している（インタビュー）し、1960年代後半にはシアヌーク自身が、アメリカが自分のかわりに軍部を指導者にたてるのではないかとしばしば言及している。

275 厳しい非難を受けた　*Black Paper*, ibid. Vorn Vet（supra）はその反シアヌーク文書を回覧したのを覚えている。その一部は明らかにパリのセルクル・マルクシステにもたどりついたようだ（Thiounn Mumm インタビュー）。

275 活動計画　Engelbert and Goscha, *Falling*, p. 141.

275 多数のベトナム人　Dauge to MAE, No. 1459/AI, 1969/8/2, c.A O-1965-78 440, QD.

275 主要任務　‘Rapport [oral] du camarade Khieu Minh... le 10 Mai 1980’, Doc.32（N442）/T8243, VA.

276 八月になって〜最小限に抑えた　Keo Meas 自白調書、1976/9/24, 25, 30.

276 白紙委任　Dauge to MAE, 電報 Nos. 952-5, 8/16, および Note 1580/AI, 1969/9/2, c. A-O-1965-78 440, QD.

276 シリク・マタクを〜与えられなくなった　Ibid., Note 1740/AI, 1969/10/2, c. A O-1965-78 440, QD.

277 かつてはすべて〜悪口とて何も達成しなかった　Ibid., 電報 Nos. 1285-8, 10/20, および Mazeyrac to MAE, Note 1916/AI, 11/1, 電報 Nos. 1304-6, 10/25, および Note 1948/AI, 10/31; また Dauge to MAE, Notes 16/DA.AI, 11/14, および 2170/AI, 1969/12/2, c. A-O-1965-78 440, QD.

277 徐々に強力になり　（フランス外務省）Note CLV 526, 1969/11/4, c. A O-1965-78 440, QD. ベトナムの史家は1969年半ばまでに反乱軍が衰えはじめており、そのためにCPK常任委員会が統一戦線戦術に戻ったのだ、と主張し続けている。Engelbert and Goschaはベトナム資料に基づいて似たような見方をしている（*Falling*, p. 88）。カンボジアとフランスのどちらの情報から見ても、その軍事的状況に関する証拠はまったく正反対となっている。

277 村々でしだいに支持を　Doeun 自白調書、1977/4/4; Meyer, *Sourire*, p. 197. Ruos Nhimは自分自身で1949年に元のカンボジア武装プロパガンダ・チームの長を務めていた（自白調書、日付なし）。北東部のバッタンバンと南西部では、貧農を犠牲に私服を肥やした地元の名士が公開集会に引きずり出され、通常は多数決で裁判にかけられて処刑された。政府に忠実な村長

たちや横領疑惑の役人たちも同じ運命をたどった（*Le Monde*, 1969/11/20; Dauge to MAE, Note 1192/AI, July 2 1969, c. A-O-1965-78 440, QD; Meyer, *Sourire*, pp. 198-200）。

277 十一月に　Pâng 自白調書、1978/5/28; *Black Paper*, p. 32. ベトナムのある史家はかれがハノイについたのは12月だと言う（'Texte du Camarade Nguyen Huu Tai, spécialiste de B68 a Phnom `Penh', Doc. 32（N442）/T7917, VA）。サル自身は北ベトナムに旅したのが「1970年だ」と述べている（Pol Pot, Talk with Khamtan）。

278 会談は非常に緊張した雰囲気　*Black Paper*, p. 32.

278 同じようにかわされた　Ibid., pp. 32-4; Pol Pot, Talk with Khamtan. 1965年冬のハノイ訪問中、サルはソ連大使との面会を希望した。面会は設定されたが、会えたのは第3書記で、サルは憤慨した（Mosyakov, *Khmer Rouge*, p. 12）。

278 ふたたび王位につく　Osborne, *Prince of Light*, p. 207. エントラボン（インドラボン）はユーセボン王子の弟だった。イエン・サリが1949年に『共産党宣言』を見つけたのはかれの図書館でのことだった。

278 かねてから腹心だった四人の～療養に旅立った　Meyer, *Sourire*, pp. 303-5; Chantrabot, pp. 17-18; *RC*, 1970/1/9; Corfield, *Stand Up!*, pp. 59-60.

279「距離を置いて静観し」　Dauge to MAE, Notes 1459/AI, 8/2 と 1492/AI, 1969/8/6, c. A-O-1965-78 440, QD.

## 第六章　理性の突然死

頁

281 ポク・デスコマーは　Phi Phuon, Suong Sikoeun インタビュー。

281 合法的な闘争手段は　Kiernan and Boua, *Peasants and Politics*, p. iii.

282 公開処刑された　*Le Monde*, 1969/11/20; *RC*, 1969, 多数。

282 小規模な強盗行為　Dauge to MAE, No. 761/AI, 1969/4/22, c. A-O-1965-78 440, QD; *RC*, 1969/4/25.

282 捕虜を取ったかという～われわれの原則でした　Phi Phuon インタビュー。

283 捕虜はめったに取らなかった　*Le Monde*, 1969/11/20.

283 捕虜を解放した例もあった　Kiernan, *How Pol Pot*, p. 319.

283 ちょうどカンボジア人が　*Prasso*, pp. 14-23 における「他者化」の議論を参照。

284 偽名と暗号をつけていた　Phi Phuon インタビュー。部局や部門を指すのに「S」を使うのは、S-71（1970-75年のストゥング・チニットにおけるサルの基地――この番号は1978年になっても中央委員会事務所を指すのに使われていた）やS-31（戦時中のプロパガンダ局）、S-21（ツールスレンにおける安全保障局）からもわかる。「V」と「P」はDC-Cam保管の1975-8年の電報の中で使われている。「Y」は戦時中の伝令所を指すが、1975年以降はプノンペンにおける一部の中央委員会用サービス、たとえば運転手の詰め所などを指すのに使われた。またPicqタイプ原稿、p. 40も参照。

284 **純粋にベトナム人の考案**　ベトナム人はどうやら偽名の使用をロシア人から学んだようだ。ホー・チ・ミンは1920年代にコミンテルンの係官を務めたし、他の多くのICP指導者層もモスクワで訓練を受けている。ほとんどはソ連がつけたコードネームを持っていた（'Le Viet-Minh et le Parti Communiste Indochinois', Dépêche 5152, Haut Commissaire de France, Saigon, 1949/10/17, c. A-O-I 400, QD）。

284 **指導者の名称も〜クメール独自のものではなかった**　Engelbert and Goscha, *Falling*, pp. 123-4. また別の示唆的な儒教的類似として、1960年代のベトナム共産党は、サルをハイ・ティエン、つまり「似た心を持つ兄」と呼んでいる。「名を正す」儒教の教義は、人や物の名前が変われば、その振る舞いもそれに応じて変わるとしている。サルを「似た心を持つ」と呼ぶことで、ベトナムの指導者たちはサルが本当に似た考えを持ってくれるという希望を表明していた。これはないものねだりをあらわしたあだ名として唯一の例ではない。ベトナム人はCPK指導層の中でもっとも一筋縄でいかないイエン・サリを「率直さの兄」と呼んでいる。1965年にベトナムがアン・ハイを使った例としては 'Texte du Camarade Nguyen Huu Tai, spécialiste de B68 a Phnom Penh', Doc. `32（N442）/T7917, VA を参照。1969年以降、ハノイでCPK代表となったKeo Measは、サルを自白調書（1076/9/30）の中で「同志ハイ」と呼んでいる。

285 **本による学習は軽蔑される**　良い例が、のちに北部地域の副書記となるスレンだ。かれの妹によると「兄は中学校の3年目にいて、ちょうど卒業資格《ブルベ》の試験を受けるところでしたが、（地元の）革命組織の指導者たちが勉強を続けようとする兄を責めたのです。どうせ無駄なんだから、なぜ続けるのだ、と言うんです」（Chor Sokhan インタビュー、マライ、2001/4/6）。

285 **マルクス主義の書物をクメール語に**　数年後のサルの説明では、マルクス=レーニン主義は「革命的実践」から生まれるものだということで、つまりどんな革命もその目的を問わず定義からしてマルクス主義だということだ（Pol Pot, Talk with Khamtan）。また Nuon Chea *Statement*, p. 26 も参照。

286 **いたずらにすぎない**　Dauge to MAE, No. 0002/AI, 1970/1/2, c. A-O-1965-78 440, QD.

286 **有事関連書類**　クーデター首謀者としてのロン・ノルに関する最初期の議論は Pierre Mathivet de la Ville de Mirmont がフランス外務省に送った通信だ（No. 442/AS, Sept. 21 1959, c. CLV 12, QD）。シアヌーク自身がその6ヶ月前に、アメリカ人たちがロン・ノルをダプ・チュオンやサム・サリの後継者候補として検討しているとフランス大使に告げてはいる（Gorce, 電報 Nos. 240-5, 1959/3/15, c. CLV 11）。Long Nârin（インタビュー）によれば、共産党の研究グループも当時そうした可能性を議論し始めていたとのこと。

286 **深刻に受け止めていたわけではなかった**　Truong Nhu Tang, *Vietcong Memoir*, p. 176.

287 **三月八日の〜代理を任されることになった**　特に指示のない限り、この部分

の記述は以下をもとにしている。Shawcross, *Sideshow*, pp. 112-23; Corfield, *Stand Up!*, pp. 66-83; Osborne, *Prince of Light*, pp. 209-14; Allman, *Anatomy*, pp. 97-104. このクーデターの文脈や意義に関する思慮深い議論としては Osborne, *Politics and Power*, Ch. 7, 'Exit a Prince' を参照。

287 **劇的に演出するために** 他の手口が2月にも取られていた。カンボジア軍はときどきベトコン避難地を爆撃するようになり、ベトコンが密輸米などの密輸品を買うのに使っていた500リエル札が廃止されたため、NLF財務局は何千万ドルにものぼる損害を被った。

288 **備えていたにすぎない** シアヌークの声明の用語はこれを裏付けているようだ。中道を遵守しつつ、かれはデモ隊が大使館を破壊したことを糾弾する一方で、ベトコンがカンボジアの中立性を尊重しなかったことも糾弾した。

288 **それからの出来事は〜確信を持っていた** Deac, *Road*, pp. 61-7 でのクーデターの議論を参照。

289 **すみやかに帰国することを望んだ** のちにシアヌークは、ソ連最高会議幹部会議長ニコライ・ポドゴルヌイが、早めに帰国しろと促したと書いている（*My War*, p. 21）。周恩来は3月14日に在北京大使ネイ・バレンティンを迎えて、プノンペンの状況について懸念を表明した（逄先知主編『周恩来年譜』中央文献出版社、北京、1997, 第3巻、p. 355）。翌日、中国外務省はフランス大使エチエンヌ・マナックに対し、シアヌークを北京からプノンペンに飛ばすためにエールフランスの飛行機を用立ててもらえないかと頼んでいる（*Mémoires d'Extrême Asie: La Chine*, Fayard, Paris, 1980, p. 90）。

289 **オウム・マノリネ** Chandler, Allman らは、マノリネがロン・ノルとシリク・マタクに対して事前抑止クーデターを組織しようとしたが、それがおそらくは電話盗聴を通じてばれたために、自宅軟禁されたと述べている（*Tragedy*, pp. 197-8; *Anatomy*, p. 103; また Corfield, *Stand Up!*, pp. 75-6 も参照）。これは十分あり得るが、一方で権力の座にあるシアヌーク忠臣の最後の数人を監禁する口実として流されたデマかも知れない（他の忠臣は国家安全保障担当国務長官ソステネ・フェルナンデスだった）。いずれにしても、マノリネが拘束された3月16日の夜、この陰謀は勢いを増して、それを止められるのはロン・ノルが承認を拒むことしかあり得ない状態となっていた。

289 **暴力的なデモ** 'Le Général Lon Nol rend compte a`Samdech Chef de l'Etat des derniers événements'. Agence Khmer de Presse, 1970/3/18, c. A O 1965-78 440, QD 所収。

289 **奇妙な予兆** Meyer, *Sourire*, pp. 88-95; Becker, *When the War*, p. 114.

290 **傲慢で洗練された雰囲気を持つ** Corfield, *Stand Up!*, pp. 58-9.

290 **一方ロン・ノル〜繊細さで実行した** Becker, *When the War*, p. 119; *Le Sangkum*, May 1966, p. 15; Meyer, *Sourire*, pp. 291-2. 外国の血が入っていないという主張は嘘だった。祖父が中国人だったのだ。

290 **ロン・ノルとシリク・マタクは〜ともに活動していた** Dauge to MAE, No.

1793/AI, 1968/11/2, c. A-O-1965-78 439, QD.

291 **シリク・マタクは〜泣きながらサインした**　Chandler, *Tragedy*, p. 198.

291 **つるし上げの対象**　Dauge to MAE, 電報 Nos. 364-7, 1970/3/19, c. A O 1965-78 440, QD.

291 **サルはその知らせを**　王泰平主編『中華人民共和国外交史』第 2 巻、世界知識出版社、北京、1998, p. 74.

291 **モスクワにいたシアヌークは〜丁重に伝えた**　ここでの出来事に関するシアヌークの記述は 2 種類ある。*Indochine*, pp. 106-11、そして信頼性の低い *My War*, pp. 21-2 である。

292 **一九六五年以降**　Chen Jian, 'Personal-Historical Puzzles about China and the Vietnam War', in *77 Conversations*, pp. 21-35; および Nguyen Vu Tung, 'Interpreting Beijing and Hanoi: A View of Sino-Vietnamese Relations, 1965-1970', ibid., pp. 46-67. ハノイに対する中国の軍事援助詳細については、Chen Jian, *Mao's China and the Cold War*, University of North Carolina Press, Chapel Hill, 2001, Ch. 8 を参照。

292 **本能的に信用できない**　「周恩来とファン・バン・ドン」北京、1967/4/10, CWIHP Archives.

292 **「余は本国に帰って闘う」**　*My War*（p. 29）でシアヌークは、3 月 19 日に周恩来にこう述べたと書いている——「余は最後の最後まで戦って戦いぬくぞ」。中国の資料は確かにかれがこの通りの発言をしたと裏付けているが、それがいつだったかは明確にしていない（「周恩来とシアヌーク王子」北京、Mar. 22 1970, CWIHP Archives）。周恩来『年譜』（第 3 巻、p. 356）はシアヌークが 3 月 19 日に「すぐに自国に戻りたい」と述べ、周恩来がそれを止めたとしている。

292 **長くつらく**　Sihanouk, *Indochine*, p. 109.

292 **中国政治局は**　周恩来『年譜』第 3 巻、p. 356.

292 **かれは機内で〜ファルーク国王も亡命していた**　シアヌーク自身の説明だと、モニクは隠居を提案したがかれは即座にそれをはねつけたとのこと（*My War*, p. 28）。これが事実なら、それから 24 時間もたたないうちにマナックに対してその案を持ち出すなどということはまず考えられないだろう（Manac'h, *Mémoires*）。

293 **シアヌークは失脚を〜思ったことだ**　François Ponchaud インタビュー（プノンペン、2001/12/2）。3 月 20 日の記者発表で、シアヌークはすでに新政権が「余の私生活に関してすさまじいちょっかいを出してくる」とこぼしている（*Peking Review*, 1970/3/30）。

293 **つまり復讐である**　シアヌークは、3 月 20 日夜に周恩来に回答を与えたと主張している（*Indochine*, p. 110）。これは中国の記録と一致する。北京放送での初放送——自分の王位追放は「非合法で憲法違反だ」と述べた放送——もその晩におこなわれた。21 日にさらに 2 つの放送がおこなわれ、そこでシアヌークは「クーデターを消滅せしめ、カンボジアに民主主義を取り戻すための（中略）聖戦」を遂行すると誓っている（*Peking Review*, 1970/3/30; Dauge to MAE, No. 683/AI, 1970/4/1, c. A-O-1965-78 442, QD）。ま

た *RC*, 1971/5/28 も参照。

293 三月二十一日〜望むかは語らなかった 「周恩来とファン•バン•ドン」北京、1970/3/21, CWIHP Archives.

294 王党的な共産主義革命 *RC* インタビュー、Gorce to MAE, No. 37/CX, 1960/1/26, c.CLV 11,QD での引用。

294 サロト・サルにも会っていた *Black Paper*, p. 38.

294 はっきりしないのが問題だった サルはのちに、シアヌークが中国の最初の2日間は「防戦一方」だったと書いている（*Black Paper*, p. 35）。

294 当面は（かれを）〜連絡を取り続けた 「周恩来とファン・バン・ドン」1970/5/21, supra. 同日、CIA はロン・ノルが自軍に「（ベトコン / 北ベトナム）軍との摩擦を避けること（中略）プノンペンの（かれらの）代表と協議が進展中であるため」と指示していることを報告している（Shawcross, *Sideshow*, pp. 124-5 で引用）。プノンペン駐在の中国大使 Kang *Mao*zhao はロン・ノルに対して4月に、もし共産主義者の避難地域を維持して、兵器の輸送を許し、ベトコンのプロパガンダを支援するならそちらの政府を承認すると告げている。無理もないことだがロン・ノルは拒否した（Qiang Zhai, *Vietnam Wars*, pp. 189-90）。

294「宣誓」 Etienne Manac'h, Pékin, to MAE, 電報 Nos. 1194-9, 4/1, および Nos. 1264-72, 1970/4/6, c.A-O-1965-78 442,QD.

294 その二日後〜主張されていた Sihanouk,'Message to Compatriots', Grant et al., *Widening War*, pp. 105-9 所収。

294 民族解放軍 シアヌーク自身、ファン・バン・ドンによる「数千」の指導者を送ってくれるという約束を引用している（*My War*, pp. 30, 172）。この数字は、おそらくはシアヌーク派部隊を指揮するベトナム人将校も含んでいたのだろう。シアヌークの「軍」に独立した指揮構造が設立されたことは一度もなかった。

295「三月二十三日の要請」という言葉 「純粋な労働人民」はまさにサルのスタイルを如実にあらわす。「純粋」はかれのお気に入りの形容詞だった。これはシアヌークが使うことばではないし、中国共産党の決まり文句でもない。*RC*, 1971/5/28 も参照。

295 社会主義に言及 サルは *Black Paper*（pp. 35 と 38）で、文書（これはクメール•ルージュの言う「5 箇条行動計画」を含んでいたので FUNK「政治計画」と呼んでいた）を「検討して改定した」と述べている。だから「その文書には社会主義や共産主義の問題が含まれていなかったのだ」とのこと。この主張は信頼に足る。クメール・ルージュは内戦中は徹底して自分たちの共産主義的目標を隠した。また Sihanouk, *Calice*, Ch. 6,p. 45 も参照。

295 周恩来はサロト・サルとの〜望むところだった 『中華人民共和国外交史』p. 74. この出所によれば、サルは「CPC 中央の多くのメンバーに面会した」。サル自身は周恩来に会ったことしか語っていない（*Black Paper*, pp. 35, 38）。1970 年の訪中で、康生としばしば接触したが（Ieng Sary インタビュー）これは反乱以前に起きている。

295 だが周恩来の期待通り〜三月二十六日に発表された Caldwell and Lek Tan,

Appendix 6; Sihanouk, *Indochine*, p. 119 n.1. Khieu Samphân はクーデターが起きた時にはアウラル山の南西地域本部にいたが、そんな声明はまったく記憶にないという（インタビュー）。当時、すべての通信は伝令で送られていた。シアヌークの放送の後で「3 人の亡霊」がそんなに素早く北京に通信を送るのは、物理的に不可能だった。その後まもなく北京にやってきた Thiounn Mumm は、その声明を起草したのがサルかもしれないと考えている（インタビュー）。

295 **知らされずにいた**　Sihanouk, *Calice*, Ch. 6, p. 44.

296 **クメール・ルージュの重要人物**　このごまかしは 5 月にも続き、抵抗軍会議によってキュー・サムファン、フー・ニム、フー・ユオンが「それぞれカンボジアの 3 つの軍事地帯」の長として選ばれたと発表され（Banning Garrett, 'The National United Front of Cambodia', Gettleman and Kaplan, *Conflict*, p. 135 所収での引用）、その後サムファンが抵抗軍の名目総司令官になったという発表でも続いた。

296 **一方、中国のシアヌークのもとには～担うことになった**　Thiounn Mumm（インタビュー）。1970 年 7 月 8 日に北京に到着したプラシットによれば、かれと「フランスの同志」（ほぼ確実にオク・サクン）が「兄のティウン・マムを最初に送ることにした」（'Autobiography of Thiounn Prasith, former *Khmer Rouge* Ambassador to the United Nations', 1976/12/25, DC-Cam）。

296 **だが政治的な事柄は～本国に送る分だった**　この記述はほぼ Thiounn Mumm（supra）の回想に基づいている。インドシナ・サミットの詳細については *Xinhua News Agency*, 4/25 と 26, および『人民日報』（1970/4/26）を参照。GRUNC 内閣については *Peking Review*, 1970/5/18 と Jennar, *Clés*, p. 70 を参照。

297 **汚職兵**　Thiounn Mumm, supra.

297 **そのために毎年～聞かされていた**　Ibid.; Long Nârin インタビュー。

298 **一九七〇年四月の初め**　Keo Meas（自白調書、1976/9/24）は「再結集組」の送還をサルが指示した後で、ソン・ゴク・ミンに 4 月 15 日に会ったと述べている。ということはサルがハノイについたのはその月の前半となる。

298 **かれとキュー・ポナリー～レ・ズアンもこれを理解した**　ここでの記述は *Black Paper*（pp. 51-3）に基づいている。これは通常はあまり信頼のおけない情報源だが、ここに限っては概ね正確である。また 'Rapport [oral] du camarade Khieu Minh... le 10 Mai 1980', Doc. 32（N442）/T8243, VA も参照している。ヌオン・チェアとベトナムとの議論については Tea Sabun の Kiernan, *Chickens*, pp. 154-5 における引用も参照。Sabun はヌオンが在席していた話はせず、ベトナムがソー・ピムに打診したとしている。

299 **シアヌークの要請の前から**　Deac によれば、これを書いた COSVN 文書が 3 月 24 日に捕獲されたという（*Road*, p. 72）。

299 **クーデター翌日の三月十九日**　Truong Nhu Tang, *Memoir*, p. 177.

299 **ファウスト的協定**　Dauge to MAE, 電報 Nos. 630-3, 1970/4/1, c. A-O-1965-78 442, QD.

299 **その二日後～ベトコン殺害に成功した**　Deac, *Road*, pp. 72-3; *Black Paper*, p.

48.

300 この時点でニクソン大統領は〜散らばったのだ　他に指摘がない限り、ここでの記述は Deac, *Road*, pp. 70-80 より。

300 ロン・ノル政権自体がサイゴンから　たとえば Dauge to MAE, No. 20/DA.AI, May 28 1970 を参照。ここでは南ベトナム人の存在が「民族的な恥であり、その責任は政府にあるとされる」と述べられている（c. A-O-1965-78 442, QD）。

300「かれらはわれわれに〜何も残らない」 'Rapport [oral] du camarade Khieu Minh', *supra*. これは Ith Sarin と 1972 年から 73 年初頭にかけて特別地帯で 9 ヶ月過ごした Kuong Lomphon も認めている。「クメール・ルージュはあまり早々と勝利をおさめるつもりはなかった」と論じるかれはこう書いている――「人々がまだかれらを知らないことに気がついた。（中略）だから戦いを長引かせる用意をしていた。あっさり勝ってしまったら意味はない」（Kiernan, *How Pol Pot*, p. 399 n.133 での引用）。

301 武器であって兵士ではない　'Rapport [oral] du camarade Khieu Minh', supra.

301 正しかったことを証明した　Khieu Samphân インタビュー。

301 二千〜三千人強　サルは 1969 年 12 月に、クメール・ルージュのゲリラは 4000 人いると主張している（'Texte du Camarade Nguyen Huu Tai, spécialiste de B68 a Phnom Penh', Doc. `32（N442）/T7917, VA; Pol Pot, 9/27 演説）。これはあり得るが、同年 9 月のロン・ノルによる 2400 人という推計を考えると、かなり高めに思える。フランス情報部は 1970 年春にもまだ「武装ゲリラ 2500 人」という数字を使っている（Bulletin Particulier de Renseignement No. 10.299, 1970/3/23, c. A-O-1965-78 442, QD）。

301 数人のベトナム人〜監督にあたるのはベトナム人だったんだ　匿名希望の元クメール・ルージュ村落首長（以後 'Mekhum'）インタビュー（タケオ郡プレク・カバス地区プム・チニック、2001/3/10）。

302 サルはのちに〜不満をもらしている　*Black Paper*, pp. 54-7.

302 ほかに選択肢はなかった　当時 22 地区の CPK 書記だった Siet Chhê は、反乱の後で「ベトナム人たちがそこらじゅう、地区全体に入り込んできて（中略）あれやこれやの作業部隊をつれてきた。地区（のソー・ピム書記）の手紙や許可証を持っていた（中略）村の長たちを集めたが、見覚えのある人がいなかった（後略）」（自白調書、1977/5/11）。25 地区の Sdoeung はこう記憶する――「1970 年 4 月に、ベトナム人たちは村やコミューンの長を集めた。（中略）コム・トムの地区長はユオン（ベトナム人）で（中略）コミューン委員会の委員におれを指名した」（自白調書、1978/5/4）。*Black Paper*（p. 56）によると、ベトナム人の設置した地方行政体は東地帯ではかなり広がっていて、南西部ではそれほどでもなかった。Mey Mak インタビューも参照。

302「カンボジア人を同等に扱う」 'The Vietcong March-April 1970 Plans for Expanding Control in Cambodia', US Mission, Saigon, Vietnam Documents and Research Notes, No. 88, Jan. 1971, Kiernan and Boua, *Peasants and Politics*, pp. 257-61 での引用。この文書は 1950 年代とまったく同じ、クメール人を見

下す調子が健在だ。当時のベトミンは「かれらの知的水準の不十分さ」を語っていた（第二章参照）。この文書ではベトコン士官たちはこう言われている。「（クメール人たちの）学習能力は低いから、連中の理解能力にあった説明をしなくてはならない」。Kiernan and Boua の引用した文献はもっと低次の部隊からのものだが、COSVN の指針を反映している。

302 能力に欠ける　Morris, *Why Vietnam*, pp. 50 と 256 n.13, カリフォルニア大学バークレー校インドシナ文書館のベトコン文書を引用しつつ。

303 クーデターの一週間後〜冒瀆行為だった　この記述は Kiernan, 'The 1970 Peasant Uprisings Against Lon Nol', Kiernan and Boua, *Peasants and Politics*, pp. 206-19 所収 ; および *How Pol Pot*, pp. 302-3 による。また Dauge to MAE, 電報 Nos. 708-9, 1970/4/6 も参照。

304「ばかばかしい映画」　Shawcross, *Sideshow*, p. 126 での引用。

304 プノンペンのゴルフ場〜ライフルを持っていることもあったという　Ibid., p. 131.

304 使い捨て要因では〜強姦された　Robert Sam Anson, *War News:A Young Reporter in Indochina*, Simon & Schuster, New York, 1989, pp. 116-28 および 135-42; AP, Neak Luong, Apr. 15, Sihanouk, *My War*, p. 72 での引用、UPI, Phnom Penh, 1970/4/10, Sihanouk, Calice, pp. 60-1 での引用、Ponchaud, *Cathédrale*, pp. 136-7. また Dauge to MAE, 電報 Nos. 801-4, 1970/4/14 も参照。ここでは、通常の報告が比較的新政権に好意的だった大使が「本物のジェノサイド」の危険について警告している。翌日かれは、殺戮がもっと選択的になってきているかもしれないと考えている。その理由は、ネアク・ルオンでメコン川を渡った司祭 2 人が水面で数えた男性の死体が 139 体で、それまでの数日よりかなり減っているからというもの（電報 Nos. 846-8 Apr. 15)。フランス外務省の司法部は「カンボジアで現在おこなわれている行為は、ジェノサイドに反対する国連条約の範疇に入る可能性がある」と述べている（Direction des Affaires Juridiques, Note 420, Apr. 21 1970）、すべて c.A-O-1965-78 442, QD.

305 屠殺場のような〜外壁にはまったくなかった　*Observer*, 1970/4/19.

305 真っ向から否定し　シリ・マタクは、確かに殺戮を抑えるために多大な努力をしたことは評価できる。だがそれを非難する公式声明はまったく出さなかった（Corfield, *Stand Up!*, p. 96）。

306 追い込んでしまったのだから　Phillips, *Social Contact*, pp. 351-5.

306 グロリエ　Shawcross, *Sideshow*, p. 127 での引用。

306 ひどい爆発を隠している　Sihanouk, *Indochine*, pp. 90-1; また Sihanouk, *Prisonnier*, pp.379-82 も参照。

306 ラジオ放送で発表した　Lon Nol, 'Message to Buddhist Believers', 1970/5/11, Grant et al., *Widening War*, pp. 109-12 所収。もとの放送はクメール語だった。仏訳が 5 月 12 日に AKP から発表された（c. A-O-1965-78 442, QD）。

306 同胞である南ベトナム　Ponchaud, *Cathédrale*, p. 137.

306 ベトナム人二十五万人〜収容された　Lon Nol, 'Message', supra, 1970/5/11; Ponchaud, *Cathédrale*, pp. 136-40. Joseph Pouvatchy によれば、20 万人のベト

ナム人が1970年9月末までに「帰国」させられた。6ヶ月後にはその数は25万人——カンボジア内ベトナム人コミュニティの半数——に達した（*Monde Asiatique*, no. 7, Autumn 1976）。

307 **五月には〜失敗に終わった**　Anson, *War News*, supra, pp. 152-8; Ponchaud, *Cathédrale*, pp. 136-40; Shawcross, *Sideshow*, p. 133; Dauge to MAE, 電報 Nos. 960-1, 1970/4/21, c. A-O-1965-78 442, QD.

307 **憎悪政策には〜そう長くはかからなかった**　Kiernan, *How Pol Pot*, pp. 306-10; および *Communist Movement*, pp. 262-3; Shawcross, *Sideshow*, pp. 174-5; Sheldon Simon, *War and Politics in Cambodia: A Communications Analysis*, Duke University Press, Durham, NC, 1974, pp. 40-1. ソステネ・フェルナンデスは、1970年末にこう述べている——「南ベトナムの兵は強姦し、家を破壊し、盗み、寺院からも強奪し、仏僧たちを殴る」（Bernard K. Gordon, 'Cambodia's Foreign Relations: Sihanouk and After', Zasloff and Goodman, *Conflict*, p. 163 所収）。

307 **四月にロン・ノルは**　王制が廃止されるという噂はクーデター直後から流れていた（Dauge to MAE, 電報 Nos. 453-7, 1970/3/23, c. A-O-1965-78 442, QD）。3月21日に政府はコサマク女王の肖像を政府の建物から取り除くよう命じている（*Ephemerides Cambodgiennes*, 1970/3/16-30, idem）。共和国制を求める大署名運動が4月初旬に計画されたが中止された（Corfield, *Stand Up!*, pp. 93-4）。女王自身も7月14日に王宮を出るよう命じられている（Sihanouk, *Calice, Part 1*, Ch. 9, p. 4）。

307 **神託**　Lon Nol, 'Message', supra, 1970/5/11.

307 **雨を降らせてくださる〜バラモンの大君主だったのだ**　Ponchaud, *Cathédrale*, p. 218.

308 **新たな王**　Vickery, *Looking Back*, pp. 102-3. また Corfield, *Stand Up!*, p. 82 も参照。

308 **ロン・ノルは仏教の再興には**　'Manifeste du Comité des Intellectuels', l'Agence Khmère de Presse 4/1 配信、Dauge to MAE, No. 614/AI, 1970/4/3, c. A-O-1965-78 442, QD 所収。その文体を見れば宣言がケン・バンサクの手になるものなのはまちがいない。

308 **三つの例外**　少なくともあと8人がベトコンによって解放されている（*RC*, 1970/8/28）。フランス外務省は1970年6月半ばまでにフランス市民11人——伝道師4人、ジャーナリスト4人、援助関係者3人——が共産主義者に拘束されたと伝えている（Note 360, 1970/6/22, c. A-O-1965-78 442, QD）。1ヶ月後、外国人ジャーナリスト23人が「行方不明」となり、うち10人がフランス人だった（*RC*, 1970/7/24; また ibid., 1970/8/28 も参照）。Corfield（*Stand Up!*, p. 97）によると、1970-75年でジャーナリスト31人が殺害または失踪しており、これはベトナム戦争期間中にインドシナ全体で犠牲になったジャーナリストの3分の1以上に相当する。

309 **サロト・サルは六月に**　*Black Paper*, p. 55; Pâng 自白調書、May 28 1978.

309 **あまりにベトナム人を嫌っていて**　Chen Xiaoning インタビュー（北京、2000/7/9）。

309 **担架で運ばれる**　Pâng, supra.
309 **統合失調症**　Thiounn Thioeunn インタビュー。
309 **サルの料理人の～妄想するようになっていった**　Moeun インタビュー、および 'Alone among Brothers', *Cambodia Daily*, 2001/10/20.
310 **ポナリーの友人たちは**　Moeun インタビュー。
310 **夫が子どもを欲しがっていながら**　Ping Sây は、サルが 1960 年代末のラタナキリ時代に情事をもったと述べ、非常に懐疑的な質問をつきつけても、その説を崩さなかった（インタビュー）――「彼女（キュー・ポナリー）が子どもを産まなくて、あいつは子どもが欲しかったんですよ。他の女をもらいたがったんだ―― 1969 年、70 年か 71 年に。確か結婚したと思う―― 69 年か 70 年に。1985 年に結婚したあの女とはちがうよ。当時あいつに再婚したと聞かされたけれど、奥さんには一度も会わなかった」。1960 年代末のサルの他の知り合いたちは、この話を一笑に付した（Phi Phuon インタビュー、Suong Sikoeun, Ieng Thirith を引用しながらのインタビュー）。実際、当時の CPK でのイデオロギー的な風潮を考えれば、サルが別の女性を引き込んだとはほとんど考えにくい。しかし Sây の証言は、何日にもわたるインタビューの中で、他のすべての部分では詳細であり、かれがこのような発言を軽々しくおこなうとは思えない。さらにサルが確かに 1985 年に再婚したという事実と、その再婚理由が子どもを作ることだったと明言していたという事実（Moeun, Mey Mak インタビュー）は、この話に真実味を与えている。したがってわたしの推測では、1974 年に 2 人が一緒に働いていた頃、サル自身が Sây に、子どもが欲しいといったような意味合いの話をしたのだろう――そして Sây はそれを深読みしすぎたのではないか――あるいは他の当指導層からそれらしいものを聞きつけたのだろう。
310 **病状のきっかけは**　Moeun インタビュー。
310 **一九六九年十二月にハノイで**　*Black Paper*, p. 34.
311 **サルはそれから二ヶ月間**　時系列ははっきりしない。Pâng（自白調書、1978/5/28）はかれらの帰還直後、南部に向けて出発する前に、にサルがかれをラオス国境に 2 ヶ月間送り返したと記憶している。サルは *Black Paper*（p. 57）に、K-12 には 6 月に着いたと書いている。Phi Phuon の説明では5月末か6月初旬だ。*Black Paper* はコンポントムへの旅が「9月半ば前」に起きたと述べる。サルはまた 1976 年 6 月の演説で、会合の時期を 10 月としている（Kiernan, *Pol Pot Plans*, pp. 24-5）。ベトナム側の説明は、明らかに原文書を参照しているが、会合は 9 月だとしている（'Recherche sur le Parti Cambodgien', Doc. 3KN.T8572, VA）。Phi Phuon は南部への旅がしょっちゅう休憩をもうけてゆっくりしたものだったと述べる。7 ヶ月かかったという発言は、それが K-12 にサルが到着した時点（5 月末 -6 月初旬）から 12 月末のチニット川の新中央委員会本部到着までの話であれば信用できる。だからラタナキリからの出発は 7 月末か 8 月初旬というのがもっともらしい。
311 **無線トランシーバー～その操作にあたった**　Phi Phuon インタビュー。

311 千五百人の亡命者　Kit Mân インタビュー、Yun Soeun（自白調書、1977/5/26）。1500 人という数字は推定である。実際の数字は少し多いかも知れない。ベトナム人研究者は、クーデター後に党員 520 人がカンボジアに戻ったと述べる（'Texte du Camarade Nguyen Huu Tai, spécialiste de B68 a`Phnom Penh', Doc. 32（N442）/T7917, VA）。だが、もっと多くの人が、帰国してから初めて入党した（たとえば Kit Mân, Sok Heang インタビュー）。元クメール・ベトミンの一部── 1954 年ポー・クンボ部隊の政治人民委員フェイやソン・ゴク・ミン──はベトナムに残る道を選んだ。

311 出発前に〜灯りをたよりに進みました　Kit Mân インタビュー。

311 サルの側近のパング〜簡素な病院を設立した　Pâng（自白調書、1978/5/28）Kit Mân インタビュー。コイ・トゥオンの本部所在地については Chor Sokhan インタビューを参照。

312 他のグループも到着した　遅く着いた部隊のひとつは、クメール人ベトミン 70 人がいて、北ベトナムを 1970 年 11 月に出発しているが、米軍空爆が激しかったために 1971 年 7 月まで到着しなかった（クメール・ルージュ離反者 Koeum Kun インタビュー、*RC*, 1971/12/31）。

312 七月末にサル自身も　Phi Phuon インタビュー、Tiv Ol 自白調書（1977/6/14）以下。

312 出発前夜〜「キュー（青）」に変えたのだ　新しい革命名を身につける部分の記述は Phi Phuon インタビューによる。クメール人たちは病気がちだったり死にそうになったりしたときにも「自分を脅かす悪霊をだますために」名前を変える（Ponchaud, *Cathédrale*, p. 213）。

312 ポル　David Chandler（*Tragedy*, p. 370 n.64; および *Brother Number One*, p. 209 n.25）では、ケン・バンサクの発言として、サルがパリでポル（またはポール）として知られていたという話を挙げて、エコール・ミシュでもこのあだ名だったかもしれないと推測している。バンサクの記憶はこの場合にはまちがっている。サルはパリではポルという名を使ったことはない。エコール・ミシュで教えていた伝道師によれば、カンボジア人生徒に洗礼名を与える習慣はなかったという（'Bref aperçu sur l'Ecole Miche, 1934-42' by Fr. Yves Guellec, 未刊行原稿、Archives Lasalliennes, Lyons 所収）。

312 先住民の　ポルたちについては A. Rousseau, *Les Pols de la Région de Pursat*, Imprimerie du Protectorat, Phnom Penh, 1903, 特に pp. 2-5 を参照。「ポル」ということばは他に「人力」や「軍事力」といった意味もある。

312 代々の奴隷　*Khemara Nisut*, no. 14, Aug. 1952.

313 暫定キャンプ　サルはこのキャンプがコンポントムのサントゥク地区にあるボエンルベア・コミューンにあったと述べている（*Black Paper*, p. 57）。フー・ニムもこれを確認しており、それがチニット川とクラチエの境界の間にある 'Bung No' コミューン（ママ）だったと述べる（自白調書、1977/5/28, Chandler et al., *Pol Pot Plans*, p. 251 所収）。時系列については n.117, supra を参照。

313 拡大総会　'Recherche sur le Parti Cambodgien', Doc. 3KN.T8572, VA では、これが「中央常任委員会」会合とされている。

313 数日前に到着し　In Sopheap, *Khieu Samphân*, p. 91.
313「中央委員会の総会」　*Black Paper*, p. 57. 1971 年 1 月発行の党史によると、1967-70 年には中央委員会会合は開かれていない（Kiernan, *How Pol Pot*, p. 287 での引用）。
313 ここでの決議で～判断にかかっている　抜粋が 'Recherche sur le Parti Cambodgien'（supra）およびもっと完全な形で Doc. TLM/165, 'Les Perspectives, les Lignes et la Politique Etrangère du Parti Communiste Cambodgien', VA にある。
314「内部特別代表」　イエン・サリを北京に送るという決断はもっと早く、ポルがまだラタナキリにいるうちにおこなわれたかもしれないが、いまやそれが常任委員会で承認された。サリはこの時期について語るときに、この会合には触れなかったし（インタビュー）、どうやら参加していないらしい。またソー・ピムが出席していたかも定かではない。いなかったとしたら、この「常任委員会」はポルとヌオン・チェアだけで、コイ・トゥオンとひょっとしてモクの参加で拡大委員会になっていたわけだ。
314 死刑判決が下された　Corfield, *Stand Up!*, pp. 103-4.
314 十五発目の発射　Dauge to MAE, 電報 Nos. 2720-5, Oct. 9 1970, c. A O-65-78 443, QD.

## 第七章　浄化の炎

頁
318 ビル・ハーベン　Shawcross, *Sideshow*, pp. 23 と 271-2.
318 B-52 による爆撃～手だてがなかったのだ　Corfield, *Stand Up!*, p. 101; Deac, *Road*, p. 76.
319 B-52 の爆撃による　Truong Nhu Tang, *Memoir*, pp. 167-70 と 177.
320 爆弾の三倍　Carl Berger（ed.）, *The US Airforce in South-East Asia*, Government Printing Office, Washington, 1981; Shawcross, *Sideshow*, p. 297. 太平洋戦争では 16 万トンの爆弾が日本に落とされた。カンボジアには 54 万トンが落とされた。
320 人々は脳が　Bruce Palling, Chhit Do インタビュー、Ben Kiernan, 'The American Bombardment of Kampuchea, 1969-1973', *Vietnam Generation*, vol. 1, no. 1, Winter 1989, p. 22 での引用。
320 プノンペンの人口　Ros Chantrabot, p. 95; Milton Osborne, 'Effacing the God-King', Zasloff and Goodman 所収、p. 79 n.32. W. J. Sampson によれば、*The Economist* 1977/3/26 に執筆した政府統計担当者によると 1974 年 8 月までにプノンペン拡大都市圏の人口は 190 万人で、バッタンバンなどの町にも 60 万人いた。Sampson はプノンペンと政府支配の地方首都の人口が、1975 年 4 月に 300 万人程度だと推計している。
320 アメリカ情報部　Deac, *Road*, p. 87.
320 爆撃の激しさが～考えがたい　Shawcross, *Sideshow*, 特に pp. 281-2 と 298-9 を参照。

321 巨大な爆弾が無数に　*Vietnam Generation*, vol. 1, no. 1, Winter 1989, p. 22.
321 一万二千人と推定された　Deac は「最大 1 万 3000 人のカンボジア人が（中略）1970 年秋までに」と推計している（*Road*, p. 86）が、これは少し高めに思える。
321 フランスの考古学者〜逃げ出す（まで）続いた　Bizot, *Portail*, pp. 46-51.
324 ウム・サブト　Shawcross, *Sideshow*, p. 202; また Donald Kirk, *Tell it to the Dead*, Nelson-Hall, Chicago, 1975, pp. 137-8 も参照。
324 コンポントムに行く〜殺害された　Chantrabot, pp. 86-7 の目撃者証言を参照。
324 二ヶ月後に〜驚いたと語っている　Shawcross, *Sideshow*, pp. 202-4; Deac, *Road*, pp. 87-92.
325 のちにポル・ポトの秘書となる〜言われたから　Mey Mak, Kân インタビュー。
325 しかしこれ以外の人々は　Mey Sror, *Khieu Samphân*、'Mekhum' インタビュー。また Bizot, *Portail*, p. 48 も参照。
325 かれらが村にきて　'Mekhum' インタビュー。
326 黒い服を着ていた　Mey Sror インタビュー。
326 だが司令官の素質〜説明した　Mey Mak, Mey Sror インタビュー。2 人ともモクの南西地域で、クメール語を話すベトナム人教官が政治教育集会で演説したのを覚えている。
327 補助軍だった　Mey Mak による 1970 年と 71 年の自分の役割に関する説明を参照（インタビュー）。
327 ダック・コング旅団〜痛し痒しといったところだった　Deac, *Road*, pp. 87, 96-102 と 112。
327 かれは窓のところへ　Shawcross, *Sideshow*, p. 163.
327 すべてをアメリカ政府の支援に　この論点は *New York Times* 1970/4/12 で指摘されていた。
328 ロン・ノルを解任　Shawcross, *Sideshow*, p. 187. Wilfred Deac によると「ワシントンはまだ 1963 年の南ベトナムのジエム追放と殺害に腹を立てていて、絶対にそんなことは承知しなかった（中略）陰謀家たちがアメリカ大使館高官に指導者すげかえ提案をしてもきっぱり断られ、その提案者たちは現状を維持するかさもなければ援助停止を覚悟しろと言われた」（*Road*, p. 121; また p. 123 も参照）。ジエムの先例は口実だったにしても、本気の要因だったとは信じにくい。
328 超現実的な日々　Deac, *Road*, p. 89; Shawcross, *Sideshow*, p. 186.
328 K-1　Phi Phuon インタビュー、Meak Touch 自白調書、1978/2/1.
329 一九七一年を通して　Deac, *Road*, pp. 108-9, 112.
329 一週間にわたる会合　*Black Paper*, pp. 58-9. この作業についてポルは、外務省の幹部集団に口述しているが（Suong Sikoeun インタビュー）、その主張は最大の注意をもって扱う必要がある。一部はまったくのねつ造だ——たとえば、この会合でベトナム人がかれを毒殺しようとしたとかだ。他の部分は興味深い事実の断片がちりばめられている。読者要注意。

329 三つの決定が下された〜入れ替えることを約束した　この解釈は、ベトナムの軍事教練が「隠密に」おこなわれて、CPKがその存在をかぎつけるとすぐに閉鎖されたという *Black Paper*（p. 58）の主張と矛盾するようだ。実際には、ベトナム人教官たちは1971年夏までモクの南西地域では自由に活動しており、少なくとも1972年まで――ときには73年まで――は南西地域でも東部地域でも混成部隊が存在し続けていた。したがってCPKトップでもこうした政策は受けいれられていたことがうかがえる。モクは1971年1月にポルと会った。ベトナムとの協力を防ぐような指針があったなら、モクは確実に協力を中止していただろう。1年後にCPKの対ベトナム政策が硬化したときには、かれはそうしている。でもこの時点でそうしなかったということは、1970年11月の会合が教練プログラムを承認したことをうかがわせる。さらに、それ以外の決定はCPK自身の利益にも反するものだし、党員たちにも理解されなかっただろう。その多くは当時、ベトナム人たちが忠実な同盟相手だと思っていたのだから。混成部隊を徐々になくす決断は1970年4-5月のベトナム侵攻中におこなわれたものだ。この決断と、ベトナムの指揮統括士官たちをクメール人でおき換えるという決断は、どちらもCOSVNですら否定しにくい常識的な手だてだった。この見方の間接的な確認はアメリカ国務省筋からもきており、それによると「1970年末にFUNK（司令部）委員会のベトナム人顧問は、あまり表に出ないようにと指示を受けた」とのこと（Kiernan, *How Pol Pot*, p. 313; Brown, Exporting Insurgency, p. 129）。またトラン・バン・トラ将軍がその後、ベトナム労働者党中央委員会が「(CPKの）友人たちとの相違点を解消したいと思っていた」という主張からもそれはうかがえる（Engelbert and Goscha, *Falling*, p. 100での引用）。ベトナム側幹部グエン・バン・リンとポルとの面会からほどなく、ホアン・アンもハノイでの1970年12月VWP中央委員会総会で似たような発言をしている――「カンボジアの情勢は非常に重要である。それが成功裏に解決されるために、現地における当方の軍事的努力を拡張し、現地愛国勢力を物質的に支援しなくてはならない」(Morris, *Why Vietnam*, pp. 48と255 n.3, モスクワの同時代文書保管センターにあるホアンの報告露訳の引用)。

　ポルとグエン・バン・リンとの会合に関するもっと後の険悪なベトナム側記録はこう述べる――「要するにポル・ポトは、ロン・ノルがシアヌークを打倒して以来カンボジア革命を支援すべくわが参謀本部が事態を整えたやり方に合意できないと述べたのである。会合の後、かれらは当方が長い時間をかけて構築を支援してきた軍や部隊を解散させて、（ベトナム人）士官の率いるすべての（クメール人）部隊を移管するよう要請したのである」(Le Quang Ba, 'Un sommaire de la situation Cambodgienne', Doc. 32（N442）/T8807, VA)。

329 目に見えて減った　1970年9月、クメール・ルージュの部隊はコンポントム攻撃中のベトナム部隊に発砲したとされる（Shawcross, *Sideshow*, p. 250)。1ヶ月後、ベトナム側の回状が部隊に対し、クメール・ルージュ兵に対しては、同地域の「サンタク地区である部隊がおこなったように」発

砲するなと警告している（Brown, *Exporting Insurgency*, p. 131）。また Mey Mak インタビューと Kiernan, *How Pol Pot*, pp. 320-1 も参照。

330 **一九七〇年の十二月以降**　Pâng の回想では「1971 年に党はすべてに慎重で、特に新規党員募集や組織と指導者たちの安全には気をつかった」（自白調書、1978/5/28）。

330 **「貧しい農民」だけが**　Mey Mak も、学生であることを理由にこの時期に入党を拒否された 1 人である（インタビュー）。1974 年末に歩兵大隊指揮官となった Kân も、党の調査官が、かれの一家が「中の中」の農民だと知ったために入党を拒まれた。「中の下」と貧農だけが認められた（インタビュー）。

330 **S-71**　Pâng 自白調書、supra; Phi Phuon インタビュー。

330 **楽隊と踊り子**　Chor Sokhan インタビュー。

330 **党の執行機関**　初の CPK 囚人たちは 1971 年にはすでに存在していた（Bizot, *Portail*, Ch. 3 以降を参照）。だが当時はそれぞれの地域委員会の管轄で、その収監を命じた党幹部が扱うものだった。例外的な場合には中央部に指示を仰ぐこともあったが、一般には最終的な決断を下すのは現地の地域委員会だった。中央部の意向を直接受けた監獄システムは存在しなかったし、それを実行する中央化された公安警察もなかった。1975 年以降でさえ、中央部の直接統轄下にあったのは公安ピラミッドの頂点だけだった。低いレベルでは、サンテバルは地域や地区の公安役人に命令実施を任せた。スターリンの NKVD は細分化された中央統轄の国家公安システムとしてその触手を全国津々浦々に伸ばしていたが、民主カンプチアではそうしたものは一度も存在しなかった。

330 **情報部**　Tiv Ol 自白調書、1977/6/14-7/1; Hu Nim 自白調書、1977/5/28, Chandler et al., *Pol Pot Plans*, pp. 251-4 所収。

331 **S-31**　プリサラは 1972 年 1 月に反乱軍に逃亡した（Manac'h, Pékin, to MAE, 電報 Nos. 481-2, Jan. 29 1972, c. A-O-1965-78, vol. 135 ns, QD）。S-31 で働いた者の一覧は Ping Sây インタビュー、Hu Nim 自白調書、1977/5/28, Chandler et al., *Pol Pot Plans*, pp. 254-6 所収、Tiv Ol 自白調書、1977/6/14-7/1; Toch Phoeun 自白調書、1977/2/20 を参照。Pok Deuskomar のコメントは Milton Osborne に対するもの（*Before Kampuchea*, p. 77）。

331 **L-7**　Ping Sây インタビュー、Hu Nim 自白調書、1977/5/28, Chandler et al., *Pol Pot Plans*, pp. 251 と 253 所収。

331 **ピン・ソイは〜そんな具合なんだよ**　Ping Sây インタビュー。記述のほとんどは Ping Sây の回想より。ただし地域書記の警護だけは Phi Phuon インタビューより。

331 **慢性的に胃を〜証明を要求した**　Moeun インタビュー、および 'Alone among *Brothers*', *Cambodia Daily*, 2001/10/20.

333 **クメール人は秘密を**　Khieu Samphân インタビュー。

333 **一九七一年の一月半ばに〜存在ではなかったのだ**　Ibid.; Phi Phuon インタビュー。

333 **集まった指導者たち〜正規軍の部隊である。**　特に説明のない限り、この記

述はPhi Phuonインタビューより。

333 党の見解は〜闘わなければならないという点である　Engelbert and Goscha, *Falling*, pp. 96-7での引用。

334 コード番号　Phi Phuon（インタビュー）によると、南西は「606」で北西は「560」だった。他の情報源によると、南西は「405」で、すると北西は実際は「506」だったと思われる。北東は最初は102だった――だから地域本部は102局と呼ばれた――が、のちに108となった（Sara Colm, 'Pol Pot: The Secret 60s', *Phnom Penh Post*, 1998/4/24-5/7; およびNey Sarann自白調書、1976/9/30参照）。Quinnは特別地域が「607」だと書く（Khmer Krahom Program pp. 10-11）が、これは現存するCPK文書とは一致しない。モクの南西地域では、コード番号は地区にも割り振られていたが、他のところではこれはおこなわれていないようだ。

334 まもなくプラチアチョンの　Non Suon自白調書、1976/11/7; Vorn Vet自白調書、1978/11/28.

334 だがハノイ帰還組には　Kiernan（*How Pol Pot*, pp. 319-21と322-4でのヨス・ポル、テア・チェイ・ホウらとの1980年インタビュー引用）によると、帰還組の1人ソー・プムは1970年9月に「25地域」の書記となった。だがどうやらプムは1970年春にベトナム共産勢と東部地域入りして、ベトナム人に東カンダル（「25地域」になったのは1971年1月）指導者代理として立てられたらしい。これはたぶん地域委員会の暗黙の了承を得ていただろうが、CPK中央からその役職を承認されたことはなかった。だからノン•スオンは1年後にかれからその地位を引き継ぐのに苦労したわけだ。プムが正式に任命されていたら、スオンが引き継いだらすぐに異動になっていただろう。だがそうはならなかった。

334 思想がわかっていない　シアヌークがのちに引用したところでは、キュー・サムファンは帰還組が「もはや心も頭もクメール人ではない」と語っていたとのこと（*War and Hope*, p. 9）。もう少し低い水準では、ユン・スオンは22地域の副書記になった。これまた帰還組のメイ・フォーも、21地域で同じ役職についている（Yun Soeun自白調書、1977/5/26）。

335 課題は膨大〜一九七三年になってからのことだ　Phi Phuonインタビュー。ポルは1977年8月に、1970年4月まで最大の部隊は中隊レベルだったと述べている。1970年代末から大隊が組織された。続いて1970-72年には連隊、そして最初の師団は1973年だった（Talk with Khamtan）。2ヶ月後にポルは、初の大隊が「1974年までには」活動していたと述べている（NCNA, 1977/10/3, BBC SWB FE/5631/A3/5）。他の出所によると初の大隊や師団の設立はそれぞれ1973年と74年だとされる。

335 あらゆる方法で革命運動を　Kiernan, *How Pol Pot*, p. 323での引用。

335 政治教育講習　Pâng自白調書、1978/5/28.

335 七月と八月には〜名前が承認された　断りがない限り、ここでの記述はPhi Phuonインタビューによる。この基地はバンキ・タイングレンの村にあったものだが、「第24局」というコード番号がついていた。参加者たちは近くの「第33局」というキャンプに滞在した。どちらもチニット川南の北

部地域施設群の一部で、他にコイ・トゥオンの本部「第 25 局」や「第 22 局」と呼ばれる別のキャンプも含んでいた。ややこしいことに、ポル自身がのちに、これまた「第 24 局」という名の中央委員会基地をずっと北部に設立した。大会の正確な時期は議論が分かれている。フオンによれば、「全国的な訓練」は 6 月に「中央委員会会合」とかれが呼ぶもの（実際には大会）でおこなわれたという。Kiernan は両者を混同している（*How Pol Pot*, p. 329）。フー・ニムは自白調書（Chandler et al., *Pol Pot Plans*, p. 256）の中で、大会（かれはこれを「勉強会」と述べている）が 8 月におこなわれたと述べている。平壌放送による「ポル・ポト伝」（1977/10/3）では 9 月とされていた。

335 **激しい爆撃**　Pâng 自白調書、supra. フィー・フオンによると、中央委員会会合は北東部のサンタク地区にあるトラペアン・プダウでおこなわれたという。

336 **座につくことが承認され**　ヌオン・チェアの発言によると、当初から党書記だったトゥー・サムートとちがって、ポルが常任委員会の書記になったのは第 2 回大会でのことだった（ちょうど毛沢東がこのたった 2 年後に政治局の主席になったのが第 2 回党大会でのことだったように）。ベトナム筋もこれを裏付けている（In Sopheap, *Khieu Samphân*, p. 60, および Doc. 32（N442）/T8243, 'Rapport [oral] du camarade Khieu Minh... le 10 mai 1980', VA）。平壌放送の「ポル・ポト伝」（1977/10/3）は、かれが「第 3 回大会で CPK 中央委員会の書記に再選された」と述べる（BBC SWB FE5634/B/4）。

336 **新たに三十人の中央委員会**　第 3 回、4 回、5 回大会での CPK 中央委員会の完全な一覧は公表されていない。この時期の委員構成詳細について、ベトナムが捕獲した文書を持っている可能性は、ないわけではないが、考えにくい。関連資料は中国共産党中央文書庫にあるかもしれないが、いずれにしても研究者には公開されていない。Kiernan（*How Pol Pot*, p. 328）によればカンポット地域書記カン・チャプと北部地域のドウンも 1971 年に中央委員会委員となった。だがドウンは自白調書でこれに触れていないし、Kiernan の一覧にある他の点はまちがっている。

336 **形になったか**　1971 年 11 月にフランスの大使代理ジェラール・セレは、ベトナム人が「他のところで忙しかったため」、「クメール・ルージュに一部の責任を委譲しつつある（中略）が、場合によってはクメール・ルージュ自身が、ときにはハノイの意向に逆らっても自分で勝手に責任を引き受けてしまっている」と述べている（Serre to MAE, 電報 Nos. 1727-40, 1971/11/26, c. A-O-1965-78 vol. 134 ns, QD）。翌 2 月までには、かれはクメール・ルージュが 1971 年 10 月以来「ずっと大きな仕事についている」と書いている（idem, No. 0273/AI, 1972/2/10, c. A-O-1965-78, vol. 135 ns, QD）。

336 **ラタナキリの往復〜北部地域司令部へと向かった**　断りがない限り、この部分の記述は Phi Phuon インタビューより。

336 **ボン・ベトの司令部**　ボン・ベトの基地は 1971-73 年にはペアム・コミューンにあったが、その後は南のワット・クライン・クダップに引っ越した。モクの基地は 1960 年代末にはランゴウムにあり、その後プノンピスに異

動し、最後に1971年12月からはアムレアンにおかれた（Vorn Vet 自白調書、1978/11/24、Phouk Chhay 自白調書、1977/3/20, 24; *Khieu Samphân* インタビューを参照）。

336 **ポル・ポトのメッセージ**　Kiernan, *How Pol Pot*, p. 323 で引用されているCPK指令も参照。だがKiernanが、大会が「戦争共産主義」政策を承認したと述べているのは誤り。そんな決断が8月におこなわれていたら、1971年末までには表面化していたはずだが、そんな様子はない。

337 **ランドローバーで**　また Ith Sarin, *Bureaux*, p. 45 を参照。

337 **一九七二年の五月に**　1972年中央委員会会合についての唯一の資料は、*Tung Padevat*, 特別号、Dec. 1975/Jan. 1976, pp. 1-63 収録のものしか見つからなかった。Khieu Samphân（インタビュー）によれば、すべての中央委員会はポルの演説から始まり、次いで常任委員会の提言があり、それから個別代表の意見が述べられ、最後に全員参加の批判と自己批判セッションで終わった。この会合が緊急に招集されたという証拠は、それがポルの帰還からすぐにおこなわれていること（招集の伝令はかれがまだ南西地域にいるうちに送り出されたとされる）、そして1971、1973、1974年中央委員会総会とはちがって、「全国的な研修セッション」が事前に開かれていないことが挙げられる（Non Suon 自白調書、1976/11/7を参照）。かわりに研修セッションが2つ、事後に開催されたらしい——1回目は1972年6月に北部で（Sdoeung 自白調書、1978/5/4; Meak Touch 自白調書、1978/2/9）、2回目は同年9月（Sreng 自白調書、1977/3/13）。

337 **かれが示した不安〜党に要求した。**　*Tung Padevat*, Dec. 1975/Jan. 1976, supra. この記述は、手に入るごくわずかな情報から推測したものである。ただし、もしポルが至急に矯正すべき弱点を見つけていなければ、中央委員会が「緊急指令」を出す必要はまずなかったはずだ。Kiernan（*How Pol Pot*, pp. 328-9）は1972年5月の決定の一部を詳述しているが、それを1971年第3回大会のものとしている。（また *Tung Padevat*, Sept.-Oct. 1976, pp. 1-33 でのポルの第16回党大会での演説引用と、Sreng 自白調書、1977/3/13 を参照。）

337 **計画も承認**　Pâng 自白調書、1978/5/28. Non Suon によれば特別地域ではボン・ベトが1972年9月の地域会議で、「敵地域との交易において民間商人を使わないように」という中央部の指示を伝えたという。特別地域が1973年より直接交易を仕切った（自白調書、日付なし）。東部地域の22地区では、民間商業の廃止は1972年の「主要任務」のひとつだった（Yun Soeun 自白調書、1977/5/26）。

337 **クメール・ルージュの軍勢**　Deac はKRの「正規・非正規部隊」の数が、1972年半ばには12-15万人としている（*Road*, p. 146）。CIAのインドシナアナリストの1人サム・アダムスは1971年半ばに10-15万人（主要軍2-3万人と、ほぼ同数の地域部隊を含む）としており、1973年半ばにはそれが20万人以上（主要軍9万人と地域軍を含む）としている（Sam Adams, *War of Numbers*, Steerforth Press, Vermont, 1994, pp. 194 と 206, および Kiernan, *How Pol Pot*, pp. 322 と 358 での Adams とのやりとり）。Timothy Carney は、

ロン・ノル政府の数字を引用しつつ、抵抗軍が1971年11月で1万8000-2万5000人、1972年5月には3万5000-4万人としている（'The Unexpected Victory', Jackson, Rendezvous, p. 26 所収）。*Wall Street Journal* 記事で、Adams は1972年半ばの時点ではすでにベトナムの役割は東カンボジアの避難所を防衛するだけとなっていたと述べる（*Daily American*, Rome, July 7 1973 に再掲）。

337 **ゴム**　Ros Chantrabot, p. 104. また Heckman, *Pig Pilot*, p. 51 も参照。

337 **パイプライン**　Thiounn Mumm インタビュー。

337 **二百万人以上**　'Communist Infrastructure in Cambodia', US Defense Intelligence Agency Ap-praisal, July 8 1971.

338 **社会革命**　*Revolutionary Youths*, June 1976.

338 **失脚してから二年間～説くことに重点がおかれていた**　他に記述がない限り、この部分は Quinn, Khmer Krahom Program, pp. 11-17, および Kate G. Frieson, 'Revolution and Rural Response in Cambodia] 1970-1975', Kiernan, *Genocide and Democracy* 所収、pp. 33-47, 特に p. 43 以降による。また Brown, *Exporting Insurgency*, p. 128; および Quinn, *Political Change*, p. 19 も参照。信用組合については *Khieu Samphân* インタビュー、収穫時の互助組合については Nghet Chhopininto インタビュー、Kiernan, *How Pol Pot*, p. 321; および Ebihara, *Revolution and Reformulation*, pp. 18 と 23 を参照。

338 **果物を摘むときは**　元ロン・ノル地区長チン・ナム・イェアン、Kiernan *How Pol Pot*, p. 319 での引用。

339 **農民が病気に～支持するようになった**　Ith Sarin, *Bureaux*, p. 46.

339 **多くの場合～殴り殺された**　Bizot, *Portail*, pp. 73-6 と 87-9; Quinn, *Khmer Krahom Program*, p. 19.

339 **集団墓地**　フランス大使代理 Gérard Serre によると、この墓は全部で500基はあったという（Serre to MAE, No. 20/DA.AI, 1971/9/17, c. A-O-1965-78, vol. 134 ns, QD 所収）。

339 **これは例外的な事件**　Kenneth Quinn は難民インタビューをもとに以下のように結論した——「クメール・ルージュ幹部の残虐性は（中略）1970-71年の FUNK 配下初期にはかなり限られたもので、1971-72年ですらさほどではなかった」（*Political Change*, p. 22）。元政府地区長チン・ナム・イェアンは、Kiernan の引用の中で「1970-71年には、（クメール・ルージュは）人を殺さなかった」と述べている（*How Pol Pot*, p. 319）。

340 **囚人はわずかしかいなかった**　アムレアン近くの牢屋は、南西地域と特別地域の地域レベルの主要監獄で、フランソワ・ビゾが1971年10月に収監されたところだ。囚人は50人ほどで、その一部は刑期を終えて釈放を待っているところだった（*Portail*, p. 71）。Quinn はカンポット地区ルセイ・スロクのコミューン長が、自分の地区でスパイ容疑で逮捕された人物は、1971年末までに「10人以下」だったと述べているのを引用している（*Political Change*, p. 22）。

340 **国防情報局**　'Communist Infrastructure in Cambodia', US Defense Intelligence Agency Appraisal, July 8 1971.

340 その春に〜これも禁止された　Quinn, *Khmer Krahom Program*, pp. 20 と 26.
340 夏には〜手巻き煙草だけになってしまった　Ibid., pp. 26-31.
341 逃亡した教員　Ith Sarin, *Sronoh Pralung Khmer*（'Regrets for the Khmer Soul'), Phnom Penh, 1973.
342 粗野な身なりの少年たち〜一九六二年のことである　Vickery, *Cambodia*, pp. 1-2.
342 その四十年後〜嫌だったのだ　1975-9 年まで連れ合いのボファが村に住んでいた Bill Herod との私信。
343「民族的な短所」 *RC*, 1958/3/29. かれは同じ用語を、第 3 回サンクム議会での演説の中で使っている（Agence Khmère de Presse, 1956/4/21, in c. CLV7, QD）。
343 性格の土台　Ith Sarin, *Nine months*, pp. 40-1.
343 何年も経ってから〜たちゆかなくなるのだ　Ly Hay インタビュー（パリ／プノンペン、2000/9/18）。また Ponchaud, Year Zero, p. 141 も参照。
343 クメール村落の生活構造　「共同体意識」の欠如はすでに、1951 年にベトミンも指摘した問題だった。かれらはこう書いている――「カンボジア人たちは（中略）集団生活を好まず、（部隊からの）脱走をたいして重大なこととは考えない」（Comité des Cadres de l'Est au Comité des Cadres du Cambodge, 電報 No. 4/E, June 5 1951, c. 10H4122, SHAT）。また Ebihara, *Svay*, p. 92 を参照。タイ農民も似た行動を見せる。Herbert P. Phillips, *Thai Peasant Personality: The Patterning of Interpersonal Behaviour in the Village of Bang Chan*, University of California Press, Berkeley, 1965, p. 17, および *Social Contact*, pp. 348-9 を参照。
343 協力するという伝統　「クメール村落の驚くべき特徴は、土着の伝統的な共同組織やクラブ、派閥など、血縁以外をもとに形成された集団がまったく存在しないことである」（Ebihara, *Svay*, p. 181）。
344 珍しいケースを強調　これに相当するポル・ポトからの引用は見つからなかったが、見解が当然ながら党の政党的な意見を反映していると思われる Khieu Samphân と Nghet Chhopininto はまさにこの意味を語っている（インタビュー）。また Samphân 博士論文、p. 103 も参照。村落の結束の限界については Institut Bouddhique, *Paysan Khmer*, pp. 88-9, および Gabrielle Martel, *Lovea: Village des Environs d'Angkor: Aspects démographiques, économiques et sociologiques du monde rural cambodgien dans la province de Siem Reap*, EFEO, Paris, 1975, p. 142 を参照。May Ebihara はもう少し肯定的な見方をしている（*Revolution and Reformulation*, p. 18）。
344 ある欧米の外交官〜サンクムだったのだ　日付なし、無署名メモ、おそらく 1962/5, c. CLV15 pp. 131-4, QD 収録。
344 日次決算　Picq タイプ原稿、p. 51.
345 同志よ〜泣き出した　Bizot, *Portail*, pp. 84-6.
346 党の理論家は　Ibid., p. 98.
346 修道士の戒律〜奨励されていた　Ith Sarin, *Bureaux*, pp. 50-1; Chandler, *Tragedy*, pp. 209 と 357 n.51; Haing Ngor, *Odyssey*, pp. 112-13; ラジオ・プノ

ンペン、1976/1/31, Ponchaud, *Year Zero*, pp. 117-18での引用。Ponchaudはシーラという用語ではなくヴィネイということばを使っている（'Social Change in the Vortex of Revolution', Jackson, *Rendezvous* 所収 , p. 173）。中国の「三大規律と八項注意」は *Mao's Selected Works*, vol. 4, Foreign Languages Press, Beijing, 1969, pp. 155-6にある。

346 かれらの組織〜記している　Bizot, *Portail*, p. 163.

346 ポル・ポトのチニット川の司令部〜それを免れた　Khieu Samphân インタビュー。

347 研修文書の作成　Ith Sarin, *Nine Months*, p. 40, および *Bureaux*, p. 51.

347 シアヌークが一九六〇年代中盤に　シアヌークの肉体労働称揚については Argod to MAE, Note 1937/AS CLV, Oct. 31 1965, c. A-O-1965-78 438, QD を参照。

347 だがポル・ポトは〜意味した　Ith Sarin, *Bureaux*, 特に pp. 46, 48-52.

348 男性はこれに〜切りそろえた　Chandler et al., *Peang Sophi*, p. 12.

348 カラス族　Thiounn Thioeunn インタビュー。

348 前年の暮れのこと　Kiernan, *How Pol Pot*, pp. 344 と 402 n.221.

349 ベトナム人部隊との衝突　CIA は 1971 年からクメール・ルージュとベトナムの部隊が衝突しているという報告を受け始めた（Shawcross, *Sideshow*, p. 250）。また Engelbert and Goscha, *Falling*, p. 100; Quinn, *Political Change*, p. 8; およびカリフォルニア大学バークレー校のインドシナ文書館所収 1971 年 10 月ベトコン文書を引用した Morris, *Why Vietnam*, p. 56 も参照。

349 混成部隊の解散　Mey Mak（インタビュー）の回想によると南西地域では、混成部隊の解散は 1972 年にモクが出したという。「単にそうしろという命令がきたんです。（中略）もうこちらの人員だけで闘うのに十分だし、人民の支持も得て解放地域も確保してあると言って（中略）もうベトナム人はそんなに必要ないのだ、と」。特別地域の 25 地区では、下からの圧力もあった。Mey Sror（インタビュー）の回想では「上からの命令があったわけじゃない。単に兵たちがベトナム人をすごく嫌うようになったんだ（中略）やつらがカンボジアのものをベトナムに持っていくのを見て、だからみんな腹を立てたんだよ。25 地区の村を歩いたら、ベトナム人がなんでも口を出したがるといってみんながこぼしているんだ」。

349 クメール・ルムド　*My War*（p. 172）でシアヌークは、自分の軍を訓練するベトナム人教官たちが「1971 年末よりずっと前に引き揚げた」と書いている。のちに *Calice, Part 1*, Ch.11, pp. 12-14 では「もともと（抵抗軍は）2 つの勢力を持つことになっていた（中略）民族的なシアヌーク派の軍と赤色クメール軍である（中略）シアヌーク軍は数年後に、哀しい、ほとんど悲劇的な終わりを迎えることになる。赤色クメールは、ベトナム人たちがシアヌーク軍を完全に革命アンカの指揮下に移管するよう要求したのだった。ベトナム人たちは従うしかなかった」。1979 年インタビューで、かれはもっと具体的な話をしている。「1971-72 年にポル・ポトは、ベトナム人たちがカンボジア人を訓練するのをやめて、全部をかれに移管するよう求めた（中略）（その後）シアヌーク派を殺した」（Schier, *Sihanouk*, p. 14）。

349 これを拒否した　Ieng Sary と日本大使佐藤正二、プノンペン、1978/9/2（'Le rapport sur les rélations entre [le Cambodge] et le Japon', in Doc. 32〔N442〕/T8297, VA）。

349（明確な）軋轢はなかった　Ouch Bun Chhoeun, Kiernan, *How Pol Pot*, p. 329 での引用。

349 武器は使わないように　Non Suon 自白調書、1976/11/7.

349 D-3　Phi Phuon インタビュー。また 'Directive No. 14/73 du Comité Permanent de la Zone Est', 1973/8/18, 'Quelques Directives de la Région 23 et de la Zone Militaire de l'Est entre 1973 et 77', Doc. 32（N442）/T8053, VA 所収を参照。ファン・バン・バを長とするベトナム連絡委員会は 1970 年のクーデター直後に設立された（Morris, *Why Vietnam*, p. 55 を参照）。カンボジア側の連絡委員会は、ずっと後まで設置されなかった。

349「突発的」　1971 年 8 月の東部と北部における反ベトナム・デモに関するロン・ノル政府の説明としては *L'aggression Vietcong et Nord Vietnamienne contre la République Khmère*（*Nouveaux Documents*), Ministère de l'Information, Phnom Penh, Oct. 1971, pp. 99-100 を参照。Non Suon（自白調書、1976/11/7）はポン・ペトが 1971 年春に、党が必要ならばベトナム人たちに対して圧力をかけるよう「住民たちに促す」と述べたのを引用している。Shawcross は 1972 年夏と秋のコンポンチャムにおけるデモについての CIA 報告を引用している（*Sideshow*, pp. 250-1; Kiernan, *How Pol Pot*, p. 341 での目撃者証言に裏付けられている）。Kiernan はまたシエムリアプ地方のコンポン・クデイでのデモについても報告している（ibid., p. 335）。

349 新たな規定　たとえば Directive No. 24/72, 'Le Comité de la Zone Est... aux Comités de tous les niveaux [de la région au village] et des unités de libération qui se cantonnent [chez nous] et qui participent à la lutte sur le territoire cambodgien', 1973/1/18; 'Directive No. 14/73 du Comité Permanent de la Zone Est', 1973/8/18; および 'Directive No. 82/73 du Comité de la Région 23', 1973/11/16, すべて 'Quelques Directives de la Région 23 et de la Zone Militaire de l'Est entre 1973 et 77', Doc. 32（N442）/T8053, VA 所収を参照。

350 一部のベトナム人〜困らせていることにある　Directive No. 24/72, supra.

350 一九七二年の初めには〜最高指導部だとのちに言われた　Ben Kiernan は、第 3 回大会が「ベトナム人を追放する」という決断を承認し、かれらを CPK の長期的な「深刻な敵」と述べている（*How Pol Pot*, pp. 328-30）。また Heder, *Pol Pot to Pen Sovann*, p. 19; および Morris, *Why Vietnam*, pp. 56 と 59-60 も参照。これはノン・スオンの自白調書や、1972 年以降の CPK 内部文書、およびその後の CPK-VWP 関係の展開と矛盾している。これらはすべて、ベトナムの意図に対する不信感はあったものの、CPK が関係の亀裂を公然と認めるのは、早くても 1976 年だった。この文脈では、敵対的なベトナム筋の記述で 1971 年と 74 年にイエン・サリがベトナム／カンボジア連合が革命の成功にとって「不可欠」だと述べたのが引用されているのは特筆に値する（Le Quang Ba, 'Un sommaire de la situation Cambodgienne', Doc. 32〔N442〕/ T8807, VA）。

350 **カンボジア指導部の反対**　1973年4月8日のハノイにおけるレ・ズアンとの会談で、イエン・サリはベトナムの共産主義者とCPKの関係で対立点は4つあると述べている。1954年のジュネーブ会合、1967年にベトナムがCPKに武器を提供しなかったこと、1970年クーデター後にベトナムがカンボジアに侵攻したこと、1972年に「(ベトナム)軍を引き揚げさせる」ことを決断したこと(Doc. TLM/165, 'Les Perpectives, les Lignes et la Politique Etrangère du Parti Communiste Cambodgien', VA)。

350 **サイゴン侵攻の必要**　Morris, ibid., p. 56. 1972年3月には推定6万人のベトコンと北ベトナム軍がカンボジアにはいた。9月にはその総数は4万人とされる。そのほとんどはホーチミン・ルートを護衛していたが、DRV第1師団だけは―― Kiernanらは他のCPK幹部に比べてベトナム軍の存在をひどく嫌っていたと述べていることを考えると興味深いことだが――南西地域に駐在し続けていた(Serre to MAE, 電報 Nos. 1078-86, 1972/9/28, c. A-O-1965-78, vol. 135 ns, QD)。

351 **それからの二年間で～帰還が命じられた**　'Directive No. 14/73 du Comité Permanent de la Zone Est', Aug. 18 1973; 'Directive No. 82/73 du Comité de la Région 23', 1973/11/16; および 'Note No. 206 du Comité Permanent du FUNK de la Région 23', 1974/12/14, すべて 'Quelques Directives de la Région 23 et de la Zone Militaire de l'Est entre 1973 et 77', Doc. 32 (N442) /T8053, VA 所収。

351 **命令の言葉選びは～禁止された**　'Directive No. 14/73...' および 'Note No. 206...', supra.

351 **自国の領土についての主権**　すでに1971年末には、東部地域のは「バ・ハイ」(ベトナム連絡委員会委員長ファン・バン・ハ)に対して「貴殿らの兵が当方の兵に対して(紛争解決のために)軍事力を行使し、当方の主権を毀損するのは適切とは思われない」と書いている」(強調引用者、Morris, *Why Vietnam*, p. 57, カリフォルニア大学バークレー校インドシナ文書館の文書の引用)。

351 **(かれらは)民族性を**　Keo Measが自白調書、1976/9/24で引用。

351 **クメール・ルージュの幹部ら～あてこすりである**　Siet Chḥê 自白調書、1977/5/11; Kiernan, How Pol Pot, p. 333.

351 **ひそかにはずされる**　Yos Por, Kiernan, *How Pol Pot*, p. 336での引用。

351 **離脱者が出た**　Dmitri Mosyakovは、1973年1月初旬にハノイの「FUNCの声」放送からペン・ソバンらが辞任したこと、そして同年に多数の「ハノイのクメール人」たちがベトナムに戻ってきたことを記録している(*Khmer Rouge*, pp. 16-17)。

352 **ハノイ在駐のソビエト大使～警告していた**　在ハノイのソ連大使館、'Political Letter', May 25 1971, Morris, *Why Vietnam*, p. 51での引用。シチェルバコフは、ベトナム側の目標が2年後も変わっていないと考えていた(在ハノイのソ連大使館、'Political Report', Feb. 1973, ibid., p. 66での引用を参照)。

352 **問題でもあり、好機でもあった**　Mosyakov, *Khmer Rouge*, pp. 16-17を参照。

353 **北京にきた年～糾弾した**　Shawcross, *Sideshow*, p. 255; Sihanouk, *Indochine*,

随所 ; *World Leaders*, pp. 88-9 と 96.

353 直接には接触していなかった　Thiounn Mumm, Ieng Sary インタビュー。

353 まれに〜介して届けられた　Thiounn Mumm インタビュー。Khieu Samphân の任命が公表されたのは 1972 年 3 月 23 日だった。

354 かれは最初から〜吐き出すであろう　*Tribune de Genève*, 1971/12/10; *Far Eastern Economic Re-view*, 1972/8/5; 'Interview with Oriana Fallaci', *New York Times*, 1973/8/12.

354 シアヌークの肖像を刻んだバッジ　バッジは中国製だった。ベトコン部隊により広く配布されていた（Kiernan, *How Pol Pot*, p. 318）が、クメール・ルージュたちはその支給を拒否した（Sihanouk, *Calice, Part 1*, Ch 11, pp. 12-13）。クメール・ルムドに対するベトナムの教練については Sihanouk, *War and Hope*, p. 15 を参照。

354 実際はハノイから命令を　クメール・ルージュたちもこれを理解していた。1978 年 9 月 2 日のイエン・サリの発言を参照（'Le rapport sur les rélations entre [le Cambodge] et le Japon', Doc. 32（N442）/T8297, VA 所収）。

354 サリは一九七〇年十二月に　Keo Meas によればかれは「1970 年末に」到着し、1971 年 1 月から「FUNK の声」放送の再編を開始した（自白調書、1976/9/24）。Ieng Sary 自身も、出発したのが「9 月末」でハノイに到着したのが「1970 年 12 月末」だったと述べている（インタビュー）。

354 その後三ヶ月にわたって　Keo Meas 自白調書、1976/9/24, 30; Ieng Sary インタビュー。

355 イエン・サリは一九七一年四月に　当人によれば北京に到着したのは 1971 年 4 月で、訪問が公式に発表されるまで 3 ヶ月にわたり秘密裏に滞在した（インタビュー）。Thiounn Mumm（インタビュー）と Van Piny（自白調書 1978/2/16）はどちらも到着が 1971 年 6 月だったと述べている。シアヌークは 6 月前半に、イエン・サリの帰還を知っていた（*Indochine*, p. 93）。

355 八月になって〜組織しはじめた　In Sopheap, Ieng Sary インタビュー。

355 ティウン・マムと〜これに続いた　Suong Sikoeun, In Sopheap インタビュー。Toch Khamdoeun 自白調書、1977/4/13. シエン・アン（1970 年にベトナムへ発ち、ハノイ駐在の GRUNC 大使となった）とその妻プルム・シエンも CPK 党員だった。シアヌークによればシエン夫人がセルの書記だった。カムドウンによると、書記はプラシットだった。

355 サリはずるがしこい〜苦痛だった　Ponchaud インタビュー、Shawcross, *Sideshow*, p. 255-6。

356 だが時々その仮面が〜愛国者とは言えまい　Chanda, *Brother Enemy*, p. 39; Carney, *Communist Party Power*, p. 22 n.113. また *Le Monde*, 1973/9/27 と 10/27; および Ros Chantrabot, pp. 118-19 も参照。

356「交渉の余地はない」　Ruos Nhim 自白調書、1978/6/14.

356 会合の激しいやりとり　*Black Paper*, pp. 72-4.

356 まもなく〜説明している　Shawcross, *Sideshow*, pp. 257-62.

357 ポル・ポトの考えは〜招待することを決めた　'Directive de 870', 1973/2/2, Doc. 32（N442）/T8053, VA 所収。シアヌーク自身は、クメール・ルージュ

がかれをカンボジアに帰国させることにした決断についてかなりちがった記述をしている（*War and Hope*, pp. 123-5; また Chanda, *Brother Enemy*, p. 70 も参照）。

357 **丸裸で取り残される**　Ith Sarin, *Sronoh Pralung Khmer*, pp. 5-6.

357 **党内ではひそかに**　'Comité Permanent de la Région 23 du Zone Est au Comité du FUNK de la Région 23', 1973/2/7, Doc. 32（N442）/T8053, VA 所収。

357 **揺るぎない力を持つ**　Ieng Sary によると、ベトナム側は 1972 年初期にかれらをクメール・ルージュの指揮下におくことで合意した（'Le rapport sur les rélations entre [le Cambodge] et le Japon', Doc. 32［N442］/T8297, VA 所収）。ややこしいことに、クメール・ルムドを名乗る部隊の一部はシアヌーク派ではなく、自分たちの所属を明確にしたいと思った東部地域部隊、特にチャン・チャクレイの第 170 師団だった（Kiernan, Chickens, p. 158; また Mey Mann インタビューも参照）。Kiernan によると、「ルムド」という用語はベトナム語の「ボドイ」の直訳で、これはベトコンや北ベトナム兵すべてを指す総称だという。

358 **ファン・ハンは**　Burchett, *Triangle*, p. 172; *Black Paper*, pp. 74-6.

358 **ハノイ内部の～ためらっているのです？**　「イエン・サリと同志レ・ズアン会談」1973/1/26 および「イエン・サリとト兄（ファン・バン・ドン）会談」1973/1/31, Doc. TLM/165, 'Les Perspectives, les Lignes et la Politique Etrangère du Parti Communiste Cambodgien', VA 所収。

358 **だが一月末にシアヌークが～明らかにした**　Shawcross, *Sideshow*, p. 264.

358 **四日後に～伝えることを約束した**　「イエン・サリとト兄（レ・ドク・ト）会談」 1973/2/11, Doc. TLM/165, supra 所収。

358 **まもなくかれは～写真が撮影された**　Monique Sihanouk, 'Voyage Historique au Cambodge en 1973', *Bulletin mensuel de documentation*, Secrétariat de S. A. R. le Prince Sihanouk, Beijing, Mar.-Apr., May-June と July-Aug. 1987; Phi Phuon インタビュー―― Chandler, *Tragedy*, p. 361 n.102; Hu Nim 自白調書、Chandler et al., *Pol Pot Plans*, pp. 265-6 所収 ; Pâng 自白調書、1978/5/28; Ney Sarann 自白調書、1976/10/1; Sihanouk, *War and Hope*, p. 18.

359 **ほぼ全員がかれらを歓待した**　Phi Phuon インタビュー。またこの訪問の詳細については *China Pictorial*, no. 6, June 1973 を参照。唯一、目につく欠席者たちは、シアヌークが訪問しなかった 4 地域の書記、モク、ロス•ニム、ソー・ピム、ボン・ベトだ。

360 **「解放区」へ移った**　シアヌークがこの発表をしたのは 1973 年 11 月 9 日だった（BBC SWB FE/4448/A3/1）。1 年後の 1974 年 11 月 15 日には、ペン・ヌートが首相の座を維持するが、カンボジア国外の大臣 9 名―― Ngo Hou; Huot Sambath; Chea San; Chan Yourann; Thiounn Mumm; Duong Sam Ol; Chau Seng; Keat Chhon and Thiounn Prasith ――は職を解かれた（ibid., FE/4805/A3/1-2）。

360 **その後かれと～これを回避した**　Van Piny 自白調書、1978/2/16. シアヌーク自身も周恩来とサリン・チャク、妻モニクが 1970 年 4 月に辞任を考え直せと説得したことを書いている（*War and Hope*, pp. 122-3）。

360 **体調不良を理由に** 「同志レ・ズアンとイエン・サリ会合議事録」1973/4/8, Doc. TLM/165, 'Les Per-spectives, les Lignes et la Politique Etrangère du Parti Communiste Cambodgien', VA 収録。

360 **和平への働きかけ** In Sopheap インタビュー。Sopheap は 1973 年 1 月 -11 月まで北京でイエン・サリの秘書を務めた。シアヌークは *World Leaders*, pp. 153-4 と 166-7 で、ルーマニア大統領ニコラ・チャウシェスクとアルジェリアの Houari Boumédienne による仲裁の試みについて書いている。

360 **中国も～向けたいと考えていたからだ** あるベトナム文書は、1973 年夏に周恩来がイエン・サリにこう語ったと述べる――「経験から言っても、交渉の座につくというのは妥協するということではない。こちらのほうが有利であれば、交渉で相手はこちらの要求をのまなくてはならない。したがってわれわれがもっと有利な立場で交渉すれば、それは妥協することにはならないのだ」(「1978 年 7-8 月におけるイエン・サリとレ・ドク・ト兄の一連の会合 ... 抜粋」Doc. TLM/165, supra)。数ヶ月後、別のベトナム側速記録によると、周恩来は「アメリカ帝国主義は縮小傾向にある。ソ連は拡大傾向にある」と述べたという――このためベトナム編者はコメントを差し挟んでいる。「実際には(中略)中国はカンボジアにアメリカに譲歩させて、『東南アジアにおけるソ連拡張主義』と称するものに対抗させたいと考えているのである」(「1978 年 11 月におけるイエン・サリとレ・ドク・ト兄の会合抜粋」Doc. TLM/165, supra)。In Sopheap もまた、当時のカンボジアに対する中国のメッセージの一部は「オオカミを追い払ってもトラのことを忘れるな」というものだったと述べ、トラはもちろんソ連のことだと考えていたという(インタビュー)。

361 **ロン・ノルは交渉で** 1973 年 1 月 28 日の停戦提案で、ロン・ノルはカンボジアの共産主義者が存在することさえ認めようとしなかった(Shawcross, *Sideshow*, p. 263 での引用)。交渉を拒否するのも仕方なかったろう。かれは権力の座にある限りアメリカの支援を受けられた。妥結してしまったら、亡命か殺されるかだ。和平提案をするほど鈍感ではなかった。

361 **それでもクメール・ルージュ指導部は狂信的** Stephen Heder は「党がその階級や民族主義的な立場をさらに過激にして(中略)反米、反ロン・ノル運動の指導力の一部をシアヌークやシアヌーク派に持っていかれるのを防ごうとしたのである」と論じている(*Conflict*, p. 37)。

361 **それから議会が爆撃停止を～ロン・ノル政府を救った** *Vietnam Generation*, vol. 1, no. 1, Winter 1989, p. 6; Shawcross, *Sideshow*, pp. 218-19, 265 と 294-9; Deac, *Road*, pp. 172 と 174.

362 **表向きは～居住環境はあまり変わらなかった** Carney, *Communist Party Power*, pp. 20-1 と nn.109-10; および Quinn, *Khmer Krahom Program*, p. 32。ラタナキリへの人口移動については Ney Sarann 自白調書、1976/9/30 を参照。

362 **幹部が比較的穏健～自分の土地を持てないからである** Quinn, *Khmer Krahom Program*, pp. 32-3.

363 **クメール・ルージュの内部報告書～世話をしなくなったからだ** Yun Soeun

自白調書、1977/5/26.

363 新たな政策は～誠実な社会をつくることだった　Kiernan, *How Pol Pot*, pp. 368 と 406 n.309。

364 利益の追求　Khieu Samphân 博士論文、pp. 103-4.

364 地方部人口の二十五パーセント　Kiernan（*Peasants and Politics*, pp. 4-6）によれば1962年には地方部世帯の31パーセントが1ヘクタール以下の土地しか持たず、1970年には2割が土地なしだったという。Phouk Chhay も似たような数字を挙げており、農民世帯の53パーセントが2ヘクタール以下の土地しか持たず、これでは不作の年には自分の消費分もまかなえないために「貧農」と定義されると述べている（博士論文、pp. 82-3）。

364 このデータを歪曲して　Pol Pot, 9/27 演説。また Carney, 'The Organization of Power', Jackson, *Rendezvous* 所収 , pp. 99-100 も参照。

364 国民のほとんどが半飢餓状態　Pol Pot, 9/27 演説。

365 新たな制度は特に北部地域において　Yun Soeun 自白調書、1977/5/26 を参照。

365 途中で会った親戚～強さが足りなかったんでしょう　Ping Sây インタビュー。

365 過度に感傷的　Keng Vannsak, Mey Mann インタビュー。

366 民主カンプチア国歌　DC-Cam 保管のクメール文書。少々ちがう訳が Becker, *When the War*, p. 207 にある。シアヌークによれば（*Calice, Part 2*, Ch. 6, p. 33）、これを書いたのはポル自身だという。直接のインスピレーションのもとになったのは「ラ・マルセイエーズ」で、これまたキリスト教徒的な血へのこだわりを無意識に反映させている。「革命の紅旗」と題された別の歌も、政治集会でしばしば歌われたものだが、似たような感情を表明している（Henri Locard 無題タイプ原稿、p. 3）。

　ぎらつく赤き血が地を覆う
　人民を解放する犠牲の血。
　労働者、農民、知識人の血、
　若者や僧侶、娘の血、
　空に届き、天高くうずまく血が
　革命の紅旗となる。

366 破壊を誇りはしなかった　毛沢東の発言で最もこれに近いのは、1966年12月26日の73歳誕生日に新しい「全国的な内戦」――文化大革命――勃発を皮肉な調子で乾杯したときだったが、そのときでさえ重要なのは思想の内戦であり、流血そのものではなかった（Michael Schoenhals, *China's Cultural Revolution, 1966-1969: Not a Dinner Party*, M. E. Sharpe, Armonk, NY, 1996, p. 3 n.1）。

366 一九七二年末までは　たとえば *Le Nouvel Observateur*, 1971/1/11 発表の写真などを参照。

367 かれらも囚人を殺して　Someth May は北西部で会ったクメール・ルージュが猿の内臓をくりぬいて見せて「昔はロン・ノル兵を捕まえたらこうやって殺して肝臓を取り出したもんだ」と示してくれたことを回想している（*Cambodian Witness*, pp. 160-1）。

367 組織的におこなわれる　Ly Veasna と Chhuong Kau, Kiernan, *How Pol Pot*, pp.

336 と 376 での引用。

367 **初めてプノンペンに大規模な攻撃〜投降することはなかった**　Shawcross (*Sideshow*, pp. 296-9) はクメール・ルージュの大隊 75 隊が攻撃に参加したと述べる。これは総勢 6 万人のうち 2 万 5000 人となる。*RC* (1973/8/4) は 60 大隊が参加したと述べる。Deac は 1973 年 1 月にクメール・ルージュ主要軍 4 万人が 125 大隊に配備され、1974 年 11 月にはそれが 6 万人になっていたというアメリカの推計を引用している。第 7 空軍司令ジョン・ヴォイトは、プノンペン攻略におけるクメール・ルージュの死者は 1 万 6000 と推定している。この数字はおそらく多すぎるが、半分にしても死亡率は 3 割になる (*Road*, pp. 166, 194 と 278 n.6)。また *RC*, July 28 1973 も参照。

367 **アメリカ軍情報部**　Deac, *Road*, p. 171 での引用。

368 **痛手から回復できていなかった**　Carney, *Communist Party Power*, pp. 9-10.

368 **夏の攻撃の真の目的**　Mosyakov は攻勢の日付を 1973 年初期とまちがえているが、ソ連筋を元に同じような解釈を導いている (*Khmer Rouge*, p. 17).

368 **なぜか中断された**　Ponchaud, *Viet-Nam-Cambodge*, p. 1234.

368 **減少しており**　Mosyakov, *Khmer Rouge*, pp. 18-19.

368 **ポル・ポトは忠誠を示した**　Siet Chhê は 1973 年に「アンカが北からの集団 (つまり帰還組) を集めて 1 カ所にまとめた」ことを確認している (自白調書、1977/5/11)。Chan Chakrey もほとんど同じ発言をしている (自白調書、日付なしだが 1976 末)。Hem Samin が Kiernan に語ったところでは、初めて「体はクメール人だが心はベトナム人」という表現を聞いたのは 1973 年 11 月だという。かれをはじめ帰還組 70 名は 1974 円 8 月にチュロンの収容所に拘留され、畑作業にかり出された。ベトナムに逃げ出したのは 1976 年 8 月のことだった。別の帰還組ヨス・ポルは南西地域での地域委員会委員だったが、1974 年 9 月に CPK 処刑隊を逃れて同じくベトナムに逃げた。かれの話だと、南西地域の帰還組 100 人のうち、10 人以外は 1975 年 4 月までに殺されたが、最後の 6 人は 1978 年半ばまで生きていた (Kiernan, *Chickens*, pp. 159-60 と 166)。さらに詳細は Phi Phuon, Suong Sikoeun, Ieng Sary, Thiounn Mumm インタビュー、および 'Autobiography of Thiounn Prasith', DC-Cam を参照。

368 **七月だけで**　Engelbert and Goscha, *Falling*, p. 112.

368 **夏の終わりには**　Deac, *Road*, p. 165.

368 **ベトナム民間人**　たとえば Sdoeun 自白調書、1978/5/4 を参照。特別地域第 25 地区では、「ベトナム人を全員ベトナムに送還せよ」という命令は 1974 年初期まで下されなかった。

369 **これと同時に〜認めている**　以下はもっぱら Deac, *Road*, Ch. 8 に基づく。また Chandler et al., *Pol Pot Plans*, pp. 31-2 収録のポルの 1976/6 演説における説明も参照。

369 **カンボジア領土の三分の二以上**　*Christian Science Monitor*, 1973/3/27.

370 **だまって再開**　Mosyakov はソ連文書館資料に基づき、1974 年初頭から CPK-VWP 関係が (少なくとも表面的には) 大幅に改善したと述べている。かれはそれが、1973 年の攻勢失敗によってクメール・ルージュが兵員や

兵器を失ったためとしている（*Khmer Rouge*, pp. 23-5）。

370 そしてさらに意思表示が　Carney, Engelbert and Goscha, *Falling*, p. 116 n.48 での引用。

370 対立をともなう友　Siet Chhê 自白調書、1977/5/11; Tiv Ol は、この年にベトナムは友人ではあるが「あまり忠実ではない」と言ったと引用されている（Kiernan, *How Pol Pot*, p. 388）。総会の日付については Non Suon 自白調書、1977/1/14 を参照。

370 チュロク・スデク～隠れるように建てられていた　この記述は 2001 年 12 月の Chrok Sdêch, Boeng Var, Ra Smach 訪問とそのときの地元村人との会話に基づいている。また Thiounn Thioeunn と Thiounn Maly インタビューを参照。

371 参謀長として招いた　ソン・センは 1971 年末に北東地域を離れた（Ney Sarann 自白調書、1976/9/30）。1972 年の居場所は定かでないが、たぶんウドンとアムレアンの間のどこかだろう。同年 8 月にはカンプチア人民民族解放武装軍参謀長と表現されるようになっていた。1973 年以降はラスマクと近郊の軍基地 2 つとの間を行ったり来たりしていた。

371 われわれは～役目を果たしていた　Nikân インタビュー。

371 メッセージは～敵を震え上がらせた　Nikân と Mey Mak インタビュー、Bizot, *Portail*, p. 50.

372 行き来していることに驚いた　Serge Thion, *Watching Cambodia*, White Lotus Press, Bangkok, 1993, p.1. Thion は 1960 年代末にプノンペンのリセで教鞭を執っており、首都の多くの左翼知識人の信頼を勝ち取っていた。

372 わたしは解放区～貧者を見下す者たちなんです　Kong Duong インタビュー。

373 新しい牢屋が～収容所へ送られた　Boeng Var と Chrok Sdêch の村人との会話、2001/12/5, 16.

373 中国系　Edwards, *Ethnic Chinese*, p. 140.

373 チャム族の反乱　Kiernan, 'Orphans of Genocide: the Cham Moslems of Kampuchea under Pol Pot', *BCAS*, vol. 20, no. 4, 1988, 特に pp. 9-10 を参照。

373 見せしめとして厳しく扱うよう命じた　Comité Permanent de la Zone Est, 'Directives Complémentaires] Pour faire face au mouvement Khmer Islam（d'origine Cham）... en supplément du directive No. 20 du 25 novembre 1973', 1973/12/6, Doc. 32（N442）/T8053, VA 所収。シアヌーク、ポル、フン・センなどカンボジア指導者は政策の細かいところにまで口出ししたがるのが常だから、こんな指令がまずは常任委員会の名前で発行されずに出回ったとは信じられない。Pâng によれば 1973 年末 -74 年初頭には北部にかなりの不満が「特にメコン沿いに」広がっていて、「ある時点でチャム族はほとんど革命に対して蜂起しかけた」（自白調書、1978/5/28）。

374 一九七三年の十二月下旬から～無差別テロが始まったのだ　Chandler, *Tragedy*, p. 229; Deac, *Road*, pp. 118-20, 128, 135-6, 184-5 と 188-90.

374 その冬に　Phi Phuon インタビュー。

374 二十五のクメール・ルージュの大隊が～六割を失っていた　Ibid.; Deac, *Road*, pp. 185-8。*RC*, 1974/1/19 にこうした大隊のひとつに関する言及がある。

375 ウドンへの攻撃が～殺害された　Deac, *Road*, p. 198; Phi Phuon インタビュー、

*RC*, 1974/5/11; Chrok Sdêch の村人との会話、2001/12/5, 16.

375 南西地域の～奪還していた　Deac, *Road*, pp. 195-6 と 199-200.

375 北部地域のおよそ四万人の村人～体制の前兆だった　*RC*, 1974/5/18; Kirk, *Revolution*, pp. 223-5. ほとんどの外国人記者は、クメール・ルージュの残虐行為の報告にまったく関心を払わなかったが、Kirk だけはわずかな例外の 1 人だった。Kiernan は 1973 年秋以来 5 万人が逃げたと述べている（*Vietnam Generation*, vol. 1, no. 1, Winter 1989, p. 23）。

375 三月の末に～強められつつあった　この記述は Phi Phuon（インタビュー）による。かれはポルに従ってケップに旅している。1978 年に、ユーゴスラビアのジャーナリスト代表団が民主カンプチアを訪問してケップに泳ぎに連れていかれたとき、そのクメール・ルージュの護衛たちは服をすべて身につけて武器も携えたまま、一緒に水に入ったという（代表団の一員だった *Politika* の Drago Rancic と 1978 年夏に北京でおこなった会話より）。

376 そこでかれは～判断した　'Briefing by Prey Veng [Regional] Committee on CC instructions', Mar. 1974, Indochina Archive, University of California, Berkeley; Dossier 00623（日付なしだが一緒にファイルされた他の文書は 1974 年前半のもの）, DC-Cam. また Nikân と Phi Phuon インタビューも参照。

376 九月に～性質を形づくることになった　1974 年中央委員会総会に関するこの記述はおもに Phi Phuon インタビューに基づく。Pâng（自白調書、1978/5/28）は 1974 年 6 月に党会議が緊急に招集されて、軍事関連の決定が下されたというが、これは中央委員会年次総会とは別のようだ。

376 昔の悪い資本主義的なあり方　Tep Khunnal, マライでの会話、2000/6/27; In Sopheap インタビュー。

377 町の市場は～頻発していた　Yun Soeun 自白調書、1977/5/26.

377 それから二年後～とかれは結んでいた　*Tung Padevat*, Aug. 1975, pp. 1-23.

377 さもないと　In Sopheap, *Khieu Samphân*, p. 103. また Tep Khunnal, supra も参照。

377 クラチエの人々は～強制的に連れ帰った　Martin, *Shattered*, p. 169; Shawcross, *Sideshow*, p. 312.

377 普通の生活　Thoun Cheng インタビュー、Kiernan and Boua, *Peasants and Politics*, pp. 331-2 所収。

378 ウドンの避難民を　Phi Phuon インタビュー。

378 歴史を通じて～同じような思想を抱いていた　この問題についてカンボジア革命との関連で見事な議論を展開した文としては Vickery, *Cambodia*, pp. 299-309, および Ghita Ionescu and Ernest Gellner, *Populism: Its Meaning and National Characteristics*, Weidenfeld & Nicolson, 1969, pp. 106-9 を参照。

378 満場一致で決定された　Phi Phuon インタビュー。

379 一年前に～物々交換がおこなわれていた　Ibid.; Ieng Sary インタビュー、*Tung Padevat*, Aug. 1975, pp. 1-23.

379 新通貨　Phi Phuon インタビュー。

379 真摯に努力を重ねてきた　これはツールスレンに拘束された CPK 指導者の自白調書から明らかである。ポル自身もこれを 1977 年 8 月にはっきり確

認している（Talk with Khamtan）。

379 しかしそれは～目をかけられていた　Ruos Nhim 自白調書、日付なし、Debré, *Révolution*, pp. 187-8.

379 チャン・チャクレイのような人物　チュー・チェトは、1976 年に中国で治療を受けているときに、一緒に治療中だったソー・ピムとの会話を思い出している。そのとき 2 人は「中国の状況はカンプチアよりずっといい（中略）うちの革命は厳しすぎる（中略）ここでは酒なんかも（店で）売っている」と意見が一致したという（自白調書、1978/5/20）。また Mey Mann インタビューも参照。

379 失望とともに見守っていた　Non Suon 自白調書、1976/11/19, 23, 28, 1977/1/14.

380 軋轢は、再び表面化　Pâng は、ネイ・サランが 1971 年に「（党内に）2 つの部分がある（中略）ひとつは藁葺きの家のようであり、もうひとつは煉瓦の家のようだ」と述べたと引用している（自白調書、1978/5/28; また Vorn Vet 自白調書、1978/11/24 も参照）、Chou Chet 自白調書、1978/4/14, 5/20; および Chhouk 自白調書、1976/9/27, 29.

380 公然と非難する　イス・サリンは 1973 年に、ユオンの「党の同志たちはかれを修正主義として非難した。なぜならかれの唯物論的革命概念があまり硬直しておらず、柔軟でリベラルだったからだ」と書いている（Kiernan and Boua, *Peasants and Politics*, p. 389 での引用）。

380 一九七四年に～崩壊する　Suong Sikoeun, Ping Sây インタビュー。ロス・ニムによると、北西部の地区将校 3 人—— Achar Leak, Achar Von, Setha ——は協同体に反対して 1975 年に殺された（自白調書、1978/6/14）。Achar Leak の失踪については Kiernan and Boua, *Peasants and Politics*, p. 330 の Krot Theam の証言を参照。

380 陽気で　Ith Sarin, ibid., p. 389 での引用。

380 懲罰として　Phi Phuon, Ping Sây インタビュー。

380 そして南西部では～許されていた　Vorn Vet 自白調書、1978/11/24; Phouk Chhay, 1977/3/20, 24; May Sakhan 自白調書、1976/10/9; Toch Phoeun 自白調書、1977/3/14; Non Suon 自白調書、1976/11/19; Phi Phuon インタビュー、Tan Hao, Kiernan and Boua, *Peasants and Politics*, pp. 274-6 での引用を参照。

381 一九七四年の初め～ほぼ間違いはない　Phi Phuon インタビュー。

381 特にモクは～殺害された　Ibid.; Bizot, *Portail*, pp. 383-5.

382 粛正された　De Nike et al., p. 315.

382 多数処刑していた　その中には Sangha Hoeun とココン指導者 Prachha もいた（Kiernan, *How Pol Pot*, pp. 375 と 380）。

382 粛正の対象となった～フオンは自問した　Phi Phuon インタビュー。

382 地元の権力争い　北西地域のトートでは、1960 年代のベイ・ダムラン地方の指導者がインとの撃ち合いで 1971 年に殺されている（Ruos Nhim 自白調書、日付なし）。同年、東地域ではキエトという名の士官が 25 地区委員会委員 3 人 Sok, Huot Sei, Sok Buth Chamroeun の関与した争いが原因で殺されている（Non Suon 自白調書、1976/11/20）。

383 戯画化したような　Chandler, *Tragedy*, p. 226 での引用。
383 肉体的にも精神的にも病気　Ibid., p. 214.
383 政府が無力で〜スラムに落ちたのである　Deac, *Road*, pp. 201-2, 206-7 と 209-10.
383 多少なりとも誠実さを〜物乞いたちを介して届けられた　Mey Mann インタビュー、Dossier D00594, DC Cam.
383 出納係　Mey Mann インタビュー。Sâr Kim Lomouth 自身は一貫して過去について口を閉ざしている。2003 年にかれは再びプノンペンの大手銀行の重役となっている。
384 乾期におこなう意向を〜首都に迫っていった　Phi Phuon インタビュー、*Fighting Cambodia: Reports of the Chinese Journalists' Delegation to Cambodia*, Foreign Languages Press, Peking, 1975, p. 58; Deac, *Road*, pp. 211-13; NCNA, 1975/1/11, BBC SWB FE/4802/A3/7-8 での引用。
385 満月　Picq タイプ原稿、p. 84.
385 ボン・ベトと〜一月二十六日のことだった　Phi Phuon インタビュー。
385 浮遊機雷　Ping Sây は代表団の 1 人として、1974 年の 11-12 月に北京と平壌を訪れた。公式には「経済代表団」とされてはいたが、その実際の目的は中国と北朝鮮からクメール・ルージュ国家に対する援助を相談することだった。だが帰り道で、この代表団は民間集団と「軍事集団」に分割されて、後者は機雷などの武器を運んだ（Ping Sây インタビュー）。また Deac, *Road*, pp. 211-12; Carney, *Communist Party Power*, p. 4 を参照。
385 十日後の〜タイから空輸されていた　Jennar, *Clés*, p. 76; Chandler, *Tragedy*, p. 233; Deac, *Road*, pp. 211-14; Snepp, *Decent Interval*, pp. 142 と 338-9.
386 二月二十五日　BBC SWB FE4831/A3/1, プノンペン内務省の引用。
386 三月初旬にポル・ポトは〜一望できた　Phi Phuon と Nikân インタビュー。ソン・センは見張り所を使ったがポルは一度も使わなかった。
386 予告なしに競争が〜それに従った　Pâng 自白調書、1978/5/28; Du Thao: Lich su su doan o to 571（車両 571 大隊史草稿）, ハノイ、Ban Khoa Hoc, Tong Cuc Hau Can（後方サービス総務局科学委員会）, 1983, luu hanh trong quan doi（軍部内でのみ流通）, pp. 111-12.
387 四月初旬までに〜理想的な標的と化していた　断りがない限り以下の記述は Deac, *Road*, Ch.10; Chan-dler, *Tragedy*, pp. 233-5; Swain, *River*, 特に pp. 122-32 に基づく。
387 米の価格は〜餓死していた　*Baltimore Sun*, 1975/4/17; Haing Ngor, *Odyssey*, p. 73. また George Hildebrand and Gareth Porter, *Cambodia: Starvation and Revolution*, Monthly Review Press, New York, 1976, pp. 7 と 19-38 も参照。
388 四月十日には〜かれらに同行した　Corfield, *Stand Up!*, pp. 218-23.
388 いとこ　Mey Mann インタビュー。
388 その日、南西地域指導者の〜傾向があった」という　Phi Phuon インタビュー。
389 月曜の朝に〜ヘリコプターは現れなかった　Swain, River, pp. 126-8; Nikân インタビュー、Corfield, *Stand Up!*, pp. 224-5; Deac, *Road*, pp. 222-3.
389 不気味な静けさ　Criddle and Butt Mam, *Destroy*, p. 3; Yasuko Naito, De Nike et

al., p. 96 所収 ; Ponchaud, *Year Zero*, p. 3.
389 引き続き爆撃が　Schanberg, *Death and Life*, p. 16; Swain, *River*, p. 131.
389 夜明けには　Kân インタビュー。
391 たびたび誤りを発見　Suong Sikoeun インタビュー。
391 この話はティオンの訪問について　Dossier D02688, DC-Cam, Phnom Penh.
392 ケ・ポクも同様だった　Kiernan, 'American Bombardment', *Vietnam Generation*, vol. 1, no. 1, Winter 1989, p. 19.
392 前年の秋に　Sihanouk, *My War*, p. 207, と、*Afrique-Asie*, Paris, May 25 1970/5/25 および *Far Eastern Economic Review*, Hong Kong, 1971/12/25 のシアヌーク（インタビュー）を参照。そこでシアヌークは、毛沢東が「武器はというと、われわれは武器を売ることが習慣ではないから、それはできない（中略）われわれは武器商人ではありませんからな。武器を売ってあげることはできません。無料であげることしかできませんな」と言ったと述べている。

## 第八章　黒服の男たち

頁
393 プノンペン～プレイボーイ」のようだと思った　4 月 17 日の出来事に関するまとめは Justin Corfield が *Stand Up!*, pp. 225-31 で、Kiernan が Regime, pp. 34-40 でおこなっている。また Ponchaud, *Year Zero*, pp. 4-5; Swain, *River*, pp. 136-7; Bernard Hamel, *De Sang et de Larmes*, Albin Michel, Paris, 1977, pp. 58-9; Ros Chantrabot, pp. 124-7 も参照。
393 花　Schanberg, *Death and Life*, p. 18.
393 歌い踊っていた　Criddle and Butt Mam, *Destroy*, p. 12.
393 ほとんど肉体的　Ponchaud, *Year Zero*, p. 5. また Someth May, *Cambodian Witness*, p. 103 も参照。
394 別の厳しい声　プノンペン放送、1975/4/17, BBC SWB FE4881/A3/1-3.
395 巧みに請け合う　'Political Programme of the National United Front of Kampuchea' Grant et al., *Widening War*, pp. 283-93 所収。
395 友人か親戚を持っていた～必ず従ってくれる　Haing Ngor, *Odyssey*, pp. 70-2; Pin Yathay, *Stay Alive*, p. 10 を参照。
395 外国に脱出すればいい　Criddle and Butt Mam, *Destroy*, p. 10.
395 音もなく街を進み　Ponchaud, *Year Zero*, p. 6.
395 われわれは全方向から　Nikân インタビュー。
396 モクの南西地域の～一帯を占拠した　Phi Phuon, Mey Mak インタビュー。また Vickery, *Cambodia*, pp. 76-7 も参照。
396 完全な勝利　Nikân インタビュー。
396 鉛の板　Ponchaud, *Year Zero*, p. 6.
396 新たにやってきた人々は～顔つきを覚えていた　Criddle and Butt Mam, *Destroy*, p. 11; Fenella Greenfield and Nicolas Locke（eds.）, *The Killing Fields: The Facts behind the Film*, Weiden-feld & Nicolson, London, 1984, p. 86;

Ponchaud, *Year Zero*, p. 9.

397 お金を見たこともなければ　Kiernan, *Rural Reorganization*, p. 45 での引用。

397 便器の水　Mey Mak インタビュー、Haing Ngor, *Odyssey*, p. 122.

397 かれらは瓶や缶に〜歯磨き粉を食べた男もいた　Chandler et al., *Peang Sophi*, p. 3; Szymusiak, *Stones*, p. 50.

398 排泄物であふれたビデ　Bizot, *Portail*, p. 263.

398 首を振っていた　Thiounn Mumm インタビュー。

398 フー・ユオンは　「プノンペン市 FUNK の声」1975/1/25, BBC SWB FE4815/A3/1 所蔵。2ヶ月後の3月25日にキュー・サムファンも同様のもっと巧妙な声明を出し、「あらゆる分類の職員や政治家たちが裏切り者との協力を止める」ようながした——「諸君らの唯一の善良かつ名誉ある出口はわれわれに加わることである」（ibid., FE4865/A3/5）。

398 「戦争捕虜」　クメール・ルージュ文書でこの用語が使われた例は1度も見つけられなかった。しかしこれは都市住民がどう見られていたかをきれいに表しているし、難民の証言にあまりにしばしば登場するので、ねつ造とはとても言い切れない。Stuart-Fox, *Murderous Revolution*, p. 159; De Nike et al., p. 445; Ponchaud, *Cathédrale*, p. 163 を参照。

398 略奪や殺人をするな　Vickery（*Cambodia*, pp. 74-5）は南西地域の兵士がこうした命令を受けたと証言しているのを引用している。また Mey Mak と Kân インタビューも参照。特別地域と南西地域との密接な結びつきを考えると、両方が同じ指針を受け取ったと想定しても問題ないだろう。北部地域の部隊は共和国警察と曹長以上の軍人は、高位の役人とともに殺せ、それ以外は殺すなと言われた（Vickery, ibid.; Sreng 自白調書、1977/3/18）。東部地域の部隊に与えられた指針に関しては文献証拠は見つけられなかったが、難民証言は少なくとも最初の数週間では、東部の都市住民に対する方針や旧軍人に対する方針は一般に穏やかだったことを示している。

398 誘惑はあまりに大きすぎた　In Sopheap インタビュー。

398 かれらが望んだのは〜困惑して見つめていた　Pin Yathay, *Stay Alive*, p. 52; Ponchaud, *Year Zero*, pp. 8-10 と 32; Criddle and Butt Mam, *Destroy*, pp. 11-12 と 15-18; および Szymusiak, *Stones*, p. 50.

399 憎しみが絡んでいた　Chandler et al., *Peang Sophi*, p. 2.

399 街は悪いのだ　Ponchaud, *Year Zero*, p. 21. こうした見方はあらゆる文化に共通するものだ。Julio Caro Barojo は、古典古代の著述家たちが「都市に見いだされるのは悪徳、腐敗、不自然な人工物のみ。田舎には古き美徳があり ...」と書いていたことを指摘する（'The City and the Country: Reflections on Some Ancient Commonplaces', Julian Pitt-Rivers（ed.）, *Mediterranean Countrymen*, Mouton, Paris, 1963 所収 , p. 28）。

399 アメリカ軍による村への空爆　Kiernan and Boua, *Peasants and Politics*, p. 340. David Chandler はもう一歩議論を進め——私見では一歩出すぎているが——「爆撃が、CPK に暴力的で復讐に満ちた容赦のない革命という心理的な要素をもたらした」と述べる（*Facing*, p. 225）。

399 バッタンバンでは〜破壊してしまった　Chandler et al., *Peang Sophi*, p. 3; Mey

Mak インタビュー。

399 どこか行き過ぎたところ　Haing Ngor, *Odyssey*, pp. 79-80.

400「敵軍掃討委員会」　Koy Thuon 自白調書、1977/3/18.

400 この初期の段階では　Torben Retböll は、新政権の初期段階では民間人の殺害は比較的少なかったという主張を 'Kampuchea and the Reader's Digest'（*BCAS*, vol. 11, no. 3, 1979, pp. 22-7）でおこなっている。この記事は政治的な偏向が強いが、だからといってその論点がまちがっていることにはならない。

400 政府兵　*Sereika*, no.7, Feb. 1977.

400 見せしめに殺される　Ponchaud, *Year Zero*, p. 26.

401 フエから人々を退去させる　Douglas Pike, *The Viet-Cong Strategy of Terror*, US Mission, Saigon, 1970, Ch. 3, 特に pp. 27-9.

401 北部のコイ・トゥオンの軍勢　Vickery は、北部地域の部隊が他地域を仕切る部隊に比べてプノンペン放棄の通知をあまり出さなかったと正しく指摘しているが、実際の移動が翌朝まで開始されなかったというかれの主張はまちがっている（*Cambodia*, pp. 77-8）。Ponchaud と Swain はそれぞれ、午後 1 時のすぐ後に北部への脱出が始まったのを見たと報告している（*Year Zero*, pp. 6-7; *River*, pp. 141-2）。

402 それは啞然とする～眠っていたこともあった　Ponchaud, *Cathédrale*, pp. 160-1. Shane と Chou Meng Tarr 夫妻は、クメール・ルージュの声高な支持者のニュージーランド人とカンボジア人カップルだったが、この 15 キロ弱の踏破に 3 日かかったという（*News from Kampuchea*, vol. 1, no. 1, Apr. 1977）。

403「幻覚のような光景」　Ponchaud, *Year Zero*, pp. 6-7.

403 プノンペンが陥落したとき～ゼロとなった　Vickery によれば 1974 年に病床数は 7438 だったというが、大規模病院は本来の定員の 2 倍から 4 倍も収容していたという（*Cambodia*, p. 81）。Ponchaud は患者 2 万人という数字を挙げている（*Year Zero*, p. 7）。

403 別のフランス人神父～スコンに向かわされた　Ponchaud, *Cathédrale*, pp. 160-2; Koy Thuon 自白調書、1977/3/18; *Sereika*, no. 16, Jan. 1978.

404 南西部と～家にとどまっていた　Vickery, *Cambodia*, p. 75; Kân インタビュー、Haing Ngor, *Odyssey*, p. 89.

404 病院は診療を続けていた　各種証拠は矛盾している。病人や傷害患者が道に追い立てられたという報告のほとんどは北部地域管轄区からきている。南に向かったピン・ヤタイは、市の真ん中で病院ベッドに乗った患者 2 人が、親戚に引っ張られていくのを目撃したと報告している。Marie Alexandrine Martin は医療関係者の発言として、クメール・ソ連病院が 4 月 17 日に退去させられたが、北部のカルメット病院は 5 月 6 日まで機能し続けたと語る（*Shattered*, pp. 171-2; また Someth May, *Cambodian Witness*, p. 107 も参照）。

　ベトナム主導による 1979 年のポル・ポトとイエン・サリの「裁判」は、好意的でない情報源と言うべき代物ではあるが、「一部の病院」が退去さ

せられたとだけ記しており、残りは退去せずにすんだとにおわせている（De Nike et al., p. 325）。

オリンピック競技場に置かれたロン・ノル政府の臨時医療施設は、4月17日に南西地域部隊に占拠されたが、そこで働いていたある医学生はかれを含む職員たちがその後2ヶ月にわたり、プノンペンの各種クリニックや病院で共産主義者の指揮下で働かされたと述べている（*Bangkok Post*, 1976/2/22）。

Haing Ngorは手術室に若いクメール•ルージュ兵が乱入してきて「医者」を要求するという生々しい光景を記述しているが、かれらが医師を殺そうと思っていたのだろう、という説明はまちがっているかもしれない。怪我をしたクメール・ルージュ兵の治療のために医者を捜していたということも十分考えられる（*Odyssey*, pp. 78-9）。Someth May（p. 111）は医師が連れ去られて後にその死体を見つけたと述べるが、これを除いては医師だけがその職業ゆえに処刑やひどい扱いの対象になるということは、新政権の初期段階では信用のおける報告はほとんどない。

404 **略奪はめったになく**　Mey Mannインタビュー。Michael Vickeryは首都のもと南西部と特別地域区への帰還組から類似の証言を挙げている（*Themes*, p. 108）。

404 **当初〜わざと歩みをゆるめていたのだ**　Butt Mamは、南方への道で4日がかりで3キロ以下しか移動できなかったと報告している（*Destroy*, p. 30）。Yi Tan Kim Phoは3日で5キロ旅している（*Cambodge*, pp. 16-19）。またPin Yathay, *Stay Alive*, p. 24とStuart-Fox, *Murderous Revolution*, p. 12も参照。

404 **人々の前で処刑した**　Pin Yathay, *Stay Alive*, pp. 24-5. 一方François Ponchaudは、4月23日に国道5号をプレクプネウにドライブした際、プノンペンにも道ばたでも死体はひとつも見かけていない。この道で疎開中に人々が殺されたことはまちがいないが、その数はかなり少ないようだ。ある女性は5キロ地点で「死体をいくつか」、もう少し先の工場近くでさらに10体、10キロ地点で「さらに数体」見かけたと報告している。彼女らは兵士たちが疎開者を促すために空に発砲したのを報告しているが、彼女自身は実際の殺害は目撃していない（*Year Zero*, pp. 24-5）。ShaneとChou Meng Tarrは工場で15体を数えていて、それが最後の突撃で殺された政府側兵士だったのではと考えているが、おそらくその通りだろう（*News from Kampuchea*, supra）。別のフランス人神父Fr. Jacques Engelmannもまたプレクプネウにたどりついたときに「死者はとても少なかった」と述べている（Paul Dreyfus, *Et Saigon Tomba...*, Arthaud, Grenoble, 1975, pp. 346-55）。

404 **退去者の一人〜としている**　Ponchaud, *Year Zero*, p. 26; Pin Yathay, *Stay Alive*, pp. 23, 30, 34.

405 **モクの兵士ら〜受領証を渡された**　Haing Ngor, *Odyssey*, p. 124; *Sereika*, no.7, Feb. 1977, pp. 9-11; Pin Yathay, *Stay Alive*, p. 40.

405 **そんな親切とは無縁**　De Nike et al., pp. 98-9と135.

405 **メリハリがあった**　Vickery, *Themes*, pp. 108-9.

405 **東部地域の部隊**　Kiernan, *Chinese*, p. 25.

405 四月十七日の午後　Pin Yathay, *Stay Alive*, p. 17. Kiernan（*Regime*, pp. 37-8）は、この高官が北部地域のネムだったかもしれないと述べる。かれは「敵軍掃討委員会」副委員長で、外国人対応担当でもあった。そしてKiernanは、かれの発言が共和国政権の高官たちを安心させるための意図的な嘘だったのではないかとにらんでいる。かれらをおびえさせたら、大量の都市退去者にまぎれて隠れようとするかもしれないからだ。この解釈は、北部の住民が4月18日朝まで退去を開始せず、情報省が北部地域の管轄下にあったという考えに基づいている。どちらも正しくない。プノンペン北部からの退去は17日午後に始まっており、Jon Swainによれば情報省は――東部管轄と北部管轄の境界にあった――17日に黒服兵（おそらく北部地域兵）と「ジャングル緑のやわらかい毛沢東帽とホーチミン・サンダルを履いたゲリラたち」（これは東部の兵としか考えられない）の混成部隊に占拠されていたという（*River*, p. 143）。Henri Beckerは、情報省で2日後に高位の東部地域将校が北部地域兵と並んでいたと報告し、両者が必ずしも意見があわなかったと記録している（Kiernan, *Regime*, pp. 51-2での引用）。

405 上の者の指示を仰がなくては　Mey Mann インタビュー。

405 行動をほめたたえた　Ping Ling, 'Cambodia: 1,360 Days!'（タイプ原稿、1981）, quoted in Kiernan, *Chickens*, p. 136.

406 メイ・マンは家族とともに～命を落とした人々の一人となった　Mey Mann, Saloth Nhep, Thiounn Mumm インタビュー。

406 およそ二万人　Kiernanは脱出中の病死と過労死が1万人、旧軍将校や役人の殺害がほぼ同数と推計している（*Regime*, pp. 48-9）。Stuart-Foxは3万5000人と推定しているが根拠は挙げていない（*Murderous Revolution*, p. 19）。イエン・サリは1977年5月のインタビューで、2000-3000人の死亡を認めている（*News from Kampuchea*, vol. 1, no. 3, Aug. 1977, p. 2）。

406 部隊同士の衝突　Kân インタビュー。

407 ロン・ノル軍の残党　Ponchaud, *Year Zero*, p. 10.

407 退去する一方で　Kong Duong インタビュー。

407 街を出て行く人々　Pin Yathay, *Stay Alive*, pp. 26-7; Yi Tan Kim Pho, *Cambodge*, pp. 16, 18.

407「公認の」～持ち帰った　Phi Phuon インタビュー、De Nike et al., p. 326; Ponchaud, *Year Zero*, p. 31.

407 ソン・センと部下たち　Phi Phuon インタビュー。

407 恐ろしい爆発　Bizot, *Portail*, p. 278. かれの聞いたものが本当に銀行爆破だったなら（この時期に他には大規模な爆発は報告されていないので、おそらくまちがいないだろう）、それは4月19日か20日の午後に起きたはずだ（Stanic, *Without a Model*, p. 77, およびDrago Rancicの*Politika*, Belgrade, 記事、*Seven Days*, 1978/5/19での抜粋を参照）。爆破が妨害工作者たちのしわざだという公式発表はRobert Brown and David Kline, *The New Face of Kampuchea*, Liberator Press, Chicago, 1979, p. 34にある。CIAのしわざだという非難としてはIn Sopheap, *Khieu Samphân*, p. 101を参照。

408 残ろうとした人々の捜索　Haing Ngor, *Odyssey*, pp. 119-20, おそらく5月初

めのプノンペン訪問の記述。

408 **四月十八日に〜始めることになった**　断りのない限りこの記述は Ponchaud, *Year Zero*, pp. 40-9 に基づく。

408 **食料の価格**　Chandler et al., *Peang Sophi*, p. 3; Vann Nath, *Portrait*, p. 7.

409 **「人々は近隣の村から〜歌い踊っていた」**　Phat Saren の回想 , Ponchaud, *Year Zero*, p. 46 での引用。

409 **アンカ**　Haing Ngor, *Odyssey*, p. 82; および Denise Affonço の証言、De Nike et al., p. 442 収録。Laurence Picq によれば 1975 年になってからでさえ、北京の FUNK メンバーたちのほとんどはアンカが何を指すか知らなかったという（*Beyond the Horizon*, p. 6）。

410 **アンカはそのバイクを〜走り去った**　Pin Yathay, *Stay Alive*, p. 34.

410 **富裕層の多くは〜離れていた**　Ibid., p. 24.

410 **不思議さに思いを**　Haing Ngor, *Odyssey*, p. 84.

410 **個人所有の〜三年後にも見られた**　Criddle and Butt Mam, *Destroy*, p. 41; Yi Tan Kim Pho, *Cambodge*, p. 61. グランドピアノは 1978 年 3 月に *Politika* の Drago Rancicin に目撃されている。

411 **真新しいプジョー〜自殺をはかったのだ**　Haing Ngor, *Odyssey*, p. 96. Butt Mam もまたこの一家の自殺を目撃している（*Destroy*, p. 41）。

411 **しばらくは商人も〜尾を引くのだ**　Haing Ngor, *Odyssey*, p. 98; De Nike et al., pp. 441-2. 一部の地域では、ロン・ノル政権のリエル札は 5 月になってもまだ流通していたようだ（*Sereika*, no. 7, Feb. 1977, p. 9）。

411 **紙幣の厚いカーペット**　De Nike et al., p. 441.

411 **すべての道に検問が〜尽き果ててしまった**　この記述は Stuart-Fox, *Murderous Revolution*, p. 15; Ponchaud, *Year Zero*, pp. 26-7; Pin Yathay, *Stay Alive*, pp. 38-9, 42-3; Yi Tan Kim Pho, *Cambodge*, p. 65 に基づく。

412 **試験として考案された方法**　Sidney Rittenberg and Amanda Bennett, *The Man Who Stayed Behind*, Duke University Press, Durham, NC, 2001, pp. 132-3 と 143-5.

412 **中心的な手法**　'La "Réeducation" d'Une Personnalité Nationaliste par le Viet Minh', 1953/8/24, c. A-O-I 165, QD.

412 **論理的に極端に**　Stuart-Fox, *Murderous Revolution*, pp. 37-8; Yi Tan Kim Pho, *Cambodge*, p. 71; Criddle and Butt Mam, *Destroy*, pp. 66 と 69; *Sereika*, no. 20, May 1978, pp. 8-9. 変奏はあった。パイリンでは、地区役人など地元の重要人物は町を出る前に自伝を書くように命じられた。その後共和国政府のために働いたことを認めた人々は殺された（Ponchaud, *Year Zero*, p. 49）。同じ情報源は、ある電気工の話として、都市撤収中に送り返された人々は情報省で自伝を書かされて、その後ホテル・モノロムのコイ・トゥオン本部に連行された。ロン・ノル政権で役職についていたことを認めた者は全員殺された（ibid., p. 28）。

412 **技術者と工員**　Ponchaud, ibid., p. 28; Pin Yathay, *Stay Alive*, p. 38; Hu Nim 自白調書、1977/5/28, Chandler et al., *Pol Pot Plans*, p. 277; Martin, *Industrie*, pp. 88-90. 技術者たちはコンポンソムでも呼び戻された（Ung Pech の証言、De

Nike et al., p. 75 に収録)。
413 退去者の多くは　Yi Tan Kim Pho, *Cambodge*, p. 30.
413 だが実際は〜告げられていた　Marie Martin によると、1975 年 4 月 17 日にプノンペンでは東地域部隊が拡声器を使って、工場労働者たちに現場に残るよう促したが、家族は一緒に残れないと言われたので、ほとんどは去ったという(*Industrie*, pp. 88-9)。また Chandler et al., *Peang Sophi*, pp. 3-4; および Hu Nim 自白調書、supra, p. 277 も参照。
413「再教育」　Criddle and Butt Mam, *Destroy*, p. 37.
413 スラマレアブ Sramar Leav　Pin Yathay, *Stay Alive*, pp. 57-9.
413 三人を残して全員　Szymusiak, *Stones*, pp. 12-13 と 20.
413 大学で学んだ〜生き延びている　Ponchaud, *Year Zero*, pp. 69-70; Evan Gottesman, *Cambodia* Af-ter the *Khmer Rouge*, Yale University Press, New Haven, CT, 2002, pp. 25-6.
414 部隊の厳しさや優しさ　Kân インタビュー。
414 丁重にふるまうように　Haing Ngor, *Odyssey*, p. 22.
415 甘い言葉　Szymusiak, *Stones*, p. 182.
415 だが「高圧的で〜記している　Pin Yathay, *Stay Alive*, pp. 47 と 102.
415 なぜか人道的なところ　Criddle and Butt Mam, *Destroy*, p. 32.
415 ある病院で一人の兵士が　Szymusiak, *Stones*, pp. 16-17;「よい」クメール・ルージュたちに関する別の事件が pp. 8-11 にある。
415 質素な暮らし　Haing Ngor, *Odyssey*, pp. 264-5.
417 研究者らが苦労して〜処されるのを目にした　Bizot, *Portail*, pp. 221-2.
417 芝生で焼かれる　Ponchaud, *Year Zero*, p. 32.
417 当時クメール・ルージュ産業相〜どうなるかわかるだろう　Thiounn Mumm インタビュー。
418 事実上の利敵行為者　Pin Yathay, *Stay Alive*, pp. 45-6. また Ebihara, Village, p. 54 を参照。
418 そんなことを気にかけていては　Mey Mak インタビュー。
418「心を切り離して」　Hinton, *Why?*, pp. 95 と 113. また Rithy Pann の映画 *S.21: La Machine de Mort Khmère Rouge*, (2003/6/2 に ARTE で放送) における S-21 看守たちの証言も参照。
419 退去や一連の暴挙は〜多くの人は考えた　Yi Tan Kim Pho, Cambodge, pp. 30-1. 東地域のコミューンでは、1 万 2000 人を統轄するのに士官と兵が 50 人以下だったという(Stuart-Fox, *Murderous Revolution*, p. 53)。1976 年の公式推計でも、政府は翌年に中央兵員が 4 万人、地方地域には 2 万人しかいないとされている(Chandler et al., *Pol Pot Plans*, p. 52)。
419 クム　Haing Ngor, *Odyssey*, p. 9.
419 町の住民を混乱させ　Stuart-Fox, *Murderous Revolution*, p. 17; Criddle and Butt Mam, *Destroy*, pp. 41-2.
419『プト・タムニャイ』　Smith, *Interpretive Accounts*, pp. 18-23; Pin Yathay, *Stay Alive*, pp. 105-6.
420「五百人の盗賊」　Mamm, *Family Life*, p. 1.

420 黒いカラスが～一致していたことだった　Pin Yathay, *Stay Alive*, p. 106; Carol A. Mortland, 'Khmer Buddhists in the United States: Ultimate Questions', Ebihara et al., *Cambodia*n Culture, pp. 81-3 所収。

420 銀行が新政権によって　クメール・ルージュ国立銀行初代総裁 Non Suon は、損傷した建物で 1975 年 5 月 12 日より業務を開始した（自白調書、1977/1/16）。

## 第九章　未来完了

頁

437 プノンペン陥落から三日後～儀礼兵をおくことはなかった　Phi Phuon, Nikân, *Khieu Samphân* インタビュー。

437 秘密にされていた　Phi Phuon インタビュー。ポル自身は 1978 年に、ユーゴスラビアのジャーナリスト代表団に、プノンペンに入ったのは 4 月 24 日だと語っている（*JCA*, vol. 8, 1978, p. 421）が、これはまちがっている。別にことさら嘘をつくべき理由があったわけではなく、単に事実の正確さに無頓着だったというだけのことらしい。

438 広々とした作業所　Khieu Samphân インタビュー。

438 プレククダム　Phi Phuon インタビュー。Khieu Samphân は後年、プノンペンには陥落後数週間たつまで入っていないと固執した（インタビュー、および In Sopheap, *Khieu Samphân*, p. 99）。これは都市退去とそれに伴う苦悶を自分とは関係ないものに見せようとするための嘘である。

438 モクは　Khieu Samphân インタビュー。

438 一気に打倒　Doc. 2.5.01, De Nike et al., p. 379 所収。

438 前もって計画していたわけではない　Pol Pot, ユーゴスラビアのインタビュー、p. 417. Ieng Sary も類似の説明をおこなっている（James Pringle とのインタビュー、*Bulletin du GRUNC*, 北京、1975/9/4, pp. 12-13）。

438 食料供給は充分　Martin, *Shattered*, pp. 172-3.

438 一九七五年二月　Pol Pot, 北京でのニュース会見、1977/10/3, BBC SWB FE5631/A3/6.

438「敵のスパイ組織をすべて壊滅」　Ibid.

439 CIA 幹部　Heckman, *Pig Pilot*, pp. 339-40. また Snepp, *Decent Interval*, pp. 339-40 も参照。スパイ恐怖症は、共産主義の勝利の瞬間にたまたまプノンペンにいた、1000 人程度の外国人——主に援助関係者、ビジネスマン、外交官、ジャーナリスト、農園主——の追放の理由のひとつだった（'Options fondamentales dans la discussion avec les représentants du Parti Communiste Chinois', Doc. 32（N442）/T8300, VA 所収）。外国人追放の目撃者証言とそれに至るできごとについての記述は Bizot, *Portail*, pp. 225-371; Ponchaud, *Year Zero*, pp. 11-17 と 34-9; Schanberg, *Death and Life*, pp. 27-33; Swain, *River*, pp. 145-70 にある。

439 パリ・コミューン　Ieng Sary インタビュー。

439 治安維持のほか退去には～排除された　Doc. 2.5.02 De Nike et al., pp. 379-80

所収。

439 退去者の大部分〜使い切ってしまった　Long Visalo（プノンペンでのインタビュー、2001/11/26 と 12/8）の言及。

440 前世の功徳や不徳　Chandler, *Facing*, p. 209 を参照。

440 並外れた手段　Doc. 2.5.01 in De Nike et al., p. 379.

440 それは党の政治的〜練り上げられていった　Khieu Samphân と Phi Phuon インタビュー。

440 農業は国づくりでも　In Sopheap, *Khieu Samphân*, p. 110, ポルによる 1975/9 の「党中心」における演説の引用。これは 5 月会合の 4 ヶ月も後だという批判もあるだろうが、5 月時点でかれがすでにこの見方をしていたのはまちがいない。以下の記述では、その後 15 ヶ月にわたるポルの演説の中で、5 月に採用された立場の再表明と確信される抜粋をちりばめてある。

440 そして五年から〜承認された　Pol Pot, *Preliminary Explanation*, pp. 120-1; 同じ数字が、1977 年のポル訪中用「概要書」にも含まれている（Doc. 32（N442）/T8300, VA に再掲）。

441 外部に援助を請えば　Pol Pot, *Four-Year Plan*, p. 47.

441 輸入鉄は　Pol Pot, *Preliminary Explanation*, p. 152. かれの発言は、Khieu Samphân の 1959 年の記述と比較する価値がある――「いつの時点でも後進国にとっては工業製品を自前で生産するより輸入した方が利益が大きいのは事実であるが、一方でそんな国は決してその工業的な遅れを取り戻せないというのも事実である」（博士論文、pp.78-9）。

441 自国の独立と尊厳を保つ　Ieng Sary, James Pringle とのインタビュー、*Bulletin du GRUNC*, 北京、1975/9/4, pp. 12-13.

441 実際のところ、中国からは　コンポンソムでの労働者発言、Ponchaud（*EFA 13*, pp. 17-18）での引用によれば「初の中国船は 4 月 27 日から到着しはじめた（中略）そして大量の米を荷下ろししはじめた」。

441 国際統合こそが〜廃業に追い込んだ　Khieu Samphân 博士論文、pp. 23, 28-9, 36, 44 and 46-7, 63, 65, 69, 72, 75-6.

441 自給自足　Ibid., p. 68. Samphân は、自給自足は「カンボジアのような小国では考えられない」（p. 81）とし、これと「自律的発展」とはちがうものだと主張している。だがかれはそのちがいがどこにあるのか説明しておらず、当時の政府をごまかすためのうわべだけの用心だったのではないかという印象は残る。

442 自由貿易を規制　Ibid., p. 75.

442 人はみずからが集う〜携わらせなければならない　Ibid., pp. 30, 53（翻訳改訂）と 75-6.

442 同様の考え　Hou Yuon, *The Cooperative Question*, Kiernan and Boua, *Peasants and Politics*, p. 148 での引用。

442 技術の役割　Ibid., pp. 139, 146; Khieu Samphân 博士論文、pp. 43 と 81.

442 国家資本主義　Khieu Samphân 博士論文、pp. 55, 74-5.

442 漸進的に　Hou Yuon, *Cooperative Question*, pp. 143, 146, 152.

442 それでも〜発するものが多い　たとえば Khieu Samphân による「国は国際

統合に加わってはならず（中略）基本的に自国の資源に頼らなくてはならない」（博士論文、pp. 58, 73）。

442 後退　Ibid., p. 78; In Sopheap, *Khieu Samphân*, p. 39.

443 将来のための計画　*Bangkok Post*, 1976/2/15, 17, 19, 21, 23, 25.

443 理にかなっている　Chandler, *Facing*, p. 213.

443 広い支持を得られる　Joel R. Charny, 'Appropriate Development Aid for Kampuchea', Ablin and Hood, *Agony*, p. 250 所収。

443 悪い見本　Meyer, *Sourire*, pp. 211-17, 283-4.

443「不条理とか空想的とか」　Pierre Brocheux, Camille Scalabrino et al., *Cambodge, Histoire et En-jeux: 1945-1985*, L'Harmattan, Paris, 1985, pp. 230-1 所収。

444 民主主義を～意味でしかなかった　Pol Pot, *Report*, pp. 206-7; また 1976/3/30 常任委員会会合 Chandler et al., *Pol Pot Plans*,p. 3 所収も参照。

445「配給の優先順位～いっさいなかった」　Heder, *Occupation*, p. 6; Ebihara, *Revolution and Reformulation*, p. 25.

445 もともと最初の二つ　変奏はあった。北部地域では、1970 年以前から村で暮らしていた人々は全権人民に分類された。1973 年のアメリカの空爆で逃げ出したが戻っていた者は全権候補民となった。1975 年に街からやってきた者たちは預託人民だった（Kry Ben Hong 証言、De Nike et al., p. 104 所収）。南西部の一部でも似たような区別がおこなわれた（プレクスデイの村人との会話、2001/3/11）。

445 理屈の上では新人民は　基本原則は以下の通り――「『新農民』としてやってきた者は、労働者農民階級（の一員）となるよう教育指導されるべきである。鍛え直せる者もいるだろうが、そうでない者もいる」（Pol Pot, *Tung Padevat*, Sept.-Oct. 1976, pp. 33-97 での引用）。

445 不均一に導入　Kiernan, *Eastern Zone Massacres*, pp. 49, 65, 85.

445 自分で食糧を栽培　Pin Yathay, *Stay Alive*, p. 87; Yi Tan Kim Pho, *Cambodge*, p. 78.

446 軽い罰則で済まされる　Hong Var インタビュー。Kiernan and Boua, *Peasants and Politics*, p. 342 での引用、Hinton, *Why?*, p. 111.

446 慎重な線引き　CPK CC 決議、June 1976, Doc. 32（N442）/T8310, VA.

446 自己陶酔的　Forest, *Colonisation sans heurts*, pp. 493-4.

446 わが国民が　Pol Pot, 9/27 演説。

446 数多くの共通点　Mabbett and Chandler, *Khmers*, pp. 16, 22, 97, 120, 148-55。また Ponchaud, *Cathédrale*, p. 159 も参照。

446 それにクメール・ルージュ革命の～劣る農具を使っていたのだ　Mabbett and Chandler, *Khmers*, pp. 133-8; Delvert, *Paysan*, 随所。

447 ハノイの脅威にそなえる必要がある　In Sopheap, *Khieu Samphân*, pp. 99-100.

447 われわれがとても早く走れば　常任委員会議事録、1976/2/4, Doc. 32（N442）/T8355, VA 収録。

447 革命の果実を守るためには　In Sopheap インタビュー。*Khieu Samphân*, p. 103 では少々ちがった記述がされている。

447 われわれはどのように　Pol Pot の西部地域党会議のための演説、*Tung*

*Padevat*, June 1976. 翻訳が Chandler et al., *Pol Pot Plans*, pp. 13-35 に収録——引用部分については pp. 20 と 26 を参照。
448 党指導部は最先端の　CPK CC 決議、June 1976, Doc. 32（N442）/T8310, VA.
448 非常に単純な　Ieng Sary インタビュー。
448 思想と言葉の軍事化　Martin, *Riziculture*, pp. 10-11; Ponchaud, *Year Zero*, pp. 109-11; Haing Ngor, *Odyssey*, p. 197; Yi Tan Kim Pho, *Cambodge*, p. 41; Stuart-Fox, *Murderous Revolu-tion*, pp. 90-1.
449 農民の生産高が低い～であると主張していた　Hou Yuon, Kiernan and Boua, *Peasants and Politics*, p. 135 での引用、*Khieu Samphân* 博士論文、p. 35.
449 二十世紀の初頭には～抵抗手段にすぎない　Pannetier, *Notes Cambodgiennes*, pp. 25 and 53; Collard, *Cambodge et Cambodgiens*, Société d'Editions Géographiques, Maritimes et Coloniales, Paris, 1925, pp. 139-40.
449 クメール人の農民は平均して一年に六ヶ月　*Khieu Samphân* 博士論文、p. 79; Smith, *Interpretive Accounts*, p. 5.
449 上座部仏教は　Jerrold Schecter, *The New Face of Buddhism*, Coward-McCann, New York, 1967.
449 援助専門家の体験談をあげている　Sihanouk, *My War*, pp. 123-4.
450 パーム糖の安定供給先　Ly Hay インタビュー。
450 かれは共感的な～従うことでしか働けない　Pol Pot, Talk with Khamtan.
450「無気力な農民層」　Kirk, *Revolution*, p. 222.
450 アンカ　In Sopheap, *Khieu Samphân*, p. 97; Criddle and Butt Mam, *Destroy*, pp. 70-1; Haing Ngor, *Odyssey*, pp. 199-200; Ponchaud, EFA 17, pp. 7-8, *Year Zero*, p. 88.
451 党と政府と国家の　Burchett, *Triangle*, p. 95 での引用。
451 そのうちに大衆も　Pol Pot, *Report*, p. 207.
451 働く必要性　Ieng Sary, *Der Spiegel*, 1977/5/2.
451 友好の意思表示　Khieu Samphân インタビュー。
452 五月四日に～別の小島を占拠した　5 月 4 日の事件の詳細やその後の事件について、ハノイ側から見たものは *Kampuchea Dossier*, vol. 1, pp. 67 や 125-6 にある。もっと公平な記述は Stephen Heder（*Conflict*, pp. 162-3）。
452 その二日後～空爆を命じた　断りがない限りこのマヤグエス号事件の記述は Robert Rowan *The Four Days of Mayaguez*, Norton, New York, 1975 に基づいている。
452 一方、プノンペンの～準備が整えられた　Phi Phuon インタビュー、Suong Sikoeun インタビューでの Ieng Sary の引用。
453 マラリアがひどくぶり返し　Pâng 自白調書、1978/5/28.
453 シルバー・パゴダに移した　Phi Phuon インタビュー。
453 ベトナムに知らせてほしい　Pol Pot, Talk with Khamtan.
453 二週間後の～断言した　*Kampuchea Dossier*, vol. 1, p. 67.
453 二万五千人　Engelbert and Goscha, *Falling*, p. 121.
453 友好条約　Christopher Goscha によるとハノイ訪問は 1975 年 6 月 11-14 日だった（'Vietnam, the 3rd Indochinese War and the Meltdown of Asian Interna-

tionalism', 近刊)。常任委員会全員は派遣しないという決定にもかかわらず、同月末にポルが北京に赴いたとき、トップ3が一緒にハノイに出かけることさえ危険だといって葉剣英元師に叱られたという（蔡インタビュー）。

454 ポル・ポトはベトナム側の援助〜要素になるだろう　Mosyakov, *Khmer Rouge*, p. 26.

454「友好的」 *Nhan Dan*, Hanoi, 1975/8/2.

454 ワイ島から撤退〜ヌオン・チェアに伝えた　ベトナム外務相声明 1978/4/7, *JCA*, vol. 8, 1978, p. 403 では、ヌオン・チェアとグエン・バン・リンが4月10日に会ったとされる。場所は書かれていないが、たぶんサイゴンだろう。

454 以降の通信　プノンペン放送、Ross, *Tangle*, p. 104 での引用。また CPK CC から VWP へのメッセージ、1975/8/28 と 1976/2/3, *JCA*, vol. 8, 1978, p. 270 での引用を参照。

454 国境地帯には〜ほとんどなくなった　Porter, *Crisis*, p. 94; および Evans and Rowley, *Brotherhood*, p. 87.

454 カンボジアからの〜カンボジアへ送還された　送還は1975年4月に始まったわけではないことは強調しておくべきだろう。これは1973年8月以来おこなわれていた。15万人という数字は Chanda, *Brother Enemy*, p. 16 を参照。ほとんどの情報源は、ベトナム人の出発が1975年末か76年初めまで続いたと合意している（*Black Paper*, p. 73; Serge Thion, 'Chronology', Chandler and Kiernan, *Aftermath*, p. 304 所収、Ponchaud, *EFA 13*, p. 17, および *Vietnam-Cambodge*, pp. 1237-8）。また Phok インタビュー、*Isola 2000*, France, 2002/2/2; Ponchaud, *Year Zero*, pp. 136-7, *Cathédrale*, pp. 166 と 168; Yi Tan Kim Pho, *Cambodge*, p. 45; De Nike et al., p. 447; Kiernan, *Chinese*, pp. 22-3 も参照。ベトナムのクメール難民の強制送還については Kiernan, *Eastern Zone Massacres*, pp. 71-2; Chanda, *Brother Enemy*, p. 16 を参照。

454 それでもベトナム政治局は〜認めている　Mosyakov, *Khmer Rouge*, pp. 25-8.

445 単に時間を稼いでいただけ　Khieu Samphân インタビュー。

445 ハノイで会談を終えた〜問題は不明だ　これらの詳細は匿名希望の中国人史家が提供してくれた。また Pâng 自白調書、1978/5/28 も参照。シエト・チェは中国には、革命名トゥムから派生したドゥムとして知られている。ネイ・サランは革命名メン・サンから派生してミン・シャンと呼ばれていた。パンも出席していた。引用は中国中央文書館保管の会合速記録より。抜粋が CWIHP, *77 Conversations*, p. 194 に掲載されている。

456 革命の初期に　Qiang Zhai はまた毛沢東が「ポル・ポトの勝利に自分自身の革命的青年期への回帰を見たのだ」（*Vietnam Wars*, p. 213）と示唆する。他の中国史家と同様に、かれもまた毛沢東が「ポル・ポトの過激な計画を完全に承認していた」と論じるが、これは現存する文書では裏付けられない。革命家としての毛沢東の初期は、極端主義よりは現実主義が特徴であり、言うまでもなくそれがかれの成功の理由だった。この文脈で考えると、かれが「修正する」ことに言及しているのは意味深長となるし、他に説明がつかない。

456 百人の無実の　1920年代末から30年代初期にかけての中国共産党の極端さについては Short, *Mao*, pp. 223-4, 268-75, 277-81, 306, 308-9, 314を参照。無実の者を殺すことに関するスローガンは、1950年代初期にベトナムでも登場したが、弱められている——「罪人を1人逃がすよりも無実の人を10人殺すほうがいい」。クメール・ルージュの場合、表現は江西時代のものとまったく同じだ。江西時代のスローガンをベトナム人が知っていたとは考えにくいし、ましてクメール人が知っていたはずはない。農民主導の革命はどれも初期には似たような過剰に走るのだと考えるしかない。

456 巧妙な方法　Ibid., pp. 383-5.

456 クマーラジーバ　Sylvie Hureauは2004年にパリ大学でクマーラジーバに関する博士論文を完成させたが、この参考文献を説明してくれたことに感謝する。

457 ハノイと北京の関係は　中越間のもめ事の起源についてはTruong Nhu Tang, *Memoir*, pp. 248-9, と Qiang Zhai, *Vietnam Wars*, pp. 209-12を参照。

458 感じいった　中国中央文書館所蔵の、1975年8月27日の毛沢東とシアヌーク、ペン・ヌート、キュー・サムファン、キュー・チリトとの会談録を参照。ここでかれははっきりと都市退去政策を支持している。

458「うむ、われわれにもできない」　毛沢東とレ・ズアン会談速記録、北京、1975/9/24, 中国中央文書館に保管。

458 通貨の廃止　1958年（Short, *Mao*, p. 484）。

458 あいまいな微笑　周恩来とシアヌーク、キュー・サムファンとの会談速記録、北京、1975/8/26, 中国中央文書館に保管。また Sihanouk, *World Leaders*, pp. 99-100も参照。

458 意見がまとまることはなかった　東南アジアにおける野党としての共産党の役割に関するこうした意見の相違の例としては、1977年9月29-30日の、ポルと華国峰との北京での会談速記録を参照（Doc. 32（N442）/T8300, VA）。

458 四月十九日　Chanda, *Brother Enemy*, p. 12.

458 四日後〜ことにも表れている　Ieng Sary と Mey Mak インタビュー。

459 北京と上海で　両者は6月24日に北京で軍事援助について会談し、27日に上海で経済援助について会談した。断りがない限り以下の記述はDocs. 32（N442）/T8300とT8188, VA; De Nike et al., pp. 381-5と408-10; Sihanouk, *Prisonnier*, pp. 57-8に基づいている。

459 鄧小平はかれに〜ほぼ確実であった　ベトナム語資料によると（Doc. 32（N442）/T8300, supra）軍事協定は1976年2月6日に北京でソン・センと王洪文（当時中国指導層第3位でCPC CC軍事委員会副議長）との間で調印された。協定の内容と重要性から見て、王程度の格の指導者が調印する必要があったのだろう（鄧小平は自宅軟禁中だったので調印できなかった）。De Nike et al.（p. 381）は中国側の調印者を誤って王尚栄としている。これは中国参謀副部長で、協定の草案を書き上げた交渉チーム長である。

460 中国が確約した経済援助　Docs. 32（N442）/T8300とT8188, VA.

460 このほか、三百人以上の〜中国へ渡った　Ibid. 中国技術者は通常は1回の

滞在3ヶ月から6ヶ月で、カンボジア国内を転々とした（Quan Yuhui インタビュー）。「870」（CPK CC 本部）と中国や北朝鮮の援助団との連絡を担当したジャライ士官トゥオンによると、1度に1000人以上の中国人がカンボジアにいたことは1度もないという（インタビュー、パイリン、2001/11/20）。1976年にカンボジアは空軍訓練生471名と海軍訓練生157名を中国に送った。Kân（インタビュー）によれば、かれらは最大2年間滞在したとのこと。

460 十億米ドルを超えた　*Le Monde*, 1975/9/13.

460 三十億ドル以上だった　房維中編、『中華人民共和国経済大事記』、中国社会科学出版社、北京、1984, p. 552, Ross, *Tangle*, p. 75 での引用。

461「地上でもっとも貧しいわけではない」　レ・ズアンと毛沢東会談速記録、北京、1975/9/24, 中国中央文書館保管、CWIHP, *77 Conversations*, p. 194.

461 激高したレ・ズアンは〜ロシアからとりつけた　Qiang Zhai, *Vietnam Wars*, pp. 213-14.

461 ひそかに北朝鮮を訪れ　ポルの北朝鮮訪問は6月前半だった（Ney Sarann 自白調書、1976/9/30; Pâng 自白調書、1978/5/28; Pol Pot, Talk with Khamtan; Tuon インタビューを参照）。

461 タイとの関係も　Ross, *Tangle*, pp. 78-9; William Shawcross, '*Cambodia*: Some Perceptions of a Disaster', Chandler and Kiernan, *Aftermath*, p. 242 所収。Evans and Rowley, *Brotherhood*, p. 90; Puangthong Rungswasdisab, pp. 11-14; Larry Palmer, 'Thailand's Kampuchea Incidents: Territorial Disputes and Armed Confrontation along the Thai-Kampuchea Frontier', *News from Kampuchea*, vol. 1, no. 4, Oct. 1977, pp. 6-12; Ponchaud, *Year Zero*, p. 137. また Khek Penn 自白調書、1977/7/22 も参照。

462 申し入れに応じてラオスは　Evans and Rowley, *Brotherhood*, p. 70.

462 小競り合い　Ibid., p. 90; *Kampuchea Dossier*, vol. 1, p. 68; In Sopheap インタビュー。北東部での国境衝突の詳細は Dossiers L01094（1976/1/23), L01117（2/8), L01119（2/16）; L01121（2/17）; L01122（2/19）; L01124（2/20）; L01126（2/22）; L01127（2/23）; L01136（2/29）; L01147（1976/3/3), DC-Cam にある。国境リエゾン委員会の会合が3月7-9日に開かれてからは、情勢はどうやら沈静化した模様。

462「大幅に緩和した」　Chandler et al., *Pol Pot Plans*,p. 15（ただしこのことばは「最大限に柔和化されている」との訳になっている).

462 健康診断　Pâng 自白調書、1978/5/28.

462 七月中旬になってから　Ibid. Pâng によれば、ポルは「重要な中国の指導者」と一緒だった。それがだれかは、クメール側も中国側も記録にない。4月に1度プノンペンを訪れている CCP CC の対外連絡部の副部長申健だったかもしれないし、人民解放軍参謀副部長の王尚栄かもしれない。

462 ポル・ポトは七月二十二日に〜守ることになったのだ　Hu Nim 自白調書、1977/5/28, Chandler et al., *Pol Pot Plans*, pp. 283-4 所収、*Tung Padevat*, no. 8, Aug. 1975.

463 毛沢東でさえ〜十二年を要した　人民解放軍の創設は公式には1927年8月

1日とされる。国民党軍によって張国燾指揮の造反第4軍が撃破された後、1937年に統合された（Short, *Mao*, pp. 196-7, 342-3）。

463 **それぞれ担当区を**　Thiounn Mumm インタビュー、また Haing Ngor, *Odyssey*, pp. 118-19 も参照。地方部では地域ごとの部隊同士の衝突が1975年4月までは続き、その後も小競り合いはあった。*Yi to '870'*（日付なしだが1976末）は、505地域（クラチエ）と東部21地域との国境沿いの緊張を報告している（Dossier L01410, DC-Cam）。

463 **プレア・ビヘア**　Sihanouk, *Prisonnier*, pp. 51-2。Hu Nim は、別のシアヌーク派大臣 Chey Chum もこの時期にプレア・ビヘア送りになったと述べている（自白調書、1977/5/24, Chandler et al., *Pol Pot Plans*, p. 273 所収）。

463 **スツン・トレンに着いたフー・ユオンは～自宅軟禁状態におかれた**　Ping Sây と Suong Sikoeun インタビュー。

463 **書類上の存在**　他のでっちあげ組織は、軍備（ネイ・サラン長官）だった。1975年秋までは、教育青年省（キュー・シリス長官）と経済財務省（コイ・トゥオン長官）も紙の上でしか存在しなかった（BBC SWB FE4806/A3/3-5 と FE4808/A3/1）。

464 **ポル・ポトが南西部と**　Dossier L01022,「（コンポンソムでの）常任委員会会合議事録」、1975/8/20-24, DC-Cam; Non Suon 自白調書、1976/11/3.

464 **（農業）生産割当と～すすめる必要がある**　In Sopheap, *Khieu Samphân*, pp. 108-10 で引用。

465 **三トン**　Ibid. 脱穀米ではなく、もみへの言及としては Pol Pot, *Report*, p. 187 と *Abbreviated Lesson*, p. 220 を参照。

465 **二トン**　Sihanouk, 議会への演説、Massenet to MAE, No. 1295/AS, 1963/6/23, c. CLV 16, QD 収録。3トンという数字は中国にヒントを得たものかもしれない。中国では1975年秋に3-3.5トン / ヘクタールの目標が提案されていた（Jonathan Spence, *In Search of Modern China*, Norton, New York, 1990, p. 644 参照）。ベトナムでの類似の数字が議論されていたので、そこからきたのかもしれない（Stephen Heder, 私信）。1967-8年には、農業省によると、水田の収量は1.399トン / ヘクタールの最高記録に達した（*RC*, 1968/10/25）が、2年後には1.2トン / ヘクタールに戻った。

465 **実験農場**　Kiernan, *Samlaut, Part 1*, p. 43; Meyer, *Sourire*, p. 208.

465 **家畜堆肥**　In Sopheap, *Khieu Samphân*, p.104. Meyer, ibid., によると、1960年代のカンボジア人は化学肥料を6キログラム / ヘクタールしか使っていなかった。スリランカでは50キログラム / ヘクタールだった。

466 **新通貨**　Phi Phuon インタビュー。

466 **ピン・ソイは一九七五年の一月～一緒に出席した**　Ping Sây インタビュー。Khieu Samphân は B-20 の銀行委員会会議の議長を務めたことを否定するが（インタビュー）かれの発言は必ずしもあてにならないし、ピン・ソイがそれをでっちあげる必然性も感じられない。

466 **五月に～流通させることが決められた**　Pol, In Sopheap, *Khieu Samphân*, p. 106 での引用。

466 **ノン・スオンが国立銀行の**　Non Suon 自白調書、1977/1/16.

466 夏には　Criddle and Butt Mam, *Destroy*, p. 50. Denise Affonço はプノンペン南 50 キロの村で新通貨の見本を見せられたのを記憶しており、これは明らかに 1975 年 6 月のことだ（De Nike et al., p. 443）。南西地域（Pin Yathay, *Stay Alive*, pp. 63-4）と北西地域（Kiernan, *Rural Reorganisation*, p. 54）では地元の役人がその秋に、新通貨がまもなく流通すると発表している。地方部に紙幣を送り出す決定については Pich Chheang インタビュー（アンロンベン、2001/12/10-11 2001）、および Doc. No. 3, 1975/9/19,Kiernan, *Regime*, p. 94 での引用を参照。

466 ピック・チェアンは～新通貨を流通させた　Non Suon 自白調書、1977/1/16; Pich Chheang アンロンベンでのインタビュー、2001/12/10-11; Criddle and Butt Mam, *Destroy*, p. 61.

466 モクは物々交換を～賛同していたんだ　Phi Phuon インタビュー。

467 現実的な配慮～イデオロギー上の理由があった　In Sopheap, *Khieu Samphân*, pp. 106-7; Pich Chheang インタビュー。

467 国家とは～深く検討する必要がある　In Sopheap, ibid., *Khieu Samphân*. 2 年半後、ポルはユーゴスラビアのジャーナリスト団に対して、通貨が 1972 年以降段階的に使われなくなり、1974 年には「解放区」の「8 割ではほぼ存在しない。こうした体験をもとに、大衆にこの件に関する意見を聞いたところ、お金は役に立たないと言われた（中略）したがって現在にいたるまでお金を使うのはやめた」（Yugoslav インタビュー、p. 417）。当時ポルはこんな理由は挙げなかったし、これはまったくの眉唾に思える。Pin Yathay は別の言いわけをしている。かれの説では、通貨の利用は不平等を生み出すからだという――「アンカは賃金の平等は強制できるが、（平等な）消費は強制できないだろう？　一部の人は他の人よりもたくさん貯金をすることになる」（*Stay Alive*, p. 171）。

468 九月十九日　Doc. no. 3, 1975/9/19, Kiernan, *Regime*, p. 99 での引用。Laurence Picq は 1975 年 10 月にプノンペンに到着したとき「お金は廃止された」と告げられた（*Horizon*, p. 11）。

468 通貨は回収され　Pich Chheang インタビュー。

468 製造業は～限られることになった　In Sopheap, *Khieu Samphân*, pp. 105-6 と 108; Drago Rancic, Politika, Belgrade, での記述、*Seven Days*, 1978/5/19; および Criddle and Butt Mam, *Destroy*, p. 50 で抜粋引用。

468 この制度の支持者だった～作成にあたった　CPK 常任委員会議事録、1975/10/9 と 1976/3/30, DC-Cam; In Sopheap, *Khieu Samphân*, p. 113.

468 私は産業相の～記録がないんだから　Thiounn Mumm インタビュー。

469 かれは中央委員会で　Pol Pot, *Preliminary Explanation*, p. 129.

469「食糧と医薬品の欠乏が～再分配する」　In Sopheap, *Khieu Samphân*, p. 109 での引用。コンポンソムでの CPK 常任委員会会合でかれは都市退去者の運命について触れている（Dossier L01022, Aug. 20-4 1975, DC-Cam）。

469 大規模な人口移動　人口を再配分するという決断は（ほぼ確実に常任委員会によって）ポルが 9 月総会で発表するずっと以前におこなわれていた。Kiernan（*Rural Reorganisation*, p. 37）は都市退去者たちが他の地域から北西

地区に1975年6月から移動させられていたと述べる。だが大幅な移動は9月に始まった。

469 故郷に戻る意志のある者～北西部に行くことになった　Pin Yathay, *Stay Alive*, pp. 67-78（南西地域から北西地域へ）; Denise Affonço, De Nike et al., pp. 447-8 での言及、Someth May, *Cambodian Witness*, p. 140; Haing Ngor, *Odyssey*, pp.150-2; Ponchaud, *Year Zero*, pp. 57-8; Yi Tan Kim Pho, *Cambodge*, pp. 46-8 と 51-71（東地域から北西地域へ）; Kiernan, *Rural Reorganization*, p. 37（西地域から北西地域へ）; De Nike et al., p. 172（東からクラチエへ）。1975年末の人口移動図が Kimmo Kiljunen（ed.）, *Kampuchea: Decade of the Genocide, Report of a Finnish Inquiry Commission*, Zed Books, London, 1984, p. 13にある。

470 百万人以上　Chandler et al., *Pol Pot Plans*, p. 38.

470 北西部にあるはずがなかった　北西がかくも多くの移住者の流入に抵抗したという証拠については Kiernan, *Rural Reorganisation*, pp. 35-6 を参照。

470 真っ白な紙　Short, *Mao*, p. 488.

470 雄牛　Pin Yathay, *Stay Alive*, p. 170. また Stuart-Fox, *Murderous Revolution*, p. 53参照。ここでは動物は水牛とされている。

470「わたしたちは奴隷です」　Yi Tan Kim Pho, *Cambodge*, p. 113.

470 二人の非アジア人　もう一人は Sao Kim Hong のフランス人妻エリザベスだった（Y Phandara, Retour, p. 104; Picq タイプ原稿、随所）。

471 イエン・サリは～語った　Suong Sikoeun インタビュー。こうした考慮にもかかわらず、CPK 当局は若きカンボジア人医師が北京から戻ったとき、中国人の夫を捨てるよう強制している（Picq タイプ原稿、pp. 332-3）。

471 道端には　Picq タイプ原稿、pp. 9-11.

472 片づけることができた　Sikoeun 自身も Long Nârin も、それぞれ5月と4月末にプノンペンに到着したときの様子を詳細に述べてくれたのに（インタビュー）都市の光景については何ひとつ触れなかった。In Sopheap はそれが「きわめて不快な」光景だったと述べているが、でも最初のショックさえおさまればだれもそれ以上注意を払わなかったと述べている（インタビュー）。

472《ゲルニカ》　Picq タイプ原稿、p. 33.

472 戦利品　In Sopheap インタビュー。

472 車の列が　Ponchaud, *Year Zero*, pp. 31-2; Haing Ngor, *Odyssey*, p. 100. どちらも東地域に物資を送ったと述べている（かれらはそれがベトナムに運ばれたものと誤って解釈している）。徴収物資が他の地域にも送られたことは、地域指導者が「戦果品」をどう山分けしようかという議論をしていることからも明らかだ。

472 分け方をめぐって対立していた　Chou Chet 自白調書、1978/4/14, ソー・ピムやモクとの会話を回想しつつ。

472「革命的最小限」　Picq タイプ原稿、pp. 112 と 128; また pp. 33-4. バッタンバンでの押収品の貯蔵については Yi Tan Kim Pho, *Cambodge*, p. 192を参照。

472 うず高く積まれていた　Criddle and Butt Mam, *Destroy*, p. 19.

472 毎朝掃除していた　In Sopheap インタビュー。
473 外務省は～仕事はほとんどなかった　この B-1 の記述はもっぱら Picq タイプ原稿から取られている。
473 新政権初のパスポート～地方へと送られた　In Sopheap と Suong Sikoeun インタビュー。In Sopheap は、5 月に一緒にプノンペンに到着した人々のほとんどは「己を鍛えるために」プレア・ビヘアに送られたと述べる（インタビュー）。
473 革命にかける意気込み～こすり落としていました　Picq タイプ原稿、p. 18.
474 別の省庁の人間は～微笑んだ　Long Nârin インタビュー。
474 銀行ビルと呼ばれた～サムファンも住んでいた　Ieng Sary と Phi Phuon（インタビュー）、Pâng 自白調書、1978/5/28.
474 外務省幹部と同じく～義務づけられていた　Ieng Sary インタビュー。
475 キュー・ポナリー　Phi Phuon インタビュー。
475 この一画は K-3 ～第三の住居にしている　Ibid.; Pâng 自白調書、1978/5/28.
475 870 という暗号名～担当となった　Phi Phuon, Suong Sikoeun インタビュー、常任委員会議事録、1975/10/9 と 1976/2/4, supra; Hu Nim 自白調書、Chandler et al., *Pol Pot Plans*, pp. 309, 312-13, 315 所収。Samphân は「前線担当、中央委員会総務補佐、特に経済、商業、産業、関税補佐」だった（Doc. 32（N442）/T8355, VA）。幹部級職員は他に 2 人いた──過激派前プノンペン学生指導者でドウンの補佐を務めた Phouk Chhay, CPK クラチエ委員会書記だった温厚な教師イェムである。
475 大聖堂が破壊された　ポンショー神父は、1965 年にカンボジアにやってきたとき、高齢の同僚にクメール人たちにとってのプノンは神秘的な力の場なのだと聞かされたことを覚えている。「宗教的、霊的な中心であり、天と地の交流を保証する場なのだ」。老神父はこう付け加えたという──「この国がいつの日か民族主義的な政府を獲得したら、真っ先にこの大聖堂が壊されるだろう」（Ponchaud インタビュー）。だがそれは実にしっかり作られていたので、壊すのに何ヶ月もかかった（In Sopheap インタビュー、Ong Thong Hoeung, *Récit*, p. 31）。
476 他の建物は～ココヤシの木が植えられた　Szymusiak, *Stones*, p. 50; Yi Tan Kim Pho, *Cambodge*, p. 227; Pin Yathay, *Stay Alive*, p. 76; Martin, *Alimentaire*, p. 358; Y Phandara, Retour, p. 67.
476 回覧を出して　Dossier L01541, 1976/11/21, DC-Cam.
476 かれらの行動は～手厳しい扱いを受けた　Picq タイプ原稿、pp. 14-17, 27, 35-7, 68.
477 ブラウス、ズボン　Ong Thong Hoeung, *Récit*, p. 11.
477 ほぼ例外なく全員が　In Sopheap, Suong Sikoeun インタビューおよび Picq, タイプ原稿、p. 138.
477 B-15 と呼ばれる野営地～腹を空かせていました　Long Nârin インタビュー。Laurence Picq によると、学生 2 人が 1972 年 12 月に帰還を許され、1 ヶ月にもう 15 人が帰還した。第 3 の集団は 1973 年 12 月に帰還した。Suong Sikoeun は 1974 年 5 月に北京を発った（インタビュー）。

478 儀式でした　Picq タイプ原稿、pp. 51-3.
478 洗い流す必要があった　Long Nârin インタビュー。
478 同じくらい厳しかった　Picq タイプ原稿、p. 127.
478 だが全員が合格したわけでは　Ong Thong Hoeung によれば、首都南 10 キロにある再教育キャンプ 3 つのうちひとつは、1975 年以前に反乱軍に加わりプレア・ビヘアの協同組合で働きつつも責任ある役職につくための「試験に合格」しなかった知識人専用だったという。そこにはノロドム・プリサラ王子も含まれており、かれは 1976 年末にはタレイ北の店主として雇われていた（*Récit*, p. 23; Long Visalo インタビュー）。かれとその家族は 1977 年に処刑された。
478「失敗する——渡りそこねて〜殺してしまう」　Long Visalo インタビュー。
479 釘のようにひどく　Ong Thong Hoeung, *Récit*, p. 10.
479 われわれはバスケットボールの〜考え方を変えることだった　Long Visalo インタビュー。
480 いかにして〜理にかなっていた　Ibid.
482 天地創造神話　Somboon Suksamran, *Buddhism*, p. 104.
482 ユカントン王子　Meyer, *Sourire*, p. 203 での引用。
482 組織的な中傷　共同宣言、Paris, July 1976, Ong Thong Hoeung, *Récit*, pp. 4-6 に再録。
482 その最終目的は〜破壊することとされていた　Picq タイプ原稿、pp. 241; Ong Thong Hoeung, *Récit*, pp. 20-1.
482 人格は〜新しい人間が生まれた　Picq タイプ原稿、pp. 170, 191, 239-41, 307-8, 330.
483 統一協会信者と〜参加者たちに持たせました　Ibid., pp. 95, 119, 125 と 169-70.
483 極限までの弱体化　ポルは 1975 年 9 月に「国家を徐々に減らして、プロレタリアによる工場の自主管理と農民による農業の自主管理に道を譲るよう、いずれは廃止させる」という話をしている（In Sopheap, *Khieu Samphân*, p. 107）. また Picq タイプ原稿、p. 70 も参照。
484「唯一の真の自由」　Picq タイプ原稿、p. 95.
484 敵地の中央　Yi Tan Kim Pho, *Cambodge*, p. 33.
484「時が止まったような」　Ibid., pp. 106-9; De Nike et al., pp. 338-9.
484 かれらは農民のように〜苦痛をもたらすのだ　Yi Tan Kim Pho, *Cambodge*, pp. 65 と 79; Stuart-Fox, *Murderous Revolution*, p. 60.
484 最初の年は　Martin, *Alimentaire*, p. 349. また Yi Tan Kim Pho, *Cambodge*, pp. 74-5; Pin Yathay, *Stay Alive*, pp. 100 と 130 も参照。また深刻な飢餓はシエムリアプでも（Schanberg, *Death and Life*, p. 45）、プレア・ビヘアでも（De Nike et al., p.95）、まちがいなく他の地域でも発生していた。B-1 の Laurence Picq は、1976 年春に初めて飢餓の報告を耳にし（*Horizon*, p. 67）、シアヌークはそれより数ヶ月早く認識していた（*Prisonnier*, pp. 46-7）。
485 女性の月経　Ebihara, Village, p. 57; Yi Tan Kim Pho, *Cambodge*, p. 74; Yathay, *Stay Alive*, p. 50; Kiernan, *Rural Reorganisation*, pp. 47-8. Laurence Picq による

とB-1職員は地方部の平均の2倍の食料をもらっていたが、それですら大幅に足りなかった（*Horizon*, p. 131）。

485 **それでも退去者たちは〜食糧と交換した**　物々交換方式についてはPin Yathay, *Stay Alive*, pp. 88, 102-5と121-2; Stuart-Fox, *Murderous Revolution*, p. 46; Haing Ngor, *Odyssey*, p. 126; Martin, *Alimentaire*, pp. 359-60を参照。

485 **鍬を長いペンとして**　この発想はいろいろと形を変えて繰り返し登場する。Haing Ngor, *Odyssey*, p. 139; Bree Lafreniere, *Music Through the Dark: A Tale of Survival in Cambodia*, University of Hawaii Press, Honolulu, 2000, p. 80; Ponchaud, *Year Zero*, p. 122を参照。

485 **「中国人」**　死者数の規模と死因はかなりの議論がある。Edwards, *Ethnic Chinese*, pp. 140-6.

485 **場所による違い**　Vickery, *Themes*, pp. 110以降を参照。

485 **「多すぎた」**　Chandler et al., *Peang Sophi*, p. 7; またKiernan, *Rural Reorganisation*, p. 52も参照。

485 **五十キロ南のプルサット〜三分の一が死亡した**　Szymusiak, *Stones*, p. 95; Kiernan and Boua, Peas-ants and Politics, p. 354; Pin Yathay, *Stay Alive*, pp. 102, 131-2と140; Schanberg, *Death and Life*, p. 45.

485 **「細い道」**　Pol Pot, *Report*, p. 188.

486 **「確立された規則は存在しなかった」**　Pin Yathay, *Stay Alive*, p. 53.

486 **飢えは〜機能していなかったためだ**　この記述はMartin, *Alimentaire*, 随所、特にpp. 348, 355-6, 359, および*Shattered*, p. 168; Ebihara, Village, p. 56; Yi Tan Kim Pho, *Cambodge*, pp. 78, 147を元にしている。

487 **千五百万か二千万人**　Pol Pot, 中国共産党と中国政府がCPK 17周年記念に開催した晩餐会での演説、日付なしだがおそらく1977/9/28, Doc. 32（N442）/T8336, VA.

487 **指導部も問題を〜言及箇所が多い**　「米の配給は1人1日ミルク缶2つにすべし（中略）不足したらそれは人民の健康に影響し、労働力が減ってしまう」（CPK常任委員会会合議事録、1976/2/28, DC-Cam）。またPol Pot, *Four-Year Plan*（pp. 111-12）も参照。これは配給量を1人あたりミルク缶1.5-3つとしている。こうした文書、特に常任委員会議事録を見たのは10人以下しかおらず、きわめて規制が厳しくてそれ以上の回覧は予定されていなかったことを考えると、ポルが述べた意見は本気のものだっただろうと考えていい。

487 **「（もっとも）重要な〜矛盾が生じる（ことになる）」**　*Tung Padevat*, June 1976; Pol Pot, *Preliminary Explanation*, p. 127.

488 **自由にできる日を〜宣言した**　Pol Pot, *Four-Year Plan*, p. 112. またCriddle and Butt Mam, *Destroy*, p. 158; Pin Yathay, *Stay Alive*, p. 89; Stuart-Fox, *Murderous Revolution*, p. 45; Haing Ngor, *Odyssey*, p. 274; Kiernan, *Rural Reorganisation*, p. 65.

488 **人民を常時働かせる**　Pol Pot, *Preliminary Explanation*, p. 158.

488 **うまく均衡をとろうとした**　Vickery, *Themes*, 随所。

488 **夏の間は止められていた**　Ibid., pp. 109-10と134 n.21; Chandler, *Facing*, p.

212.

488 夜に悪口を言っているところを　Martin, *Shattered*, pp. 167-8 での引用。

489 病的な標語　Chandler et al., *Peang Sophi*, p. 9.

489 脅しめいた対句　Locard, *Petit Livre Rouge*, p. 175. Keng Vannsak は、このフレーズを文字通り理解すべきだと議論している――「人は利益と損失の対象に引き落とされてしまった」(Burchett, *Triangle*, p. 94 での引用)。

489 耕した土地の面積で　Ebihara, *Village*, p. 54.

489 消耗品　Chandler, *Facing*, p. 265 参照。

489 処刑した人々〜リン酸肥料に使われた　De Nike et al., pp. 175-6, 181 and 234; Martin, *Shattered*, p. 195; Yi Tan Kim Pho, *Cambodge*, p. 75; Pin Yathay, *Stay Alive*, p. 84. 310 幹部がその時期を記録している。Picq, *Horizon*, p. 122.

489 公的に匂わされるまで　アンカが少なくとも名目上はマルクス=レーニン主義組織だという公式な認定は1976年9月18日に毛沢東記念式典でのポル・ポト演説でおこなわれた。郊外部の士官たちは、1977年春におおっぴらに共産党の存在について語るようになった(Pin Yathay, *Stay Alive*, p. 175)。

489 全体の三分の一　1976年6月にCPK CCは76年末までに「村や共同体の4割から5割に」党のセルをもうけるよう呼びかけている（'Résolution du CC', Doc. 32（N442）/T8310, VA)。その年末、ポルは5割という目標が達成されたと述べ（Chandler et al., *Pol Pot Plans*, p. 192）、1977年には共同体における党員数をさらに倍増させよと呼びかけた(ibid., p. 203)。

489 一万人以下　ポル自身がファン・バン・バに、1975年には党員が1万4000人いたと述べている(Timothy Carney, 'The Organization of Power', Jackson, *Rendezvous*, p. 95 所収)。しかし別の機会には4万人と述べている(Talk with Khamtan)ので、どちらも信用できない。低めの数字を示唆する要素としては、ポルが1975年4月に、都市人口250万人いるのにプノンペンのCPK組織には党員100人しかいないと発言したことがある(ibid.)。1976年12月には、共同体の半分しか党のセルがないと認めている――つまり1975年にはCPK党員が4000-6000人くらいだということだ(セルを作るには党員2人で十分なため)。また各省にも党員が少ない――1978年にB-1には党員100人しかいなかった(Suong Sikoeun インタビュー)し、情報公共事業省など小さな省庁では、10-20人しかいなかった。そして軍では、カンやメイ・マクのような大隊長ですら貧農や中の下の農家出身ではないために入党を拒否されていることもある。メイ・マクによれば、1975年以前には多くの師団で、下士官は入党が許されていなかったという。こんな状況では1975年にCPK党員数が1万人以下(ハノイ帰還組の生き残りも含む)というのがありそうだ。

490 ブルジョア層　*Tung Padevat*, Aug. 1975, pp. 1-23.

490 サムファンは次のように語っている　Long Visalo インタビューでの引用。

490「啓蒙／啓示」　'Les indications du CC du CPK au sujet de la politique du Parti envers ceux qui ont commis l'erreur de suivre laCIA, de travailler comme agent Vietnamien ou de suivre leKGB, pour agir contre le Parti, la *Révolution* et le Kampuchéa Démocratique', 1978/5/20, Doc. 32（N）/T8176, VA.

491 毎晩伝えられたメッセージ　Stuart-Fox, *Murderous Revolution*, p. 45; また Ponchaud, *Year Zero*, p. 54, および Yi Tan Kim Pho, *Cambodge*, p. 120 も参照。
491 決まり文句　Forest, *Colonialisation sans heurts*, p. 493.
491 同じ場所に区切りを入れて話す　Someth May, *Cambodian Witness*, p. 131.
491「浸透」させ　Picq タイプ原稿、p. 126。仏教の説教の繰り返しの多さについては Walpola Sri Rahula, *What the Buddha Taught*, 改訂版 , Grove Press, New York, 1974, 特に 'The Parable of the Piece of Cloth' と 'The Foundations of Mindfulness'（pp. 106-19）を参照。
491 僧侶のような　CPK 常任委員会会合議事録、1976/6/1, DC-Cam.
491 また、つねに選ばれた〜のせて流れた　Ponchaud, *EFA 13*, pp. 1-3, と *EFA 17*, pp. 1-2.
491 もっとも効果的な道具　Toni Samantha Phim, *Terror and Aesthetics*, Yale University Working Paper GS 06, New Haven, CT, 1998, p. 4 での引用。
491 ポル・ポトにとってのクパップ〜ある女性は記している　Ayres, *Education*, pp. 215-16; Criddle and Butt Mam, *Destroy*, p. 79.
491 非革命敵精神および物質的概念と闘い　プノンペン放送、1976/1/24, BBC SWB FE5117/B/1-2.
492「放棄」だった　Ponchaud, *EFA 17*, pp. 4-5.
492「所有という感覚の放棄」　この引用は Pin Yathay のものだが、これが登場する参照文献は紛失してしまった。
492 言葉の誤った〜置き換えられた　クメール・ルージュ下でのことばの変化については Laurence Picq, 'De la Reforme Linguistique et de l'Usage des Mots chez les Khmers Rouges', *Bulletin de l'ASEMI*, vol. 15, nos. 1-4, 1984, pp. 351-7; Picq タイプ原稿、pp. 57-8; In Sopheap, *Khieu Samphân*, pp. 86-7 と 93; Ponchaud, *Year Zero*, pp. 124-5 を参照。
492 これらの変更を立案したヌオン・チェア　John Marston, 'Metaphors of the Khmer Rouge', Ebihara et al., *Cambodian Culture*, pp. 105-18 所収を参照。Marie Martin は新しい用語の考案に一役買ったのがキュー・ポナリーだとしているが（*Shattered*, p. 161）、わたしが話したほとんどの元クメール・ルージュ士官たちは、それがヌオン・チェアによるものだと考えている。Stephen Heder は、こうした用語の少なくとも一部はトゥー・サムートやソン・ゴク・ミンにさかのぼれると考えている（私信）。もしそうならば、イサラク時代と CPK のイデオロギーとの間には、これまで考えられていたよりはるかに大きな連続性があることになる。
493 ボック・ルック　Sihanouk, *Prisonnier*, pp. 68-9.
493 かれの主張によって　CPK 常任委員会会合議事録、1976/6/1, DC-Cam.
493 ニュースピークの目的は　George Orwell, *1984*, Penguin Books, Harmondsworth, 1970, pp. 45-6.
493 党に仕える子ども　Ibid., p. 56.
494 あまりかかわってはならない　Pol Pot, *Preliminary Explanation*, p. 158.
494 感傷的な愛着　「プロレタリア階級意識を研ぎすまして先鋭かつ強力に保つ」（*Tung Padevat*, Sept.-Oct. 1976）。別の翻訳が Jackson, *Rendezvous*,

Appendix B, p. 274 にある。

494 キュー・サムファンも〜アンカが果たすようになったのだ　Phi Phuon インタビュー、Ebihara, *Revolution and Reformulation*, p. 29. また 'Revolutionary and non-Revolutionary Viewpoints concerning the Building of a Family', *Revolutionary Youths*, Feb. 1974, pp. 21-41 所収も参照。

494 自由選択　ある地域士官の 1977 年ノートからの引用、De Nike et al., p. 387 所収。

494 女性は厳しく〜玩具も同じ扱いだった　Ebihara, *Revolution and Reformulation*, p. 30; Chandler et al., *Peang Sophi*, p. 12; Criddle and Butt Mam, *Destroy*, p. 63; Pin Yathay, *Stay Alive*, p. 48; Picq タイプ原稿、p. 108; *Khieu Samphân*, 'Speech at Anniversary Meeting', 1977/4/15, in BBC SWB FE/5490/C/5.

494『パデワット』　Ponchaud, *Year Zero*, p. 33; Chandler et al., *Peang Sophi*, p. 12.

494 かつて村の生活の中心〜灌漑地で働かされた　Haing Ngor, *Odyssey*, p. 138. クメール・ルージュ政権下の仏教に関する唯一の研究書はわたしの知る限りでは Chhang Song *Buddhism*, で、これは訴追を支持しているが、研究として手法的に怪しい部分がある。わたしは Ponchaud, *Year Zero*, pp. 127-32; Kiernan and Boua, *Peasants and Politics*, pp. 335, 341, 353; Kiernan, *Eastern Zone Massacres*, p. 47; Ebihara, *Village*, p. 55; Sihanouk, *Prisonnier*, p. 73; Martin, *Shattered*, p. 183 を元にしている。

494「特別階級」　Carney, 'Organization of Power', Jackson, *Rendezvous*, p. 100 所収。「特別階級」の概念は明らかに内戦時代からのものだ。1975 年 9 月には中央委員会は、今後カンボジアには階級が「労働者」と「農民」の 2 つしかないことにした。そしてこれまでそれ以外の階級に属していた人々は、どちらかに吸収されなくてはならないと決めた（*Tung Padevat*, Sept.-Oct. 1976, pp. 33-97）。

495 彩りを添え、意味を与えた　Smith, *Interpretive Accounts*, p. 6.

495 キリスト教信者　Ponchaud インタビュー。

495 中国系クメール人　Edwards, *Ethnic Chinese*, pp. 140 以降。言語を指すのにクメール語と言わずにカンプチア語と言う理由については Thiounn Mumm インタビューを参照。

495 チャンパ　Stuart-Fox, *Murderous Revolution*, p. 87; Ponchaud, *Year Zero*, p. 132-3; David R. Hawk, 'International Human Rights Law and Democratic Kampuchea', Ablin and Hood, *Agony*, pp. 127-9 所収。チャンパの歴史については Paul Mus, 'Cultes Indiens et Indigènes au Champa', *Bulletin de l'Ecole Française d'Extrême Orient*, vol. 33, pp. 367-410 を参照。

495「この集団をある程度解体する」　Kiernan, *How Pol Pot*, p. 408 n.361.

495 十五万人のチャム族　Dossier L01045, 1975/11/30 では、東部地域の幹部がポルに「分散戦略」が北部と北西地域の指導者によって妨害されている、かれらが「イスラム村民を受け入れようとしないから」とこぼしている（DC-Cam）。また Stuart-Fox, *Murderous Revolution*, p. 87, および Kiernan, *Eastern Zone Massacres*, pp. 39-41 も参照。もちろんこの「分散」自体が人種差別主義の一種だという議論はできる。だがこの場合にはアメリカで人

種分離阻止のためにスクールバスを使うといった政策まで同じラベルを貼る必要が出てくる。これまたひとつの人種の生徒たちを他の人種の生徒に分散するという方式なのだから。

495 人種差別ではなかった　Serge Thion はこの論点を 'Genocide as a Political Commodity', Kiernan, *Genocide and Democracy*, pp. 171-2 所収で上手に表現している。

495「全員が身長一メートル六十センチ」　Mey Mann インタビュー。

495 眼鏡をかけている人　この詳細情報は Michael Vickery のおかげである。

496 多いという確証はない　チャム族の死亡率が極度に高いという議論とそれに対する否定論は Ben Kiernan, 'Orphans of Genocide: the Cham Muslims of Kampuchea under Pol Pot', *BCAS*, vol. 20, no. 4, 1988, pp. 2-33 と vol. 22, no. 2, 1990, pp. 35-40; および Michael Vickery, 'Comments on Cham Population Figures', ibid., vol. 22, no. 2, 1990 pp. 31-4 がおこなっている。わたしは Vickery の数字のほうが信用できると考える。

496 カンプチア人　Martin, *Shattered*, p. 210; Sihanouk, *War and Hope*, pp. 155-6.

496 同じ言葉　Ponchaud, *Year Zero*, p. 126.

496 アメリカではない　*Prasso*, p. 4. 同じ精神で、サムファンが 1960 年代に教鞭をとっていた頃、生徒の 1 人、ポンディチェリからのインド人少女がカンボジアに残って「インドに帰らない」のでふしぎに思ったという（この小話は Henri Locard に教えてもらった）。同様に、わたしがインタビューを持ちかけたとき、なぜイギリス人のわたしがフランスに住みたがるのか、かれには理解できなかった。

496「つらくなかった」　Vann Nath, *Portrait*, p. 24. また Smith, *Interpretive Accounts*, p. 5; Ben Kiernan, 'Letter to the Editor of The Times', 1977/8/11, *JCA*, vol. 7, 1977, p. 547 で引用されている *Peang Sophi* の、1975-6 年のカンボジア労働条件は自分のメルボルン工場よりましだという発言も参照。

496 トマルプオク　Kiernan, *Rural Reorganisation*, p. 43.

497 東部では　Kiernan, *Eastern Zone Massacres*, pp. 15 と 22; Haing Ngor, *Odyssey*, p. 145.

497 通常は批判的な関係者～淡々と話している　Pin Yathay, *Stay Alive*, p. 47; Stuart-Fox, *Murderous Revolution*, p. 46; Haing Ngor, *Odyssey*, p. 269; Ponchaud, *Year Zero*, p. 183, *Cathédrale*, pp. 236-7; Edwards, *Ethnic Chinese*, p. 145.

497 涅槃　Migot, *Les Khmers*, p. 55.

497 個人主義の発散　Ebihara, *Village*, p. 55.

497 笑うことや歌うこと　Kiernan, *Rural Reorganization*, pp. 57 と 66. また Criddle and Butt Mam, *Destroy*, p. 64; および Stanic, *Without a Model*, p. 75 を参照。

498 処刑されたと伝えられ　Ping Sây インタビュー。S-21（ツールスレン監獄）での尋問官はノートにこう記述している――「軽蔑すべきフー・ユオンは 1975 年 8 月に宣告された」（Dossier D00512, DC-Cam）。S-21 長官ドッチは、フー・ユオンら知識人たちは 1977 年 5 月に CIA の手先であることが判明したと書いている（Jackson, *Rendezvous*, p. 302）。1978 年末のユオンの非公式な再教育については Picq タイプ原稿、p. 331 を参照。In Sopheap と

Suong Sikoeun（インタビュー）はどちらも、ポル・ポトがフー・ユオンについて話すときに「同志」と呼んでいたと述べている。

499 **保護専門家**　これは非常に早い時期におこなわれた。フランス大使館は1972年2月15日に、かれらが「コンポン・クデイで（中略）存命中だと報告」されたと記している（Serre to MAE, 電報 Nos. 178-9, c. A-O-1965-78 135, QD）。Long Nârin はかれらが1978年末にまだバコンにいたと述べている（インタビュー）。

## 第十章　世界のお手本

頁

500 **失脚させるつもりかな？**　Khieu Samphân, Ieng Sary, Sihanouk, Penn Nouth と毛沢東との会談録、1974/4/2, 中国共産党中央文書館、北京。

501 **「帰国後のシアヌークの扱い」**　この会合にはキュー・サムファンも出席したが、8月16日に周恩来がガンの治療を受けている病院でおこなわれた（中国の歴史家との私信）。3日後にサムファンも平壌に飛んで、シアヌークに終身大統領の地位を提案した。

501 **それでようやく**　これが一番もっともらしい解釈だと思える。というのも、サリン・チャクとティウン・プラシットが6月に北京から平壌に赴いてカンボジアに戻ってくれと頼んだときにかれは拒否しているからだ（Jennar, *Clés*, p. 77）。たぶん自分の役割がきちんと決められていないことを理由にしたのだろう。シアヌークはこの件について回想記では触れていないが、ニュース会見（1975/10/17）で、プノンペンに戻るという自分の決定が「中国と周恩来閣下に対する配慮」に基づくものだと述べている（Ponchaud, *Year Zero*, p. 172 での引用）。

501 **田畑で鍬を～一点しかない**　Sihanouk, Penn Nouth, *Khieu Samphân*, Khieu Thirith と毛沢東との会談録、1975/8/27, 中国共産党中央文書館、北京。シアヌークによれば（*Calice*, Part 2, Ch. 1, p. 3）、金日成もまたカンボジア人たちに対し、シアヌークの帰国問題を提起している。

501 **九月九日に～見守っていた**　シアヌーク帰国の詳細についてはBBC SWB FE5004/A3/1-2, FE5005/B/1-2 と FE5008/B/2-3; Phi Phuon インタビューを参照。

501 **王宮の掃除**　Long Nârin インタビュー。

501 **奇妙な集まり～長くは続かなかった**　断りがない限り、以下の記述は Sihanouk, *Prisonnier*, pp. 23-5 に基づく。

501 **兵站部**　Ibid., p. 48; Long Nârin インタビュー。

502 **チョルン・ヘイ**　Ping Sây インタビュー。

502 **犬のために**　Long Nârin インタビュー。

502 **コサマク妃の葬儀**　Thion, *Pattern*, p. 155.

502 **（ポル・ポトやヌオン・チェアを除く）**　Long Nârin インタビュー。

502 **総立ちで喝采**　Sihanouk, *Prisonnier*, p. 16; Ponchaud, *Year Zero*, p. 172.

502 **六週間かけて**　かれは11月15日に北京を発ち、イラク、シリア、スーダン、

北イエメン、タンザニア、ウガンダ、ソマリア、ユーゴスラビア、アルバニア、ルーマニア、パキスタンを公式訪問した後に12月26日に北京に戻った。同行したロン・ナリンは、道中の最低の瞬間がウガンダで、イディ・アミン大統領が一同をビクトリア湖の船旅に連れだして、シアヌークに舵を任せた時だったと述べている。「これはあまりよい思いつきではなかった」とのこと。

502 国連で演説を〜警告した　Sihanouk, *Prisonnier*, pp. 16-17, 25-7, 90. 殿下は10月15-30日に平壌に滞在した。西側通信社が側近の打ち明け話を配信したのは、10月半ば以降だった（たとえばAFP 10/17）。だからキュー・サムファンの手紙は、おそらく10月最後の10日間に届いたのだろう。

503 不安を見せないよう　Ong Thong Hoeung, *Récit*, p. 9.

503 まだ誠実で〜外国にとどまることを選んだ　Osborne, *Prince of Light*, p. 230. またヨーロッパで12月におこなわれたかれの家族との類似議論に関する記述はSihanouk, *Prisonnier*, pp. 17-18を参照。

503「王国」を取って　BBC SWB FE5048/A3/1 of 11/1; FE5090/A3/1-3でのプノンペン放送1975/12/18の引用。

503 かれらは新しい憲法が〜知らせていなかった　Sihanouk, *Prisonnier*, pp. 18-19. Isoup Ganthy（自白調書、1976/10/3）は1975年11月末にストックホルムのFUNC代表部を閉鎖しろと言われた。Sien An（自白調書、1977/2/25）はハノイからプノンペンに1975年12月13日に戻った。「訓練」期間についてはHuot Sambath（自白調書、1976/9/10-12/1）を参照。

503 それでもシアヌークは〜ばかげて見えたにちがいない　Sihanouk, *Prisonnier*, pp. 18-19.

504 切実に感じていた　Ibid., pp. 15, 17.

504 一九七六年の一月五日〜立ち返ったものだった　Sihanouk, *Calice, Part 2*, Ch. 2, p. 10. また David P. Chandler, 'The Constitution of Democratic Kampuchea（*Cambodia*）: The Semantics of Revolutionary Change', *Pacific Affairs*, vol. 49, no. 3, Fall 1976, pp. 506-15; Hamad Abdul Aziz Al Aiya, 'Modern Kampuchea', in *News from Kampuchea*, vol. 1 no. 4, Oct. 1977, pp. 35-6; Sihanouk, *War and Hope*, p. 155も参照。

504 ポル・ポトは民主主義〜論じていた　In Sopheap, *Khieu Samphân*, p. 103 n.1での引用。

504 急進的な声明文　Chandler, 'Constitution of Democratic Kampuchea', supra.

505 もう一つの重要な役割〜呼び出せないのだった　プノンペン駐在大使館の数は最低が7つ、最高は1977年半ばの9つだった（Ponchaud, *Year Zero*, p. 33; Stanic, *Without a Model*, pp. 72-3; Sihanouk, *Prisonnier*, pp. 205-6; PolitikaのDrago Rancicとの会話、1978, 北京）。

506 外交団は　「党書記による閣議演説」、1976/4/22, Dossier D695, DC-Cam収録。

506 外交筋の目には〜いったん止められた　Hu Nim自白調書、Chandler et al., *Pol Pot Plans*, p. 280所収、Thiounn Mummインタビュー、Chou Chet自白調書、1978/5/20.

506 一九七五年の後半からは　1975/11/26付け東部地域党委員会の旅行制限に

関する回覧を参照 DC-Cam.

506 **ひどく驚いた〜見受けられることが多い** Sihanouk, *Prisonnier*, pp. 41, 66, 70; また pp. 32-3 も参照。

507 **貸し続けるべきか** Osborne, *Prince of Light*, p. 232.

507 **回顧録** Sihanouk, *Prisonnier*, pp. 82, 85.

507 **かれは迷っていた** 2月3日にキューバ大使代理のために晩餐会を開いてから、2月25日に訪問大使代表団に会うまで、シアヌークの公務は報告されていない。北西部旅行はどうやらこのときにおこなわれたようだ。戻ったのが2月24日で手紙がキュー・サムファンのもとに3月10日（または11日朝）に着いたら、かれは自分の行動を思案するのに少なくとも2週間あったことになる。

507 **ペン・ヌートは** Sihanouk, *Prisonnier*, pp. 86 and 97-8.

507 **だがシアヌークは〜疑問を抱かせたのだ** Ibid., pp. 88-9; CPK 常任委員会議事録、1976/3/11, Dossier D7562, DC-Cam. シアヌークは特にビエンチャンへの大使メアク・トウクの派遣に言及している。かれが着任のために到着したことは3月6日にプノンペン放送で報道されている。このタイミングは、確実ではないにしても、大使任命状発行が重要な要素だったという見方を支持するものだ。

507 **三月十日に** 3月初旬には常任委員会はほとんど毎日会合を開いていた。3月11日会合議事録（Dossier D7562, supra）を見るとシアヌークの辞任状は着いたばかりだったようだ。かれは非公式に、3月8日モーリタニア大使の晩餐で辞任の希望を語っている（ibid. および BBC SWB FE5154/A3/1）が、この時点では辞任状はまだ送られていない。

507 **翌日ポル・ポトは〜かれは警告した** 断りのない限り、3月11日と13日の常任委員会の記録は Dossier D7562, supra からのものである。

508 **説得を命じられたが** Sihanouk, *Prisonnier*, p. 98 も参照。

508 **信頼できないとみなした** こうした発言は1976年3月30日の常任委員会会合でおこなわれた（Doc. 32［N442］/T8322, VA: Dossier D693, at DC-Cam）。この版はクメール語の記録には含まれていない細部が記述されている。

508 **第二の代表団** Sihanouk, *Prisonnier*, pp. 101-4.

508 **四月二日の朝** Ponchaud, *Year Zero*, p. 173.

509 **寛大に扱われていた親戚ら〜役割を務めた** Sihanouk, *Prisonnier*, pp. 110-11, 142, 145-9.

509 **拒否したようだ** Phi Phuon は1975年夏以降は外務省で安全保障担当長だったが、2001年のインタビューで、シアヌークが1976年の辞任後も王宮の外に旅行を続けていたと主張している——「わたしはかれの1973年の『解放区』旅行以来のつきあいなんですよ。3年にわたる民主カンプチア時代に、わたしはかれの旅にすべて同行しています。毎月どこかに出かけるんですよ——コンポンソム、シエムリアプ、アンコール、ネアク・ルオン、コンポンチャム、ケップと、辞任後も旅行してましたよ。毎月。われわれがかれを投獄したとか言われますがね、そうじゃないのはわたしがよく知ってます。一緒にいたんですから。自分でかれに同行したんですよ、いと

こと警護担当と一緒に（中略）ソバン（1977年4月にチョルン・ハイの後を継いだ）もいましたよ（中略）でもいまはみんな死んでしまった」。

*Prisonnier des Khmers Rouges* でシアヌークは、キュー・サムファンが1976年11月にカンダル地方の旅行に招いたことを認めているが、その招待は断ったという（p. 140）。同書で何度かかれは、1976年2月から78年1月にかけて各地方を旅行したことを暗黙に否定している。だがその記述はしばしば矛盾している。たとえば「1976年4月から77年末にかけて、キュー・サムファンはわたしに会おうとしなかった」（p. 160）と書きながら、その直前では1976年8月や11月のサムファンとの会合について長々と書いている（pp. 125-8 と 140-2）。

全体として見ると、Phi Phuon が勘違いをしていて、シアヌークがその期間中は王宮に監禁されていたというのがありそうだ。だがシアヌークは常に自分の苦労を大幅に誇張しているので、一抹の疑いは残る。

509 王宮の外との接触は～治療を受けることはできた　Sihanouk, *Prisonnier*, pp. 155, 160, 169 and 259; *Sereika*, no. 28, Feb. 1979, p. 8.

509「偉大な愛国者」　BBC SWB FE5178/B/1-4, ラジオ・プノンペン 1976/4/5 の引用。

510「王太子」　Thiounn Thioeunn インタビュー。

510 かれにとってキュー・サムファンは～狭量な人物だった　Schier, *Sihanouk*, p. 29; Pol Pot, Talk with Khamtan; Suong Sikoeun インタビュー。Pol Pot, 9/27 演説、In Sopheap, *Khieu Samphân*, pp. 120-1.

510 ペン・ヌート　3/30 CPK 常任委員会議事録（Dossier D693, DC-Cam）参照。ここでペン・ヌートは第1副大統領となった。かれは東部地域書記ソー・ピムに取って代わられた。ソー・ピムはもともとヌオン・チェアの副官として国会下院の常任委員会副議長になるはずだった（CPK 常任委員会会合議事録 1976/3/30, Doc. 32（N442）/T8322, VA）。

510 不都合もあったとはいえ～われわれをおいて他にない　1976/3/11, 3/13 の CPK 常任委員会会合議事録（Dossier D7562）、「党書記の閣議演説」1976/4/22（Dossier D695), DC-Cam.

511 二月の時点で In February... only himself　Doc. 32（N442）/T8322, supra.

511 架空の経歴　*Far Eastern Economic Review*, 1976年6月25日。これはときどき指摘されるような、一ジャーナリストのまちがいではない。カンボジアは政権崩壊まで、ポル・ポトというのがサロト・サルであることを否定し続けていた。Y Phandara は1978年春に、中国への大使ピク・チュアンからサロト・サルが「戦争中に死んだ」と聞かされた。当時の中国側官僚も同じことを述べていた。

511 ラト・サムーンの偽名ではないか　Debré, *Révolution*, p. 78.

511 サルだと知って驚いた　Nghet Chhopininto, Saloth Nhep, Saloth Suong インタビュー。

511「解放」を終えたいまでも～秘密をすべての基本としている　Nuon Chea, *Statement*, p. 27.

512 仏教経典　Adhémard Leclère, *Le Bouddhisme au Cambodge*, Leroux, Paris,

1899, pp. 516-17. また Thion, *Pattern*, p. 152 も参照。

512 党指導部　ポルはタイ共産党に対し「重要な点は指導層の中核を持つことだ。農民や人民は結構だが、指導者なしには無為にもがくばかりだ（中略）指導力こそが重要だ」（Talk with Khamtan）。これをかれは1978年9月に公式にも繰り返している——「われらが勝利の要点は党の指導力からきている」（BBC SWB FE/5390/C/1）。

512 党員を失っても〜できなくなってしまう　Nuon Chea, *Statement*, p. 31.

512 中間層や責任のピラミッドは存在しない　In Sopheap インタビュー。

513 いつも人当たりがよかった　Ieng Sary インタビュー。

513「かれは誘惑する」　Sihanouk, *Prisonnier*, p. 320.

513 とても人好きのする　Kong Duong インタビュー。

513 寓話　Mey Mak インタビュー。

514 性格が複雑であること　Ieng Sary インタビュー。

514（ポル・ポトは）採用した原則を〜失墜の前兆だった　Vandy Kaonn, *Cambodge*, p. 137; Chou Chet 自白調書、1978/5/20.

514 疑惑の種　いささか極端な比較と思えるかもしれないが、1970年代にわたしは別のところで、同じく残虐な歴史を持つ国の指導者が、同じく病的な疑い深さを示すところを2年間にわたって間近に目にすることになった。それはウガンダのイディ・アミンだった。囚人のペニスを切り取ってその口につっこむ——「葉巻吸い」と呼ばれた——といった、クメール・ルージュのものとされる不快な行為に初めてお目にかかったのは、カンボジアではなく1972年のウガンダ・タンザニア国境でのことだった。アミンの場合も、いったん疑惑の種がまかれると、それが育つのは止められなかった。

514 農業の機械化　Pol Pot,「（西部）地域集会における党組織同志代表に関する基調見解」*Tung Padevat*, June 1976, pp. 14-65. また Hu Nim 自白調書、1977/5/28, Chandler et al., *Pol Pot Plans*, pp. 290 と 314 所収も参照。

514「まちがった矛盾」　Pol Pot, *Report*, p. 207.

515「新人民」「新人民」があてにならないことについては、党の16周年記念での発言を参照——「新人民は（中略）容易には変われない。（中略）変わろうとする者もいるが、多くは死んでも変わりたがらず、絶え間なく共産主義者に反抗せよと子どもたちに言い聞かせるだろう」（*Tung Padevat*, Sept.-Oct. 1976, pp. 33-97）。かれらを敵として扱わないことの重要性については Pol Pot, *Report*, p. 207 を参照。

515 シアヌークのように〜すべてを独占したかったのだ　Suong Sikoeun インタビュー。フン・センによるチェア・シムの演説修正については Chhang Song インタビュー。

516 かれはみごとな忍耐をもって　In Sopheap, *Khieu Samphân*, pp. 95-6; 引用は短縮してあるものの意味は変えていない。ポルとの会合に出席した自身の経験から似たような証言をしている Sopheap は、1975年以降には本当の意見交換はほとんどなかったと述べている（インタビュー）。

516 弔辞を読んだ　Dossier L01449,「大隊および独立師団の書記および次席書

記会合議事録」1976/9/16, DC-Cam.

516 ポル・ポトは自分の思想について　In Sopheap インタビュー。

517「想像とは違っていた」～扇子を持っていた　Becker, *When the War*, pp. 424-5; In Sopheap インタビュー。隣国ラオスにおいて僧侶たちの儀式用扇子がいかに重要なものかは Martin Stuart-Fox, *Buddhist Kingdom, Marxist State*, White Lotus, Bangkok, 1996, p. 80 を参照。

517 毛沢東の後継者　これは鄧小平が 1978 年秋にポル・ポトと会ったとき（Pich Chheang インタビュー）と 1979 年 1 月のイエン・サリとの会談（In Sopheap インタビューと 'La collection du courrier et de télégrammes avec les autorités chinoises et thailandaises après le jour de libération le 7 janvier 1979', Doc.（N422）/T10.622, VA）におこなった発言から推測できる。また、1978 年 12 月に北京でおこなわれた CPC CC 第 3 次総会の非公開セッションでの、カンボジア政策批判からもうかがえる。Nayan Chanda は香港の拠点から民主カンプチアを観察していたが、1976 年末から中国が落胆している兆候を見取っていた（*Brother Enemy*, pp. 78-80）。

517 現実論は苦手だった　この点は Serge Thion（'Despote a Vendre', `*Temps Modernes*, vol. 35, Jan.-Mar. 1980 所収、特に pp. 1259-62), David Chandler（'Seeing Red: Perceptions of *Cambodia*n *History* in Democratic Kampuchea', Chandler and Kiernan, *Aftermath*, 所収、特に pp. 34-5 and 44-51）および Kate Frieson, 'The Political Nature of Democratic Kampuchea', *Pacific Affairs*, vol. 61, no. 3, Fall 1988 所収、pp. 407, 416, 426 で議論されている。

518 全世界を　「カンプチア共産党のすばらしき革命的空軍に長久を」 *Tung Padevat*, Aug. 1975.

518 純粋さの孤島であり～われわれから学ぶのだ　Pol Pot, *Report*, p. 188;'Extraits de quelques textes du Bureau 870', Doc. 32（N422）/T8318, VA. ポル自身がこの表現で公式に中国を批判したことはないが、1976 年 8 月の内輪の党会合で、前年の夏に毛沢東に言われたこと――中国が「資本家のいない資本主義の国だ」ということ――をパラフレーズして、中国と北朝鮮は「社会主義を基盤としてはいるが、資本主義的な枠組みの点で曇りがないわけではない」と述べている（*Four-Year Plan*, p. 107）。こうした見方は、ポルが 1977 年 9 月の訪中で毛沢東に敬意を表したことがラジオ・プノンペンで再放送されなかった理由として理解できる（Chandler, *Seeing Red*, p. 45）。

519 貨幣の不使用～勝利をおさめる」と宣言した　'Extraits de quelques textes du Bureau 870', supra; Henri Locard 無題タイプ原稿、p. 11; Chandler, *Facing*, p. 231.

519 カンボジアを見習おう　ポルは 1976 年 12 月に CPK が他のマルクス＝レーニン主義党と「友情を広げる」話をしている（*Report*, pp. 208-9）。9 ヶ月後、かれは中国主席華国峰に、CPK がビルマ、インドネシア、マレーシア、タイの共産党と連帯したことが「大いなる政治的勝利」であり、「東南アジアの革命が精力的に進む」という希望を述べている（北京会談議事録 1977/9/29, Doc. 32（N442）/T8300, VA）。他のところでは「全世界の革命勢力との連帯」をうながしている（Talk with Khamtan）。

519 日の出の勢い　Lee Kwan Yew『回顧録』原書、p. 269.
519 招致している　CPKのビルマやインドネシアの共産党との関係については 'Rapport des entretiens entre le PCK avec l'Indonésie, la Birmanie et la Malaisie à Pékin', Oct. 8 1977, 無番 Doc., VA（唯一の入手できる文書では、マレーシア共産党との接触の詳細部分が欠けている）を参照。タイとの関係については Pol Pot, Talk with Khamtan, および with Fretilin, *News from Kampuchea*, vol. 1 no. 2, June 1977, p. 5, と vol. 1 no. 4, Oct. 1977, pp. 40-9 を参照。CPKはまたフィリピン共産党とも手紙で接触していた（Doc. 3KN/T8323, Oct. 20 1977）が、対面会談があったかどうかは明らかでない。
519 軍事訓練　Suong Sikoeun インタビュー。
520「力を増している」　David Morell and Chai-anan Samudavanija, 'Thailand's Revolutionary In-surgency: Changes in Leadership Potential', *Asian Survey*, vol. 19, no. 4, Apr. 1979, p. 332. また Kanok Wongtranan, 'The Revolutionary Strategy of the Communist Party of Thailand: Change and Persistence', Lim Joo-jock and S. Vani（eds.）, *Armed Communist Movements in South-East Asia*, Institute of South-East Asian Studies, Singapore, 1984, pp. 134-6 所収も参照。これは1977-78年、著者に言わせると「活動の絶頂期」におけるCPT軍の成長継続を示す。また Somboon Suksamran, *Buddhism and Politics in Thailand*, Institute of South-East Asian Studies, Singapore, 1982, pp. 165-6もまた「過激な変化の波の進捗」がタイの社会構造を回復できないほど弱体化させたと述べている。
520 他にない重要性　Morris, *Why Vietnam*, p. 11.
520「前例のない革命」　Ieng Sary, *Der Spiegel* インタビュー、1977/5/2.
520（われわれの）新たな社会～どんな本にも頼らない　Pol Pot, *Yugoslav* インタビュー、*Four-Year Plan*, pp. 46, 49.
520「われわれはこれまで～実践的に闘争をおこなった」　Ieng Sary, *Der Spiegel* インタビュー、supra; *News from Kampuchea*, vol. 1, no. 4, Oct. 1977, p. 35.
520 一部の（外国の）同志たち　Pol Pot, Talk with Khamtan. かれはカムタン自身の党員が念頭にあったのかもしれない。David Chandler はタイの共産主義者たちがクメール・ルージュについてこう言っているのを聞いている――「かれらのマルクス主義や社会主義や階級分析の理解はひどいもんだ」、「あれは要するに、ただの虐げられた連中の革命でしかないね」（*Tragedy*, p. 280）。
521 視点を取り入れた　Pol Pot, *Report*, p. 202.
521 本で学んだ　たとえば 'Extraits de quelques textes du Bureau 870', supra; *Revolutionary Youths*, Aug.-Sept. 1974（弁証法的唯物論について）, *Tung Padevat*, Sept.-Oct. 1976, pp. 33-97 などを参照。この最後の記事についてはおもしろい議論があり、スターリン主義的な弁証法理解がゆがめられてCPKのイデオロギー的目的にあうようにされていることが示されている。この議論は Ben Kiernan, 'Kampuchea and Stalinism', Colin Mackerras and Nick Knight, *Marxism in Asia*, Croom Helm, London, 1985, pp. 234-40 にある。
521 一九七五年までに　Frieson, 'Political Nature of Democratic Kampuchea' supra,

pp. 407-9; また Pol Pot, Talk with Khamtan も参照。

521 国防にたけ　ラジオ・プノンペン、Frieson, supra, p. 414 での引用。また p. 410 も参照。

521 酷評した　Frieson, supra, pp. 417-19; Vickery, *Cambodia*, Ch. 5, 特に pp. 299-306.

521 前年の春に～ポル・ポト自身も認めていた　CPK 常任委員会議事録、1976/2/28, 3/8, DC-Cam; Hu Nim 自白調書、1977/5/28, Chandler et al., *Pol Pot Plans*, pp. 305-7 所収。

522 複数の候補者　Sihanouk, *Prisonnier*, p. 99.

522「新人民」　Thiounn Maly インタビュー、Stuart-Fox, *Murderous Revolution*, p. 70; Kenneth Quinn, *Asian Survey*, vol. 17, no. 1, Jan. 1977, pp. 44-5; Kiernan and Boua, *Peasants and Politics*, pp. 348, 355.

522 公的な集会のほとんどについて　この 3 会合すべての議長だったはずの Khieu Samphân は、どれにも出席した記憶がない（インタビュー）。会合後に発表されたコミュニケについては BBC SWB FE4842/A3/1-4（1975/2/28）; FE4890/A3/1-2（1975/4/29）と FE5086/B/1-2（1975/12/16）を参照。

522 司法すら　新政府では、司法大臣としてノロドム・プリサラを引き継いでカン・チャプが任命されたと発表された。クメール・ルージュ時代すべてを通じて、憲法以外には法律はひとつも施行されず、裁判官が任命されたこともなく、裁判が開かれたことも 1 度もなかった。

522 二度開かれるはずの議会　ポルは 1976 年 2 月 28 日常任委員会で、議会は「年に 1 度か 2 度、特別な機会に集まればいい」と述べた（*Minutes*, supra）。

522 閣議は停止　Thiounn Thioeunn インタビュー。招集されたことがわかっているたった 2 つの会議は、1976 年 4 月 22 日と 5 月 31 日に開かれた（Dossiers D695 and D705, DC-Cam）。4 月の会議でポルは、大臣たちが毎月 1 日は顔をあわせるべきだと提案した。

522 大臣の職　1976 年 4 月以降に正式に更迭された閣僚は 2 人しかいない。コイ・トゥオン（商務相）はドゥーンに代わられたが、ドゥーンもすぐにクビになった。もう 1 人はフー・ニム（情報相）で、その役職はユン・ヤットが引き継いだ。1978 年 12 月には大臣職 8 つが空席となっていた――農業、商務、経済、産業、司法、公共事業、ゴム農園、運輸である。さらに名目上は首相官邸担当大臣だったキート・チョンは、実際には 1 度もその役職に就かず、外務省でイエン・サリの副官を務めていた。

522 協同体　「協同体運動の勝利に向けたさらなる 1 歩」*Tung Padevat*, pp. 71-8.

523 十月に常任委員会は　「協同体生産を強化拡張し（中略）1976 年に 3 トン / ヘクタールを実現する」*Tung Padevat*, Oct.-Nov. 1975, pp. 54-9. 常任委員会は 1975 年 10 月 1-5 日に集まり、「カンボジアの政治社会状況」について議論した（Doc. 32（N442）/T8314, VA）。全文はないものの、協同体を拡大して共同食事を導入することが決定されたのはこの会議だったようだ。こうした議題は 1975 年末の中央委員会セミナーや 1976 年 1 月の CPK 第 4 回総会でも議論されたはずだが、これらの会議からの文書はまったく残っていない。

523 共同調理場〜十二月から施行された　Pin Yathay, *Stay Alive*, pp. 110, 112; Kiernan and Boua, *Peasants and Politics*, p. 360; Someth May, *Cambodian Witness*, p. 148; Kiernan, *Eastern Zone Massacres*, p. 32; Szymusiak, *Stones*, pp. 89-90.

523 その他の地域　Kiernan, *Eastern Zone Massacres*, pp. 34-5, 89.

523 何ヶ月もずれる　Criddle and Butt Mam, *Destroy*, p. 61.

523 理論上は〜感じなかった人々もあった　Becker, *When the War*, p. 172; Picq タイプ原稿、pp. 53-4; Kiernan, *Chinese*, p. 26.

523 特に女性は　Ebihara, *Revolution and Reformulation*, pp. 28, 30.

523「基幹民」は〜木材に使われた　Pin Yathay, *Stay Alive*, p. 106; Kiernan, *Eastern Zone Massacres*, pp. 34-5, 68, 70, および *Rural Reorganization*, pp. 41, 44; Yi Tan Kim Pho, *Cambodge*, p. 120; Stuart-Fox, *Murderous Revolution*, p. 83.

524 厳しく批判したかもしれない　*Revolutionary Youths*, July 1976, pp. 17-31 と Nov. 1976, pp. 1-15. ポルやヌオン・チェアは両党雑誌の記事を自らすべて確認していたので、それはかれらの考えを反映していると理解していい。CPK 創設 16 周年記念演説で、ポルはまた「権力保持者の公式な層」が台頭する危険について語っている（*Tung Padevat*, Sept.-Oct. 1976, pp. 1-32）。

524 地方では権力者たち　Martin, *Shattered*, p. 168; Kiernan, *Rural Reorganization*, p. 57. 兵士たちは「無制限の米」をもらえた（Szymusiak, *Stones*, p. 91; Haing Ngor, *Odyssey*, p. 231; Kan インタビュー）。

524 鉄道員　Haing Ngor, *Odyssey*, p. 319; Ong Thong Hoeung, *Récit*, p. 30.

524 外務省の高官たち〜空手ですますことはなかったのです　Suong Sikoeun インタビュー、Picq タイプ原稿、pp. 59-61, 78, 86.

525 過去最高の食事　Thiounn Mumm インタビュー。

525 西洋梨　Ping Sây インタビュー。

525 日本製のビスケット〜スイス・チーズだった　Sihanouk, *Prisonnier*, pp. 290, 292-3. また Martin, *Alimentaire*, pp. 354-5, 358 も参照。

525 当時の写真〜赤ら顔になっていた。　たとえば *Searching for the Truth*, no. 1, Jan. 2000 表紙写真、Picq タイプ原稿、p. 246 を参照。

526 狩猟採集は〜処分を許可しなかった　Martin, *Alimentaire*, p. 360; Yi Tan Kim Pho, *Cambodge*, p.

526 許可なくヤシの実を〜触るのを禁じた　Ong Thong Hoeung, *Récit*, p. 78; Picq タイプ原稿、p. 48; Martin, *Alimentaire*, pp. 356, 361-2; Thiounn Mumm インタビュー。

526 七歳以上の子どもら　Kiernan, *Rural Reorganization*, p. 85; Kiernan and Boua, *Peasants and Politics*, p. 342; Ebihara, *Revolution and Reformulation*, p. 29.

526 その権利もやはり　Pin Yathay, *Stay Alive*, p. 103; Martin, *Shattered*, p. 197. また子どもに対する伝統的なクメール村落の態度については Martin, *Khmers Daeum*, p. 156; また上部座仏教社会における家族内関係については Phillips, *Social Contact*, pp. 361-6. どちらもカンボジアでは共同体全体として子どもを育てるという習慣が確立した社会的根拠を持つことを示している。

526「家族主義」　Pol Pot, Study Session, Chandler et al., *Pol Pot Plans*, p. 176 所収。

526 イエン・サリは〜読経させることを許可した　Thion, *Pattern*, pp. 158-9; Becker, *When the War*, p. 171; Nikân インタビュー。Thiounn Thioeunn（インタビュー）はサリの娘たちの医学的な技能についてぼろくその評価をしている。
526 突然われわれの運転手が　Sihanouk, *Prisonnier*, p. 263.
527 義母だったのだ　これはあくまで推定だが、キュー夫人はシアヌークの描写にあてはまる（Ong Thong Hoeung, *Récit*, p. 3 参照）。唯一ちがうのは、彼女が当時殿下の思ったような 60 代ではなく 70 代後半だったということだ。シアヌークは謎の乗客がキュー・ポナリーではなかったと断言していたし、ポナリーとは実際に会っていた。だからこれほど例外的な扱いを受けるべき人物は他に考えられない。
527 それほど身分の高くない　Yi Tan Kim Pho, *Cambodge*, p. 81; Pin Yathay, *Stay Alive*, p. 65.
527 数メートルの距離　Ong Thong Hoeung, *Récit*, p. 13.
527 不道徳行為　Kiernan, *Rural Reorganization*, p. 56.
527 映画スター　Hu Nim 自白調書、May 28 1977, in Chandler et al., *Pol Pot Plans*, p. 280; Someth May, *Cambodian Witness*, p. 167.
527 ティブ・オルは〜無視できないと主張したのだった　Hu Nim 自白調書、pp. 281-3.
527 秘密の娼家　Thiounn Thioeunn インタビュー。
528 過度の単純化　狩猟採集を禁止する中央文書は発見されていないが、イエン・サリの態度と、Laurence Picq が B-1 で見かけた習慣はこの点で示唆的である（タイプ原稿、随所）。
528 ポル・ポトが生活水準を〜再燃することだった　Pol Pot, *Four-Year Plan*, pp. 111-12; *Preliminary Explanation*, pp. 156-7, 159; Study Session, p. 175.
528 詳細な報告　「東部地域議会報告、1977/7/17」 Doc. 32（N442）/T8294, VA は「人民が飢え苦しみ、党への信頼を失う」危険性について語っている。また '*Khmer Rouge* Communications File', DC-Cam 所収の地域の経済状況に関する定期電報も参照。1976 年半ばには、プノンペンの外務省でさえ食糧供給が低下しつつあった。同年暮れにはローレンス・ピックをはじめとする省職員は栄養失調からくる水腫に苦しんでいた（Picq, *Horizon*, pp. 67-8, 78, 84）。
529 町の美観　「（コンポンソムの）常任委員会会合議事録」1975/8/20-4, Dossier L01022, DC-Cam.
529 五千人の少女と女性　Stanic, *Without a Model*, p. 79（また p. 68）.
529 一戸建てに建て替えるとした　Pol Pot, *Preliminary Explanation*, p. 158. こうした「クメール・ルージュ家屋」と現在呼ばれているものの一部は、20 年後のいまも建っている。もっと簡単な設計のものが、サラクラウとラエムの間のタイ国境にあるクメール・ルージュ拠点に見られる。
529 地形に沿った昔ながらの〜水平な土地をつくるのは難しかった　Martin, *Riziculture*, pp. 16-19. また Stuart-Fox, *Murderous Revolution*, pp. 68-9; Pin Yathay, *Stay Alive*, p. 115; Sihanouk, *Prisonnier*, p. 264 も参照。

529「不条理な急進主義」 Stanic, *Without a Model*, p. 77.
529 メルセデスをはじめ〜見守っていた Kiernan and Boua, *Peasants and Politics*, p. 346; Pin Yathay, *Stay Alive*, p. 69.
530 プノンペンの二つの病院〜薬草でつくられた薬を投与した Haing Ngor, *Odyssey*, p. 255; Thiounn Thioeunn インタビュー、Martin, *Industrie*, p. 99. Pol, So Phim, Chou Chet はみな中国で治療を受けている。ソー・ピムの妻はベトナムで治療を受けた。
530 革命教科書 Ping Sây インタビュー。
530 基本的な読み書きと算数 Kong Duong インタビュー、Pol Pot, *Four-Year Plan*, pp. 113-15 and *Preliminary Explanation*, p. 159; Stanic, *Without a Model*, pp. 74-5; Pin Yathay, *Stay Alive*, p. 169; Someth May, *Cambodian Witness*, p. 167; Mamm, *Family Life*, p. 33; Stuart-Fox, *Murderous Revolution*, pp. 65-6。また Thomas Clayton, 'Building the New *Cambodia*: Educational Destruction and Construction under the *Khmer Rouge*, 1975-1979', *History* of Education Quarterly, vol. 38, no. 1, Spring 1998, pp. 9-11; Ayres, Education, pp. 213-16 も参照。
530「われわれは原則として〜潜入させようとしています」「イエン・サリと中国大使との会談議事録」日付なしだが明らかに1976年初期、Doc. 32 (N422). T8188, VA.
530 まもなく常任委員会は〜多くの人間が派遣された 「常任委員会会合議事録」日付なしだが 1976, Doc. 32 (N442) /T8355, VA; Ong Thong Hoeung, *Récit*, pp. 39-48; Martin, *Shattered*, p. 190.
531 われわれは(中略)教授〜採用しないことにする 「東部地域の党常任委員会第 32 号指令」 1976/9/5, Doc. 2.5.06 De Nike et al., pp. 385-6 所収。このタイミングは重要だ。ポルは 7 月末に「古い労働者は使わない、使えば政治的にいろいろややこしくなる」と述べている (*Four-Year Plan*, p. 47)。だがこれは 1975 年末からの立場だった。東部地域文書のもとになった中央委員会指令——禁止を知識人にまで拡大するもの——はおそらく 8 月末か 9 月頭に発行されたものだ。Ong Thong Hoeung やその同僚少なくとも 30 人が、まさにその瞬間に工場に送られて、1 ヶ月後に引き揚げられている (supra)。
531 イデオロギー的に純粋な〜政治的意識だった Martin, *Shattered*, pp. 189-90, *Industrie*, pp. 88-91; Stanic, *Without a Model*, p. 77. また以下のポルのコメントも参照——「技術は決定的な要因ではない。革命の決定要因は政治、革命的人民と革命的手法である」(*Four-Year Plan*, p. 48)。
531 技能をもたらしたのは〜早く身につけられるのだ *Tung Padevat*, Sept.-Oct. 1976, pp. 1-32; Pol Pot, Talk with Khamtan; *Preliminary Explanation*, p. 160.
532 もっとも重要なのはイデオロギー 「(われわれの経済) 計画で重要なのはそこにある数字ではなく、その背後にあるイデオロギーなのだ」(Pol Pot, *Preliminary Explanation*, p. 131)。
532 クメール・ルージュは謳った Locard, *Petit Livre Rouge*, pp. 195, 207.
532「水資源を支配する」 Meyer, *Sourire*, p. 207; Martin, *Shattered*, p. 75.
532 クメール・ルージュは、はるかに〜欠けていたのだ クメール・ルージュの

灌漑計画に関する最も詳細な研究は Marie Martin の *Riziculture*, pp. 23-37, 39 である。また Stuart-Fox, *Murderous Revolution*, p. 132 も参照。

533 **輸出されたためだという通説**　批判するのが意図ではない。ベトナム人たちはかなりの説得力をもって中国批判の議論をおこなった。この理論を提唱した Ben Kiernan が先駆的な論文群を書いた頃には、現在よりはるかに少ない情報しかなかった。かれの主張した議論は非常に説得的だったので、その後の著述家たちもその説を採用した。そこには他の面でのベトナムの役割にきわめて批判的だった Marie Martin も含まれる（*Shattered*, pp. 187-8）。今日では、1979 年のポル・ポトとイエン・サリ「裁判」で提出された証拠の多くが、カンボジアの罪のすべてについて中国（当時はベトナムの主要敵国）が悪いのだという見方を押し出すために意図的に歪曲されていたことがわかっている――そしてこの中国悪者説は、ベトナムに同調的な著作家たち、特に Wilfred Burchett（*Triangle*）や Grant Evans と Kelvin Rowley（*Brotherhood*）に熱心に後押しされたのだった。

518 **輸出できる余剰穀物がない**　PLO 代表ハマド・アブドゥル・アジズ・アル・アイヤによると、クメール・ルージュ政権は 1976 年春に米の輸出を始めたいと考えていた。2 月にプノンペンを訪問したとき、カンボジアには「輸出用の米が 5 万トン」あると聞かされた（*News from Kampuchea*, vol. 1, no. 4, Oct. 1977, p. 34）。

だがこれは実現しなかった。ポルは 1976 年 5 月 8 日に常任委員会に語っている――「これまで党は、政治的な理由と商業的な公益のために米の輸出を計画していた。しかし国際市場はよい品質の米を必要とし、われわれは品質に問題があるので、産物によい値を得られない。こうした状況で米を外国に売ったら、たくさん損失をこうむる。そこで党は（計画していた）米の輸出をキャンセルしなくてはならなかった」（議事録、Dossier D698, DC-Cam）。続く 12 月、ポルは 1977 年には米を輸出できる可能性があると述べているが、これがまだはっきりしないことを明らかにしている（Study Session, p. 175）。

1997 年 5 月にイエン・サリは「今年は初めて輸出用の米の余剰ができる」と述べた（*Der Spiegel*, 1977/5/2）。ポル・ポトはその秋に、カンボジアが 1977 年には「何万トンもの米の輸出を始められる」と述べている（9/27 演説）。

こうした発言はすべて、1975 年にも 76 年にも米の輸出はなかったことをはっきり物語る――例外はひとつあって、1976 年 3 月には 3000 トンの米がラオスに送られたが、これは友好のしるしとしてであって、商業取引ではなかった（BBC SWB FE5163/A3/3）。

1976 年に大量の米輸出があったという主張――たとえば 15 万トンが海外に売られたというベトナムの主張（Doc. 2.5.07 in De Nike et al., p. 386）――はどうやら同年 8 月に発表された *Four-Year Plan*, に基づいているようだ。これは理論的な文書であり、その中の数字はすべて、ほとんどまったく現実とは何の関わりもない。穀物輸出の数字はすべて―― 1976 年の数字さえ――将来の可能性について推計したもので、実績を述べたものでは

ない（*Four-Year Plan*, p. 56）。この計画に含まれる他の数字同様、この数字に信用をおくべき理由はまったくない。

534 **何万トンもの**　Richard Dudman は、1977 年には 1 万 5000 トンの米がマダガスカルに輸出され、1978 年には 6000 トンが輸出されたと聞かされたそうだ。3000 トンが 1978 年にはシンガポールに販売された（*St Louis Post Dispatch*, 1979/1/15）。輸出米はすべて中国船で運ばれたので、それが中国に送られたと港湾労働者が思ったのはまちがいなくそのせいだ。

534 **一九七八年には**　Doc. 2.4.07, De Nike et al., p. 353 所収。

534 **「物流の問題」**　Lee Kwan Yew,『回顧録』原書、p. 326.

534 **国民のおよそ三分の一から半分**　証明のしようはないが、わたしは 1978 年まで人口の半分から 3 分の 2 がそこそこの食糧を得ていたという Michael Vickery に賛成したい（*Themes*, p. 131）。

535 **一部の専門家**　Jackson, *Cambodia 1978*, pp. 83-4（収量が 1970 年代以前の 6-7 割と推定したロシアの研究と、モクの南西地域のトラムカクの実験協同体で 1978 年の収量がまだ 1970 年以前の水準だったという日本人ジャーナリストを引用している）. Martin（*Riziculture*, p. 39）は生産が「1960 年代の水準」だと示唆している。

ポル自身も 1976 年 6 月に、142 万ヘクタールの田が単作稲作に向いていると述べている（*Four-Year Plan*, p. 51; *Preliminary Explanation*, p. 132）。3 トン / ヘクタールで、さらに 217.000 ヘクタールで二毛作で 6 トンの収量があるとすると、1976-77 年の収穫は 555 万トンとなり、計画の推計量とほぼ対応する。さらにこれが 1975-76 年収穫の倍だとされているので、この年の収穫は 277 万トンと推計されていたのだろう（p. 56, Table 5）。

1976-77 年の耕作面積が 1975-76 年以下であると考えるべき理由はないので、実際に田植えがおこなわれたのは 160 万ヘクタール以下だろうと考えられる。カンボジアでは伝統的に、収量は 1 トン / ヘクタール程度で、国が大規模な紛争におそわれているときには、0.6-0.8 トン / ヘクタールが通例だ。つまり 1975-76 年の収穫は 96 万トンから 130 万トン、つまり政権が考えていた量の半分以下ということだ。

高い方の数字が正しかったとしても、これを分配してみるととんでもないことになる。食糧が充分な人々が 25 万人いたとする（兵員 8 万人、労働者 10 万人、士官とその家族が国レベルからコミューンレベルまで 7 万人）、それぞれが 1 人あたり年 300kg ――つまり年 7.5 万トンを消費する。300 万人がかつかつの食事をしていたとし、一人年 230kg の米を得ていたとする――年に 69 万トンだ。そして戦略備蓄の補充のために 30 万トンが徴収されたとすると――残るのは 21.5 万トンで、それが残り 300 万人に配分されることになる（つまりもみで 1 人年に 70kg、脱穀米で 45kg となる）。餓死必至の量だ。収穫が 100 万トンしかなかったとすると、最も栄養失調の層が食べる量はさらに減ることになる。そして多くの地域ではまさにそうなった。したがって、政府は中国から食糧援助を受けて既存の備蓄を取り崩そうと決断したわけだ。だがポルが認めたとおり、そうした救いは 1976 年にはもはや存在しなかった（Report, p. 187）。

こんな計算をおこなうのは、別に実際の数字を推計しようとしているのではない。実績値は決してわからないだろう。目的は、飢餓が政府の計算まちがいの結果であってそれ以外の理由によるものではないことを示すことだ。

出発点からしてまちがっていたうえ、民主カンプチアの農業政策は絶望的に歪んでいた。

戦略的備蓄を補充するためにどれだけ作物が徴用されたか知りようがないという反論もあるだろう。計画は北西地域の米の5割を国家に、他の地域からの米は2割を国に納めるよう呼びかけている（*Four-Year Plan*, pp. 134, 137 以降）。1977年だとこれは160万トンになる（p. 54, Table 3）。1977年から80年には、毎年収穫後に消費分と輸出分を差し引いて100万から150万トンが残ると示唆されている（p. 56, Table 5）。これを何に使うのかは述べられていないが、備蓄の補充に使うというのが一番ありそうだ。実際には、収穫量が常に予想を大きく下回ったので、徴用比率はもっと高かったかもしれない。Kiernan は東部地域士官の発言として、かれの地域では1976年以降、米の3分の2が持っていかれたというものを引用している（*Eastern Zone Massacres*, p. 30）。ベトナムが1979年に設置した政府は、コンポンチャムなどの街に巨大な穀物倉庫が見つかったと主張する（De Nike et al., p. 301）。

また大量の無駄や損失があったのもまちがいない。1978年3月にカンボジアを訪れたユーゴスラビアのジャーナリストたちは、輸送手段がないために「米が大量に野積みされていた」と述べている（Stanic, *Without a Model*, p. 69）。

535 **ただ確かなのは**　Martin, *Alimentaire*, p. 351.

535 **国家の穀物倉庫**　Someth May はおもしろい挿話を語っている——「わたしはあれだけ大量の米が（ベトナムの主張するように）中国に行っているのかどうか自信がなかった。どうも単にしまいこまれているだけに思えた」（*Cambodian Witness*, p. 253）。

535 **すべての公的声明〜まじめに語った**　Pol Pot, Tran Thanh Xuan インタビュー、Yugoslav インタビュー、9/27 演説。

535 **では、かれはなぜ〜前に進める**　Pol Pot, *Report*, p. 188.

## 第十一章　スターリンの病原菌

頁

538 **一九七六年二月二十五日〜慎重に発言した**　BBC SWB FE5146/A3/1-2, FE5147/A3/2, FE5150/B/2, FE5151/A3/3-4 and FE5154/B1-2. また *New York Times*, 1976/3/7 も参照。

538 **蜂起が起こった**　Ieng Sary インタビュー。Marie Martin はまたこの事件が「政権に忠実な一派と、弾薬庫に火をつけた反乱兵たちとの深刻な口論」を伴ったと述べている（*Shattered*, p. 195）が、情報源を挙げていない。非公式には指導層はアメリカの役割とされるものについて、もっと懐疑的だっ

た。機密回覧文書は単に「常任委員会はこれらの航空機がアメリカ帝国主義者の保有であると考える」としか述べていない（強調引用者、'Guidelines on the Opinion of 870', No. 2/76, 1976/2/27, DC-Cam）。Soth は、106 地区書記でありシエムリアプでは CPK 幹部であり、Sreng は北部地域副書記だったが、2 人ともこの事件について、ツールスレンで 1977 年 4 月 5 日に個別におこなった自白の中で、空爆が原因だったと述べている。Soth はまた、1977 年 3 月 17 日に処刑された前北部地域書記コイ・トゥオンが関与していたと述べている。だがかれも Sreng も、アンカがこの事件を空爆にしようと決めたことを知っていたし、尋問者たちにちがう見解を述べても何ら得にならないのを知っていた。Kiernan はこの事件を詳細に論じており、爆撃の目撃者証言を指摘しているが、証言者たちの 1 人として本当に航空機そのものを見たのか、単に他の人から話を聞いただけなのかはっきりしない（*Regime*, pp. 316-19）。これは重要な論点である。というのも In Sopheap はのちに「あの事件でひとつ不思議なことは、だれもまったく飛行機を見た様子がないことです」と述べているからだ（インタビュー）。Stephen Heder は Kiernan と同様に航空機が関与していると見ており、バンコクのアメリカ情報筋アナリストが、クレーターの写真等を見てそれが最近のものだと述べたことを挙げている。タイ王国空軍がやったのではないかというのがかれの考えだ（私信）。だが、もし蜂起が起きていなかったのであれば、なぜイエン・サリが蜂起を認めたのか理解しがたい。疑問は残るが——外部要因の有無を問わず——ポルは自分が直面していたのが内部勢力がらみのものだと考えていたことはまちがいない。重要な点として、イエン・サリはこの空爆について、秋に国連総会で演説をしたときに触れていない。

538 **西部地域のココンでは**　Kiernan, *How Pol Pot*, p. 380; Burchett, *Triangle*, pp. 195-6。また Kiernan, *Regime*, pp. 68-80 も参照。

538 **チャンタランセイ**　Khing Hocdy によれば王子は 1976 年半ばまで存命だった（*Ecrivains*, vol.2, p. 79）。Stephen Heder はかれが 1975 年半ばに殺されたという（私信）。

538 **チャム族ムスリム**　Kiernan, *Regime*, pp. 262-7; Ponchaud, *Year Zero*, p. 133 and EFA 13, pp. 14-15; Burchett, *Triangle*, pp. 196-8. また Siet Chhê の自白調書 f May 8 1977 に添付された尋問官のメモに「1975 年 11 月 22 日にムク・カンポウルの武器店に武装襲撃があった」とあるのも参照。フー・ニムはこうした襲撃に言及して、それが翌 1 月にはポル・ポトとソー・ピムの議題に挙がるほど重要な問題とみなされていたと述べる（自白調書、1975/5/28, Chandler et al., *Pol Pot Plans*, p. 288 所収）。同月、どうやら東部地域の同じ地区（22 区）で別の事件があったらしい。「反乱」と表現されているが、実際の中身ははっきりしない（ibid.; Kiernan, *Eastern Zone Massacres*, p. 12）。1975 年 11 月 2 日にモク勢と「クメール・ルージュ分離派」が南西地域のプレイノプで衝突している（Martin, *Shattered*, p. 195）。

539 **三月末に〜差し金で殺害された**　Hu Nim 自白調書、1977/5/28, Chandler et al., *Pol Pot Plans*, pp. 289, 293-6。

539 四月八日　Koy Thuon 自白調書、1977/3/25.
539 ソト　CPK 常任委員会会合議事録、1976/3/8, Dossier D684, DC-Cam.
539 やはり北部地域の出身　Doeun 自白調書、1977/4/12. 出来事の正確な順番ははっきりしない。3 月 30 日付 CPK 常任委員会議事録では、コイ・トゥオンが提案された内閣から「退いた」(同時にもともと司法相候補になっていたチュー・チェトも退き、いまやカン・チャプに代わられていた。Doc. 32［N442］/T8322, VA)。4 月 14 日に組閣が発表されると、この大臣職は空席になっていた 1 週間後にドゥーンが中国との貿易会談準備のための作業部会長に任命された (Dossier D694, 1976/4/19-21, DC-Cam)。最後に 5 月 7 日に、常任委員会はノン・スオンが商務大臣職に就くべきだと決定したが、3 ヶ月間はドゥーンも商務省で半分の時間を割くべきだとも決定された (Dossier D697)。その後かれは、名目的に出席するはずだった常任会議会合に欠席するようになり、徐々に中央委員会総務局長としての責任も奪われて、それが――役職名はさておき実質的に――キュー・サムファンに移管された (Suong Sikoeun インタビュー、また Heder, *Pol Pot and Khieu Samphân*, p. 15 も参照)。ドゥーンの任命は昇進として提示されたはずだが、実質的にはそれは権力中枢からかれを排除することとなった。11 月にノン・スオンが逮捕されるとかれは名義上の大臣になった。
540 証拠があらわれた　Hu Nim 自白調書、1977/5/28, Chandler et al., *Pol Pot Plans*, p. 295 所収。Doeun は自白調書 (supra) の中で、その情報をちゃんとポル・ポトに伝えたと断言しているが、どのくらい急いで伝えたかは明らかにしていない。
540 四月二日の午前四時頃〜チャクの関与を明かした　この記述は Long Nârin インタビューと Kiernan, *Regime*, pp. 321-3. わたしは Kiernan の解釈に賛成しないが、既知の事実をうまくまとめてくれてはいる。
540 ポル・ポトはかねてから〜脇に追いやられることになった　CPK 常任委員会会合議事録、1975/10/9 と 1976/4/19-21, DC-Cam.
540 協議を開いた　*Kampuchea Dossier*, vol. 1, p. 128.
540「状況の拡大を避ける」　CPK 常任委員会議事録 (日付なしだが 1976/3 末), Dossier L01174.
540 地域書記のネイ・サラン　Ya [Ney Sarann] to Pol, 電報 1976/2/16 付け、Dossier L01119.
541 一周年の演説で宣言していた　Ponchaud, *Year Zero*, p. 318.
541 設立は一九六〇年　CPK 常任委員会議事録 , 1976/3/30, Dossier D693, DC-Cam.
541 ポル・ポトは歴史的にも政治的にも　この問題については大量の学会論争が展開されている。特に David Chandler (‘Revising the Past in Democratic Kampuchea: When was the Birthday of the Party?’, in *Pacific Affairs*, vol. 56, no. 2, Summer 1983) が顕著である。現在 PRPK 組織について知られていることを元にすれば、ポルの動機が徹頭徹尾政治的なものだった――「物事を浄化して、他の連中に近づかないようにする」(Dossier D693, supra) ――一方で、かれの歴史記述は正しかった。1960 年 9 月以前には創立総会は

おこなわれなかった。共産主義運動は存在したし、暫定的な指導層はあったが、完全な党はなかった。もちろんベトナムとの緊張関係がなければ、この問題には何も重要性がないというのも事実だ。

541 **サミットは延期された**　Mosyakov（*Khmer Rouge*, p. 27）によれば、ハノイ駐在ソ連大使は1978年にベトナムの大臣に、ポル・ポトとレ・ズアンが1976年に確かに会っていると言われたそうだ。1979年1月16日の耿飆演説の文でも、プノンペンでのポル・ポトとレ・ズアン会談——日付はないが1976年か77年——に関する同様の言及がある。これは演説の2年後に台湾が公開している（*Issues and Studies*, vol. 17, Jan. 1981, p. 85）。台湾のテクストはかなり価値の高い情報を含んでいるが、改竄された様子がある。こうした会合について独立した確認は、カンボジア筋からはまったく得られていない。

541 **表向きは友好を**　Nuon Chea, Pham Hung への手紙、1976/5/23, *Kampuchea Dossier*, vol. 1, pp. 130-1 での引用を参照。

541 **暗殺の可能性**　CPK常任委員会会合議事録、1976/3/30, Doc. 32（N442）/T8322, VA. DC-Cam に保管されている版の議事録（Dossier D693, supra）はこの下りを省略しており、単に必要に応じてキュー•サムファンかヌオン•チェアがポルのかわりにベトナムに行くとだけ述べている。

542 **海上の境界線**　Ney Sarann 自白調書、Sept. 30 1976.

542 **三百三十平方キロ**　ベトナム側は「アメリカの傀儡時代には、サイゴンとロン・ノル傀儡政権が（フランスの地図に示されたのとは）別の境界線にそって海洋パトロールをしていた」と論じている（*Kampuchea Dossier*, vol. 1, pp. 128-31; 問題の海域を示す地図は p. 142）。また Heder, *Conflict*, pp. 22-7 と 31-2 も参照。

542 **石油が埋蔵されている**　Chanda, *Brother Enemy*, p. 33, 1977年6月パリでのファン・ヒエンのインタビューを引用しつつ。別のインタビュー（1978年11月）では、ヒエンはガレス・ポーターに、ベトナムがカンポット沖の海上国境を変えて「フーコック（島）への船舶アクセスを容易にする」こをと希望していると述べている（Crisis, pp. 94-5）。これはまったく筋が通っている。だがもしこれが真の理由なら、なぜ数ヶ月前の *Kampuchea Dossier* の記述に含まれていなかったのだろうか？　ポーターは1976年5月の交渉について、ファン・ヒエンの説明とスアン・トイの説明との間に「奇妙な」不一致があることを述べている（p. 126, n.139）。

542 **だがこの主張に〜なりたくないか？**　「1978年6月12日東京でのイエン・サリと日本外相園田直《すなお》の会談」、Doc. 32（N442）/T8297, VA. Kiernan は CPK常任委員会1976年5月14日議事録の独自の解釈に基づき、この交渉の記述としてずっとベトナムに好意的なものを提示している（*Regime*, pp. 115-20）。

542 **表面上の関係**　ベトナム人ジャーナリストが7月にカンボジアを訪れてポル・ポトにインタビューしている。カンボジア女性代表団が1976月9日にベトナムを訪問している。ハノイへの隔週定期便も同月に開始された。カンボジア指導者の祝電については Ross, *Tangle*, p. 105 を参照。

542 神聖な感情　Pol Pot, Tran Thanh Xuan インタビュー。
542 ベトナムが民主カンプチアに〜説明した　Mosyakov, *Khmer Rouge*, p. 28; Engelbert and Goscha, *Falling*, p. 119.
542 張春橋　この詳細は匿名希望の中国の歴史家が提供してくれたものである。
543 演説のなかで〜奴隷にしたいと考えているのだ　Pol Pot,「(西部) 地域会合における党組織同志代表団の基調意見」、*Tung Padevat*, June 1976, pp. 14-65.
543 翌日の五月十九日　Chandler, *Voices*, pp. 52-3. チャクレイ逮捕がポル自身の決定だったという説は、1976年5月30日CPK常任委員会決定からも裏付けられる。そこでは中央軍内部で「粉砕する権限」は党書記にあると決定されている (Dossier D693, DC-Cam)。ポル自身ものちに、「重要人物」に関わる決定は自分で下したと認めている (Thayer インタビュー)。
543 S-21　以下の記述は Chandler, *Voices*, および Deuch の Nate Thayer インタビュー（バッタンバン、1999/4）に基づく。
544 指導者らの関与を白状した　Deuch インタビュー、Chhouk 自白調書、Chandler, *Voices*, p. 54.
544 初めて他の指導者　Ney Sarann (自白調書、1976/9/30) によるとチュークが中央委員会に入ったのは1976年1月のCPK第4次大会でのことだった。
544 かつてポル・ポトの料理人　Moeun インタビュー。
544 経験則　Suong Sikoeun インタビュー、Picq タイプ原稿 , p. 222.
544 背信の「証拠」　伝統的カンボジア社会における物的証拠の重要性については Pannetier, *Notes Cam-bodgiennes*, p. 72n を参照。
545 ゾウムシが　Deuch, 'The Last Joint Plan', Jackson, *Rendezvous*, p. 305 所収。
545 極秘治安委員会　Ieng Sary インタビュー。
545 ソン・センはこの直後〜毎日練っているのだ　Dossiers L01373, 1976/8/2, L01374, 8/3 と L01442, 9/2, DC-Cam; および Pol Pot, *Preliminary Explanation* (1976/8/23), p. 161.
545 プノンペンの警備〜軍の内部で開始された　Ong Thong Hoeung, *Récit*, p. 50; Toch Phoeun 自白調書、1977/3/14; Dossiers L01444, 9/7, および L01500, 1976/10/9, DC-Cam.
545 銃撃があり　Dossier L01449, 1976/9/16, 11 の出来事への言及。他の銃撃事件は年のもっと初期に起きており、どうやら第170師団が王宮北側で兵を訓練していたときに起きたらしい (Dossier L01500, supra)。ほぼ確実に発砲は事故だった。
545 これらの冊子が〜排除しなければならない！　Dossier L01445, 1976/9/9. ソン・センによると、同年に少なくとも5回、4月、6月、7月、8月、9月に扇動的なパンフレットが見つかったという。
546 九月二十日　ツールスレンのネイ・サランのファイルでは、かれの逮捕は9月20日とされるが、そこに含まれる最初の資料は、9月23日付の尋問官メモである。ケオ・メアスの逮捕日は記述されていないが、かれのファイルの最初の資料も9月23日付である (通説の9月25日ではない)。

Doc. 2.5.24 De Nike et al.（p. 408）所収は、常に正確とは限らないが、メアスが9月20日に拘束されたという。ノン•スオンは11月に逮捕されている。

546 **労働者党**　この異様な罪状の起源は、ケオ・メアスとベテラン指導者のソン・ゴク・ミンがハノイで1970年におこなった論争にある。ミンは昔の人民革命党が改名したことを知らされておらず、メアスが「労働者党」という言葉を使い始めたときには怒りの反応を示して、それが自分に残された権力すら奪おうとする第一歩ではないかと疑った。かれの主張は、メアスが公式の党のライバルとなる不法組織を作ったのだというものだった。この事件はやがて調停されたものの、ポルとイエン・サリの耳には入っていたのだった（Keo Meas 自白調書、1976/9/24, 30）。

546 **やがて想像上の〜得たと主張している**　*Black Paper*, pp. 76-82. この毒殺未遂と称するものについて、独立の確認は存在しない。だがポルとヌオン・チェアなどの上層部指導者たちが、食事の毒味を要求して毒殺の危険に備えていたのは事実だ。

546 **そのいずれも真実ではなかった**　Ieng Sary インタビュー。

546 **弾圧は不可欠だ〜かれは主張していた**　Pol Pot, *Report*, pp. 182 と 184.

547 **ソン・センは警告した**　Dossier L01500, 1976/10/9, DC-Cam.

547 **徹底的で厳しい**　Pol Pot, *Study Session*, pp. 169-70.

547 **党内には（闘争の）頃に表れた病気が**　Pol Pot, *Report*, pp. 183-5.

548 **スターリンも敵を**　Stalin, *Histoire*, pp. 362 と 398-400.

548 **全員が適正な確認を**　Pol Pot, *Report*, p. 186.

548 **長い間勧められてきた**　1974年4月2日に毛沢東はキュー・サムファンとイエン・サリにこう述べた――「自分たちが共産主義者の代表だと述べるのに遠慮はいらない、公然と言うように」（速記録は北京の中国中央文書館にある）。

548 **再考を促した**　Pol は2ヶ月後に認めた――「かつて9月と10月に、われわれは表に出ようかと思った（中略）だがもしそうしたら、余計に話が複雑になる。（中略）だから決定を先送りすることにしたのだ」（Pol Pot, *Report*, p. 204）。

548 **緊急の通達**　コンポンソムの海軍指揮官は、9月27日の記念日の式典についての指導を哀しげに仰いでいた（Dossier L01479, DC-Cam）。また Chandler, *Voices*, pp. 59-60 も参照。

548 **十月十一日**　Dossier L01500, 1976/10/9, DC-Cam.

549 **首相を辞任して**　BBC SWB FE5323/B/1. ポルの辞任はラジオ・プノンペンで9月27日に発表されたが、その日付は20日にさかのぼっている。20日はネイ・サラン逮捕の日だ。それは内閣でその日に承認されたということにはなっているが、そんな会議が実際に開催されたかどうかははっきりしない。20年後、Nuon Chea も Mok もそんな会議があったことを記憶していない（Nate Thayer によるインタビュー）。だが Ieng Sary は記憶しており、これは David Chandler も書いているように、何か外交問題と関係していたことを裏付けるようだ（*Brother*, p. 180 n.44）。ポルが本当に病気だったり――あるいは政敵を出し抜くための国内の手管だったなら――ポルは

絶対にニュースをラジオ•プノンペンに放送させたりはしなかったはずだ。

549 姿を消した　Chanda, *Brother Enemy*, pp. 76-7. イエン・サリの所在は 10 月 16 日にかれがブカレストから北京に向けて発ってから、11 月 12 日にプノンペンに再登場するまで明らかにされていない。この間にはソン・センがかれの代理で外務大臣を務めた。

549 レ・ズアンは大喜びで　Mosyakov, *Khmer Rouge*, pp. 13 と 31. 大使の報告の日付は 10 月 16 日である。かれはおそらく、イエン・サリが 11 月 12 日に再浮上する直前にレ・ズアンに会ったのだろう。

549 ブレジネフ　『プラウダ』、1976/10/26.

549 現実を把握していなかった　ファン・バン・ドンは、ソ連大使に 1976 年 7 月にベトナムが、カンボジアでの「展開を追うのに苦労している」と述べたときにはこの点は認めている（Mosyakov, *Khmer Rouge*, pp. 29-30）。Bui Tin は後に、ハノイがカンボジアの意図を「深刻に読み違えた」ことを認めている。その理由の一部は政治的な警戒が足りなかったこと、一部は 1975 年 4 月の勝利の後でカンボジアから情報ネットワークを引き揚げたからだと述べている（Doc. 32（N442）/T7338, Bui Thanh Tin,「カンボジアに関する数々の大問題」 1978/11/3, VA）。

549 それをハノイが知ったのは　Chanda, *Brother Enemy*, pp. 84-5.

549「まさか」　Ibid., p. 74.

550 名指しで批判していた　Suong Sikoeun（インタビュー）によると、電報の元の外務省草稿は単に「劉少奇の反社会主義と反革命本部」だけに言及していた。承認する前に、ポルは赤インキで鄧小平の名前を追加した。また Chanda, *Brother Enemy*, p. 76 も参照。

550 遅ればせながら北京に　Ibid., pp. 76-7.

550 一九七六年の十一月　以下の記述は Phi Phuon（インタビュー）による。かれはポルの代表団とその対話者を、数ヶ月離れた別々の会話の中でまったく同じに名指しした。Pich Chheang は訪問があったことは認めたが、詳細は思い出せなかった（インタビュー）。代表団は禁紫城の西にある、警備に厳しく囲われた邸宅地の釣魚台に滞在した。地位の高い訪問者のための邸宅がある地域である。

550 軍事協力　これは総会セッションに CCP CC 軍事委員会副主席の葉剣英と、北京軍区司令員李徳生がいたことから推測できる（Phi Phuon インタビュー）。

550 ラジオ・プノンペン　Chanda, *Brother Enemy*, p. 78.

550 十二月にポル・ポトは　Kiernan は勉強会が 1976 年 9 月末に始まったと述べる（*How Pol Pot*, p. 331）。実は 9 月に予定されていた会合は、ポルが地域と地方指導者に 8 月に提示した Four-Year-Plan を承認するための経済会議だった。それが開催されたのは確からしい――9 月か 10 月初めのようだ――なぜなら 10 月 19 日に 21 区指導者チャンは計画の詳細を述べた電報を受け取ったことを確認しており、それを仲間に伝えたと述べているからだ（Dossier L01507, DC-Cam）。12 月の会合はその年に開かれた勉強会の 2 回目であり、その直後に CC 総会が開かれた（Pol Pot, *Report*, p. 202; Hu

Nim 自白調書、1977/5/28, Chandler etal., *Pol Pot Plans* 所収 ; Suong Sikoeun インタビュー)。

550 カンボジアとベトナムは～入れ替えるべきだとかれは語った　Pol Pot, *Study Session*, p. 172, と *Report*, p. 191.

551 かつてベトナムは～立場との争いなのだ　Dossier L01500, Oct. 9 1976, DC-Cam.

551 第四回大会　*Kampuchea Dossier*, vol. 1, p. 69.

551 一九七六年の前半に～「つぶされた」　Kiernan, *Regime*, pp. 335 と 349.

552 ホロコースト博物館　Chandler, *Voices*, pp. 4-9.

552 結末は死　1976 年に囚人 1 人が脱走した。「信託者」となっていた他の 12 人は生き延びたが、それは 1979 年 1 月にベトナム侵攻があったおかげだった。

552 フランス軍がアルジェリアで　こうしたセンターの存在は、フランスでは長いことタブーとされていたが、2001 年に『ル・モンド』紙の一連の記事と、Antenne 2 および独仏チャンネル ARTE のドキュメンタリー放送によってとりあげられた。

552 両者とも～拷問と死が待っていた　Hinton, *Why?*, pp. 95, 113-15; および Rithy Pann の映画 *S-21: La Machine de Mort Khmère Rouge*, ARTE で 2003/6/2 放送を参照。

553 先祖に持っていた　Bunchan Mol, *Kuk Niyobay*, pp. 93-118. 公平のために記しておくと、植民地時代のクメール牢獄の状況は、フランス人が運営していたものよりずっとひどいとの評判だった（Pannetier, *Notes Cambodgiennes*, pp.43-4）。

553「バスタブ」　Peter Scholl-Latour, *Death in the Ricefields*, St Martin's Press, New York, 1981, p. 32.

553 アメリカの大学がおこなった実験　Chandler, *Voices*, pp. 147-8.

554 文明社会では　Bunchan Mol, *Charek Khmer*, pp. 177-82.

554「征服するか征服されるか」　Thun Saray, Prasso, p. 20 での引用。また Mabbett and Chandler, Khmers, pp. 160-1.

554「古代の王国では」　Criddle and Butt Mam, *Destroy*, p. 213.

554 背信についての供述～必要だったのだ　Suong Sikoeun, Long Nârin インタビュー、Chandler, *Voices*, p. 180 n.47; Ponchaud, EFA 17, p. 8.

554 クサエ　カンボジア内のこうした贈答ネットワークについてはかなりの文献がある。特に Ros Chantrabot, p. 148; Thion, *Pattern*, p. 162; Hinton, *Why?*, pp. 99-101 と 110-11; Pannetier, *Notes Cambodgiennes*, p. 23; Keng Vannsak インタビューを参照。

555 もしわたしが逮捕されたとしたら　Deuch インタビュー。

555 焼きたてのパン　Picq タイプ原稿、pp. 188-90.

555 一九七七年の一月～モスクワの傘下で結成したという罪で告発された　Koy Thuon, Doeun, Sreng and Soth 自白調書を参照。1976 年 9 月 -1977 年 4 月の粛正に関する簡潔な記述が Chandler, *Voices*, pp. 54-68 にある。

556 妥協しがちな傾向　1977 年 2 月頃のものと思われる。*Abbreviated Lesson*（p.

218）で、ポル・ポトは「軽蔑すべき［Toch Phoeun］とその一派は（中略）世界では共に生きることが必要だ、つまりはベトナム人のような連中と暮らす必要があると述べた」と攻撃している。

556 **KGBの「列」** ケオ・メアスの場合と同様に、この糾弾には一抹の真実がある。ライニはCPKの存在をまったく知らなかった1960年代末に、確かにそうした政党の設立を考えたことがあった。だがティウン・マムがやめるよう助言したので、かれはそうした考えを捨てた（Thiounn Mumm インタビュー）。1977年3月に、カンボジアのモスクワ留学組はほとんどすべてS-21にいるか、首都の南タレイの特別キャンプに拘禁されていた（Picq タイプ原稿、p. 221; Ong Thong Hoeung, *Récit*, p. 23）。

556 **ジョン・デュイスト** 「イギリス、ラフバラの隣接CIA訓練校におけるわたしの課程の詳細」 Dossier D1444, 1978/9/5, DC-Cam.

557 **アメリカ、KGB～工作員でも受け入れる** Nuon Chea, *Statement*, pp. 30-1.

557 **同じような発言** 1960年代には、シアヌークはアメリカ支援のクメール・セライとクメール・ルージュたちが手を組んで自分と闘おうとしているとまじめに宣言していた。*Réalités Cambodgiennes* は、南ベトナムのアメリカ支援政権への言及の中で——「カンボジア国内の共産主義反逆者は外国人に扇動され保護されており、しかもその外国人たちは共産主義に好意的な者のみならず、反共を宣言しながらわれわれを弱めるあらゆる行動を喜んで支援する者たちなのだ」（1968年8月30日）。他の機会には、両者をまとめてしまった——「クメール・ルージュ（またはタン派）活動——結局のところどちらも同じものだ ...」（9月13日）。1968年5月23日のシアヌークのニュース会見も参照。ここでかれは「ココン地域では（中略）アカども（クメール・ルージュたち）はアオども（クメール・セライ）と手を組んで活動している。逮捕する敵が共産主義の冊子と同時にアメリカの武器や装備を持っている」と述べている（*Paroles*, Apr.-June 1968, p. 320）。2ヶ月後、*Réalités* の論説で、シアヌークは再びクメール・セライとクメール・ルージュたちが手を組んで闘っていると主張した（1968年6月26日）。

557 **一九七七年の四月頃～「浄化され強化された」** Pol Pot, 4/17勝利の2周年記念演説、*Tung Padevat*, Apr. 1977, pp. 1-26; CPK常任委員会会合議事録、1977/4/11, De Nike et al., p. 397での引用。9月29日にポルは華国峰に対し、6月以来状況は「根本的に良好な解決」を見たが敵はまだ残っていると述べている（Doc. N32（442）/T8300, VA）。1977年11月8日付のCPK文書によれば、党は「完全に浄化」された（De Nike etal., pp. 389-90）。

558 **シエト・チェ** David Chandlerのチェの収監に関する記述 *Voices*, pp. 65-8と157-9を参照。

558 **「人口の一～二パーセント」** Pol Pot, 9/27演説。人口の2パーセントといえば14万人だ。確かにポルはこうした「敵」の中で、説得できる者は教育すべきだと追加はしている。他の者たちは「中和化」すべきで、実際に「排除」すべきなのはごく少数だけと述べている。だがその全員が反革命分子だというかれの断言がある以上、こうした小分類は無意味だとしか思えない。

558 **抵抗の兆候が～介入のパターンになった** Pol Pot, Talk with Khamtan; Vickery,

*Themes*, pp. 123-7. 最も深刻な事件は1977年4月にシエムリアプ地方のチクレングで生じた。村人が蜂起して幹部たちを殺したのだった。これは最初はポクの北部地域軍に鎮圧された（*Sereika*, no. 24, Oct. 1978, pp. 7-8）。Vickery and Martin（*Shattered*, pp. 211-12）によれば東部地域の兵も送り込まれたが、その後南西軍に置き換えられた。また Burchett, *Triangle*, pp. 198-200, および Schanberg, *Death and Life*, p. 50 も参照。

559 **まもなく～紛れ込んだ」というものだった** Becker, *When the War*, p. 236; Vickery, *Themes*, p. 117. キュー・チリトはこの訪問が1976年半ばだったと記憶している。わたしはそれがもっと遅く——11月か12月初旬だったのではないかとにらんでいる。ポルは12月20日演説の中で彼女の発見にあまりにはっきり言及しているので、かれ自身がそのごく最近になってそれを認識したのではないかと憶測してもまちがってはいないだろう。

559 **隠れた敵が** Pol Pot, *Report*, p. 207.

559 **かわりにモクが** Kiernan, *Rural Reorganisation*, p. 61. 来るべきものの別の兆候としては、ポルは1977年1月にフー・ニムに、北部や北西部をラジオ放送であまり採りあげないよう指示した（Hu Nim 自白調書、1977/5/28, Chandler et al., *Pol Pot Plans*, p. 314）。

559 **道を固めるために** 1977年4月に、北西地域書記ロス・ニムとその副官コン・ソファルがプノンペンで常任委員会会合に出席し、同地域の状況が議題となった。ポルはどうやらその後展開する粛正について協力をとりつけるようだ（CPK 常任委員会会合議事録、1977/4/11, De Nike et al., p. 397 での引用）。常任委員会第6位に位置するニムは滅多にこうした会合に出席しない。当時は常任委員会の委員ですらなかったコン・ソファルがいたということは、北西地域が議題に上っていたと考えるしかない。この会合と同日、チクレングでの反乱が勃発したので、北西部の粛正が遅れたのはそのためかもしれない。ポル自身が北西地域を1977年4月に訪れたという報告（Chandler, *Tragedy*, p. 376 n.47）は他の情報源からは確認されていない。

559 **そして六月に～入れ替えた** *Sereika*, no. 23, Sept. 1978, p. 10; Hong Var Ashe, Kiernan and Boua, *Peasants and Politics*, p. 342 での引用。Haing Ngor, *Odyssey*, pp. 294-5; Kiernan, *Rural Reorganisation*, pp. 61-9; Hinton, *Why?*,, p. 116 を参照。

559 **標的になった** 北西地域からS-21へ送還された人々の一覧を参照、De Nike et al., pp. 399-401; and Kiernan, *Rural Reorganisation*, p. 70.

559 **「ベトナムの追従者」～一掃した** 「東部地域議会決議、1977/7/17」Doc. 32（N442）/T8294, VA. また Kiernan, *Eastern Zone Massacres*, pp. 16, 27, 37, 48, 51, 88; および Kiernan, *Chickens*, pp. 185 およびそれ以降を参照。

560 **「革命的な警戒」** Chou Chet 自白調書、1978/5/20. 1977年6月に、ヌオン・チェアがこれらの証言をした頃までには、地域の幹部級被害者は、2月に逮捕された15区の党書記ケオ（ネム・チョー）だけだった。

560 **「再教育」** Deuch（インタビュー）によれば、ソン・センはプノンペン南西7キロほどのプレイサル近くのバコウに兵員再教育農場を設立しようとしたが「完全に失敗した」。1977年半ばにはその実権は放棄された。

561「破壊する権限」 CPK 常任委員会議事録、1976/5/30, Dossier D693, DC-Cam.
561 上級尋問官のポン ポンやトイの書き込みがある無題の 1978 年ノート、DC-Cam.
561 囚人を死ぬまで〜穴に投げ込まれた S-21 看守インタビュー、Rithy Pann の映画 *S 21: La Machine de Mort Khmère Rouge*, supra より。
561 林の中の空き地の〜ひさしから吊したんです Haing Ngor, *Odyssey*, pp. 217-18 と 222-3.
562 囚人の胆嚢は〜主婦らしい指摘をしている De Nike et al., pp. 158 と 450; Szymusiak, *Stones*, p. 137; Someth May, *Cambodian Witness*, p. 203.
562 電報があったのだ たとえば 560 局からソン・セン宛電報、1977 年 6 月 8 日は北西部での肝臓食事件を報告している（Dossier D01631, DC-Cam）。
562 ポル・ポトや常任委員会〜キュー・サムファンに相談した Pol Pot, Thayer インタビュー、Deuch インタビュー。
562 拘置所の控えの間 Picq タイプ原稿、pp. 217, 230, 238. サリはまた、カンボジア人留学生に帰国を促す計画の責任者でもある。これは知識人亡命組が反政府運動の中核になるのを防ごうとしてのことだった。1970 年代にはパリで愛国者委員会（クメール・ルージュ時代に在外カンボジア人の帰国を進めた組織）の委員長だった Nghet Chhopininto によれば、帰国者たちの一覧は北京のカンボジア大使館を通じてプノンペンに提出された。その一覧は、イエン・サリが手書きでそれぞれについて「承認」または「疑惑」と記されて返ってきた。「疑惑」のついた者のほとんどは到着してまもなく姿を消した。「イエン・サリは、すべてはポル・ポトの決断だったなんて言ってますが、実はかれらにその後起こったことについてもあいつが責任者なんです」（インタビュー）。また Martin, *Shattered*, pp. 198-9, 203 も参照。
563 もっとも貧しい農民たちでさえ Kiernan, *Eastern Zone Massacres*, pp. 16, 48 を参照。
563 敵意を込めたスローガン Dossier L01407, 1976/8/30, DC-Cam.
563 年明け早々に〜国家防衛とすることを承認した *Kampuchea Dossier*, vol. 1, pp. 69-70; Chanda, *Brother Enemy*, p. 85; Doc. 2.5.15b, De Nike et al., pp. 390-1 での引用。
564 険悪な外交通達の応酬 *Kampuchea Dossier*, vol. 1, p. 70; Dossier L01435, Apr. 29 1977, DC Cam. ベトナム側の手紙は 4 月 14 日、カンボジア側は 5 日後に回答を出した。
564 この頃には〜焼きうちにされた Chanda, *Brother Enemy*, pp. 84-5, 87; *Kampuchea Dossier*, vol. 1, p. 70.
564 すでに似たような残虐行為が *Le Monde*, 1977/1/30-31, 2/1 および *New York Times*, 1977/2/1. また Larry Palmer, 'Thailand's Kampuchea Incidents', *News from Kampuchea*, vol. 1, no. 4, Oct. 1977, pp. 1-31 所収も参照。
564 だがそれは〜まだ存在している」と語っている Dossier L01423, 日付なしだが 1977/5 初め、DC-Cam; Pol Pot, 4/17 勝利 2 周年記念演説、*Tung Padevat*, Apr. 1977, pp. 1-26; Pol Pot, Talk with Khamtan.
564 力のなさと同一視 David Chandler, 'The Tragedy of Cambodian History',

*Pacific Affairs*, vol. 52, no. 3, Fall 1979, p. 413 を参照。

565「虚仮犬作戦」 Douglas Pike, アメリカ議会下院国際関係委員会での証言、1978/10/4, Ablin and Hood, *Agony*, p. xl での引用。

565 沿岸二百海里 Chanda, *Brother Enemy*, pp. 91 と 97; *Kampuchea Dossier*, vol. 1, p. 70.

565 その四週間後～国境地帯から退去した Chanda, ibid., p. 92; Heder, *Conflict*, pp. 33-4; および Burchett, *Triangle*, p. 156. 1977 年 6 月 7 日付 VWP CC 書簡全文は *JCA*, vol. 8, 1978, pp. 270-2 所収。

566 ベトナムの立場は～北京へ向かった この記述は Chanda, *Brother Enemy*, Ch. 5, 特に pp. 151-60, および Ch. 6, 特に pp. 186-9; Ross, *Tangle*, pp. 122-3 に基づく。

566 李先念の発言 『人民日報』、1977/3/23.

567 七月に BBC SWB FE/5567/A3/9-11; また Ross, *Tangle*, pp. 123-5 を参照。

567 証拠でもあった Pol Pot, Yugoslav インタビュー、および「華国峰との会話」、1977/9/29, Doc. 32（N442）/T8300, VA 収録。

567 この週に～決議は述べていた 「1977/7/17 東部地域議会決議」、Doc. 32（N442）/T8294, VA.

567 軍司令部 Kiernan, *Chickens*, p. 171. またヘン・サムリンの役割については Chanda, *Brother Enemy*, p. 198 を参照（かれは Chanda が書くような「司令」ではなく、前線参謀長だった）。

567 最終目標は「クメール・クロム」 Kiernan, *Eastern Zone Massacres*, pp. 21, 30, 35, 73, および *Chickens*, p. 170; Thion, Pattern, p. 157. この立場をポルが正式に認めるのに最も近づいたのは、1978 年 7 月 13 日の演説で、ベトナムを押し戻してメコン川南のデルタ地帯に「巨大な土地を占拠する」ことを語ったときだった（Dossier D02180, DC-Cam）。

567 ザップ国防相 Heder, *Conflict*, pp. 33-4.

567 最も懸念していたのは中国 中国外相の黄華による 1977 年 7 月 30 日の演説原稿抜粋、*Issues and Studies*, Nov. 1977, pp. 82-3, および Dec. 1977, pp. 76-80 所収を参照。わたしが引用した部分は当時の中国の立場を正確に反映しているようで、純正なものとして扱って問題ないと考える。演説の他の部分は不思議だ。たとえば黄華は、中国が「最近」シアヌーク治療のために医療チームを派遣したと発言したことになっているし、最近シアヌークに贈り物を送ったと述べ、大使の孫浩に対して「これまでと同じく必要な配慮を表明するように」と申し伝えたとされる。でも孫浩は 1976 年春から 79 年 1 月までシアヌークとの面会が許されなかったし、この時期にかれが中国の医師から治療を受けたという記録はない。他の部分でも、黄華によるとされる言い回しは本当とは思えない。ねつ造とも思えないが、どうやら改竄されているか、翻訳がかなり意訳されているようだ。

568 九月二十四日は～死傷者が出たという MTI 特派員 Gyori Sandor, Chanda, *Brother Enemy*, p. 19 での引用 4; Pham Van Dong, 'Interview by Vietnam News Agency', 日付なしだが 1978/1, *JCA*, vol. 8, p. 263.

568 三日後の二十七日に Pol Pot, 9/27 演説、BBC SWB FE5628/A3/1 と FE5269/

A3/1.

568 完全な報道管制　Chanda, *Brother Enemy*, pp. 193-5. Morris はハノイ駐在ソ連大使の 1977 年 11 月 1 日付け報告を引用し、概ね類似の記述をおこなっている（*Why Vietnam*, pp. 99-100）。

568 深い感謝の念　Pham Van Dong, 'Interview... ', supra, p. 268.

568 政治局の緊急集会　Mosyakov, *Khmer Rouge*, p. 33; Morris, *Why Vietnam*, p. 100.

569 ベトナム軍の性質は〜警戒をおこたってはならない　ポルと華国峰との会談の記述は Doc. 32（N442）/T8300, VA に基づく。

570 外務次官ファン・ヒェン　Chanda, *Brother Enemy*, p. 199. サリはファン・ヒェンのいつもの話し相手だった。わたしはかれがこの機会にカンボジア代表だったと想定し、会合は 10 月 3 日におこなわれたと想定している。この日、ポルの代表団は公式行事は早朝のニュース会見しかなく、それも午前 10 時には終わった。4 日の朝には一行は平壌に向けて出発した。会合の開催が 10 月 8 日に代表団が中国に戻った後に開かれた可能性はある——ファン・ヒェンは中国ベトナム国境紛争について中国と会談するため北京に残ったからだ——だが状況の切迫性を考えると、その可能性は低い。

570 名指しはしなかったものの「敵」　BBC SWB FE5631/A3/6.

570 北朝鮮の金日成〜われわれ自身の勝利と考えている　「ポル・ポト、イエン・サリ、ボン・ベトとの会談、平壌、1977 年 10 月 5-6 日」、Doc. 32（N442）/T8307, VA; BBC SWB FE5633/A3/2.

571 板挟みにあっていた　レ・ズアンは 10 月 6 日に会ったソ連大使に、次にどうしていいかわからないような印象を与えたという（Morris, *Why Vietnam*, pp. 100-1）。

571 鄧小平　AFP, 1977/10/21, Chanda, *Brother Enemy*, p. 209 での引用。

571 ザップ将軍はカンボジアの領土に　こうした指示が与えられたという文献証拠はないが、実際に起きたのはそういうことだった。「民主カンプチアの外務大臣発言」、1977 年 12 月 31 日 , *Kampuchea Dossier*, vol. 1, p. 144 所収、および Chanda, *Brother Enemy*, p. 196 参照。また 9 月 24 日攻撃の直後にベトナム側による奪還襲撃があった。たとえば 26 日にはベトナムの歩兵隊と戦車がパロッツビークにある国道 1 号のカンボジア前線を突破した（Dossier D01859, Sept. 26 1977, DC Cam）。

571 十一月二十一日に〜共産主義の原則を放棄してしまったことを責めた　この記述は、北京特派員としてわたしが同行したこの訪問の記憶に基づいている。歓迎祝宴での演説で、レ・ズアンは中国に「（政治）色を変え」ないよう警告した。これは両国の関係が本格的な問題に直面していることを初めて公に明らかにした信号だった。

572 十二月の中旬に　Chandler, *Brother*, pp. 142-3; Kiernan, *Regime*, pp. 374-5; Chanda, *Brother Enemy*, pp. 205-7; Jennar, *Clés*, p. 82; and *Black Paper*, pp. 77-9 を参照。作戦の概略はここでの記述通りだが、その実際の展開についてはあまり確実なことはわかっていない。12 月 22 日まで始まらなかったかもしれない——これはスハヌボン王子がカンボジアを離れて帰国した日だ。そして南西地域部隊の役割も、文献資料からではなくその後の出来事から

憶測するしかない（たとえば Sihanouk, *War and Hope*, pp. 73-4 を参照）。カンボジア側の最も詳細な記述は1月9日朝（現地時間）のラジオ・プノンペンの放送だ（BBC SWB FE5709/A3/1-3）。また1月17日陸軍記念日でのポル・ポト演説（SWB FE5717/A3/1-5）も参照。

572 **国交を断絶する**　*Kampuchea Dossier*, vol. 1, pp. 144-58.

572 **口火を切った**　Picq, *Horizon*, pp. 111-13 を参照。

572 **さらに急いで帰還するしかなかった**　ポルはどうやらベトナム軍がかくもすばやく撤退するとは思っていなかったらしい。というのも1978年1月3日にかれは、軍に戦争の長期化に備えよと警告しているからだ（「870局からの助言――我が領土を侵略している敵を攻撃して勝利を獲得するための観点、立場と手法」Dossier D01993, DC-Cam）。

572 **勝利を誇った**　1月17日のポル・ポト演説を参照（SWB FE5717/A3/2）。かれは「記念碑的な勝利（中略）1975年4月17日の偉大な勝利にも比肩する」と語っている。

573 **紛争の焦点は〜パワーバランスに影響を与えることになった**　断りがない限りこの記述は以下に基づく。Chanda, *Brother Enemy*, Chs. 7, 8, 10; Heder, *Conflict*, pp. 42-62; Robert G. Sutter, 'China's Strategy towards Vietnam and its Implications for the United States', Elliott, Third Indochina *Conflict*, pp. 175-90 所収。

573 **ベトナムの政治局は〜 Vietnamese Politburo... Chinese fold**　Nayan Chanda, *Far Eastern Economic Review*, 1979/1/19 号 ; Porter, *Vietnamese Policy*, p. 108, ベトナムの外務相代理グエン・コ・タクを引用して。また Morris, *Why Vietnam*, p. 216, のレ・ズアン引用も参照。

574 **周恩来未亡人である〜非難するに至ったほどだ**　鄧穎超の演説の詳細については BBC SWB FE5719/A3/8-10 を参照。返答としてラジオ・プノンペンは、友情は「物質的援助の問題ではなく（中略）それぞれの国が大国だろうと小国だろうと自分の運命を自分で左右する権利を尊重することからくる」と放送している。

575 **ソビエトから兵器と軍事顧問**　Morris, *Why Vietnam*, p. 212.

575 **中国製の兵器**　CPK 常任委員会会合議事録、1978/1/26, 2/2, Doc. 32（N442）/T8300, VA.

575 **新しい鉄道の完成**　Sihanouk, *Prisonnier*, pp. 271-2; Martin, *Industrie*, p. 87. St Louis Post Despatch, 1979/1/15 の Richard Dudman の記述も参照。

576 **集められるだけの勢力**　Pol Pot, *Abbreviated Lesson*, p. 224.

577 **どうやって勢力を**　「党と集団性の力の構築作業推進に注意を払いそれらをさらに強化すること」。*Tung Padevat*, Mar. 1978, pp. 37-53.

577 **個人崇拝**　Vann Nath, *Portrait*, pp. 42-82 and 86; Ung Pech の証言 , De Nike et al., p. 81.

577 **「友邦を強く必要としている」**　BBC SWB FE5717/A3/4. また1978年1月22日の党中心における決定概要、Doc. 32（N442）/T8302, VA 所収を参照。「中央委員会」の「特別会合」と書かれてはいたものの、こんな重要な問題がそんなに大きな聴衆の前で発表されたとは考えにくい。むしろこの内容は

常任委員会会合か、もっと限られたグループだったことをうかがわせる。
578 長い議論がおこなわれた　Khieu Samphân インタビュー。
578 タイとの関係　Jackson, *Cambodia* 1978, pp. 78-9; Shawcross, '*Cambodia*: Some Perceptions of a Disaster', Chandler and Kiernan, *Aftermath*, pp. 242-3 所収；Christopher Goscha, 'Vietnam, the Third Indochina war and the Meltdown of Asian Internationalism'（近刊）, p. 28; Milton Osborne, 'Kampuchea and Vietnam', *Pacific Community*, vol. 9, no. 3, April 1978, p. 262.
578 マルクス＝レーニン主義の集団　これらを含む類似の訪問に関する詳細は BBC SWB FE の随所にある。
578 アンコール遺跡　Chanda, *Brother Enemy*, p. 335. 観光客の訪問は 12 月に始まった。シエムリアプには 2 団体か、ひょっとして 3 団体がやってきたが、その後安全状況が悪化したためにこの計画は中断された（Long Nârin インタビュー）。
578 そして日本は　Pich Chheang インタビュー。
578 二〜三割　「1978 年第 1 学期において党の政治任務を達成するための重要な経験を学ぶこと」（無署名だが Pol Pot 著）、*Tung Padevat*, May-June 1978, pp. 1-46.
578 なんとか暮らしやすくするため　緩和は地方部だけでなく、プノンペンの省庁でも感じられた。B-1 でイエン・サリは、研修旅行やレジャー活動が導入されると発表し、省職員は中国やアルバニアの古い映画の鑑賞が許可された（Picq タイプ原稿、pp. 314 と 333）。
578 食料の採集　Denise Affonço 証言、De Nike et al., p. 455 所収。
578 そして不承不承ながら〜婚姻がはじめて認められ　Yi Tan Kim Pho, *Cambodge*, pp. 115-17 and 157; In Sopheap インタビュー、Martin, *Industrie*, p. 97; Y Phandara, *Retour*, p. 103; *St Louis Post Despatch*, 1979/1/15 の Richard Dudman の記述。
579 完全な政治的権利　「協同体の勝利へのさらなる一歩」、*Tung Padevat*, July 1978, pp. 33-43. また De Nike et al., p. 436; および Vickery, *Themes*, p. 115.
579 そこでポル・ポトは中央委員会指令に〜話し合われることになった　'Les indications du CC du CPK au sujet de la politique du Parti envers ceux qui ont commis l'erreur de suivre laCIA, de travailler comme agent Vietnamien ou de suivre leKGB, pour agir contre le Parti, la Révolution et le Kampuchéa Démocratique', May 20 1978, Doc. 32（N）/T8176, VA. ポルは新しい指針を「政治的任務を果たすための重要な経験を学ぶ」（supra, pp. 1-46）で論じている。
579「おまえはついてるよ」　Kân インタビュー。Pol は特に、「道徳的な違反」が実際以上に誇張されてしまう問題を *Tung Padevat* May-June 1978, supra の記事で論じている。
579 政策の変化は協同体の中でも　De Nike et al., p. 436.
579 帰国組の留学生〜学校が開かれた　Martin, *Shattered*, pp. 198-203; Ong Thong Hoeung, *Récit*, pp. 135 以降、Picq タイプ原稿、p. 214.
580 それまでブルジョア層の〜学生数は三百人だった　Martin, *Shattered*, pp. 190 and 203, and *Industrie*, pp. 91-3; Thiounn Mumm インタビュー、Y Phandara,

Retour, pp. 121-2. この発言は多少の条件づけが必要だ。1976-77 年にはプノンペンで学校が 2 つ開校し、12-16 歳の子ども 400 人ほどが、元労働者や技師たちによって基本的な技能を教わっているからだ（'Les Enfants du Kampuchéa Démocratique', Bulletin de l'ASEMI, vol. 13, nos. 1-4, 1982 所収）。だが国立技術大学の創設は、全国的な技術教育システムの第一歩だった。

580 **カンプチア共産党指導部が～支持する声も高まった** In Sopheap, Suong Sikoeun インタビュー、In Sopheap, *Khieu Samphân*, p. 101. 日本の援助を受け入れるという 1978 年半ばのポルの決断については 'Rapport de 870 à propos de la réunion avec l'Ambassadeur japonais en juin 1978', Doc. 32（N442）/T8297, VA を参照。

580 **われわれはこれまで** Pol Pot, Yugoslav インタビュー。

580 **その秋にポル・ポトと** In Sopheap, *Khieu Samphân*, p. 101.

581 **数万人が拘置所で** Kiernan, *Eastern Zone Massacres*, 随所、特に pp. 11, 35-6, 49, 57-8, 65, 74-5, 81, 85, 95; および *Chickens*, pp. 185-98 を参照。

581 **「『党を浄化せよ！～中央幹部の派遣が必要になった** 'Réunion particulière du Comité Central du Parti du 22 Janvier 1978', Doc. 32（N442）/T8302, VA.

582 **「平和主義」の傾向** この用語が CPK 文書で初めて使われたのは、1973 年にシアヌーク派をはじめ、アメリカとベトナムのパリ平和協定を受けて共和国政府と平和合意の交渉をしようとした人々を指すときだった。「投降主義者」「平和化の手先」といった意味合いがある。

582 **合図となり** Kiernan, *Regime*, p. 392; *Chickens*, pp. 186-7.

582 **緩衝地帯** Kiernan, *Eastern Zone Massacres*, p. 85. 国境地帯の無人化に明らかに触れてヌオン・チェアは党会合はこう述べている――「人口から 6 万人を引き揚げるのは正しかった――かれらを生き残らせていたら、内部から問題を引き起こしていただろうから」（'Extrait de quelques textes du Bureau 870', Doc. 32（N422）/T8318, VA）。

582 **チュー・チェト** Kiernan, *Regime*, p. 392; Heder, *Pol Pot and Khieu Samphân*, pp. 16-17.

582 **ハノイ帰還組の残りが～殺害された** Kiernan, *Chickens*, p. 166; Kit Mân インタビュー。

582 **そして北西部に** この記述は Yi Tan Kim Pho, *Cambodge*, pp.148-69; Szymusiak, *Stones*, pp. 177-82 およびそれ以降、Kiernan and Boua, *Peasants and Politics*, p. 362, pp. 351, 357, および Kiernan, *Regime*, pp. 416-22 に基づいている。Kiernan はコンポンチャナンからきた西部地域幹部や、モクの南西地域からきた幹部たちが、1978 年の北西部の「浄化」に大きな役割を果たしたことを指摘している。

583 **だが、この春に政権がみずから～人々には激しい敵意が残った** So Phim の運命と、その後東部の人々に降りかかった恐怖に関する圧倒的にすぐれた記述は Kiernan, *Regime*, pp. 392-416 で、この部分の記述もほとんどそれによる。唯一わたしがかれの主張に賛成できないのは、最後の日々にピムがベトナムの支援を求めようとしていたという点だ。これは主にヘン・サムリンによる 1992 年の発言が根拠になっているが、サムリンはその時点で

ハノイに加担しており、したがってこの発言にはかれの利害がからんでいる。サムリンの主張をもっと信じがたくしているのは、1978年晩夏まで、当のサムリン自身がきわめて反ベトナム的見方をしていることが記録されているという点だ（Heder, *Pol Pot to Pen Sovann*, p. 25を参照）。

584 **何万人もの東部地域の兵士〜慣れていなかった**　Deuch, Nate Thayerインタビュー。またVann Nath, *Portrait*, pp. 79-81も参照。

585 **ロス・ニムが拘束され**　Kiernan, *Regime*, p. 417.

585 **粛正は政権を強化するか致命的に弱体化させるか**　前者の例は1930年代の中国共産党拠点地域での粛正で、異論を抑えるはずの極端な暴力が、生き残りたちを強硬で狂信的に近い献身的な力に変え、革命のためならどんな苦労にも耐えられるようにした例だ（Gregor Benton, *Mountain Fires: The Red Army's Three-Year War in South China, 1934-1938*, University of California, Berkeley, 1992, pp. 478, 506-7）。一方、同時期のスターリンによる粛正は、第2次世界大戦前夜にロシアに致命的なほどの被害をもたらした。

586 **軍は六割の力を**　「870会合抜粋、1978/8/5」、De Nike et al., p. 412所収。

586 **数で言えば**　BBC SWB FE5813/A3/1-4. これがポルの書いたものであることはSuong Sikoeunインタビューを参照。

586 **クメール人心理**　In Sopheapのコメントでは「ヨーロッパ人にはかれの議論はとんでもないものに聞こえるでしょうが、クメール人には筋が通っているんです（中略）感情的な面で、ポル・ポトはクメール人の心をとらえる語りかたをずばり知っていました」（インタビュー）。

586 **「嘘とすら呼べない代物」**　このコメントはBrantly Womack, 'Asymmetry and Systemic Misper-ception: China, Vietnam and Cambodia during the 1970s', 近刊より。

586 **「しばらくは持ちこたえられる」**　「870会合抜粋、1978/8/5」supra. 出所がベトナム筋なので、この引用の扱いには注意が必要だ。しかし*Tung Padevat* 1978/6号の記事2つ——「われわれ全員の国民的義務」（pp. 1-3）および「内部から浸食する隠れた敵をさらに絶対的かつきれいに掃討することに注意を払う」（pp. 4-25）——も似たような陰気さの印象をもたらしている。後者はきまじめにこう述べる——「こうした隠れた敵すべてが内部から浸食して我が党や人民、革命を破壊している。（中略）連中は己をスパイとして隠し、長期にわたってわれらの革命を破壊できる。（中略）あらゆる類の敵が（中略）人民の生活水準を破壊し、人民を飢えさせて渇かせ、着るものを奪い、住む場所を奪っているのだ」。

587 **九月二十八日に〜シアヌークを置いておいたのだ**　シアヌーク再登場とそれに至る出来事についてはもっぱら*Prisonnier*, pp. 209, 212-17と259-93による。1976年4月-77年9月までの孤立についてはpp. 125-45, 168, 174-5; およびSchier, Sihanouk, pp. 21-2も参照。

587 **鄧穎超**　ノロドム・シアヌークの未刊行『回想録』、Julio A.Jeldresが'China's Growing Influence in Cambodia', *Africana: rivisti de studi extraeuropei*, no. 8, Pisa, 2002, p. 8で引用したものによる。

587 **誘拐の企てに備えて**　Nayan Chandaはベトナムの外相グエン・コー・タッ

クを引用し、シアヌークが移送された直後に誘拐未遂事件があったと述べている（*Brother Enemy*, p. 299）。他の情報源はその事件がずっと後だったと述べている（p. 301）。また Vandy Kaonn, *Cambodge*, pp. 143-4 も参照。

588 **おもな議題**　Heder, *Conflict*, pp. 58 と 60; Chanda, *Brother Enemy*, pp. 261-2.

588 **だがもっとも重要な議論は、九月末の十日間〜理解していなかったようだ**　Pich Chheang と Moeun インタビュー。CPK の 18 周年を記念するポルの演説は Doc. 32（N422）/T8318, VA で 9 月 19 日付けとされている。放送版については SWB FE/5930/C/1-6 と FE/5931/C/1-13 を参照。9 月 29 日にポルは中国大使孫浩をプノンペンに迎え（SWB FE/5933/A3/12）、10 月 2 日には常任委員会会合に出席している（Doc. 32［N422］/T8318, supra）。不思議なことに、かれもヌオン・チェアも 9 月 30 日に中国大使館で開かれた国慶節祝宴に出席していないが、これは何か関係ない理由があったのかもしれない。9 月 19 日の日付が正しければ、かれは 20、21 日頃から 28 日あたりまで北京にいたことになる。だが北京訪問が 10 月初旬におこなわれた可能性もある。

588 **責任の一端がクメール・ルージュにも**　似たような叱責としては耿飆の 1979/1/16 演説を参照（*Issues and Studies*, vol. 17, Jan. 1981, pp. 82-3）。

588 **戦争自体はカンボジアの責任**　Heder, *Conflict*, p. 60.

588 **一九七八年の一月以降〜反撃で報いなければならない**　CPK 常任委員会会合議事録、1978/1/26 と 2/2, Doc. 32（N442）/T8300, VA.

589 **ポル・ポトはこの戦略について〜ジャングルに姿を消すという戦略だった**　「870 から 12 へ」　1979/1/20, Doc. 32（N442）/T7293, VA.

589 **「ゲリラ戦をおこなえば〜弱点をつくことである」**　'Réunion particulière du Comité Central du Parti du 22 Janvier 1978', supra. こうした抜粋をここで掲載したのは、現実にはこれが実施されたのはこの頃だったからだ。

589 **ベトナム人は天に届くほど**　「われわれ全員の国民的義務」、*Tung Padevat*, July 1978, pp.1-3.

590 **レ・ドク・トは〜三回目だった**　Chanda, *Brother Enemy*, p. 255.

590 **ベトナムのファン・バン・ドン首相は〜規程があった**　Ibid., pp. 318-22.

591 **あざけった**　*Tap Chi Cong San*, no. 11, Nov. 1978, pp. 11-15.

591 **クレムリンに〜述べた**　Mosyakov（*Khmer Rouge*, pp. 36-7), 10 月 20 日にハノイでおこなわれた VWPCC 国際連絡部幹部とソ連外交官との会話を引用しつつ。および Morris, *Why Vietnam*, pp. 215-18, これもソ連高官との会話を引用しつつ。

591 **モスクワで条約が〜一つとして実行に移されなかった**　断りがない限り、この鄧小平の東南アジア旅行と汪東興のプノンペン訪問の記述は Chanda, *Brother Enemy*, pp. 324-9 と、当時北京特派員だったわたしの記憶に基づいている。

591 **クリアンサック将軍はあまりいい顔を**　Lee Kwan Yew,『回顧録』、原書 p. 297; および耿飆の華国峰への 1979 年 1 月 15 日報告を参照。後者ではクリアンサックが鄧小平に「中国がカンボジア問題を適切に処理してくれることを希望する。さもないと、全世界に対して面子が丸つぶれですよ」と述

べたことが記されている。Doc. 32（N422）/T10622, VA での引用。

592 工場労働者たちは〜塹壕を掘っていた　Martin, *Industrie*, p. 102. Long Visalo はボウントラベクでは塹壕掘りが12月に始まったと記憶している（インタビュー）。外務省では Laurence Picq によると1月初旬に始まった（タイプ原稿、pp. 360-1）。

592 歓迎の祝宴で〜この段落は削除された　Picq タイプ原稿、pp. 340-1.

592 当面は跋扈する　BBC SWB FE5962/A3/2-5.

592 広間が停電し　Suong Sikoeun インタビュー。Picq タイプ原稿、p. 341.

593 一九七八年十一月の〜第七位だった　第5回党大会について知られている唯一の細部は、ある幹部のノートに書かれたものだけで、部分的な翻訳が VA にある（Doc. 32（N442）/T8389）。未翻訳部分に基づくと思われるベトナム編者のメモは、そのノートがイエン・サリのものだったかもしれないと示唆している。

593 翌朝〜終わりだと思ったんだ　Ieng Sary インタビュー。

594 十一月末に　11月半ばから12月15日にかけて北京でおこなわれた作業部会で、中央委員会はベトナム・カンボジア紛争について長い議論をおこなった。そこで到達した決断は12月18-22日の中央委員会第3回総会で承認された。

594 三十万人が　Short, *Dragon*, 1982, p. 482. 決断のニュースはまず北京大学の学生からきた。同地域にいたかれらは、12月になって冬休みに帰郷が許されないと告げられた。

594 十二月二日に　Chanda, *Brother Enemy*, pp. 338-41.

594 プノンペンを放棄しなければならない　Dudman, *St Louis Post Despatch*, 1979/1/15.

595 わたしたちは心配してはいません　Picq タイプ原稿、p. 352.

595 退却しているのを知って衝撃をうけた　Kân インタビュー。

595 十二月二十二日に　Becker, *When the War*, pp. 425-6.

595 その夜〜野球帽の男と思われた　この記述は ibid., pp. 427-9; Dudman, *St Louis Post Despatch*, 1979/1/15; および Phi Phuon インタビューに基づく。重要な点として、Phi Phuon の記述は重要な細部において Becker と Dudman のものとすべて一致した。

596 イエン・サリが報告を受けたのは〜命じただけだった　Phi Phuon インタビュー。

596 ポル・ポトがコールドウェルを殺せと命じた　1979年2月に北京でイギリス外交筋に与えられたのはこのバージョンだった。

596 不幸な恋愛関係　Phi Phuon, Thiounn Mumm インタビュー。

596 別の警備員　Becker, *When the War*, p. 430. この糾弾が重要なのは、1978年末頃、ソン・センに疑惑の噂が持ち上がっていたからだ（Picq タイプ原稿、p. 335; Nikân インタビュー）。特別地域ではボン・ベトの分身であり、また同地域では地域常任委員会のたった2人の委員だった（Deuch インタビュー）。Heder はポルが、ソン・センとケ・ポクの両方を疑っており、ベトナム侵攻で2人がからくも粛正を免れたのではないかと述べている（Pol

Pot and *Khieu Samphân*, p. 22)。
596 ダッドマンが犯人だと思う　Tep Khunnal インタビュー。
596 だがフィ・フオンは～考えた　Phi Phuon インタビュー。
597 ポンラクが軍事政府長官に　Suong Sikoeun インタビュー。
597 居眠りしていた　Long Nârin インタビュー。
597 妊婦なら攻撃してこない　Picq タイプ原稿、p. 345.
597 一九七八年のクリスマスの日～防衛線はずたずたになってしまった　断りのない限り、この侵攻の記述は Chanda, *Brother Enemy*, pp. 341-3 による。
597 六万人以上を擁するベトナム　ベトナム侵略軍の総勢力は通常は 12 万人とされ、その半分以上が南部前線に配備されていた（たとえば Martin, *Gouvernement*, p. 444 を参照）。
598 司令部は制圧されたが　ソン・センがからくも逃げられた話は 1979 年 1 月 16 日の耿飆報告でそれとなく触れられている（*Issues and Studies*, vol. 17, Jan. 1981, p. 79）。細部はまちがっている――耿飆は事件がプノンペン陥落後だとしており、バッタンバン近くで起きたとしている。だがセンが「脱出がほとんど間に合わないところだった」という部分は正しい。1 月のセンの動きについては Phi Phuon と Phann インタビューを参照。
598 十二月二十九日　BBC SWB FE6007/A1/5.
598 クラチエの陥落　BBC SWB FE6007/A3/7.
598 タサン　CPK CC 総務局の元護衛ランのインタビュー（パイリン、2001/11/27）。
598 一月一日の夜～穴だらけの道を走り出した　Phi Phuon インタビュー、Sihanouk, *Prisonnier*, pp. 309-16.
598 シアヌークが出発した二十四時間後～連れて行かれた　Tanjug in English, 1979/1/7, in BBC SWB FE6011/A3/15; および Nikân インタビュー。Yun Shui は中国外交官の証言に基づいて、かれらはバッタンバンに連れて行かれたのだと述べているが、これはまちがいのようだ（*Diplomats*, pp. 499-500）。
599 外交官らは大使館に～帰還させられた　Phi Phuon, Nikân インタビュー。
599 進軍が再開された　Chanda, *Brother Enemy*, p. 343.
599 ポルポトはフランス総督の～溺れさせてしまうのです　Sihanouk, *Prisonnier*, pp. 316-20.
600 かれは同日のラジオ放送でも～ごく短期間だろう　Pol Pot, カンボジア人民に対する声明録音、現地時間 1 月 5 日夜明けに放送、BBC SWB FE6009/A3/1-3.
600 プノンペンを離れるのは一時的　Khieu Samphân インタビュー。
600 外務省のソー・ホン　Suong Sikoeun インタビュー。
600「軍は事態を掌握している」　In Sopheap インタビュー。
600 中国はだまされなかった　Yun Shui, *Diplomats*, pp. 499-501.
601 滑走路が短すぎる　Mey Mak インタビュー。
601 シアヌークに別れを告げた　Khieu Samphân, Phi Phuon インタビュー。
601 ソン・センはその夜にプノンペンを離れ　Phi Phuon インタビュー。
601 一月七日の土曜日――の夜明け　Ibid., Khieu Samphân インタビュー。David

Chandler は Y Phandara の回顧録に基づき、その朝プノンペン上空をヘリコプター2機が「ポル・ポトとその親近者たちを乗せてタイへ亡命させようと通過していった」と述べる。残念ながら——このイメージは実に魅惑的なので事実であってくれたらと思うのだが——現実はもっとつまらないものだった。ポチェントン空港で民間機部門の長だった Mey Mak（インタビュー）によれば、1月6日の夕方に空港の軍事部門からヘリが1機飛び立ったが、だれが乗っていたかは最後までわからなかった。残ったヘリのうち2機は、明らかにそのパイロットたちが独断で翌朝離陸させた（ibid.; および Ong Thong Hoeung, *Récit*, p. 164）が、ほとんどは地上に残ったままで、残りの民主カンプチア空軍とともにベトナム軍に捕獲された。

601 **特別列車**　Long Visalo インタビューと Y Phandara（*Retour*, pp. 179-89）はどちらもイエン・サリが列車に乗るのを見たと述べる。当人は、バッタンバンまで Khieu Samphân と車で移動したと述べる（Maben インタビュー）が、Samphân はこれを否定した（インタビュー）。

601 **他の省庁の多く〜後に残された**　Picq タイプ原稿、p. 472; Thiounn Thioeunn インタビュー。

601 **筆舌に尽くしがたい**　Ong Thong Hoeung, *Récit*, p. 163; Y Phandara, supra.

602 **同日の午前七時過ぎ〜何事もなく到着した**　Nikân インタビュー。

602 **こうしてクメール・ルージュ高官で〜アウラル山のかつての基地に向かった**　Suong Sikoeun, Phi Phuon インタビュー。

602 **四万人の労働者**　この数字は推測だが、3万以下でなかったのは確実で、5-6万以上だった可能性は低い。Marie Martin の推計では、1978年には全国で10万人の労働者がいたというが、これはゴム農園労働者、コンポンソム港の荷役者、バッタンバンやコンポンソムなどの工場労働者をすべてあわせた数字だ。プノンペンで警備とパトロールにあたっていた兵は1万人程度だっただろう。

603 **儀式めいた決まり文句**　BBC SWB FE6009/A3/1-3.

604 **ベトナム人がそこまで迫っている〜ただの噂だと思ってたよ**　Mey Mak インタビュー。

604 **党の機密文書**　ベトナムは、どんな CPK 文書を持っているかはっきり発表したことはない。CPK 常任委員会議事録の部分的な束が、イエン・サリがいたと思われる家で見つかっている（Khieu Khannarith インタビュー）。またベトナム軍が1979年3月末に、タサンのポルの暫定本拠地を襲撃したときに押収された文書もある（Doc. 32（N442）/T7293, VA）。だがハノイで研究者に公開された文書の一部——たとえば1977年8月のポルと Khamtan との会合記録や、日本政府首脳と CPK 指導者との会談記録——はタサンからきたとは考えにくい。したがって、ベトナムはプノンペンで CPK 中央委員会文書館の他の部分を入手した見込みが高い。

605 **ドッチがヌオン・チェアから〜回収された**　ツールスレンで尋問された最後の人々の中にはアメリカ人 Michael Deeds がいた。その最後の自白調書は1979年1月5日の日付となっている（*Cambodia Daily*, Apr. 15-16 2000）。また Deuch, Nate Thayer とのインタビューを参照。‘On your own’ Kân イン

タビュー。
605 応答はなかった　Mey Mak インタビュー。
605 あとは自分でやってくれ　Kân インタビュー。
605 八百人の工員～逃げだしたんだよ　Phi Phuon インタビュー。
605 このときでさえ～立ち去ってくれと望んでいた　Mey Mak インタビュー。
606 殴り殺された　Kân インタビュー。また Haing Ngor, *Odyssey*, p. 353; と Someth Mey, *Cambodian Witness*, p. 245 も参照。
606「馬鹿ばかり！」　Ong Thong Hoeung, *Récit*, p. 163.
607 ベトナム人とクメール・ルージュ双方の関係筋　1978 年に反乱の試みがあったという議論とそれを否定する議論は、それぞれ Ben Kiernan と Stephen Heder によって *Indochina Issues*, no. 52, Dec. 1984, pp. 1-7 の 2 論文でまとめられている。Heder は「わたしは東部地域でさえ大規模な反乱があったとは確信していない」と述べる。わたしの判断では、過去 20 年でこれを疑問視すべき信頼できる証拠は出てきていない。Kiernan はチュー・チェト逮捕の直前に西部地域の連隊が反逆を企てていて、チェトは関与を疑われたのだと主張する（*Regime*, pp.390-2）。これは確かにありえるかもしれないが、不満を抱いた一連隊だけの行動とされるものは、チェトが本当にそれを支持していたとしても――それ自体はっきりしないが――クメール・ルージュ国家に対する反逆とはとても言えない。さらにクメール・ルージュ指導者の中で最も経験豊かで、30 年近い権謀術策を経て、裏切り者を待ち受ける運命を誰よりも知っていたチュー・チェトが、そんないい加減な理由で自分の首を危険にさらすとはとても思えない。1978 年 10 月に VWP がソー・ピムの運命を知らなかったことについては Mosyakov, *Khmer Rouge*, p. 37 を参照。

## 第十二章　崩壊した理想郷

頁
609 イエン・サリ　Ieng Sary, Maben インタビュー、*Khieu Samphân* インタビュー。
609 共同管理　Khin Sok, *Cambodge*, および Chandler, *History*, pp. 114-16.
609 許可を求める　Nikân インタビュー。
609 タイの首相である～せき立てられて乗り込んだ　Ibid.; In Sopheap インタビュー、Henry Kamm, *Cambodia: Report from a Stricken Land*, Arcade, New York, 1998, pp. 153-6.
610 イエン・サリを叱責した　In Sopheap, ibid. 鄧小平の発言の別バージョンとして、「いささか行き過ぎた粛正」に言及し、それが「われわれの活動のすべての脚を引っ張り、他の問題を引き起こしている」と述べたものが、1979 年 8 月のベトナム主導のイエン・サリとポル・ポトの「裁判」で提出された（De Nike et al., pp. 393-5）。この文書は実は、1 月 12、13、15 日の鄧小平とイエン・サリの北京会談での発言を寄せ集めたものだ。特に最初の部分は怪しい。これはその後、ベトナムが公開した全文からは削除されている（Doc. 32（N422）/T10.622, VA）し、第 2 段落はまったく別の文書

から挿入されているように思える。

610 だがこの日と翌日の～（シアヌークの説得に）協力しよう　以下の記述はもっぱら、1月13日付イエン・サリの鄧小平と耿飆との会談概要、Doc. 32（N422）/T10.622, supra 所収に基づいている。

610 五百万ドルを負担する　この無償援助は、「外貨建ての無返済現金援助」とされていたが、イエン・サリと中国の副主席陳慕華との間で1979年1月20日に締結された（ibid.）。

611 その日の夕方～交わされた　Sihanouk, *Prisonnier*, pp. 342-5 と 365-71. また Chanda, *Brother Enemy*, pp. 363-9; および1月15日付け中国外交部長黄華とイエン・サリ会談 Doc. 32（N422）/T10.622, supra 所収も参照。

612 問題は～支持なしには何もできないからだ　Doc. 32（N422）/T10.622, supra.

613 耿飆は首相が～許可されなかった　Doc. 32（N442）/T10.622, supra. Lee Kwan Yew もまたクリアンサックが「心配性で、特にカンボジアからの死の灰におびえていた」という（『回顧録』、原書 p. 297）。

613 かれは三つの経路を～許可すると示唆した　この記述はクリアンサック発言についての耿飆の報告に、韓念龍がイエン・サリに1月18日会合で伝えた発言の詳細を組み合わせたものである（ibid.）。

614 侵攻軍の先鋒がシソポンに　Han Nianlong からイエン・サリ、ibid.

614 中国の思惑通り As the Chinese　1979年1月16日付け耿飆演説（*Issues and Studies*, vol. 17, Jan. 1981, pp. 79-80）。

614 燃料を切らして　Chanda, *Brother Enemy*, p. 347. Chanda はベトナムがもともとカンボジア東部だけを占領してメコン川で止まるつもりだったと論じる（pp. 345-6）。ポル・ポトを権力の座から追放してもっと扱いやすい政権を立てようというレ・ズアンの決意を考えると、これは考えにくい。Chanda がインタビューのほとんどをおこなった1980年代初期には、ベトナムとしてはカンボジアに関する当初の意図が限られていて、全国を征服したのは単にクメール・ルージュ政権が崩壊したからだと思わせたくてたまらなかった。

614 シエムリアップで大規模なゲリラ攻撃　Long Nârin インタビュー。

614 一月二十一日　Jennar, *Clés*, p. 83. William Shawcross は同じ頃に、バンコクのタイ赤十字が「人道的見地から」怪我をしたクメール・ルージュ兵に医療を施すのが認められたと発表したのを記録している（*Quality*, p. 79）。

614 禁止令は忘れ去られていた　イエン・サリは1月27日に蘇浩名義の中国パスポートを与えられ、その直後にバンコクに向かった（DC-Cam）。

615 ベトナムの進軍を逃れて～合流した　Khieu Samphân によるとポルはプルサットで2日（1月7-9日）過ごし、バッタンバンに移動して数日過ごした（おそらく1月10-13日）後で、パイリンに「1週間ほど」出かけた（インタビュー）。しかし最速でも1月20日以前にポイペットに着けたはずのない In Sopheap は、帰還時に北京から持ち帰った新しい無線用暗号を使者に持たせてパイリンに送っている（インタビュー）。必要な距離と移動の困難を考えると、ポルはパイリンに少なくとも1月23日まで滞在したはずだ。わたしの推測では、指導層がパイリンに滞在したのは10日から2週間ほ

どだったろう。タサンへの移動については Khieu Samphân インタビューを参照。

615 二月一日〜無視されたのである　「1979 年 2 月 1 日と 2 月 2 日の会議報告」Doc. 32（N442）/T724, VA 所収。

615 カンボジアでベトナムと戦える唯一の手駒　Christophe Peschoux は、2 月 1 日から間もなく中央委員会労働会議でクメール・ルージュたちは反攻を仕掛けて、それが 4 月まで続いた（*'Nouveaux' Khmers Rouges*, pp. 79-80）。東部地域の Phann と、南西地域の Mey Mak と Phi Phuon によると、この期間中ずっとクメール・ルージュは撤退を続けていた（インタビュー）。

615 孫浩大使率いる八人の中国人外交官が〜タイの国境警備員に拘束された　この記述は Yun Shui, *Diplomats*, pp. 504-19 による。

616 それが開始されたのは〜実体を与えたのだった　Chanda, *Brother Enemy*, pp. 354-62; Short, Dragon, p. 332.

617 新たな攻撃　モクはアウラル山の自分の基地から 800 部隊を Phi Phuon の指揮下で、ポル・ポトの本拠防衛のために送り出した。かれらはサムロットの北の道を 1 週間ベトナム軍から防衛したが、その後は側面から破られた（Phi Phuon インタビュー）。Yun Shui（*Diplomats*, p. 509）によれば、中国人はカンボジア人たちがタサン防衛に「プノンペン近くから連隊を」連れてきたと聞かされた――おそらくは Phi Phuon の部隊のことだろう。

617 中央委員会の公文書の一部　Doc. 32（N442）/T724, supra は「1979 年 3 月 28 日にタサンで接収した文書」に言及している。

617 三月の後半に〜アーチ型に拡散していった　Timothy Carney, *Kampuchea: Balance of Survival*, DD Books, Bangkok, 1983, pp. 9-10, 14, 19, 38; Picq タイプ原稿、pp. 419-37 および 447 など ; Shawcross, Quality, pp. 84-5 を参照。

618 四月初旬　Chor Sokhan, Suong Sikoeun, Kong Duong インタビュー。

618 およそ二十万人の〜苦しい生活を送った　Phi Phuon, Kong Duong インタビュー。

618 五月には　Phi Phuon, Suong Sikoeun インタビュー。

618 モクとソン・セン〜バッタンバン地域にいた　Phi Phuon（インタビュー）によれば、クメール・ルージュ正規軍の「大半」はベトナム軍の前進で切り離されてからも、国内の主に東部地域にとどまったという。Yun Shui（*Diplomats*, p. 517）は 1979 年 4 月に、タイ国境にクメール・ルージュ兵が 2 万いたと書いている。鄧小平は 7 月の CPC CC 軍事委員会で、ポル・ポトが総勢 4 万の軍勢を持っていたという。これは西側の情報筋の推定に近い（'Teng Hsiao-p'ing's Talk...', *Issues and Studies*, vol. 16, Aug. 1980, p. 22; および Evans and Rowley, *Brotherhood*, p. 125）。Christophe Peschoux は元クメール・ルージュ幹部の発言として、1979 年には国境地域には 6-7000 人しかおらず、あとは奥地に散在していたという（*'Nouveaux' Khmers Rouges*, pp. 126-30）。

618 少人数の集団　Phann, Mey Mak インタビュー。

619 A-40　Chanda, *Brother Enemy*, p. 373.

619 トラックの車列　Ibid., pp. 370-1.

620 工場は解体され　Stuart-Fox, *Murderous Revolution*, pp. 173-4.

620 米も　Heder, *Occupation*, p. 31; Someth May, *Cambodian Witness*, p. 266. Michael Vickery はカンボジアの米備蓄の強奪に関する Heder の記述を否定しているが（*Cambodia*, p. 235）、これがクメール人のほとんどが信じていたことで、政治的にはそれが重要だったという点は認めている。

620 プノンペンを例外として〜脅された　Heder, *Occupation*, pp. 20-24, 26; Yi Tan Kim Pho, Cambodge, pp. 191-2, 196.

620 「正しい姿勢」　カンボジアをベトナムの型に押し込もうとする試みはその後ますます強くなった（J. R. Pouvatchy, 'The Vietnamisation of *Cambodia*', Institute of Strategic and International Studies, Kuala Lumpur, 1986; および 'The Vietnamisation of Kampuchea: A New Model of Colonialism', Indochina Report, 創刊準備号 , Oct. 1984 も参照）。

620 拘束される危険　アムネスティ・インターナショナルの報告、'Kampuchea: Political Imprisonment and Torture', New York, 1987 を参照。この報告は PRK における悲惨な状況について信頼できる記述をおこなっている。また Ly Den, 'Les Détenus Politiques sous le Gouvernement de Heng Samrin', Bulletin de l'ASEMI, vol. 13, nos. 1-4, 1982, pp. 249-65 も参照。Ping Sây は 1979 年に教育省での役職を拒否して逮捕され、その後 8 年にわたりプノンペンの T-3 監獄に収監された。最初の 1 ヶ月は 2 メートル× 1 メートルの真っ暗な独房に入れられた。出てきたときには歩けなくなっていた（インタビュー）。

620 結果として〜吹き飛ばされて死亡した　Heder, *Occupation*, p. 25; Shawcross, *Quality*, pp. 85-92. プレア・ビヘアに無理矢理送り返された——そして 2 度目の試みでアメリカに到達できた——人物の目撃証言が Criddle and Butt Mam, *Destroy*, pp. 246-60 にある。

621 やっと欧米諸国の政府の関心〜上回るほど跳ね上がった　飢餓と難民脱出について圧倒的に優れた記述は Shawcross の入念な調査に基づく *Quality*, Chs. 5-10 である。飢餓の程度が西側では誇張されていた（「クリスマス前に死者 200 万人」といった大げさな見出しが躍っていた）という判断は、それが 1975-8 年よりひどかったという事実を否定するものではない。クメール・ルージュ時代の死者数は主に過労、食料欠乏、医療不在によるものだった。1979 年の主な死因は飢餓だった。

621 国境を越えて戻った　Chor Sokhan, Kong Duong インタビュー。

622 常設司令本部　Phi Phuon が初めて第 131 局を訪ねてポルと会ったのは 7 月のことだった（インタビュー）。この地域はまた Châ-2 と 505 とも呼ばれていた。以下の記述は Kong Duong, Kân, Mey Mak, Suong Sikoeun ——全員そこで働いていた——のインタビューから取っている。また東部地域の森に隠れていた集団のひとつにいた Phann とのインタビューからも取っている。

622 ペムと改めた　Nikân インタビュー。ペムはポルの祖父の名前だった。1967 年に、革命名がポウクだった頃、少なくとも一度はポウク・ペムと署名している（'Lettre du Comité Permanent du CC du CPK au Bureau Politique du CC du CPC', Doc. TLM/175, VA）。

622 骨と皮ばかり　Kong Duong, Chor Sokhan インタビュー。
622 人間が共食い　Mey Mak インタビュー。
622 まったく肉づきのない　Shawcross, *Quality*, p. 170. Stephen Heder（*Occupation*, pp. 70 and 115）およびSerge Thion and Ben Kiernan（*Khmers Rouges! Matériaux pour l'Histoire du Communisme au Cambodge*, Albin Michel, Paris, 1982, p. 299）はタイの難民インタビューに基づいて、クメール・ルージュ支配下の民間人人口を50万人から80万人として、最大でその半数が死んだのではと言う。クメール・ルージュ幹部生き残りとのインタビューに基づくと、民間人人口はむしろ20万人くらいだったと考えるべきで、死んだのはその4分の1くらいだろう。
623 つやつやと太っていた　Picq タイプ原稿、pp. 441, 445, 453-4. また1979年7月の、イエン・サリや他の指導者たちの「ぽっちゃり顔」についての記述（ibid., pp. 466-9）および同月にコロンボで開かれた非連合運動会議でのサリの写真も参照。ポルの写真は、1979年12月に中国人ジャーナリストが撮ったものからはじまるが、かれがまるまるとして太りすぎなのがわかる。
623 中国からの援助も　Laurence Picq は、1979年7月にカムリエンの国境からタイ側に数キロ入ったポン・アムロン地区にあるほとんど空っぽの武器庫を見せられ、中国からの供給を待っているのだと言われたという（ibid., p. 467）。場所については Phi Phuon（インタビュー）を参照。ポン・アムロンについては Martin, *Khmers Daeum*, p. 95 を参照。Kong Duong によれば中国の援助は「1979年10月か11月」にやってくるようになったと述べた（インタビュー）。
623 次の標的とみなされていた　Lee Kwan Yew,『回顧録』原書、pp. 334, 336-7.
623 ファウスト的な協定　「ファウスト的な協定」という用語は Michael Haas の著書 *Cambodia, Pol Pot and the United States: The Faustian Pact*, Praeger, New York, 1991 の題名からいただいた。
623 その冬の乾季〜活動するようになっていた　この記述は Phi Phuon, Kân, Kong Duong, Mey Mak, Phann インタビューから。
624 家を離れて反乱軍に参加　Yi Tan Kim Pho, *Cambodge*, pp. 233-4. 1982 にはこの減少はもっと目立つようになっていた。Martin, Gouvernement, p. 470 を参照。
624 ベトナム兵の数は十八万人　Lee Kwan Yew,『回顧録』原書、pp. 336-7.
624 第一三一局も拡大　Kân, Kong Duong, Mey Mak インタビュー。
624 第八〇八局　Phi Phuon インタビュー。15年後、808はモクの基地として使われた。アンロンベンの北西16キロほどのところにある（*Phnom Penh Post*, 1998/4/10-23）。
624 非現実的な鏡の国〜不愉快に思った　Kamm, *Stricken Land*, pp. 178-81.
626「われわれのおもな務め〜放棄しようとしている」　Ibid., pp. 181-2. Kamm が書き記した「われわれは放棄する」を「われわれは放棄しようとしている」に変えたことを述べておく。サリは英語をしゃべらないので、この発言はフランス語かクメール語からの翻訳であるはずだからだ。
626 トラは仔猫には　Sihanouk, *Prisonnier*, p. 368.

626 パステルカラー　Kong Duong インタビュー。
627 ピンクのブラウス　Picq タイプ原稿、p. 466.
627 試験がおこなわれた　Kong Duong インタビュー。
627 処刑は廃止された　Mey Mak は総論として「1980 年以降はもう殺害はなかった」と述べている（インタビュー）。Deuch はその変化を 1979 年 10 月としており、一時は止めたがその後再開したと述べている（Nate Thayer インタビュー）。また Peschoux, *'Nouveaux' Khmers Rouges*, pp. 25-6, 168-71.
627「新しい始まり」　Picq タイプ原稿、pp. 478-9.
627 一九七九年の九月～合意に至ることを知っていた　シアヌークとクメール・ルージュによる 1979-81 年のこの手練手管についての記述はたくさんある。最高のもののひとつは Marie Martin, *Gouvernement*, pp. 443-78. また Brown and Zasloff, *Cambodia Confounds*, pp. 14-21; Chanda, *Brother Enemy*, pp. 382-92; Ben Kiernan, 'Kampuchea, 1979-81', *South-East Asian Affairs*, 1982, pp. 184-93; Sheldon W. Simon, '*Cambodia* and Regional Diplomacy', ibid., pp. 197-207 も参照。
628 すねていた　Sihanouk, *World Leaders*, p. 34.
628 一九八一年八月～利益が確保されるようにはからうと約束した　この記述は Mey Mak インタビューより。イエン・サリはバンコクに同行したが、かれも他の CPK 指導層も北京には同行していない。
629 共同声明　*Contemporary South-East Asia*, vol. 3, no. 3, Dec. 1981, p. 301.
629「人々は非常に驚き～力を合わせる方がいいか？」　Phann インタビュー。
629 この問題を回避するため～数ヶ月で破綻してしまった　Kong Duong, Mey Mak インタビュー。
630 軍事理事会　理事会――公式には「民主カンプチア国軍最高理事会」――は公式にはポル、モク、ソン・セン、ケ・ポクで構成されていた（Timothy Carney, 'The Heng Samrin Armed Forces and the Military Balance in *Cambodia*', Ablin and Hood, *Agony*, pp. 198-200 所収）。Long Nârin（インタビュー）によるとヌオン・チェアも理事だったという。実際にはケ・ポクは議事でごく周辺的な役割しか果たさなかった。理事会は CPK CC 軍事委員会の後継組織だった。1978 末、この軍事委員会委員はポル、ヌオン、モクに加えて 2 人いた―― Vanh（ほぼまちがいなくボン・ベトの誤り）、ケウ（コン・ソファル）だ（Doc.32（N442）/T8389, VA）。イエン・サリは当時軍事的な役職を持っていなかった。ソン・センとおそらくケ・ポクが委員会に入ったのは、ボン・ベトとコン・ソファルが粛正された後だった。
630 新しいクメール・ルージュのラジオ局　Mey Mak, Kân, Kong Duong インタビュー。放送は第 131 局から 1983 年 2 月 13 日に、中国から送られた 10 キロワット移動式送信機を使って放送開始した。
630 一九八一年以降～目的だったと振り返っている　Peschoux, *'Nouveaux' Khmers Rouges*, pp. 21 と 198-9.
631 一部の地域には　Martin, Gouvernement, p. 470.
631 いつか中国は　In Sopheap インタビュー。ソピープによると、こうした発言は 1979 年におこなわれ、中国が 2 月の侵攻からもっと長く兵を国内に

とどめることで、クメール・ルージュを助けられたはずだという幹部からの苦情に答えるものだったという。かれの時系列を疑う理由はないと考える。左翼的な立場からすると、鄧小平がその年に導入した経済政策は、確かに「資本主義の道をたどる」ものだと言えるだろう。

631 われわれが共産主義を選んだのは　Kân インタビュー。

632 およそ三年前に鄧小平は　Chanda, *Brother Enemy*, p. 348. おもしろいことに、ベトナムが発表した全文にはこの引用部分は含まれていない。かわりに、華国峰主席がカンボジアに対して「民族的、民主的、愛国的な旗印を掲げて最大の連帯を実現する」よう促している引用が含まれている（Doc. 32（N442）/T.10.622, VA）。

632 方法は変わった　Ibid, p. 15.

632 違反者は殺害されるのではなく～友の数を減らしてしまう　Ibid., pp. 141, 180-5.

633「過去の誤りから教訓を得る」　Kân, Mey Mak インタビュー。

633 勝利に酔って　1993年3月に回覧された文書より、Nate Thayer が 'Whither the Khmer Rouge?', *Phnom Penh Post*, June 6-12 1993 で引用している。

633 だが、たいていの場合～本物の裏切り者だ　Chandler, *Brother*, p. 163.

633 基本戦略～都合が悪かったからである　Peschoux, *'Nouveaux' Khmers Rouges*, pp. 26 と 56.

633 クメール・ルージュゲリラ陣営では～訓練に導入されていた　Ibid., pp. 143-68.

634 弱めてはならない　*Bangkok Post*, 1982/5/14.

634 民主カンプチア連合政府　Peschoux, *'Nouveaux' Khmers Rouges*, pp. 47-8, 52-3.

634 イエン・サリは～影響力は衰えていった　この記述は Ieng Sary, In Sopheap, Suong Sikoeun インタビューより。

635 第八〇八局は閉鎖され～中国やフランスに亡命した　Phi Phuon インタビュー。ティウン・マムは1979年12月にキュー・サムファンが組織した政府の科学技術相となった。その兄のチュムは財務相となった。どちらもフランスに戻った。チョルン・ハイは電気通信相だが、1975-6年にはシアヌークのクメール・ルージュ用心棒となり、北京でシアヌークに従うようになった（そして2004年もまだ上級王宮官吏としてかれに仕えている）。無役職大臣のキート・チョンはヨーロッパの外交官職を与えられたが、すぐに寝返ってプノンペン政府に参加した（そして同政府で2004年にもまだ財務大臣を務めている）。情報相タック・リンは引退してフランスのリヨンにいる（ティウン・マムのインタビュー）。他の大臣のうち、サル・キム・ロモス（運輸供給相）はイエン・サリに従ってソイ・ダオに向かい、中国の援助作業を監督した。ティウン兄弟の最年長ティウーンは、ソイ・ダオとカムリエンのクメール・ルージュ病院で外科医として働き続けたが、やがて目が悪くなったので、貴族出身の妻マリとともに、ポルと反乱軍に残った。外務担当総書記だったソー・ホンは、もともとマライ——外務省事務所のあったところ——にいたが、後にソイ・ダオに移った（Suong Sikoeun, Phi Phuon, Thiounn Thioeunn インタビュー）。

635 D-25　Kong Duong, Mey Mak, Suong Sikoeun インタビュー。
635 目的はベトナムとの〜政治的な解決が可能になるとかれは語った　Chanda, *Brother Enemy*, p. 379.
636「さらに四年か五年」　Martin, *Gouvernement*, p. 461.
636 ブレジンスキーは　Becker, *When the War*, p. 435.
636 ケニヤやマラウイ　In Sopheap が CGDK のカイロ駐在大使だった頃、かれは両方の国を担当していた（インタビュー）。
636 何たる偽善　*Vanity Fair*, Apr. 1990.
636 ベトナムの血を流させて　あるクメール・ルージュ外交官は、ゲリラたちが落とし穴に仕掛けたとがった竹槍になぜ毒を塗っていないか Henry Kamm に説明してくれた――「そうしたら死んでしまいますから。怪我人は運ぶのに 4 人がかりだし、わんわん大泣きしてくれます。すると他の連中も考え直すでしょう」。それを聞いて Kamm は「クメール・ルージュ外交の上品さもこれまでですな」とコメントしている（*Stricken Land*, p. 179）。だがこれは、カンボジアでのアメリカの手口でもあった。ベトナム人に怪我をさせることでロシアに再考を促したのだ。
636「代理戦争」　Brezinski は 1980 年 5 月に耿飆に対し、「わたしが見るにソビエトは二股の攻撃戦略を追求しているようだ。ひとつはアフガニスタン経由でペルシャ湾に向けられており、もうひとつはカンボジア経由でマラッカ海峡に向かっていると述べた。耿飆はこの分析が大いに気に入ったようで、1981 年に北京を訪ねたときにはかれと鄧小平がわたしに向かって、ソ連戦略を中国がどう見ているかという説明としてこれを繰り返したので、大いに楽しませてもらった」（*Power and Principle: Memoirs of the National Security Adviser, 1977-1981*, Farrar Straus Giroux, New York, 1983, p. 424）。
636 中国はこの十年間に〜幻を作り出すことはできた　Lee Kwan Yew,『回顧録』原書、pp. 326 and 336-8; Martin, *Gouvernement*, pp. 446-50.
637 軍事協力はほとんどなかった　Martin, *Gouvernement*, pp. 471-2.
637 一九八三年には　Elizabeth Becker, 'Kampuchea in 1983', *Asian Survey*, vol. 24, no. 1, Jan. 1984, pp. 37-42; Justus M. van der Kroef, 'Kampuchea: Protracted *Conflict*, Suspended Compromise', ibid., vol. 24, no. 3, Mar. 1984, pp. 314-17; Michael Eiland, 'Kampuchea in 1984', ibid., vol. 25, no. 1, Jan. 1985, p. 106.
637 この年に〜中国に向かうことが決まった　ポルの治療にあたったジャライの医療助手 Saut のインタビュー（パイリン、2001/11/21）、Thiounn Thioeunn インタビュー。
637 めざましい出来事　Eiland, 'Kampuchea in 1984', supra, p. 106.
637 オ・スオサデイ　Phi Phuon インタビュー。Peschoux はまたオ・スオサデイ基地について書いているが、第 131 局と混同しているようで（第 131 局の名前は登場しない）、位置も実際の遙か南にあるとしている（*'Nouveaux' Khmers Rouges*, pp. 87-9）。Mey Mak（インタビュー）によると、それは国境から 5 キロほどのところだったという。
638 彼女の病状は〜結論を下していた　プノンペンからの脱出で、彼女は担架

に乗せて運ぶしかなかった（Picq タイプ原稿、p. 447）。Thiounn Thioeunn インタビュー。

638 **不利益をもたらさないように** Peschoux, *'Nouveaux' Khmers Rouges*, pp. 163-4.

638 **同様に驚くべき～料理人として加わった** Ieng Sary, Mey Mak, Kong Duong インタビュー。

638 **最大級の乾季攻撃～余儀なくされた** Michael Eiland, '*Cambodia* in 1985', *Asian Survey*, vol. 26, no. 1, Jan. 1986, pp. 118-21; Kong Duong インタビュー。

639 **新司令部 K-18 は～住居兼職場として用いられた** Kân, Kong Duong, Moeun, Mey Mak and Phann インタビュー。5 人とも K-18 か第 20 住宅で働くか、同地域を 1985-90 年に訪れている。

639 **キュー・サムファンの護衛の一人～すべてかれが下していた** Phann インタビュー。

640 **この新たな取り決め** *Bangkok Post*, 1985/9/3.

640 **「茶番」** Ibid., 1985/10/4.

640 **まもなく力点が政治に移る** 1988 年にポルは、軍事闘争を優先すべきだと主張した幹部にこう述べた——「きみは部分的には正しい。わたし自身も以前はそう考えていたが、いまでは、われわれは政治的に勝つべきだと考える」（Peschoux, *'Nouveaux' Khmers Rouges*, p. 199）。いつ気が変わったのかは述べていない。しかし農民からの政治的支持を勝ち取ることの強調は、1985 年からずっと顕著になってきた（ibid., pp. 21, 53）。同年、キュー・サムファンは「ベトナムを無理にでも交渉の座につける」必要性を語っている（*Bangkok Post*, 1985/9/6）。そして 1986 年には、クメール・ルージュたちは初めて詳細な平和提案を提出している（ibid., 1986/3/21, 4/2）。わたしの知る限り、転換点が 1984 年だったという文献証拠はないが、状況証拠はすべてそれを示している。

640 **かれは夏にメアスと～かれは妻に話した** Moeun インタビュー。彼女はその日、K-18 にいた。

640 **女の子が誕生した** *Paris-Match*, 2004/5/31.

640 **中国に発ち** 1986 年に娘が生まれてしばらくしてからポルが中国に向かったと、Moeun は記憶している（インタビュー）が、むしろ 1987 年春か夏に出発した可能性のほうが高い。写真ではかれが 1988 年 6 月 1 日に毛沢東の井岡山の旧ゲリラ基地を訪問しているのが写っており、かれがカンボジアに戻る直前だったと思われる。

641 **フン・センが、首相職を引き継ぐ** フン・セン任命の状況については Vickery, *Kampuchea*, pp. 42-9 を参照。Stephen Heder は *Pol Pot to Pen Sovann*, pp. 19-28 で PRK 政権内での派閥主義を論じている。

641 **一九八八年の夏に～真剣な交渉が始められた** Brown and Zasloff, *Cambodia Confounds*, pp. 35-88 を参照。またわたしのパリ特派員時代の Fère-en-Tardenois 会談の記憶をもとに細部を補っている。

642 **地方の支持を取り戻すため～投票するというわけである** 1980 年代後半に村落を再征服するクメール・ルージュの戦略は Christophe Peschoux が *'Nouveaux' Khmers Rouges*, Ch. 5 で詳細に論じている。

643 カンプチア国民議会に　1989年12月の民主カンプチア女性協会への演説より、Heder, 'Were the KR Serious about the elections?', *Phnom Penh Post*, Mar. 24-Apr. 6 での引用。

643 目標は〜勝者となるのだ　Peschoux, *'Nouveaux' Khmers Rouges*, p. 22. 同時期の別の演説で、ポルは民主カンプチアを「鏡」と呼んでいる（p. 136）。

643 しかし時間こそ〜努力しなければならないのである　Ibid., pp. 198-201.

644 かねてからブッシュ大統領は〜協定は終わりだということだ　Brown and Zasloff, *Cambodia Confounds*, p. 90.

644 ロラン・デュマ　Ibid., p. 79. Dumas は1989年12月21日のパリでの会合で警告を発している。

644 チャチャイ・チューン・ハヴァン　Ibid., pp. 51, 67, 69-70, 82; Lee Kwan Yew, 『回顧録』原書、pp.298-9.

645 ほど遠い状態にあった　Peschoux, *'Nouveaux' Khmers Rouges*, p. 201.

645 タイのパタヤリゾート　Brown and Zasloff, *Cambodia* Confounds, p. 82. パタヤ会談に参加した In Sopheap は、ポルがいたことを証言している（インタビュー）。

645 当時のかれは、この解決策が〜存続することになった　この致命的な譲歩は1989年12月21-22日のパリ会合でおこなわれた（ibid., p. 79）。

646 三週間後にシアヌークは〜ふたたび戻ってきたように見えた　これはBBCの極東特派員だったわたしが報道したシアヌーク帰国の記憶を元にしている。

647 新しい司令部　わたしはこの家を2001年に訪れたが、パイリン知事イ・チェアンの兄弟の家になっていた。

647 この眺望点　タイ政府は1991年11月17日に、ポル・ポトはトラット地方を離れて「カンボジア国内のクメール・ルージュ基地」に向かったと発表した（Jennar, *Clés*, p. 110）。実は少なくとも1993年半ばまで、かれはK-18とB-50に出入りしていた（Keo Yann インタビュー、オ・アンルク, 2001/3/22, および Mey Mak インタビュー）。

647 帰国してすぐ〜強く主張していた　Jennar, ibid.; Stephen Heder, 'Political Solution to KR Prob-lem Dim', *Phnom Penh Post*, Apr. 7-20 1995. PRPK の会話はプノンペンで1991年10月17-18日に開催された特別議会でのもので、この大会でチェア・シムがヘン・サムリンにかわって党の代表となったのだった（Jennar, *Clés*, p. 109）。

647 暴徒が建物に乱入　Phann インタビュー。

648 この出来事は〜疑惑を抱かせた　Ibid. 当時ソン・センの副官だったPhannは、かれが報告を深刻に受け止めなかったと述べる。Stephen Hederの理解では、ソン・センは確かにトラブルの噂を報告はしたが、ポル・ポトは対応の必要はないと述べたのだという（私信）。どちらにしてもセンは出来事の責任をとらされた。Phi Phuon はポルがプノンチャットの1993年7月のセミナーで、サムファンが攻撃されたときに表面化した「運動内部の問題」について語ったのを覚えている。これは当時、ソン・センを指していると思われていたとのこと（インタビュー）。

648 十二月十三日〜支持派の分子におきかえなければならない　Stephen Heder, 'Were the KR Serious about the elections?' *Phnom Penh Post*, Mar. 24-Apr. 6, および 'Political Solution to KR Problem Dim', ibid., Apr. 7-20 1995.

649 ポル・ポトは仲間に警告した　Nate Thayer, 'Whither the *Khmer Rouge*?', ibid., 1993/6/6-12.

649 慎重な協力姿勢　Trevor Findlay, *Cambodia*: The Legacy and Lessons of UNTAC, OUP, Oxford, 1995, p. 51.

649 民主主義のゲームを展開する　Thayer（'Whither...', supra）はポルが 1992 年 2 月にこう言ったと引用する——「われわれは死ぬ日まで 3 つの派閥に友が必要だし、死ぬ日まで外国の友も必要だ」。

649 これに沿って、クメール・ルージュ兵は〜査察許可を渋り　Jennar, *Clés*, pp. 112-15.

649 武装解除しない　Brown and Zasloff, *Cambodia* Confounds, pp. 137-8. Nate Thayer は後に、1992 年 4 月と 5 月にソン・センが、クメール・ルージュたちがパリ合意の軍事条項に従い続けるべきだ、さもないとかれらは危険なほど孤立してしまうと論じていたと書いている。Thayer によればポル・ポトはそうは思わず、19992 年 5 月会合で指導層は武装解除段階に参加しないことを決議した。その後センは防衛担当職を解かれて、6 ヶ月にわたる「再教育」を受けさせられた。Thayer によれば、イエン・サリもこの時期に権限を剥奪されたという（'Shake-Up in KR Heirarchy [sic]', *Phnom Penh Post*, Jan. 28-Feb. 10 1994）。この説は以来ずっとカンボジア学者たちに受け入れられ続けている。だがこれはまちがっている。メイ・マクは、当時ヌオン・ブンノ将軍という仮名を使っていたが、プノンペンではソン・センの副官を務めており、かれが当時も軍事担当を続けていたと述べる。マクはまた、軍備解除手続きに応じないという決断で指導層内に明らかな意見の相違はなかったと固執している（インタビュー）。Thayer の情報源は、ソン・センとイエン・サリが政治的影響力を失いつつあったという点では正しい——だがその理由はまったく別だ。

649 およそ四十万人　1979 年以後のベトナム人移民に関する議論としては Ramses Amer, 'The Ethnic Vietnamese in *Cambodia*: A Minority at Risk?', *Contemporary South-East Asia*, vol. 16, no. 2, Sept. 1994, pp. 219-22 を参照。

650 責任者を務める明石康は　たとえば 1992 年 11 月 19 日と 93 年 1 月 11 日（Jennar, *Clés*, pp. 117-18）。

650 この先クメール・ルージュが軍事的に　Brown and Zasloff, *Cambodia Confounds*, p. 138.

650 状況はさらに悪化した　Ibid., pp. 138-47; Jennar, *Clés*, pp. 115-20.

650 愛想をつかしたシアヌークは〜「ひどいお笑いぐさ」だった　*Far Eastern Economic Review*, 1993/2/4.

651 選挙をボイコットする　Mey Mak インタビュー。In Sopheap（インタビュー）によると、ポルは「最後の最後までパリ協定が正しく適用されることを期待していた——正しいというのは、つまりはクメール・ルージュ側から見て正しいということです」。

651 **非合法な立場**　*Phnom Penh Post*, Apr. 23-May 6 1993. 明石代表のコメントは、クメール・ルージュ代表団が引き揚げる2日前に出されたもので、クメール・ルージュ兵によるUNTAC職員7人の殺害が続いた。

651 **国境地帯のカムリエン付近**　Thiounn Thioeunn インタビュー。

651 **緩衝地帯**　タイとクメール・ルージュたちとの関係について、不完全ながら有用な記述は Puangthong Rungswasdisab, *Thailand's Response to the Cambodian Genocide* である。

651 **ソン・センは〜北部を統率した**　ヌオンの元護衛主任だった Maing San インタビュー（パイリン、2001/11/21）、Kong Duong インタビュー。

652 **しかし一九九三年の六月に〜ふたたび反乱軍へと戻ったのだ**　この時期に関する事実のまとめとしては Brown and Zasloff, *Cambodia* Confounds, pp. 158-89; と Jennar, *Clés*, pp. 121-7 を参照。

653 **ある連隊の司令官**　Phal インタビュー。

653 **国際管理は崩れ始めていた**　Long Nârin インタビュー、*Phnom Penh Post*, June 6-12 1993; Findlay, *Cambodia*, pp. 87-8.

653 **離脱者の人数**　1980年代初期については Peschoux, *'Nouveaux' Khmers Rouges*, p. 187 を参照。1991-4年の数字を導くほうがずっとむずかしい。クメール・ルージュ勢力の推定値があまりにばらついているからだ。UNTACを信用するなら、3万から1万5000くらいに下がった。Peschouxは、1991年に1万2000から1万5000ではないかという（pp. 128-9）。この場合には3年後には1万以下に下がっていたかもしれない。だが離反率が急激に加速したことだけは確実である。

654 **当時ほとんどの人々は〜口をつぐんだんです**　Phi Phuon インタビュー。

654 **ケオ・ヤン**　Keo Yann インタビュー。ほぼ同時期にモクの料理人バン・ラも似たような要求をし、モクは渋々ながらそれに応じている（*Phnom Penh Post*, Jan. 21-Feb. 3 2000）。

654 **武装闘争の再開がうまくいかない**　Long Nârin インタビュー。

654 **どうやって戦時統制を復活〜ポル・ポトはそれを奪った**　Kong Duong, Long Nârin と Mey Mak インタビュー。

655 **クバル・アンソン**　クバル・アンソンの以下の描写は、2001年11月のわたし自身の訪問と、In Sopheap によるそこでの暮らしの回想に基づいている（インタビュー）。ソピープもコル・ブンヘンも、どちらもこの地域を表すのに「のどかな」という言葉を使っている。

656 **虚構の「政府」**　*Phnom Penh Post*（1996/10/18-30）によると、キュー・サムファンが首相、チャン・ヨウランが副首相兼外相、コル・ブンヘンが公共事業相、ケオ・ヤン（この時点ではパイリンを離れて再びポルに加わっていた）が防衛相、マク・ベンが財務省である。ティウン・マムは「特別顧問」になった。

656 **講習会から戻るたび〜心配になった**　Peschoux, *'Nouveaux' Khmers Rouges*, p. 140. 話者は元クメール・ルージュ幹部で、話していたのは1980年代のポルのセミナーについてだったが、クバル・アンソンのセミナーに出席したイン・ソピープのような人々は、かれの弁舌の才は健在だったと述べる。

657 心疾患も患っていた〜麻痺をわずらった　Thiounn Thioeunn インタビュー。またPol Pot, Thayer インタビューも参照。
657 病状の悪化にともなって〜振り返っている　Kong Duong と In Sopheap インタビュー。Kân はまた、ポルが自分の少年時代の話をしたことを覚えている（インタビュー）。
657 のちにポル・ポトは〜行方不明になった　Tep Khunnal インタビュー。Khunnal によれば、ポルの回想でノートを9冊埋めたとのことだが、モクが1997年6月にポルの指揮を剝奪したとき、他の文書とともに失われた。一部はその後発見されて、現在は Stephen Heder が保有している（私信）。
657 ウイスキー　In Sopheap インタビュー。Khieu Samphân もまたポルが反乱軍時代にウイスキーを飲んでいたのを覚えている（インタビュー）。
657 かれは細かなところまで〜批評したものです　Kong Duong インタビュー、Meas Somneang インタビュー（パイリン、2001/3/27）。第131局では1980年初期に伝統的なオーケストラが組織されてクメール・ルージュたちの放送局のために演奏をおこない、ポル・ポトはかれらを招いて自分のために演奏してくれと頼んだ。グループの1人はその80代初期の人物で、2001年にパイリンの寺に暮らしていた。
657『パリ・マッチ』　In Sopheap インタビュー。

658「ポル・ポトは非常に複雑な性格だった」　Ieng Sary インタビュー。
658 三人のバックパッカー　*Phnom Penh Post*, 1999/6/11-24.
658 運命の仲介者は〜回復不能の打撃を与えた　特に断りがない限り、この記述は Kong Duong, Mey Mak, Phi Phuon, Phann インタビューによる。
659 拘置所を設立　*Bangkok Post*, 1999/5/30.
659 フン・センとラナリット　フン・センとラナリットの署名した1996年8月20日の Decree No. 34.SSR によると委員会は1995年3月11日の sub-decree No. 34.ANKR の条件の下で設置された。この sub-decree の文章は入手できなかった。
659 一九九六年の二月　Keo Pong（別称 Heng Pong）は2月23日に兵357人とともに離反した（*Phnom Penh Post*, 1996/5/8-21）。
659 まもなくイ・チェアン〜維持できると聞かされた　フン・センは、離反の交渉は1996年6月に始まったと述べる（ibid., Aug. 9-22 1996）。Nhek Bunchhay によれば、最初の接触はずっと以前に始まったという（インタビュー）。
660 この計画に賛成した　Kong Duong（インタビュー）によれば、イ・チェアンがイエン・サリと相談して指示の約束を取り付けたと言ったそうだ。
660 調停者ではなかった　Kân インタビュー。
660 およそ四千人　Keo Pong の推定では、クメール・ルージュ軍はこの時点で総勢「1万人以下」とのことで、そのうち「すべてが本物の戦闘部隊ではなかった」と述べる（*Phnom Penh Post*, 1996/4/5-18）。また同紙1996/8/23-9/5 も参照。
660 ほぼすべての基地　Ibid., Dec. 13-26 1996; Nhek Bunchhay インタビュー。
660「魚のようなものだ」　Kân インタビュー。

661 イエン・サリは裏切り者と非難され　民族連合救国暫定政府放送、1996/8/7, Brown and Zasloff, *Cambodia Confounds*, p. 260 での引用。

661 ヌオン・チェアとソン・センは　モクの運転手チュンとのインタビュー（アンロンベン、2001/12/12）、In Sopheap インタビュー。

661 一九九七年の二月　In Sopheap インタビュー。Khem Nguon は Nate Thayer に、新しい指導者を発表する会合が 1997 年 2 月 25 日に開催されたと語っている（*Phnom Penh Post*, Aug. 15-28 1997）。「農民党」はまた、1997 年 12 月 3 日にアンロンベンで開催された会合でもモクによって言及されている（'The Anlong Veng Papers', *Phnom Penh Post* 文書館、Phnom Penh）。

661 急速に悪化　Kân, Moeun インタビュー。

661 われわれは川を渡ろうと　In Sopheap インタビュー。

662 そして本気だと示すため～多数の負傷者を出した　*Phnom Penh Post*, 1997/4/4-17。

662 一方、クメール・ルージュに探りを～わずか四人だった　Nhek Bunchhay, Kân インタビュー。Bunchhay は、この集団はまちがって殺されたのだと言う。モクはのちに、ポルがこの集団を逮捕させたのは「ラナリットに圧力をかけて（クメール・ルージュと）すぐに共闘させるためだった」と言っているのだが、当時クメール・ルージュと接触のあった Bunchhay は、そんな交渉はなかったと言う。Kân はチームが檻に入れられたのを「この目で見た」と言い、その後「どこかへ連れて行かれたが行き先はわからない」と述べる。生存者 4 名は 1997 年 7 月 30 日に解放された。

663 一九九七年の五月十六日に　Long Sarin 発 Prince Ranariddh 宛書簡、1997/5/18（Nhek Bunchhay 私蔵、プノンペン）。

663 そしてキュー・サムファンの民族連帯党が～と語っている　Nhek Bunchhay と *Khieu Samphân* インタビュー。1997 年 6 月 28 日のヌオン・チェアの発言、'the Anlong Veng Papers', supra での引用。および *Phnom Penh Post*, 1997/6/27-7/10. Ranariddh の党は Bunchhay と Ek Sirivudh がいた。*Khieu Samphân* のもとには Pech Bunreth と Tep Khunnal がいた。

663 追放されることになった　*Phnom Penh Post*, 1997/5/30-6/12.

663 ポル・ポトを捕らえて　Nhek Bunchhay インタビュー。

664 六月七日に～ソン・センについては触れなかった　*Phnom Penh Post*, 1997/5/30-6/12.

664 真夜中頃に～その通りだとわかっていた　断りがない限り、この部分の記述は以下のインタビューから構成した。Seng（パイリン、2001/3/14), In Sopheap, Kân, Keo Yann, Meas Somneang, Phann. いずれもモク勢が攻撃した日にクバル・アンソンにいた。時系列は混乱した部分がある。ポル・ポトが 7 月 9 日夜の深夜少しすぎにソン・セン殺害を命じたことは、1997 年 6 月 24 日の Tem の発言で確認されている（'Anlong Veng Papers', *supra*; また *Phnom Penh Post*, 1997/8/15-28 を参照）。モクは、6 月 10 日の朝にアンロンベン地区に手勢を集め始め（'Anlong Veng Papers', 1997/9/9 会合）11 日までそれを続けたと述べている。クバル・アンソンのクメール・ルージュ放送は、6 月 12 日朝に最後の放送をおこなった。したがってポル・ポトは

その午後に逃亡したのだろう。In Sopheapは逃避行に「3晩か4晩かけた」――つまり6月15日か16日までかけた――と述べており、そのときにはポルがすでに捕まったように思えたと言う。モクは危機が6月14日には解決したと述べた（*Phnom Penh Post*, 1997/6/27-7/10）。つまりポルがその日に捕まったという意味を示している。Meas Somneangの供述もまた、ポルが捕まったのは6月14日か15日だと示唆している（インタビュー）。

665 ポル・ポトはのちに記者に　Pol Pot, Thayer インタビュー.

665 L-19偵察機　Nhek Bunchhay インタビュー。

665 数十万ドルの入ったリュックサック　このリュックサックがどうなったかについては諸説ある。ネク・ブンチャイは、リュックが3つあったという。1つは運び手が地雷原を横切る途中で殺されたために放棄された。残り2つはパイリンのイエン・サリの手に渡ったという。ポルに付き添った護衛の1人Sengは、出発時にはお金の詰まったリュックが10個あったが、それがのちに「消えた」という（インタビュー）。別の説はモクの将校の引用で、お金の詰まったリュック10個があり、一部はブンチャイの手元にきたという（*Cambodia Daily*, Apr. 8-9 2000）。Thiounn Thioeunnの妻マラ――攻撃中はクバル・アンソンにいた――によると、リュックは6個だった。ポルが捕まってからの集会で、お金の一部を懐に入れたと言ってモクがキュー・サムファンを糾弾したのを見たと主張している（Thiounn Thioeunn インタビュー）。諸説で唯一意見が一致しているのは、ポルが逃亡するときに大金を携えていったという点だけだ。

666 軟禁された　Chhun, In Sopheap インタビュー。

666 クナルとブンチャイ　Nhek Bunchhay インタビュー。「民族統一戦線首相サムデック・クロム・プレア・ノロドム・ラナリットと民族統一党主席キュー・サムファン閣下の、14項目に基づく民族統一戦線での共闘に関する共同宣言」、1997年7月3日に署名、および「民族連帯党党首キュー・サムファン閣下によるカンプチア国と人民への声明」、日付なしだが1997年6月27日起草（Nhek Bunchhay 私蔵、プノンペン）。

666 一九九七年の七月五日　*Phnom Penh Post*, 1997/7/12-24, 7/25-8/ 7と8/15-28; Brown and Zasloff, *Cambodia* Confounds, pp. 265-8. 死んだ2閣僚はFUNCINPEC内務国務長官ホー・ソクで、CPP部隊に拘束されている間に殺された。国防次官クロウク・ヨエムは、「両手を切り落とされて脚を縛られた」死体となって発見された（*Phnom Penh Post*, 1997/10/24-11/6）。

666 七月末にポル・ポトと～終身刑を「宣告」　*Phnom Penh Post*, 1997/8/15-28.

667 三人の司令官は処刑された　In Sopheap インタビュー。

667 過去十四年間で　Thayerは1997年10月16日にポルをインタビューした。それ以前の最後のインタビューは、新華社通信の蔡錫梅による1984年5月インタビューだった。不思議なことに、ポルはThayerに対して、最近「アメリカのラジオ局からの女性」に話したと語っている。これがだれのことかは明らかではない。

667 セイヤーはポル・ポトが～いつくるのかはわからない　Pol Pot, Thayer インタビュー、*Phnom Penh Post*, Oct. 24-Nov. 6 1997.

668 ポル・ポトの髪を黒く染めた　In Sopheap インタビュー。臨終写真のポル・ポトは髪が黒い。
668 遺体は〜衝撃を受けた　*Phnom Penh Post*, 1998/4/24-5/7; In Sopheap, Suong Sikoeun インタビュー。
668 ポル・ポトは熟した　Chandler, *Brother*, p. 186. 原文の「牛のクソ」という表現を「牛糞」と改めたことをお断りしておく。
668 五月にラジオ局は〜捕らえられた　In Sopheap, Suong Sikoeun, Thiounn Thioeunn, Meas Somneang インタビュー、*Phnom Penh Post*, 1999/1/8-21 と 3/19-4/1.
669 裁きを待つ　S-21 所長ドッチは 1999 年 5 月に逮捕され（ibid., May 14-27 1999)、やはり裁判を待っている。かれは党の上層部にいたことはない。
669 イエン・サリは中国側が考えていたよりも　Sihanouk, *Prisonnier*, pp. 341-2.

## 後記

頁
670 あるフランス人医師　Pannetier, *Notes Cambodgiennes*, p. 100.
670 アイデンティティの爆発　Ponchaud インタビュー。かれはフランス語の「sursaut」ということばを使っている。
671 物静かで内向的な人物　Drago Rancic, *Politika*, ベオグラードでの記述が *Seven Days*, 1978/5/19 で抜粋。
671 クメール文化モデル　Hinton, *Why?*, p. 117 を参照。
671 ヨス・ハト・ケムカロ　*Phnom Penh Post*, 1997/3/21-4/3.
671 極端な方法でなければ　これは 1975 年秋のモクの発言で示唆されている。かれは通貨の再導入に反対したが、その理由は「傷が治っていないときにそこに棒をつっこんではいけない、そんなことをしたら傷が悪化する」というものだった（Phi Phuon インタビュー）。
673 国家的、民族的、人種的　国連大虐殺（ジェノサイド）協定の第 2 条にこの定義は登場する。
673「標準的な」政府の行動を　たとえば 1945 年に米軍は、アウシュヴィッツでのヨーゼフ・メンゲレの蛮行に負けず劣らず恐ろしい何千という実験を戦争捕虜に対しておこなった日本の細菌部隊専門家に対し、研究結果を提供するのと引き替えに赦免を与えた（Sheldon H. Harris, *Factories of Death: Japanese Biological Warfare, 1932-45, and the American Cover-up*, Routledge, London, 1994 を参照)。こうした状況で赦免を与えるのはまちがいなく「人道に反する罪」であり、まともな国際司法システムならそれを訴追するはずだ。
675 国連のさらなる作戦　Lee Lwan Yew『回顧録』原書、p. 328.
675 おとがめなしの文化　1999 年 7 月 6 日に、ピセス・ペリカという映画女優がプノンペンで撃たれ、その後死亡した。どうやらフン・センの愛人だったらしい。フランスの週刊誌 *l'Express*, はその射殺を命じたのが首相の妻ブン・レイニだったと糾弾。彼女は *l'Express* を訴えると言ったが実

行しなかった。ペリカ殺害について警察は一切捜査をおこなっていない（*Phnom Penh Post*, 1999/7/23-8/5, 15-8, 10/29-11/11, 2000/7/7-20）。

675「まったく無慈悲で冷酷」 Lee Lwan Yew『回顧録』原書、p. 328.

676 仏教僧を含む何百万ものカンボジア人 *Phnom Penh Post*, 1997/3/21-4/3.

676 復讐と王政復興を求める思い シアヌークは復讐心から行動したという非難に敏感だ。これは *Calice*（Part I, Ch. 3, pp. 22 et seq.）の「余は復讐精神だけから行動しただろうか」という章題にあらわれている（強調筆者）。1991年にプノンペンに戻ってからの記者会見で明らかにしたとおり、復讐はまちがいなく一要因ではあった。ただし唯一ではなかった。

676 アンコール朝の崩壊以来 *Ros Chantrabot*, p. 149.

677 陶器の花瓶のように この直喩は Lee Lwan Yew による（『回顧録』原書、p. 327）。

# 登場人物

**サロト・サル**（1925-98）**別名ポル・ポト、ポル、プーク、ハイ、大叔父、長兄、「87」、ペン、「99」**　初婚相手＝キュー・ポナリー（1920生、1956結婚、2003死去）、再婚相手＝メアス（1962生、1985結婚）、娘＝シット（1986生）。

**ドッチ**（1942-）**本名カイン・ケク・イエブ**　教員。　シアヌークによって2年間投獄される。1970年に反乱軍に参加。1975年から79年までツールスレンのクメール・ルージュ拷問所S-21の所長を務める。ベトナム侵攻後は北京の中国国際ラジオに勤務。1990年代にキリスト教に改宗。1999年より裁判待ちで拘留中。

**ハイン・ニョール**（1940-96）　映画『キリング・フィールド』でのクメール人ジャーナリスト役でオスカーを受賞したカンボジア人医師。クメール・ルージュ政権を生き抜いたが、ロサンゼルスの自宅で薬物中毒者3人組の強盗に遭い、抵抗して殺害された。

**ヘン・サムリン**（1934-）　使者として共産主義者の仲間入りをして、のちに東部地域の師団長になる。1978年にベトナムへ脱出。ベトナム人によって設立されたカンプチア人民共和国の首長を1979年から91年にかけて務めた。1980年代中盤以降はフン・センに権力を奪われた。

**フー・ユオン**（1930-76）　セルクル・マルクシステのメンバーで、パリに留学中に経済学博士号を取得。1958年以降はシアヌーク政権下で議員および次官を務める。1967年にキュー・サムファンとともに反乱軍へ逃亡。のちに王国民族連合政府の内相に就任。ポル・ポトの極端な急進主義政策を率直に批評したが、個人的にはかれに忠誠を尽くした。1975年に自宅拘禁される。死亡時の状況は不明。

**フー・ニム**（1932-77）**別名フォアス**　シアヌーク政権下で税関長を務める。1958年に議会に選出され、のちに次官を務める。キュー・サムファン、フー・ユオンについで1967年に反乱軍に逃亡。王国民族連合政府と民主カンプチアの情報相を務める。ツールスレンにて粛清、殺害された。

**フン・セン**（1952-）　クメール・ルージュで副連隊長を務める。1977年にベトナムへ脱出。1979年から86年にかけてベトナムが設立したカンボジア政府の外相を務める。1985年から93年にかけて首相。1993年から97年まで（ラナリットと）共同で首相を務める。その後、王室政府の首相に就任。

**イエン・サリ**（1924-）**本名キム・トラン、別名バン、タン、ネン**　セルクル・

マルクシステの共同設立者および会長。フランス共産党員。キュー・ポナリーの妹のチリトと1953年に結婚。1960年にカンプチア共産党政権委員会のメンバー候補となる。1963年に正規メンバーに昇格。1975年から79年にかけてクメール・ルージュの副首相（外交担当）を務める。1981年以降、中心から外される。1966年にフン・セン勢力に逃亡。その後プノンペンで一市民として生活。2007年に逮捕。

**イン・ソピープ**（1943-）　名家の出身で、一族のほとんどがクメール・ルージュを支持していた。兄のイン・ソカンはイエン・サリの親友であった。クメール・ルージュの情報省、外務省で働いたのち、1980年代にエジプトへの大使に就任。現在はパイリンで一市民として生活。

**ケ・ポク**（1933-2002）**本名ケ・ビン**　元イサラク。1957年に共産主義運動に復帰し、軍隊幹部を経てカンプチア共産党北部地域の書記に就任。1976年にカンプチア共産党中央委員会のメンバーになり、1978年11月以降は同政権委員会のメンバーも務める。モクと同じく、軍部におけるポル・ポトの代表的支持者であった。1998年にフン・セン勢力に逃亡し、王室軍の将軍になる。肝臓疾患で死亡。

**ケン・バンサク**（1926-）　パリ時代のポル・ポトの師。のちにセルクル・マルクシステとなる非公式な研究会の影の主導者。1955年の選挙に向けて民主党の選挙運動を率いた。生粋の共和主義者でシアヌークの天敵の1人となった。1970年代前半にロン・ノル政権下で大使としてフランスに派遣される。現在はパリ郊外のモンモランシーで生活。

**ケオ・メアス**（1926-1976）　元イサラク。共産主義運動をおこなう秘密組織、プノンペン委員会の長を1954年に務めた。のちにプラチアチョン派の指導者となる。1960年にカンプチア共産党中央委員会のメンバーになるが、63年の第2回党大会で脱会。1969年以降、ハノイにおいてクメール・ルージュ代表を務める。ベトナム支持派として粛清され、1976年にツールスレンにおいて殺害される。

**キュー・ポナリー**（1920-2003）**別名イム**　裁判官の娘。1950年代前半は民主党の活動家、クメール・ベトミンの連絡代行者として活動。1956年7月14日に5歳下のポル・ポトと結婚し、かれの後を追って1965年に反乱軍に参加。民主カンプチア婦人連盟の総裁を務める。1971年にカンプチア共産党中央委員会のメンバー候補となる。統合失調症により資格喪失。

**キュー・サムファン**（1931-）**別名ヘム、ナン**　イエン・サリが去ったのち、パリのセルクル・マルクシステの会長を務める。経済学の博士号取得。1962年からシアヌーク政権下で議員となり大臣職につく。フー・

ユオンとともに1967年に反乱軍に参加。1971年からカンプチア共産党中央委員会のメンバー候補となり、76年に正規メンバーに昇格。同年クメール・ルージュの首長になる。ポル・ポトのもっとも忠実な補佐であった。1998年12月にフン・セン勢力に逃亡。現在はパイリンで一市民として生活している。

**キュー・チリト**（1930-）**別名フェア**　キュー・ポナリーの妹。1953年にパリでイエン・サリと結婚。かれの後を追って1965年に反乱軍に参加。クメール・ルージュ社会問題担当相。その後プノンペンで一市民として生活。2007年に逮捕。

**コン・ソファル**（1927-1978）**別名ケウ、チェアン**　教員。1958年にプノンペンで共産主義運動に加わる。民主カンプチア青年連合の会長を務めたのち、北西地域の反乱軍に参加。ロス・ニムの補佐となる。1967年のサムロットの蜂起の煽動において大きな役割を果たした。1971年からカンプチア共産党中央委員会のメンバーとなり、78年11月に政権委員会メンバーに昇格。直後に捕らえられ、ツールスレンで殺害される。

**コイ・トゥオン**（1933-1977）**別名クオン、トゥチ**　教員。フー・ニムの幼なじみ。1960年の夏に共産主義運動に加わる。1971年からカンプチア共産党中央委員会のメンバーになる。1965年から北部地域の書記を務めたが、75年に補佐のケ・ポクに取って代わられる。1976年に捕らえられ、ツールスレンで殺害される。

**レ・ズアン**（1907-1986）**別名アン・バ**　鉄道作業員。1930年にインドシナ共産党の結成に助力する。フランス人によって投獄される。南ベトナムにおいて共産主義運動を率いる。1957年に数ヶ月間プノンペンに潜伏。1960年にベトナム労働党の書記長に任命される。1969年にホー・チ・ミンの後を継ぎ、それから17年にわたってベトナムに圧政を敷いた。

**レ・ドク・ト**（1911-90）　インドシナ共産党の設立者で、レ・ズアンにとって南ベトナムでもっとも身近な協力者になった。ベトナム労働者党政治局メンバーとしてカンボジア人共産主義者との関係調整を担当。1973年にヘンリー・キッシンジャーとパリ和平協定の交渉をおこない、ノーベル平和賞を授与されるがこれを辞退。

**ロン・ノル**（1913-1985）　シアヌーク政権下で国防相および参謀総長を務めるが、1970年にクーデターで同政権を打倒。6ヶ月後にカンボジアを共和国に変え、大統領に就任。1971年に衰弱性の脳梗塞で倒れるが、アメリカの支援を受けて政権を保持。1975年4月、クメール・ルージュが勝利をおさめる16日前にハワイへ亡命。

**ロン・ビサロ**（1947-）　ブダペストで地図作成法の博士号を取得。クメール・ルージュの勝利後、カンボジアへ帰国。1979年まで抑留される。

ベトナムによる侵攻後、カンプチア人民共和国政権に加わり、キューバ大使および外務省事務次官に就任。

**メイ・マク**（1947-）**本名ヌオン・チャンタン、別名ヌオン・ブンノ**　1970年のロン・ノルのクーデター後にクメール・ルージュに参加して一兵卒から中隊長まで昇進。1975年から79年までポチェントン空港に拠点を置く。1980年代には第131局でポル・ポトの秘書の1人として活動。1991年から94年にかけて最高国民評議会においてクメール・ルージュ軍事代議員代理を務める。1996年にフン・セン勢力に逃亡。

**メイ・マン**（1921-2001）　パリのセルクル・マルクシステのメンバー。ポル・ポトを追って反乱軍に入り、クメール・ベトミンに参加。1954年8月にポル・ポトとともにプノンペンに戻る。1975年に市民とともにプノンペンを追われるが、生涯を通じてクメール・ルージュを支持した。

**モク**（1925-）**本名チット・チョウン、別名グオン・カン、タ15**　元イサラク。1963年以降カンプチア共産党中央委員会のメンバー。1968年以降、南西部の書記を務める。1978年以降はカンプチア共産党第2副書記としてポル・ポト、ヌオン・チェアに次ぐ地位を占める。ケ・ポクと並んで、軍部におけるポル・ポトの代表的支持者であった。1997年にポル・ポトの指導部に対して反乱を起こす。1999年より裁判待ちで拘留中。

**ネイ・サラン**（1925-1977）**別名アチャル・シエン、メン・サン、ヤー**　元イサラク。1950年代は教員としてプノンペンで働く。1964年に第100局の活動に加わる。1971年以降、カンプチア共産党中央委員会のメンバーおよび北東地域書記を務める。ポル・ポトが毛沢東と面会する際に同行。ベトナム支持派として粛清され、ツールスレンで殺害される。

**ニカン**（1940-）**本名ソン・ナン**　ソン・センの末弟。シエムリアプで教員をしていた共産主義活動家。1967年に反乱軍に参加し、ラタナキリのポル・ポトの司令部で働く。1978年にクメール・ルージュ外務省の儀典長に就任。ベトナムの侵攻後はタイ国境のサンポウロウンでクメール・ルージュ軍の司令官を務める。1996年にフン・セン勢力に逃亡。

**ノン・スオン**（1927？-1977）**別名セン、チェイ・スオン**　元イサラク。1952年、南西地域の書記に就任。プラチアチョン派の広報担当を務める。1960年にカンプチア共産党中央委員会に選出されたと考えられるが、3年後に外されている。1962年に収監される。1970年、ロン・ノルのクーデター後に特赦を受け、カンプチア共産党地方書記になる。クメール・ルージュ農業相。ベトナム支持派として粛清され、ツールスレンで殺害される。

**ノロドム・ラナリット**（1944-）　シアヌーク王の息子。クメール・ルージュ時代はエクサン・プロヴァンス大学の研究員。ＦＵＮＣＩＮＰＥＣの指導者で、1993年に初代首相に就任するが、4年後に第2代首相フン・センのクーデターで追放される。1998年から国民議会の議長を務める。

**ノロドム・シアヌーク**（1922-）　1941年からカンボジアの国王となり、55年に父スラマリットのために退位。1960年から70年まで国家元首を務める。1970年3月のクーデターで失脚したのち、かつての政敵クメール・ルージュと手を結んでアメリカの支援を受けたロン・ノル政府に対抗。1975年4月に同政府が打倒された後、10月に国家元首としてプノンペンに戻るが、翌年の春に辞任。ポル・ポト政府により1979年1月まで隔離される。中国の圧力により、1982年に再度クメール・ルージュと手を結び、91年のパリ平和協定合意への道を開く。1993年にふたたびカンボジア国王となる。

**ヌオン・チェア**（1923？-）**本名ロン・ブンルオト、別名ロン・リス、ヌオン、次兄、大叔父**　バンコクのタマサート大学で法律を学ぶ。タイ共産党党員。1949年にクメール・ベトミンに参加。1950年代にプノンペンで秘密工作をおこなう。1960年にカンプチア共産党書記代理に任命される。党および国家の安全保障担当。1976年から79年まで民主カンプチア国民議会の政権委員会の長を務める。1998年にフン・セン勢力に逃亡。現在はパイリンで一市民として生活している。

**パング**（1944-1978）**本名チム・サム・アオク**　プノンペンで学校に通っていた17歳の頃にソン・センの誘いで共産主義運動に加わる。タノットの第100局と、ラタナキリで活動。1970年以降ポル・ポトの首席補佐官として行政関係を担当し、クメール・ルージュの勝利後もその地位を維持。粛清されツールスレンで殺害される。

**ペン・ヌート**（1906-1985）　老練なカンボジア人政治家。シアヌークのサンクムに参加するまでは熱心な民主党支持者。1970年から76年まで王国民族連合政府の首相を務める。クメール・ルージュ時代を通じて民主カンプチア政府の正式な顧問としてプノンペンで過ごす。亡命先のフランスで死亡。

**ファン・バン・ドン**（1906-2000）　ベトナムのズイ・タン帝の私設秘書の息子。共産主義煽動者として、フランス人によって投獄される。1942年に中国のホー・チ・ミンのもとに。1954年のジェノバ会談でベトナム人代表団を率いる。1955年から87年までベトナムの首相を務める。

**フィ・フオン**（1947-）**本名ロチェム・トン、別名チェアム**　ジャライ民族出身。10代でラタナキリの革命運動に加わる。1968年にポル・ポトの護衛を務め、のちにかれの副官になる。クメール・ルージュの勝

利までその地位を保持。1975年から79年にかけて外務省のイエン・サリのもとで治安担当を務める。1996年にフン・セン勢力に逃亡。現在はマライの副知事。

**ピック・チェアン**（1945？-）**別名ト**　北部地域書記コイ・トゥオンの弟分。1969年にゲリラ勢力を結成し、地域参謀長の地位を得る。1975年にノン・スオンの後を継いで国立銀行の取締役に就任。のちに中国への大使になる。ポル・ポトの料理人であったムーンと結婚したことから北部地域関係者の粛清を免れる。1998年にフン・セン勢力に逃亡。現在はアンロンベンで生活する。

**ピン・ソイ**（1926-）**別名サン、チェアン**　セルクル・マルクシステのメンバーで、フランス共産党党員。1950年代に民主党新聞『エケピープ』の編集長を務める。シアヌークにより2度にわたって投獄される。1960年のカンプチア共産党の結成会議に参加。続いてプノンペンの秘密の共産主義組織のメンバーになる。1973年に反乱軍に参加するが、冷遇される。現在はプノンペンで一市民として生活している。

**ラト・サムーン**（1930-1972？）　セルクル・マルクシステの共同設立者であり、フランス共産党党員。カンボジアに帰国してクメール・ベトミンに参加。1954年のジュネーブ合意ののちはベトナムで生活。「解放区」で死亡。病気のためと考えられる。

**ロス・ニム**（1922-1978）**本名ムオル・オウン、別名ムオル・サンバット**　元イサラク。1948年にシウ・ヘンの側近を務める。1963年以降はカンプチア共産党中央委員会のメンバーとして北西地域書記を務める。1967年にコン・ソファルとともにサムロットの蜂起を煽動。1975年以降カンプチア共産党政権委員会メンバーになる。粛清されツールスレンで殺害される。

**シエト・チェ**（1932-1977）**別名トゥム**　仏教僧。1954年から64年にかけてプノンペンで教員として働く。タノットの第100局に加わり、のちに東部地域の地方書記に就任。1975年にポル・ポトが毛沢東に面会する際に同行。同年参謀本部の兵站長に任命される。粛清され、ツールスレンで殺害される。

**シウ・ヘン**（1920？-1975）　元イサラク。ヌオン・チェアのいとこ。クメール人民革命党の設立メンバー（1950）。1954年のジュネーブ合意ののち、ベトナム人らによって地方責任者としてカンボジア共産主義暫定指導部を率いるよう任命される。1959年にシアヌーク政府側に逃亡。1975年のクメール・ルージュの勝利後に殺害される。

**シリク・マタク**（1914-1975）　シアヌーク国王のいとこ。1950年代に国防相、外務相を務める。その後カンボジア大使として中国へ派遣される。1970年3月のシアヌークに対するロン・ノルのクーデターの首謀者。

クメール・ルージュの勝利直後に殺害される。

**ソー・ピム**（1925?-1978）　元イサラクで、東部地域の軍事指導者。クメール人民革命党の設立メンバー（1951-）。1960年以降カンプチア共産党政権委員会のメンバー候補として、序列では第5位の地位を占める。3年後に正規メンバーに昇格。1960年以降カンプチア共産党東部地域書記。ポル・ポトが地域関係者の大規模な粛清を命じたのち、逮捕を免れようと自殺。

**ソン・ゴク・ミン**（1910？-1972）**本名ファム・バン・フアとの説あり、別名アチャール・メアン、キム・ビエン**　南ベトナム生まれのクメール系ベトナム人。カンボジア初の真の共産主義者。1949年にインドシナ共産党に入党させられる。1951年のクメール人民革命党結成時から指導者を務める。ジュネーブ合意以降ベトナムに撤退。1960年、本人不在のままカンプチア共産党中央委員会に選出される。梗塞を起こし北京で死亡。

**ソン・ゴク・タン**（1908-1977）　カンボジアにおける国粋主義者のはしり。初のクメール語新聞『ナガラ・ワッタ』の共同創始者（1936）。1945年8月に首相就任。植民地の権力者によって逮捕、追放される。1951年にプノンペンへ凱旋帰国。右翼抵抗組織クメール・セライを率いる。当初はフランス、その後シアヌークを相手に活動。のちにタイと南ベトナムを拠点とする。ロン・ノル政権下で首相を務める。ベトナムで自宅軟禁中に死亡。

**ソン・セン**（1927-1997）**別名キュー、カム、アウム**　教員。パリのセルクル・マルクシステのメンバー。1963年以降カンプチア共産党中央委員会メンバー。タノットとラタナキリの第100局でポル・ポトとともに活動。1970年から71年にかけてカンプチア共産党北東地域書記を務め、クメール・ルージュ軍の参謀長に就任。1975年8月以降、国防相を務める。政権委員会メンバー候補としてツールスレン尋問所を担当。1980年代にポル・ポトに後継者として選ばれるが、その後冷遇される。ポル・ポトの命令により、クバル・アンソン付近で反逆者として殺害される。

**スオン・シコン**（1937-）　1960年代にパリのセルクル・マルクシステのメンバーとなる。1970年のクーデターののち、北京のシアヌークのもとに行く。イエン・サリの誘いでカンプチア共産党に入党。その後もかれとともに活動。1975年以降民主カンプチア外務省報道部長を務める。1996年にフン・セン勢力に逃亡。現在はマレイで一市民として生活。

**ティウン・マム**（1925-）　カンボジアでもっとも裕福な名家の4人兄弟の次男。全員がクメール・ルージュの活動を支持していた。長男ティウン・ティウーンは厚生相。ティウン・チュムは1979年から81年

にかけて名目上の金融相。ティウン・プラシットは国連大使。マムはパリのセルクル・マルクシステの共同設立者であり、1960年代はその長を務めた。1970年のクーデター後に北京のシアヌークのもとへ行き、クメール・ルージュが勝利したのちにシアヌークとともにプノンペンへ戻った。1979年から81年にかけて名目上の科学相を務めたのち、チュムとともにフランスへ戻った。現在マムはフランスの市民権を得てルーアンの近くに居住。チュムはパリ近郊に居住。プラシットはニューヨーク州在住。ティウーンは1998年にフン・セン勢力に寝返り、現在プノンペン在住。

**ティブ・オル**（1933-1977）**別名ペン**　学生運動家。1950-60年代を通じて中学教員として働く。1968年にラタナキリでポル・ポトの活動に加わる。1970年以降、王国民族連合政府の情報相事務次官を務める。粛清されツールスレンで殺害される。

**トゥー・サムート**（1915?-1962）　元仏教伝道師。元イサラク。クメール人民革命党の設立メンバー（1951）。1954年より共産主義運動をおこなう都市委員会の長を務める。カンプチア共産党設立会議（1960）において書記に選出される。ロン・ノルの指示によって拘束、殺害される。

**ボン・ベト**（1934?-1978）**本名ペン・トゥオク、別名ソク、メアン、テ、クオン、ベト、ボン**　中学中退後、1954年にクメール・ベトミンに参加。1963年よりカンプチア共産党中央委員会メンバーとなり、プノンペン・カンプチア共産党委員会の長を務める。1971年よりカンプチア共産党特別地域書記を務める。政権委員会メンバー。1976年より経済担当副首相。粛清され、ツールスレンで殺害される。

**ユン・ヤット**（1937?-1997）**別名アト**　教員。ソン・センの妻。1970年代前半より党機関誌『トゥン・パデワット』を担当。1976年に文化教育宣伝相。1980年代はクメール・ルージュ・ラジオ局の製作責任者として北京で過ごす。ポル・ポトの命令により、反逆者としてクバル・アンソン付近で夫とともに殺害される。

か、それとも逆に状況に操られただけで、かれ自身わけもわからずに青臭い社会主義の構造改革のかけ声だけを狂ったようにかけ続けるうちに、流されてどうにもならないところにきてしまったのか。その評価は、本書を読んだ読者の皆さんの一人一人が下すしかない。

本稿執筆中に、カンボジアでは今更ながらにイエン・サリ夫妻が、クメール・ルージュ時代の罪で逮捕されている。悪意によるものにせよ善意（と無能）によるものにせよ、いまだポル・ポトたちの残した傷跡は消えてはいない。さらにカンボジアの人々は、ポル・ポトたちの被害者であると同時に、その多くはかれらの手先として加害者側にまわった存在でもある。そのわだかまりは、水に流そうとしても流せるものではない。そして社会の優秀な人材を、優秀であるがゆえに殺し尽くした人的資源への影響は、今後何年続くことだろうか。本書がそうしたカンボジアの未来について考える一助となれば幸いである。

**謝辞その他**

翻訳にあたっては、大部分を守岡桜氏が訳し、それを元に山形が手を入れる形式で進めた。大きな誤訳はないはずだが、大部の書でもあり、思わぬ見落とし等は出てくるだろう。それらについてはhttp://cruel.org/books/polpot/で随時正誤表および各種情報などの提供をおこなう。

各種疑問点や不明点については、著者から丁寧なご教示をいただいた。感謝する。中国の人名・地名表記については、一部ネット経由で梶谷懐、大沢武彦、佐伯哲也らにご教示をいただいた。ありがとう。本書の編集は白水社の藤波健氏が担当された。ありがとう。

二〇〇七年十一月末　マナド／東京にて

山形浩生

## 無能の人ポル・ポト？

本書の記述をもってしても、ポル・ポトがどこまで全体を把握し計画できていたのかは、最後まで明らかにならない。かれの行為の結果としての犯罪性はまったく疑問の余地のないものだ。が、その意図を見る限り、かれは人民大衆を犠牲にして私服を肥やそうとかいうことはあまり考えていなかった。それはクメール・ルージュの多くの幹部もそうだ。もちろん餓死した人民に比べればかなりよい生活を送ってはいたが、酒池肉林の豪奢な生活を送っていた人はあまり多くない。多くの人は最後まで（ポル・ポト政権崩壊後も）、自分たちの（いまにして思えば）まったく無意味な行動が、本当に国をよくし、人々のためになると考えていた。かれらは、よく言えば理想を追い求め続けた。

そして世界中の多くの人は、まさにその理想故にクメール・ルージュを賞賛した。たとえば毛沢東は、自分たちにすらできなかったこと（貨幣の廃止、私有財産禁止、都市からの強制退去）をあっさりやってしまったポル・ポトたちに驚愕していた。またわが国のジャーナリスト本多勝一は、カンボジア虐殺報道で知られてはいるが、その直前までポル・ポトたちを理想化し続け、虐殺報道をデマ呼ばわりし、一九七八年末の時点で惨状がほぼ明らかになった時点ですら「もしカンボジアについての黒い噂がすべてデマで、実は『すばらしい社会主義国』になっているとしたら」（本多勝一『カンボジアはどうなっているのか？』すずさわ書店、一九七八、三〇七頁）などと未練たらしい記述をしている（その後すべてが明らかになると、そうした都合の悪い部分を著作集などでだまって書き換えていることが指摘されている）。

だがもちろん、現実を無視して理想を追い続けるのは、別の言い方をすれば度し難い無能だ。そして悪意ある有能人よりも、善意の無能者のほうが怖い、とはよく言われるが、ポル・ポトやクメール・ルージュ幹部たちは、まさにその無能のおそろしさを体現していたと言えるのかもしれない。ポル・ポトは糸を引いていたの

けの現実性を持つ人がいなかったか、という問題がある。これはクメール・ルージュたちが実務家を、構造改革の一環としてぶち殺したこともあるが、それに先だってシアヌークが、少しでも有能で人望のある人間を、猜疑心と虚栄心と政治的な手駒として徹底的につぶしてまわったからだ。シアヌークはしばしば被害者のような顔をして、悲劇の国王的な描かれ方をすることも多い（当人自身がそのようなポーズをしたがる）。だが実際には、悲劇の種の相当部分をまいたのはかれだろう。国際的な立ち回りは天才的だったが、かれの国内政治は最悪だった。腐敗した政治体制と気まぐれ三昧による残虐非道な弾圧は、クメール・ルージュを先鋭化させると同時に、国内の有能な人間をすべて排除する結果となった。また国外追放時代に、己の権力保持だけを考えてクメール・ルージュと手を結んだことも、同政権にお墨付きを与えて強化させるものでしかなかった。かれらを少しでもいさめられる、組織も人材もまったくいなかったのだ。

その外側のレベルとして、カンボジアを取り巻いていた国際的な情勢があるだろう。多少なりともメンツを保った形でベトナム撤退をしたいアメリカの思惑、ベトナム戦争勝利を機に、自分の覇権をインドシナ半島全域に拡大したいベトナムの思惑、そのベトナム／ソ連を阻止したい中国の思惑、旧宗主国として権益を維持したいフランスの思惑。こうした思惑から発するあっちへの爆撃、こっちへの武器弾薬の供与、訓練や資金援助に亡命先提供など各種の行動は、その都度事態を必要以上に極端なものとし、事態の悪化を招いた。これらのいずれも、クメール・ルージュ蛮行の原因とは言えない。どれもあくまで副次的な要因だ。アメリカの侵攻や爆撃が虐殺の原因だとか、中国の武器輸出が諸悪の根源だといった主張をしばしば聞くが、これはあたっていない。だが一方で、そうした要因が多少なりとも弱ければ、状況はかなり変わっていたかもしれないのも事実ではある。

クメール・ルージュの惨状は、こうした各種レベルの不幸な組み合わせで生じている。そしてその背後で常に物陰から静かに糸を引いていたのが、ポル・ポトだった……と言いたいところだが、どうなのだろう。

ア女性の話は、まさにそれを主張するためのものだ。

でも……それはあまりに安易ではないだろうか。どんな文化にも残酷な部分はある。滅私奉公を称揚する部分はある。だが通常はそれが大虐殺につながったりはしない。そして、すべての原因がその文化、国民性にあるのなら、クメール・ルージュの蛮行は必然であり、カンボジアの人々は虐殺されるしかなかったということなのか？　そんなはずはないだろう。文化も国民性も、何か決まったものとして存在しているわけではない。同じ文化の中でも全員が全員同じ性向を持つわけでもないのだし。

## ポル・ポト／クメール・ルージュをめぐる構図

が、それに対して、それでは何がクメール・ルージュ虐殺の原因だったのか、と言われると……これに答えるのは容易なことではない。ただ訳者の見る限り、それはいくつかのレベルで考える必要があるのではないか。

いちばんの根底にあるのはどんな人々の間にもある悪しきナショナリズムの極致である民族浄化運動のようなものに、実用的技能を一切持たない無能な人々による社会主義革命イデオロギーが結びついた代物であるように思える。組織的に殺し合いを演じ、自殺コースを突っ走るのはカンボジアに限った話ではない。どんな集団にもそれは発生し得ることだ。

が、問題はなぜそれが暴走したか、ということだ。通常はある種のリアリズムがそれをほどほどに抑える。だが、カンボジアにはそれがなかった。それどころか、社会主義の病理がそれに拍車をかけた。貨幣廃止、私有財産没収、そして粛正と虐殺の嵐といったメニューは、世界の社会主義革命すべてに共通するものであり、社会主義という思想そのものと分かちがたく存在する。ポル・ポトたちは、そうした社会主義革命の中でも実務経験の欠如に関しては突出しており、変な空理空論の適用についても暴走しやすかったことは指摘できる。

そして次のレベルとして、なぜクメール・ルージュばかりでなくカンボジア全体に、かれらを止められるだ

にはそんな明確な悪意はなかった。むしろかなり善意の結果だったりする。現実の裏付けのまったくない善意が、これまた現実の国の運営について何一つ知らないポル・ポトたちの途方もない無能ぶりと組み合わさった結果としてあれだけの人がまったく無意味に死んだ。でもそれは——こう書くと反発はあるだろうが——ある意味で事故でしかなかった。かれらが死んだのは、故意によるものですらなく、多くはただの過失の結果だったのだ。ナチスが虐殺に有能だったとすれば、ポル・ポトたちは生かすことに（すさまじく）無能だっただけだ。これを同列には扱えないのではないか？

さてこの理屈に説得力を感じる人がどれだけいるかはわからない。些末な定義論にすぎないと思う人も多いだろう。一人二人ならいざ知らず、国民の一割が死んでいるときに「殺意はなかった」「殺すつもりはなかった」と言うことになにか意味があるのか？　だがその一方で、たくさん人が（結果的に）死んだから大虐殺、といっしょくたにすることで見失われるものがあるのも事実だ。クメール・ルージュという邪悪な連中がやってきて、かわいそうな国民を虐殺してまわりました、といった簡単な話ではない。著者の用語法をどう考えるにせよ、それをポル・ポト擁護論だと思うのはまちがっているし、そこで提起されている論点も見失ってはならない。

もう一つの批判をしているのは、カンボジアに詳しい作家ウィリアム・T・ヴォルマンと、不肖この訳者だ。なぜポル・ポトやクメール・ルージュは歴史的にも類を見ない蛮行を展開したのかという疑問に対し、著者が出す答えは、それがカンボジア人の国民性だから、というものだ。カンボジア人は昔から怠け者なのだから拷問しないと働かなかった。昔から根に持って陰湿残虐な復讐をしたがる性格なのだ。宗教的にも、自我を捨てた集団行動をよしとする仏教の影響下にあったからだ。それはあとづけの教育や訓練では決して消えない国民性となっている、という。冒頭の、高等西洋教育を受けているのに夫の愛人に硫酸をかけて喜ぶカンボジ

本書の冒頭部及び最後で、著者はクメール・ルージュの蛮行が大虐殺（ジェノサイド）ではない、というちょっとわかりにくい理論を展開する。かなりの人がこれに難色を示し、これはクメール・ルージュ擁護ではないか、という批判も出た。

さて、この批判の気持ちはわかる。これだけ大量の人を殺して虐殺でなかったとは何事か、というわけだ。だが、著者のこの主張には非常に困った真実が含まれている。もちろん著者は、クメール・ルージュが大量のカンボジア人を殺したことは認めている。そしてそれが規模の面でも手口の面でもすさまじい代物だったことも。だが……ポル・ポトたちの行動で最も頭が痛いのは、かれらは殺そうと思って殺したわけじゃない、ということだ。むしろ、真面目に国民のためを考えて、各種法制度を厳しく適用したら死んじゃいましたという、実にまぬけな代物だ。ナチスによるユダヤ人殺しは、大虐殺である。またルワンダでの出来事は大虐殺だ。なぜかと言えば、それはある特定民族や集団を殺すことが最終目的だったからだ。でも……と著者は述べる。クメール・ルージュはちがう。大半は殺そうと思って殺したわけではないもの。食べ物をやらずに働かせていたらたまたま死んでしまっただけ、拷問しながら尋問していたらたまたま死んじゃっただけ。言うこと聞かないやつを折檻したら死んじゃっただけ。秘密を守るために仕方なく殺しただけ。理想を追求したら死んじゃいました――要はそういうことだ。

その意味で、クメール・ルージュによる大量の死亡者たちは、とことん救われない存在だ。かれらは憎悪の対象として殺されたわけですらない。ナチスのユダヤ人殺害は、はっきりした憎悪と悪意が徹底した機能性と効率性をもって有能に実行された結果として起きた、明確な大虐殺だ。そして犠牲者たちの死は、少なくともだれかにとって何らかの目的を実現する多少なりとも意味（強制収容所の役人のノルマ達成といった凄惨なものであったにしても）のあるものではあった。が、クメール・ルージュによる自国民殺害は、ちがう。かれら

想的にも物理的な支援の面でも大きな影響を与え、また毛自身もポル・ポトたちの活動にいたく感銘を受けていたようだ。おそらくは前著の資料を集める中で、本書のための各種資料も出てきたのだろう。

その本書は、現時点で最も詳細なポル・ポトの伝記だ。そしてそれはもちろん、二〇世紀の人類史上に消えない汚点を残したクメール・ルージュの活動に関する記録ということでもある。中国、カンボジア、ベトナム、フランスの各種資料を縦横に駆使し、さらには多数の当事者インタビューを敢行してまとめられた本書は、その詳細さの点でも情報源の点でも、これまでいくつか出ているポル・ポトの評伝やクメール・ルージュ史に関する各種文献の追随を許さないものとなっている。直接の関係者の多くがいまや高齢となり次々に他界したり、あるいは今更ながらに逮捕されて投獄されつつある現在、今後予想外のクメール・ルージュ文書が発掘される等の事件でもない限り、これ以上のものは今後もおそらく出現しないだろう。

## 本書の評価

本来ならここで、本書の要約やあらすじのようなものを記述するのが親切だろう。だがカンボジアに関する限り、それは困難だ。状況の複雑さ、ややこしさ、関係諸国や勢力間の、ほとんど無節操なまでの合従連衡ぶりこそがカンボジアの悲劇の大きな要因なのだから。それを適当に捨象して、単一の悪者をでっちあげようとするのは、多くの人がおかすまちがいだ。その点で本書の記述の詳細さ、及び内容的な正確さについては、各種書評でも絶賛されているし、事態の絶望的なからまり具合を見事に表現しおおせている。歴史記述として本書の評価はきわめて高い。

ただしもちろん、批判がないわけではない。本書に対する批判はおおむね二点挙げられている。一つは「大虐殺（ジェノサイド）」という表現をめぐるもの。そしてもう一つは、ポル・ポトたちの行動の原因に関する著者の理論をめぐるものだ。

# 訳者あとがき

本書は Philip Short *Pol Pot: Anatomy of a Nightmare* (Henry Holt, NY, 2004) の全訳である。翻訳にあたっては著者の指示に従って、本文テキストは細かいミスが修正されているソフトカバー版、注はハードカバー版をもとに著者がいくつか修正を加えたテキストファイルをもとにしている。

翻訳にあたってはなるべく慣用的な表記に従うようにしたが、カンボジアの人名や地名については、各種のローマ字表記も日本語の読みも必ずしも一定しておらず、こちらで判断するしかなかったものも多い。また大きな点として、通常はベトナム労働党と表記されるベトナム戦争時代のベトナム共産党については、「ベトナム労働者党」という表記にしている。労働党と労働者党のちがいが、カンボジアの共産党成立においてはきわめて重要な意味を持っていた。そしてそのちがいはその後の粛正・虐殺においても顔を出す。それを明示する必要があったためである。

## 著者と本書の概要

著者フィリップ・ショートは元アジア地域駐在のBBCのジャーナリストであったが、その後は伝記作者となっている。主著としては、本書の前に書かれた毛沢東の伝記『マオ』が、決定版の伝記として知られる。あの冷酷非道な大躍進政策や、残虐きわまりない文化大革命を推進した毛沢東と中国共産党は、ポル・ポトに思